VOX

Diccionario
de
Primaria
de la
Lengua
Española

D0048153

NTC Publishing Group

Library of Congress Cataloging-in-Publication Data
is available from the United States Library of Congress.

Esta obra ha sido realizada bajo la iniciativa y coordinación general del Editor.

Directora científica de la obra: Paz Battaner Arias, Catedrática de Filología Española

Coordinación editorial: Javier Lahuerta Galán

Colaboradores:
Mercè Pujol Vila
Edurne Zunzunegui Lasa

María Ángeles Arregui Sierra
María Bueno Mateos
Juan Pérez Robles
María Villalba Gómez

Laura Borrás Dalmau
Roser Martínez Sánchez

Asesores pedagógicos:
Josep María Domingo Tella, Profesor de Enseñanza Primaria (didáctica)
Teresa Mauri Majos, Catedrática de Escuela Universitaria (psicología evolutiva)

Ilustración: Marcel Socias Campuzano

Informatización: Germán Rigau Claramunt

This edition published 2000 by NTC Publishing Group
A division of NTC/Contemporary Publishing Group, Inc.
4255 West Touhy Avenue, Lincolnwood (Chicago), Illinois 60712-1975 U.S.A.
Copyright © BIBLOGRAF, S.A.
Calabria 108, 08015 Barcelona, Spain

International Standard Book Number: 0-658-00066-7

02 03 04 05 TCP 19 18 17 16 15 14 13 12 11 10 9 8 7 6 5 4 3

Printed in Canada

PREFACE

The *VOX Diccionario de Primaria de la Lengua Española*—with 11,700 entries and 21,600 definitions—is a simplified monolingual Spanish dictionary specially designed to make the core vocabulary of Spanish readily accessible.

Simple, current language is used throughout, with definitions and explanations carefully worded to be easy to understand. Entries include helpful example sentences, usage notes, and grammatical observations, as well as many synonyms, antonyms, idioms, and phrases. Irregular forms are clearly noted.

Numerous illustrations—including lively line drawings, informative charts and diagrams, and 32 full-page plates that group words by themes—aid comprehension. Sidebars throughout the dictionary provide grammatical help, including full paradigms of model regular and irregular verbs.

Up-to-date, instructive, and easy to use—the *VOX Diccionario de Primaria de la Lengua Española* is an essential reference for learners, as well as an educational tool that helps build vocabulary and introduces beginners of all ages to the use of an all-Spanish dictionary.

PRÓLOGO

Tienes en la mano un diccionario que ha sido pensado y producido para estudiantes de enseñanza primaria: un primer diccionario.

Para realizarlo hemos pensado en las necesidades de sus usuarios y nos hemos impuesto tres objetivos principales:

1. Que con él se aprenda a usar un diccionario, éste u otro cualquiera.
2. Que a través de él se aprenda a preguntar las cosas que los diccionarios solucionan y a sacar provecho de la información encontrada en ellos.
3. Que ayude a quien lo use a ampliar su vocabulario en cantidad y calidad.

1. Aprender a usar un diccionario

La forma de manejar los libros que llamamos *diccionarios* es diferente de la que usamos con los otros libros.

Una historia se lee de corrido y en orden sucesivo. No ocurre lo mismo con los diccionarios. Los diccionarios se leen yendo atrás y adelante, o abajo y arriba, porque su información parece fraccionada en capitulillos aparentemente independientes: cada palabra es una historia o un capítulo cuyo título es la misma palabra y, como son muchas, las palabras aparecen colocadas en orden alfabético. Hay que aprender a encontrar la palabra que se busca y a leer lo que se explica de ella aisladamente.

También hay que saber cómo figuran las voces. En la puerta de muchas viviendas figura una placa con los apellidos de la familia que vive en ella, pero no ofrece los nombres de todos los habitantes. En el diccionario, las palabras de las entradas son como los apellidos de esas placas: debajo de la palabra de la entrada se esconden otras formas que viven con ella. *Narró* se esconde bajo *narrar* y es ahí donde hay que buscarla; *asustadizas*, bajo *asustadizo, asustadiza; envidieja* bajo *envidia,* y así sucesivamente.

Como ves, hay que entrenarse para encontrar en los diccionarios las palabras que buscamos. Para ayudarte, este diccionario da muchas pistas: las entradas se reconocen fácilmente (van escritas en letra azul para reclamar atención), los nombres y adjetivos presentan las formas masculina y femenina, si las tienen, la categoría gramatical se ve en la columna de la izquierda, cada acepción está en un párrafo aparte y la letra es grande y clara. Todo ello hace que este diccionario sea de fácil manejo.

2. Aprender a preguntar cosas y a aprovechar la información encontrada

Éste es el objetivo central, el más importante. Un diccionario es un libro de consulta. Nos acercamos a los libros de consulta para responder a las preguntas que nos hacemos.

El *Diccionario de Primaria Anaya-Vox* ofrece una respuesta rápida y clara a las distintas preguntas que las palabras plantean. ¿Qué podrá significar la palabra *milenio* para que ahora la usen tanto los que hablan en televisión? ¿Se dice *hurgar* para meter *el dedo* o *un palo* en *un agujero*? ¿Qué significa *nata* cuando va con *habilidad*: "Tiene habilidad nata para tratar con la gente"? El diccionario sirve cuando dudamos de cómo se escribe el plural de una palabra, ¿*atroz, atroces*?, alguna forma ortográfica, ¿*aullar, aúlla*?, una forma irregular de un verbo, ¿*andaba* pero *anduvo*?, o también ¿cómo se pronuncian *gnomo* o *hámster*?

Este diccionario resuelve este tipo de preguntas, porque, como todos los diccionarios, informa sobre el significado de las palabras y sobre otras cuestiones que surgen cuando las vamos a usar. Estas dudas nacen tanto de las palabras que no conocemos como de las que conocemos.

El *Diccionario de Primaria Anaya-Vox* explica las voces que un escolar suele usar, necesita y lee. Estas voces son las palabras más frecuentes en la lengua española, las palabras que se consideran básicas, las que se han encontrado en los libros de estudio y en los de lectura infantil. Y estas voces las explica con claridad, con orden y en profundidad.

Porque las palabras tienen profundidad y esto las hace interesantes.

Por ejemplo, la palabra *mercado*. ¿Qué pensamos que significa esta palabra, que puede parecer muy familiar? Este diccionario da tres significados en la entrada de *mercado*, relacionados pero diferentes. ¿Se nos ocurren estos tres significados sin consultar el diccionario? ¿O sólo se nos ocurre el primer significado que da el diccionario? Pues si es así, conocemos la palabra *mercado* superficialmente, la palabra no es del todo nuestra. Conocemos el significado más común; pero bajo ese significado hay otros que también cuentan. Con estos otros significados ahondamos en el conocimiento de las palabras. El diccionario los explica ordenadamente y muestra la palabra en profundidad.

Este diccionario ofrece primero el significado más conocido y después los que son menos conocidos. Son éstos quizás los que tengan más interés de consulta y los que dan profundidad a la palabra, como venimos diciendo. Las definiciones que los explican están redactadas sencillamente y hacen referencia a la realidad mejor conocida; se acompañan en casi todos los casos de explicaciones para situar la palabra y facilitar su comprensión; también ofrecen ejemplos cuando el uso lo aconseja; se incluyen sinónimos y antónimos y muchas observaciones para resolver dudas.

Precisamente hay que despertar estas dudas para, luego, acudir al diccionario a aclararlas y resolverlas. En un primer momento los trabajos escolares plantean cuestiones que hemos de resolver. El segundo paso es que las dudas nos surjan a nosotros, sin que nadie nos las plantee, vayamos al diccionario y encontremos en él las indicaciones que buscábamos.

3. Enriquecer el vocabulario de sus usuarios en cantidad y en calidad

Hay dos aspectos de las palabras que este diccionario ha cuidado especialmente en su elaboración: la profundidad de las palabras y las relaciones entre palabras.

Ya hemos hablado de la profundidad. Veamos qué queremos decir con 'relaciones entre palabras'.

El vocabulario de una lengua es como una telaraña que se extiende entre las palabras, ordenándolas y relacionándolas. Veamos la palabra *amor*. *Amor* forma parte de la misma familia que *amable, amabilidad, amado, amante, amar* y esta última es a su vez sinónima de *querer*; está relacionada con *odio*, porque significa justo lo contrario, y *odio* con *odiar, odioso*... Para explicar *amor* y *odio*, en el diccionario hemos utilizado la palabra *sentimiento*; palabra que se ha utilizado también al definir otras como *cariño, desconfianza* o *desprecio*.

El *Diccionario de Primaria Anaya-Vox* está redactado teniendo muy presentes todas estas relaciones; se han definido las palabras por grupos según sus significados y se han definido con expresiones parecidas para marcar estas relaciones. La intención es que puedan verse estos hilos finísimos que, como los de una telaraña, unen las distintas voces del español y faciliten el enriquecimiento del vocabulario.

Poco a poco, con la consulta frecuente del diccionario y con la aplicación de la información en él encontrada a los textos que se leen o que se escriben, el que consulta va logrando tener un vocabulario amplio, ordenado y relacionado; es decir, un vocabulario de calidad. A partir de este uso individual, propio, se enlaza lo que se va encontrando aquí y allá en las explicaciones aisladas de las palabras y todo ello se va guardando en la memoria.

Hay, pues, dos razones para consultar un diccionario: la necesidad y la curiosidad. La necesidad nos hace ir directamente a la palabra que resuelve la cuestión. Queremos una respuesta y la queremos ya. Para ello el diccionario ofrece todas las ayudas posibles: disposición clara, definiciones sencillas, información útil.

La curiosidad no tienen prisa, nos lleva de una palabra a otra, como si nos paseásemos entre las palabras y disfrutáramos del paisaje. Es una forma de consultar el diccionario por gusto, por el placer de ir de una a otra palabra, confrontándolas, observándolas, percibiendo entre ellas la telaraña sutil que enlaza unas con otras. Para ello, el diccionario ofrece explicaciones y ejemplos apropiados, ilustraciones organizadas y relacionadas, texto de fácil lectura.

Nuestro deseo es que tú encuentres estas dos razones para consultar el diccionario.

Paz Battaner Arias

ESTRUCTURA DE ESTE DICCIONARIO

entrada

alumno, alumna
nombre **1** Persona que asiste a un curso para aprender.
alunizaje
nombre masculino **1** Descenso de una nave espacial hasta la superficie de la Luna.

La entrada es la palabra que buscas. Aparece en azul y en línea independiente, así es más fácil de encontrar. Fíjate en **alumno, alumna**; cuando una palabra tiene masculino y femenino, puedes ver las dos formas completas.

cambios en la entrada

burlar
verbo **1** Evitar con inteligencia y astucia a una persona o un peligro del que se quiere escapar: *El ladrón burló a la policía y consiguió huir.*
2 burlarse Poner a una persona en ridículo riéndose de ella o gastándole una broma. No es correcto burlarse de los compañeros de clase.

Se señalan algunos cambios que tienen las palabras de la entrada. Aquí indica que el significado que se explica es **burlarse**, que es un poco diferente de **burlar**.

categoría gramatical

amanecer
verbo **1** Empezar a aparecer la luz del día. En verano amanece antes que en invierno. ✖✖ anochecer.
2 Estar en un lugar, en una situación o en un estado determinados al empezar el día. Si nieva de noche, los tejados amanecen blancos; las personas que duermen mal suelen amanecer de mal humor.
nombre masculino **3** Momento del día en el que empieza a salir el sol. ✖✖ alba.

Está en letra pequeña junto a la definición.
Fíjate, **amanecer** puede ser verbo y nombre masculino. En las definiciones 1 y 2 es verbo.

Aquí cambia de categoría.

definición

diente

nombre masculino

1 Cada una de las piezas blancas y duras que tienen en la boca las personas y algunos animales.
2 Cada una de las puntas o partes salientes que tiene la superficie de una cosa, como las sierras o los bordes de los sellos.
diente de ajo Cada una de las partes en que se divide una cabeza de ajo.
diente de leche Cada uno de los dientes que tienen los niños pequeños, que a una determinada edad se caen.

Te explica lo que significa la palabra que buscas. Está escrita con un lenguaje fácil de entender.

explicación

material

adjetivo

1 Se dice de las cosas que tienen cuerpo o una realidad física. Los sentimientos no son cosas materiales, los objetos sí. ✖✖ espiritual.

nombre masculino

2 Sustancia de la que está hecha una cosa o que sirve para construir algo. La madera es el material del que están hechos la mayoría de los muebles. ✖✖ materia.
3 Conjunto de los instrumentos y utensilios que se necesitan para realizar un trabajo o una actividad determinada. Los estudiantes necesitan material escolar, como lápices, libros y libretas.

Muchas definiciones tienen explicaciones. Son una información sobre la realidad y sobre las palabras que tú conoces bien, por lo que te ayudan a entender mejor la palabra.
Son muy útiles y tienen una información muy interesante.

acepciones y ejemplos

perdonar

verbo

1 Olvidar algo malo que ha hecho una persona y no guardarle rencor ni querer castigarla por ello: *Te perdono, pero no lo vuelvas a hacer.*
2 Decir a una persona que ya no debe dar o hacer algo que debía: *Me perdonó los cinco duros que me había prestado.*
3 Dejar de hacer una cosa que nos apetece mucho: *No perdona el café del mediodía.*
4 Pedir permiso para hacer algo: *Perdone, ¿me deja pasar?*

Cada significado distinto de una palabra es una acepción. Para que te sea más fácil encontrar significados, cada acepción está en un párrafo y lleva un número delante. Fíjate que **perdonar** tiene cuatro acepciones.

A veces vas a encontrar ejemplos detrás de las definiciones o de las explicaciones que te van a ayudar a reconocer mejor la palabra definida.

indicaciones de uso

patinazo

nombre
masculino

1 Movimiento brusco, y normalmente involuntario, que se hace cuando se resbala o patina.
2 Equivocación que comete una persona al hacer o decir algo. Es un uso informal.

pinrel

nombre
masculino

1 Pie de una persona.
👁 Es una palabra informal. ◄───

Vas a encontrar muchas notas de este tipo. Piensa que las palabras de uso informal familiar no son muy adecuadas en un examen.
Este tipo de notas indica que una acepción concreta tiene un uso formal o informal.

Esta nota indica que la palabra es informal.

sinónimos y antónimos

maño, maña

nombre

1 Persona que es de Aragón. ✖✖ aragonés.

meridional

adjetivo
y nombre
masculino
y femenino

1 Del Sur o que tiene relación con él. Andalucía es la comunidad más meridional de España. ✖✖ septentrional.

paciente

adjetivo

1 Se dice de la persona que tiene paciencia. ✖✖ impaciente.

nombre
masculino
y femenino

2 Persona que está en tratamiento para curarse. Los médicos atienden a sus pacientes. ✖✖ enfermo.

El diccionario te indica otras palabras que significan lo mismo que la entrada. Fíjate bien en el icono, son dos amigos que se llevan bien, como dos palabras que significan lo mismo.
También te indica las palabras que significan lo contrario. El dibujo representa a dos personas opuestas.

A menudo encontrarás palabras que tienen sinónimos y antónimos.

locuciones y frases

maravilla

nombre
femenino

1 Suceso, cosa o persona extraordinaria que causa admiración: *La clase de hoy ha sido una maravilla. El disco que me prestaste es una maravilla, me encanta.*
de maravilla Muy bien, perfectamente: *Son muy buenos amigos, se llevan de maravilla.* ✖✖ a las mil maravillas.
hacer maravillas Hacer muchas cosas o hacerlas muy bien con pocos medios: *El malabarista hacía maravillas con tres pelotas.*

A veces, cuando varias palabras se utilizan juntas tienen un significado especial. El diccionario incluye muchas expresiones de este tipo que puedes encontrar al final del artículo.

observaciones

beige
> 👁 El plural es: beige. Se pronuncia: 'beis'

yerba
> 👁 También se escribe y se pronuncia: hierba.

carácter
> 👁 El plural es: caracteres.

matasellos
> 👁 El plural es: matasellos.

votar
> 👁 No lo confundas con 'botar', que significa 'dar botes o saltos'.

manifestar
> 👁 Se conjuga como: acertar; la 'e' se convierte en 'ie' en sílaba acentuada, como: manifieste.

pagar
> 👁 Se escribe 'gu' delante de 'e', como: paguen.

Las observaciones quieren ayudarte. Te dan información importante, como: plurales irregulares, conjugaciones irregulares, otras formas de escribir la palabra, cómo se pronuncia una palabra de origen extranjero...

Si quieres saber cómo se conjuga 'manifestar', puedes ver el cuadro de conjugación del verbo 'acertar'. Cuando conjugues 'pagar', fíjate que se escribe 'gu' delante de 'e'.

ilustraciones

cursiva
nombre femenino **1** Tipo de letra impresa que se inclina hacia la derecha. En este diccionario, los ejemplos van en cursiva. 🖝 397

bifurcarse
verbo **1** Dividirse en dos un camino, un río, una vía de tren u otra cosa de forma alargada.
> 👁 Se escribe 'qu' delante de 'e', como: se bifurque.

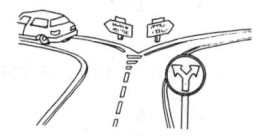

bifurcarse

Este icono te dice en qué pagina puedes encontrar una ilustración del significado que estás leyendo.

También hay ilustraciones junto a las definiciones.

cuadros

En la página 12 tienes una lista con los cuadros gramaticales y los cuadros de conjugación que puedes encontrar en el diccionario.

símbolos

Hay sólo cuatro y son muy sencillos de interpretar:

≋ indica qué palabra significa lo mismo que la acepción definida

≋ indica una palabra que significa lo contrario de lo que se define

👁 introduce informaciones útiles sobre la palabra

🖝 dice en qué página puedes ver una ilustración de ese significado

El diccionario incluye 32 páginas con ilustraciones en color. En ellas pueden verse las palabras dentro de una situación, así son más fáciles de comprender.

Las ilustraciones están agrupadas por conceptos y pueden ser tratadas en clase con el profesor

El la página 13 tienes la lista de los títulos de todas las ilustraciones en color.

Título de la ilustración   Página

Señales e iconos   400

① ciudad	④ cruce	⑦ aeropuerto	⑩ caserío	⑬ señal de peligro o	⑮ pueblo
② puerto comercial	⑤ población	⑧ autovía	⑪ autopista	atención	⑯ huella
③ puerto deportivo	⑥ carretera	⑨ vía del tren	⑫ plano	⑭ señal de prohibido	⑰ marca

El número relaciona un objeto, una realidad o un concepto con una palabra. Las palabras suelen aparecer en la parte inferior de la ilustración.

Cuadros del diccionario

Cuadros de verbos modelo

1.ª conjugación: cantar
2.ª conjugación: beber
3.ª conjugación: vivir
conjugación pasiva: ser amado (página 703)

acertar	contar	ir	reñir
actuar	dar	jugar	reunir
adecuar	decir	leer	roer
agradecer	desviar	lucir	saber
aislar	discernir	mover	salir
andar	dormir	nacer	satisfacer
asir	elegir	oír	seguir
aupar	empezar	oler	ser
auxiliar	enraizar	placer	servir
avergonzar	entender	poder	tener
averiguar	erguir	poner	traer
caber	errar	predecir	valer
caer	estar	preferir	venir
cambiar	forzar	prohibir	ver
cocer	gruñir	querer	volcar
colgar	haber	regar	yacer
conducir	hacer	rehusar	zambullir
conocer	huir	reír	

Índice de ilustraciones en color

A | a

a

nombre femenino

1 Primera letra del alfabeto español. La 'a' es una vocal. El plural es: aes.

preposición

2 Introduce el complemento directo de persona y a veces también de ciertos objetos que podemos considerar animados: *He visto a Juan esta mañana. No conviene mirar al Sol directamente.*

3 Introduce el complemento indirecto, que siempre se refiere a personas: *Dile a Pedro que no.*

4 Indica la dirección en que se mueve una cosa o una persona: *Mañana voy a Madrid.* ✂ hacia.

5 Indica el lugar o la posición de algo o alguien: *Los servicios están al fondo a la derecha.*

6 Indica la distancia entre dos puntos. También indica el tiempo que se tarda en recorrer esa distancia: *Está a dos pasos de aquí. Vivimos a un kilómetro.*

7 Indica la hora en que ocurre algo: *Te llamo a las ocho.*

8 Indica el precio de las cosas, normalmente las que se venden por su peso o medida: *Venden la tela a 3000 pesetas el metro.*

9 Indica la velocidad: *Está prohibido circular por ciudad a más de 60 kilómetros por hora.*

10 Indica el modo en que se hace o se dice una cosa: *Está hecho a mano. Todo lo pide a gritos.*

11 Se utiliza en la perífrasis verbal 'ir a', seguida de infinitivo. También se utiliza detrás de otros verbos: *¿Vamos a tomar un café? Quédate a dormir en casa.*

12 Se utiliza seguida de un infinitivo para avisar u ordenar algo a alguien: *¡A comer! A callar, no quiero volver a oírte.*

👁 Al escribir, no la confundas con la forma 'ha' del verbo 'haber' (por ejemplo: ha comido) ni con la interjección 'ah'. Recuerda que cuando le sigue el determinante 'el', la preposición se une al determinante y forman 'al'.

ábaco

nombre masculino

1 Marco de madera con cuerdas o alambres paralelos por los que corren unas bolas. El ábaco sirve para contar y calcular o para marcar los puntos que ganan los jugadores de ciertos juegos.

abad, abadesa

nombre

1 Religioso superior que gobierna en algunos monasterios o comunidades religiosas.

abadía

nombre femenino

1 Monasterio donde vive una comunidad religiosa gobernada por un abad o una abadesa.

abajo

adverbio

1 Indica una posición más baja que la de la persona que habla o que algo determinado: *Estaré abajo. Mira ahí abajo, ¿lo ves?*

2 Expresa movimiento hacia un lugar más bajo que el punto de partida: *Vamos abajo. Salió corriendo escaleras abajo.*

interjección

3 ¡abajo! Expresa rechazo hacia algo e indica el deseo de que se acabe una determinada situación: *¡Abajo el invasor!*

abalanzarse

verbo

1 Ir o tirarse hacia una persona, un animal o una cosa de modo violento o brusco. Una persona

A
—
a

puede abalanzarse sobre otra para asustarla o para inmovilizarla.
☞ Se escribe 'c' delante de 'e', como: me abalancé.

abandonar
verbo   **1** Dejar una persona voluntariamente de cuidar, de atender o de hacer compañía a otra persona, a un animal o a una cosa.
2 Irse una persona de un sitio y no volver en mucho tiempo. Muchas personas abandonan el campo para ir a vivir a la ciudad.
3 Dejar una persona voluntariamente de hacer una actividad o desempeñar una función, especialmente cuando se había estado haciendo durante tiempo. Si se abandonan los estudios, no se acaban.
4 Dejar una persona de tener una idea, un propósito o una intención. Si se abandona la idea de hacer una cosa, se renuncia a hacerla.
5 abandonarse Dejar una persona de cuidar su aseo personal o su aspecto. Una persona se abandona cuando no se lava o lleva ropa estropeada o sucia.

abandono
nombre masculino   **1** Acción que consiste en abandonar una persona el cuidado o la atención de alguien o algo.
2 Acción de dejar un lugar o una actividad definitivamente.
3 Acción que consiste en dejar una persona de cuidar su aspecto exterior o su aseo personal.

abanico
nombre masculino   **1** Instrumento que se mueve con una mano y sirve para dar o darse aire. Se puede plegar y abrir en forma de semicírculo.
2 Conjunto de posibilidades entre las que se puede elegir. Las tiendas de alimentación ofrecen un amplio abanico de productos.

abaratar
verbo   **1** Bajar el precio de una mercancía. En rebajas, las tiendas abaratan mucho sus productos. ✂ rebajar. ✂ subir.

abarcar
verbo   **1** Rodear una persona con sus brazos a otra persona o una cosa.

También se abarca una cosa cuando se puede coger con una mano.
2 Alcanzar a ver una persona con la mirada toda una superficie o una extensión de terreno. Desde un lugar alto se puede abarcar mejor un paisaje que se quiere contemplar.
3 Tener una cosa incluida o contenida a otra dentro de sus límites, ya sea en el espacio o en el tiempo. Hay plantaciones que abarcan kilómetros; algunas novelas históricas abarcan varios siglos.
☞ Se escribe 'qu' delante de 'e', como: abarqué.

abastecer
verbo   **1** Dar o poner al alcance de una persona una cosa necesaria. Las asociaciones humanitarias abastecen de alimentos a los países que pasan hambre. Muchas ciudades se abastecen con agua de embalses. ✂ proveer; suministrar.
☞ Se conjuga como: agradecer; la 'c' se convierte en 'zc' delante de 'a' y 'o', como: abastezcan.

abasto
no dar abasto No poder realizar el trabajo que hay que hacer o no poder acabar lo que se está haciendo por falta de tiempo o exceso de trabajo.

abatido, abatida
adjetivo   **1** Se dice de la persona que está muy triste o deprimida.

abatir
verbo   **1** Tirar o hacer caer al suelo a una persona o una cosa. Los edificios son abatidos para construir otros nuevos. ✂ derribar.
2 Inclinar o bajar algo que estaba erguido o elevado. Algunas mesas tienen un ala que se puede abatir para hacerlas más pequeñas.
3 Matar a una persona o un animal con un arma de fuego, como una pistola o una escopeta.
4 Hacer que una persona esté triste o desanimada. Los fracasos profesionales abaten a la gente.

abdicar
verbo   **1** Ceder o renunciar a un cargo o derecho. Un rey puede abdicar la corona o el trono en su hijo.

👁 Se escribe 'qu' delante de 'e', como: abdique.

abdomen
nombre masculino **1** Parte del cuerpo de los animales vertebrados que contiene el estómago, los intestinos, el hígado y otros órganos. En el hombre, el abdomen es la parte que hay entre el pecho y la cadera. ✎ 594
👁 El plural es: abdómenes.

abdominal
adjetivo **1** Del abdomen o que está relacionado con él.
nombre masculino **2** Ejercicio de gimnasia que se hace para poner fuertes los músculos del abdomen.

abecedario
nombre masculino **1** Serie de todas las letras de un idioma colocadas en orden alfabético. ✺ alfabeto.

abedul
nombre masculino **1** Árbol de corteza lisa y clara y hojas pequeñas caducas con el borde en forma de sierra. Su madera se usa en carpintería. ✎ 598

abeja
nombre femenino **1** Insecto volador con el cuerpo de color oscuro recubierto de un vello amarillento. Tiene un aguijón y su picadura es dolorosa. Produce cera y miel.

abejorro
nombre masculino **1** Insecto parecido a la abeja, pero más grande. Produce un fuerte zumbido al volar.

abertura
nombre femenino **1** Hueco o espacio abierto en una superficie. Las ventanas son aberturas que hay en las paredes y los ojales son aberturas en las prendas de ropa.

abeto
nombre masculino **1** Árbol de tronco alto y recto, copa en forma de cono, hojas perennes en forma de aguja y piñas redondeadas. Su madera se usa para hacer muebles.

abierto, abierta
participio **1** Es el participio irregular de: abrir. También se usa como adjetivo: *¿Has abierto la ventana? Hay una botella abierta de gaseosa.*
adjetivo **2** Se dice de los lugares amplios y que no están limitados. Un jardín abierto no tiene vallas; cuando una barca se aleja de la costa o del puerto va hacia mar abierto.
3 Se dice de la persona que tiene facilidad para relacionarse con los demás. Las personas abiertas suelen ser muy simpáticas. ✺ cerrado.
4 Se dice de la persona que está dispuesta a aceptar las ideas y las opiniones de los demás si son mejores que las suyas. ✺ cerrado.

abismo
nombre masculino **1** Lugar muy profundo y peligroso, como un acantilado, un barranco o un precipicio.

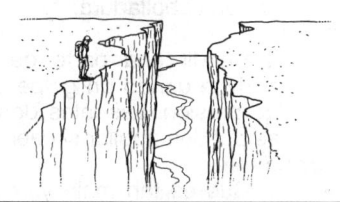

abismo

2 Diferencia o distancia muy grande entre personas, cosas o ideas: *Hay un abismo entre lo que dice y lo que hace.*

ablandar
verbo **1** Hacer una persona o una cosa que algo se ponga blando o más blando de lo que estaba. La cera se ablanda con el calor.
2 Hacer que alguien deje de estar enfadado y se suavice un poco, o que deje de oponerse rotundamente a algo: *No conseguí ablandar a mis abuelos para que me dejaran salir de noche.*

abochornar
verbo **1** Hacer sentir vergüenza a una persona. Nos puede abochornar el comportamiento ridículo de un amigo. ✺ avergonzar.

abofetear
verbo **1** Dar una o más bofetadas a alguien.

abogado, abogada
nombre **1** Persona que se dedica a ayudar a otras en asuntos legales y a defenderlas en los juicios. Los abogados han estudiado la carrera de derecho. ✎ 797

A
—
a

A
a

abolición
nombre femenino
1 Acción que consiste en abolir una ley, norma o costumbre: *Lucharon por la abolición de la esclavitud.* 👁 El plural es: aboliciones.

abolir
verbo
1 Hacer que una ley, una norma o una costumbre deje de ser válida en un lugar. El Parlamento puede abolir una ley mediante otra ley.

abolladura
nombre femenino
1 Hundimiento de una superficie al dar un golpe o hacer presión sobre ella. Si nos sentamos en el capó de un coche, le podemos hacer una abolladura.

abollar
verbo
1 Hundir una parte de una superficie dando un golpe o haciendo presión. Las latas de conserva se pueden abollar si caen al suelo.

abominable
adjetivo
1 Que es tan malo y terrible que merece ser rechazado, odiado o temido. Un asesino es una persona abominable.

abonar
verbo
1 Echar abono en la tierra para que las plantas crezcan más sanas, más rápidamente o en mayor cantidad. ✖ fertilizar.
2 Pagar lo que se debe. A final de mes las empresas abonan el sueldo a sus empleados. ✖ pagar. ✖ deber.
3 abonarse Apuntarse para recibir o disfrutar periódicamente un servicio, comprometiéndose a pagar las cuotas que correspondan. Nos abonamos a una revista o a un club deportivo.

abono
nombre masculino
1 Sustancia mineral, vegetal o animal que se echa en la tierra para que las plantas crezcan mejor y en mayor cantidad. El estiércol es un buen abono. ✖ fertilizante.
2 Pago de una factura o de un sueldo. En las empresas, los abonos se hacen a fines de mes.
3 Entrada o billete que permite usar un servicio varias veces. Con un abono para el autobús, los viajes salen más baratos. ✖ bono.

abordaje
al abordaje Pasando de un barco a otro al que se está atacando. Los piratas solían tomar los barcos al abordaje.

abordar
verbo
1 Acercarse un barco a otro hasta tocarlo o chocar con él de modo voluntario o por accidente.
2 Acercarse a una persona, con la que no se había quedado, para hablar con ella. Los periodistas suelen abordar a los políticos para hacerles preguntas.
3 Empezar un trabajo o cualquier asunto difícil y tratar de resolverlo. Cuanto antes se abordan los problemas, antes se solucionan.

aborigen
adjetivo y nombre
1 Se dice del pueblo o comunidad que es habitante originario de una región o país. Suele aplicarse a pueblos considerados primitivos y en oposición a los colonos. Los incas y aztecas son algunos de los pueblos aborígenes de América. ✖ indígena.
adjetivo
2 Se dice de los animales o las plantas que son originarios y propios de la zona en la que viven, y no llegados de otro lugar. La fauna aborigen de la península Ibérica es muy variada. 👁 El plural es: aborígenes.

aborrecer
verbo
1 Experimentar un sentimiento de rechazo o desagrado hacia algo o alguien que no nos gusta nada. Si una persona come cada día carne, puede acabar aborreciéndola. ✖ odiar; detestar. 👁 Se conjuga como: agradecer; en algunas formas la 'c' pasa a 'zc' delante de 'a' y 'o', como: aborrezco.

abortar
verbo
1 Interrumpir un embarazo antes de tiempo, cuando el feto todavía no está desarrollado. Se puede abortar por causas naturales, como un accidente o enfermedad, o puede ser provocado.
2 Impedir que se realice o se acabe una acción: *El piloto abortó el despegue por problemas técnicos. La policía abortó el robo.*

A a

aborto
nombre masculino **1** Interrupción voluntaria o involuntaria de un embarazo antes de tiempo, cuando el feto todavía no está desarrollado. El aborto supone la muerte del feto.

abotonar
verbo **1** Abrochar los botones de una prenda de vestir.

abrasar
verbo **1** Quemar una cosa hasta que quede hecha brasas. Un incendio en un bosque puede abrasar todos los árboles.
2 Producir demasiado calor. El sol abrasa en verano. ✕ quemar.
3 Estar una cosa muy caliente. La sopa recién sacada del fuego abrasa. ✕ quemar.

abrazar
verbo **1** Estrechar entre los brazos a una persona o cosa en señal de cariño. Los amigos suelen abrazarse cuando pasan mucho tiempo sin verse.
2 Adoptar una religión, una idea o actitud que antes no se tenía: *Algunos indígenas abrazaron el catolicismo.* ✕ renegar.
👁 Se escribe 'c' delante de 'e', como: abracé.

abrazo
nombre masculino **1** Muestra de cariño que consiste en estrechar entre los brazos a una persona o cosa. Es normal ver a los viajeros despedirse de sus familiares con un abrazo.

abrebotellas
nombre masculino **1** Utensilio de metal que sirve para quitar las chapas que tapan las botellas.
👁 El plural es: abrebotellas.

abrecartas
nombre masculino **1** Utensilio que sirve para abrir los sobres de las cartas; tiene la forma parecida a un cuchillo, con una hoja plana afilada y un mango.
👁 El plural es: abrecartas.

abrelatas
nombre masculino **1** Utensilio de metal con una pieza cortante y afilada que sirve para abrir latas de conserva. ✎793
👁 El plural es: abrelatas.

abrevadero
nombre masculino **1** Fuente natural o estanque lleno de agua en donde beben los animales. Los caballos beben en los abrevaderos.

abreviar
verbo **1** Hacer que una cosa sea más corta. Podemos abreviar una redacción si suprimimos un párrafo o escribimos frases más breves. ✕ acortar. ✕ alargar.
2 Hacer que una cosa dure menos tiempo. A un amigo le pedimos que abrevie si nos está explicando una película y se extiende mucho en los detalles. ✕ alargar.
👁 Se conjuga como: cambiar; la 'i' no lleva acento de intensidad.

abreviatura
nombre femenino **1** Letra o grupo de letras, seguidas de un punto, que se escriben

---

ABREVIATURAS
Algunas abreviaturas corrientes

a	área	Dr./Dra.	doctor/doctora	n.°	número
a. C./a. de C.	antes de Cristo	E	este	O	oeste
adj.	adjetivo	etc.	etcétera	p. ej.	por ejemplo
adv.	adverbio	Fdo.	firmado	P. D.	post data
art.	artículo	fem.	femenino	pág.	página
Avda.	avenida	interj.	interjección	pl.	plural
C/	calle	izda.	izquierda	Pl.	plaza
cap.	capítulo	kg	kilogramo	pta.	peseta
Cía.	compañía	km	kilómetro	S	sur
cm	centímetro	l, L	litro	sing.	singular
conj.	conjunción	masc.	masculino	Sr./Sra.	señor/señora
d. C./d. de C.	después de Cristo	min	minuto	sust.	sustantivo
		mm	milímetro	tel. o teléf.	teléfono
D./D.ª	don/doña	N	norte	Ud.	usted
dcha.	derecha	n.	nombre	v.	verbo

A

a

para representar una palabra entera. 'P. ej.' es la abreviatura de 'por ejemplo'.

abridor

nombre masculino **1** Utensilio de metal que sirve para abrir botellas o latas de conserva.

abrigar

verbo **1** Proteger del frío, normalmente con ropas o telas gruesas. En invierno la gente se abriga antes de salir a la calle.

☞ Se escribe 'gu' delante de 'e', como: abrigué.

abrigo

nombre masculino **1** Prenda de vestir de manga larga que llega hasta debajo de la rodilla, va abierta por delante y se pone sobre otras prendas para abrigar.

2 Lugar protegido o cubierto en el que uno puede refugiarse del frío, del viento o de la lluvia: *Cuando empezó la tormenta, la cueva sirvió de abrigo a los excursionistas.*

de abrigo Se dice de la prenda, tela u otra cosa que protege del frío: *Ponte algo de abrigo para salir.*

abril

nombre masculino **1** Cuarto mes del año. Abril tiene 30 días.

nombre masculino plural **2 abriles** Años de una persona; alguien tiene 15 abriles cuando tiene 15 años.

abrillantar

verbo **1** Dar o sacar brillo a una cosa o a una superficie frotándola con un trapo, bayeta u otro utensilio. Los objetos de metal, los muebles y los suelos se suelen abrillantar.

abrir

verbo **1** Mover el mecanismo o quitar la tapa que mantiene cerrada una cosa o un lugar. Para abrir una botella hay que descorcharla o quitarle la chapa. ✂ cerrar.

2 Separar las partes movibles o articuladas de algo, como los labios, los ojos o las páginas de un libro. ✂ cerrar.

3 Hacer un corte o un agujero en una superficie o una cosa. Se puede abrir un melón o un hueco en la pared.

4 Permitir el paso libre de una persona o una cosa por un lugar. Si se abre la llave del gas, el gas llega a la cocina. ✂ cerrar.

5 Ocupar la primera posición en una serie o una sucesión. En los pases de moda, los trajes de calle suelen abrir el desfile. ✂ cerrar.

6 abrirse Irse de un lugar. Es un uso informal.

☞ El participio es: abierto.

abrochar

verbo **1** Cerrar una prenda de vestir o sujetar una parte de la prenda con otra con ayuda del cierre que lleve. Para abrochar la ropa utilizamos botones, corchetes o cremalleras. ✂ desabrochar.

abrupto, abrupta

adjetivo **1** Se dice del terreno que tiene muchas rocas, está quebrado y tiene pendientes muy pronunciadas. Es muy difícil pasar o transitar por caminos abruptos. ✂ accidentado.

ábside

nombre masculino **1** Parte de una iglesia en forma de medio círculo que sobresale por la parte posterior del altar mayor.

absolución

nombre femenino **1** Acción que consiste en reconocer un tribunal o un juez que una persona que estaba acusada de un delito es inocente.

2 Acción en la que un sacerdote perdona sus pecados a la persona que se confiesa.

☞ El plural es: absoluciones.

absolutismo

nombre masculino **1** Sistema de gobierno en el que el rey tiene todo el poder del Estado, sin estar limitado por una Constitución o por leyes. El absolutismo fue el régimen político que predominó en los países europeos en los siglos XVII y XVIII.

absoluto, absoluta

adjetivo **1** Que no tiene límites ni condiciones de ningún tipo, que es total, como el poder que tienen los dictadores.

2 Se dice de la característica de una cosa considerada en sí misma, sin compararla con otras cosas. En ocasiones, el arte pretende captar y representar la belleza absoluta. ✕ relativo.

en absoluto De ninguna manera: *No lo haré, en absoluto.*

absolver

verbo **1** Decir un tribunal o un juez que una persona que estaba acusada de haber cometido un delito es inocente. Cuando se absuelve a un acusado, éste queda en libertad.
2 Decir un sacerdote a una persona que se acaba de confesar que le quedan perdonados sus pecados.
👁 Se conjuga como: mover; la 'o' se convierte en 'ue' en sílaba acentuada, como: absuelvo.

absorber

verbo **1** Atraer hacia dentro una sustancia y retenerla, como un líquido o un gas. Las esponjas absorben el agua; las aspiradoras absorben el polvo.
2 Ocupar el tiempo de una persona por completo: *Este trabajo me absorbe tanto que no tengo tiempo para salir.*

absorto, absorta

adjetivo **1** Que tiene totalmente concentrada su atención en la cosa que está haciendo, pensando o mirando, de manera que no atiende a nada más.

abstemio, abstemia

adjetivo y nombre **1** Que nunca toma bebidas alcohólicas. ✕ bebedor.

abstención

nombre femenino **1** Acción que consiste en renunciar voluntariamente una persona a participar en una votación.
👁 El plural es: abstenciones.

abstenerse

verbo **1** Renunciar una persona de manera voluntaria a hacer una acción o a intervenir en una cosa. Abstenerse en una votación es no votar.
👁 Se conjuga como: tener.

abstinencia

nombre femenino **1** Lo que hace una persona cuando se queda sin hacer algo o sin comer alguna cosa por motivos religiosos o morales, especialmente sin comer carne los días que manda la Iglesia.

abstracto, abstracta

adjetivo **1** Se dice de lo que hace referencia a una idea y no tiene existencia material o palpable. La bondad, la justicia o la belleza son conceptos abstractos.
2 Se dice del nombre o sustantivo que representa cosas abstractas. 'Verdad', 'ternura' y 'firmeza' son nombres abstractos.

absurdo, absurda

adjetivo **1** Se dice de la acción, el hecho o la expresión que no tiene sentido ni lógica, que va en contra de lo que se considera razonable. Es absurdo comerse la sopa con el tenedor.
nombre masculino **2** Cosa que se dice, ocurre o se hace sin sentido ni lógica, de manera contraria a lo que se considera razonable. Decir un absurdo es decir una tontería muy grande.

abubilla

nombre femenino **1** Ave de color marrón rojizo, con las alas y la cola blancas y negras, un penacho de plumas sobre la cabeza y el pico largo y fino. Caza insectos.

abuchear

verbo **1** Protestar o mostrar enfado ante quien habla o actúa mediante silbidos, gritos u otros ruidos. La gente abuchea a un actor que lo hace muy mal. ✕ ovacionar.

abuelo, abuela

nombre **1** Padre o madre del padre o la madre de una persona. Los abuelos paternos son los padres del padre, y los abuelos maternos, los padres de la madre. ☞ 197
2 Persona que tiene muchos años. ✕ anciano; viejo.

abulense

adjetivo y nombre **1** Se dice de la persona o cosa que es de Ávila, ciudad y provincia de Castilla y León.

abultar

verbo **1** Ocupar una cosa más espacio del normal o del adecuado: *La maleta abulta mucho y no cabe.*
2 Aumentar la importancia, la cantidad o la intensidad de una cosa. Algunos periódicos abultan las noticias para llamar la atención de los lectores. ✕ exagerar; inflar.

A
a

abundancia
nombre femenino **1** Gran cantidad o número de cualquier cosa. En las tiendas hay abundancia de alimentos. ✖✖ exceso. ✖✖ escasez.
nadar en la abundancia Tener mucho dinero o una situación económica muy buena.

nadar en la abundancia

abundante
adjetivo **1** Que hay gran cantidad o número de alguna cosa. En la zona norte de España hay abundantes lluvias. En algunos restaurantes sirven platos abundantes de comida. ✖✖ escaso.

abundar
verbo **1** Haber gran cantidad o número de una cosa. Los olivos abundan en España. ✖✖ escasear.

aburrido, aburrida
adjetivo **1** Se dice de la persona o la cosa que causa aburrimiento porque no tiene interés. Si un juego no nos divierte, es aburrido. ✖✖ divertido. **2** Se dice de la persona que no se distrae o no se divierte. Cuando estamos solos y aburridos llamamos a un amigo.

aburrimiento
nombre masculino **1** Sensación de desgana o cansancio provocada por la falta de diversión.

aburrir
verbo **1** Resultar algo o alguien pesado, cansado o falto de interés. Algunos programas de televisión aburren. ✖✖ divertir.

abusar
verbo **1** Usar algo en exceso o de manera indebida. Es malo para la salud abusar de las grasas, el alcohol o los medicamentos.
2 Aprovecharse de la confianza o amistad de una persona. Una cosa es pedir un favor y otra abusar de los amigos: *Abusa de ti porque sabe que harás todo lo que te pida.*
3 Obligar una persona a otra a mantener relaciones sexuales contra su voluntad. Abusar sexualmente de alguien es un delito.

abuso
nombre masculino **1** Acción que consiste en abusar de algo o de alguien. Es un abuso cobrar por una cosa más de lo que vale.

abusón, abusona
adjetivo y nombre **1** Se dice de la persona que abusa habitualmente y con exceso de los demás. Los abusones se aprovechan de su superioridad para dominar a los demás.

acá
adverbio **1** Indica el lugar donde está el hablante o un lugar que está muy cerca de él: *Ven acá, que quiero que veas esto.* ✖✖ aquí.

acabado, acabada
adjetivo **1** Se dice de la persona que ha fracasado y no tiene oportunidad de mejorar o de comenzar de nuevo. Es una palabra informal.
nombre masculino **2** Calidad de la terminación de una obra o de un producto. Una mesa tiene un buen acabado si está muy bien hecha.

acabar
verbo **1** Hacer que lo que se estaba haciendo llegue al final. ✖✖ terminar.
2 Dejar de hacer una cosa o terminarla totalmente. Si nos acabamos la sopa dejaremos el plato limpio.
3 Llegar una cosa a su fin. El año acaba el 31 de diciembre.
acabar con Destrozar una cosa o matar a una persona o un animal. Los insecticidas acaban con los insectos.
acabar de Indica que una acción se ha producido poco tiempo antes. Si alguien acaba de irse de un lugar, todavía estará cerca.

acacia
nombre femenino **1** Árbol o arbusto de hoja caduca con flores olorosas en racimos y fruto en forma de vaina.

academia

nombre femenino **1** Centro de enseñanza donde se pueden estudiar ciertas carreras, profesiones o idiomas. Para ser coronel del ejército hay que estudiar en la academia militar. Muchas personas acuden a las academias para preparar oposiciones. **2** Sociedad formada por personas que destacan en las letras, las artes o las ciencias y que se dedica al estudio y a otros fines. La Real Academia Española estudia el español y nos indica los buenos usos. Con este significado suele escribirse con mayúscula.

académico, académica

adjetivo **1** Que tiene relación con un centro oficial de enseñanza. El curso académico comienza en septiembre y acaba en junio.

nombre **2** Persona que forma parte de una academia.

acalorar

verbo **1** Producir calor. Andar bajo el sol durante un rato acalora mucho. **2 acalorarse** Enfadarse o ponerse nerviosa una persona durante una conversación o una discusión. En una reunión una persona puede acalorarse y gritar. ※ irritarse.

acampada

nombre femenino **1** Instalación de una tienda de campaña en un lugar al aire libre para pasar unos días.

acampar

verbo **1** Instalarse en tiendas de campaña al aire libre para pasar un tiempo. Los excursionistas suelen acampar en el monte.

acantilado

nombre masculino **1** Parte de la costa donde las rocas están cortadas casi verticalmente. En el Cantábrico hay muchos acantilados.

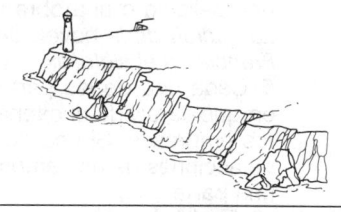
acantilado

acariciar

verbo **1** Pasar la mano por encima de una persona o animal con suavidad y cariño. A los perros les gusta que los acaricien; los enamorados suelen acariciarse para demostrarse su amor. **2** Tocar o rozar algo con mucha suavidad. En la playa es agradable sentir cómo la brisa del mar nos acaricia la cara. **3** Pensar en una cosa con la esperanza o el deseo de que se realice. Algunas personas acarician la idea de viajar por todo el mundo. ☞ Se conjuga como: cambiar; la 'i' no lleva acento de intensidad.

acarrear

verbo **1** Cargar con una cosa y transportarla de un sitio a otro. Generalmente se acarrean mercancías o materias pesadas. **2** Ser una cosa la causa de un resultado negativo. A veces las malas compañías acarrean problemas.

acaso

adverbio **1** Se utiliza para reforzar una pregunta cuando se cree que el oyente va a contestar lo mismo que cree el hablante: *¿Acaso no te dije que el partido era hoy?* ※ pero. **por si acaso** Indica que algo se hace pensando en la posibilidad de que ocurra algo que se dice, normalmente negativo: *Haz una copia de seguridad en este disquete, por si acaso.*

acatar

verbo **1** Obedecer y seguir una orden, una norma o una decisión aunque no se esté de acuerdo con ella. Los delincuentes no acatan la ley.

acatarrarse

verbo **1** Coger una persona un catarro. ※ constiparse; resfriarse.

acceder

verbo **1** Tener entrada o paso a un lugar. A un edificio se accede por la puerta. **2** Dar la conformidad o el consentimiento a algo que se pide. Si una persona accede a que su hijo salga de noche, lo deja salir de noche. ※ aceptar.

A a

A
a

accesible
adjetivo **1** Se dice de la persona con la que es fácil hablar y tratar aunque sea importante o esté muy ocupada. Algunos famosos son poco accesibles.
2 Se dice del lugar al que se puede entrar o llegar o por el que se puede pasar. Algunos lugares de montaña son poco accesibles.
3 Que es fácil de entender. Los profesores tratan de hacer accesible a sus alumnos la materia que enseñan.

acceso
nombre masculino **1** Entrada o paso a un lugar. Los campos de fútbol tienen muchos accesos.
2 Posibilidad de acercarse o de llegar hasta una persona o una cosa para obtener información. Los periodistas tienen acceso a muchos políticos y otras personas famosas.
3 Aparición repentina y brusca de un estado de ánimo o un estado físico determinado, como la tos, la alegría o los nervios.

accesorio, accesoria
adjetivo **1** Se dice de la cosa que no es la más importante ni la más necesaria para cierto fin. De las características accesorias de algo se puede prescindir.
nombre masculino **2** Cosa que no es básica o principal, pero la mejora. Las ollas y las cazuelas son accesorios de cocina. Hay muchos accesorios de informática.

accidentado, accidentada
adjetivo **1** Que presenta muchos problemas o dificultades. Cuando en un viaje nos quedamos sin gasolina y además se pincha una rueda, decimos que es un viaje accidentado.
adjetivo y nombre **2** Se dice de la persona que ha sufrido un accidente. En vacaciones suele haber muchos accidentados en las carreteras. ✖ herido; víctima.
adjetivo **3** Se dice del terreno que tiene muchos desniveles.

accidental
adjetivo **1** Se dice de la cosa que se produce o sucede por casualidad, sin estar prevista. En la calle se producen muchos encuentros accidentales con conocidos.

accidentar
verbo **1** Sufrir un accidente.

accidente
nombre masculino **1** Suceso inesperado que causa alguna desgracia a personas o cosas. El exceso de velocidad es causa de accidentes en las carreteras. En las obras, los obreros llevan casco para evitar los accidentes. Algunas cosas se rompen por accidente.
2 Suceso inesperado que ocurre por casualidad. Dos amigos se pueden encontrar en la calle por accidente. ✖ casualidad.
3 En geografía, cada una de las partes de un terreno que le da un determinado aspecto y características. Un cabo, un golfo o una montaña son accidentes geográficos.

acción
nombre femenino **1** Lo que una persona, animal o cosa hacen. Cuando una persona ríe o salta, cuando un animal ladra o come o cuando una máquina cose o lava están realizando acciones. ✖ acto.
2 Mucha actividad o movimiento. En las películas de acción ocurren muchas cosas; una persona de acción necesita mucha actividad física.
3 Efecto o influencia producidos por una cosa y que provocan un cambio. La acción de un medicamento suele ser beneficiosa. La acción excesiva del sol sobre la piel puede ser perjudicial.
4 Lo que pasa en una narración, una película o una obra de teatro: *La acción de la novela se sitúa en Francia en el siglo xix.*
5 Cada una de las partes iguales en que se divide el capital de ciertas empresas. Si una persona tiene acciones de una empresa, tiene una parte.
👁 El plural es: acciones.

accionar

verbo **1** Hacer funcionar una máquina o un mecanismo. Las puertas de los garajes se accionan a distancia con un mando.

accionista

nombre masculino y femenino **1** Persona que tiene acciones de una empresa. Los accionistas tienen derecho a recibir beneficios según las acciones que poseen.

acechar

verbo **1** Vigilar u observar con mucha atención y a escondidas a una persona o una cosa con algún propósito. En la caza se acecha a un animal cuando se le vigila.

aceite

nombre masculino **1** Líquido graso y menos denso que el agua que puede ser de origen animal, vegetal o mineral. Para cocinar usamos aceite de oliva, de girasol o de maíz.

aceitera

nombre femenino **1** Recipiente que sirve para guardar el aceite o servirlo en la mesa.

aceitoso, aceitosa

adjetivo **1** Que tiene mucho aceite y está grasiento: *Estas croquetas están muy aceitosas.*

aceituna

nombre femenino **1** Fruto del olivo pequeño, redondeado, de color verde o negro y con un hueso en el centro. Las aceitunas se comen o se usan para extraer el aceite. ✽✽ oliva.

aceleración

nombre femenino **1** Aumento de la velocidad de algo que se mueve, como un coche.
👁 El plural es: aceleraciones.

acelerador

nombre masculino **1** Mecanismo que hace que un motor pueda ir más deprisa. Los coches, las motos y otros vehículos de motor tienen acelerador.

acelerar

verbo **1** Aumentar la velocidad de un vehículo.
2 Hacer que un movimiento o un proceso sea más rápido. Se puede acelerar el paso o el ritmo de una canción.
3 acelerarse Ponerse muy nervioso: *Cuando tiene muchas cosas que hacer se acelera.* Es un uso informal.

acelga

nombre femenino **1** Planta comestible de hojas grandes y verdes, con un nervio central blanco bastante grueso. Las acelgas son una verdura.

acento

nombre masculino **1** Mayor fuerza o intensidad con que se pronuncia una sílaba de una palabra. La palabra 'amor' tiene el acento en 'mor'.
2 Signo que se pone sobre la vocal de la sílaba que se pronuncia más fuerte, siguiendo unas normas de acentuación. El acento permite leer correctamente las palabras. ✽✽ tilde.
3 Manera especial de pronunciar que tienen las personas de diferentes lugares. El acento andaluz es muy distinto del acento catalán.

acentuación

nombre femenino **1** Colocación de los acentos gráficos o tildes al escribir o pronunciación más fuerte de las sílabas acentuadas al hablar.
👁 El plural es: acentuaciones.

acentuar

verbo **1** Pronunciar más fuerte las sílabas acentuadas al hablar. Poner el acento ortográfico al escribir.
2 Hacer que algo sea más claro, más fuerte o más intenso. Si la gravedad de una enfermedad se acentúa, ésta se hace más grave.
👁 Se conjuga como: actuar; la 'u' se acentúa en algunos tiempos y personas, como: acentúan.

acepción

nombre femenino **1** Cada uno de los diferentes significados que puede tener una palabra. Fíjate que 'acentuar' tiene dos acepciones.
👁 El plural es: acepciones.

aceptable

adjetivo **1** Se dice de lo que se puede aceptar porque tiene las características mínimas que se le pueden exigir. Un trabajo aceptable está bien, sin ser demasiado bueno.

aceptación

nombre femenino **1** Éxito o respuesta favorable que tiene algo, como un producto o

EL ACENTO

En las palabras hay una sílaba que se pronuncia con mayor intensidad. Esa sílaba se llama sílaba tónica y la intensidad con que se pronuncia se llama acento. En 'mochila', 'chi' es la sílaba tónica.

En español a veces escribimos el acento de intensidad. El acento escrito se llama tilde (aunque también se dice sólo acento). La tilde nos ayuda a leer mejor, porque indica cuál es la sílaba tónica.

¿Cuándo se escribe el acento?

Posición del acento	Tipo de palabra	Se escribe acento	Ejemplo
última sílaba	aguda	acaba en vocal, vocal + n o vocal + s	sofá compás acción
penúltima sílaba	llana	acaba en consonante, excepto vocal + n o vocal + s	cárcel lápiz mártir
antepenúltima sílaba	esdrújula	siempre	médico América mírame

Los monosílabos no llevan tilde: di, ven, sol, fui.

Algunas palabras tienen dos funciones distintas; para distinguirlas se utiliza la tilde:

Sin tilde	Con tilde
aun ('aunque'; 'incluso') Ni aun así se lo creyó	aún ('todavía') Aún es de noche
de (preposición) Me alegro de verte	dé (verbo) Dé esto a su madre
el (determinante) No vi el bache	él (pronombre) Lo ha dicho él
mas ('pero') Lo esperaba, mas no ha llegado	más (cantidad) Dame más, por favor
se (pronombre) Se hace así	sé (verbo 'ser' o 'saber') Lo sé. Sé amable
si (condicional) Si te decides, llámame	sí (afirmación; pronombre) Sí quiero. Lo guarda para sí
solo ('sin compañía') He venido solo	sólo ('únicamente') Sólo quiero uno
te (pronombre) ¿Te gusta?	té ('planta'; 'bebida') Me gusta beber té
tu (posesivo) ¿Es ésa tu hermana?	tú (pronombre) Seguro que tú lo sabes

una propuesta. Si una idea tiene poca aceptación, poca gente cree que es buena.
👁 El plural es: aceptaciones.

aceptar
verbo **1** Estar de acuerdo en recibir algo que alguien nos ofrece. Una persona puede aceptar un regalo, una propuesta de un puesto de trabajo o las disculpas de otra persona.
2 Estar de acuerdo con lo que otra persona dice o decir que sí. En las bodas, el cura pregunta a los novios si aceptan a la otra persona como esposo o esposa.

acequia
nombre femenino **1** Zanja o canal que conduce el agua para regar. En algunas huertas suele haber acequias.

acera
nombre femenino **1** Parte de la calle, más alta que la calzada, por donde pasa la gente que va andando.

acerca
acerca de Introduce un tema o un asunto sobre el que se va a hablar o escribir: *El profesor habló acerca del medio ambiente.*

acercar
verbo **1** Poner una cosa o a una persona más cerca, a menos distancia de otra persona o de un lugar. ✖ aproximar. ✖ separar.
2 Llevar a una persona a un lugar determinado en coche u otro vehículo. Si una persona tiene que pasar con su coche por el lugar a donde va otra, le puede acercar.
3 acercarse Faltar cada vez menos tiempo para que ocurra algo. Cuando se acercan los exámenes, hay que estudiar mucho.
👁 Se escribe 'qu' delante de 'e', como: acerqué.

acero
nombre masculino **1** Metal duro y resistente que está hecho de hierro mezclado con carbono. El acero se utiliza para fabricar herramientas y otros objetos, como cubiertos.
acero inoxidable El que no se oxida; se usa mucho para fabricar utensilios de cocina.

acertar
verbo **1** Encontrar la solución o la mejor manera de hacer algo. Si se contesta bien a una pregunta, se acierta. ✖ fallar.
2 Dar con algo en el lugar que se quiere. En el juego de los dardos, se trata de acertar en el centro de la diana. ✖ atinar. ✖ fallar.

acertar	
INDICATIVO	**SUBJUNTIVO**
presente	**presente**
acierto	acierte
aciertas	aciertes
acierta	acierte
acertamos	acertemos
acertáis	acertéis
aciertan	acierten
pretérito imperfecto	**pretérito imperfecto**
acertaba	acertara o acertase
acertabas	acertaras o acertases
acertaba	acertara o acertase
acertábamos	acertáramos o acertásemos
acertabais	acertarais o acertaseis
acertaban	acertaran o acertasen
pretérito indefinido	**futuro**
acerté	acertare
acertaste	acertares
acertó	acertare
acertamos	acertáremos
acertasteis	acertareis
acertaron	acertaren
futuro	**IMPERATIVO**
acertaré	
acertarás	acierta (tú)
acertará	acierte (usted)
acertaremos	acertad (vosotros)
acertaréis	acierten (ustedes)
acertarán	
condicional	**FORMAS NO PERSONALES**
acertaría	
acertarías	
acertaría	**infinitivo gerundio**
acertaríamos	acertar acertando
acertaríais	**participio**
acertarían	acertado

acertijo
nombre masculino **1** Frase que da unas pistas para adivinar la respuesta al problema que se plantea: *'¿De quién es el caballo blanco de Santiago?' es un acertijo.* ✖ adivinanza.

achatar
verbo **1** Hacer más plana una cosa que sobresale. Si un coche choca con fuerza contra algo, se le achatará el morro. ✖ aplanar.

A a

achicar
verbo
1 Sacar el agua que entra en un barco para que no se hunda.
2 Hacer algo más estrecho o pequeño de lo que es. Cuando la ropa nos queda demasiado grande, hay que achicarla; si el sol molesta, se pueden achicar los ojos.
☞ Se escribe 'qu' delante de 'e', como: achiquen.

achicharrar
verbo
1 Freír, asar o tostar un alimento hasta que se queme. Si freímos un trozo de carne durante mucho tiempo, se achicharra. ✂ abrasar; quemar.
2 achicharrarse Sentir una persona mucho calor. En los días más calurosos del verano, nos achicharramos. ✂ asarse; freírse.

achuchar
verbo
1 Rodear y apretar a una persona con los brazos en señal de cariño. Los niños pequeños cuando duermen achuchan un muñeco de peluche.
2 Decirle a una persona que se dé prisa en algo que está haciendo. A las personas muy lentas hay que achucharlas para que acaben. Es un uso informal.

acidez
nombre femenino
1 Característica de las cosas ácidas. Los limones tienen mucha acidez.
2 Sensación fuerte y molesta que se tiene en el estómago cuando no se digiere bien algún alimento. La comida picante produce acidez a algunas personas.
☞ El plural es: acideces.

ácido, ácida
adjetivo
1 Que tiene un sabor fuerte parecido al del limón o al del vinagre: *El zumo de naranja estaba ácido.* ✂ agrio.
2 Que es muy desagradable y poco amable. Las personas que tienen un carácter ácido no son cariñosas.
nombre masculino
3 Sustancia química que puede destruir metales. Es muy peligroso tocar ácidos sin protección.

acierto
nombre masculino
1 Solución correcta de algo que se desconoce o que aún no ha pasado, como los aciertos en los resultados de las quinielas o en las predicciones meteorológicas.
2 Aquello que una persona hace con mucha habilidad y buenos resultados. Una persona actúa con acierto cuando resuelve un problema muy difícil.

aclamar
verbo
1 Mostrar una multitud su entusiasmo mediante aplausos o voces. Se aclama a políticos, artistas y deportistas.

aclaración
nombre femenino
1 Explicación o comentario que se hace para que una cosa quede más clara o se entienda mejor.
☞ El plural es: aclaraciones.

aclarar
verbo
1 Hacer que algo sea más claro de color. Hay productos para aclarar el pelo sin teñirlo. ✂ oscurecer.
2 Hacer que algo esté menos espeso. Para aclarar el chocolate se le añade leche; se aclara el bosque de árboles para evitar incendios.
3 Dar explicaciones para que algo se entienda mejor. El profesor aclara las dudas antes de un examen. ✂ clarificar. ✂ liar.
4 Quitarle el jabón a una cosa echándole abundante agua. Se aclaran la ropa, los platos o el pelo. ✂ enjuagar.
5 Desaparecer las nubes o la niebla. Tras una fuerte tormenta suele aclarar en pocos minutos. ✂ despejarse.
6 aclararse Poner uno en claro sus propias ideas. Las dudas se aclaran preguntando.

aclimatarse
verbo
1 Adaptarse una persona, un animal o una planta a un nuevo clima, situación o ambiente. Las aves tropicales no se aclimatan a los climas fríos; en ocasiones cuesta aclimatarse a un nuevo colegio. ✂ acostumbrarse; habituarse.

acobardar

verbo   **1** Hacer que alguien tenga miedo o no se atreva a hacer algo. El riesgo acobarda a algunas personas. ⚒ asustar.

acogedor, acogedora

adjetivo   **1** Se dice de los lugares que están decorados de forma que resultan muy agradables y cómodos. Una casa puede ser muy acogedora aunque no sea lujosa.

2 Se dice de la persona que recibe a las visitas o a la gente de fuera con amabilidad y ofreciéndole lo que tiene. En los pueblos, la gente es muy acogedora. ⚒ hospitalario.

acoger

verbo   **1** Aceptar a una persona que está sola o no tiene hogar en una familia o una casa durante un tiempo o de manera definitiva. Algunos países acogen a los refugiados que huyen de una guerra. También se puede acoger a un animal desamparado.

2 Recibir a una persona o una cosa de cierta manera. Los seguidores de un club deportivo suelen acoger con entusiasmo a su equipo; los ciudadanos suelen acoger mal las subidas de precios.

3 Recibir bien a una persona o una cosa, aceptarla como buena o aprobarla. Una asamblea acoge una propuesta cuando es votada favorablemente por la mayoría.

🖎 Se escribe 'j' delante de 'a' y 'o', como: acoja o acojo.

acogida

nombre femenino   **1** Acción que consiste en recibir a una persona o una cosa de cierta manera. La música tiene muy buena acogida entre los jóvenes.

acojonar

verbo   **1** Hacer que una persona sienta miedo o no se atreva a hacer algo. ⚒ acobardar; asustar; atemorizar. 🖎 Es una palabra vulgar.

acometer

verbo   **1** Comenzar a hacer algo difícil o complejo, como un proyecto, un trabajo o una investigación.

2 Atacar con energía o lanzarse contra algo: *El toro acometió al torero con fuerza*.

acomodado, acomodada

adjetivo   **1** Se dice de la persona que tiene bastante dinero y vive sin problemas económicos. ⚒ adinerado.

acomodador, acomodadora

nombre   **1** Persona que indica a las personas que van a un espectáculo dónde pueden sentarse. Hay acomodadores en cines, circos y teatros.

acomodar

verbo   **1** Colocar a personas o cosas en un lugar conveniente de forma que estén cómodos o colocados de la mejor forma posible. Cuando se reciben visitas, se procura acomodar a los invitados lo mejor posible.

2 acomodarse Acostumbrarse a algo y sentirse cómodo en la nueva situación: *Todavía no se ha acomodado a la nueva casa*.

acompañamiento

nombre masculino   **1** Conjunto de notas musicales que complementan la melodía principal de una composición musical.

acompañante

adjetivo y nombre   **1** Se dice de la persona que está junto a otra persona o la acompaña a un lugar. 🖎 200

acompañar

verbo   **1** Estar o ir con otra persona a algún sitio para hacerle compañía o para ayudarle o para hacer lo mismo que ella. Los padres acompañan a sus hijos al médico.

2 Añadir o juntar una cosa a otra más importante o principal, como un documento a una carta o unas patatas fritas a un filete.

3 Cantar o tocar una música de acompañamiento a la melodía principal de una canción.

4 Tener una habilidad o una característica determinada. Si a una persona le acompaña la suerte, todo le va bien.

acompasar

verbo   **1** Hacer que algo vaya al mismo ritmo o compás que otra cosa. Los bailarines deben acompasar sus movimientos a la música.

acondicionar

verbo   **1** Preparar una cosa o ponerla en

A
a

las condiciones adecuadas para un fin determinado. Una habitación puede acondicionarse para cambiar su uso: *Han acondicionado el gimnasio para hacer la fiesta de fin de curso.* ✖ disponer.
2 Regular la temperatura y la humedad de un lugar cerrado para que reúna las condiciones adecuadas para su uso. Los museos, los invernaderos y algunas zonas de los hospitales se acondicionan.

aconsejable
adjetivo   **1** Que se puede aconsejar porque es bueno o conveniente para algo. Es aconsejable mudarse de ropa después de hacer deporte porque así se previene un resfriado.

aconsejar
verbo   **1** Decir a una persona lo que se cree que debe o no debe hacer. Cuando tenemos un problema y no sabemos qué hacer, podemos pedir a un amigo que nos aconseje.

acontecimiento
nombre masculino   **1** Aquello que ocurre; normalmente es algo importante. La visita de gente distinguida a un lugar suele ser un acontecimiento.

acoplar
verbo   **1** Unir o ajustar una pieza a un sitio o dos piezas entre sí. Algunos objetos, como las maquetas o algunos muebles, van desmontados y hay que acoplar las piezas.

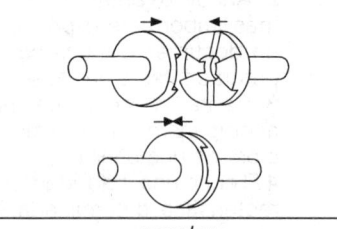

acoplar

2 Adaptar algo o adaptarse alguien a una nueva situación o ambiente: *Se ha acoplado enseguida a sus nuevos amigos.*

acorazado
nombre masculino   **1** Barco de guerra de gran tamaño y con potentes cañones. Los acorazados y los portaaviones son los barcos más grandes de una flota.

acordar
verbo   **1** Llegar varias personas a un acuerdo: *Acordamos ir de excursión el día 25.*
2 Tomar una persona una decisión determinada: *El presidente acordó reunirse con los manifestantes.*
3 acordarse Traer o venir algo a la memoria. Una persona puede acordarse de cosas que le han ocurrido en el pasado, de cosas que sabe o de cosas que ha pensado que tenía que hacer: *Me acuerdo muy bien de cuando te conocí.* ✖ recordar. ✖ olvidar.
◉ Se conjuga como: contar; la 'o' se convierte en 'ue' en sílaba acentuada, como: acuerdan.

acorde
adjetivo   **1** Se dice de la persona o la cosa que está de acuerdo con otra u otras, que no se contradicen. Son acordes dos opiniones parecidas o dos colores que combinan bien.
nombre masculino   **2** Conjunto de tres o más sonidos diferentes combinados para que suenen con armonía. En el piano los acordes se hacen tocando varias teclas a la vez.

acordeón
nombre masculino   **1** Instrumento musical de viento formado por una especie de caja con un fuelle en el centro y con un teclado en un lado y unos botones en el otro. El acordeón se cuelga por delante del cuerpo y se abre y se cierra para producir el sonido.

acorralar
verbo   **1** Llevar o perseguir a una persona o un animal hasta un lugar del que no puede salir; también se acorrala a una persona cuando otras personas le rodean y no le dejan escapar: *La policía acorraló al delincuente.*
2 Dejar a una persona confundida o sin respuestas en una discusión o en un interrogatorio. Se acorrala a una persona cuando se la

deja sin razones para defender su posición en una discusión.

acortar

verbo **1** Hacer que algo sea más corto de lo que era. Cuando se acorta una cosa se hace más pequeña su longitud, su tamaño o su duración. También se puede acortar por un atajo para llegar antes a un sitio.

acosar

verbo **1** Perseguir o molestar a una persona de forma repetida. A algunos artistas los acosan sus admiradores.

acostar

verbo **1** Tumbar a una persona en la cama para que duerma o descanse. Los padres acuestan a sus niños en la cuna.
2 acostarse Tener relaciones sexuales con una persona.
👁 Se conjuga como: contar; la 'o' se convierte en 'ue' en sílaba acentuada, como: acuestan.

acostumbrar

verbo **1** Conseguir que una persona o animal adquiera una costumbre o se adapte a una situación o condición nueva. Los padres van acostumbrando poco a poco a los bebés a los sabores nuevos; cuando una persona cambia de vida, necesita tiempo para acostumbrarse. ✖ adaptar.
2 Hacer una cosa habitualmente: *Acostumbran veranear en la playa.* ✖ soler.

acreditar

verbo **1** Ser una acción o el comportamiento de una persona la prueba que demuestra que se la puede considerar de determinada manera. Las sucesivas victorias de un equipo de fútbol lo acreditan como favorito en una competición.
2 Demostrar un documento que una persona es quien es o está autorizada para hacer algo. Para acreditar una persona su identidad debe mostrar un carné con su foto.
3 Dar algo fama o buen nombre a una persona o a una cosa. Un buen producto se acredita por su calidad.

acreedor, acreedora

nombre **1** Persona a la que otra debe dinero y tiene derecho a exigir que se le pague esa deuda. A veces una empresa tiene que cerrar porque no puede pagar a los acreedores.

acrobacia

nombre femenino **1** Ejercicio físico que consiste en mantener el equilibrio sobre una cuerda o en hacer saltos y otros ejercicios difíciles. En los circos siempre hay números de acrobacia.

acróbata

nombre masculino y femenino **1** Persona que hace ejercicios de equilibrio y habilidad, como andar por una cuerda, sostener muchos objetos haciendo que no pierdan el equilibrio o dar saltos para caer en los hombros de una persona.

acta

nombre femenino **1** Papel en el que están escritos los temas que se han tratado en una reunión. Las actas son documentos que sirven para demostrar los acuerdos o decisiones que se han tomado.
2 Documento que rellena un árbitro o juez de una competición con las incidencias y el resultado. 🖝 798
👁 Es un nombre femenino, pero se utilizan los determinantes 'el' y 'un' cuando entre el determinante y el nombre no hay otras palabras: el acta.

actitud

nombre femenino **1** Forma de comportarse o estado de ánimo que tiene una persona. Si una persona está enfadada, tiene una actitud poco amable.
2 Postura del cuerpo que expresa un estado de ánimo o unas intenciones determinadas. Las leonas adoptan una actitud amenazadora cuando van a cazar a otro animal.

activar

verbo **1** Hacer funcionar un mecanismo o hacer que esté activo para que

A
a

A
a

funcione en el momento oportuno. Una alarma que se activa empieza a sonar.
2 Hacer que algo funcione o vaya más rápidamente. Algunos medicamentos activan la circulación de la sangre.

actividad
nombre femenino **1** Estado de las cosas, las personas o los animales cuando están haciendo algo. Cuando en el trabajo estamos en plena actividad estamos trabajando; un volcán está en actividad cuando expulsa lava de su interior. ⚒ inactividad.
2 Acción o conjunto de acciones que se consideran propias de una profesión o de una persona. Los trabajos o las cosas que tenemos que hacer cada día constituyen nuestra actividad diaria. Los colegios ofrecen actividades extraescolares, como idiomas, dibujo o atletismo. ✎ 200

activo, activa
adjetivo **1** Se dice de lo que está en actividad o tiene capacidad para entrar en funcionamiento en el momento preciso; una alarma está activa si está conectada. Las cosas que pueden tener algún efecto también se dice que son activas; si nos tomamos un medicamento activo para el dolor de cabeza, nos lo quitará. ⚒ inactivo.
2 Se dice de la persona que realiza muchas actividades y las hace con energía y rapidez; un chico que va a la escuela y además va a clases de idiomas y hace deporte es un chico activo. ⚒ pasivo.

acto
nombre masculino **1** Cualquier cosa que hace una persona. Planchar, dormir o pasear son actos; la gente debe ser responsable de sus actos. ⚒ acción.
2 Reunión de gente en un lugar público para hacer algo o para celebrar una fiesta. Los actos públicos suelen ser bastante formales y

la gente tiene que respetar unas normas.
3 Cada una de las partes principales en que se divide una obra de teatro. Los diferentes actos suelen estar separados por pausas que cuando se representa la obra se marcan con la caída del telón.
acto seguido Inmediatamente después: *Apagó la tele y acto seguido se fue a la cama.*
en el acto En el mismo momento: *Se hacen llaves en el acto.*

actor, actriz
nombre **1** Persona que actúa en una obra de cine, teatro, radio o televisión y representa un personaje.
👁 El plural de 'actriz' es: actrices.

actuación
nombre femenino **1** Acción que consiste en actuar o hacer algo una persona. La representación del trabajo de un cantante o un actor es una actuación.
👁 El plural es: actuaciones.

actual
adjetivo **1** Se dice de lo que ocurre o existe en el momento presente. Las costumbres actuales son muy distintas de las del siglo pasado.
2 Se dice de las cosas o las formas de actuar que están de moda.

actualidad
nombre femenino **1** Momento o tiempo presente y todo lo que ocurre en ese momento o tiempo. Los informativos de televisión reflejan la actualidad.
2 Característica de aquello que resulta interesante en el momento presente. Los libros que pierden actualidad se dejan de vender.

actualizar
verbo **1** Hacer que una cosa tenga elementos o características propias del momento actual. Cuando se actualiza un diccionario se le añaden palabras nuevas.
👁 Se escribe 'c' delante de 'e', como: actualicen.

actuar

verbo   **1** Hacer alguna cosa o producir un efecto. En situaciones de peligro conviene actuar con serenidad; algunos medicamentos actúan rápidamente.
2 Comportarse de una manera determinada. Ante una misma situación, diferentes personas actúan de distinta forma.
3 Representar un papel en una obra de teatro o en una película.

actuar	
INDICATIVO	**SUBJUNTIVO**
presente	**presente**
actúo	actúe
actúas	actúes
actúa	actúe
actuamos	actuemos
actuáis	actuéis
actúan	actúen
pretérito imperfecto	**pretérito imperfecto**
actuaba	actuara o actuase
actuabas	actuaras o actuases
actuaba	actuara o actuase
actuábamos	actuáramos o actuásemos
actuabais	actuarais o actuaseis
actuaban	actuaran o actuasen
pretérito indefinido	**futuro**
actué	actuare
actuaste	actuares
actuó	actuare
actuamos	actuáremos
actuasteis	actuareis
actuaron	actuaren
futuro	**IMPERATIVO**
actuaré	
actuarás	actúa (tú)
actuará	actúe (usted)
actuaremos	actuad (vosotros)
actuaréis	actúen (ustedes)
actuarán	
condicional	**FORMAS NO PERSONALES**
actuaría	
actuarías	
actuaría	**infinitivo** **gerundio**
actuaríamos	actuar actuando
actuaríais	**participio**
actuarían	actuado

acuarela

nombre femenino   **1** Tipo de pintura hecha con colores mezclados con agua; los cuadros que se pintan así también se llaman acuarelas.

acuario

nombre masculino   **1** Recipiente transparente lleno de agua que sirve para tener peces y otros animales acuáticos.

2 Edificio o lugar en donde se muestran al público varios tipos de peces y de otros animales acuáticos. En muchos zoos hay acuarios.
3 Undécimo signo del zodiaco. Con este significado se escribe en mayúscula.
nombre masculino y femenino   **4** Persona nacida bajo el signo de Acuario, entre el 21 de enero y el 18 de febrero.

acuático, acuática

adjetivo   **1** Se dice del organismo que vive en el agua, como los peces o algunas plantas.
2 Se dice de las cosas que tienen que ver con el agua, como los deportes acuáticos.

acudir

verbo   **1** Ir a un lugar por alguna razón determinada. Cuando una persona tiene una cita con otra, acude al lugar donde se han citado.
2 Pedir ayuda o consejo a una persona, en especial cuando se quiere conseguir algún tipo de beneficio. Los hijos acuden a sus padres cuando tienen problemas.

acueducto

nombre masculino   **1** Construcción que sirve para transportar agua de un lugar a otro. Unos acueductos son canales, otros son como puentes, como el acueducto de Segovia.

acuerdo

nombre masculino   **1** Decisión que toman en común dos o más personas y que deben cumplir. Empresarios y trabajadores llegan a acuerdos sobre las condiciones de trabajo; los gobiernos llegan a acuerdos para solucionar problemas comunes. � convenio.
2 Documento donde están las decisiones que toman dos o más países o grupos de personas; los acuerdos incluyen los derechos y las obligaciones de los que los firman.
de acuerdo Se utiliza cuando una persona quiere decir que tiene la misma opinión que otra o que está conforme con lo que dice: *De acuerdo, nos vemos a las dos.*

A
a

A
a

acumular
verbo **1** Juntar muchas cosas del mismo o de distinto tipo. Si no se limpian los lugares públicos, la basura se acumula.
2 Tener una persona cada vez más de cierta cosa, como dinero, riqueza o sabiduría.

acunar
verbo **1** Mover de manera suave y constante la cuna o la cama donde está un niño para que se duerma.

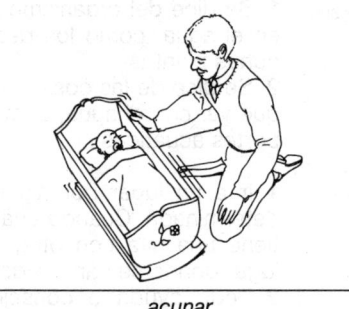

acunar

acuñar
verbo **1** Hacer monedas. Las monedas españolas se acuñan en la Fábrica Nacional de Moneda y Timbre.
2 Inventar una palabra o una frase y convertirla en algo normal o conocido. La publicidad y los humoristas a veces acuñan palabras nuevas que luego la gente utiliza.

acupuntura
nombre femenino **1** Técnica de medicina que consiste en clavar agujas en puntos del cuerpo humano para curar ciertas enfermedades o para quitar el dolor. La acupuntura tiene su origen en China.

acurrucarse
verbo **1** Doblar el cuerpo juntando los brazos con las piernas. Algunas personas se acurrucan para dormir.
◉ Se escribe 'qu' delante de 'e', como: acurruquen.

acusación
nombre femenino **1** Cosa que se dice cuando se acusa a una persona de haber hecho algo malo. Una acusación de asesinato es algo muy grave.

2 Conjunto de los fiscales y abogados que acusan a alguien en un juicio. La acusación debe probar los hechos que se atribuyen al acusado.
◉ El plural es: acusaciones.

acusado, acusada
nombre **1** Persona a la que se acusa de haber cometido un delito, y que es juzgada por un tribunal para determinar si es o no culpable. Si el acusado es inocente, queda en libertad. ☞797
adjetivo **2** Se dice de las cosas que destacan mucho y que enseguida se aprecian muy claramente. Algunas personas tienen un acusado interés por la política. ✹ acentuado.

acusar
verbo **1** Señalar a una persona como la culpable de cometer un delito o una falta grave. Las pruebas que se presentan en un juicio acusan a la persona que se juzga. ✹ culpar.
2 Echar la culpa a una persona de una mala acción. ✹ culpar.
3 Sufrir las consecuencias de algo, como el cansancio o el paso del tiempo. A medida que pasan los años, la cara de una persona acusa el paso del tiempo.

acusica
adjetivo **1** Se dice de la persona que acusa o dice las faltas de los demás. Es una palabra informal. ✹ chivato.

adaptación
nombre femenino **1** Acción de modificar una cosa para hacerla adecuada a algo o para usarla de una forma distinta de la original: *El edificio ha sufrido numerosas adaptaciones: primero fue un hospital, luego un centro educativo y ahora un museo.*
2 Cosa que se ha modificado para hacerla adecuada a un uso distinto del original. De algunas novelas se hacen adaptaciones para convertirlas en películas.
3 Proceso por el que una persona o un ser vivo se adapta o acostumbra a un cambio o una nove-

dad. Cuando una persona se pone lentillas por primera vez o cambia de país suele ser necesario un periodo de adaptación: *La adaptación de los nuevos elefantes al zoo es lenta.*
☞ El plural es: adaptaciones.

adaptar
verbo   **1** Modificar una cosa para hacerla adecuada a algo o para usarla de una forma distinta de la original. Los zapatos nuevos tardan un tiempo en adaptarse a nuestros pies. Algunos cantantes adaptan canciones de otros a su estilo musical.
2 adaptarse Llegar a sentirse cómoda o a estar bien una persona o una cosa en una nueva situación o en unas condiciones distintas de las habituales. Una persona no se adapta a un ambiente nuevo cuando no se acostumbra a él.

adecuado, adecuada
adjetivo   **1** Que es bueno para una situación, actividad o fin determinado. La leche es adecuada para el crecimiento de un niño; a una cena de gala hay que ir con ropa adecuada: *Es la persona más adecuada para este trabajo.* ≋ apropiado.

adecuar
verbo   **1** Hacer cambios para que una cosa se adapte a otra o a una situación nueva. Tenemos que adecuar nuestro lenguaje a la situación: no es lo mismo hablar con un amigo que con un desconocido.

adefesio
nombre masculino   **1** Persona o cosa muy fea, extraña y ridícula: *Es mejor que te cambies de ropa porque con ese traje estás hecho un adefesio.*

adelantado, adelantada
adjetivo   **1** Se dice de la persona joven que demuestra tener unas cualidades físicas o intelectuales propias de personas de más edad.
2 Se dice de la persona que hace cosas o tiene ideas propias de un tiempo futuro o que todavía no ha llegado. Galileo Galilei era un adelantado a su tiempo y afirmó que la Tierra giraba alrededor del Sol cuando nadie lo creía.

adelantamiento
nombre masculino   **1** Movimiento o maniobra que consiste en que un coche que está detrás de otro pase a estar delante.

adelantar
verbo   **1** Mover una cosa hacia adelante: *Los peones del ajedrez pueden adelantarse, pero no atrasarse.*
2 Ponerse delante de una persona o cosa a la que se deja atrás. En la autopista, los coches se adelantan unos a otros.
3 Hacer que una cosa ocurra antes del tiempo normal o del tiempo previsto. Las frutas se adelantan cuando maduran antes del tiempo que les corresponde.

adecuar

INDICATIVO	SUBJUNTIVO
presente	**presente**
adecuo	adecue
adecuas	adecues
adecua	adecue
adecuamos	adecuemos
adecuáis	adecuéis
adecuan	adecuen
pretérito imperfecto	**pretérito imperfecto**
adecuaba	adecuara o adecuase
adecuabas	adecuaras o adecuases
adecuaba	adecuara o adecuase
adecuábamos	adecuáramos o
adecuabais	adecuásemos
adecuaban	adecuarais o adecuaseis
	adecuaran o adecuasen
pretérito indefinido	
adecué	**futuro**
adecuaste	adecuare
adecuó	adecuares
adecuamos	adecuare
adecuasteis	adecuáremos
adecuaron	adecuareis
	adecuaren
futuro	
adecuaré	**IMPERATIVO**
adecuarás	
adecuará	adecua (tú)
adecuaremos	adecue (usted)
adecuaréis	adecuad (vosotros)
adecuarán	adecuen (ustedes)
condicional	**FORMAS NO PERSONALES**
adecuaría	
adecuarías	**infinitivo** **gerundio**
adecuaría	adecuar adecuando
adecuaríamos	**participio**
adecuaríais	adecuado
adecuarían	

A
a

4 Dar una cantidad de dinero u otra cosa antes del día que se había fijado para ello. Las empresas pueden adelantar una parte del sueldo a los trabajadores. ⚒ anticipar.
5 Hacer que un reloj marque una o varias horas o minutos más de la hora que realmente es. ⚒ retrasar.
6 Progresar o conseguir que mejore una persona, una institución o un país en alguna actividad. La medicina ha adelantado mucho en este siglo.
7 adelantarse Llegar una persona o una cosa antes del tiempo previsto. Si un parto se adelanta, ocurre antes de los nueve meses. ⚒ retrasar.

adelante
adverbio **1** Hacia el frente o más allá de donde uno se encuentra. ⚒ atrás.
interjección **2** Se usa para indicar que se puede pasar a un lugar o se puede o debe seguir haciendo algo: *¡Adelante, ya te falta poco, venga!*
de aquí en adelante Después de este momento, en el futuro: *De aquí en adelante se cambia el horario de la clase de matemáticas.*
más adelante Más lejos o más allá en el tiempo o en el espacio. Cuando dejamos una lectura para más adelante la retomamos al cabo de un tiempo.

adelanto
nombre masculino **1** Cosa o invento que supone una mejora de las condiciones de vida de las personas. El ordenador personal es un adelanto muy importante.
2 Cantidad de dinero que se paga antes del momento en el que se tenía que pagar.
3 Acción que consiste en adelantar una cosa o hacerla antes de lo previsto. Si se produce un adelanto en el inicio de las vacaciones, empiezan antes de lo previsto.

adelfa
nombre femenino **1** Arbusto de hojas largas, perennes, y flores blancas, amarillas, rojas o rosas. Su fruto es venenoso.

adelgazar
verbo **1** Perder peso una persona y quedarse más delgada de lo que estaba. ⚒ engordar.
👁 Se escribe 'c' delante de 'e', como: adelgacé.

además
adverbio **1** Se utiliza para añadir más información del mismo tipo, como cuando se dan más razones o más explicaciones: *No tengo ganas de salir; además, mañana tengo un examen. Además de español habla otros tres idiomas.*

adentrarse
verbo **1** Meterse hacia el interior de un lugar. Es peligroso adentrarse solo en el mar, en la selva o en una cueva profunda.

adentro
adverbio **1** Indica el movimiento hacia el interior de un lugar o de algo determinado: *Vamos adentro que hace más calor.* ⚒ afuera.
2 Indica que algo o alguien está en el interior de un lugar o dentro de algo determinado: *Adentro tengo mis libros.* ⚒ dentro. ⚒ afuera.

adepto, adepta
adjetivo y nombre **1** Que cree y está a favor de otra persona o de unas determinadas ideas políticas, religiosas o de cualquier tipo. Los adeptos de la religión islámica no comen carne de cerdo.

aderezar
verbo **1** Echarle a una comida especias o salsas para darle más sabor. Las ensaladas se aderezan normalmente con aceite, vinagre y sal. ⚒ aliñar.
👁 Se escribe 'c' delante de 'e', como: aderecé.

adeudar
verbo **1** Deber una cantidad de dinero a alguien: *Pedí un crédito y todavía le adeudo dinero al banco.* ⚒ pagar.

adherir
verbo **1** Unir o pegar una cosa a otra. Las enredaderas se adhieren a la pared con sus raíces; una pieza se puede adherir a un objeto con pegamento.

2 adherirse Aceptar una opinión, una creencia o una ideología y unirse a la gente que la defiende. Una persona puede adherirse a una organización o a un partido político.

👁 Se conjuga como: preferir; la 'e' se convierte en 'ie' en sílaba acentuada o en 'i' en algunos tiempos y personas, como: adhiero, adhirió.

adhesión
nombre femenino
1 Apoyo a una opinión, una creencia o una ideología. La adhesión de un país a un acuerdo supone que acepta ese acuerdo y lo apoya para que se cumpla.
👁 El plural es: adhesiones.

adhesivo, adhesiva
adjetivo
1 Que se pega en una superficie. El celo es un tipo de cinta adhesiva.
nombre masculino
2 Sustancia que sirve para unir o pegar dos superficies. Algunos adhesivos son tóxicos.
3 Trozo de papel o de plástico que se pega por una cara y tiene dibujos o fotos en la otra. ✖✖ pegatina.

adición
nombre femenino
1 Acción que consiste en añadir una cosa a otra. La adición de mucha sal a las comidas no es buena para la salud.
2 Operación matemática que consiste en reunir varias cantidades en una sola. También es la cantidad que resulta de esta operación: 10 es la adición de 5 + 5. ✖✖ suma. ✖✖ resta.
👁 El plural es: adiciones.

adicto, adicta
adjetivo y nombre
1 Se dice de la persona que está dominada por el uso de ciertas drogas. Hay personas adictas al tabaco, a la cocaína o al alcohol que necesitan tratamiento para abandonar su consumo.
2 Se dice de la persona que está dominada por la necesidad de hacer algo y que no sabe vivir sin esa actividad. Hay adictos al trabajo, a la televisión o al ordenador.

adiestrar
verbo
1 Enseñar a una persona una determinada habilidad y hacer que la practique para que consiga dominio en ella. También se puede adiestrar a un animal.

adinerado, adinerada
adjetivo
1 Se dice de la persona que tiene mucho dinero. La gente adinerada puede viajar sin preocuparse de lo que gasta.

adiós
interjección
1 Expresión que se usa para despedirse. A veces, cuando decimos '¡adiós!' a alguien que se aleja, acompañamos esta palabra con un gesto de la mano. ✖✖ hola.
nombre masculino
2 Despedida. Cuando llega el momento del adiós la gente se dice las últimas palabras o se abraza y se besa antes de marcharse.

adivinanza
nombre femenino
1 Frase o problema con un significado que se tiene que adivinar y que sirve como entretenimiento. ✖✖ acertijo.

adivinar
verbo
1 Conocer o descubrir una cosa del pasado, del presente o del futuro mediante técnicas de magia. Los brujos de los cuentos utilizan una bola para adivinar cosas.
2 Acertar la respuesta o la solución a una cosa que no se sabe, como por ejemplo a una adivinanza: *¿A que no adivinas qué te he comprado?*
3 adivinarse Verse una cosa con poca claridad debido a la distancia, a que hay poca luz o a cualquier otra causa: *En el oscuro callejón se adivinaba la presencia de una persona.*

adivino, adivina
nombre
1 Persona que adivina hechos del pasado, del presente y del futuro mediante técnicas de magia.

adjetivo
nombre masculino
1 Palabra que acompaña a un nombre al que complementa o del que dice alguna característica; los adjetivos cambian de género y número según el nombre al que acompañan. 'Guapo' y 'amable'

A
a

son adjetivos; algunas palabras unas veces son adjetivos y otras nombres, como 'español'.

adjudicar

verbo **1** Dar a una persona algo por lo que compiten varias personas. En los concursos, el jurado adjudica el premio al mejor. En las subastas se adjudica cada objeto a la persona que ofrece más dinero.
2 adjudicarse Conseguir el premio o la victoria de un concurso.
👁 Se escribe 'qu' delante de 'e', como: adjudiquemos.

administración

nombre femenino **1** Conjunto de todos los organismos del Estado que aplican las leyes y cuidan de los intereses y servicios públicos.
2 Acción que consiste en organizar una economía y cuidar de unos bienes o intereses. Los padres son los encargados de la administración de la casa.
3 Acción de aplicar o hacer tomar una medicina. En los hospitales las enfermeras son las encargadas de la administración de los medicamentos.
👁 El plural es: administraciones.

administrador, administradora

nombre **1** Persona que se dedica a administrar el dinero o los bienes de una empresa o entidad. El administrador lleva las cuentas y se encarga de los pagos y los cobros.

administrar

verbo **1** Dirigir u organizar la economía de una empresa, de una oficina, de una casa o de una persona. Para administrarnos bien, debemos controlar lo que ganamos y lo que gastamos.
2 Gobernar o cuidar de los intereses de una comunidad, como hacen el gobierno, las comunidades autónomas o el ayuntamiento.
3 Aplicar o hacer tomar a un enfermo un medicamento: *La enfermera le administró un calmante.*
4 Medir u organizar el uso de alguna cosa para que el resultado sea el mejor posible. Si administramos nuestro tiempo, podemos aprovecharlo mejor. ※ dosificar.

administrativo, administrativa

nombre **1** Persona que se encarga del trabajo de oficina de una empresa o entidad.
adjetivo **2** Que está relacionado con la administración. A principio de curso los colegios tienen mucho trabajo administrativo.

admirable

adjetivo **1** Se dice de las personas o las cosas que tienen unas cualidades tan buenas que merecen ser admiradas o tomadas como modelo.

admiración

nombre femenino **1** Sentimiento positivo que se tiene hacia una persona o cosa por sus buenas cualidades o acciones. Se siente admiración por gente que gusta mucho, como un amigo o un artista.
2 Signo de ortografía que se coloca al principio y final de una frase para indicar admiración, sorpresa o emoción. La palabra '¡olé!' está escrita entre signos de admiración. ※ exclamación.
👁 El plural es: admiraciones.

admirador, admiradora

adjetivo y nombre **1** Que admira a una persona o cosa. Algunos artistas y cantantes tienen admiradores en todo el mundo.

admirar

verbo **1** Tener gran respeto y estima por una persona o cosa, debido a sus buenas cualidades o acciones. Los niños suelen admirar a los héroes de los cómics; la sinceridad, la bondad o la inteligencia son cualidades que debemos admirar.
2 Provocar una persona o cosa mucha sorpresa o entusiasmo. Picasso admiró al mundo con su pintura; cuando la gente visita Nueva York se admira de la altura de los rascacielos. ※ asombrar.
3 Mirar algo con gran interés y placer, como un bonito paisaje o una puesta de sol. ※ contemplar.

admitir

verbo **1** Permitir la entrada de una persona o cosa en un lugar o en un grupo. Te admiten en un club cuando hay plazas y reúnes los requisitos necesarios. ※ excluir.

2 Aceptar como cierta o válida una cosa, como una excusa, una explicación o una equivocación: *Admito que he sido yo, pero lo he hecho sin querer.* ※ reconocer.
3 Tener una cosa una cabida o capacidad determinada. Un ascensor admite un número máximo de personas o de peso.

adobe
nombre
masculino **1** Pasta hecha de barro y paja a la que se da forma de ladrillo y se deja secar al sol. El adobe se utiliza para construir casas, sobre todo en los pueblos.

adolescencia
nombre
femenino **1** Periodo de la vida de las personas que va desde el final de la infancia hasta el inicio de la juventud. En la adolescencia se producen unos cambios físicos en el cuerpo de las personas: a las niñas les crecen los pechos y tienen su primera regla y a los niños les cambia la voz y les aparece vello en la cara y el cuerpo.

adolescente
adjetivo
y nombre
masculino
y femenino **1** Se dice de las personas que están en el periodo de la adolescencia; los adolescentes ya no son unos niños, pero tampoco se les considera adultos.

adonde
adverbio
relativo **1** Indica el lugar hacia el que se dirige la persona o cosa de la que se habla: *Podemos ir adonde más te guste.*
👁 Como adverbio relativo nunca se escribe con acento; no lo confundas con el adverbio interrogativo 'adónde', que siempre se escribe con acento.

adónde
adverbio
interrogativo **1** Pregunta por el lugar hacia el que se dirige la persona o cosa de la que se habla: *¿Adónde has dicho que vamos?*
👁 Como adverbio interrogativo siempre se escribe con acento; no lo confundas con el adverbio 'adonde', que nunca se escribe con acento.

adoptar
verbo **1** Tomar legalmente como a un hijo propio a una persona que ha nacido de otros padres. Algunas parejas que no pueden tener hijos adoptan niños huérfanos.
2 Aceptar como si fuera propia una costumbre, una idea o una forma de comportamiento de otros. Cuando se vive en otro país se adoptan nuevas costumbres.
3 Tomar una decisión para resolver una situación o evitar un problema. La policía adopta medidas de seguridad cuando cree que puede haber problemas; los partidos políticos se reúnen para adoptar acuerdos.
4 Comportarse de un modo determinado ante una situación o una persona: *Adopta una actitud muy positiva ante los problemas.*

adoptivo, adoptiva
adjetivo **1** Se dice de la persona que ha sido adoptada por otra. Los hijos adoptivos son tan queridos como los propios.
2 Se dice de la persona que adopta como hijo propio a un hijo que no lo es: *Ése es el padre adoptivo de Ana.*

adoquín
nombre
masculino **1** Piedra de forma rectangular que se usa para pavimentar las calles o carreteras.
👁 El plural es: adoquines.

adorable
adjetivo **1** Se dice de la persona que provoca cariño y simpatía en la gente por su forma de ser o de comportarse. Los bebés y los cachorros de perro son adorables.

adoración
nombre
femenino **1** Acción que consiste en adorar a una persona o a un dios. Los católicos celebran la adoración de los Reyes Magos al Niño Jesús el día 6 de enero.
👁 El plural es: adoraciones.

adorar
verbo **1** Dar muestras de respeto, amor y obediencia a un dios por medio de oraciones y ceremonias religiosas. Los católicos adoran a un solo dios; los romanos adoraban a varios dioses.

A
a

2 Querer con pasión a una persona. Las parejas de enamorados se adoran; los abuelos adoran a sus nietos. ⚔ amar. ⚔ odiar.
3 Gustar muchísimo una cosa: *Adoro ir en barco.* ⚔ encantar.

adormilarse
verbo **1** Quedarse medio dormido sin llegar a dormirse completamente.

adornar
verbo **1** Poner adornos a una cosa o en un lugar para que sea más bonito o más vistoso. Cuando preparamos una fiesta adornamos la sala con globos, farolillos y serpentinas; muchas novias se adornan el pelo con flores. ⚔ decorar.

adorno
nombre masculino **1** Objeto que sirve para que una cosa, un lugar o una persona estén más bonitos y arreglados. Las bolas de colores, el espumillón y los lazos son los adornos típicos de los árboles de Navidad.

adosado, adosada
adjetivo **1** Se dice del edificio que está construido tocando a otro por los lados o por la parte de atrás. Ahora hay muchas urbanizaciones de casas adosadas.

adquirir
verbo **1** Llegar a tener o conseguir una cualidad, conocimiento o habilidad. Leyendo se adquieren muchos conocimientos; en verano la piel adquiere un tono dorado. ⚔ alcanzar; lograr.
2 Comprar una cosa, en especial si es grande o valiosa, como un ordenador o un cuadro. ⚔ vender.

adquisición
nombre femenino **1** Compra de alguna cosa, como una vivienda o un coche.
2 Cosa de valor que se compra o se consigue. Es una buena adquisición un coche muy bueno y muy barato; cuando un club de fútbol ficha a un jugador muy bueno, se dice que ha hecho una buena adquisición.
👁 El plural es: adquisiciones.

adrede
adverbio **1** Se usa para expresar que una cosa se hace teniendo la voluntad

y la intención de hacerla. Una cosa se hace adrede cuando no se hace por casualidad o por distracción: *No lo he hecho adrede, ha sido sin querer.*

aduana
nombre femenino **1** Oficina pública, normalmente situada en la frontera, donde se controla el comercio y el tráfico de viajeros entre países. En la aduana se vigila que no entren en el país personas o productos de forma ilegal; existen aduanas en puertos, aeropuertos y estaciones.

adueñarse
verbo **1** Utilizar una cosa como si se fuera el dueño de ella sin serlo: *Le presté un día el paraguas y se ha adueñado de él.*
2 Dominar un sentimiento o un estado de ánimo totalmente a una persona o grupo: *Al ver que se*

adquirir			
INDICATIVO		**SUBJUNTIVO**	
presente		**presente**	
adquiero		adquiera	
adquieres		adquieras	
adquiere		adquiera	
adquirimos		adquiramos	
adquirís		adquiráis	
adquieren		adquieran	
pretérito imperfecto		**pretérito imperfecto**	
adquiría		adquiriera o adquiriese	
adquirías		adquirieras o adquirieses	
adquiría		adquiriera o adquiriese	
adquiríamos		adquiriéramos o	
adquiríais		adquiriésemos	
adquirían		adquirierais o adquirieseis	
		adquirieran o adquiriesen	
pretérito indefinido		**futuro**	
adquirí		adquiriere	
adquiriste		adquirieres	
adquirió		adquiriere	
adquirimos		adquiriéremos	
adquiristeis		adquiriereis	
adquirieron		adquirieren	
futuro		**IMPERATIVO**	
adquiriré			
adquirirás		adquiere (tú)	
adquirirá		adquiera (usted)	
adquiriremos		adquirid (vosotros)	
adquiriréis		adquieran (ustedes)	
adquirirán			
condicional		**FORMAS NO PERSONALES**	
adquiriría			
adquirirías		**infinitivo** **gerundio**	
adquiriría		adquirir adquiriendo	
adquiriríamos		**participio**	
adquiriríais		adquirido	
adquirirían			

acercaban los perros, el miedo se adueñó de él y no supo qué hacer.

adulador, aduladora

adjetivo **1** Se dice de la persona que alaba a los demás de forma exagerada para conseguir algo de ellos.

adular

verbo **1** Decir cosas agradables a una persona y alabarla de forma exagerada para conseguir algo de ella.

adulterar

verbo **1** Hacer que una sustancia o un producto pierda alguna de sus características al mezclarla con otras sustancias de menor calidad. Está prohibido adulterar la carne con hormonas.

adulterio

nombre masculino **1** Relación sexual que una persona casada tiene con otra que no es su pareja.

adulto, adulta

adjetivo y nombre **1** Se dice de las personas que han pasado la adolescencia y están maduras desde un punto de vista intelectual y emocional. Se suele considerar que una persona es adulta a partir de los 18 años.

adjetivo **2** Se dice del animal que ha llegado a la edad en que puede reproducirse.

3 Se dice de la acción que es responsable y sensata, como se considera que son las acciones de los adultos: *No es una decisión adulta evitar los problemas.* ✖ maduro.

adverbial

adjetivo **1** Del adverbio o que tiene alguna de sus características. En la frase 'lo haría de buena gana', 'de buena gana' es una locución adverbial.

adverbio

nombre masculino **1** Palabra que acompaña y modifica a un verbo, un adjetivo u otro adverbio; los adverbios no cambian de género ni de número. 'Bien', 'aquí' y 'ahora' son adverbios.

adversario, adversaria

adjetivo y nombre **1** Se dice de la persona o grupo de personas que lucha o compite contra otra o contra otro grupo. En la guerra el adversario es el enemigo.

adversidad

nombre femenino **1** Situación o suceso negativo o desfavorable que no se espera. Una vida llena de adversidades es una vida con problemas y dificultades.

adverso, adversa

adjetivo **1** Se dice de las situaciones y los sucesos que son desfavorables o negativos porque causan algún daño o perjudican la buena marcha de algo. Las condiciones meteorológicas son adversas cuando son malas para hacer algo, como salir a navegar.

advertencia

nombre femenino **1** Palabra, señal o escrito que avisa sobre un riesgo o peligro o aconseja lo que se debe hacer: *Desde que me hizo una serie de advertencias no he tenido más problemas.*

advertir

verbo **1** Darse cuenta de algo. Advertimos una cosa cuando la comprendemos o la sabemos porque la hemos pensado o sentido. ✖ observar.

2 Llamar la atención de alguien sobre una cosa que puede ser molesta o peligrosa. En verano las autoridades advierten del peligro de incendios. ✖ prevenir.

3 Decir algo como consejo o amenaza: *Te lo advierto por última vez: o haces los deberes o no sales.*

👁 Se conjuga como: preferir; la 'e' se convierte en 'ie' en sílaba acentuada o en 'i' en algunos tiempos y personas, como: advierto, advirtió.

adviento

nombre masculino **1** Periodo de tiempo en el que los cristianos se preparan para el nacimiento de Jesucristo. El adviento comprende las cuatro semanas anteriores al día de Navidad.

aéreo, aérea

adjetivo **1** Que está relacionado con el aire o que se desarrolla en él. El transporte aéreo es rápido y cómodo; para elaborar un mapa se toman

A
a

fotografías aéreas desde un helicóptero. ✂ terrestre.

aerobic

nombre masculino **1** Serie de ejercicios de gimnasia que se hacen siguiendo el ritmo de una música. Las personas que hacen aerobic suelen usar unas mallas muy pegadas al cuerpo.

aeromodelismo

nombre masculino **1** Actividad que consiste en fabricar y hacer volar maquetas de aviones y helicópteros.

aeronáutica

nombre femenino **1** Ciencia que se dedica al diseño, la construcción y el manejo de las aeronaves.

aeronáutico, aeronáutica

adjetivo **1** Se dice de lo que tiene que ver con la aeronáutica. Un ingeniero aeronáutico diseña aviones y vehículos espaciales.

aeronave

nombre femenino **1** Cualquier vehículo que viaja por el aire o por el espacio. Los globos, los aviones y los cohetes espaciales son aeronaves.

aeroplano

nombre masculino **1** Vehículo con motor y alas que sirve para viajar por el aire. ✂ avión.

aeropuerto

nombre masculino **1** Lugar preparado para la llegada y salida de aviones y transportar mercancías y pasajeros. 🖎 400

aerosol

nombre masculino **1** Aparato formado por un recipiente que tiene en su interior un líquido a presión, y un mecanismo para que el líquido salga convertido en gotas pequeñísimas, casi como el polvo. ✂ spray.
2 Líquido contenido a presión en un recipiente y que sale en gotas muy pequeñas. Hay insecticidas y productos de limpieza que son aerosoles.

afable

adjetivo **1** Se dice de la persona que es muy agradable y cariñosa en el trato con los demás. ✂ amable.

afán

nombre masculino **1** Actitud de una persona que se entrega a una actividad con todas sus fuerzas e interés. Si estudiamos o trabajamos con afán, siempre obtendremos una recompensa. ✂ ahínco; empeño.
2 Deseo intenso que mueve a hacer una cosa. Las personas con afán de superación suelen conseguir lo que se proponen.
👁 El plural es: afanes.

afanar

verbo **1** Robar algo a una persona con habilidad, sin usar la violencia. Es un uso informal.
2 afanarse Poner mucho esfuerzo e interés en hacer algo. Los profesores se afanan en enseñar a sus alumnos.

afear

verbo **1** Hacer que una persona o una cosa parezca fea. Una ropa determinada nos puede afear; las plantas se afean si se les caen algunas hojas. ✂ embellecer.

afección

nombre femenino **1** Enfermedad o alteración de la salud. Una persona con afección de estómago no puede comer determinados alimentos.
👁 El plural es: afecciones.

afectado, afectada

adjetivo **1** Se dice de la persona que está muy impresionada o emocionada por algo. Una mala noticia nos afecta mucho.
2 Se dice de la persona que ha sufrido un accidente o un daño. Los afectados por una epidemia son las personas que están enfermas a causa de ella.

afectar

verbo **1** Producir una cosa una impresión o sensación fuerte en una persona, normalmente negativa. Las desgracias nos afectan a todos. ✂ impresionar; emocionar.
2 Producir una cosa cambios en otra, en especial negativos. El sarampión afecta sobre todo a los niños. Las grandes tormentas afectan a las cosechas.
3 Interesar un asunto a una persona o grupo. La protección de la capa de ozono nos afecta a todos.

afectivo, afectiva

adjetivo **1** Que está relacionado con el cariño, los sentimientos y las emociones. Una buena relación afectiva entre el niño y sus padres es muy importante para su desarrollo emocional.

afecto

nombre masculino **1** Sentimiento de amor o simpatía que se siente hacia alguien. Las personas de buen corazón se ganan con facilidad el afecto de todo el mundo. ✕ cariño; estima. ✕ odio.

afectuoso, afectuosa

adjetivo **1** Que siente o muestra amor y es agradable en el trato: *Es muy afectuosa con sus amigos. Le dio un afectuoso apretón de manos.* ✕ amistoso; cordial.

afeitado

nombre masculino **1** Corte del pelo de cualquier parte del cuerpo hasta la piel utilizando una cuchilla o maquinilla. Después del afeitado el pelo no sobresale.

afeitar

verbo **1** Cortar el pelo hasta la piel con una máquina de afeitar o con cuchilla. Algunos hombres se suelen afeitar la barba y el bigote casi todos los días.

afeminado, afeminada

adjetivo y nombre masculino **1** Se dice del hombre que hace gestos o movimientos que se consideran propios de las mujeres, como andar moviendo mucho las caderas. ✕ amanerado.

afianzar

verbo **1** Poner una cosa bien sujeta y segura, de modo que no se mueva. Los muebles se afianzan en el suelo o contra la pared.
2 Hacer más firme o más segura una idea, un conocimiento o una opinión. Si una persona se afianza en una opinión, posiblemente tiene nuevos motivos para ello.
👁 Se escribe 'c' delante de 'e', como: afiancen.

afición

nombre femenino **1** Interés grande o gusto que siente una persona por alguna cosa o actividad. Mucha gente siente afición por la música. También es afición la cosa o actividad que interesa mucho a alguien. El deporte y la lectura son aficiones muy comunes. ✕ hobby. ↜200
2 Conjunto de personas que van con regularidad a ver un espectáculo o un deporte, como los toros o el fútbol.
👁 El plural es: aficiones.

aficionado, aficionada

adjetivo y nombre **1** Se dice de la persona que tiene mucho interés por algo y disfruta mucho con ello. Los aficionados al esquí aprovechan los meses de invierno para esquiar.
2 Se dice de la persona que practica alguna actividad sólo porque le gusta hacerlo y no para cobrar por ello. Las personas que tocan en las charangas suelen ser músicos aficionados. ✕ profesional.

aficionar

verbo **1** Tomar o hacer que una persona tome gusto o afición por alguna actividad. Nos hemos aficionado al tenis.

afilar

verbo **1** Sacar punta a un objeto o hacer que corte mejor. Afilamos los lápices para sacarles punta o los cuchillos cuando cortan mal.

afiliarse

verbo **1** Hacerse miembro de un grupo o asociación. Mucha gente se afilia a clubes deportivos, asociaciones, sindicatos o partidos políticos. ✕ asociarse.
👁 Se conjuga como: cambiar; la 'i' no lleva acento de intensidad.

afín

adjetivo **1** Que es parecido o tiene algún punto en común con otra cosa o persona. La naranja y la mandarina son frutas afines: *Se llevan muy bien porque tienen ideas afines.*
👁 El plural es: afines.

afinar

verbo **1** Hacer que un instrumento musical suene bien. Los músicos suelen afinar sus instrumentos antes de empezar a tocar.
2 Cantar o tocar bien un instrumento, dando bien las notas. Si un cantante afina bien, es muy agradable oírle. ✕ desafinar.
3 Hacer que algo sea lo más cer-

A
a

cano posible al fin que se busca. Si afinamos mucho la puntería jugando a los dardos, podemos clavar el dardo en el centro de la diana. ✖✖ precisar.

afirmación
nombre femenino
1 Expresión, palabra o gesto que se utiliza para decir que sí a una pregunta o una petición. Cuando decimos 'sí' estamos haciendo una afirmación; mover la cabeza de arriba abajo también es una afirmación. ✖✖ asentimiento. ✖✖ negación.
👁 El plural es: afirmaciones.

afirmar
verbo
1 Decir que algo es verdad o se cree que es verdad. Los científicos afirman que si no se cuida el medio ambiente, las consecuencias serán terribles. ✖✖ negar.
2 Responder que sí a una pregunta o una petición. ✖✖ asentir. ✖✖ negar.
3 Sujetar bien una cosa, de modo que no se mueva. Las paredes y los techos de las casas se afirman con vigas.

afirmativo, afirmativa
adjetivo
1 Que afirma o sirve para decir sí. Mover la cabeza de arriba abajo es un gesto afirmativo. ✖✖ negativo.

aflautado, aflautada
adjetivo
1 De sonido dulce y melodioso como el de una flauta. Algunas personas tienen la voz aflautada.

afligir
verbo
1 Hacer que alguien esté muy triste o que sienta mucha pena. Algunas personas se afligen cuando les riñen muy fuerte o cuando tienen un problema muy grande.
👁 Se escribe 'j' delante de 'a' y 'o', como: aflijamos o aflijo.

aflojar
verbo
1 Hacer que una cosa que está apretada o que ejerce mucha fuerza esté menos apretada o haga menos fuerza. Podemos aflojar un tornillo, la fuerza que hacemos al coger algo, el nudo de las zapatillas o el cinturón del pantalón.
2 Perder fuerza una cosa o disminuir su intensidad. Aflojan cosas como el viento, el calor o la fiebre.

afluente
nombre masculino
1 Río que desemboca en otro río: *El Sil es afluente del Miño.*

afluente

afonía
nombre femenino
1 Pérdida total o parcial de la voz a causa de algún problema en las cuerdas vocales. A veces, los cantantes tienen problemas de afonía.

afónico, afónica
adjetivo
1 Se dice de la persona que tiene afonía. Si gritamos mucho durante una excursión, nos quedaremos afónicos.

afortunado, afortunada
adjetivo
1 Que tiene buena suerte y se siente feliz por ello. El ganador de una quiniela o de un premio de lotería es una persona afortunada. ✖✖ agraciado. ✖✖ desafortunado.

africano, africana
adjetivo y nombre
1 Se dice de la persona o cosa que es de África, uno de los seis continentes del mundo.

afrontar
verbo
1 Hacer todo lo posible para solucionar un problema o una situación difícil. Las personas que no afrontan sus problemas no hacen nada para intentar solucionarlos.

afuera
adverbio
1 Indica movimiento hacia una posición exterior de un lugar o de algo determinado: *Salgamos afuera, aquí hace mucho calor.* ✖✖ adentro.
2 Indica que algo o alguien está en el exterior o fuera de un lugar determinado: *Quedaron en el bar, pero no dentro, sino afuera.* ✖✖ fuera. ✖✖ adentro; dentro.
nombre femenino plural
3 afueras Zona que rodea una ciudad o población y que está alejada del centro. Los hipermerca-

dos están situados con frecuencia en las afueras de las ciudades. ✖ centro.

👁 También se dice: fuera.

agachar
verbo   **1** Inclinar o doblar hacia abajo una parte del cuerpo: *Agacha la cabeza para pasar.*

agalla
nombre femenino   **1** Cada uno de los dos órganos que tienen los peces a los lados de la cabeza y que les sirven para respirar. Las agallas están formadas por varias capas de un tejido blando y esponjoso. ✖ branquia.

nombre femenino plural   **2 agallas** Valentía y decisión que se necesita para hacer una cosa difícil o peligrosa: *No tiene agallas para tirarse en paracaídas.*

agarrar
verbo   **1** Coger o sujetar una cosa o a una persona con las manos o con algún instrumento. Los bastones se agarran por el mango; hay que agarrar a los niños pequeños al cruzar las calles. ✖ asir.
2 Empezar a tener una enfermedad o algún estado negativo, como un enfado. En invierno se agarran muchos catarros: *Agarró un cabreo impresionante.* ✖ coger.
3 Echar raíces una planta en la tierra. Si una planta no agarra bien, se muere.
4 agarrarse Quedarse la comida pegada en el fondo del recipiente en el que se está cocinando porque se quema.
interjección   **¡agárrate!** Se usa para indicar al oyente que lo que se le va a decir le va a sorprender.

agarrotar
verbo   **1** Ponerse dura o poco flexible una parte del cuerpo debido al frío, el miedo u otra cosa. Si una persona está mucho tiempo con las piernas cruzadas, se le pueden agarrotar.

agazaparse
verbo   **1** Agacharse con la intención de no ser visto. Los animales se agazapan para cazar a otros animales.

agencia
nombre femenino   **1** Oficina en la que se realizan gestiones por encargo de los clientes. Se pueden reservar billetes en cualquier agencia de viajes; para alquilar un piso acudimos a una agencia inmobiliaria.

agenda
nombre femenino   **1** Cuaderno donde se apuntan las cosas que se tienen que hacer cada día, las direcciones y los números de teléfono. Cuando una persona no quiere que se le olvide algo que tiene que hacer, se lo apunta en la agenda.

agente
nombre masculino y femenino   **1** Persona que trabaja representando a otra y lleva la organización de sus asuntos profesionales. Los actores y cantantes suelen tener agentes que les buscan los contratos.
2 Persona que trabaja para el Estado y se encarga de mantener el orden, la seguridad de los ciudadanos y el cumplimiento de las leyes: *Un agente de paisano vigilaba la puerta de su casa.* ✖ policía.
nombre masculino   **3** Sustancia, fuerza u otra cosa que es la causa de algo o que hace algo determinado. Los agentes atmosféricos, como el sol, la lluvia o el viento, pueden afectar a las plantas o a la piel.

ágil
adjetivo   **1** Que se mueve con facilidad y rapidez. El león y el leopardo son animales muy ágiles. ✖ torpe.

agilidad
nombre femenino   **1** Capacidad que tienen las personas y los animales para moverse con facilidad y rapidez. Muchas personas pierden agilidad con el paso de los años.

A
a

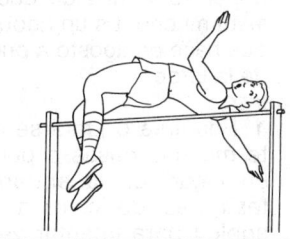

agilidad

A / a

agitar

verbo

1 Mover una cosa de un lado a otro o de arriba abajo con rapidez y fuerza. Los jarabes se tienen que agitar antes de tomarlos.
2 Hacer que una persona se inquiete o se ponga nerviosa: *Las malas noticias agitaron los ánimos de la gente.*

aglomeración

nombre femenino

1 Conjunto de muchísimas personas o cosas que están muy juntas en un lugar. En las horas punta suele haber aglomeraciones de tráfico en las grandes ciudades.
☞ El plural es: aglomeraciones.

agobiar

verbo

1 Hacer que una persona tenga una sensación de cansancio o de no poder aguantar una situación, por tener muchas cosas que hacer o muchos problemas que resolver. Muchas personas se agobian cuando tienen mucho trabajo.
2 Producir una sensación de no poder respirar o no poder moverse. Nos agobiamos cuando estamos en una sala y hay en ella más gente de la que cabe.
☞ Se conjuga como: cambiar; la 'i' no lleva acento de intensidad.

agobio

nombre masculino

1 Sentimiento de malestar causado por no poder ocuparnos de todo lo que nos deberíamos ocupar o por no poder resolver un problema que tenemos. Sentimos agobio cuando nos meten prisa para acabar algo. ✖ alivio.
2 Sensación que tenemos de no poder soportar algo que nos molesta mucho. Es un agobio el calor que hace en agosto a primera hora de la tarde.

agolparse

verbo

1 Reunirse o juntarse de repente muchas cosas o personas en un lugar. En la entrada de los festivales de cine la gente se agolpa para intentar ver a algún actor.

agonía

nombre femenino

1 Estado de dolor y sufrimiento en que se encuentran las personas y animales que están a punto de morir.
2 Preocupación o tristeza muy grande. Para muchos padres, separarse de sus hijos es una agonía.

agonizar

verbo

1 Estar muriéndose una persona o un animal. Algunas personas matan a los animales que agonizan para que no sufran.
☞ Se escribe 'c' delante de 'e', como: agonicen.

agosto

nombre masculino

1 Octavo mes del año.
hacer su agosto Aprovechar una ocasión determinada para hacer un buen negocio y obtener muchas ganancias. Los fabricantes de juguetes hacen su agosto en Navidad.

agotamiento

nombre masculino

1 Estado en el que se encuentra la persona que está sin fuerzas y sin energía a consecuencia de un gran cansancio o de una enfermedad. El agotamiento puede ser físico o intelectual.

agotar

verbo

1 Cansar mucho y dejar casi sin fuerzas. Los esfuerzos grandes agotan; cuando una persona trabaja demasiado se agota.
2 Acabar completamente una cosa. Si no cuidamos nuestros recursos naturales, corremos el riesgo de que se agoten pronto: *Acaba ya, que mi paciencia se agota.*

agraciado, agraciada

adjetivo

1 Se dice de la persona que es guapa o atractiva.

adjetivo y nombre

2 Se dice de la persona a la que le ha tocado un premio en un juego o en un concurso. El agraciado con el primer premio de la lotería gana muchos millones de pesetas. ✖ afortunado.

agradable

adjetivo

1 Que causa placer o satisfacción. En primavera hace una temperatura muy agradable; los per-

fumes despiden un olor muy agradable. ✖✖ desagradable.
2 Que es amable y simpático con los demás. ✖✖ simpático; atento. ✖✖ desagradable.

agradar
verbo   **1** Producir una persona o una cosa gusto, placer o satisfacción a una persona. *A todos nos agrada estar en compañía de los amigos.* ✖✖ gustar. ✖✖ desagradar.

agradecer
verbo   **1** Dar las gracias o mostrar gratitud por algún favor o beneficio recibido. *Cuando nos encontramos enfermos, agradecemos las visitas de los amigos.*
2 Mostrar una cosa el efecto beneficioso de algo. *Después de una sequía, las tierras agradecen las lluvias.*

agradecer

INDICATIVO	SUBJUNTIVO
presente	**presente**
agradezco	agradezca
agradeces	agradezcas
agradece	agradezca
agradecemos	agradezcamos
agradecéis	agradezcáis
agradecen	agradezcan
pretérito imperfecto	**pretérito imperfecto**
agradecía	agradeciera o agradeciese
agradecías	agradeciera o
agradecía	agradecieses
agradecíamos	agradeciera o agradeciese
agradecíais	agradeciéramos o
agradecían	agradeciésemos
	agradecierais o
pretérito indefinido	agradecieseis
agradecí	agradecieran o
agradeciste	agradeciesen
agradeció	
agradecimos	**futuro**
agradecisteis	agradeciere
agradecieron	agradecieres
	agradeciere
futuro	agradeciéremos
agradeceré	agradeciereis
agradecerás	agradecieren
agradecerá	
agradeceremos	**IMPERATIVO**
agradeceréis	agradece (tú)
agradecerán	agradezca (usted)
	agradeced (vosotros)
condicional	agradezcan (ustedes)
agradecería	
agradecerías	**FORMAS**
agradecería	**NO PERSONALES**
agradeceríamos	**infinitivo** **gerundio**
agradeceríais	agradecer agradeciendo
agradecerían	**participio**
	agradecido

agradecido, agradecida
adjetivo   **1** Que reconoce el valor de los favores recibidos y suele dar las gracias por ellos. *Es de agradecidos no olvidar la ayuda prestada por alguien en los momentos difíciles.* ✖✖ desagradecido; ingrato.

agradecimiento
nombre masculino   **1** Acción que consiste en dar las gracias o mostrar gratitud. *Muchas personas suelen enviar regalos en señal de agradecimiento por algún favor.* ✖✖ gratitud.

agrado
nombre masculino   **1** Gusto o satisfacción que produce algo. *Las buenas noticias se reciben con agrado; el chocolate suele ser del agrado de la mayoría de los niños.* ✖✖ desagrado.

agrandar
verbo   **1** Hacer que algo sea más grande o que parezca más grande. *Se puede agrandar la ropa o una casa; la lupa agranda los objetos.*

agrario, agraria
adjetivo   **1** Se dice de las cosas que tienen que ver con el campo. *La agricultura y la ganadería son actividades agrarias; las verduras son productos agrarios.*

agravar
verbo   **1** Hacer más grave o peor el estado de una persona o cosa. *Algunas enfermedades respiratorias, como el asma, se agravan cuando hay mucha contaminación. La sequía agrava los problemas del campo.* ✖✖ empeorar. ✖✖ mejorar.

agredir
verbo   **1** Atacar a una persona con violencia para causarle algún daño físico o moral. *Agredir verbalmente a una persona es insultarla con mucha dureza.*

agregar
verbo   **1** Añadir una cosa a otra para formar una sola cosa o un grupo: *Agrega los huevos a la masa y bátela.*
2 Añadir algo a lo que ya se ha dicho o escrito: *Agregó un nuevo capítulo a su libro.*
👁 Se escribe 'gu' delante de 'e', como: agreguemos.

A

a

agresión

nombre femenino

1 Acción que consiste en atacar a una persona con violencia golpeándola o causándole un daño físico o moral. Los malos tratos son agresiones castigadas por la ley.
2 Acción que va contra los derechos de una persona o de una nación. La entrada de las tropas de un país en otro es un acto de agresión.
👁 El plural es: agresiones.

agresivo, agresiva

adjetivo

1 Se dice de la persona que tiene tendencia a atacar a otras personas causándoles algún daño físico o moral o que se comporta normalmente con violencia. También son agresivas las personas que gritan o insultan a los demás.
2 Se dice de la persona que tiene mucha capacidad de trabajo y que toma decisiones pensando únicamente en el beneficio de la empresa. Algunas empresas buscan ejecutivos agresivos para mejorar sus negocios.

agresor, agresora

adjetivo y nombre

1 Se dice de la persona que agrede o ataca a otra. También se dice de la nación que ataca a otra.

agriar

verbo

1 Hacer que una sustancia se ponga agria o ácida. La leche fuera de la nevera se puede agriar.
2 Hacer que una persona se vuelva antipática: *Su trabajo pesado y aburrido le agrió el carácter.*

agrícola

adjetivo

1 De la agricultura o que tiene relación con ella. Las verduras y las legumbres son productos agrícolas.

agricultor, agricultora

nombre

1 Persona que se dedica al cultivo de sus tierras o de las de otros.

agricultura

nombre femenino

1 Cultivo de la tierra. Cualquier técnica o actividad dedicada a que la tierra produzca frutos forma parte de la agricultura.

agridulce

adjetivo

1 Que tiene un sabor medio ácido y medio dulce. La cocina china tiene muchos platos agridulces.

agrietar

verbo

1 Hacer grietas o aberturas largas y estrechas en una superficie. Un terremoto puede agrietar las paredes de los edificios.

agrio, agria

adjetivo

1 Que tiene un olor y un sabor ácidos, parecidos al del limón o al del vinagre. El yogur se pone agrio si no se guarda en un sitio fresco. ✗✗ ácido.
2 Que es poco simpático o agradable. Una persona de carácter agrio no es amable ni cariñosa.

agrónomo, agrónoma

adjetivo y nombre

1 Se dice de la persona que se dedica al estudio y aplicación de las técnicas para cultivar la tierra. Los ingenieros agrónomos saben qué hacer para aumentar la producción o combatir una plaga.

agrupación

nombre femenino

1 Acción que consiste en reunir cosas o personas en grupos siguiendo algún criterio. En un ejercicio escolar se puede pedir la agrupación de los diferentes tipos de palabras de un texto.
2 Conjunto de personas que se unen porque comparten ideas o aficiones o porque tienen objetivos comunes. Las agrupaciones de vecinos se forman para solucionar algún problema que afecta a todos. ✗✗ asociación.
👁 El plural es: agrupaciones.

agrupar

verbo

1 Reunir cosas, personas o animales en uno o más grupos siguiendo un criterio determinado. Algunas personas se suelen agrupar para intentar solucionar problemas comunes.

agua

nombre femenino

1 Líquido transparente que no tiene olor ni sabor y se encuentra en los ríos, en los lagos y en el mar. Los seres humanos y los animales bebemos agua.

nombre femenino plural **2 aguas** Zona del mar que está cerca de la costa de un país: *Ese barco pesca en aguas gallegas*.

agua corriente Agua que sale por los grifos de las casas.

agua mineral Agua que sale de la tierra y tiene sustancias minerales. El agua mineral puede comprarse en botellas.

agua oxigenada Agua que lleva más oxígeno de lo normal y se utiliza para limpiar y curar heridas.

como agua de mayo Con muchas ganas o de forma muy oportuna: *Esperaba su visita como agua de mayo. El premio le vino como agua de mayo*.

más claro que el agua Ser una cosa muy clara, simple y fácil de entender o de ver: *Sé que estás enamorado de Carmen, está más claro que el agua*.

ser agua pasada No tener importancia en el presente algo que ocurrió hace un tiempo: *No te preocupes por nuestra discusión del lunes, ya es agua pasada*.

👁 Es un nombre femenino, pero se utilizan los determinantes 'el' y 'un' cuando entre el determinante y el nombre no hay otras palabras: el agua.

aguacate
nombre masculino **1** Fruto comestible de forma de pera, color verde, carne muy suave y un hueso grande en el centro. El aguacate tiene la piel rugosa y dura.
2 Árbol tropical que da este fruto.

aguacero
nombre masculino **1** Lluvia muy intensa y de corta duración que cae de forma repentina. ⚒ chaparrón.

aguado, aguada
adjetivo **1** Se dice de los alimentos o las bebidas que tienen más agua de la necesaria. A una sopa aguada le falta sustancia y sabe demasiado a agua.

aguafiestas
nombre masculino y femenino **1** Persona que estropea una situación divertida. Si una persona nos recuerda algo que nos preocupa en medio de una fiesta, es una aguafiestas.
👁 El plural es: aguafiestas.

aguanieve
nombre femenino **1** Lluvia fina mezclada con nieve. El aguanieve no llega a cuajar en la tierra.

aguantar
verbo **1** Mantener o sostener con fuerza una cosa de modo que no se caiga o no se mueva: *La estantería no aguantó el peso de los libros y se cayó*. ⚒ resistir; soportar.
2 Sufrir con paciencia una cosa desagradable, como el hambre, el dolor, el aburrimiento o el calor: *Aguanta, que queda poco*. ⚒ soportar.
3 aguantarse No hacer algo que se tienen muchas ganas de hacer. A veces hay que aguantarse la risa o las ganas de ir al baño.
4 aguantarse Conformarse con que exista o suceda algo que no es bueno o que no gusta: *Aguántate con eso, es todo lo que hay*.

aguante
nombre masculino **1** Capacidad de soportar algo que resulta desagradable o difícil de soportar. Algunas personas tienen mucho aguante y tardan en enfadarse.

aguar
verbo **1** Mezclar un líquido con agua. Si el café está muy fuerte, se puede aguar.
2 Hacer o decir alguna cosa que estropee una diversión. Cuando alguien nos da una mala noticia en una reunión nos la agua. ⚒ chafar.
👁 Se conjuga como: averiguar; la 'u' no se acentúa y se escribe 'gü' delante de 'e', como: agüe.

aguardar
verbo **1** Estar esperando a que llegue alguien o suceda algo: *Estoy aguardando a mi padre. Aguardo tu respuesta*.
2 Estar algo pendiente de que suceda en el futuro. Sabemos que en épocas de exámenes nos aguardan días de mucho trabajo.

A
a

aguardiente
nombre masculino **1** Bebida alcohólica de muchos grados.

aguarrás
nombre masculino **1** Líquido de olor muy fuerte que se usa para disolver y quitar la pintura de una superficie.

agudeza
nombre femenino **1** Rapidez y habilidad para comprender las cosas difíciles y para exponerlas con claridad.
2 Capacidad de percibir las cosas con mucha precisión y acierto, dándose cuenta de los detalles más pequeños. Una persona tiene mucha agudeza auditiva cuando oye hasta los ruidos más débiles.
3 Dicho inteligente e ingenioso que se pronuncia en medio de una conversación y que intenta mostrar el lado gracioso de una cosa para producir un efecto divertido.

agudo, aguda
adjetivo **1** Se dice del sonido que es muy fino y fuerte, como el de un silbato o un chirrido.
2 Se dice de la punta de un objeto que está muy afilada o corta.
3 Se dice de la persona que entiende las cosas muy rápidamente y que dice cosas muy acertadas y graciosas; también son agudas las cosas que dicen o escriben estas personas.
4 Se dice de la palabra que lleva el acento en la última sílaba. 'Dolor' y 'rincón' son palabras agudas.
5 Se dice del sentido que está muy desarrollado o que percibe muy bien. Los músicos suelen tener un oído muy agudo; los ciegos tienen el tacto muy agudo.
6 Se dice de la enfermedad que es grave o del dolor que es muy fuerte.

aguijón
nombre masculino **1** Órgano puntiagudo que tienen algunos insectos con el que pican e inyectan un veneno. Las abejas y las avispas tienen aguijón.
👁 El plural es: aguijones.

águila
nombre femenino **1** Ave rapaz con el pico fuerte, en forma de gancho, y unas garras muy desarrolladas. El águila tiene una vista muy aguda. Algunas especies están en peligro de extinción.
2 Persona que es muy lista y reacciona con rapidez ante las situaciones que se le presentan.
👁 Es un nombre femenino, pero se utilizan los determinantes 'el' y 'un' cuando entre el determinante y el nombre no hay otras palabras: el águila.

aguileño, aguileña
adjetivo **1** Se dice de la cara o la nariz que es curva y alargada, como el pico de un águila. Las brujas de los cuentos tienen nariz aguileña.

aguilucho
nombre masculino **1** Cría del águila.
2 Ave rapaz de menor tamaño que el águila. El aguilucho tiene también el pico fuerte y ganchudo y unas garras potentes y afiladas.

aguinaldo
nombre masculino **1** Pequeña cantidad de dinero o regalo de poco valor que se da en las fiestas de Navidad. Damos un aguinaldo al portero, al cartero o a la gente que canta villancicos.

aguja
nombre femenino **1** Barrita de metal que en un extremo tiene punta y en el otro un agujero por donde se pasa un hilo para coser, bordar o zurcir. ✍ 796
2 Barrita de metal o de otro material duro acabada en punta. Algunas agujas están huecas para que pueda pasar un líquido, como las que se utilizan con las jeringuillas. Otras agujas tienen una bola en un extremo, como las de tejer. Las agujas del reloj marcan las horas y los minutos.
3 Hoja fina y alargada de algunos árboles, como las de los pinos o los abetos.

agujero

nombre masculino **1** Abertura que se hace en una superficie. Algunos folios tienen agujeros en un margen para poder guardarlos en una carpeta de anillas. ✂ orificio.

agujetas

nombre femenino y plural **1** Dolor que se siente en alguna parte del cuerpo después de haber realizado un ejercicio físico muy intenso y seguido, cuando no se tiene costumbre. Las agujetas son como un pinchazo en el músculo.

¡ah!

interjección **1** Expresa, normalmente, pena, asombro o indiferencia. También se usa para indicar que hemos recordado algo: *¡Ah!, pero ¿ya estás de vuelta?*

ahijado, ahijada

nombre **1** Persona a la que los padrinos apadrinan en el bautismo. Una persona es ahijada de su padrino y de su madrina.

ahínco

nombre masculino **1** Esfuerzo o empeño muy grande con que una persona hace una cosa: *Trabajó con ahínco para aprobar.*

ahogadilla

nombre femenino **1** Acción que consiste en sumergir la cabeza de una persona dentro del agua durante unos instantes. La ahogadilla se hace como broma y sin intención de causar daño.

ahogado, ahogada

adjetivo y nombre **1** Se dice de la persona que muere por no poder respirar, sobre todo si ocurre dentro del agua.

ahogar

verbo **1** Impedir la respiración a una persona o animal causándole la muerte, sobre todo si ocurre dentro del agua. La boa ahoga a sus presas enroscándose en su cuerpo. **2** Causar alguna cosa sensación de no poder respirar. Cuando hace calor, la ropa de abrigo nos ahoga. **3** Apagar el fuego colocándole algo encima. Podemos ahogar el fue-

go de una chimenea cuando ponemos demasiada leña.
👁 Se escribe 'gu' delante de 'e', como: ahogue.

ahondar

verbo **1** Hacer que una cosa sea más honda o más profunda de lo que era, especialmente un hoyo o una cavidad que se está excavando. **2** Penetrar una cosa hasta muy dentro de otra, como las raíces de un árbol que ahondan en la tierra. **2** Profundizar mucho en el conocimiento de una cosa. Se ahonda en un tema cuando se investiga y se estudia a fondo.

ahora

adverbio **1** Indica el momento en el que se está hablando. Puede tener un sentido más o menos amplio e indicar un momento corto y preciso o un momento largo en el que se incluye el presente; también puede indicar justo un momento antes o un momento después: *Ahora vive en una casa adosada. Un momento, ahora salgo.*
ahora mismo Indica el momento preciso en que se está hablando. También puede indicar justo un momento antes o un momento después: *Ahora mismo no lo recuerdo. Ahora mismo acaba de salir.*
por ahora Indica que lo que se dice es así hasta el momento en que se está hablando, pero que puede haber cambios: *Por ahora no tengo trabajo.* ✂ de momento.

ahorcar

verbo **1** Matar a una persona haciéndole pasar la cabeza por un lazo corredizo hecho con una cuerda y dejándola colgada por el cuello. Antiguamente se ahorcaba a algunas de las personas condenadas a pena de muerte.
👁 Se escribe 'qu' delante de 'e', como: ahorquen.

ahorrador, ahorradora

adjetivo y nombre **1** Se dice de la persona que guarda parte del dinero para el futuro.

A
a

A a

ahorrar

verbo **1** No gastar y reservar una parte del dinero de que se dispone; también es gastar o consumir con cuidado para evitar gastos innecesarios. Si ahorramos papel, ayudamos a proteger los bosques. ✂ derrochar.
2 Evitar inconvenientes, trabajos o molestias. A veces no damos una mala noticia a alguien por ahorrarle un disgusto.

ahorro

nombre masculino **1** Cantidad de dinero que no se gasta y se guarda. Podemos guardar los ahorros en una hucha, en un cajón, en una caja fuerte o en el banco.
2 Acción que consiste en no gastar más de lo necesario. Muchos gobiernos han tomado medidas para fomentar el ahorro de energía. ✂ derroche; despilfarro.

ahuecar

verbo **1** Poner hueca una cosa. Ahuecamos las manos si queremos beber agua con ellas; algunas personas se ahuecan el pelo para darle más volumen.
2 Darle un tono más grave a la voz: *Ahuecó la voz para imitar a su padre.*
3 Marcharse de un lugar: *Ahueca de mi sitio.* Es un uso coloquial de la palabra. ✂ irse.
ahuecar el ala Marcharse de un lugar: *Ahuecó el ala en cuanto vio entrar a su enemigo.* Es una expresión coloquial.
👁 Se escribe 'qu' delante de 'e', como: ahueque.

ahumado, ahumada

adjetivo **1** Se dice del cristal que está oscurecido para evitar el paso directo de la luz o para evitar que se vea lo que hay detrás de él. Algunos coches llevan los cristales ahumados; hay gafas de cristales ahumados.
adjetivo y nombre **2** Se dice del alimento que ha sido preparado con humo para conservarlo o darle un sabor especial. El beicon y el salmón se pueden comer ahumados.

ahumar

verbo **1** Poner una cosa o un alimento en contacto con humo para conservarlo o darle un sabor especial. El salmón se ahúma para que se conserve más tiempo.
2 Llenar una cosa de humo. Una chimenea que no tira bien puede ahumar toda la habitación.
👁 Se conjuga como: aupar; la 'u' se acentúa en algunos tiempos y personas, como: ahúma.

ahuyentar

verbo **1** Hacer que se vaya o impedir que se acerque una persona o un animal. Los espantapájaros sirven para ahuyentar a los pájaros de las cosechas.

aire

nombre masculino **1** Mezcla de gases que envuelve la Tierra y que respiramos. El aire está formado por nitrógeno y oxígeno.
2 Viento o aire en movimiento. Cuando hace mucho calor abrimos las ventanas para que entre aire.
3 Aspecto o apariencia de una persona o cosa. Después de una reforma, el piso tiene un aire nuevo: *Llega a casa con aire cansado.*
4 Parecido que hay entre dos personas o cosas. A veces pensamos que dos personas son hermanas porque tienen cierto aire.
al aire libre En un espacio abierto. El deporte al aire libre es muy sano.
darse aires Creerse superior o más importante que los demás.
en el aire Sin una solución. Una pregunta en el aire es una pregunta sin respuesta.
tomar el aire Salir una persona al exterior para airearse. Cuando alguien se marea en el coche necesita salir un rato a tomar el aire.

airear

verbo **1** Sacar una cosa al aire o hacer que le dé el aire a una persona o cosa. Después de pasar muchas horas encerrados necesitamos airearnos un poco. Las habitaciones se airean para renovar el aire. ✂ ventilar.

2 Contar o divulgar una noticia para que la sepa la gente. Algunas revistas se encargan de airear la vida de los famosos.

airoso, airosa

adjetivo **1** Se dice de alguien que resuelve una situación complicada con éxito: *No pensé que saliéramos airosos de la última prueba.*

aislar

verbo **1** Dejar a una persona o una cosa sola o alejada de otras.
2 No dejar pasar la electricidad, el calor, el ruido u otras cosas. Las paredes de las casas se aíslan para que no entre el frío o el calor de la calle.

aislar		
INDICATIVO	**SUBJUNTIVO**	
presente	**presente**	
aíslo	aísle	
aíslas	aísles	
aísla	aísle	
aislamos	aislemos	
aisláis	aisléis	
aíslan	aíslen	
pretérito imperfecto	**pretérito imperfecto**	
aislaba	aislara o aislase	
aislabas	aislaras o aislases	
aislaba	aislara o aislase	
aislábamos	aisláramos o aislásemos	
aislabais	aislarais o aislaseis	
aislaban	aislaran o aislasen	
pretérito indefinido	**futuro**	
aislé	aislare	
aislaste	aislares	
aisló	aislare	
aislamos	aisláremos	
aislasteis	aislareis	
aislaron	aislaren	
futuro	**IMPERATIVO**	
aislaré		
aislarás	aísla	(tú)
aislará	aísle	(usted)
aislaremos	aislad	(vosotros)
aislaréis	aíslen	(ustedes)
aislarán		
condicional	**FORMAS NO PERSONALES**	
aislaría		
aislarías		
aislaría	**infinitivo**	**gerundio**
aislaríamos	aislar	aislando
aislaríais	**participio**	
aislarían	aislado	

¡ajá!

interjección **1** Expresa, normalmente, acuerdo, agrado o asombro: *¡Ajá! ¿Éste era todo el trabajo que tenías que hacer?*

ajedrez

nombre masculino **1** Juego entre dos personas que se juega sobre un tablero dividido en sesenta y cuatro cuadros blancos y negros; cada uno de los jugadores de ajedrez tiene dieciséis piezas que puede mover según las reglas del juego. El conjunto de piezas y tablero que se usan para este juego también se llama ajedrez.
👁 El plural es: ajedreces.

ajeno, ajena

adjetivo **1** Que es de otra persona. Las cosas ajenas no son nuestras.
2 Que no tiene relación con una persona o una cosa. Una persona es ajena a una familia cuando no forma parte de ella.
3 Se dice de la persona que no tiene conocimiento de algo porque no está informada o no se ha preocupado. Algunas personas viven ajenas a los problemas de quienes les rodean.

ajetreado, ajetreada

adjetivo **1** Se dice de una actividad o un periodo de tiempo en el que hay mucho trabajo o muchas cosas que hacer y mucho movimiento. Podemos tener un día ajetreado, una vida ajetreada o un trabajo ajetreado.

ajo

nombre masculino **1** Bulbo comestible de color blanco, envuelto en varias capas de piel seca, que tiene olor y sabor fuertes. Una cabeza de ajos tiene forma redondeada y contiene varios dientes de ajo. El ajo se utiliza mucho en la cocina española.
en el ajo Se dice que está en el ajo la persona que sabe o forma parte de algo que se oculta a otras personas.

ajuntar

verbo **1** Ser amigo de otra persona: *No se ajuntan.*
👁 Es un uso informal.

ajustar

verbo **1** Hacer que una cosa encaje perfectamente con otra o ponerla a su alrededor y que no quede espacio entre ellas o sólo el espacio justo.

A

a

A
a

Si una ventana o una puerta no ajustan bien, puede entrar aire. En el avión hay que ajustarse el cinturón.
2 ajustarse Ser una cosa adecuada para una situación. Algo se ajusta a nuestras necesidades cuando sirve perfectamente para una cosa que tenemos que hacer. Los políticos intentan hacer leyes que se ajusten a la realidad.

ajusticiar
verbo   **1** Hacer que muera una persona que ha sido condenada a muerte. ✕✕ ejecutar.
👁 Se conjuga como: cambiar; la 'i' no lleva acento de intensidad.

al
1 Unión de la preposición 'a' y del determinante artículo 'el': *Todavía no conozco al nuevo vecino.* No se produce esta contracción cuando el determinante que le sigue forma parte de un nombre propio; por ejemplo: *¿Has ido a El Escorial?*
2 Indica que una acción se produce al mismo tiempo que otra o inmediatamente después. Se utiliza delante de un infinitivo: *Al salir me encontré con unos amigos. El agua se evapora al alcanzar los 100 grados.*

ala
nombre   **1** Extremidad que tienen algunos
femenino animales que sirve para volar. Los pájaros tienen alas cubiertas de plumas; el murciélago es el único mamífero que tiene alas.
2 Parte plana a los lados de un avión que le da estabilidad. ✍ 195
3 Parte plana y horizontal que sobresale de algunas cosas, como el ala de un tejado o de un sombrero.
ala delta Aparato formado por una estructura metálica ligera y un triángulo de tejido resistente que permite planear si la persona se lanza desde cierta altura. ✍ 196
👁 Es un nombre femenino, pero se utilizan los determinantes 'el' y 'un' cuando entre el determinante y el nombre no hay otras palabras: el ala.

alabanza
nombre   **1** Palabra que se utiliza para ha-
femenino blar bien de una persona o cosa.

Se hacen grandes alabanzas cuando quieren resaltarse méritos o cualidades. ✕✕ elogio.

alabar
verbo   **1** Hablar bien de personas o cosas resaltando sus méritos o cualidades. Al alabar a alguien se muestra admiración y reconocimiento por lo que es o lo que hace.

alacena
nombre   **1** Especie de armario hecho en el
femenino hueco de una pared, que se cierra con puertas y que tiene estantes para poner alimentos, conservas, botellas y objetos de cocina.

alacrán
nombre   **1** Animal del grupo de los arácni-
masculino dos que tiene un cuerpo largo y acabado en un aguijón venenoso en forma de gancho. Su picadura es muy peligrosa. ✕✕ escorpión.
👁 El plural es: alacranes.

alambrada
nombre   **1** Valla hecha con alambre. Las
femenino alambradas intentan evitar el paso de personas o animales por un lugar.

alambre
nombre   **1** Hilo delgado hecho de metal. El
masculino alambre es generalmente flexible; se usa para atar o sujetar cosas o formar alambradas.

álamo
nombre   **1** Árbol de tronco alto y hojas en
masculino forma ovalada o de corazón que crece en terrenos húmedos. Su madera es blanca y ligera y se usa para fabricar papel. Hay distintas especies. ✕✕ chopo. ✍ 599

alarde
nombre   **1** Lo que se hace cuando se pre-
masculino sume delante de otras personas de algo que se sabe hacer bien: *Hizo alarde de sus conocimientos de idiomas hablando con los turistas.*

alargado, alargada
adjetivo   **1** Que es más largo que ancho. Los pasillos suelen ser alargados.

alargar
verbo   **1** Estirar una cosa o añadir algo para que sea más larga. Cuando una falda o un pantalón nos quedan cortos aprovechamos la tela del dobladillo para alargarlos.

A
a

2 Durar más o hacer que algo dure más. Se puede alargar un plazo de matrícula o unas vacaciones unos días más: *No quiero alargarme más en esta explicación.*
👁 Se escribe 'gu' delante de 'e', como: alargué.

alarido
nombre masculino **1** Grito muy fuerte y agudo que expresa generalmente dolor, miedo o ira: *Tenías que haber oído sus alaridos cuando se rompió el pie.* ✂ aullido.

alarma
nombre femenino **1** Señal o voz con que se avisa de un peligro. En caso de incendio, hay que dar la alarma y actuar con calma.
2 Mecanismo o aparato que suena o se enciende para avisar de algo, normalmente de un peligro. La alarma del despertador nos despierta por las mañanas; en los edificios públicos hay alarmas de incendio; los bancos tienen sus alarmas antirrobo.
3 Estado de preocupación muy grande a causa de un posible peligro, que hace que la gente se mantenga muy alerta para evitar una consecuencia desagradable. El aumento de la violencia crea alarma entre la población.

alarmante
adjetivo **1** Se dice de las cosas que producen alarma porque suponen un riesgo o peligro. Una noticia alarmante hace que la gente esté preocupada.

alarmar
verbo **1** Hacer que una persona o un grupo tengan una preocupación y miedo muy grandes a causa de un posible peligro: *La madre se alarmó al ver que su hijo tenía sangre.*

alavés, alavesa
adjetivo y nombre **1** Se dice de la persona o cosa que es de Álava, una provincia del País Vasco.
👁 El plural es: alaveses.

alba
nombre femenino **1** Momento del día durante el cual sale el Sol. Los pescadores se le-

vantan al alba para salir a pescar; al alba el cielo se pone de un color precioso. ✂ amanecer; aurora.
👁 Es un nombre femenino, pero se utilizan los determinantes 'el' y 'un' cuando entre el determinante y el nombre no hay otras palabras: el alba.

albaceteño, albaceteña
adjetivo y nombre **1** Se dice de la persona o cosa que es de Albacete, ciudad y provincia de Castilla–La Mancha.

albañil
nombre masculino y femenino **1** Persona que trabaja en la construcción de edificios. Los albañiles levantan pisos y paredes, ponen suelos y tejados y realizan otros trabajos similares. ✍ 395

albañilería
nombre femenino **1** Actividad que consiste en construir casas y otras obras en las que se usan materiales como la piedra, el ladrillo o el cemento.

albaricoque
nombre masculino **1** Fruta casi redonda de color amarillento y con un hueso liso en el centro que nace de un árbol del mismo nombre.

alberca
nombre femenino **1** Depósito construido con piedra o ladrillo que sirve para almacenar el agua destinada a regar y que suele encontrarse en las huertas.

albergar
verbo **1** Dar alojamiento a alguien o quedarse alojado en un lugar. Cuando se produce una inundación algunas escuelas albergan a los afectados; mucha gente se alberga en tiendas cuando salen de excursión. ✂ alojar; hospedar.
2 Tener una determinada idea, deseo o sentimiento en la mente o en el corazón. Muchas personas albergan recuerdos de su época escolar: *Alberga malas intenciones.*
👁 Se escribe 'gu' delante de 'e', como: albergué.

albergue
nombre masculino **1** Lugar o pequeña construcción en la montaña o en el campo que sirve como refugio o para alojar durante unos días a personas y animales.

A
a

2 Residencia de vacaciones para gente joven.

albino, albina

adjetivo y nombre

1 Que tiene la piel, las cejas y el pelo blancos por falta de pigmentación. En el norte de Europa suele haber más albinos que en el sur. En el zoo de Barcelona vive el único gorila albino del mundo.

albóndiga

nombre femenino

1 Bola pequeña hecha de carne picada, pan rallado, huevo y especias que se reboza en harina, se fríe y luego se guisa con una salsa.

albornoz

nombre masculino

1 Bata de tela de toalla que se abrocha con un cinturón y que nos ponemos al salir del baño o de la ducha.
👁 El plural es: albornoces.

alborotar

verbo

1 Causar mucho ruido o bullicio. No se debe alborotar durante la noche para no molestar a los que descansan.
2 Hacer que alguien que está tranquilo empiece a moverse, hacer ruido y molestar. A veces, los hermanos mayores alborotan a los pequeños.

alboroto

nombre masculino

1 Ruido y falta de orden producido por voces, risas, gritos o peleas. Cuando un árbitro expulsa a un jugador se suele armar un gran alboroto en el campo. ✖ bullicio; jaleo. ✖ calma.

albufera

nombre femenino

1 Extensión de agua salada cercana a la costa formada por la entrada del mar en la tierra y separada por una franja estrecha de arena. En las albuferas de Valencia se cultiva arroz.

álbum

nombre masculino

1 Libro en blanco que sirve para colocar fotografías, sellos, postales u otras cosas. Mucha gente tiene álbumes de cromos.
2 Disco o conjunto de discos que se presentan en un mismo estuche: *Me regalaron un álbum de los Beatles.*
👁 Su plural es: álbumes.

alcachofa

nombre femenino

1 Hortaliza que tiene numerosas hojas verdes, pequeñas y duras y un tronco de hojas alargadas y espinosas. Las alcachofas se comen cocidas o asadas y su parte más jugosa es el corazón.
2 Pieza de base redonda con pequeños agujeros por los que sale el agua en las duchas, fregaderos y regaderas.

alcahuete, alcahueta

nombre

1 Persona que hace de intermediaria en las relaciones amorosas o sexuales entre dos personas: *La Celestina es una obra de teatro muy importante y uno de sus personajes principales es una alcahueta.*
2 Persona que se entera de las cosas íntimas de la gente y se las va contando a los demás: *Ese chico es un alcahuete: enseguida cuenta tus secretos a todo el mundo.* ✖ chismoso.

alcalde, alcaldesa

nombre

1 Persona que tiene la máxima autoridad en un ayuntamiento y gobierna un pueblo o ciudad. En España, los alcaldes son elegidos democráticamente. ☞200

alcaldía

nombre femenino

1 Cargo de la persona que gobierna en el ayuntamiento de una población.

alcance

nombre masculino

1 Distancia a la que llega una cosa o la influencia de una acción determinada. Las televisiones autonómicas tienen un alcance limitado, no llegan a toda España.
2 Importancia que tiene una noticia, un acontecimiento u otra cosa. Las noticias de mucho alcance suelen aparecer en la primera página de los periódicos.
al alcance De modo que se puede alcanzar. Si una cosa está al alcance de la mano de una persona, ésta la puede coger o alcanzar sin moverse o levantarse de donde está.
fuera del alcance De modo que no puede ser alcanzado. Las me-

dicinas tienen que estar guardadas fuera del alcance de los niños.

alcantarilla

nombre femenino

1 Conducto que hay bajo las calles de una población y que sirve para recoger el agua de la lluvia y las aguas sucias de las casas. Una vez depurada, el agua de las alcantarillas desemboca en los ríos o en el mar. ⚒ cloaca.

2 Hueco o agujero en el suelo de las calles, al borde de las aceras, que sirve para recoger el agua de la lluvia.

alcantarillado

nombre masculino

1 Conjunto de alcantarillas de un lugar o población.

alcanzar

verbo

1 Llegar hasta donde está una persona que va delante: *Si no corres más, nos alcanzarán.*

2 Llegar a tocar o a coger una cosa con las manos: *No alcanzo, está muy alto.*

3 Coger una cosa para pasársela a alguien que no llega: *¿Me alcanzas la sal, por favor?*

4 Llegar a un lugar o conseguir algo que se tiene como objetivo: *El escalador alcanzó la cima. Alcanzó su meta profesional.*

5 Ser bastante o suficiente para algo. Algunos sueldos son tan bajos que justo alcanzan para vivir.

👁 Se escribe 'c' delante de 'e', como: alcancemos.

alcázar

nombre masculino

1 Palacio o castillo protegido con muros donde vivían los reyes o personas importantes. El alcázar era una construcción típica de los árabes.

alcoba

nombre femenino

1 Habitación de una casa con una o más camas donde se duerme. ⚒ dormitorio.

alcohol

nombre masculino

1 Líquido transparente que arde con facilidad. Usamos alcohol para desinfectar heridas.

2 Bebida que contiene alcohol. No debe beberse alcohol si se va a conducir.

alcohólico, alcohólica

adjetivo

1 Se dice de la bebida que contiene alcohol. El vino, la cerveza y la ginebra son bebidas alcohólicas.

nombre y adjetivo

2 Se dice de la persona que es adicta a las bebidas alcohólicas. Hay centros de rehabilitación y asociaciones que ayudan a los alcohólicos a abandonar la bebida.

alcoholismo

nombre masculino

1 Estado o situación en que se encuentra una persona adicta a las bebidas alcohólicas. El alcoholismo es una enfermedad y se puede curar.

alcornoque

nombre masculino

1 Árbol de hoja perenne y copa muy ancha, con una corteza gruesa de la que se saca el corcho.

2 Persona torpe y tonta. Lo utilizamos para referirnos a alguien que no entiende una cosa que resulta muy fácil para los demás. Es una palabra informal.

aldea

nombre femenino

1 Población pequeña en la que vive poca gente y que a veces depende de otra población mayor. Las aldeas no suelen tener ayuntamiento.

aldeano, aldeana

nombre

1 Persona que es originaria de una aldea o vive en una aldea.

alegar

verbo

1 Exponer una persona argumentos o razones para demostrar algo que se dice o para defender algo que se ha hecho. En un juicio la defensa alega una serie de pruebas para demostrar la inocencia del acusado.

👁 Se escribe 'gu' delante de 'e', como: alegue.

alegrar

verbo

1 Poner o ponerse alegre o contento por algún motivo determinado. Cuando nos alegramos por alguien es que compartimos su alegría.

2 Hacer que una cosa tenga un aspecto mejor, más alegre. Unas cortinas de colores vivos alegran mucho una habitación.

alegre

adjetivo

1 Se dice de la persona que sien-

A
a

te o muestra alegría; también se dice de la persona o la cosa que causa alegría. Una persona alegre suele reír mucho; las fiestas populares suelen ser muy alegres. ※ triste.

2 Se dice de la cosa o el lugar que causa alegría en las personas porque tienen colores vivos o mucha luz. Una casa con grandes ventanas y con colores agradables puede ser muy alegre.

3 Se dice de la persona que está más excitada de lo normal por haber bebido algo de alcohol, pero sin llegar a estar borracha.

alegría
nombre femenino

1 Sentimiento agradable de satisfacción y de placer que nos produce algo que consideramos que es bueno o que nos hace ilusión. Cuando sentimos alegría reímos o sonreímos. ※ tristeza.

2 Falta de responsabilidad al hacer las cosas. Si gastamos el dinero con alegría, gastamos mucho y sin pensar en ahorrar.

alejar
verbo

1 Poner o llevar lejos o más lejos: *El coche se alejó y lo perdí de vista.* ※ distanciar.

2 Quitar una cosa negativa del pensamiento. Para relajarse hay que alejar los malos pensamientos.

alemán, alemana
adjetivo y nombre

1 Se dice de la persona o cosa que es de Alemania, país del centro de Europa.

nombre masculino

2 Lengua hablada en Alemania, Austria y parte de Suiza. Es una lengua de origen germánico, como el inglés, el danés o el noruego.

alergia
nombre femenino

1 Conjunto de cambios o reacciones que algunas sustancias pueden provocar en una persona, sobre todo en la respiración o en la piel. Hay gente que tiene alergia al polen, al polvo o a determinados medicamentos o alimentos.

alero
nombre masculino

1 Parte de un tejado que sobresale de la pared e impide que el agua de la lluvia resbale por ella.

2 Jugador de baloncesto que en un partido suele jugar y atacar por el lateral.

alerón
nombre masculino

1 Pieza móvil en el borde posterior de las alas de los aviones que sirve para hacer ascender o descender el avión. ✎ 195

👁 El plural es: alerones.

alerta
adverbio

1 Con atención y vigilancia. Los soldados de guardia deben estar alerta en sus puestos.

nombre femenino

2 Señal o voz que avisa de un peligro. Cuando oímos una señal de alerta debemos reaccionar rápidamente. ※ alarma.

3 Situación que necesita de una especial atención y vigilancia. Cuando existe la amenaza de un peligro extremo, se habla de alerta roja. ※ alarma.

aleta
nombre femenino

1 Parte del cuerpo de los peces y otros animales acuáticos que les sirve para nadar y controlar el movimiento.

2 Calzado de goma que tiene la parte de delante larga, ancha y plana, y sirve para darse impulso con los pies debajo del agua. Se usan aletas para bucear.

3 Cada una de las dos partes blandas que rodean los agujeros de la nariz.

aletargar
verbo

1 Hacer que una persona entre en un estado de sueño profundo durante un tiempo. Algunas enfermedades aletargan a quien las padece.

2 aletargarse Entrar un animal en un estado de sueño profundo y completa inactividad. Algunos animales, como los reptiles, se aletargan durante el invierno.

👁 Se escribe 'gu' delante de 'e', como: aletargue.

aletear
verbo

1 Mover las alas de forma muy rápida repetidas veces. Cuando a un pájaro se le mojan las alas, aletea para secárselas.

alevín

nombre masculino **1** Cría de algunos peces, y en especial de peces de agua dulce. La pesca de alevines está prohibida en ciertas épocas para favorecer la recuperación de las especies.

nombre masculino y femenino plural **2 alevines** Categoría deportiva de los niños que tienen entre 10 y 12 años. Los alevines están entre los benjamines y los infantiles.

nombre masculino y femenino **3** Persona que juega en la categoría de alevines.
👁 El plural es: alevines.

alevosía

nombre femenino **1** Característica del delito que una persona comete asegurándose de que no puede salirle mal y de que su víctima no se puede defender. Una agresión por la espalda está hecha con alevosía.

alfabético, alfabética

adjetivo **1** Del alfabeto o que tiene relación con él. En una guía de teléfonos los apellidos de las personas aparecen en orden alfabético.

alfabetizar

verbo **1** Enseñar a leer y a escribir. También hay escuelas para alfabetizar a los adultos analfabetos.
👁 Se escribe 'c' delante de 'e', como: alfabeticen.

alfabeto

nombre masculino **1** Serie de todas las letras de un idioma según un orden establecido. El alfabeto español empieza con la 'a' y termina con la 'z'. ✂ abecedario. ✍ 399
2 Sistema de signos que representa las letras. Los ciegos pueden leer gracias al alfabeto braille; los sordomudos tienen su propio alfabeto hecho con las manos.

alfalfa

nombre femenino **1** Planta que se cultiva para dar de comer al ganado. Los caballos y las vacas comen alfalfa.

alfarería

nombre femenino **1** Actividad que consiste en fabricar objetos de barro.

alfarero, alfarera

nombre **1** Persona que se dedica a hacer artesanalmente objetos de barro, como platos, jarrones o botijos.

alféizar

nombre masculino **1** Parte inferior y generalmente saliente del muro que rodea una ventana. En el alféizar de las ventanas a veces se ponen flores.

alféizar

alférez

nombre masculino y femenino **1** Persona que tiene un grado militar entre el subteniente y el teniente; es el grado más bajo de los oficiales.
👁 El plural es: alféreces.

alfiler

nombre masculino **1** Aguja que en un extremo tiene punta y en el otro una pequeña bola o cabeza. Se usa para unir telas o sujetar algo a una tela. ✍ 796
2 Joya alargada con una aguja o pasador en la parte trasera para sujetarla a una prenda de vestir: *Mi tío lleva el alfiler de la corbata a juego con los gemelos.* ✍ 550

alfombra

nombre femenino **1** Tejido grueso que se pone en el suelo. Las alfombras pueden servir para adornar, proteger del frío, limpiarse la suela de los zapatos o proteger el suelo.
2 Conjunto de cosas del mismo tipo que cubren el suelo: *En algunas localidades, un día al año cubren las calles con alfombras de flores.*

alforja

nombre femenino **1** Objeto formado por una tira de tela fuerte con una bolsa en cada lado que sirve para guardar y llevar cosas. La alforja se lleva colgada al hombro o se coloca sobre el lomo de un caballo o una mula.

alga

nombre femenino **1** Planta acuática. Las algas son un alimento habitual en Japón.
👁 Es un nombre femenino, pero se utilizan los determinantes 'el' y

A
a

'un' cuando entre el determinante y el nombre no hay otras palabras: el alga.

algarabía
nombre femenino **1** Ruido confuso producido por las risas, los gritos o las voces de muchas personas a la vez. ⚹ bulla; bullicio.

algarroba
nombre femenino **1** Fruto del algarrobo que tiene forma de vaina; es comestible y de sabor dulce. La algarroba se utiliza como alimento para el ganado.

algarrobo
nombre masculino **1** Árbol de gran tamaño, de hojas perennes y fruto en forma de vaina, la algarroba. El algarrobo crece en zonas costeras.

algo
pronombre indefinido **1** Hace referencia a una idea o un objeto de manera imprecisa. Suele indicar normalmente una sola cosa o una cantidad no muy grande: *Tengo que decirte algo. Dame algo más de dinero, que esto es muy poco.*

algodón
nombre masculino **1** Fibra vegetal de color blanco y tacto suave que cubre la semilla de una planta del mismo nombre. El algodón se usa para hacer tejidos. Para limpiar y desinfectar una pequeña herida se utiliza un poco de algodón con alcohol. ✍ 595
👁 El plural es: algodones.

alguacil
nombre masculino y femenino **1** Persona que realiza ciertas tareas en un ayuntamiento o juzgado; el alguacil está a las órdenes del alcalde, del juez o del tribunal.

alguien
pronombre indefinido **1** Lo utilizamos al referirnos a una persona que no conocemos o de la que hablamos sin decir concretamente quién es: *¿Conoces a alguien que sepa hablar japonés? Alguien se lo habrá olvidado.*

algún
determinante indefinido **1** Forma apocopada de 'alguno'; se utiliza delante de nombres masculinos en singular: *Algún día repetiremos este viaje.*

alguno, alguna
determinante indefinido **1** Indica una cantidad de manera poco precisa y sin referirse a nin-

gún número, pero se entiende que es una cantidad menor que 'mucho': *Algunos chicos llegaron tarde. ¿Has estado alguna vez en Granada?*
pronombre demostrativo **2** Sustituye a un nombre que ya se ha dicho e indica una cantidad pequeña dentro de un grupo: *Algunos nos fuimos a casa, pero la mayoría se quedó jugando.*

alhaja
nombre femenino **1** Joya o adorno de oro o plata y piedras preciosas. ⚹ joya.
2 Persona, animal o cosa que vale mucho y tiene excelentes cualidades: *Este canario es una alhaja, está todo el día cantando.* ⚹ joya.

alhelí
nombre masculino **1** Planta de jardín con flores de olor agradable y de distintos colores según la variedad.
👁 El plural más usado es 'alhelíes', pero también puede ser 'alhelís'.

aliado, aliada
adjetivo y nombre **1** Se dice de la persona o el país que se une mediante un pacto o un tratado con otro u otros para defender una causa o una idea común.

alianza
nombre femenino **1** Acuerdo o unión que se hace entre varias personas, partidos políticos o países con un objetivo determinado. ⚹ coalición; liga.
2 Anillo que suelen intercambiarse el día de la boda las personas que se casan como símbolo de su unión.

aliar
verbo **1** Hacer una alianza o un acuerdo entre varias personas o países con un fin determinado. En tiempos de guerra algunos países se alían para luchar juntos.
👁 Se conjuga como: desviar; la 'i' se acentúa en algunos tiempos y personas, como: alíen.

alias
nombre masculino **1** Nombre, que no es el propio, por el que se conoce a alguien o se le suele nombrar. En algunas poblaciones la gente utiliza alias para referirse a los familiares o co-

nocidos: *El alias de mi hermano es 'el Largo'.* ✂ apodo.

adverbio **2** Se pone detrás del nombre de una persona para indicar otro nombre por el que también se le conoce o se le suele nombrar. Lola Flores, alias la Faraona, fue una artista folclórica muy famosa.
👁 El plural es: alias.

alicantino, alicantina
adjetivo y nombre **1** Se dice de la persona o cosa que es de Alicante, ciudad y provincia de la Comunidad Valenciana.

alicatar
verbo **1** Cubrir una pared con baldosines o azulejos. Suelen alicatarse el baño y la cocina.

alicate
nombre masculino **1** Herramienta que sirve para apretar o sujetar cosas, doblar o cortar alambres y para otros usos; está formada por dos piezas unidas por un eje que terminan en dos pinzas con las puntas planas o redondeadas. ✍ 393
👁 También se usa en plural para indicar sólo una unidad.

aliciente
nombre masculino **1** Cosa que da a una persona ilusión o impulso para hacer una acción determinada. Cuando tenemos algún aliciente es más fácil hacer las cosas; un premio es un aliciente para hacer algo bien.

aliento
nombre masculino **1** Aire que sale o se echa por la boca al respirar. Fumar hace que el aliento huela a tabaco.
2 Ánimo que alguien tiene o que se infunde a alguien para hacer o continuar haciendo una cosa. Los seguidores de un equipo dan aliento a sus jugadores.

aligerar
verbo **1** Hacer que una cosa sea más ligera o menos pesada quitándole parte del peso que tiene o que soporta.
2 Hacer algo más rápido de lo que se estaba haciendo. Si se aligera el paso, se anda más deprisa.

alijo
nombre masculino **1** Conjunto de mercancías o géneros que han sido fabricados, vendi-

dos o introducidos en un país de forma ilegal, como un alijo de drogas.

alimaña
nombre femenino **1** Animal que resulta peligroso o perjudicial para la caza o la ganadería, como el zorro, el lobo o la comadreja.

alimentación
nombre femenino **1** Conjunto de alimentos que se toman para alimentarse. Es muy importante cuidar la alimentación para estar sanos y en forma.

alimentar
verbo **1** Dar o tomar los alimentos necesarios para vivir. Los animales herbívoros se alimentan de plantas.
2 Dar la energía o la fuerza necesaria que una cosa necesita para funcionar. La madera alimenta el fuego.

alimenticio, alimenticia
adjetivo **1** Se dice de lo que le da al organismo las sustancias necesarias para su funcionamiento. Las verduras, la carne o el pescado son productos alimenticios muy sanos.

alimento
nombre masculino **1** Cualquiera de las sustancias que un ser vivo toma para alimentarse. ✂ comida. ✍ 800

alineación
nombre femenino **1** Modo en que se colocan los jugadores de un equipo deportivo según la función de cada uno. Los entrenadores deciden la alineación del equipo.
👁 El plural es: alineaciones.

aliñar
verbo **1** Echarle especias o alguna salsa a una comida fría para darle más sabor. Normalmente aliñamos la ensalada con aceite, vinagre y sal. ✂ aderezar.

aliño
nombre masculino **1** Conjunto de especias o salsas que se le echan a una comida fría para darle sabor.

alioli
nombre masculino **1** Salsa de sabor fuerte que se hace con ajo y aceite o con mahonesa y ajo.

alisar
verbo **1** Poner lisa una cosa, especialmente el pelo de una persona. Las planchas alisan la ropa.

A
a

alistarse
verbo **1** Inscribirse una persona voluntariamente en el ejército.

aliviar
verbo **1** Hacer que el dolor físico o la pena que siente una persona sea menos fuerte o menos intenso o que sea más fácil de soportar. Algunas pomadas alivian el dolor muscular. ✳ calmar.

alivio
nombre masculino **1** Disminución del dolor físico o la pena que siente una persona. Produce un gran alivio solucionar un problema grave que nos preocupa mucho.

allá
adverbio **1** Indica un lugar determinado que está alejado de la persona que habla: *Vamos para allá.* ✳ allí.
2 Indica tiempo lejano e indeterminado en el pasado: *Nos compramos el ordenador allá por el mes de enero.*
3 Se utiliza delante de un pronombre personal para indicar que no importa lo que va a hacer esa persona, pero que se cree que la decisión es incorrecta: *Allá tú, haz lo que quieras, pero te equivocas.*

allanar
verbo **1** Poner llana una cosa o una superficie que no está lisa: *Hay que allanar el terreno antes de montar la tienda de campaña.* ✳ alisar; aplanar.
2 Hacer más fácil una situación difícil o dejar una cosa libre de problemas: *Mi hermano mayor me allanó el camino y ahora mis padres me dan más libertad que a él.*
3 Entrar a la fuerza en una casa sin permiso del dueño. Los ladrones allanan las casas para robar.

allí
adverbio **1** Indica un lugar determinado que está alejado de la persona que habla: *Nos vemos allí a las dos, ¿de acuerdo?* ✳ allá.

alma
nombre femenino **1** Parte del ser humano donde está la capacidad de sentir, querer y comprender. El alma es invisible y no material. Cuando se dice que una persona no tiene alma es que no tiene sentimientos. ✳ espíritu.
2 Persona que da fuerza, vida y animación a una reunión. Las personas simpáticas y bromistas suelen ser el alma de una fiesta.
3 Persona; ser humano: *No había un alma por la calle.* Se usa sobre todo en frases negativas.
caerse el alma a los pies Sufrir una persona una decepción muy grande, o sentirse muy triste porque una cosa no ha salido como se esperaba: *Cuando vi lo egoísta que era, se me cayó el alma a los pies.*
como alma que lleva el diablo Muy deprisa o de forma muy violenta: *En cuanto le dimos la noticia se fue como alma que lleva el diablo.*
no poder con el alma Estar una persona muy cansada después de haber trabajado mucho o haber realizado un gran esfuerzo.
👁 Es un nombre femenino, pero se utilizan los determinantes 'el' y 'un' cuando entre el determinante y el nombre no hay otras palabras: el alma.

almacén
nombre masculino **1** Lugar donde se guardan mercancías. Cuando una tienda necesita género, lo pide al almacén.
grandes almacenes Establecimiento comercial de grandes dimensiones y dividido en secciones o plantas donde se vende todo tipo de productos.
👁 El plural es: almacenes.

almacenar
verbo **1** Guardar mercancías en un almacén. Las fábricas almacenan sus productos hasta que los venden.
2 Acumular algo en gran cantidad para cuando haga falta. Muchos animales almacenan comida para el invierno.

almanaque
nombre masculino **1** Calendario en el que además de los días y los meses se recogen otras informaciones, como el santoral o datos de astronomía.

almeja

nombre femenino **1** Molusco marino que vive en aguas poco profundas. Su concha es ovalada y consta de dos partes lisas, sin surcos. Es comestible y se consume fresco o en conserva.

almena

nombre femenino **1** Cada uno de los bloques de piedra que se levantan sobre la parte alta de un muro, generalmente en los castillos. Las almenas están separadas unas de otras y servían de protección.

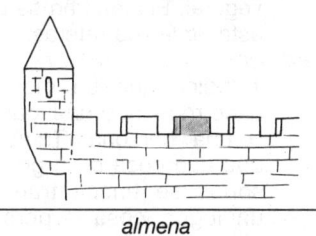

almena

almendra

nombre femenino **1** Fruto del almendro que, cuando está maduro, pasa a ser un fruto seco de cáscara dura y marrón y semilla blanca en su interior. Se puede comer cruda o tostada. El turrón se hace con almendras.

almendro

nombre masculino **1** Árbol de hojas alargadas, flores blancas o rosas y fruto comestible. Cuando los almendros están en flor es que llega la primavera.

almeriense

adjetivo y nombre masculino y femenino **1** Se dice de la persona o cosa que es de Almería, ciudad y provincia de Andalucía.

almíbar

nombre masculino **1** Líquido que se hace mezclando azúcar con agua y calentándolo a fuego lento hasta que espesa. Se puede comer melocotón, piña o pera en almíbar.

almidón

nombre masculino **1** Sustancia blanca que se encuentra en algunos vegetales, como la patata o el arroz. Entre otras cosas, se utiliza para poner rígidas o tiesas las telas.

almirante

nombre masculino y femenino **1** Militar que tiene el grado superior de la marina, por encima del vicealmirante.

almirez

nombre masculino **1** Utensilio de cocina que se utiliza para moler o machacar en su interior semillas o condimentos. Está formado por un recipiente en forma de taza y un mazo con el que se machaca. ✍ 793

👁 El plural es: almireces.

almohada

nombre femenino **1** Saco de tela fina relleno de un material blando que sirve para apoyar la cabeza cuando estamos tumbados en la cama.

2 Funda para la almohada de la cama.

consultar algo con la almohada No tomar una decisión hasta que no haya pasado un tiempo en el que se piensa la solución.

almohadilla

nombre femenino **1** Cojín pequeño y plano que se pone sobre un asiento duro para estar más cómodo al sentarse.

almohadón

nombre masculino **1** Especie de almohada que sirve para apoyar una parte del cuerpo cuando estamos sentados o tumbados. Los almohadones suelen ser cuadrados.

👁 El plural es: almohadones.

almorzar

verbo **1** Tomar a media mañana un alimento ligero, como un bocadillo o un bollo, acompañado normalmente de una bebida.

2 Tomar a mediodía o a primeras horas de la tarde una comida fuerte, normalmente dos platos y postre. Los españoles solemos almorzar entre la una y las tres de la tarde. ✂ comer.

👁 Se conjuga como: forzar; la 'o' se convierte en 'ue' en sílaba acentuada y se escribe 'c' delante de 'e', como: almuerzo, almorcé.

almuerzo

nombre masculino **1** Comida ligera, generalmente un bocadillo o un bollo acompañado de una bebida, que se toma a media mañana.

A

a

2 Comida fuerte que se toma a mediodía o a primeras horas de la tarde, y que suele consistir en dos platos y un postre. ✗✗ comida.

alojamiento
nombre masculino
1 Lugar donde se instala una persona durante un tiempo. En verano resulta difícil encontrar alojamiento en algunas zonas turísticas.

alojar
verbo
1 Dar a una persona alojamiento: *En vacaciones, nos alojamos en casa de los abuelos.* ✗✗ hospedar.
2 alojarse Meterse una cosa dentro de otra, en especial un objeto extraño dentro del cuerpo: *El médico extrajo la bala que se había alojado en la pierna del herido.*

alondra
nombre femenino
1 Pájaro de canto muy agradable. Tiene la cola en forma de horquilla, las plumas de color pardo y el vientre blanco. Es frecuente en la Península, sobre todo en invierno.

alpaca
nombre femenino
1 Metal que se hace mezclando cobre, níquel y cinc. La alpaca se parece a la plata y se utiliza para fabricar cubiertos.

alpargata
nombre femenino
1 Calzado de tela con suela de esparto o de goma que se ajusta al pie por presión o con cintas. En verano, la gente lleva alpargatas.

alpinismo
nombre masculino
1 Deporte que consiste en subir o escalar montañas muy altas.

alpinista
nombre masculino y femenino
1 Persona que escala montañas como deporte. Los alpinistas necesitan una buena preparación física.

alpiste
nombre masculino
1 Semilla muy pequeña y de forma alargada que se usa como alimento para pájaros. El alpiste se saca de una planta que tiene el mismo nombre.

alquilar
verbo
1 Dar o tomar una cosa durante un tiempo determinado a cambio de una cantidad de dinero. Se alquilan cosas que se necesita usar y no se quiere comprar, como una casa, un coche, un disfraz o una bicicleta. ✗✗ arrendar.

alquiler
nombre masculino
1 Cantidad de dinero que se paga por el uso durante cierto tiempo de una cosa que pertenece a otra persona. ✗✗ renta.
de alquiler Que se puede alquilar. Hay coches, patines, películas de vídeo o pisos de alquiler.

alquitrán
nombre masculino
1 Sustancia espesa y pegajosa de color oscuro que se extrae del petróleo, de la madera y del carbón vegetal. El alquitrán se utiliza para asfaltar las carreteras.

alrededor
adverbio
1 Indica que un movimiento se hace rodeando un lugar, una cosa o una persona. También indica que una cosa o un grupo de personas se encuentran rodeando un lugar, cosa o persona: *Miró alrededor. Alrededor del pueblo hay un bosque. Viajó alrededor del mundo.*
2 Se usa con números para indicar que puede ser un poco más o un poco menos de la cantidad que se dice: *Volveré alrededor de las nueve. Costó alrededor de tres mil pesetas.* ✗✗ cerca de; sobre.
nombre masculino plural
3 alrededores Zona que rodea un lugar, como puede ser un barrio, una ciudad o un pueblo. Mucha gente prefiere vivir en los alrededores antes que en el centro de la ciudad.

alta
nombre femenino
1 Ingreso en un cuerpo, asociación, institución o carrera. Si queremos utilizar las instalaciones de un polideportivo, necesitamos darnos de alta como socios. ✗✗ baja.
2 Documento en el que se comunica que el enfermo recuperado puede abandonar un hospital o volver a su trabajo. ✗✗ baja.
👁 Es un nombre femenino, pero se utilizan los determinantes 'el' y 'un' cuando entre el determinante y el nombre no hay otras palabras: el alta.

altar

nombre masculino **1** Mesa de piedra o madera sobre la que se celebran ceremonias religiosas. Los sacerdotes celebran la misa en el altar.

altavoz

nombre masculino **1** Aparato por el que sale al exterior el sonido que produce algún aparato, como un equipo de música, una radio o un amplificador. ☞ El plural es: altavoces.

alteración

nombre femenino **1** Cambio o modificación que se da en una persona o cosa. Solemos referirnos a las alteraciones como algo malo o negativo: *No va a haber ninguna alteración en el plan de viaje.* ☞ El plural es: alteraciones.

alterar

verbo **1** Cambiar las características, la forma o el orden de algo. En la multiplicación, el orden de factores no altera el producto.
2 Cambiar una persona su estado normal por otro de enfado, de nerviosismo, de preocupación o de emoción: *Hay gente que no se altera por nada.*
3 Estropear un alimento al cambiar sus características. La leche o la mayonesa se alteran por efecto del aire y el calor, por eso tienen que conservarse en la nevera.

alternar

verbo **1** Estar seguidas cosas de dos o más tipos distintos, primero de un tipo y luego de otro y así sucesivamente. En otoño alternan días de sol y lluvia; en la radio alternan distintos tipos de música.
2 Tener trato con la gente: *Es agradable alternar con los vecinos.*

alternativa

nombre femenino **1** Solución o posibilidad distinta de la que se considera mejor en caso de que ésta no sea posible: *Prefiero ir a la playa, pero como alternativa podemos ir al cine.*
2 Cada una de las posibilidades entre las que se elige: *Sólo hay dos alternativas: ir o no ir.*

alterno, alterna

adjetivo **1** Que se hace o se produce alter-

nándose cosas que se repiten: *El péndulo tiene movimientos alternos de izquierda a derecha.*
2 Que se hace o se produce cada dos días o día sí, día no: *No voy al gimnasio a diario, suelo ir en días alternos.*

alteza

nombre femenino **1** Palabra que se usa para dirigirse o nombrar a los príncipes o infantes en señal de respeto y cortesía. A los reyes se les llama majestades, y a los príncipes, altezas.

altitud

nombre femenino **1** Altura de un punto de la tierra con relación al nivel del mar. El pico del Mulhacén, en Sierra Nevada (Granada), tiene una altitud de 3482 metros.

altivo, altiva

adjetivo **1** Que se comporta con mucho orgullo y cree que es más importante que los demás. ✂ soberbio. ✂ humilde.

alto, alta

adjetivo **1** Que tiene más distancia de arriba abajo de lo normal. Para ser un jugador de baloncesto hay que ser muy alto; los rascacielos son edificios muy altos. ✂ bajo.
2 Que está situado a mucha distancia del suelo. Los nidos de las águilas están situados en la parte alta de las montañas. ✂ elevado. ✂ bajo.
3 Que está situado en un lugar superior en relación con otras cosas: *Es un alto cargo en la empresa. Ese disco está en lo alto de la lista de éxitos.*
4 Que tiene más categoría, valor, fuerza o calidad de lo normal. En julio se registran temperaturas muy altas. Muchas personas no soportan la música alta. ✂ bajo.

nombre masculino **5** Medida de una persona o cosa desde el suelo hasta su parte más elevada. La torre Eiffel tiene trescientos veintiún metros de alto. ✂ altura.
6 Parada o interrupción de algo que se está haciendo. Cuando llevamos mucho tiempo trabajando hacemos un alto para descansar.

A

a

A
a
adverbio

7 Lugar que está arriba o se levanta sobre el nivel del suelo. Los ciclistas llegan cansados a los altos de montaña. ✕ bajo.
8 alto En un lugar o parte superior. Los aviones vuelan muy alto.
9 alto Con voz muy fuerte. En los hospitales está prohibido hablar alto para no molestar a los enfermos.

altruista
adjetivo
y nombre
masculino
y femenino

1 Que ayuda y hace cosas por los demás sin esperar nada a cambio. La Cruz Roja es una organización altruista que ayuda a los necesitados. ✕ egoísta.

altura
nombre
femenino

1 Medida de una persona o cosa desde el suelo hasta su parte más elevada. Algunas jirafas pueden llegar a medir hasta diez metros de altura.
2 Distancia vertical que hay desde la superficie de la tierra a un punto. Un avión suele volar por encima de los dos mil metros de altura.
3 En una figura geométrica, distancia desde un punto determinado hasta su base. El área de un cuadrado es la base por la altura.
4 Distancia de un punto de la tierra en relación al nivel del mar. La meseta castellana está situada a una altura máxima de 800 metros. ✕ altitud.
5 Grado o nivel en que está o al que llega una persona o cosa. En deportes España está a la altura de los mejores países de mundo.

alucinante
adjetivo

1 Que impresiona o entusiasma por ser muy bueno o estar muy bien hecho: *Hemos visto una película alucinante.* ✕ impresionante.

alucinar
verbo

1 Impresionar o gustar mucho alguna cosa. Hay personas que alucinan con los coches deportivos. Es un uso informal.
2 Tener visiones o creer que se sienten o se ven cosas que no existen en la realidad. La fiebre o las drogas pueden hacer alucinar a una persona. ✕ delirar.

alucine
nombre
masculino

1 Todo aquello que causa asombro o gusta mucho: *¡Estos patines son un alucine!*
👁 Es una palabra informal.

alud
nombre
masculino

1 Gran masa de nieve que cae de una montaña con mucha fuerza y con ruido. ✕ avalancha.
2 Cantidad grande de personas o cosas que llegan a la vez y de forma rápida: *Había un alud de admiradores frente a su hotel. Se ha recibido un alud de cartas.* ✕ avalancha.

aludir
verbo

1 Hablar de una persona o cosa sin nombrarla. A veces, cuando se alude a lo que hace una persona, aunque no demos su nombre se puede saber de quién se trata.
2 Hablar de alguien o de algo de pasada. En una conversación se alude a un tema o un hecho cuando se menciona sin profundizar en él. ✕ mencionar.

alumbrado
nombre
masculino

1 Conjunto de luces que iluminan un lugar. El alumbrado eléctrico sustituyó al antiguo de gas.

alumbrar
verbo

1 Dar luz o poner luces en un lugar. Las farolas sirven para alumbrar las calles. ✕ iluminar.
2 Parir o dar a luz una mujer. Si una mujer alumbra dos hijos en un mismo parto, tiene gemelos. ✕ parir.

aluminio
nombre
masculino

1 Metal de color claro, ligero y fácil de trabajar. El aluminio es inoxidable y se usa para fabricar recipientes de cocina.

alumno, alumna
nombre

1 Persona que asiste a un curso para aprender.

alunizaje
nombre
masculino

1 Descenso de una nave espacial hasta la superficie de la Luna.

alunizar
verbo

1 Descender y posarse una nave sobre la superficie de la Luna.
👁 Se escribe 'c' delante de 'e', como: alunice.

alusión

nombre femenino

1 Referencia o comentario breve que se hace sobre algo o alguien, a veces sin nombrarlo directamente. Algunos periodistas, en sus artículos, hacen alusión a acontecimientos pasados.
👁 El plural es: alusiones.

aluvión

nombre masculino

1 Gran cantidad de cosas que llegan o aparecen a la vez y de forma rápida, como un aluvión de cartas, de preguntas o de llamadas telefónicas.
2 Gran cantidad de agua que aparece de forma violenta como consecuencia de fuertes lluvias.
👁 El plural es: aluviones.

alza

nombre femenino

1 Aumento o subida del precio, valor o intensidad de alguna cosa. Cuando se produce un alza de la temperatura hace más calor. En Navidad se produce un alza de precios. ✖ subida. ✖ bajada; descenso.
👁 Es un nombre femenino, pero se utilizan los determinantes 'el' y 'un' cuando entre el determinante y el nombre no hay otras palabras: el alza.

alzamiento

nombre masculino

1 Rebelión del ejército contra el gobierno para cambiarlo.

alzar

verbo

1 Poner una cosa o a una persona en un lugar alto o más alto que aquel en que está: *Alzó al niño sobre sus hombros*. ✖ levantar.
2 Levantar el volumen de la voz al hablar: *A mí no me alces la voz*.
3 alzarse Rebelarse contra una determinada situación social o política. En las revoluciones, el pueblo se alza contra el poder político.
alzarse con Conseguir algo por lo que se lucha o compite. El ganador de una competición se alza con la copa.
👁 Se escribe 'c' delante de 'e', como: alcemos.

amabilidad

nombre femenino

1 Forma de comportarse que tienen las personas agradables y que tratan con respeto y buena educación a los demás. Es más fácil conseguir las cosas si se piden con amabilidad.

amable

adjetivo

1 Se dice de la persona que es agradable y se comporta con cortesía y buena educación con los demás.

amaestrar

verbo

1 Enseñar a un animal a que obedezca y realice determinadas actividades. Los animales de circo están amaestrados. ✖ adiestrar.

amamantar

verbo

1 Dar de mamar la madre a sus crías o a sus bebés. Las hembras de los mamíferos amamantan a sus cachorros.

amamantar

amanecer

verbo

1 Empezar a aparecer la luz del día. En verano amanece antes que en invierno. ✖ anochecer.
2 Estar en un lugar, en una situación o en un estado determinados al empezar el día. Si nieva de noche, los tejados amanecen blancos; las personas que duermen mal suelen amanecer de mal humor.

nombre masculino

3 Momento del día en el que empieza a salir el sol. ✖ alba.

amanerado

adjetivo

1 Se dice del hombre que tiene movimientos y comportamientos de mujer: *Carlos es muy amanerado: mueve las caderas como una chica*. ✖ afeminado.

amansar

verbo

1 Hacer que un animal salvaje se vuelva manso y obedezca las órdenes de las personas. Para mon-

A

a

tar un caballo salvaje primero hay que amansarlo. ✕ domesticar.

amante

adjetivo y nombre masculino y femenino **1** Que tiene gran afición por algo. Los ecologistas son amantes de la naturaleza; hay amantes de los deportes, la música o el cine.

nombre masculino y femenino **2** Persona que mantiene relaciones amorosas con otra con la que no está casada. En las películas, los amantes buscan lugares apartados para verse.

amapola

nombre femenino **1** Flor de color rojo y con el centro negro; suele crecer en primavera en las tierras cultivadas, en especial en los trigales.

amar

verbo **1** Sentir amor por una persona, animal o cosa. Los padres aman a sus hijos; se puede amar la vida, la aventura, el dinero, el arte y muchas cosas más. ✕ querer. ✕ odiar.

amargar

verbo **1** Hacer que una persona se ponga muy triste o de muy mal humor. Una enfermedad muy larga puede amargar a una persona. Algunas personas se amargan por nada.
2 Tener una sustancia un sabor amargo. La almendra verde amarga.
👁 Se escribe 'gu' delante de 'e', como: amarguen.

amargo, amarga

adjetivo **1** Que tiene sabor fuerte y desagradable, como el café sin azúcar o las almendras verdes. ✕ dulce.
2 Que produce mucha pena o disgusto. Suspender un curso es una experiencia amarga.

amarillento, amarillenta

adjetivo **1** De color parecido al amarillo o con un tono amarillo. El papel con el paso del tiempo se vuelve amarillento.

amarillo, amarilla

nombre masculino y adjetivo **1** Color como el del limón, el sol o la yema del huevo cocido. Es el tercer color del arco iris.

adjetivo **2** Que está pálido y sin color en la cara. Hay gente que se marea en coche y se queda amarilla.

amarrar

verbo **1** Atar algo con cuerdas; especialmente, sujetar una embarcación en un puerto.

amasar

verbo **1** Mover una mezcla para conseguir una masa. Para hacer pan hay que amasar harina con agua y levadura.
2 Juntar una persona una gran cantidad de dinero: *Ha amasado una fortuna haciendo negocios.*

amasijo

nombre masculino **1** Mezcla desordenada de varias cosas distintas. En un despacho desordenado hay un amasijo de libros, papeles y revistas.

amateur

adjetivo y nombre masculino y femenino **1** Se dice de la persona que practica un deporte como aficionado. ✕ profesional.
👁 El plural es: amateurs. Es una palabra de origen francés y se pronuncia: amater; es preferible utilizar la palabra: 'aficionado'.

amazona

nombre femenino **1** Mujer que monta a caballo.
👁 El masculino es: jinete.

ámbar

adjetivo y nombre masculino **1** De color amarillo fuerte, casi anaranjado. Un semáforo en ámbar indica precaución.

nombre masculino **2** Material de color amarillo transparente que se obtiene de la resina de los árboles. El ámbar se usa mucho para hacer joyas.

ambición

nombre femenino **1** Deseo muy fuerte de conseguir una cosa, frecuentemente dinero, fama o poder. Las personas con mucha ambición luchan para conseguir lo que quieren.
👁 El plural es: ambiciones.

ambicionar

verbo **1** Desear una cosa con mucha fuerza. Muchos actores ambicionan el éxito y la fama. ✕ codiciar.

ambicioso, ambiciosa

adjetivo **1** Que tiene ambición y un deseo muy fuerte de conseguir siempre algo más de lo que tiene.

ambientador

adjetivo y nombre masculino **1** Se dice de la sustancia o el producto que se utiliza para eliminar o disimular el mal olor que hay en un sitio, o para hacer que un sitio huela bien.

A a

ambiental

adjetivo 1 Que tiene relación con el ambiente. La contaminación ambiental es un grave problema.

ambientar

verbo 1 Reproducir las características propias de una época, medio o lugar determinado. Muchas películas se ambientan en épocas pasadas. ⚮ enmarcar.

ambiente

nombre masculino 1 Medio que rodea a las personas y a las cosas, en especial el aire o la atmósfera. Hay plantas que necesitan ambientes húmedos, y otras, soleados y secos.

2 Conjunto de circunstancias físicas, humanas o sociales que rodean a una persona, animal o cosa. Es muy importante el ambiente en que crece una persona: la gente es más tolerante en un ambiente donde reina la libertad. ⚮ medio.

3 Entorno agradable donde se encuentra mucha gente o actividad. En las fiestas del barrio hay mucho ambiente. ⚮ animación.

ambigüedad

nombre femenino 1 Posibilidad de ser entendido algo de diferentes modos. La ambigüedad de un texto puede ser causa de malentendidos.

ambiguo, ambigua

adjetivo 1 Que puede entenderse de varias maneras. La frase 'lleva un polo en la mano' es ambigua porque puede entenderse polo como helado o como prenda de vestir.

ámbito

nombre masculino 1 Conocimientos o actividades que pertenecen a una ciencia, profesión o actividad. Los médicos realizan su labor en el ámbito de la sanidad. ⚮ área; campo.

ambos, ambas

determinante indefinido plural 1 Indica que se habla de las dos cosas o personas a las que acompaña. Cuando decimos 'soy amigo de ambos hermanos', queremos decir que somos amigos de los dos.

ambulancia

nombre femenino 1 Coche o furgoneta preparado con camilla y material de primeros auxilios para llevar heridos y enfermos. Si la ambulancia lleva la sirena, hay que dejarle paso.

ambulante

adjetivo 1 Que va de un lugar a otro sin tener un sitio fijo. En los mercados suele haber vendedores ambulantes.

ambulatorio

nombre masculino 1 Establecimiento sanitario donde se pasa consulta, pero sin camas para ingresar enfermos. Los especialistas visitan en el ambulatorio.

amén

nombre masculino 1 Palabra que significa 'así sea' y se utiliza para decir que se está de acuerdo. Los católicos dicen amén al finalizar las oraciones. Si una persona dice amén a todo es que está de acuerdo con todo.

amenaza

nombre femenino 1 Advertencia que se hace a una persona de que se tiene la intención de hacerle algo malo. Las amenazas intentan asustar.

2 Situación que puede tener malas consecuencias si se produce. La sequía es una amenaza para la agricultura.

amenazar

verbo 1 Decir o dar a entender a una persona que se le va a hacer algo malo: *El ladrón amenazó a sus víctimas: o le daban el dinero o disparaba.*

2 Indicar una cosa que algo malo o desagradable va a ocurrir. Las nubes suelen amenazar lluvia.

👁 Se escribe 'c' delante de 'e', como: amenacemos.

americana

nombre femenino 1 Chaqueta recta con mangas, solapa y botones que llega hasta más abajo de la cadera y suele tener bolsillos en el exterior.

americano, americana

adjetivo y nombre 1 Se dice de la persona o cosa que es de América, uno de los seis continentes del mundo. Se utiliza también para hablar sólo de las personas o cosas de los Estados Unidos.

amerizar

verbo 1 Descender una nave aérea y posarse sobre la superficie del agua.

A
a

Los hidroaviones pueden amerizar en el mar o en un lago.

👁 Se escribe 'c' delante de 'e', como: americen.

amígdala

nombre femenino **1** Cada uno de los dos órganos, muy pequeños y de color rojo, que están situados a cada lado de la garganta de los seres humanos y de algunos animales. Las amígdalas sirven para proteger de infecciones que pasan por la boca o la nariz; si se inflaman, se tienen anginas.

👁 Se usa más en plural.

amigo, amiga

nombre **1** Persona con la que se mantiene una relación de amistad. Los buenos amigos se llevan bien, se tienen confianza y se ayudan. ⚔ enemigo. ✍ 200

2 Persona que tiene afición o tendencia por alguna cosa: *Los ladrones son amigos de lo ajeno. Es poco amigo de madrugar.*

amistad

nombre femenino **1** Relación que une a dos o más personas que se tienen mucho afecto y confianza. Siempre podemos contar con la ayuda de una persona con la que mantenemos una buena amistad. ⚔ enemistad.

nombre femenino plural **2 amistades** Amigos de una persona. Cuando una familia celebra un acontecimiento importante, como una boda, invita a la familia y a las amistades.

amistoso, amistosa

adjetivo **1** Que expresa o indica amistad. Al final de algunas competiciones deportivas los participantes se despiden con un gesto amistoso. ⚔ afectuoso; cordial. ⚔ hostil.

2 Se dice de las competiciones deportivas que no forman parte de un campeonato oficial.

amnesia

nombre femenino **1** Pérdida de la memoria o de parte de ella. Un golpe muy fuerte en la cabeza puede provocar una amnesia temporal.

amnistía

nombre femenino **1** Perdón que concede un gobierno a través de una ley para todos los presos que hayan cometido un tipo de delito concreto: *El nuevo gobierno concedió la amnistía a los presos políticos.*

amo, ama

nombre **1** Persona que posee una cosa. El amo de una finca o un animal es su dueño.

2 Persona que tiene mucha autoridad o mucha influencia en un lugar o en un grupo. Una persona se hace el amo cuando impone su autoridad sobre los demás.

ama de casa Mujer que se ocupa del cuidado y trabajos de su casa y familia y no tiene otro trabajo.

amodorrarse

verbo **1** Entrar una persona en un estado de sueño por encontrarse muy cómoda en un sitio o por no poder vencer el sueño. Algunas personas se amodorran después de comer. ⚔ adormilarse.

amoldar

verbo **1** Hacer que algo o alguien se ajuste o se adapte a otra cosa o persona. Algunos zapatos se amoldan al pie perfectamente. Algunos alumnos tardan un poco en amoldarse a un nuevo colegio.

amonestar

verbo **1** Reñir a una persona que ha cometido alguna falta para que no la vuelva a cometer: *El profesor amonesta a los alumnos que llegan tarde a clase.* Es un uso formal.

2 Dar un aviso a una persona que no ha cumplido una norma y amenazarla con algo negativo si repite su acción. El árbitro amonesta a un jugador antes de echarlo del terreno de juego.

amoniaco

nombre masculino **1** Líquido de olor muy fuerte que se utiliza para limpiar algunas cosas muy sucias y en aplicaciones industriales.

👁 También se escribe y se pronuncia: 'amoníaco'.

amoníaco

nombre masculino **1** Es otra forma de escribir y pronunciar: amoniaco.

amontonar

verbo **1** Poner unas cosas sobre otras sin orden ni cuidado.

A
a

2 Juntarse o reunirse muchas personas en un lugar de forma desordenada. A la salida del cine la gente se amontona en la puerta.
3 amontonarse Producirse muchas cosas iguales en poco tiempo. Se pueden amontonar las llamadas de teléfono en una centralita o las quejas en una oficina de atención al público.

amor
nombre
masculino
1 Sentimiento de afecto muy grande hacia una persona a la que se le desea todo lo bueno. Los hijos sienten amor hacia sus padres; los enamorados sienten amor el uno por el otro. ✖ odio.
2 Persona o cosa que es muy querida por alguien. Todo el mundo quiere un gran amor en su vida; para algunas personas su amor son los coches, para otras, la música.
3 Afición por algo que produce placer. Se puede sentir amor por el deporte, por la lectura o por la pintura.
4 Gusto y cuidado con que se realiza una cosa. Algunas personas hacen su trabajo con mucho amor y paciencia. ✖ esmero. ✖ desinterés.
hacer el amor Realizar el acto sexual.
por amor al arte De forma gratuita y sin esperar ni recibir nada a cambio. Un trabajo lo hacemos por amor al arte si no pensamos en un beneficio económico.

amordazar
verbo
1 Tapar la boca a alguien con un trozo de tela o esparadrapo para que no pueda hablar ni gritar. Los secuestradores amordazan a sus víctimas para que no puedan gritar.
👁 Se escribe 'c' delante de 'e', como: amordacé.

amorío
nombre
masculino
1 Relación amorosa, generalmente poco seria y de corta duración. Durante la juventud se suelen tener muchos amoríos. ✖ aventura.

amoroso, amorosa
adjetivo
1 Que demuestra o siente amor. A los niños les gustan mucho los gestos amorosos. ✖ cariñoso.

2 Que tiene relación con el amor. Una relación amorosa es la que tienen dos personas que se aman.

amortajar
verbo
1 Envolver a un muerto en una tela antes de enterrarlo.

amortiguar
verbo
1 Hacer que algo sea menos fuerte o se perciba con menos fuerza. Las ventanas de doble vidrio amortiguan el ruido de la calle.
👁 Se conjuga como: averiguar; la 'u' no se acentúa y se escribe 'gü' delante de 'e', como: amortigüen.

amortizar
verbo
1 Sacar provecho del dinero que se ha gastado al comprar una cosa. Un ordenador se amortiza cuando se usa mucho, entonces parece que el dinero pagado no es tanto.
2 Pagar lo que se debe de un préstamo u otra deuda. Muchos préstamos de bancos se amortizan poco a poco.
👁 Se escribe 'c' delante de 'e', como: amorticemos.

amotinar
verbo
1 Hacer que una multitud se vuelva contra una autoridad y proteste con violencia o con desobediencia. A veces los presos de una cárcel se amotinan para pedir mejoras en su situación. ✖ sublevar.

amparar
verbo
1 Proteger o defender. Algunos animales amparan a sus crías hasta que éstas pueden buscarse alimentos y defenderse por sí solas.
2 ampararse Usar algo o a alguien como defensa o protección: *Se amparó de la lluvia bajo un portal*.

amparo
nombre
masculino
1 Protección, defensa o ayuda. Cuando llueve mucho, una cueva puede ofrecernos amparo; los padres son a menudo el amparo de sus hijos en momentos difíciles: *Como no tiene padres, se ha criado al amparo de sus tíos*.

ampliación
nombre
femenino
1 Aumento en la cantidad, tamaño o duración de una cosa. La ampliación del plazo de matrícula quie-

A
a

re decir que hay más días para matricularse.
2 Copia de una imagen o un documento de tamaño mayor que el original. En las tiendas de revelado hacen ampliaciones de fotografías.
☞ El plural es: ampliaciones.

ampliar
verbo   **1** Aumentar la cantidad, el tamaño o la duración de una cosa. Se puede ampliar el número de plazas en un colegio, el tamaño de una habitación o el plazo para presentarse a un concurso.
☞ Se conjuga como: desviar; la 'i' se acentúa en algunos tiempos y personas, como: amplíen.

amplio, amplia
adjetivo   **1** Que es extenso o que tiene mucha capacidad. Mucha gente tiene una vivienda amplia y confortable. En los programas deportivos aparecen amplios reportajes sobre fútbol. ✗ reducido.

ampolla
nombre   **1** Bolsa pequeña llena de líquido
femenino que se forma bajo la piel, como cuando caminamos mucho, un zapato aprieta o nos quemamos.
2 Pequeño tubo de cristal cerrado y de forma estrecha por uno de los dos extremos. La ampolla normalmente contiene un medicamento.

amueblar
verbo   **1** Poner en una habitación, una casa o un espacio interior los muebles que son necesarios para un uso determinado. Un comedor suele amueblarse con una mesa, sillas y otros muebles.

amuleto
nombre   **1** Objeto que una persona guarda
masculino o lleva encima porque cree que le da buena suerte o le ayuda a conseguir sus deseos.

anaconda
nombre   **1** Serpiente de unos 7 metros de
femenino largo que vive en los ríos sudamericanos. Es de color verde con manchas negras y no es venenosa.

analfabeto, analfabeta
adjetivo   **1** Se dice de la persona que no
y nombre sabe leer ni escribir.
2 Se dice de la persona muy igno-

rante y que no tiene cultura, aunque sepa leer y escribir.

analgésico
nombre   **1** Medicamento que quita o dis-
masculino minuye el dolor. La aspirina es un analgésico.

análisis
nombre   **1** Estudio detenido de un proble-
masculino ma o una situación teniendo en cuenta todos sus aspectos y detalles. Cuanto más complejo es un problema, más complicado es su análisis.
2 Examen que se hace en una clínica de los líquidos o tejidos del organismo, como un análisis de sangre.
3 Examen gramatical que se hace de una oración o de un texto. Para hacer un análisis hay que separar las palabras, los sintagmas y otros elementos y ver su función.
☞ El plural es: análisis.

analizar
verbo   **1** Examinar o estudiar una cosa con detenimiento. Para analizar una situación hay que considerar por separado todos sus aspectos.
2 Hacer un análisis clínico de los líquidos o tejidos del organismo.
3 Hacer un análisis gramatical de los componentes de una oración o un texto.
☞ Se escribe 'c' delante de 'e', como: analicen.

analogía
nombre   **1** Relación de semejanza o pare-
femenino cido que hay entre dos o más cosas. Entre el limón y la naranja hay una analogía: ambas son frutas del mismo tipo.

anaranjado, anaranjada
adjetivo   **1** De color parecido al naranja o con un tono naranja. Los refrescos de naranja son anaranjados.

anarquía
nombre   **1** Movimiento político que está en
femenino contra de cualquier tipo de poder establecido.
2 Ausencia o falta total de orden y de organización porque no hay nadie que dirija.

anatomía
nombre   **1** Ciencia que estudia las distintas
femenino partes y órganos del cuerpo hu-

A
a

mano. Los estudiantes de medicina reciben clases de anatomía.

anatómico, anatómica

adjetivo **1** Se dice de las cosas que se adaptan perfectamente al cuerpo humano. Existen sillas anatómicas muy cómodas.

anca

nombre femenino **1** Cada una de las dos mitades en que se divide la parte trasera del cuerpo de algunos animales, como los caballos o las ranas.
  👁 Es un nombre femenino, pero se utilizan los determinantes 'el' y 'un' cuando entre el determinante y el nombre no hay otras palabras: el anca.

ancho, ancha

adjetivo **1** Que tiene una extensión de lado a lado mayor de lo normal. Las avenidas son calles muy anchas. ⊗ amplio. ⊗ estrecho.
  2 Que no queda apretado o ajustado. Un abrigo o unos zapatos pueden quedarnos anchos; la ropa ancha suele ser cómoda. ⊗ amplio. ⊗ estrecho.

nombre masculino **3** Distancia que hay entre los lados izquierdo y derecho de algo. Las camas individuales suelen medir noventa centímetros de ancho. ⊗ anchura.
  4 Distancia más corta de las dos que tiene una superficie plana. Un campo de fútbol mide como mínimo cuarenta y cinco metros de ancho y noventa de largo. ⊗ anchura.
  quedarse tan ancho Quedarse tan tranquilo después de haber hecho algo que podría provocar intranquilidad: *Lo hizo todo mal y se quedó tan ancho.*

anchoa

nombre femenino **1** Pez marino de pequeño tamaño que como pescado se vende fresco o en conserva. En algunas partes de España se llama anchoa sólo a este pescado conservado en sal. ⊗ boquerón.

anchura

nombre femenino **1** Longitud o extensión entre los lados izquierdo y derecho de una cosa. Este diccionario tiene unos 16 centímetros de anchura. ⊗ ancho.
  2 Distancia más pequeña de las dos que tiene una superficie plana. Una piscina olímpica tiene 21 metros de anchura como mínimo. ⊗ ancho.

anciano, anciana

nombre **1** Persona que tiene muchos años. ⊗ viejo. ⊗ joven.

ancla

nombre femenino **1** Objeto pesado de hierro que se echa al agua desde una embarcación para que se quede inmovilizada. ☞196
  👁 Es un nombre femenino, pero se utilizan los determinantes 'el' y 'un' cuando entre el determinante y el nombre no hay otras palabras: el ancla.

anclar

verbo **1** Fijar una embarcación en un lugar por medio de anclas que se posan en el fondo del agua.

andaluz, andaluza

adjetivo y nombre **1** Se dice de la persona o cosa que es de Andalucía.
  👁 El plural de 'andaluz' es: andaluces.

andamio

nombre masculino **1** Tablón o conjunto de tablones sobre caballetes donde se sube el albañil para trabajar en las partes altas de una construcción.
  2 Estructura hecha con tablas y tubos que se construye frente a la fachada de un edificio cuando se construye, se arregla o se pinta.

andar

verbo **1** Trasladarse una persona de un lugar a otro dando pasos. ⊗ caminar.
  2 Trasladarse de un lugar a otro un vehículo, como un coche o un tren.
  3 Funcionar un mecanismo, una máquina o un aparato, como un reloj, una televisión o una radio.
  4 Estar una persona en una situación o un estado físico o de ánimo determinado: *Anda despistado últimamente.*
  5 Actuar una persona de una ma-

A
_____
a

nera determinada: *No te andes con bobadas. Siempre anda fastidiando.*

6 Desarrollarse un asunto o un proceso de una determinada manera. *Cuando las cosas andan mal, la gente se desanima.*

7 Acercarse una cosa o una persona a una determinada cantidad de algo. *Si una persona anda por los cuarenta años, tiene más o menos esa edad.* ⚒ rondar.

nombre masculino **8** Manera característica de andar. *A algunas personas se las conoce por los andares, aunque no se les vea la cara.*

interjección **9** ¡**anda**! Se usa para indicar sorpresa o con la intención de animar o pedir algo a una persona: *¡Anda, qué alegría! ¡Anda, déjame tu bici!*

andar

INDICATIVO	SUBJUNTIVO
presente	**presente**
ando	ande
andas	andes
anda	ande
andamos	andemos
andáis	andéis
andan	anden
pretérito imperfecto	**pretérito imperfecto**
andaba	anduviera *o* anduviese
andabas	anduvieras *o* anduvieses
andaba	anduviera *o* anduviese
andábamos	anduviéramos *o* anduviésemos
andabais	anduvierais *o* anduvieseis
andaban	anduvieran *o* anduviesen
pretérito indefinido	
anduve	**futuro**
anduviste	anduviere
anduvo	anduvieres
anduvimos	anduviere
anduvisteis	anduviéremos
anduvieron	anduviereis
	anduvieren
futuro	
andaré	**IMPERATIVO**
andarás	
andará	anda (tú)
andaremos	ande (usted)
andaréis	andad (vosotros)
andarán	anden (ustedes)
condicional	**FORMAS NO PERSONALES**
andaría	
andarías	**infinitivo** **gerundio**
andaría	andar andando
andaríamos	**participio**
andaríais	andado
andarían	

andariego, andariega
adjetivo **1** Se dice de la persona que es muy aficionada a andar.

andén
nombre masculino **1** Especie de acera junto a las vías del metro o del ferrocarril donde los pasajeros esperan a que llegue el tren. *Es peligroso acercarse demasiado al borde del andén.*
👁 El plural es: andenes.

andrajoso, andrajosa
adjetivo y nombre **1** Se dice de la ropa rota o muy gastada y de la gente que lleva este tipo de ropa y va desarreglada.

andrajoso

anécdota
nombre femenino **1** Relato breve de un suceso que resulta raro o divertido. *Después de hacer un viaje, la gente cuenta anécdotas a sus amigos.*
2 Hecho o detalle poco importante o poco habitual en relación con algo que sí es importante o que sucede con frecuencia. *Que una persona puntual llegue tarde a una cita es una anécdota.*

anejo, aneja
adjetivo y nombre masculino Es otra forma de escribir y pronunciar: anexo.

anemia
nombre femenino **1** Disminución de glóbulos rojos en la sangre, que hace que la persona se sienta débil. *Una mala alimentación produce anemia.*

anestesia
nombre femenino **1** Sustancia que hace perder temporalmente el conocimiento y la sensibilidad de una parte o de todo el cuerpo. *La anestesia se usa en las operaciones para evitar el dolor al paciente.*

anexo, anexa

adjetivo y nombre masculino **1** Se dice de la cosa que está unida a otra de la que depende, de la que está muy próxima y con la cual tiene una estrecha relación: *Puedes encontrar el camino en el mapa anexo a esta carta.*

👁 También se escribe: anejo

anfibio, anfibia

adjetivo y nombre masculino **1** Se dice del animal que puede vivir dentro y fuera del agua, como la rana o el sapo.

adjetivo **2** Se dice del vehículo que está adaptado para moverse por agua y por tierra.

anfiteatro

nombre masculino **1** Construcción circular con asientos alrededor de un espacio central, en la que los antiguos romanos celebraban espectáculos. En España hay algunos anfiteatros romanos, como el de Mérida.

anfitrión, anfitriona

nombre **1** Persona que tiene invitados en su casa y se ocupa de ellos. Si un amigo te dice que vayas a comer a su casa, él es el anfitrión.

👁 El plural de 'anfitrión' es: anfitriones.

ángel

nombre masculino **1** En el cristianismo, espíritu bueno que es sirviente y mensajero de Dios y ayuda a solucionar los problemas de los vivos. Los ángeles se representan con alas y una túnica larga.

2 Persona muy buena que se porta muy bien y ayuda a los demás siempre que puede. ⚭ santo. ⚮ demonio.

ángel de la guarda Según la religión cristiana, ángel que nos protege a cada uno de nosotros.

angina

nombre femenino **1** Inflamación de la parte interna de la garganta que provoca dolor y fiebre. Cuando tenemos anginas no debemos tomar cosas frías.

👁 Se usa más en plural: anginas.

angosto, angosta

adjetivo **1** Que es estrecho y reducido. Por las calles angostas no pueden pasar los coches. ⚮ ancho.

anguila

nombre femenino **1** Pez de cuerpo alargado, como el de las serpientes, que vive en el río y pone sus huevos en el mar.

angula

nombre femenino **1** Cría de la anguila. Las angulas son un alimento muy apreciado.

ángulo

nombre masculino **1** Figura o espacio formado entre dos líneas rectas que se cortan. Las esquinas de las habitaciones forman ángulos.

angustia

nombre femenino **1** Sentimiento fuerte de intranquilidad, de preocupación y de miedo ante un problema muy grande, una desgracia que ha ocurrido o el peligro de que pase alguna cosa mala. Algunos padres sienten angustia cuando sus hijos llegan muy tarde a casa.

anhelar

verbo **1** Desear algo con mucha intensidad. Los deportistas anhelan conseguir una medalla.

anidar

verbo **1** Construir un nido un ave y quedarse a vivir en él.

anilla

nombre femenino **1** Objeto circular, de madera, metal u otro material, que tiene un uso determinado. Se utilizan anillas para colgar las cortinas.

nombre femenino plural **2** **anillas** Aparato para hacer ejercicios de gimnasia, formado por dos aros colgados mediante cuerdas a una altura de dos metros y medio del suelo. Los ejercicios se realizan cogiendo una anilla con cada mano.

anillo

nombre masculino **1** Aro, generalmente de metal, que se pone en un dedo de la mano como adorno o como símbolo de algo. ☞ 550

2 Aro o figura en forma de círculo, como los que se pueden ver en los troncos cortados de los árboles.

3 Parte en que se divide el cuerpo de algunos animales redondos y alargados, como los gusanos o las lombrices.

animación

nombre femenino **1** Ambiente de alegría y bullicio que se produce en un lugar donde

A
a

hay mucha gente que se divierte. En las fiestas suele haber mucha animación.

2 Técnica de cine que consiste en hacer que los dibujos se puedan mover. Las películas de dibujos animados se crean mediante la animación.

animado, animada

adjetivo **1** Se dice del ser vivo que tiene movimiento, como las personas y los animales.

2 Se dice de la persona que tiene alegría y ganas de hacer cosas.

3 Se dice del lugar o la situación en los que hay alegría y animación. Una fiesta o una reunión pueden ser muy animadas.

animal

nombre masculino **1** Ser vivo que se puede desplazar libremente de un lugar a otro; en especial el que no es humano. Los perros, los gatos, los caballos o las cabras son animales.

adjetivo y nombre masculino y femenino **2** Se dice de la persona que hace las cosas utilizando más energía o fuerza de la necesaria. También la que hace o dice cosas inadecuadas, exageradas o groseras. ✕ bruto.

animal protegido Todo animal cuya caza, captura o agresión están prohibidas por la ley. Las focas son animales protegidos.

animar

verbo **1** Dar ánimo a una persona para que se sienta mejor o para que haga algo. Cuando una persona está triste hay que animarla.

2 Dar alegría o animación a una cosa, un lugar o una situación. Las paredes pintadas de amarillo animan mucho.

3 animarse Decidirse a hacer o decir una cosa que costaba mucho hacer o decir: *Anímate y ven con nosotros.* ✕ atreverse.

ánimo

nombre masculino **1** Estado emocional o afectivo de una persona. Cuando alguien está contento y feliz su estado de ánimo es excelente. ✕ humor.

2 Valor o energía que tiene una persona para hacer algo. Cuando

nos sentimos cansados no tenemos ánimos para salir de casa.

3 Intención de hacer algo. En un momento de discusión se pueden decir cosas desagradables, pero sin ánimo de ofender. ✕ voluntad.

interjección **4 ¡ánimo!** Exclamación que se usa para dar fuerza moral o para animar a alguien: *¡Ánimo, que sólo te falta un kilómetro para la meta!*

animoso, animosa

adjetivo **1** Que tiene mucho ánimo y valor. Las personas animosas siempre están dispuestas a trabajar y a hacer cosas con muchas ganas y energía. ✕ apático.

anís

nombre masculino **1** Planta aromática cuya semilla se usa para hacer dulces y licores.

2 Bebida alcohólica que se hace con estas semillas. El anís es transparente.

👁 El plural es: anises.

aniversario

nombre masculino **1** Día en que se cumple uno o más años de algún acontecimiento, como un nacimiento o una boda.

ano

nombre masculino **1** Orificio en el que termina el intestino. Los excrementos se expulsan por el ano; los supositorios se introducen por el ano. ✕ culo.

anoche

adverbio **1** En la noche de ayer.

anochecer

verbo **1** Empezar a llegar la noche y a desaparecer la luz del día. En verano anochece más tarde que en invierno. ✕ amanecer.

2 Estar un lugar en un estado determinado al empezar la noche. A veces anochece despejado y amanece lloviendo.

nombre masculino **3** Momento del día en el que se pone el Sol y se hace de noche. ✕ amanecer.

anonadar

verbo **1** Hacer que una persona se quede muy sorprendida por una cosa, sin saber qué decir o qué hacer. La presencia de una persona que nos atrae puede anonadarnos.

anónimo, anónima
adjetivo y nombre masculino **1** Se dice de la obra que está hecha por un autor que no se conoce. *El Lazarillo de Tormes* es una obra anónima porque no se sabe quién la escribió.

anorak
nombre masculino **1** Chaqueta deportiva de una tela que no deja pasar el agua y protege del frío; suele abrocharse con cremallera y llevar capucha.
👁 El plural es: anoraks.

anormal
adjetivo **1** Que no pasa a menudo o que es distinto de lo habitual. En verano es anormal que haga frío. ✂ raro; extraño. ✂ corriente.
adjetivo y nombre masculino y femenino **2** Se dice de la persona que tiene una capacidad mental inferior a la de la mayoría de las personas. ✂ subnormal; retrasado.

anotación
nombre femenino **1** Dato o información que se escribe en un papel. Hacemos anotaciones para recordar cosas, estudiarlas o señalarlas. ✂ nota.
👁 El plural es: anotaciones.

anotar
verbo **1** Escribir un dato o información en un papel. Anotamos las cosas que necesitaremos recordar, como teléfonos, recados y fechas de cumpleaños.
2 Marcar o conseguir puntos en algunos deportes. Anotas un gol cuando metes el balón en la portería.

ansia
nombre femenino **1** Deseo muy fuerte que tiene una persona de conseguir algo. Los equipos de fútbol tienen ansias de ganar cuando juegan en su campo.
👁 Es un nombre femenino, pero se utilizan los determinantes 'el' y 'un' cuando entre el determinate y el nombre no hay otras palabras: el ansia.

ansiar
verbo **1** Desear algo con mucha fuerza. Alguien que pasa mucho tiempo en un hospital ansía volver a casa. ✂ anhelar.
👁 Se conjuga como: desviar; la 'i' se acentúa en algunos tiempos y personas, como: ansías.

ansiedad
nombre femenino **1** Estado de preocupación y nervios que siente una persona por algo que va a pasar. Los estudiantes esperan con ansiedad el resultado de los exámenes.

ansioso, ansiosa
adjetivo **1** Se dice de la persona que tiene un deseo muy grande de conseguir una cosa o de que suceda algo que está esperando. Los que practican el esquí están ansiosos de que llegue el invierno.

antagonista
adjetivo y nombre masculino y femenino **1** Se dice de la persona o de la cosa que es contraria a otra o está en oposición con ella. Dos posturas antagonistas son las que están enfrentadas. El antagonista de un relato o una película es el que intenta perjudicar al protagonista o personaje principal.

ante
nombre masculino **1** Piel suave y sin brillo que procede de algunos animales. Con el ante se hacen bolsos, zapatos y otras prendas de vestir.
preposición **2** Indica que una cosa o una persona está delante de algo o alguien: *Los cantantes realizan conciertos ante cientos de personas.*
3 Se usa para introducir cuál es nuestra actitud u opinión en relación con un hecho o con lo dicho por alguien: *No sé qué decir ante tal desgracia.*

anteanoche
adverbio **1** La noche de hace dos días.

anteayer
adverbio **1** Dos días antes de hoy. Si hoy es miércoles, anteayer fue lunes.

antebrazo
nombre masculino **1** Parte del brazo que va desde el codo hasta la muñeca.

antecedente
adjetivo **1** Que va antes o es anterior en el tiempo o en el espacio a algo. Las páginas antecedentes a ésta tienen números más bajos. ✂ precedente. ✂ siguiente.
nombre masculino **2** Palabra, hecho o circunstancia que se dice u ocurre antes que otro y que sirve para entender mejor éste. Los hechos históricos se

A **a**

A
—
a

comprenden mucho mejor si se conocen sus antecedentes.

anteceder

verbo

1 Estar o ir una cosa o una persona delante de otra en el espacio o en el tiempo. La primavera antecede al verano; las personas que están delante de nosotros en una cola, nos anteceden.

antecesor, antecesora

adjetivo y nombre

1 Se dice de la persona que ocupó un cargo o un trabajo antes que otra. El papa Juan Pablo I fue el antecesor de Juan Pablo II.

nombre masculino plural

2 antecesores Personas de nuestra familia que vivieron antes que nosotros y de las cuales descendemos, como nuestros bisabuelos o tatarabuelos. ⚒ antepasados.

antelación

nombre femenino

1 Adelanto con el que sucede o se realiza una cosa respecto al tiempo en que debía hacerse o suceder: *Te lo digo con antelación para que puedas prepararte.* ⚒ retraso.

antemano

1 de antemano Expresión que indica que una cosa que se cuenta ya se sabía antes de que ocurriese: *Sabías de antemano que esto podía pasar.*

antena

nombre femenino

1 Órgano largo y fino que tienen algunos insectos a ambos lados de la cabeza. Las mariposas, los grillos y las hormigas tienen antenas.

2 Parte de un aparato, como una radio, un televisor o un radar, que permite emitir o recibir ondas. ✑ 198

poner la antena Tratar de escuchar y enterarse disimuladamente de lo que otras personas están hablando. Es una expresión informal.

anteojos

nombre masculino plural

1 Objeto que sirve para corregir defectos de la vista de una persona o para ver mejor. ⚒ gafas.

2 Aparato que sirve para ver más cerca las cosas que están lejos; está formado por dos cilindros unidos que contienen una serie de

lentes para aumentar la imagen. ⚒ prismáticos.

antepasado, antepasada

nombre

1 Persona o conjunto de personas de nuestra familia de las que descendemos. Normalmente, los antepasados de los reyes también fueron reyes.

antepenúltimo, antepenúltima

adjetivo y nombre

1 Que está en el lugar inmediatamente anterior al penúltimo en una serie o lista. El antepenúltimo es el tercero empezando por el final.

anteponer

verbo

1 Dar más importancia a una cosa que a otras, poniéndola por delante en el orden de preferencia. Los políticos anteponen los intereses de la sociedad a los suyos.

👁 Se conjuga como: poner.

anterior

adjetivo

1 Que ocurre o que existe antes que otra cosa. El lunes es el día anterior al martes. ⚒ posterior.

2 Que está delante de otra cosa o en la parte delantera de una cosa. En los animales de cuatro patas las extremidades anteriores son las que están más cerca de la cabeza. ⚒ posterior.

antes

adverbio

1 En un tiempo ya pasado: *Antes me gustaba hacer castillos de arena.*

2 En un lugar más adelantado que otro o anterior en el espacio a otro: *La piscina está dos calles antes del colegio.*

antes de Introduce una acción que ocurre después de otra. Si el profesor dice: 'Antes de empezar a escribir, piensa qué quieres decir', primero tienes que pensar sobre lo que quieres escribir y luego empezar a hacerlo.

antesala

nombre femenino

1 Habitación situada antes de la sala más importante de una casa, en la que se espera para ser recibido. En las antesalas de las consultas de los médicos suele haber asientos para las visitas. ⚒ recibidor.

antiaéreo, antiaérea

adjetivo

1 Se dice del arma que se utiliza como defensa contra los ataques aéreos, como un proyectil antiaéreo o un cañón antiaéreo.

antibiótico

nombre masculino **1** Medicamento que destruye las bacterias que producen enfermedades. Las infecciones se curan con antibióticos.

anticiclón

nombre masculino **1** Situación atmósferica en la que no hay cambios bruscos de temperatura. En los días que hay un anticiclón no hay nubes ni lluvias. 👁 El plural es: anticiclones.

anticipar

verbo **1** Hacer o decir una cosa antes del momento o el día en que se tenía que hacer o decir. Cuando el jefe paga el sueldo a un empleado antes del día que toca, le anticipa el sueldo.
2 anticiparse Hacer o decir una cosa antes que otra persona. Si alguien se nos anticipa en una idea, la tiene antes que nosotros. ✕✕ adelantarse.
3 anticiparse Ocurrir una cosa antes del tiempo en que tenía que ocurrir. A veces los partos se anticipan y nacen niños sietemesinos.

anticipo

nombre masculino **1** Parte del sueldo que recibe una persona antes del día en que tiene que cobrarlo completo. Cuando una persona encarga a otra un trabajo le puede pagar un anticipo.

anticonceptivo, anticonceptiva

adjetivo y nombre masculino **1** Se dice del medicamento o método que impide que la mujer quede embarazada. Muchas mujeres que no quieren tener hijos toman píldoras anticonceptivas.

anticonstitucional

adjetivo **1** Se dice de las acciones que son contrarias a lo establecido por la constitución de un estado. Una ley anticonstitucional va contra alguna norma de la constitución.

anticuado, anticuada

adjetivo **1** Se dice de las cosas que ya no están de moda. También son anticuadas las personas que tienen gustos o ideas de otra época o pasadas de moda. ✕✕ moderno.

anticuario, anticuaria

nombre **1** Persona que compra y vende objetos antiguos, como muebles, vajillas, relojes o esculturas.
nombre masculino **2** Tienda donde se venden objetos antiguos. En los anticuarios se venden muebles, joyas y arte.

antídoto

nombre masculino **1** Medicamento que detiene los efectos de un veneno en el organismo. Existen antídotos contra las mordeduras de serpientes.
2 Medio para evitar o prevenir un mal. Los mejores antídotos contra el aburrimiento son el juego y el deporte.

antiesclavista

adjetivo y nombre masculino y femenino **1** Se dice de la persona que está en contra de la esclavitud, especialmente de las que luchaban contra la esclavitud en los países en los que existía. Los antiesclavistas defendían que se les concediera la libertad a los esclavos.

antifaz

nombre masculino **1** Tela, cartón u otro material que tapa la parte superior de la cara, desde media frente a media nariz, y tiene dos agujeros para poder ver. Se usa para que no nos reconozcan, por ejemplo en una fiesta de disfraces.
2 Trozo de tela oscura y tupida que se pone sobre los ojos y se sujeta a la cara con una cinta o goma elástica. Se usa para que al ir a dormir no nos moleste la luz. 👁 El plural es: antifaces.

antigüedad

nombre femenino **1** Característica de las cosas que son antiguas. La antigüedad de un objeto de arte a veces no se puede apreciar a simple vista.
2 Periodo de la historia que va desde la prehistoria hasta el siglo v. En la antigüedad se desarrollaron algunas civilizaciones importantes, como la romana.
3 Objeto antiguo y valioso. En las tiendas de antigüedades se venden muebles y objetos de arte.

antiguo, antigua

adjetivo **1** Que ha ocurrido o se ha hecho hace mucho tiempo. Los muebles

A
a

A
a

antiguos suelen ser más valiosos que los modernos. También son antiguas las cosas o los hechos que existieron hace un tiempo y ya no existen, como la antigua Unión Soviética.

2 Que antes era aquello que se dice. Un antiguo compañero de trabajo es una persona que ya no trabaja con uno.

nombre masculino plural **3 antiguos** Personas que vivieron en épocas pasadas. Los antiguos no conocían la electricidad.

👁 El superlativo es: antiquísimo.

antiinflamatorio, antiinflamatoria

adjetivo y nombre masculino **1** Se dice del medicamento que impide que salga o que aumente un bulto en una parte del cuerpo. En los botiquines de los deportistas siempre hay pomadas antiinflamatorias.

antílope

nombre masculino **1** Mamífero que tiene dos cuernos largos y unas patas largas y delgadas que le permiten correr grandes distancias. El antílope vive en grandes espacios abiertos y se alimenta de vegetales.

antinatural

adjetivo **1** Que es contrario a lo que se considera natural o normal por ser muy forzado. Los pedantes suelen hablar de una forma antinatural.

antiniebla

adjetivo **1** Que permite ver a través de la niebla. Los coches suelen llevar faros antiniebla.

antipático, antipática

adjetivo **1** Se dice de la persona que no es agradable con los demás. Las personas antipáticas tienen pocos amigos. ✖ simpático.

antirreglamentario, antirreglamentaria

adjetivo **1** Se dice de las acciones o las cosas que son contrarias a lo que dice el reglamento de un juego, un deporte o un concurso. El balón de fútbol de más de 71 cm de circunferencia es antirreglamentario.

antirrobo

adjetivo y nombre masculino **1** Se dice de un aparato o un conjunto de aparatos que se colocan en un lugar para impedir que al-guien robe una cosa de un sitio. Una alarma es un dispositivo antirrobo.

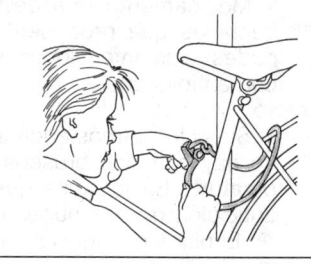

antirrobo

antítesis

nombre femenino **1** Persona o cosa que está completamente opuesta a otra. La antítesis de algo o de alguien es su contrario, lo que tiene cualidades o características opuestas por completo.

👁 El plural es: antítesis.

antitetánica

adjetivo y nombre femenino **1** Se dice de la vacuna que se pone para evitar coger una enfermedad grave producida por la infección de algunas heridas. Si te cortas con una lata oxidada, te pondrán la vacuna antitetánica.

antojarse

verbo **1** Desear mucho alguna cosa, en especial cuando lo que apetece es puro capricho: *A mi hijo se le antojan todos los juguetes que ve en los escaparates.* ✖ encapricharse.

antojo

nombre masculino **1** Deseo vivo de alguna cosa por puro capricho, pero que suele durar poco tiempo. Muchas personas tienen el antojo de comprar cosas que después no les gustan. ✖ capricho.

2 Mancha oscura en la piel.

antología

nombre femenino **1** Conjunto de obras o fragmentos artísticos. Una antología de cuentos es un libro que contiene relatos de una época, un lugar, un tema o un autor.

antónimo, antónima

adjetivo y nombre masculino **1** Se dice de la palabra que tiene un significado contrario a otra. 'Abrir' y 'cerrar' son antónimos.

antorcha

nombre femenino **1** Trozo de madera, cera u otro material combustible que se lleva en la mano y al que se prende fuego por la parte superior para dar luz. *La inauguración de las Olimpiadas se realiza cuando se enciende la antorcha olímpica.*

anual

adjetivo **1** Que se hace o sucede cada año. *La Navidad es una fiesta anual.*
2 Que dura un año. *Las plantas anuales mueren al cabo de un año.*

anuario

nombre masculino **1** Libro o revista que se publica una vez al año. *Algunos periódicos publican un anuario donde se resumen las noticias más importantes del año.*

anudar

verbo **1** Hacer uno o más nudos para sujetar o cerrar algo con cuerdas.

anular

verbo **1** No hacer una cosa que se tenía preparada. *Una merienda al aire libre se anula si empieza a llover; anulas una cita con un amigo si te pones enfermo.*
adjetivo **2** Que tiene forma de anillo.
adjetivo y nombre masculino **3** Se dice del segundo dedo de la mano si se empieza a contar por el meñique. *Normalmente nos ponemos los anillos en el dedo anular.* ✎ 303

anunciar

verbo **1** Dar a conocer alguna noticia públicamente. *Muchas parejas anuncian su boda enviando una invitación.*
2 Dar a conocer un producto o servicio para que la gente lo compre o lo use. *En la televisión anuncian toda clase de cosas.*
3 Señalar una cosa que algo sucederá en el futuro. *Las nubes oscuras suelen anunciar lluvia.*
👁 Se conjuga como: cambiar; la 'i' no lleva nunca acento de intensidad.

anuncio

nombre masculino **1** Acción que consiste en dar a conocer una noticia: *No nos sorprendió el anuncio de su boda.*

2 Espacio de un medio de comunicación en el que se anuncia un producto para que la gente lo compre o lo use. *En la televisión hay muchos anuncios.* ✎ 397

anverso

nombre masculino **1** Cara o parte anterior o principal de una cosa plana. *En una moneda el anverso es el lado que tiene la figura principal, como el rostro de un rey.* ✖ reverso.

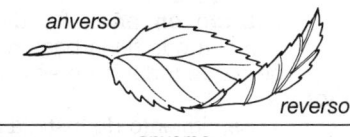

anverso   reverso

anverso

anzuelo

nombre masculino **1** Gancho pequeño de metal en el que se pone el cebo para pescar. *El anzuelo tiene una punta especial para que el pez no pueda soltarse cuando pica.*
picar el anzuelo Caer una persona en una trampa que se le ha tendido. *Hacer que alguien pique el anzuelo es engañarlo.*

añadir

verbo **1** Juntar o poner algo a una cosa para que forme un conjunto. *A algunas comidas se les añaden especias para darles más sabor.*
2 Poner a una cosa algo más de la misma materia o la misma cosa para hacerla más grande o más completa. *Se puede añadir tela a un vestido o información a un mensaje.*

añicos

nombre masculino plural **1** Pedazos muy pequeños que se hacen de una cosa, como el cristal, al romperse. ✎ 593

añil

nombre masculino y adjetivo **1** Color azul oscuro con un tono violeta. *Al anochecer el cielo se pone añil.*

año

nombre masculino **1** Tiempo que tarda la Tierra en dar una vuelta completa alrededor del Sol. *Un año dura 365 días y cuarto.*
2 Periodo de doce meses que va

A
a

desde el 1 de enero hasta el 31 de diciembre o desde cualquier día hasta el mismo día de doce meses más tarde.

año bisiesto Año que dura 366 días. Cada cuatro años hay un año bisiesto, en el que el mes de febrero tiene 29 días.

año sabático Periodo de un año en el que una persona deja de trabajar para descansar o para hacer otras cosas.

entrado en años Se dice de la persona que tiene bastantes años, pero que todavía no es anciana.

añoranza

nombre femenino **1** Sentimiento de tristeza o melancolía que tiene una persona cuando está lejos de un ser querido o de algún lugar determinado. Mucha gente que vive en el extranjero siente añoranza por su país. ✗✗ morriña.

añorar

verbo **1** Sentir tristeza y echar de menos a un ser querido o a un lugar que está lejos. Las personas que viven fuera de su país añoran a su familia.

aorta

nombre femenino **1** Arteria que sale del corazón y lleva la sangre a todo el cuerpo menos a los pulmones; es la arteria más gruesa del cuerpo.

apacible

adjetivo **1** Que resulta tranquilo, agradable y templado. En un día apacible es agradable pasear por el campo; las personas apacibles no se enfadan casi nunca.

apaciguar

verbo **1** Hacer que dejen de pelearse o de discutir dos personas: *Sólo su madre es capaz de apaciguarlos*.

2 Hacer que una persona que está enfadada o muy nerviosa se tranquilice o que disminuya la violencia de una cosa. Los ánimos se van apaciguando en una discusión cuando se va dejando de gritar y de mostrar enfado. ✗✗ aplacar.

👁 Se conjuga como: averiguar; la 'u' no se acentúa y se escribe 'gü' delante de 'e', como: apacigüé.

apadrinar

verbo **1** Ser el padrino o los padrinos de un niño en un bautizo o de los novios en una boda.

apagado, apagada

adjetivo **1** Que no está encendido. Puede estar apagado un fuego, una lámpara o una estufa.

2 Se dice del color, brillo o luz que es de poca intensidad. El marrón y el gris son colores apagados.

3 Se dice de la persona que está triste y sin ánimo ni entusiasmo. Si un amigo está apagado, debemos animarle. ✗✗ decaído. ✗✗ animado.

apagar

verbo **1** Hacer que deje de arder un fuego. ✗✗ extinguir. ✗✗ prender.

2 Quitar la luz. En el cine, cuando empieza la película se apagan las luces de la sala. ✗✗ encender.

3 Desconectar un aparato, como un televisor, una alarma o un ordenador. ✗✗ encender.

4 Hacer que desaparezca o disminuya algo, como el amor, el odio o la sed. ✗✗ encender.

👁 Se escribe 'gu' delante de 'e', como: apaguemos.

apagón

nombre masculino **1** Corte inesperado de la luz eléctrica en una casa, edificio o población. Las fuertes lluvias pueden provocar apagones.

👁 El plural es: apagones.

apalabrar

verbo **1** Acordar de palabra dos o más personas un trato como un alquiler, un contrato o una venta. Cuando se apalabra una compra se suele dejar cierta cantidad de dinero para sellar el acuerdo.

apalear

verbo **1** Dar numerosos golpes a alguien con un palo o algo parecido.

aparador

nombre masculino **1** Mueble con estanterías y cajones que se usa para guardar la vajilla, los manteles y todo lo necesario para poner la mesa.

2 Espacio protegido por cristales que suele haber en la parte externa de las tiendas, donde se exponen los productos que se venden en ellas. ✕✕ escaparate.

aparato

nombre masculino **1** Utensilio formado por diversas piezas que están unidas para realizar una función determinada. Los aparatos suelen tener un mecanismo. La radio, el teléfono y el avión son aparatos.
2 Conjunto de órganos que forman parte del organismo de una persona, un animal o una planta, y que desarrollan conjuntamente una función determinada. En el aparato digestivo se digieren los alimentos y se absorben las sustancias nutritivas. ✐➘594

aparcamiento

nombre masculino **1** Edificio o lugar grande preparado para aparcar coches. ✕✕ estacionamiento; parking.
2 Lugar en la calle donde se puede aparcar un coche: *Nos volvimos locos buscando aparcamiento.*

aparcar

verbo **1** Dejar parado un vehículo en un lugar adecuado, donde no dificulta el paso. Los centros comerciales disponen de grandes superficies para aparcar. ✕✕ estacionar.
2 Dejar a un lado un asunto mientras se resuelve otro más importante. Algunos estudiantes deben aparcar sus estudios durante un tiempo y ponerse a trabajar.
👁 Se escribe 'qu' delante de 'e', como: aparqué.

aparecer

verbo **1** Mostrarse o dejarse ver algo o alguien que antes no se veía. El sol aparece por el este; una persona aparece en un lugar cuando llega de forma imprevista.
2 Empezar a existir una cosa, como un periódico o una enfermedad. El hombre apareció en la Tierra hace miles de años.
3 Encontrar algo o a alguien que estaba perdido o se está buscando: *¿Ha aparecido mi reloj? Su nombre no aparece en la lista.*
👁 Se conjuga como: agradecer; la 'c' se convierte en 'zc' delante de 'a' y 'o', como: aparezcamos, aparezco.

aparejador, aparejadora

nombre **1** Persona que trabaja en una construcción bajo las órdenes de un arquitecto. El aparejador dibuja planos o coordina los trabajos de construcción.

aparentar

verbo **1** Dar a entender algo que no es cierto o no existe: *No hagas caso a Juan: aparenta estar enfadado, pero lo hace de broma.*
2 Parecer una persona que tiene una edad distinta de la que en realidad tiene: *Aparenta ser más joven de lo que es.*

aparente

adjetivo **1** Que parece ser o finge ser algo que en realidad no es.
2 Que parece ser de buena calidad y resulta atractivo o vistoso: *Su equipo de música es muy aparente, pero en realidad es mejor el mío.*
sin motivo aparente Sin ninguna razón que se sepa o se vea claramente: *Carlos se enfadó sin motivo aparente.*

aparición

nombre femenino **1** Acción que consiste en aparecer o en mostrarse una persona o una cosa que antes no estaba. La aparición de canas en el pelo indica que las personas se están haciendo mayores. ✕✕ desaparición.
2 Espíritu de una persona muerta que se presenta en el mundo de los vivos. En las películas de terror salen apariciones.
👁 El plural es: apariciones.

apariencia

nombre femenino **1** Conjunto de características que algo o alguien muestra exteriormente. A veces las apariencias engañan. ✕✕ aspecto.

apartado, apartada

adjetivo **1** Que está muy lejos o separado. Las personas que prefieren vivir en un sitio tranquilo se compran la casa en una zona apartada de la ciudad. ✕✕ retirado; alejado.
nombre masculino **2** Lugar de la oficina de correos donde se apartan y recogen las cartas dirigidas a una persona o grupo. En los concursos los parti-

A
a

cipantes mandan sus cartas a un apartado de correos.

3 Parte de un escrito que trata de un determinado tema o asunto. Los apartados suelen ir numerados y ordenados.

apartamento
nombre masculino **1** Vivienda más pequeña que un piso que forma parte de un edificio, generalmente con una o dos habitaciones, cocina y baño. Algunas familias disponen de un apartamento en la playa para pasar las vacaciones.

apartar
verbo **1** Poner aparte a una persona o cosa, separándola o alejándola de otra u otras. Cuando una persona estorba en medio de una calle se tiene que apartar.

2 Hacer que una persona abandone un trabajo, una actividad o un cargo: *Los escándalos lo apartaron de la presidencia.*

aparte
adverbio **1** Se usa para indicar que una cosa está en lugar diferente de aquel en que estaba o separada de otras cosas parecidas: *Ese libro déjalo aparte, que le quiero echar un vistazo.*

2 Indica que algo se hace separando una o varias cosas de otra u otras. Se envuelven aparte varios regalos cuando se envuelven por separado.

3 Se usa para indicar que una cosa está en un sitio retirado o a distancia de otras cosas, donde no molesta o estorba. Una persona se mantiene aparte de algo cuando no interviene en ello.

adjetivo **4** Se dice de la cosa que está apartada de la línea general o de lo que se considera normal. Es un caso aparte alguien que no se comporta como los demás, que tiene características especiales y que no se puede considerar igual al resto de un grupo.

nombre masculino **5** Discurso o palabras que en una representación de teatro dice un personaje a sí mismo o a otros de forma apartada, para hacer ver que sólo lo oyen ellos y el público.

aparte de Se usa para indicar que lo que se expresa no está incluido en lo que se dice después: *Aparte de inteligencia, no tiene ninguna cualidad destacable.*

apasionante
adjetivo **1** Se dice de algunas cosas que apasionan, porque gustan o porque son muy interesantes. El final de un partido de baloncesto es apasionante cuando los equipos están igualados. ✂ emocionante.

apasionar
verbo **1** Hacer que una persona sienta una atracción muy fuerte por algo o se aficione mucho a una cosa. Cuando una película nos apasiona no podemos perdernos el final: *Le apasiona la lectura.*

apatía
nombre femenino **1** Estado de la persona que no tiene interés por nada o no tiene ganas de hacer nada.

apático, apática
adjetivo **1** Se dice de la persona que no tiene interés por las cosas y nunca se entusiasma por nada: *Me siento muy apático: no me apetece ni salir, ni leer, ni nada de nada.* ✂ entusiasta.

apeadero
nombre masculino **1** Estación poco importante en la que el tren sólo se detiene para recoger y dejar viajeros.

apear
verbo **1** Bajar de un medio de transporte o de una cosa que se mueve. Es peligroso apearse de un tren o autobús en marcha. ✂ bajar. ✂ subir.

apechugar
verbo **1** Aceptar alguna cosa desagradable o difícil de hacer porque no queda otro remedio o solución. Cuando cometemos errores, nos toca apechugar con las consecuencias. Es un uso familiar.
👁 Se escribe 'gu' delante de 'e', como: apechuguen.

apedrear
verbo **1** Tirar piedras contra una persona o cosa: *Apedreó la farola y la rompió.*

apego

nombre masculino **1** Sentimiento de amor o de afecto. Los niños sienten mucho apego por las personas que los cuidan; cuando se tiene mucho apego a la tierra en que se ha nacido, es muy difícil irse a vivir a otro lugar. ✖✖ cariño; estima.

apelación

nombre femenino **1** Acción que consiste en apelar ante un tribunal superior contra una sentencia, para que sea revisada. Cuando la defensa cree que no ha sido justa la sentencia, presenta una apelación.

apelar

verbo **1** Pedir a un tribunal superior que revise o anule la sentencia que ha dictado otro tribunal inferior y que se considera injusta.
2 Pedir a una persona que nos ayude o recurrir a una cosa para salir de un apuro o una dificultad. Las naciones apelan a la inteligencia y los sentimientos para terminar con las guerras.

apellidarse

verbo **1** Tener un apellido determinado.

apellido

nombre masculino **1** Nombre de familia. En España, las personas utilizamos dos apellidos: el primero es el de la familia de nuestro padre, y el segundo, el de nuestra madre.

apelotonar

verbo **1** Hacer que se acumulen en un lugar demasiadas cosas de manera desordenada: *No apelotones la ropa, colócala bien*.
2 apelotonarse Acumularse en un lugar demasiadas personas o demasiadas cosas de manera desordenada. Se apelotona la gente cuando todos quieren ser los primeros en entrar o salir de un sitio.

apenar

verbo **1** Hacer una persona o una cosa que alguien sienta tristeza o pena. Nos puede apenar la marcha de una persona querida o ver a otra persona triste.

apenas

adverbio **1** Indica que una acción se realiza con grandes dificultades, casi sin poder hacerla o acabarla: *Me levanté tan tarde que apenas pude desayunar*. ✖✖ casi.
2 Se usa con números para indicar que por muy poco no se llega a la cantidad que se dice: *Apenas hace cinco minutos que se ha ido.*
conjunción **3** Indica que la acción que se dice a continuación se produce inmediatamente después que otra o casi al mismo tiempo: *Apenas se acostó, se quedó dormido*.

apéndice

nombre masculino **1** Parte del cuerpo de las personas o de los animales que está unida a otra principal. La nariz es un apéndice de la cara.
2 Parte delgada y acabada en punta que sale del intestino grueso. A algunas personas se les inflama el apéndice y tienen que operarse.
3 Cosa que se añade a otra ya terminada para completarla. Las enciclopedias tienen unos apéndices que se publican cuando va apareciendo nueva información.

apendicitis

nombre femenino **1** Inflamación del apéndice del intestino. Un ataque de apendicitis suele ser muy doloroso.
👁 El plural es: apendicitis.

aperitivo

nombre masculino **1** Bebida o comida ligera acompañada de bebida que se toma antes de comer o de cenar. En un bar podemos pedir como aperitivo un refresco y un pincho o una tapa.

apero

nombre masculino **1** Instrumento o conjunto de instrumentos que sirven para cultivar la tierra. La azada, la hoz o el azadón son aperos.

apertura

nombre femenino **1** Acción que consiste en abrir algo, como una puerta, una tienda o un agujero. ✖✖ cierre.
2 Acto o ceremonia de inauguración o comienzo de un acontecimiento. Los discursos de apertura suelen ser formales.

apestar

verbo **1** Oler muy mal, como un zapato sudado o el pescado podrido.

A
a

apestoso, apestosa
adjetivo **1** Que tiene un olor muy desagradable, como el de algunos productos químicos.

apestoso

apetecer
verbo **1** Tener ganas o deseo de alguna cosa. En verano, después de comer apetece una siesta.
👁 Se conjuga como: agradecer; la 'c' se convierte en 'zc' delante de 'a' y 'o', como: apetezca.

apetito
nombre masculino **1** Sensación que se experimenta cuando se tienen ganas de comer. Si alguien dice que no tiene apetito, es que no tiene hambre. ✖ hambre.

apetitoso, apetitosa
adjetivo **1** Que abre el apetito o apetece comer. Algunos platos tienen un aspecto apetitoso.

apiadarse
verbo **1** Sentir pena o compasión por alguien o algo en una situación concreta y hacer algo por ayudar: *Los soldados se apiadaron de los prisioneros y les dieron comida.*

apicultor, apicultora
nombre **1** Persona que se dedica a criar abejas para aprovechar la miel y la cera que producen.

apicultura
nombre femenino **1** Actividad que consiste en criar abejas y aprovechar la miel y la cera.

apio
nombre masculino **1** Planta comestible de tallo grueso y hojas largas que se cultiva en las huertas. El apio se come crudo en ensaladas y también se utiliza en sopas y cocidos.

apisonadora
nombre femenino **1** Máquina que sirve para allanar el suelo; las apisonadoras tienen dos grandes cilindros en lugar de ruedas.

aplacar
verbo **1** Hacer que disminuya la violencia de una cosa o que una persona que está enfadada se tranquilice: *Hasta que no le pidieron perdón no se aplacó.* ✖ apaciguar.
👁 Se escribe 'qu' delante de 'e', como: aplaqué.

aplanar
verbo **1** Dejar una cosa o una superficie llana o lisa. ✖ allanar.

aplastante
adjetivo **1** Que vence con claridad. Si un equipo gana 8-0, obtiene una victoria aplastante.
👁 Es una palabra informal.

aplastar
verbo **1** Apretar algo hasta que quede plano, deformado o destruido. Si aplastamos una bola de plastilina se queda hecha un círculo plano. ✖ chafar.

aplaudir
verbo **1** Mostrar el acuerdo o la alegría por alguna cosa dando palmadas continuas durante un tiempo corto. Al final de un concierto el público aplaude.

aplauso
nombre masculino **1** Demostración del acuerdo o la alegría por algo mediante palmadas continuas.

aplazamiento
nombre masculino **1** Acción que consiste en dejar para más tarde el inicio de una cosa: *El aplazamiento del inicio del curso se debió a las obras.*

aplazar
verbo **1** Dejar de hacer una cosa para hacerla otro día. Se aplaza un partido de tenis si llueve y no se puede jugar en el campo.
👁 Se escribe 'c' delante de 'e', como: aplacé.

aplicación
nombre femenino **1** Colocación de una cosa en contacto con otra de manera que la cubra. Es importante seguir las instrucciones de aplicación de

sustancias como una crema, un barniz o una pintura.

2 Empleo o uso que se hace de algo, como un material o un conocimiento, para conseguir un fin determinado. *La informática tiene múltiples aplicaciones.*

👁 El plural es: aplicaciones.

aplicado, aplicada

adjetivo   **1** Se dice de la persona que pone mucho esfuerzo e interés en realizar un trabajo y especialmente la que dedica mucha atención a los estudios.

aplicar

verbo   **1** Extender una sustancia sobre una cosa para que la cubra, en especial un líquido o una crema.

2 Utilizar o poner algo en práctica, como un conocimiento o una ley, para conseguir algo. *Los arquitectos aplican sus conocimientos para construir edificios.*

3 Utilizar un nombre para referirse a algo o a alguien: *'Pillo' es una palabra que se aplica sobre todo a los niños pequeños.*

4 aplicarse Esforzarse o poner interés en algo, especialmente en el estudio o en el trabajo. *Cuando una persona se aplica en los estudios, consigue aprender mucho.*

👁 Se escribe 'qu' delante de 'e', como: apliquemos.

aplique

nombre masculino   **1** Lámpara que se coloca fija en la pared.

aplomo

nombre masculino   **1** Cualidad de la persona que hace las cosas sin nervios y con mucha seguridad. *Los toreros tienen que tener mucho aplomo para enfrentarse al toro.*

apocado, apocada

adjetivo   **1** Se dice de la persona que es muy tímida, que tiene un carácter débil y no sabe cómo comportarse con la gente. *A un chico apocado le es más difícil que a otros hacer amigos.*

apócope

nombre femenino   **1** Fenómeno que consiste en acortar una palabra, eliminando algunas letras de su parte final. 'Gran' y 'san' son apócopes de 'grande' y 'santo', respectivamente.

apoderarse

verbo   **1** Coger una cosa, generalmente de forma inadecuada, violenta o ilegal, y actuar como si se fuese el dueño de ella. *Un ladrón se apodera de lo que no es suyo.*

2 Dominar un sentimiento o un estado de ánimo totalmente a una persona. *En situaciones extremas, la rabia o el pánico pueden apoderarse de una persona.* ⚒ adueñarse.

apodo

nombre masculino   **1** Nombre distinto del propio, por el que se conoce a alguien o se le suele nombrar. *El apodo suele estar inspirado en una peculiaridad física o del carácter.*

apogeo

nombre masculino   **1** Punto culminante o de mayor esplendor de una situación o una acción.

2 Punto en el que un astro o un satélite que recorre una órbita se encuentra a mayor distancia de la Tierra. *La Luna está en su apogeo cuando está en el punto más alejado de la Tierra.*

aporrear

verbo   **1** Dar varios golpes seguidos sobre una cosa con violencia: *Nos asustó que aporrearan la puerta.*

aportación

nombre femenino   **1** Cantidad de dinero que se da para ayudar a algún fin. *Las instituciones benéficas necesitan nuestras aportaciones para salvar vidas.* ⚒ contribución.

👁 El plural es: aportaciones.

aportar

verbo   **1** Dar o añadir algo con un fin determinado, sobre todo dinero o bienes. También se pueden aportar ideas, datos o argumentos: *Todos hemos aportado dinero para el regalo. Las últimas investigaciones aportan nuevos datos para curar la enfermedad.* ⚒ contribuir.

aposento

nombre masculino   **1** Habitación o cuarto de una casa.

👁 Se usa sobre todo en literatura.

A
a

aposición
nombre femenino

1 Palabra o conjunto de palabras que siguen a otra palabra de la que dicen o explican algo. En 'María, la secretaria de Pilar', 'la secretaria de Pilar' es una aposición. 👁 El plural es: aposiciones.

aposta
adverbio

1 Se usa para expresar que una cosa se hace a propósito, teniendo la voluntad y la intención de hacerla. Si hacemos o decimos algo aposta es que lo hemos pensado y estamos seguros de lo que hacemos o decimos. ⚹ intencionadamente. ⚹ involuntariamente.

apostar
verbo

1 Ponerse de acuerdo dos o más personas en que la persona que acierte una cosa o gane en un juego ganará lo que se haya acordado. Algunas personas apuestan que quien pierda en un juego tendrá que pagar una prenda.
2 Tener una persona mucha seguridad en que lo que dice es verdad aunque sea poco probable: *Apuesto a que llega tarde otra vez.* 👁 Se conjuga como: contar; la 'o' se convierte en 'ue' en sílaba acentuada, como: apuestes.

apóstol
nombre masculino

1 Cada uno de los doce hombres que siguieron y acompañaron a Jesucristo y le ayudaron a difundir las enseñanzas de la religión cristiana. San Juan y san Pedro son dos de los apóstoles.

apoteosis
nombre femenino

1 Momento final de mucha intensidad y gran espectacularidad con el que concluyen algunas cosas, especialmente los espectáculos. 👁 El plural es: apoteosis.

apoyar
verbo

1 Poner una cosa o una persona junto a otra de modo que la soporte o aguante. Podemos apoyarnos en una barandilla de un balcón al asomarnos a la calle.
2 Ayudar a alguien. Los padres siempre apoyan a sus hijos.
3 Tener una cosa su base o su fundamento en otra. Las teorías

científicas se apoyan en datos de la realidad.

apoyo
nombre masculino

1 Aquello que se pone junto a una persona o una cosa y que la sostiene.
2 Ayuda o comprensión que se ofrece a una persona. La gente cuenta con el apoyo de sus amigos en los momentos difíciles.

apreciable
adjetivo

1 Se dice de algo que se puede notar por su importancia, tamaño o intensidad. Cuando llueve mucho, la cantidad de lluvia es apreciable. ⚹ notable. ⚹ inapreciable.

apreciar
verbo

1 Reconocer el mérito de una persona o cosa. Para apreciar la pintura no hay que ser un experto, sino tener cierta sensibilidad. ⚹ estimar. ⚹ despreciar.
2 Sentir afecto o cariño por alguna persona. Cuando dos personas se aprecian evitan hacerse daño. ⚹ estimar.
3 Conocer con los sentidos o la inteligencia el tamaño, el valor o la intensidad de las cosas. A distancia no se aprecian los detalles de un cuadro. ⚹ distinguir. 👁 Se conjuga como: cambiar; la 'i' no lleva nunca acento de intensidad.

aprecio
nombre masculino

1 Cariño o afecto que se siente hacia alguien o algo. ⚹ estima. ⚹ menosprecio.

apremiante
adjetivo

1 Que se tiene que hacer con rapidez. Una necesidad apremiante es una necesidad que no puede esperar más. ⚹ urgente.

aprender
verbo

1 Adquirir o llegar a tener el conocimiento de una cosa o conocimientos en general. Para aprender una cosa hay que estudiarla o practicarla durante un tiempo.
2 Fijar una cosa en la memoria, de manera que pueda recordarse con facilidad. Aprendemos fechas, números de teléfono, información y otras cosas.

aprendiz, aprendiza
nombre **1** Persona que trabaja en un lugar para aprender el oficio. Los aprendices son muy jóvenes y trabajan en talleres o fábricas. ↳ 795
⚫ El plural de 'aprendiz' es: aprendices.

aprendizaje
nombre masculino **1** Proceso durante el que se aprende una cosa. En el aprendizaje de un oficio hay que empezar por lo más elemental.

aprensión
nombre femenino **1** Temor a que ocurra algo que consideramos peligroso aunque no haya motivo, como coger una enfermedad. A mucha gente le produce aprensión viajar en avión.
⚫ El plural es: aprensiones.

aprensivo, aprensiva
adjetivo **1** Se dice de la persona que exagera el peligro de cosas, como heridas o enfermedades, o la gravedad de los males. Las personas aprensivas tienen miedo a coger enfermedades.

apresar
verbo **1** Coger y detener a una persona o una cosa que va contra la ley. La policía tiene el deber de apresar a los ladrones.
2 Coger algo con fuerza, especialmente como hacen algunos animales que apresan algo con garras y dientes. Los leones apresan a otros animales para comérselos.

apresurar
verbo **1** Darse o meter prisa a una persona. Cuando alguien tiene muchas cosas que hacer y poco tiempo, se tiene que apresurar para hacerlo todo.

apretar
verbo **1** Hacer fuerza o presión sobre algo. Para que suene un timbre hay que apretar el botón.
2 Reducir el volumen de un grupo de cosas o personas, haciendo que haya menos espacio entre ellas. En el metro a veces hay que apretarse para que pueda entrar más gente.
3 Tratar a una persona con más

dureza de lo normal para que haga algo. Los profesores aprietan a los alumnos vagos para que estudien. ⚒ exigir.
4 Hacer algo con mayor esfuerzo o interés de lo normal. Al final del curso hay que apretar más en el estudio. ⚒ esforzarse.
5 Ser algo, como el calor o el frío, muy fuerte o intenso.
⚫ Se conjuga como: acertar; la 'e' se convierte en 'ie' en sílaba acentuada, como: aprieta.

apretón
nombre masculino **1** Presión o fuerza que se hace sobre una cosa o una persona, en especial cuando dos personas se dan la mano.
⚫ El plural es: apretones.

aprieto
nombre masculino **1** Situación difícil en la que se encuentra una persona. Está en un aprieto el que tiene un problema grave y difícil de resolver. ⚒ apuro.

aprisa
adverbio **1** Con mucha rapidez: *No vayas tan aprisa, que aún hay tiempo*.

aprisionar
verbo **1** Coger y sujetar con fuerza a una persona de manera que no pueda moverse con libertad. También se puede aprisionar una parte del cuerpo, como un pie, un brazo o las piernas.
2 Coger a alguien prisionero o meterlo en una prisión.

aprobado
nombre masculino **1** Calificación o nota obtenida en un examen que es inferior a la de notable y superior a la de suspenso.

aprobar
verbo **1** Considerar una cosa como buena o apta para algo. El Parlamento aprueba una ley cuando la mayoría cree que es conveniente.
2 Expresar conformidad o estar de acuerdo con una opinión o una forma de actuar. Los padres no aprueban que sus hijos hagan chuletas para los exámenes.
3 Conceder un profesor o examinador la calificación de aprobado

A
a

A
—
a

u obtenerla un alumno en una prueba o un examen.

👁 Se conjuga como: contar; la 'o' se convierte en 'ue' en sílaba acentuada, como: aprueban.

apropiado, apropiada

adjetivo **1** Se dice de las cosas que se ajustan o van bien para un fin determinado. La ropa ligera es la más apropiada para el verano.

apropiarse

verbo **1** Coger una cosa que pertenece a otra persona y hacerse dueño de ella: *Se apropió de mi idea.*

👁 Se conjuga como: cambiar; la 'i' no lleva nunca acento de intensidad.

aprovechado, aprovechada

adjetivo **1** Se dice de la persona que aprovecha muy bien las cosas y no desperdicia nada.

2 Se dice de la persona que se aprovecha con abuso de una situación o de otra persona para obtener un beneficio propio. A una persona aprovechada no le importa el daño que pueda hacer, sólo le interesa el provecho que pueda sacar.

aprovechar

verbo **1** Usar una cosa de forma útil sacando provecho de ella: *Quizá puedas aprovechar esta camisa que a mí me queda pequeña.*

2 aprovecharse Utilizar a una persona o cosa para sacar un beneficio propio: *Cuando trabaja en grupo se aprovecha de sus compañeros y él no hace nada.*

que aproveche Expresión que se dirige a alguien que va a empezar a comer o está comiendo y que indica el deseo de que le siente bien la comida.

aprovisionar

verbo **1** Reunir o dar suficientes provisiones para un grupo de personas. Los excursionistas se aprovisionan antes de una expedición.

aproximación

nombre femenino **1** Acción que consiste en aproximarse o acercarse a una persona o una cosa.

2 Cantidad que se acerca mucho a otra, pero que no es ésa exacta-

mente. Sin una balanza sólo se puede tener una aproximación del peso de una cosa.

👁 El plural es: aproximaciones.

aproximado, aproximada

adjetivo **1** Que se acerca mucho a la cantidad exacta. Si se sabe la distancia aproximada a un lugar, se puede saber más o menos cuánto se tardará en llegar.

aproximar

verbo **1** Poner cerca o más cerca a una persona o cosa. Cuando los barcos se aproximan al puerto van reduciendo la velocidad para no chocar. ✂ acercar. ✂ separar.

aptitud

nombre femenino **1** Capacidad, habilidad o conocimientos necesarios de una persona para hacer algo. Las personas hacen diferentes trabajos según las aptitudes que tengan.

apto, apta

adjetivo **1** Que tiene capacidad o está preparado para hacer una determinada tarea o trabajo. Si una persona es apta para hacer la mili, no tiene ningún problema físico o mental que le impida hacerla.

2 Que es adecuado o apropiado. Las películas de dibujos animados son aptas para todos los públicos.

nombre masculino **3** Calificación o nota equivalente a aprobado.

apuesta

nombre femenino **1** Acuerdo entre dos o más personas según el cual la que acierte una cosa o gane en un juego ganará lo que se haya acordado. Cuando dos personas creen tener razón, se apuestan algo y la que acierta lo gana.

apuesto, apuesta

adjetivo **1** Se dice de una persona que es guapa, atractiva y tiene buena presencia.

apuntar

verbo **1** Dirigir un arma, como una pistola o una escopeta, hacia una persona, animal o cosa, normalmente con intención de disparar.

2 Señalar hacia una determinada persona, cosa o lugar. La aguja de una brújula apunta hacia el norte.

3 Tomar nota de algo, escribiéndolo sobre un papel. La gente apunta cosas para no olvidarlas. ※ anotar.

4 Incluir el nombre de una persona en una lista para que forme parte de una asociación o cualquier tipo de actividad. Las personas que no tienen trabajo se apuntan en la lista del paro.

5 apuntarse Conseguir algo positivo, en especial un éxito. Si una persona se apunta un tanto, es que ha hecho algo bien y se lo han reconocido.

apunte

nombre masculino **1** Dato que se escribe rápidamente sobre lo que una persona dice o lo que se lee en un libro para recordarlo o estudiarlo después. Se toman apuntes de las explicaciones de los profesores.

👁 Se usa sobre todo en plural: apuntes.

apuñalar

verbo **1** Clavar un cuchillo, un puñal o una navaja a alguien.

apurar

verbo **1** Terminar lo último que queda de una cosa, de manera que se agota o se acaba. Apurar un vaso es dejarlo vacío, acabarse de beber el contenido que quedaba. ※ agotar.

2 Hacer que una persona se dé prisa en hacer una cosa, o agobiar a una persona exigiéndole que haga más de lo que puede hacer.

3 apurarse Sentirse una persona muy angustiada, muy intranquila o muy preocupada. Las personas que se apuran por una dificultad tienen la sensación de no poder superarla.

apuro

nombre masculino **1** Situación difícil en la que se encuentra una persona. Está en un apuro el que tiene un problema grave o difícil de resolver. Las personas que no tienen trabajo suelen tener apuros económicos.

aquel, aquella

determinante demostrativo **1** Indica un objeto, persona o situación lejanos al hablante en el espacio o en el tiempo: *¿Sabes qué pasó aquel día?*

pronombre demostrativo **2** Sustituye a un nombre que ya se ha dicho e indica que el objeto, persona o situación sustituidos se encuentran lejanos al hablante: *Yo me quedaría con aquélla.*

👁 Como pronombre admite la forma con tilde o sin ella, aunque es conveniente que utilices la forma con tilde.

aquello

pronombre demostrativo **1** Se refiere a una situación u objeto que se encuentran lejanos al hablante y al oyente, pero sin especificar su nombre, porque no se quiere, porque se desconoce o porque ya se ha hablado antes: *Recoge aquello o no cabremos todos.*

👁 Nunca lleva tilde.

aquí

adverbio **1** Indica el lugar donde está el hablante o un lugar que está muy cerca de él. También indica un punto o una zona que se señala: *Esto de aquí no lo entiendo.* ※ acá.

2 Indica el momento presente o un pasado muy reciente: *Hasta aquí nos ha ayudado, a partir de ahora ya veremos.*

árabe

adjetivo y nombre masculino y femenino **1** Se dice de un pueblo que tiene su origen en Arabia y en la actualidad se extiende por el norte de África, Oriente Próximo y Oriente Medio. Los árabes tienen una lengua, una cultura y una religión comunes.

nombre masculino **2** Lengua hablada por los árabes. El árabe tiene un alfabeto distinto del nuestro y se lee y escribe de derecha a izquierda. ✍ 399

arácnido, arácnida

adjetivo y nombre masculino **1** Se dice del animal invertebrado que tiene la cabeza y el cuerpo unidos, no posee antenas y tiene cuatro pares de patas. La araña y el escorpión son arácnidos.

arado

nombre masculino **1** Instrumento usado en agricultura para abrir surcos y remover la tierra, preparándola para la siembra.

A
a

A

a

aragonés, aragonesa
adjetivo
y nombre **1** Se dice de la persona o cosa que es de Aragón.

arandela
nombre
femenino **1** Objeto con forma de anillo o de aro, generalmente aplastado, que tiene diversos usos, como separar dos piezas para evitar que se toquen o se rocen o asegurar la fijación de un tornillo. ✎ 393

araña
nombre
femenino **1** Animal invertebrado del grupo de los arácnidos. Teje una tela para atrapar a sus presas.

arañar
verbo **1** Hacer heridas poco profundas en la piel con las uñas o con un objeto con punta. Los gatos arañan.

arañazo
nombre
masculino **1** Herida poco profunda o marca hecha con las uñas en la piel.

arar
verbo **1** Hacer surcos en la tierra con el arado. Los campos se aran para poder plantar semillas o plantas. ✖ labrar.

árbitro, árbitra
nombre **1** Persona encargada de que se cumplan las normas o reglas de un juego, como los árbitros de fútbol y de baloncesto. ✎ 799

árbol
nombre
masculino **1** Planta grande de tronco grueso, duro y alto, del que nacen ramas y hojas a cierta altura del suelo.
árbol genealógico Cuadro o esquema en forma de árbol en el que figuran los nombres de los miembros de una misma familia a través de varias generaciones. ✎ 197

arbolado
nombre
masculino **1** Conjunto de árboles de un lugar. Es necesario proteger el arbolado de las ciudades de los efectos de la contaminación.

arboleda
nombre
femenino **1** Terreno donde crecen muchos árboles, en especial cuando está a orillas de un río. ✖ bosque. ✎ 596

arbusto
nombre
masculino **1** Planta más pequeña que un árbol que tiene ramas con hojas que crecen desde su base, muy cerca del suelo.

arca
nombre
femenino **1** Caja grande, generalmente de madera, que se utiliza para guardar objetos o ropa que no se usan. El arca suele tener una tapa y una cerradura.
2 Caja pequeña con tapa y cerradura que sirve para guardar dinero u otras cosas de valor.
◉ Es un nombre femenino, pero se utilizan los determinantes 'un' y 'el' cuando entre el determinante y el nombre no hay otras palabras: el arca.

arcada
nombre
femenino **1** Movimiento violento y rápido del estómago que se produce antes de vomitar. Algunos olores muy desagradables nos pueden producir arcadas. ✖ náusea.

arcaico, arcaica
adjetivo **1** Que es muy antiguo. La música y las danzas más arcaicas de un país forman parte de su folclore.

arcángel
nombre
masculino **1** En el cristianismo, espíritu del cielo que tiene una categoría superior a la de los ángeles. Según la Biblia, el arcángel san Gabriel anunció a la Virgen que sería la madre de Dios.

arcén
nombre
masculino **1** Parte estrecha que hay en los lados de la carretera para que circulen las personas a pie o en vehículos sin motor.
◉ El plural es: arcenes.

archipiélago
nombre
masculino **1** Conjunto de islas en una extensión del mar. Las islas Canarias forman un archipiélago.

archivador
nombre
masculino **1** Carpeta, caja o mueble que sirve para guardar papeles o documentos de un modo ordenado y por separado. Las empresas clasifican la correspondencia y las facturas en archivadores.

archivar
verbo **1** Guardar papeles o documentos de un modo ordenado y por separado. Las personas ordenadas archivan cada mes los recibos de los gastos de la casa.

archivo

nombre masculino **1** Local, mueble o caja donde se guardan documentos ordenados y clasificados. En el archivo de los hospitales se conservan los historiales clínicos de los pacientes. ✂ archivador. ✎ 199
2 En informática, conjunto de datos guardados con un mismo nombre. En el ordenador podemos tener muchos archivos.

arcilla

nombre femenino **1** Tierra de color rojizo que al mezclarse con agua se convierte en una masa blanda y fácil de modelar. La arcilla se utiliza para hacer recipientes y otros objetos.

arco

nombre masculino **1** Parte de una circunferencia. También se le da el nombre de arco a cualquier cosa que tenga esta forma curva.
2 En arquitectura, construcción formada por dos columnas unidas por una pieza curva.
3 Palo con forma curva que tiene unidos los extremos con una cuerda tensa y sirve para lanzar flechas.

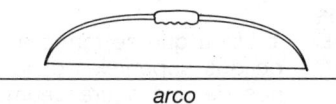

arco

4 Varilla que se utiliza para tocar el violín y otros instrumentos de cuerda.
arco iris Arco de colores que se ve en el cielo cuando llueve y hay sol. Los colores son siete: rojo, anaranjado, amarillo, verde, azul, añil y violeta.

arcón

nombre masculino **1** Caja de la misma forma y características que el arca, pero de gran tamaño. En los arcones se guardan libros o ropa.
👁 El plural es: arcones.

arder

verbo **1** Quemarse una cosa produciendo llamas. Los troncos arden hasta que se consumen.
2 Estar una cosa muy caliente: *La sopa estaba ardiendo y me quemé la lengua.* ✂ abrasar.

ardid

nombre masculino **1** Aquello que se dice o se hace de un modo hábil e inteligente para conseguir algo: *Carlos siempre está planeando ardides para no ir al colegio.* ✂ artimaña; treta.

ardiente

adjetivo **1** Que quema o produce mucho calor, como una comida muy caliente o el sol en verano.

ardilla

nombre femenino **1** Mamífero roedor de cuerpo delgado, de color marrón, gris o rojo oscuro y con un cola muy larga y peluda. Es frecuente en los bosques de toda Europa.

ardor

nombre masculino **1** Sensación de calor que se siente en alguna parte del cuerpo, en especial en el estómago. Una comida preparada con muchas especias puede producir ardores.

arduo, ardua

adjetivo **1** Que cuesta mucho de hacer porque es muy difícil. Subir al Everest es una tarea ardua.

área

nombre femenino **1** Espacio de terreno con unas características determinadas, que se encuentra entre ciertos límites geográficos. España se encuentra en el área mediterránea de Europa. ✂ zona.
2 Unidad de medida de superficie. El área equivale a 100 m^2 y se usa para medir terrenos.
3 En matemáticas, superfice de una figura. El área de un rectángulo se halla multiplicando la base por la altura.
4 En algunos deportes, zona marcada del terreno de juego que se encuentra más próxima a la portería. Un penalti es la falta que se comete dentro del área.
área metropolitana Espacio que ocupa una gran ciudad y el conjunto de municipios que hay a su alrededor. El área metropolitana de Barcelona es muy extensa.
👁 Es un nombre femenino, pero se utilizan los determinantes 'un' y

A a

'el' cuando entre el determinante y el nombre no hay otras palabras: el área.

arena
nombre femenino
1 Conjunto de pequeños granos de mineral en forma de cristal que se han desprendido de las rocas. La arena abunda en las playas y en los desiertos.
2 Círculo de la plaza de toros que está cubierto de arena.

arenal
nombre masculino
1 Extensión grande de terreno cubierto de arena. En algunas zonas del sur de España hay arenales.

arenoso, arenosa
adjetivo
1 Que tiene o se parece a la arena. Los terrenos arenosos son poco aptos para la agricultura.

arenque
nombre masculino
1 Pez marino de color azul plateado que vive en grandes bancos en el norte de Europa y Asia; es comestible.

argelino, argelina
adjetivo y nombre
1 Se dice de la persona o cosa que es de Argelia, país del norte de África.

argentino, argentina
adjetivo y nombre
1 Se dice de la persona ·o cosa que es de Argentina, país de América del Sur.

argolla
nombre femenino
1 Objeto con forma de anilla gruesa y fuerte, generalmente de metal, que se usa para sujetar a él una cosa. Las argollas suelen estar fijas en un lugar, como una pared.

argot
nombre masculino
1 Manera de hablar propia de un determinado grupo de personas cuando hablan entre sí. Los jóvenes, los médicos o los policías tienen su propio argot. ✖ jerga. ☛ El plural es: argots.

argumentar
verbo
1 Dar argumentos en favor o en contra de una opinión, una idea o una acción. Cuando se propone hacer algo hay que argumentarlo para que los demás lo acepten.

argumento
nombre masculino
1 Razonamiento que se usa para convencer de algo o demostrar que algo está bien o mal o se debe hacer o no: *Estar cansado no es argumento suficiente para no trabajar.*
2 Tema de una obra literaria, teatral o cinematográfica. Si cuentas el argumento de una película o de una obra de teatro, haces el resumen de la historia.

árido, árida
adjetivo
1 Que es seco y no produce frutos. Los desiertos son terrenos muy áridos. ✖ fértil; húmedo.
2 Se dice de la lectura, asignatura o explicación que resulta poco agradable o aburrida. ✖ ameno.

aries
nombre masculino
1 Primer signo del zodiaco. Con este significado se escribe con mayúscula.
nombre masculino y femenino
2 Persona nacida bajo el signo de Aries, entre el 21 de marzo y el 20 de abril.

arisco, arisca
adjetivo
1 Que es poco amable y no le gusta tratar con otras personas. Las personas ariscas no suelen hacer amigos con facilidad. ✖ cariñoso.

arista
nombre femenino
1 Línea que se forma en la unión de dos superficies o de dos planos de una figura geométrica. El cubo tiene 12 aristas; las mesas tienen aristas.

aristocracia
nombre femenino
1 Clase social formada por personas que tienen títulos nobiliarios, como barones, condes, marqueses o duques. ✖ nobleza.

aristócrata
nombre masculino y femenino
1 Persona que pertenece a la aristocracia. Los duques son los aristócratas más importantes. ✖ noble.

arma
nombre femenino
1 Objeto o instrumento que se utiliza para atacar a una persona o animal o para defenderse de ellos. La pistola, la escopeta y el puñal son armas.
2 Medio que utiliza una persona para conseguir una cosa o un fin determinado, sobre todo el que le

sirve para atacar a otras personas o defenderse de ellas. Algunas personas utilizan su gracia como arma para hacer siempre lo que quieren.

3 Cada una de las secciones que forman un ejército y que entran en combate en caso de guerra, como el arma de infantería, la de artillería o la de ingenieros.

arma blanca Arma que tiene una hoja cortante o una punta afilada para herir con ellas, como la navaja, el puñal o la espada.

arma de fuego Arma que utiliza una carga explosiva para disparar un proyectil, como un fusil, una pistola o una escopeta.

👁 Es un nombre femenino, pero se utilizan los determinantes 'el' y 'un' cuando entre el determinante y el nombre no hay otras palabras: el arma.

armada
nombre femenino
1 Conjunto de los barcos de guerra de un país. La armada también es el conjunto de los militares que trabajan en esos barcos.

armadura
nombre femenino
1 Especie de traje hecho de piezas de metal articuladas que usaban los guerreros para protegerse de las armas de sus enemigos.

armamento
nombre masculino
1 Conjunto de armas que tiene o que emplea una persona, un ejército o un país.

armario
nombre masculino
1 Mueble con puertas que se utiliza para guardar en su interior la ropa, la vajilla u otros objetos. Los armarios pueden ser de distintos tipos: roperos, de cocina o de baño.

armatoste
nombre masculino
1 Mueble, máquina u objeto de gran tamaño y que tiene poca utilidad. Es un armatoste un armario que pesa mucho, ocupa mucho sitio y en el que caben pocas cosas.
👁 Es una palabra informal.

armazón
nombre
1 Estructura formada por barras, tubos u otros elementos, que sirve para colocar algo encima o sostener alguna cosa. El armazón de un edificio suele ser de hierro.
👁 El plural es: armazones. Tiene doble género: se dice el armazón o la armazón.

armonía
nombre femenino
1 Combinación de unas cosas con otras formando un conjunto que resulta agradable a la vista o al oído. Están en armonía los versos de un poema, las notas de una melodía o los colores de un cuadro.

2 Combinación de las notas musicales para que suenen de forma agradable. Para componer música hay que saber armonía.

3 Amistad o buena relación entre dos personas o grupos. Las naciones que están en armonía no tienen conflictos importantes.

armónica
nombre femenino
1 Instrumento musical de viento formado por una especie de cajita que tiene en su interior unas pequeñas láminas de metal; suena al soplar por los orificios que tiene en uno de sus lados.

armónico, armónica
adjetivo
1 Se dice de lo que tiene armonía musical. Un sonido no es armónico cuando hay en él notas que no combinan bien.

armonioso, armoniosa
adjetivo
1 Se dice de los sonidos que son agradables al oído. Una música armoniosa es la que está formada por combinaciones de notas que suenan bien.

2 Se dice de la relación que existe entre personas o entre cosas que no se contradicen y tienen armonía. La decoración de una habitación es armoniosa si sus elementos combinan bien.

aro
nombre masculino
1 Objeto redondo fabricado con cualquier material. Un anillo para el dedo es un aro; muchas mujeres llevan pendientes con forma de aro.

pasar por el aro Aceptar algo con lo que no se está de acuerdo. Cuando no hay más remedio que

A
a

A

a

obedecer una orden, hay que pasar por el aro, nos guste o no.

aroma
nombre masculino **1** Olor intenso y agradable como el del café o los perfumes.

aromático, aromática
adjetivo **1** Que tiene aroma, como algunas hierbas y especias.

arpa
nombre femenino **1** Instrumento musical de cuerda compuesto por un armazón grande de forma triangular en el que hay fijadas unas cuerdas de distinta longitud; se toca pulsando sus cuerdas con los dedos. ☞536
👁 Es un nombre femenino, pero se utilizan los determinantes 'el' y 'un' cuando entre el determinante y el nombre no hay otras palabras.

arpón
nombre masculino **1** Instrumento de pesca que consiste en un palo con una punta de hierro en el extremo; la punta tiene un gancho vuelto hacia atrás para impedir que el pez escape una vez se ha clavado.
👁 El plural es: arpones.

arqueología
nombre femenino **1** Ciencia que estudia las culturas y las civilizaciones antiguas a través de los objetos que nos han quedado de ellas.

arqueólogo, arqueóloga
nombre **1** Persona que se dedica a la arqueología.

arquitecto, arquitecta
nombre **1** Persona que se dedica a la arquitectura. Los arquitectos hacen los planos para la construcción de edificios. ☞395

arquitectura
nombre femenino **1** Técnica de la planificación y construcción de edificios.
2 Estilo que caracteriza a los edificios. La arquitectura gótica es diferente de la románica.

arraigar
verbo **1** Empezar a echar raíces una planta en la tierra. ✖ enraizar.
2 Hacerse firme y duradero en una persona un sentimiento, una costumbre o un vicio que resultan muy difíciles de eliminar: *Lo de fumar era un vicio que había arraiga-*

do hacía tiempo y es estupendo que por fin lo haya dejado.
👁 Se escribe 'gu' delante de 'e', como: arraigué.

arrancar
verbo **1** Sacar o separar una cosa del lugar en el que está sujeta tirando con fuerza. Se arrancan los clavos, las plantas o las muelas. ✖ sacar; extraer. ✖ clavar.
2 Quitar algo por la fuerza. En las películas, por ejemplo, vemos a los policías arrancando el arma de las manos de los delincuentes. ✖ arrebatar.
3 Conseguir algo de una persona. Utilizamos nuestra habilidad, esfuerzo o violencia para arrancarle a alguien lo que queremos, como una sonrisa o una promesa.
4 Empezar a funcionar o a moverse un vehículo o una máquina. También arrancan las personas cuando empiezan a moverse para irse a otro sitio o cuando comienzan una actividad.
5 Tener una cosa un origen determinado o comenzar en algún sitio. Muchas amistades arrancan del colegio o de la infancia. ✖ nacer.
👁 Se escribe 'qu' delante de 'e', como: arranques.

arranque
nombre masculino **1** Acción que consiste en arrancar o iniciar una persona o una cosa un movimiento. También es la puesta en marcha o inicio de una cosa que no tiene movimiento real, como el arranque de un proyecto.
2 Mecanismo que sirve para poner en marcha un motor. El arranque de un coche se acciona con una llave.
3 Manifestación brusca y repentina de un sentimiento o de un estado de ánimo. Algunas personas se ponen muy violentas cuando les da un arranque de ira.
4 Ocurrencia o cosa graciosa que dice una persona sin que nadie lo espere. Las personas divertidas suelen tener arranques muy ingeniosos.

arrasar

verbo **1** Destrozar completamente un lugar, dejándolo todo roto y desordenado: *La crecida del río arrasó los campos.*
2 Triunfar con mucha diferencia sobre los demás participantes en un juego o deporte.

arrastrar

verbo **1** Mover a una persona o una cosa por el suelo tirando de ella.
2 Mover o llevar una cosa tocando el suelo. Si un vestido arrastra, es demasiado largo.
3 Tener un estado mental o físico malo o alguna enfermedad durante mucho tiempo. Algunas personas arrastran el catarro todo el invierno.
4 arrastrarse Moverse y avanzar una persona o un animal con el cuerpo pegado al suelo. Los reptiles se arrastran.
5 arrastrarse Intentar una persona conseguir algo rogando o haciendo cosas humillantes, que van contra la propia dignidad.

arrear

verbo **1** Darse mucha prisa. Las personas que se levantan tarde tienen que arrear para llegar al trabajo.
2 Dar un golpe, como una bofetada o una patada: *Le arreó un tortazo y le dejó la cara roja.* Es un uso informal.
3 Animar a un animal mediante golpes o a gritos para que se mueva. Los ganaderos arrean a las vacas para meterlas en el establo.

arrebatar

verbo **1** Quitar algo con violencia o de forma rápida o repentina. Los jugadores de equipos contrarios se arrebatan el balón.
2 Asarse, cocerse o freírse demasiado un alimento perdiendo parte de sus propiedades. Cuando se arrebata un filete de carne queda duro, sin jugo y casi sin sabor.

arrebato

nombre masculino **1** Manifestación violenta que hacemos de repente de algún sentimiento, como enfado u odio, perdiendo el dominio de nosotros mismos. Las personas tenemos arrebatos de alegría, de nervios, de celos y otros.

arrechucho

nombre masculino **1** Indisposición o malestar pasajero y de poca importancia. Los ancianos suelen padecer algún que otro arrechucho.
👁 Es una palabra informal.

arreciar

verbo **1** Hacerse algo más fuerte o más intenso: *Estaba en la calle cuando arreció la lluvia y me empapé.*
👁 Se conjuga como: cambiar; la 'i' no lleva nunca acento de intensidad.

arrecife

nombre masculino **1** Suelo submarino formado por rocas, corales u otros materiales, que llega a la superficie del mar.

arreglar

verbo **1** Hacer que una cosa estropeada deje de estarlo o que una cosa que no funciona vuelva a funcionar. ✂ reparar.
2 Poner orden en un lugar desordenado. Cuando se amontonan los libros, los papeles y la ropa en una habitación es mejor arreglarla.
3 Hacer que el aspecto físico de una persona quede agradable. Cuando nos arreglamos para salir a la calle nos lavamos, nos peinamos y nos vestimos bien.
4 arreglarse Conformarse con poca cantidad de algo para hacer alguna cosa. Hay gente que el fin de semana se arregla con mil pesetas cuando otros necesitan dos mil. ✂ apañarse.
arreglárselas Encontrar la forma de solucionar un problema o de salir de una situación difícil: *Tiene muchos problemas, pero ya se las arreglará, es muy espabilado.*

arreglo

nombre masculino **1** Acción que consiste en arreglar una cosa o a una persona. Un juguete roto necesita un arreglo.
2 Lo que se hace al arreglar algo: *La modista cose tan bien que sus arreglos casi no se notan.*
nombre masculino plural **3 arreglos** Melodías y otros efectos de sonido que se añaden a una pieza musical como acompañamiento de la melodía principal.

A a

arremeter

verbo **1** Atacar de una manera decidida y fuerte. Cuando se suelta un toro bravo en una plaza arremete contra todo lo que se mueve.

arremolinarse

verbo **1** Agruparse muchas personas en un lugar de modo desordenado. Cuando hay un accidente en la calle, la gente se arremolina para mirar qué pasa.

arrendar

verbo **1** Dar o tomar una cosa durante un tiempo determinado a cambio de una cantidad de dinero. Cuando no queremos comprar una casa, la arrendamos. ※ alquilar.

arrepentimiento

nombre masculino **1** Sentimiento de tristeza o pena que tiene una persona cuando ha hecho algo que no está bien o que cree que no debía haber hecho.

arrepentirse

verbo **1** Desear una persona no haber hecho algo y sentirse triste y culpable por haberlo hecho.
2 Cambiar una persona de opinión o hacer una cosa diferente de la que había dicho en un principio. Algunas personas prometen ayudar a los demás, pero luego se arrepienten y no lo hacen.
◉ Se conjuga como: preferir; la 'e' se convierte en 'ie' en sílaba acentuada o en 'i' en algunos tiempos y personas, como: me arrepiento, se arrepintió.

arrestar

verbo **1** Detener o encarcelar la policía o un mando militar a una persona que ha cometido alguna falta.

arrestar

arriar

verbo **1** Bajar una bandera o una vela de barco del palo donde se sujetan.
◉ Se conjuga como: desviar; la 'i' se acentúa en algunos tiempos y personas, como: arrío.

arriba

adverbio **1** Indica un lugar o una parte superior o más alta que aquella en la que está el que habla, o la parte más alta de todas: *Vive ahí arriba.*
2 Indica hacia un lugar o una parte superior o más alta que aquella en la que está el que habla, o hacia la parte más alta de todas: *Voy arriba a bajar mis cosas.*

interjección **3 ¡arriba!** Se usa para dar ánimos a una persona para que se levante o siga haciendo algo con energía. También para manifestar con mucho entusiasmo el apoyo a una cosa: *¡Arriba la democracia!*
de arriba abajo Completamente, del todo: *Tuvo que repasar el texto de arriba abajo por si había faltas de ortografía.*

arribar

verbo **1** Llegar un barco a un puerto.

arriesgado, arriesgada

adjetivo **1** Se dice de la persona que se expone a riesgos o peligros que se podrían evitar. Una persona arriesgada se atreve a hacer cosas que otro nunca intentaría.
2 Se dice de las cosas que encierran algún riesgo o peligro.

arriesgar

verbo **1** Poner en peligro o exponer a una persona o cosa a un riesgo. Hay gente que arriesga su vida por salvar la vida de los demás, como los bomberos.

arrimar

verbo **1** Poner cerca o más cerca de una persona o una cosa. ※ acercar; aproximar.

arrinconar

verbo **1** Poner una cosa en un rincón o en un lugar apartado para que no moleste o para dejar de utilizarla: *Después de barrer, arrinconó la escoba.*
2 Perseguir o llevar a una perso-

na o a un animal hasta un lugar del que no puede salir o escapar. ✕✕ acorralar.

3 Dejar de lado o no hacer caso a una persona o una cosa. No hay que arrinconar a las personas mayores.

arrodillarse

verbo **1** Ponerse de rodillas. En algunas religiones, la gente se arrodilla para rezar.

arrogante

adjetivo **1** Que se cree superior a los demás y los trata con menosprecio.

arrojadizo, arrojadiza

adjetivo **1** Se dice de las armas que están hechas para ser arrojadas o lanzadas, como las flechas.

arrojar

verbo **1** Tirar una cosa por el aire hacia un lugar con fuerza y violencia. No se debe arrojar piedras a la gente.

arrojo

nombre masculino **1** Falta de miedo o preocupación para hacer algo difícil. Las personas valientes tienen mucho arrojo. ✕✕ valor.

arrollar

verbo **1** Pasar una cosa por encima de algo, de alguien o por un lugar causando daños y destrozos. Los huracanes arrollan los lugares por donde pasan; si un camión arrolla a un perro, lo puede matar.

2 Resultar ganador de una forma muy clara y rotunda en una competición o un concurso.

arropar

verbo **1** Cubrir algo o abrigar a alguien con ropa.

2 Proteger y defender a una persona con cariño.

arroyo

nombre masculino **1** Río pequeño que lleva poca agua.

arroz

nombre masculino **1** Cereal que se cultiva en terrenos húmedos o inundados de agua. Sus granos son blancos. La paella se hace con arroz. 👁 El plural es: arroces.

arrozal

nombre masculino **1** Terreno en el que se cultiva arroz. Los arrozales suelen estar en tierras pantanosas.

arruga

nombre femenino **1** Señal parecida a una raya que aparece en la piel con el paso de los años.

2 Señal que queda en una cosa flexible después de doblarla, apretarla o aplastarla. La ropa que se ha llevado en una maleta siempre tiene alguna arruga.

arrugar

verbo **1** Hacer que una cosa tenga arrugas: *Si no cuelgas la chaqueta, se va a arrugar*.

👁 Se escribe 'gu' delante de 'e', como: arrugué.

arruinar

verbo **1** Hacer que una persona se quede sin las pertenencias o el dinero que tenía. A veces las personas se arruinan por comprar más cosas de las que pueden.

2 Estropear completamente una cosa. Las mentiras pueden arruinar una relación.

arrullar

verbo **1** Emitir una paloma su sonido característico para atraer a un palomo o al revés.

2 Hacer que un bebé o un niño pequeño se duerma o se calme cantándole en voz baja o haciendo ruidos suaves con la voz.

arrullo

nombre masculino **1** Sonido suave que produce sueño. Una nana cantada en voz baja es un arrullo para dormir a un bebé.

2 Sonido de las palomas para atraer a su pareja.

arsenal

nombre masculino **1** Lugar donde se guardan o están almacenadas las armas y otros materiales que se utilizan en la guerra, como munición o granadas.

arte

nombre **1** Actividad humana que consiste en imitar la realidad o expresar las ideas del artista mediante la pintura, la escultura, la arquitectura, la literatura, el cine, el teatro, la música o la danza; las obras que resultan de esta actividad también se llaman arte. En los museos hay colecciones de arte.

A
a

A
a

2 Habilidad para hacer bien las cosas. Decimos que una persona tiene mucho arte para vestir cuando viste bien.

3 Conjunto de las normas y los conocimientos que son propios de un oficio, una profesión o cualquier actividad. El arte de enseñar es propio de los maestros.

bellas artes Las que tienen como objetivo principal crear obras bellas. La pintura, la escultura, la arquitectura, la poesía, la danza y la música son bellas artes.

séptimo arte El cine.

👁 Suele utilizarse como masculino en singular y como femenino en plural.

artefacto
nombre masculino **1** Aparato o máquina, en especial si es grande o complicado de utilizar.

arteria
nombre femenino **1** Conducto en forma de tubo que lleva la sangre que sale del corazón. Hay dos arterias principales: la aorta y la pulmonar. ✎ 594

artesanía
nombre femenino **1** Actividad de fabricar objetos a la manera tradicional y principalmente con las manos, sin utilizar máquinas. En las tiendas de artesanía se venden muchos objetos de barro o de madera.

artesano, artesana
adjetivo **1** Se dice de las cosas que están hechas a mano y siguiendo un sistema tradicional.
nombre **2** Persona que hace objetos a mano y siguiendo un sistema tradicional. ✎ 794

ártico, ártica
adjetivo **1** Del polo Norte o que tiene relación con él. El oso polar es un animal propio de las regiones árticas.

articulación
nombre femenino **1** Unión de dos piezas de un objeto, o de dos huesos del cuerpo, que permite su movimiento. La rodilla o el codo son articulaciones.
👁 El plural es: articulaciones.

articular
verbo **1** Unir dos o más piezas de forma que pueda haber movimiento entre

ellas. En algunos muñecos la pierna y el muslo se articulan.
2 Pronunciar sonidos y palabras. A veces, el miedo o los nervios hacen que la gente no pueda articular ni una palabra.

artículo
nombre masculino **1** Clase de palabras que va siempre delante del nombre e indica si el nombre al que acompaña es conocido por el hablante, por el oyente o por ambos o si han hablado antes de él; el artículo tiene el mismo número y género que el nombre al que acompaña. En español hay dos tipos de artículos: artículos determinados y artículos indeterminados: *'La' es un artículo determinado, 'unos' es un artículo indeterminado.*
2 Texto escrito sobre un tema determinado y que se publica en un periódico, una revista o un libro. También se llama artículo a las diferentes divisiones de un diccionario o una enciclopedia correspondientes a una palabra. ✎ 397
3 Producto que se compra y se vende. En los supermercados venden muchos tipos de artículos.

artificial
adjetivo **1** Se dice de las cosas que ha creado o fabricado el hombre y que no se encuentran de esa forma en la naturaleza. La ropa, los muebles y los coches son productos artificiales. ✖ natural.
2 Que finge lo que hace para aparentar algo distinto de lo que es o siente en realidad. Si alguien mueve los labios como si sonriera pero en realidad no quiere sonreír, tiene una sonrisa artificial.

artillería
nombre femenino **1** Conjunto de máquinas de guerra que sirven para disparar a gran distancia, como los cañones o los misiles.
2 Conjunto de los militares que trabajan con este tipo de armas.

artimaña
nombre femenino **1** Cosa muy hábil e inteligente que se hace o dice para conseguir algo. Algunos niños se inventan

A

a

todo tipo de artimañas para no ir al médico. ✂ ardid; treta.

artista

nombre masculino y femenino

1 Persona que realiza obras de arte o se dedica a una profesión artística. Un pintor es un artista.
2 Persona que realiza extraordinariamente bien una actividad. Un artista de la cocina hace platos excelentes.

artístico, artística

adjetivo

1 Se dice de las cosas propias del arte o de los artistas.

artritis

nombre femenino

1 Inflamación dolorosa de las articulaciones de los huesos que dificulta su movimiento. La artritis afecta sobre todo a los ancianos.

arzobispo

nombre masculino

1 Sacerdote de categoría superior a la de obispo y que dirige a los obispos de una zona.

as

nombre masculino

1 Carta de la baraja que tiene el número uno. En la baraja española y en la francesa hay cuatro ases.
2 Persona que sobresale en una actividad o en una acción que requiere habilidad o destreza. Los ases de la aviación son los mejores pilotos.

asa

nombre femenino

1 Parte de un objeto que sirve para poder cogerlo con la mano o con los dedos, como la que tienen las tazas, las cacerolas o una maleta. El asa sobresale del objeto y suele tener forma curva o redondeada.
👁 Es un nombre femenino, pero se utilizan los determinantes 'el' y 'un' cuando entre el determinante y el nombre no hay otras palabras: el asa.

asado, asada

adjetivo y nombre masculino

1 Se dice del alimento que ha sido cocinado en el horno o en la parrilla. La carne, el pescado o los pimientos se pueden comer asados.

asaltar

verbo

1 Entrar en un lugar por la fuerza y generalmente con armas, con la intención de quedarse en él o de

robar. Se puede asaltar un banco para robar o una posición enemiga para conquistarla.
2 Detener a una persona de modo violento o por sorpresa, con la intención de robarle algo que lleva encima.
3 Venir de repente a la mente un pensamiento que causa preocupación, como un temor o una duda.

asalto

nombre masculino

1 Acción que consiste en entrar en un lugar por la fuerza y generalmente con armas, con la intención de quedarse en él o de robar.
2 Acción que consiste en detener a una persona para robarla.
3 Cada uno de los periodos en que se divide un combate de boxeo.

asamblea

nombre femenino

1 Reunión de muchas personas en un lugar para discutir sobre algo y tomar una decisión. En las asambleas de padres de alumnos se habla sobre temas del colegio.

asar

verbo

1 Cocinar un alimento en un horno en contacto directo con el fuego.
2 asarse Sentir una persona muchísimo calor.

ascender

verbo

1 Ir de un lugar bajo a otro alto o más alto. Los montañeros ascienden a la cima de las montañas. ✂ subir. ✂ descender.
2 Hacer más grande o más intensa una cosa. En verano asciende la temperatura. ✂ subir. ✂ descender.
3 Poner a alguien en una categoría más alta. Las personas ascienden en el trabajo; si un equipo de fútbol de segunda división gana la liga, asciende a la primera división. ✂ descender.
4 Alcanzar una cosa un precio determinado: *El precio del piso asciende a 15 millones*.
👁 Se conjuga como: entender; la 'e' se convierte en 'ie' en sílaba acentuada, como: asciendo.

A

a

ascendiente
nombre masculino y femenino **1** Persona de la que descienden otras. Los padres son los ascendientes más próximos de una persona. ✖ antepasado. ✖ descendiente.

ascenso
nombre masculino **1** Acción que consiste en pasar de un lugar, un valor, un precio o una categoría a otro más alto: *Ha habido un ascenso de la temperatura.* ✖ descenso.

ascensor
nombre masculino **1** Aparato de un edificio que sirve para que las personas puedan subir y bajar de una planta a otra.

asco
nombre masculino **1** Sensación muy desagradable causada por alguna cosa que no nos gusta nada. Una habitación muy sucia puede dar asco; el comportamiento hipócrita de alguien nos puede causar asco.
2 Aquello que resulta muy desagradable y provoca rechazo. Tener que trabajar el fin de semana es un asco.

aseado, aseada
adjetivo **1** Que está limpio o bien arreglado. Un chico está aseado cuando se ha duchado, peinado y vestido con ropa limpia; una habitación está aseada cuando está limpia y ordenada.

asear
verbo **1** Limpiar y arreglar a una persona. Cuando una madre asea a su niño, lo lava, lo peina y lo viste con ropa limpia.

asediar
verbo **1** Rodear un ejército un lugar enemigo para impedir que los que están en él puedan salir o puedan recibir ayuda.
2 Molestar mucho y con insistencia a una persona, persiguiéndola y acosándola con preguntas, con peticiones o con molestias. Los fotógrafos asedian a los famosos.
👁 Se conjuga como: cambiar; la 'i' no lleva nunca acento de intensidad.

asedio
nombre masculino **1** Acción que consiste en rodear un ejército un lugar para impedir que los que están en él puedan salir o puedan recibir ayuda.

asegurar
verbo **1** Decir con seguridad que algo es cierto. Si alguien asegura algo, está seguro de que es cierto.
2 Hacer un contrato con una agencia de seguros para cobrar algo de dinero en el caso de que lo que se asegura sufra algún daño o desperfecto. Los coches se aseguran por si hay accidentes.
3 asegurarse Comprobar que algo se ha hecho o se ha dicho bien: *Asegúrate de que has apagado el gas.*

asentimiento
nombre masculino **1** Acuerdo que expresa una persona sobre un asunto determinado. Para tomar una decisión entre varias personas, hay que contar con el asentimiento de la mayoría.

asentir
verbo **1** Decir con palabras o gestos que se está de acuerdo con lo que alguien dice o afirma.
👁 Se conjuga como: preferir; la 'e' se convierte en 'ie' en sílaba acentuada o en 'i' en algunos tiempos y personas, como: asienten y asintió.

aseo
nombre masculino **1** Limpieza personal y esmero en el cuidado de una persona. El hábito del aseo debe empezar desde la infancia.
2 Habitación donde se encuentran el retrete, el lavabo y otros elementos que sirven para la limpieza y el arreglo de las personas. ✖ baño.

asequible
adjetivo **1** Que es lo suficientemente barato o fácil de hacer como para conseguirlo.

aserrar
verbo **1** Cortar algo, como un tronco de árbol o una barra metálica, con una sierra.
👁 Se conjuga como: acertar; la 'e' se convierte en 'ie' en sílaba acentuada, como: asierro.

asesinar
verbo **1** Cometer un asesinato.

A
a

asesinato

nombre masculino **1** Acción que consiste en matar una persona a otra de manera intencionada.

asesino, asesina

nombre **1** Persona que asesina o mata de forma intencionada.

adjetivo **2** Que asesina o que parece que puede asesinar. El arma asesina es el arma con la que se asesina; hay instintos, intenciones y miradas asesinas.

asesor, asesora

nombre **1** Persona que tiene como trabajo asesorar o dar consejos sobre determinados asuntos. Los asesores legales dicen qué se puede hacer en un asunto según la ley.

asesorar

verbo **1** Pedir consejo u opinión técnica sobre algo. Es imprescindible asesorarse antes de firmar un contrato importante.

asesoría

nombre femenino **1** Oficina donde se da información o consejo sobre un determinado asunto. Las asesorías financieras ayudan a invertir dinero.

asfaltar

verbo **1** Cubrir una calle o una carretera con asfalto.

asfalto

nombre masculino **1** Sustancia espesa y pegajosa de color oscuro que se usa para cubrir superficies, especialmente calles y carreteras. ※ alquitrán.

asfixia

nombre femenino **1** Dificultad o detención de la respiración a causa de la falta de aire. Mucho humo provoca asfixia.

asfixiar

verbo **1** Matar o morir una persona o animal al no poder respirar. Algunos animales, como la boa, asfixian a sus presas. ※ ahogar.

👁 Se conjuga como: cambiar; la 'i' no lleva nunca acento de intensidad.

así

adverbio **1** Indica que algo es o se realiza de una manera conocida, normalmente de la forma en que se está haciendo o que se pone como ejemplo al hablar: *Así se habla.*

2 Indica que una cosa o persona es parecida a otra: *Me comí un helado así de grande. ¿Así de alto está tu hermano?*

3 Detrás de un nombre se refiere a personas o cosas que son iguales a ese nombre o tiene las mismas características: *Me gustan las personas así.*

así así Se utiliza para indicar que algo es regular. Si una persona no está bien de salud o de ánimo pero tampoco está mal, está así así.

así como así Indica que algo se consigue con mucha facilidad y sin esfuerzo: *¿Te crees que eso se aprende así como así?*

así como así Expresa que algo se ha hecho sin reflexionar y sin poner atención: *Ciertas cosas no se deben decir así como así.*

así mismo Es otra forma de escribir: asimismo.

así que Expresa que lo que se dice a continuación es consecuencia de lo que se ha dicho antes: *Ya no tiene solución; así que no te preocupes.*

asiático, asiática

adjetivo y nombre **1** Se dice de la persona o cosa que es de Asia.

asiento

nombre masculino **1** Cualquier mueble que sirve para sentarse. En los transportes públicos, debe cederse el asiento a las personas mayores.

2 Parte de una silla, un taburete, una bicicleta o cualquier cosa, sobre la que nos sentamos.

asignar

verbo **1** Señalar o indicar a una persona lo que le corresponde o lo que tiene que hacer. En algunos colegios a principio de curso se asigna un trabajo a cada alumno.

asignatura

nombre femenino **1** Materia que se enseña en un curso o en un plan de estudios, como las matemáticas o la lengua.

asilo

nombre masculino **1** Establecimiento en el que viven personas ancianas que necesitan cuidado y atención.

2 Ayuda o protección que se da o que se recibe. España concede

A
a

asilo a las personas que abandonan su país por motivos políticos.

asimilar
verbo **1** Aprender una cosa de manera que se comprenda bien. Para asimilar una lección hay que estudiarla con mucha atención.
2 Absorber el organismo determinadas sustancias por medio de la digestión.

asimismo
adverbio **1** Indica que se añade una información que es del mismo tipo que la información de la que se ha hablado: *Además de las instrucciones que aparecen en pantalla, puede consultarse asimismo la guía de uso del aparato.* ✖ además.
👁 También se escribe: así mismo.

asir
verbo **1** Sujetar o coger algo con la mano. ✖ agarrar.

asir

INDICATIVO	SUBJUNTIVO
presente	**presente**
asgo	asga
ases	asgas
ase	asga
asimos	asgamos
asís	asgáis
asen	asgan
pretérito imperfecto	**pretérito imperfecto**
asía	asiera o asiese
asías	asieras o asieses
asía	asiera o asiese
asíamos	asiéramos o asiésemos
asíais	asierais o asieseis
asían	asieran o asiesen
pretérito indefinido	**futuro**
así	asiere
asiste	asieres
asió	asiere
asimos	asiéremos
asisteis	asiereis
asieron	asieren
futuro	**IMPERATIVO**
asiré	
asirás	ase (tú)
asirá	asga (usted)
asiremos	asid (vosotros)
asiréis	asgan (ustedes)
asirán	
condicional	**FORMAS NO PERSONALES**
asiría	
asirías	**infinitivo** **gerundio**
asiría	asir asiendo
asiríamos	**participio**
asiríais	asido
asirían	

asistencia
nombre femenino **1** Acción que consiste en asistir o ir a un lugar y permanecer en él. Los maestros controlan la asistencia de los niños a la escuela.
2 Conjunto de personas que van a un acto público, como un mitin. Algunos mítines tienen poca asistencia.
3 Ayuda o cuidado que se da a una persona. Algunas personas prestan asistencia voluntariamente a los mayores.

asistenta
nombre femenino **1** Mujer que a cambio de dinero se dedica a hacer los trabajos domésticos de una casa.

asistente, asistenta
adjetivo y nombre **1** Se dice de la persona que está presente en un lugar o en un acto público. Con este significado, el femenino es: la asistente.
asistente social Persona que tiene como profesión ayudar a otras personas que tienen problemas relacionados con su bienestar social, como problemas familiares, educativos o de vivienda. El femenino es doble: la asistente social, la asistenta social.

asistir
verbo **1** Ir a un lugar y estar presente en él: *No pude asistir a su boda.*
2 Ayudar o cuidar a otra persona dándole o haciéndole lo que necesita. Las enfermeras asisten a los enfermos.

asma
nombre femenino **1** Enfermedad del aparato respiratorio que consiste en tener muchas dificultades para respirar. El asma provoca tos y sensación de ahogo.
👁 Es un nombre femenino, pero se utilizan los determinantes 'el' y 'un' cuando entre el determinante y el nombre no hay otras palabras: el asma.

asno
nombre masculino **1** Mamífero doméstico parecido al caballo, pero más pequeño y con las orejas más largas. Se utiliza como animal de carga. ✖ burro.

asociación
nombre femenino **1** Acción que consiste en unir o relacionar dos o más personas

o cosas. Una asociación de ideas nos permite recordar cosas.
2 Conjunto de personas que se unen para compartir unos bienes o unos fines determinados. En los colegios suele haber asociaciones de padres. ✍ 200
👁 El plural es: asociaciones.

asociado, asociada
nombre   **1** Persona que se ha unido o asociado con otra u otras para formar una asociación. ✖ socio.

asociar
verbo   **1** Unir a personas o cosas para un fin determinado. Dos empresas pequeñas se pueden asociar para crear una más grande; la gente con intereses comunes se asocia en clubes.
2 Encontrar una relación entre cosas o ideas diferentes. A veces la gente asocia una música con una época de su vida.
👁 Se conjuga como: cambiar; la 'i' no lleva nunca acento de intensidad.

asolar
verbo   **1** Destrozar completamente un lugar. Los terremotos fuertes asolan los lugares. ✖ arrasar.

asomar
verbo   **1** Sacar o mostrar algo por una abertura o por detrás de una cosa. Es muy peligroso asomar la cabeza por la ventanilla de un vehículo en marcha.
2 Empezar a verse o mostrarse: *Parece que ya asoma el sol. Vi que le asomaban las lágrimas.*

asombrar
verbo   **1** Producir o sentir mucha sorpresa, admiración o extrañeza: *Ese truco nos asombró a todos.*

asombro
nombre   **1** Lo que se siente cuando alguien o algo nos produce una gran sorpresa, admiración o extrañeza.

asombroso, asombrosa
adjetivo   **1** Que es tan extraordinario o tan fuera de lo normal que causa asombro o sorpresa. Sería asombroso que nevara en Madrid en el mes de julio. ✖ sorprendente.

asonante
adjetivo   **1** Se dice de la rima que se caracteriza por coincidir sólo las vocales de las palabras finales de los versos. ✖ consonante.

aspa
nombre femenino   **1** Cosa con forma de cruz o de 'X', bien sea dibujada o formada por dos palos cruzados.
👁 Es un nombre femenino, pero se utilizan los determinantes 'el' y 'un' cuando entre el determinante y el nombre no hay otras palabras: el aspa.

aspa

aspaviento
nombre masculino   **1** Gesto exagerado que se hace para mostrar admiración, enfado, miedo o asombro. Algunos fans hacen muchos aspavientos cuando chillan, aplauden y se desmayan ante sus ídolos.
👁 Se usa sobre todo en plural: aspavientos.

aspecto
nombre masculino   **1** Modo en que algo o alguien se presenta exteriormente: *Tiene aspecto de cansada. Ese filete tiene mal aspecto.* ✖ apariencia.
2 Punto de vista desde el que se puede analizar o considerar algo. Una novela se puede estudiar según diferentes aspectos.

áspero, áspera
adjetivo   **1** Que tiene la superficie tan irregular o poco lisa que raspa al tocarla. La corteza de los troncos de los árboles es áspera. La piel de las manos secas puede ser áspera. ✖ liso; suave.
2 Que es desagradable o poco educado en el trato: *Es buena persona, pero muy áspero.*

A
a

aspersión
nombre femenino **1** Sistema que se utiliza para regar una superficie de terreno lanzando el agua a presión en forma de pequeñas gotas. Los parques de las ciudades se suelen regar por aspersión.

aspiración
nombre femenino **1** Acción que consiste en introducir aire en los pulmones a través de la boca o de la nariz.
2 Cosa o situación que una persona desea conseguir o alcanzar: *Su mayor aspiración es tener una moto.* 👁 El plural es: aspiraciones.

aspiradora
nombre femenino **1** Máquina que aspira la suciedad y el polvo y sirve para limpiar superficies, como el suelo o los sofás.

aspirante
nombre masculino y femenino **1** Persona que se presenta a un puesto de trabajo, un concurso o una competición y aspira a conseguir el puesto o el premio. En unas elecciones, los aspirantes son los políticos que se presentan.

aspirar
verbo **1** Hacer entrar aire en los pulmones al respirar. ✗✗ inspirar. ✗✗ espirar.
2 Atraer una máquina a su interior alguna sustancia, como polvo, suciedad o líquidos.
3 Intentar o desear conseguir algo que se cree que se puede conseguir. Los profesores aspiran a enseñar a sus alumnos.

aspirina
nombre femenino **1** Medicamento en forma de pastilla que sirve para quitar el dolor y bajar la fiebre.

asquear
verbo **1** Producir rechazo una persona o una cosa por ser repugnante, asquerosa o fastidiosa: *Me asquea que sea grosero con la gente.*

asqueroso, asquerosa
adjetivo **1** Se dice de las personas o las cosas que causan asco o desagrado. Los humos de algunas fábricas tienen un olor asqueroso. ✗✗ repugnante.
2 Se dice de la persona que siente o tiende a sentir asco por cual-

quier cosa. Hay personas muy asquerosas con la comida. ✗✗ escrupuloso.

asta
nombre femenino **1** Cada una de las dos piezas de hueso largas y duras que salen de la cabeza de algunos animales, como los toros o de los ciervos. ✗✗ cuerno.
2 Palo en el que se coloca una bandera. Para indicar que ha muerto alguien, la bandera se pone a media asta.
3 Parte larga y estrecha por donde se coge una herramienta o un instrumento, como una lanza o un martillo.
👁 Es un nombre femenino, pero se utilizan los determinantes 'un' y 'el' cuando entre el determinante y el nombre no hay otras palabras: el asta.

asterisco
nombre masculino **1** Signo en forma de estrella (*) que se usa al escribir para indicar una nota u otra cosa.

asteroide
nombre masculino **1** Cuerpo celeste pequeño que gira en el espacio entre las órbitas de Marte y Júpiter.

astigmatismo
nombre masculino **1** Defecto de la vista que consiste en ver las cosas deformadas y poco claras. El astigmatismo se corrige con gafas.

astilla
nombre femenino **1** Trozo alargado y fino que se desprende o se arranca de un material, especialmente de la madera. Las astillas se clavan en la piel porque son pequeñas y afiladas.

astillero
nombre masculino **1** Lugar en el que se construyen y reparan embarcaciones.

astro
nombre masculino **1** Cada uno de los cuerpos que forman el universo, como las estrellas, planetas o satélites. El Sol es un astro que tiene luz propia.
2 Persona que sobresale en su profesión o actividad, en especial en el arte o en deportes. De un buen actor decimos que es un astro de la pantalla.

astrología

nombre femenino **1** Estudio de la influencia de la posición y el movimiento de las estrellas en el carácter y el comportamiento de las personas.

astronauta

nombre masculino y femenino **1** Persona que conduce una nave espacial o trabaja en ella.

astronave

nombre femenino **1** Vehículo que se usa para navegar por el espacio.

astronomía

nombre femenino **1** Ciencia que estudia los astros, y en general todo lo que hay en el universo.

astucia

nombre femenino **1** Inteligencia y habilidad que tienen algunas personas para conseguir lo que quieren: *Con su astucia consiguió el permiso*.

asturiano, asturiana

adjetivo y nombre **1** Se dice de la persona o cosa que es de Asturias.

astuto, astuta

adjetivo **1** Que es muy listo y hábil para conseguir las cosas que quiere y para que no lo engañen. Los detectives tienen que ser muy astutos para buscar pruebas. ※ sagaz.

asumir

verbo **1** Hacerse cargo una persona de una cosa, especialmente de lo que supone una responsabilidad o un esfuerzo. Asumir una responsabilidad es hacerse responsable de algo.

asunto

nombre masculino **1** Aquello de lo que se trata o de lo que se habla. En las reuniones se suelen tratar diferentes asuntos.
2 Negocio o actividad de alguien. Una persona viaja por asuntos de negocios o trabaja en sus asuntos.

asustadizo, asustadiza

adjetivo **1** Que se asusta o siente miedo con facilidad.

asustado, asustada

adjetivo **1** Que siente miedo.

asustar

verbo **1** Causar miedo o susto. Muchas personas se asustan con las películas de terror. ※ atemorizar.

atacar

verbo **1** Lanzarse sobre alguien con la intención de hacer daño. Cuando a una persona la atacan por la espalda no puede defenderse.
👁 Se escribe 'qu' delante de 'e', como: ataquen.

atajar

verbo **1** Ir a un lugar por un camino más corto que el normal. ※ acortar.
2 Interrumpir una acción o un proceso. Atajar un incendio es conseguir que no se propague. ※ detener.

atajo

nombre masculino **1** Camino más corto que otro para ir a un lugar. El atajo está en peores condiciones que los caminos principales.

atajo

2 Conjunto o grupo de personas a las que se les aplica una característica negativa, como un atajo de vagos o un atajo de ignorantes.

ataque

nombre masculino **1** Acción que se realiza al atacar a una persona o una cosa. En las guerras hay ataques militares.
2 Manifestación muy fuerte de una enfermedad o de un sentimiento que ocurre de repente, como un ataque al corazón, un ataque de nervios o un ataque de risa.

atar

verbo **1** Unir o sujetar algo con cuerdas o cintas. Las zapatillas de deporte se atan con cordones. ※ desatar.
2 Limitar o quitar la libertad de acción o movimiento a una persona. Algunas personas no se casan porque tienen miedo a atarse.

atardecer

verbo **1** Empezar a terminar la tarde.
nombre masculino **2** Momento del día que corresponde a la última parte de la tar-

A
a

de. Después del atardecer llega el anochecer.

atareado, atareada

adjetivo 1 Se dice de la persona que tiene mucho trabajo o muchas cosas que hacer.

atascar

verbo 1 Tapar o cerrar una vía o conducto alguna cosa que circula por él al quedarse detenida e impedir el paso. Al atascarse una cañería, el agua no puede pasar por ella.
2 Quedarse una persona parada por un problema y no poder continuar lo que estaba haciendo. Algunas personas se atascan en un examen porque se quedan en blanco.
👁 Se escribe 'qu' delante de 'e', como: atasquen.

atasco

nombre masculino 1 Situación del tráfico cuando está detenido o circula muy despacio por algún problema, como un accidente.

ataúd

nombre masculino 1 Caja en la que se coloca a una persona muerta para enterrarla.

ateísmo

nombre masculino 1 Doctrina que siguen las personas que no creen en la existencia de ningún dios.

atemorizar

verbo 1 Hacer que alguien sienta mucho miedo o no se atreva a hacer algo. Las historias de terror atemorizan a la gente. ⚒ asustar.
👁 Se escribe 'c' delante de 'e', como: atemoricé.

atención

nombre femenino 1 Cuidado o interés que se pone para hacer bien algo o para poder enterarse bien de una cosa. Si no se presta mucha atención a una explicación, no se entenderá bien.
2 Acto de cortesía, cariño o afecto hacia una persona, haciendo algo que le sea agradable. Algunas personas llenan de atenciones a otra de la que están enamoradas.
llamar la atención Hacer una persona o una cosa que la gente ponga en ellas su atención por provocar sorpresa o admiración: *Con*

ese sombrero vas a llamar la atención.
llamar la atención Reñir a una persona por alguna falta que ha cometido.
👁 El plural es: atenciones.

atender

verbo 1 Dedicar atención y prestar la ayuda necesaria, como hace el dependiente de una tienda.
2 Poner una persona su atención para enterarse bien de algo que pasa a su alrededor. Para atender a alguien que está hablando hay que escucharlo atentamente.
3 Ocuparse de una petición, un ruego o una súplica. Hay organismos que atienden las quejas de los consumidores.
👁 Se conjuga como: entender; la 'e' se convierte en 'ie' en sílaba acentuada, como: atienden.

atenerse

verbo 1 Hacer completo caso una persona de una cosa o someterse a ella. Atenerse a unas consecuencias es aceptarlas sin protestar.
👁 Se conjuga como: tener.

atentado

nombre masculino 1 Acción de los terroristas, como poner una bomba o matar a un político u otra persona.
2 Acción que va en contra de algo que se considera bueno o justo para la sociedad. Algunas personas creen que quemar un libro es un atentado contra la literatura.

atentar

verbo 1 Cometer una acción violenta con la intención de causar un daño grave. Atentar contra la vida de una persona es intentar matarla.
2 Cometer una acción que va en contra de lo que se considera bueno o justo para la sociedad. Algunos programas de televisión atentan contra los principios morales de algunas personas.

atento, atenta

adjetivo 1 Que presta atención a una cosa o a lo que otra persona hace o dice. Hay que estar atento a una explicación para poder comprenderla.

2 Se dice de la persona que es o se comporta de manera educada y está pendiente de los demás para que se encuentren a gusto y no les falte de nada.

ateo, atea

adjetivo y nombre **1** Se dice de la persona que no cree en la existencia de ningún dios. ✖ creyente.

aterido, aterida

adjetivo **1** Que está paralizado o rígido a causa del frío.

aterrizaje

nombre masculino **1** Acción de aterrizar un avión u otra nave aérea. ✖ despegue.

aterrizar

verbo **1** Bajar una nave aérea, como un avión, hasta posarse sobre el suelo. ✖ despegar.
2 Aparecer una persona de repente o de forma inesperada en un lugar: *Aterrizaron en casa a las cuatro de la madrugada.*
👁 Se escribe 'c' delante de 'e', como: aterrice.

aterrorizar

verbo **1** Causar mucho miedo o terror. Las catástrofes naturales, como terremotos o incendios, aterrorizan a todo el mundo.
👁 Se escribe 'c' delante de 'e', como: aterroricé.

atesorar

verbo **1** Guardar y reunir mucho dinero o muchas cosas de gran valor.

ático

nombre masculino **1** Último piso de un edificio o una casa. Algunos áticos tienen el techo inclinado.

atinar

verbo **1** Acertar o dar con algo, como una respuesta o una solución.
2 Acertar o dar en un punto concreto con algo: *A ver si atinas a darle a ese poste.*

atisbar

verbo **1** Ver algo con dificultad por la distancia o las condiciones: *Sus padres atisban pocas esperanzas de que mejore.*

atizar

verbo **1** Remover el fuego o añadirle más combustible para que tenga más fuerza.

2 Dar una persona a otra una bofetada, una patada o cualquier tipo de golpe fuerte. ✖ pegar.
👁 Se escribe 'c' delante de 'e', como: aticen.

atlántico, atlántica

adjetivo **1** Del océano Atlántico o que tiene relación con él. Galicia y Portugal tienen costa atlántica.

atlas

nombre masculino **1** Libro que contiene un conjunto de mapas geográficos de una determinada zona o de todo el globo terrestre.
👁 El plural es: atlas.

atleta

nombre masculino y femenino **1** Persona que practica el atletismo. ✍ 798

atletismo

nombre masculino **1** Conjunto de los deportes que se basan en correr, saltar o lanzar un peso o una jabalina. ✍ 798

atmósfera

nombre femenino **1** Capa de gases que rodea la Tierra u otros astros. Algunas empresas producen gases tóxicos que contaminan la atmósfera. ✖ aire.
2 Ambiente que rodea a personas y cosas. En una atmósfera de compañerismo y cordialidad da gusto trabajar. ✖ entorno.

atmosférico, atmosférica

adjetivo **1** De la atmósfera o que tiene relación con ella. La presión atmosférica se mide con el barómetro.

atolladero

nombre masculino **1** Situación difícil o comprometida en la que se encuentra una persona y de la que le cuesta salir.

atómico, atómica

adjetivo **1** Que usa la energía que hay dentro del núcleo de los átomos. Una central atómica produce electricidad. ✖ nuclear.

átomo

nombre masculino **1** Partícula más pequeña de un elemento químico que sigue manteniendo sus mismas características.

atónito, atónita

adjetivo **1** Que está muy asombrado y sorprendido por algo, sin comprender lo que pasa y sin saber qué decir

A / a

A

a

ni qué hacer. Nos quedamos atónitos cuando nos cuentan una cosa que parece increíble. ✕✕ estupefacto.

átono, átona
adjetivo   **1** Se dice de la sílaba o la palabra que no lleva acento. En la palabra 'común', la sílaba 'co-' es átona.

atontar
verbo   **1** Hacer que una persona se vuelva tonta o se vuelva más tonta de lo que ya era. Algunos dicen que el amor o la edad atontan a la gente.
2 Hacer que una persona no pueda pensar o actuar con normalidad o se quede ensimismada.

atontolinado, atontolinada
adjetivo y nombre   **1** Que se ha quedado momentáneamente como tonto por alguna causa: *Está atontolinado viendo la tele.*

atormentar
verbo   **1** Causar una persona o una cosa a alguien un gran dolor o pena muy grande. Antiguamente se atormentaba a los acusados de un delito con torturas inhumanas.

atornillar
verbo   **1** Introducir un tornillo en un lugar haciéndolo girar.
2 Sujetar algo con tornillos: *Es mejor atornillar las patas de la silla que encolarlas.*

atosigar
verbo   **1** Agobiar a alguien con prisas, preocupaciones o exigencias: *Si quieres que acabe pronto, no me atosigues.*
☞ Se escribe 'gu' delante de 'e', como: atosigue.

atracador, atracadora
nombre   **1** Persona que atraca a otra o un lugar para robar.

atracar
verbo   **1** Robar un banco o un comercio utilizando armas cuando hay gente. También se puede atracar a una persona en la calle.
2 Poner un barco junto a un muelle en un puerto o junto a otro barco y asegurarlo para que no se mueva. Los barcos atracan para hacer subir y bajar mercancías o pasajeros.

3 atracarse Comer mucho hasta no poder más. ✕✕ hartarse.
☞ Se escribe 'qu' delante de 'e', como: atraque.

atracción
nombre femenino   **1** Fuerza que tiene una cosa para atraer a otra o hacer que se le acerque. Entre la Tierra y los objetos hay atracción debido a la fuerza de la gravedad.
2 Interés que provoca una persona o una cosa y hace que alguien se sienta atraído hacia ella: *No puede resistir la atracción de su mirada.*
3 Persona, animal o cosa que atrae: *El nuevo oso panda es la atracción del zoo.*
4 Puesto o mecanismo de un lugar de diversión o número de un espectáculo o juego. En un circo suele haber muchas atracciones.
☞ El plural es: atracciones.

atraco
nombre masculino   **1** Acción que consiste en parar a una persona y amenazarla para robarle, o entrar violentamente en un sitio para robar.

atractivo, atractiva
adjetivo   **1** Que atrae, interesa y gusta a mucha gente. Un viaje al extranjero es un plan muy atractivo.
nombre masculino   **2** Lo que atrae de una persona o cosa. Los actores principales suelen ser el mayor atractivo de una película.

atraer
verbo   **1** Hacer una cosa que otra se acerque a ella o se mantenga cerca de ella. En el mar son peligrosas las corrientes de agua que nos atraen hacia el interior.
2 Despertar el interés, la atención o la curiosidad de alguien: *Viajar no me atrae lo más mínimo.*
☞ Se conjuga como: traer.

atragantarse
verbo   **1** Sentir ahogo por algo que se queda en la garganta: *Si comes tan deprisa, te vas a atragantar.*
2 Resultar algo antipático, desagradable o difícil de aguantar: *El perro de mi vecino se me atraganta.* ✕✕ atravesarse.

atrancar

verbo **1** Hacer más estrecho el paso por un conducto. *Cuando se atrancan los desagües, el agua no pasa por ellos.* ※ atascar.
2 Cerrar una puerta o una ventana con un palo grueso o alguna otra cosa para que quede bien cerrada y no se pueda abrir. *En las casas de pueblo se atrancan puertas y ventanas cuando hace mucho viento.*
3 atrancarse Quedarse un momento parado sin poder seguir leyendo o hablando. *Cuando los niños están aprendiendo a leer, a veces se atrancan.*
☞ Se escribe 'qu' delante de 'e', como: atranquemos.

atrapar

verbo **1** Coger, normalmente con rapidez o habilidad, a una persona, animal o cosa que se mueve o se quiere escapar. *Los pescadores utilizan redes para atrapar a los peces.*

atrás

adverbio **1** Indica que el objeto, lugar o persona de que se habla se encuentra en una posición posterior respecto ·a otro objeto, lugar o persona, y a cierta distancia: *Puedes dejar tus cosas atrás.*
2 Cuando hablamos de tiempo indica un periodo pasado, anterior: *No nos hablamos desde mucho tiempo atrás. Creo que hablé con Alberto un par de días atrás.*

atrasar

verbo **1** Hacer algo o suceder una cosa más tarde de lo que estaba previsto o se esperaba. *Se puede atrasar el comienzo de un partido o de una obra de teatro por alguna causa importante.* ※ retrasar.
2 Poner un reloj en una hora ya pasada. *En primavera atrasamos el reloj una hora para ganar claridad durante el día.*
3 Señalar un reloj una hora que ya ha pasado porque funciona más despacio de lo que debe.
4 atrasarse No avanzar en algo al mismo ritmo que los demás. *Algunos alumnos que se atrasan acaban repitiendo curso.* ※ retrasarse.

atraso

nombre masculino **1** Situación de la persona o cosa que está menos desarrollada o más atrasada de lo que debía. *Una mala alimentación provoca atrasos en el crecimiento; no tener agua corriente en casa es un atraso.*

atravesar

verbo **1** Pasar de un lado a otro de un lugar o de una cosa. *Antes de atravesar la calle hay que mirar bien a ambos lados.*
2 Poner una cosa de modo que pase de una parte a otra, en especial para impedir el paso: *Los manifestantes atravesaron coches en la carretera.*
3 Pasar una persona por una determinada situación o etapa. *Cuando una persona atraviesa un momento difícil hay que ayudarla.*
4 atravesarse Resultar una persona o una cosa muy desagradable o antipática a alguien. *Cuando a un chico se le atraviesan las matemáticas tiene dificultades para aprobar.* ※ atragantarse.
☞ Se conjuga como: acertar; la 'e' se convierte en 'ie' en sílaba acentuada, como: atraviesen.

atrayente

adjetivo **1** Que atrae o resulta atractivo por sus cualidades o sus características. *Puede ser atrayente la mirada de una persona o una propuesta interesante.* ※ atractivo.

atreverse

verbo **1** Decidirse a hacer algo que es difícil o peligroso, sin tener miedo. *No todo el mundo se atreve a hacer deportes de aventura.* ※ osar.

atrevido, atrevida

adjetivo **1** Que se atreve a hacer cosas difíciles o peligrosas. ※ audaz; osado. ※ cobarde.
2 Que llama mucho la atención por salirse de lo normal. *Pintar las paredes de morado es muy atrevido.*

atrevimiento

nombre masculino **1** Falta de respeto hacia una persona. *Contestar de mala manera al jefe se considera un atrevimiento.*

A
—
a

atribuir

verbo **1** Considerar a una persona o una cosa como autora o causa de algo: *Se atribuye el atentado a una banda terrorista.*
2 Aplicar una cualidad a una persona o cosa: *A algunas plantas se les atribuyen propiedades medicinales.*
3 Indicar a una persona una actividad o un deber que debe cumplir: *Al nuevo director le han atribuido más funciones que al anterior.*
👁 Se conjuga como: huir; la 'i' se convierte en 'y' delante de 'a', 'e' y 'o', como: atribuyen.

atributo

nombre masculino **1** Cualidad o característica propia de una persona o una cosa. El color dorado es un atributo del oro.
2 Palabra o grupo de palabras que califican directamente a un nombre. En la frase 'el árbol grande me gusta', 'grande' es un atributo de 'árbol'.
3 Palabra o conjunto de palabras que califican al sujeto de las frases con verbo 'ser' o 'estar'. En la frase 'Juan es guapo', 'guapo' es el atributo.

atril

nombre masculino **1** Objeto que sirve para colocar en él un libro abierto o papeles y poderlos mirar con mayor comodidad; es un soporte inclinado que se puede colocar encima de la mesa o que puede llevar un pie.

atril

atrio

nombre masculino **1** Espacio exterior cubierto que hay a la entrada de algunas iglesias.
2 Patio interior de algunos edificios. Las antiguas casas romanas tenían un atrio.

atrocidad

nombre femenino **1** Acción muy cruel y que provoca mucho rechazo o malestar. La guerra es una atrocidad; es una atrocidad pensar que el asesinato está justificado.

atrofiado, atrofiada

adjetivo **1** Se dice del órgano o de la parte del cuerpo de una persona o un animal que se ha quedado sin desarrollar por falta de nutrición o de actividad. Las alas del avestruz están atrofiadas, no le permiten volar.

atropellar

verbo **1** Pasar un vehículo sobre una persona o un animal, causándole heridas o daño.
2 **atropellarse** Hablar o hacer algo demasiado deprisa. Cuando las personas se atropellan hablando, casi no se las entiende.

atropello

nombre masculino **1** Paso de un vehículo sobre una persona o un animal, causándole heridas o daño.
2 Abuso que se realiza sobre una persona más débil o con menos poder, al tomar una decisión que no respeta sus derechos. Mucha gente considera un atropello que suban los precios en Navidad.

atroz

adjetivo **1** Que es muy cruel y provoca rechazo y sufrimiento. Los asesinatos son siempre atroces.
2 Que es muy grande o muy intenso: *Tengo un hambre atroz.*
👁 El plural es: atroces.

atuendo

nombre masculino **1** Conjunto de prendas de vestir que lleva una persona.

atufar

verbo **1** Oler muy mal, como una bolsa de basura. ⚒ apestar.
2 Hacer que la respiración sea difícil o desagradable por el humo o

un olor intenso: *Abre la ventana, que ese puro atufa.*

atún
nombre masculino **1** Pez marino comestible de gran tamaño, de color azulado por la parte superior del cuerpo y gris por la inferior. Vive en los océanos y mares templados de todo el mundo. ✖ bonito.
👁 El plural es: atunes.

aturdir
verbo **1** Hacer que una persona entre por un momento en un estado en que no está del todo consciente o no puede pensar y actuar con normalidad. Nos podemos aturdir si nos habla mucha gente a la vez.

audacia
nombre femenino **1** Característica de la persona que se atreve a hacer cualquier cosa, aunque sea peligrosa o difícil.

audaz
adjetivo **1** Que se atreve a hacer cualquier cosa, aunque sea muy difícil o peligrosa. ✖ atrevido; osado. ✖ cobarde.
👁 El plural es: audaces.

audición
nombre femenino **1** Capacidad para oír: *El abuelo tiene problemas de audición.*

audiencia
nombre femenino **1** Conjunto de personas que oyen un programa de radio, ven un canal de televisión o están presentes en un acto público. ✖ público.
2 Acto en el que una persona importante recibe a las personas que quieren hablar con él. El rey concede una audiencia a los mejores deportistas del año.
3 Acto de escuchar un juez o un tribunal los argumentos de los acusados. Las audiencias se celebran en los juzgados.

audiovisual
adjetivo **1** Se dice de los métodos de aprendizaje y medios de comunicación que combinan imágenes y sonido. El cine, la televisión y el vídeo son medios audiovisuales.

auditivo, auditiva
adjetivo **1** Que tiene relación con el oído. Algunos animales carecen de sentido auditivo.

auditorio
nombre masculino **1** Conjunto de personas que están presentes en un espectáculo público. ✖ público.
2 Lugar acondicionado para escuchar conciertos, conferencias y otros actos públicos.

auge
nombre masculino **1** Momento en que una cosa o proceso tiene más calidad, intensidad o importancia. Cuando un actor tiene mucho éxito y hace muchas películas, está en el auge de su carrera. ✖ apogeo. ✖ ocaso.

augurar
verbo **1** Decir lo que le va a pasar en el futuro a una persona o a una cosa: *Mi horóscopo me auguró una semana de buena suerte.* ✖ predecir; pronosticar.

augurio
nombre masculino **1** Señal que avisa de algo bueno o malo que va a pasar en el futuro: *Mi padre dice que los gatos negros son un mal augurio.*

aula
nombre femenino **1** Sala de un centro de enseñanza donde se imparten las clases. ✖ clase.
👁 Es un nombre femenino, pero se utilizan los determinantes 'el' y 'un' cuando entre el determinante y el nombre no hay otras palabras: el aula.

aullar
verbo **1** Dar aullidos.

aullido
nombre masculino **1** Grito agudo y largo que emiten los lobos, los perros y otros animales.También se dice de los sonidos parecidos a esos gritos, por ejemplo los aullidos del viento o los aullidos de dolor de una persona.

aumentar
verbo **1** Hacer o hacerse mejor, más grande, más fuerte o más intensa una cosa. Las temperaturas aumentan en verano. ✖ disminuir.

aumentativo, aumentativa
adjetivo y nombre masculino **1** Se dice de las palabras o sufijos que indican aumento o intensidad. Con los sufijos '-azo' u '-ote' se forman aumentativos: cochazo, amigote. ✖ diminutivo.

A
a

aumento
nombre
masculino

1 Subida de la calidad, cantidad o intensidad de una cosa: *Quiere un aumento de sueldo.*
2 Capacidad que tienen algunos aparatos, como lupas o microscopios, de hacer que se vean las cosas más grandes. Para observar los astros necesitamos un telescopio de mucho aumento.

aun
conjunción

1 Introduce una dificultad real o posible que no impide que se haga o suceda lo que se dice: *Aun sabiendo que era peligroso, se lanzó corriendo escaleras abajo.* ※ aunque.

adverbio

2 Indica que se incluye una cosa o a una persona en lo que se ha dicho o que también sucederá lo que se dice, aunque pueda resultar sorprendente o extraño: *Este programa es sencillo de aprender aun para gente que nunca ha tenido ordenador.* ※ incluso.
☞ No lo confundas con la forma acentuada 'aún', que significa 'todavía'.

aún
adverbio

1 Indica que algo sigue igual que estaba antes, por lo menos hasta el momento de que se habla, pero que puede haber cambios: *Aún somos muy amigos.* ※ todavía.
aún no Indica que no ha ocurrido una cosa, pero que estamos esperando que pase o creemos que va a ocurrir: *Aún no sé montar en moto.*
☞ No lo confundas con 'aun', que significa 'aunque' o 'incluso' y no se acentúa.

aunque
conjunción

1 Une dos oraciones entre las que existe cierta oposición porque hay una dificultad real o posible para hacer algo, pero lo que se dice puede hacerse o suceder: *Pásate hoy por mi casa aunque sea tarde.* ※ aun.

¡aúpa!
interjección

1 Se utiliza con los niños para animarlos a levantarse cuando han caído. También lo usan los niños cuando quieren que los cojan en brazos: *¡Aúpa, no llores!*

de aúpa Que presenta cierta cualidad en gran cantidad o de un modo impresionante: *Tiene un catarro de aúpa.*

aupar
verbo

1 Levantar a una persona, especialmente a un niño. Cuando hay mucha gente en un espectáculo en la calle, los padres aúpan a sus hijos para que vean bien.

aupar	
INDICATIVO	**SUBJUNTIVO**
presente	**presente**
aúpo	aúpe
aúpas	aúpes
aúpa	aúpe
aupamos	aupemos
aupáis	aupéis
aúpan	aúpen
pretérito imperfecto	**pretérito imperfecto**
aupaba	aupara o aupase
aupabas	auparas o aupases
aupaba	aupara o aupase
aupábamos	aupáramos o aupásemos
aupabais	auparais o aupaseis
aupaban	auparan o aupasen
pretérito indefinido	**futuro**
aupé	aupare
aupaste	aupares
aupó	aupare
aupamos	aupáremos
aupasteis	aupareis
auparon	auparen
futuro	**IMPERATIVO**
auparé	
auparás	aúpa (tú)
aupará	aúpe (usted)
auparemos	aupad (vosotros)
auparéis	aúpen (ustedes)
auparán	
condicional	**FORMAS NO PERSONALES**
auparía	
auparías	**infinitivo** **gerundio**
auparía	aupar aupando
auparíamos	**participio**
auparíais	aupado
auparían	

aureola
nombre
femenino

1 Círculo de luz que rodea el cuerpo o las cabezas de algunas imágenes religiosas.
2 Fama que rodea a una persona o cosa. Algunos lugares tienen una aureola de misterio.

aurícula
nombre
femenino

1 Hueco o cavidad que hay en el corazón por donde entra la sangre. Hay cuatro cavidades dentro del corazón: dos aurículas en la parte de arriba y dos ventrículos en la parte de abajo.

auricular

nombre masculino **1** Parte de un aparato por la que sale un sonido y que debe ponerse cerca de la oreja; el teléfono tiene auricular.

nombre masculino plural **2 auriculares** Aparato que consiste en dos altavoces pequeños que se colocan uno en cada oído; llevan una pieza que une los dos altavoces y que se pone por encima de la cabeza para sujetarlos.

aurora

nombre femenino **1** Luz de color rosa que aparece en el cielo antes de la salida del Sol. ✖✖ alba.

auscultar

verbo **1** Escuchar el médico los sonidos del pecho y del abdomen por medio del oído y de los instrumentos adecuados. ✎ 594

ausencia

nombre femenino **1** Falta de una persona o una cosa en un lugar donde podría o tendría que estar: *Notamos su ausencia en la boda de Mario. La ausencia de medios hizo imposible apagar el fuego.* ✖✖ presencia.

ausentarse

verbo **1** Irse del lugar en el que se está habitualmente o debe estarse en ese momento: *Mañana me ausentaré para ir al dentista.*

ausente

adjetivo **1** Se dice de la persona que no está en un sitio: *Sale de viaje y estará ausente toda la semana.*
2 Se dice de la persona que está distraída o pensando en otra cosa. Si en una reunión de amigos estás ausente, no te enteras de lo que están hablando.

austeridad

nombre femenino **1** Forma de comportarse que tienen las personas que sólo viven con lo imprescindible, sin lujos ni adornos. Algunas comunidades religiosas viven con mucha austeridad.

austero, austera

adjetivo **1** Se dice de la persona que vive con lo imprescindible, sin lujos ni cosas innecesarias.
2 Que es sencillo y no tiene adornos ni comodidades. Los monasterios suelen ser edificios muy austeros. ✖✖ sobrio.

australiano, australiana

adjetivo y nombre **1** Se dice de la persona o cosa que es de Australia, país de Oceanía.

austriaco, austriaca

adjetivo y nombre **1** Se dice de la persona o cosa que es de Austria, país del centro de Europa.

auténtico, auténtica

adjetivo **1** Que es realmente lo que parece ser. Un Picasso auténtico es un cuadro que de verdad ha pintado Picasso, que no es una copia; las personas auténticas viven de acuerdo con lo que piensan y hacen lo que de verdad sienten y les gusta hacer. ✖✖ falso.

auto

nombre masculino **1** Es la forma abreviada de 'automóvil'.

autobiografía

nombre femenino **1** Relato en el que el autor cuenta su propia vida.

autobús

nombre masculino **1** Vehículo con asientos para muchas personas que lleva a la gente de un lugar a otro dentro de una ciudad o de una ciudad a otra por carretera. Los autobuses tienen un recorrido fijo.
👁 El plural es: autobuses. También se dice: 'bus'.

autocar

nombre masculino **1** Vehículo con asientos para muchas personas que lleva a la gente por carretera. Los autocares suelen salir y llegar a una estación o se alquilan para hacer cierto viaje.

autoescuela

nombre femenino **1** Escuela en la que se enseñan las normas de circulación y a conducir vehículos.

autógrafo

nombre masculino **1** Firma de una persona famosa o destacada. Los fans piden autógrafos a sus cantantes favoritos.

autómata

nombre masculino **1** Máquina con figura humana que realiza movimientos de manera automática, imitando los que hace una persona.

A
a

2 Máquina que tiene en su interior un mecanismo que le permite realizar ciertos movimientos de manera automática. En muchas fábricas hay autómatas para hacer algunos trabajos.
3 Persona que hace las cosas mecánicamente, sin pensarlas, o que se deja dirigir por los demás.

automático, automática
adjetivo
1 Se dice de las cosas que funcionan por sí solas, mediante la mecánica o la electricidad, sin necesidad de que el hombre tenga que hacer nada. Una puerta automática se cierra y se abre sin necesidad de empujar.
2 Se dice de los actos que se hacen sin pensar o sin querer porque son muy habituales: *Por la mañana me lavo de forma automática.* ⚒ involuntario.
3 Se dice de las cosas que ocurren siempre como consecuencia de otras cosas. El fuego produce humo de forma automática.
nombre masculino **4** Cierre de metal compuesto de dos piezas que se utiliza en la ropa y otros objetos. Una pieza tiene una cabeza que entra por presión en la otra. ⚒ corchete.

automatizar
verbo
1 Hacer que algo funcione de manera automática. En el presente siglo las industrias se han automatizado. 👁 Se escribe 'c' delante de 'e', como: automatice.

automóvil
nombre masculino
1 Vehículo con motor que circula por la carretera, se desplaza sobre cuatro ruedas y se conduce por medio de un volante; suelen ser de uso particular y tener de 2 a 5 plazas. ⚒ coche, auto.

automovilismo
nombre masculino
1 Deporte que consiste en hacer carreras con automóviles.

automovilista
nombre masculino y femenino
1 Persona que conduce un automóvil. ⚒ conductor.

autonomía
nombre femenino
1 Capacidad de un pueblo o un territorio para tomar decisiones y elaborar leyes en determinados asuntos sin depender de otro organismo. Los ayuntamientos tienen autonomía en algunas cuestiones administrativas.
2 Circunstancia de no depender una persona de la decisión de otra para hacer una cosa. Los jueces tienen autonomía para impartir la justicia.
3 Territorio español que tiene poder para gobernarse en algunos aspectos de acuerdo con sus propias leyes. En España hay 17 autonomías.
4 Capacidad máxima que tiene un vehículo para recorrer una distancia sin reponer combustible. Algunos aviones tienen una autonomía de vuelo de más de 10 000 kilómetros.

autónomo, autónoma
adjetivo
1 Se dice de la persona, grupo o territorio que tiene autonomía, que no depende de nadie para hacer determinadas cosas.
adjetivo y nombre **2** Se dice del trabajador que no está ligado a un contrato y a un salario por parte de una empresa y que trabaja de manera independiente.

autopista
nombre femenino
1 Carretera importante con dos o más vías para cada sentido de la circulación y sin cruces a nivel, donde los coches pueden circular a más velocidad. ✎ 400

autopsia
nombre femenino
1 Examen médico de un cuerpo sin vida para averiguar las causas de su muerte.

autor, autora
nombre
1 Persona que realiza algo, en especial una obra científica o artística. Una persona puede ser la autora de un libro, de una investigación, de un cuadro, de un crimen o de un gol.

autoridad
nombre femenino
1 Facultad que tiene una persona o un grupo de personas para mandar, gobernar, dictar normas o leyes y obligar a cumplirlas.
2 Persona o grupo de personas que pueden gobernar, dictar leyes

y obligar a cumplirlas. Las autoridades municipales son el alcalde y los concejales.
3 Facultad que tiene una persona para hacerse obedecer. A un jefe sin autoridad no le hacen caso cuando manda.
4 Capacidad que tiene una persona de influir en otras. Los científicos más importantes tienen una gran autoridad y prestigio y su opinión es muy tenida en cuenta por todos.

autoritario, autoritaria
adjetivo **1** Se dice de la persona que impone constantemente su autoridad sobre los demás. Una persona autoritaria siempre quiere que se haga lo que ella dice.
2 Se dice del sistema político o del gobierno que se basa en la autoridad que impone una sola persona o grupo de personas, sin dejar participar a nadie en sus decisiones.

autorización
nombre **1** Permiso que se da a alguien femenino para hacer algo que pide.
2 Documento en el que se da permiso a alguien para hacer algo: *Sin una autorización firmada por tus padres, no puedes salir antes de clase.*
👁 El plural es: autorizaciones.

autorizar
verbo **1** Dar permiso a alguien para hacer algo: *Ese permiso lo autoriza a vender en la calle.*
👁 Se escribe 'c' delante de 'e', como: autoricé.

autorretrato
nombre **1** Retrato de una persona hecho masculino por ella misma.

autoservicio
nombre **1** Establecimiento donde los clienmasculino tes se sirven o cogen ellos mismos lo que quieren comprar o consumir y lo pagan a la salida.

autostop
nombre **1** Forma de viajar por carretera masculino que consiste en hacer una señal a un vehículo para que pare y nos lleve a algún lugar sin pagar.

autovía
nombre **1** Carretera importante con dos femenino o más vías para cada sentido de la circulación que tiene cruces a nivel. ✎ 400

auxiliar
verbo **1** Ayudar a una persona que está en peligro o tiene problemas. Los bomberos auxilian a personas que quedan atrapadas por el fuego.
adjetivo **2** Que sirve de ayuda o de complemento. Los diccionarios y enciclopedias son buenos auxiliares del estudio.
nombre masculino y femenino **3** Persona que depende de otra de mayor categoría a la que ayuda a hacer su trabajo. ▓▓ ayudante, colaborador.
nombre masculino y adjetivo **4** Verbo que se usa unido a otro para indicar valores de tiempo, modo, aspecto o voz. El verbo 'haber' es auxiliar en los tiempos compuestos.

auxiliar

INDICATIVO	SUBJUNTIVO
presente	**presente**
auxilio *o* auxilío	auxilie *o* auxilíe
auxilias *o* auxilías	auxilies *o* auxilíes
auxilia *o* auxilía	auxilie *o* auxilíe
auxiliamos	auxiliemos
auxiliáis	auxiliéis
auxilian *o* auxilían	auxilien *o* auxilíen
pretérito imperfecto	**pretérito imperfecto**
auxiliaba	auxiliara *o* auxiliase
auxiliabas	auxiliaras *o* auxiliases
auxiliaba	auxiliara *o* auxiliase
auxiliábamos	auxiliáramos *o* auxiliásemos
auxiliabais	auxiliarais *o* auxiliaseis
auxiliaban	auxiliaran *o* auxiliasen
pretérito indefinido	
auxilié	**futuro**
auxiliaste	auxiliare
auxilió	auxiliares
auxiliamos	auxiliare
auxiliasteis	auxiliáremos
auxiliaron	auxiliareis
	auxiliaren
futuro	
auxiliaré	
auxiliarás	**IMPERATIVO**
auxiliará	
auxiliaremos	auxilia *o*
auxiliaréis	auxilía (tú)
auxiliarán	auxilie *o*
	auxilíe (usted)
condicional	auxiliad (vosotros)
auxiliaría	auxilien *o*
auxiliarías	auxilíen (ustedes)
auxiliaría	
auxiliaríamos	**FORMAS**
auxiliaríais	**NO PERSONALES**
auxiliarían	**infinitivo** **gerundio**
	auxiliar auxiliando
	participio
	auxiliado

A
a

A
a

auxiliar administrativo Persona que trabaja en una oficina a las órdenes de un administrativo; lleva los archivos, escribe cartas, atiende a los clientes y realiza otras funciones similares. ✕✕ secretario.
auxiliar de vuelo Persona que atiende a los pasajeros de un avión.

auxilio
nombre masculino **1** Acción de prestar ayuda a una persona que está en un peligro o tiene una necesidad muy grande. Los primeros auxilios son las curas que se hacen a un herido en el primer momento tras un accidente.

aval
nombre masculino **1** Firma que una persona pone en un documento para asegurar que otra que ha pedido un préstamo devolverá el dinero.

avalancha
nombre femenino **1** Gran masa de nieve que cae de las montañas con mucha fuerza. ✕✕ alud.
2 Cantidad grande de personas o cosas que llegan a la vez y de forma rápida. A los campos de fútbol acude una gran avalancha de personas. ✕✕ alud.

avance
nombre masculino **1** Movimiento que se hace hacia delante.
2 Parte de una noticia que una radio o una televisión ofrecen antes de un programa informativo para anunciarlas: *Les ofrecemos un avance informativo.*
3 Mejora de un proceso, una actividad o una situación. Los avances de la medicina sirven para curar cada vez a más gente.

avanzar
verbo **1** Ir o mover hacia delante: *Avanzó la ficha. Con este atasco no avanzamos.*
2 Pasar o transcurrir el tiempo: *A medida que avanzan los años, se va haciendo más responsable.*
3 Pasar a una situación o un estado mejor: *Si las conversaciones no avanzan, no habrá acuerdo.* ✕✕ progresar.

👁 Se conjuga como: realizar; se escribe 'c' delante de 'e', como: avancen.

avaricia
nombre femenino **1** Deseo muy fuerte de conseguir mucho dinero y riquezas. ✕✕ codicia.

avaricioso, avariciosa
adjetivo **1** Que se preocupa mucho, incluso demasiado, por conseguir dinero y riquezas. Las personas avariciosas suelen ser muy egoístas y no comparten sus cosas con los demás.

avaricioso

avaro, avara
adjetivo **1** Se dice de la persona que no gasta nada o gasta muy poco para tener más dinero. Los avaros suelen ser muy tacaños.

avasallar
verbo **1** Tratar a los demás sin respeto ni consideración haciendo uso de una mayor fuerza o poder.

avatares
nombre masculino plural **1** Circunstancias nuevas que se van sucediendo en un proceso o en algo que va cambiando. Los avatares de la vida pueden hacer cambiar a las personas.

ave
nombre femenino **1** Animal vertebrado que tiene pico, alas, cuerpo recubierto de plumas y se reproduce por huevos. El pato y el águila son aves.
👁 Es un nombre femenino, pero se utilizan los determinantes 'un' y 'el' cuando entre el determinante y el nombre no hay otras palabras: el ave.

avecinarse
verbo **1** Hacerse una cosa o una situación cada vez más próxima o cer-

cana. En octubre ya se avecina el invierno. ✂ acercarse.

avellana
nombre femenino **1** Fruto del avellano; tiene una cáscara dura y una semilla que se come cruda o tostada.

avellano
nombre masculino **1** Arbusto de hojas caducas que da la avellana.

avemaría
nombre femenino **1** En la religión católica, oración dedicada a la Virgen María.
👁 Es un nombre femenino, pero se utilizan los determinantes 'el' y 'un' cuando entre el determinante y el nombre no hay otras palabras: el avemaría.

avena
nombre femenino **1** Cereal que produce una semilla con la que se alimentan los animales y las personas.

avenida
nombre femenino **1** Calle ancha de una población, a menudo con árboles a los lados.

aventajado, aventajada
adjetivo **1** Se dice de la persona que aventaja a otras porque aprende más deprisa y mejor.

aventajar
verbo **1** Sacar ventaja o tener ventaja sobre otros: *En los últimos metros lo aventajó y ganó la medalla de oro.*

aventura
nombre femenino **1** Situación o suceso extraordinario y poco frecuente. Los niños disfrutan mucho con las aventuras que tienen los personajes de los dibujos animados o de los tebeos.
2 Relación amorosa de poca duración entre dos personas, sin que haya voluntad de alcanzar una relación estable.

aventurarse
verbo **1** Hacer algo que puede suponer un peligro o un riesgo: *Se aventuró a entrar en la cueva.*

aventurero, aventurera
adjetivo y nombre **1** Se dice de la persona a la que le gustan las aventuras y el riesgo o que lleva una vida llena de aventuras. Los alpinistas son personas de espíritu aventurero.

avergonzado, avergonzada
adjetivo **1** Que tiene o siente vergüenza, generalmente por una falta cometida.

avergonzar
verbo **1** Causar o sentir vergüenza: *Me avergüenza oírte hablar con esas palabrotas. No me avergüenzo de lo que he hecho.*

avergonzar	
INDICATIVO	**SUBJUNTIVO**
presente	**presente**
avergüenzo	avergüence
avergüenzas	avergüences
avergüenza	avergüence
avergonzamos	avergoncemos
avergonzáis	avergoncéis
avergüenzan	avergüencen
pretérito imperfecto	**pretérito imperfecto**
avergonzaba	avergonzara o
avergonzabas	avergonzase
avergonzaba	avergonzaras o
avergonzábamos	avergonzases
avergonzabais	avergonzara o
avergonzaban	avergonzase
	avergonzáramos o
pretérito indefinido	avergonzásemos
avergoncé	avergonzarais o
avergonzaste	avergonzaseis
avergonzó	avergonzaran o
avergonzamos	avergonzasen
avergonzasteis	
avergonzaron	**futuro**
	avergonzare
futuro	avergonzares
avergonzaré	avergonzare
avergonzarás	avergonzáremos
avergonzará	avergonzareis
avergonzaremos	avergonzaren
avergonzaréis	
avergonzarán	
	IMPERATIVO
condicional	avergüenza (tú)
avergonzaría	avergüence (usted)
avergonzarías	avergonzad (vosotros)
avergonzaría	avergüencen (ustedes)
avergonzaríamos	
avergonzaríais	**FORMAS NO PERSONALES**
avergonzarían	
	infinitivo gerundio
	avergonzar avergonzando
	participio
	avergonzado

avería
nombre femenino **1** Rotura o fallo de alguna pieza de un aparato o vehículo que hace que no funcione o que funcione mal. Las averías de los electrodomésticos las reparan los técnicos.

averiarse
verbo **1** Romperse o producirse un fallo

A
a

en una pieza o una parte del mecanismo de un aparato o de un vehículo. Si se avería el coche, hay que llevarlo al mecánico.

averiguar
verbo **1** Llegar a saber o a conocer una cosa después de haberla investigado o examinado detenidamente. Averiguar la solución de un problema es encontrar su resultado.

averiguar	
INDICATIVO	**SUBJUNTIVO**
presente	**presente**
averiguo	averigüe
averiguas	averigües
averigua	averigüe
averiguamos	averigüemos
averiguáis	averigüéis
averiguan	averigüen
pretérito imperfecto	**pretérito imperfecto**
averiguaba	averiguara o averiguase
averiguabas	averiguaras o averiguases
averiguaba	averiguara o averiguase
averiguábamos	averiguáramos o
averiguabais	averiguásemos
averiguaban	averiguarais o averiguaseis
	averiguaran o averiguasen
pretérito indefinido	
averigüé	**futuro**
averiguaste	averiguare
averiguó	averiguares
averiguamos	averiguare
averiguasteis	averiguáremos
averiguaron	averiguareis
	averiguaren
futuro	
averiguaré	**IMPERATIVO**
averiguarás	
averiguará	averigua (tú)
averiguaremos	averigüe (usted)
averiguaréis	averiguad (vosotros)
averiguarán	averigüen (ustedes)
condicional	**FORMAS**
averiguaría	**NO PERSONALES**
averiguarías	
averiguaría	**infinitivo** **gerundio**
averiguaríamos	averiguar averiguando
averiguaríais	**participio**
averiguarían	averiguado

avestruz
nombre **1** Ave de gran tamaño que tiene
masculino dos patas largas y robustas con las que puede correr a gran velocidad. El avestruz no puede volar. 👁 El plural es: avestruces.

aviación
nombre **1** Sistema de transporte que se
femenino efectúa por medio de aviones y helicópteros.
2 Conjunto de los aviones, instala-

ciones y otros medios que tiene una compañía aérea o un estado.

aviador, aviadora
nombre **1** Persona que conduce un avión. ✂ piloto.

ávido, ávida
adjetivo **1** Que siente deseos muy fuertes de hacer o tener algo. Cuando tenemos mucha hambre estamos ávidos de comida. ✂ ansioso.

avión
nombre **1** Aparato con alas que sirve para
masculino viajar por el aire. ✂ aeroplano.
👁 El plural es: aviones.

avioneta
nombre **1** Avión pequeño con motor de
femenino poca potencia que se usa para hacer vuelos cortos y a poca altura.

avisar
verbo **1** Comunicar algo o dar una noticia. Las compañías de servicios avisan al vecindario de las reparaciones que van a hacer. ✂ anunciar.
2 Dar un consejo para evitar un daño o peligro. Entre las señales de tráfico, hay muchas que avisan para que se tomen precauciones. ✂ prevenir.
3 Llamar a alguien para que preste un servicio. Avisamos al fontanero, al médico o a los bomberos cuando los necesitamos.

aviso
nombre **1** Noticia o comunicación que se
masculino da sobre algo: *Hay un aviso de que cortarán la luz.* ✂ anuncio.

avispa
nombre **1** Insecto parecido a la abeja que
femenino tiene el cuerpo alargado, de color negro y amarillo a rayas y no tiene pelos; su aguijón produce picaduras muy dolorosas.

avispero
nombre **1** Lugar donde viven las avispas.
masculino **2** Conjunto de avispas.

avivar
verbo **1** Dar nuevas fuerzas o más intensidad a una cosa que las está perdiendo. Avivamos un fuego cuando do se está apagando.

axila
nombre **1** Hueco que se forma debajo del
femenino brazo al unirse con el cuerpo. ✂ sobaco.

¡ay!
interjección **1** Expresa normalmente pena, dolor, sorpresa o susto: *¡Ay, no te había visto!*

ayer
adverbio **1** Día anterior a hoy. Si hoy es sábado, ayer fue viernes.
2 Unos años atrás: *Ayer era una niña y hoy es una mujer.*
nombre masculino **3** Tiempo o años pasados. Las personas nostálgicas recuerdan el ayer como un tiempo mejor que el actual.

ayo, aya
nombre **1** Persona encargada de cuidar o criar a un niño sin ser de su familia: *A principios de siglo, muchas familias con dinero tenían ayas para cuidar de sus hijos.*
👁 En femenino se utilizan 'el' y 'un' cuando entre el determinante y el nombre no hay otras palabras: el aya.

ayuda
nombre femenino **1** Cosa que se hace al ayudar a una persona a evitar un peligro, a hacer algo o a obtener lo que quiere.
2 Persona o cosa que ayuda a una persona. Los familiares siempre son una ayuda para superar un mal momento.
3 Cosa material que se da a una persona o a un grupo que tiene una gran necesidad de ella. Algunos países envían ayuda humanitaria a las zonas en guerra.

ayudante
nombre masculino y femenino **1** Persona que depende de otra de mayor categoría a la que ayuda en su trabajo. ✂ auxiliar.

ayudar
verbo **1** Colaborar o hacer algo para que una persona evite un peligro, consiga lo que quiere o no le cueste tanto hacer una cosa: *Ayúdame, que no puedo con este peso.*

ayunar
verbo **1** Dejar de comer una persona por alguna causa determinada, como una enfermedad o un mandato religioso.

ayunas
en ayunas Sin haber comido ni bebido nada durante varias horas.

Los análisis de sangre se hacen en ayunas.

ayuno
nombre masculino **1** Acción que consiste en no comer o comer muy poco durante cierto tiempo.

ayuntamiento
nombre masculino **1** Grupo de personas formado por el alcalde y los concejales, que administran y dirigen una población o ciudad.
2 Edificio donde está la administración de una población.

azabache
nombre masculino **1** Mineral duro de color negro y brillante; se utiliza mucho para hacer adornos y joyas.

azada
nombre femenino **1** Herramienta que se usa para cavar y remover la tierra. La azada está formada por una pieza de metal plana de borde afilado, sujeta a un mango largo de madera.

azadón
nombre masculino **1** Herramienta que se usa para cavar o cortar las malas hierbas. El azadón está formado por una pieza de metal curva y larga, de borde afilado, sujeta a un mango largo de madera.
👁 El plural es: azadones.

azafata
nombre femenino **1** Mujer que atiende a los pasajeros de un avión.
2 Mujer que atiende e informa a los participantes en ciertos actos, como congresos o conferencias.

azafrán
nombre masculino **1** Especia de color rojo anaranjado; se echa a la paella para darle mejor sabor y color amarillo.

azahar
nombre masculino **1** Flor blanca del naranjo, del limonero y otros árboles parecidos; se usa para hacer perfumes por su buen olor.

azalea
nombre femenino **1** Planta de jardín de hoja caduca y flores rojas, blancas o rosas.

azar
nombre masculino **1** Conjunto de circunstancias que hace que suceda una cosa de forma inesperada e imprevista. A ve-

A
a

A
—
a

ces, se encuentran las cosas por azar, sin buscarlas. ⚒ casualidad.
al azar Sin tener ninguna intención o sin que exista un motivo determinado. En los sorteos los números se sacan al azar.

azor
nombre
masculino
1 Ave rapaz parecida al halcón que vive y caza en los bosques.

azotaina
nombre
femenino
1 Sucesión de muchos azotes dados a alguien, generalmente como castigo, pero sin intención de hacerle mucho daño.

azotar
verbo
1 Dar golpes o azotes de forma repetida y violenta.
2 Golpear el viento, la lluvia o las olas un lugar con fuerza y de forma repetida. Cuando hay temporal las olas y el viento azotan la costa.

azote
nombre
masculino
1 Golpe que se da a una persona con la mano abierta. Los azotes se dan generalmente en las nalgas.
2 Golpe que da el viento o el agua en alguna parte. El azote de las olas es peligroso para navegar.

azotea
nombre
femenino
1 Espacio llano y descubierto que hay en la parte superior de un edificio y que sirve para tender la ropa o tomar el sol. ⚒ terraza.
estar mal de la azotea Ser una persona muy rara o estar mal de la cabeza. Es un uso informal.

azteca
adjetivo
y nombre
masculino
y femenino
1 Se dice de un pueblo indígena que se encontraba en México antes de la llegada de los españoles. En la actualidad hay descendientes de los aztecas en México.

azúcar
nombre
1 Sustancia dulce que se extrae

de la caña y de la remolacha; se utiliza para cocinar pasteles y dulces.
2 Sustancia dulce que algunos seres vivos tenemos en la sangre. Los diabéticos tienen más azúcar de lo normal y no deben tomar alimentos dulces.
👁 Tiene doble género: se dice el azúcar y la azúcar.

azucarar
verbo
1 Echar azúcar a un alimento.

azucarero
nombre
masculino
1 Recipiente que sirve para guardar el azúcar o para servirlo en la mesa.

azucena
nombre
femenino
1 Planta de hojas largas y tallo alto que tiene una flor grande, de color blanco, amarillo o rojo, que huele muy bien.

azufre
nombre
masculino
1 Mineral de color amarillo que cuando se quema produce una llama azul y un olor muy fuerte; se utiliza para fabricar pólvora.

azul
nombre
masculino
y adjetivo
1 Color como el del cielo despejado o el agua de una piscina. El azul celeste se parece al color del cielo en días de sol, y el azul marino es un azul muy oscuro.

azulado, azulada
adjetivo
1 De color parecido al azul o con un tono azul.

azulejo
nombre
masculino
1 Ladrillo pequeño o pieza pequeña de cerámica recubierta con un esmalte y decorada de muy diversas maneras; se utiliza para revestir o decorar paredes, cocinas o cuartos de baño. ✍ 795

azuzar
verbo
1 Incitar a los perros para que ataquen.

B b

b

nombre femenino

1 Segunda letra del alfabeto español. La 'b' es una consonante.

baba

nombre femenino

1 Saliva abundante que cae a veces de la boca. A los bebés hay que limpiarles la baba.

2 Líquido pegajoso que producen algunos animales, como las babosas y los caracoles.

caérsele a alguien la baba Sentir mucha admiración o mucho cariño por alguien o por algo. A los padres se les cae la baba cuando sus hijos pequeños hacen gracias. Es un uso informal.

mala baba Mala intención o mal carácter de una persona. Es un uso informal.

babear

verbo

1 Echar baba. Las personas babean por la boca.

2 Tener mucha admiración o cariño por alguien o por algo, de tal modo que se nota mucho: *Está que babea por su novio.* Es un uso informal.

babero

nombre masculino

1 Prenda de tela o plástico que se pone a los niños sobre el pecho y que se sujeta al cuello con una cinta. Se usa para no manchar la ropa de baba o de comida.

babi

nombre masculino

1 Bata que se pone a los niños encima de la ropa para protegerla. El babi puede ir abierto por delante o por detrás y se abrocha con botones.

bable

nombre masculino

1 Lengua que se habla en algunas zonas de Asturias; procede de un dialecto del latín.

babor

nombre masculino

1 Lado izquierdo de una embarcación, mirando hacia delante cuando está en marcha.

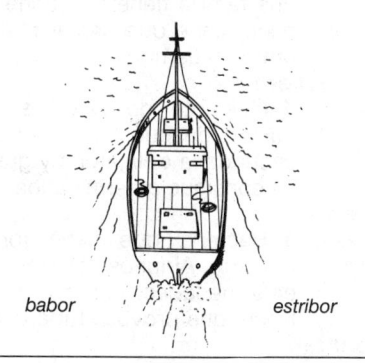

babor   estribor

babor

babosa

nombre femenino

1 Animal pequeño de cuerpo blando y alargado que se arrastra por el suelo dejando tras de sí una sustancia pegajosa.

baboso, babosa

adjetivo y nombre

1 Que echa mucha baba por la boca. Algunos perros son muy babosos.

2 Se dice de la persona que resulta muy desagradable y pesada.

babucha

nombre femenino

1 Calzado de suela muy delgada. con la parte delantera acabada en punta y normalmente sin talón.

baca

nombre femenino

1 Estructura que se coloca sobre el techo de un coche; sirve para llevar encima paquetes o bultos y se sujeta con cuerdas elásticas.

B

b

bacalao

nombre masculino **1** Pez marino de gran tamaño. Es de color verdoso o marrón rojizo y tiene una especie de barba en el labio inferior. El bacalao se consume fresco o conservado en sal.

cortar el bacalao Dirigir o mandar en algún asunto o situación: *Ella es la que corta el bacalao en su casa.*

bache

nombre masculino **1** Agujero que hay en la superficie de una carretera o en un camino. **2** Dificultad temporal que frena o interrumpe el desarrollo de algo que se estaba haciendo. Cuando una familia tiene un bache económico, tiene que gastar menos durante un tiempo.

bachillerato

nombre masculino **1** Conjunto de estudios que se cursan después de la enseñanza secundaria obligatoria y grado que se consigue al terminarlos.

bacilo

nombre masculino **1** Bacteria que tiene forma de cilindro. Algunos bacilos causan enfermedades, como el bacilo de Koch, que provoca tuberculosis.

bacteria

nombre femenino **1** Organismo de tamaño microscópico que puede producir enfermedades. La leche se esteriliza para eliminar las bacterias.

badajo

nombre masculino **1** Pieza que cuelga en el interior de una campana o un cencerro. Cuando la campana se mueve, el badajo pega en sus paredes y produce un sonido.

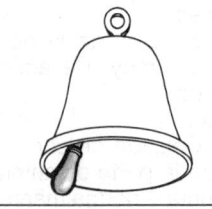

badajo

badajocense

adjetivo y nombre masculino y femenino **1** Se dice de la persona o cosa que es de Badajoz, ciudad y provincia de Extremadura. ✕✕ pacense.

bafle

nombre masculino **1** Altavoz de un equipo de música. El bafle es una caja rectangular separada del equipo.

bagaje

nombre masculino **1** Conjunto de conocimientos y de información general que posee una persona. Las personas que leen mucho tienen un gran bagaje cultural.

bahía

nombre femenino **1** Zona de la costa en la que un trozo de mar entra en la tierra. La bahía es menos ancha y profunda que el golfo.

bailar

verbo **1** Mover las piernas, los brazos y el cuerpo siguiendo el ritmo de una música. Se puede bailar solo o formando pareja con otra persona. ✕✕ danzar. **2** Moverse algo que no está bien sujeto en su sitio. Un diente que baila acaba por caerse.

bailarín, bailarina

nombre **1** Persona que tiene como profesión bailar.

👁 El plural de bailarín es: bailarines.

baile

nombre masculino **1** Movimiento del cuerpo y de las piernas y los brazos siguiendo el ritmo de una música. ✕✕ danza. **2** Forma especial de bailar un determinado tipo de música, compuesta por unos pasos y movimientos fijos. El tango, el vals y el pasodoble son bailes de salón. **3** Fiesta en la que se reúnen varias personas que bailan.

baja

nombre femenino **1** Salida voluntaria de una persona de un club, asociación, actividad o trabajo: *Nos dimos de baja del gimnasio.* ✕✕ alta. **2** Autorización que da el médico a una persona para no asistir al trabajo por razones de salud. También documento en que consta la no asistencia al trabajo. ✕✕ alta. **3** Persona muerta, desaparecida o herida en un combate. Las guerras suelen acabar con un gran número de bajas en ambos bandos.

B
b

bajada
nombre femenino

1 Paso de un lugar alto a otro bajo o más bajo. Al hacer la bajada de una montaña en bici hay que tener cuidado con los frenos. ※ descenso. ※ ascenso; subida.
2 Terreno o camino que baja. Las carreteras suelen tener bajadas y subidas. ※ subida.
3 Disminución de la cantidad o la intensidad de una cosa. En las rebajas hay una bajada de los precios. ※ descenso. ※ subida.

bajar
verbo

1 Ir de un lugar alto a otro bajo o más bajo. ※ subir.
2 Poner en un sitio más bajo. Cuando una persona necesita una cosa que está guardada en la parte alta de un armario la tiene que bajar. ※ descender. ※ subir.
3 Hacer más pequeña o menos intensa una cosa. Cuando se enchufa el aire acondicionado baja la temperatura ※ descender.
4 Salir de un vehículo, como un coche, un tren o un autobús. ※ subir.

bajo
preposición

1 Indica que una persona o una cosa se encuentra debajo de algo o de alguien: *Los submarinos navegan bajo la superficie del mar.*
2 Indica que una persona o cosa depende de otra o tiene que obedecerla: *Los empleados están bajo las órdenes del jefe.*

bajo, baja
adjetivo

1 Que tiene menos distancia de abajo arriba de la normal o menos que otra persona o cosa con la que se compara.
2 Que está situado a poca distancia del suelo. Los comercios suelen estar situados en la planta baja de los edificios.
3 Que tiene menos categoría, valor, fuerza o calidad de lo normal. Cuando no queremos que nos oigan, hablamos en voz baja.
4 Que está situado en un lugar o una posición inferior en relación con otras. En una competición, los equipos que están en la parte baja

de la tabla de clasificación son los que van peor.
nombre masculino **5** Parte de abajo de una prenda de vestir, que está metida y cosida.
6 Instrumento musical parecido a la guitarra, pero de cuatro cuerdas y sonido más grave.
7 Piso de un edifico que está a la altura del suelo.
adverbio **8** **bajo** En un lugar más cercano al suelo o no lo suficientemente alto. Las mariposas vuelan más bajo que los pájaros.

bajón
nombre masculino

1 Disminución importante y brusca de alguna cosa, como la salud, el estado de ánimo o los precios: *Las temperaturas han experimentado un bajón.* ※ caída.
👁 El plural es: bajones.

bala
nombre femenino

1 Pieza de metal que disparan las armas de fuego, como una pistola o un cañón.
2 Material apretado y atado en forma de paquete grande para poder transportarlo. Cuando se recoge el algodón o la paja, se hacen balas.
como una bala Con mucha velocidad, muy deprisa: *Su coche corre como una bala.*

balance
nombre masculino

1 Análisis o estudio de un asunto para decidir si ha resultado bien o mal; también se llama balance el resultado de ese análisis. El balance de un curso es bueno si se aprende mucho y se aprueban todas las asignaturas.

balancear
verbo

1 Mover a una persona o una cosa suavemente de un lado a otro de forma repetida. Las olas del mar balancean los barcos.

balanceo
nombre masculino

1 Movimiento repetido hacia un lado y otro. El balanceo de la cuna hace dormir a los bebés.

balancín
nombre masculino

1 Asiento con brazos y respaldo que tiene las patas unidas a dos piezas de madera en forma de arco, de modo que la persona

B
b

sentada se puede balancear hacia delante y hacia atrás. ✖ mecedora.
2 Aparato que consiste en una barra apoyada por el centro en un eje y con asientos en los extremos; las personas que se sientan en los extremos pueden subir y bajar. Los balancines están en los parques o patios de colegios para que jueguen los niños.
3 Asiento alargado para dos o más personas que cuelga de un armazón y está cubierto con una tela para dar sombra. Los balancines suelen colocarse en jardines o terrazas.
👁 El plural es: balancines.

balanza
nombre   **1** Instrumento que sirve para pe-
femenino sar; consiste en una barra horizontal que está sostenida por el medio y tiene un platillo en cada extremo.

balar
verbo   **1** Emitir la oveja su sonido característico.

balazo
nombre   **1** Señal que deja una bala cuando
masculino impacta contra un lugar, o herida que produce al alcanzar a una persona o animal.

balcón
nombre   **1** Abertura hasta el suelo que
masculino suele haber en la pared exterior de algunos pisos, generalmente con un saliente, que tiene una barandilla por fuera para no caerse.
👁 El plural es: balcones.

balde
nombre   **1** Recipiente grande y poco pro-
masculino fundo donde se pone agua; se usa para fregar, limpiar y otras tareas de la casa. ✖ barreño.
de balde Se usa para indicar que una cosa se hace o se recibe sin tener que pagar nada por ello. ✖ gratis.
en balde Se usa para indicar que una cosa que se hace no sirve para nada.

baldosa
nombre   **1** Pieza fina de cerámica o de otro
femenino material que se utiliza para recubrir suelos y paredes.

balear
adjetivo   **1** Se dice de la persona o cosa
y nombre   que es de las islas Baleares, co-
masculino
y femenino munidad autónoma compuesta por varias islas que se encuentran en el mar Mediterráneo.

balido
nombre   **1** Sonido característico de las
masculino ovejas. El balido se representa por 'be'.

ballena
nombre   **1** Animal mamífero marino de
femenino gran tamaño; tiene la piel lisa y sin pelos. Algunas especies están en peligro de extinción.

ballenato
nombre   **1** Cría de la ballena.
masculino

ballesta
nombre   **1** Arma con la que se pueden dis-
femenino parar flechas, formada por un arco que está fijado a un soporte y un mecanismo que se acciona con un gatillo.
2 Pieza que tienen algunos vehículos y que sirve para amortiguar las sacudidas producidas por los baches; está formada por unas láminas flexibles de acero junto a las ruedas y bajo el vehículo.

ballet
nombre   **1** Espectáculo de baile en el que
masculino unos bailarines interpretan una obra musical que refleja una historia; el ballet es como una representación teatral bailada. También se llama ballet al conjunto de los bailarines de este espectáculo.
👁 Se pronuncia: 'balé'. El plural es: ballets.

balneario
nombre   **1** Establecimiento público en el
masculino que se ofrecen baños de aguas medicinales y curativas.

balón
nombre   **1** Objeto en forma de esfera lleno
masculino de aire que sirve para jugar y para practicar algunos deportes, como el fútbol o el baloncesto. El balón de rugby tiene forma ovalada.
👁 El plural es: balones.

balonazo
nombre   **1** Golpe que da un balón cuando
masculino ha sido lanzado con fuerza.

B
b

baloncesto

nombre masculino **1** Deporte que se juega entre dos equipos de cinco jugadores. Consiste en meter el balón en una cesta colgada de un tablero; el balón sólo puede tocarse con las manos.

balonmano

nombre masculino **1** Deporte que se juega entre dos equipos de siete jugadores. Consiste en meter el balón en la portería del equipo contrario utilizando sólo las manos.

balonvolea

nombre masculino **1** Deporte que se juega entre dos equipos de seis jugadores. Consiste en pasar una pelota por encima de una red alta intentando que el equipo contrario no pueda devolverla; el balón sólo puede tocarse con las manos. 🟰 voleibol.

balsa

nombre femenino **1** Embarcación plana formada con troncos de madera unidos unos con otros. La balsa se usa para navegar por ríos.
2 Hoyo de un terreno o depósito donde se acumula el agua de forma natural o artificial. El agua de las balsas se utiliza para regar.

bálsamo

nombre masculino **1** Medicamento en forma de crema o líquido que se usa como remedio para heridas, llagas o irritaciones.

bambú

nombre masculino **1** Planta de tallo hueco, alto y flexible que se utiliza para fabricar muebles y objetos. Los osos panda se alimentan de bambú.
👁 El plural puede ser: 'bambús' o 'bambúes'.

banana

nombre femenino **1** Fruta alargada y un poco curvada que cuando está madura tiene una carne amarilla, blanda y muy sabrosa. 🟰 plátano.

banca

nombre femenino **1** Conjunto formado por los bancos y los banqueros.
2 En algunos juegos, dinero que sirve para pagar a los jugadores que ganan.

banco

nombre masculino **1** Asiento largo y estrecho, con respaldo o sin él, donde pueden sentarse varias personas. Suele estar en la calle o los parques.
2 Establecimiento en el que se presta o se cambia dinero y donde se guarda para que dé intereses.
3 Conjunto de peces de la misma clase que van juntos en gran número. 🔖 593
4 Lugar donde se conservan y almacenan órganos y líquidos humanos para usarlos en tratamientos médicos o en investigaciones. En los hospitales hay bancos de sangre para las transfusiones.

banda

nombre femenino **1** Grupo de personas que pueden ir armadas y se dedican a hacer gamberradas o a cometer delitos.
2 Grupo de músicos que tocan instrumentos de percusión y de viento. Algunos pueblos y ciudades tienen una banda municipal que toca en las fiestas y actos públicos.
3 Tira de tela de pocos centímetros de ancho que se pone cruzada sobre el pecho como signo de algún cargo u honor. Algunos militares llevan una banda. 🔖 200

bandada

nombre femenino **1** Conjunto de aves que vuelan juntas.

bandeja

nombre femenino **1** Plato grande y plano que sirve para llevar alimentos y bebidas de un sitio a otro. En las cafeterías, los camareros usan las bandejas para llevar la comida hasta las mesas de los clientes.

bandera

nombre femenino **1** Tela que representa a una nación o a un grupo de personas, o sirve para hacer señales. La bandera de España es amarilla y roja. 🔖 398
jurar bandera Prometer un soldado, delante de su bandera, que defenderá a su país.

B
b

banderilla
nombre femenino **1** Palo delgado acabado en una punta metálica que los toreros clavan en el lomo al toro durante una corrida.
2 Palillo fino de madera en el que están pinchados diferentes alimentos pequeños, especialmente los que están conservados en vinagre. Las banderillas se toman como tapa o aperitivo.

banderillero, banderillera
nombre **1** Persona que en una corrida de toros pone las banderillas y ayuda al matador en ciertas tareas.

banderín
nombre masculino **1** Bandera pequeña, generalmente en forma de triángulo.
☞ El plural es: banderines.

bandido, bandida
nombre **1** Persona que roba, en especial cuando el robo se comete en una zona sin casas. En las películas del oeste salen bandidos asaltando una diligencia o un tren.

bando
nombre masculino **1** Grupo de personas que se enfrenta o se opone a otro grupo por tener ideas diferentes o por otras razones.
2 Orden o aviso de la autoridad de un pueblo o un lugar que se hace público para que lo conozcan los ciudadanos. Antiguamente, los pregoneros leían los bandos en voz alta en la plaza del pueblo.

bandolero, bandolera
nombre **1** Persona que roba, en especial cuando el robo se comete en una zona sin casas. Antiguamente en las sierras había bandoleros que asaltaban a los viajeros.

bandolero

bandurria
nombre femenino **1** Instrumento musical de cuerda formado por una caja ovalada y un mástil donde se fijan las cuerdas; tiene doce cuerdas y se toca con una púa.

banquero, banquera
nombre **1** Persona que es dueña de un banco o de una parte importante de un banco.

banqueta
nombre femenino **1** Asiento bajo y sin respaldo que sirve para sentarse o para poner los pies encima.

banquete
nombre masculino **1** Comida en la que se sirven muchos platos, normalmente para celebrar un acontecimiento importante, como una boda o una comunión.

banquillo
nombre masculino **1** Lugar donde se sientan durante un partido el entrenador, los técnicos y los suplentes de un equipo deportivo. ☞ 799
2 Asiento de un juzgado en el que se sientan las personas que son juzgadas por algún delito o falta.

bañador
nombre masculino **1** Prenda de vestir que se usa para bañarse o para tomar el sol. El bañador masculino es parecido a unos calzoncillos y el femenino cubre también el tronco del cuerpo.

bañar
verbo **1** Meter el cuerpo de una persona o de un animal en agua para limpiarlo, para refrescarlo o para nadar: *Me gusta bañarme en el mar.*
2 Cubrir un objeto con una capa de otra sustancia. Un bizcocho se puede bañar con chocolate.
3 Estar el mar, un río o un lago junto a un lugar: *El Cantábrico baña San Sebastián.*

bañera
nombre femenino **1** Recipiente grande que suele haber en el cuarto de baño y que se llena de agua para bañarse.

bañista
nombre masculino y femenino **1** Persona que se baña en una piscina, en la playa, en unos baños o en otro sitio que está abierto al público para poder bañarse.

B
b

baño
nombre masculino **1** Introducción del cuerpo o parte de él en agua para limpiarlo o con cualquier otro fin. Un buen baño de agua caliente antes de irse a la cama es ideal para relajarse.
2 Habitación de la casa destinada al aseo personal. En el baño se encuentra la bañera, el lavabo, el váter y el bidé. ✕✕ servicio; aseo.
3 Exposición del cuerpo a la acción de un elemento físico, como el sol, el calor o el vapor. Los baños de vapor ayudan a adelgazar.
4 Capa delgada de alguna sustancia o material que recubre una superficie. Algunas joyas llevan un baño de oro.
5 Recipiente grande con agua en el que se mete una persona para bañarse. Hay personas que ponen en el agua del baño sales perfumadas. ✕✕ bañera.
al baño María Forma de calentar los alimentos que consiste en meterlos dentro de un recipiente que está dentro de otro con agua hirviendo, en lugar de ponerlo directamente al fuego.

baobab
nombre masculino **1** Árbol de la sabana africana cuyo tronco puede alcanzar una altura de 10 metros y un diámetro de 23 metros. Sus ramas pueden medir de 16 a 20 metros. 👁 El plural es: baobabs.

bar
nombre masculino **1** Establecimiento público en el que se sirven bebidas y comidas que se toman de pie, sentados ante el mostrador o sentados a una mesa.

baraja
nombre femenino **1** Conjunto de cartas con las que se juega a varios juegos de azar o de habilidad. La baraja española tiene 48 cartas y cuatro palos: oros, copas, bastos y espadas.

barajar
verbo **1** Mezclar las cartas de una baraja.
2 Tener en cuenta varias posibilidades al hacer o decidir algo: *El guionista baraja varios finales para su película.*

baranda
nombre femenino **1** Barandilla.

barandilla
nombre femenino **1** Especie de valla de madera o de hierro que se coloca en balcones, terrazas, puentes o escaleras para que las personas se puedan apoyar y no se caigan. ✕✕ baranda.

baratija
nombre femenino **1** Cosa pequeña o poco importante, que cuesta poco dinero o es muy barata. En los puestos callejeros se venden baratijas.

barato, barata
adjetivo **1** Se dice de una cosa que cuesta poco dinero o menos de lo normal. Las cosas de segunda mano como coches, ropa o pisos son más baratas que las nuevas. ✕✕ económico. ✕✕ caro.
adverbio **2 barato** Por poco precio. En las rebajas se compra muy barato.

barba
nombre femenino **1** Pelos que salen en la barbilla y a los dos lados de la cara. Algunos hombres se afeitan la barba y otros se la dejan crecer.

barbacoa
nombre femenino **1** Comida que se celebra al aire libre asando carne y otros alimentos en una parrilla al fuego. En las barbacoas se comen salchichas, hamburguesas y costillas.
2 Parrilla que se usa para asar alimentos al aire libre.

barbaridad
nombre femenino **1** Cosa muy absurda o poco razonable que hace o dice una persona. ✕✕ burrada, disparate.
2 Acción muy cruel o injusticia muy grande que comete una persona. Hacer daño a los animales o dejarlos abandonados son barbaridades.
3 Cantidad exageradamente grande de algo, o cosa que es muy grande en tamaño, intensidad o en otra cosa: *En el concierto había una barbaridad de gente.* Es un uso informal.

bárbaro, bárbara
adjetivo y nombre **1** Se dice de los pueblos que invadieron el Imperio romano en el

B
b

siglo v. Bárbaro es el nombre que los romanos daban a los pueblos y cosas de culturas distintas de la suya.
2 Se dice de la persona y de la acción que es muy cruel y no parece propia de una persona con sentimientos o civilizada. Son bárbaras las personas que disfrutan haciendo sufrir a los animales o rompen plantas u objetos por placer.
3 Que actúa de forma brusca y descortés o irrespetuosa: *¡El muy bárbaro!, le dijo que no hiciera ruido y se puso a chillarle e insultarlo.*
adjetivo **4** Indica que algo es muy bueno, muy intenso o muy grande: *El otro día estuve en un concierto bárbaro.* Es un uso informal.

barbilla
nombre femenino **1** Parte de la cara que está situada debajo de la boca. ✂ mentón.

barbudo, barbuda
adjetivo **1** Que tiene mucha barba.

barca
nombre femenino **1** Embarcación pequeña que se usa para pescar o navegar en costas, ríos o lugares de poca profundidad. Las barcas pueden ser de vela, remos o motor.

barcaza
nombre femenino **1** Embarcación que se usa en los muelles para transportar carga de un barco a otro o a tierra.

barcelonés, barcelonesa
adjetivo y nombre **1** Se dice de la persona o cosa que es de Barcelona, ciudad y provincia de Cataluña.

barco
nombre masculino **1** Embarcación grande que puede navegar largas distancias por mar transportando personas o mercancías. Hay distintos tipos de barcos: de pasajeros, mercantes, de guerra o de pesca.

barniz
nombre masculino **1** Sustancia líquida que se utiliza normalmente para proteger la madera o los cuadros de la humedad. El barniz se obtiene por la mezcla de resinas con aceite u otro líquido y suele ser transparente. ↞795
👁 El plural es: barnices.

barnizar
verbo **1** Pintar un objeto con barniz.
👁 Se escribe 'c' delante de 'e', como: barnicé.

barómetro
nombre masculino **1** Aparato que sirve para medir la presión atmosférica.

barón, baronesa
nombre **1** Persona que es miembro de la nobleza y que tiene menos categoría que un conde.
👁 El plural de barón es: barones.

barquero, barquera
nombre **1** Persona que conduce una barca de pasajeros.

barquillo
nombre masculino **1** Pasta dura y dulce parecida a una galleta pero mucho más fina. Los cucuruchos de los helados están hechos de barquillo.

barra
nombre femenino **1** Pieza larga y estrecha que puede estar hecha de cualquier material duro, como la madera o el hierro. Las cortinas se cuelgan de una barra.
2 Pieza de pan alargada. ↞593
3 Mostrador alargado en el que se sirven las bebidas y comidas en los bares.
4 Pieza rectangular de un alimento, como una barra de helado o una barra de turrón.
5 Signo ortográfico en forma de raya inclinada (/) que se utiliza para separar elementos.

barraca
nombre femenino **1** Vivienda muy humilde construida con materiales ligeros y a veces de desecho. ✂ chabola.
2 Construcción típica de las huertas de Valencia y Murcia; tiene el tejado inclinado y está hecha de barro, cañas y paja.

barracón
nombre masculino **1** Edificio de un solo piso, de forma rectangular y sin tabiques, que se usa para alojar a soldados o personas que carecen de vivienda. También se utilizan barracones como construcciones provisionales en escuelas y centros de enseñanza.
👁 El plural es: barracones.

barranco

nombre masculino **1** Corte vertical y muy profundo del terreno. ✂ precipicio.
2 Hueco profundo en la tierra, producido por las lluvias o por una corriente de agua.

barrendero, barrendera

nombre **1** Persona que por oficio se dedica a barrer y limpiar las calles y lugares públicos.

barreño

nombre masculino **1** Recipiente grande y poco profundo donde se pone agua y que se utiliza para fregar, limpiar y otras tareas de la casa. ✂ balde.

barrer

verbo **1** Quitar la suciedad del suelo arrastrándola hacia un lugar con una escoba.
2 Vencer de una manera clara y contundente. Un equipo barre a otro cuando lo gana por mucha diferencia.

barrera

nombre femenino **1** Valla que sirve para impedir el paso. La barrera del paso a nivel se baja cuando va a pasar un tren.
2 Valla de madera que cierra el redondel de las plazas de toros.
3 Obstáculo o dificultad, ya sea material o inmaterial, que se interpone entre personas o cosas. Los Pirineos son una barrera natural que separa España de Francia. Muchas personas trabajan para derribar las barreras culturales que separan a algunos países.
4 En algunos deportes, fila de jugadores que se coloca delante de la portería para defenderla del contrario en los saques de falta.

barriada

nombre femenino **1** Parte de una población que tiene una determinada unidad. La asociación de vecinos de cada barriada suele organizar las fiestas populares. ✂ barrio.

barricada

nombre femenino **1** Barrera hecha con muebles, cajas y otros objetos, que forman o levantan en la calle los miembros de un bando para protegerse del enemigo.

barriga

nombre femenino **1** Parte del cuerpo que va desde el pecho hasta las extremidades inferiores. Cuando comemos o bebemos mucho se nos hincha la barriga. ✂ abdomen; vientre.

barril

nombre masculino **1** Gran recipiente redondo de madera que sirve para guardar líquidos. En las bodegas hay muchos barriles. ✂ cuba; tonel.

barrio

nombre masculino **1** Parte de una población que tiene una unidad arquitectónica, administrativa o de población. Los barrios tienen sus propios comercios, colegios o bibliotecas.
irse al otro barrio Morirse una persona. Es una expresión informal.

barritar

verbo **1** Emitir los elefantes su sonido característico.

barrizal

nombre femenino **1** Lugar encharcado y lleno de barro.

barro

nombre masculino **1** Mezcla de tierra y agua, como la que se forma cuando llueve en campos, calles y caminos. ✂ lodo; fango.
2 Material moldeable compuesto de arcilla y agua que se usa para hacer objetos de cerámica.

barroco, barroca

adjetivo y nombre **1** Se dice del estilo artístico que se desarrolló en Europa en los siglos XVII y XVIII.
adjetivo **2** Se dice de las cosas que tienen demasiados adornos. Un discurso de frases largas y con muchas metáforas es un discurso barroco.

barrote

nombre masculino **1** Barra gruesa y fuerte, especialmente la que es de metal y está colocada en un sitio con una función determinada. Tienen barrotes las barandillas y las rejas de las ventanas.

bártulos

nombre masculino plural **1** Objetos que se usan normalmente para realizar una actividad o que están juntos en un sitio: *Recoge tus bártulos y vámonos.*

B
b

B
b

barullo
nombre masculino **1** Situación en la que hay varias personas que se están moviendo con desorden y haciendo ruido o muchas cosas desordenadas. ⚹⚹ jaleo.

basar
verbo **1** Tener una idea su base o fundamento en otra: *El abogado basó su defensa en la falta de pruebas.*

basca
nombre femenino **1** Grupo de gente o de amigos. 👁 Es una palabra informal.

báscula
nombre femenino **1** Aparato que sirve para pesar cosas y personas. Mucha gente tiene una báscula en el cuarto de baño.

base
nombre femenino **1** Parte de un objeto o pieza aparte sobre la que se apoya una cosa. Las columnas se apoyan sobre una base.
2 Idea o hecho en el que se apoya algo que se dice o se hace. La base de una acusación tiene que ser verdad.
3 Aquello que explica o hace posible la existencia de algo. La higiene es la base de una buena salud.
4 Lugar que se establece como centro de control y punto de concentración para llevar a cabo una acción o una actividad determinada. En una base aérea militar se guardan los aviones y el equipamiento relacionado con ellos.
5 Lado de una figura geométrica sobre la que se supone que se apoya. La base de un triángulo es la cara que tiene en posición horizontal.
nombre masculino y femenino **6** Jugador de baloncesto que se encarga de organizar y dirigir el juego del equipo.
a base de Se usa para indicar que una cosa se consigue por medio de otra: *Se consiguen los objetivos a base de esfuerzo.*

básico, básica
adjetivo **1** Que es la base o lo más importante de alguna cosa, aquello que no puede faltar para que algo exista o suceda. El agua es un elemento básico para los seres vivos. ⚹⚹ esencial; fundamental.

basílica
nombre femenino **1** Iglesia grande y de gran importancia. La basílica del Pilar, en Zaragoza, es muy conocida.

bastante
determinante indefinido **1** Que es suficiente o tiene lo que se necesita para satisfacer o completar algo: *No eches más agua a la planta, ya tiene bastante.*
2 Que representa una cantidad considerable, que es mayor que poco pero menor que mucho. En el mes de diciembre hace bastante frío, pero suele hacer más todavía en enero.
adverbio **3** Se usa para indicar que algo está completo o satisfecho porque tiene lo suficiente o lo que se necesita para algo: *Me voy, ya he esperado bastante.* ⚹⚹ suficiente.
4 Se usa para indicar que algo representa una cantidad considerable, que es mayor que poco pero menor que mucho: *Llevo esperando bastante, pero aún no me voy.*

bastar
verbo **1** Ser una cosa suficiente para algo, no hacer falta más de lo que se dice para llegar a satisfacer o a completar algo: *Para freír este pescado, con un chorro de aceite basta.*

bastardo, bastarda
adjetivo y nombre **1** Se dice del hijo que una persona casada tiene con una persona que no es su marido o su mujer.

bastidor
nombre masculino **1** Estructura o armadura rectangular o circular que deja un hueco en medio y sirve para extender una cosa que se sujeta a ella, como el aro en el que se pone una tela para bordar, o el marco en el que se pone un lienzo para pintar.
2 Estructura de madera que se adorna y se coloca en los lados del escenario de un teatro para que sirva de decorado.

basto, basta

adjetivo **1** Que es poco fino o no está bien acabado. *La lona de las tiendas de campaña es basta y resistente.*
2 Que tiene malos modos o es poco educado en el trato con los demás. ✖ grosero. ✖ fino.

nombre masculino plural **3 bastos** Palo de la baraja española en el que aparecen dibujados uno o más garrotes.
👁 No se debe confundir con la palabra: vasto.

bastón

nombre masculino **1** Palo que sirve para apoyarse al andar. Mucha gente mayor usa bastón.
👁 El plural es: bastones.

bastonazo

nombre masculino **1** Golpe que se da con un bastón. ✖ garrotazo.

basura

nombre femenino **1** Conjunto de cosas que se tiran porque ya no sirven para nada. Es importante separar los distintos tipos de basura para poder reciclarla. ✖ desperdicio.
2 Cosa que es fea, está mal hecha o tiene mala calidad. *Un bolígrafo que pierde tinta es una basura.* ✖ birria; porquería.

basurero, basurera

nombre **1** Persona que se dedica a recoger la basura depositada en los contenedores.
nombre masculino **2** Lugar donde se tira la basura de una población. *Los basureros suelen estar en las afueras de las ciudades.* ✖ vertedero.

bata

nombre femenino **1** Prenda de vestir amplia que llega por debajo de las rodillas o hasta los pies y se abrocha por delante con botones o con un cinturón. Se usa en casa para estar cómodo o abrigado y en el trabajo para proteger la ropa o como uniforme.

batacazo

nombre masculino **1** Golpe o caída fuerte y generalmente ruidosa. *Si una persona se cae de la bici, se da un batacazo.*

batalla

nombre femenino **1** Lucha con armas que llevan a cabo dos ejércitos o dos bandos. *Una batalla es uno de los combates que tienen lugar durante una guerra.*

batallón

nombre masculino **1** Unidad militar compuesta por varias unidades pequeñas, dirigida por un comandante o por un teniente coronel.
2 Grupo de muchas personas que van juntas a algún sitio: *De repente entró un batallón de gente y llenaron todo el local.*
👁 El plural es: batallones.

bate

nombre masculino **1** Palo bastante grueso, un poco más ancho por arriba que por abajo, que se utiliza para jugar al béisbol.

batería

nombre femenino **1** Aparato formado por unas pilas que acumulan electricidad. *Los coches llevan una batería para poder arrancar el motor.*
2 Instrumento musical de percusión formado por un bombo, una caja y varios timbales y platillos.
nombre femenino **3** Conjunto de armas de artillería que están puestas en fila en un sitio preparadas para disparar.
nombre masculino y femenino **4** Músico que toca la batería. *Los baterías tocan con unos palos finos.*
batería de cocina Conjunto de los utensilios de cocina que se usan para cocinar, como ollas, cacerolas y cazos.
en batería Forma de aparcar los coches u otros vehículos poniéndolos de manera que estén paralelos unos con otros.

batido

nombre masculino **1** Bebida que se hace mezclando y agitando leche con helado, chocolate o frutas.

batidora

nombre femenino **1** Aparato eléctrico que sirve para batir o triturar alimentos. *Con la batidora se pueden hacer muchos tipos de salsas y purés, como una mayonesa o un gazpacho.* ✎ 793

B b

B b

batín
nombre masculino

1 Bata masculina de manga larga que llega hasta la mitad del muslo y se abrocha con un cinturón.
👁 El plural es: batines.

batín

batir
verbo

1 Agitar con energía una sustancia para mezclarla con otra o convertirla en líquido. Batimos los huevos con un tenedor para hacer una tortilla. 🖎 793
2 Mover con fuerza una cosa. Los pájaros baten sus alas para volar.
3 Vencer a un contrario o un enemigo. ⚔ derrotar.
4 Explorar un terreno para encontrar algo que se está buscando. Si un preso se escapa de la cárcel, la policía batirá los alrededores.
5 Superar una marca deportiva; lograr un nuevo récord.
6 batirse Luchar una persona con otra, normalmente con armas. En el siglo pasado algunos hombres se batían en duelo con espadas o pistolas.

batuta
nombre femenino

1 Palo delgado que usa el director de una orquesta o de una banda para dirigir a los músicos.

baúl
nombre masculino

1 Caja grande de madera con una tapa y una cerradura que se utiliza para guardar ropa u objetos que no se usan a diario.

bautismo
nombre masculino

1 Sacramento de la religión cristiana por el que se limpia a una persona de todo pecado para entrar a formar parte de la Iglesia; consiste en un acto en el que el sacerdote echa agua bendita en la cabeza de la persona bautizada.

bautizar
verbo

1 Dar el sacramento del bautismo a una persona.
👁 Se conjuga como: realizar; se escribe 'c' delante de 'e', como: bauticen.

bautizo
nombre masculino

1 Acto mediante el que un sacerdote da el sacramento del bautismo a una persona. También se llama bautizo a la celebración familiar de este acto.

baya
nombre femenino

1 Fruto carnoso, sin hueso, pero con muchas semillas en su interior. Las frambuesas, los tomates y las uvas son bayas.

bayeta
nombre femenino

1 Tela absorbente que se usa para secar o limpiar una superficie.

bayoneta
nombre femenino

1 Arma parecida a un cuchillo que se ajusta a la punta de un fusil.

baza
nombre femenino

1 Conjunto de cartas que se lleva un jugador cuando gana una mano de la partida.

bazar
nombre masculino

1 Establecimiento en el que se venden gran diversidad de productos, como relojes, juguetes y objetos de regalo. A los mercados públicos de algunos países orientales también se les llama bazar.

bazo
nombre masculino

1 Órgano del cuerpo de los humanos y de algunos animales que está situado a la izquierda del estómago. El bazo produce elementos útiles para la sangre y destruye los que no sirven.

be
nombre femenino

1 Nombre de la letra 'b'.

beato, beata
adjetivo y nombre

1 Persona muy religiosa que reza mucho y pasa mucho tiempo en la iglesia.
2 Persona considerada por la Iglesia católica modelo de vida cristiana, aunque no ha sido declarada santa.

B b

bebé
nombre masculino y femenino **1** Niño o niña recién nacido o que tiene pocos meses.
2 Cría de un animal: *El circo presenta un bebé de elefante.*

bebedor, bebedora
adjetivo y nombre **1** Se dice de la persona que toma a menudo bebidas alcohólicas.

beber
verbo **1** Tomar una persona o un animal un líquido y tragarlo. Es necesario para nuestro organismo beber suficiente agua todos los días.
2 Tomar bebidas alcohólicas.

MODELO DE CONJUGACIÓN REGULAR
(2.ª CONJUGACIÓN)

beber

INDICATIVO	SUBJUNTIVO
presente bebo bebes bebe bebemos bebéis beben	**presente** beba bebas beba bebamos bebáis beban
pretérito imperfecto bebía bebías bebía bebíamos bebíais bebían	**pretérito imperfecto** bebiera o bebiese bebieras o bebieses bebiera o bebiese bebiéramos o bebiésemos bebierais o bebieseis bebieran o bebiesen
pretérito indefinido bebí bebiste bebió bebimos bebisteis bebieron	**futuro** bebiere bebieres bebiere bebiéremos bebiereis bebieren
futuro beberé beberás beberá beberemos beberéis beberán	**IMPERATIVO** bebe (tú) beba (usted) bebed (vosotros) beban (ustedes)
condicional bebería beberías bebería beberíamos beberíais beberían	**FORMAS NO PERSONALES** **infinitivo** beber **gerundio** bebiendo **participio** bebido

bebida
nombre femenino **1** Cualquier líquido que se puede beber, como un zumo o la leche.
2 Costumbre que tienen algunas personas de beber demasiado alcohol. Hay gente que tiene problemas de salud por la bebida.

bebido, bebida
adjetivo **1** Se dice de la persona que ha tomado tanto alcohol que no se da cuenta de lo que hace ni de lo que dice. ✕ borracho. ✕ sobrio.

beca
nombre femenino **1** Ayuda económica que el Estado o una institución concede a un estudiante, un investigador o un artista para realizar su actividad.

becerro, becerra
nombre **1** Cría de la vaca de menos de dos años. ✕ ternero.

bechamel
nombre femenino **1** Salsa blanca y cremosa que se hace con mantequilla, harina y leche; se usa para hacer croquetas y canelones.
👁 También se escribe y se pronuncia: besamel.

bedel, bedela
nombre masculino y femenino **1** Persona que trabaja en un colegio o centro de enseñanza y se dedica a ofrecer información, cuidar del orden fuera de las clases y hacer trabajos de mantenimiento del edificio.

begonia
nombre femenino **1** Planta de grandes hojas verdes en forma de corazón y flores blancas, rosadas, rojas o amarillas.

beicon
nombre masculino **1** Carne de cerdo con grasa que se come frita o asada.

beige
nombre masculino y adjetivo **1** Color marrón muy claro. Los vestidos de comunión de las niñas suelen ser blancos o beige.
👁 El plural es: beige. Se pronuncia: 'beis'

béisbol
nombre masculino **1** Deporte que se practica entre dos equipos de nueve jugadores. El jugador tiene que golpear con un bate la pelota que le lanza el contrario y correr para dar la vuelta al campo. Gana el equipo que da más vueltas al campo.

B b

belén
nombre masculino

1 Representación de la escena del nacimiento de Jesucristo hecha con figuras o con personas que la representan.
👁 El plural es: belenes.

belga
adjetivo y nombre masculino y femenino

1 Se dice de la persona o cosa que es de Bélgica, país del norte de Europa.

bélico, bélica
adjetivo

1 Se dice de lo que tiene relación con la guerra.

belleza
nombre femenino

1 Cualidad que tienen las cosas bonitas y las personas hermosas, y que hace que nos guste mirarlas. ✖ hermosura. ✖ fealdad.
2 Persona que es muy bella. Algunas modelos y actrices de cine son unas bellezas. ✖ hermosura, preciosidad.

bello, bella
adjetivo

1 Que es muy hermoso y agradable de ver u oír. Las estatuas griegas representan hombres y mujeres muy bellos; algunos pájaros tienen un canto muy bello. ✖ bonito; precioso. ✖ feo.
2 Se dice de los actos nobles, generosos y buenos y de las personas que realizan estos actos. Cuando alguien es muy atento y considerado con los demás decimos que es una bellísima persona.

bellota
nombre femenino

1 Fruto de la encina, del roble y otros árboles. La bellota es alargada y puntiaguda y está cubierta hasta la mitad por una especie de capuchón.

bendecir
verbo

1 Pedir a Dios que proteja a una persona o cosa, haciendo la señal de la cruz o rezando una oración. Los curas bendicen a las personas que están en misa.
2 Alabar y hablar bien de una cosa o de una persona: *Bendigo el día en que acepté este trabajo.* ✖ maldecir.
👁 Se conjuga como: predecir.

bendición
nombre femenino

1 Acción de bendecir a una persona o una cosa. Cuando vamos a misa recibimos la bendición del cura.
2 Persona o cosa muy buena que se recibe con gran alegría y felicidad. ✖ maldición.
👁 El plural es: bendiciones.

bendito, bendita
adjetivo

1 Que ha sido bendecido. En las iglesias hay pilas de agua bendita.
2 Se dice de una persona o cosa feliz o dichosa: *Bendito el día que te conocí.*
nombre masculino y femenino
3 Persona que se porta muy bien y no tiene malicia: *Este bebé es un bendito, no llora nada.*

beneficiar
verbo

1 Causar un bien. La lluvia beneficia al campo porque las plantas necesitan agua para vivir. ✖ perjudicar.
2 beneficiarse Sacar un provecho o beneficio de algo.
👁 Se conjuga como: cambiar; la 'i' no lleva nunca acento de intensidad.

beneficio
nombre masculino

1 Bien o provecho que obtenemos o recibimos de alguien o de algo. Las tiendas sacan un beneficio al vender sus productos.

beneficioso, beneficiosa
adjetivo

1 Se dice de lo que produce un beneficio. El estudio es beneficioso para la mente. ✖ bueno.

benéfico, benéfica
adjetivo

1 Que se realiza de forma gratuita o que se hace para recoger dinero para las personas que lo necesitan. También se dice de instituciones, organizaciones o centros que realizan actividades benéficas, como la Cruz Roja. Algunas cadenas de televisión celebran actos benéficos una vez al año: *Mañana se celebra un concierto benéfico en favor de los enfermos de sida.*

benigno, benigna
adjetivo

1 Que no es malo ni produce daño. ✖ maligno.

benjamín
nombre masculino

1 Hijo más pequeño de una familia.
👁 El plural es: benjamines.

berberecho

nombre masculino **1** Molusco marino con una concha dividida en dos partes, de color oscuro y con surcos; se come fresco o en conserva.

berenjena

nombre femenino **1** Fruto comestible, alargado, de color morado por fuera y blanco por dentro, que produce una planta que se cultiva en las huertas.

bermellón

nombre masculino y adjetivo **1** Color rojo fuerte, como el de algunos pintalabios.
👁 El plural es: bermellones.

bermudas

nombre femenino **1** Pantalón que llega hasta las rodillas.
2 Bañador masculino que llega hasta las rodillas.
👁 La forma plural indica tanto el singular como el plural.

berrear

verbo **1** Dar berridos un animal.
2 Llorar o gritar con fuerza, como hace un bebé cuando tiene hambre o una persona cuando está muy enfadada.

berrido

nombre masculino **1** Sonido que producen algunos animales, como el becerro o el ciervo.
2 Grito fuerte y molesto de una persona. ※ chillido.

berrinche

nombre masculino **1** Llanto fuerte incontrolable que suele ir acompañado de gestos o movimientos del cuerpo. Los niños pequeños cogen berrinches cuando no consiguen lo que quieren.
2 Enfado o disgusto grande provocado por una situación inesperada o desagradable.

berro

nombre masculino **1** Planta de tallos gruesos, hojas verdes y flores pequeñas y blancas. Las hojas del berro se comen en ensalada.

besamel

nombre femenino **1** Es otra forma de escribir y pronunciar: bechamel.

besar

verbo **1** Tocar a una persona con los labios, como muestra de cariño o a modo de saludo.

beso

nombre masculino **1** Muestra de cariño o amor que se hace al besar. Los niños se despiden de sus padres con un beso antes de ir al colegio o de acostarse.

bestia

nombre femenino **1** Animal de cuatro patas, especialmente el que se emplea para transportar cargas. El caballo, el burro y la mula son bestias.

nombre masculino y femenino **2** Persona que se comporta de manera grosera, sin respeto hacia los demás y usando la fuerza física con exageración y sin motivos. Es un uso informal. ※ bruto.
3 Persona que tiene poca inteligencia o pocos conocimientos y se comporta con torpeza. Es un uso informal. ※ bruto.

bestial

adjetivo **1** Se dice de las cosas que son muy grandes en tamaño o intensidad o que son muy buenas. Tener un fin de semana bestial es pasarlo muy bien.
👁 Es una palabra informal.

bestialidad

nombre femenino **1** Acción o expresión característica de una persona bestia o bruta. Una bestialidad es algo exageradamente cruel, grosero o estúpido.
2 Cosa que es exageradamente grande en tamaño o intensidad. También se dice de una cantidad exageradamente grande de algo: *La nueva biblioteca es una bestialidad.* Es un uso informal.

besucón, besucona

adjetivo **1** Que da muchos besos. Las personas besuconas suelen ser muy cariñosas.
👁 El plural de besucón es: besucones.

besugo

nombre masculino **1** Pez marino de color gris y rojo, con unos ojos muy grandes. Es comestible.

nombre y adjetivo **2** Se dice de una persona que es tonta o poco inteligente: *Qué besugo eres, descorre las cortinas antes de abrir la ventana.* Es un uso informal.

B
b

B b

betún
nombre masculino **1** Crema espesa hecha con una mezcla de varias sustancias que se utiliza para limpiar y dar brillo a los zapatos de piel.
☞ El plural es: betunes.

biberón
nombre masculino **1** Recipiente de cristal o plástico con una tetina de goma en la boca que sirve para dar de beber a los bebés.
☞ El plural es: biberones.

Biblia
nombre femenino **1** Libro sagrado de la religión cristiana que reúne los textos del Antiguo y el Nuevo Testamento.

bibliografía
nombre femenino **1** Lista ordenada de libros o escritos sobre un tema o autor. Algunos libros de texto tienen al final una bibliografía de los libros utilizados relacionados con el tema.

biblioteca
nombre femenino **1** Lugar público donde hay muchos libros y donde la gente puede ir a leerlos, consultarlos y, en ocasiones, a pedirlos prestados.
2 Conjunto de libros que forman una colección y mueble donde se colocan. Las personas que leen mucho suelen tener una biblioteca muy completa.

bibliotecario, bibliotecaria
nombre masculino y femenino **1** Persona que trabaja en una biblioteca y se dedica a la organización y cuidado de los libros y a la atención al público.

bicarbonato
nombre masculino **1** Sustancia blanca, en polvo, que se toma con agua para calmar el dolor o acidez de estómago.

bicentenario, bicentenaria
nombre masculino **1** Día o año en que se celebra que se han cumplido 200 años de algún acontecimiento. En el año 1989 se celebró el bicentenario de la Revolución francesa.

bicho
nombre masculino **1** Animal de tamaño pequeño, especialmente si se trata de un insecto. También es una forma de llamar a un animal cuando se le quiere dar un nombre despectivo o cuando no se sabe a qué especie pertenece.
2 Persona que es muy mala y tiene malas intenciones. A algunos niños traviesos también se les llama bichos.
bicho raro Persona que hace cosas que nos parecen raras o extrañas.

bici
nombre femenino **1** Es la forma abreviada de: 'bicicleta'.

bicicleta
nombre femenino **1** Vehículo de dos ruedas iguales que se mueve por medio de dos pedales. Algunas partes de la bicicleta son el sillín, el manillar y la cadena.
☞ También se dice: 'bici'.

bicolor
adjetivo **1** Que tiene dos colores. La bandera de Japón es bicolor.

bidé
nombre masculino **1** Especie de lavabo de baja altura en el que una persona se puede sentar y que sirve para lavarse el trasero y los genitales.

bidón
nombre masculino **1** Recipiente grande y cilíndrico que se usa para contener líquidos, como gasolina, aceite o agua, y para transportarlos. ☞ 194
☞ El plural es: bidones.

bien
adverbio **1** Como debe ser; de forma adecuada o correcta: *Ha pintado muy bien ese dibujo.* ✗ mal.
2 De forma agradable. En verano se está muy bien en un lugar con aire acondicionado. ✗ mal.
3 Muy o mucho. Cuando estamos constipados es bueno tomarse un vaso de leche bien caliente.
4 Expresa que estamos de acuerdo con algo: *Ha dicho que bien, que lo hará en cuanto termine lo que está haciendo.* ✗ bueno; vale.
5 Con buena salud: *Ayer me dolía el estómago, pero ya estoy bien.*
nombre masculino **6** Lo que se considera moralmente bueno. Una persona hace el bien cuando ayuda a otras personas. ✗ mal.

7 Cosa que es buena y beneficiosa para nuestra vida y produce felicidad. Los padres desean el bien de sus hijos; los amigos nos dan consejos por nuestro bien. ✖ mal.

nombre masculino plural **8 bienes** Conjunto de riquezas y cosas que posee una persona, como tierras, casas y objetos de valor.

a base de bien Mucho, de forma abundante: *El día que fuimos a pescar llovió a base de bien y tuvimos que volver a casa.* Es una expresión informal.

bienaventurado, bienaventurada
adjetivo y nombre **1** Se dice del alma de una persona que está en el cielo en compañía de Dios. Las personas buenas y humildes serán bienaventuradas.

bienestar
nombre masculino **1** Situación de satisfacción en que vive una persona que tiene lo que necesita y no tiene problemas económicos. Acceder a una vivienda significa para muchas personas alcanzar el bienestar. ✖ malestar.
2 Estado de la persona cuando se encuentra bien y a gusto física y mentalmente. El contacto con la naturaleza produce una sensación de bienestar. ✖ malestar.

bienio
nombre masculino **1** Periodo de tiempo que dura dos años.

bienvenida
nombre femenino **1** Recibimiento que se hace a una persona cuando llega a un lugar, expresándole alegría por su llegada y deseándole una feliz estancia.

bienvenido, bienvenida
adjetivo **1** Se dice de la persona que es recibida con alegría o entusiasmo o de la cosa que es bien recibida porque viene bien para algo. Los buenos consejos siempre son bienvenidos.
2 Expresión que se utiliza para recibir a una persona cuando llega a un lugar, deseándole una feliz estancia.

bifurcarse
verbo **1** Dividirse en dos un camino, un río, una vía de tren u otra cosa de forma alargada.
👁 Se escribe 'qu' delante de 'e', como: se bifurque.

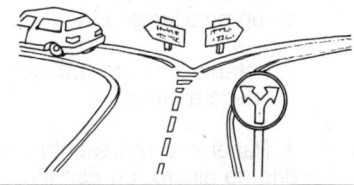
bifurcarse

bigote
nombre masculino **1** Conjunto de pelos que, en el hombre y algunos animales, crece encima del labio superior. Algunos hombres se dejan crecer bigote y barba; los gatos tienen unos bigotes largos.
2 Vello que crece encima del labio superior. Algunas mujeres se depilan el bigote con cera o crema depilatoria.
3 Señal que queda encima del labio superior después de beber o comer ciertas cosas, como una taza de chocolate, un helado o una ensaimada.

bigotudo, bigotuda
adjetivo **1** Que tiene un bigote muy grande.

bikini
nombre masculino **1** Es otra forma de escribir: biquini.

bilbaíno, bilbaína
adjetivo y nombre **1** Se dice de la persona o cosa que es de Bilbao, capital de la provincia de Vizcaya.

bilingüe
adjetivo y nombre masculino y femenino **1** Se dice de la persona que habla dos lenguas, generalmente aprendidas las dos en la niñez. En Galicia hay muchas personas bilingües.
adjetivo **2** Se dice del texto que está escrito en dos lenguas. Los diccionarios bilingües traducen cada palabra de un idioma al otro.

bilingüismo
nombre masculino **1** Uso de dos lenguas por una persona o un grupo de personas

B
b

billar
nombre
masculino

en un mismo lugar. En varias regiones de España hay bilingüismo.

1 Juego que se practica sobre una mesa rectangular forrada de tela verde y que consiste en golpear unas bolas de marfil con la punta de un palo largo o taco según unas reglas.
2 Establecimiento público donde se juega al billar.

billete
nombre
masculino

1 Papel que representa una cantidad de dinero. En España, el billete de dos mil pesetas es de color rojo.
2 Papel o cartón pequeño que indica que hemos pagado para viajar en un transporte público.
3 Papel que lleva impresa la cantidad de dinero que jugamos en la lotería o en otro sorteo y el número al que jugamos.

billetero, billetera
nombre

1 Cartera plana, cuadrada o rectangular, que cabe en un bolsillo y sirve para llevar dinero en billetes, carnés o tarjetas de crédito.

billón
numeral
cardinal

1 Número 1 000 000 000 000. Es un millón de veces un millón.
☞ El plural es: billones.

bimestre
nombre
masculino

1 Periodo de tiempo que dura dos meses.

bingo
nombre
masculino

1 Juego de suerte que consiste en ir tachando en un cartón los números que van saliendo en el sorteo; gana el jugador que antes tacha todos los números de su cartón. También se le llama bingo al premio que se consigue y al establecimiento donde se juega.

biografía
nombre
femenino

1 Historia de la vida de una persona. Un libro o una película son biografías cuando cuentan la vida de una persona real.

biología
nombre
femenino

1 Ciencia que estudia los seres vivos y las leyes que rigen la organización de la vida. La biología estudia la estructura de los organismos y su relación con el medio natural.

biólogo, bióloga
nombre

1 Persona que se dedica a la biología.

biombo
nombre
masculino

1 Especie de mueble formado por varias piezas, normalmente altas, planas y rectangulares, unidas entre sí por bisagras u otro tipo de unión. El biombo se sostiene de pie y se coloca entre dos lugares para separarlos.

biquini
nombre
masculino

1 Bañador femenino de dos piezas, parecidas a un sujetador y a unas bragas, que deja al descubierto la barriga y la espalda.
☞ También se escribe: bikini.

birria
nombre
femenino

1 Cosa fea, mal hecha o de mala calidad: *Ese programa de televisión es una birria.* ✂ porquería.
2 Persona físicamente débil, fea o que no tiene ningún atractivo.

bis
nombre
masculino

1 Repetición de parte de una actuación musical que el público pide con sus aplausos o con su voz: *El grupo tocó varios bises a petición del público.*

bisabuelo, bisabuela
nombre

1 Padre o madre del abuelo o la abuela de una persona.

bisagra
nombre
femenino

1 Mecanismo que une una puerta o una ventana con el marco y permite que se pueda abrir y cerrar. Una bisagra es una pieza metálica formada por dos placas que giran sobre un eje común. También tienen bisagras otras cosas, como la tapa de un cofre o un biombo. ✍ 756

bisbisear
verbo

1 Hablar en voz muy baja, casi susurrando.

bisiesto
adjetivo
y nombre
masculino

1 Se dice del año que tiene 366 días. En un año bisiesto el mes de febrero tiene 29 días.

bisílabo, bisílaba
adjetivo

1 Se dice de la palabra que tiene dos sílabas. La palabra 'pera' es bisílaba.

bisnieto, bisnieta
nombre

1 Hijo del nieto de una persona.

👁 También se escribe y se pronuncia: biznieto.

bisonte

nombre masculino **1** Animal mamífero con una especie de joroba en el lomo, la cabeza muy grande y unos cuernos pequeños con la punta hacia arriba. Vive en las praderas de América del Norte.

bistec

nombre masculino **1** Trozo largo y plano de carne, normalmente de ternera, que se fríe o se asa. ✕✕ filete.

bisturí

nombre masculino **1** Especie de cuchillo pequeño, de hoja fina y muy afilada, que usan los médicos cirujanos para hacer cortes en una operación.
👁 El plural más usado es 'bisturíes', pero también se usa 'bisturís'.

bisutería

nombre femenino **1** Tipo de adorno parecido a una joya, pero que está hecho con piedras y metales de poco valor.

bizco, bizca

adjetivo y nombre **1** Se dice de la persona que tiene desviada la mirada en uno o en los dos ojos.

bizcocho

nombre masculino **1** Alimento dulce hecho con harina, huevos, aceite y azúcar que se cocina en el horno. Los bizcochos son blandos y esponjosos.

biznieto, biznieta

nombre **1** Bisnieto.

blanco, blanca

nombre masculino y adjetivo **1** Color como el de la nieve, la leche o la clara del huevo cocido. El blanco es el color de la paz y de la pureza.

adjetivo **2** De color muy claro. Se utiliza cuando entre varias cosas del mismo tipo hay una que tiene el color más claro que las otras, especialmente con algunos alimentos, como el vino, el pan, la uva, el azúcar, el pescado o la carne.

nombre y adjetivo **3** Persona de piel blanca. Se utiliza para distinguir un tipo de raza de otras de piel más oscura.

nombre masculino **4** Punto al que se quiere acertar con un disparo o un lanzamiento que se hace desde lejos.

en blanco Se dice del papel que no está escrito o impreso.
en blanco y negro Se dice de una fotografía o una película que sólo utiliza los colores blanco, negro y gris. ✕✕ en color.
quedarse en blanco No reaccionar a una pregunta que se oye o se lee porque se ha olvidado totalmente la respuesta.

blancura

nombre femenino **1** Claridad y pureza del color blanco. La lejía se utiliza para dar mayor blancura a la ropa blanca.

blancuzco, blancuzca

adjetivo **1** De color blanco, pero con sombras o con un tono de otro color. Una cosa blancuzca parece que está sucia.

blando, blanda

adjetivo **1** Que se hunde o se deforma con la presión o se corta con facilidad. Dormir en un colchón blando no es bueno para la espalda; el pan del día está blando. ✕✕ duro.
2 Que es débil y no tiene fuerza. Una persona blanda se cansa muy pronto de hacer ejercicio. ✕✕ fuerte.
3 Que consiente mucho o es poco severo: *Es muy blando con sus hijos, se lo consiente todo.*

blanquear

verbo **1** Dar color blanco a una cosa o ponerla más blanca de lo que es. La fachada de una casa se puede blanquear con cal o pintura.

blanquecino, blanquecina

adjetivo **1** De color blanco o con una fina capa de polvo blanco. Si nos arrimamos a una pared de cal, nos queda la ropa blanquecina.

blasfemar

verbo **1** Decir blasfemias.

blasfemia

nombre femenino **1** Palabra o conjunto de palabras que van en contra de Dios o de las cosas y personas que se consideran sagradas. Algunos tacos y palabrotas son blasfemias.

blindar

verbo **1** Colocar en el exterior o en el interior de una cosa planchas de acero o de otro metal para prote-

B
b

B
b

bloc
nombre
masculino
1 Cuaderno de hojas unidas por un lado de forma que se pueden pasar o arrancar con facilidad.
👁 El plural es: blocs.

bloque
nombre
masculino
1 Trozo grande de piedra u otro material duro y compacto. El mármol se extrae de las canteras en grandes bloques.
2 Edificio de varias plantas de pisos o apartamentos.

bloquear
verbo
1 Poner obstáculos en un lugar de modo que no se pueda pasar por él. La nieve suele bloquear algunas carreteras en invierno.
2 Impedir o parar el funcionamiento de un aparato o un mecanismo. Si se bloquea el ordenador, no se puede cambiar lo que aparece en la pantalla.
3 Impedir o parar el desarrollo de un asunto o un proceso. Si se bloquean unas negociaciones, una de las partes tiene que ceder para que puedan seguir.
4 bloquearse Quedarse una persona durante un momento sin poder hablar o hacer algo. Los nervios hacen que las personas se bloqueen.

blusa
nombre
femenino
1 Camisa de mujer, normalmente de cuello con puntas redondas.

blusón
nombre
masculino
1 Blusa amplia que llega hasta la cadera o un poco más abajo.
👁 El plural es: blusones.

boa
nombre
femenino
1 Serpiente americana de gran tamaño; no es venenosa, pero mata a sus presas enrollándose en torno a ellas y apretando su cuerpo.

bobada
nombre
femenino
1 Acción o conjunto de palabras de una persona con las que demuestra falta de inteligencia: *No digas bobadas, eso es imposible.* ∰ tontería.

gerla y hacerla más resistente y segura. Algunas personas blindan la puerta de su casa.

bobina
nombre
femenino
1 Pieza cilíndrica que tiene enrollado hilo, alambre, papel u otro material flexible.

bobo, boba
adjetivo
y nombre
1 Se dice de la persona que tiene poca inteligencia o poca capacidad para hacer las cosas. También es boba la persona ingenua que se deja engañar con facilidad.

boca
nombre
femenino
1 Abertura del aparato digestivo situada en la cabeza de las personas y de los animales por donde entran los alimentos; en la boca están los dientes y la lengua. ✎ 594
2 Agujero que comunica el interior de una cosa con el exterior, como la boca de una botella o la boca del metro.
3 Cada una de las personas o animales de un grupo a los que hay que alimentar y mantener. En una familia compuesta por los padres y tres hijos hay cinco bocas que alimentar.
boca abajo En posición horizontal y con la cara mirando al suelo. Si nos hacen masajes en la espalda, nos tumbamos boca abajo.
boca abajo Con la parte superior mirando hacia abajo. Si sujetas un libro boca abajo, no lo puedes leer.
boca arriba En posición horizontal y mirando hacia arriba. Cuando queremos tomar el sol en la cara, nos tumbamos boca arriba.
boca arriba Con la parte superior mirando hacia arriba. Para poner flores en un jarrón, hay que ponerlo boca arriba.
con la boca pequeña Con pocas ganas de hacer lo que se está diciendo. Si una persona nos invita a comer con la boca pequeña, es que no le apetece hacerlo realmente.
hacerse la boca agua Pensar con gusto y con ganas en algo que se va a hacer o en algo de comer.

bocabajo
adverbio
1 Es otra forma de escribir: boca abajo.

bocacalle
nombre femenino **1** Parte por donde una calle pequeña se une a otra principal.

bocadillo
nombre masculino **1** Trozo de pan abierto por la mitad y relleno de algún alimento, como embutidos, queso, atún o chocolate.

bocado
nombre masculino **1** Porción de comida que se mete en la boca de una sola vez. También decimos que tomamos un bocado cuando tomamos una comida ligera.
2 Pedazo de una cosa que se arranca con la boca.
3 Herida que se produce al apretar algo fuertemente con los dientes. Los animales dan bocados para defenderse o para atacar. ✖ mordisco.
no probar bocado No comer nada cuando hay algo que comer.

bocamanga
nombre femenino **1** Abertura de la manga de una prenda de vestir por donde asoma el brazo o la mano.

bocanada
nombre femenino **1** Pequeña cantidad de aire o humo que se mete o se expulsa de la boca de una sola vez: *Necesito una bocanada de aire puro*.

bocata
nombre masculino **1** Bocadillo.
👁 Es una palabra informal.

bocazas
nombre masculino y femenino **1** Persona que habla demasiado y no es capaz de guardar un secreto.
👁 El plural es: bocazas.

boceto
nombre masculino **1** Dibujo esquemático que hace un artista antes de hacer una obra para ver cómo podría quedar.

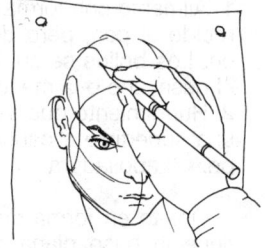

boceto

bochorno
nombre masculino **1** Calor intenso y pesado que produce una sensación de ahogo. En verano, los días en que hay mucha humedad hace un bochorno insoportable.
2 Sentimiento de vergüenza. La mala educación y el comportamiento grosero de algunas personas nos hace sentir bochorno. ✖ apuro.

bocina
nombre femenino **1** Aparato que llevan los coches y otros vehículos, que al tocarlo produce un ruido fuerte para avisar de algo a otros coches o a los peatones. ✖ claxon.
2 Instrumento formado por una bola de goma o plástico llena de aire y un cono que sale de ella. Cuando se aprieta la bola, el aire sale por el cono produciendo un ruido.
3 Instrumento en forma de cono que se aproxima a la boca y sirve para que se oiga más fuerte la voz de una persona. ✖ megáfono.

boda
nombre femenino **1** Ceremonia en que dos personas se casan. ✖ casamiento.
bodas de oro Día en que se cumplen 50 años de algo, como un matrimonio o una tienda.
bodas de plata Día en que se cumplen 25 años de algo, como un matrimonio o la inauguración de una fábrica.

bodega
nombre femenino **1** Lugar, generalmente bajo tierra, en el que se cría y se almacena el vino, normalmente en toneles y botellas.
2 Tienda en la que se vende y se consume vino y otras bebidas alcohólicas. En las bodegas también se venden refrescos, agua o algunos productos de alimentación.
3 Espacio bajo la cubierta inferior de un barco en el que se llevan las mercancías.

bodegón
nombre masculino **1** Pintura en la que se representan botellas, platos, alimentos y objetos sin vida.
👁 El plural es: bodegones.

B
b

B
b

bodeguero, bodeguera
nombre **1** Persona que tiene una tienda de vinos y bebidas o trabaja en ella.

bofetada
nombre femenino **1** Golpe que se da a una persona en la cara con la mano abierta.

bofetón
nombre masculino **1** Golpe fuerte que se da a una persona en la cara con la mano abierta.
◉ El plural es: bofetones.

boga
en boga Se usa para decir que una cosa está de moda o tiene mucha aceptación. Un estilo musical deja de estar en boga cuando pasa de moda.

boicot
nombre masculino **1** Medida de presión que consiste en hacer o dejar de hacer algo para perjudicar a alguien y obligarlo a aceptar unas determinadas condiciones. A veces, cuando la gente no está de acuerdo con lo que se hace en un país, hace un boicot a sus productos y no los compra.
◉ El plural es: boicots.

boicotear
verbo **1** Hacer un boicot a una persona, a una empresa o a un país. Una persona boicotea una reunión si hace todo lo posible para que no se pueda llegar a un acuerdo.

boina
nombre femenino **1** Gorra redonda y plana de lana o de paño. Algunos soldados y personas del campo llevan boina.

bola
nombre femenino **1** Objeto completamente redondo hecho de cualquier material. Las canicas son pequeñas bolas de cristal: *Me han regalado una bola del mundo.* ※ esfera.
2 Historia que no es verdad. Es un uso informal. ※ mentira.

bolero
nombre masculino **1** Canción de origen americano que tiene un ritmo lento.
2 Música y baile típico español de origen andaluz acompañados por una o varias guitarras.

boletín
nombre masculino **1** Publicación periódica dedicada a dar información sobre una mate-

ria o entidad. Los bancos y algunas empresas publican boletines.
2 Publicación periódica de un organismo oficial. Las disposiciones del gobierno aparecen publicadas en el *Boletín Oficial del Estado.*
3 Programa informativo de radio o televisión. En algunas emisoras de radio se pueden sintonizar boletines cada hora. ※ informativo.
boletín de suscripción Papel que se rellena para recibir algo periódicamente en casa.
◉ El plural es: boletines.

boleto
nombre masculino **1** Papel en el que se marca la cantidad de dinero que una persona apuesta en una rifa, un sorteo o una lotería y que hay que presentar para recibir el premio.

boli
nombre masculino **1** Es la forma abreviada de: 'bolígrafo'.

bólido
nombre masculino **1** Automóvil que corre a gran velocidad, como un coche de carreras.

bolígrafo
nombre masculino **1** Instrumento que se utiliza para escribir y que tiene en su interior un tubo fino lleno de tinta y una bolita de metal en la punta.

boliviano, boliviana
adjetivo y nombre **1** Se dice de la persona o cosa que es de Bolivia, país de América del Sur.

bollería
nombre femenino **1** Conjunto de dulces y pasteles de varias clases, como los cruasanes o las ensaimadas.
2 Lugar donde se hacen o se venden dulces y pasteles.

bollo
nombre masculino **1** Alimento con forma redonda parecido al pan, pero de sabor dulce. Los bollos se suelen tomar en el desayuno o la merienda.
2 Hundimiento que se produce en una superficie a causa de un golpe. ※ abolladura.

bolo
nombre masculino **1** Objeto en forma de botella que tiene la base plana para tenerse en pie y que sirve para jugar.

B

b

2 bolos *nombre masculino plural* Juego que consiste en lanzar una pelota hacia un grupo de bolos que hay que derribar.

bolsa *nombre femenino*
1 Saco de tela, papel o plástico, generalmente rectangular, para llevar o meter cosas. Las bolsas pueden tener asas o algún tipo de cierre para que no se salga lo que se guarda dentro. ✍ 800
2 Deformación en alguna parte de una prenda de vestir, normalmente por el uso y el desgaste: *Los pantalones de este chándal tienen bolsas en las rodillas.*
3 Hinchazón de la parte de la cara que está justo debajo de los ojos.
4 Lugar donde se reúnen las personas que compran y venden valores de comercio, como las acciones y los bonos: *En las noticias de televisión casi siempre dan información sobre la bolsa.*

bolsillo *nombre masculino*
1 Trozo de tela que se cose por dentro o por fuera de una prenda de vestir o de otro objeto y que se deja abierto por uno de sus lados para meter cosas dentro. La mayoría de bolsillos son de un tamaño que permite meter una mano dentro.
de bolsillo Se dice de algunas cosas que son de un tamaño más pequeño de lo que es habitual y que se podrían llevar en un bolsillo. Es frecuente decirlo de un reloj, de un libro o de una radio.

bolso *nombre masculino*
1 Bolsa pequeña de cuero, tela o plástico, con asas o correa y con algún tipo de cierre, que sirve para llevar objetos personales.

bomba *nombre femenino*
1 Artefacto construido para que explote en un momento determinado y produzca grandes destrozos. Hay bombas que explotan cuando chocan con algo, otras que se hacen explotar a distancia con un botón y otras que se accionan mediante un mecanismo controlado por un reloj.
2 Aparato que sirve para hacer que el agua u otro líquido vaya a través de unas cañerías de un sitio a otro. Para que el agua suba con presión a los pisos de un edificio hace falta una bomba.
3 Noticia que causa un gran impacto entre la gente por ser inesperada o especial: *El divorcio del príncipe ha sido una bomba.*
pasarlo bomba Pasarlo muy bien. Es una expresión informal.

bombacho *nombre masculino y adjetivo*
1 Pantalón ancho que se ajusta a la pierna por debajo de la rodilla. ◉ También se utiliza en plural para indicar sólo una unidad.

bombardear *verbo*
1 Lanzar bombas sobre un lugar desde un avión o desde un sitio alto.
2 Hacer preguntas, peticiones o acusaciones a una persona sin parar.

bombardeo *nombre masculino*
1 Ataque hecho a un lugar lanzando bombas sobre él.
2 Serie continuada de preguntas, peticiones o acusaciones que se hacen a una persona.

bombazo *nombre masculino*
1 Explosión de una bomba o impacto que produce al caer en un lugar, con gran ruido y destrozo.
2 Noticia que causa un gran impacto entre la gente.

bombear *verbo*
1 Impulsar agua u otro líquido en alguna dirección con un aparato que tiene unos tubos o con algo similar. El corazón es un órgano que bombea sangre a las venas.

bombero, bombera *nombre*
1 Persona que trabaja apagando incendios y ayudando en situaciones de desgracia o peligro, como inundaciones, derrumbamientos o terremotos. ◉ El femenino puede hacerse de dos maneras: la bombero y la bombera.

bombilla *nombre femenino*
1 Objeto de vidrio que sirve para dar luz. En el interior de las bombillas hay un hilo metálico por el que pasa la corriente eléctrica.

B b

bombo
nombre masculino **1** Instrumento musical de percusión con forma de tambor, pero de mayor tamaño, que se toca con una maza. ✍ 536
2 Aparato formado por una esfera hueca que tiene un agujero por el que se introducen unas bolas numeradas. Se utiliza en los sorteos, como el de la lotería, haciéndolo girar para que se mezclen las bolas y para sacar después una al azar.
3 Importancia exagerada que se da a una persona o a una cosa.

bombón
nombre masculino **1** Pequeño trozo de chocolate que suele estar relleno o adornado con otros ingredientes dulces, como frutos secos, crema o licor. 👁 El plural es: bombones.

bombona
nombre femenino **1** Recipiente de metal que sirve para contener un líquido o un gas a mucha presión. Las bombonas de butano son de color naranja.

bombonera
nombre femenino **1** Caja que sirve para guardar bombones.

bonachón, bonachona
adjetivo **1** Que tiene un carácter tranquilo y amable y siempre está de buen humor. 👁 El plural de bonachón es: bonachones.

bondad
nombre femenino **1** Característica de las personas buenas. La bondad es una virtud. ✗ maldad.

bondadoso, bondadosa
adjetivo **1** Se dice de la persona que es muy buena y amable con los demás. ✗ bueno.

bonito, bonita
adjetivo **1** Que es agradable a la vista. ✗ bello. ✗ feo.
nombre masculino **2** Pez marino con la parte superior del cuerpo de color azul oscuro con rayas y la inferior plateada. Es parecido al atún, pero más pequeño; se come fresco o en conserva.

bono
nombre masculino **1** Papel o tarjeta que se puede cambiar en un establecimiento por un producto o por dinero.

2 Tarjeta que da derecho a utilizar un servicio durante cierto tiempo o un número de veces determinado, como un bono de tren.

bonobús
nombre masculino **1** Tarjeta que da derecho a ir en autobús un determinado número de veces. 👁 El plural es: bonobuses.

bonsái
nombre masculino **1** Árbol en miniatura que se obtiene cortando las raíces y podando las ramas de un árbol normal para impedir su crecimiento natural.

boñiga
nombre femenino **1** Excremento sólido de algunos animales, como la vaca o las ovejas.

boquerón
nombre masculino **1** Pez marino de pequeño tamaño, parecido a la sardina, de color azul oscuro por encima y plateado por debajo. Es un pez comestible y sus filetes, conservados en aceite y sal, se llaman anchoas. 👁 El plural es: boquerones.

boquete
nombre masculino **1** Agujero grande que se hace en el suelo o en la pared. Una explosión puede abrir un boquete en el suelo.

boquiabierto, boquiabierta
adjetivo **1** Se dice de la persona que se queda con la boca abierta de admiración o sorpresa por algo.

boquilla
nombre femenino **1** Pieza pequeña y hueca que tienen algunos instrumentos de viento para soplar por ella.

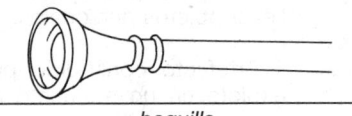
boquilla

2 Pieza hueca en forma de tubo pequeño que se adapta a los cigarrillos para fumar.
3 Parte de los cigarrillos que se mete en la boca y que no tiene tabaco. La boquilla de los cigarrillos suele ser de color naranja.

borda

nombre femenino

1 Borde o canto superior de cada uno de los costados de un barco. ✍196

tirar por la borda Dejar perder una persona cierta cosa o desperdiciar una oportunidad que tenía de hacer algo.

bordado

nombre masculino

1 Dibujo en relieve, hecho con aguja e hilo, sobre una tela. ✍796

adjetivo

2 Se dice de una cosa que hacemos y que nos queda o nos sale perfecta, sin ningún fallo.

bordar

verbo

1 Hacer dibujos, líneas o figuras cosiendo hilos en un tela. En algunas prendas, como pañuelos o sábanas, la gente borda las iniciales de su nombre.

2 Hacer un trabajo a la perfección, sin ningún fallo. Cuando bordamos un examen, sacamos un sobresaliente.

borde

nombre masculino

1 Línea que constituye el extremo o el final de una superficie y que la limita de lo demás.

adjetivo y nombre masculino y femenino

2 Se dice de la persona que es estúpida y antipática y se comporta de forma desagradable con los demás. Es un insulto.

bordear

verbo

1 Ir o andar por el borde o la orilla de un lugar.

2 Poner o estar las cosas rodeando el borde o la orilla de algo. Algunas vallas bordean jardines privados.

bordillo

nombre masculino

1 Línea de piedras alargadas y estrechas que forma el borde de una acera. Un bordillo pintado de color amarillo indica que está prohibido aparcar.

bordo

a bordo Se usa para indicar que algo está o se hace sobre o dentro de una embarcación o un avión. Subir a bordo de un avión es entrar dentro de él.

borrachera

nombre femenino

1 Estado en el que se encuentra una persona borracha.

borracho, borracha

adjetivo

1 Se dice de la persona que ha tomado demasiadas bebidas alcohólicas y ha perdido el control de su mente y de sus actos. ✖ ebrio; bebido. ✖ sobrio.

adjetivo y nombre

2 Se dice de la persona que habitualmente toma muchas bebidas alcohólicas. Los borrachos necesitan ayuda para dejar de beber. ✖ alcohólico.

3 Se dice de las tartas o pasteles que están empapados en algún tipo de bebida alcohólica.

borrador

nombre masculino

1 Objeto que se utiliza para borrar. En las aulas hay borradores para borrar las pizarras.

2 Texto escrito de manera provisional que se corrige para crear el texto final. Al escribir una redacción, primero se hace un borrador con las principales ideas y poco a poco se van añadiendo los detalles hasta que queda como se quiere.

borrar

verbo

1 Hacer desaparecer una cosa escrita o dibujada con un objeto que la elimina de la superficie donde está. Lo que está escrito en lápiz se borra con una goma.

borrasca

nombre femenino

1 Fenómeno atmósferico en el que hay bajas temperaturas, fuertes vientos y lluvias. Los negros nubarrones y los vientos huracanados anuncian una borrasca.

borrego, borrega

nombre

1 Cría de la oveja, de uno a dos años.

borrico, borrica

nombre

1 Animal mamífero doméstico parecido al caballo, pero más pequeño y con las orejas más grandes. Se utiliza como animal de carga por su resistencia física. ✖ asno, burro.

adjetivo y nombre

2 Se dice de la persona que es torpe y que no entiende las cosas con facilidad. ✖ burro. ✖ listo.

borrón

nombre masculino

1 Mancha de tinta que se hace en el papel cuando se escribe o se dibuja. 👁 El plural es: borrones.

B b

borroso, borrosa
adjetivo **1** Se dice de las cosas en que los límites o los detalles no se ven con claridad. En una fotografía borrosa los límites no están claros, parece como si se hubieran movido.

bosnio, bosnia
adjetivo y nombre **1** Se dice de la persona o cosa que es de Bosnia-Herzegovina, país del sureste de Europa.

bosque
nombre masculino **1** Terreno grande en el que hay muchos árboles y arbustos muy juntos. En los bosques viven diversas clases de animales. ☞ 597

bostezar
verbo **1** Abrir mucho la boca e inspirar lentamente, normalmente por sueño o aburrimiento.
👁 Se escribe 'c' delante de 'e', como: bostecen.

bota
nombre femenino **1** Calzado que cubre todo el pie y que llega hasta encima del tobillo o más arriba.
2 Calzado que se utiliza en ciertos deportes, como el fútbol.
3 Bolsa blanda de cuero, ancha por un lado y estrecha por otro, con un pitorro con tapón, que sirve para llevar y beber vino.
ponerse las botas Hartarse de una cosa que gusta mucho, especialmente de comida.

botánica
nombre femenino **1** Ciencia que estudia las plantas y sus características.

botánico, botánica
adjetivo **1** De la botánica o que tiene relación con ella. En un jardín botánico las plantas se cultivan por su valor científico.
nombre **2** Persona que se dedica al estudio y aplicación de la botánica.

botar
verbo **1** Salir despedido un cuerpo en la dirección opuesta a la que llevaba después de chocar contra una superficie. Algunas pelotas botan más que otras.
2 Dar saltos una persona o un animal de forma repetida.
3 Echar un barco al agua por primera vez después de haberlo construido o reparado.
👁 No lo confundas con 'votar'.

bote
nombre masculino **1** Recipiente pequeño, normalmente más alto que ancho, que contiene alimentos o bebida o se utiliza para guardar cosas en él, como lápices o bolígrafos. ☞ 800
2 Salto que da un objeto o una persona al chocar con una superficie.
3 Barco pequeño que tiene unas tablas a lo ancho para sentarse. Los botes se mueven con remos.
4 Premio de un juego de azar, como la lotería, que no ha correspondido a nadie y que se guarda para el próximo sorteo.
5 Cantidad de dinero que ganan los camareros como propina de los clientes.
a bote pronto Sin esperarlo o sin estar preparado. Una respuesta que se da a bote pronto se da sin pensársela.

botella
nombre femenino **1** Recipiente alargado, generalmente de forma cilíndrica, que tiene un cuello estrecho en la parte superior y sirve para guardar líquidos. ☞ 800

botellazo
nombre masculino **1** Golpe fuerte que se da a algo o a alguien con una botella.

botellín
nombre masculino **1** Botella pequeña, especialmente la de cerveza.
👁 El plural es: botellines.

boticario, boticaria
nombre **1** Persona que prepara o vende medicinas en una farmacia. Actualmente se usa más el nombre de farmacéutico que el de boticario.

botijo
nombre masculino **1** Recipiente de barro que tiene un asa y dos bocas en la parte superior, una más ancha para llenarlo de líquido y otra en forma de pitorro para beber. En los botijos el agua se mantiene fresca.

botín
nombre masculino **1** Calzado generalmente de cuero y con cordones que cubre el pie y

B b

se ajusta en el tobillo. El botín suele ser más elegante, llevar algo más de tacón y ser más puntiagudo que la bota.
2 Conjunto de objetos robados en un atraco, en un asalto o después de vencer al enemigo en una batalla.
👁 El plural es: botines.

botiquín
nombre masculino **1** Mueble o maleta pequeña donde se guardan medicinas y cosas para hacer curas rápidas, como tiritas, alcohol y vendas. 🔖 595
👁 El plural es: botiquines.

botón
nombre masculino **1** Pieza, generalmente redonda, de plástico, nácar o algún material duro que se cose a la ropa para que, al pasar por un ojal, quede la prenda abrochada. 🔖 796
2 Pieza pequeña que en algunos aparatos sirve para poner en marcha o parar todo o parte de su mecanismo. Las televisiones y las radios tienen botones. 🔖 193
3 Brote de una planta o capullo de una flor cuando están completamente cerrados y aún no se ven hojas o pétalos. 🔖 598
nombre masculino y femenino plural **4 botones** Persona que trabaja en un hotel llevando maletas o recados de los clientes.
👁 El plural es: botones.

boutique
nombre femenino **1** Tienda de ropa. En las boutiques suelen tener vestidos exclusivos de diseñadores famosos.
2 Tienda donde se vende un solo tipo de producto, pero con mucha variedad y de calidad. En las boutiques de pan se pueden encontrar panes de todo tipo.
👁 Se pronuncia: 'butic'.

bóveda
nombre femenino **1** Techo alto que tiene forma curva. Algunas iglesias tienen pinturas en las bóvedas.

bovino, bovina
adjetivo **1** Se aplica al ganado de toros, vacas o bueyes. ✖ vacuno.

boxeador, boxeadora
nombre **1** Persona que practica el boxeo.

boxear
verbo **1** Practicar dos personas el deporte del boxeo.

boxeo
nombre masculino **1** Deporte de lucha entre dos personas que pueden pegarse por encima de la cintura sólo con los puños, que llevan protegidos por unos guantes especiales; se practica en un recinto cuadrado rodeado de cuerdas

boya
nombre femenino **1** Objeto que se sujeta al fondo del mar y flota en la superficie sirviendo de señal a los marineros.

boya

2 Objeto parecido a un corcho que se pone en el borde de una red o en el sedal de una caña para que no se hunda totalmente al lanzarla al mar.

bozal
nombre masculino **1** Objeto que sirve para tapar la boca de algunos animales para que no muerdan.

bragas
nombre femenino **1** Prenda de ropa interior femenina que cubre los genitales y las nalgas. En un lado tiene dos aberturas para pasar las piernas y en el otro una goma elástica que se ajusta a la cintura.
👁 También se dice: braga. El plural es: bragas.

bragueta
nombre femenino **1** Abertura que hay en la parte alta y delantera de un pantalón que se cierra con botones o con una cremallera.

bramar
verbo **1** Emitir el toro su sonido característico.
2 Dar una persona gritos muy fuertes, especialmente a causa de

B
b

dolor o rabia: *Entró bramando por que habían utilizado sus cosas.*

bramido
nombre 1 Sonido característico del toro.
masculino 2 Grito fuerte emitido por una persona, especialmente cuando está enfadada.
3 Ruido fuerte que produce el viento cuando sopla con fuerza o el mar cuando está muy agitado.

branquia
nombre 1 Órgano que tienen para respirar
femenino los peces y otros animales acuáticos. Los peces tienen una branquia a cada lado de la cabeza. ⚬⚬ agalla.

brasa
nombre 1 Trozo de un cuerpo sólido, co-
femenino mo carbón o madera, que arde sin producir llamas. Al apagarse las llamas de una hoguera, quedan las brasas encendidas un rato.
a la brasa Se dice de los alimentos que se cocinan directamente sobre brasas o sobre una parrilla.

brasero
nombre 1 Recipiente de metal, redondo y
masculino poco profundo, en el que se ponen brasas para que dé calor. Los braseros modernos son eléctricos.

brasileño, brasileña
adjetivo 1 Se dice de la persona o cosa
y nombre que es de Brasil, país de América del Sur.

bravo, brava
adjetivo 1 Se dice de la persona que se atreve a hacer las cosas con valor y decisión. ⚬⚬ valiente.
2 Se dice de los animales que muestran ser violentos o peligrosos, como los bisontes o los búfalos.
3 Se dice del mar cuando está muy agitado, con muchas olas.
interjección 4 **¡bravo!** Se usa para expresar entusiasmo o satisfacción por algo. Al final de un espectáculo, la gente dice: '¡bravo!'.

bravura
nombre 1 Característica de la persona
femenino que se atreve a hacer las cosas más difíciles o peligrosas de una manera decidida, como algunos domadores de circo. ⚬⚬ audacia; valentía.

2 Característica de los animales que son muy peligrosos o violentos.

braza
nombre 1 Estilo de nadar, boca abajo, en
femenino el que el nadador estira y encoge los brazos y las piernas al mismo tiempo, de manera parecida a como nadan las ranas.
2 Medida de longitud que se usa en la marina para conocer la profundidad del mar. La braza equivale a 1,67 metros.

brazada
nombre 1 Movimiento que se hace con los
femenino brazos al nadar o al remar que consiste en extender y recoger los brazos. Las piscinas pequeñas se cruzan con pocas brazadas.
2 Cantidad de alguna cosa que se puede coger y llevar de una sola vez en los brazos, como una brazada de leña.

brazalete
nombre 1 Aro de metal u otro material rígi-
masculino do, de una sola pieza, que se lleva en la muñeca o en el brazo como adorno.
2 Tira de tela que una persona se pone alrededor del brazo, encima de la ropa, como señal o símbolo de algo. En el fútbol el capitán del equipo lleva un brazalete.

brazo
nombre 1 Parte del cuerpo humano que
masculino va desde el hombro hasta el final de la mano. También se llama brazo a la parte entre el hombro y el codo.
2 Pata delantera de los animales que andan a cuatro patas, como el caballo o el toro. Los tentáculos de los pulpos también se llaman brazos.
3 Parte de un asiento donde una persona puede apoyar el brazo. Los sillones tienen brazos.
4 Parte alargada de un objeto que va unida a una pieza central. Los candelabros, las lámparas, las balanzas y muchas máquinas tienen brazos.
brazo derecho Persona de confianza que ayuda en el trabajo a

otra realizando las tareas más importantes.

con los brazos abiertos Con mucho gusto y cariño. Las personas recibimos a los buenos amigos con los brazos abiertos.

dar el brazo a torcer Hacer o aceptar lo que otra persona quiere después de haber estado mucho tiempo discutiendo.

de brazos cruzados Sin hacer nada cuando hay trabajo que hacer.

brecha
nombre femenino
1 Herida alargada y abierta, normalmente en la cabeza. Cuando alguien se hace una brecha hay que darle puntos.
2 Abertura de forma alargada que hay en una superficie. ✂ grieta.

breva
nombre femenino
1 Fruto que dan algunas higueras una vez al año, antes de dar higos. Las brevas son como los higos, pero de mayor tamaño.
no caerá esa breva Expresión que indica que no ocurrirá o es muy difícil que ocurra lo que alguien desea.

breve
adjetivo
1 Que dura poco tiempo. Entre clase y clase, hacemos una pausa breve mientras esperamos al profesor.
2 Que tiene poca longitud. Un relato breve es un relato que ocupa pocas páginas.

brevedad
nombre femenino
1 Característica de las cosas que son cortas o que duran poco tiempo. En algunos exámenes se valora más la brevedad que la extensión de las respuestas.

bribón, bribona
adjetivo y nombre
1 Se dice de la persona que engaña o roba a los demás. A veces llamamos bribones, en broma y con cariño, a los niños traviesos. ✂ granuja.
👁 El plural de bribón es: bribones.

bricolaje
nombre masculino
1 Conjunto de trabajos, como pintar un mueble o cambiar un grifo, que una persona hace en su propia casa para arreglarla, decorarla o para pasar el tiempo.

brida
nombre femenino
1 Conjunto que forman las correajes que se sujetan a la cabeza del caballo junto con el freno y las riendas; permite dirigir al caballo y hacerlo parar. ☞ 157
2 Arandela que sirve para asegurar la unión de dos tubos o de dos piezas cilíndricas.

brillante
adjetivo
1 Que brilla o emite luz. Los coches nuevos salen de las fábricas brillantes y relucientes. ✂ apagado.
2 Que destaca entre los demás por sus buenas cualidades, valores o actuaciones: *El equipo español tuvo una actuación muy brillante en los últimos Juegos Paralímpicos.* ✂ extraordinario.
nombre masculino
3 Diamante tallado por sus dos caras.

brillar
verbo
1 Desprender una luz muy viva, ya sea propia o reflejada; como hacen las estrellas o un cristal muy limpio. ✂ relumbrar; resplandecer.
2 Destacar sobre otras personas o cosas por alguna cualidad. Una persona puede brillar por su inteligencia.

brillo
nombre masculino
1 Luz propia o reflejada. El brillo del sol nos deslumbra; el suelo pulimentado tiene mucho brillo.

brincar
verbo
1 Dar saltos o brincos. ✂ saltar.
👁 Se escribe 'qu' delante de 'e', como: brinqué.

brinco
nombre masculino
1 Movimiento que consiste en levantarse a poca distancia del suelo con impulso para caer en el mismo sitio o en otro. ✂ salto.

brindar
verbo
1 Levantar en alto una copa o un vaso con bebida para expresar alegría o algún deseo.
2 Ofrecer algo a alguien sin pedir nada a cambio. Brindamos nuestra ayuda a las personas que tienen algún problema.

B
b

3 brindarse Ofrecerse una persona voluntariamente para hacer alguna cosa. Algunas personas se brindan a cuidar a personas enfermas sin cobrar nada a cambio.

brindis
nombre masculino
1 Acción de brindar, normalmente levantando en alto una copa o un vaso y chocándolo con otro.
👁 El plural es: brindis.

brío
nombre masculino
1 Fuerza, valor y decisión con que se hace una actividad o un trabajo. Los jinetes profesionales montan a caballo con mucho brío.

brisa
nombre femenino
1 Viento suave y agradable. En verano, la brisa de la tarde refresca el ambiente.

británico, británica
adjetivo y nombre
1 Se dice de la persona que es del Reino Unido, país del noroeste de Europa. Los ingleses, galeses, escoceses e irlandeses del norte tienen nacionalidad británica.

brizna
nombre femenino
1 Hilo o parte muy delgada de una cosa, especialmente de una planta. Cuando vamos al campo se nos pegan briznas de hierba en la ropa.

broca
nombre femenino
1 Instrumento de metal que se coloca en una máquina de taladrar para hacer agujeros. La broca es una barra en forma de espiral acabada en punta.

brocha
nombre femenino
1 Instrumento que se utiliza para pintar una superficie grande o extender un líquido. La brocha está formada por un mango delgado que termina en una cabeza de pelos o cerdas. 🖎 794

brochazo
nombre masculino
1 Cada pasada que se da con la brocha impregnada de pintura o de un líquido sobre una superficie.

broche
nombre masculino
1 Joya con una aguja en la parte trasera que se pone en una prenda de ropa para sujetar algo o como adorno. 🖎 550
2 Cierre de metal de dos piezas

que se enganchan una con la otra. Algunos collares de perlas llevan un broche de plata.

broma
nombre femenino
1 Aquello que se hace o se dice para divertirse o para reírse de alguien. Las bromas suelen hacerse entre amigos. 🞋 gracia.
broma pesada Broma que puede molestar por la forma de hacerla o por su contenido.
en broma Se dice de lo que se hace o se dice sólo para reírse.

bromear
verbo
1 Hacer o decir cosas sólo para divertirse.

bromista
adjetivo y nombre
1 Se dice de una persona que hace o dice muchas bromas.

bronca
nombre femenino
1 Regañina fuerte y violenta que se da a una persona por un error o por su mal comportamiento.
2 Discusión entre dos o más personas por no estar de acuerdo sobre algo. 🞋 riña.

bronce
nombre masculino
1 Metal pesado, de color amarillo rojizo, compuesto por una mezcla de cobre y estaño.

broncear
verbo
1 Poner morena la piel de una persona.

bronquio
nombre masculino
1 Cada uno de los dos conductos que unen la tráquea con los pulmones.

bronquitis
nombre femenino
1 Inflamación de los bronquios. Un resfriado mal curado puede provocar una bronquitis.
👁 El plural es: bronquitis.

brotar
verbo
1 Nacer o salir una planta de la tierra. La mayoría de plantas brotan en primavera.
2 Salir nuevos tallos, hojas o flores en una planta.
3 Salir el agua u otro líquido de un lugar. El agua brota de una fuente o de un manantial. 🞋 manar; fluir.
4 Aparecer o empezar a manifestarse algo, como una enfermedad, un sentimiento o un fuego.

brote

nombre masculino **1** Tallo, hoja o flor nueva de una planta. En los árboles de hojas perennes los brotes salen en primavera.
2 Aparición de una cosa, generalmente peligrosa o nociva: *Hay que combatir los brotes de racismo.*

brujería

nombre femenino **1** Práctica de actos y poderes mágicos que realizan los brujos para conseguir algo.

brujo, bruja

nombre **1** Persona que realiza actos mágicos para conseguir lo que quiere e influir sobre las personas, normalmente para hacerles daño. En el cuento de Blancanieves, la madrastra es una bruja.

brújula

nombre femenino **1** Instrumento que tiene una aguja que siempre señala en dirección norte y se utiliza para orientarse.

bruma

nombre femenino **1** Niebla de poca densidad que se forma sobre el mar o la tierra.

brusco, brusca

adjetivo **1** Se dice de las cosas que suceden o se producen de forma repentina, pasando de golpe de un estado a otro. En un cambio brusco de temperatura, ésta cambia mucho en muy poco tiempo.
2 Se dice de la persona que se comporta de manera grosera, sin amabilidad y con mala educación. Son bruscas las personas que dicen las cosas sin delicadeza.

brusquedad

nombre femenino **1** Característica de la persona brusca.
2 Acción, expresión o forma de comportarse de la persona brusca. Entrar en un despacho sin pedir permiso es una brusquedad.

brutal

adjetivo **1** Que es violento o cruel, como un accidente, una guerra o un crimen.
2 Que es grande, intenso o fuerte: *Tengo una sed brutal.*

brutalidad

nombre femenino **1** Crueldad o violencia de algo o alguien: *La brutalidad del boxeo.*

2 Acción o expresión torpe, poco adecuada o equivocada. Reírse de los defectos físicos de una persona es una brutalidad.

bruto, bruta

nombre **1** Persona que se comporta de manera grosera, sin respeto y usando la fuerza física con exageración y sin motivos.
2 Persona que tiene poca inteligencia o pocos conocimientos y se comporta con torpeza.

adjetivo **3** Se dice de una cantidad antes de descontarle impuestos u otras cantidades que haya que descontar, especialmente de un sueldo.
en bruto Que está sin pulir, sin refinar o sin trabajar. Un diamante en bruto está sin pulir.

bucal

adjetivo **1** Que se refiere a la boca. Una vez al año debe hacerse una limpieza bucal.

buceador, buceadora

nombre **1** Persona que realiza actividades de pesca, rescate o investigación debajo del agua, normalmente a poca profundidad.

bucear

verbo **1** Nadar una persona por debajo de la superficie del agua.

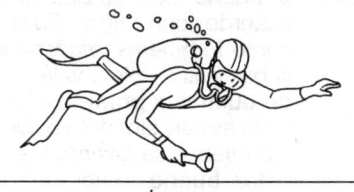

bucear

buceo

nombre masculino **1** Acción de bucear.

bucle

nombre masculino **1** Rizo del pelo.

budismo

nombre masculino **1** Religión de las personas que siguen a Buda. El budismo predomina en las zonas de Asia central y oriental.

buen

adjetivo **1** Apócope de 'bueno'; se usa

B
b

B
b

cuando va delante de un nombre masculino: *Un buen estudiante. Un buen coche. Un buen amigo.* ⋙ bueno. ⋙ mal.

bueno, buena

adjetivo y nombre
1 Se dice de la persona a la que le gusta hacer el bien, ayudar a los demás y se comporta con honradez. También se dice de las acciones y sentimientos de una persona buena. ⋙ bondadoso. ⋙ malo.

adjetivo
2 Se dice de la persona que se porta bien y no molesta a los demás. Los niños buenos no hacen travesuras. ⋙ malo.
3 Que es conveniente y adecuado para una cosa. Las aspirinas son buenas para el dolor de cabeza. ⋙ malo.
4 Que es agradable para alguno de nuestros sentidos, como una música, una comida o un perfume. ⋙ malo.
5 Que tiene mucho valor o es de muy buena calidad. En los museos se ven buenos cuadros. ⋙ malo.
6 Que tiene buena salud. ⋙ malo.
7 Que es grande o tiene un tamaño mayor de lo normal: *Ponme una buena ración de croquetas.*

adverbio
8 bueno Expresa que estamos de acuerdo con algo: *Pues bueno, como tú quieras, mañana vamos a la piscina.* ⋙ bien; vale.
de buenas a primeras De repente y sin avisar; sin motivo: *De buenas a primeras, se levantó y se fue.*
estar bueno Tener una persona buen tipo o ser guapa y atractiva. Es una expresión informal.
estar de buenas Estar una persona de buen humor.
hacer bueno Ser el tiempo agradable y soleado.
por las buenas Con buena educación, sin enfadarse ni utilizar la fuerza: *Le pidió por las buenas que se fuese o llamaría a la policía.*
por las buenas Sin razón o sin avisar; porque sí. Que una persona se presente en tu casa por las buenas cuando estás ocupado es un poco molesto.

buey

nombre masculino
1 Toro al que se le han quitado los testículos.
2 Animal marino comestible que tiene una concha dura y cinco pares de patas, las dos primeras en forma de grandes pinzas negras.

búfalo, búfala

nombre
1 Animal mamífero parecido al toro, con cuernos largos en forma de media luna y anchos por la base. Vive en África y en la India.
2 Animal mamífero con una especie de joroba en el lomo, cabeza muy grande y unos cuernos pequeños con la punta hacia arriba. Vive en las praderas de América del Norte. ⋙ bisonte.

bufanda

nombre femenino
1 Tira larga y ancha de tejido grueso o de lana que se pone alrededor del cuello, a veces tapando la boca, para protegerse del frío.

bufé

nombre masculino
1 Mesa o mostrador donde, en fiestas y restaurantes, se colocan alimentos o bebidas para que cada persona se sirva.
👁 También se escribe y se pronuncia: 'bufet'.

bufido

nombre masculino
1 Respiración fuerte y ruidosa de algunos animales, como el toro o el caballo.
2 Forma de expresar una persona su enojo o enfado.

bufón, bufona

nombre
1 Antiguamente, persona que hacía reír y divertía a la gente de un castillo o palacio.
👁 El plural de bufón es: bufones.

buganvilla

nombre femenino
1 Arbusto de jardín, de ramas muy largas y pequeñas flores de color fucsia, rojo o anaranjado que parecen de papel. La buganvilla es un arbusto que trepa por la pared.

buhardilla

nombre femenino
1 Parte más alta de una casa, justo debajo del tejado, que tiene el techo inclinado. En la buhardilla se

suelen guardar los trastos viejos. ✕✕ desván.

búho

nombre masculino **1** Ave que caza de noche, con grandes ojos redondos. Se alimenta de ratones, pequeños reptiles e insectos.

buitre

nombre masculino **1** Ave de gran tamaño, de color marrón o negro, sin plumas en el cuello, que suele alimentarse de animales muertos. ✕✕ quebrantahuesos.

adjetivo y nombre masculino **2** Se dice de una persona que se aprovecha de otras personas: *El muy buitre se lo comió todo*.

bujía

nombre femenino **1** Pieza de un motor que sirve para producir una chispa que enciende la mezcla de combustible y aire del motor y hace que funcione.

bulbo

nombre masculino **1** Tallo redondo de algunas plantas que crece en el interior de la tierra y en el que se almacenan sustancias alimenticias. La cebolla y el tulipán tienen bulbos.

bulevar

nombre masculino **1** Calle ancha de una población con árboles a los lados y un paseo central.

búlgaro, búlgara

adjetivo y nombre **1** Se dice de la persona o cosa que es de Bulgaria, país del este de Europa.

nombre masculino **2** Lengua hablada en Bulgaria. El búlgaro es una lengua eslava.

bulla

nombre femenino **1** Ambiente alegre y ruidoso producido por las voces y las risas de mucha gente reunida: *En las fiestas se arma tanta bulla que los vecinos no pueden dormir*. ✕✕ jaleo.

bullicio

nombre masculino **1** Ambiente ruidoso producido por las voces de mucha gente reunida.

bullicioso, bulliciosa

adjetivo **1** Que tiene ruido de voces, gritos y risas de mucha gente reunida. ✕✕ ruidoso. ✕✕ tranquilo.
2 Que tiene animación o movimiento. Los centros comerciales son muy bulliciosos en época de rebajas.

bulto

nombre masculino **1** Elevación que sobresale de una superficie, o parte dura y pequeña dentro de una masa, en especial en una parte del cuerpo. Un chichón en la cabeza es un bulto.
2 Cuerpo u objeto que no se distingue claramente, especialmente por estar lejos, estar tapado o estar en un lugar oscuro.
3 Maleta, paquete o bolsa llena de cosas que se lleva como equipaje. Cuando hacemos un viaje corto llevamos pocos bultos.
a bulto A ojo; sin medir ni contar: *Calculó el precio a bulto y acertó*.
escurrir el bulto Librarse una persona de hacer un trabajo difícil o desagradable: *Escurre el bulto cuando hay que fregar los platos*.

bungaló

nombre masculino **1** Casa de campo pequeña de un solo piso, generalmente construida con materiales ligeros. En los cámpings hay bungalós.
👁 También se escribe: bungalow.

buñuelo

nombre masculino **1** Masa frita en aceite, en forma de bola o rosquilla, que se hace con harina y agua.

buque

nombre masculino **1** Barco con cubierta y con mucha capacidad para hacer navegaciones de importancia.

burbuja

nombre femenino **1** Pequeña bola de aire que se forma dentro de algún líquido. Hay muchas bebidas que tienen burbujas, como el cava o la gaseosa.

burgalés, burgalesa

adjetivo y nombre **1** Se dice de la persona o cosa que es de Burgos, ciudad y provincia de Castilla y León.
👁 El plural de burgalés es: burgaleses.

burgués, burguesa

adjetivo y nombre **1** Se dice de la persona que es miembro de la burguesía o clase social acomodada.

adjetivo **2** Que pertenece a la burguesía o que tiene relación con ella. La vida burguesa es cómoda.

B
—
b

burguesía (cont.)

adjetivo y nombre **3** Se dice de la persona a la que le gusta vivir con tranquilidad, rodeada de comodidades y haciendo todo lo que hace la gente que tiene mucho dinero. Es un uso despectivo.
👁 El plural de burgués es: burgueses.

burguesía
nombre femenino **1** Clase social formada por las personas que tienen dinero y prestigio social. Los empresarios forman parte de la burguesía.

burla
nombre femenino **1** Cosa que se hace o dice para poner en ridículo a una persona o reírse de ella, muchas veces a sus espaldas.

burlar
verbo **1** Evitar con inteligencia y astucia a una persona o un peligro del que se quiere escapar: *El ladrón burló a la policía y consiguió huir.*
2 burlarse Poner a una persona en ridículo riéndose de ella o gastándole una broma. No es correcto burlarse de los compañeros de clase.

burlón, burlona
adjetivo **1** Que se burla de la gente.
👁 El plural de burlón es: burlones.

burrada
nombre femenino **1** Acción o expresión que es muy tonta o estúpida: *No digas burradas: el sol sale por el este, no por el oeste.* Es un uso informal.
2 Cantidad muy grande de una cosa: *¡Qué burrada de gente!* Es un uso informal. ✕ barbaridad.

burro, burra
nombre **1** Animal mamífero doméstico parecido al caballo, pero de menor tamaño y con las orejas más grandes. Se utiliza como animal de carga. ✕ asno, borrico.
nombre y adjetivo **2** Se dice de una persona torpe, tozuda o que no entiende las cosas.

bus
nombre masculino **1** Es la forma abreviada de: autobús.

buscador, buscadora
nombre **1** Persona que se dedica a buscar alguna cosa que le haga rico, como oro, petróleo o marfil.

buscar
verbo **1** Mirar con atención en un lugar para encontrar una cosa o a una persona. Se puede buscar una cosa que se ha perdido o que se necesita o se busca pensando que se puede descubrir algo interesante.
👁 Se escribe 'qu' delante de 'e', como: busquemos.

búsqueda
nombre femenino **1** Acción que se realiza cuando se busca a una persona o una cosa, en especial cuando es una investigación científica.

busto
nombre masculino **1** Estatua o pintura que representa a una persona desde la cabeza hasta la mitad del tórax.
2 Parte del cuerpo humano que va del cuello a la cintura.
3 Pecho de la mujer.

butaca
nombre femenino **1** Asiento con respaldo y brazos para una persona. La butaca es más grande y más cómoda que una silla. ✕ sillón.
2 Asiento para los espectadores en las salas de cine y de teatro.

butano
nombre masculino **1** Tipo de gas que se envasa en bombonas y se usa como combustible para encender el fuego de las cocinas y calentar el agua.

butifarra
nombre femenino **1** Salchicha larga y gruesa, hecha de carne de cerdo picada, que se come frita o asada.

buzo
nombre masculino y femenino **1** Persona que realiza actividades de pesca, rescate o investigación debajo del agua, normalmente a bastante profundidad. Los buzos suelen llevar un equipo y aparatos especiales de respiración.

buzón
nombre masculino **1** Lugar en el que se depositan las cartas y las postales que se envían por correo o en el que se recogen las cartas que se reciben. Los buzones tienen una abertura para introducir las cartas y una puerta con cerradura por donde se sacan.
👁 El plural es: buzones.

C | c

c

nombre femenino
1 Tercera letra del alfabeto español. La 'c' es una consonante.

cabalgar

verbo
1 Moverse a lomos de un caballo. 👁 Se escribe 'gu' delante de 'e', como: cabalguemos.

cabalgata

nombre femenino
1 Desfile de personas a pie y en carrozas que se hace en las fiestas y en algunas celebraciones: *Fue a ver la cabalgata de los Reyes Magos.*

caballa

nombre femenino
1 Pez marino de color verde azulado muy brillante y con rayas negras. Es comestible; se come fresco, en conserva o ahumado.

caballería

nombre femenino
1 Animal que sirve para montar en él, como el caballo o el burro.
2 Conjunto de soldados del ejército que van a caballo.

caballeriza

nombre femenino
1 Lugar donde viven o se guardan los caballos, especialmente los de carreras o de carga. ✖✖ cuadra.

caballero

nombre masculino
1 Hombre que se comporta con mucha educación y amabilidad, en especial con las mujeres.
2 Forma de tratamiento dirigido a los hombres que indica respeto: *Dígame, caballero.* ✖✖ señor.
3 Persona de sexo masculino. Es un uso formal. ✖✖ hombre.

caballete

nombre masculino
1 Objeto que utilizan los pintores para sostener el cuadro que están pintando. El caballete suele ser de madera y tener tres pies. ✎➘ 794
2 Soporte formado por dos pares de patas que forman ángulo y sobre el cual se coloca una pieza horizontal. Con dos caballetes y una tabla se puede hacer una mesa.

caballitos

nombre masculino plural
1 Atracción de las ferias, formada por una plataforma redonda que da vueltas sobre la que hay animales de madera u otros objetos donde se sientan los niños. ✖✖ tiovivo.

caballo

nombre masculino
1 Animal mamífero doméstico macho de gran tamaño, de cabeza alargada y orejas pequeñas, con largas crines en la cola y en la parte superior del cuello. Se utiliza habitualmente para montar en él. La hembra es la yegua.

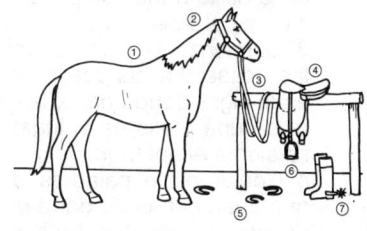

① grupa
② crin
③ bridas
④ silla de montar
⑤ herradura
⑥ estribo
⑦ espuela

caballo

2 Carta de la baraja española en la que aparece un caballo con un hombre montado sobre él.
3 Pieza del juego de ajedrez que tiene forma de caballo, se mueve en forma de L y puede saltar sobre otras piezas.

C
c

4 En el lenguaje de la droga, heroína.

a caballo Sobre la espalda o los hombros de una persona.

a caballo Que está o sucede entre dos periodos de tiempo o dos situaciones diferentes, de las que tiene alguna característica: *Está a caballo entre el rock y el pop.*

caballo de vapor Unidad de medida que expresa la potencia de una máquina. Se abrevia CV.

cabaña
nombre femenino

1 Casa pequeña y sencilla construida en el campo, generalmente con palos, cañas o ramas. � choza.

2 Conjunto de ganado de una determinada clase o lugar. La cabaña de ovejas de España es una de las más importantes de Europa.

cabecear
verbo

1 Dejar caer la cabeza sin querer cuando una persona se queda dormida estando sentada.

2 Mover la cabeza de un lado a otro o de arriba abajo.

3 En fútbol, golpear la pelota con la cabeza.

cabecera
nombre femenino

1 Parte de la cama donde se ponen la almohada y la cabeza.

2 Pieza que sobresale de la cama en la parte donde se pone la cabeza. ✗ cabecero.

3 Comienzo o parte principal de las cosas. La cabecera de un río es el lugar donde nace; la cabecera de una mesa es el lugar donde se sienta el anfitrión.

4 Conjunto de palabras o frases que aparecen en la parte de arriba de algunos escritos. En la cabecera de un periódico figuran su nombre, la fecha, la ciudad y otros datos importantes.

cabecero
nombre masculino

1 Pieza que sobresale de la cama en la parte donde se pone la cabeza. Para leer se apoya la espalda en el cabecero. ✗ cabecera.

cabecilla
nombre masculino y femenino

1 Persona que dirige o está al frente de un grupo de personas que protestan o luchan contra algo.

cabellera
nombre femenino

1 Pelo de la cabeza de una persona, especialmente cuando cae sobre la espalda. ✗ melena.

cabello
nombre masculino

1 Pelo o conjunto de los pelos que crecen en la cabeza de las personas.

cabello de ángel Dulce hecho con azúcar y calabaza que tiene forma de hilos. Muchos bollos están rellenos de cabello de ángel.

caber
verbo

1 Tener algo o alguien el tamaño adecuado para meterse en un lugar, pasar por un sitio o contener algo: *Déjame más sitio, que no quepo. El sillón es muy ancho y no cabe en el ascensor.*

2 Ser posible lo que se dice a continuación. Se utiliza normalmente en expresiones como: cabe

caber

INDICATIVO	SUBJUNTIVO
presente	**presente**
quepo	acierte
cabes	aciertes
cabe	acierte
cabemos	acertemos
cabéis	acertéis
caben	acierten
pretérito imperfecto	**pretérito imperfecto**
cabía	cupiera o cupiese
cabías	cupieras o cupieses
cabía	cupiera o cupiese
cabíamos	cupiéramos o cupiésemos
cabíais	cupierais o cupieseis
cabían	cupieran o cupiesen
pretérito indefinido	**futuro**
cupe	cupiere
cupiste	cupieres
cupo	cupiere
cupimos	cupiéremos
cupisteis	cupieres
cupieron	cupieren
futuro	**IMPERATIVO**
cabré	
cabrás	cabe (tú)
cabrá	quepa (usted)
cabremos	cabed (vosotros)
cabréis	quepan (ustedes)
cabrán	
condicional	**FORMAS NO PERSONALES**
cabría	
cabrías	**infinitivo** **gerundio**
cabría	caber cabiendo
cabríamos	**participio**
cabríais	cabido
cabrían	

señalar, no cabe duda, cabe decir o si cabe.
3 Corresponder una cantidad al dividir: *Doce entre cuatro cabe a tres.*
no caber en la cabeza Indica que alguien no es capaz de encontrar razón o justificación a algo que se dice o sucede: *No me cabe en la cabeza que la gente no respete los pasos de peatones.*

cabeza
nombre femenino
1 Parte del cuerpo de las personas y de los animales donde se encuentra el cerebro. 🢂594
2 Capacidad que tiene una persona para pensar o acordarse de las cosas. Si decimos que una persona no tiene cabeza es que es poco inteligente. ⚒ seso.
3 Individuo humano: *Tocan a dos caramelos por cabeza.* ⚒ barba.
4 Unidad de ganado. *Tienen muchas cabezas de ganado.* ⚒ res.
5 Parte de una cosa situada al principio: *La cabeza de la fila es el primero.* ⚒ cola.
6 Persona que se encarga de dirigir un grupo o una organización. El cabeza de una familia es el padre, la madre, o los dos juntos. ⚒ jefe.
a la cabeza En primer lugar. La persona que va a la cabeza de la carrera va ganando.
cabeza de chorlito Persona que hace las cosas sin pensarlas mucho.
de cabeza De forma directa y rápida: *Si sigues así, vas de cabeza a la calle.*
de cabeza Muy preocupado o muy nervioso por algo: *Los exámenes lo traen de cabeza.*
estar mal de la cabeza Estar una persona un poco loca.
meter en la cabeza Convencer a una persona de algo: *Aunque insistí mucho, no pude metérselo en la cabeza.*
perder la cabeza Perder el control por una persona o una cosa que gusta mucho o que irrita mucho: *Ha perdido la cabeza por él, está enamoradísima. Perdió la cabeza y le dio una torta.*

romperse la cabeza Pensar mucho sobre un asunto intentando buscar una solución: *Se rompió la cabeza con el problema de matemáticas y al final lo hizo.*

cabezada
nombre femenino
1 Movimiento brusco que hace sin querer una persona con la cabeza cuando se queda dormida sentada y sin apoyar la cabeza.
2 Cabezazo.
echar una cabezada Dormir durante poco tiempo, generalmente sin meterse en la cama.

cabezazo
nombre masculino
1 Golpe que se da con la cabeza o que se recibe en ella. ⚒ cabezada.

cabezón, cabezona
adjetivo
1 Se dice de la persona que tiene la cabeza demasiado grande. ⚒ cabezudo.
2 Cabezota.
👁 El plural de cabezón es: cabezones.

cabezonada
nombre femenino
1 Cabezonería.

cabezonería
nombre femenino
1 Acción de la persona que se mantiene firme en una idea o una postura y no se deja convencer. ⚒ cabezonada.

cabezota
adjetivo
1 Que no cambia de opinión aunque esté equivocado y es muy difícil de convencer. ⚒ cabezón.

cabezudo, cabezuda
nombre
1 Persona disfrazada con una cabeza muy grande hecha de cartón pintado u otro material, que desfila por las calles en las fiestas populares.
adjetivo
2 Se dice de la persona que tiene la cabeza demasiado grande. ⚒ cabezón.
3 Cabezota.

cabida
nombre femenino
1 Espacio que tiene un recipiente, un edificio o cualquier otra cosa para contener algo. ⚒ capacidad.

cabina
nombre femenino
1 Espacio pequeño y cerrado, a menudo aislado, destinado a fines

C / c

muy diversos, como las cabinas para cambiarse de ropa o las cabinas telefónicas.
2 Espacio pequeño y cerrado de un camión, avión u otros vehículos, reservado para el conductor o piloto. En la cabina se encuentran el volante y los instrumentos para mover el vehículo. ✍ 195

cabizbajo, cabizbaja
adjetivo **1** Se dice de la persona que inclina la cabeza porque está preocupada, triste, avergonzada o pensativa.

cabizbajo

cable
nombre masculino **1** Conjunto de alambres finos cubiertos por una funda de plástico que sirven para conducir la electricidad. Los enchufes están conectados a un cable. ✍ 393
2 Alambres trenzados que forman una especie de cuerda muy gruesa y resistente que se utiliza para levantar grandes pesos. Los ascensores y las grúas tienen cables.
cruzarse los cables Perder alguien el control y actuar de manera poco lógica: *Se le cruzaron los cables y salió a pasear de madrugada*.
echar un cable Ayudar a una persona a hacer algo. Muchos padres echan un cable a sus hijos con los deberes del colegio. Es una expresión informal. ⚒ echar una mano.

cabo
nombre masculino **1** Porción estrecha y alargada de tierra que entra en el mar, como el cabo de Finisterre o el cabo de Gata.
2 Grado militar entre el soldado y el sargento. La persona que tiene ese grado también se llama cabo.
3 Punta o parte final de un objeto alargado, como una cuerda.
4 Cuerda que se utiliza en los barcos para distintos fines, como amarrar el barco o sujetar las velas.
al cabo de Pasado el tiempo que se dice a continuación: *Apareció al cabo de tres horas*.
de cabo a rabo Indica que algo se hace desde el principio hasta el final, sin dejarse nada: *Me sé la lección de cabo a rabo*.
llevar a cabo Realizar un trabajo, un proyecto o una idea: *Llevan a cabo obras de reforma*.

cabra
nombre femenino **1** Animal mamífero doméstico de color marrón, con cuernos curvados hacia atrás y un mechón de pelos en la barbilla. Aprovechamos de ella la carne, la leche y la piel.
estar como una cabra Estar un poco loco.

cabrear
verbo **1** Enfadar mucho a alguien: *Se cabreó porque lo había engañado*.
👁 Es una palabra informal.

cabreo
nombre masculino **1** Estado de la persona que está muy enfadada. *¡Qué cabreo pilló cuando vio que no estabas!*
👁 Es una palabra informal.

cabrío, cabría
adjetivo **1** Que tiene relación con la cabra.

cabriola
nombre femenino **1** Salto que consiste en cruzar varias veces los pies en el aire antes de posarlos sobre el suelo. Los patinadores artísticos suelen hacer muchas cabriolas.
2 Salto del caballo que consiste en mover las patas traseras hacia atrás mientras se mantiene en el aire.

cabrito, cabrita
nombre **1** Cría de la cabra desde que nace hasta que deja de mamar. ⚒ chivo.
adjetivo y nombre **2** Se dice de la persona que no se comporta con buena intención: *¡Qué cabrito!, lo hizo sólo para molestarme*. Es un uso informal.

cabrón, cabrona

adjetivo **1** Se dice de la persona que actúa con mala intención y hace daño a los demás. Con este significado es vulgar y se utiliza como insulto. nombre masculino **2** Macho de la cabra. 👁 El plural de cabrón es: cabrones.

caca

nombre femenino **1** Excremento sólido que expulsan las personas y los animales por el ano después de haber digerido la comida. ⚹⚹ mierda.
2 Cosa que está mal hecha o tiene poca calidad. Una tele que tiene muchas averías es una caca. Es un uso informal. ⚹⚹ mierda.

cacahuete

nombre masculino **1** Fruto del cacahuete que, cuando está maduro, pasa a ser un fruto seco en forma de vaina alargada, de color beige, que contiene varias semillas. A esta semilla comestible también se la llama cacahuete.

cacao

nombre masculino **1** Polvo de color marrón oscuro con el que se hace el chocolate. El cacao se saca de las semillas de un árbol con el mismo nombre que crece en los países tropicales.
2 Crema hecha con manteca de cacao que se usa para suavizar la piel de los labios cortados. Se vende en barritas o en cajas.
3 Situación de desorden y confusión: Con tanta gente se armó un buen cacao. Es un uso informal. ⚹⚹ follón.

cacarear

verbo **1** Emitir la gallina o el gallo su voz característica.

cacatúa

nombre femenino **1** Ave tropical de pico grande y encorvado que tiene una cresta sobre la cabeza.

cacereño, cacereña

adjetivo y nombre **1** Se dice de la persona o cosa que es de Cáceres, ciudad y provincia de Extremadura.

cacería

nombre femenino **1** Reunión de cazadores que salen al monte a cazar.

cacerola

nombre femenino **1** Recipiente de cocina que se usa para guisar. Suele ser de metal, con forma cilíndrica, y tiene dos asas y una tapa.

cachalote

nombre masculino **1** Animal mamífero marino de color gris oscuro que tiene una cabeza muy grande, con un orificio por el que arroja un gran surtidor de vapor de agua. Utilizamos el aceite que se extrae de su cuerpo.

cacharro

nombre masculino **1** Recipiente, especialmente el que sirve para freír o hervir alimentos.
2 Objeto o aparato viejo que no tiene valor ni sirve para nada. Un coche, un reloj o una radio que funcionan mal son cacharros. Es un uso despectivo.

cachas

adjetivo y nombre masculino y femenino **1** Se dice de la persona que está muy fuerte y tiene los músculos muy desarrollados: Desde que va al gimnasio está muy cachas. Es una palabra informal.

cachear

verbo **1** Tocar el cuerpo de una persona por encima de la ropa para comprobar que no lleva armas. Cuando la policía detiene a un delincuente lo cachea.

cachete

nombre masculino **1** Golpe que se da con la mano en la cara o en las nalgas.

cachivache

nombre masculino **1** Objeto que no sirve para nada o que estorba en un lugar. También se usa para designar una cosa que no se sabe lo que es o para lo que sirve. Es una palabra despectiva.

cacho

nombre masculino **1** Trozo o pedazo pequeño de una cosa, especialmente cuando ha sido cortado o arrancado de algo, o es una parte de una cosa que se ha roto.

cachondearse

verbo **1** Reírse de una persona o una cosa y dejarla en ridículo. Es una palabra informal. ⚹⚹ pitorrearse.

cachondeo

nombre masculino **1** Acción o palabras con las que nos reímos de una persona o una

C
—
c

C / c

cosa; se dice que la situación en la que alguien hace o dice algo para reírse de otros también es un cachondeo. Es una palabra informal. ✕✕ pitorreo.

cachondo, cachonda

adjetivo **1** Se dice de la persona que hace bromas y se ríe mucho. Es una palabra informal. ✕✕ divertido.
2 Se dice de la persona o el animal que siente un deseo sexual fuerte. Es un uso vulgar.

cachorro, cachorra

nombre **1** Perro de poca edad.
2 Cría de un animal mamífero, como el gato o el león.

cacique

nombre masculino **1** Persona que utiliza su poder económico o social para mandar sobre una comunidad.

caco

nombre masculino **1** Persona que roba sin violencia y entrando a escondidas en los sitios donde roba. Los cacos suelen robar objetos de poco valor. ✕✕ ladrón.

cacto

nombre masculino **1** Planta de tallo carnoso y cubierto de espinas que almacena agua y puede vivir en zonas muy secas. Los cactos son las plantas típicas del desierto.
👁 También se pronuncia y se escribe: cactus.

cactus

nombre masculino **1** Es otra forma de pronunciar y escribir: cacto.
👁 El plural es: cactus.

cada

adjetivo **1** Se aplica a los elementos de una serie o grupo para indicar que se distribuyen determinado número de ellos entre los de otra serie o grupo. Cada cuatro años hay un año bisiesto.
2 Indica un único elemento de una serie o grupo. Cada día tiene veinticuatro horas.
3 Sirve para exagerar o destacar aquello de lo que se habla: *Sale con cada excusa más extraña...*
cada uno Cada persona de las que componen un grupo: *A cada uno le corresponde escoger su camino.*

cadáver

nombre masculino **1** Cuerpo sin vida de una persona.

cadena

nombre femenino **1** Conjunto de anillas o piezas iguales de metal que van unidas una detrás de otra. ✍ 193
2 Conjunto de establecimientos del mismo tipo, como hoteles o gasolineras, que pertenecen a una misma persona o sociedad y que están repartidos por distintos lugares.
3 Fila de personas colocadas una al lado de otra que llegan a tocarse con los brazos extendidos. Se hacen cadenas para pasar cosas rápidamente de un lugar a otro o como señal de protesta o de solidaridad con algo.
4 Emisora o conjunto de emisoras de una empresa de radio o televisión.
5 Equipo de música formado por varios aparatos, como radio, casete, lector de discos compactos, amplificador y altavoces.

cadencia

nombre femenino **1** Repetición regular de un sonido o un movimiento.
2 Repetición regular y bien proporcionada de los acentos y las pausas de una frase o un verso.
3 Manera de terminar una obra musical.

cadera

nombre femenino **1** Cada una de las dos partes salientes situadas a los costados del cuerpo humano por debajo de la cintura.

caducar

verbo **1** Dejar de ser bueno para el consumo un alimento envasado o un medicamento a partir de una fecha que suele venir marcada en el producto.
2 Dejar de existir una costumbre o un derecho debido al paso del tiempo; también caducan los documentos que pierden validez a partir de una fecha determinada.
👁 Se conjuga como: sacar; se escribe 'qu' delante de 'e', como: caduquen.

caducidad

nombre femenino **1** Pérdida de validez para el consumo de un alimento envasado o un medicamento. Hay que mirar la fecha de caducidad de un medicamento antes de tomarlo. ✍ 800
2 Hecho de que una costumbre o un derecho deje de existir con el paso del tiempo; también es la pérdida de validez de un documento a partir de una fecha.

caduco, caduca

adjetivo **1** Se dice de las hojas que se caen en otoño y vuelven a salir en primavera. El almendro es un árbol de hoja caduca. ✍ 599
2 Se dice de la cosa, costumbre o actitud que por ser muy vieja ya ha desaparecido o está a punto de desaparecer: *La tecnología de este ordenador está caduca, ahora es completamente diferente.*

caer

verbo **1** Moverse desde arriba hacia abajo por la fuerza del propio peso. Si no se sujeta una piedra o cualquier objeto, cae al suelo.
2 Perder el equilibrio e ir a parar a una superficie firme. Si una persona tropieza, se cae.
3 Soltarse o separarse una cosa de donde estaba unida. En otoño se caen las hojas de los árboles.
4 Pasar a un estado físico, anímico o económico más bajo o menos bueno: *Cayó enfermo.*
5 Producir una impresión determinada una persona o una cosa. Las personas que caen mal no gustan.
6 Estar situado en el lugar que se indica: *Su casa cae muy cerca de la estación.*
7 Darse cuenta de una cosa: *Ahora no caigo, no sé quién eres.*
8 Corresponder o coincidir un acontecimiento con una fecha determinada: *El día de Navidad cae en martes.*
9 Meterse en una situación difícil o anormal sin darse cuenta o por haber sido engañado. Una persona cae en una inocentada cuando se la cree y es víctima de ella.
10 Tocar o corresponder un premio en suerte: *Le han caído 50 000 pesetas en la lotería.*
11 Sentar bien o mal una cosa a una persona, en especial la ropa.
12 Descender, en especial todo lo relacionado con la atmósfera. Decimos que caen el Sol o la noche.

dejar caer Decir una cosa importante o que interesa decirla fingiendo que no se le da importancia: *Entre broma y broma dejó caer la mala noticia.*

estar al caer Faltar muy poco tiempo para que llegue alguien u ocurra algo.

caer	
INDICATIVO	**SUBJUNTIVO**
presente	**presente**
caigo	caiga
caes	caigas
cae	caiga
caemos	caigamos
caéis	caigáis
caen	caigan
pretérito imperfecto	**pretérito imperfecto**
caía	cayera o cayese
caías	cayeras o cayeses
caía	cayera o cayese
caíamos	cayéramos o
caíais	cayésemos
caían	cayerais o cayeseis
	cayeran o cayesen
pretérito indefinido	
caí	**futuro**
caíste	cayere
cayó	cayeres
caímos	cayere
caísteis	cayéremos
cayeron	cayereis
	cayeren
futuro	
caeré	**IMPERATIVO**
caerás	
caerá	cae (tú)
caeremos	caiga (usted)
caeréis	caed (vosotros)
caerán	caigan (ustedes)
condicional	**FORMAS NO PERSONALES**
caería	
caerías	**infinitivo** **gerundio**
caería	caer cayendo
caeríamos	**participio**
caeríais	caído
caerían	

café

nombre masculino **1** Bebida de color marrón oscuro y sabor amargo. El café se hace hirviendo en agua los granos tostados y triturados de una planta del mismo nombre.

C

cafeína
nombre femenino **1** Sustancia excitante que contiene algunas bebidas, como el café, el té o las bebidas de cola.

cafetera
nombre femenino **1** Recipiente o máquina para hacer café. ✍ 194, 793

cafetería
nombre femenino **1** Establecimiento público con una barra de bar y mesas en el que se puede tomar café y algunas bebidas o alimentos.

cagada
nombre femenino **1** Excremento que se hace cada vez que se vacía el vientre.
2 Aquello que está mal hecho o que está equivocado. Si en un examen hay muchas cagadas, se suspende. 👁 Es una palabra vulgar.

cagado, cagada
adjetivo y nombre **1** Que no se atreve a hacer nada difícil o arriesgado porque todo le da miedo. Es una palabra vulgar. ✖✖ cagón; miedica.

cagar
verbo **1** Expulsar excrementos por el ano. Es una palabra vulgar.
cagarse Sentir mucho miedo. 👁 Se escribe 'gu' delante de 'e', como: cague.

cagarruta
nombre femenino **1** Excremento de algunos animales, especialmente los que tienen forma redonda.
2 Cosa que está mal hecha o es de mala calidad. Es un uso informal. ✖✖ caca; mierda.

cagón, cagona
adjetivo y nombre **1** Que caga con mucha frecuencia.
2 Cagado. Es un uso vulgar. ✖✖ miedica. 👁 El plural de cagón es: cagones.

caída
nombre femenino **1** Acción que consiste en caer o caerse. Una caída muy fuerte puede provocar la rotura de un hueso.
2 Pendiente o inclinación hacia abajo de una superficie.
3 Manera como cuelga o cae hacia abajo una tela.

caído, caída
nombre y adjetivo **1** Persona que ha perdido la vida en una guerra o en una lucha.

caimán
nombre masculino **1** Reptil parecido a un cocodrilo, pero más pequeño, que tiene la piel muy dura y los dientes afilados. Vive en los ríos americanos y actualmente peligra su supervivencia en muchas zonas. 👁 El plural es: caimanes.

caja
nombre femenino **1** Recipiente que sirve para guardar, transportar o proteger cosas. Las cajas tienen una tapa y son más frecuentes las de forma cuadrada o rectangular. ✍ 393
2 Lugar en un banco, una tienda o un establecimiento, en el que se cobra o se paga una cantidad de dinero.
3 Cubierta que protege o resguarda un mecanismo, como la caja del reloj, o cubierta que protege algunos órganos del cuerpo, como la caja torácica, que es la que contiene el corazón y los pulmones.
4 Recipiente en el que se coloca a una persona que ha muerto para enterrarla. ✖✖ ataúd.
5 Parte hueca de algunos instrumentos musicales que sirve para que el sonido resuene, como la caja de una guitarra.
caja de ahorros Establecimiento que se dedica a guardar el dinero de sus clientes y a realizar operaciones con él, a cambio de un interés.
caja de caudales Caja fuerte.
caja fuerte Recipiente o caja muy resistente que se utiliza para guardar en él dinero, joyas, objetos muy valiosos o documentos importantes. En los bancos suele haber una caja fuerte.
caja negra Aparato que llevan los aviones y que sirve para grabar todas las incidencias que suceden durante el vuelo.
caja registradora Caja que se utiliza en las tiendas y otros establecimientos para guardar el dinero que entregan los clientes.

cajero, cajera
nombre **1** Persona que trabaja en la caja

C / c

de un banco o de un estableci-miento. El cajero se encarga de la entrada y salida de dinero de la caja.

cajero automático Máquina que está en un lugar público y que permite sacar o meter dinero de nuestra cuenta mediante una tarjeta o libreta y un número secreto.

cajetilla
nombre femenino **1** Paquete de cigarrillos, generalmente veinte.

cajón
nombre masculino **1** Recipiente que forma parte de muchos muebles y que sirve para guardar cosas dentro de él. Va encajado en un hueco de un mueble, de manera que se puede abrir y cerrar, generalmente por medio de un tirador.
2 Caja grande sin tapa que se usa para guardar cosas en su interior.
de cajón Expresión que indica que una cosa que se hace o se dice está fuera de toda duda o discusión. Es una expresión informal.
☞ El plural es: cajones.

cal
nombre femenino **1** Sustancia sólida de color blanco que, mezclada con agua, sirve para pintar paredes.
una de cal y otra de arena Una cosa buena seguida de otra mala o al revés. Es una expresión informal.

cala
nombre femenino **1** Pequeña entrada del mar en una costa rocosa y alta, que puede servir de refugio a las embarcaciones.
2 Trozo pequeño de una fruta que se corta para probarla. A las sandías y melones se les suele hacer una cala para comprobar si están maduros.

calabacín
nombre masculino **1** Fruto alargado, parecido al pepino, de piel verde y carne blanca. El calabacín se cultiva en la huerta y se come frito o cocido.
☞ El plural es: calabacines.

calabaza
nombre femenino **1** Fruto de gran tamaño y forma redondeada, de color naranja, con muchas pipas en su interior. Se cultiva en la huerta.
2 Insuficiente o suspenso en una asignatura. Es un uso informal. ⚒ cate.
dar calabazas Rechazar a una persona que quiere mantener una relación amorosa con alguien.

calabobos
nombre masculino **1** Lluvia muy fina y continua que cae con suavidad. ⚒ llovizna; sirimiri.
☞ El plural es: calabobos.

calabozo
nombre masculino **1** Lugar seguro y vigilado de un castillo, cuartel, prisión o comisaría de policía, donde se encierra a las personas que han cometido un delito o que no cumplen una norma.

calada
nombre femenino **1** Chupada que se da a un cigarro o a una pipa para fumar. Cuando se da una calada, el aire es aspirado a través del tabaco encendido y pasa a la boca.

calado, calada
adjetivo **1** Se dice de una persona o cosa que está muy mojada o empapada de agua. Cuando llueve mucho y no llevamos paraguas, llegamos a casa con la ropa calada.
2 Que tiene unos agujeros que forman un dibujo, como un jersey, una cenefa de papel o unos guantes calados.
nombre masculino **3** Obra que se realiza haciendo agujeros en tela, papel, madera o metal, formando una figura o un dibujo.
4 Profundidad de una embarcación que entra en el agua.

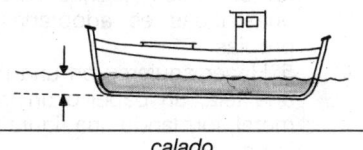

calado

calamar
nombre masculino **1** Molusco marino de cuerpo alargado, que tiene diez tentáculos con ventosas para atrapar a sus presas. Es comestible.

C
C

calambre
nombre masculino **1** Contracción involuntaria y dolorosa de un músculo que dura unos instantes.
2 Sensación molesta que se siente al tocar alguna cosa por donde pasa una corriente eléctrica de baja intensidad.

calamidad
nombre femenino **1** Suceso que produce gran destrucción, un gran número de víctimas o mucho sufrimiento en una zona. Las guerras, las epidemias y los terremotos son calamidades. ※ desastre.
2 Cosa que hace que una persona sufra mucho o sea muy desgraciada. ※ desgracia.
3 Persona que es muy torpe o tiene mala suerte. Es un uso informal.

calaña
nombre femenino **1** Manera de ser que tiene una persona mala: *No me gusta la calaña de esos chicos*.

calar
verbo **1** Mojarse por completo una persona o una cosa al entrar el agua u otro líquido hasta el interior de su cuerpo.
2 Llegar a conocer el verdadero pensamiento, intenciones o forma de ser de una persona. A las personas hipócritas o falsas se las cala enseguida por su actitud excesivamente aduladora. Es un uso informal.
3 Ponerse un sombrero, una boina o una gorra en la cabeza, haciéndolos entrar mucho.
4 Producir una cosa una fuerte impresión en alguien. Calar hondo un sentimiento, unas palabras o unas ideas es adoptarlas como propias.
5 Hacer agujeros en una madera, una tela, un papel o un trozo de metal, formando una figura o dibujo con ellos.
6 Hacer un corte en una fruta, sacando un trozo pequeño para probarla. Calamos los melones y las sandías.
7 calarse Pararse bruscamente el motor de un coche.

calavera
nombre femenino **1** Conjunto de huesos unidos entre sí que forman la cabeza de una persona.
nombre masculino **2** Hombre al que le gustan mucho las juergas y diversiones nocturnas y que es poco responsable.

calcar
verbo **1** Copiar exactamente un dibujo o una fotografía utilizando un papel especial que se pone encima o debajo de lo que se copia y pasando el lápiz sobre el perfil de la figura.
2 Imitar o hacer una cosa igual que otra. Los jóvenes calcan la forma de vestir de sus cantantes o actores favoritos.
☞ Se escribe 'qu' delante de 'e', como: calqué.

calcetín
nombre masculino **1** Prenda de vestir para cubrir el pie que llega como mínimo por encima del tobillo y como máximo hasta debajo de la rodilla.
☞ El plural es: calcetines.

calcio
nombre masculino **1** Sustancia blanca que se encuentra en los huesos de animales y espinas de los peces, y en alimentos como la leche y las verduras.

calco
nombre masculino **1** Acción que consiste en calcar o hacer una copia de un dibujo o de un texto; también es la copia que se hace al calcar.
2 Cosa que es una imitación o una reproducción exacta de otra.

calcomanía
nombre femenino **1** Imagen pegada con cola en un papel del que se puede despegar para imprimirla en otro sitio. Las calcomanías se suelen despegar con agua y algunas se imprimen en la mano.

calculador, calculadora
adjetivo y nombre **1** Se dice de la persona que piensa muy bien las cosas antes de hacerlas, normalmente con la intención de obtener algún beneficio.

calculadora
nombre femenino **1** Máquina electrónica que realiza sumas, restas y otras operaciones matemáticas.

calcular

verbo **1** Realizar las operaciones matemáticas necesarias para averiguar un resultado, como restar, sumar, dividir o multiplicar. ✂ contar.
2 Suponer o imaginar algo después de conocer ciertos datos. Podemos calcular la edad de una persona por el aspecto que tiene.

cálculo

nombre masculino **1** Operación matemática que se hace a partir de unas cantidades conocidas para averiguar un dato.
2 Sustancia dura que se forma en algunos órganos del cuerpo, como el riñón o la vesícula. ✂ piedra.

caldear

verbo **1** Hacer que algo que estaba frío se ponga caliente. El sol que entra por una ventana caldea la habitación. ✂ calentar.
2 Levantar los ánimos de un grupo de personas. La música caldea el ambiente de una fiesta.

caldera

nombre femenino **1** Depósito de metal donde se calienta una gran cantidad de agua, por ejemplo para la calefacción de una casa o para una máquina de vapor.

calderilla

nombre femenino **1** Conjunto de monedas, normalmente de poco valor.

caldero

nombre masculino **1** Recipiente ancho y redondo, normalmente de metal, con un asa, que sirve para calentar o cocinar alimentos.

caldo

nombre masculino **1** Líquido que queda después de cocer en agua con sal algunos alimentos, como carne, pescado o verduras.
poner a caldo Criticar mucho o reñir duramente a una persona. Es un uso informal.

calefacción

nombre femenino **1** Conjunto de aparatos que sirven para calentar un edificio o parte de él. La calefacción central llega a todos los pisos de un edificio; la calefacción individual es la propia de cada piso.
👁 El plural es: calefacciones.

calendario

nombre masculino **1** Hoja o conjunto de hojas donde vienen impresos los doce meses del año con todos sus días. En los calendarios los días festivos se marcan con un color diferente a los laborables.
2 Sistema de división del tiempo en días, meses y años, según diferentes cálculos. Nuestro calendario actual es diferente del calendario de la Revolución francesa o del calendario chino.
3 Plan por el que se distribuye una actividad en un espacio de tiempo determinado.
4 Forma de organizar o dividir el año según distintas actividades. El calendario escolar empieza en septiembre y termina en junio.

calentador

nombre masculino **1** Aparato eléctrico que calienta el agua que se necesita para uso doméstico.
2 Aparato eléctrico que sirve para calentar algo, como un calentador de leche o un calentador de biberones.
3 Prenda de vestir de lana o algodón que cubre la pierna desde el tobillo hasta la rodilla, como la que utilizan los bailarines y gimnastas.

calentamiento

nombre masculino **1** Acción que se realiza cuando una cosa o una persona se está calentando. Los futbolistas realizan ejercicios de calentamiento antes de ponerse a jugar.

calentar

verbo **1** Dar calor o hacer subir la temperatura de una cosa. El Sol calienta la Tierra; los hornos calientan los alimentos. ✂ enfriar. ↜ 793
2 Molestar o hacer enfadar a una persona. Es un uso informal. ✂ irritar. ✂ calmar.
3 Pegar o dar azotes a alguien. Es un uso informal. ✂ azotar.
4 Hacer una persona ejercicios físicos antes de practicar un deporte. Los futbolistas calientan antes de jugar.
5 calentarse Ponerse nerviosa una persona durante una conver-

C

c

sación o una discusión. Es un uso informal. ※ alterarse.

👁 Se conjuga como: acertar; la 'e' se convierte en 'ie' en sílaba acentuada, como: calienta.

calentura
nombre femenino

1 Herida que sale en los labios a causa de la fiebre. ※ pupa.

2 Aumento de la temperatura del cuerpo por encima de lo normal, que se produce a causa de una enfermedad o trastorno del organismo. ※ fiebre.

calibre
nombre masculino

1 Anchura interior del cañón de las armas de fuego. También se llama calibre a la anchura de las balas.

2 Importancia, tamaño o clase de algo, generalmente de cosas negativas: *Es un pelmazo de mucho calibre.*

cálido, cálida
adjetivo

1 Que está caliente o da calor. ※ fresco; frío.

2 Que muestra cariño y afecto: *Le dieron una cálida bienvenida.* ※ caluroso. ※ frío.

3 Se dice del color que está en la escala que va del amarillo al rojo. El rosa, el ocre y el naranja son colores cálidos. ※ frío.

caliente
adjetivo

1 Que tiene la temperatura alta. Cuando tenemos fiebre nuestro cuerpo está más caliente de lo normal. También son calientes las cosas que dan calor, como un abrigo o una manta. ※ frío.

2 Que está nervioso, molesto o enfadado: *Estaban los dos tan calientes por la discusión que acabaron insultándose.*

3 Que acaba de pasar o hace poco que ha ocurrido. Los informativos de televisión dan noticias calientes. ※ fresco; reciente.

califa
nombre masculino

1 Título de los soberanos con poder religioso y político que gobernaban a los mahometanos en el imperio musulmán.

calificación
nombre femenino

1 Nota o puntuación de un examen o prueba.

👁 El plural es: calificaciones.

calificar
verbo

1 Valorar las cualidades, aptitudes o circunstancias de una cosa o persona. Un gimnasta puede ser calificado por un jurado en una competición.

2 Poner nota a un examen o a una prueba.

3 Expresar un adjetivo una cualidad de un sustantivo. En la frase 'ese chico es muy alto', el adjetivo 'alto' califica al sustantivo 'chico'.

calificativo, calificativa
adjetivo y nombre masculino

1 Se dice de la palabra o expresión que califica o señala la cualidad de alguien o algo. 'Rojo' o 'feo' son adjetivos calificativos.

caligrafía
nombre femenino

1 Habilidad de escribir a mano con letras claras y bien formadas. Cada persona tiene una caligrafía que le es característica.

calima
nombre femenino

1 Niebla baja y poco espesa. La calima aparece con frecuencia en los días húmedos de verano.

cáliz
nombre masculino

1 Grupo de hojas que cubre la parte exterior e inferior de la flor y la une con el tallo; es de color verde. ✍ 598

2 Copa de oro o plata que contiene el vino de la misa.

👁 El plural es: cálices.

callado, callada
adjetivo

1 Poco hablador o silencioso. Una persona callada no es charlatana. ※ hablador.

callar
verbo

1 Estar en silencio o no hablar.

2 Parar un ruido o sonido. Callan los gritos, las sirenas o el ruido de una máquina. ※ sonar.

calle
nombre femenino

1 Camino dentro de una población por donde circulan los vehículos y andan las personas.

2 Lugar al aire libre de una población o ciudad. En las grandes ciudades las personas más pobres viven en la calle.

3 Espacio alargado que queda entre dos filas de cosas o entre dos líneas. En las competiciones de atletismo cada participante tiene asignada una calle. ⮠798

traer por la calle de la amargura Dar disgustos o hacer sufrir a alguien. Es una expresión informal.

callejear

verbo   **1** Andar por las calles sin ir a ningún sitio en concreto. Los turistas callejean por las ciudades.

callejero, callejera

adjetivo   **1** Que le gusta estar en la calle. Una persona es muy callejera cuando está poco en casa y disfruta en la calle.
2 Que está o sucede en la calle.

nombre masculino   **3** Lista que contiene el nombre de las calles de una ciudad, a menudo con un plano. Los taxistas y los mensajeros utilizan mucho el callejero.

callejón

nombre masculino   **1** Calle corta y estrecha entre paredes o casas.
2 En una plaza de toros, espacio que hay entre la barrera que rodea el ruedo y el muro en que comienza la primera fila de asientos.
callejón sin salida Situación de difícil o imposible solución.
👁 El plural es: callejones.

callo

nombre masculino   **1** Dureza que se forma en los pies y en las manos por el roce del calzado o el uso de herramientas.

nombre masculino plural   **2 callos** Comida hecha con trozos del estómago de la vaca y otros animales, que se preparan guisados.

calma

nombre femenino   **1** Estado de la persona que hace las cosas sin prisas y sin nervios, con tranquilidad. ✂ tranquilidad.
2 Característica del lugar en el que no hay ruidos molestos o no hay mucho movimiento.
3 Estado de la atmósfera o del mar cuando no hay viento, olas o tormenta. En verano el mar suele estar en calma.

calmante

nombre masculino   **1** Medicamento que hace que disminuya un dolor o el estado nervioso de una persona. Cuando

nos duele una muela el dentista puede recetarnos un calmante.

calmar

verbo   **1** Hacer que una persona que tiene muchos nervios, mucha excitación o mucha preocupación se tranquilice. ✂ tranquilizar.
2 Hacer que disminuya la intensidad o la violencia de algo, como un dolor o un sufrimiento.

calor

nombre masculino   **1** Temperatura alta del aire. En verano hace mucho calor. ✂ frío.
2 Sensación que se tiene cuando la temperatura es alta. ✂ frío.
3 Cariño y afecto que se demuestra a alguien. Recibimos a un ser querido con mucho calor cuando hace tiempo que no lo vemos. ✂ frialdad.
4 Energía y pasión con que una persona habla o discute.

caloría

nombre femenino   **1** Unidad que mide el valor nutritivo y la energía de los alimentos. El chocolate o los frutos secos tienen muchas calorías.

calorífico, calorífica

adjetivo   **1** Que produce calor. El fuego es un elemento calorífico.

calumnia

nombre femenino   **1** Acusación falsa hecha contra una persona para causarle daño.

caluroso, calurosa

adjetivo   **1** Se dice de la persona que siente calor a menudo, incluso cuando la temperatura es baja. ✂ friolero.
2 Que da calor. En verano los días son muy calurosos.
3 Que muestra afecto o entusiasmo, como el aplauso del público.

calvario

nombre masculino   **1** Situación de nervios, sufrimiento o dolor que dura cierto tiempo. ✂ martirio.

calvicie

nombre femenino   **1** Falta de pelo en la cabeza. La calvicie afecta más a los hombres que a las mujeres.

calvo, calva

adjetivo y nombre   **1** Se dice de la persona que no tiene pelo en la cabeza porque se le ha caído.

C
—
C

C

calzada
nombre femenino **1** Parte de la calle o de la carretera por donde circulan los coches, las motos u otros vehículos.

C

calzado
nombre masculino **1** Prenda que cubre y protege el pie y que nos ponemos para no ir descalzos, como los zapatos, las sandalias y las botas.

calzador
nombre masculino **1** Objeto rígido, alargado, de lados curvos, que se apoya entre el talón del pie y el interior del zapato para facilitar que el pie entre en el zapato.

calzar
verbo **1** Poner o llevar puesto un calzado en los pies.
2 Utilizar un número determinado de calzado según el tamaño del pie.
3 Poner un trozo de madera o un papel doblado entre el suelo y la base de un objeto, como la pata de un mueble, para que no se mueva.

calzón
nombre masculino **1** Pantalón corto que llega hasta la mitad del muslo o hasta encima de la rodilla.
👁 El plural es: calzones.

calzoncillos
nombre masculino **1** Prenda de ropa interior masculina que cubre los genitales y las nalgas.
👁 El plural es: calzoncillos. También se dice: calzoncillo.

cama
nombre femenino **1** Mueble compuesto por un soporte y un colchón, que se utiliza para dormir o descansar. Las camas se visten con sábanas, mantas o edredones. ※ lecho.
2 Cualquier lugar que se usa para dormir o descansar. También es el lugar donde descansan los animales.
cama nido Cama que se guarda debajo de otra, como si fuera un cajón.
guardar cama Estar en la cama a causa de una enfermedad.

camaleón
nombre masculino **1** Reptil con cuatro patas cortas y cuerpo alargado que cambia de color para camuflarse. Vive en los árboles y se alimenta de insectos, a los que atrapa con su lengua larga y pegajosa.
nombre masculino y adjetivo **2** Se dice de una persona que cambia de opinión o de conducta según le conviene.
👁 El plural es: camaleones.

cámara
nombre femenino **1** Aparato que sirve para hacer fotografías o películas. ✍ 397
nombre masculino y femenino **2** Persona que maneja el aparato que permite filmar imágenes en movimiento. En televisión trabajan muchos cámaras.
nombre femenino **3** Parte de un neumático o un balón donde se introduce el aire para hincharlo.
4 Recinto o armario que se mantiene a baja temperatura y que sirve de frigorífico para conservar alimentos, especialmente carnes.
5 Habitación o sala que suele ser privada o con un control de entrada. Algunos bancos tienen cámaras acorazadas donde guardan el dinero o las joyas de sus clientes.
6 Asamblea o conjunto de personas que hacen las leyes de un país. En España, el Senado es la cámara alta y el Congreso de los diputados es la cámara baja.
cámara lenta Grabación o emisión de imágenes a una velocidad más lenta de lo normal.

camarada
nombre masculino y femenino **1** Compañero de trabajo o de estudio. ※ colega. ✍ 200
2 En algunos partidos políticos de izquierdas, forma de tratamiento entre los miembros del partido.

camaradería
nombre femenino **1** Buena relación que se establece entre amigos o entre personas que se tratan como si fueran amigos. ※ compañerismo.

camarero, camarera
nombre **1** Persona que atiende y sirve a los clientes de un bar, restaurante u otro tipo de local parecido.

camarote
nombre masculino **1** Habitación de un barco con una o más camas. En la mayoría de

camarotes de clase turista hay literas.

cambiar

verbo **1** Ser distinto o hacer que algo o alguien sea distinto de como era antes: *Han cambiado la decoración de todo el restaurante.*
2 Dar una cosa a cambio de otra. En el banco podemos cambiar moneda de un país por la de otro o cambiar un billete de diez mil por cinco de dos mil.
3 Poner una cosa en el lugar de otra, normalmente del mismo tipo, o mover una cosa de lugar: *Quiero cambiar los muebles de mi habitación.*
4 cambiarse Quitarse la ropa que se lleva puesta y ponerse otra.

cambiar

INDICATIVO	SUBJUNTIVO
presente	**presente**
cambio	cambie
cambias	cambies
cambia	cambie
cambiamos	cambiemos
cambiáis	cambiéis
cambian	cambien
pretérito imperfecto	**pretérito imperfecto**
cambiaba	cambiara o cambiase
cambiabas	cambiaras o cambiases
cambiaba	cambiara o cambiase
cambiábamos	cambiáramos o
cambiabais	cambiásemos
cambiaban	cambiarais o cambiaseis
	cambiaran o cambiasen
pretérito indefinido	
cambié	**futuro**
cambiaste	cambiare
cambió	cambiares
cambiamos	cambiare
cambiasteis	cambiáremos
cambiaron	cambiareis
	cambiaren
futuro	
cambiaré	IMPERATIVO
cambiarás	
cambiará	cambia (tú)
cambiaremos	cambie (usted)
cambiaréis	cambiad (vosotros)
cambiarán	cambien (ustedes)
condicional	FORMAS NO PERSONALES
cambiaría	
cambiarías	
cambiaría	**infinitivo** **gerundio**
cambiaríamos	cambiar cambiando
cambiaríais	**participio**
cambiarían	cambiado

cambio

nombre masculino **1** Paso de una situación o un estado a otro distinto: *Este año va a* haber varios cambios en la empresa, tanto de gente como de productos.
2 Dinero en moneda pequeña. Para compras de poco valor, como el periódico, el pan o un billete de autobús, es mejor llevar cambio.
3 Dinero que sobra del que se da para pagar algo.
4 Valor de las monedas en los distintos países. En los bancos anotan cada día en un tablero cuál es el cambio de las monedas internacionales más comunes.
5 Mecanismo que sirve para pasar de una marcha o velocidad a otra en un vehículo. Algunos coches tienen el cambio automático.
a cambio de En lugar de algo: *Te hago la cama a cambio de que me prestes un rato el juego.*
en cambio Por el contrario: *Ese libro no dice casi nada de los insectos, en cambio éste les dedica todo un capítulo.*

camello, camella

nombre **1** Mamífero rumiante, con el cuello y las patas largas y la cabeza pequeña, que tiene dos jorobas en la espalda que le sirven de reserva y le permiten resistir muchos días sin comer ni beber.

nombre masculino **2** Persona que vende droga en pequeñas cantidades.

camerino

nombre masculino **1** Cuarto de los teatros donde los actores se cambian de ropa, descansan y se maquillan.

camilla

nombre femenino **1** Cama portátil estrecha y ligera, que se usa para transportar enfermos o heridos de un lugar a otro.

camillero, camillera

nombre **1** Persona que lleva las camillas de enfermos o heridos en un hospital, una guerra o una competición deportiva.

caminante

adjetivo y nombre **1** Se dice de la persona que va a pie por un camino.

caminar

verbo **1** Ir o moverse de un lugar a otro dando pasos. ※ andar.

C
c

caminata
nombre femenino **1** Recorrido que se hace a pie y que suele ser largo y cansado.

camino
nombre masculino **1** Terreno más o menos largo y estrecho por el que se puede ir de un lugar a otro. Algunos caminos están asfaltados y otros son de tierra.
2 Recorrido que hay entre dos puntos determinados. Las personas suelen hacer siempre el mismo camino para ir al trabajo. ✖ itinerario; viaje.
3 Medio o procedimiento para hacer o conseguir algo. Estudiar mucho es el mejor camino para sacar buenas notas.
camino de En dirección a un lugar determinado: *Camino de casa pararé a comprar pan.*
de camino De paso o al ir hacia otro lugar: *Si vas a la playa la farmacia te pilla de camino.*

camión
nombre masculino **1** Vehículo grande con cuatro o más ruedas que sirve para transportar mercancías por carretera. Está formado por una cabina donde va el conductor y una caja donde va la carga.
camión cisterna Camión que en vez de una caja lleva un depósito para transportar líquidos o gases.
👁 El plural es: camiones.

camionero, camionera
nombre **1** Persona que conduce un camión que transporta mercancías.

camioneta
nombre femenino **1** Vehículo de cuatro ruedas que sirve para llevar toda clase de mercancías. La camioneta es más grande que un coche, pero es más pequeña que un camión. Muchos comercios tienen una camioneta para repartir sus productos por la ciudad.

camisa
nombre femenino **1** Prenda de vestir con cuello y mangas que se abotona por delante y cubre el cuerpo desde el cuello hasta la cadera. Una camisa es una prenda tanto masculina como femenina.

camisa de fuerza Camisa de tela resistente, que se abrocha por detrás con cintas y se pone a las personas mentalmente enfermas para que no puedan mover los brazos y no se hagan daño.
meterse en camisa de once varas Meterse una persona en problemas de otros, en los que no se debe meter o en asuntos complicados y de difícil solución.

camisería
nombre femenino **1** Establecimiento donde se hacen o se venden camisas.

camiseta
nombre femenino **1** Prenda de vestir interior o deportiva, normalmente de algodón, que cubre el tronco desde el cuello hasta la cintura o hasta la cadera.

camisón
nombre masculino **1** Prenda femenina de vestir, amplia y cómoda, que cubre desde el cuello hasta debajo de las rodillas y que se usa para dormir.
👁 El plural es: camisones.

campamento
nombre masculino **1** Conjunto de instalaciones al aire libre donde acampan excursionistas o refugiados, a menudo con tiendas de campaña.
2 Instalaciones fijas o provisionales de un ejército.

campana
nombre femenino **1** Instrumento de metal en forma de copa puesta boca abajo, que suena al ser golpeado por fuera o por dentro con una pieza también metálica. La pieza que golpea una campana por fuera suele ser un martillo y la que la golpea por dentro un badajo.
2 Objeto que por su forma recuerda a una campana, como la campana de una chimenea.
campana extractora Aparato conectado a un tubo con salida al exterior que sirve para sacar el humo en cocinas y otros lugares cerrados.
doblar las campanas Sonar las campanas de una iglesia en recuerdo de una persona que acaba de morir.

campanada
nombre femenino

1 Sonido que produce una campana cada vez que se golpea por fuera con un martillo o por dentro con un badajo.

2 Acción o suceso que provoca una gran sorpresa, admiración o escándalo.

campanario
nombre masculino

1 Torre con campanas de un edificio, como una iglesia.

campanilla
nombre femenino

1 Campana pequeña. Hay campanillas que se hacen sonar al moverlas con la mano y hacer que el badajo golpee en su interior.

2 Masa de tejido muscular que cuelga a la entrada de la garganta, entre las dos amígdalas.

3 Flor que tiene forma de campana. ✎ 598

campante
tan campante Que está tranquilo cuando no lo debería estar porque ha sucedido o va a suceder algo que le afecta directamente.

campaña
nombre femenino

1 Conjunto de actividades que se hacen de manera continuada y organizada, durante un periodo determinado de tiempo, para conseguir algo. Hay campañas electorales, campañas publicitarias para dar a conocer un producto o campañas contra la droga.

2 Conjunto de acciones militares que se realizan en una guerra. También es el periodo de tiempo que duran estas acciones.

campeón, campeona
adjetivo y nombre

1 Se dice de la persona que gana una competición deportiva o de cualquier otro tipo.

👁 El plural de campeón es: campeones.

campeonato
nombre masculino

1 Conjunto de juegos o pruebas deportivas en los que compiten varias personas o varios equipos.

campesino, campesina
nombre

1 Persona que vive y trabaja en el campo.

campestre
adjetivo

1 Que tienen relación con el campo o que se produce o tiene lugar en el campo, como unas flores campestres o una comida campestre.

cámping
nombre masculino

1 Lugar o recinto al aire libre, generalmente en el campo o la montaña, donde las personas pueden instalarse en tiendas de campaña o caravanas. ⚔ campamento.

2 Actividad que consiste en instalarse un tiempo en una tienda de campaña: *Vamos a ir de cámping a un lugar de la costa.*

👁 El plural es: cámpings. Se pronuncia: 'campin'.

campiña
nombre femenino

1 Extensión grande y llana de tierra, sin montañas y sin edificios, especialmente cuando está cultivada o resulta bonita.

campo
nombre masculino

1 Extensión de tierra que no tiene edificios y no forma parte de una población. En el campo hay diferentes especies animales y vegetales.

2 Extensión de tierra que se dedica a la agricultura, como los campos de olivos o los campos de arroz. El campo es también el conjunto de los habitantes, los pueblos y los modos de vida agrarios.

3 Terreno que se utiliza para realizar una actividad deportiva; suele ser llano y estar delimitado, como un campo de fútbol, un campo de tenis o un campo de tiro.

4 Cada una de las ramas en que se puede separar el conjunto del conocimiento humano o de una actividad. La medicina, la filosofía y la física son algunos de los grandes campos del saber.

campo a través Manera de ir de un lugar a otro cruzando a través de un terreno o un campo, sin seguir ningún camino ni orilla.

campo de concentración Lugar aislado y vallado en el que permanecen recluidos los prisioneros de una guerra o prisioneros políticos.

C

C

C

c

camuflar

verbo **1** Dar a una cosa o a una persona un aspecto diferente del que tiene en realidad, para esconderlo o para que no se note su presencia.

camuflar

can

nombre masculino **1** Perro. Se utiliza sobre todo en literatura.

cana

nombre femenino **1** Pelo de color blanco que nace en la cabeza de las personas cuando se van haciendo mayores.
echar una cana al aire Salir una persona de juerga.

canadiense

adjetivo y nombre masculino y femenino **1** Se dice de la persona o cosa que es de Cánada, país de América del Norte.

canal

nombre masculino **1** Conducto que se hace en la tierra para que circule por él el agua. En los campos se hacen canales para regar.
2 Abertura o paso natural o artificial en la tierra que comunica dos mares.
3 Emisora de radio o de televisión: *Con la parabólica se captan muchos canales.*

canalizar

verbo **1** Arreglar el cauce de un río o de una corriente de agua o cambiarlo de dirección.
2 Hacer canales o conductos en la tierra para que circule el agua por ellos.
3 Orientar varias cosas o acciones hacia un fin determinado. El defensor del pueblo canaliza las quejas de los ciudadanos.
👁 Se escribe 'c' delante de 'e', como: canalicemos.

canalla

adjetivo **1** Se dice de la persona que comete una mala acción contra otra: *Es un canalla, me ha roto la bici.* Se utiliza como insulto.

canalón

nombre masculino **1** Conducto o cañería que recoge el agua de lluvia que cae sobre los tejados y la vierte a la calle o a un desagüe.
👁 El plural es: canalones.

canapé

nombre masculino **1** Pequeño trozo de pan con algún alimento encima.
2 Asiento blando y alargado para sentarse o echarse en él.
3 Base rígida y acolchada sobre la que se pone el colchón.

canario, canaria

adjetivo **1** Que es de las islas Canarias o que tiene relación con ellas.
nombre masculino **2** Pájaro doméstico de color verde, amarillo, naranja o blanco, que canta muy bien.

canasta

nombre femenino **1** Recipiente que se usa para llevar cosas, hecho de material flexible y con dos asas. Una canasta es como una cesta grande y ancha.
2 Aro por el que los jugadores de baloncesto deben introducir la pelota para conseguir un tanto. ✍ 799
3 Tanto que se consigue en un partido de baloncesto cada vez que un jugador introduce la pelota en la canasta.

canastilla

nombre femenino **1** Conjunto de ropa que se prepara para el niño que va a nacer.

canasto

nombre masculino **1** Canasta alta y estrecha para poner cosas como ropa o fruta.

cancelar

verbo **1** Anular o eliminar algo para siempre o sólo durante un tiempo. Se puede cancelar definitivamente una cuenta en un banco o cancelar un vuelo de avión por causas meteorológicas hasta nuevo aviso.

cáncer

nombre masculino **1** Enfermedad grave que consiste en la aparición de unas células que se reproducen sin control y destruyen los tejidos del cuerpo.

C
C

2 Cuarto signo del zodiaco. Con este significado se escribe con mayúscula.

nombre masculino y femenino **3** Persona nacida bajo este signo, entre el 21 de junio y el 22 de julio. 👁 El plural es: cánceres.

cancha

nombre femenino **1** Lugar destinado a la práctica de algunos deportes, como el tenis, el baloncesto o el voleibol. ✍ 799

canción

nombre femenino **1** Texto escrito para ser cantado; suele llevar también una música de acompañamiento.
2 Música compuesta para acompañar a un texto que se canta.
3 Cosa que se repite con mucha insistencia y resulta pesada y molesta: *Ya está otra vez con la misma canción, me lo ha preguntado ya diez veces*. 👁 El plural es: canciones.

cancionero

nombre masculino **1** Libro en el que figuran varias canciones o poemas.

candado

nombre masculino **1** Objeto que se utiliza para asegurar puertas, tapas, cajones y otras cosas. El candado tiene una cerradura que permite abrir y cerrar con una llave una especie de gancho por el que se hace pasar una cadena o una anilla.

candelabro

nombre masculino **1** Objeto que sirve para sostener dos o más velas de cera. El candelabro tiene varios brazos y puede tener un pie o estar sujeto a la pared.

candidato, candidata

nombre **1** Persona que se presenta a un cargo o puesto que quiere ganar o que es propuesta por otros: *La actual alcaldesa se presenta como candidata a la reelección*.

candidatura

nombre femenino **1** Acción que consiste en presentar a una persona o presentarse ella misma como candidata a un puesto o cargo, con la intención de resultar elegida.
2 Conjunto de los candidatos que se presentan para un puesto, un empleo o un cargo.

cándido, cándida

adjetivo y nombre femenino **1** Que es muy bueno y sincero y no tiene mala intención ni picardía. Las personas cándidas nunca creen que van a ser engañadas.

candil

nombre masculino **1** Objeto que sirve para dar luz y que está formado por un recipiente que contiene aceite y una mecha introducida en él.

candor

nombre masculino **1** Característica de las personas buenas, sinceras y que no tienen malas intenciones ni malos pensamientos. ✖ inocencia.

canela

nombre femenino **1** Especia de color rojo amarillento que se usa en polvo o en rama para añadirla a las comidas, en especial a las dulces. La canela se saca de la corteza interna de un árbol exótico.

nombre masculino y adjetivo **2** Color marrón claro con un tono rojo como el de la canela. Hay perros de pelo color canela.

canelón

nombre masculino **1** Lámina de pasta de harina enrollada en forma de cilindro y rellena de carne picada, verdura u otro ingrediente. Se sirve cubierta de salsa besamel y queso rallado. 👁 El plural es: canelones.

canesú

nombre masculino **1** Pieza de algunos vestidos o camisas que va desde los hombros hasta el pecho y a la que se cosen el cuello, las mangas y el resto de tela de la prenda. 👁 El plural es: canesús.

cangrejo

nombre masculino **1** Animal de agua con el cuerpo recubierto de una concha dura y las patas delanteras en forma de pinza. El cangrejo es un crustáceo; algunas especies son de mar y otras de río.

canguro

nombre masculino **1** Mamífero con las patas traseras mucho más largas que las delanteras, que se mueve dando saltos y que tiene en su vientre una bolsa donde guarda a sus hijos los primeros meses después de su nacimiento.

C / c

2 Persona que cuida de los niños pequeños de otras personas a cambio de dinero.

caníbal
adjetivo y nombre masculino y femenino **1** Se dice de la persona que come carne humana. En los países occidentales no hay caníbales.

canica
nombre femenino **1** Bola pequeña de un material duro, como el barro o el cristal, que se utiliza para jugar.
nombre femenino plural **2 canicas** Juego infantil que consiste en hacer rodar canicas y meterlas en un agujero.

canijo, canija
adjetivo **1** Se dice de la persona o animal muy pequeño o delgado.

canino, canina
adjetivo **1** Del perro o que tiene relación con él. Hay muchas razas caninas.
nombre masculino **2** Diente que normalmente es el más largo de la boca y tiene forma puntiaguda. En todos los animales que comen carne, este diente está adaptado para desgarrar.

canjear
verbo **1** Entregar una persona o una cosa a cambio de otra, especialmente prisioneros o rehenes a cambio de otros prisioneros, o un vale a cambio de alimentos o de otros productos.

cano, cana
adjetivo **1** Se dice del pelo de la cabeza, del bigote o de la barba que se han vuelto blancos.

canoa
nombre femenino **1** Barca estrecha y alargada, de remo o con motor, con los extremos terminados en punta.

canonizar
verbo **1** Declarar el papa santa a una persona.
👁 Se escribe 'c' delante de 'e', como: canonicen.

cansancio
nombre masculino **1** Falta de fuerzas por haber hecho ejercicio o algún trabajo difícil. Después de un gran esfuerzo se siente cansancio. ✕✕ fatiga.
2 Falta de ganas de continuar haciendo algo que nos aburre o nos deja sin fuerzas.

cansar
verbo **1** Perder o hacer perder las fuerzas o las ganas de continuar una actividad difícil o que no nos gusta. ✕✕ fatigar.

cansino, cansina
adjetivo **1** Que se mueve con lentitud o muestra poca energía por estar cansado. También se dice de las cosas que demuestran cansancio o falta de energía, como una forma de andar cansina.
2 Se dice de la persona que cansa o resulta molesta.

cantábrico, cantábrica
adjetivo **1** Que está relacionado con el mar Cantábrico o la cordillera Cantábrica, en el norte de España.
2 De Cantabria, comunidad autónoma del norte de España. ✕✕ cántabro.

cántabro, cántabra
adjetivo y nombre **1** Se dice de la persona o cosa que es de Cantabria, comunidad autónoma del norte de España.

cantante
nombre masculino y femenino **1** Persona que canta profesionalmente. Montserrat Caballé es cantante de ópera.

cantar
verbo **1** Producir una persona música con la voz.
2 Producir sonidos los pájaros o los insectos. Los pájaros producen sonidos musicales y agradables al oído, mientras que los insectos producen sonidos agudos.
3 Decir algo en voz alta y con una entonación especial. En algunos juegos, como el bingo, se canta cuando se ha ganado.
4 Confesar una persona un secreto o una mala acción que ha cometido. Es un uso informal.
5 Oler muy mal una cosa: *Te cantan los pies, límpiatelos.* Es un uso informal.
6 Llamar la atención una cosa o una persona en un lugar determinado: *El sofá amarillo canta mucho.* Es un uso informal.
nombre masculino **7** Poema que puede ser cantado con música. Los cantares de gesta eran poemas que narraban las

hazañas de los caballeros en la Edad Media. ※ canción.

MODELO DE CONJUGACIÓN REGULAR (1.ª CONJUGACIÓN)

cantar

INDICATIVO	SUBJUNTIVO
presente	**presente**
canto	cante
cantas	cantes
canta	cante
cantamos	cantemos
cantáis	cantéis
cantan	canten
pretérito imperfecto	**pretérito imperfecto**
cantaba	cantara o cantase
cantabas	cantaras o cantases
cantaba	cantara o cantase
cantábamos	cantáramos o
cantabais	cantásemos
cantaban	cantarais o cantaseis
	cantaran o cantasen
pretérito indefinido	
canté	**futuro**
cantaste	cantare
cantó	cantares
cantamos	cantare
cantasteis	cantáremos
cantaron	cantareis
	cantaren
futuro	

	IMPERATIVO	
futuro		
cantaré	canta	(tú)
cantarás	cante	(usted)
cantará	cantad	(vosotros)
cantaremos	canten	(ustedes)
cantaréis		
cantarán		

condicional	FORMAS NO PERSONALES	
cantaría		
cantarías		
cantaría	**infinitivo**	**gerundio**
cantaríamos	cantar	cantando
cantaríais	**participio**	
cantarían	cantado	

cantarín, cantarina

adjetivo　**1** Se dice de la persona a la que le gusta mucho cantar y siempre lo está haciendo.
☞ El plural de cantarín es: cantarines.

cántaro

nombre masculino　**1** Recipiente grande, con la boca y la base estrechas y la parte central ancha, que sirve para guardar y transportar líquidos. Generalmente es de barro.

cante

nombre masculino　**1** Acción de cantar una persona. Para dedicarse al cante hay que tener muy buena voz.

2 Composición musical, especialmente la popular de Andalucía.
3 Cosa o acción que es muy poco adecuada para una situación concreta o que llama mucho la atención: *Con ese vestido tan raro has dado el cante.*
cante hondo Canción popular andaluza que tiene gran sentimiento y melancolía.

cantera

nombre femenino　**1** Lugar de donde se saca piedra o mármol para usarla en la construcción de edificios o carreteras.
2 Lugar o centro donde se forman y preparan personas para una determinada actividad. Algunos futbolistas de los equipos de fútbol de primera división son de la cantera de sus equipos filiales.

cántico

nombre masculino　**1** Composición poética de tema religioso en la que se alaba o se da gracias a Dios.

cantidad

nombre femenino　**1** Número de unidades o parte de una cosa que puede ser mayor o menor: *El pastel tiene poca cantidad de crema.*
2 Suma más o menos importante de dinero. En algunos espectáculos públicos los menores pagan menos cantidad.
3 Número en cifras con el que podemos realizar operaciones aritméticas, como resta o suma. Cincuenta es la cantidad que resulta de sumar treinta más veinte.
adverbio　**4** Mucho o en abundancia: *Los chicos en la playa se divierten cantidad.* También se dice 'en cantidad'. ※ poco.
cantidad de Decimos que hay cantidad de cosas cuando hay muchas. Es una expresión informal.

cantimplora

nombre femenino　**1** Recipiente con un cuello estrecho y un tapón en la parte superior, que sirve para llevar bebidas en las excursiones o viajes.

cantina

nombre femenino　**1** Establecimiento en el que se sirven bebidas y alimentos. A me-

C

c

nudo las cantinas forman parte de una instalación mayor, como cuarteles o estaciones de ferrocarril.

canto

nombre masculino

1 Acción que consiste en cantar una persona o un animal.
2 Técnica y arte de cantar. Si alguien estudia canto aprende a educar la voz y a cantar bien.
3 Lado o esquina de un objeto.
4 Borde de un objeto delgado, como una hoja de papel o una moneda.
5 Piedra pequeña o trozo de una piedra que cabe en la mano.
6 Poema o canción que se escribe en honor a algo o a alguien. Muchos poetas han escrito cantos al amor o a la alegría. ✂ oda.

cantor, cantora

adjetivo

1 Se dice de un ave que produce sonidos melodiosos, como el canario o el jilguero.

canturrear

verbo

1 Cantar una canción en voz baja y sin pronunciar bien las palabras.

canutas

pasarlas canutas Pasarlo muy mal por estar en una situación o tener que hacer algo muy difícil o doloroso. Es una expresión informal.

canuto

nombre masculino

1 Tubo pequeño y estrecho que suele estar abierto por los dos extremos o por uno de ellos. Sirve para muchos fines, como para guardar botones u otras cosas o para enrollar algo en él.
2 Cigarrillo compuesto por tabaco y droga. ✂ porro.

caña

nombre femenino

1 Tallo hueco y con nudos de algunas plantas. Con las cañas entrelazadas se hacen cestos, muebles y otros objetos.
2 Planta de tallos huecos, con hojas alargadas, que crece en lugares húmedos.
3 Vaso de cerveza, generalmente alargado y cilíndrico. Cuando se pide una caña en los bares suelen servir cerveza de barril.
caña de pescar Vara con un hilo

largo en un extremo que se utiliza para pescar. En el extremo del hilo de la caña de pescar se pone un anzuelo para que piquen los peces.

cañaveral

nombre masculino

1 Terreno en el que crecen o se cultivan cañas. En las márgenes de los ríos suele haber cañaverales.

cañería

nombre femenino

1 Tubo largo que sirve para conducir el agua y el gas. ✂ tubería.

caño

nombre masculino

1 Tubo por donde sale el agua de una fuente. También es el chorro de agua que cae por este tubo.
2 Tubo corto que sirve para conducir líquidos o gases. Las tuberías se forman uniendo un caño a continuación del otro.

cañón

nombre masculino

1 Arma de artillería de gran tamaño que dispara balas o proyectiles a larga distancia. Está formado por un tubo fijado sobre una base.
2 Tubo largo de metal por donde salen las balas en las armas de fuego. Algunas escopetas tienen dos cañones.
3 Paso estrecho y cortado entre dos montañas. En el fondo del cañón pasa el cauce de un río.
4 Parte inferior de las plumas de los pájaros, por la cual están unidas al cuerpo del animal.
👁 El plural es: cañones.

cañonazo

nombre masculino

1 Disparo hecho con un cañón o impacto que produce el proyectil del cañón al dar en un lugar.
2 En algunos deportes, como el fútbol, disparo muy fuerte del balón. Es un uso informal.

caos

nombre masculino

1 Situación de desorden y de confusión que hay en un sitio o en un asunto.
👁 El plural es: caos.

capa

nombre femenino

1 Prenda de vestir ancha, suelta, sin mangas y abierta por delante, que llega hasta las rodillas y se pone sobre otras prendas para abrigar.

2 Pieza grande de tela de color vivo, generalmente rojo o amarillo y rosa, que se usa para torear. ※※ capote.

3 Sustancia de poco grosor que recubre o tapa una cosa. Se dice que un mueble tiene una capa de polvo, que en la montaña hay una capa de nieve o que un pastel tiene una capa de chocolate.

4 Cada una de las partes de una cosa que van una encima de otra, como las capas de la tierra o las de la atmósfera.

de capa caída En una situación mala o peor que la anterior: *Ese restaurante ya no es lo que era, está de capa caída y cada vez se come peor.*

capacidad
nombre femenino
1 Espacio que tiene un recipiente, un edificio o cualquier otra cosa para contener algo. Un tonel tiene más capacidad que una botella. ※※ cabida.

2 Cualidad de una persona o conocimientos que le permiten realizar algo. Las personas que tienen capacidad para la música aprenden a tocar instrumentos con facilidad. ※※ aptitud. ※※ incapacidad.

capar
verbo
1 Quitar o dejar inservibles los órganos de reproducción de un animal macho o de un hombre. ※※ castrar.

caparazón
nombre masculino
1 Concha muy gruesa y dura que protege el cuerpo de algunos animales, como las tortugas o los cangrejos.
👁 El plural es: caparazones.

capataz, capataza
nombre
1 Persona encargada de dirigir a un grupo de obreros o trabajadores.
👁 El plural de capataz es: capataces.

capaz
adjetivo
1 Que puede hacer algo porque tiene capacidad para ello: *Tú eres capaz de aprobar esa asignatura.* ※※ incapaz.

2 Que se atreve a hacer algo. Pocas personas son capaces de tirarse en paracaídas.
👁 El plural es: capaces.

capellán
nombre masculino
1 Sacerdote que dice misa y cuida del servicio religioso en un determinado lugar.
👁 El plural es: capellanes.

caperuza
nombre femenino
1 Gorro que termina en punta. La caperuza puede ir suelta o estar cosida a una capa o bufanda.

capicúa
adjetivo y nombre masculino y femenino
1 Se dice del número que es igual cuando se lee de izquierda a derecha que de derecha a izquierda. El 1661 es un número capicúa.

capilla
nombre femenino
1 Parte de una iglesia donde hay un altar y se celebra un acto religioso. En las catedrales hay capillas dedicadas a diferentes santos.

capilla ardiente Lugar en que se vela a un difunto o se le rinden honores.

capital
nombre femenino
1 Población principal de un país, de una comarca, de una región u otro territorio. Madrid es la capital de España.

nombre masculino
2 Conjunto de bienes, en especial dinero, que posee una persona o empresa. Los bancos negocian con el capital de sus clientes.

adjetivo
3 Que es muy importante o grave. El desempleo es uno de los problemas capitales de la economía mundial. ※※ principal.

capitalismo
nombre masculino
1 Sistema económico y social que se basa en la propiedad privada de la riqueza y en el libre comercio de todos los productos y mercancías.

capitán, capitana
nombre
1 Persona que representa a un grupo o un equipo, especialmente deportivo.

nombre masculino
2 Grado militar del ejército entre teniente y comandante. La persona que tiene ese grado también se llama capitán.

C
—
C

C
c

3 Persona que está al mando de un barco o un avión.
👁 El plural de capitán es: capitanes.

capitel
nombre masculino **1** En arquitectura, parte superior de una columna; es más ancha que ésta y está decorada de distintas formas según los estilos.

capitel

capítulo
nombre masculino **1** Cada una de las divisiones principales de un libro. Los capítulos sirven para ordenar y facilitar la búsqueda de los temas.

capota
nombre femenino **1** Cubierta o techo de plástico o de otro material que tienen algunos vehículos y que se puede plegar o quitar. En los coches descapotables la capota se puede recoger.

capote
nombre masculino **1** Pieza grande de tela de color vivo, generalmente rojo o amarillo y rosa, que se usa para torear.

capricho
nombre masculino **1** Deseo repentino de tener o comprar alguna cosa que en realidad no se necesita. ⚜ antojo.
2 Aquello que es objeto de este deseo.

caprichoso, caprichosa
adjetivo y nombre **1** Se dice de la persona que tiene muchos caprichos: *Si le das al niño todo lo que quiere se volverá muy caprichoso.*
adjetivo **2** Que no está sujeto a leyes o reglas. La suerte es caprichosa, no se puede saber cómo nos tocará.

capricornio
nombre masculino **1** Décimo signo del zodiaco. Con este significado se escribe con mayúscula.
nombre masculino y femenino **2** Persona nacida bajo este signo, entre el 22 de diciembre y el 20 de enero.

cápsula
nombre femenino **1** Envoltura en forma de cilindro pequeño, compuesto por dos piezas encajadas, que contiene un medicamento en polvo. Las cápsulas se tragan enteras.
2 Parte de una nave espacial, en la que van los astronautas y donde están todos los mandos.

captar
verbo **1** Recibir una impresión exterior a través de los sentidos o de la inteligencia, normalmente cuando es algo difícil de percibir. Los perros son capaces de captar ruidos que los hombres no oímos.
2 Recibir una señal, un sonido u otra cosa por medio de un aparato. Con la radio podemos captar muchas emisoras distintas.
3 Atraer la atención o el afecto de alguien: *La música captó su atención.*

capturar
verbo **1** Coger a una persona y hacerla prisionera o meterla en la cárcel. También se captura a los animales salvajes cuando se los coge vivos. ⚜ apresar.

capucha
nombre femenino **1** Pieza de tela cosida a la parte trasera del cuello de algunas prendas de vestir que sirve para cubrir la cabeza.
2 Pieza rígida que sirve para cubrir o proteger el extremo o la punta de algo. Una pluma estilográfica o un bolígrafo tienen capucha.

capullo, capulla
nombre masculino **1** Flor que aún no ha abierto los pétalos. ➥ 598
2 Bolsa que fabrican algunos insectos para convertirse en adultos dentro de ella. Los gusanos de seda fabrican un capullo antes de transformarse en mariposas. ➥ 599
adjetivo y nombre **3** Insulto referido a una persona que se comporta con muy mala intención o que nos molesta.

caqui
nombre masculino y adjetivo **1** Color entre verde y marrón claro como el de los uniformes del ejército.

C / C

nombre masculino **2** Fruta redonda y de color rojo y de sabor dulce, parecida al tomate, que produce un árbol que también se llama caqui.

cara

nombre femenino **1** Parte delantera de la cabeza de las personas y de algunos animales. En la cara están los ojos, la nariz y la boca. ⚹⚹ rostro.

2 Gesto o expresión que refleja un estado de ánimo. Tenemos mala cara cuando estamos enfermos, cansados o enfadados. ⚹⚹ semblante.

3 Cada una de las superficies que tiene un cuerpo. Una hoja de papel tiene dos caras. ⚹⚹ lado.

4 Lado de una moneda donde suele representarse la cara de un personaje. ⚹⚹ cruz.

5 Imagen o aspecto exterior que presenta una cosa. ⚹⚹ pinta.

6 Falta de vergüenza de una persona: *¡Vaya cara!, se ha colado*. Es un uso informal. ⚹⚹ morro; jeta.

nombre masculino y femenino **7** Persona que se aprovecha con descaro de los demás. Es un cara una persona que se hace invitar pero no invita nunca.

cara de pocos amigos Expresión que tiene una persona cuando está enfadada o molesta por algo.

dar la cara Reconocer haber hecho algo malo sin echarle la culpa a otras personas.

echar en cara Recordar una persona a otra algo malo que le ha hecho, haciéndola sentir culpable. ⚹⚹ reprochar.

carabela

nombre femenino **1** Antiguo barco de vela con tres palos. Colón hizo su primer viaje a América con tres carabelas.

carabina

nombre femenino **1** Arma de fuego igual que el fusil, pero más corta.

caracol

nombre masculino **1** Molusco que tiene una concha en espiral y dos pares de tentáculos en la cabeza que se encogen al tocarlos. Se arrastra por tierra y deja baba a su paso. También hay caracoles que viven en el agua.

2 Parte interna del oído de los animales vertebrados, que tiene forma de espiral.

3 Rizo pequeño de pelo.

caracola

nombre femenino **1** Concha de animal marino, normalmente de gran tamaño, que al soplar dentro de ella produce un sonido como el del instrumento musical llamado trompa.

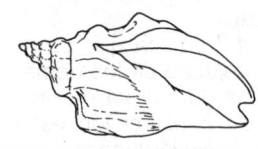

caracola

carácter

nombre masculino **1** Forma de ser y de comportarse que tiene una persona que la distingue de las demás: *Tiene un carácter muy agradable*.

2 Conjunto de características o cualidades propias de una cosa, de una persona o de una colectividad, que la distingue de las demás. En los laboratorios se hacen investigaciones de carácter científico.

3 Característica que tienen las personas que mantienen con fuerza sus ideas. ⚹⚹ genio.

4 Letra o símbolo que se usa para escribir. Los españoles escribimos con caracteres latinos, que son muy diferentes a los chinos o a los árabes.

👁 El plural es: caracteres.

característica

nombre femenino **1** Cualidad o propiedad de una persona o una cosa que la hace diferente a unas y parecida a otras. La característica más importante de cualquier silla es que sirve para sentarse.

característico, característica

adjetivo **1** Que es propio de una persona, un animal o una cosa y la distingue de otras. El cuello largo es característico de las jirafas.

caracterizar

verbo **1** Representar o ser una cosa la característica más importante de algo

C / c

o de alguien. La vida en el campo se caracteriza por la tranquilidad.

2 Representar un actor un papel en el cine o en el teatro.

3 caracterizarse Vestirse y maquillarse para parecerse a una persona o a un personaje de cine, teatro o televisión.

👁 Se escribe 'c' delante de 'e', como: caractericé.

caradura

nombre masculino y femenino

1 Persona que se aprovecha con descaro de los demás. Una persona que se va de un bar sin pagar su consumición es una caradura. ⚔ sinvergüenza.

caramelo

nombre masculino

1 Dulce duro hecho de azúcar, normalmente en forma de bola, que puede tener distintos sabores, como menta, fresa o limón.

2 Líquido espeso que se consigue al fundir azúcar.

caravana

nombre femenino

1 Fila muy larga de coches que avanza muy despacio porque hay mucho tráfico.

2 Remolque que llevan algunos coches preparado como una casa para poder vivir en él. ⚔ roulotte.

3 Grupo de personas que viajan juntas con sus animales o vehículos durante muchos kilómetros.

carbón

nombre masculino

1 Sustancia sólida de color negro que arde con facilidad y se usa como combustible. Las locomotoras de los trenes antiguos funcionaban con carbón.

👁 El plural es: carbones.

carbonizar

verbo

1 Quemar una cosa hasta convertirla en carbón. Los incendios carbonizan los bosques.

2 carbonizarse Quemarse un alimento que ha estado demasiado tiempo en el fuego.

👁 Se escribe 'c' delante de 'e', como: carbonice.

carbono

nombre masculino

1 Elemento químico sólido que se encuentra en muchas sustancias de la naturaleza: *El diamante está compuesto de carbono.*

carcajada

nombre femenino

1 Risa fuerte y ruidosa que suelta una persona. Las carcajadas salen de manera espontánea.

cárcel

nombre femenino

1 Edificio donde la autoridad encierra a las personas que han cometido un delito. En la cárcel los presos pueden recibir visitas de sus familiares. ⚔ prisión.

carcelero, carcelera

nombre

1 Persona que atiende y vigila a los presos de una cárcel.

carcoma

nombre femenino

1 Insecto de pequeño tamaño que vive en el interior de la madera seca, por ejemplo en los muebles, y se alimenta de ella.

2 Polvo que queda cuando este insecto ha roído la madera.

cardenal

nombre masculino

1 Sacerdote que ocupa un alto cargo en la Iglesia católica y es consejero del papa.

2 Señal de color oscuro que se hace en la piel debido a un golpe u otra causa.

cardiaco, cardiaca

adjetivo

1 Del corazón o que tiene relación con él: *Sufrió un ataque cardiaco.*

👁 También se escribe y se pronuncia: cardíaco.

cardinal

adjetivo y nombre masculino

1 Se dice del número que expresa cantidad sin indicar orden, como el tres, el siete o el nueve.

adjetivo

2 Se dice de cada uno de los cuatro puntos que dividen el horizonte en partes iguales y que sirven para orientarse en cualquier lugar. Los puntos cardinales son cuatro: norte, sur, este y oeste.

cardo

nombre masculino

1 Tipo de planta que tiene muchas espinas y suele tener hojas alargadas y flores de colores. La mayoría de cardos son silvestres.

2 Persona muy fea. También se dice cardo borriquero. Es un uso despectivo. ⚔ callo.

carecer

verbo

1 No tener algo, generalmente algo necesario. En los países subdesarrollados muchas personas carecen de lo necesario para vivir; los murciélagos carecen del sentido de la vista y se guían por ondas. ✗ poseer.

👁 Se conjuga como: agradecer; la 'c' se convierte en 'zc' delante de 'a' y 'o', como: carezco.

carencia

nombre femenino

1 Falta de una cosa necesaria o imprescindible para algo, como la carencia de alimentos o de medios.

carestía

nombre femenino

1 Precio elevado de las cosas, en especial de cosas como la comida, la ropa o la vivienda.

2 Escasez o falta de algo. Cuando llueve poco hay carestía de agua. ✗ carencia. ✗ abundancia.

careta

nombre femenino

1 Máscara para cubrir o proteger la cara de una persona. En las fiestas de Carnaval, la gente se disfraza y se pone caretas.

carga

nombre femenino

1 Cualquier cosa que una persona, animal o vehículo transporta de un lugar a otro.

2 Situación difícil y molesta que supone mucho trabajo o preocupación para una persona: *Los problemas laborales son una carga para él.*

3 Proyectil que se pone en el cañón de las armas de fuego. También es la cantidad de explosivo necesario para que algo explote.

4 Ataque directo y en grupo contra un conjunto de personas, como el que realiza un ejército contra un campamento o la policía contra unos manifestantes.

cargamento

nombre masculino

1 Conjunto de mercancías que lleva un tren, un barco o cualquier vehículo de transporte. Los cargamentos de productos contaminantes se llevan en camiones especiales. ✗ carga.

cargante

adjetivo

1 Se dice de la persona que es muy pesada y que molesta o fastidia a los demás, como los niños que piden algo con insistencia. También es cargante la cosa o si-

tuación que resulta pesada o aburrida, por ejemplo una reunión que se alarga excesivamente. Es una palabra informal.

cargar

verbo

1 Poner una carga sobre una persona, un animal o un vehículo para transportarla.

2 Meter en un aparato lo que necesita para que funcione. Las pistolas se cargan con balas, las plumas con tinta y las cámaras fotográficas con carretes.

3 Fastidiar o aburrir a una persona. Cuando los alumnos se portan mal en clase, cargan al profesor.

4 Atacar a alguien con mucha fuerza o violencia. En las guerras, los ejércitos cargan contra sus enemigos.

5 cargarse Romper o estropear algo. Es un uso informal.

6 cargarse Matar a una persona o a un animal. Es un uso informal.

7 cargarse Suspender a alguien en un examen. Es un uso informal.

8 cargarse Ponerse el aire de un lugar cerrado muy pesado. Cuando una habitación se carga de humo, se hace difícil respirar.

👁 Se escribe 'gu' delante de 'e', como: cargué.

cargo

nombre masculino

1 Puesto que ocupa una persona en una empresa o institución y función que tiene asignada y por la cual recibe un sueldo.

2 Atención y cuidado que se tiene que prestar a una persona o cosa. Los padres tienen a su cargo a los hijos.

3 Falta o delito concreto por el que se acusa a una persona y se le inicia un proceso judicial. La policía retira los cargos contra alguien cuando no encuentra suficientes pruebas del delito.

a cargo de Al cuidado de algo o alguien: *He dejado a los niños a cargo de la canguro.*

alto cargo Puesto o función de mucha importancia que desempeña una persona dentro de una em-

C
___
c

C / c

presa o institución. También es la persona que ocupa este puesto.

cargo de conciencia Sentimiento de preocupación que tiene una persona por considerarse culpable de algo.

hacerse cargo de Ocuparse o encargarse una persona de otra o de una cosa. Al limpiar la casa, unos se hacen cargo de la cocina y otros de las habitaciones.

carguero
nombre masculino **1** Barco que sirve para llevar carga. Los cargueros suelen ser embarcaciones de gran tamaño.

caricatura
nombre femenino **1** Dibujo de una persona que deforma y exagera los rasgos más característicos de su cara y de su cuerpo.

caricia
nombre femenino **1** Roce suave con la mano que se hace a una persona o animal como muestra de cariño o afecto. Los padres suelen calmar a su bebé con caricias y besos.
2 Sensación agradable que nos produce el contacto con algún fenómeno de la naturaleza, como el aire o el sol.

caridad
nombre femenino **1** Sentimiento que impulsa a las personas a ayudar a quienes lo necesitan. Dar dinero a las asociaciones humanitarias y atender a los enfermos son actos de caridad.

caries
nombre femenino **1** Infección de los dientes y muelas que termina por destruirlos. Para evitar la caries hay que lavarse siempre los dientes después de cada comida.
👁 El plural es: caries.

cariño
nombre masculino **1** Sentimiento de afecto o amor hacia una persona, animal o cosa. ✕✕ estima. ✕✕ odio.
2 Delicadeza o cuidado con que se hace o se trata una cosa. Cuando un amigo nos presta un libro debemos cuidarlo con cariño.

cariñoso, cariñosa
adjetivo **1** Que demuestra el cariño y el amor que siente hacia las personas. A las personas cariñosas les gusta besar, abrazar y decir cosas bonitas a quienes quieren.

carisma
nombre masculino **1** Capacidad natural que tiene una persona para atraer y gustar a los demás.

caritativo, caritativa
adjetivo **1** Que tiene o demuestra tener caridad en su forma de actuar.

carmesí
nombre masculino y adjetivo **1** Color rojo intenso. Su nombre viene de un polvo rojo que se saca de un insecto.
👁 El plural es: carmesíes.

carnaval
nombre masculino **1** Fiesta que se celebra durante los tres días anteriores al miércoles de ceniza. En Carnaval la gente se disfraza.

carne
nombre masculino **1** Parte blanda del cuerpo de las personas y los animales. Los huesos están recubiertos de carne.
2 Alimento que se obtiene de la carne de algunos animales no marinos, como la ternera, el cordero o el cerdo: *Me gusta más la carne que el pescado.*
3 Parte blanda de una fruta que está debajo de la piel. ✎ 596

carne de gallina Piel de las personas cuando se llena de pequeños bultitos y se erizan los pelos a causa del frío o del miedo.

en carne viva Indica que una parte del cuerpo de una persona ha perdido la piel, normalmente por una herida o quemadura.

ser de carne y hueso Tener sentimientos y sentirse afectado por algo que vemos u oímos.

carné
nombre masculino **1** Documento que permite a una persona identificarse o mostrar que pertenece a alguna organización. El carné de identidad es un documento oficial; también hay carnés deportivos y escolares.
👁 También se escribe y se pronuncia: carnet.

carnero
nombre masculino **1** Macho de la oveja; se diferencia de la hembra en que tiene cuernos

enrollados hacia atrás en forma de espiral.

carnet

nombre masculino **1** Es otra forma de escribir y pronunciar: carné.

carnicería

nombre femenino **1** Tienda, puesto de un mercado o departamento de un supermercado donde se vende carne destinada al consumo.
2 Muerte violenta de muchas personas producida por una guerra, una explosión o algún tipo de ataque armado.

carnicero, carnicera

nombre **1** Persona que vende carne en una carnicería.
adjetivo y nombre **2** Se dice de un animal que mata a otros para comérselos, como el lobo, la nutria o el tigre.

carnívoro, carnívora

adjetivo y nombre **1** Se dice del animal que se alimenta de carne.
planta carnívora Planta que captura y come insectos.

carnoso, carnosa

adjetivo **1** Se dice de la parte del cuerpo de una persona o animal que tiene mucha carne.
2 Se dice de las frutas y vegetales que tienen la carne blanda y con bastante agua. Las ciruelas y las sandías son frutas carnosas; los cactus son plantas carnosas.

caro, cara

adjetivo **1** Que cuesta mucho dinero o más del que debería costar. ⚠ barato.

carota

nombre masculino y femenino **1** Persona que se aprovecha con descaro de los demás. Es una palabra informal.

carpa

nombre femenino **1** Pieza de tela grande, sostenida por un armazón, que se instala para un espectáculo o fiesta.
2 Pez de agua dulce, de color verdoso por encima y amarillo por el vientre. Es comestible.

carpeta

nombre femenino **1** Objeto que sirve para guardar papeles en su interior y que está formado por dos cubiertas duras unidas por uno de sus lados. Se sujeta con gomas.

carpintería

nombre femenino **1** Lugar donde se hacen objetos de madera; el oficio también se llama carpintería.

carpintero, carpintera

nombre **1** Persona que fabrica muebles u objetos de madera, como mesas, puertas o ventanas.

carrera

nombre femenino **1** Acción que consiste en correr de un lugar a otro, en especial cuando se hace para competir con otras personas.
2 Competición entre personas, animales o vehículos para ver cuál es más rápido, como las carreras de caballos o de automóviles.
3 Serie de cursos universitarios que hay que aprobar para conseguir el título de licenciado.
4 Ejercicio de una profesión: *Tuvo que abandonar su carrera de pintor.*
5 Línea de puntos que se sueltan en una media o en otro tejido.
a la carrera Con mucha prisa o rapidez. Cuando se tiene poco tiempo hay que hacer las cosas a la carrera.

carrerilla

nombre femenino **1** Carrera corta que se hace para tomar impulso.
de carrerilla De memoria, sin entender bien: *Se ha aprendido la lección de carrerilla.*

carreta

nombre femenino **1** Carro de madera de base larga y baja, de dos o cuatro ruedas y un palo largo en la parte delantera donde se enganchan los animales que tiran de él.

carrete

nombre masculino **1** Cilindro hueco que tiene enrollado hilo, alambre, cuerda o cualquier otro material flexible. ✎ 796
2 Rollo de película fotográfica que se introduce en una cámara para hacer fotografías. ✎ 397
3 Pieza que tienen las cañas de pescar cerca de la parte por la que se sujetan y que sirve para llevar enrollado el hilo y para alargarlo o acortarlo cuando sea necesario.

C

c

C

carretera

nombre femenino

1 Camino público, ancho y asfaltado por el que circulan los vehículos. ☜400

carretilla

nombre femenino

1 Carro pequeño con una rueda delantera y dos barras en la parte de atrás por donde se agarra para empujarlo. Sirve para transportar materiales pesados a poca distancia. ☜395

carril

nombre masculino

1 División de una calle o carretera, marcada por unas líneas en el pavimento, por la que pueden circular los vehículos en una sola fila. En muchas ciudades hay un carril destinado exclusivamente a los taxis y autobuses.
2 Cada una de las dos barras de hierro por donde circulan los vagones de un tren, tranvía o metro. ✖ raíl.

carrillo

nombre masculino

1 Parte blanda de la cara de una persona, situada bajo los ojos y a cada lado de la nariz. ✖ mejilla; moflete.

carro

nombre masculino

1 Vehículo para transportar mercancías formado por una base ancha sobre unas ruedas. Los carros se mueven porque empujan o tiran de ellos las personas o los animales.
2 Vehículo pequeño con ruedas y una barra por donde se agarra para empujarlo, que sirve para llevar cosas de peso, como los carros del supermercado. ☜195, 800
3 En muchos lugares de Hispanoamérica se llama así al coche.
carro de combate Vehículo pesado de guerra que lleva un cañón. ✖ tanque.

carrocería

nombre femenino

1 Parte de un vehículo que cubre el motor y el chasis y dentro de la cual van las personas y la carga. La carrocería es de chapa.

carromato

nombre masculino

1 Carro de dos ruedas cubierto por una tela y tirado por uno o varios animales.

carroña

nombre femenino

1 Carne descompuesta de un ser humano o un animal muerto. Los buitres comen carroña.

carroza

nombre femenino

1 Carruaje adornado que se utiliza en ocasiones especiales.
2 Vehículo adornado que se usa en desfiles de fiestas, como en Carnaval o en Reyes.

adjetivo y nombre

3 Se dice de una persona que es mayor o está anticuada.

carruaje

nombre

1 Vehículo empleado para el transporte de personas que va tirado por caballos. Consiste en una plataforma normalmente cerrada con ruedas y asientos.

carta

nombre femenino

1 Papel escrito que una persona envía a otra para comunicarse con ella y contarle cosas. También se llama carta al conjunto formado por el escrito y el sobre en que se envía.
2 Cartón pequeño con dibujos en una cara que, junto con otros, sirve para jugar. Las cartas españolas se dividen en palos: oros, copas, espadas y bastos. ✖ naipe.
3 Lista de comidas y bebidas que se pueden elegir en un restaurante, bar o cafetería. ✖ menú.
4 Representación a escala de una parte de la Tierra o del universo. Las cartas de navegación sirven a los marineros para orientarse en el mar. ✖ mapa.
tomar cartas en un asunto Intervenir en una situación para intentar resolverla o modificarla.

cartearse

verbo

1 Comunicarse con una persona por medio de cartas. Cuando dos personas se cartean se envían cartas con cierta frecuencia.

cartel

nombre masculino

1 Papel, tela o lámina de otro material que tiene palabras o dibujos y se pone en un lugar público para informar de algo. Hay carteles de espectáculos y fiestas, de avisos o de publicidad. ☜398

en cartel Se dice de un espectáculo que se está representando.

cartelera
nombre femenino
1 Publicación o sección de una publicación en la que aparecen los espectáculos a los que puede asistir el público.
2 Superficie donde se pueden fijar carteles o anuncios.

cartera
nombre femenino
1 Objeto plano que se lleva en un bolsillo o un bolso y tiene varios apartados para guardar billetes, carnés o tarjetas de crédito.
2 Bolsa con asa, tapa y algún tipo de cierre que se usa para llevar libros, papeles o documentos.
3 Conjunto de clientes de una compañía o una empresa.

carterista
nombre masculino y femenino
1 Persona que roba carteras o monederos sin que las víctimas se den cuenta.

cartero, cartera
nombre
1 Persona que reparte las cartas o paquetes de correos.

cartilla
nombre femenino
1 Especie de cuaderno o libreta en que se incluyen determinados datos, como la cartilla de la Seguridad Social o la de ahorros.
2 Libro que se utiliza para enseñar a leer a los niños. Tiene palabras sueltas o frases cortas que van acompañadas de ilustraciones.
leer la cartilla Regañar a una persona o decirle lo que tiene que hacer.

cartón
nombre masculino
1 Material hecho de varias capas de pasta de papel unidas. Las cajas de zapatos están hechas de cartón.
2 Envase o paquete hecho de cartón, como los que se utilizan para envasar zumos o para empaquetar cigarrillos. ✍ 800
👁 El plural es: cartones.

cartuchera
nombre femenino
1 Cinturón o bolsa donde se llevan los cartuchos de una escopeta.

cartucho
nombre masculino
1 Munición que se dispara con un arma de fuego y que está formada por un cilindro lleno de pólvora al que va unida una bala.
2 Accesorio de una máquina o de un utensilio que se puede recambiar, como el cartucho de tinta de una estilográfica o de una impresora.
3 Envoltorio con forma cilíndrica o cónica que sirve para contener diversas cosas, como una pila de monedas iguales o un montón de caramelos.

cartulina
nombre femenino
1 Trozo de cartón fino, liso y flexible. Las cartulinas pueden ser de distintos colores.

casa
nombre femenino
1 Edificio o parte de él en el que vive una persona o una familia.
2 Familia o conjunto de personas que viven juntas: *En mi casa siempre cenamos a la misma hora.*
3 Conjunto de los miembros de una familia que tienen un mismo apellido y un mismo origen. El rey de España pertenece a la casa de Borbón.
4 Establecimiento donde se vende o fabrica algún producto o se prestan servicios, como una casa de modas o una casa de socorro.
de andar por casa Se dice de lo que se hace de cualquier manera o con rapidez. Si alguien sufre una torcedura de tobillo y no podemos llevarlo al médico, le hacemos un vendaje de andar por casa. También se dice de lo que se usa en familia o en situaciones de confianza, como unas zapatillas o una bata. Es una expresión informal.

casamiento
nombre masculino
1 Ceremonia en que dos personas se casan. ≋ boda.

casar
verbo
1 Unir a dos personas en matrimonio. Un juez de paz puede casar a una pareja por lo civil.
2 Hacer que dos o más cosas coincidan, se correspondan o se adapten. Para empapelar una habitación hay que casar cada nueva tira con la anterior: *Esta alfombra*

C
C

C

c

no casa con el resto de la decoración del salón.

cascabel

nombre masculino **1** Bola pequeña y hueca de metal que lleva en su interior un trozo pequeño de metal u otra cosa, para que haga ruido al moverse. El cascabel tiene una ranura para que salga mejor el sonido.
2 Persona que siempre está muy alegre. Es un uso informal.

cascanueces

nombre masculino **1** Instrumento que se usa para partir o abrir nueces y otros frutos secos.
◉ El plural es: cascanueces.

cascar

verbo **1** Romper en pedazos una cosa, generalmente con cáscara. Para comer almendras, nueces o avellanas, primero hay que cascarlas.
2 Pegar a una persona. Es un uso informal. ✖ sacudir.
3 Hablar mucho. Una persona que casca mucho es una charlatana. Es un uso informal.
◉ Se escribe 'qu' delante de 'e', como: casquen.

cáscara

nombre femenino **1** Cubierta exterior de frutos, huevos y otras cosas. La cáscara de un fruto es más dura que la piel. ✍ 596

cascarón

nombre masculino **1** Cáscara del huevo, especialmente del que tiene o ha tenido en su interior un polluelo.
recién salido del cascarón Se dice de la persona que es muy joven y todavía tiene muy poca experiencia en las cosas.
◉ El plural es: cascarones.

cascarrabias

nombre masculino y femenino **1** Persona que siempre está enfadada y de mal humor. ✖ gruñón.
◉ El plural es: cascarrabias.

casco

nombre masculino **1** Objeto de un material duro y resistente que cubre y protege la cabeza de heridas o golpes. Los motoristas y sus acompañantes tienen que llevar casco.
2 Botella de cristal vacía.
3 Parte de una población que tiene una unidad, como el casco antiguo.

nombre masculino plural **4** Auriculares de un equipo de música. Es un uso informal.

caserío

nombre masculino **1** Casa o conjunto de casas que se encuentran aisladas y en las que suelen vivir personas que trabajan en el campo. En Galicia y en el País Vasco abundan los caseríos. ✍ 400

casero, casera

adjetivo **1** Se dice de algo que se ha hecho en casa o de un animal que se ha criado en casa.
2 Se dice de una persona a la que le gusta mucho estar en su casa y prefiere quedarse en ella a salir fuera. ✖ hogareño.
3 Se dice de un remedio basado en el saber popular y no en la ciencia, pero que resulta ser eficaz para resolver un problema.
4 Se dice del árbitro que favorece al equipo que juega en su propio campo.

caserón

nombre masculino **1** Casa grande y vieja que suele tener aspecto de abandonada.
◉ El plural es: caserones.

caseta

nombre femenino **1** Construcción pequeña y ligera que sirve para cambiarse de ropa en la playa o la piscina. ✖ cabina.
2 Instalación sencilla y provisional que se monta en ferias y muestras públicas. ✖ puesto.
3 Casa pequeña y sencilla que sirve de cobijo a los perros.

casete

nombre **1** Caja pequeña de plástico que contiene una cinta magnética en la que se pueden grabar y reproducir sonidos o imágenes. Tiene doble género, se dice: el casete o la casete. ✖ cinta.
nombre masculino **2** Aparato que sirve para grabar o reproducir sonidos. ✖ radiocasete.

casi

adverbio **1** Indica que falta muy poco para que sea completamente verdad lo que se dice a continuación: *¡Qué casualidad! Yo vivo casi al lado.*
2 Se usa con números para indicar que por muy poco no se llega

a la cantidad que se dice: *Ya tiene casi doce años.*
3 Introduce una opinión o una idea de la que no se está del todo seguro: *Casi diría que prefiero quedarme en casa a salir.*

casilla
nombre femenino
1 Cada uno de los pequeños espacios cuadrados o rectangulares en los que están divididos algunos muebles o cajas. Las llaves de las habitaciones de los hoteles se guardan en un mueble dividido en casillas.
2 Cada una de las divisiones de un tablero de juego, como el del ajedrez o el parchís.
3 Espacio que hay en algunos impresos para escribir un dato o hacer una marca: *No sé si habré rellenado correctamente todas las casillas.*

casillero
nombre masculino
1 Mueble dividido en varios compartimientos en el que se guardan papeles, documentos, llaves u otros objetos.

casino
nombre masculino
1 Establecimiento de juegos de azar, espectáculos, bailes y otras diversiones. En el casino se juega a la ruleta o a las cartas.

caso
nombre masculino
1 Conjunto de circunstancias en las que se encuentra una cosa o una persona en un momento concreto. Estar en el mismo caso que otra persona es estar en su misma situación.
2 Cosa que sucede, especialmente cuando se trata de un acontecimiento que llama la atención por su interés, repercusión o gravedad. ※ suceso.
3 Asunto o cuestión concreta de la que se trata en un momento determinado. En un juicio se le exponen casos al juez para que decida sobre ellos.
4 Cada persona que representa o padece un hecho determinado. Se dice que hay muchos casos de una enfermedad cuando hay muchas personas que la

padecen: *Se ha producido un nuevo caso de despido en la empresa.*
5 Forma distinta que tienen las palabras en algunas lenguas, cuando desempeñan diferente función sintáctica. En latín la función de complemento directo se expresa con el caso acusativo.
hacer caso Prestar atención a una persona o a una cosa, tenerla en cuenta y preocuparse por ella.
hacer caso omiso No hacer lo que una persona o una ley ordena que se haga.
ser un caso Ser una persona poco corriente por hacer cosas que no son normales, como ser muy despistado o estar siempre de broma. Es una expresión informal.

casona
nombre femenino
1 Casa grande, generalmente antigua y de una familia noble.

caspa
nombre femenino
1 Conjunto de pequeñas escamas blancas que se forman en la cabeza de las personas. Hay champús y lociones especiales para eliminar la caspa.

castaña
nombre femenino
1 Fruto del castaño que, cuando está maduro, pasa a ser un fruto seco de cáscara fina y flexible de color marrón oscuro y carne blanca arrugada. Las castañas se pueden comer crudas o asadas.
2 Golpe o choque que recibe o da una persona. Es un uso informal. ※ porrazo.
3 Borrachera. Es un uso informal. ※ trompa.
4 Pelo recogido en forma de moño, especialmente si es de pequeño tamaño.
¡toma castaña! Exclamación que se usa para expresar satisfacción por algo desagradable o malo que otra persona tiene que soportar.
sacar las castañas del fuego Resolver alguien un problema.

castañar
nombre masculino
1 Terreno en el que crecen castaños.

C
c

castañero, castañera
nombre   **1** Persona que asa y vende castañas en un puesto en la calle.

castañetear
verbo   **1** Chocar los dientes de arriba contra los de abajo haciendo un ruido característico. Cuando hace mucho frío o tenemos miedo nos castañetean los dientes sin querer.

castaño, castaña
nombre masculino y adjetivo   **1** Color marrón oscuro como el de la cáscara de la castaña. Se utiliza para hablar del color de pelo o de ojos de una persona.
adjetivo y nombre   **2** Se dice de las personas que tienen el pelo de color castaño.
nombre masculino   **3** Árbol de tronco grueso, con la copa ancha y redonda, hojas con el borde en forma de sierra, flores blancas y fruto recubierto de espinas cuya semilla es la castaña. Su madera se usa para hacer muebles.

castañuela
nombre femenino   **1** Instrumento musical de percusión formado por dos piezas con forma de concha que están unidas por una cuerda. Las castañuelas se tocan con una mano, haciendo chocar una pieza contra la otra.

castellano, castellana
adjetivo y nombre   **1** Que es de Castilla y León o de Castilla-La Mancha.
nombre masculino   **2** Lengua hablada en España y en los países hispanoamericanos. El castellano tiene su origen en el latín, como el catalán y el gallego. ✗✗ español.

castellonense
adjetivo y nombre masculino y femenino   **1** Se dice de la persona o cosa que es de la ciudad de Castellón de la Plana o de la provincia de Castellón.

castidad
nombre femenino   **1** Forma de comportarse de las personas que no tienen relaciones sexuales o que las tienen siguiendo unas normas morales o religiosas. ✗✗ lujuria.

castigar
verbo   **1** Hacer que una persona cumpla una pena u obligación por haber cometido una falta o delito.
2 Causar una cosa un gran sufrimiento o daño a una persona aunque no haya hecho nada para merecerlo. El hambre castiga muy duramente los países del Tercer Mundo.
👁 Se escribe 'gu' delante de 'e', como: castigué.

castigo
nombre masculino   **1** Pena u obligación que debe cumplir una persona por haber cometido una falta o un delito: *Como castigo, fregarás los platos.*

castillo
nombre masculino   **1** Edificio que tiene unos muros muy gruesos y torres de defensa, a menudo situado sobre un cerro desde donde se domina parte de un territorio.

casto, casta
adjetivo   **1** Se dice de la persona que no tiene relaciones sexuales o que las tiene siguiendo unas normas morales o religiosas.

castor
nombre masculino   **1** Mamífero roedor de pelo marrón y suave, patas cortas y cola aplastada. Los castores pasan gran parte del tiempo en el agua de los ríos, donde construyen diques que les sirven de vivienda.

castrar
verbo   **1** Quitar a un hombre o animal los órganos sexuales o hacer que pierdan su capacidad de reproducción. ✗✗ capar.

casual
adjetivo   **1** Se dice del suceso que ocurre de forma imprevista y sin haber una intención por parte de nadie de que suceda.

casualidad
nombre femenino   **1** Suceso o hecho que ocurre sin que se pueda prever o evitar: *¡Qué casualidad!, no sabía que vinieras.*

cataclismo
nombre masculino   **1** Desastre muy grande que ocurre a causa de un fenómeno natural y en el que hay muchas víctimas o mucha destrucción, como un terremoto muy fuerte.

catalán, catalana
adjetivo y nombre   **1** Que es de Cataluña, comunidad autónoma del noreste de España.

CATEGORÍA GRAMATICAL

Las clases de palabras que existen en nuestro idioma son las siguientes:

Categoría gramatical	Palabra variable / invariable	Función	Ejemplo
nombre	variable	Es núcleo del grupo nominal. Puede ser sujeto de la oración	Claudia, diccionario, amistad
determinante	variable	Acompaña al nombre precisando y limitando su significado	el, esta, alguna, primero
adjetivo	variable	Modifica al nombre y ofrece alguna característica	nuevo, azul, hermosa, tranquilo
pronombre	variable	Actúa como un nombre. Puede ser sujeto de la oración	yo, vosotros, mío
verbo	variable	Es el núcleo del predicado	estar, leer, dormir, soñar
adverbio	invariable	Modifica a verbos, adjetivos y adverbios y completa su significado indicando circunstancias de modo, tiempo, lugar, cantidad, duda, etc.	ahora, lejos, así
preposición	invariable	Relaciona palabras o frases de distinto nivel	de, por, a
conjunción	invariable	Relaciona palabras o frases del mismo nivel	pero, y, aunque

1. Este diccionario indica la clase gramatical de las palabras escrita en letra pequeña en el lado izquierdo de los artículos; por ejemplo:

categoría
nombre
femenino

2. Hay palabras que pueden tener más de una categoría:

búlgaro, búlgara

adjetivo y nombre **1** Se dice de la persona o cosa que es de Bulgaria, país del centro de Europa.

nombre masculino **2** Lengua hablada en Bulgaria; es una lengua eslava, como el ruso.

3. Las palabras pueden ser variables o invariables.
En las palabras variables, el diccionario ofrece:
— la forma singular de nombres que sólo tienen un género gramatical o la misma forma en masculino y en femenino o adjetivos con una sola terminación, por ejemplo: **azul**.
— la forma masculina y femenina singular de nombres o adjetivos con dos terminaciones, por ejemplo: **amigo, amiga**.
— el infinitivo de los verbos, por ejemplo: **jugar**. Recuerda, si el verbo es irregular tienes cuadros y observaciones para que sepas todas las formas que puede adoptar ese verbo.

4. Puedes encontrar algunas palabras en las que pone en el lugar de la categoría 'participio' e 'interjección'.

C c

2 Lengua hablada en Cataluña, el País Valenciano, Baleares y zonas del sur de Francia; es la lengua oficial de Cataluña y Baleares junto al español y tiene su origen en el latín, como el español y el gallego. 👁 El plural de catalán es: catalanes.

catalejo
nombre masculino **1** Aparato que sirve para ver más cerca las cosas que están lejos. Está formado por un tubo que tiene en su interior una serie de lentes para aumentar la imagen.

catálogo
nombre masculino **1** Lista ordenada de cosas que se pueden encontrar o conseguir en un sitio; los catálogos de los museos incluyen todas las obras que hay en ellos. ✖ índice.

catar
verbo **1** Probar una comida o bebida para ver qué sabor tiene.

catarata
nombre femenino **1** Corriente de agua que cae desde la parte más alta de un terreno.
2 Enfermedad de los ojos que consiste en una tela que se va formando en el ojo, que tapa el cristalino e impide ver con claridad.

catarro
nombre masculino **1** Enfermedad leve en la que se inflama el tejido interior de la nariz y la garganta, que produce tos y mocos. ✖ constipado; resfriado.

catástrofe
nombre femenino **1** Desgracia o desastre muy grande que ocurre a causa de un fenómeno natural o un accidente, y en el que hay muchas víctimas o mucha destrucción.
2 Suceso negativo que perjudica los intereses de una persona, o cosa que está muy mal hecha. Es un uso informal.

cate
nombre masculino **1** Suspenso que se saca en un examen. 👁 Es una palabra informal.

catear
verbo **1** Suspender a una persona en una prueba o en un examen. Los alumnos que no estudian suelen catear. Es una palabra informal.

catecismo
nombre masculino **1** Libro en el que se explican la doctrina y las ideas cristianas, normalmente en forma de preguntas y respuestas. En la catequesis los niños aprenden el catecismo.

catedral
nombre femenino **1** Iglesia principal de un territorio, en el que hay un obispo y que destaca por su tamaño y su estilo arquitectónico. La catedral de Burgos es de estilo gótico.

catedrático, catedrática
nombre **1** Profesor que tiene la categoría más alta en un centro de enseñanza media o en una universidad.

categoría
nombre femenino **1** Cada una de las clases o conjuntos de cosas o personas que tienen unas determinadas características que permiten clasificarlas. Los sueldos de la gente que trabaja en una empresa dependen de su categoría; los hoteles pueden ser de diferentes categorías.
2 En gramática, cada una de las clases de palabras que se diferencian por la función que desempeñan en la oración. El nombre, el verbo, el adjetivo y el adverbio son categorías gramaticales.

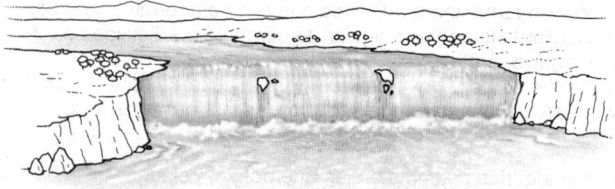

catarata

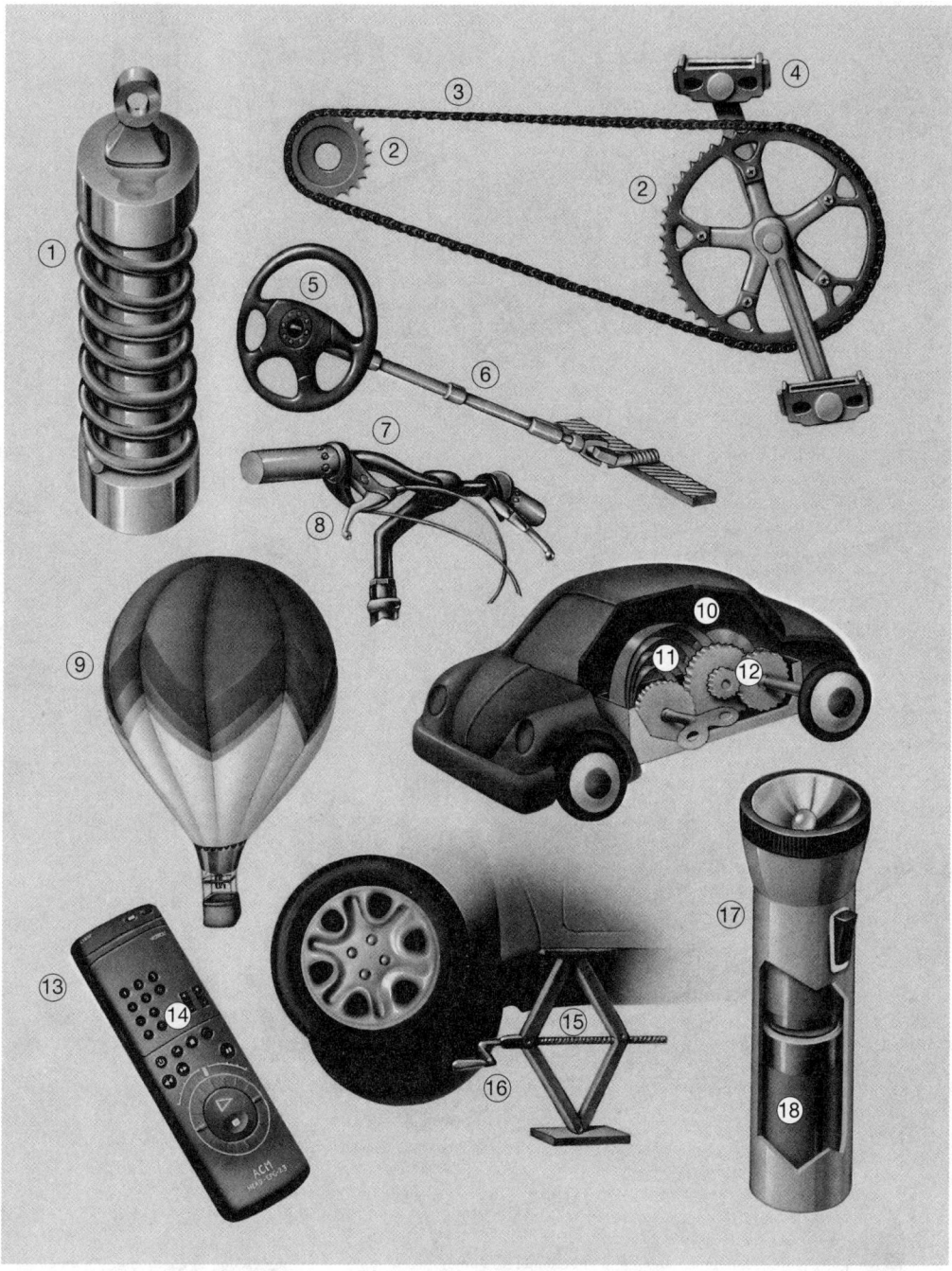

① muelle	⑤ volante	⑨ globo	⑫ rueda dentada	⑮ gato
② piñón	⑥ dirección	⑩ maquinaria/	⑬ mando a	⑯ manivela
③ cadena	⑦ manillar	mecanismo	distancia	⑰ linterna
④ pedal	⑧ maneta	⑪ cuerda	⑭ botón	⑱ pila

① motor	⑥ revisar	⑪ mecánico	⑯ carro	㉑ faro
② interruptor	⑦ cabina	⑫ reparar	⑰ retrovisor	㉒ intermitente
③ cafetera de vapor	⑧ tren de aterrizaje	⑬ hélice	⑱ parabrisas	㉓ parachoques
④ alerón	⑨ ala	⑭ llave inglesa	⑲ limpiaparabrisas	㉔ hangar
⑤ reactor	⑩ bidón	⑮ técnico	⑳ filtro	

① planeador	⑤ mástil	⑨ palos	⑬ cubierta	⑰ velero
② ala delta	⑥ velas	⑩ tripulación	⑭ borda	⑱ molinillo
③ volar	⑦ cometa	⑪ proa	⑮ escala	⑲ mirador
④ molino	⑧ navegar	⑫ ancla	⑯ popa	⑳ windsurf

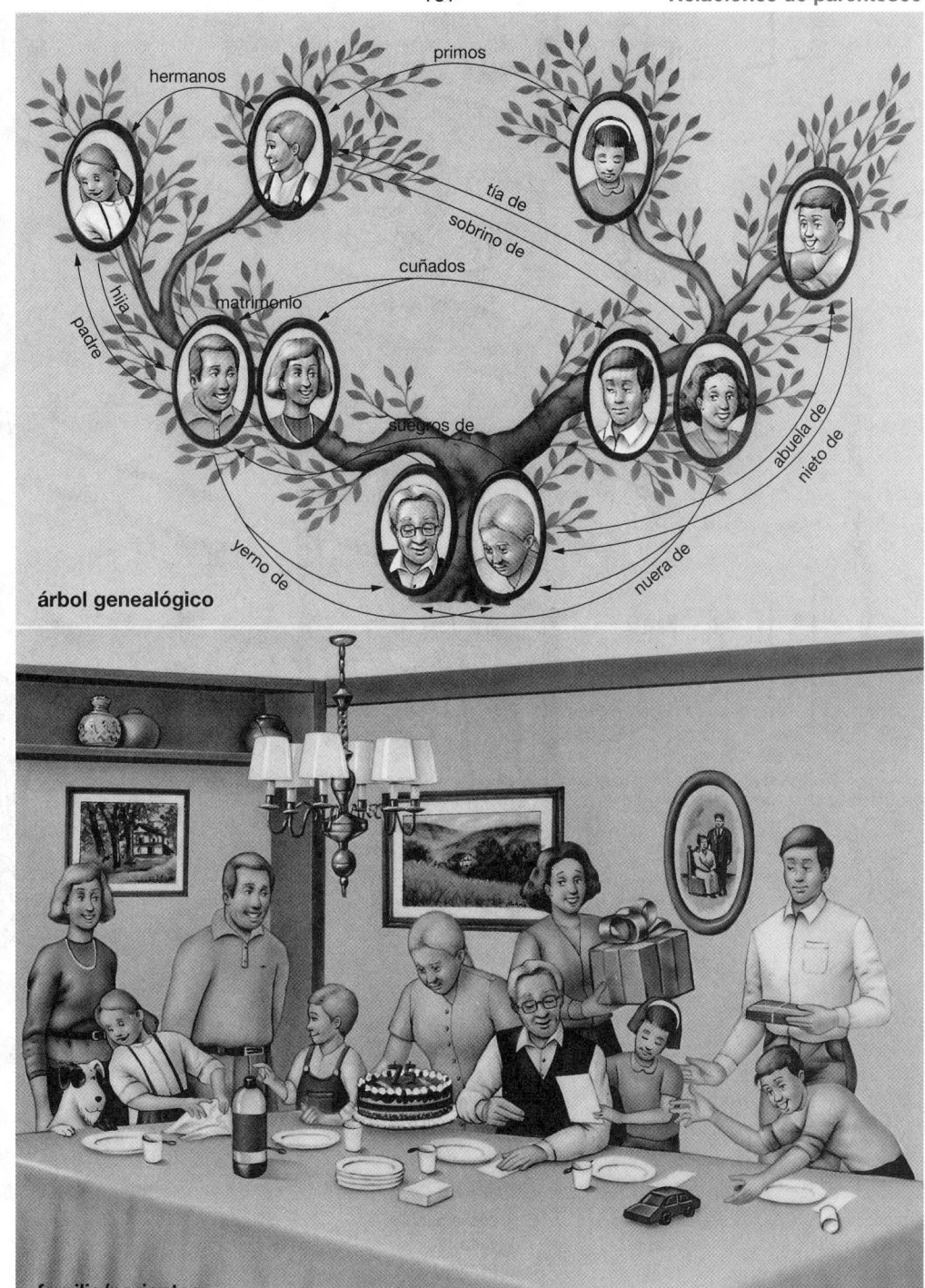

primos

hermanos

tía de

sobrino de

cuñados

hija

matrimonio

padre

suegros de

abuela de

nieto de

yerno de

nuera de

árbol genealógico

familia/parientes

① recepción
② retransmisión
    deportiva
③ televidente
④ interferencia

⑤ antena
⑥ hablante
⑦ oyente
⑧ centro de
    control

⑨ coche patrulla
⑩ vado
⑪ peatón
⑫ paso de
    peatones

⑬ colisión
⑭ semáforo
⑮ organizar
⑯ circulación
    / tráfico

⑰ archivo
⑱ gráfico
⑲ horario
⑳ lista

① asociación de excursionistas	⑤ actividad	⑩ acompañante	⑮ colaboración	⑳ cooperar
② grupo	⑥ corro	⑪ novios	⑯ amigos	㉑ ciudadanos
③ panda	⑦ afición	⑫ jugar	⑰ conocidos	㉒ banda
④ cuadrilla	⑧ pasatiempo	⑬ voluntarios	⑱ quiosco	㉓ alcalde
	⑨ camarada	⑭ saludo	⑲ trabajo	㉔ concejal

C

C

catequesis

nombre femenino **1** Enseñanza de las ideas de la religión cristiana. La gente va a clases de catequesis antes de hacer la primera comunión.
👁 El plural es: catequesis.

cateto, cateta

nombre **1** Persona que no tiene estudios y se comporta con unos modales poco finos o delicados. Algunas personas llaman despectivamente catetos a los habitantes de las zonas rurales.

nombre masculino **2** Cada uno de los dos lados que forman el ángulo recto del triángulo rectángulo. Un triángulo rectángulo tiene dos catetos y una hipotenusa.

catolicismo

nombre masculino **1** Religión cristiana que reconoce al papa como el representante de Dios en la tierra. El catolicismo es la religión que predomina en España.

católico, católica

adjetivo y nombre **1** Se dice de la persona que tiene como religión el catolicismo o de cualquier cosa que tiene relación con él.
no estar muy católico No encontrarse muy bien de salud: *No iré a clase, no estoy muy católico.*

catorce

numeral cardinal **1** Indica que el nombre al que acompaña está 14 veces: *Mañana cumplo catorce años.*

numeral ordinal **2** Que ocupa el lugar número 14 en una serie ordenada: *Estoy la catorce en la lista de espera.*

nombre masculino **3** Nombre del número 14.

cauce

nombre masculino **1** Parte de un terreno por donde corren las aguas de los ríos o arroyos. A causa de la fuerte lluvia el cauce de un río se puede desbordar. ⚒ lecho.
2 Procedimiento o modo como se hace o sucede algo. La vida en los pueblos pequeños suele transcurrir por cauces tranquilos.

caucho

nombre masculino **1** Sustancia elástica, impermeable y resistente que se extrae del jugo que tienen algunas plantas tropicales. El caucho se utiliza para fabricar neumáticos.

caudal

nombre masculino **1** Cantidad de agua que lleva una corriente o que pasa por un conducto. El caudal del río crece con las lluvias y el deshielo.
2 Cantidad de dinero y bienes que posee una persona: *Invirtió en aquella empresa todo su caudal.* ⚒ fortuna.

adjetivo **3** De la cola de los animales o que tiene relación con ella. El pez controla su movimiento con la aleta caudal. Es un uso formal.

caudaloso, caudalosa

adjetivo **1** Se dice del río que lleva mucha cantidad de agua. El Amazonas es el río más caudaloso del mundo.

caudillo

nombre masculino **1** Persona que dirige y manda a un grupo de gente, especialmente a un ejército. Se aplicó al jefe del gobierno español desde 1939 hasta 1975.

causa

nombre femenino **1** Cosa o suceso que da origen o produce otra cosa o suceso. Algunas catástrofes ocurren por causas naturales.
2 Cosa que explica que una persona realice determinada acción o que algo sea de cierta manera. Las personas se enfadan por un motivo o una causa concreta. ⚒ motivo.
3 Idea o proyecto que una persona defiende y se esfuerza por conseguir. La conservación del planeta es la causa de los ecologistas.
4 Procedimiento por el que se acusa a alguien de un delito, para que un juez pueda decidir si es culpable y si se le debe imponer un castigo. ⚒ juicio.
a causa de Indica que una cosa o suceso da origen o produce otra cosa o suceso: *Mucha gente muere en el mundo a causa del hambre.*

causar

verbo **1** Producir algo un determinado efecto. Una acción puede causarnos preocupación o alegría.

C
___
c

2 Ser algo la razón o la causa de que una persona realice una determinada acción o de que ocurra una cosa. Las lluvias torrenciales suelen causar inundaciones.

cautela
nombre femenino
1 Precaución y cuidado que tiene una persona al hacer algo. Una persona actúa con cautela para evitar un peligro o cuando no quiere ser descubierta al hacer una cosa.

cautivar
verbo
1 Atraer una persona o una cosa de manera irresistible a alguien con algún encanto especial. Algunas personas nos cautivan por su simpatía, su belleza o su gracia.
2 Quitar la libertad a una persona o a un animal salvaje.

cautiverio
nombre masculino
1 Estado de la persona o del animal salvaje al que se ha quitado la libertad y está encerrado en algún sitio en contra de su voluntad. También es cautiverio el tiempo que dura este estado.

cautividad
nombre femenino
1 Situación de la persona o el animal salvaje que está en cautiverio. Los animales del zoo viven en cautividad.

cautivo, cautiva
adjetivo y nombre
1 Se dice de la persona o animal que está retenido por la fuerza en un lugar, especialmente en la caza o la guerra.
2 Se dice de la persona que se siente muy atraída por algo de otra y no puede alejarse de ella: *Se sentía totalmente cautivo de su sonrisa.* Se utiliza sobre todo en literatura.

cauto, cauta
adjetivo
1 Se dice de la persona que actúa con cuidado y precaución, sin confiarse demasiado. Es una palabra formal.

cava
nombre masculino
1 Vino blanco espumoso elaborado y criado en la misma botella, en bodegas subterráneas. En las fiestas se suele brindar con cava. En Cataluña se produce mucho cava.

nombre femenino
2 Bodega bajo tierra en la que se cuida y guarda este vino.

cavar
verbo
1 Remover la tierra con una herramienta para cultivar plantas y hortalizas. Los agricultores cavan con la azada antes de plantar.
2 Hacer un hoyo, una zanja o algo parecido: *Cavamos para enterrar la basura.*

caverna
nombre femenino
1 Cueva profunda que hay bajo tierra o entre las rocas. Los hombres primitivos vivieron en cavernas.

caviar
nombre masculino
1 Alimento salado de color oscuro compuesto por las huevas de ciertos peces. El caviar es un alimento muy caro y apreciado.

cavidad
nombre femenino
1 Espacio hueco en el interior de un cuerpo o que se abre en una superficie. Dentro de la cavidad del tórax se encuentran los pulmones. Una cueva es una cavidad en una roca o una montaña.

cavilar
verbo
1 Pensar en algo con mucho detenimiento. Un problema que preocupa mucho a una persona la hace cavilar en busca de solución.

cayado
nombre masculino
1 Bastón con la parte superior curvada que utilizan los pastores para conducir el ganado.

caza
nombre femenino
1 Actividad que consiste en cazar animales.
2 Conjunto de animales que se cazan.
nombre masculino
3 Avión militar muy rápido y de pequeño tamaño, que suele llevar armas.

cazador, cazadora
nombre
1 Persona que se dedica a cazar animales como deporte o como profesión.
adjetivo
2 Se dice del animal que caza a otros para comérselos. Los leones y los tigres son felinos cazadores.

cazadora
nombre femenino
1 Prenda de vestir parecida a una chaqueta pero más ancha y corta.

Las cazadoras se suelen abrochar con cremalleras.

cazar
verbo
1 Perseguir animales para matarlos o para atraparlos. Las personas cazan aves para comérselas; los gatos cazan ratones.
2 Descubrir un secreto, un error o algo que se esconde: *Cacé cinco faltas de ortografía en tu redacción*. Es un uso informal.
3 Entender o darse cuenta con rapidez del significado de una cosa: *Caza las explicaciones enseguida*. Es un uso informal.
👁 Se escribe 'c' delante de 'e', como: cacen.

cazo
nombre masculino
1 Recipiente de cocina redondo con un mango largo que sirve para calentar o cocer alimentos. Los cazos suelen ser de metal y de pequeño tamaño. ✍ 793
2 Utensilio de cocina formado por media esfera hueca y un mango largo; se utiliza para pasar líquidos de un recipiente a otro o para servir la sopa o el puré. ✄ cucharón. ✍ 793

cazuela
nombre femenino
1 Recipiente ancho y redondo que se pone al fuego y sirve para cocinar alimentos. Las cazuelas tienen dos asas y una tapadera. ✍ 793

CD-ROM
nombre masculino
1 Disco compacto en el que se almacena una gran cantidad de información escrita que se lee introduciéndolo en un dispositivo especial del ordenador.
2 Dispositivo del ordenador donde se introduce el disco y que utiliza el láser para descifrar la información. ✍ 396

ce
nombre femenino
1 Nombre de la letra 'c'. 'Casa' y 'cien' empiezan por ce.

cebada
nombre femenino
1 Cereal muy parecido al trigo pero de semillas más alargadas y puntiagudas. Las semillas también se llaman cebada y sirven como alimento para los animales y para fabricar cerveza.

cebar
verbo
1 Dar mucha comida a un animal para que se ponga gordo. A los cerdos se les ceba para que luego den buenos jamones.
2 cebarse Mostrarse demasiado duro o cruel con alguien que no puede defenderse. *No te cebes con Miguel, que es muy tímido*.

cebo
nombre masculino
1 Comida que se muestra a un animal para atraerlo y atraparlo cuando va a comerla. Se pone el cebo en un anzuelo para pescar o en una trampa para cazar.
2 Cosa o persona que se utiliza para atraer a alguien y hacerlo caer en una trampa.
3 Persona o cosa agradable o atractiva que se utiliza para atraer a alguien e incitarle a hacer algo. Los anuncios son un cebo para que la gente compre el producto que se anuncia.
4 Pequeña cantidad de explosivo que se introduce en una carga explosiva para hacer que ésta explote.

cebolla
nombre femenino
1 Bulbo comestible de color blanco, que tiene varias capas que le dan forma redondeada. Las cebollas se cultivan en los huertos y tienen olor y sabor fuertes.
2 Bulbo parecido a la cebolla de algunas plantas. El lirio y el tulipán tienen en la parte de abajo una pequeña cebolla.

cebolleta
nombre femenino
1 Planta parecida a la cebolla, pero más pequeña, de la que se come el bulbo y las hojas tiernas.

cebra
nombre femenino
1 Mamífero parecido al burro, con la piel a rayas negras y blancas, que vive en la sabana africana.

cedazo
nombre masculino
1 Objeto formado por un aro de madera o metal y una especie de red, generalmente metálica, fijada al aro. El cedazo sirve para separar las partes finas y las gruesas de una cosa, por ejemplo, para separar las piedras de la arena

C
c

C
c

para mezclar la arena con cemento.

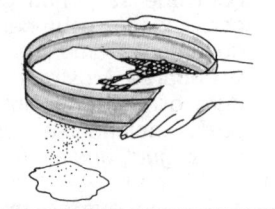

cedazo

ceder

verbo **1** Dar o dejar a alguien voluntariamente una pertenecia o algo a lo que se tiene derecho. Si cedes el paso a alguien, lo dejas pasar.
2 Dejar de resistirse una persona a algo, como un deseo; también cedemos a veces en una discusión.
3 Romperse o perder la tirantez o la forma original una cosa que tenía demasiado peso sobre ella o estaba demasiado tirante. Una estantería con mucho peso acaba cediendo.
4 Disminuir la fuerza o la intensidad de algo. En primavera empieza a ceder el frío del invierno.

cedro

nombre **1** Árbol de gran altura, con el tronco grueso y recto, la copa en forma de cono, las hojas estrechas y perennes, ramas horizontales algo caídas y piñas pequeñas. Su madera se utiliza en carpintería.
masculino

cegar

verbo **1** Hacer perder a alguien el sentido de la vista de forma pasajera o para siempre. El resplandor del sol nos ciega.
2 Quitar la capacidad de razonar a una persona o impedir que se dé cuenta de la importancia real de las cosas. Una persona que se deja cegar por la ira y el odio, sólo piensa en la venganza. ▩ ofuscar.
👁 Se conjuga como regar; la 'e' se convierte en 'ie' en sílaba acentuada y se escribe 'gu' delante de 'e', como: ciegue.

cegato, cegata

adjetivo **1** Se dice de la persona que no ve
y nombre bien o que no ve bien de lejos.
👁 Es una palabra informal.

ceguera

nombre **1** Pérdida total de la vista. Las cataratas o las lesiones de retina pueden producir ceguera.
femenino

ceja

nombre **1** Parte de la cara de forma curva situada encima del ojo, que está cubierta de pelos cortos.
femenino
2 Conjunto de los pelos cortos que cubren la ceja.

cejijunto, cejijunta

adjetivo **1** Que parece que tiene las cejas juntas.

celda

nombre **1** Habitación pequeña y poco lujosa, especialmente las de las cárceles y los conventos.
femenino
2 Pequeño espacio que las abejas forman en la colmena para dejar el polen y fabricar la miel.

celebración

nombre **1** Acto, normalmente formal, en el que participan varias personas.
femenino
2 Acto o fiesta que se realiza para celebrar un acontecimiento, como un cumpleaños o un bautizo.
👁 El plural es: celebraciones.

celebrar

verbo **1** Organizar una fiesta o cualquier acto alegre con motivo de un acontecimiento o una fecha importante, como un cumpleaños.
2 Realizar un acto formal y serio. Los curas celebran bodas.
3 Alegrarse por una cosa: *Celebro que hayas aprobado el examen*.

célebre

adjetivo **1** Que es muy conocido y tiene mucha fama. ▩ famoso.

celebridad

nombre **1** Característica de la persona que es célebre o famosa.
femenino
2 Persona que es célebre o muy conocida.

celeste

adjetivo **1** Se dice del color azul que es claro, como el cielo.
2 Del cielo o que tiene relación con él. El Sol o las estrellas son cuerpos celestes.

celo

nombre **1** Cuidado y atención que se pone al realizar una cosa.
masculino
2 Periodo de la vida de los anima-

les en el que están preparados para tener relaciones sexuales.

3 Cinta de plástico transparente que pega por uno de sus dos lados. Usamos celo para pegar el papel de envolver regalos.

nombre
masculino
plural

4 celos Sentimiento de enfado o de temor que se tiene cuando se cree que una persona a quien queremos siente amor por otra, o la quiere más que a nosotros.

celofán

nombre
masculino

1 Tipo de papel muy fino y transparente que parece un plástico. El celofán puede ser de varios colores y se usa para envolver cosas, como regalos o ramos de flores.

☞ El plural es: celofanes.

celoso, celosa

adjetivo
y nombre

1 Se dice de la persona que siente celos o envidia de otra u otras. A veces el hermano mayor siente celos del recién nacido.

adjetivo

2 Que hace las cosas con mucho cuidado y esmero. Los empleados responsables suelen ser muy celosos en el cumplimiento de su trabajo. ⚘ cuidadoso. ⚘ descuidado.

célula

nombre
femenino

1 Elemento microscópico que hay en el cuerpo de los seres vivos. Un conjunto de células de un mismo tipo forma un tejido del organismo, como por ejemplo el tejido nervioso.

cementerio

nombre
masculino

1 Lugar donde se entierra a los muertos.

cemento

nombre
masculino

1 Material en polvo que al mezclarse con agua forma una masa dura que se utiliza en la construcción. El cemento se utiliza para hacer suelos y para unir ladrillos. ✍ 394

cemento armado Cemento que lleva dentro trozos de hierro.

cena

nombre
femenino

1 Última comida del día que se hace por la noche.

cenar

verbo

1 Tomar la cena.

cencerro

nombre
masculino

1 Especie de campana de forma recta que se pone al ganado atada al cuello. El cencerro sirve para localizar al ganado por el ruido que hace cuando anda.

estar como un cencerro Estar una persona loca o comportarse de forma alocada. Es una expresión informal.

cenicero

nombre
masculino

1 Recipiente que se utiliza para dejar la ceniza y las colillas de los cigarros y cigarrillos.

ceniza

nombre
femenino

1 Polvo de color gris que queda después de quemarse una cosa completamente. A medida que se van consumiendo, los cigarros encendidos van dejando ceniza.

adjetivo

2 Que es de color o tono gris claro, como el de la ceniza.

nombre
femenino
plural

3 cenizas Restos que quedan de una persona muerta que ha sido incinerada.

cenizo, ceniza

nombre
y adjetivo

1 Persona que tiene mala suerte o da mala suerte a los demás: *Siempre que vamos a la playa con él se pone a llover, es un cenizo.* ⚘ gafe.

censo

nombre
masculino

1 Lista oficial de los habitantes o de los bienes de una localidad, región o país. El censo se va actualizando cada cierto tiempo.

censo electoral Lista oficial de los ciudadanos de un país que tienen derecho a voto.

censura

nombre
femenino

1 Acción que consiste en censurar una obra destinada al público. También es censura la crítica a las acciones o las palabras de una persona.

2 Organismo que se encarga de censurar una obra literaria, una película u otra cosa destinada al público

censurar

verbo

1 Examinar una obra literaria, una película u otra cosa destinada al público para decidir si su contenido sigue o no las normas políticas,

C
—
C

C
c

religiosas o morales. Cuando se censura una obra, se pueden suprimir las partes que se consideran inadecuadas.
2 Decir a una persona que se considera que algo que ha hecho o ha dicho está mal.

centauro
nombre masculino **1** Animal mitológico que es mitad hombre y mitad caballo. Un centauro con un arco y una flecha es el símbolo del signo del zodiaco Sagitario.

centavo
nombre masculino **1** Moneda americana que equivale a la centésima parte de un dólar.

centella
nombre femenino **1** Rayo o descarga eléctrica de poca fuerza que se produce entre las nubes.

centellear
verbo **1** Despedir rayos de luz de diversa intensidad y color. Las estrellas centellean en el cielo. � brillar.

centena
nombre femenino **1** Conjunto de cien unidades. Cuatrocientos son cuatro centenas. ✇ centenar.

centenar
nombre masculino **1** Conjunto de cien unidades. ✇ centena. ☞ 593

centenario, centenaria
nombre masculino **1** Día o año en que se cumplen cien años o varias centenas de años de un acontecimiento. En 1992 se celebró el quinto centenario del descubrimiento de América.
adjetivo y nombre **2** Se dice de la persona que tiene cien años o alrededor de cien años.

centeno
nombre masculino **1** Cereal de espigas largas y delgadas que produce unas semillas puntiagudas por un extremo. Las semillas también se llaman centeno y sirven para alimentar al ganado o para hacer pan.

centesimal
adjetivo **1** Que está dividido en cien partes.

centésimo, centésima
numeral ordinal **1** Que ocupa el lugar número 100 en una serie ordenada.
nombre femenino **2 centésima** Cada una de las cien partes iguales que resulta de dividir un todo. En los deportes de mucha velocidad, los tiempos se miden con centésimas de segundo.

centígrado, centígrada
adjetivo **1** Se dice de la escala de temperatura que se divide en cien grados. También se dice de cada una de las cien partes en que se divide esta escala. El agua cuando se hiela tiene 0 grados centígrados y cuando hierve 100.

centigramo
nombre masculino **1** Medida de masa que equivale a la centésima parte de un gramo. Su símbolo es: cg.

centilitro
nombre masculino **1** Medida de capacidad que es igual a la centésima parte de un litro. Su símbolo es: cl.

centímetro
nombre masculino **1** Medida de longitud que equivale a la centésima parte de un metro. Su símbolo es: cm.

céntimo
nombre masculino **1** Moneda que equivalía a la centésima parte de una peseta.
estar sin un céntimo No tener nada de dinero. Es un uso informal.

centinela
nombre masculino y femenino **1** Soldado que está encargado de vigilar y defender un lugar determinado, como un cuartel.
2 Persona que vigila si ocurre algo o viene alguien mientras otra u otras están haciendo algo.

centollo
nombre masculino **1** Animal crustáceo marino con el cuerpo cubierto por una concha gruesa, rugosa y que tiene pelos y espinas. Es comestible y su carne es muy apreciada.

central
adjetivo **1** Que está en el centro o entre dos extremos. América Central está situada entre América del Sur y Norteamérica. ✇ céntrico.
2 Que es lo más importante. En una película el personaje central es el protagonista. ✇ principal.
3 Que produce efectos en el conjunto de un lugar. La calefacción central calienta todas las habitaciones de una casa.

nombre femenino **4** Oficina principal de una empresa de la que dependen otras del mismo tipo. Un banco tiene una oficina central y muchas sucursales.
5 Conjunto de intalaciones donde se produce energía eléctrica a partir de otras fuentes de energía: *Visitamos una central eléctrica.*

centralita
nombre femenino **1** Lugar donde se encuentra instalado un aparato que conecta las llamadas del exterior con los teléfonos interiores de un lugar. También se llama centralita al aparato.

. **centrar**
verbo **1** Colocar una cosa haciendo coincidir su centro con el de otra cosa. Para mejorar la presentación de un trabajo centramos el título en medio de la portada.
2 Dirigir la atención hacia un objeto o asunto determinado. Los deportistas centran sus esfuerzos en ganar.
3 En el fútbol, pasar un jugador el balón desde la parte exterior hacia la zona más próxima a la portería contraria para que otro jugador pueda rematar.
4 centrarse Encontrarse a gusto en una nueva situación o con un nuevo modo de vida: *No puede centrarse en su nuevo trabajo.*

céntrico, céntrica
adjetivo **1** Se dice del edificio, barrio, calle o establecimiento que está en el centro de la ciudad.

centro
nombre masculino **1** Punto o lugar que está en medio de algo. El diámetro de una circunferencia pasa por el centro. ✂ medio.
2 Lugar donde se desarrollan actividades culturales, deportivas, científicas o de otro tipo. La universidad es un importante centro cultural. ✎ 198
3 Persona, lugar o cosa hacia donde se dirigen las miradas, la atención o el interés. El problema del hambre en el mundo es el centro de interés de muchas asociaciones humanitarias.
4 Parte de una población donde

hay edificios importantes y donde se desarrolla la mayor parte de la actividad comercial y cultural. Para llegar al centro se recomienda usar el transporte público. ✂ periferia.
5 Conjunto de ideas políticas que están entre la derecha y la izquierda.

centrocampista
nombre masculino y femenino **1** En un equipo deportivo, jugador que juega en el centro del campo y ayuda tanto a la defensa como a la delantera de su equipo.

ceñir
verbo **1** Ajustar una cosa a otra, especialmente una prenda de vestir al cuerpo.
2 ceñirse Mantenerse dentro de unos determinados límites. Los conferenciantes se ciñen a hablar del tema de su conferencia.

ceño
nombre masculino **1** Gesto que consiste en arrugar la frente y las cejas para demostrar enfado.

cepa
nombre femenino **1** Tronco de la vid. También es toda la planta de la vid. ✂ parra.

cepa

2 Parte del tronco de una planta que está bajo tierra junto con las raíces.
de pura cepa Que tiene las características reconocidas como auténticas de un tipo o de una clase: *Es andaluz de pura cepa.*

cepillar
verbo **1** Pasar un cepillo por una superficie para limpiarla. Se cepillan la ropa, los zapatos o los dientes para limpiarlos.
2 Pasar un cepillo por el pelo o algo con pelo, como la lana, para desenredarlo.
3 Pasar un cepillo de carpintero

C
—
C

C
c

sobre una madera para alisarla o quitar lo que sobra.

4 cepillarse Matar a una persona o un animal. Es un uso informal.

5 cepillarse Terminar un trabajo en muy poco tiempo: *Me cepillo la redacción en cinco minutos y salimos.* Es un uso informal.

cepillo

nombre masculino

1 Instrumento que consiste en una pieza de madera u otro material en la que van enganchados o clavados una gran cantidad de pelos o cerdas. Los cepillos sirven para la limpieza o el aseo personal. ✍ 796

2 Herramienta de madera con una cuchilla en su base que utilizan los carpinteros para alisar la madera. ✍ 393

cepo

nombre masculino

1 Instrumento que se utiliza para cazar animales. Los cepos suelen ser de hierro y tienen un mecanismo que deja a los animales aprisionados cuando lo tocan.

2 Instrumento que sirve para aprisionar la rueda de un coche y dejarlo inmovilizado.

ceporro, ceporra

adjetivo y nombre

1 Que es poco inteligente y tiene poca capacidad para aprender. Es una palabra informal.

cera

nombre femenino

1 Sustancia sólida y grasienta que fabrican las abejas y se derrite con el calor. La cera se utiliza para fabricar velas.

2 Producto químico que se usa para dar brillo a los suelos y a los muebles de madera.

3 Sustancia amarilla y grasienta que se produce en los oídos de las personas.

cerámica

nombre femenino

1 Actividad que consiste en fabricar objetos con arcilla, como por ejemplo jarrones y platos: *Voy a un curso de cerámica.*

2 Objeto o conjunto de objetos fabricados con arcilla. La cerámica de Talavera es muy famosa en toda España. ✍ 795

3 Arcilla amasada con agua y cocida con la que se hacen objetos, como jarrones, platos y vasijas.

cerca

adverbio

1 Indica que un objeto, lugar o persona se encuentra en una posición próxima a otro objeto, a otro lugar o a otra persona: *¿Vives cerca de aquí?* ✗ lejos.

2 Se usa con números para indicar una cantidad aproximada, que puede ser menor de la que se dice: *Volveré cerca de las tres.* ✗ alrededor.

nombre femenino

3 Pared de madera o piedra que rodea una casa o terreno.

cercanía

nombre femenino

1 Característica de la persona o de la cosa que se encuentra a poca distancia de otra, o del suceso que está cerca de otro en el tiempo. ✗ proximidad.

nombre femenino plural

2 cercanías Lugares que se encuentran cerca o a poca distancia de otro lugar.

de cercanías Se dice del medio de transporte que recorre lugares cercanos a una gran ciudad, o cercanos entre sí.

cercano, cercana

adjetivo

1 Que está a poca distancia de una cosa o persona.

2 Que ha sucedido hace poco tiempo o que sucederá dentro de poco tiempo.

cercar

verbo

1 Poner una cerca o una valla alrededor de un lugar para que quede aislado o cerrado.

2 Rodear un grupo de personas a otra persona para impedir que escape. También es rodear una cosa o un lugar con alguna intención, como cercar una ciudad para intentar conquistarla un ejército.

👁 Se escribe 'qu' delante de 'e', como: cerqué.

cerciorarse

verbo

1 Asegurarse de la verdad de algo, generalmente comprobando o revisando nuevamente una información: *Cerciórate de que el avión sale de la terminal B.*

cerco

nombre masculino

1 Banda o zona estrecha de distinto color o de distinto material

C
c

que rodea una cosa, como el cerco luminoso alrededor de un astro.
2 Acción que consiste en rodear un ejército una ciudad o un lugar dominado por el enemigo, con el objetivo de tomarlo o conquistarlo.

cerda
nombre femenino **1** Pelo duro y grueso que tienen algunos animales en el cuerpo o en alguna parte de él; el cerdo y el jabalí tienen cerdas en todo el cuerpo, pero el caballo sólo tiene cerdas en la cola y en la crin. Las cerdas se utilizan para hacer cepillos y también se llaman cerdas los pelos de los cepillos, aunque estén hechos con otros materiales.

cerdo, cerda
nombre **1** Mamífero doméstico que tiene las patas cortas, el cuerpo grueso, el morro aplastado y las orejas caídas sobre la cara. Del cerdo se aprovecha la carne, la piel y hasta los intestinos, para hacer embutidos. ※ cochino, puerco.
adjetivo y nombre **2** Se dice de la persona que no está limpia y aseada o que no tiene hábitos de limpieza. ※ cochino, marrano.
adjetivo y nombre **3** Que hace lo que quiere sin importarle el daño que pueda hacer a los demás. ※ cochino, puerco.

cereal
adjetivo y nombre masculino **1** Se dice de la planta que produce semillas en forma de granos, y de estas mismas semillas. El trigo, el centeno, la cebada y el maíz son cereales.

cerebral
adjetivo **1** Del cerebro o que tiene relación con él.
2 Se dice de la persona que hace las cosas analizándolas de un modo racional y sin dejarse influir por los sentimientos. ※ frío; calculador. ※ pasional.

cerebro
nombre masculino **1** Órgano del cuerpo humano formado por una masa blanda que está dentro de la parte superior de la cabeza. El cerebro es el centro del sistema nervioso. ※ seso.
2 Capacidad de los seres humanos para pensar y desarrollar actividades intelectuales. ※ inteligencia.
3 Persona muy inteligente que sobresale de un grupo.
4 Persona que pertenece a un grupo y se encarga de pensar y dirigir una actividad: *Han detenido al cerebro de la banda.*

ceremonia
nombre femenino **1** Acto importante y solemne en el que participan varias personas y se celebra siguiendo unas reglas.
2 Formalidad, seriedad y uso de unas determinadas reglas sociales para hacer una cosa: *No sé a qué viene tanta ceremonia para servir la mesa si estamos en familia.*

ceremonioso, ceremoniosa
adjetivo **1** Que sigue las reglas y ceremonias establecidas al realizar una acción. ※ solemne.

cereza
nombre femenino **1** Fruta redonda, de color rojo oscuro, con un hueso en el centro, que cuelga de un rabillo que suele estar unido al de otra fruta igual.
adjetivo **2** Se dice del color rojo oscuro, como el de la cereza.

cerezo
nombre masculino **1** Árbol frutal de tronco liso con muchas ramas, hojas ásperas y flores blancas, que produce las cerezas. ✍ 599

cerilla
nombre femenino **1** Palito o trozo de papel enrollado, con una cabeza hecha de una sustancia que arde al ser rozada sobre una superficie áspera. Se venden en cajas pequeñas.

cero
numeral cardinal **1** Indica que el número al que acompaña está 0 veces, es decir, ninguna.
nombre masculino **2** Nombre del número 0.
al cero De manera que el pelo quede lo más corto que sea posible.
empezar de cero Empezar desde el principio o con muy pocos recursos.
ser un cero a la izquierda No va-

C

c

ler para nada o no ser valorado por los demás.

cerrado, cerrada

adjetivo

1 Que no está abierto. Si una tienda está cerrada, no se puede comprar.

2 Que le cuesta o no le gusta relacionarse con los demás. A las personas cerradas no les gusta nada ser el centro de atención. ⚒ tímido.

3 Que tarda mucho en entender las cosas o le cuesta hacerlo.

4 Que le cuesta mucho cambiar de opinión, que no se deja convencer fácilmente porque cree que siempre tiene razón.

5 Se dice del modo de hablar o del acento en el que se nota mucho el origen geográfico.

6 Con algunos nombres, como 'noche' o 'aplauso', indica que es muy intenso o muy fuerte.

cerradura

nombre femenino

1 Mecanismo de metal que se acopla a algunas puertas, ventanas, tapas u otras cosas que se quieren mantener cerradas. Las cerraduras sólo se pueden abrir con una llave que se introduce en ese mecanismo.

cerrajero, cerrajera

nombre

1 Persona que fabrica o arregla cerraduras, llaves y otros objetos de metal.

cerrar

verbo

1 Hacer que el interior de una cosa o de un lugar quede aislado del exterior mediante una pieza, como una tapa, o mediante un mecanismo, como una cerradura. ⚒ abrir.

2 Juntar las partes movibles o articuladas de algo, como un cajón, los labios o los ojos. ⚒ abrir.

3 Cubrir o tapar algo que estaba abierto, como una herida o un agujero. ⚒ abrir.

4 Impedir el paso libre de una persona o una cosa por un lugar. Si se cierra el grifo, el agua no sale. ⚒ abrir.

5 Llegar a un acuerdo sobre un asunto: *Después de una larga discusión, cerraron el pacto.*

6 Ocupar la última posición en una serie o una sucesión. El que cierra una carrera de atletismo es el último en llegar.

7 Hacer que termine algo, como un trabajo, una actividad o un plazo. ⚒ abrir.

8 cerrarse No querer hablar con los demás, en especial en una discusión en la que no se quiere cambiar de opinión.

👁 Se conjuga como: acertar; la 'e' se convierte en 'ie' en sílaba acentuada, como: cierran.

cerro

nombre masculino

1 Elevación aislada del terreno de menor altura que un monte. ⚒ colina; loma.

cerrojo

nombre masculino

1 Pieza que se coloca en algunas puertas o ventanas para cerrarlas y para que no puedan ser abiertas desde el exterior. El cerrojo está formado por una barrita de metal que pasa por unas anillas.

certamen

nombre masculino

1 Concurso en el que varios participantes compiten por conseguir un premio.

👁 El plural es: certámenes.

certero, certera

adjetivo

1 Se dice del tiro o del disparo que acierta en el blanco. También es certera la persona que tiene muy buena puntería. Es un uso formal.

2 Se dice de lo que es muy acertado porque está hecho o dicho con mucho acierto. Es un uso formal.

certeza

nombre femenino

1 Seguridad completa que tiene una persona de que algo es cierto.

2 Característica de la cosa que se sabe con seguridad que es cierta, cuando podría no serlo. Se pone en duda la certeza de un hecho cuando no se sabe con seguridad si ha ocurrido o no.

certificado, certificada

adjetivo y nombre

1 Se dice de lo que se envía por correo mediante un servicio que consiste en registrar su envío para asegurarnos de que llegará a su destino. Cuando el cartero nos entrega una carta certificada nos hace firmar un recibo.

nombre masculino **2** Documento, generalmente de valor legal, en el que se afirma o da por verdadero un hecho, como los certificados médicos.

certificar

verbo **1** Afirmar o dar algo por verdadero por medio de pruebas, documentos o testimonios.

2 Registrar una oficina de correos el envío de algo para asegurarnos de que llegará a su destino.

👁 Se escribe 'qu' delante de 'e', como: certifiquen.

cerveza

nombre femenino **1** Bebida alcohólica que se obtiene de la fermentación de la cebada u otros cereales. Es de color amarillento, aunque también la hay negra.

cesar

verbo **1** Parar una cosa o dejar de hacer algo: *Lleva toda la mañana lloviendo sin cesar.* ✂ seguir.

2 Abandonar un cargo o un empleo: *El director del museo cesó en su cargo.*

cesárea

nombre femenino **1** Operación quirúrgica que consiste en abrir el vientre de la madre para sacar al niño cuando no puede nacer con normalidad.

cese

nombre masculino **1** Abandono de un cargo o empleo. El cese puede ser debido a distintas razones: por traslado, por propia voluntad o por motivos de salud.

césped

nombre masculino **1** Hierba corta, fina y abundante que cubre un terreno. El terreno cubierto por esta hierba también se llama césped.

2 Campo de juego de algunos deportes.

cesta

nombre femenino **1** Objeto hecho de mimbre o de otra fibra, generalmente ovalado y con una o dos asas para poder llevarlo.

2 Aro del que cuelga una red abierta por debajo y por el que

hay que meter la pelota en el juego del baloncesto. ✂ canasta.

cesto

nombre masculino **1** Cesta grande más ancha que alta y con dos asas.

cetáceo, cetácea

adjetivo y nombre masculino **1** Se dice de los mamíferos marinos con forma de pez, que son normalmente de gran tamaño y tienen la piel lisa y sin pelos. La ballena y el delfín son cetáceos.

cetro

nombre masculino **1** Vara de oro u otro metal usada por los reyes y emperadores como símbolo de su poder.

ceutí

adjetivo y nombre masculino y femenino **1** Se dice de la persona o cosa que es de Ceuta, ciudad española que se encuentra en el norte de África.

👁 El plural es: ceutíes

chabacano, chabacana

adjetivo **1** Que es basto, vulgar y de mal gusto. ✂ ordinario.

chabola

nombre femenino **1** Casa construida con materiales de poco valor que suele estar situada en suburbios sin urbanizar. ✂ barraca.

chacha

nombre femenino **1** Persona que se ocupa profesionalmente de la limpieza y trabajos domésticos de una casa. Es un uso familiar.

2 Persona que se ocupa profesionalmente del cuidado de los niños en una casa. Es un uso familiar.

chachi

adjetivo **1** Muy bueno o estupendo: *Esa canción es chachi, me encanta.* Es una palabra informal. ✂ chupi; guay.

chafar

verbo **1** Pisar una cosa o sentarse sobre ella y dejarla aplanada o arrugada; también se chafan algunas cosas si las apretamos con las manos.

2 Decir o hacer algo que estropee un plan o una situación agradable. Si suspendemos en junio, se nos pueden chafar las vacaciones. ✂ aguar; fastidiar.

chal

nombre masculino **1** Tira ancha de tela que las mujeres se ponen sobre los hombros como adorno o abrigo.

C

c

2 Especie de pañuelo grande que se utiliza para envolver a los bebés y protegerlos del frío.

chalado, chalada

adjetivo y nombre

1 Que está loco o que lo parece. ✕✕ chiflado; loco.
2 Que está muy enamorado o le gusta mucho una cosa. ✕✕ colado.

chalé

nombre masculino

1 Casa aislada y con jardín, con una o varias plantas, para una sola familia.
👁 El plural es: chalés. También se escribe y se pronuncia: chalet.

chaleco

nombre masculino

1 Prenda de vestir, sin mangas y sin cuello, que cubre el tronco del cuerpo desde los hombros hasta la cintura y se pone encima de otra prenda. Puede ser completamente cerrado o llevar botones.
chaleco salvavidas Chaleco que permite flotar en el agua y que se pone una persona para evitar ahogarse si cae al agua.

chalet

nombre masculino

1 Es otra forma de escribir y pronunciar: chalé.
👁 El plural es: chalets.

champán

nombre masculino

1 Vino blanco con burbujas que proviene de Francia.

champiñón

nombre masculino

1 Seta comestible de color blanco y sombrero redondeado. Los champiñones crecen y se cultivan en lugares húmedos.
👁 El plural es: champiñones.

champú

nombre masculino

1 Jabón líquido que se utiliza para lavar el pelo.
👁 El plural es: champús.

chamuscar

verbo

1 Quemar la parte de fuera de una cosa.
👁 Se escribe 'qu' delante de 'e', como: chamusqué.

chanchullo

nombre masculino

1 Acción poco honesta o que no está permitida y que hace una persona para conseguir algo en beneficio propio, como por ejemplo trabajo o dinero.
👁 Es una palabra informal.

chancla

nombre femenino

1 Calzado abierto que está hecho con una suela de goma y dos tiras, una que sujeta el dedo gordo y otra que sujeta el resto de los dedos. Se usa sobre todo en la piscina o en la playa.
2 Zapatilla sin talón o con el talón doblado que suele llevarse dentro de casa.

chándal

nombre masculino

1 Prenda de ropa deportiva de dos piezas a juego: una chaqueta y un pantalón largo.
👁 El plural es: chándales.

chantaje

nombre masculino

1 Amenaza que se hace a una persona para obtener algún provecho o beneficio de ella

chantajista

nombre masculino y femenino

1 Persona que hace chantaje a otra.

¡chao!

interjección

1 Expresión que se utiliza para despedirse. ✕✕ adiós.

chapa

nombre femenino

1 Lámina delgada y lisa de un material duro, como metal o madera. Las carrocerías de los coches están hechas de chapa.
2 Tapón de metal que cierra algunas botellas de vidrio. Para quitar la chapa hay que usar un abridor.

chaparrón

nombre masculino

1 Lluvia muy intensa y de corta duración que cae de forma repentina.
2 Bronca fuerte. Es un uso informal.
👁 El plural es: chaparrones.

chapista

nombre masculino y femenino

1 Persona que trabaja la chapa, especialmente la de los coches: *El chapista arregló la puerta que se hundió en el choque.*

chapotear

verbo

1 Mover rápidamente los pies o las manos dentro del agua produciendo ruido.

chapucero, chapucera

adjetivo y nombre

1 Que hace las cosas de cualquier manera, sin cuidar los detalles o de forma sucia y poco pulida.

adjetivo

2 Que se ha hecho de cualquier

manera, sin cuidar los detalles o de forma sucia y poco pulida: *Este arreglo es muy chapucero, no creo que aguante ni dos días*.

chapuza

nombre femenino **1** Trabajo que se hace de cualquier manera, con poco cuidado y de forma sucia o poco pulida.

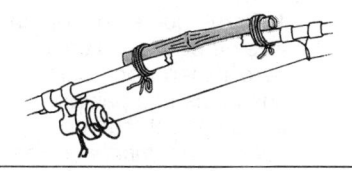

chapuza

2 Trabajo o arreglo de poca importancia que se hace en las casas. A las personas que hacen estos trabajos se las llama también chapuzas.

chapuzón

nombre masculino **1** Acción que consiste en meterse de cabeza o bruscamente una persona en el agua para darse un baño: *Se dio un chapuzón en la piscina*.
👁 El plural es: chapuzones.

chaqué

nombre masculino **1** Chaqueta de hombre que por delante llega hasta la cintura y por detrás tiene dos faldones que llegan hasta la pantorrilla. Se usa en ocasiones especiales.

chaqueta

nombre femenino **1** Prenda exterior de vestir con mangas y abierta por delante que cubre el tronco del cuerpo hasta la cintura o debajo de la cadera.

chaquetón

nombre masculino **1** Chaqueta gruesa que llega hasta la mitad del muslo.
👁 El plural es: chaquetones.

charanga

nombre femenino **1** Banda de música compuesta por muchas personas que no son músicos profesionales y que se dedican a tocar por las calles en las fiestas populares.

charca

nombre femenino **1** Charco grande o agua acumulada en un terreno de forma natural o artificial.

charco

nombre masculino **1** Agua acumulada en un hoyo del terreno o un desnivel del suelo. Con las lluvias se forman charcos en las calles y carreteras.

charcutería

nombre femenino **1** Tienda, puesto de un mercado o departamento de un supermercado donde se venden embutidos, productos derivados del cerdo, quesos, fiambres y patés. 🖎 800

charla

nombre femenino **1** Conversación más bien larga entre dos o más personas.
2 Explicación sobre un tema que una persona hace en público de manera menos formal que un discurso o conferencia.

charlar

verbo **1** Hablar dos o más personas de temas poco importantes. En los bares y cafeterías la gente pasa el rato charlando.
2 Hablar mucho o de forma inoportuna.

charlatán, charlatana

adjetivo y nombre **1** Se dice de la persona que habla demasiado.
2 Se dice de la persona que ofrece o promete algo que no puede o no piensa cumplir.
👁 El plural es: charlatanes.

charlotada

nombre femenino **1** Corrida de toros que se hace con intención de reírse y divertirse y no de torear seriamente; una actuación ridícula y decepcionante también es una charlotada.

charol

nombre masculino **1** Cuero cubierto por una sustancia brillante e impermeable. Se utiliza para fabricar objetos, especialmente zapatos y bolsos.

chascar

verbo **1** Chasquear.

chasco

nombre masculino **1** Desilusión o sorpresa desagradable que tiene una persona cuando espera que ocurra una cosa positiva o buena y ocurre lo contrario.

chasquear

verbo **1** Hacer un ruido seco y corto, como el que se produce al separar

C
─
C

C
c

la lengua del paladar, al sacudir un látigo en el aire o al partirse una madera.
2 Dar un chasco a alguien o perder la esperanza que se tenía en algo o en alguien.

chasquido
nombre masculino **1** Ruido seco y corto, como el que se hace con las yemas de los dedos corazón y pulgar al presionarlas y hacerlas resbalar rápidamente. Algunas cosas al romperse dan un chasquido, como un lápiz o la rama de un árbol.

chatarra
nombre femenino **1** Conjunto de objetos de metal viejos y que no se utilizan.
2 Objeto de metal o aparato viejo, de poco valor o que no funciona bien: *Las joyas que llevo son pura chatarra.*
3 Conjunto de monedas de poco valor. ✖ calderilla.

chatarrero, chatarrera
nombre **1** Persona que compra y vende chatarra.

chato, chata
adjetivo **1** Se dice de la persona o del animal que tiene la nariz pequeña y aplastada.
2 Se dice de la nariz que es pequeña y aplastada. Los perros pequineses tienen la nariz chata.
nombre masculino **3** Vaso de vino bajo y ancho que se sirve en los bares.

chaval, chavala
nombre **1** Niño o persona joven. A veces se utiliza para llamar la atención de un niño o un muchacho: *¡Eh, chaval! ¿Qué haces ahí?*

checo, checa
adjetivo y nombre **1** Se dice de la persona o cosa que es de la República Checa, país del centro de Europa.
nombre masculino **2** Lengua hablada en la República Checa.

chepa
nombre femenino **1** Bulto grande que tienen en la espalda algunas personas debido a una desviación de la columna vertebral. ✖ joroba.

cheque
nombre masculino **1** Papel que permite cobrar en el banco una cantidad de dinero. Los cheques tienen que ir firmados por la persona que tiene dinero en la cuenta. ✖ talón.

chequeo
nombre masculino **1** Reconocimiento médico completo que se hace a una persona sana para comprobar su estado de salud.

chicha
nombre femenino **1** Carne que se puede comer. Las alas de pollo y las chuletas de cordero tienen poca chicha y mucho hueso. Es una palabra familiar.
2 Carne del cuerpo humano: *El bebé tiene mucha chicha en las piernas.* Es una palabra informal.

chichón
nombre masculino **1** Bulto que sale en la cabeza a causa de un golpe. Es una palabra familiar.
👁 El plural es: chichones.

chicle
nombre masculino **1** Goma de sabor dulce que se mastica pero no se traga. Los chicles son golosinas que pueden tener varios sabores.

chico, chica
nombre **1** Persona de poca edad o muy joven. ✖ muchacho.
2 Se utiliza al hablar con otra persona en lugar de su nombre: *¡Qué mala cara tienes, chico!*
3 Muchacho que trabaja en una tienda o un banco y se dedica a entregar pedidos o a hacer recados.
nombre femenino **4** Mujer que se ocupa profesionalmente de la limpieza de una casa o una empresa. También se dice chica de la limpieza.
adjetivo **5** Que es demasiado pequeño para usarlo o para resultar cómodo: *Este jersey me ha quedado chico.*

chiflado, chiflada
adjetivo y nombre **1** Se dice de la persona que está loca o ha perdido el juicio. ✖ chalado. ✖ cuerdo.
2 Se dice de la persona que está muy enamorada o a la que le gusta mucho una cosa. ✖ colado.

chiflar
verbo **1** Silbar con la boca o con un silbato. Cuando al público no le gus-

ta un espectáculo chifla y patalea. ✂ pitar.

2 Gustar mucho una persona o una cosa: *Le chiflan los bombones*. ✂ pirrarse.

chileno, chilena

adjetivo y nombre **1** Se dice de la persona o cosa que es de Chile, país de América del Sur.

chillar

verbo **1** Dar chillidos una persona y algunos animales, como una rata o un perro herido. ✂ gritar.

2 Levantar mucho la voz al hablar. ✂ gritar.

chillido

nombre masculino **1** Grito agudo y normalmente desagradable, como el que damos al asustarnos o al recibir una gran sorpresa.

chillón, chillona

adjetivo y nombre **1** Se dice de la persona que chilla mucho.

adjetivo **2** Se dice del sonido agudo y desagradable.

3 Se dice del color que destaca por ser llamativo o por estar mal combinado. También se dice de las cosas que tienen ese color.

👁 El plural de chillón es: chillones.

chimenea

nombre femenino **1** Conducto que da salida a los humos de una cocina, de una fábrica o de la caldera de un barco. Las chimeneas sobresalen por encima del tejado de las casas. ✍ 395

2 Hueco hecho en la pared de una habitación, preparado para hacer fuego y que tiene un conducto por donde sale el humo. Las casas de montaña suelen tener una chimenea en el salón.

3 Conducto por el que un volcán expulsa lava y otros materiales.

chimpancé

nombre masculino **1** Mono de brazos largos, cara sin pelo, nariz aplastada y pelo de color oscuro. El chimpancé es un animal que se puede domesticar.

china

nombre femenino **1** Piedra muy pequeña, normalmente lisa y con forma redondeada.

tocarle la china Corresponderle a una persona por mala suerte una cosa negativa o desafortunada.

chinchar

verbo **1** Molestar o producir fastidio a alguien. A veces nos chincha tener que comer por obligación algo que no nos gusta: *Te chinchas, ahora yo descanso y tú trabajas*. Es un uso informal.

chinche

nombre femenino **1** Insecto muy pequeño de cuerpo aplastado y ovalado, de color rojo oscuro, que se alimenta de sangre de aves y mamíferos, incluido el hombre.

adjetivo y nombre masculino y femenino **2** Se dice de una persona que es muy exigente o que molesta a los demás.

chincheta

nombre femenino **1** Clavo pequeño y corto que se utiliza para sujetar papeles en una superficie o para clavar cosas, como la tela de una silla. Tiene una cabeza plana y chata y se clava con el dedo.

chinchilla

nombre femenino **1** Animal mamífero roedor, parecido a la ardilla, que tiene el pelo suave de color gris claro. Vive bajo tierra y se encuentra en países de América del Sur. Su piel se utiliza en peletería.

¡chinchín!

interjección **1** Palabra que se utiliza al brindar por algo o alguien a la vez que se hacen chocar las copas.

chino, china

adjetivo y nombre **1** Se dice de la persona o cosa que es de China, país del este de Asia.

nombre masculino **2** Lengua que se habla en China.

3 Colador metálico en forma de embudo y con agujeros muy pequeños. Pasamos una comida por el chino cuando queremos obtener una salsa o un puré.

chipirón

nombre masculino **1** Calamar de pequeño tamaño. 👁 El plural es: chipirones.

chiquillada

nombre femenino **1** Acción de un joven o un adulto que se considera propia de un chiquillo o un niño pequeño.

C
c

chirimoya
nombre femenino **1** Fruta de piel verde, carne blanca y muchas pepitas negras, que es muy jugosa y dulce.

chiringuito
nombre masculino **1** Bar pequeño al aire libre en el que se sirven bebidas y comidas sencillas.

chiripa
nombre femenino **1** Suerte que tiene una persona cuando le sucede algo bueno que no esperaba ni imaginaba. Es una palabra informal.

chirla
nombre femenino **1** Molusco marino comestible, con una concha dividida en dos partes; es parecido a una almeja, pero más pequeño.

chirriar
verbo **1** Hacer un ruido agudo y largo al rozar una cosa con otra. Las bisagras de las puertas chirrían si no están engrasadas.

chirrido
nombre masculino **1** Ruido agudo, largo y normalmente desagradable, como el de un tren al frenar o el que hacen algunos animales, como los grillos.

chisme
nombre masculino **1** Información verdadera o falsa que se cuenta de alguien o algo, sobre todo para criticar o enfrentar a dos personas. ☒ cotilleo.
2 Cualquier cosa de la que no sabemos el nombre o no recordamos en ese momento: *¿Tú sabes qué es este chisme?*

chismorrear
verbo **1** Contar chismes.

chismoso, chismosa
adjetivo y nombre **1** Se dice de la persona que cuenta chismes. La gente chismosa acaba ganándose la desconfianza de los demás.

chispa
nombre femenino **1** Trozo pequeño encendido que salta de un cuerpo que está ardiendo. Las hogueras desprenden muchas chispas.
2 Descarga de luz entre dos cuerpos con carga eléctrica: *Al desenchufar el aspirador han saltado unas chispas del enchufe.*
3 Cantidad muy pequeña de una cosa. A la tortilla francesa se le pone una chispa de sal.
4 Gracia e ingenio que tiene una persona al hablar o al actuar.
5 Gota pequeña de lluvia.
echar chispas Estar una persona muy enfadada.

chispazo
nombre masculino **1** Salto brusco y fuerte de una chispa. Cuando se produce un chispazo en la corriente eléctrica, se va la luz.

chispear
verbo **1** Caer gotas muy pequeñas de lluvia. ☒ lloviznar.
2 Brillar con mucha intensidad: *Le chispeaban los ojos de alegría.*
3 Echar chispas. La leña chispea en la hoguera; al afilar unas tijeras, chispea el metal.

chisporrotear
verbo **1** Echar chispas continuamente una cosa que está ardiendo.

chistar
verbo **1** Hablar o mostrar intención de hacerlo: *No chistó en toda la mañana.* Se usa sólo en frases negativas.
2 Llamar la atención de una persona con un sonido parecido a 'chis'.

chiste
nombre masculino **1** Historia corta o dibujo que pretende hacer reír: *Todos los chistes que cuenta son malísimos.*

chistera
nombre femenino **1** Sombrero alto en forma de cilindro y plano por arriba que suele ser negro, como el que utilizan los magos.

chistoso, chistosa
adjetivo y nombre **1** Se dice de la persona que cuenta chistes o hace gracia.
2 Que tiene gracia o hace reír. En los dibujos animados suelen producirse situaciones muy chistosas.

chivarse
verbo **1** Contar a una persona algo malo de otra, o algo que no debería contar: *No sé por qué has tenido que chivarte y decir quién había roto el cristal.* Es una palabra informal. ☒ delatar.

chivato, chivata

adjetivo y nombre **1** Se dice de la persona que se chiva de algo. A los informadores habituales de la policía se los llama chivatos.

nombre masculino **2** Señal sonora o visual de un aparato que sirve para avisar o llamar la atención. Las alarmas tienen chivato.

chivo, chiva

nombre **1** Cría de la cabra. ⚒ cabrito.

nombre masculino **2** Macho de la cabra.

chivo expiatorio Persona a la que se culpa cuando las cosas salen mal, aunque no sea culpable o haya más culpables a los que no se castiga.

chocante

adjetivo **1** Que resulta sorprendente, porque es raro, extraordinario o está fuera de lo normal.

chocar

verbo **1** Encontrarse o tropezarse dos cuerpos de forma violenta. En los accidentes, los coches chocan entre ellos o contra otra cosa.

2 Estar en desacuerdo o ser contrarias dos cosas o personas.

3 Resultar una cosa rara o extraña.

4 ¡chócala! Darse la mano dos personas en señal de saludo o felicitación: *¡Chócala! Lo hemos conseguido.*

👁 Se escribe 'qu' delante de 'e', como: choquen.

chochear

verbo **1** Tener disminuidas las facultades mentales y físicas por la edad.

2 Mostrar mucho cariño por personas o cosas. Los abuelos chochean por sus nietos. Es un uso informal.

chocolate

nombre masculino **1** Alimento de color marrón oscuro compuesto por cacao y azúcar. El chocolate se presenta en barra o en polvo; en barra puede ser blanco, negro o con leche, y cuando es en polvo se utiliza para diluirlo en leche o en agua y tomarlo caliente.

chocolatería

nombre femenino **1** Establecimiento donde se sirve chocolate a la taza.

2 Lugar donde se fabrica y se vende chocolate.

chocolatina

nombre femenino **1** Tableta pequeña de chocolate, normalmente de forma rectangular. Las chocolatinas se abren y se consumen en el mismo momento.

chófer, choferesa

nombre **1** Persona que trabaja conduciendo coches u otros vehículos, generalmente al servicio particular de alguien: *El presidente viajó en un coche oficial con chófer.*

chollo

nombre masculino **1** Cosa muy buena que se consigue con poco dinero o esfuerzo. Es un chollo ir gratis de vacaciones. Es una palabra informal.

chóped

nombre masculino **1** Embutido de color rosa con forma de cilindro corto, que está hecho con carne de cerdo cocida y picada.

chopo

nombre masculino **1** Álamo, en especial el álamo negro, que tiene la madera rugosa y oscura. Crece en lugares húmedos, generalmente a la orilla de los ríos. ☞ 599

choque

nombre masculino **1** Encuentro o golpe violento entre dos o más cuerpos. ⚒ colisión.

2 Impresión o emoción muy fuerte que recibe una persona y que la deja triste o aturdida.

chorizo, choriza

nombre masculino **1** Embutido de color rojo oscuro con forma cilíndrica y alargada, que está hecho con carne de cerdo curada. El chorizo se suele comer frío, pero si está tierno también se puede freír o asar.

nombre **2** Persona que roba cosas de poco valor. Es un uso informal.

chorlito

nombre masculino **1** Ave con patas largas y cabeza pequeña que tiene el plumaje de distintos colores según las especies.

cabeza de chorlito Se dice de la persona que se comporta de manera poco inteligente. Es una expresión informal.

C
c

C
C

chorra
adjetivo y nombre masculino y femenino **1** Que se comporta de forma alocada o estúpida, haciendo o diciendo muchas tonterías: *¡Deja ya de hacer el chorra!*
nombre femenino **2** Suerte que tiene una persona. 👁 Es una palabra informal.

chorrada
nombre femenino **1** Acción que realiza una persona o dicho en el que demuestra poca inteligencia. Es una palabra informal.
2 Cosa que no es necesaria o es inútil: *Se compró algunas chorradas en el aeropuerto para gastar el dinero que le sobraba.*

chorrear
verbo **1** Caer o salir un líquido a chorros de un lugar o una cosa. Cuando llueve mucho el agua chorrea de los tejados.
2 Salir o caer un líquido lentamente de un lugar o una cosa. Cuando un grifo se queda mal cerrado el agua chorrea.
3 Estar una cosa o una persona muy empapada de algún líquido que va soltando

chorretón
nombre masculino **1** Chorro.
2 Marca o señal de forma alargada que queda en un tejido o un papel, como el que dejaría un líquido que ha salido con fuerza de un agujero. 👁 El plural es: chorretones.

chorro
nombre masculino **1** Líquido que sale de golpe y con fuerza de una abertura. ⚒ chorretón.
a chorros En gran abundancia o cantidad: *Es muy rico, tiene dinero a chorros.*
como los chorros del oro Muy limpio y brillante.

chotis
nombre masculino **1** Baile típico de Madrid que se baila en pareja.
2 Música o canción compuesta para bailar este baile. 👁 El plural es: chotis.

choza
nombre femenino **1** Casa pequeña y sencilla, generalmente de madera y cubierta de ramas o paja. ⚒ cabaña.

christmas
nombre masculino **1** Tarjeta o postal que se envía en Navidad a los amigos y familiares para felicitarles las fiestas.
👁 El plural es: christmas. Se pronuncia 'crismas'.

chubasco
nombre masculino **1** Lluvia intensa y de corta duración que cae de forma repentina. ⚒ aguacero; chaparrón.

chubasquero
nombre masculino **1** Prenda de vestir de tejido fino e impermeable que se ata a la cintura. Tiene capucha y se mete por la cabeza; se usa para protegerse de la lluvia.

chuchería
nombre femenino **1** Alimento, normalmente dulce y ligero, que comemos entre horas aunque no tengamos hambre. Los caramelos, los chicles o los frutos secos son chucherías.

chucho
nombre masculino **1** Perro, normalmente el que no es de raza.

chuchurrío, chuchurría
adjetivo **1** Se dice de las plantas y las flores que tienen aspecto estropeado o seco. Es un uso informal. ⚒ marchito; mustio.
2 Se dice de las personas que tienen el ánimo decaído o triste. Es un uso informal. ⚒ mustio.
👁 También se escribe y se pronuncia: chuchurrido.

chufa
nombre femenino **1** Parte de la raíz de una planta en forma de bolita alargada, que es de color marrón por fuera y blanca por dentro. Se come seca o remojada en agua; también se usa para hacer horchata.

chulada
nombre femenino **1** Cosa que gusta mucho porque es muy bonita, muy graciosa o muy buena: *¡Qué chulada de coche!* Es un uso informal.
2 Cosa que se hace o se dice con descaro, o actitud de la persona que se comporta de esta manera.

chuleta
nombre femenino **1** Trozo de carne animal con forma de triángulo que va unido a un hueso y se toma como alimento.

2 Pequeño trozo de papel en el que los estudiantes llevan escritos apuntes para mirarlos durante el examen sin que el profesor se dé cuenta.

adjetivo y nombre **3** Que es muy presumido y se cree que es mejor que los demás. Es un uso informal.

chulo, chula

adjetivo **1** Que es bonito o vistoso: *Sacó unas fotos muy chulas*.

adjetivo y nombre **2** Que es presumido y se cree superior a los demás.

nombre masculino **3** Hombre que vive de lo que ganan una o más prostitutas que trabajan para él.

chumbera

nombre femenino **1** Planta que produce los higos chumbos. La chumbera tiene grandes hojas carnosas con espinas y crece en regiones cálidas.

chungo, chunga

adjetivo **1** Se dice de las cosas que son malas o difíciles. Si un examen nos ha parecido chungo, quizás no lo aprobemos.
2 Se dice de las cosas que están estropeadas. Si la bici está chunga, no podremos dar una vuelta con ella.
👁 Es una palabra informal.

chupado, chupada

adjetivo **1** Se dice de la persona que está extremadamente delgada.
2 Se dice de lo que es muy fácil: *El examen estaba chupado, seguro que aprobaré*.
👁 Es una palabra informal.

chupar

verbo **1** Sacar el jugo de una cosa con los labios o con la lengua. Se chupan los caramelos y los helados.
2 Tocar algo con los labios o la lengua: *No chupes el bolígrafo, que puede estar sucio*.
3 Absorber una cosa un líquido. Las bayetas chupan muy bien.
4 chuparse Ir perdiendo peso una persona, normalmente debido a una enfermedad o una dieta.
5 chuparse Aguantar algo que resulta pesado o desagradable. Es un uso informal.

chupete

nombre masculino **1** Objeto de goma que tiene la forma de un pezón y que se da a los bebés para que lo chupen.

chupetón

nombre masculino **1** Lo que se hace con los labios y la lengua al chupar con fuerza un objeto o la piel de una persona.
👁 El plural es: chupetones.

chupi

adjetivo **1** Muy bueno o estupendo. En una fiesta chupi la gente suele pasárselo muy bien y se divierte mucho. Es una palabra informal.
※ chachi; guay.

chupón, chupona

adjetivo **1** Se dice de la persona que chupa mucho, como un bebé que no suelta nunca el chupete.

adjetivo y nombre **2** Se dice de la persona a la que le gusta hacer cosas ella sola en un juego o deporte de equipo.
3 Se dice de la persona que engaña a otra para sacarle dinero.
👁 El plural de 'chupón' es: chupones.

churrería

nombre femenino **1** Establecimiento en el que se hacen y venden churros.

churrero, churrera

nombre **1** Persona que hace y vende churros en una churrería. Los churreros a veces también hacen y venden otras cosas fritas en aceite, como rosquillas o patatas fritas.

churrete

nombre masculino **1** Mancha de comida o de suciedad que se tiene en la ropa, en la cara o en otra parte del cuerpo. Es una palabra informal.

churrete

C

c

C

c

churro
nombre masculino **1** Masa de harina y agua con forma de cilindro rayado que se fríe en aceite. Los churros se suelen comer mojados en café con leche o chocolate a la taza.
2 Cosa que está mal hecha o es de mala calidad. Es un uso informal.
3 Cosa que ocurre sin haberla previsto, especialmente cuando sale bien: *Te encontré por puro churro.*

chutar
verbo **1** Dar una patada fuerte a un balón y lanzarlo lejos. Los jugadores de fútbol chutan el balón hacia la portería.
2 chutarse Drogarse utilizando una jeringuilla. Es un uso vulgar.

cicatriz
nombre femenino **1** Señal que deja en la piel una herida después de curarse.
2 Huella que deja en el ánimo de una persona una pena, un desengaño o algún tipo de sufrimiento.
👁 El plural es: cicatrices.

cicatrizar
verbo **1** Cerrarse o curarse una llaga o herida. Cuando cicatriza una herida deja de sangrar.
2 Superar una pena o un sufrimiento del pasado.
👁 Se escribe 'c' delante de 'e', como: cicatricen.

ciclismo
nombre masculino **1** Deporte que consiste en hacer carreras en bicicleta. El ciclismo se puede practicar en carretera o en pista cerrada.

ciclista
nombre masculino y femenino **1** Persona que va en bicicleta.
2 Deportista que practica el ciclismo.
adjetivo **3** Que está relacionado con el ciclismo o la bicicleta: *La Vuelta Ciclista a España es un acontecimiento deportivo importante.*

ciclo
nombre masculino **1** Serie de hechos o de fenómenos que se van repitiendo en un orden determinado; cuando ocurre el último, se empieza otra vez desde el primero siguiendo el mismo orden. Las estaciones forman un ciclo que se repite cada año.
2 Serie de actos culturales que se organizan en un lugar durante un tiempo determinado, como un ciclo de conferencias o de películas.
3 Parte en que se dividen los estudios universitarios, que está formada por varios cursos. El tercer ciclo universitario está formado por los cursos de doctorado.

ciclón
nombre masculino **1** Viento muy fuerte que avanza girando sobre sí mismo de forma muy rápida.
2 Persona que actúa de manera rápida y desordenada. Es un uso informal. ✖✖ torbellino.
👁 El plural es: ciclones.

ciego, ciega
adjetivo y nombre **1** Que no puede ver. Hay personas que se han quedado ciegas por alguna enfermedad, pero también hay ciegos de nacimiento.
adjetivo **2** Que está dominado por un fuerte sentimiento o afición que le impide darse cuenta de algo evidente o actuar de manera razonable. Se puede estar ciego de ira o de amor.
3 Se dice del agujero o conducto que está tapado y no se puede usar. Un pozo ciego está cerrado para que nadie se caiga en él.
a ciegas Indica que algo se hace sin ver o sin reflexionar bien.
ponerse ciego Hartarse de algo agradable o bueno, especialmente de comida o bebida: *Me puse ciego de pasteles.* Es una expresión informal.

cielo
nombre masculino **1** Parte del espacio sobre la Tierra, en la que están las nubes y donde se ven el Sol, la Luna y las estrellas. ✖✖ firmamento.
2 Según ciertas religiones, lugar donde se disfruta de la compañía de Dios, los ángeles y los santos para siempre. Con este significado se escribe con mayúscula. ✖✖ paraíso. ✖✖ infierno.
3 Persona que es muy buena, agradable o cariñosa. También se llama cielo a algunos animales do-

mésticos, cuando son muy cariñosos. ✂ encanto.

llovido del cielo Que llega en el momento oportuno: *El premio nos ha llovido del cielo*. Es un uso informal.

remover cielo y tierra Realizar todo tipo de esfuerzos o agotar todos los medios para conseguir una cosa: *Removió cielo y tierra para obtener aquel permiso*. Es una expresión informal.

ciempiés

nombre masculino **1** Animal invertebrado que tiene el cuerpo alargado y dividido en muchos anillos, en cada uno de los cuales tiene dos patas. El ciempiés se arrastra por el suelo.
👁 El plural es: ciempiés.

cien

numeral cardinal **1** Indica que el nombre al que acompaña está 100 veces.

numeral ordinal **2** Que ocupa el lugar número 100 en una serie ordenada.

nombre masculino **3** Nombre del número 100: *El 100 se representa con 'C' en números romanos*.

poner a cien Irritar o poner muy nervioso a alguien.

ciencia

nombre femenino **1** Conjunto de los conocimientos adquiridos por el hombre acerca del mundo mediante el estudio, la observación, la investigación y la experimentación. También es la actividad de las personas que se dedican a investigar estos conocimientos y su aplicación a la actividad humana.
2 Cada rama del saber humano que se puede estudiar por separado y que está formada por principios y conocimientos ordenados y sistematizados, como la física, la filosofía y las matemáticas.
3 Conjunto de conocimientos que se aplican o son necesarios en una actividad determinada. Hay que tener mucha ciencia para ser un buen profesional.

ciencia ficción Género narrativo y cinematográfico que tiene como tema principal la tecnología y los avances científicos del futuro. En las películas de ciencia ficción suelen aparecer naves espaciales, seres extraterrestres o fenómenos inexplicables.

científico, científica

adjetivo **1** Que está relacionado con la ciencia. El desarrollo científico es muy importante para la sociedad.
2 Que ha sido hecho siguiendo un procedimiento propio de la ciencia, con mucho rigor y experimentando para obtener un determinado resultado.

nombre **3** Persona que se dedica al estudio o trabajo experimental de una ciencia.

ciento

numeral cardinal **1** Se utiliza delante de otros numerales e indica que el nombre al que acompañan está 100 veces, más las veces que indique el otro numeral. Ciento diez pesetas son 100 pesetas más 10 pesetas.
2 Conjunto formado por cien unidades. Se utiliza para indicar grupos de cien, pero no para dar cifras concretas: *Había cientos de personas*.

ciento y la madre Gran cantidad de gente. Es una expresión informal.

por ciento Expresión que indica cuántas veces ocurre una cosa en cada grupo de cien: si en el precio de una cosa hay una rebaja del quince por ciento, de cada cien pesetas que marca el producto se descuentan quince. Se representa con el signo %.

cierre

nombre masculino **1** Objeto o mecanismo que sirve para cerrar una cosa. Algunos collares y pulseras tienen un cierre de metal.
2 Final de un acontecimiento o de una actividad. ✂ clausura.
3 Acción que consiste en cerrar algo, como un edificio o un negocio.

cierto, cierta

adjetivo **1** Que es verdadero.

adjetivo indefinido **2** Que no es preciso porque no se conoce o no se quiere precisar: *Me lo ha dicho cierta persona*. Va siempre delante del nombre.

C

c

adverbio **3 cierto** Con certeza, sin duda: *Ayer no vino, ¿eh? Cierto, tuve que ir al médico.*
por cierto Se usa para enlazar una idea con algo de lo que se está hablando: *Por cierto, ahora que lo dices, no sé si quedan yogures.*

ciervo, cierva
nombre **1** Animal mamífero salvaje con el pelo de color marrón o gris, el cuerpo fuerte, las patas largas y la cola muy corta, que se alimenta de vegetales. El macho tiene una gran cornamenta dividida en ramas.

cifra
nombre femenino **1** Signo con que se representa un número. El número 100 tiene tres cifras y el 35 dos. ✖ número.
2 Cantidad indeterminada: *Invirtió una cifra elevada de dinero.*

cigala
nombre femenino **1** Crustáceo marino que tiene el cuerpo alargado de color rosa y las dos patas delanteras convertidas en pinzas. Es comestible y su carne es muy apreciada.

cigarra
nombre femenino **1** Insecto de color verde, con los ojos salientes, la cabeza ancha y cuatro alas transparentes. Los machos producen un sonido fuerte y monótono en las épocas de calor.

cigarrillo
nombre masculino **1** Tabaco enrollado en un papel blanco, con forma de cilindro pequeño, que se fuma después de darle fuego por uno de sus extremos. Los cigarrillos se venden en paquetes. ✖ cigarro; pitillo.

cigarro
nombre masculino **1** Cilindro hecho con hojas de tabaco enrolladas que se fuma dándole fuego por uno de sus extremos. Son más grandes que los cigarrillos. ✖ puro.
2 Cigarrillo.

cigüeña
nombre femenino **1** Ave de patas y cuello largos, alas amplias y plumas de color blanco y negro. Es migratoria y viene a nuestro país cuando hace calor. Construye sus nidos en los campanarios de las iglesias.

cilindro
nombre masculino **1** Cuerpo sólido formado por dos bases paralelas en forma de círculo. Un cigarrillo o una lata de cerveza tienen forma de cilindro.

cima
nombre femenino **1** Parte más alta de una montaña, de un árbol o de otras cosas. Los alpinistas no descansan hasta llegar a la cima de la montaña. ✖ cumbre; pico.

cima

2 Punto más alto al que se puede llegar en una actividad. Un artista se encuentra en la cima cuando alcanza el éxito y la fama en su vida profesional. ✖ cumbre.

cimiento
nombre masculino **1** Parte de un edificio que está bajo tierra y que sirve para sostener la construcción. Para construir los cimientos de una casa primero hay que cavar una zanja muy profunda en el suelo. ✎ 394
2 Aquello sobre lo que se basa una relación, colaboración o acuerdo. La igualdad y el respeto entre las personas son los cimientos de una sociedad justa.

cinc
nombre masculino **1** Metal de color blanco azulado que se utiliza mucho en la industria. Muchos utensilios de cocina se fabrican con cinc.

cinco
numeral cardinal **1** Indica que el nombre al que acompaña está 5 veces.
numeral ordinal **2** Que ocupa el lugar número 5 en una serie ordenada: *¿Quién es el cinco en la cola?*
nombre masculino **3** Nombre del número 5: *En números romanos, el cinco se representa por V.*

cincuenta
numeral cardinal **1** Indica que el nombre al que acompaña está 50 veces.

C

—

C

numeral ordinal **2** Que ocupa el lugar número 50 en una serie ordenada.

nombre masculino **3** Nombre del número 50: *En números romanos, el cincuenta se representa por L.*

cine
nombre masculino **1** Establecimiento público donde se proyectan películas.
2 Cinematografía.

cinematografía
nombre femenino **1** Arte y técnica de hacer películas con sonido y movimiento a partir de una serie de fotografías. La cinematografía tiene más de cien años. ※ cine

cínico, cínica
adjetivo **1** Que miente con descaro, sin avergonzarse por ello: *Es un cínico, te dice lo contrario de lo que piensa.*

cinismo
nombre masculino **1** Característica y modo de comportarse de la persona que miente descaradamente a los demás sin avergonzarse por ello.

cinta
nombre femenino **1** Tira larga y estrecha que sirve para atar, ajustar o adornar, como las de las zapatillas de ballet o las del pelo.
2 Caja de plástico plana y rectangular con una tira en su interior que permite grabar y reproducir imágenes y sonidos. Las cintas de vídeo son más grandes que las cintas de casete.
3 Mecanismo con una tira que se mueve automáticamente y sirve para transportar personas o cosas. En los aeropuertos hay cintas mecánicas para el equipaje.
cinta aislante Tira de plástico grueso y opaco con pegamento por un lado que sirve para aislar los empalmes de cables eléctricos. ✍ 393
cinta métrica Tira estrecha que sirve para medir la longitud de algo en centímetros o metros. ✍ 393

cintura
nombre femenino **1** Parte más estrecha del cuerpo humano que separa el torso del vientre.
2 Parte de una prenda de vestir que rodea la cintura del cuerpo.

cinturón
nombre masculino **1** Tira de cuero u otro material que se usa para sujetar o ajustar una prenda de vestir a la cintura. El cinturón se puede atar con una hebilla o con un nudo.
2 En algunas artes marciales, como el kárate, tira de tela que sirve para abrochar el quimono.
3 Barrio o carretera que rodea el centro de una ciudad.
cinturón de seguridad Tira que sujeta a una persona al asiento de un vehículo o de un avión para protegerla en caso de accidente. Al viajar en coche es obligatorio el cinturón de seguridad.
👁 El plural es: cinturones.

ciprés
nombre masculino **1** Árbol muy alto y alargado, de tronco recto y copa espesa en forma de cono con hojas estrechas y perennes de color verde oscuro. Los cipreses adornan los parques y los cementerios o se plantan para formar setos. ✍ 598
👁 El plural es: cipreses.

circo
nombre masculino **1** Espectáculo formado por las diferentes actuaciones de payasos, malabaristas, animales amaestrados, acróbatas y trapecistas. También se llama circo al grupo de artistas, animales y cosas que componen este espectáculo.
2 Lugar cerrado con gradas para el público, a menudo cubierto con una carpa, donde se ofrece ese espectáculo.

circuito
nombre masculino **1** Pista donde se celebran carreras de coches o de motos.
2 Camino o recorrido que empieza y termina en el mismo sitio. Los viajes organizados suelen ser circuitos que empiezan y terminan en la misma ciudad.
3 Conjunto de cables conectados entre sí que conducen la corriente eléctrica.

circulación
nombre femenino **1** Paso o movimiento de los vehículos por las calles y las carrete-

C
c

ras. Cuando hay mucha circulación los coches tienen que ir más lentos. ※ tráfico. ➘ 199

circulación sanguínea Función del organismo por la cual la sangre sale del corazón, corre por las arterias y las venas del cuerpo y vuelve al corazón.

poner en circulación Sacar un producto al mercado. El Banco de España pone en circulación las monedas y los billetes nuevos.

retirar de la circulación Hacer que una cosa o un producto deje de usarse o de venderse.

circular
verbo **1** Moverse o andar una persona o un vehículo en una dirección determinada.
2 Moverse una cosa volviendo siempre al punto de partida. La sangre circula por las venas.
3 Pasar cosas de unas personas a otras. Las monedas circulan de mano en mano; las noticias circulan de boca en boca.
adjetivo **4** Se dice de lo que tiene forma de círculo, como una rueda.
nombre **5** Mensaje o aviso que se envía
femenino en forma de carta para dar una información. ※ aviso.

circulatorio, circulatoria
adjetivo **1** De la circulación de vehículos o de la sangre o que tiene relación con ella. ➘ 594

círculo
nombre **1** Superficie redonda limitada por
masculino una línea curva cerrada. Los discos compactos y muchas señales de tráfico tienen forma de círculo.
2 Circunferencia.
3 Asociación de personas que practican una actividad común, normalmente artística o deportiva. Los componentes de un círculo se reúnen para hablar, organizar fiestas y compartir opiniones.

circunferencia
nombre **1** Línea curva cerrada que tiene
femenino todos sus puntos a la misma distancia del centro. Los aros tienen forma de circunferencia. ※ círculo; redondel.

circunstancia
nombre **1** Situación o cualquier cosa que
femenino está alrededor de una persona o de una cosa y que puede influir sobre ella. Cuando el dinero, el tiempo, las ganas, las personas y todo lo necesario está a favor para la realización de una cosa, se dice que las circunstancias son favorables.

circunstancial
adjetivo **1** Se dice de lo que ocurre por una circunstancia concreta y se mantiene sólo mientras se mantiene esa circunstancia. Llevar un brazo escayolado es algo circunstancial.
adjetivo **2** Se dice del complemento de la
y nombre oración que indica el lugar, tiempo
masculino o modo como ocurren las cosas. En la oración 'vive en Madrid', 'en Madrid' es un complemento circunstancial.

cirio
nombre **1** Vela de cera larga y gruesa que
masculino se enciende y sirve para alumbrar. En las iglesias hay cirios.
2 Situación en la que hay mucha confusión y desorden. Es un uso informal. ※ lío.

ciruela
nombre **1** Fruta redonda de carne dulce,
femenino con un hueso en el centro, que puede ser de muchas clases, dependiendo del árbol. Hay ciruelas verdes, rojas y amarillas.

ciruelo
nombre **1** Árbol frutal de tronco recto, con
masculino hojas dentadas y flores blancas. El ciruelo da ciruelas.

cirugía
nombre **1** Parte de la medicina que cura
femenino las enfermedades, las heridas o los defectos físicos de las personas mediante operaciones.

cirujano, cirujana
nombre **1** Médico especialista que realiza operaciones.

cisne
nombre **1** Ave que vive en el agua, que
masculino tiene el cuello largo y flexible, y grandes alas. El color de sus plumas puede ser variado, pero predomina el blanco.

C c

cisterna

nombre femenino **1** Recipiente que contiene el agua de un retrete o urinario.
2 Vehículo provisto de un depósito para transportar líquidos. El combustible llega a las gasolineras en camiones cisterna.
3 Recipiente de grandes dimensiones donde se almacenan líquidos, como agua potable o petróleo. Hay cisternas subterráneas para recoger el agua de la lluvia.

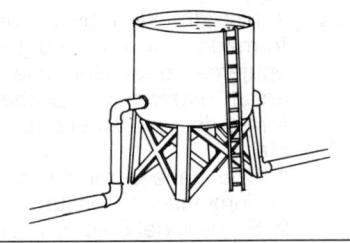

cisterna

cita

nombre femenino **1** Acción que consiste en fijar una hora y lugar determinados para que se encuentren dos o más personas. También se llama cita al encuentro fijado de antemano.
2 En los libros, las citas de otros libros se escriben entre comillas.

citar

verbo **1** Fijar una hora y un lugar para que se encuentren dos personas.
2 Decir datos o nombrar autores o textos en una conversación o en un texto escrito.

ciudad

nombre femenino **1** Población grande e importante en la que viven muchas personas, formada por un conjunto de calles, plazas y edificios. ✍ 400
ciudad dormitorio Población habitada por personas que trabajan en una localidad cercana de más importancia.

ciudadano, ciudadana

adjetivo **1** De la ciudad o que tiene relación con ella. ※ urbano.
nombre **2** Persona que vive en un Estado y tiene unos derechos y deberes. Votar o pagar impuestos son deberes de todo ciudadano. ✍ 200

ciudadrealeño, ciudadrealeña

adjetivo y nombre **1** Se dice de la persona o cosa que es de Ciudad Real, ciudad y provincia de Castilla-La Mancha.
👁 Se escribe en una palabra, pero se pronuncia como dos palabras separadas: ciudad realeño.

civil

adjetivo **1** De la ciudad o de los ciudadanos. Los ayuntamientos o los palacios son edificios civiles.
adjetivo y nombre **2** Que no tiene relación ni con el ejército ni con la Iglesia. Los matrimonios civiles se celebran ante un juez y dos testigos.
nombre masculino **3** Miembro de la Guardia Civil, que depende del ejército español.

civilización

nombre femenino **1** Conjunto de ideas, cultura, arte, creencias y costumbres de un pueblo. Los mayas y los aztecas pertenecían a antiguas civilizaciones que vivían en América antes de la llegada de los españoles.
👁 El plural es: civilizaciones.

civilizado, civilizada

adjetivo **1** Que tiene la cultura, las costumbres y las formas de vida propias de las civilizaciones desarrolladas. La escritura es un aspecto de los pueblos civilizados.
2 Que se comporta con civismo y con educación. Las personas civilizadas no hacen gamberradas.

civilizar

verbo **1** Hacer que una persona adquiera la cultura, las costumbres y las formas de vida propias de una civilización desarrollada.
2 Hacer que una persona mejore su comportamiento y adquiera modales.
👁 Se escribe 'c' delante de 'e', como: civilicen.

civismo

nombre masculino **1** Característica de la persona que cumple con sus obligaciones como ciudadano y se comporta con respeto y generosidad hacia su comunidad o hacia la sociedad.

cizaña

nombre femenino **1** Hierba mala para las plantas que puede salir en los campos

C
c

sembrados y es muy difícil de eliminar.

meter cizaña Hacer o decir algo para que dos personas tengan problemas o se enfaden. Una persona que cuenta mentiras de otra para que crean que es mala está metiendo cizaña.

clamar
verbo **1** Dar voces quejándose, protestando o pidiendo ayuda. ☒ suplicar.
2 Pedir con fuerza algo que se necesita y a lo que se tiene derecho: *Clamaban justicia.*

clan
nombre masculino **1** Grupo de personas que tienen un antepasado común y que dan mucha importancia a su relación de parentesco.
2 Grupo de personas que se unen por algún interés común, como una afición, un negocio o una protesta.

clandestino, clandestina
adjetivo **1** Se dice de lo que se hace de manera oculta o a escondidas para que no sea descubierto por la autoridad.

clara
nombre femenino **1** Sustancia transparente que rodea la yema del huevo. Para hacer algunos pasteles es necesario separar las claras de las yemas.

clarear
verbo **1** Empezar a aparecer la luz del día. En verano clarea más temprano que en invierno. ☒ amanecer. ☒ anochecer.
2 Ir despareciendo las nubes del cielo. ☒ aclarar. ☒ nublarse.
3 clarearse Transparentar una prenda de vestir.

claridad
nombre femenino **1** Efecto que se produce cuando la luz ilumina un espacio y permite distinguir lo que hay en él. En una casa con grandes ventanas suele haber claridad. ☒ oscuridad.
2 Facilidad con que se muestran las cosas a los sentidos y al pensamiento. Si el cielo está despejado, se ven las estrellas con claridad; a una persona se le entiende bien si se expresa con claridad.

clarificar
verbo **1** Explicar o poner en claro una cuestión, una idea o un asunto. La profesora aclara nuestras dudas clarificando el tema las veces que haga falta. ☒ aclarar.
2 Aclarar un líquido que estaba muy espeso o turbio.
☞ Se escribe 'qu' delante de 'e', como: clarifiquemos.

clarinete
nombre masculino **1** Instrumento musical de viento formado por un tubo largo con agujeros, que tiene una boquilla en un extremo y una abertura en forma de cono en el otro. ✍ 536

claro, clara
adjetivo **1** Que tiene o recibe mucha luz. ☒ luminoso. ☒ oscuro.
2 Se dice del color que tiene mucho blanco en su mezcla y que se opone a otro más oscuro de su misma clase.
3 Que se entiende o se percibe con facilidad. Las personas acostumbradas a hablar en público utilizan un lenguaje claro y sencillo.
4 Que es transparente o sin impurezas. En la época del deshielo el agua de los ríos baja clara y fría.
5 Que es poco denso o espeso. A unas personas les gusta el chocolate claro y a otras, espeso.
6 Se dice de la persona que expone las cosas de una manera directa y se explica de una forma que puede ser entendida.
7 Se dice del sonido agudo y que se distingue con facilidad. Los presentadores de televisión suelen tener una voz alta y clara.
8 Se dice del tiempo y del cielo que no tiene nubes.
nombre masculino **9** Espacio libre o separación dentro de un conjunto de cosas. Los excursionistas suelen montar las tiendas de campaña en los claros de los bosques.
adverbio **10 claro** Expresión que se usa para afirmar que una cosa es cierta y que no ofrece dudas: *Claro que voy a ir a la fiesta.*

sacar en claro Obtener una idea concreta sobre alguna cosa.

clase

nombre femenino

1 Conjunto de estudiantes que reciben el mismo tipo de enseñanza y están en un mismo grupo. En las clases los alumnos se agrupan por edades iguales o muy próximas.

2 Sala de un centro de enseñanza, como una escuela, un instituto o una universidad, donde se reúnen los estudiantes con el profesor para aprender y enseñar. ✵ aula.

3 Lección que da el profesor de una materia determinada. Para tocar un instrumento musical hay que dar clases de solfeo.

4 Conjunto de personas, animales o cosas que tienen ciertas características comunes. Hay manzanas de distintas clases.

5 Cada uno de los grupos en que se clasifican los seres vivos, como los mamíferos, las aves o los reptiles. La ballena pertenece a la clase de los mamíferos.

6 Conjunto de personas que en una sociedad tiene unas formas de vida, intereses, ideas, trabajos y medios económicos parecidos.

7 Elegancia de una persona o cosa. En los pases de moda, tanto los modelos como los trajes tienen mucha clase.

8 Característica por la que se diferencia una persona o una cosa de otra. En un avión, los asientos de primera clase son más cómodos que los de la clase turista.

clásico, clásica

adjetivo y nombre masculino

1 Se dice del autor o de la obra literaria o artística que se considera tan bueno que es un modelo para ser imitado. El Quijote es un clásico de la literatura española.

2 Se dice de la historia, el arte y la cultura de la Grecia y la Roma antiguas o de lo que tiene relación con ellas; también es clásico el estilo que imita ese arte. El Partenón es un monumento clásico.

3 Que sigue una estética tradicional, sin tener en cuenta las tendencias más actuales. Los hombres de negocios suelen vestir de una forma muy clásica.

4 Característico o típico de una persona o cosa. En los restaurantes, de postre siempre tienen el clásico flan.

clasificación

nombre femenino

1 Colocación de algo en un determinado orden o grupo según sus características: Tenemos que recoger insectos y hacer después una clasificación para la clase de ciencias.

2 Selección para participar en una competición deportiva, un concurso o cualquier otra prueba clasificatoria. Para participar en los Juegos Olímpicos los deportistas han de superar las pruebas de clasificación.

clasificar

verbo

1 Colocar cosas o personas en un determinado orden o grupo según sus características.

2 clasificarse Quedar seleccionado para participar en una competición deportiva o un concurso: El equipo de baloncesto de mi colegio se ha clasificado para la final.

3 clasificarse Ocupar un puesto en una competición: Se ha clasificado en quinto lugar.

👁 Se escribe 'qu' delante de 'e', como: clasifiqué.

claustro

nombre masculino

1 Espacio cubierto largo y estrecho, con columnas, que rodea un jardín o el patio interior de un convento, catedral o universidad.

2 Conjunto de profesores que dirigen y dan clases en una universidad u otro centro de enseñanza. El claustro de profesores del colegio se reúne cada trimestre.

clausura

nombre femenino

1 Acto con el que se da por terminada una actividad pública, como un congreso, unos Juegos Olímpicos o una exposición.

2 Cierre temporal o definitivo de un edificio o establecimiento llevado a cabo por una autoridad.

3 Parte interior de un convento o

C

c

monasterio en la que no se puede entrar si no se pertenece a la comunidad religiosa que vive en él.
4 Forma de vida que tienen determinadas comunidades religiosas que no salen del convento o del monasterio.

clausurar
verbo **1** Dar por terminada oficialmente una actividad pública.
2 Cerrar temporal o definitivamente un edificio o establecimiento haciendo uso de la autoridad que lo permite. Se puede clausurar un local público por no cumplir normas sanitarias, de seguridad o por amenazar ruina o derrumbamiento.

clavar
verbo **1** Introducir o meter una cosa con punta en otra, generalmente apretándola o golpeándola. Podemos clavar un clavo en la pared o clavarnos, sin querer, una astilla en un dedo.
2 Fijar o sujetar una cosa con clavos.
3 Cobrar mucho más de lo normal por una cosa. Es un uso informal.

clave
nombre femenino **1** Información o idea necesaria para entender una cosa difícil o misteriosa. Cuando encontramos la clave de un problema podemos resolverlo.
adjetivo **2** Se dice de una persona o cosa sin la cual no se puede hacer o entender algo. El portero es un jugador clave en un partido de balonmano.
nombre femenino **3** Conjunto de números o letras que, con una combinación especial, se utiliza para mantener en secreto una información. El morse es un lenguaje en clave; para acceder a algunos ordenadores se necesita una clave.
4 En música, signo que se coloca al principio del pentagrama y sirve para leer las notas de una forma determinada.

clavel
nombre masculino **1** Flor olorosa, de tallo largo y hojas estrechas, que puede ser de

diversos colores y que tiene los pétalos terminados en picos.

clavícula
nombre femenino **1** Cada uno de los dos huesos largos situados en la parte superior del pecho. La clavícula va de cada lado del cuello al hombro.

clavija
nombre femenino **1** Pieza delgada de madera o metal, en forma de clavo, que se introduce en el agujero de otra pieza para unir o sujetar algo.
2 Pieza que tienen algunos instrumentos musicales de cuerda, y que sirve para sujetar y tensar las cuerdas.
3 Pieza delgada de metal, en forma de barrita, que se introduce en un agujero apropiado para realizar una conexión eléctrica o de otro tipo. Los enchufes suelen tener dos clavijas.

clavo
nombre masculino **1** Pieza larga y delgada de metal que tiene una punta por un lado y por el otro una cabeza plana. Los clavos se utilizan sobre todo para unir piezas de madera o para sujetar cosas en una pared. ✍ 393
2 Condimento que se añade a la comida para darle sabor y que tiene la forma de un clavo.
dar en el clavo Acertar completamente en lo que se hace o dice.

claxon
nombre masculino **1** Aparato de los coches y otros vehículos que, cuando se aprieta, produce un ruido fuerte para avisar de un peligro a otros coches o a los peatones. ✖ bocina.
👁 El plural es: cláxones.

clemencia
nombre femenino **1** Forma de aplicar la justicia, con compasión y sin excesiva dureza.

clérigo
nombre masculino **1** Hombre que dedica su vida a Dios y a la Iglesia y que puede celebrar misa; los sacerdotes y los monjes son clérigos.

clero
nombre masculino **1** Conjunto de los sacerdotes de una iglesia.

C c

cliente, clienta

nombre **1** Persona que compra en las tiendas o que utiliza los servicios de un profesional, como un médico o un abogado, pagando por ello.
👁 Hay dos formas de femenino: 'la cliente' o 'la clienta'.

clientela

nombre femenino **1** Conjunto de los clientes de una persona, de una tienda o de una empresa.

clima

nombre femenino **1** Conjunto de condiciones atmosféricas, como la temperatura, la humedad, el viento y la lluvia, propias de una región.
2 Conjunto de circunstancias que caracterizan una situación o rodean a una persona. En las fiestas de final de curso suele haber un clima amistoso y relajado. ✕ ambiente.

climatizado, climatizada

adjetivo **1** Se dice del espacio cerrado que tiene una temperatura agradable y adecuada para la comodidad de las personas. Un local climatizado tiene calefacción en invierno y aire acondicionado en verano.

clínica

nombre femenino **1** Establecimiento con las personas y los medios necesarios para que los enfermos y heridos reciban atención médica. Una clínica puede tener camas o no.

clínico, clínica

adjetivo **1** Que está relacionado con la parte práctica de la medicina que se ocupa del trato directo con los enfermos.

clip

nombre masculino **1** Objeto que sirve para sujetar o mantener unidos dos o más papeles. El clip es una pieza hecha con un alambre, a veces recubierto de plástico, que está doblado varias veces sobre sí mismo.
2 Sistema de cierre a presión que se utiliza en algunos pendientes, broches y otros objetos de adorno.
👁 El plural es: clips.

clítoris

nombre masculino **1** Abultamiento pequeño y carnoso situado en la parte exterior de los órganos sexuales femeninos.
👁 El plural es: clítoris.

cloaca

nombre femenino **1** Conducto que hay bajo las calles de una población y que sirve para recoger el agua de la lluvia y las aguas residuales de las casas. Las cloacas contribuyen a mantener limpias las ciudades. ✕ alcantarilla.
2 Lugar sucio y con mal olor.

cloro

nombre masculino **1** Sustancia química gaseosa de color amarillo o verde que tiene un olor muy fuerte y es tóxica. El cloro se usa para desinfectar el agua de las piscinas.

clorofila

nombre femenino **1** Sustancia de color verde que tienen la mayoría de las plantas. La clorofila permite a las plantas absorber la energía del sol.

club

nombre masculino **1** Grupo de personas que se reúnen por intereses deportivos, políticos o culturales, o para divertirse.
2 Lugar donde se reúnen estas personas. En las vitrinas de los clubes deportivos se guardan y exponen todos los trofeos ganados por el equipo.
3 Especie de bar donde la gente acude a bailar y donde suele haber algún tipo de espectáculo musical.
👁 El plural es: clubes.

coalición

nombre femenino **1** Unión de personas, países o partidos políticos con un objetivo determinado. Algunos partidos políticos forman coaliciones para obtener más votos en las elecciones. ✕ alianza; liga.
👁 El plural es: coaliciones.

coartada

nombre femenino **1** Prueba que presenta un acusado de su inocencia, demostrando que en el momento en que se cometió un delito estaba en otro sitio haciendo otra cosa.

C
c

coba

nombre femenino

1 Demostración exagerada de admiración o de cariño que se le hace a una persona para conseguir algo de ella: *Le daba coba al profesor para que le aprobara.*

cobarde

adjetivo

1 Que se asusta fácilmente y no se atreve a hacer aquello que le parece difícil o peligroso. ✂ atrevido; valiente.

2 Se dice de la acción en la que se demuestra una actitud de querer evitar un posible riesgo o peligro, aunque sean muy pequeños.

cobardía

nombre femenino

1 Falta de valor o de atrevimiento para hacer algo que se considera difícil o peligroso. ✂ valentía.

cobertizo

nombre masculino

1 Lugar cubierto donde se guardan herramientas y otros utensilios mientras no se usan o cuando ya no sirven.

2 Tejado que sobresale de una pared o lugar cubierto con un techo de material poco resistente, que sirve para resguardarse de la lluvia o del sol.

cobijo

nombre masculino

1 Protección o ayuda que una persona da a otra. Una persona sin familia busca cobijo en sus amigos. ✂ amparo; protección.

2 Lugar donde una persona puede protegerse del mal tiempo o de otra cosa. ✂ refugio.

cobra

nombre femenino

1 Serpiente venenosa que ensancha el cuello cuando va a atacar y que puede ser de bastante longitud; su picadura provoca la muerte casi inmediatamente.

cobrador, cobradora

nombre

1 Persona que trabaja yendo a las casas para cobrar recibos. También se llama cobrador a la persona encargada de cobrar el dinero del viaje en un autobús.

cobrar

verbo

1 Recibir una persona una cantidad de dinero como pago de algo, en especial por un trabajo. ✂ pagar.

2 Recibir un golpe, sobre todo como castigo. Es un uso informal.

3 Llegar a tener aquello que se indica, como cariño, afecto o fama *Ese critor cobró fama con su primer libro.*

cobre

nombre masculino

1 Metal de color rojizo que conduce muy bien la electricidad y se utiliza para hacer cables.

cobro

nombre masculino

1 Acción de cobrar dinero como pago de algo. El cobro de un cheque se realiza en un banco.

coca

nombre femenino

1 Arbusto originario de Perú de cuyas hojas se extrae una sustancia que se utiliza como droga. También es coca la hoja de este arbusto.

2 Es una forma abreviada de: cocaína.

cocaína

nombre femenino

1 Droga que se extrae de las hojas de la coca. La cocaína es una droga que tiene efectos muy negativos en el organismo y está prohibida en España. 👁 También se dice: coca.

cocción

nombre femenino

1 Acción que consiste en cocer algo, en especial un alimento. Para cocinar un huevo duro se necesitan diez minutos de cocción.

cocer

verbo

1 Cocinar un alimento dentro de un líquido hirviendo para que se pueda comer. En los paquetes de pasta se indica el tiempo que debe cocer la pasta en agua.

2 Calentar un líquido hasta que hierva.

3 Meter una masa en el horno para que se seque y se quede dura. Algunos alimentos, como el pan o los pasteles, y los objetos de barro se cuecen en el horno.

4 cocerse Tener una persona mucho calor. ✂ asarse.

5 cocerse Prepararse una cosa en secreto: *Algo se está cociendo ahí, porque no paran de cuchichear.* ✕✕ tramar.

---

cocer

INDICATIVO	SUBJUNTIVO
presente	**presente**
cuezo	cueza
cueces	cuezas
cuece	cueza
cocemos	cozamos
cocéis	cozáis
cuecen	cuezan
pretérito imperfecto	**pretérito imperfecto**
cocía	cociera o cociese
cocías	cocieras o cocieses
cocía	cociera o cociese
cocíamos	cociéramos
cocíais	o cociésemos
cocían	cocierais o cocieseis
	cocieran o cociesen
pretérito indefinido	
cocí	**futuro**
cociste	cociere
coció	cocieres
cocimos	cociere
cocisteis	cociéremos
cocieron	cociereis
	cocieren
futuro	
coceré	**IMPERATIVO**
cocerás	
cocerá	cuece (tú)
coceremos	cueza (usted)
coceréis	coced (vosotros)
cocerán	cuezan (ustedes)
condicional	**FORMAS NO PERSONALES**
cocería	
cocerías	
cocería	**infinitivo gerundio**
coceríamos	cocer cociendo
coceríais	**participio**
cocerían	cocido

---

cochambroso, cochambrosa

adjetivo **1** Se dice de las cosas que están sucias, viejas o rotas pero que aún se utilizan. Es una palabra informal.

coche

nombre masculino **1** Vehículo con motor que se desplaza sobre cuatro ruedas y se guía por medio de un volante. Es de uso particular y suele tener de 2 a 5 plazas. ✕✕ auto, automóvil. **2** Vagón de tren destinado a los viajeros. En el coche cama hay literas o camas para dormir. **3** Vehículo empleado para el transporte de personas que se mueve tirado por caballos. En algunas ciudades hay coches de caballos para los turistas. ✕✕ carruaje.

cochera

nombre femenino **1** Lugar público o privado, normalmente cerrado, donde se guardan los coches u otros vehículos. En las cocheras municipales están los autobuses urbanos y otros coches del ayuntamiento.

cochero

nombre masculino **1** Persona que conduce un coche tirado por caballos.

cochinillo

nombre masculino **1** Cría del cerdo desde que nace hasta que deja de mamar ✕✕ lechón.

cochino, cochina

nombre y adjetivo **1** Que no procura estar limpio y aseado: *¡Mira que eres cochino, lávate la cara!* ✕✕ cerdo, guarro. *nombre* **2** Mamífero doméstico que tiene las patas cortas, el cuerpo grueso, el morro aplastado y las orejas caídas sobre la cara. ✕✕ cerdo; puerco.

cochiquera

nombre femenino **1** Lugar donde viven los cerdos en una granja. Las cochiqueras suelen oler mal. ✕✕ pocilga.

cocido

nombre masculino **1** Comida que se prepara hirviendo en el mismo recipiente varios alimentos, generalmente garbanzos, trozos de carne y diversas verduras y hortalizas. El cocido es un plato típico castellano.

cociente

nombre masculino **1** En matemáticas, resultado que se obtiene al dividir una cantidad por otra. El cociente de dividir 10 entre 2 es 5.

cocina

nombre femenino **1** Habitación de la casa o de un restaurante en la que se prepara la comida. **2** Aparato con fuegos que sirve para calentar los alimentos. **3** Manera o técnica de preparar los alimentos para comerlos. En algunas escuelas dan cursos de cocina. **4** Conjunto de platos típicos de una región o país. La tortilla de patatas es un plato de la cocina española.

C
c

C
c

cocinar
verbo **1** Preparar un alimento para que pueda ser comido o tenga un sabor especial, sobre todo poniéndolo al fuego. ✍ 793

cocinero, cocinera
nombre **1** Persona que cocina, en especial cuando lo hace como trabajo. ✍ 793

coco
nombre masculino **1** Fruto del cocotero, grande y redondeado, con una corteza marrón muy dura, la carne blanca y un líquido dulce en su interior.
2 Cabeza de una persona. Es un uso informal.
3 Personaje inventado con el que se asusta a los niños.
4 Persona muy fea. Es un uso despectivo.
comer el coco Meterle a alguien algo en la cabeza a base de insistir o con engaños. Hay que tener opiniones propias y no dejarse comer el coco por los demás. Es una expresión informal.
comerse el coco Preocuparse demasiado por algo. Es una expresión informal.

cocodrilo
nombre masculino **1** Reptil de gran tamaño, con la piel recubierta de escamas duras de color verdoso, de boca grande y dientes afilados, cuatro patas cortas y cola larga. Vive en ríos y pantanos de las zonas tropicales.

cocotero
nombre masculino **1** Árbol de tronco alto y hojas grandes, parecidas a las de la palmera, que produce un fruto comestible llamado coco.

cóctel
nombre masculino **1** Bebida alcohólica que se prepara mezclando licores con refrescos o zumos de frutas.
2 Fiesta o reunión donde se sirven bebidas y cosas para picar.

codazo
nombre masculino **1** Golpe que se da a una persona con el codo.

codera
nombre femenino **1** Pieza de tela cosida o pegada en la parte del codo de algunas

prendas de vestir como adorno o refuerzo.
3 Protección que se pone en un codo una persona, principalmente un deportista. Suele ser de tela elástica o acolchada.

codicia
nombre femenino **1** Deseo muy fuerte de conseguir dinero, riquezas u otras cosas, como poder o fama. ✖ avaricia.

codicioso, codiciosa
adjetivo **1** Que tiene un deseo muy fuerte de conseguir dinero, riquezas u otras cosas. ✖ avaricioso.

código
nombre masculino **1** Conjunto ordenado de leyes o de normas de una determinada materia, como el Código Civil o el Código de la Circulación. ✍ 797
2 Conjunto de letras y números que forman un mensaje, que contienen una información o que permiten que algo funcione, como el código secreto de las tarjetas de crédito o el código de barras de los alimentos. ✖ clave. ✍ 398
código postal Combinación de números que se asigna a una población o a las distintas zonas dentro de ella para hacer más fácil la clasificación y entrega del correo.

codo
nombre masculino **1** Articulación del cuerpo humano que sirve para doblar el brazo.
codo con codo Junto con una persona o en colaboración con ella. Dos personas trabajan codo con codo cuando realizan un trabajo entre las dos.

codo con codo

codorniz
nombre femenino **1** Ave de color pardo o marrón, con pequeñas manchas oscuras,

que tiene la cabeza pequeña y el pico y la cola cortos.

👁 El plural es: codornices.

coeficiente

nombre masculino **1** Número con que se representa el grado o intensidad de un fenómeno o de una propiedad, como el coeficiente de inteligencia de una persona.
2 En matemáticas, número que se escribe delante de una cantidad y la multiplica. En 3(2+6)=24, 3 es el coeficiente.

cofre

nombre masculino **1** Caja con tapa y cerradura que se utiliza para guardar objetos de valor.

cogedor

nombre masculino **1** Pala que se utiliza para recoger del suelo basura o restos de suciedad. ✖✖ recogedor.

coger

verbo **1** Agarrar a alguien o tomar algo con la mano o con un instrumento que se maneja con la mano: *Voy a coger un poco más de sopa.*
2 Aceptar o quedarse con algo que se ofrece.
3 Alcanzar a una persona que va por delante: *A que no me coges, corre, corre.*
4 Atrapar y encerrar en la cárcel a una persona que huye. El trabajo de los policías es intentar coger a los delincuentes. ✖✖ apresar.
5 Subirse a un medio de transporte, como un taxi, un tren o un autobús.
6 Encontrar por sorpresa a una persona en una determinada situación: *Al parecer, su padre le ha cogido fumando.* ✖✖ sorprender.
7 Llegar a tener algo, como algún conocimiento, algún vicio o algún tipo de enfermedad: *Ya va cogiendo más seguridad con el coche.*
8 Entender el significado de una cosa, en especial de un chiste.
9 Reservar o guardar. Podemos coger hora para visitar a un médico o coger mesa en un restaurante.
10 Recibir una cadena de radio o televisión en un lugar. Con las antenas parabólicas se cogen cadenas de televisión extranjeras.

coger y Se usa para indicar que lo que va detrás ocurre de repente y de forma inesperada: *Cogió y se largó.* Es un uso informal.

👁 Se escribe 'j' delante de 'a' y 'o', como: cojo.

cogollo

nombre masculino **1** Conjunto de las hojas interiores y unidas por el tallo de algunas plantas. El cogollo de la lechuga es su parte más tierna y blanca.

cogote

nombre masculino **1** Parte trasera y superior del cuello de las personas. A las personas que llevan el pelo largo y suelto no se les ve el cogote. ✖✖ nuca.

coherencia

nombre femenino **1** Relación lógica entre las partes o elementos de una cosa, de manera que forman un conjunto con unidad y sin contradicciones. La persona que piensa de la misma forma que actúa es una persona que tiene coherencia.

coherente

adjetivo masculino y femenino **1** Que tiene coherencia. Un discurso o una idea es coherente si sus argumentos no se contradicen entre sí.

cohete

nombre masculino **1** Objeto con forma de tubo que se enciende por medio de una mecha para que suba hacia el cielo y explote produciendo un fuerte ruido o bonitos efectos de luz.
2 Artefacto que se eleva del suelo a gran velocidad y vuela impulsado por un sistema de propulsión a reacción. Los cohetes se utilizan para lanzar al espacio satélites y naves espaciales.

cohibido, cohibida

adjetivo **1** Que no se comporta con naturalidad porque no está cómodo en una situación o siente vergüenza por algo. Las personas tímidas se sienten cohibidas cuando están con mucha gente.

C

coincidencia
nombre femenino **1** Hecho de coincidir dos o más cosas o personas.

coincidencia

coincidir
verbo **1** Encontrarse dos o más cosas o personas en un mismo lugar. A veces coincidimos con otra persona en un lugar por casualidad.
2 Ocurrir dos o más cosas en el mismo momento: *Mi cumpleaños coincide con el suyo.*
3 Tener los mismos gustos o pensar igual dos o más personas.
4 Ser algo igual a otra cosa o corresponderse completamente con algo. Si tu número coincide con el de la lotería tienes un premio.

cojear
verbo **1** Andar mal o con dificultad por daño, defecto o dolor en una pierna o en un pie o por falta de una pierna o de un pie.
2 Moverse un mueble al tocarlo por no tener las patas iguales o porque el suelo no es llano.
saber de qué pie cojea alguien Conocer los defectos de una persona. Es una expresión informal.

cojera
nombre femenino **1** Defecto o lesión que impide andar con normalidad. Una persona o un animal que padece cojera no puede caminar con rapidez.

cojín
nombre masculino **1** Saco de tela relleno de un material blando que sirve para apoyar una parte del cuerpo y estar más cómodo al sentarse o tumbarse.
👁 El plural es: cojines.

cojo, coja
adjetivo y nombre **1** Que anda mal o con dificultad por tener un daño, defecto o dolor en una pierna o en un pie o por faltarle una pierna o un pie. Muchos cojos pueden andar con normalidad gracias a las piernas ortopédicas.
adjetivo **2** Se dice del mueble que se mueve por no tener las patas iguales o porque le falta una. Si te sientas en una silla coja, te puedes caer.
3 Se dice del razonamiento, frase o discurso que queda incompleto.

cojón
nombre masculino **1** Cada uno de los dos testículos que tienen los hombres y los animales machos. Es una palabra vulgar.
👁 El plural es: cojones.

cojonudo, cojonuda
adjetivo **1** Que tiene características o propiedades muy buenas. Es una palabra vulgar.

col
nombre masculino **1** Planta de tallo grueso y hojas anchas comestibles de color verde claro que le dan forma redondeada. Hay muchas variedades de col: el repollo, la col lombarda o las coles de Bruselas.

cola
nombre femenino **1** Extremidad del cuerpo de algunos animales situada en su parte trasera. Los ratones tienen una cola larga y fina; los pavos reales tienen una cola formada por plumas largas de colores.
2 Parte final de una cosa, como la cola de un avión o la cola de un vestido largo.
3 Conjunto de personas o vehículos que están en fila esperando para hacer algo.
4 Sustancia espesa que sirve para pegar cosas. ✂ pegamento. 🖎 795
5 Refresco de color oscuro con gas. Hay varias marcas distintas de refrescos de cola.
6 Órgano sexual masculino. Es un uso familiar. ✂ pene; picha.
cola de caballo Peinado que consiste en recoger todo el pelo con una goma en la parte de atrás de la cabeza.

colaboración
nombre femenino **1** Acción que consiste en colaborar una persona o cosa con otra u

otras para conseguir un fin determinado. ☞200
👁 El plural es: colaboraciones.

colaborador, colaboradora
nombre **1** Persona que depende de otra
de mayor categoría a la que ayuda
en su trabajo. ✖✖ ayudante.
2 Persona que trabaja en una empresa para hacer trabajos determinados, pero no forma parte de la
plantilla.

colaborar
verbo **1** Trabajar una persona junto con
otra u otras en un trabajo común.
2 Ayudar a que se consiga un fin
determinado: *Colaboró en los trabajos de extinción del fuego.*
3 Hacer trabajos para una empresa sin formar parte de su plantilla.

colada
nombre **1** Conjunto de toda la ropa sucia
femenino de una casa que se lava de una
vez o en el mismo día.

colado, colada
estar colado Estar muy enamorado. Es una expresión informal.

colador
nombre **1** Utensilio de cocina formado por
masculino una lámina con agujeros o por una
tela metálica y un mango; sirve
para separar la parte sólida de la
parte líquida de algunos alimentos,
como la nata de la leche. ☞793

colar
verbo **1** Hacer pasar un líquido por un colador o filtro para separar las partes
sólidas o las impurezas. Se cuela el
té para quitarle las hojas o el café
para quitarle los posos. ☞793
2 Meter o meterse por un agujero
o algún lugar estrecho. Las monedas se cuelan por las ranuras de
los teléfonos públicos; la gente
delgada se cuela por cualquier
paso estrecho.
3 Pasar por verdadera o buena
una cosa que es falsa o mala.
4 colarse Meterse en algún lugar
a escondidas o sin permiso.
5 colarse Equivocarse o decir cosas que no se deben decir. Una
persona se cuela si acusa a otra
de algo que no ha hecho. Es un
uso informal.

6 colarse Ponerse delante de alguien que está en una cola.
👁 Se conjuga como: contar; la 'o'
se convierte en 'ue' en sílaba
acentuada, como: cuela.

colcha
nombre **1** Pieza de tela que se pone enci-
femenino ma de una cama y sirve de adorno
y de abrigo.

colchón
nombre **1** Objeto rectangular que se pone
masculino en una cama para dormir encima y
está relleno de un material blando,
como espuma o lana.
👁 El plural es: colchones.

colchoneta
nombre **1** Esponja delgada cubierta de
femenino tela o plástico que se pone en el
suelo para hacer ejercicios deportivos sin hacerse daño.
2 Objeto de plástico que se llena
de aire y flota en el agua; se utiliza
en la playa o en la piscina.

colección
nombre **1** Conjunto de objetos de la mis-
femenino ma clase, normalmente ordenados
y reunidos por una persona por
gusto y por ocupar su tiempo libre.
👁 El plural es: colecciones.

coleccionar
verbo **1** Reunir y guardar un grupo de
objetos de la misma clase por
gusto y por ocupar el tiempo libre.
Se pueden coleccionar todo tipo
de cosas: monedas, pegatinas, insectos disecados o postales.

coleccionista
nombre **1** Persona que, como afición, se
masculino dedica a coleccionar algo: *Es co-
y femenino leccionista de sellos.*

colecta
nombre **1** Recogida de dinero o alimentos
femenino para ayudar a personas necesi-
tadas.

colectivo, colectiva
adjetivo **1** Que pertenece o afecta a muchas personas o está hecho por
muchas personas. La construcción de un edificio es un trabajo
colectivo.
nombre **2** Grupo o conjunto de personas
masculino que tienen alguna característica
común, como la profesión.

C c

colega

nombre masculino y femenino **1** Persona que se relaciona con otras, en especial en el trabajo o en los estudios. ⚔ compañero.
2 Persona que tiene el mismo cargo o desempeña la misma función que otra. El presidente de un país es colega del presidente de otro país.

colegial, colegiala

nombre **1** Alumno de un colegio. ⚔ escolar.

colegio

nombre masculino **1** Centro dedicado a la enseñanza. Los colegios disponen de clases, gimnasio, biblioteca, comedor, sala de profesores y otras instalaciones. ⚔ escuela.
2 Asociación de personas que tienen la misma profesión, como los arquitectos, abogados o árbitros.
colegio mayor Residencia donde viven estudiantes universitarios.

cólera

nombre masculino **1** Enfermedad infecciosa muy grave, que produce calambres, vómitos y diarreas y que se contagia a través de las aguas contaminadas.
nombre femenino **2** Enfado muy grande y violento. **montar en cólera** Enfadarse mucho.

colesterol

nombre masculino **1** Sustancia grasa de origen animal, que se absorbe con los alimentos y que tomada en exceso provoca alteraciones en el organismo.

coleta

nombre femenino **1** Peinado que se hace recogiendo el pelo y atándolo con una goma o una cinta.
cortarse la coleta Retirarse un torero de su profesión.

coletazo

nombre masculino **1** Golpe que un animal da con su cola o una persona con su coleta.
dar los últimos coletazos Estar una cosa a punto de acabarse o de desaparecer.

colgado, colgada

estar colgado Estar sin dinero o sin amigos.
estar colgado Tener un comportamiento alocado o poco normal.

colgante

nombre masculino **1** Joya o adorno que cuelga de una cadena que se lleva al cuello.
adjetivo **2** Que cuelga de algún lugar.

colgar

verbo **1** Sostenerse una cosa por la parte de arriba sin que nada la sujete por debajo. La fruta cuelga de los árboles.
2 Hacer que algo se sostenga por la parte de arriba sin que se sujete por debajo. Colgamos la ropa dentro del armario.
3 Hacer que alguien muera poniéndole una cuerda alrededor del cuello y dejándolo suspendido de esa cuerda en el aire hasta que se ahoga. ⚔ ahorcar.
4 Poner el auricular del teléfono en su sitio para terminar la comunicación. ⚔ descolgar.

colgar

INDICATIVO	SUBJUNTIVO
presente	**presente**
cuelgo	cuelgue
cuelgas	cuelgues
cuelga	cuelgue
colgamos	colguemos
colgáis	colguéis
cuelgan	cuelguen
pretérito imperfecto	**pretérito imperfecto**
colgaba	colgara o colgase
colgabas	colgaras o colgases
colgaba	colgara o colgase
colgábamos	colgáramos
colgabais	o colgásemos
colgaban	colgarais o colgaseis
	colgaran o colgasen
pretérito indefinido	
colgué	**futuro**
colgaste	colgare
colgó	colgares
colgamos	colgare
colgasteis	colgáremos
colgaron	colgareis
	colgaren
futuro	
colgaré	**IMPERATIVO**
colgarás	
colgará	cuelga (tú)
colgaremos	cuelgue (usted)
colgaréis	colgad (vosotros)
colgarán	cuelguen (ustedes)
condicional	**FORMAS NO PERSONALES**
colgaría	
colgarías	**infinitivo** **gerundio**
colgaría	colgar colgando
colgaríamos	**participio**
colgaríais	colgado
colgarían	

5 Abandonar una profesión o una actividad. Un futbolista cuelga las botas, un religioso cuelga los hábitos y un estudiante cuelga los libros.
6 colgarse Bloquearse el funcionamiento del ordenador, de manera que no se puede seguir trabajando.

colibrí
nombre masculino **1** Pájaro muy pequeño, con el pico largo y fino y plumas de colores. Vuela moviendo las alas mucho más deprisa que cualquier otro pájaro. Se alimenta de insectos y del néctar de las flores.

cólico
nombre masculino **1** Dolor fuerte en el vientre causado por las contracciones del intestino, del hígado o de los riñones.

coliflor
nombre femenino **1** Planta que se cultiva en las huertas, con una masa blanca comestible en el centro. La coliflor es una variedad de la col.

colilla
nombre femenino **1** Parte de un cigarro que se deja sin fumar y se tira. Las colillas deben apagarse bien en un cenicero antes de tirarlas a la basura.

colín
nombre masculino **1** Palito de pan.
👁 El plural es: colines.

colina
nombre femenino **1** Elevación de terreno de poca altura, menor que la de un monte, y de bordes suaves y redondeados.

colisión
nombre femenino **1** Choque fuerte de dos o más cuerpos. 🖎 199
2 Oposición de ideas distintas o enfrentamiento entre personas. Se produce colisión entre partidos políticos de distinta ideología. ⚔ conflicto.
👁 El plural es: colisiones. Es una palabra formal.

collar
nombre masculino **1** Joya o adorno que rodea el cuello y cuelga sobre el pecho. 🖎 550
2 Tira de cuero o metal que se pone alrededor del cuello de un animal; perros y gatos llevan collar.

colmar
verbo **1** Llenar un recipiente hasta el borde: *Colmó la copa y era difícil beber sin derramar el vino.*
2 Dar algo en gran cantidad o abundancia. Los hijos colman de felicidad a sus padres.
3 Satisfacer completamente las esperanzas, los deseos y las aspiraciones de alguien. Un buen trabajo puede colmar las expectativas de una persona.

colmena
nombre femenino **1** Lugar donde viven y fabrican la miel y la cera las abejas. 🖎 596

colmillo
nombre masculino **1** Diente fuerte y puntiagudo de las personas y los animales mamíferos que está situado delante de cada fila de muelas.
2 Diente muy grande y largo con forma de cuerno que sale de la boca de algunos animales, como los elefantes.

colmo
nombre masculino **1** Grado más alto al que puede llegar una cosa, una persona o una situación: *Nunca se enfada por nada: es el colmo de la paciencia.*

colocación
nombre femenino **1** Acción de colocar una cosa o a una persona en un lugar determinado.
2 Forma de estar colocado algo o alguien en un lugar determinado. Los actores de teatro ensayan su colocación en el escenario.
3 Empleo o puesto de trabajo. Las oficinas de colocación ayudan a la gente a encontrar trabajo.
👁 El plural es: colocaciones.

colocar
verbo **1** Poner una cosa en un lugar determinado, generalmente en un lugar adecuado o el que ocupa normalmente.
2 Conseguir que otra persona acepte, aguante o compre algo pesado o de lo que una persona se quiere librar: *Le ha colocado a su tía todos los números de la rifa.*
3 Conseguir un empleo o puesto de trabajo.
4 Introducir un producto en un mercado distinto del habitual. Muchos empresarios quieren colocar sus productos en el extranjero.

C
c

5 Afectar el alcohol o la droga al cuerpo y al cerebro de una persona. Es un uso informal.
👁 Se escribe 'qu' delante de 'e', como: coloque.

colofón
nombre masculino **1** Parte final con la que termina un acto. Un discurso puede servir como colofón a una cena.
👁 El plural es: colofones.

colombiano, colombiana
adjetivo y nombre **1** Se dice de la persona o cosa que es de Colombia, país de América del Sur.

colon
nombre masculino **1** Parte más larga del intestino grueso, situada a la mitad de éste.
👁 El plural es: cólones.

colonia
nombre femenino **1** Líquido que huele bien y se utiliza para perfumar la piel de las personas. Se hace con agua, alcohol y esencias de flores o frutas. **2** Región o territorio ocupado y gobernado por otra nación. Cuba fue una colonia española. **3** Grupo de personas de un mismo país que viven y trabajan en un país extranjero. **4** Conjunto de personas que se establecen en un territorio despoblado para vivir y trabajar en él; también se llama colonia a la población que crean. **5** Lugar donde van grupos de niños a pasar el verano. Con este significado se emplea más en plural. **6** Conjunto de viviendas de características parecidas que hay en un lugar. **7** Conjunto de animales o plantas de la misma especie que viven en un lugar.

colonización
nombre femenino **1** Acción de colonizar un territorio.
👁 El plural es: colonizaciones.

colonizar
verbo **1** Ocupar un país un territorio extranjero y convertirlo en una parte más del país. Gran parte de América fue colonizada por los españoles. **2** Quedarse a vivir un grupo de personas en un territorio en el que no vive nadie o vive poca gente.

colono
nombre masculino **1** Persona que se instala en una colonia o en un territorio para vivir y trabajar en él.

coloquial
adjetivo **1** Que es propio de la conversación o del lenguaje informal que se utiliza en ella. 'Mogollón' es una palabra coloquial.

coloquio
nombre masculino **1** Conversación entre dos o más personas, en especial para intercambiar opiniones sobre un tema.

color
nombre masculino **1** Impresión visual que produce la luz reflejada en la superficie de las cosas. Algunos colores tienen nombre de cosas, como naranja o rosa. **2** Sustancia que sirve para colorear, pintar o teñir una cosa. Los pintores mezclan colores para pintar sus cuadros. ※ pintura; tinte. **3** Lápiz de color que se utiliza para pintar o dibujar sobre papel. Normalmente viene en cajas o estuches. ※ pintura. **4** Color natural de la cara de una persona. Cuando una persona se encuentra mal o está mareada pierde el color y está pálida.
nombre masculino plural **5 colores** Colores de un equipo o una bandera y el club o país que representan.
de color Se dice de una persona que no es de raza blanca, especialmente de la que es de raza negra o mulata, o de piel oscura.
no hay color Indica que no se pueden comparar dos cosas porque una es muchísimo mejor que la otra: *No hay color, este coche es más seguro.*

no hay color

sacar los colores Hacer o decir algo que pone la cara roja de vergüenza. Si a uno le llaman la atención por algo incorrecto que ha hecho, le salen los colores. ✕✕ avergonzar; sonrojar.

colorado, colorada

adjetivo   **1** De color rojo; se dice especialmente de la cara de una persona. Podemos ponernos colorados si tomamos mucho sol, si hacemos mucha fuerza, si estamos enfadados o si sentimos vergüenza.

colorante

nombre masculino   **1** Sustancia que se echa a los alimentos para darles un color determinado. Los helados, los refrescos y otros alimentos suelen llevar colorantes.

colorear

verbo   **1** Pintar de color o de colores una cosa, en especial un dibujo.

colorete

nombre masculino   **1** Polvo o pasta de tono rojo que sirve para dar color a las mejillas.

colorido

nombre masculino   **1** Combinación de colores de una cosa, especialmente si son vivos y brillantes.

colorines

nombre masculino plural   **1** Colores vivos que combinados llaman la atención. Los juguetes de los bebés son de colorines.

colorín colorado, este cuento se ha acabado Frase final de algunos cuentos infantiles.

colosal

adjetivo   **1** Que tiene unas proporciones mayores de lo normal. Las pirámides de Egipto son una obra colosal. ✕✕ enorme; grandioso.

2 Que es muy importante y destaca por encima de los demás. Picasso es una figura colosal de la pintura. ✕✕ excelente; extraordinario.

coloso

nombre masculino   **1** Estatua que representa a una figura humana con un tamaño mucho mayor que el natural.

2 Persona que ha realizado obras muy importantes para la humanidad.

columna

nombre femenino   **1** Elemento vertical de apoyo, con forma de cilindro, más alto que ancho, que aguanta un techo, un arco o una escultura. El claustro de un convento suele estar rodeado de columnas. ✎➘ 397

2 Serie o montón de cosas colocadas ordenadamente unas sobre otras. La tabla de multiplicar se divide en filas y columnas. ✕✕ pila.

3 Cada una de las partes en que se divide, de arriba abajo, el texto de una página. Este diccionario está impreso a dos columnas.

4 Masa de líquido o de gas que toma forma vertical al elevarse.

5 Parte de un ejército que se mueve en una fila larga.

columna vertebral Conjunto de huesos pequeños y unidos entre sí que recorre la espalda del ser humano y de muchos animales, y cuya función es la de sostener el esqueleto.

columpiar

verbo   **1** Dar impulso a una persona que está sentada en un columpio.

2 Mover algo que no toca el suelo hacia adelante y hacia atrás o hacia los lados.

👁 Se conjuga como: cambiar; la 'i' no lleva nunca acento de intensidad.

columpio

nombre masculino   **1** Asiento estrecho sujetado por dos cuerdas o cadenas y colgado de algún tipo de armazón, que se utiliza para que los niños se diviertan columpiándose.

nombre masculino plural   **2 columpios** Conjunto de aparatos, como toboganes, columpios o balancines que hay en los parques o en otros lugares para que se diviertan los niños.

coma

nombre femenino   **1** Signo de puntuación que se utiliza en medio de las frases para marcar una pausa breve. En la oración 'Juan, Pedro y María se divierten', entre 'Juan' y 'Pedro' hay una coma.

2 Signo que se emplea en matemáticas para separar la parte entera de los decimales de un número, como en 7,75.

C
C

C
c

comadreja (viene de arriba)

nombre masculino

3 Estado de la persona que está tan grave que no puede sentir nada, aunque sí respira.

comadreja

nombre femenino

1 Animal mamífero de color marrón rojizo por la espalda y blanco por el vientre, de cuerpo alargado y flexible. Se alimenta de ratones, topos y otros animales que caza de noche.

comadrona

nombre femenino

1 Mujer que ayuda en el momento del parto al médico o a la mujer embarazada.

comandante

nombre masculino y femenino

1 Grado militar entre el de capitán y el de teniente coronel. La persona que tiene este grado también se llama comandante.

2 Militar que está al mando de un puesto militar o de un grupo de soldados, aunque no tenga el grado de comandante.

3 Piloto que está al mando de un avión de pasajeros.

comando

nombre masculino

1 Grupo pequeño de soldados especializados en misiones difíciles y arriesgadas.

2 Grupo pequeño de personas que realizan acciones terroristas.

comarca

nombre femenino

1 Parte de una región o de una provincia que comprende varios pueblos con unas características comunes.

comba

nombre femenino

1 Juego infantil que consiste en saltar repetidamente sobre una cuerda pasándola primero por debajo de los pies de la persona que salta y luego por encima de su cabeza. La cuerda también se llama comba.

combate

nombre masculino

1 Acción que llevan a cabo dos ejércitos que luchan o se enfrentan en una guerra.

2 Pelea o lucha entre dos personas o dos animales con un fin determinado, como el que mantienen dos boxeadores por un título o dos animales por el dominio de la manada.

fuera de combate Indica que una persona ha sido vencida en una lucha o un combate.

combatir

verbo

1 Luchar o pelear dos o más personas. Los ejércitos enemigos combaten en una guerra.

2 Hacer una persona todo lo posible para que no le afecte algo que considera negativo o perjudicial y que puede causarle daño, como una enfermedad, una plaga o el aburrimiento.

3 Oponerse una persona o una cosa a otra. Las ideas o las opiniones de otras personas se combaten con argumentos.

combinación

nombre femenino

1 Prenda de ropa interior femenina que cubre desde la cintura hasta las rodillas o cubre también el cuerpo.

2 Unión o mezcla de dos o más cosas distintas y lo que sale de esa unión: *La combinación de colores del piso es fantástica.*

3 Fórmula o clave de seguridad que permite abrir algo o poner en marcha o parar algún mecanismo.

☞ El plural es: combinaciones.

combinar

verbo

1 Unir dos o más cosas de manera que se complementen o formen un conjunto adecuado. En las floristerías combinan distintos tipos de flores para hacer los ramos.

combustible

nombre masculino

1 Sustancia que se quema y produce energía. La gasolina es el combustible que usan los coches para funcionar.

adjetivo

2 Que puede arder fácilmente. El papel y el carbón son sustancias combustibles.

combustión

nombre femenino

1 Acción que consiste en quemarse un cuerpo o una sustancia.

comedero

nombre masculino

1 Recipiente donde se echa la comida para que coman los animales. Las jaulas de los pájaros tienen un comedero y un bebedero.

C

c

comedia

nombre femenino **1** Obra de teatro o película que trata temas divertidos y suele tener un final feliz. ⋙ tragedia.
2 Mentira o engaño que se prepara para conseguir algo o para ocultar una cosa que no queremos que se sepa.

comediante, comedianta

nombre **1** Persona que finge que le ocurre algo para engañar a alguien y conseguir alguna cosa.
2 Persona que actúa en el teatro.

comedor

nombre masculino **1** Habitación o establecimiento donde suele haber mesas para comer. El comedor de la casa suele encontrarse cerca de la cocina.

comentar

verbo **1** Dar una opinión o impresión personal acerca de un tema o asunto. Comentamos un viaje o la película que hemos visto.
2 Explicar el contenido de algo, en especial de un texto, para que se entienda mejor. En clase se comentan fragmentos de obras literarias.
3 Decir algo que no es muy importante o que no merece mucha atención.

comentario

nombre masculino **1** Opinión o impresión personal que se da sobre una persona o asunto.
2 Explicación del contenido de algo, en especial de un texto, para que se entienda mejor.

comenzar

verbo **1** Hacer la primera parte de una cosa o de una acción. Para hacer sus nidos los pájaros comienzan recogiendo ramas secas. ⋙ empezar. ⋙ terminar.
2 Estar o hacer que un suceso o un proceso esté en sus primeros momentos. Cuando comienza una conferencia la gente se calla. ⋙ empezar; iniciar. ⋙ terminar.
👁 Se conjuga como: empezar; la 'e' se convierte en 'ie' en sílaba acentuada y se escribe 'c' delante de 'e', como: comiencen.

comer

verbo **1** Tomar alimentos. Comer es necesario para vivir.
2 Tomar la comida principal del día. ⋙ almorzar.
3 Gastar o consumir poco a poco. La lejía se come los colores de la ropa.
4 En los juegos de tablero, como el ajedrez, el parchís o las damas, hacerle perder una ficha a otro jugador.
5 comerse Saltarse una letra, una palabra o un trozo de un texto que se está leyendo o escribiendo.
sin comerlo ni beberlo Indica que algo le ocurre a una persona sin esperarlo o sin merecerlo: *Sin comerlo ni beberlo, me echaron la culpa de todo.*

comercial

adjetivo **1** Se dice de los lugares o las acciones que están relacionadas con el comercio.
2 Se dice de los productos que tienen mucha aceptación en el mercado y se venden muy bien. A veces indica que está hecho para vender, pero no es bueno o no tiene mucho interés.

nombre masculino y femenino **3** Persona que busca clientes para vender los productos que vende su empresa.

comerciante

nombre masculino y femenino **1** Persona que se dedica a vender productos; especialmente si es dueña de un comercio.

comerciar

verbo **1** Comprar, vender o cambiar productos, en especial para hacer negocio y ganar dinero. Los libreros comercian con libros. ⋙ negociar.
👁 Se conjuga como: cambiar; la 'i' no lleva nunca acento de intensidad.

comercio

nombre masculino **1** Actividad que consiste en comprar, vender o cambiar productos para ganar dinero. ⋙ negocio.
2 Establecimiento donde se venden productos, como ropa, alimentos, electrodomésticos o zapatos. Los comercios abren algunos domingos del año. ⋙ tienda.

C

c

comestible

adjetivo **1** Se dice de lo que se puede comer porque está en buen estado y no es venenoso. Una seta venenosa o una carne pasada no son comestibles.

nombre masculino plural **2 comestibles** Productos que se comen. En los supermercados se venden comestibles.

cometa

nombre masculino **1** Astro formado por un núcleo poco denso y una larga cola de luz brillante, que atraviesa el cielo de forma rápida. El cometa Halley se puede ver desde la Tierra cada 76 años.

nombre femenino **2** Juguete formado por un armazón ligero cubierto de papel, tela o plástico y sujeto a un hilo que se va soltando para hacerlo volar. ✎ 196

cometer

verbo **1** Hacer algo que va contra una norma, una ley o lo que se considera correcto. Se cometen errores o delitos.

cometido

nombre masculino **1** Obligación o deber que tiene que cumplir una persona. El cometido de los bomberos es apagar incendios. ✖ misión.

cómic

nombre masculino **1** Serie de dibujos o viñetas en los que se cuenta una historia. ✖ historieta.
2 Libro o revista donde se recogen estas historias.
👁 El plural es: cómics.

comicios

nombre masculino plural **1** Votación en la que se elige a la persona que ocupará un cargo, o al partido político que debe gobernar. ✖ elecciones.

cómico, cómica

nombre **1** Que hace reír, con intención o sin ella. Las películas cómicas son divertidas; algunas caídas son cómicas.

adjetivo y nombre **2** Se dice de la persona que en el teatro, el cine o la televisión representa personajes divertidos. También se dice de cualquier actor o actriz de teatro.

comida

nombre femenino **1** Cualquier sustancia que toman los animales y las personas para dar al organismo lo que necesita para funcionar. ✖ alimento.
2 Conjunto de alimentos que se toman normalmente entre las dos y las tres de la tarde. La comida suele estar compuesta por dos platos y un postre. ✖ almuerzo.

comienzo

nombre masculino **1** Primera parte o primeros momentos de una cosa o de una acción. ✖ inicio; principio.

comillas

nombre femenino plural **1** Signo de ortografía que se pone al principio y al final de una palabra o de un grupo de palabras para indicar que se citan de otro texto o para resaltarlas del resto del texto. La comillas pueden ser dobles (" ") o simples (' ').

comilona

nombre femenino **1** Comida muy abundante o muy variada. ✖ banquete.

comilón, comilona

adjetivo **1** Que come mucho. ✖ glotón.
👁 El plural de comilón es: comilones.

comino

nombre masculino **1** Semilla de color marrón, muy aromática, que se usa en medicina y para dar sabor a las comidas. También se llama comino la planta que produce esta semilla.
importar un comino No importar nada: *Si quieres lo haces y si no, no, me importa un comino.*

comisaría

nombre femenino **1** Lugar donde trabaja la policía bajo las órdenes de un comisario.

comisario, comisaria

nombre **1** Persona que tiene autoridad para desempeñar un cargo o una función especial. El gobierno nombra comisarios para ciertas tareas, como organizar un museo o comprobar que se cumple un pacto.
2 Jefe superior de policía en una ciudad o en una zona de la ciudad. También se dice: comisario de policía.

comisión

nombre femenino **1** Conjunto de personas que tienen la misión o el encargo de realizar una labor determinada.

2 Cantidad de dinero que se paga a la persona que ayuda a vender un producto o a hacer un negocio. La comisión suele ser una parte proporcional del dinero que gana la persona a la que se ayuda.
3 Acción que consiste en realizar o ejecutar algo, en especial cuando es algo malo. La comisión de un robo está castigada por la ley.
👁 El plural es: comisiones.

comité

nombre masculino

1 Conjunto de personas elegidas por una empresa o una organización para realizar una labor representando a toda la empresa o la organización. ⚒ comisión.

comitiva

nombre femenino

1 Grupo de personas que acompañan a una personalidad. ⚒ cortejo; séquito.

como

adverbio

1 Indica la manera en que se realiza una acción: *Tú sigue mi consejo y hazlo como te he dicho.*
2 Indica una cantidad aproximada, no exacta: *Creo que tengo como cien novelas de aventuras.*
3 En una comparación, indica que una cosa o acción es igual que otra en una determinada característica: *Estás tan alta como tu hermano.*

conjunción

4 Indica que lo que se dice a continuación es la causa de lo que se dirá después: *Como hacía sol, nos fuimos a la playa.*
5 Introduce una condición e indica que si se produce lo que se dice también se producirá lo que sigue. *Como llegues tarde, te quedarás sin pastel.*

adverbio

6 Se utiliza para poner ejemplos de lo que se dice: *Algunas aves, como el pingüino, no vuelan.*
7 Indica la función que realiza una persona o una cosa: *Estuve en la cena como invitado.*
👁 No se acentúa; no lo confundas con la forma interrogativa 'cómo', que siempre se acentúa.

cómo

adverbio y pronombre interrogativo

1 Se utiliza para preguntar sobre la manera de hacer algo: *¿Cómo se rellena esta ficha?*

2 Se utiliza para preguntar ciertas cosas: *¿Cómo se pronuncia 'bus' en inglés? ¿Cómo dice?*

interjección

3 ¡**Cómo**! Expresa sorpresa: *¡Cómo! ¿Ya has acabado?*
👁 Siempre se acentúa; no lo confundas con la forma no acentuada 'como'.

cómoda

nombre femenino

1 Mueble ancho con cajones de arriba abajo, que sirve para guardar la ropa, en especial la ropa interior y la de cama.

comodidad

nombre femenino

1 Característica de la cosa que resulta cómoda. ⚒ confort.

nombre femenino plural

2 comodidades Conjunto de las cosas que necesita una persona para vivir a gusto o estar cómoda en un sitio.

cómodo, cómoda

adjetivo

1 Que hace que una persona se sienta o se encuentre a gusto y experimente una sensación agradable. Para ver la televisión nos sentamos en un sillón cómodo. ⚒ confortable. ⚒ incómodo.
2 Que hace más fácil y agradable la realización de algo. El metro es más cómodo que el coche para moverse por la ciudad.
3 Que se siente a gusto. Para estudiar nos sentimos más cómodos en una sala con mucha luz natural y pocos ruidos. ⚒ incómodo.

comodón, comodona

adjetivo

1 Que no le gusta hacer esfuerzos ni molestarse en hacer nada que afecte a su comodidad.
👁 El plural de comodón es: comodones.

compact

nombre masculino

1 Disco de música, más pequeño que el disco tradicional y que se escucha metiéndolo en un lector en forma de cajón pequeño.

compacto, compacta

adjetivo

1 Se dice de la sustancia o de la materia que no tiene huecos entre las partículas que la componen. Las rocas compactas no dejan pasar el agua a través de ellas.
2 Se dice de las personas o de

C

c

las cosas que están muy juntas y apretadas.
3 Equipo de música formado por nombre masculino varios componentes que están unidos en un mismo aparato. Un compacto suele tener tocadiscos, casete, radio, amplificador y reproductor de discos compactos.
4 Compact.

compadecer
verbo **1** Sentir lástima o pena por alguien o algo: *No te compadezcas de ella, que si está castigada por algo será.*
👁 Se conjuga como: agradecer; la 'c' se convierte en 'zc' delante de 'a' y 'o', como: compadezca.

compañerismo
nombre masculino **1** Buena relación que hay entre los amigos o las personas que se tratan como si lo fueran. Entre los compañeros de clase hay compañerismo. ✂ camaradería.

compañero, compañera
nombre **1** Persona con la que se comparten experiencias, sentimientos o actividades, en especial de trabajo o de estudio. ✂ camarada.
2 Cosa que es parecida o igual a otra con la que forma pareja, como un zapato o un pendiente.

compañía
nombre femenino **1** Circunstancia de acompañar o estar con una persona a la que se ayuda o con la que se comparte algo. También se llama compañía a la persona, animal o cosa que acompaña a alguien.
2 Organización de personas que se dedican a algún negocio comercial, industrial o de servicios, como la compañía eléctrica. ✂ sociedad.
3 Grupo de personas que se dedican a alguna actividad artística, como el teatro o el baile.
4 Grupo de soldados que está bajo las órdenes de un capitán.

comparable
adjetivo **1** Que tiene alguna característica común con otra cosa o persona, de modo que se puede hacer una comparación entre ambas. Un ventilador no es comparable con una mesa, pero sí con un aparato de aire acondicionado.

comparación
nombre femenino **1** Acción que se realiza al comparar dos o más cosas o personas.
2 Relación de igualdad, de superioridad o de inferioridad que se establece entre dos cosas comparadas.
👁 El plural es: comparaciones.

comparar
verbo **1** Examinar una cosa o una persona con atención para encontrar parecidos y diferencias con otras, a veces para ver si son iguales o cuál es mejor. Se comparan cosas como la calidad de un producto, la situación de distintos países o el carácter de dos personas.

comparativo, comparativa
adjetivo **1** Que compara o sirve para comparar dos o más cosas entre sí. Algunas revistas hacen análisis comparativos de productos.
2 Se dice del adjetivo o del adverbio que expresa una comparación. 'Menor' es el comparativo del adjetivo 'pequeño'.

comparecer
verbo **1** Ir una persona a ver a una autoridad cuando ha sido llamada y citada para ello. Un acusado comparece ante el juez.
2 Presentarse una persona en el lugar donde alguien, con quien se había citado, le está esperando.
👁 Se conjuga como: agradecer; la 'c' se convierte en 'zc' delante de 'a' y 'o', como: comparezco.

compartir
verbo **1** Usar dos o más personas una misma cosa al mismo tiempo o durante el mismo periodo. A veces, para compartir hay que dividir algo en partes, como cuando se comparte comida o dinero.
2 Tener la misma opinión que otra persona. También se comparten la alegría o el dolor cuando se sienten por la misma razón que los siente otro.

compás
nombre masculino **1** Instrumento que se utiliza para dibujar arcos o circunferencias o para medir distancias sobre un dibujo o

un mapa; está formado por dos varillas unidas por un extremo de forma que se pueden abrir y cerrar.
2 Ritmo de una composición o una pieza musical. También es el ritmo que se lleva al hacer algo, como al andar o al desfilar.
3 Signo que se utiliza en música para señalar el ritmo y los valores de los sonidos en una composición o una parte de ella. El compás se escribe en el pentagrama después de la clave.
4 Cada uno de los periodos o intervalos de tiempo iguales en que se marca el ritmo de la música.
6 Instrumento que se utiliza para orientarse al navegar en un barco.
☞ El plural es: compases.

compasión
nombre femenino
1 Sentimiento de pena por las personas o animales que sufren desgracias o tienen problemas. La compasión nos lleva a ayudar a estas personas o animales.
☞ El plural es: compasiones.

compasivo, compasiva
adjetivo
1 Que siente compasión.

compatible
adjetivo
1 Que puede ocurrir, estar o hacerse junto con otra cosa o persona. ✖ incompatible.
2 Se dice del ordenador que tiene el mismo sistema de información automática que tienen otros modelos. Los ordenadores Macintosh no son compatibles con los PC.

compatriota
nombre masculino y femenino
1 Persona que es del mismo país que otra.

compenetrarse
verbo
1 Llevarse y conocerse muy bien dos o más personas.

compensar
verbo
1 Hacer con una cosa positiva que otra negativa no domine en el resultado final de algo. A veces, los beneficios obtenidos un año compensan las pérdidas de otro.
2 Hacer algo bueno a una persona o darle alguna cosa para que sea menor el efecto de un daño o perjuicio que se le ha causado. También se compensa a alguien que ha realizado un gran esfuerzo o trabajo.
3 Merecer una cosa la pena o ser de gran provecho o utilidad: *Le ha compensado estudiar tanto.*

competencia
nombre femenino
1 Lucha entre personas o empresas para conseguir algo. Conseguir un trabajo es difícil cuando hay mucha competencia.
2 Persona que se opone o compite con otra: *Ha cambiado de empresa y ahora trabaja para la competencia.*
3 Obligación o responsabilidad propia de un organismo o de un empleo. El Estado tiene competencias en defensa y política exterior. La cura de los enfermos es competencia de los médicos.
4 Capacidad que tiene una persona para realizar con eficacia un trabajo o una actividad.

competente
adjetivo
1 Que es capaz y tiene unas cualidades muy buenas para hacer su trabajo. ✖ eficaz.
2 Que por su trabajo o su cargo puede hacer algo. Los profesores son competentes para examinar a sus alumnos.

competición
nombre femenino
1 Acto en el que dos o más personas compiten por un premio. Las Olimpiadas son una competición deportiva. ✍ 798
☞ El plural es: competiciones.

competir
verbo
1 Luchar entre sí dos o más personas para conseguir una cosa o para ser las primeras en algo. En los concursos compite la gente que cree que puede ganar.

competir

C
c

2 Tener una empresa productos buenos y baratos para venderse bien teniendo en cuenta la calidad de otros productos.

competir en Tener dos cosas o personas la característica que se indica en el mismo o parecido grado: *Las dos compiten en simpatía.*
👁 Se conjuga como: servir; la 'e' se convierte en 'i' en algunos tiempos y personas, como: compitamos.

compinche
nombre masculino y femenino **1** Amigo o compañero con el que se ha hecho alguna mala acción o alguna travesura.

complacer
verbo **1** Hacer una persona algo que otra quiere o hacer algo que guste y agrade a otra persona.
👁 Se conjuga como: nacer; la 'c' se convierte en 'zc' delante de 'a' y 'o', como: complazca.

complaciente
adjetivo **1** Que actúa intentando agradar o complacer.

complementar
verbo **1** Añadir a una cosa otra del mismo tipo para hacerla más completa o mejor: *La radio se complementa con unos auriculares estéreo.*

complemento
nombre masculino **1** Aquello que se añade para completar algo o para formar un todo. Los pendientes son un complemento de los vestidos o trajes.
2 Parte de una oración que completa el significado de otras partes de la oración.
complemento directo Nombre o grupo nominal que complementa a un verbo transitivo. En la oración 'Ayer estrené el vestido', 'el vestido' es un complemento directo. El complemento directo se puede sustituir por los pronombres 'lo', 'la', 'los' o 'las', así se puede decir 'Ayer lo estrené'.
complemento indirecto Nombre o grupo nominal introducido por 'a' que indica la persona o cosa que recibe la acción expresada por el verbo. En la oración 'Prestó

el libro a su compañero', 'a su compañero' es un complemento indirecto. El complemento indirecto se puede sustituir por los pronombres 'le', 'les' o 'se', así se puede decir 'Le prestó el libro'.

completar
verbo **1** Añadir a una cosa lo que le falta para estar completa o terminada.

completo, completa
adjetivo **1** Que no le falta ninguna parte o ningún elemento. Un álbum de cromos completo ya está terminado. ✖ entero.
2 Que no cabe ninguna cosa o persona más. ✖ lleno.

complicación
nombre femenino **1** Suceso o cosa negativa que hace más difícil el logro de una cosa. A veces las complicaciones surgen de forma inesperada y estropean todos los planes.
2 Problema médico que surge de repente en una persona que padece una enfermedad, y que hace que su estado sea más grave.
👁 El plural es: complicaciones.

complicado, complicada
adjetivo **1** Se dice de lo que es difícil de entender o de resolver, como un problema de matemáticas o una situación de peligro. ✖ complejo.
2 Que tiene una estructura formada por muchas partes. El mecanismo de los relojes es bastante complicado.

complicar
verbo **1** Hacer que una cosa sea cada vez peor o más difícil. Los problemas económicos complican la vida de algunas personas.
2 Hacer una persona que alguien participe con ella en un asunto, generalmente negativo, o decir que lo ha hecho: *El ladrón complicó en el robo a otras cuatro personas.* ✖ implicar.
👁 Se escribe 'qu' delante de 'e', como: compliquen.

cómplice
nombre masculino y femenino **1** Persona que ayuda a otra o a otras a cometer un delito o un crimen, pero sin intervenir directamente en su ejecución. Una per-

sona es cómplice de un asesinato si esconde en su casa al autor del crimen sabiendo que lo es.
2 Persona que tiene con otra un pacto para mantener un secreto o hacer algo a escondidas.

componente
nombre masculino **1** Cada una de las cosas o personas que forman algo. El huevo y las patatas son los componentes de la tortilla española.

componer
verbo **1** Formar algo juntando varios elementos o cosas: *Ha compuesto el jarrón pegando los trozos rotos.*
2 Formar parte de un conjunto. Los jugadores que componen el equipo de fútbol de la selección española son españoles.
3 Arreglar algo, generalmente algo roto o que no funciona.
4 Crear una obra literaria o musical, como un poema o una sinfonía.
5 componerse Estar algo formado por varios elementos o miembros. Un rompecabezas se compone de muchas piezas distintas.
👁 Se conjuga como: poner. El participio es: compuesto.

comportamiento
nombre masculino **1** Modo en que se porta una persona. ※ conducta.

comportarse
verbo **1** Actuar de una manera determinada. Un niño se comporta mal cuando hace muchas travesuras y no escucha lo que le dicen sus padres. ※ conducirse; portarse.

composición
nombre femenino **1** Unión de varios elementos para que formen un conjunto ordenado. La composición de un nuevo gobierno finaliza cuando se nombran los ministros y altos cargos.
2 Creación de una obra de arte, en especial de música o literatura.
3 Manera en que está compuesta una sustancia por los elementos que la forman. Las medicinas llevan la composición en el envase.
4 Manera de crear nuevas palabras en una lengua uniendo dos o más palabras que ya existen. La

palabra 'rascacielos' se ha creado por composición uniendo las palabras 'rascar' y 'cielo'.
👁 El plural es: composiciones.

compositor, compositora
nombre **1** Persona que compone música.

compota
nombre femenino **1** Postre hecho con trozos de frutas hervidas en agua y azúcar.

compra
nombre femenino **1** Acción que consiste en conseguir alguna cosa a cambio de dinero. ※ venta.
2 Conjunto de cosas que se consiguen a cambio de dinero. Los viernes muchas familias hacen la compra para toda la semana.

comprador, compradora
nombre **1** Persona que compra. ※ vendedor.

comprar
verbo **1** Conseguir algo a cambio de dinero. Cada día compramos el pan o el periódico. ※ vender.
2 Dar dinero a una persona para que utilice su poder o habilidad en favor de otra persona. ※ sobornar.

compraventa
nombre femenino **1** Comercio en el que se compran y venden productos, especialmente usados, como la compraventa de automóviles, de libros o de casas.

comprender
verbo **1** Llegar a conocer bien el significado de una cosa o lo que algo quiere decir.
2 Conocer y aceptar las razones por las que una persona realiza una acción o tiene determinados sentimientos. Se puede comprender la preocupación de una persona que tiene muchos problemas.
3 Contener o incluir dentro de sí una cosa a otras. El temario de un curso comprende varias lecciones.

comprensible
adjetivo **1** Se dice de las acciones o los sentimientos que se pueden comprender o encontrar como razonables o justificados.

C
c

comprensión
nombre femenino **1** Acción de llegar una persona a saber bien el significado de una cosa o lo que algo quiere decir. Leer despacio y con mucha atención es muy importante para la comprensión correcta de un texto. **2** Actitud de la persona que conoce y acepta las razones por las que alguien realiza una acción o tiene determinados sentimientos.

comprensivo, comprensiva
adjetivo **1** Que sabe entender y aceptar las ideas y el comportamiento de los demás. ⁂ tolerante.

compresa
nombre femenino **1** Trozo pequeño y delgado de algodón o gasa que sirve para cubrir heridas o para absorber líquidos del cuerpo humano, como la sangre de la mujer durante el periodo. Para bajar la fiebre se ponen compresas de agua fría.

comprimido
nombre masculino **1** Medicamento en forma de pastilla redonda y pequeña. ⁂ píldora.

comprimir
verbo **1** Hacer que una cosa ocupe menos espacio, generalmente haciendo presión sobre ella. Los edredones de plumas se comprimen y se doblan para guardarlos.

comprobar
verbo **1** Hacer las operaciones necesarias para confirmar algo o para saber si algo es verdadero, exacto o está en buenas condiciones. Para comprobar si uno tiene fiebre, se pone un termómetro; se repasa una suma para comprobar si está bien.
👁 Se conjuga como: contar; la 'o' se convierte en 'ue' en sílaba acentuada, como: comprueban.

comprometer
verbo **1** Hacer una persona que alguien participe con ella en un asunto, generalmente negativo, o decir que lo ha hecho. Una persona se compromete en un delito si ayuda o no denuncia al culpable. ⁂ implicar.
2 Hacer una persona o una cosa que otra persona u otra cosa estén en peligro o que puedan tener problemas. Los alumnos que no estudian comprometen el buen ritmo del curso.
3 comprometerse Prometer una persona que cumplirá una cosa.

compromiso
nombre masculino **1** Obligación que se tiene con alguien por una promesa o un acuerdo.
2 Situación de dificultad o apuro en que se encuentra una persona sin pretenderlo: Se vio en un compromiso cuando descubrieron su mentira.
3 Promesa que se hacen dos personas de mantener una relación para casarse al cabo de un tiempo. Algunas parejas salen juntas sin tener ningún compromiso.

compuesto, compuesta
participio **1** Participio irregular de: componer. También se utiliza como adjetivo: El músico ha compuesto una canción. La ensalada está compuesta con muchos ingredientes.
adjetivo y nombre masculino **2** Se dice de la palabra que está formada por la unión de dos o más palabras. 'Sacacorchos' es una palabra compuesta de 'sacar' y 'corcho'.
adjetivo **3** Se dice de los tiempos verbales que están formados por dos palabras, como 'he comido'.
nombre masculino **4** Cosa que está formada por varios elementos. Un compuesto farmacéutico está formado por varias medicinas.

computadora
nombre femenino **1** Máquina electrónica que es capaz de almacenar y tratar gran cantidad de información de manera muy rápida y con gran exactitud, por medio de programas informáticos. ⁂ ordenador.

cómputo
nombre masculino **1** Operación o conjunto de operaciones matemáticas necesarias para averiguar un resultado, en especial el paso del tiempo.

comulgar
verbo **1** Tomar los cristianos en la misa un trozo de pan que representa el cuerpo de Cristo.

2 Tener dos o más personas las mismas ideas o sentimientos sobre algo.

común

adjetivo   **1** Que pertenece o es de varias personas o cosas. En algunos hoteles, el baño es común para todos los huéspedes.

2 Que es normal o muy abundante. El naranjo es un árbol muy común en la zona mediterránea.

3 Se dice del nombre que puede aplicarse a todos los individuos de una clase; 'hombre' o 'persona' son nombres comunes, mientras que 'Juan' es un nombre propio. Los nombres comunes se escriben en minúscula.

☞ El plural es: comunes.

comunicación

nombre   **1** Acción de comunicarse dos o
femenino   más personas: *No se entienden bien, tienen problemas de comunicación.*

2 Escrito oficial por el que se hace saber una cosa a alguien. ※ circular.

3 Unión entre varios lugares. En un edificio, el ascensor sirve de comunicación entre los pisos.

nombre   **4 comunicaciones** Conjunto de
femenino   medios que sirven para unir o rela-
plural   cionar lugares, como el correo o los medios de transporte.

medios de comunicación Conjunto formado por la prensa, la radio y la televisión.

☞ El plural es: comunicaciones.

comunicar

verbo   **1** Hacer saber algo a alguien. Comunicamos a los demás informaciones, ideas o conocimientos.

2 Hacer llegar a otras personas sentimientos o sensaciones. Las personas comunicamos alegría, entusiasmo, tristeza y cosas parecidas. ※ contagiar.

3 Unir dos lugares o cosas. El Mediterráneo y el Atlántico se comunican a través del estrecho de Gibraltar. ※ conectar.

4 Dar el teléfono una señal que indica que el número marcado está ocupado.

5 comunicarse Tener trato unas personas con otras. A la gente tímida le cuesta comunicarse con los demás.

☞ Se escribe 'qu' delante de 'e', como: comuniquen.

comunicativo, comunicativa

adjetivo   **1** Se dice de la persona a la que le es fácil tratar con los demás.

comunidad

nombre   **1** Agrupación de personas que
femenino   comparten objetivos, intereses o ideas. Hay comunidades de muchos tipos: comunidades de vecinos, escolares, de monjes y otras.

2 Nombre de algunas organizaciones o instituciones internacionales de carácter jurídico o político, como la antigua Comunidad Económica Europea.

comunión

nombre   **1** Sacramento de la Iglesia católi-
femenino   ca que consiste en tomar un trozo de pan que representa el cuerpo de Jesucristo.

☞ El plural es: comuniones.

comunismo

nombre   **1** Sistema político, social y eco-
masculino   nómico en el que no existe la propiedad privada y los bienes sociales son propiedad común de todos los individuos. El comunismo era el sistema político y económico de la ex Unión Soviética.

con

preposición   **1** Indica el objeto que se utiliza para realizar algo: *Nunca he escrito con pluma.*

2 Indica compañía o las personas que participan en una acción junto con otras: *He ido al cine con mis amigos. Estaba con mis padres.*

3 Indica la manera en que se realiza una acción: *Se despidió de ella con lágrimas en los ojos.*

4 Precede a un infinitivo para expresar que algo es suficiente para poder realizar otra acción: *Si no estás de acuerdo, con decir que no te interesa será suficiente.* Es un uso formal.

5 Indica que lo que se dice se opone a otra cosa: *Con lo inteli-*

C

gente que eres, ¿cómo es que siempre suspendes matemáticas? Es un uso informal.

concebir
verbo
1 Quedarse una mujer embarazada. En el momento en que el óvulo es fecundado una mujer concibe un nuevo ser.
2 Ser capaz de encontrar una explicación o una justificación a algo. Es difícil concebir que todavía haya millones de personas que mueren de hambre.
3 Empezar a formar o a desarrollar una persona en su mente un plan, una idea o un proyecto.
👁 Se conjuga como: servir; la 'e' se convierte en 'i' en algunos tiempos y personas, como: sirvo.

conceder
verbo
1 Dar o permitir algo a alguien. Especialmente conceden cosas las personas que tienen poder o autoridad para hacerlo, como un banco que concede un crédito a un cliente.
2 Dar valor o importancia a algo: Le concedes un valor excesivo a ese coche.

concejal, concejala
nombre
1 Persona que forma parte de los cargos políticos de un ayuntamiento. Los concejales ayudan al alcalde en el gobierno de la ciudad. ✍ 200
👁 Hay dos formas de femenino: la concejala o la concejal.

concentración
nombre femenino
1 Unión o reunión en un punto de una cantidad de algo. Una concentración de nubes grises en el cielo anuncia tormenta.
2 Atención que se pone al hacer algo.
3 Aumento de la cantidad de una sustancia que se encuentra contenida o disuelta en otra. La excesiva concentración de vapor puede hacer estallar una olla a presión.
4 Aislamiento y entrenamiento de un equipo deportivo antes de una competición.
👁 El plural es: concentraciones.

concentrar
verbo
1 Reunir en un punto una cantidad de algo. La población de un país se concentra en las ciudades.
2 Espesar o hacer más densa una sustancia al disminuir su líquido. Un detergente se puede concentrar para que con una menor cantidad cunda más.
3 concentrarse Poner toda la atención en algo, sin distraerse. Cuando estudiamos tenemos que concentrarnos.
4 concentrarse Aislar y entrenarse un equipo deportivo antes de una competición.

concepción
nombre femenino
1 Idea o conjunto de ideas que se tiene o se forma alguien sobre algo: Tiene una concepción del arte moderno muy particular.
2 Acción de concebir o quedarse una mujer embarazada.
👁 El plural es: concepciones.

concepto
nombre masculino
1 Representación o imagen que una persona forma en su mente de un objeto o de cualquier cosa. El concepto de belleza es diferente para cada persona.
2 Opinión que una persona tiene de alguien o de algo: Tengo de ella muy buen concepto.

concesión
nombre femenino
1 Acción que consiste en conceder algo, como un premio, una beca o una licencia.
2 Renuncia a algo en una discusión para llegar a un acuerdo: Tendrán que hacer alguna concesión si quieren evitar la huelga.
👁 El plural es: concesiones.

concesionario
nombre masculino
1 Tienda que vende coches nuevos de una determinada marca.

concha
nombre femenino
1 Cubierta dura que cubre y protege el cuerpo de algunos animales, como el de las almejas, los mejillones o los caracoles.

conciencia
nombre femenino
1 Conocimiento que los seres humanos tenemos sobre nosotros mismos y sobre las cosas que de-

cimos y hacemos. La conciencia nos distingue de los animales.

2 Facultad de los seres humanos para saber distinguir lo bueno de lo malo: *Su conciencia le decía que lo que hacía estaba bien.*

3 Capacidad de las personas para darse cuenta de lo que ocurre a su alrededor. Si nos dan un fuerte golpe en la cabeza, perdemos la conciencia. ✖ conocimiento; sentido.

a conciencia Con mucha atención y empeño: *Ha limpiado los cristales a conciencia.*

concierto
nombre masculino

1 Espectáculo musical en el que hay una o varias actuaciones de músicos o de cantantes.

2 Composición de música clásica hecha para ser interpretada por un instrumento con acompañamiento de toda la orquesta.

3 Acuerdo o trato al que llegan dos o más personas.

concilio
nombre masculino

1 Reunión de los obispos y sacerdotes de la Iglesia católica para tratar sobre algún tema importante y tomar alguna decisión.

concluir
verbo

1 Acabar una persona algo que está haciendo o tener su fin algo que está sucediendo. Cuando concluimos los deberes, ya podemos hacer otras cosas.

2 Llegar a tener una determinada idea o conclusión después de examinar o considerar una cosa. Las pruebas le sirven al juez para concluir si un acusado es inocente o culpable. Es de uso formal.

👁 Se conjuga como: huir; la 'i' se convierte en 'y' delante de 'a', 'e' y 'o', como: concluyan.

conclusión
nombre femenino

1 Decisión a la que se llega después de haber examinado o considerado una cosa con detenimiento.

2 Consecuencia que se saca de algo después de haberlo examinado o considerado con detenimiento. Cuando vemos que en una sociedad ocurren muchos actos violen-

tos, podemos llegar a la conclusión de que algo falla en esa sociedad.

3 Acción de concluir una acción o de tener su fin algo que está sucediendo. Algo llega a su conclusión cuando está completamente terminado.

👁 El plural es: conclusiones.

concordancia
nombre femenino

1 Relación de coincidencia que hay entre dos cosas. Si dos personas tienen una concordancia de opiniones sobre algo, opinan lo mismo.

2 En gramática, relación de coincidencia en algunos aspectos formales que tiene que haber entre dos o más palabras. En la oración 'La niña guapa corre' hay una concordancia de género y número entre 'la', 'niña' y 'guapa'.

concordar
verbo

1 Coincidir en algo dos o más personas o cosas. Si el resultado de una operación matemática hecha por un alumno concuerda con el que da el profesor, la operación está bien.

2 Coincidir dos o más palabras en algunos aspectos gramaticales. El determinante y el nombre al que acompaña tienen que concordar en género y número; así se dice 'la señora' y 'el señor'.

👁 Se conjuga como: contar; la 'o' se convierte en 'ue' en sílaba acentuada, como: concuerdan.

concretar
verbo

1 Determinar o hacer precisa una cosa. Cuando dos personas quieren reunirse, concretan una cita.

2 Reducir algo a lo más importante o limitarse a tratar una sola cosa. En los exámenes hay que concretar las respuestas.

concreto, concreta
adjetivo

1 Se dice de las cosas que se pueden conocer por cualquiera de los cinco sentidos. Una mesa es un objeto concreto porque se puede ver y tocar. ✖ abstracto.

2 Que es una cosa o un ser en particular y no cualquier otro: *Me quiero comprar una bicicleta con-*

C / c

creta, la que está en el escaparate de esa tienda. ✖✖ específico.

3 Se dice de los datos que son precisos, y no tienen más información de la necesaria: *Necesito información concreta sobre lo que pasó ayer, no me valen las especulaciones.*

concurrido, concurrida
adjetivo **1** Se dice de los lugares donde hay mucha gente.

concursante
nombre masculino y femenino **1** Se dice de la persona que participa en un concurso y que hace pruebas o contesta a preguntas.

concursar
verbo **1** Participar en un concurso para intentar conseguir un premio.

concurso
nombre masculino **1** Prueba o serie de pruebas en las que participan varias personas con el fin de conseguir un premio.
2 Modo de selección de una persona o una empresa para un trabajo, que consiste en juzgar sus capacidades para el trabajo haciéndole pasar una serie de pruebas. Las plazas de funcionario suelen salir a concurso.
3 Ayuda que se da para que se haga algo: *Lo consiguieron con el concurso de su amigo.* Es un uso formal.

conde, condesa
nombre **1** Persona que es miembro de la nobleza y tiene una categoría inferior a la de marqués y superior a la de vizconde.

condecoración
nombre femenino **1** Cruz, medalla o banda con que se premia a una persona en reconocimiento de sus méritos profesionales.
👁 El plural es: condecoraciones.

condecorar
verbo **1** Premiar a una persona con una insignia, cruz o banda como reconocimiento a sus méritos profesionales. En algunos países se condecora a los escritores y artistas más destacados.

condena
nombre femenino **1** Castigo que impone un juez al culpable de un delito.
2 Acción por la que una persona

dice públicamente que no aprueba una acción mala o injusta.

condenar
verbo **1** Decir un juez el castigo que debe cumplir el culpable de un delito. Se puede condenar a alguien a pagar una multa o a varios años de cárcel.
2 Decir alguien públicamente que no aprueba una acción mala o injusta. La mayoría de los partidos políticos condena los atentados terroristas.
3 condenarse En algunas religiones, ser castigado por Dios en el momento de la muerte con ir al infierno.

condición
nombre femenino **1** Circunstancia o cosa necesaria para que pueda ocurrir algo. En algunos colegios sólo puedes pasar de curso con la condición de aprobar todas las asignaturas.
2 Clase social que tiene una persona. Los nobles y los aristócratas son personas de alta condición.
3 condiciones Situación o estado en que se encuentra una persona o una cosa. Los deportistas están en buenas condiciones físicas.
a condición de Indica que algo es necesario para que se cumpla otra cosa: *Iré a a tu casa a condición de que otro día vengas tú a la mía.*
en condiciones Que está bien preparado para lo que sirve: *Este coche no está en condiciones porque le fallan los frenos.*
👁 El plural es: condiciones.

condicional
adjetivo **1** Que no es algo definitivo o seguro, sino que depende de una o más condiciones. Los presos que están en libertad condicional no son completamente libres; por ejemplo, no pueden abandonar el país.
adjetivo y nombre masculino **2** Se dice del tiempo verbal que expresa una condición futura. 'Cantaría', 'dormirías' o 'tendríamos' son condicionales.

condimento
nombre masculino **1** Sustancia que se le añade a un alimento para que tenga más sabor o para darle un sabor especial.

Las especias, el vinagre y la sal son condimentos.

cóndor

nombre masculino **1** Ave rapaz muy grande de color negro, con las alas blancas y la cabeza y el cuello sin plumas, que se parece al buitre. Vive en la cordillera de los Andes, en América del Sur.

conducir

verbo **1** Llevar el control de un vehículo. Para aprender a conducir un coche hay que ir a la autoescuela. **2** Dirigir o llevar hacia un lugar determinado. Las tuberías conducen el agua hasta las casas. **3** Ser la causa o el origen de algo. Las guerras siempre conducen a la miseria. ✖ llevar. **4** **conducirse** Tener un comportamiento determinado.

conducir	
INDICATIVO	**SUBJUNTIVO**
presente	**presente**
conduzco	conduzca
conduces	conduzcas
conduce	conduzca
conducimos	conduzcamos
conducís	conduzcáis
conducen	conduzcan
pretérito imperfecto	**pretérito imperfecto**
conducía	condujera o condujese
conducías	condujeras o condujeses
conducía	condujera o condujese
conducíamos	condujéramos o
conducíais	condujésemos
conducían	condujerais o
	condujeseis
	condujeran o
pretérito indefinido	condujesen
conduje	
condujiste	**futuro**
condujo	condujere
condujimos	condujeres
condujisteis	condujere
condujeron	condujéremos
	condujereis
	condujeren
futuro	
conduciré	
conducirás	**IMPERATIVO**
conducirá	
conduciremos	conduce (tú)
conduciréis	conduzca (usted)
conducirán	conducid (vosotros)
	conduzcan (ustedes)
condicional	**FORMAS**
conduciría	**NO PERSONALES**
conducirías	
conduciría	**infinitivo** **gerundio**
conduciríamos	conducir conduciendo
conduciríais	**participio**
conducirían	conducido

conducta

nombre femenino **1** Modo en que se comporta una persona. ✖ comportamiento.

conducto

nombre masculino **1** Tubo por el que circula un líquido o un gas que va de un sitio a otro. Las venas son conductos por donde circula la sangre. **2** Medio o vía que sigue una noticia o un documento oficial para llegar a una persona o grupo de personas: *El periodista obtuvo la noticia por un conducto oficial.*

conductor, conductora

nombre **1** Persona que conduce un vehículo.

conectar

verbo **1** Poner un aparato eléctrico en contacto con la corriente para que funcione. Si no conectamos el televisor, no podremos verlo. ✖ enchufar. ✖ desconectar. **2** Unir o establecer una relación entre dos o más cosas o personas. Hoy en día las redes informáticas conectan a mucha gente entre sí.

conejo, coneja

nombre **1** Mamífero doméstico de pelo suave, orejas largas, cola corta y patas traseras más largas y fuertes que las delanteras. La carne del conejo se come.

conexión

nombre femenino **1** Relación que se establece entre dos o más cosas o personas. Los satélites permiten establecer una conexión entre lugares muy lejanos. **2** Punto en que se unen los aparatos a la red eléctrica. 👁 El plural es: conexiones.

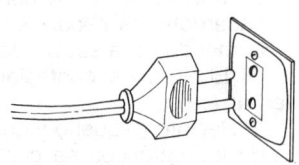

conexión

confección

nombre femenino **1** Acción que consiste en fabricar un producto utilizando diferentes materias.

C
—
c

2 Fabricación de ropa en serie, según una medidas ya establecidas. La ropa de confección es más barata que la que se hace a medida.

👁 El plural es: confecciones.

confeccionar
verbo **1** Hacer un producto utilizando diferentes materias, en especial ropa, bebidas y dulces. ✕✕ fabricar.

conferencia
nombre femenino **1** Exposición que hace una persona en público de un tema científico o cultural. Los científicos dan conferencias en congresos.

2 Reunión entre los representantes de grupos sociales o políticos para tratar de algún asunto importante.

3 Llamada de teléfono entre dos lugares, especialmente entre dos ciudades o países muy distantes.

confesar
verbo **1** Contar un secreto o reconocer una falta que se ha hecho. Algunos ladrones confiesan sus robos cuando los coge la policía.

2 Contar una persona católica sus pecados a un cura para que la perdone después de realizar una penitencia.

👁 Se conjuga como: acertar; la 'e' se convierte en 'ie' en sílaba acentuada, como: confiesan.

confesión
nombre femenino **1** Acción que consiste en contar un secreto o reconocer una falta que se ha cometido. Las confesiones de los delincuentes son anotadas por la policía.

2 Sacramento de la Iglesia católica que consiste en contarle a un sacerdote los pecados que se han cometido para ser perdonado.

👁 El plural es: confesiones.

confesionario
nombre masculino **1** Recinto pequeño y cerrado donde los católicos se confiesan con el sacerdote. Los confesionarios se encuentran dentro de las iglesias.

👁 También se dice: confesonario.

confesonario
nombre masculino **1** Es otra forma de escribir y pronunciar: confesionario.

confesor
nombre masculino **1** Sacerdote que confiesa a los católicos.

confeti
nombre masculino **1** Trozos muy pequeños de papel de colores con forma de círculo. El confeti y las serpentinas se tiran en las fiestas y celebraciones.

confiado, confiada
adjetivo **1** Que tiene mucha confianza en algo o alguien. ✕✕ desconfiado.

2 Que no desconfía de nada ni siquiera de personas o cosas desconocidas y no piensa que puede haber algún peligro.

confianza
nombre femenino **1** Seguridad que se tiene de que una persona o cosa va a responder correctamente: *Tiene mucha confianza en sí mismo*.

2 Forma sencilla, natural y sincera de comportarse o tratar a alguien: *Puedes tratar a mis padres con toda confianza*.

de confianza Se dice de una persona o cosa que se conoce y se sabe que se puede confiar en ella.

en confianza Indica que algo se hace en secreto.

confiar
verbo **1** Tener la confianza o la seguridad de que algo o alguien va a responder correctamente. Confiamos en los amigos: *Confío en que la ambulancia llegará a tiempo*. ✕✕ desconfiar.

2 Creer que algo que se desea va a pasar: *Confío en que este fin de semana pueda descansar*.

3 Dejar algo importante al cuidado de una persona: *Te voy a confiar las joyas hasta que volvamos de nuestras vacaciones*.

👁 Se conjuga como: desviar; la 'i' se acentúa en algunos tiempos y personas, como: confíen.

confirmación
nombre femenino **1** Prueba de que una cosa es cierta o ha sido realizada: *Esperan la confirmación de que la carta ha llegado a su destino*.

2 Sacramento de la Iglesia católica que consiste en asegurar a una

C c

persona su condición de cristiana.
👁 El plural es: confirmaciones.

confirmar
verbo **1** Comprobar y asegurarse de que una cosa es cierta, que va a realizarse como se creía o que ya ha sido realizada. Antes de coger un avión tenemos que llamar al aeropuerto para confirmar que sale a la hora prevista.
2 Dar por segura o cierta una cosa que se sospecha o se cree. Los periodistas tienen que confirmar los rumores antes de publicarlos.
3 En la religión católica, asegurar la condición cristiana de una persona.

confite
nombre masculino **1** Dulce duro de pequeño tamaño hecho de azúcar. Los confites son redondos y de distintos colores.

confitería
nombre femenino **1** Establecimiento donde se elaboran y venden dulces, pasteles, bombones y tartas. ✕✕ pastelería.

confitura
nombre femenino **1** Dulce de consistencia pastosa hecho con frutas cocidas y trituradas y mucho azúcar.

conflictivo, conflictiva
adjetivo **1** Que es origen de conflicto o que presenta conflictos. Una situación conflictiva es una situación difícil de resolver por los problemas que plantea.
2 Que crea muchos problemas debido a su manera de comportarse o de actuar. Los niños rebeldes y revoltosos suelen ser conflictivos.

conflicto
nombre masculino **1** Situación en la que dos personas o dos grupos de personas mantienen un enfrentamiento, una lucha o una oposición. Dos países tienen un conflicto armado cuando están en guerra.
2 Situación de difícil salida en la que no se sabe qué hacer o qué decisión tomar.

conformar
verbo **1** Formar parte de un grupo o un conjunto de personas o cosas. Los individuos conformamos la sociedad; los edificios y las calles conforman las ciudades.
2 conformarse Aceptar una cosa con buena voluntad, aunque no se esté de acuerdo con ella o se crea que no es suficiente: *Se conforma con muy poco.*

conforme
adjetivo **1** Que está de acuerdo o satisfecho con alguna situación.
adverbio **2** A medida que pasa lo que se indica: *Conforme va llegando el día del examen más nervioso estoy.* ✕✕ según.
3 De acuerdo con lo que se indica: *Lo hizo conforme lo que él piensa.* ✕✕ según.

conformidad
nombre femenino **1** Actitud de las personas que están de acuerdo entre ellas en algo o que están de acuerdo con una situación determinada: *Le dieron el premio con la conformidad de los miembros del jurado.*
2 Aprobación o permiso que alguien da para hacer una cosa que le han pedido.

confort
nombre masculino **1** Característica de los lugares, las cosas o las situaciones en las que una persona se siente a gusto y puede estar descansada y tranquila. ✕✕ incomodidad.

confortable
adjetivo **1** Se dice de los lugares, las cosas o las situaciones que tienen o dan confort. Un sillón es más confortable que un taburete. ✕✕ cómodo.

confortable

C
c

confundir
verbo
1 Entender una cosa en lugar de otra o tomar una cosa por otra equivocadamente: *Me confundí de cable.*
2 Mezclar una o varias personas o cosas con otras de manera que no se puedan distinguir, como alguien que se confunde entre una multitud.
3 Hacer que alguien dude y no entienda cierta cosa, o se quede desconcertada, sin saber qué decir o qué hacer. Las reacciones inesperadas de otras personas nos pueden confundir.

confusión
nombre femenino
1 Falta de orden y de claridad en una situación, un asunto o en otra cosa.
2 Equivocación o error que comete una persona cuando toma o entiende una cosa por otra.
3 Estado de la persona que tiene dudas y no entiende algo o se queda sin saber qué decir o qué hacer. Una explicación incoherente nos puede crear confusión.

confuso, confusa
adjetivo
1 Se dice de las cosas que tienen poca claridad, poco orden o poca precisión, de manera que son difíciles de entender, de apreciar o de distinguir.
2 Que está o se queda desconcertada e indecisa, llena de dudas y sin saber qué decir o cómo reaccionar ante una determinada situación.

congelación
nombre femenino
1 Proceso por el cual un líquido pasa a ser sólido debido a una temperatura muy baja. La congelación del agua se produce a cero grados.

congelado, congelada
adjetivo
1 Que está muy frío. *Esta casa está congelada, pon la calefacción.*
adjetivo y nombre masculino plural
2 congelados Se dice del alimento que ha sido sometido a un proceso de congelación para conservarlo durante mucho tiempo en buen estado. En las tiendas de congelados se venden todo tipo de alimentos.

congelador
nombre masculino
1 Electrodoméstico que produce hielo y sirve para congelar los alimentos que se quieren conservar durante mucho tiempo. También es la parte del frigorífico que sirve para congelar los alimentos. ✍ 800

congelar
verbo
1 Hacer que un líquido pase a ser sólido poniéndolo a una temperatura muy baja. Cuando el agua se congela se convierte en hielo. ✖ helar. ✖ descongelar.
2 Poner una cosa sólida a temperatura muy baja para que el líquido que contiene se convierta en hielo. Congelamos los alimentos para conservarlos. ✖ descongelar.
3 Impedir alguien con autoridad y poder para hacerlo que se haga o suceda algo relacionado con el dinero, como congelar una cuenta bancaria o congelar los salarios.
4 congelarse Sentir una persona mucho frío. ✖ asarse.

congeniar
verbo
1 Llevarse bien dos personas por tener el mismo carácter, las mismas ideas o gustos parecidos. Los niños congenian entre sí con mucha facilidad. ✖ simpatizar. ✖ chocar.
👁 Se conjuga como: cambiar; la 'i' no lleva nunca acento de intensidad.

congénito, congénita
adjetivo
1 Que se tiene desde antes de nacer y dura toda la vida. Las enfermedades congénitas se adquieren ya en el vientre de la madre.

congoja
nombre femenino
1 Sentimiento de pena, tristeza o preocupación muy grande. Es un uso formal.

congregar
verbo
1 Reunir o atraer a gran cantidad de gente en un lugar. Los cantantes famosos congregan a mucho público en sus conciertos.
👁 Se escribe 'gu' delante de 'e', como: congreguen.

congreso

nombre masculino **1** Reunión de personas especialistas en algún campo de la ciencia o la cultura para tratar y estudiar cuestiones relacionadas con su especialidad.
2 Conjunto de los representantes de los ciudadanos que decide y vota las leyes de un país. En España el Congreso también se llama cámara baja y está formado por los diputados.
3 Edificio donde se reúnen estos representantes de los ciudadanos: *En el Congreso de los Diputados se votan las leyes.* Con este significado se escribe en mayúscula.

cónico, cónica

adjetivo **1** Se dice del objeto que tiene forma de cono. Los sombreros de las hadas son cónicos.

conjugación

nombre femenino **1** Conjunto de todas las formas de todos los tiempos de un verbo. 'Amo', 'amaba' y 'habría amado' son algunas de las formas de la conjugación del verbo 'amar'.
2 Cada uno de los grupos en que se dividen los verbos de una lengua. En español hay tres conjugaciones: la primera, terminada en '-ar', la segunda, en '-er', y la tercera, en '-ir'.
👁 El plural es: conjugaciones.

conjugar

verbo **1** Poner un verbo en las distintas formas de uno o varios tiempos o modos.
2 Unir o relacionar dos o más cosas. En las fiestas populares se conjuga la tradición con la diversión.
👁 Se escribe 'gu' delante de 'e', como: conjugué.

conjunción

nombre femenino **1** Clase de palabras invariables que usamos para unir oraciones o para unir palabras que tienen la misma función en la oración. Hay conjunciones coordinantes y subordinantes: *En la oración 'Juan y Luisa no han ido a clase porque están enfermos', 'y' y 'porque' son conjunciones.*

conjuntivitis

nombre femenino **1** Inflamación del tejido que cubre el globo del ojo, causada por una infección. Cuando tenemos conjuntivitis se nos ponen los ojos rojos y nos lagrimean mucho.
👁 El plural es: conjuntivitis.

conjunto, conjunta

adjetivo **1** Se dice de las cosas que están unidas o que ocurren o se hacen al mismo tiempo: *Hicieron una celebración conjunta.*

nombre masculino **2** Grupo de personas, animales o cosas, en especial cuando tienen alguna característica común. Una familia es un conjunto de personas que son parientes.
3 Grupo de músicos o de cantantes que se dedican a tocar en directo y a grabar discos.
4 Vestimenta que se compone de dos o más prendas que combinan.
en conjunto De forma general, sin entrar a analizar los detalles.

conjuro

nombre masculino **1** Fórmula mágica para llamar a los espíritus o para alejarlos de algún lugar. Las palabras 'abracadabra pata de cabra' son un famoso conjuro de los cuentos infantiles.

conmemoración

nombre femenino **1** Recuerdo o celebración del recuerdo de un hecho o fecha importante. En 1992 se celebró la conmemoración del quinto centenario del descubrimiento de América.
👁 El plural es: conmemoraciones.

conmemorar

verbo **1** Recordar o celebrar el recuerdo de un hecho o fecha importante. El 6 de diciembre se conmemora la aprobación de la Constitución española de 1978.

conmigo

pronombre personal **1** Hace referencia a la persona que habla. Funciona como complemento circunstancial de compañía: *¿Te vienes al cine conmigo?*

conmovedor, conmovedora

adjetivo **1** Se dice de las cosas que nos causan una gran impresión o nos producen una fuerte emoción.

C
c

conmover

verbo **1** Hacer que una persona tenga un sentimiento de emoción muy fuerte, como cuando estamos a punto de llorar. Nos podemos conmover con una película o ante una demostración de cariño.

👁 Se conjuga como: mover; la 'o' se convierte en 'ue' en sílaba acentuada, como: conmueve.

cono

nombre masculino **1** Cuerpo sólido formado por una base circular y una superficie que sale de la base y acaba en punta. Algunas montañas tienen forma de cono.

conocedor, conocedora

adjetivo **1** Que conoce o está enterado de algo. Los habitantes del campo suelen ser buenos conocedores del clima.

conocer

verbo **1** Tener en mente la representación de una cosa o saber bien lo que es o cómo es una cosa o una persona. Se conoce algo cuando se ha estudiado sobre ello o se ha oído hablar de ello.

2 Tener trato o relación con una persona. A algunas personas las conocemos de vista, a otras porque nos las han presentado y a otras las conocemos de toda la vida.

3 Ser capaz de distinguir o de diferenciar unas cosas de otras o de distinguir una cosa concreta entre muchas. Algunas personas conocen la voz de otras al instante.

conocido, conocida

adjetivo **1** Que es famoso o que lo conoce mucha gente: *Ayer vimos por la calle a un conocido actor.*

nombre **2** Persona con quien se tiene una relación poco profunda, sin llegar a ser amigos. ☞200

conocimiento

nombre masculino **1** Capacidad que tiene una persona para conocer o saber las cosas por medio de la razón. Los niños pequeños no tienen todavía conocimiento y no saben bien lo que hacen.

2 Facultad de las personas para percibir las cosas del mundo exterior por medio de los sentidos.

3 Idea o saber que se tiene sobre algo como resultado de haber estudiado o pensado sobre ello.

nombre masculino plural **4 conocimientos** Conjunto de ideas y nociones que una persona tiene sobre una materia, una ciencia o un tema determinado.

conque

conjunción **1** Indica que lo que se dice a continuación es una consecuencia de lo que se ha dicho antes: *No sabes lo que dices, conque cállate.* Es un uso informal.

2 Se utiliza para reafirmar algo o para preguntar sobre algo que creíamos o algo de lo que nos hemos enterado y no sabíamos: *¡Conque tú ya lo sabías!* Es un uso informal. ⁂ así que.

---

conocer

INDICATIVO	SUBJUNTIVO
presente	**presente**
conozco	conozca
conoces	conozcas
conoce	conozca
conocemos	conozcamos
conocéis	conozcáis
conocen	conozcan
pretérito imperfecto	**pretérito imperfecto**
conocía	conociera o conociese
conocías	conocieras o conocieses
conocía	conociera o conociese
conocíamos	conociéramos o
conocíais	conociésemos
conocían	conocierais o
	conocieseis
	conocieran o conociesen
pretérito indefinido	
conocí	**futuro**
conociste	conociere
conoció	conocieres
conocimos	conociere
conocisteis	conociéremos
conocieron	conociereis
	conocieren
futuro	
conoceré	**IMPERATIVO**
conocerás	
conocerá	conoce (tú)
conoceremos	conozca (usted)
conoceréis	conoced (vosotros)
conocerán	conozcan (ustedes)
condicional	**FORMAS NO PERSONALES**
conocería	
conocerías	**infinitivo** **gerundio**
conocería	conocer conociendo
conoceríamos	**participio**
conoceríais	conocido
conocerían	

conquense

adjetivo y nombre masculino y femenino **1** Se dice de la persona o cosa que es de Cuenca, ciudad y provincia de Castilla-La Mancha.

conquista

nombre femenino **1** Acción que consiste en entrar un ejército en un territorio o una posición dominada por el enemigo y hacerse dueño de ella.
2 Acción que consiste en conseguir o llegar a tener una persona algo con esfuerzo y venciendo muchos obstáculos.
3 Acción que consiste en conseguir una persona ganarse la simpatía o el afecto de la gente. Los actores salen a escena a la conquista del público.
4 Acción que consiste en hacer una persona que otra se enamore de ella.
5 Persona a la que otra consigue enamorar.

conquistador, conquistadora

nombre **1** Persona que realiza la conquista de un lugar por medio de la fuerza o la lucha. Hernán Cortés y Pizarro fueron los conquistadores de México y de Perú.
2 Persona que consigue con facilidad el amor de otras personas o su simpatía.

conquistar

verbo **1** Entrar un ejército en un territorio o una posición dominada por el enemigo y hacerse dueño de ella.
2 Conseguir una persona algo con esfuerzo y venciendo muchos obstáculos: *Le costó mucho, pero al final conquistó el primer puesto.*
3 Hacer una persona que otra se enamore de ella o se sienta atraída por ella. Algunas personas nos conquistan con la mirada.
4 Hacer una persona que otra u otras le manifiesten su afecto, su cariño o su simpatía. Los payasos del circo conquistan a los niños.

consciente

adjetivo **1** Que actúa sabiendo perfectamente lo que está haciendo y el resultado, las consecuencias y el significado de lo que está haciendo.

2 Que no ha perdido el conocimiento y, por lo tanto, mantiene normal su capacidad para percibir las cosas del mundo exterior a través de los sentidos.

consecuencia

nombre femenino **1** Hecho o acción que resulta o procede de otro hecho o acción. La consecuencia de una mala alimentación es una mala salud.
en consecuencia Indica que lo que se expresa es el resultado o está motivado por lo dicho anteriormente: *El paro no ha descendido; en consecuencia, el Gobierno deberá tomar medidas.*

consecutivo, consecutiva

adjetivo **1** Que sigue inmediatamente o va a continuación de una cosa. El 1 y el 2 son dos números consecutivos. ✖ seguido.
2 Se dice del tipo de oración que expresa una acción que es el resultado o la consecuencia de otra anterior. En la frase 'Había estudiado poquísimo, así que suspendí el examen', la oración consecutiva es 'así que suspendí el examen'.

conseguir

verbo **1** Lograr o llegar a tener algo que se desea. ✖ obtener.
👁 Se conjuga como: seguir; la 'e' se convierte en 'i' en algunos tiempos y personas y se escribe 'g' delante de 'a' y 'o', como: consigan, consigo.

consejero, consejera

nombre **1** Persona que da consejos a otras personas de manera personal o profesional. Algunos amigos son nuestros mejores consejeros.

consejo

nombre masculino **1** Opinión que se da a una persona sobre lo que debe o no debe hacer. Seguimos los consejos que nos dan cuando creemos que nos servirán de ayuda.
2 Conjunto de personas que dirigen o aconsejan, como el consejo de ministros de un Estado o el consejo de administración de una empresa.

C
c

consenso
nombre masculino **1** Acuerdo que hay entre dos personas o entre todas las que forman un grupo; hay consenso cuando todos tienen la misma opinión sobre una cosa.

consentimiento
nombre masculino **1** Permiso y aprobación para hacer algo que se pide: *Lo hizo con el consentimiento de sus padres.*

consentir
verbo **1** Dar permiso para que se haga algo. Algunos taxistas consienten que se fume en su taxi.
2 Dejar que algo suceda sin oponerse: *No entiendo cómo consientes que te maltraten las plantas.*
3 Permitir que una persona, especialmente un niño, haga su voluntad sin corregirla ni castigarla.
👁 Se conjuga como: preferir; la 'e' se convierte en 'ie' en sílaba acentuada o en 'i' en algunos tiempos y personas, como: consienten, consintió.

conserje
nombre masculino y femenino **1** Persona que se encarga del cuidado y vigilancia de un edificio, centro oficial o establecimiento público.

conserjería
nombre femenino **1** Lugar donde se encuentra el conserje dentro de un edificio, centro oficial o establecimiento público.

conserva
nombre femenino **1** Alimento preparado que está dentro de un recipiente envasado al vacío, normalmente una lata o un bote de cristal, para que se conserve mucho tiempo en buen estado.

conservación
nombre femenino **1** Trabajo que se realiza o cuidado que se pone para que ciertas cosas, como los alimentos o la naturaleza, se mantengan en buen estado durante mucho tiempo.
👁 El plural es: conservaciones.

conservador, conservadora
adjetivo y nombre **1** Se dice de la persona que es tradicional en sus ideas o forma de vida y a la que no le gustan los cambios.

2 Se dice de la persona o el partido político que es partidario de una política tradicional y se opone a grandes cambios sociales o políticos. ✗✗ progresista.

conservante
nombre masculino **1** Sustancia que se le echa a algunos alimentos para que se mantengan en buen estado durante mucho tiempo.

conservar
verbo **1** Cuidar una cosa y mantenerla en buen estado durante mucho tiempo. Conservar la naturaleza es una obligación de todos.
2 Tener guardado un objeto de hace mucho tiempo o tener un recuerdo en la memoria.
3 Mantener una costumbre y seguir practicándola. En muchos pueblos se conservan costumbres de hace siglos.
4 conservarse Mantenerse una persona en buen estado físico o de salud o tener apariencia joven. El ejercicio ayuda a la gente a conservarse.

conservatorio
nombre masculino **1** Centro oficial en el que se enseña música. En el conservatorio se aprende a tocar instrumentos como el piano o el violín.

conservero, conservera
adjetivo **1** Se dice de la persona o de la empresa que se dedica a fabricar conservas.

considerable
adjetivo **1** Que es lo bastante grande o importante como para que se tome en cuenta. Si un objeto tiene un precio considerable es que vale mucho dinero.

consideración
nombre femenino **1** Respeto hacia otras personas. Es una muestra de civismo y consideración no hacer ruido por la noche para no molestar a los vecinos.
👁 El plural es: consideraciones.

considerado, considerada
adjetivo **1** Que se comporta con mucho respeto hacia los demás y que al hacer las cosas piensa en cómo hacerlas para no molestar.

considerar

verbo   **1** Pensar con atención una cosa para juzgarla, valorarla o tomar una decisión sobre ella: *Tengo que considerar su propuesta.*
2 Tener en cuenta o tener presente algo al hacer una cosa.
3 Juzgar a alguien o algo de determinada manera. Algunas personas consideran inaceptable la subida de los impuestos.

consigna

nombre femenino   **1** Lugar en las estaciones y aeropuertos donde los viajeros pueden dejar el equipaje para recogerlo después.
2 Orden que recibe una persona que va a intervenir en una acción determinada. Durante una huelga, los sindicatos dan a los trabajadores la consigna de no acudir al trabajo.

consigo

pronombre personal   **1** Hace referencia a una persona o personas distintas del hablante y del oyente. Funciona como complemento circunstancial de compañía: *Cuando se enfada, habla consigo mismo en voz alta.*

consistencia

nombre femenino   **1** Característica de las cosas y los materiales que son tan fuertes o resistentes que es muy difícil romperlos o deformarlos. El hierro es más consistente que el estaño.
2 Característica de las cosas cuyas partes están tan bien unidas o relacionadas que forman un todo muy bien unificado y difícil de separar o desmontar: *La consistencia de esta salsa está muy bien conseguida.*

consistir

verbo   **1** Estar formada una cosa por lo que se indica o ser una cosa lo que se expresa. Un ordenador consiste básicamente en una serie de placas con microprocesadores.
2 Tener una cosa su causa o su fundamento en otra o estar basada en ella: *El problema consiste en que empezamos mal.*

consola

nombre femenino   **1** Especie de mesa alargada que se apoya en la pared y que sirve para decorar una habitación. Encima de las consolas es habitual colocar un espejo.
2 Tablero en el que están las piezas y los mandos necesarios para controlar y dirigir una máquina, como la consola de un avión. Una consola de videojuegos tiene los mandos y la ranura para el cartucho con el juego.

consolar

verbo   **1** Ayudar a una persona a que olvide su tristeza o a que deje de llorar. Las madres consuelan a sus bebés acunándolos.
👁 Se conjuga como: contar; la 'o' se convierte en 'ue' en sílaba acentuada, como: consuela.

consomé

nombre masculino   **1** Caldo de carne. El consomé es una comida que se toma como primer plato.

consonante

nombre femenino   **1** Sonido que se pronuncia cuando el aire choca con alguna parte de la boca al salir y que no se pronuncia solo, sino junto con una vocal; también son consonantes las letras que representan esos sonidos. 'B', 'c', 't' y 'p' son consonantes del español.

adjetivo   **2** Se dice de la rima que se da entre dos o más versos cuando terminan con los mismos sonidos desde la última vocal acentuada. Una rima consonante se daría si los versos de un poema acabaran con las palabras 'camisa' y 'risa'.

consorte

nombre masculino y femenino   **1** Esposo o esposa de una persona: *Se puede asistir a la cena acompañado del consorte.*
≋ cónyuge.

conspiración

nombre femenino   **1** Acción que consiste en unirse varias personas haciendo planes o preparativos con la intención de producir un daño o ataque contra alguien o algo, generalmente contra el Estado o la autoridad.
👁 El plural es: conspiraciones.

C

c

C
c

conspirar
verbo 1 Hacer varias personas juntas planes o preparativos con la intención de producir un daño contra alguien o algo. Los organizadores de un golpe de estado conspiran para derrocar al gobierno.

constancia
nombre femenino 1 Seguridad completa que se tiene de algo.
2 Característica de la persona que hace las cosas con mucho empeño y dedicándoles esfuerzo con regularidad.
3 Prueba que demuestra la certeza de una cosa. Cuando alguien deja constancia de su paso por un lugar, se pueden ver sus huellas.

constante
adjetivo 1 Se dice de la persona que se empeña en continuar aquello que ha empezado o en conseguir lo que se propone.
2 Se dice de las cosas que no cambian o no se interrumpen. Un dolor constante puede llegar a desesperar a una persona.
3 Que ocurre con mucha frecuencia. En una oficina de información se reciben constantes llamadas de teléfono.

constar
verbo 1 Tener certeza o seguridad de una cosa.
2 Estar escrito o registrado un nombre, una cantidad o cualquier dato en un lugar, para dar prueba de una cosa. En un contrato debe constar la firma de los interesados.
3 Estar una cosa compuesta por varias cosas o partes. Una hora consta de sesenta minutos.

constatar
verbo 1 Confirmar o dar constancia una persona de que una cosa es cierta, verdadera o exacta. Las pruebas sirven para constatar la veracidad de un hecho.

constelación
nombre femenino 1 Conjunto de estrellas que forman una figura con un nombre particular. La Osa Mayor y la Osa Menor son constelaciones.
👁 El plural es: constelaciones.

constipado
nombre masculino 1 Enfermedad de poca gravedad en la que se inflama el tejido interior de la nariz y la garganta a causa de los cambios bruscos de temperatura. El constipado produce tos, estornudos y mocos.
catarro; resfriado.

constiparse
verbo 1 Coger una persona un constipado. acatarrarse; resfriarse.

constitución
nombre femenino 1 Ley principal de algunos estados que organiza la política y establece todos los derechos y deberes de los ciudadanos. La Constitución española se aprobó en 1978.
2 Conjunto de características que tiene el cuerpo de una persona: *Tiene una constitución fuerte*.
3 Acto de crear una asociación o sociedad para realizar una actividad concreta. Para la constitución de una empresa es necesario que los socios pongan dinero.
👁 El plural es: constituciones.

constitucional
adjetivo 1 Que está relacionado con la constitución de un estado o está de acuerdo con ella.

constituir
verbo 1 Formar un grupo de cosas o personas un conjunto. El Sol y los planetas constituyen el sistema solar.
2 Ser o suponer. Para muchas personas, salir con los amigos constituye un placer.
3 **constituirse** Formarse un grupo de personas para realizar una tarea determinada. El jurado de un concurso se constituye para realizar una votación.
👁 Se conjuga como: huir; la 'i' se convierte en 'y' delante de 'a', 'e' y 'o', como: constituyen, constituyó.

construcción
nombre femenino 1 Fabricación de un edificio u otra cosa, con los elementos necesarios y siguiendo un orden. ✎393

2 Obra construida, como una casa, un colegio, un palacio o un hospital. En las modernas construcciones se utilizan el acero y el cristal. ☞ 395

3 Oficio y técnica de hacer edificios y otras obras de albañilería.

👁 El plural es: construcciones.

constructivo, constructiva

adjetivo   **1** Se dice de las personas o las cosas que aportan elementos positivos a algo. Una persona con espíritu constructivo siempre intenta ayudar con sus opiniones.

constructor, constructora

adjetivo y nombre   **1** Que construye, en especial obras y edificios.

construir

verbo   **1** Hacer un objeto siguiendo un plan establecido de antemano, en especial edificios y obras. Para construir una casa el arquitecto dibuja primero los planos y después los albañiles ponen los cimientos y levantan las paredes. ✗ destruir.

2 Unir y ordenar adecuadamente las palabras o las oraciones.

👁 Se conjuga como: huir; la 'i' se convierte en 'y' delante de 'a', 'e' y 'o', como: construyo.

consuelo

nombre masculino   **1** Ayuda que se le da a una persona que siente pena o dolor por algo.

cónsul

nombre masculino y femenino   **1** Persona que en una ciudad o país extranjero se encarga de ayudar a las personas de su país que están viviendo o viajando por ese país extranjero. Los cónsules están nombrados por su gobierno.

consulado

nombre masculino   **1** Lugar u oficina que representa un país en otro y donde trabaja un cónsul. Hay consulados en todas las ciudades importantes.

consulta

nombre femenino   **1** Pregunta, opinión o consejo que se pide a alguien. Antes de un examen hacemos una consulta al profesor para que nos aclare las dudas.

2 Búsqueda de una información en un texto, libro o fichero. Un diccionario o una enciclopedia son libros de consulta.

3 Lugar donde el médico recibe y trata a los enfermos.

consultar

verbo   **1** Preguntar una persona a otra o a otras su opinión o su parecer sobre un asunto. Los temas que se desconocen se deben consultar con alguien que los domine.

2 Buscar una persona datos o información que desconoce en un libro o en cualquier otro tipo de texto. Para saber el significado de una palabra hay que consultar el diccionario.

consultorio

nombre masculino   **1** Lugar donde el médico recibe y trata a los enfermos. Algunos médicos tienen un consultorio privado y cobran al paciente por cada visita.

2 Sección de la radio, de una revista o de un periódico donde se contestan preguntas del público.

consumidor, consumidora

adjetivo y nombre   **1** Se dice de las personas que consumen o compran los productos que ofrecen las tiendas o los servicios que ofrecen otras personas o empresas, así como de todo lo que está relacionado con ellas. ☞ 800

consumir

verbo   **1** Usar una cosa gastándola. Los coches consumen gasolina; el fuego consume leña.

2 Comer alimentos o tomar bebidas. Es peligroso consumir alcohol cuando se tiene que conducir.

3 Hacer que una persona pierda la fuerza, el buen ánimo o la tranquilidad a causa de un problema o una desgracia.

consumo

nombre masculino   **1** Acción que consiste en consumir o gastar algo. Los bienes de

C

c

consumo son todas aquellas cosas que se pueden comprar.

contabilidad

nombre femenino **1** Conjunto de cuentas que se hacen para saber el dinero que gasta o que gana una empresa o una persona. Todas las grandes empresas tienen un departamento de contabilidad.

contable

adjetivo **1** Se dice de los nombres de cosas que se pueden contar y enumerar. 'Libro' y 'lápiz' son contables y podemos decir 'quince libros' o 'seis lápices'. ✕ incontable.

nombre masculino y femenino **2** Persona que lleva la contabilidad de una empresa o negocio.

contacto

nombre masculino **1** Acción de tocar o tocarse dos o más cosas o personas. Las mesas están en contacto con el suelo.

2 Comunicación o relación que se establece o mantiene entre dos o más personas. Las personas pueden mantenerse en contacto llamándose por teléfono.

3 Persona que pone en relación a otras personas entre sí.

4 Unión que se establece entre dos aparatos o sistemas eléctricos; también se llama contacto al dispositivo que permite que se produzca esta unión.

contado, contada

adjetivo **1** Indica que algo es escaso o poco frecuente; suele usarse en plural y en las expresiones siguientes: en contadas ocasiones y salvo contadas excepciones.

al contado Que se paga el total de una cosa en el mismo momento en que la compramos.

contador

nombre masculino **1** Aparato que sirve para contar o medir una cantidad determinada de algo, como el agua o la electricidad que se consumen en una vivienda.

contagiar

verbo **1** Transmitir una persona o un animal una enfermedad que tiene a otros.

2 Transmitir una persona a otra aspectos personales, como gustos, ideas, costumbres, gestos, manías o estados de ánimo. Hay gente que contagia su risa a los demás.

👁 Se conjuga como: cambiar; la 'i' no lleva nunca acento de intensidad.

contagio

nombre masculino **1** Transmisión de una enfermedad de una persona o un animal a otros. En los países europeos, el riesgo de contagio de la gripe es muy alto.

contagioso, contagiosa

adjetivo **1** Que se transmite con facilidad y rapidez de una persona a otra. El sarampión es una enfermedad contagiosa; hay personas que tienen una risa contagiosa.

contaminación

nombre femenino **1** Conjunto de sustancias nocivas o perjudiciales para los seres vivos y el medio ambiente que se encuentran en el agua, el aire u otro elemento. ✕ polución.

contaminar

verbo **1** Estropear o destruir algún elemento del medio ambiente con sustancias nocivas o perjudiciales. El humo de los coches contamina el aire.

contar

verbo **1** Averiguar el número de elementos que hay en un conjunto, dando al primero el uno, el dos al segundo y así sucesivamente hasta saber cuántos hay. Los pastores cuentan las ovejas antes de encerrarlas en el corral.

2 Enunciar los números de manera ordenada.

3 Relatar con detalles una historia o un hecho real o inventado. Los padres cuentan cuentos a sus hijos cuando son pequeños.

4 Tener o poseer alguien cierta cosa. Las personas que cuentan con muchos amigos son muy afortunadas.

5 Tener importancia algo. En una final de fútbol lo que cuentan son los goles marcados. ✕ importar.

contar con Tener presente o tener

en cuenta a una persona o cosa en el momento de hacer algo.

contar

INDICATIVO	SUBJUNTIVO
presente	**presente**
cuento	cuente
cuentas	cuentes
cuenta	cuente
contamos	contemos
contáis	contéis
cuentan	cuenten
pretérito imperfecto	**pretérito imperfecto**
contaba	contara o contase
contabas	contaras o contases
contaba	contara o contase
contábamos	contáramos o
contabais	contásemos
contaban	contarais o contaseis
	contaran o contasen
pretérito indefinido	
conté	**futuro**
contaste	contare
contó	contares
contamos	contare
contasteis	contáremos
contaron	contareis
	contaren
futuro	
contaré	
contarás	**IMPERATIVO**
contará	
contaremos	cuenta (tú)
contaréis	cuente (usted)
contarán	contad (vosotros)
	cuenten (ustedes)
condicional	
contaría	**FORMAS**
contarías	**NO PERSONALES**
contaría	
contaríamos	**infinitivo** **gerundio**
contaríais	contar contando
contarían	**participio**
	contado

contemplar

verbo   **1** Mirar una cosa con tranquilidad, con atención o con gusto durante un tiempo. ✕✕ observar.
2 Tener en cuenta una cosa o pensarla con detenimiento para sacar una conclusión: *Están contemplando la posibilidad de comprar una nueva casa.* ✕✕ considerar.

contemporáneo, contemporánea

adjetivo   **1** Se dice de las cosas o las personas que viven o pertenecen a la época actual. *La España contemporánea es la España actual.*
2 Se dice de las cosas o las personas que viven o pertenecen a la misma época que otras. *Picasso y Dalí eran contemporáneos.*

contener

verbo   **1** Tener una cosa algo dentro. *Los libros de cuentos contienen historias.*
2 Impedir que algo salga de un lugar o siga moviéndose en una dirección. *Cuando se pela una cebolla es difícil contener las lágrimas; una presa contiene el cauce de un río.* ✕✕ detener.
3 Hacer un esfuerzo para no mostrar un sentimiento o para no hacer algo que se quiere hacer en ese momento. *Se pueden contener la risa, la rabia, las ganas de gritar o las ganas de comer.*
👁 Se conjuga como: tener.

contenido

nombre masculino   **1** Lo que está dentro de un recipiente u otro sitio. *El contenido de un bote de cristal se puede ver sin necesidad de abrirlo.*
2 Tema del que trata un libro u otra cosa.

contentar

verbo   **1** Complacer a alguien haciendo lo necesario para que esté contento o no se disguste.
2 contentarse Sentirse conforme con lo que se tiene o consigue, aunque sea poco o menos de lo que se deseaba.

contento, contenta

adjetivo   **1** Que está feliz, satisfecho y alegre. *Cuando nos hacen un regalo nos ponemos contentos.* ✕✕ descontento.

contestación

nombre femenino   **1** Respuesta a una pregunta o escrito: *Al final de la carta ponía: 'Espero su contestación'.*
👁 El plural es: contestaciones.

contestador

nombre masculino   **1** Aparato conectado a un teléfono que contesta de forma automática una llamada y que puede grabar un mensaje de la persona que llama.

contestar

verbo   **1** Dar respuesta a una pregunta o escrito: *Que nadie conteste, es una pregunta para Jaime.* ✕✕ responder.
2 Responder con malos modos.

C
c

contexto

nombre masculino **1** Conjunto de circunstancias que rodean un hecho y que ayudan a entenderlo mejor. Para explicar las razones que llevan a algunas personas a robar se suele hablar del contexto económico y social en el que viven.
2 Conjunto de las palabras y frases que rodean a una palabra o una frase y que ayudan a entender bien su significado. El contexto ayuda a entender de qué tipo de 'banco' se habla en la frase 'el niño estaba sentado en el banco del parque'.

contienda

nombre femenino **1** Pelea o lucha que mantienen utilizando la fuerza dos personas, dos grupos o dos países, que pretenden conseguir la misma cosa.

contigo

pronombre personal **1** Hace referencia al oyente de la persona que habla. Funciona como complemento circunstancial de compañía: *Mañana tienes que jugar: todos contamos contigo*.

contiguo, contigua

adjetivo **1** Que está justo al lado de otra cosa. Dos habitaciones contiguas tienen una pared común.

continente

nombre masculino **1** Cada una de las seis grandes extensiones en que se divide la Tierra: Europa, Asia, África, América, Oceanía y la Antártida.

continuación

nombre femenino **1** Acción que consiste en continuar algo y resultado de esa acción, como un trabajo, una obra, un cuento o una película que se sigue haciendo: *No es una película, es la continuación de una serie que empezó ayer*.
a continuación Inmediatamente después de algo. En nuestro alfabeto, a continuación de la 'a' viene la 'b'.
👁 El plural es: continuaciones.

continuar

verbo **1** Seguir haciendo algo que se estaba haciendo o que se había dejado de hacer durante un tiempo. Después del recreo continúan las clases.

2 Mantenerse una persona, una cosa o una acción durante un tiempo en un lugar: *Mira a ver si la castañera continúa en la esquina o ya se ha ido*.
3 Seguir o extenderse una cosa por una superficie o un lugar. Las aceras suelen continuar a lo largo de toda la calle.
👁 Se conjuga como: actuar; la 'u' se acentúa en algunos tiempos y personas, como: continúa.

continuo, continua

adjetivo **1** Que ocurre o se hace sin ninguna interrupción.
2 Que ocurre con mucha frecuencia. En un programa de humor las risas son continuas.

contorno

nombre masculino **1** Línea exterior que rodea una figura. En un mapa de España, el contorno de las comunidades autónomas está marcado con una línea gruesa.

contorsión

nombre femenino **1** Movimiento brusco y extraño del cuerpo o de alguna de sus partes. Los payasos suelen hacer contorsiones para hacer reír.
👁 El plural es: contorsiones.

contorsión

contra

preposición **1** Indica una oposición, normalmente en las ideas o en las acciones. Cuando una persona está contra algo, no está de acuerdo y se opone a esa cosa: *Es una persona muy tranquila que no tiene nada contra nadie*.

contrabajo

nombre masculino **1** Instrumento musical de cuerda con la misma forma que un violonchelo, pero más grande y con el

C
___
c

sonido más grave; se toca con un arco y se coloca de pie apoyado en el suelo. 🖎 536

contrabandista

nombre masculino y femenino **1** Persona que mete en un país o saca de él productos prohibidos, ilegales o sin pagar los impuestos correspondientes. Los contrabandistas actúan generalmente en las zonas costeras y en las fronteras.

contrabando

nombre masculino **1** Actividad ilegal que consiste en meter en un país o sacar de él productos prohibidos o sin pagar los impuestos correspondientes.

contracción

nombre femenino **1** Movimiento que consiste en que un órgano o una parte del cuerpo se hace más pequeño o más estrecho. ⚒ dilatación.
2 Unión de una palabra que termina en vocal con otra palabra que empieza por vocal. También es la palabra que resulta de esta unión, como la palabra 'al'.
👁 El plural es: contracciones.

contradecir

verbo **1** Decir una persona lo contrario de lo que dice otra o decir que no es cierto lo que otra persona asegura.
2 Ser una cosa opuesta o contraria a otra, en especial contraria a una norma o un principio: *Lo que has hecho contradice lo que siempre dices*.
👁 Se conjuga como: decir.

contradicción

nombre femenino **1** Acción que consiste en decir una persona lo contrario de lo que dice otra o decir que no es cierto lo que otra persona asegura. Es una contradicción decir que somos puntuales y llegar siempre media hora tarde.
2 Acciones, ideas, opiniones o expresiones que se dan como válidas o verdaderas, pero que son opuestas o contrarias las unas de las otras.
👁 El plural es: contradicciones.

contraer

verbo **1** Hacer más pequeña una cosa. El frío contrae los metales. ⚒ encoger.

2 Coger una enfermedad.
3 Aceptar una responsabilidad o una relación, como cuando se contrae matrimonio o se contrae una deuda con el banco.
👁 Se conjuga como: traer.

contraindicación

nombre femenino **1** Efecto perjudicial para la salud que puede producir un alimento o una medicina.
👁 El plural es: contraindicaciones.

contraluz

nombre masculino y femenino **1** Aspecto de una cosa cuando está de espaldas a la luz y la vemos estando nosotros de frente a la luz. Cuando una persona se sitúa a contraluz delante de una ventana sólo se puede distinguir su perfil.
👁 El plural es: contraluces.

contraorden

nombre femenino **1** Orden que anula una orden anterior.
👁 El plural es: contraórdenes.

contrapartida

nombre femenino **1** Cosa buena que sirve para compensar otra no tan buena: *No he cobrado mucho dinero este mes, pero como contrapartida me han dado unos días de fiesta*.

contrapelo

a contrapelo En dirección contraria al crecimiento natural del pelo de un animal o un tejido.

contrapeso

nombre masculino **1** Peso o fuerza que sirve para igualar la fuerza que hace otro peso. En las antiguas balanzas se utilizaban pesas como contrapeso.

contraportada

nombre femenino **1** Última página de un periódico o revista o tapa posterior de un libro.

contrariar

verbo **1** Oponerse a una intención o deseo de una persona: *Siempre tienes que contrariarle, deja que haga lo que quiera*.
2 Producir una situación un disgusto o un pequeño enfado a una persona: *Nos ha contrariado mucho que no podáis visitarnos próximamente*. Es una palabra formal. ⚒ disgustar.

C
c

👁 Se conjuga como: desviar; la 'i' se acentúa en algunos tiempos y personas, como: contraríes.

contrariedad
nombre femenino **1** Cosa que ocurre sin que se espere y que molesta o disgusta.

contrario, contraria
adjetivo **1** Se dice de la persona o cosa que se opone a otra. Los pacifistas son contrarios a la violencia.
adjetivo y nombre **2** Se dice de la persona que es enemiga de otra en una lucha, se opone a ella en algo o compite con ella en un deporte.
3 Se dice de la palabra que tiene un significado completamente opuesto al de otra. 'Alto' y 'bajo' son palabras contrarias.
llevar la contraria Hacer o decir una persona exactamente lo contrario de lo que otra hace o dice.

contrarreloj
nombre femenino **1** Carrera en la que lo que importa es el tiempo que se tarda en recorrer un circuito y no quién llega antes a la meta.

contrarrestar
verbo **1** Disminuir el efecto o influencia de algo. Un calmante sirve para contrarrestar el dolor.

contraseña
nombre femenino **1** Palabra, frase o señal que sólo conoce un grupo determinado de personas y que es utilizada para reconocerse, entenderse o ser identificadas entre ellas. Los espías utilizan contraseñas.

contrastar
verbo **1** Verse una cosa muy distinta a otra u otras entre las que está o se compara. Algunas prendas de ropa contrastan por su color; algunos edificios de la ciudad contrastan por su altura. ⚔ resaltar.
2 Comprobar la validez, la exactitud o la calidad de una cosa comparándola con otra.

contraste
nombre masculino **1** Oposición o gran diferencia entre dos o más personas o cosas que se comparan. Hay un gran contraste entre el clima de Galicia y el de Andalucía.

contratación
nombre femenino **1** Acción que consiste en llegar a un acuerdo con una persona o una empresa sobre las condiciones y el precio de un servicio o trabajo.
👁 El plural es: contrataciones.

contratar
verbo **1** Llegar a un acuerdo con una persona o una empresa sobre las condiciones y el precio de un servicio o trabajo.

contratiempo
nombre masculino **1** Problema u obstáculo que aparece cuando no se esperaba y que retrasa o impide realizar los planes previstos. Es un contratiempo que haya huelga de transportes cuando hemos de salir de viaje.

contrato
nombre masculino **1** Acuerdo firmado por varias personas o empresas para recibir algo a cambio de dinero. Hay contratos de trabajo o contratos de alquiler de viviendas.

contribución
nombre femenino **1** Cantidad de dinero que pagan los ciudadanos al Estado o al ayuntamiento para que puedan afrontar los gastos de la comunidad. ⚔ impuesto.
2 Ayuda o colaboración para conseguir un fin determinado. La contribución se puede hacer con dinero, comida, ideas o trabajo. ⚔ aportación; colaboración.
👁 El plural es: contribuciones.

contribuir
verbo **1** Dar una cantidad de dinero para un fin determinado. ⚔ aportar.
2 Ayudar o colaborar en algo para conseguir un fin determinado. Si usamos papel reciclado, contribuimos a la conservación de los bosques. ⚔ cooperar.

contribuyente
nombre masculino y femenino **1** Persona que paga una contribución al Estado. Con el dinero de los contribuyentes se construyen escuelas, hospitales y carreteras.

contrincante
nombre masculino y femenino **1** Persona que compite o lucha con otra persona para conseguir algo. Dos personas que quieren obtener el mismo puesto de traba-

jo en una empresa o que quieren ganar el mismo premio en un concurso son contrincantes. ☞ 798

control

nombre masculino **1** Poder o dominio que una persona tiene sobre alguien o algo.
2 Acción de controlar. En las empresas de alimentación todos los productos deben pasar un control de calidad.
3 Examen que se hace para comprobar la marcha de algo, especialmente el que se hace a los estudiantes de una parte de una materia.
4 Conjunto de los mecanismos y dispositivos que vigilan o dirigen el funcionamiento de una cosa, especialmente el de una máquina o un aparato.

controlar

verbo **1** Dirigir o dominar a una persona o cosa: *Controla tus palabras porque se puede enfadar contigo.*
2 Comprobar que algo es, ocurre o se hace como debe ser. Algunas personas controlan su estado de salud cada cierto tiempo.
3 controlarse No dejarse llevar por un sentimiento muy fuerte o por un impulso interior. Cuando una persona se enfada, tiene que controlarse y no perder los nervios.

controversia

nombre femenino **1** Discusión larga y continuada entre dos o más personas que opinan de forma contraria. ※ polémica.

contundente

adjetivo **1** Se dice de los objetos o los instrumentos que sirven o pueden servir para golpear. Una piedra o un palo son objetos contundentes.
2 Que se dice de tal modo que no se puede discutir: *Su respuesta fue contundente: no lo hizo.*

convaleciente

adjetivo y nombre masculino y femenino **1** Que recupera las fuerzas perdidas después de una enfermedad o una operación. Cuando estamos convalecientes de una enfermedad tenemos que procurar descansar.

convencer

verbo **1** Utilizar los argumentos necesarios para que una persona cambie de idea o de opinión sobre algo.
2 Ser una persona o una cosa del agrado o de la satisfacción de alguien. Algo no nos convence cuando no estamos seguros de que sea muy bueno.

convencimiento

nombre masculino **1** Seguridad y certeza que tiene una persona de que una cosa es de determinada manera o de que algo ocurrirá.

conveniencia

nombre femenino **1** Característica de las cosas que son convenientes o van bien para algo o para alguien. Nadie discute la conveniencia de cuidar los bosques para que la Tierra no se desertice. ※ utilidad.

convenio

nombre masculino **1** Acuerdo entre dos o más personas o grupos que obliga a cumplir una serie de condiciones. Las empresas y los trabajadores se reúnen para llegar a un convenio sobre las condiciones de trabajo.
2 Documento donde se exponen las obligaciones y los derechos que aceptan las partes que lo firman.

convenir

verbo **1** Ser una persona o una cosa útil, buena o conveniente. Antes de hacer un viaje largo en coche, conviene comprobar que todo funciona correctamente.
2 Llegar dos o más personas a un acuerdo: *Convinieron en que se repartirían el trabajo.* ※ acordar.
👁 Se conjuga como: venir.

convento

nombre masculino **1** Edificio en el que vive una comunidad de religiosos o religiosas de la misma orden.

conversación

nombre femenino **1** Acción que consiste en hablar dos o más personas entre sí. También es conversación el conjunto de frases que dos o más personas intercambian sobre un tema determinado. Cuando el

C

c

tema del que se habla resulta molesto o pesado, cambiamos de conversación.
☞ El plural es: conversaciones.

conversar
verbo **1** Intercambiar frases dos o más personas. Conversamos con los amigos, con nuestros padres o con los profesores.

convertir
verbo **1** Hacer que una persona o una cosa se vuelva otra distinta. Los renacuajos se convierten en ranas. ≋ transformar.
2 Hacer que una persona llegue a ser algo que se dice por el paso del tiempo o por medio del esfuerzo. La experiencia convierte a la gente en buenos trabajadores.
3 Hacer que una persona cambie de religión.
☞ Se conjuga como: discernir; la 'e' se convierte en 'ie' en sílaba acentuada como: convierto.

convicción
nombre femenino **1** Seguridad y certeza que tiene una persona de que una cosa es de determinada manera. ≋ convencimiento.
nombre femenino plural **2 convicciones** Ideas o creencias muy sólidas que una persona tiene en asuntos religiosos, morales o políticos.
☞ El plural es: convicciones.

convidado, convidada
nombre **1** Persona que ha sido convidada o invitada a una fiesta, una celebración o cualquier acto. En las bodas suele haber muchos convidados. ≋ invitado.

convidar
verbo **1** Invitar a alguien a algo, como comer, beber o pasar unos días en casa.

convincente
adjetivo **1** Que tiene poder para convencer o convence fácilmente.

convite
nombre masculino **1** Comida o fiesta con invitados que se hace para celebrar un acontecimiento importante.

convivencia
nombre femenino **1** Acción que consiste en convivir con otras personas.

convivir
verbo **1** Vivir una persona en compañía de otra o de otras bajo el mismo techo. Los hijos conviven con sus padres hasta una determinada edad.
2 Existir o haber al mismo tiempo o en el mismo lugar diferentes personas o cosas. En nuestra sociedad convivimos con gente de todo tipo.

convocar
verbo **1** Decirle a alguien el día, la hora y el lugar de un encuentro para que asista. ≋ citar.
2 Anunciar una persona con autoridad el día que se celebrará algún acto importante, como un examen o unas elecciones.
☞ Se escribe 'qu' delante de 'e', como: convoque.

convocatoria
nombre femenino **1** Escrito o aviso con el que se anuncia el lugar, la hora y el día de un acto o reunión.

convoy
nombre masculino **1** Conjunto de vehículos y personas que acompañan un cargamento de materiales o de provisiones con el objetivo de protegerlo, generalmente en una guerra.
2 Conjunto de las mercancías o los materiales que forman un cargamento que se desplaza por algún lugar y de los vehículos que los transportan.
3 Conjunto de vagones unidos y dispuestos para ser arrastrados por una locomotora y circular por una vía. ≋ tren.
☞ El plural es: convoyes.

cónyuge
nombre masculino y femenino **1** Esposo o esposa de una persona. ≋ consorte.
☞ Es una palabra formal.

coño
nombre masculino **1** Parte externa del aparato sexual femenino. Es una palabra vulgar.

cooperación
nombre femenino **1** Acción que consiste en cooperar unas personas con otras para un determinado fin.

cooperar
verbo **1** Realizar una acción para ayudar

a otras personas a conseguir un resultado determinado. ☞200

2 Dar un país a otro menos desarrollado parte de los medios que necesita para cubrir sus deficiencias. Muchos países cooperan con el Tercer Mundo.

cooperativa
nombre femenino
1 Asociación de trabajadores que se unen para fabricar y vender sus productos o sus servicios, así como para gestionar juntos sus negocios.
2 Establecimiento o lugar donde se venden los productos de una cooperativa.

coordinador, coordinadora
adjetivo y nombre
1 Que coordina a un grupo de personas en una actividad.

coordinar
verbo
1 Organizar y dirigir las funciones que deben desempeñar varias personas o cosas para conseguir un resultado global. El cerebro coordina los movimientos.

copa
nombre femenino
1 Vaso que tiene un pie que sale de su base.
2 Cualquier tipo de bebida alcohólica. A algunas personas les gusta salir a tomar copas.
3 Conjunto de ramas y hojas que tiene un árbol. ☞596
4 Parte hueca de los sombreros donde se mete la cabeza.
5 Competición deportiva en la que el premio tiene la forma de una copa de metal.
nombre masculino plural
6 copas Uno de los cuatro palos de la baraja española en el que aparecen dibujadas varias copas.
como la copa de un pino Se dice de lo que es muy grande o muy importante.

copia
nombre femenino
1 Cosa que se hace para que parezca igual que otra que se toma como modelo. Hay copias de cuadros, de canciones, de documentos o de ideas.

copiar
verbo
1 Hacer una cosa intentando que se parezca a otra que se toma como modelo. Los estudiantes de

arte copian cuadros de pintores famosos.
2 Tomar como modelo lo que ha hecho otra persona para hacer una cosa que se tiene que hacer solo y sin ayuda. No es correcto copiar en los exámenes.
👁 Se conjuga como: cambiar; la 'i' no lleva nunca acento de intensidad.

copiloto
nombre masculino y femenino
1 Persona que va al lado del conductor de un vehículo, como un coche o un avión, y le ayuda a conducir, dándole indicaciones.

copión, copiona
adjetivo y nombre
1 Que copia las cosas que hace otra persona o la forma en que se comporta.

copla
nombre femenino
1 Composición poética de cuatro versos que se compone para ser cantada. La copla suele ser la letra de canciones populares.
2 Cosa que dice o pide una persona, repitiéndola con mucha insistencia, de manera que resulta pesada y molesta: *Está siempre con la misma copla, me tiene harta*. Es un uso informal.

copo
nombre masculino
1 Cada uno de los pequeños trozos en que cae la nieve.

cópula
nombre femenino
1 Palabra que sirve de unión entre dos o más palabras o frases. En la oración 'Merche come y Laura descansa', 'y' es una cópula.
2 Unión sexual entre dos personas o animales.

copulativo, copulativa
adjetivo
1 Que une una palabra o una frase con otra u otras. Los verbos 'ser' y 'estar' son copulativos, porque unen el sujeto con el atributo, por ejemplo 'mi madre es guapa'.

coquetear
verbo
1 Hacer todo lo posible para gustar a una persona y atraer su atención.

coqueto, coqueta
adjetivo
1 Que le gusta atraer y gustar a los demás: *Marta es muy coqueta,*

C
c

C
c

le encanta que le digan lo guapa que es.
2 Que le gusta vestirse y arreglarse mucho para gustar a los demás. ※※ presumido.
3 Se dice del objeto o lugar que es muy bonito o agradable. Decimos que una habitación es coqueta cuando es muy cómoda y está amueblada con buen gusto.

coraje
nombre masculino
1 Fuerza o valentía que tiene una persona para hacer algo que es especialmente difícil.
2 Enfado muy grande que no se puede reprimir aunque no sirva para nada: *Me dio mucho coraje, pero me tuve que aguantar.* ※※ rabia.

coral
nombre masculino
1 Animal marino que tiene un esqueleto duro y ramificado y vive dentro de él. Vive sujeto a las rocas, formando grupos numerosos.
2 Materia sólida de color rojo o rosado, que se emplea en joyería y que se extrae del esqueleto del coral.
nombre femenino
3 Grupo de personas que cantan. ※※ coro.
adjetivo
4 Del coro o que tiene relación con él, como la música coral.

coraza
nombre femenino
1 Cubierta dura que protege el cuerpo de algunos animales, como la coraza de la tortuga.
2 Conjunto de dos piezas de metal que cubren el pecho y la espalda y que utilizaban antiguamente soldados y guerreros.

corazón
nombre masculino
1 Órgano que controla la circulación de la sangre bombeándola por todo el cuerpo. ☞ 594
2 Conjunto de los sentimientos positivos de una persona, como la bondad, la caridad o el amor. Cuando le das tu corazón a alguien, le entregas tu amor.
3 Figura con forma parecida a la del órgano que bombea la sangre al cuerpo humano. Un corazón rojo es el símbolo del amor.

4 Parte central o más importante de algo, como el corazón de una ciudad o el corazón de una manzana.
adjetivo y nombre masculino
5 Se dice del dedo de la mano que está situado en el medio de los cinco, entre el índice y el anular. ☞ 303
◉ El plural es: corazones.

corazonada
nombre femenino
1 Creencia de que va a ocurrir una cosa, sin tener ningún motivo ni indicio: *Aunque haga sol, tengo la corazonada de que mañana va a nevar.* ※※ presentimiento.

corbata
nombre femenino
1 Tira de tela que se pone alrededor del cuello de la camisa, se ata con un nudo especial y cuelga sobre el pecho casi hasta la cintura.

corcel
nombre masculino
1 Caballo grande, bonito y veloz. Se utiliza sobre todo en literatura.

corchete
nombre masculino
1 Cierre formado por dos piezas pequeñas y redondas que encajan; se utiliza para cerrar prendas de vestir. ☞ 796
2 Signo de puntuación que se utiliza para aislar una o más palabras o números. Los corchetes se escriben así: [ ].

corcho
nombre masculino
1 Material blando que se saca de la corteza de los alcornoques. En las aulas de los colegios suele haber una tabla de corcho en la pared para colgar dibujos o murales.
2 Tapón de las botellas hecho con ese material.

cordero, cordera
nombre
1 Cría de la oveja. ※※ borrego.
adjetivo y nombre
2 Se dice de la persona que es muy tranquila y obediente.
nombre masculino
3 Carne de la cría de la oveja. El cordero se come asado o frito.

cordial
adjetivo
1 Que es cariñoso y sincero. Los amigos cuando se escriben se envían cordiales saludos. ※※ afectuoso.

cordialidad

nombre femenino **1** Característica de las acciones o las personas que son cariñosas y sinceras. ✂ antipatía.

cordillera

nombre femenino **1** Conjunto de montañas unidas entre sí a lo largo. La cordillera de los Pirineos separa España y Francia.

cordobés, cordobesa

adjetivo y nombre **1** Se dice de la persona o cosa que es de Córdoba, ciudad y provincia de Andalucía.

cordón

nombre masculino **1** Cuerda fina y generalmente redonda. Muchos zapatos y zapatillas se sujetan con cordones.

2 Hilera de personas colocadas unas al lado de otras para impedir el paso de la gente: *El cordón policial impidió pasar a los manifestantes.*

3 Cable de algunos aparatos, especialmente eléctricos.

cordón umbilical Órgano largo y flexible que durante el embarazo permite el paso de alimentos de la madre al hijo.

👁 El plural es: cordones.

coreografía

nombre femenino **1** Actividad artística que consiste en componer y organizar bailes.

2 Conjunto de pasos que tienen que seguir los bailarines al bailar.

cornada

nombre femenino **1** Golpe que un animal da con los cuernos. Los ciervos luchan a cornadas.

2 Herida que produce un animal cuando clava los cuernos o golpea con ellos. Algunos toreros reciben cornadas.

cornamenta

nombre femenino **1** Conjunto de los cuernos que tienen algunos animales.

córner

nombre masculino **1** Jugada de algunos deportes en la que la pelota sale por la línea que hay detrás de la portería y en la cual el equipo atacante saca el balón desde la esquina del campo.

corneta

nombre femenino **1** Instrumento musical de viento formado por un tubo de metal enrollado y terminado en forma de cono grande.

nombre masculino y femenino **2** Persona que toca este instrumento. El corneta del cuartel toca para despertar a los soldados.

cornisa

nombre femenino **1** Conjunto de molduras o salientes en los que acaba el borde superior de la fachada de un edificio, debajo del tejado.

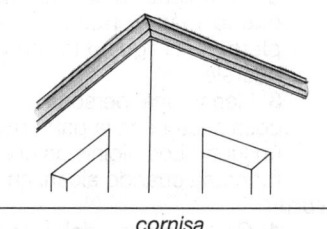

cornisa

2 Saliente estrecho y rocoso de una montaña, precipicio u otro lugar alto. Las águilas y otras aves rapaces hacen sus nidos en las cornisas de los acantilados.

coro

nombre masculino **1** Grupo de personas que cantan juntas, en especial si lo hacen de manera habitual o profesional.

2 Fragmento de una pieza musical que se escribe para que lo cante un grupo de personas.

3 Lugar de las iglesias donde están los asientos para el coro.

corola

nombre femenino **1** Conjunto de los pétalos de las flores. La corola protege los órganos de reproducción de la planta y tiene vistosos colores. ✍ 598

corona

nombre femenino **1** Círculo de ramas, flores o de metal noble que se pone en la cabeza como adorno o símbolo de algo. Los reyes llevan corona como señal de poder real.

2 Círculo formado con flores y hojas. Cuando una persona muere, sus amigos envían coronas en señal de afecto y dolor.

3 Monarquía de un país; la corona simboliza a los reyes.

4 Aro generalmente dorado que se pone o se pinta alrededor de la cabeza de imágenes religiosas.

5 Pieza redonda y pequeña de un

C

c

C

c

reloj que sirve para darle cuerda o mover las agujas.

coronar

verbo **1** Colocar una corona a una persona, especialmente a un rey para dar inicio a su reinado. En algunos concursos se corona al ganador como señal de triunfo.
2 Completar algo de modo que quede más perfecto o más completo. Las guindas coronan los pasteles.
3 Llegar una persona o estar una cosa situada en la parte más alta de un lugar. Los alpinistas coronan una montaña cuando alcanzan la cima.

coronel

nombre masculino y femenino **1** Grado militar del ejército entre el de teniente coronel y el de general. La persona que tiene ese grado también se llama coronel.

coronilla

nombre femenino **1** Parte superior y posterior de la cabeza de los seres humanos.
estar hasta la coronilla Estar harto de una cosa o de una persona. Es un uso informal.

corporal

adjetivo **1** Del cuerpo o que está relacionado con él.

corpulento, corpulenta

adjetivo **1** Que tiene un cuerpo de gran tamaño, fuerte y robusto.

corpulento

corral

nombre masculino **1** Lugar cerrado y al aire libre donde viven algunos animales de granja, como las gallinas, los gallos o los pavos.

correa

nombre femenino **1** Cinta con una hebilla que se utiliza para atar cosas. Los perros salen a pasear sujetos por una correa que lleva su amo; los relojes de pulsera se atan con una correa.

correaje

nombre masculino **1** Conjunto de correas que atan una cosa.

corrección

nombre femenino **1** Modificación que se hace al corregir algo. Cuando el profesor nos devuelve un examen corregido, las correcciones suelen estar en rojo.
2 Característica de lo que es correcto o está o se hace bien.
☛ El plural es: correcciones.

correcto, correcta

adjetivo **1** Que no tiene errores o está bien.
2 Que actúa con buena educación, respetando a los demás.

corrector, correctora

adjetivo y nombre **1** Se dice de las cosas que sirven para corregir errores escritos. Algunas máquinas de escribir tienen cinta correctora.
nombre **2** Persona que se encarga de leer la prueba de imprenta de un libro para corregir los errores antes de que se publique el libro.

corredor, corredora

adjetivo **1** Se dice de la persona o animal que corre mucho. El avestruz es un ave corredora de gran tamaño.
nombre **2** Persona que participa en una carrera deportiva.
nombre masculino **3** Lugar largo y estrecho que comunica unas habitaciones con otras dentro de una casa o de un edificio. ⚒ pasillo.

corregir

verbo **1** Quitar los errores. También corregimos a una persona cuando le señalamos los errores que comete: *Cada vez que digo una palabra mal, me corrige.*
2 Decidir un profesor lo que está bien o mal en un ejercicio o un examen y ponerle una nota.

correo

nombre masculino **1** Sistema público de transporte y entrega de cartas y paquetes.
2 Conjunto de cartas y paquetes que se entregan, transportan y reciben mediante este sistema. Re-

cibimos el correo en el buzón de nuestra casa.

3 Edificio donde se organiza el reparto y transporte de cartas y paquetes. Con este significado se usa más en plural.

correr
verbo

1 Moverse o ir de un lugar a otro rápidamente, mucho más que cuando se camina.

2 Hacer una cosa deprisa o más rápido de lo normal.

3 Participar en una carrera.

4 Pasar el tiempo. Las horas y los días corren deprisa.

5 Moverse en una dirección algo, como el agua o el viento.

6 Mover o desplazar una cosa o una persona de un lugar a otro: *Si corres un poco la silla, entraremos todos.*

7 Pasar una noticia u otra cosa de unas personas a otras: *Corre el rumor de que dimitirá.*

8 Estirar algo que está plegado, como una cortina.

9 correrse Extenderse un color o una tinta fuera de los límites en los que debería estar.

correspondencia
nombre femenino

1 Conjunto de cartas que se reciben o se envían.

2 Hecho de corresponder o corresponderse. A veces, no hay correspondencia entre lo que hacemos y lo que decimos.

3 Comunicación entre uno o más medios de transporte. Las líneas de metro tienen correspondencia entre ellas o con autobuses y trenes.

corresponder
verbo

1 Devolver un favor, un beneficio o un afecto con algo igual o proporcional. Correspondemos dando las gracias por un favor.

2 Tocar o ser para alguien una cosa que se reparte. En una fiesta de cumpleaños, a cada invitado le corresponde un trozo de tarta.

3 Tener una cosa relación directa con otra con la que se complementa. En un rompecabezas, unas piezas se corresponden con otras.

correspondiente
adjetivo

1 Que tiene relación directa con otra cosa o persona que se indica. Nos calzamos los zapatos en el pie correspondiente.

corresponsal
nombre masculino y femenino

1 Periodista que trabaja en una ciudad o un país distinto al de la sede del periódico, radio o televisión para que trabaja.

corretear
verbo

1 Correr de un lado a otro, en especial cuando se está jugando.

correveidile
nombre masculino y femenino

1 Persona que cuenta a los demás noticias y asuntos íntimos de otras personas. ⚔ cotilla.

corrida
nombre femenino

1 Espectáculo que se celebra en una plaza cerrada y redonda con el suelo de arena, que consiste en que un torero se enfrenta con un capote a un toro al que acaba matando con una espada.

corriente
adjetivo

1 Que ocurre con frecuencia. En las grandes ciudades los atascos son muy corrientes. ⚔ continuo.

2 Se dice de las cosas o las personas que no tienen ninguna característica especial que les haga diferentes o especiales.

3 Se dice del momento o del tiempo presente. El año corriente es este año.

nombre femenino

4 Paso de la electricidad por un material conductor como el cobre.

5 Movimiento rápido de aire o de agua por un canal. En una habitación se forma una corriente de aire cuando se abren dos ventanas que están una enfrente de otra.

al corriente Que ya tiene conocimiento de lo que se trata: *Estoy al corriente de todo.*

seguir la corriente Dar la razón a alguien en lo que dice o lo que hace aunque no estemos de acuerdo con él.

corrillo
nombre masculino

1 Grupo pequeño de personas que, en un lugar donde hay más personas, se juntan aparte para hablar o discutir sobre algo.

C
—
c

C
c

corro

nombre masculino **1** Círculo formado por personas que se reúnen para hablar o jugar a algo.
2 Juego de niños que consiste en formar un círculo cogidos por las manos y cantar y dar vueltas. ✎ 200

corrupción

nombre femenino **1** Cambio en la naturaleza de una cosa o de una persona volviéndola mala. La corrupción de los alimentos produce mal olor.
2 Comportamiento ilegal y deshonesto de una persona con poder.

corsario, corsaria

nombre masculino y femenino **1** Marinero que tenía permiso de un gobierno para asaltar y robar los barcos de países enemigos o de los piratas.

corsé

nombre masculino **1** Prenda de ropa interior que aprieta el cuerpo desde el pecho hasta el vientre. Se utiliza para parecer más delgado o para corregir una desviación de la columna vertebral.

cortado, cortada

adjetivo y nombre **1** Se dice de la persona a la que le da vergüenza decir o hacer muchas cosas. ✄ tímido.
2 Que se queda sorprendido y no sabe qué decir o hacer en una determinada situación.
nombre masculino **3** Café servido en una taza pequeña con sólo un poquito de leche.

cortafuegos

nombre masculino **1** Vía o camino ancho y sin árboles que se deja en un bosque o en un campo de cultivo, y que sirve para frenar los incendios.

cortante

adjetivo **1** Que tiene el borde tan afilado que puede cortar.
2 Se dice de las respuestas que dejan a una persona cortada o sin saber qué decir.

cortar

verbo **1** Separar o dividir en partes una cosa con ayuda de un instrumento afilado. ✎ 793, 796
2 Hacer más corta una cosa. En la peluquería nos cortan el pelo; cuando un texto es demasiado largo hay que cortarlo.
3 Interrumpir el paso o cualquier acción, proceso o movimiento. Si cortan la vía, los trenes no pueden pasar; en la tele cortan las películas para poner anuncios.
4 Estar bien afilada una cosa, en especial un objeto de metal.
5 Poner dos cosas de forma que se crucen en un punto. En una cruz, una línea corta a otra.
6 Dividir en dos o tres montones una baraja de cartas.
7 cortarse Quedarse avergonzado o sin saber qué decir. Es un uso informal.
8 cortarse Separarse los componentes de una salsa o de la leche, de forma que se estropean.

cortaúñas

nombre masculino **1** Instrumento de metal que sirve para cortarse las uñas: está formado por dos láminas pequeñas que están dispuestas de forma parecida a unas tenazas.
◉ El plural es: cortaúñas.

corte

nombre masculino **1** Herida producida con un objeto cortante, como un cuchillo o una navaja.
2 Borde o filo cortante de una herramienta. Los cuchillos tienen un corte muy afilado.
3 Actividad que consiste en cortar las diferentes piezas que componen una prenda de vestir o calzado. También es la cantidad de tela para hacer un vestido.
4 Respuesta ingeniosa que produce desconcierto. Alguien nos puede dar un corte si hacemos una pregunta indiscreta o de mal gusto. Es un uso informal.
5 Vergüenza o apuro que una persona siente por cualquier razón. A las persona tímidas les da corte hablar en público. Es un uso informal.
6 Trozo de helado de barra que se sirve entre dos galletas.
nombre femenino **7** Conjunto de las personas que componen la familia y el acompañamiento del rey. ✄ séquito.
8 Población donde vive el rey. Desde hace muchos años, Madrid es la corte de España.

C

C

nombre femenino plural

9 Cortes Conjunto formado por el Congreso y el Senado españoles; las Cortes elaboran y aprueban las leyes. Con este significado se escribe en mayúscula.

cortejo

nombre masculino

1 Conjunto de personas que acompañan a una persona principal o más importante en un acto o una ceremonia. ✕✕ comitiva; séquito.
2 Acción que consiste en cortejar o tratar de atraer a una persona con buenos modales.

cortés

adjetivo

1 Que se comporta con atención, respeto y buena educación con los demás. Somos corteses cuando le cedemos el sitio a otra persona en el autobús. ✕✕ amable. ✕✕ descortés.
👁 El plural es: corteses.

cortesía

nombre femenino

1 Forma de comportarse de la persona que demuestra amabilidad, respeto y buena educación hacia los demás.
2 Acto con el que una persona demuestra amabilidad, respeto y buena educación hacia los demás. Acompañar a una persona en coche hasta su casa es una cortesía. ✕✕ gentileza.
3 Regalo que se hace como muestra de amabilidad y respeto.

corteza

nombre femenino

1 Capa que cubre el tronco y las ramas de los árboles. El corcho se saca de la corteza del alcornoque.
2 Parte exterior dura que cubre algunos frutos y otros alimentos. El melón, el pan y el queso tienen corteza.
3 Trozo de piel de cerdo que se come frito como aperitivo.
4 Parte exterior y poco interesante de algo que oculta lo realmente importante. ✕✕ apariencia.
corteza terrestre Capa que recubre el interior de la Tierra. Está formada por tres cuartas partes de agua y una parte de tierra.

cortijo

nombre masculino

1 Casa de labor rodeada de extensos terrenos de cultivos.

cortina

nombre femenino

1 Trozo de tela o de otro material que se cuelga delante de una puerta, ventana o hueco. La cortina de baño suele ser de plástico.
cortina de humo Masa de humo que no deja ver bien. También es algo que se hace o se dice para distraer la atención de alguien.

corto, corta

adjetivo

1 Que tiene poca longitud o es menos largo de lo normal. ✕✕ largo.
2 Que dura poco tiempo o parece que dura menos de lo normal. Los días de invierno son más cortos que los de verano. ✕✕ breve.
3 Que tiene menos cantidad de lo que se necesita o no llega hasta donde se desea. Cuando nos ha faltado pan, decimos que nos hemos quedado cortos.
4 Que es poco inteligente o que no entiende las cosas con facilidad.
ni corto ni perezoso Con decisión y sin pensárselo dos veces.

coruñés, coruñesa

adjetivo y nombre

1 Se dice de la persona o cosa que es de La Coruña, ciudad y provincia de Galicia.

cosa

nombre femenino

1 Todo aquello que tiene existencia, ya sea algo real o imaginario, concreto o abstracto. También se llama cosa a aquello que no se sabe exactamente lo que es.
2 Objeto que no tiene vida, que no es ni una persona, ni un animal, ni una planta. Las cosas son objetos inanimados, como una piedra o una mesa.
3 Nada: *No hay cosa que me moleste más que tener que esperar.*
como si tal cosa Indica que una persona que ha hecho algo o ha sufrido un percance que debería afectarle se comporta como si no hubiera pasado nada: *Ayer se peleaban y hoy están como si tal cosa.*
como si tal cosa Indica que una persona realiza una acción con mucha facilidad y sin apenas es-

C c

fuerzo. También indica que no se da importancia a algo que la tiene.
cosa de Aproximadamente: *Lo hizo en cosa de diez minutos*.

coscorrón
nombre masculino **1** Golpe fuerte que se da en la cabeza de una persona.
👁 El plural es: coscorrones.

cosecha
nombre femenino **1** Conjunto de los productos agrícolas que se recogen cuando están maduros.
2 Trabajo que consiste en recoger los productos agrícolas que da la tierra cultivada. Los agricultores utilizan máquinas que les ayudan a recoger la cosecha.
3 Tiempo en que se recogen los productos agrícolas que da la tierra. Durante la cosecha, los agricultores tienen mucho trabajo.

cosechadora
nombre femenino **1** Máquina que corta y recoge las plantas y separa la hierba del grano. Se usa sobre todo para la recolección de cereales.

cosechar
verbo **1** Recoger los productos agrícolas que da la tierra cultivada cuando están maduros. ✖ recolectar.
2 Ganarse o atraerse una persona algo, como simpatía, odio, fracaso o éxito, por lo que hace o lo que dice: *El artista ha cosechado triunfos en el extranjero*. ✖ perder.

coser
verbo **1** Unir piezas de tela, cuero u otro material con un hilo mediante una aguja. Se cose a mano o a máquina. ✎ 796
2 Unir con un hilo las dos partes de una herida abierta para cerrarla: *Le cosieron con puntadas cortas y casi no se nota la cicatriz*.
3 Hacer muchas heridas en el cuerpo con un arma blanca o con balas: *En la película, lo cosían a balazos*. Es un uso informal.
4 Unir papeles con una grapa.
ser coser y cantar Ser una cosa muy fácil de hacer.

cósmico, cósmica
adjetivo **1** Del cosmos o que tiene relación con él.

cosmonauta
nombre masculino y femenino **1** Persona que conduce una nave espacial o trabaja en ella. ✖ astronauta.

cosmos
nombre masculino **1** Conjunto de todo lo que existe en el universo. La Tierra y todo lo que existe fuera de ella forman parte del cosmos.
👁 El plural es: cosmos.

cosquillas
nombre femenino plural **1** Sensación que producen en la piel una serie de toques suaves y rápidos. Cuando tenemos cosquillas nos dan ganas de reír.

costa
nombre femenino **1** Franja de tierra que está junto al mar o cerca de él.
a costa de A fuerza de: *Se compró una casa a costa de muchos años de esfuerzo y ahorro*.
a toda costa Sin detenerse ante ningún gasto o esfuerzo.

costado
nombre masculino **1** Cada una de las dos partes laterales del cuerpo humano que hay debajo de los brazos, entre el pecho y la espalda.
2 Lado de una cosa situado a su izquierda o su derecha.

costar
verbo **1** Tener una cosa un precio por el que se puede comprar: *Cuesta demasiado dinero, no lo puedo comprar*. ✖ valer.
2 Resultar una cosa difícil de hacer. A la gente que fuma le cuesta mucho dejar de fumar.
costar caro Causar algo mucho daño o perjuicio. Conducir a gran velocidad puede costarnos caro.
👁 Se conjuga como: contar; la 'o' se convierte en 'ue' en sílaba acentuada, como: cuestan.

costarricense
adjetivo y nombre masculino y femenino **1** Se dice de la persona o cosa que es de Costa Rica, país de América Central.

coste
nombre masculino **1** Cantidad de dinero que vale una cosa o que cuesta producirla.

costilla
nombre femenino **1** Cada uno de los huesos largos y delgados de forma curva que

salen de la columna vertebral hacia los costados y el pecho. Las costillas protegen los pulmones y el corazón.

costoso, costosa

adjetivo **1** Que cuesta mucho dinero, trabajo o esfuerzo, o que cuesta más de lo normal: *Me resultó costoso separarme de mi familia.*

costra

nombre femenino **1** Capa dura que se forma sobre la superficie de una herida cuando se va secando. La costra se cae cuando la herida está seca.
2 Capa exterior que se forma cuando se pone dura una cosa húmeda o blanda, como una costra de suciedad o de pan.

costumbre

nombre femenino **1** Acción que se realiza con mucha frecuencia. Algunas personas tienen la costumbre de dormir la siesta después de comer. ✕ hábito.
2 costumbres Conjunto de los hábitos típicos de un pueblo o de un grupo de personas.

costura

nombre femenino **1** Oficio de coser. Los sastres y los modistos se dedican a la costura o a la alta costura. ✍ 796
2 Unión de algo cosido con hilo. En una costura se pueden ver las puntadas que se han dado.
3 Labor que no se ha acabado de coser.
alta costura Moda y diseño de prendas de lujo.

costurera

nombre femenino **1** Mujer que, como profesión, corta y cose ropa.

costurero

nombre masculino **1** Pequeño mueble con cajones, caja o cesta donde se guardan las cosas que se utilizan para coser. ✍ 794

cotidiano, cotidiana

adjetivo **1** Que ocurre o se hace todos los días. Es bueno tomar una ducha cotidiana. ✕ diario.

cotilla

nombre masculino y femenino **1** Persona a la que le gusta enterarse o curiosear en los asuntos privados de los demás y después los cuenta a otras personas. Es una palabra informal.

coto

nombre masculino **1** Terreno reservado para un uso determinado, especialmente para cazar o pescar.

cotorra

nombre femenino **1** Nombre que se da a diversas aves con plumaje de colores, entre los que domina el verde, y que tienen las alas y la cola largas y terminadas en punta. La cotorra imita el habla humana.
2 Persona que habla mucho.

cotorrear

verbo **1** Hablar mucho, normalmente sin decir nada interesante.

coyote

nombre masculino **1** Animal mamífero salvaje parecido al perro, con el pelo de color gris amarillento. El coyote caza de noche y vive en las praderas del norte y del centro de América.

coz

nombre femenino **1** Patada que un caballo o un burro da con las patas traseras.
👁 El plural es: coces.

cráneo

nombre masculino **1** Conjunto de los ocho huesos que forman la cabeza y que contienen el cerebro.

cráter

nombre masculino **1** Abertura en la parte superior de un volcán por la que sale la lava durante una erupción.

creación

nombre femenino **1** Acción de crear o producir algo que antes no existía.
2 Conjunto de todas las cosas que hay en la Tierra y que muchas religiones consideran que han sido creadas por un dios.
3 Obra o conjunto de obras de un artista o diseñador.
👁 El plural es: creaciones.

creador, creadora

nombre **1** Ser o persona que hace algo que antes no existía a partir de la nada o utilizando la inteligencia o la sensibilidad. Para los cristianos, Dios es el creador de todas las cosas. Los artistas e inventores son creadores de obras de arte y de nuevos objetos.

C

crear
verbo **1** Hacer que exista o suceda algo que no existía antes.

creativo, creativa
adjetivo **1** Que tiene facilidad para crear o inventar cosas. Los buenos científicos suelen ser muy creativos.
2 Se dice de la actividad que es enriquecedora, porque permite a la persona crear y hacer cosas interesantes. El dibujo es una actividad creativa.

crecer
verbo **1** Desarrollarse y hacerse más grande un ser vivo. Las plantas, las personas y los animales crecen; para las plantas también significa brotar y para las personas hacerse adulto.
2 Aumentar o hacerse más grande la cantidad, el tamaño o la importancia de algo. Algunas ciudades crecen muy deprisa.
3 crecerse Tener una persona más seguridad en sí misma o mayor atrevimiento para hacer algo en determinadas circunstancias.
☞ Se conjuga como: agradecer; la 'c' se convierte en 'zc' delante de 'a' y 'o', como: crezcamos.

crecida
nombre femenino **1** Aumento de la cantidad de agua de un río o de una corriente de agua debida a las lluvias o al deshielo de las montañas.

creciente
adjetivo **1** Que crece o se hace cada vez más grande. Cuando la luna está en cuarto creciente, cada día se ve más hasta llegar a luna llena.

crecimiento
nombre masculino **1** Desarrollo natural de un ser vivo que se va haciendo cada vez más grande y más maduro. ✍ 600
2 Aumento del tamaño, la cantidad o la importancia de algo.

credibilidad
nombre femenino **1** Característica que tienen las cosas que se pueden creer porque son verdad o están comprobadas.

crédito
nombre masculino **1** Dinero que un banco presta a una persona y que debe ser devuelto en un periodo de tiempo determinado. Se puede pedir un crédito para comprar un piso o un coche. ✂ préstamo.
2 Buena fama o prestigio. ✂ reputación.
a crédito Cuando algo se compra a crédito se paga poco a poco, no se da todo el dinero a la vez.
dar crédito Aceptar una cosa como cierta o verdadera.

credo
nombre masculino **1** Oración que resume las principales ideas de la religión católica. El credo empieza con las palabras 'Creo en Dios Padre'.

creencia
nombre femenino **1** Idea o conjunto de ideas en las que una persona cree, especialmente religiosas o políticas.
2 Seguridad que una persona tiene de que una cosa es de determinada manera: *Tiene la creencia de que un día lo conseguirá.*

creer
verbo **1** Considerar que una cosa es cierta o de determinada manera.
2 Pensar que una cosa es posible, aunque no se está seguro de ella: *Creo que la mejor solución es que nos quedemos en casa.* ✂ opinar.
3 Confiar en una persona o una cosa. Creemos en nuestros amigos.
4 En religión, tener fe. Hay gente que cree en Dios, en los santos o en los milagros.
☞ Se conjuga como: leer.

creíble
adjetivo **1** Que es fácil de creer: *Invéntate una historia más creíble, porque no me creo nada de lo que me has dicho.* ✂ verosímil. ✂ increíble.

creído, creída
adjetivo **1** Se dice de la persona que se cree mejor que los demás.

crema
nombre femenino **1** Sustancia pastosa y dulce de color amarillo hecha con leche, huevos y azúcar. Muchos bollos y pasteles están rellenos de crema.
2 Sustancia pastosa de distintos usos, como cuidar y suavizar la piel de las personas o limpiar los zapatos o como medicina.

3 Puré que se hace con algunos alimentos, normalmente añadiendo leche o crema de leche.
nombre masculino y adjetivo **4** Color muy claro, como un blanco amarillento: *Hemos decidido pintar las paredes de crema.*

cremallera
nombre femenino **1** Cierre de algunas prendas de vestir, bolsas o botas que consiste en dos tiras de tela con una fila de dientes de plástico o metal en los lados. Estos dientes se encajan o se separan al mover una pieza central que sujeta las dos tiras.
nombre masculino **2** Tren que puede subir fuertes pendientes, porque lleva unas ruedas con dientes que encajan en una vía que también tiene dientes.

cremoso, cremosa
adjetivo **1** Se dice de la sustancia que tiene las mismas características o el mismo aspecto que la crema.

crepe
nombre **1** Lámina muy fina de masa hecha con harina, huevo y leche, que se hace en una sartén y se rellena de cualquier ingrediente.
☞ Se dice 'el crepe' y 'la crepe'.

crepúsculo
nombre masculino **1** Primera luz del día, antes de salir el sol, y última del día después de ponerse.

cresta
nombre femenino **1** Parte carnosa del cuerpo situada en lo alto de la cabeza de los gallos, las gallinas y otras aves. También es el conjunto de plumas tiesas que tienen algunas aves en la cabeza, como la cacatúa.

cresta

2 Parte más alta de una montaña, de una ola o de otra cosa.
3 Peinado que imita la cresta de un ave. Los punks llevan colores en la cabeza.

creyente
adjetivo y nombre masculino y femenino **1** Que cree en Dios o sigue una religión determinada. Hay católicos creyentes pero no practicantes, porque no rezan ni van a misa.

cría
nombre femenino **1** Animal que hace poco que ha nacido y que tiene que ser cuidado y alimentado por sus padres.
☞ 596
2 Acción que consiste en alimentar y cuidar a bebés, plantas o animales: *Mi tío tiene una granja y se dedica a la cría de vacas y cerdos.*

criadero
nombre masculino **1** Lugar en el que se crían animales.

criado, criada
nombre **1** Persona que trabaja en la casa de otra haciendo las tareas domésticas, como limpiar, lavar, servir la comida o atender a la gente.
adjetivo **2** Se dice de la persona que está bien o mal educada; se utiliza en las expresiones 'bien criado' y 'mal criado'.

criador, criadora
nombre **1** Persona que se dedica a criar y a cuidar animales.

crianza
nombre femenino **1** Proceso de criar animales o personas, en especial niños pequeños; el tiempo que dura este proceso también se llama crianza.
2 Acción que consiste en guardar el vino en barricas para que esté reposado y madure.

criar
verbo **1** Alimentar y cuidar a un bebé o a la cría de un animal.
2 Cuidar y educar a un niño hasta que se hace adulto.
3 Tener crías un animal. Los conejos crían mucho.
4 criarse Crecer o desarrollarse. Algunos niños se crían con sus abuelos.
☞ Se conjuga como: desviar; la 'i' se acentúa en algunos tiempos y personas, como: críe.

criatura
nombre femenino **1** Niño pequeño, especialmente los bebés: *¿Aún no le has dado de comer a esta criatura?*

C
—
C

C c

2 Cualquier ser animado creado por Dios, en especial el hombre.
3 Ser inventado o fabricado por el hombre. Frankenstein es una famosa criatura de la literatura.

crimen

nombre masculino 1 Acción que consiste en cometer un delito. El asesinato es un crimen muy grave que está castigado con muchos años de cárcel.
2 Acción que se considera muy mala porque produce un gran perjuicio. Es un crimen no respetar la naturaleza.
👁 El plural es: crímenes.

criminal

nombre masculino y femenino 1 Persona que ha cometido un crimen o delito muy grave, como un asesinato o un secuestro.
adjetivo 2 Que está relacionado con el crimen. Una investigación criminal es una investigación de las circunstancias que rodean a un crimen.

crin

nombre femenino 1 Conjunto de pelos que tienen algunos animales, especialmente los caballos, en la parte superior del cuello. ✍ 157

crisis

nombre femenino 1 Situación económica mala.
2 Situación grave y difícil que atraviesa una persona o que se produce en un determinado momento. Una persona pasa por una crisis personal cuando le ha ocurrido una desgracia.
3 Falta de una cosa necesaria en la sociedad, como alimentos, vivienda, trabajo o ideales.
4 Cambio brusco que se produce en el estado físico o moral de una persona. Se puede tener una crisis de nervios, de tos o de asma.
👁 El plural es: crisis.

cristal

nombre masculino 1 Material duro y transparente que se rompe con facilidad. Se utiliza para fabricar cosas como ventanas o vasos. 🔀 vidrio.

cristalería

nombre femenino 1 Establecimiento en el que se fabrican o se venden objetos de cristal.
2 Conjunto de objetos de cris-

tal que se usan para beber en la mesa.

cristalino, cristalina

adjetivo 1 Que es claro y transparente como el cristal. El agua de algunas playas está limpia y cristalina.

cristiandad

nombre femenino 1 Conjunto de personas y países de religión cristiana.

cristianismo

nombre masculino 1 Religión de las personas que reconocen a Jesucristo como el Hijo de Dios y siguen sus enseñanzas.

cristiano, cristiana

adjetivo 1 Del cristianismo o que está relacionado con él. La religión cristiana domina en Europa.
adjetivo y nombre 2 Se dice de la persona que sigue la religión cristiana.
hablar en cristiano Hablar en un idioma conocido y con palabras sencillas y fáciles de entender. Es una expresión informal.

criterio

nombre masculino 1 Regla o norma que se usa para saber si una cosa es verdadera o falsa o para elegir cosas.
2 Opinión o manera determinada de pensar que tiene una persona sobre una cosa. A la hora de hacer una cosa las personas pueden tener diferentes criterios.

crítica

nombre femenino 1 Opinión sobre el comportamiento o la actuación de una persona. Hay críticas constructivas que ayudan a mejorar, pero si no se dice nada, suele entenderse que la crítica es una opinión negativa.
2 Opinión que se obtiene al examinar o juzgar algo para decidir si es bueno o malo. En los periódicos pueden leerse críticas deportivas, de cine o artísticas.
3 Conjunto de personas que expresan su opinión sobre una obra artística, literaria o cinematográfica, o sobre un acontecimiento deportivo, señalando sus defectos y sus virtudes.

criticar

verbo 1 Dar una opinión, generalmente negativa, sobre algo o alguien.
2 Expresar una opinión o juicio

acerca de una obra artística, litera-ria o cinematográfica, o sobre un acontecimiento deportivo.
👁 Se escribe 'qu' delante de 'e', como: critiquen.

crítico, crítica

adjetivo y nombre **1** Que a menudo hace críticas o expone opiniones sobre las cosas o sobre las personas.

adjetivo **2** Se dice del momento o situación que es muy importante para lo que ocurrirá después: *Está pasando por el momento crítico de la enfermedad; si lo supera, se curará.*

nombre **3** Persona que hace críticas sobre televisión, espectáculos, acontecimientos deportivos o productos.

criticón, criticona

adjetivo y nombre **1** Se dice de la persona que critica o saca faltas a todo.
👁 El plural de criticón es: criticones.

croar

verbo **1** Emitir la rana su sonido característico. Los perros ladran, los gatos maúllan y las ranas croan.

crocanti

nombre masculino **1** Pasta dura hecha de caramelo con trocitos de almendra dentro.

croissant

nombre masculino **1** Es otra forma de escribir: cruasán.

cromo

nombre masculino **1** Trozo pequeño de papel en el que hay dibujos o fotos de colores. Muchas personas coleccionan cromos y los pegan en un álbum.
2 Metal duro plateado que se utiliza para cubrir superficies metálicas y así hacerlas inoxidables.

cromosoma

nombre masculino **1** Elemento microscópico que hay en las células. Los cromosomas contienen los genes que se transmiten de padres a hijos.

crónica

nombre femenino **1** Información o noticia sobre hechos actuales que se da en prensa, radio o televisión. Hay crónicas de sociedad, deportivas o políticas. ※ reportaje.
2 Recopilación de hechos históricos escritos en el orden en que sucedieron.

crónico, crónica

adjetivo **1** Que dura mucho tiempo o que se repite con mucha frecuencia, en especial una enfermedad o un mal. Las enfermedades crónicas son muy difíciles de curar.

cronología

nombre femenino **1** Lista de acontecimientos o de personas ordenados según las fechas en que ocurrieron o nacieron.
2 Ciencia que estudia y fija el orden temporal de los hechos históricos.

cronológico, cronológica

adjetivo **1** De la cronología o que tiene relación con ella.

cronometrar

verbo **1** Medir partes muy pequeñas de tiempo por medio de un cronómetro, especialmente en los deportes.
✎ 798

cronómetro

nombre masculino **1** Reloj que sirve para medir espacios cortos de tiempo, como minutos, segundos o décimas de segundo de forma muy exacta.

croqueta

nombre femenino **1** Trozo de masa de forma ovalada que se hace con harina, leche y trocitos de algún alimento, y luego se reboza y se fríe.

croquis

nombre masculino **1** Dibujo que se hace de manera rápida y sin detalles. Cuando un amigo quiere saber cómo ir hasta nuestra casa le podemos hacer un croquis del camino.
👁 El plural es: croquis.

croquis

cross

nombre masculino **1** Carrera que se hace a través del campo, normalmente en moto o en bicicleta.
👁 El plural es: cross.

C
c

cruasán

nombre masculino **1** Bollo de hojaldre con forma de media luna.
👁 También se escribe: croissant.

cruce

nombre masculino **1** Lugar o punto donde se encuentran dos o más calles, caminos o carreteras. También es un paso señalado en una calle para que crucen los peatones. ✍400
2 Mezcla de señales que impide la comunicación en el teléfono, radio o televisión. Cuando se produce un cruce en la línea telefónica oímos la conversación que mantienen otras personas.
3 Mezcla de dos especies de plantas o animales para obtener una nueva variedad o raza. El mulo es el resultado del cruce de una yegua y un asno.

crucero

nombre masculino **1** Viaje turístico que se hace en barco parando en distintos lugares. En un crucero el barco sirve de hotel a los pasajeros.
2 Barco de guerra muy rápido y con muchas armas.

crucificar

verbo **1** Clavar a una persona en una cruz. Los romanos crucificaron a Jesucristo.
👁 Se escribe 'qu' delante de 'e', como: crucifiquen.

crucifijo

nombre masculino **1** Imagen o figura que representa a Jesucristo en la cruz.

crucifixión

nombre femenino **1** Acción que consiste en clavar a una persona en una cruz.
👁 El plural es: crucifixiones.

crucigrama

nombre masculino **1** Pasatiempo que consiste en rellenar los huecos de unas casillas horizontales y verticales con las letras o sílabas de las palabras que se definen aparte.

crudo, cruda

adjetivo **1** Se dice del alimento que no está cocinado, o que lo está muy poco.

adjetivo y nombre masculino **2** Se dice del color que está entre el blanco y el amarillo, parecido al color crema.

adjetivo **3** Se dice del clima que es muy frío y poco agradable.
4 Que es muy duro, cruel y hace sufrir o es desagradable: *Se enfadó conmigo y me dirigió unas palabras muy crudas.*
5 Que es muy difícil de hacer o conseguir: *Como no estudies más, lo vas a tener muy crudo para aprobar el examen.* Es un uso informal. ✖ chungo. ✖ chupado.

nombre masculino **6** Sustancia mineral de la que se extrae el petróleo después de ser tratada y refinada.

cruel

adjetivo **1** Que disfruta haciendo sufrir a los demás o que deja que alguien sufra sin sentir compasión.

crueldad

nombre femenino **1** Forma de tratar el sufrimiento de los demás sin ninguna compasión: *Le dijo con crueldad que no quería volver a verlo.*
2 Acción cruel y sin compasión. Lastimar plantas o animales es una crueldad.

crujir

verbo **1** Hacer un ruido parecido al que se oye cuando se parte una madera o se pisan hojas secas.

cruz

nombre femenino **1** Figura formada por dos líneas u objeto formado por dos barras o palos que se cruzan de forma perpendicular. La suma se representa con una cruz.
2 Figura formada por dos líneas en forma de equis.
3 Sufrimiento o pena que una persona tiene que soportar durante cierto tiempo o incluso durante toda su vida.
4 Lado de una moneda donde suele aparecer escrito el valor que tiene y una imagen de un animal o una cosa, como un águila, un escudo o un edificio.
👁 El plural es: cruces.

cruzado, cruzada

adjetivo **1** Que está atravesado o que tiene forma de cruz.

cruzar

verbo **1** Ir de un lado a otro de un lugar. Cruzamos la calle cuando vamos

de una acera a otra. ※ atravesar.
2 Poner una cosa sobre otra en forma de cruz. Podemos cruzar los brazos o las piernas.
3 Intercambiar dos o más personas un saludo, una mirada o unas palabras.
4 Juntar un animal con otro de una raza distinta, pero de la misma especie, para que tengan crías.
5 cruzarse Pasar por el mismo sitio dos o más personas o cosas pero en distintas direcciones: *Te has cruzado con tus amigos y no te has dado ni cuenta.*
👁 Se escribe 'c' delante de 'e', como: crucé.

cu
nombre femenino **1** Nombre de la letra 'q'. 'Queso' empieza por cu.

cuaderno
nombre masculino **1** Conjunto de hojas en blanco agrupadas en forma de libro que sirve para poder escribir en él. ☞593

cuadra
nombre femenino **1** Lugar donde viven o se guardan los caballos y los burros.
2 Conjunto de caballos que pertenecen a un mismo dueño.

cuadrado, cuadrada
nombre masculino **1** Figura geométrica que tiene cuatro lados iguales y cuatro ángulos rectos.
adjetivo **2** Se dice de cualquier objeto que tiene forma de cuadrado. Las ventanas, las habitaciones y las cajas suelen ser cuadradas.
3 Que tiene un cuerpo fuerte y musculoso. Los deportistas están cuadrados. Es un uso informal.
nombre masculino **4** En matemáticas, número que resulta después de multiplicar otro por sí mismo. El cuadrado de 2 es 4.

cuadrar
verbo **1** Hacer que dos cosas se ajusten o se correspondan. Un zapato que no es de nuestra talla no cuadra con el tamaño de nuestro pie.
2 cuadrarse Ponerse de pie, con los pies unidos por los talones y separados por las puntas. Los soldados se cuadran delante de un militar de rango superior.

cuadrícula
nombre femenino **1** Conjunto de pequeños cuadros dibujados en una superficie.

cuadriculado, cuadriculada
adjetivo **1** Se dice del papel que tiene cuadros dibujados en su superficie.

cuadriga
nombre femenino **1** Carro romano que era arrastrado por cuatro caballos uno al lado de otro.

cuadrilátero
nombre masculino **1** Figura geométrica que tiene cuatro lados.
2 Plataforma cuadrada en la que se desarrollan los combates de boxeo. ※ ring.

cuadrilla
nombre femenino **1** Conjunto de personas que realizan juntas alguna actividad festiva o de trabajo. ☞200
2 Conjunto de toreros que ayudan al torero principal en una corrida.

cuadro
nombre masculino **1** Pintura o dibujo colocado dentro de un marco. Los museos de arte están llenos de cuadros.
2 Figura plana de cuatro lados iguales. Las faldas y las camisas escocesas tienen cuadros.
3 Resumen esquemático de una información o de unos datos, que se presenta dentro de un recuadro de forma que se vean claramente los puntos más importantes y las relaciones que existen entre ellos. En este diccionario hay cuadros de gramática.
4 Grupo de personas que pertenecen a una misma profesión dentro de una organización determinada. Hablamos del cuadro de profesores de un colegio o del cuadro de médicos de un hospital.

cuadrúpedo, cuadrúpeda
adjetivo y nombre **1** Se dice del animal que tiene cuatro patas o pies.

cuádruple
adjetivo y nombre masculino **1** Que resulta de multiplicar por cuatro una cantidad. 16 es el cuádruple de 4.

cuajada
nombre femenino **1** Alimento que se hace a partir de la leche y que consiste en una sustancia blanda y blanca pareci-

C
C

da al yogur. La cuajada se suele tomar con azúcar o miel.

cuajar
verbo **1** Tomar forma sólida un alimento que se prepara a partir de un líquido como leche o huevo. Cuando la tortilla cuaja, el huevo se pone sólido.
2 Cubrir la nieve el suelo y permanecer sin derretirse durante cierto tiempo.
3 Ser una idea o algo nuevo bien aceptado. Si un plan no cuaja, es difícil llevarlo a cabo.

cual
pronombre relativo **1** Hace referencia a una persona o una cosa de la que ya hemos hablado antes. Se utiliza siempre detrás del artículo determinado: *El periódico, en el cual participamos todos, ha recibido un premio.*
👁 Como pronombre relativo no se acentúa; no lo confundas con la forma interrogativa 'cuál', que siempre se acentúa.

cuál
pronombre interrogativo **1** Se utiliza para pedir que alguien escoja o señale una cosa o persona dentro de un grupo determinado: *¿Cuál te gusta más?*
👁 Como interrogativo siempre se acentúa; no lo confundas con la forma del pronombre relativo 'cual', que no se acentúa.

cualidad
nombre femenino **1** Forma o modo de ser de una persona o cosa que hace que sean como son. El frío es una cualidad del hielo; la bondad es la cualidad de las personas buenas.
2 Aspecto bueno o positivo de la manera de ser de las personas: *Tiene más cualidades que defectos.* Con este significado, se utiliza más en plural.

cualificado, cualificada
adjetivo **1** Que está muy bien preparado para hacer un trabajo especializado.

cualitativo, cualitativa
adjetivo **1** De la calidad o que tiene relación con ella. Si en un barrio se crean zonas verdes, se produce una mejora cualitativa del barrio.

cualquier
determinante indefinido **1** Se utiliza para indicar que no importa una persona o cosa concreta: *Cualquier día es bueno para salir de excursión.*

cualquiera
pronombre indefinido **1** Se refiere a una cosa o persona dentro de un grupo que no importa exactamente cuál es: *Cualquiera sabría contestar esa pregunta.*
👁 El plural es: cualesquiera.

cuando
conjunción **1** Indica el tiempo en el que sucede algo: *Cuando era pequeño, me subía a los árboles.*
👁 No lo confundas con la forma del adverbio interrogativo 'cuándo', que siempre se acentúa.

cuándo
adverbio **1** Se utiliza para preguntar sobre el momento en el que pasa o sucede una cosa: *¿Cuándo volveremos a vernos?*
👁 Como adverbio siempre se acentúa; no lo confundas con la conjunción 'cuando', que nunca se acentúa.

cuantía
nombre femenino **1** Cantidad de algo, especialmente cantidad de dinero: *¿A cuánto asciende la cuantía de sus gastos?*

cuantioso, cuantiosa
adjetivo **1** Que es grande en cantidad.

cuantitativo, cuantitativa
adjetivo **1** Que tiene relación o expresa la cantidad de una cosa. La estadística maneja datos cuantitativos.

cuanto, cuanta
adjetivo relativo **1** Todo lo que: *Le gustan cuantos juguetes ve anunciados.*
2 Indica una cantidad que no está determinada y depende de otra: *Cuantas menos horas dediques al trabajo, peor te saldrá.*
adverbio **3** Indica una cantidad indeterminada: *Cuanto más tarde llegues, más tardarás en salir.*
en cuanto Inmediatamente después de que ocurra lo que se expresa. Las personas madrugadoras se levantan en cuanto amanece.
en cuanto a Introduce algo sobre lo que se va a hablar o escribir: *En*

cuanto a lo de ayer, no te preocupes, que ya está solucionado.

cuánto, cuánta

determinante y pronombre interrogativo **1** Pregunta por la cantidad, la duración o el valor del nombre al que acompaña: *¿Cuántos días tiene un año bisiesto?*

determinante y pronombre exclamativo **2** Expresa sorpresa por la cantidad, la duración o el valor del nombre al que acompaña: *¡Cuántos días sin vernos!*

pronombre interrogativo **3** Pregunta por la cantidad, la duración o el precio de algo de lo que se está hablando: *¿Cuánto vas a tardar? ¿Cuánto es?*

pronombre exclamativo **4** Expresa sorpresa por la cantidad tan grande de algo: *¡Cuánto ha nevado esta noche!*

cuarenta

numeral cardinal **1** Indica que el nombre al que acompaña está 40 veces: *Tiene cuarenta años.*

numeral ordinal **2** Que ocupa el lugar número 40 en una serie ordenada: *El corredor llegó el cuarenta a la meta.*

nombre masculino **3** Nombre del número 40.

cantar las cuarenta Decir con claridad a alguien las quejas que se tienen de él aunque le moleste.

cuarentena

nombre femenino **1** Espacio de tiempo en el que transcurren cuarenta días, meses o años.

2 Espacio de tiempo en el que una persona o animal enfermos deben permanecer aislados para no contagiar a otros.

cuaresma

nombre femenino **1** En la religión cristiana, periodo de tiempo que va desde el miércoles de ceniza hasta la pascua de resurrección.

cuartel

nombre masculino **1** Edificio donde viven los soldados y otros grupos como policías o guardias civiles.

cuartel general Lugar donde se establece el jefe de un ejército. También lugar desde donde se lleva la dirección de un partido político u organización.

cuartelillo

nombre masculino **1** Edificio de un puesto de la guardia civil, de policía, de los bomberos o de una sección de una tropa.

cuarteto

nombre masculino **1** Conjunto musical de cuatro instrumentos o de cuatro voces. También es la composición musical hecha para ser interpretada por cuatro instrumentos o cuatro voces.

2 Estrofa de cuatro versos de más de ocho sílabas en la que riman el primero con el último y el segundo con el tercero.

cuartilla

nombre femenino **1** Hoja de papel para escribir, que tiene el tamaño de medio folio.

cuarto, cuarta

numeral ordinal **1** Que ocupa el lugar número 4 en una serie ordenada. En una cola eres el cuarto si tienes tres personas delante.

adjetivo y nombre masculino **2** Se dice de cada una de las cuatro partes iguales en que se divide un conjunto. Una hora tiene cuatro cuartos.

nombre masculino **3** Habitación de una casa, especialmente si es pequeña.

4 Fase de la Luna en que sólo se ve una parte de ella. En el cuarto creciente, cada día se ve más grande la Luna; en el cuarto menguante, cada día se ve más pequeña.

nombre masculino plural **5 cuartos** Bienes o dinero que tiene una persona: *Lo he gastado todo, me he quedado sin cuartos.*

cuarto de baño Habitación con lavabo, retrete, bañera y otros servicios que sirve para el aseo de las personas.

cuarto de estar Habitación de la casa donde la familia se reúne para descansar y charlar.

cuarzo

nombre masculino **1** Mineral muy duro que puede ser de varios colores, según las sustancias con que esté mezclado. El cuarzo se encuentra en las rocas o en la arena.

cuatrienio

nombre masculino **1** Periodo de tiempo que dura cuatro años.

cuatrimestre

nombre masculino **1** Periodo de tiempo que dura cuatro meses.

C

cuatro

numeral cardinal **1** Indica que el nombre al que acompaña está 4 veces. Los caballos tienen cuatro patas.

2 Indica poca cantidad de cosas o personas. Cuando ha llovido muy poco y de forma breve decimos que han caído cuatro gotas.

numeral ordinal **3** Que ocupa el lugar número 4 en una serie ordenada: *Es el cuatro de la lista de clase.*

nombre masculino **4** Nombre del número 4.

cuatrocientos, cuatrocientas

numeral cardinal **1** Indica que el nombre al que acompaña está 400 veces.

numeral ordinal **2** Que ocupa el lugar número 400 en una serie ordenada.

nombre masculino **3** Nombre del número 400.

cuba

nombre femenino **1** Recipiente grande de madera con forma de cilindro un poco más ancho por el centro. Las cubas se utilizan para contener líquidos, especialmente bebidas alcohólicas. ※ tonel, barril.

cubalibre

nombre masculino **1** Bebida alcohólica compuesta por un refresco de cola mezclado con ron o con otro tipo de licor. ※ cubata.

cubano, cubana

adjetivo y nombre **1** Se dice de la persona o cosa que es de Cuba, país de América Central.

cubata

nombre masculino **1** Cubalibre.
👁 Es una palabra informal.

cubertería

nombre femenino **1** Conjunto de cucharas, tenedores, cuchillos y otros utensilios necesarios para comer y servir los alimentos.

cubeta

nombre femenino **1** Recipiente sin tapa que se utiliza especialmente para contener líquidos en laboratorios de química o de fotografía.

cubierta

nombre femenino **1** Cosa que se pone sobre algo para cubrirlo o taparlo. La cubierta de un colchón lo protege.

2 Tapa de los libros, que suele ser más dura que las hojas.

3 Parte de fuera de las ruedas de los coches o de otros vehículos.

4 Estructura exterior que cubre un barco y por donde la gente puede ir. ✏ 196

cubierto

nombre masculino **1** Utensilio que se utiliza para servir y comer los alimentos en el plato. Las cucharas, los tenedores y los cuchillos son cubiertos.

2 Servicio de mesa que se pone para cada comensal. El cubierto está formado por los platos, los vasos, los cubiertos y la servilleta.

3 Comida para una persona que se sirve en un restaurante. ※ menú.

cubilete

nombre masculino **1** Vaso que se utiliza para mover y tirar los dados en algunos juegos de mesa.

cubito

nombre masculino **1** Trozo de hielo pequeño que normalmente tiene forma de cubo. Los refrescos se sirven en un vaso con cubitos de hielo.

cubo

nombre masculino **1** Recipiente de metal, madera o plástico con una o dos asas en su borde que sirve para guardar o transportar líquidos u otras sustancias. Se utiliza sobre todo en tareas domésticas.

2 Cuerpo sólido formado por seis superficies cuadradas iguales.

3 En matemáticas, resultado de multiplicar un número por sí mismo dos veces. 8 es el cubo de 2 porque $2 \times 2 \times 2 = 8$.

cubrir

verbo **1** Poner una cosa por encima o sobre otra para protegerla, ocultarla o adornarla. Los suelos se cubren con alfombras.

2 Proteger a una persona de un peligro. Los policías se cubren unos a otros cuando tienen que detener a un delincuente peligroso y armado.

3 Recorrer una determinada distancia: *Cubre varios kilómetros al día para entrenarse.*

4 Seguir el desarrollo de un suceso o un acontecimiento para después dar la información sobre ello. Los periodistas políticos cubren todas las noticias relacionadas con la política.
5 Ocupar una plaza de trabajo que está libre.
6 Dar o llenar con una gran cantidad de algo, como besos, flores, esperanza, insultos u otras cosas.
7 Defender un jugador una zona del campo o estar junto a un contrario para dificultar su juego.
8 cubrirse Ponerse algo que tape la cabeza, como un sombrero o un pañuelo.
👁 El participio es: cubierto.

cucaracha
nombre femenino
1 Insecto de forma ovalada, que habita en las viviendas de casi todo el mundo; sale de sus escondites de noche y se alimenta de restos de comida. Hay distintos tipos de cucaracha; las más normales son las de color negro o rojizo.

cuchara
nombre femenino
1 Utensilio formado por un mango largo y una pequeña parte ovalada y poco profunda al extremo del mango. La cuchara es el cubierto que se utiliza para tomar alimentos más o menos líquidos, como sopas o purés.

cucharada
nombre femenino
1 Cantidad de alimento o de líquido que cabe en una cuchara.

cucharilla
nombre femenino
1 Cuchara pequeña. Utilizamos cucharillas para remover el azúcar en el café o para comer helados.

cucharón
nombre masculino
1 Utensilio de cocina formado por media esfera y un mango largo; se utiliza para servir líquidos, como la sopa. ✂ cazo. ✍ 793
👁 El plural es: cucharones.

cuchichear
verbo
1 Hablar en voz baja o al oído de alguien, para que no se enteren otros.

cuchicheo
nombre masculino
1 Sonido que se produce al hablar en voz baja o cuchichear.

cuchilla
nombre femenino
1 Lámina de metal que tiene un lado muy afilado por el cual corta. Las máquinas para cortar el césped tienen una o varias cuchillas.
2 Lámina muy fina de metal que tiene uno o dos filos cortantes y que se utiliza para afeitar la barba.

cuchillo
nombre masculino
1 Utensilio formado por un mango y una pieza de metal con el borde afilado que sirve para cortar los alimentos. ✍ 793

cuchitril
nombre masculino
1 Habitación o piso muy pequeño. Es una palabra despectiva.

cuclillas
en cuclillas Agachado con las piernas dobladas y el culo muy cerca del suelo.

en cuclillas

cuclillo
nombre masculino
1 Pájaro que tiene la cola y las alas largas, plumaje de colores vistosos y las patas con cuatro dedos, dos hacia delante y dos hacia atrás. Se alimenta de insectos y es frecuente en la península Ibérica. ✂ cuco.

cuco, cuca
adjetivo
1 Que es muy bonito o está hecho con buen gusto y detalles bonitos. Es un uso informal.
adjetivo y nombre
2 Que hace las cosas con ingenio y habilidad, en especial las que son beneficiosas para sí mismo: *El muy cuco se llevó la mejor parte en el reparto.* Es un uso informal.
nombre masculino
3 Cuclillo. En los relojes de cuco, aparece un cuco al dar las horas.

cucurucho
nombre masculino
1 Trozo de papel o cartón doblado en forma de cono con la base

C
—
C

C
—
c

abierta. Utilizamos un cucurucho de papel para meter castañas.
2 Gorro con forma de cono. Algunos payasos llevan cucuruchos de colores brillantes.

cuello
nombre masculino
1 Parte del cuerpo de las personas y de los animales que une la cabeza con el tronco.
2 Parte de una prenda de vestir que se coloca en la unión de la cabeza y el tronco. Los cuellos pueden ser redondos, cuadrados o en pico.
3 Parte superior y más estrecha de un objeto. Las botellas y otros recipientes tienen cuello.

cuenca
nombre femenino
1 Cavidad en que se encuentra cada uno de los ojos. ✕✕ órbita.
2 Territorio cuyas aguas van a parar al mismo río, lago o mar.
3 Territorio rodeado de montañas.
4 Territorio donde abunda un determinado mineral, que se extrae de sus minas.

cuenco
nombre masculino
1 Recipiente profundo y redondo, con la base más estrecha que la boca, que se utiliza para tomar alimentos más o menos líquidos.

cuenta
nombre femenino
1 Operación o conjunto de operaciones matemáticas que se hacen para averiguar un dato, como sumar, restar, multiplicar o dividir.
2 Factura con la cantidad de dinero que se debe pagar por algún servicio o producto. En los restaurantes, se pide la cuenta para pagar.
3 Cantidad de dinero que una persona tiene en el banco o caja de ahorros.
4 Explicación o justificación que da una persona por algo que ha hecho. Cuando llegamos tarde a casa, nuestros padres nos piden cuentas de lo que hemos hecho.
5 Responsabilidad u obligación que una persona toma sobre algo. Si decimos que los gastos del viaje corren de nuestra cuenta, nos comprometemos a pagar el importe de la factura. ✕✕ cargo.
6 Bola pequeña de distintos materiales que tiene un agujero en el centro y que sirve para hacer collares o pulseras.
ajustar las cuentas Reñir a una persona o decirle lo que se tiene contra él.
caer en la cuenta Percatarse de algo que no se comprendía, no se sabía o no se había notado.
cuenta corriente Cuenta que tiene una persona en un banco o caja de ahorros y que permite sacar o meter dinero en el momento que se quiera.

cuentagotas
nombre masculino
1 Tubito de vidrio o plástico con un capuchón de goma en un extremo y un agujerito en el otro, que sirve para verter y contar gota a gota un líquido.
con cuentagotas Indica que algo se da o recibe con tacañería o en cantidades muy pequeñas.

cuentakilómetros
nombre masculino
1 Aparato que indica el número de kilómetros que ha recorrido un vehículo.
👁 El plural es: cuentakilómetros.

cuentista
adjetivo
1 Que dice mentiras o exagera mucho las cosas que cuenta.
nombre masculino y femenino
2 Persona que escribe cuentos. Ana María Matute es una cuentista española.

cuentitis
nombre femenino
1 Acción de inventarse cosas una persona para conseguir algo o para llamar la atención de los demás: *No está enferma, es pura cuentitis para no ir al colegio.*
👁 El plural es: cuentitis.

cuento
nombre masculino
1 Historia corta real o imaginaria contada para entretener o enseñar, sobre todo a los niños. *Cenicienta* y *Pulgarcito* son cuentos populares. ✕✕ relato.
2 Cosa inventada que se cuenta como verdadera: *No le hagas caso, tiene mucho cuento.*
3 Cosa verdadera o falsa que se

dice de alguien con mala intención. ※ chisme.

venir a cuento Tener relación con lo que se cuenta.

cuerda
nombre femenino
1 Conjunto de hilos de cáñamo, esparto u otra materia que forman un solo hilo grueso que se usa para atar, colgar o sujetar cosas. ※ soga.
2 Hilo plástico o metálico que llevan algunos instrumentos musicales y que produce un sonido al vibrar. Los instrumentos que llevan estas cuerdas se llaman instrumentos de cuerda.
3 Pieza de metal flexible que mueve ciertos mecanismos, en especial los relojes. Muchos juguetes funcionan con cuerda. ✍ 193
cuerdas vocales Pliegues de los músculos que se encuentran en la garganta y que producen los sonidos de la voz al vibrar.
dar cuerda Animar a una persona a que hable: *No le des cuerda a Rosa, que es una pesada.* Es una expresión informal.

cuerdo, cuerda
adjetivo y nombre
1 Que tiene la mente sana. ※ juicioso. ※ loco; chiflado.
2 Que piensa, habla o actúa con prudencia. ※ sensato.

cuerno
nombre masculino
1 Pieza dura de forma curva y larga, generalmente acabada en punta, que sale de la frente de algunos animales, como los toros o los rinocerontes.
2 Antena de algunos animales, como los caracoles o las babosas.
3 Instrumento musical de viento con forma curva, generalmente como un cuerno. El cuerno tiene un sonido parecido al de la trompa.
mandar al cuerno Dejar de ocuparse de una cosa o enfadarse con una persona y dejar de interesarse por ella. Es una expresión informal. ※ mandar a la mierda.
romperse los cuernos Esforzarse mucho una persona para hacer una cosa. Los empollones se rompen los cuernos estudiando.

cuero
nombre masculino
1 Piel de algunos animales que ha sido tratada y pulida para fabricar objetos, como botas, bolsos o cazadoras.
cuero cabelludo Piel de la cabeza de las personas, donde nace el cabello.
en cueros Desnudo, sin ropa.

cuerpo
nombre masculino
1 Conjunto de las partes físicas que forman a una persona o a un animal. El cuerpo está formado por la cabeza, el tronco y las extremidades.
2 Tronco de una persona o un animal, diferenciado de la cabeza y las extremidades.
3 Parte de un vestido o una camisa que cubre desde el cuello y los hombros hasta la cintura, sin tener en cuenta las mangas.
4 Cualquier sustancia sólida, líquida o gaseosa.
5 Persona muerta.
6 Parte principal de un libro o un escrito.
7 Conjunto de personas que realizan una misma profesión, como el cuerpo de bomberos o el cuerpo nacional de policía.
8 Cada una de las partes que forman una cosa y que se pueden separar o considerar separadamente. Algunos muebles están formados por varios cuerpos.
9 Característica que tienen las cosas gruesas o espesas. Algunas telas tienen más cuerpo que otras.
a cuerpo Sin abrigo, normalmente sólo con una camisa o un jersey.
tomar cuerpo Empezar a hacerse realidad una idea o proyecto que se había pensado.

cuervo
nombre masculino
1 Pájaro de color negro brillante, de pico grueso y fuerte. Se alimenta generalmente de carne, a veces de animales muertos, pero también de insectos y hasta de fruta.

cuesta
nombre femenino
1 Terreno o suelo inclinado, en especial tramo en pendiente de una

C
---
c

calle, de una carretera o de un camino. ✖✖ pendiente.

a cuestas Sobre los hombros o las espaldas: *El padre llevaba a su hijo a cuestas.*

cuestión
nombre femenino

1 Asunto que se plantea para solucionarlo o para darle una respuesta. Las preguntas de un examen son cuestiones que hay que contestar.
2 Problema, dificultad o duda que se presenta en una determinada situación.
◉ El plural es: cuestiones.

cuestionar
verbo

1 Poner en duda lo que afirma o asegura una persona. Cuando alguien cuestiona lo que decimos, tenemos que intentar convencerle de que es verdad.

cuestionario
nombre masculino

1 Conjunto de cuestiones o preguntas relativas a un tema o asunto que están impresas en un papel para ser contestadas.
2 Lista o programa de temas que se tratan en un libro, en un curso, en unas oposiciones o en una materia determinada.

cueva
nombre femenino

1 Cavidad profunda que hay bajo tierra o entre montañas. En las paredes de algunas cuevas se han encontrado restos de pinturas realizadas por los hombres primitivos. ✖✖ caverna.

cuezo
nombre masculino

1 Recipiente de madera de forma cuadrada, ancho y poco profundo, en donde los albañiles amasan el yeso u otros materiales.

cuidado
nombre masculino

1 Acción que consiste en estar una persona pendiente de otra persona o de una cosa, para que no sufra ningún daño o se encuentre en buenas condiciones. Los padres se preocupan por el cuidado de sus hijos.
2 Atención e interés que pone una persona en hacer algo bien o en evitar un peligro. Hay que conducir con cuidado.

interjección **3 ¡cuidado!** Se usa para avisar a una persona de que debe poner mucha atención a causa de un posible peligro.

cuidadoso, cuidadosa
adjetivo

1 Que pone mucho cuidado y atención en las cosas que hace o dice, para que sean lo más perfectas posible.
2 Se dice de la persona que trata las cosas con cuidado y delicadeza. Hay que ser cuidadoso con los libros.

cuidar
verbo

1 Estar una persona pendiente de otra persona o de una cosa, para que no sufra ningún daño o se encuentre en buenas condiciones.
2 Poner mucha atención e interés en hacer algo o en que algo sea de determinada manera. Los organizadores de un acto cuidan todos los detalles para que salga bien.
3 cuidarse Prestar una persona mucha atención a su salud o a su imagen física. En invierno hay que cuidarse para no coger una gripe.

culata
nombre femenino

1 Parte trasera de un arma de fuego que sirve para sujetarla mientras se dispara.

culebra
nombre femenino

1 Serpiente de tamaño pequeño o mediano, que puede tener la piel de diversos colores, lisa o dibujada. La culebra se alimenta de pequeños pájaros y de ratones.

culebrón
nombre masculino

1 Serie de televisión muy larga y con muchos capítulos, en la que se exageran mucho las cosas para mantener la atención de los espectadores. ✖✖ telenovela.
◉ El plural es: culebrones.

culera
nombre femenino

1 Desgaste o parche de una prenda de vestir en la parte que cubre el culo.

culminación
nombre femenino

1 Cosa que supone el mayor logro dentro de un aspecto de la vida; la medalla de oro es la culminación de la carrera de muchos deportistas. También es el punto en que una cosa alcanza su mejor momento o su máxima intensidad.

culminante
adjetivo **1** Se dice de una cosa cuando ha llegado al punto más alto, de mayor intensidad o calidad: *Está en el punto culminante de su carrera.*

culminar
verbo **1** Llegar algo a su punto más alto, más importante o más intenso. La música religiosa culmina con Bach. **2** Llegar al final de una actividad o de una tarea: *La búsqueda culminó cuando encontraron a los desaparecidos.* ✖ terminar.

culo
nombre masculino **1** Parte trasera del cuerpo de las personas y de los animales, situada entre el final de la espalda y el principio de las piernas. Cuando nos sentamos apoyamos el culo en la silla. ✖ trasero; pompis. **2** Agujero en el que termina el intestino. Los supositorios se introducen por el culo. ✖ ano. **3** Parte inferior de una botella, un vaso u otro recipiente, sobre la que se apoyan. **4** Cantidad pequeña de líquido que queda en el fondo de un recipiente.
caerse de culo Sorprenderse mucho por algo: *Cuando me dio la noticia, casi me caigo de culo.* Es una expresión informal.

culpa
nombre femenino **1** Responsabilidad o causa de que se haya producido un suceso o una acción: *Lo siento, ha sido culpa mía, yo le dije que lo hiciera.* **2** Falta o delito cometido por alguien: *Los criminales pagan sus culpas en la cárcel.*

culpabilidad
nombre femenino **1** Circunstancia de ser una persona culpable de una falta o un delito.

culpable
adjetivo y nombre masculino y femenino **1** Se dice de la persona o la cosa que es la causa de algo negativo. El tráfico puede ser el culpable de que una persona llegue tarde a una cita.

2 Que ha sido declarado por un juez o un tribunal como autor de una falta o un delito.

culpar
verbo **1** Decir que una persona o una cosa tiene la culpa de un delito, una falta o una acción negativa.

cultivar
verbo **1** Trabajar la tierra y cuidar las plantas para que produzcan frutos. **2** Hacer que se desarrollen seres vivos en un medio adecuado. En las piscifactorías se cultivan peces. ✖ criar. **3** Practicar un arte o una ciencia. Los poetas cultivan la poesía. **4** Hacer lo necesario para mejorar o mantener un conocimiento, una cualidad o una relación con alguien. Cultivamos la memoria, nuestro cuerpo o la amistad.

cultivo
nombre masculino **1** Trabajo que se hace para que la tierra produzca sus frutos. El arado, la poda o el riego forman parte de las tareas de cultivo. **2** Terreno cultivado. ✎ 597 **3** Cría y desarrollo de seres vivos con fines industriales o científicos. Hay cultivos de ostras, de bacterias o de gusanos de seda. **4** Práctica que se hace para que algo se desarrolle o mejore.

culto, culta
adjetivo **1** Que tiene cultura o una cantidad considerable de conocimientos generales. ✖ inculto. **2** Se dice de las palabras o expresiones que son usadas normalmente o se consideran propias de las personas con cultura.
nombre masculino **3** Veneración y respeto con que se adora a Dios o a lo que se considera divino. Los católicos rinden culto a la Virgen. **4** Conjunto de ceremonias con que se expresa o manifiesta adoración a Dios o lo que se considera divino. La misa forma parte del culto católico.

cultura
nombre femenino **1** Conjunto de los conocimientos generales que tiene una persona.

C
—
C

C
c

La cultura se va adquiriendo mediante el estudio, la lectura y la relación con otras personas.
2 Conjunto de los conocimientos, las manifestaciones artísticas, las costumbres, las ideas y el desarrollo tecnológico y social de un pueblo o de una época. Los libros y los restos arqueológicos son muestras de la cultura clásica.

culturismo

nombre masculino **1** Conjunto de actividades físicas y ejercicios de gimnasia que sirven para hacer más fuertes y más grandes los músculos del cuerpo.

cumbre

nombre femenino **1** Parte más alta de una montaña. ✕✕ cima; cúspide.
2 Punto más alto al que se puede llegar en una actividad. Los gimnastas suelen alcanzar muy jóvenes la cumbre del éxito deportivo.

cumpleaños

nombre masculino **1** Día en que se celebra el aniversario del nacimiento de una persona.
👁 El plural es: cumpleaños.

cumplidor, cumplidora

adjetivo **1** Que cumple bien los compromisos o las cosas que tiene que cumplir. En las personas cumplidoras se puede confiar.

cumplimentar

verbo **1** Rellenar un impreso con los datos que se piden. Para solicitar una beca deben cumplimentarse unos impresos.

cumplir

verbo **1** Hacer lo que se debe, bien porque es una obligación o porque la persona se ha comprometido a ello. Se puede cumplir una orden, una promesa o un encargo.
2 Llegar a tener la edad que se dice un día concreto: *Hoy cumplo once años. Mañana se cumplen tres años desde que vinimos a vivir a esta casa.*
3 cumplirse Acabar un plazo el día que se dice: *Hoy se cumple el plazo de entrega de matrículas.*
4 cumplirse Ocurrir algo que se había dicho que iba a pasar o que

se desea. *Espero que tus deseos se cumplan.*

cuna

nombre femenino **1** Cama pequeña para bebés y niños pequeños. Suelen tener piezas rectangulares de madera u otro material en sus cuatro lados para que el niño quede más protegido.
2 Lugar donde una persona o una cosa han nacido o surgido: *Italia es cuna de grandes artistas.*

cundir

verbo **1** Servir de mucho una pequeña cantidad de algo. Los productos concentrados cunden mucho.
2 Hacerse muchas cosas o mucho trabajo en muy poco tiempo. Si el trabajo es difícil, no cunde.
3 Extenderse un sentimiento, una noticia o una enfermedad entre la gente. En una emergencia es muy peligroso que cunda el pánico.

cuneta

nombre femenino **1** Hueco estrecho que hay a cada lado de una carretera o camino y que sirve para recoger el agua de la lluvia. Las cunetas mantienen las carreteras libres de charcos.

cuña

nombre femenino **1** Objeto de madera o de metal que termina en ángulo recto. Las cuñas se meten en un hueco para hacer una función determinada, como subir la pata de una silla que está coja.
2 Recipiente que usan como orinal los enfermos que no se pueden levantar de la cama.
3 Espacio corto de tiempo que se deja en la radio y en la televisión para hacer publicidad.

cuñado, cuñada

nombre **1** Hermano o hermana del esposo o esposa de una persona. ✎ 197
2 Esposa o esposa de un hermano o hermana. ✎ 197

cuota

nombre femenino **1** Cantidad de dinero que tenemos que pagar por ciertas cosas, como por ser socios de un club o por un impuesto.
2 Parte que nos corresponde de una cosa que se reparte.

C
c

cupón
nombre masculino **1** Trozo de papel que tiene un valor determinado y si se junta con otros iguales se pueden cambiar por otra cosa: *Si reúnes 20 cupones, te regalan unos pendientes.* **2** Trozo de papel con un número escrito que se compra para participar en un sorteo o una lotería. ☞ En plural es: cupones.

cúpula
nombre femenino **1** Techo o cubierta en forma de media esfera que cubre un edificio.

cura
nombre masculino **1** Hombre que está a cargo de una iglesia católica. Los curas celebran la misa. ⚒ sacerdote.
nombre femenino **2** Tratamiento que se aplica a una herida o a un enfermo para que se cure.

curación
nombre femenino **1** Recuperación de la salud. Casi todas las enfermedades tienen curación. **2** Acción que consiste en aplicar los remedios convenientes a una enfermedad o herida para curarlas. **3** Preparación de ciertos alimentos, como pescados o carnes, para que se conserven mucho tiempo. La curación de los jamones se hace enterrándolos en sal. ☞ El plural es: curaciones.

curandero, curandera
nombre **1** Persona que cura por medio de métodos naturales o de la magia. Los curanderos no tienen estudios de medicina y no pueden ejercer en hospitales.

curar
verbo **1** Cuidar de una persona o animal enfermo para que se ponga bien o hacer que desaparezan su enfermedad o heridas. ⚒ sanar. **2** Aplicar los remedios convenientes a una enfermedad o herida para que desaparezca. Las heridas pequeñas se curan en casa con alcohol y mercromina. **3** Preparar carnes o pescados, exponiéndolos al aire o al humo o salándolos para conservarlos durante mucho tiempo.

curativo, curativa
adjetivo **1** Que sirve para curar.

curiosear
verbo **1** Hacer lo posible por enterarse de los asuntos privados de los demás, especialmente cuando se hace preguntando a otros a escondidas o registrando las cosas personales de otras personas. ⚒ fisgonear.

curiosidad
nombre femenino **1** Deseo o interés muy grande que tiene una persona por aprender o conocer una cosa. **2** Cosa que llama la atención y hace que la gente se interese por ella, especialmente cuando se trata de un objeto raro o que está fuera de lo común.

curioso, curiosa
adjetivo y nombre **1** Que tiene mucho interés en aprender o en conocer algo. Las personas curiosas siempre están dispuestas a ampliar sus conocimientos.
adjetivo **2** Se dice de las cosas que llaman la atención y hacen que la gente se interese por ellas, porque son raras, extraordinarias o están fuera de lo común: *¡Qué curioso!, nunca había visto un ordenador tan pequeño.* **3** Que cuida mucho su aseo personal y que hace las cosas con mucha limpieza y orden. También se dice de las cosas que están muy limpias y ordenadas.

currar
verbo **1** Trabajar. Es un uso informal. **2** Dar golpes a una persona. Es un uso informal. ⚒ pegar.

cursi
adjetivo **1** Se dice de la persona o la cosa que pretende ser tan fina y elegante que resulta ridícula.

cursilada
nombre femenino **1** Acción, dicho o cosa que se considera cursi.

cursillo
nombre masculino **1** Curso de corta duración sobre una materia muy específica.

cursiva
nombre femenino **1** Tipo de letra impresa que se inclina hacia la derecha. En este

C

curso

C

diccionario, los ejemplos van en cursiva.

curso

nombre masculino **1** Periodo de tiempo dentro del año que se dedica a la enseñanza y durante el cual los alumnos deben asistir a clase. El curso empieza en septiembre y acaba en junio. **2** Cada uno de los grados o divisiones, generalmente de un año, de un ciclo de enseñanza o de un conjunto completo de estudios. Para pasar de curso hay que aprobar casi todas las asignaturas. **3** Conjunto de lecciones o de conferencias que sirven para aprender sobre un tema o una materia determinada. También se llama curso al libro o material audiovisual o informático que contiene ese conjunto de lecciones: *Me he comprado un curso de alemán en CD-ROM.* **4** Movimiento y recorrido que sigue una corriente de agua cuando circula por un cauce.

cursor

nombre masculino **1** Señal o marca que aparece en la pantalla de un ordenador e indica exactamente el lugar donde se está y se puede escribir o dibujar.

curtir

verbo **1** Dar a las pieles de animales un tratamiento especial para utilizarlas en la fabricación de distintas cosas, como chaquetas o bolsos. **2** Endurecer, secar y poner morena la piel de una persona por pasar mucho tiempo al sol sin protección. **3** Acostumbrarse a las dificultades y los sufrimientos de la vida de manera que dejen de afectar.

curva

nombre femenino **1** Cualquier figura o línea que tiene forma curva. Cuando las carreteras cambian de dirección, forman curvas.

curvo, curva

adjetivo **1** Que forma una línea que no es recta, pero que tampoco tiene ángulos. Un trozo de una circunferencia es una línea curva.

cuscurro

nombre masculino **1** Punta de una barra de pan. Los cuscurros tienen mucha corteza.

cúspide

nombre femenino **1** Parte más alta de una montaña. ✖✖ cima; cumbre; pico. **2** Punto más alto al que se puede llegar en una actividad. ✖✖ cima; cumbre. **3** Parte más alta de algunas cosas, generalmente acabada en punta, como la cúspide de una pirámide.

custodiar

verbo **1** Mantener a una persona o una cosa permanentemente guardada y vigilada para impedir que se escape o sea robada o para protegerla de algún peligro. ☞ Se conjuga como: cambiar; la 'i' no lleva nunca acento de intensidad.

cutis

nombre masculino **1** Piel de las personas, especialmente la de la cara. ☞ El plural es: cutis.

cutre

adjetivo **1** Que es pobre o de mala calidad y está descuidado y sucio: *¡Qué tienda tan cutre!, lo tienen todo desordenado y sucio.* ☞ Es una palabra informal.

cuyo, cuya

pronombre relativo **1** Indica que el nombre que va detrás pertenece a la persona o cosa que se ha dicho antes: *El Quijote comienza así: 'En un lugar de la Mancha, de cuyo nombre no quiero acordarme...'.*

D d

d
nombre femenino

1 Cuarta letra del alfabeto español. La 'd' es una consonante.

dado
nombre masculino

1 Pieza en forma de cubo con números o signos en sus seis caras; se utiliza en algunos juegos como el parchís.

daltonismo
nombre masculino

1 Defecto de la vista que consiste en no poder distinguir ciertos colores, en especial el verde y el rojo.

dama
nombre femenino

1 Mujer distinguida, en especial la que tiene una educación buena y refinada.
2 Forma de dirigirse a las mujeres. Se emplea en la expresión: damas y caballeros.

nombre femenino plural

3 damas Juego que se juega entre dos personas sobre un tablero dividido en 64 cuadros con fichas blancas y negras; las fichas se mueven en diagonal.
dama de honor Mujer joven que forma parte del acompañamiento de otra mujer en algunas ceremonias, como una boda.

damnificado, damnificada
adjetivo y nombre

1 Se dice de las personas que han sufrido un daño: *Los damnificados por la inundación reclaman ayuda.* ✖✖ afectado; perjudicado.

danés, danesa
adjetivo y nombre

1 Se dice de la persona o cosa que es de Dinamarca, país del norte de Europa.

nombre masculino

2 Lengua que se habla en Dinamarca; es una lengua germánica, como el inglés y el noruego.
👁 El plural de 'danés' es: daneses.

danza
nombre femenino

1 Conjunto de movimientos que se hacen con el cuerpo siguiendo el ritmo de una canción o de la música. ✖✖ baile.

danzar
verbo

1 Mover el cuerpo siguiendo el ritmo de la música. ✖✖ bailar.
👁 Se escribe 'c' delante de 'e', como: dancen.

dañar
verbo

1 Causar daño. Las grandes heladas dañan los árboles frutales; el sol nos puede dañar la vista.

dañino, dañina
adjetivo

1 Que causa daño. Fumar es muy dañino para la salud. ✖✖ perjudicial.

daño
nombre masculino

1 Dolor o molestia. Un golpe nos hace daño.
2 Mal, pérdida o desgracia producidos por alguna persona o cosa. Después de un incendio se comprueban los daños; la muerte de un ser querido produce mucho daño.

dar
verbo

1 Hacer que una cosa propia pase a ser de otra persona sin cobrar nada por ello. ✖✖ regalar.
2 Poner una cosa al alcance de una persona o a su disposición: *¿Puede darme fuego? Me has dado una idea.* ✖✖ entregar.
3 Hacer saber una cosa o cambiar el estado de ánimo de una persona. Se dan recados, permisos, noticias, alegrías, disgustos o esperanzas a otras personas.
4 Realizar una acción, como dar saltos, dar un paseo, dar un abrazo o dar un rodeo.

D
—
d

5 Producir o ser origen de algo. Los árboles frutales dan fruta; las especias dan sabor a las comidas.
6 Ofrecer o celebrar algo, como una fiesta, una clase o una película: *No sé qué película dan hoy en la tele.*
7 Sonar las horas en un reloj: *Acaban de dar las once.*
8 Abrir el paso y permitir la circulación de algo, como el gas, la electricidad o el agua: *Todavía no les han dado el gas.*
9 Chocar, golpear o encontrarse una cosa en movimiento con otra: *Tropezó y dio contra el suelo. El perro le ha dado con la cola en la pierna.*
10 Mirar o estar dirigida una cosa hacia un punto: *Esa ventana da al jardín.*
11 darse Dedicarse o entregarse a algo: *Se ha dado al juego y se*

gasta en ello todo el dinero. Se da a sus amigos.
dar a luz Expulsar la hembra la cría que tiene en su vientre: *Dio a luz una niña preciosa.*
dar con Encontrar a alguien o algo: *No he dado con Irene, en su casa no contestan. He dado con la solución.*
dar de sí Hacerse más grande o más ancha una cosa. Las telas elásticas siempre dan de sí.
dar igual No importar o ser algo indiferente para una persona: *Me da igual que no venga.*
dar por Considerar que una situación o estado se encuentra del modo que se indica. Si una persona da por finalizado un trabajo, piensa que ya está terminado.
dar por Tener de pronto mucho interés o mucha manía por algo: *Le ha dado por montar en bici por la noche.*

dardo
nombre masculino **1** Especie de flecha estrecha y puntiaguda que se coge con dos dedos y se lanza con fuerza con la mano.
nombre masculino plural **2 dardos** Juego de competición que consiste en lanzar uno o más dardos a una diana y conseguir la mejor puntuación.

datar
verbo **1** Determinar en qué fecha ocurrió o se hizo algo. Los arqueólogos suelen datar sus descubrimientos con mucha exactitud.
datar de Existir una cosa desde el momento que se indica. Una casa data de 1906 si se construyó ese año.

dátil
nombre masculino **1** Fruto dulce, pequeño y alargado, de color marrón, con un hueso también alargado en el centro; se come seco o molido en forma de harina.
2 Dedo, o huella que deja el dedo en algunas superficies: *Has dejado tus dátiles en todas las fotos.* Es un uso informal.

dato
nombre masculino **1** Cifra, nombre u otro tipo de información que nos sirve para co-

dar

INDICATIVO	SUBJUNTIVO
presente	**presente**
doy	dé
das	des
da	dé
damos	demos
dais	deis
dan	den
pretérito imperfecto	**pretérito imperfecto**
daba	diera *o* diese
dabas	dieras *o* dieses
daba	diera *o* diese
dábamos	diéramos *o* diésemos
dabais	dierais *o* dieseis
daban	dieran *o* diesen
pretérito indefinido	**futuro**
di	diere
diste	dieres
dio	diere
dimos	diéremos
disteis	diereis
dieron	dieren
futuro	**IMPERATIVO**
daré	
darás	da (tú)
dará	dé (usted)
daremos	dad (vosotros)
daréis	den (ustedes)
darán	
condicional	**FORMAS NO PERSONALES**
daría	
darías	**infinitivo** **gerundio**
daría	dar dando
daríamos	**participio**
daríais	dado
darían	

nocer algo o para solucionar un problema. Para resolver un problema de matemáticas necesitamos unos datos mínimos.

de
preposición **1** Indica la persona que tiene algo o es su dueña: *El diccionario de Alberto es nuevo.*
2 Indica relaciones entre personas o dice con qué está relacionada una cosa o a qué pertenece: *Éste es el profesor de Elena. Los árboles del jardín son frutales.*
3 Indica la materia con la que está hecha una cosa: *Tengo un balón de cuero.*
4 Indica el tema de que trata algo: *Tengo una novela de aventuras.*
5 Indica el origen o punto de partida de algo, como un viaje o un camino: *Esta carretera va de Salamanca a Zamora.* ※ desde.
6 Indica el tiempo a partir del cual pasa algo: *Estas oficinas las abren de diez a siete.*
7 Forma parte de numerosas locuciones que indican el modo o manera en que ocurre o sucede algo, como: partirse de risa, morirse de pena, saltar de alegría, caer de espaldas, saber de carrerilla.
8 Indica el carácter o las características de una persona o cosa: *Es una mujer de gran valor. Es una persona de ideas fijas.*
9 Indica que se toma una parte entre las que forman alguna cosa o cantidad: *Expulsaron a dos de nuestros jugadores. Dame un poco de agua, por favor.*
10 Indica el tiempo en que ocurre una cosa: *Nunca viajamos de noche. De niño jugaba con una pelota.*
11 Introduce una oración que expresa una condición que tiene que ocurrir para que se produzca lo que se dice después: *De no poder ir, te lo diría. De haberlo sabido, te lo habría dicho.*
12 Introduce el complemento preposicional obligatorio de ciertos verbos, como 'darse cuenta' o 'burlarse', o se utiliza detrás de ciertos adjetivos: *No me había dado cuen-*

ta de que estabais allí. Están muy orgullosos de sus hijos.
nombre femenino **13** Nombre de la letra 'd': *'Dado' se escribe con dos des.*
👁 Nunca se acentúa; no lo confundas con la forma 'dé' del verbo dar.

debajo
adverbio **1** Indica que un objeto, lugar o persona se encuentra en una posición más baja que otro objeto, lugar o persona: *Creo que lo he visto por ahí debajo. Las zapatillas están debajo de la cama.*

debate
nombre masculino **1** Discusión entre varias personas que hablan por turnos para defender sus ideas sobre un tema concreto. En los debates de radio los invitados discuten sus distintos puntos de vista sobre un tema.

debatir
verbo **1** Discutir varias personas para defender sus ideas sobre un tema concreto. Los parlamentarios debaten las leyes antes de aprobarlas.

deber
nombre masculino **1** Tarea u obligación que una persona tiene que cumplir. El deber de un profesor es enseñar, y el de los alumnos, aprender.
nombre masculino plural **2 deberes** Ejercicios escolares que los alumnos hacen en su casa y no en clase.
verbo **3** Tener obligación de hacer algo. Debemos respetar a los demás.
4 Tener la obligación de devolver una cosa que nos han prestado: *Le debo mil pesetas que me prestó. Te debo un favor.*
5 deberse Ser una cosa la consecuencia de una causa: *El incendio se debió a una explosión de gas.*
deber de Suponer que algo ha sucedido o que algo puede ser de determinada manera. *Debe de ser su hijo, porque se parecen mucho.*

débil
adjetivo **1** Que tiene poca fuerza o poca resistencia. Después de una enfermedad, uno se queda muy débil: *Esta luz es demasiado débil para esta habitación.* ※ fuerte.

D
d

D
d

debilidad
nombre femenino **1** Falta de fuerza o resistencia. La falta de vitaminas puede ser causa de debilidad en una persona.
2 Afición o cariño muy grande por alguna cosa o persona. Mucha gente siente debilidad por los dulces; los abuelos sienten debilidad por sus nietos.

debilitar
verbo **1** Hacer que una persona o cosa tenga menos fuerza, resistencia o poder. Las largas enfermedades debilitan el organismo.

debutar
verbo **1** Presentarse una persona por primera vez ante el público realizando una actividad: *Debutó como futbolista el año pasado*.

década
nombre femenino **1** Periodo de tiempo que dura diez años. ✕✕ decenio.

decadencia
nombre femenino **1** Pérdida de la fuerza, de la belleza o de otras buenas cualidades que se produce con el paso del tiempo. Un país está en decadencia cuando ha dejado de tener la riqueza y la importancia que tenía. ✕✕ auge.

decaer
verbo **1** Ir perdiendo las personas o las cosas la importancia, la fuerza, la belleza u otra buena cualidad que se tiene. Una costumbre decae cuando deja de practicarse.
☞ Se conjuga como: caer.

decaído, decaída
adjetivo **1** Que se siente triste, deprimido y sin ánimos para hacer nada. Cuando tenemos gripe nos sentimos un poco decaídos. ✕✕ abatido.

decalitro
nombre masculino **1** Medida de capacidad que equivale a diez litros. Su símbolo es: dal o daL.

decámetro
nombre masculino **1** Medida de longitud que equivale a diez metros. Su símbolo es: dam.

decapitar
verbo **1** Cortar la cabeza a una persona, a un animal o a una cosa. Antiguamente, en algunos países se decapitaba a los condenados a muerte.

decena
nombre femenino **1** Conjunto de diez cosas de la misma clase. ✐593

decencia
nombre femenino **1** Forma de comportarse de las personas decentes. ✕✕ honradez.

decenio
nombre masculino **1** Periodo de tiempo que dura diez años. ✕✕ década.

decente
adjetivo **1** Se dice de la persona o la cosa que está de acuerdo con la moral o con lo que la gente considera un comportamiento correcto y adecuado, sobre todo en el terreno sexual. ✕✕ indecente.
2 Que está bien o regular o es adecuado teniendo en cuenta las condiciones: *La comida en el campo fue bastante decente*.

decepción
nombre femenino **1** Lo que se siente cuando se pierde la ilusión al ver que una persona o cosa es peor de lo que se esperaba. ✕✕ desilusión.
👁 El plural es: decepciones.

decepcionar
verbo **1** Hacer perder la ilusión que alguien tiene por ser una persona o cosa peor de lo que se esperaba. Nos decepciona un amigo que se porta mal o una fiesta aburrida. ✕✕ desilusionar.

decidido, decidida
adjetivo **1** Que siempre actúa con seguridad y firmeza y le cuesta poco decidir lo que tiene que hacer.

decidir
verbo **1** Escoger una cosa entre varias posibilidades: *Decide, ¿vienes o te quedas?*
2 decidirse Animarse o atreverse a hacer una cosa: *No se decide a meterse en el agua porque está fría*.

decigramo
nombre masculino **1** Medida de masa que equivale a la décima parte de un gramo. Su símbolo es: dg.

decilitro
nombre masculino **1** Medida de capacidad que equivale a la décima parte de un litro. Su símbolo es: dl o dL.

decimal
adjetivo **1** Se dice del sistema métrico o

de numeración que se organiza en grupos de diez unidades. Nuestro sistema de numeración es decimal.

adjetivo y nombre masculino
2 Se dice del número que indica una cantidad no entera. 5,18 y 0,2 son números decimales.

nombre masculino
3 Número que está a la derecha de la coma de otro. El número 5,25 tiene dos decimales.

decímetro

nombre masculino
1 Medida de longitud que equivale a la décima parte de un metro. Su símbolo es: dm.

décimo, décima

numeral ordinal
1 Que ocupa el lugar número 10 en una serie ordenada.

adjetivo y nombre femenino
2 Se dice de cada una de las diez partes iguales en que se divide una cosa. La décima parte de mil son cien.

nombre masculino
3 Cada una de las diez participaciones en que se divide un billete de la lotería nacional: *Compramos un décimo para el sorteo de Navidad.*

decimoctavo, decimoctava

numeral ordinal
1 Que ocupa el lugar número 18 en una serie ordenada.
👁 También se escribe: décimo octavo.

decimocuarto, decimocuarta

numeral ordinal
1 Que ocupa el lugar número 14 en una serie ordenada.
👁 También se escribe: décimo cuarto.

decimonoveno, decimonovena

numeral ordinal
1 Que ocupa el lugar número 19 en una serie ordenada.
👁 También se escribe: décimo noveno.

decimoquinto, decimoquinta

numeral ordinal
1 Que ocupa el lugar número 15 en una serie ordenada.
👁 También se escribe: décimo quinto.

decimoséptimo, decimoséptima

numeral ordinal
1 Que ocupa el lugar número 17 en una serie ordenada.
👁 También se escribe: décimo séptimo.

decimosexto, decimosexta

numeral ordinal
1 Que ocupa el lugar número 16 en una serie ordenada.
👁 También se escribe: décimo sexto.

decimotercero, decimotercera

numeral ordinal
1 Que ocupa el lugar número 13 en una serie ordenada.
👁 También se escribe: décimo tercero.

decir

verbo
1 Dar a conocer el pensamiento con palabras habladas o escritas. Este diccionario te dice lo que significan las palabras.
2 Tener una cosa un determinado nombre en una lengua: *¿Cómo se dice esto en inglés?*
¿diga? Palabra que se usa para contestar a una llamada de teléfono. También podemos decir: 'dígame'.
el qué dirán Lo que opina la gente. Si uno está convencido de que lo que hace está bien, no tiene que preocuparle el qué dirán.

D
d

decir

INDICATIVO	SUBJUNTIVO
presente	**presente**
digo	diga
dices	digas
dice	diga
decimos	digamos
decís	digáis
dicen	digan
pretérito imperfecto	**pretérito imperfecto**
decía	dijera o dijese
decías	dijeras o dijeses
decía	dijera o dijese
decíamos	dijéramos o dijésemos
decíais	dijerais o dijeseis
decían	dijeran o dijesen
pretérito indefinido	**futuro**
dije	dijere
dijiste	dijeres
dijo	dijere
dijimos	dijéremos
dijisteis	dijereis
dijeron	dijeren
futuro	**IMPERATIVO**
diré	
dirás	di (tú)
dirá	diga (usted)
diremos	decid (vosotros)
diréis	digan (ustedes)
dirán	
condicional	**FORMAS NO PERSONALES**
diría	
dirías	**infinitivo** **gerundio**
diría	decir diciendo
diríamos	**participio**
diríais	dicho
dirían	

D
d

es decir Expresión que se usa para indicar que se va a explicar o aclarar a continuación lo que se acaba de decir.

decisión

nombre femenino

1 Lo que se decide después de pensar sobre algo: *He tomado la decisión de estudiar más.*
2 Valor o seguridad para hacer algo sin dudar ni vacilar. En caso de urgencia, un médico debe actuar con decisión. ※ determinación. ※ indecisión.
☞ El plural es: decisiones.

decisivo, decisiva

adjetivo

1 Que tiene consecuencias muy importantes. La elección de una carrera es un hecho decisivo para las personas, puesto que de ello puede depender su futuro.
2 Que ayuda a decidir o elegir entre varias opciones. El precio de una cosa es decisivo para comprarla o no.

declaración

nombre femenino

1 Acción de declarar o declararse. Los políticos hacen declaraciones a los periódicos cuando quieren dar a conocer una noticia; una vez al año se hace la declaración de la renta.
☞ El plural es: declaraciones.

declarar

verbo

1 Decir algo en público para que se conozca o se entienda bien. Los políticos declaran ante los periodistas para que la gente esté informada.
2 Decir ante el juez o la policía lo que se sabe sobre un asunto determinado. Un acusado puede declararse inocente en un juicio.
3 Decidir o determinar algo un juez u otra persona con autoridad. En un juicio, el juez declara al acusado inocente o culpable: *Os declaro marido y mujer.*
4 Dar a conocer a las autoridades los ingresos o bienes que deben pagar impuestos. Cada año hay que declarar los ingresos a Hacienda.
5 declararse Comenzar a producirse algo o a notarse: *Tras el te-*

rremoto se declaró una epidemia de cólera.
6 declararse Decirle una persona a otra que la quiere y desea establecer con ella una relación.

decoración

nombre femenino

1 Forma en que un lugar está decorado: *La decoración imita un castillo.*
2 Acción de decorar o poner adornos. La decoración de la casa en Navidad es muy divertida.

decorado

nombre masculino

1 Conjunto de construcciones y adornos que se utilizan para reproducir un lugar en cine y televisión o en el teatro. En una representación de teatro, a veces se cambia el decorado cada vez que se baja el telón.

decorador, decoradora

nombre

1 Persona que trabaja decorando casas u otros espacios, como oficinas o comercios, o que hace decorados para el teatro, el cine o la televisión.

decorar

verbo

1 Poner adornos a un lugar o a un objeto para que sea más bonito y agradable. Decoramos el árbol de Navidad con bolas de colores y espumillón.

decorativo, decorativa

adjetivo

1 Que sirve para decorar. Los cuadros y las figuras de porcelana son objetos decorativos.

dedal

nombre masculino

1 Objeto que se ajusta en el dedo corazón y sirve para empujar la aguja al coser y no hacerse daño. El dedal suele ser de metal y con la superficie llena de pequeños hoyos para que la aguja no resbale. ✏ 796

dedicar

verbo

1 Emplear algo para un fin determinado. Algunas personas dedican su vida a ayudar a los demás.
2 Ofrecer un libro, una obra o una calle a alguien en especial, como muestra de afecto o agradecimiento: *Esta escultura está dedicada a los niños de todo el mundo.*

3 Ofrecer algo a un dios, una virgen o un santo. En la mayoría de los pueblos hay una iglesia dedicada a alguna virgen o santo.
4 dedicarse Hacer un trabajo determinado. Los enfermeros se dedican a atender a los enfermos.
👁 Se escribe 'qu' delante de 'e', como: dediqué.

dedicatoria
nombre femenino **1** Conjunto de palabras dirigidas a una persona, y que normalmente se escriben en las primeras páginas de un libro, en una foto o en un cuadro. Si le regalamos una novela a un amigo le podemos escribir una dedicatoria.

dedo
nombre masculino **1** Cada una de las partes en que se divide la parte final de una mano o un pie. Los cinco dedos de la mano tienen nombre: pulgar, índice, corazón, anular y meñique.

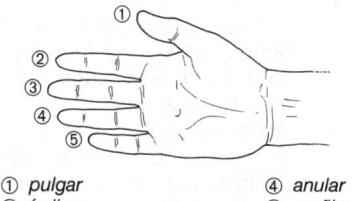

① pulgar   ④ anular
② índice   ⑤ meñique
③ medio o corazón

dedo

chuparse el dedo Ser una persona muy inocente e ingenua y muy fácil de engañar: *No me creo que hayas hecho todo el trabajo tú solo, yo no me chupo el dedo.*
no tener dos dedos de frente Actuar una persona de forma irresponsable y poco inteligente: *No entiendo cómo te has podido subir a ese árbol, no tienes dos dedos de frente.*

deducir
verbo **1** Llegar a una conclusión o sacar una consecuencia a partir de algo que se sabe o de algo que ha pasado. Deducimos que ha habido un choque cuando vemos cristales rotos en la carretera.
👁 Se conjuga como: conducir.

defecto
nombre masculino **1** Falta o imperfección de una persona o una cosa: *Su peor defecto es que siempre quiere tener razón.*

defectuoso, defectuosa
adjetivo **1** Se dice de las cosas que tienen defectos o imperfecciones. Los productos defectuosos se pueden cambiar.

defender
verbo **1** Proteger una persona o una cosa a otra para que no le ocurra ningún daño. Los hermanos mayores defienden a los pequeños; los esquimales se defienden del frío con gruesas pieles; hay que defender la naturaleza.
2 Actuar en contra de una persona o un grupo de personas que nos atacan. El ejército de un país defiende a los ciudadanos en caso de guerra.
3 Mostrarse una persona a favor de otra persona, de una idea o de una creencia a la cual se oponen otras personas. Un abogado defensor defiende en un juicio al acusado.
4 defenderse Tener una persona una capacidad mínima para poder desarrollar una actividad o unos medios económicos suficientes para vivir sin apuros. Algunas personas no dominan el inglés, pero se defienden si pueden decir lo principal.
👁 Se conjuga como: entender; la 'e' se convierte en 'ie' en sílaba acentuada, como: defiende.

defensa
nombre femenino **1** Acción que realiza una persona cuando se defiende o defiende a otra persona o cosa de un ataque o peligro: *Luchamos en defensa de los intereses de todos.*
2 Persona o conjunto de personas que defienden al acusado en un juicio: *La defensa presentó pruebas de la inocencia de su defendido.*
nombre masculino y femenino **3** Jugador de fútbol y otros deportes que juega cerca de la propia portería para impedir que

D
d

D
d

el equipo contrario pueda marcar goles. Al conjunto de jugadores que juegan cerca de su portería también se le llama defensa. ✎ 799

nombre femenino plural **4 defensas** Sistema de protección de un organismo que le permite defenderse de las enfermedades. Si una persona no tiene defensas, es más fácil que tenga una enfermedad.

defensivo, defensiva

adjetivo **1** Se dice de lo que sirve para defender o proteger a una persona o una cosa. Los ejércitos que están en guerra preparan estrategias de ataque y estrategias defensivas.

estar a la defensiva Estar una persona desconfiada porque piensa que otra puede atacarla, normalmente con palabras o burlas: *No estés a la defensiva, que nadie va a meterse contigo.*

defensor, defensora

adjetivo y nombre **1** Se dice de la persona que defiende una idea o un lugar: *Es una firme defensora de los derechos de los niños.*
2 Que defiende a un acusado en un juicio.

defensor del pueblo Persona que protege los derechos fundamentales de los ciudadanos ante la administración pública. La Constitución española señala que el defensor del pueblo es nombrado por el Parlamento.

deficiencia

nombre femenino **1** Defecto o falta de alguna cosa que es necesaria para el buen funcionamiento de algo. Los análisis de sangre muestran si hay alguna deficiencia de minerales o vitaminas en nuestro cuerpo.

deficiente

adjetivo **1** Que no es suficiente, que no llega al nivel considerado normal o que está mal hecho. Alguien tiene una salud muy deficiente cuando pasa mucho tiempo enfermo; un examen deficiente es un examen que no está para aprobar.

adjetivo y nombre masculino y femenino **2** Se dice de la persona que tiene una capacidad mental inferior a la mayoría de la gente o que tiene algún defecto físico y no puede valerse por sí misma.

déficit

nombre masculino **1** Situación que se produce cuando se gasta más de lo que se gana o se ingresa. Si una empresa ingresa cien millones por sus ventas y gasta ciento diez, tiene un déficit de diez millones.
2 Falta o escasez de algo que se considera necesario. En las zonas rurales hay déficit de hospitales.
👁 El plural puede ser: 'déficit' o 'déficits'.

definición

nombre femenino **1** Frase o frases que explican el significado de una palabra. Los diccionarios dan la definición de las palabras de una lengua.
👁 El plural es: definiciones.

definir

verbo **1** Explicar con palabras el significado de una palabra o de una idea. Este diccionario define palabras del español.
2 definirse Expresar una persona su opinión o su idea sobre algo. Cuando alguien pide a una persona que se defina sobre un asunto, le está pidiendo que diga lo que piensa exactamente.

definitivo, definitiva

adjetivo **1** Que llega a su forma final y no va a cambiar. Antes de la versión definitiva de un libro, los escritores redactan varios borradores.
2 Que es fundamental para tomar una decisión. Saber el tiempo que hará es un argumento definitivo para ir o no ir a la playa. ✂ decisivo.

en definitiva En resumen o como conclusión a lo que se ha dicho anteriormente: *Y tú, en definitiva, lo que tienes que hacer es quedarte aquí hasta que te avisemos.*

deformación

nombre femenino **1** Cambio de la forma natural de las cosas. Si alguien tiene una deformación en una mano, su forma es diferente de la normal.
👁 El plural es: deformaciones.

deformar
verbo **1** Cambiar la forma natural de una cosa. Si alguien se pone unos zapatos que no son suyos, seguramente los deformará.

degollar
verbo **1** Cortar el cuello a una persona o un animal.
☞ Se conjuga como: contar; la 'o' se convierte en 'ue' en sílaba acentuada, como: degüella.

dehesa
nombre femenino **1** Terreno limitado por señales o vallas en el que vive o pasta el ganado. En España hay muchas dehesas de toros bravos.

dejar
verbo **1** Dar permiso para hacer algo: *Mi padre no nos deja salir de noche.* ✂ permitir.
2 Dar algo a una persona para que lo utilice durante un tiempo: *Déjame el lápiz un momento.* ✂ prestar.
3 Dar o entregar algo. Cuando una persona muere, deja su herencia a sus seres queridos.
4 Abandonar una actividad, un lugar o a una persona. Cada vez hay más personas que dejan de fumar; algunas personas dejan sus pueblos para ir a estudiar o a trabajar a la ciudad.
5 Poner o colocar una cosa o una persona en un lugar. Al llegar a clase dejamos las chaquetas en el perchero.
6 Hacer que una cosa o una persona quede de una forma determinada: *Me ha dejado hecho polvo. Han dejado la habitación muy revuelta y desordenada.*
7 dejarse Olvidarse algo en un lugar: *¡Me he dejado la cartera!*
dejar que desear Ser de peor calidad o de menos valor de lo que se esperaba: *La novela no es tan buena como dicen, yo creo que deja bastante que desear.*

del
1 Unión de la preposición 'de' y el determinante artículo 'el': *El perro es el mejor amigo del hombre.* No se produce esta contracción cuando el determinante que le sigue forma parte de un nombre propio; por ejemplo: *¿No has oído hablar nunca de El Greco?*

delantal
nombre masculino **1** Pieza de tela que se pone sobre la parte delantera de la ropa para protegerla de manchas, en especial al cocinar, y se ata a la cintura con una cinta.

delante
adverbio **1** En la parte anterior de un lugar. Los niños pequeños no se deben sentar en el asiento de delante de un coche.
delante de A la vista o en presencia de una persona o una cosa: *Lo dijo delante de mí.*

delantera
nombre femenino **1** Conjunto de jugadores de fútbol o de otro deporte de equipo que juegan en la parte más adelantada de su equipo y cerca de la portería contraria para intentar marcar goles o puntos.
2 Ventaja que una persona o grupo lleva a otra que le sigue. Cuando una persona toma la delantera de la carrera, se distancia del resto de los corredores.

delantero, delantera
nombre **1** Jugador de fútbol y otros deportes de equipo que juega en la parte más adelantada de su equipo y cerca de la portería contraria para marcar goles o puntos.
adjetivo **2** Se dice de la cosa que está delante de otras o en la parte de delante. Los coches tienen asientos delanteros y traseros.

delatar
verbo **1** Decir a una autoridad quién es el autor de una falta o delito. A un ladrón se le delata ante la policía o en el juzgado. ✂ denunciar.
2 Dar a conocer o hacer saber de forma involuntaria alguna cosa que preferiríamos ocultar. A una persona que niega haber fumado le delata el olor a tabaco.

delegado, delegada
nombre **1** Persona elegida por un grupo para que hable en nombre del grupo. Los delegados de clase son

D
d

elegidos para defender y expresar las ideas de los compañeros.

delegar

verbo **1** Dejar un poder o una función a otra persona para que nos represente en un momento o en una ocasión determinados. Cuando el presidente del gobierno viaja al extranjero, delega en el vicepresidente.
☞ Se escribe 'gu' delante de 'e', como: deleguen.

deletrear

verbo **1** Pronunciar por separado cada una de las letras que forman una palabra. Cuando una persona no entiende bien un apellido, pide que se lo deletreen.

delfín

nombre masculino **1** Mamífero marino que tiene forma de pez y la piel de color gris azulado. Posee especial facilidad para comunicarse con el hombre.
☞ El plural es: delfines.

delgadez

nombre femenino **1** Falta de carnes o de grasa que tiene una persona o animal. La excesiva delgadez puede provocar problemas de salud. ✗✗ gordura.

delgado, delgada

adjetivo **1** Se dice de la persona o animal que tiene pocas carnes o grasas en el cuerpo. ✗✗ flaco. ✗✗ gordo.
2 Que es poco ancho o grueso. Los tabiques son paredes delgadas que separan las habitaciones de los pisos. ✗✗ fino. ✗✗ grueso.

deliberar

verbo **1** Pensar un grupo de personas con mucho detenimiento antes de tomar una decisión. El jurado de un concurso tiene que deliberar para decidir el ganador.

delicadeza

nombre femenino **1** Atención o cuidado con que se hace una cosa o se trata a una persona. Hay que coger los objetos frágiles con mucha delicadeza para que no se rompan. ✗✗ tacto.

delicado, delicada

adjetivo **1** Se dice de la persona que es muy atenta y se comporta con mucha amabilidad con los demás. Hay que ser delicados con los enfermos y las personas mayores.

2 Que es suave, débil y se rompe o se estropea con facilidad. La seda es un tejido muy delicado.
3 Que es muy débil, enfermizo y tiene mala salud. Después de una operación estamos delicados y tenemos que cuidarnos.
4 Se dice del asunto o la situación que son problemáticos y difíciles de resolver. Dar una mala noticia a alguien es algo muy delicado porque no sabemos cómo reaccionará la persona.

delicia

nombre femenino **1** Placer o gusto que nos produce una cosa bella, agradable o divertida. En primavera, es una delicia pasear por los campos en flor.
2 Persona o cosa que causa placer o gusto: *Esa chica nueva es una delicia; es simpática y atenta*.

delicioso, deliciosa

adjetivo **1** Que causa placer o que es muy agradable. Los perfumes desprenden un aroma delicioso; para los golosos los pasteles siempre son deliciosos.

delimitar

verbo **1** Señalar o marcar los límites de alguna cosa. Muchos campos de fútbol están delimitados con vallas publicitarias.

delincuencia

nombre femenino **1** Actividad del delincuente, que consiste en cometer delitos y acciones contrarias a la ley. La delincuencia es mayor en las zonas urbanas que en el campo.

delincuente

nombre masculino y femenino **1** Persona que comete delitos o acciones contra la ley, en especial cuando lo hace de forma habitual.

delineante

nombre masculino y femenino **1** Persona que como oficio dibuja planos de edificios u objetos ideados por otra persona, por ejemplo un ingeniero o un arquitecto.

delirar

verbo **1** Pensar y decir cosas sin sentido o disparatadas. La fiebre alta hace delirar.

delito

nombre masculino **1** Acción que comete una persona voluntariamente y va en contra de la ley. El robo y el asesinato son delitos.

delta

nombre masculino

1 Desembocadura de un río en la que hay islas formadas por los materiales arrastrados por él. 🖝 597

demanda

nombre femenino

1 Cantidad de un producto que los consumidores están dispuestos a comprar. La demanda de un producto es alta cuando mucha gente lo compra.

2 Escrito que se presenta ante un juez o un tribunal para reclamar algo. Cuando un matrimonio se quiere divorciar, presenta una demanda de divorcio.

demás

determinante y pronombre indefinido

1 Se utiliza para terminar una enumeración e indica el resto de personas o cosas no dichas: *Aquí pon las cremas, toallas, palas y demás cosas para ir a la playa.*

los demás, las demás Se refiere al resto de objetos o personas que pertenecen a un determinado grupo: *Ponte aquí, los demás asientos están reservados. Sólo nosotros nos hemos quedado, los demás se han ido hace un rato.*

por lo demás Hace referencia a un grupo de informaciones que todavía no han sido explicadas: *Quizás suspenda gimnasia, por lo demás no tengo que preocuparme.*

👁 Se escribe en una sola palabra; no la confundas con 'de más', como en: 'te han puesto uno de más'.

demasiado, demasiada

determinante indefinido

1 Que es más de lo normal o de lo necesario: *Me han puesto demasiados deberes.*

adverbio

2 Más de lo normal o de lo necesario. Si comemos demasiado, luego nos duele la barriga.

demente

adjetivo y nombre masculino y femenino

1 Se dice de la persona que ha perdido la razón o tiene alguna enfermedad mental. Las personas dementes son tratadas en hospitales psiquiátricos. ✗✗ loco. ✗✗ cuerdo.

democracia

nombre femenino

1 Sistema político en el que los ciudadanos eligen libremente mediante votación a quienes han de representarles en el gobierno.

2 País que tiene este sistema de gobierno. Los países de la Unión Europea son democracias.

demócrata

adjetivo y nombre masculino y femenino

1 Se dice de la persona que es partidaria de la democracia.

2 Se dice de la actitud o acción que se manifiesta en favor de la democracia.

demonio

nombre masculino

1 Ser que representa el mal y que se opone a Dios. Según la religión católica, Dios está en el cielo y el demonio está en el infierno. ✗✗ diablo. ✗✗ ángel.

2 Persona muy traviesa o mala: *Este chico es un demonio, no para de hacer trastadas.* ✗✗ diablo.

como un demonio Mucho; de forma exagerada: *Las guindillas pican como un demonio.*

de mil demonios Expresión que se usa para exagerar lo malo de una cosa: *Hace un frío de mil demonios.*

llevarse a alguien los demonios Enfadarse una persona mucho por una cosa: *A mi padre se lo llevan los demonios cada vez que pierde su equipo de fútbol.*

demostración

nombre femenino

1 Acción que consiste en demostrar algo con pruebas o razones. Un experimento puede ser la demostración de una teoría.

2 Manifestación de un pensamiento o sentimiento. Hay demostraciones de amistad o antipatía.

👁 El plural es: demostraciones.

demostrar

verbo

1 Hacer que una cosa se entienda sin ninguna duda dando razones o pruebas. Es posible que exista vida fuera de la Tierra, pero es una cuestión que aún está por demostrar.

2 Dejar ver un pensamiento o un sentimiento. Demostramos nuestro afecto por alguna persona con besos y caricias.

👁 Se conjuga como: contar; la 'o' se convierte en 'ue' en sílaba acentuada, como: demuestra.

D
d

D
d

demostrativo, demostrativa

adjetivo y nombre masculino **1** Se dice de las palabras que indican si algo o alguien está cerca o lejos del hablante; 'este', 'ese' y 'aquel' son determinantes demostrativos.

denegar

verbo **1** No conceder a alguien lo que solicita o pide. Se deniega un permiso o una beca cuando no se reúnen los requisitos pedidos. ✖ rechazar. ✖ aceptar.

👁 Se conjuga como: regar; la 'e' se convierte en 'ie' en sílaba acentuada y se escribe 'gu' delante de 'e', como: denieguen.

denominador

nombre masculino **1** En matemáticas, número que indica las partes en que se divide otro número en una división o en una fracción. En la fracción 10/4, el 4 es el denominador.

denominar

verbo **1** Dar un nombre a una persona o cosa. Un triángulo con los lados y los ángulos iguales se denomina equilátero.

densidad

nombre femenino **1** Característica de las cosas que son densas. El aceite tiene menos densidad que el agua y por eso flota en ella.

densidad de población Número de habitantes que hay en una unidad de superficie. La densidad de población es mucho mayor en las ciudades que en el campo.

denso, densa

adjetivo **1** Que tiene mucha materia o elementos en poco espacio. En la selva tropical la vegetación es muy densa e impide que penetre la luz: *Había una niebla muy densa en la ciudad.* ✖ espeso.
2 Que es difícil de entender porque tiene mucha información. Los libros de filosofía suelen ser densos y requieren un gran esfuerzo de concentración. ✖ sencillo.

dentadura

nombre femenino **1** Conjunto de dientes y muelas que una persona o un animal tiene dentro de la boca.

dentera

nombre femenino **1** Sensación desagradable que se experimenta en los dientes al comer ciertas cosas, oír ciertos ruidos o tocar determinados objetos. A muchas personas les da dentera el ruido de la uña cuando rasca en la pizarra.

dentífrico

nombre masculino **1** Pasta o líquido que se utiliza para limpiarse los dientes.

dentista

nombre masculino y femenino **1** Médico especializado en problemas de los dientes. Los dentistas empastan y extraen dientes y muelas.

dentro

adverbio **1** Indica que algo o alguien está en el interior de un lugar o de algo determinado: *Te espero dentro. Deberías hablar más y no guardártelo todo dentro de ti.*
2 Indica el movimiento hacia el interior de un lugar o de algo determinado: *Yo me voy dentro.*

denuncia

nombre femenino **1** Acción que consiste en denunciar ante una autoridad un delito o al culpable de un delito: *Le robaron el coche y puso una denuncia en la comisaría.*

denunciar

verbo **1** Decir por escrito o de palabra a una autoridad que se ha cometido un delito o decir quién lo ha cometido.
2 Decir públicamente que algo no está de acuerdo con la ley o no es justo. En algunas publicaciones las cartas de los lectores denuncian problemas de la sociedad.

👁 Se conjuga como: cambiar; la 'i' no lleva nunca acento de intensidad.

departamento

nombre masculino **1** Cada una de las partes en que se divide un objeto, edificio, territorio, vehículo o espacio. Una mochila tiene varios departamentos; los vagones de los trenes están divididos en departamentos.
2 Cada una de las divisiones de un gobierno, negocio o univer-

D
d

sidad. El departamento de contabilidad de una empresa es el encargado de pagar a los empleados.

dependencia

nombre femenino **1** Relación que existe entre dos cosas o personas que están unidas por alguna razón y dependen una de otra. Los jóvenes que no tienen trabajo tienen dependencia económica de sus padres.
2 Necesidad muy fuerte de un producto cuando no se puede superar y obliga a una persona a consumirlo. Los drogadictos tienen dependencia de la droga. ✖✖ adicción.

depender

verbo **1** Estar una persona bajo la autoridad de otra. Los empleados de una fábrica dependen de su jefe.
2 Estar una cosa condicionada a otra para que pueda ocurrir: *Que vayamos a la playa depende del tiempo.*
3 Necesitar una persona una determinada persona o cosa. Los alcohólicos dependen del alcohol; una persona que tiene una pierna enyesada depende de las muletas.

dependiente, dependienta

nombre **1** Persona que trabaja en una tienda y se encarga de atender a los clientes. ✍ 800

depilar

verbo **1** Arrancar o hacer caer con alguna sustancia el pelo o el vello de una parte del cuerpo.

deporte

nombre masculino **1** Actividad física que hacen las personas para divertirse, para mantenerse en forma o para competir. El fútbol es un deporte muy popular en España.

deportista

adjetivo y nombre masculino y femenino **1** Que por afición practica mucho deporte o lo practica como profesión.

deportividad

nombre femenino **1** Forma de comportarse correcta y positiva de los deportistas. Si un jugador de fútbol pone la zancadilla a otro, no se comporta con deportividad.

deportivo, deportiva

adjetivo **1** Del deporte o que está relacionado con el deporte. En algunos colegios hay variedad de actividades deportivas.
nombre masculino **2** Automóvil muy rápido, generalmente bajo, de color llamativo y con dos puertas y dos asientos.

depositar

verbo **1** Poner una cosa de valor en un lugar seguro o entregársela a alguien para que la guarde. Los votantes depositan su voto en la urna electoral. La gente deposita el dinero en el banco.
2 Poner en algo o en alguien nuestra confianza, ilusiones o cariño. En los amigos depositamos nuestra amistad y confianza.
3 depositarse Caer al fondo de un recipiente, de forma lenta y suave, las partes sólidas contenidas en un líquido. Los trocitos de naranja de un zumo se depositan en el fondo de la botella. ✖✖ posarse.

depósito

nombre masculino **1** Lugar o recipiente en el que se guarda o almacena alguna cosa. Todos los automóviles tienen un depósito para el combustible.
2 Conjunto de cosas, como dinero, armas o mercancías, que se guardan en un lugar hasta que se necesitan. Los grandes centros comerciales tienen depósitos de productos para ir vendiéndolos al público. ✖✖ provisión.

depresión

nombre femenino **1** Enfermedad psicológica en la que la persona está muy triste y ha perdido el interés por las cosas.
2 Porción de terreno que se encuentra en un nivel más bajo que las tierras que la rodean: *Sevilla se encuentra situada en la depresión del Guadalquivir.*
3 Periodo de tiempo en el que hay una baja actividad de la eco-

D d

nomía. En época de depresión bajan los sueldos.
☞ El plural es: depresiones.

deprimido, deprimida
adjetivo **1** Que está muy triste y sin ánimos para hacer nada: *Juan está muy deprimido porque lo han echado del trabajo.* ✖ animado.

deprimir
verbo **1** Poner muy triste a una persona y hacerle perder la alegría y las ganas de hacer cosas: *Los días grises y lluviosos lo deprimen mucho.* ✖ animar.

deprisa
adverbio **1** Indica que una acción se realiza con rapidez. También se utiliza para pedir que algo se haga con rapidez: *Deprisa, termina ya.* ☞ También se escribe: de prisa.

derecho, derecha
adjetivo **1** Se dice de la parte del cuerpo que está situada en la mitad contraria al lado en el que tenemos el corazón. La mayoría de la gente coge la cuchara con la mano derecha.
2 Se dice de las cosas o partes de las cosas que, cuando las miramos de frente, están situadas en el lado opuesto al lado en que tenemos el corazón. Los coches en España circulan por el carril derecho.
3 Se dice de la persona o de la cosa que es o está recta, que no se tuerce a un lado ni a otro y se mantiene vertical. Cuando nos miden la estatura tenemos que estar muy derechos.
nombre masculino **4** Posibilidad que tienen las personas de exigir que se cumpla determinada cosa que es justa y está establecida por la ley. Todos tenemos derecho a la educación.
5 Ciencia que estudia las leyes y la aplicación de la justicia. El derecho se estudia en la universidad.
nombre masculino plural **6 derechos** Cantidad de dinero que se tiene que pagar a una persona o a un país por usar algún bien o servicio que le pertenece.

Los escritores cobran derechos de autor por los libros que venden.
adverbio **7 derecho:** Manera de circular o moverse en línea recta, sin desviarse: *Va derecho al río.*

deriva
a la deriva Sin dirección concreta, dejándose llevar por una corriente de agua o viento. Un barco va a la deriva cuando nadie está dirigiendo el timón.
a la deriva Sin que nadie lo controle o lo dirija. Se dice que una empresa, un negocio o una familia van a la deriva cuando no tienen una buena organización y cada miembro hace lo que le parece.

derivado, derivada
adjetivo y nombre masculino **1** Que viene o se obtiene de alguna otra cosa. El yogur es un producto derivado de la leche.
2 Se dice de la palabra que se forma a partir de otra palabra a la que se le añade o se le cambia una parte. 'Florero' y 'floristería' son derivados de 'flor'.

derivar
verbo **1** Proceder una cosa de otra, o ser consecuencia una cosa de otra que se expresa: *Su amor deriva de una antigua amistad.*
2 Proceder una palabra de otra a la que se ha añadido o cambiado una parte. 'Actuación' deriva de 'actuar'.

derramar
verbo **1** Dejar caer el contenido de un recipiente, generalmente de forma involuntaria: *Se derramó la leche.*

derramar

D
d

derretir

verbo **1** Hacer que una sustancia sólida se convierta en líquida debido al calor. *La cera se derrite al contacto con el fuego.*
👁 Se conjuga como: servir; la 'e' se convierte en 'i' en algunos tiempos y personas, como: derritieron.

derribar

verbo **1** Hacer que una persona o una cosa caiga al suelo. *Si damos un fuerte empujón, podemos derribar a una persona.*
2 Echar abajo una construcción, destruyéndola. *Las casas muy viejas se derriban para construir otras nuevas.* ※ derruir, derrumbar.

derrochar

verbo **1** Gastar mucho más dinero u otra cosa de lo necesario o gastarlo en cosas innecesarias y sin pensar. *Las personas que derrochan el dinero no pueden ahorrar. En épocas de sequía se aconseja no derrochar agua.* ※ despilfarrar. ※ ahorrar.
2 Tener gran abundancia de una cualidad positiva. *Hay personas que derrochan simpatía o buen humor. También los jóvenes derrochan vitalidad y energía.* ※ rebosar. ※ carecer.

derroche

nombre masculino **1** Gasto exagerado de dinero o de otros bienes, sin pensar en el ahorro. *No se debe hacer derroche de lo necesario.* ※ despilfarro. ※ ahorro.

derrota

nombre femenino **1** Hecho de haber sido vencido. *Un equipo de fútbol sufre una derrota cuando pierde.*

derrotar

verbo **1** Vencer a alguien en una lucha, un juego o una competición.

derruir

verbo **1** Hacer caer un edificio, destruyéndolo. *Los terremotos fuertes suelen derruir las casas.* ※ derribar; derrumbar.
👁 Se conjuga como: huir; la 'i' se convierte en 'y' delante de 'a', 'e' y 'o', como: derruya, derruye o derruyo.

derrumbar

verbo **1** Echar abajo un edificio, destruyéndolo. ※ derribar; derruir.

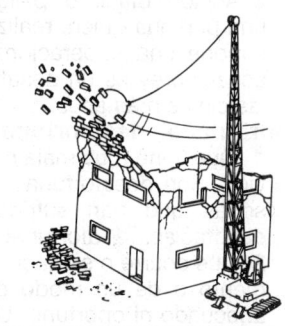
derrumbar

2 derrumbarse Perder una persona toda la fuerza y el ánimo, normalmente después de una gran desgracia.

desabrochar

verbo **1** Abrir el cierre de una prenda de vestir. ※ abrochar.

desacuerdo

nombre masculino **1** Falta de acuerdo entre dos o más personas. *Cuando dos amigos están en desacuerdo sobre algo, tienen opiniones diferentes.* ※ acuerdo.

desafiar

verbo **1** Provocar una persona a otra para que luche o compita: *Le desafió a una partida de mus.* ※ retar.
2 Hacer frente una persona a una dificultad o un peligro sin dejarse asustar y sin retroceder ante ella. *Los amantes de la navegación desafían el mal tiempo y la bravura del mar.*
👁 Se conjuga como: desviar; la 'i' se acentúa en algunos tiempos y personas, como: desafíen.

desafinar

verbo **1** Sonar mal una nota al tocar un instrumento musical o al cantar. *Una guitarra desafina cuando alguna de sus cuerdas no está tensada correctamente.*

desafío

nombre masculino **1** Acción que realiza una persona cuando provoca a otra para que

D
d

luche o compita con ella: *Me retó a ver quién buceaba más tiempo, pero no acepté su desafío.*
2 Acción difícil o peligrosa que una persona quiere realizar porque supone una superación. Para los escaladores es un desafío llegar a las cimas más altas.

desafortunado, desafortunada
adjetivo **1** Que tiene muy mala suerte en la vida. Son desafortunadas las personas que han sufrido muchas desgracias. ✖ afortunado.
2 Que ocurre o se hace en un momento o de un modo que no es adecuado ni oportuno. Un comentario desafortunado puede molestar. ✖ afortunado.

desagradable
adjetivo **1** Que provoca un rechazo o disgusto no muy fuerte. Algunas medicinas tienen un sabor desagradable; las personas desagradables no suelen ser amables ni simpáticas. ✖ agradable.

desagradar
verbo **1** No gustar o causar disgusto una persona o cosa: *No es que me encante esa música, pero tampoco me desagrada.* ✖ agradar; gustar.

desagradecido, desagradecida
adjetivo y nombre **1** Se dice de la persona que no agradece los favores que le hacen: *El muy desagradecido ni me dio las gracias.* ✖ ingrato. ✖ agradecido.

desagrado
nombre masculino **1** Disgusto o molestia que causa algo que no gusta: *Recibió la notificación de la multa con desagrado.*

desagüe
nombre masculino **1** Tubo por el que sale el agua de los lavabos, fregaderos y aseos.

desaliento
nombre masculino **1** Falta de ganas, ánimos o fuerzas para hacer una cosa. Sentimos desaliento cuando alguien critica de un modo injusto nuestro trabajo. ✖ desánimo. ✖ aliento.

desalojar
verbo **1** Dejar vacío un lugar saliendo o haciendo salir a las personas que hay en él. Cuando hay un incendio en un edificio hay que desalojarlo inmediatamente. ✖ evacuar.

desangrarse
verbo **1** Perder una persona mucha o toda la sangre. Un accidentado con una herida muy profunda se puede desangrar.

desanimar
verbo **1** Quitar o perder el ánimo, la energía o las ganas para hacer algo. Perder varios partidos seguidos desanima a los jugadores de un equipo. ✖ animar.

desánimo
nombre masculino **1** Falta de ánimo, de fuerzas o de ganas para hacer cosas. ✖ desaliento. ✖ ánimo.

desapacible
adjetivo **1** Se dice del tiempo que es molesto o desagradable. ✖ agradable.

desaparecer
verbo **1** Dejar de verse o de estar donde estaba una persona o una cosa. Cuando desaparecen unas llaves hay que buscarlas.
2 Irse de un lugar.
◉ Se conjuga como: agradecer; la 'c' se convierte en 'zc' delante de 'a' y 'o', como: desaparezca.

desaparición
nombre femenino **1** Ausencia o falta de algo o alguien que antes estaba en un lugar.
◉ El plural es: desapariciones.

desaprovechar
verbo **1** No sacar de algo o alguien el provecho que se podría sacar.

desarmar
verbo **1** Quitarle a una persona las armas que lleva o que tiene.
2 Separar las piezas que componen una cosa y que estaban unidas entre sí. Para arreglar una lavadora hay que desarmarla.
3 Hacer que una persona se quede sin argumentos para responder o sin saber qué decir.

desarme
nombre masculino **1** Eliminación o disminución del número de armas y de material bélico de un país, una región o un ejército.

desarrollar
verbo **1** Hacer crecer o mejorar alguna cosa o persona. Los juegos edu-

cativos sirven para desarrollar la memoria.

2 Exponer o explicar con detalle un tema o una idea: *No pudo desarrollar sus argumentos.*

3 Llevar a cabo o poner en práctica una idea o actividad: *Desarrolla su trabajo en una empresa.*

4 desarrollarse Transcurrir o suceder algo por etapas: *La reunión se desarrolló con normalidad.*

desarrollo

nombre masculino **1** Crecimiento de una persona, un animal o una planta. Hace falta sol para el desarrollo de las plantas.

2 Lo que sucede cuando se desarrolla una cosa. Los laboratorios médicos trabajan en el desarrollo de nuevos medicamentos.

desasosiego

nombre masculino **1** Característica de la persona que está muy nerviosa o preocupada.

desastre

nombre masculino **1** Hecho que produce dolor o sufrimiento en las personas. La guerra es uno de los mayores desastres de la humanidad. ✕✕ desgracia.

2 Cosa que está mal hecha o es de mala calidad: *La reunión fue un desatre, no llegamos a ningún acuerdo.*

3 Persona que lo hace todo mal o que tiene poca suerte.

desatar

verbo **1** Soltar algo que estaba sujeto o atado con algo: *Hizo el nudo muy apretado y era incapaz de desatarlo.* ✕✕ atar.

2 Producir o dar origen a algo de forma violenta: *Se desató una tremenda pelea.*

3 desatarse Perder una persona la timidez o el miedo: *Desde que vive fuera se ha desatado.*

desatascar

verbo **1** Quitar el obstáculo que atasca o tapa un agujero o un tubo.

👁 Se conjuga como: sacar; se escribe 'qu' delante de 'e', como: desatasqué.

desatornillar

verbo **1** Hacer girar un tornillo para que salga de la rosca o del lugar en el que está enroscado. Para desatornillar tornillos se usa el destornillador.

desatrancar

verbo **1** Quitar lo que impide que se abra una puerta.

2 Quitar lo que tapa un agujero o un tubo. ✕✕ desatascar.

👁 Se escribe 'qu' delante de 'e', como: desatranquen.

desayunar

verbo **1** Tomar el desayuno.

desayuno

nombre masculino **1** Primera comida del día, que se toma por la mañana al levantarse.

desbarajuste

nombre masculino **1** Mezcla o amontonamiento de muchas cosas desordenadas: *¡Qué desbarajuste! Esto hay que ordenarlo enseguida.* ✕✕ lío.

desbocarse

verbo **1** Dejar de obedecer un caballo a la persona que lo monta. Cuando un caballo se desboca empieza a galopar sin control.

👁 Se escribe 'qu' delante de 'e', como: se desboque.

desbordarse

verbo **1** Salirse un líquido por los bordes del recipiente que lo contiene o del hueco donde está.

2 Pasar algo de un límite que se considera normal. En las horas punta la gente desborda la capacidad de los vagones del metro.

descalzar

verbo **1** Quitar el calzado de los pies. ✕✕ calzar.

👁 Se escribe 'c' delante de 'e', como: descalcé.

descalzo, descalza

adjetivo **1** Que no lleva ningún calzado en los pies.

descambiar

verbo **1** Cambiar o devolver algo que se ha comprado.

👁 Se conjuga como: cambiar; la 'i' no lleva nunca acento de intensidad.

descampado

nombre masculino **1** Terreno descubierto, sin árboles ni casas y sin habitar.

D
d

descansar
verbo **1** Dejar de trabajar o de hacer un ejercicio físico u otra actividad para recuperar las fuerzas o el ánimo. Cuando una persona duerme unas horas también descansa.
2 Estar apoyada una cosa en otra o en el suelo. Los edificios descansan sobre sus cimientos.
3 Estar enterrada una persona en un lugar.

descansillo
nombre masculino **1** Superficie llana en que termina cada tramo de una escalera. ✗✗ rellano.

descanso
nombre masculino **1** Periodo de tiempo en el que se para de hacer un trabajo u otra actividad para reponer fuerzas. En todas las profesiones hay por lo menos un día de descanso a la semana.
2 Pausa que se hace hacia la mitad de una competición deportiva o de un espectáculo, como cine, ópera o teatro. ✗✗ intermedio.

descapotable
adjetivo y nombre masculino **1** Se dice del coche que tiene una capota o techo que se puede quitar y poner.

descarado, descarada
adjetivo **1** Que actúa o habla sin vergüenza ni respeto hacia los demás: *Contesta mal a la gente, es un descarado.* ✗✗ desvergonzado.

descarga
nombre femenino **1** Acción que consiste en descargar o vaciar una carga. Cerca de un mercado suele haber una zona de carga y descarga.
descarga eléctrica Paso brusco de corriente eléctrica de un cuerpo a otro. Si se toca un enchufe, puede dar una descarga eléctrica capaz de producir quemaduras.

descargar
verbo **1** Sacar la carga que hay en un lugar, en especial en el interior de un vehículo.
2 Hacer que salga la carga de un arma de fuego, como una pistola.
3 Dejar un trabajo complicado o parte de él para que lo haga otra persona.

4 Mostrar a alguien unos sentimientos fuertes, como un enfado o una pena.
5 descargarse Perder un objeto, como una pila, su carga eléctrica.
👁 Se escribe 'gu' delante de 'e', como: descarguemos.

descaro
nombre masculino **1** Falta de respeto o de vergüenza de una persona que hace cosas que no debería hacer. Hay que tener mucho descaro para colarse en una cola.

descarrilar
verbo **1** Salirse un tren de las vías o carriles.

descartar
verbo **1** Rechazar o separar una persona o una cosa de un grupo y no contar con ella para nada.

descascarillar
verbo **1** Quitar o perder la cascarilla o capa que tiene una superficie, como un plato de cerámica o uñas pintadas con esmalte.

descendencia
nombre femenino **1** Conjunto de personas que descienden de otra. La descendencia de un matrimonio son sus hijos, sus nietos, sus bisnietos y los hijos que éstos tienen.

descendente
adjetivo **1** Que va hacia abajo. Los esquiadores se deslizan por pistas descendentes. ✗✗ ascendente.

descender
verbo **1** Ir de un lugar alto a otro bajo o más bajo. ✗✗ bajar. ✗✗ ascender.
2 Hacer más pequeña o menos intensa una cosa. En primavera el frío desciende respecto al invierno. ✗✗ bajar. ✗✗ ascender.
3 Proceder o tener su origen en una persona. Los niños descienden de sus padres.
👁 Se conjuga como: entender; la 'e' se convierte en 'ie' en sílaba acentuada, como: desciendo.

descendiente
nombre masculino y femenino **1** Persona que desciende de otra. Los hijos, nietos, bisnietos y tataranietos de una persona son sus descendientes.

descenso

nombre masculino **1** Paso de un lugar, un valor o un precio determinado a otro más bajo. ✗✗ ascenso.
2 Terreno inclinado visto desde arriba. ✗✗ ascenso.

descifrar

verbo **1** Llegar a entender o a poder leer un texto que está escrito con signos o letras en clave.
2 Llegar a entender o comprender una cosa complicada o algo que se esconde tras una cosa.

desclavar

verbo **1** Quitar uno o más clavos o soltar una cosa del clavo o clavos que la sujetan. Un tacón de un zapato o un cuadro de la pared se pueden desclavar.

descojonarse

verbo **1** Reírse mucho y con ganas, haciendo ruido y gestos. Es una palabra vulgar. ✗✗ desternillarse.

descolgar

verbo **1** Quitar o bajar una cosa que está colgada en un sitio. ✗✗ colgar.
2 Levantar el auricular del teléfono. Cuando el teléfono suena lo descolgamos para preguntar quién llama. ✗✗ colgar.
3 Bajar despacio y con cuidado un objeto sujetándolo a algo, como una cuerda.
4 descolgarse Separarse una persona de un grupo. Es un uso informal.
👁 Se conjuga como: colgar; la 'o' se convierte en 'ue' en sílaba acentuada y se escribe 'gu' delante de 'e', como: descuelguen.

descolocar

verbo **1** Hacer que una o varias cosas dejen de estar en el sitio o en la posición correcta: *El niño me descolocó los libros.* ✗✗ desordenar. ✗✗ colocar.
👁 Se escribe 'qu' delante de 'e', como: descoloqué.

descolorido, descolorida

adjetivo **1** Que ha perdido color o que tiene el color más claro que antes, como le ocurre a la ropa de color después de muchos lavados.

descomponer

verbo **1** Separar todas las partes que forman algo. Para arreglar un televisor que no funciona hay que descomponerlo por dentro.
2 descomponerse Pudrirse un alimento o la carne de un ser vivo.
3 descomponerse Cambiar una persona la expresión de la cara y el ánimo por algo que ha sucedido.
👁 Se conjuga como: poner.

descompuesto, descompuesta

participio **1** Participio irregular de: descomponer. También se utiliza como adjetivo: *La carne se quedó fuera de la nevera y se ha descompuesto. Al ver el accidente se le quedó la cara descompuesta.*
adjetivo **2** Que tiene diarrea porque no ha digerido bien los alimentos o tiene algún problema intestinal.
3 Se dice de las cosas que están desmontadas o que tienen sus partes separadas, por lo que no funcionan o no se pueden utilizar.

descomunal

adjetivo **1** Que es tan grande o tan exagerado que se sale de lo normal.

desconcertar

verbo **1** Hacer que una persona se quede sorprendida y sin saber qué hacer ni qué decir.
👁 Se conjuga como: acertar; la 'e' se convierte en 'ie' en sílaba acentuada, como: desconcierten.

desconcierto

nombre masculino **1** Sentimiento de extrañeza o sorpresa. Cuando sentimos desconcierto no sabemos qué hacer ni qué decir.
2 Situación de desorden y confusión en la que las personas no saben qué hacer.

desconfiado, desconfiada

adjetivo **1** Que no tiene confianza en las cosas o en las personas. ✗✗ confiado.

desconfianza

nombre femenino **1** Sentimiento que se tiene cuando no se confía en una cosa o en una persona. ✗✗ confianza.

desconfiar

verbo **1** No tener confianza en una cosa o en una persona: *Desconfía de*

D
d

ella porque siempre le hace quedar mal. ⚒ confiar.

👁 Se conjuga como: desviar; la 'i' se acentúa en algunos tiempos y personas, como: desconfíe.

descongelar

verbo **1** Hacer que algo deje de estar congelado, especialmente un alimento. ⚒ congelar.

desconocer

verbo **1** No conocer o no saber cierta cosa: *Desconozco su edad, pero parece joven.*

👁 Se conjuga como: conocer; la 'c' se convierte en 'zc' delante de 'a' y 'o', como: desconozco.

desconsuelo

nombre masculino **1** Sentimiento de pena o tristeza muy intensa que se tiene cuando ha ocurrido una desgracia y que es difícil de superar. ⚒ consuelo.

descontar

verbo **1** Restar una cantidad de alguna cosa, en especial una cantidad de dinero. Cuando alguien compra un coche nuevo le descuentan parte del precio por la entrega del viejo.

👁 Se conjuga como: contar; la 'o' se convierte en 'ue' en sílaba acentuada, como: descuenten.

descontento, descontenta

adjetivo **1** Que no está contento ni satisfecho con algo. ⚒ contento.

nombre masculino **2** Sentimiento de disgusto o desagrado que tenemos cuando no estamos satisfechos con algo.

descorchar

verbo **1** Quitar el tapón de corcho a una botella.

descortés

adjetivo **1** Que se comporta con poco respeto o poca educación con los demás. ⚒ maleducado. ⚒ cortés.

👁 El plural es: descorteses.

descoser

verbo **1** Cortar, quitar o perder el hilo que une piezas de tela u otro material. Cuando se nos descose un botón se nos cae de la prenda.

describir

verbo **1** Decir cómo es una cosa, una persona o un lugar. Podemos describir algo oralmente o por escrito.

2 Hacer una línea, figura o trayectoria un cuerpo al moverse. Los planetas describen una órbita al girar alrededor del Sol.

descripción

nombre femenino **1** Explicación de las cualidades o características de una cosa, persona o lugar.

👁 El plural es: descripciones.

descriptivo, descriptiva

adjetivo **1** Que describe unas cualidades o características. También es descriptivo lo que contiene muchas descripciones, como un cuento o una novela.

descuartizar

verbo **1** Cortar en varios trozos algo, como el cuerpo de un animal.

👁 Se escribe 'c' delante de 'e', como: descuartice.

descubierto, descubierta

participio **1** Participio irregular de descubrir. También se utiliza como adjetivo: *Los arqueólogos han descubierto unas ruinas. El tesoro descubierto data del siglo XVI.*

adjetivo **2** Que no tiene nada que lo tape. Un cuerpo descubierto está desnudo; un cielo descubierto no tiene nubes.

al descubierto A la vista o al conocimiento de todos.

descubridor, descubridora

adjetivo y nombre **1** Se dice de la persona que descubre una cosa que no se conocía o que se mantenía oculta, sobre todo cuando se trata de un territorio o un hecho científico.

descubrimiento

nombre masculino **1** Acción que consiste en descubrir algo.

2 Cosa que no se conocía o que se mantenía oculta y que es descubierta por una persona. La penicilina es un descubrimiento de gran importancia para la medicina.

descubrir

verbo **1** Encontrar algo que no se conocía o que se mantenía oculto o escondido.

2 Enterarse una persona de algo que no conocía, porque se mantenía oculto o porque no se había

D
d

dado cuenta de ello: *Acabo de descubrir que tú y yo nacimos el mismo día.*
3 Quitar la ropa, la tapa o lo que está cubriendo u ocultando una cosa.

descuento
nombre masculino **1** Cantidad de dinero que se rebaja de un precio. En algunas tiendas, si pagamos al contado hacen descuento. ▒ rebaja.
2 En deportes como el fútbol, tiempo que se añade al final del partido para recuperar tiempo perdido en el juego.

descuidado, descuidada
adjetivo y nombre **1** Que no tiene el cuidado o la atención necesarios con las cosas, o que no cuida su aseo y su aspecto externo.
adjetivo **2** Se dice de las cosas que no se han cuidado, y por ello están estropeadas, rotas o sucias. Una habitación tiene un aspecto descuidado cuando está muy desordenada.

descuidar
verbo **1** No prestar el cuidado, la atención o el interés que se tendría que prestar.
descuida Se utiliza para tranquilizar a alguien y decirle que no se preocupe por algo: *Descuida, seguro que llegará a tiempo.*

descuido
nombre masculino **1** Falta de atención o de cuidado al hacer una cosa y que hace que suceda algo negativo, como un error, un olvido o un accidente.
2 Falta de cuidado que una persona tiene en su aseo personal y su aspecto externo.

desde
preposición **1** Indica el origen o lugar donde empieza un movimiento: *Viene corriendo desde casa.* ▒ de.
2 Indica el momento a partir del cual pasa algo: *No sabe nada de ellos desde que se casaron.*
3 Señala el lugar que es adecuado para hacer una determinada cosa: *Desde lo alto de la colina puede verse el pueblo.*

desdecirse
verbo **1** Decir lo contrario de lo que se ha afirmado con anterioridad.
◉ Se conjuga como: predecir.

desdentado, desdentada
adjetivo **1** Se dice de la persona que no tiene dientes o que ha perdido algunos.

desdeñoso, desdeñosa
adjetivo **1** Que muestra rechazo o desprecio por una persona o cosa.

desdicha
nombre femenino **1** Situación o cosa triste que produce pena o dolor. ▒ desgracia. ▒ dicha.

desdichado, desdichada
adjetivo **1** Se dice de la persona a la que le ha ocurrido alguna desdicha. ▒ desgraciado. ▒ dichoso.

desdoblar
verbo **1** Hacer que una cosa que está doblada deje de estarlo. ▒ doblar.

desear
verbo **1** Querer tener algo o querer hacer algo con mucha intensidad. Cuando se produce una guerra todo el mundo desea la paz.
2 Querer algo para una persona. Deseamos felices fiestas en Navidad a nuestros familiares.
dejar que desear Ser mala o estar mal hecha una cosa: *Tu trabajo deja mucho que desear, se ve que lo has hecho deprisa.*

desechar
verbo **1** Dejar de utilizar algo, normalmente porque se considera inútil o inapropiado. Algunos productos se desechan después de un uso, como los pañuelos de papel o las jeringuillas.
2 Rechazar o no aceptar una cosa: *Desechó su propuesta.*
3 Dejar de tener un mal pensamiento. Algunas personas necesitan la ayuda de un psicólogo para desechar sus temores o dudas.

desecho
nombre masculino **1** Aquello de lo que se prescinde o que se tira porque ya no sirve.

desembarcar
verbo **1** Salir de un barco, un avión o un tren.

D
d

2 Sacar una mercancía de un barco o de un avión. Los pescadores desembarcan el pescado en el puerto.
👁 Se escribe 'qu' delante de 'e', como: desembarqué.

desembarco
nombre masculino **1** Salida de personas o de mercancías de un barco, tren o avión.

desembocadura
nombre femenino **1** Lugar por donde un río desemboca en el mar o en otro río. La desembocadura del Miño se encuentra en el océano Atlántico.

desembocadura

desembocar
verbo **1** Entrar un río en el mar o en otro río más grande.
2 Tener una calle, un camino o un conducto salida a otro o a un lugar determinado. En una plaza suelen desembocar varias calles.
👁 Se escribe 'qu' delante de 'e', como: desemboque.

desembolso
nombre masculino **1** Cantidad de dinero que se paga al comprar o alquilar algo.

desempatar
verbo **1** Hacer desaparecer la igualdad de puntos obtenidos por dos equipos en una competición o la de votos en una votación. 💥 empatar.

desempate
nombre masculino **1** Situación que se produce al desaparecer la igualdad de votos o de puntos en una competición o en una votación. 💥 empate.

desempeñar
verbo **1** Realizar las funciones u obligaciones que corresponden a un trabajo. Un actor tiene que ser capaz de desempeñar cualquier papel.
2 Recuperar un objeto que se había empeñado. Cuando se desem-

peña un objeto debe pagarse el dinero que nos prestaron más unos intereses determinados.

desempleo
nombre masculino **1** Situación en la que se encuentran las personas que no tienen trabajo. 💥 paro. 💥 empleo.

desempolvar
verbo **1** Quitar el polvo a una cosa.
2 Volver a usar una cosa que hace tiempo que no se usa: *Para disfrazarnos subimos al desván y desempolvamos los antiguos trajes de mis abuelos*.

desencadenar
verbo **1** Provocar o producir una cosa. Una fuerte discusión puede desencadenar una pelea.
2 Quitar las cadenas con las que algo o alguien está atado. 💥 encadenar.

desenchufar
verbo **1** Quitar el enchufe que conecta un aparato eléctrico a la corriente. 💥 enchufar.

desenfundar
verbo **1** Quitar la funda a una cosa o sacar una cosa de su funda.

desenganchar
verbo **1** Soltar una cosa del gancho al que está sujeto: *Cuando llegamos a la ciudad desenganchamos la caravana del coche y la guardamos en un garaje*. 💥 enganchar.
2 desengancharse Dejar algo que nos atrae mucho o que se ha convertido en vicio. A los drogadictos les cuesta mucho desengancharse de la droga. Es un uso informal. 💥 engancharse.

desengañar
verbo **1** Hacer ver a alguien un engaño o error: *No quiero desengañarte, pero lo que te ha dicho no es cierto*.

desengaño
nombre masculino **1** Lo que se siente cuando se conoce la verdad sobre una persona o cosa y se ve el engaño o error en el que se estaba.

desenlace
nombre masculino **1** Modo en que se resuelve el final de una acción o la trama de una obra de teatro, novela o película.

D d

desenmascarar
verbo **1** Quitar a una persona lo que cubre y esconde su cara para ver quién es.
2 Descubrir las intenciones o lo que hace realmente una persona.

desenredar
verbo **1** Deshacer un enredo o un lío, en especial del pelo.

desenrollar
verbo **1** Hacer que una cosa deje de estar enrollada o envuelta sobre sí misma, estirándola.

desenroscar
verbo **1** Quitar algo que está enroscado o unido con rosca haciéndolo girar sobre sí mismo. ⚔ enroscar.
👁 Se escribe 'qu' delante de 'e', como: desenrosqué.

desenterrar
verbo **1** Sacar a la superficie algo que está bajo tierra.
2 Traer a la memoria recuerdos muy antiguos que ya se habían olvidado. Para escribir una autobiografía hay que desenterrar recuerdos de la infancia.
👁 Se conjuga como: acertar; la 'e' se convierte en 'ie' en sílaba acentuada, como: desentierre.

desentonar
verbo **1** Cantar mal o con un tono que no es el adecuado. ⚔ desafinar.
2 No quedar bien una cosa o una persona en un sitio o en un ambiente determinado.

desenvolver
verbo **1** Quitar lo que envuelve o cubre una cosa.
2 **desenvolverse** Saber actuar en un determinado ambiente, relacionándose con la gente.
👁 Se conjuga como: mover; la 'o' se convierte en 'ue' en sílaba acentuada, como: desenvuelven.

desenvuelto, desenvuelta
participio **1** Participio irregular de desenvolver. También se utiliza como adjetivo: *Ha desenvuelto el paquete sin ningún cuidado y ha roto todo el papel. ¿Esas galletas desenvueltas de ahí encima son tuyas?*

adjetivo **2** Que es amable y tiene mucha facilidad para relacionarse con la gente.

deseo
nombre masculino **1** Ganas de conseguir o disfrutar una cosa.
2 Lo que una persona quiere con ilusión e intensidad. En el cuento, el genio de la lámpara maravillosa le concede tres deseos a Aladino.

desertar
verbo **1** Abandonar un soldado el servicio militar o su puesto en el ejército.
2 Abandonar una persona una obligación o un grupo en el que estaba integrada.

desértico, desértica
adjetivo **1** Del desierto o que tiene relación con él. Las plantas de las zonas desérticas necesitan muy poca humedad para crecer.

desertor, desertora
adjetivo y nombre **1** Se dice del soldado que abandona el servicio militar o su puesto en el ejército.
2 Se dice de la persona que abandona una obligación o un grupo en el que estaba integrada, como los que dejan un partido político para pasar a otro.

desesperación
nombre femenino **1** Lo que se siente cuando perdemos la calma, la paciencia o el control.
2 Pérdida de la esperanza en algo: *Cada día que pasa sin que aparezca su perro su desesperación aumenta.*

desesperar
verbo **1** Perder o hacer perder la calma, la paciencia o el control: *¡Me desespera la gente que siempre llega tarde!*
2 Perder la esperanza.

desfallecer
verbo **1** Perder una persona las fuerzas o el ánimo para hacer algo. El hambre, la sed o el cansancio nos hacen desfallecer.
👁 Se conjuga como: agradecer; la 'c' se convierte en 'zc' delante de 'a' y 'o', como: desfallezca.

D
d

desfavorable

adjetivo **1** Se dice de las cosas que no ayudan o no son buenas para que algo ocurra. La lluvia es una condición desfavorable para jugar al tenis. ✂ favorable.

desfiladero

nombre masculino **1** Paso profundo y estrecho entre montañas. ✂ cañón.

desfilar

verbo **1** Andar o pasar un grupo de personas unas detrás de otras. Los modelos desfilan en la pasarela.

desfile

nombre masculino **1** Paso ordenado de varias personas unas detrás de otras. En los desfiles militares todos los soldados van al mismo paso.

desgana

nombre femenino **1** Falta de ganas o de deseo de hacer algo. Cuando estamos enfermos comemos con desgana.

desgarbado, desgarbada

adjetivo y nombre **1** Se dice de la persona que no tiene gracia en su manera de andar o de moverse.

desgarrar

verbo **1** Romper una cosa, especialmente una tela, cuando se tira muy fuerte de ella.
2 Provocar algo una pena o un dolor muy fuerte.

desgarrón

nombre masculino **1** Roto grande que se hace en una prenda de vestir o en cualquier tejido al tirar de él.
☞ El plural es: desgarrones.

desgastar

verbo **1** Consumir poco a poco una cosa por el uso o el roce.
2 Hacer perder la fuerza o el ánimo a una persona.

desgaste

nombre masculino **1** Pérdida del espesor o el grosor de una cosa debida al roce o al uso. El golpe continuo de las olas produce un desgaste en las rocas.
2 Pérdida de las fuerzas o el ánimo de una persona debido a la edad, a las enfermedades o a los problemas.

desgracia

nombre femenino **1** Situación o cosa triste que produce mucha pena o dolor.

2 Mala suerte: Por desgracia he perdido el autobús.

desgraciado, desgraciada

adjetivo y nombre **1** Se dice de la persona que tiene mala suerte o que ha tenido alguna desgracia. ✂ desafortunado.
2 Se dice de la persona mala y desagradable que merece el desprecio de los demás: Ese desgraciado me ha robado la cartera.

adjetivo **3** Que produce desgracias. Las guerras son acontecimientos muy desgraciados.

deshabitado, deshabitada

adjetivo **1** Se dice del lugar que ha dejado de estar ocupado.

deshacer

verbo **1** Hacer desaparecer lo que estaba hecho; una cosa se deshace si se le quita la forma que tenía o si se deja reducida a las piezas que la componen. Deshacemos una cama si nos metemos en ella.
2 Hacer que una cosa sólida se derrita en un líquido. Los terrones de azúcar se deshacen en el café.
3 Volver por un camino en sentido contrario al que se ha recorrido.
deshacerse de Dejar de tener una cosa o dejar de tener relación con una persona.
deshacerse en Dar o mostrar mucho de algo, como elogios.
☞ Se conjuga como: hacer.

deshecho, deshecha

adjetivo **1** Que está muy cansado o muy triste.

deshidratar

verbo **1** Quitar el agua que hay en una sustancia o en un cuerpo. Cuando hace mucho calor tenemos que beber mucha agua para no deshidratarnos. ✂ hidratar.

deshielo

nombre masculino **1** Proceso por el cual el hielo o la nieve se convierten en agua.

deshinchar

verbo **1** Quitar el aire o el gas con el que está relleno un objeto. ✂ desinflar. ✂ hinchar.
2 Dejar de estar hinchada o estar menos hinchada una cosa, hasta llegar a su tamaño normal: No se

me deshincha el golpe en el tobillo. ✂ hinchar.

3 deshincharse Perder una persona las fuerzas o los ánimos.

deshojar

verbo **1** Quitarle las hojas a una planta o los pétalos a una flor.

deshollinador, deshollinadora

nombre **1** Persona que tiene por oficio limpiar los tubos de las chimeneas del hollín o polvo que deja el humo para que la chimenea tire mejor.

deshonra

nombre femenino **1** Sentimiento de quien cree haber perdido la honra o el respeto de los demás.

desiderativo, desiderativa

adjetivo **1** Se dice de las palabras o frases que expresan un deseo, como '¡Ojalá llueva!'.

desierto, desierta

adjetivo **1** Se dice del lugar que está vacío o que no está habitado o poblado. En agosto muchas ciudades se quedan desiertas. ✂ despoblado.

2 Se dice del premio, concurso o trabajo que no se concede a nadie.

nombre masculino **3** Lugar que no está habitado, casi siempre arenoso, en el que hace mucho calor o mucho frío y no se pueden cultivar plantas ni animales debido a las escasas lluvias. Los camellos y dromedarios son animales típicos del desierto.

designar

verbo **1** Señalar a una persona o cosa para un fin.

2 Llamar a algo de un modo determinado. La palabra 'animal' sirve para designar a un gran grupo de seres vivos.

desigual

adjetivo **1** Que no es igual o que es diferente.

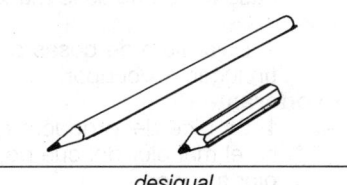

desigual

2 Que no es regular o continuo. Un terreno es desigual cuando tiene muchos baches; el carácter de una persona es desigual cuando un día está contenta y al siguiente está triste. ✂ irregular.

desigualdad

nombre femenino **1** Circunstancia de ser una persona o cosa distinta de otra en un aspecto determinado. ✂ diferencia. ✂ igualdad.

desilusión

nombre femenino **1** Pérdida de la ilusión o esperanza que se tiene en algo o en alguien.

2 Lo que se siente cuando se conoce la verdad sobre una persona o una cosa y se ve el engaño o el error en el que se estaba. ✂ desengaño.

👁 El plural es: desilusiones.

desilusionar

verbo **1** Perder o hacer perder la ilusión que se tiene en algo o en alguien.

desinencia

nombre femenino **1** Terminación de una palabra que sirve para expresar un significado gramatical, como la persona, el número, el género o el tiempo. En español la '-o' es la desinencia del masculino y la '-a' del femenino, como en 'niño' y 'niña'.

desinfectante

adjetivo y nombre masculino **1** Se dice de la sustancia que mata los microbios que pueden causar infecciones en un cuerpo o en un lugar.

desinfectar

verbo **1** Limpiar una superficie eliminando los microbios que pueden causar una infección. Las heridas se desinfectan con agua oxigenada.

desinflar

verbo **1** Vaciar un objeto del aire o el gas con el que está relleno. Podemos desinflar un balón o un globo. ✂ deshinchar. ✂ inflar.

2 Hacer perder a alguien las fuerzas, los ánimos o las ganas de hacer una cosa.

desinterés

nombre masculino **1** Falta de interés que demuestra una persona hacia otra persona o hacia una cosa.

D
d

D
d

2 Generosidad o falta de interés material con que una persona hace determinadas cosas.

desinteresado, desinteresada

adjetivo **1** Que hace las cosas por generosidad y sin interés material; las personas desinteresadas no buscan beneficio al hacer determinadas cosas.

deslizar

verbo **1** Mover una cosa o moverse una persona sobre una superficie con suavidad, como resbalando.
2 Decir o dar algo a una persona con disimulo: *Le pillaron deslizando una chuleta a su compañero.*
👁 Se escribe 'c' delante de 'e', como: deslicemos.

deslumbrante

adjetivo **1** Que es tan brillante o da tanta luz que hace daño a los ojos.
2 Que es tan bello que produce la admiración de los demás.

deslumbrar

verbo **1** Hacer daño a los ojos una luz fuerte.
2 Provocar una persona admiración por su belleza, su simpatía o su inteligencia.

desmayarse

verbo **1** Perder una persona el sentido o el conocimiento durante un rato.

desmayo

nombre masculino **1** Pérdida pasajera del sentido y del conocimiento. Si sufres un desmayo, puedes caerte al suelo.
sin desmayo Sin perder el entusiasmo o la energía necesaria al hacer algo. Antes de las olimpiadas los atletas entrenan sin desmayo.

desmejorado, desmejorada

adjetivo **1** Que demuestra por su aspecto que no está muy bien de salud.

desmemoriado, desmemoriada

adjetivo y nombre **1** Que tiene poca memoria y se olvida fácilmente de las cosas.

desmenuzar

verbo **1** Deshacer o cortar una cosa en trozos muy pequeños. Para hacer croquetas de pollo hay que desmenuzar la carne.
👁 Se escribe 'c' delante de 'e', como: desmenucen.

desmontable

adjetivo **1** Que está formado por varias piezas que se pueden separar con facilidad. Algunos muebles son desmontables.

desmontar

verbo **1** Separar las piezas que forman una cosa, como un mueble o un reloj. Los muebles se desmontan para transportarlos y las máquinas se desmontan para arreglarlas.
2 Bajar o apearse una persona de un caballo, una yegua o un burro. ✗ montar.
3 Cortar los árboles o los matorrales de un monte.

desnatado, desnatada

adjetivo **1** Se dice de los productos lácteos que no tienen nata. La leche o los yogures desnatados engordan menos que los que tienen nata.

desnivel

nombre masculino **1** Diferencia de altura entre dos o más lugares o dos o más puntos de una superficie.

desnudar

verbo **1** Quitar o quitarse la ropa que se lleva puesta. ✗ vestir.

desnudo, desnuda

adjetivo **1** Que no lleva ropa puesta.
2 Que no tiene nada que cubra o adorne: *Tienen todas las paredes desnudas, sin cuadros.*
nombre masculino **3** En pintura o escultura, figura humana que se representa sin ropa.

desobedecer

verbo **1** No cumplir una orden o no hacer caso de lo que nos dice una persona. ✗ obedecer.

desobediencia

nombre femenino **1** Forma de comportarse de las personas que desobedecen. ✗ obediencia.

desobediente

adjetivo y nombre **1** Que desobedece a quien tiene autoridad para mandarle o no hace caso de lo que se le manda.

desocupar

verbo **1** Dejar libre de cosas o personas un lugar. ✗ ocupar.

desodorante

adjetivo y nombre masculino **1** Se dice del producto que elimina el mal olor del cuerpo, como el olor a sudor.

D
d

desorden

nombre masculino **1** Falta de orden o de organización.

2 Alboroto que se produce en la calle.

👁 El plural es: desórdenes.

desordenado, desordenada

adjetivo **1** Que no tiene orden: *El desván está muy desordenado.* ⚔ ordenado.

2 Que normalmente no ordena sus cosas ni se preocupa por que estén arregladas. ⚔ ordenado.

desordenar

verbo **1** Hacer que una cosa o un lugar deje de estar ordenado. ⚔ ordenar.

desorganizar

verbo **1** Hacer que algo deje de tener orden y organización: *Dejad de hablar, que desorganizáis la clase.*

👁 Se escribe 'c' delante de 'e', como: desorganicen.

desorientar

verbo **1** Perder o hacer perder la orientación a una persona, de modo que no sepa bien hacia dónde tiene que ir.

2 Hacer que una persona no sepa qué hacer o qué pensar en una situación determinada: *Me desorienta porque un día me dice una cosa y al siguiente, otra.*

despabilar

verbo **1** Hacer que alguien sea más inteligente y vaya perdiendo su torpeza o inocencia. ⚔ espabilar.

2 Darse prisa o acabar con rapidez lo que se está haciendo.

3 despabilarse Acabarse de despertar una persona que aún está medio dormida. ⚔ espabilarse.

despachar

verbo **1** Atender y vender cosas a un cliente en una tienda. En las panaderías despachan pan.

2 Echar a una persona de algún lugar: *Le despachó de la oficina.*

3 Solucionar un asunto o terminar de hacer un trabajo: *Tengo que despachar pronto esta redacción.*

4 despacharse Decir todo lo que se piensa sobre una cosa o una persona. Es un uso informal.

despacho

nombre masculino **1** Habitación destinada a recibir clientes, realizar ciertos trabajos o estudiar.

2 Noticia o mensaje que se envía o recibe por algún medio de telecomunicación, como el teléfono, el telégrafo o el fax.

despachurrar

verbo **1** Hacer que se estropee o salga el contenido de una cosa aplastándola o apretándola fuerte. Si una tarta se cae al suelo, se despachurra. Es una palabra informal.

despacio

adverbio **1** Indica que una acción se realiza de manera lenta.

desparpajo

nombre masculino **1** Gracia y facilidad que tiene una persona al hablar y al hacer las cosas. Las personas con desparpajo no son vergonzosas. ⚔ soltura.

despectivo, despectiva

adjetivo **1** Que indica desprecio. Hay gestos y miradas despectivas, y algunas palabras, como 'lacayo', también son despectivas.

despedazar

verbo **1** Romper en varios trozos una cosa de forma violenta.

👁 Se escribe 'c' delante de 'e', como: despedacemos.

despedida

nombre femenino **1** Lo que se hace o se dice para despedir a una persona como muestra de afecto o de amabilidad.

despedir

verbo **1** Acompañar hasta un lugar, como la puerta, la salida o la estación, a alguien que se va. Despedir a una persona es un gesto de cortesía.

2 Decir adiós con gestos o palabras a una persona.

3 Echar a alguien de un lugar o de un trabajo: *Se le acabó el contrato y lo despidieron.*

4 Producir una cosa algo que sale de dentro de ella. El Sol despide luz; las rosas despiden buen olor.

👁 Se conjuga como: servir; la 'e' se convierte en 'i' en algunos tiempos y personas, como: despiden.

D
d

despegar
verbo **1** Separar o soltar una cosa de otra a la que estaba unida con algún tipo de pegamento.
2 Dejar de tocar tierra o agua un avión u otra nave para empezar a volar. ✗✗ aterrizar.
☞ Se escribe 'gu' delante de 'e', como: despeguen.

despegue
nombre masculino **1** Separación de un avión u otra nave del suelo o del agua para empezar a volar. ✗✗ aterrizaje.

despeinar
verbo **1** Estropear el peinado o remover el cabello de una persona.

despejado, despejada
adjetivo **1** Se dice del cielo que no tiene nubes.
2 Se dice de la cosa o el lugar que tiene poco o nada de aquello que lo suele ocupar. La calle está despejada cuando hay pocos coches en ella.

despejar
verbo **1** Dejar libre un lugar o un espacio de las cosas que molestan.
2 Hacer desaparecer o quitar algo negativo, como una duda.
3 En algunos deportes, como el fútbol, enviar el balón lejos de la zona de la portería.
4 despejarse Desaparecer las nubes que había en el cielo y empezar a salir el sol. ✗✗ nublarse.
5 despejarse Sentirse una persona más despierta o con la mente más clara: *Para despejarme después del trabajo, me voy a dar un paseo.*

despellejar
verbo **1** Quitarle la piel a un animal.
2 despellejarse Levantarse la superficie de la piel de las personas a causa de una quemadura o una herida. ✗✗ pelarse.

despensa
nombre femenino **1** Lugar de la casa donde se guardan y almacenan los alimentos que no se estropean; suele estar muy cerca de la cocina.

despeñar
verbo **1** Tirar o caer algo o alguien desde un sitio alto, como un precipicio o un acantilado.

desperdiciar
verbo **1** Utilizar mal una cosa o gastarla sin obtener provecho de ella. ✗✗ malgastar. ✗✗ aprovechar.
☞ Se conjuga como: cambiar; la 'i' no lleva nunca acento de intensidad.

desperdicio
nombre masculino **1** Cosa que sobra de algo y ya no se puede utilizar. Tiramos los desperdicios en el cubo de la basura.
2 Mal uso o mal aprovechamiento que se hace de una cosa.

desperezarse
verbo **1** Estirar los brazos y las piernas para quitarse la pereza o la torpeza.
☞ Se escribe 'c' delante de 'e', como: se desperecen.

desperfecto
nombre masculino **1** Rotura o fallo de poca importancia que afecta a una cosa. A veces en las tiendas se vende ropa a precio rebajado porque tiene algún desperfecto.

despertador
nombre masculino **1** Reloj que tiene un mecanismo que, al llegar una hora que se le ha marcado previamente, produce un sonido que hace despertar a la persona que duerme cerca de él.

despertar
verbo **1** Hacer que una persona que está dormida deje de estarlo. ✗✗ dormir.
2 Provocar o hacer recordar un sentimiento que estaba olvidado o apagado. Una persona atractiva puede despertar en nosotros un sentimiento de amor.
3 Hacerse una persona más lista y quitarse la torpeza o la inocencia: *Despierta ya, que te está engañando.* ✗✗ espabilar.
nombre masculino **5** Principio de un proceso o una actividad: *Esta película fue el despertar del cine español.*
☞ Se conjuga como: acertar; la 'e' se convierte en 'ie' en sílaba acentuada, como: despiertan.

despido
nombre masculino **1** Acción que consiste en echar a una persona de su trabajo. Cuando en las empresas hay problemas económicos suele haber despidos.

despierto, despierta

adjetivo   **1** Que no está dormido.

2 Se dice de la persona que es muy lista e inteligente. ✕✕ vivo.

despilfarrar

verbo   **1** Gastar mucho más dinero del necesario o gastarlo en cosas innecesarias y sin pensar. ✕✕ derrochar. ✕✕ ahorrar.

despistado, despistada

adjetivo y nombre   **1** Que está distraído y que no se entera bien de las cosas que pasan a su alrededor.

despistado

2 Se dice de la persona que está desorientada y no sabe la dirección que debe tomar en una acción o en la forma de comportarse.

despistar

verbo   **1** Hacer que alguien se distraiga. La radio nos puede despistar para estudiar.

2 Hacer que alguien se desoriente y no sepa cuál es la dirección que debe tomar en una acción o en la forma de comportarse. También es despistar hacer que alguien dude o no sepa la verdad sobre algo. Algunas personas fingen amabilidad para despistar a los que no les caen bien.

despiste

nombre masculino   **1** Pérdida de atención de una persona que se distrae con algo: *¡Qué despiste! Estaba mirando el paisaje y se me ha pasado mi estación.*

desplazar

verbo   **1** Mover una cosa del lugar donde estaba y llevarla a otro sitio.

2 Quitar a una persona del puesto o función que tenía.

3 desplazarse Ir una persona de un lugar a otro.

👁 Se escribe 'c' delante de 'e', como: desplace.

desplegar

verbo   **1** Extender una cosa que estaba plegada o doblada. ✕✕ desdoblar.

2 Repartir o extender un conjunto de personas en un terreno, en especial un conjunto de soldados.

3 Mostrar una cosa o ponerla en práctica. Una persona que despliega sus habilidades las utiliza.

👁 Se conjuga como: regar; la 'e' se convierte en 'ie' en sílaba acentuada y se escribe 'gu' delante de 'e', como: desplieguen.

desplomarse

verbo   **1** Caer una cosa o una persona de su posición vertical sin que haya intervención humana y empezando a caer por la parte más alta.

desplumar

verbo   **1** Quitarle las plumas a un ave.

2 Dejar a una persona sin dinero en un juego o timarla. Es un uso informal.

despoblar

verbo   **1** Hacer que un lugar quede sin habitantes o con muchos menos habitantes. También se despuebla un lugar cuando desaparece o disminuye el número de cosas que hay en él; los incendios despueblan el bosque de árboles.

👁 Se conjuga como: contar; la 'o' se convierte en 'ue' en sílaba acentuada, como: despueblan.

despojar

verbo   **1** Quitar a una persona lo que tenía, generalmente de manera violenta. ✕✕ robar. ✕✕ restituir.

2 Quitar lo que completa o adorna una cosa.

3 despojarse Quitarse ropa o desnudarse. Para comer nos despojamos de la chaqueta.

desposar

verbo   **1** Casar a un hombre y una mujer. Los curas desposan a los novios en la iglesia. Es un uso formal.

2 desposarse Casarse un hombre y una mujer. Es un uso formal.

D
d

despreciar
verbo **1** Rechazar a una persona o una cosa por considerar que no tiene valor o no merece consideración. No hay que despreciar a nadie y mucho menos a un amigo. ⚹ apreciar.
2 Considerar que una cosa no merece atención o no es importante. Los conductores, cuando han bebido demasiado, desprecian el peligro.

desprecio
nombre masculino **1** Rechazo de alguien o de algo por considerar que no tiene valor o no merece consideración. ⚹ menosprecio. ⚹ aprecio.
2 Dicho o hecho con que se demuestra falta de consideración y se ofende a una persona. No saludar a un amigo, habiéndolo visto, es hacerle un desprecio. ⚹ ofensa. ⚹ cortesía.

desprender
verbo **1** Separar una cosa de otra a la que estaba pegada. ⚹ despegar.
2 Echar o soltar una cosa o una persona algo procedente de sí misma. El fuego desprende chispas. ⚹ despedir.
3 desprenderse Quedarse sin una cosa a la que se renuncia.
4 desprenderse Aparecer una conclusión a partir de unas palabras o de una determinada actitud: *De su comportamiento se desprende que está nervioso.*

desprendimiento
nombre masculino **1** Lo que ocurre cuando una cosa se desprende de otra, como un desprendimiento de rocas de una montaña.
2 Forma de comportarse de las personas a las que no les cuesta nada dar sus cosas a los demás sin pedir nada a cambio. ⚹ generosidad. ⚹ egoísmo.

despreocuparse
verbo **1** Dejar de tener una persona una preocupación por algo.
2 No poner cuidado o atención al hacer una cosa, o dejar de hacerla. Si nos despreocupamos de estudiar día a día, se nos acumula mucho trabajo para el final.

desprevenido, desprevenida
adjetivo **1** Se dice de la persona que no está dispuesta o preparada para algo: *La pregunta me pilló desprevenido y no supe responder.*

desprotegido, desprotegida
adjetivo **1** Sin la protección que debería tener o llevar.

después
adverbio **1** Indica que una cosa ocurre más tarde que otra, normalmente a continuación: *Después iremos al cine, ahora tienes que estudiar.*
2 Indica que una cosa está detrás o a continuación de otra: *Primero está la gasolinera y después el pueblo.*
después de Introduce las razones por las que se hace una crítica al comportamiento de alguien: *Después de lo que hice por ti, así me lo pagas.*
después de Introduce una acción que ocurre antes de otra: *Después de acabar el curso, se mudaron de casa.*

despuntar
verbo **1** Romper o quitar la punta de alguna cosa, como un lápiz.
2 Salir los tallos y las hojas de los árboles o las plantas. ⚹ brotar.
3 Aparecer o empezar a manifestarse una cosa. El día despunta cuando aparece la luz del sol.
4 Destacar alguien en alguna actividad: *Despunta en matemática.*

desquitarse
verbo **1** Vengarse de una persona que nos ha ofendido o nos ha hecho daño: *Me hizo esperar una hora ayer, pero me voy a desquitar haciéndole esperar a él mañana.*
2 Darse algún placer para compensar un disgusto o una pérdida.

destacar
verbo **1** Sobresalir o notarse más una cosa o una persona entre las demás. Algunos alumnos destacan por sus buenas notas. ⚹ resaltar.
2 Hacer que una cosa se note más. Para destacar un párrafo lo subrayamos con un rotulador fosforescente.
3 Mandar a alguien a un sitio para

que realice una acción determinada: *El capitán destacó a sus soldados a luchar al frente.*

👁 Se escribe 'qu' delante de 'e', como: destaque.

destapar
verbo **1** Quitar la tapa de algo o aquello que cubre a alguien o algo. Se puede destapar una botella, una caja o cualquier recipiente con tapa. ✂ tapar.
2 Descubrir o hacer que se conozca algo que estaba oculto o era secreto.

destartalado, destartalada
adjetivo **1** Que está mal cuidado, viejo, estropeado o medio roto. Algunos edificios antiguos están muy destartalados.

destello
nombre masculino **1** Resplandor o rayo de luz intenso y de corta duración. Las piedras preciosas producen destellos. ✂ brillo.
2 Muestra muy pequeña de una cualidad que aparece en algún momento o de manera inesperada. Cuando una persona comete un acto que se considera extravagante o raro, se dice que ha tenido un destello de locura.

desteñir
verbo **1** Perder una cosa su color. Hay ropa de color que al lavarla se destiñe.
2 Quitar el color a una cosa. En verano el sol destiñe los toldos.
👁 Se conjuga como: reñir.

desternillarse
verbo **1** Reírse mucho y con ganas.

desternillarse

desterrar
verbo **1** Echar a una persona de su tierra como castigo, obligándola a vivir en otra ciudad o país durante

un tiempo determinado y prohibiéndole que vuelva. ✂ expulsar.
2 Hacer desaparecer o apartar. Los compactos están desterrando a los antiguos discos de vinilo.
👁 Se conjuga como: acertar; la 'e' se convierte en 'ie' en sílaba acentuada, como: destierren.

destiempo
a destiempo Fuera de tiempo; en un momento equivocado. Si un músico toca su instrumento a destiempo, puede estropear el concierto.

destierro
nombre masculino **1** Pena o castigo que consiste en echar a una persona de su tierra, obligándola a vivir en otra ciudad o país durante un tiempo determinado y prohibiéndole que vuelva.

destinar
verbo **1** Dar a una cosa o a una persona una función o un trabajo determinado.
2 Enviar a una persona a un lugar, generalmente para que realice su trabajo: *A mi padre lo han destinado a Madrid y vamos a ir a vivir allí.*

destinatario, destinataria
nombre **1** Persona a quien va dirigida una cosa, como una carta.

destino
nombre masculino **1** Uso o función que se da a una cosa: *¿Cuál es el destino de los medicamentos caducados?*
2 Lugar al que se dirige una persona o una cosa, o al que se envía una persona o una cosa.
3 Fuerza o causa desconocida que se supone que controla y dirige todo lo que va a ocurrir.
4 Situación a la que se llega o serie de sucesos que se cree que ocurren o van a ocurrir de manera inevitable: *Era su detino.*
5 Empleo o puesto para el que ha sido designado alguien y también lugar donde lo desempeña.

destituir
verbo **1** Echar a una persona de su trabajo o quitarla del cargo que está ocupando y bajarla de categoría.
👁 Se conjuga como: huir; la 'i' se convierte en 'y' delante de 'a', 'e' y 'o', como: destituyeron.

D
d

destornillador

nombre masculino **1** Herramienta que sirve para hacer girar un tornillo para introducirlo o sacarlo de algún lugar y también apretarlo o aflojarlo. Está formado por un mango del que sale una pieza delgada de metal que termina en una punta plana. ✎ 393

destreza

nombre femenino **1** Habilidad que tiene una persona para hacer bien una cosa, sobre todo cosas manuales.

destripar

verbo **1** Sacar o hacer salir las tripas de algo, en especial de un animal o una cosa. **2** Romper una cosa pisándola o apretándola con fuerza. Es un uso informal.

destronar

verbo **1** Hacer que un rey o una reina dejen de serlo.

destrozar

verbo **1** Romper una cosa en muchos trozos o estropearla de tal forma que ya no sirva o no funcione. **2** Causar a una persona un daño moral muy grande o dejarla muy abatida. **3 destrozarse** Quedarse muy cansado después de haber hecho un gran esfuerzo físico: *Cuidar de estos niños me destroza*. Es un uso informal. ☞ Se escribe 'c' delante de 'e', como: destrocen.

destrozo

nombre masculino **1** Acción que consiste en destrozar una cosa.

destrozón, destrozona

adjetivo **1** Se dice de la persona que suele romper o destrozar muchas cosas y con mucha frecuencia. ☞ El plural de destrozón es: destrozones.

destrucción

nombre masculino **1** Acción que se realiza cuando se destruye algo; lo que resulta al destruir algo también se llama destrucción. ☞ El plural es: destrucciones.

destructor

nombre masculino **2** Barco de guerra rápido, ligero y no muy grande, utilizado normalmente para proteger otros barcos y atacar submarinos enemigos.

destruir

verbo **1** Romper o estropear una cosa de modo que pierda su forma original. En las guerras las bombas destruyen las casas. ☞ Se conjuga como: huir; la 'i' se convierte en 'y' delante de 'a', 'e' y 'o', como: destruyan.

desunir

verbo **1** Separar dos o más cosas o personas que estaban unidas. ✖ unir.

desuso

nombre masculino **1** Situación en la que se encuentra una cosa que no se usa desde hace tiempo: *Esa máquina está en desuso*.

desvalido, desvalida

adjetivo **1** Que está solo en la vida y no tiene ayuda ni apoyo de los demás o no tiene medios para defenderse.

desvalijar

verbo **1** Robar a una persona todo lo que tiene o todo lo que lleva encima con violencia o engañándola. **2** Robar en algún lugar todo lo que hay de valor, sin dejar nada. También se desvalija un sitio cuando se quitan de él todas las cosas que contenía, como cuando se deja vacía la nevera.

desván

nombre masculino **1** Parte más alta de una casa, justo debajo del tejado, que tiene el techo inclinado y donde se suelen guardar los objetos viejos o que no se usan. ✖ buhardilla. ☞ El plural es: desvanes.

desvanecer

verbo **1** Hacer desaparecer una cosa poco a poco. El humo se desvanece cuando lo arrastra el viento. **2 desvanecerse** Perder una persona el sentido o el conocimiento durante un rato. ✖ desmayarse. ☞ Se conjuga como: agradecer; la 'c' se convierte en 'zc' delante de 'a' y 'o', como: desvanezca.

desvelar

verbo **1** Quitar el sueño o impedir a alguien que duerma.

2 Dar a conocer algo que estaba oculto, como un secreto o una incógnita. ✕✕ revelar.

3 desvelarse Poner gran atención e interés en una persona o en una tarea. Es natural que los padres se desvelen constantemente por sus hijos.

desventaja

nombre femenino **1** Característica que tiene una cosa y que hace que sea peor que otras con las que se compara.

desvergonzado, desvergonzada

adjetivo y nombre **1** Se dice de la persona que actúa o habla sin vergüenza ni respeto hacia los demás.

desvestir

verbo **1** Quitar la ropa que alguien lleva puesta. ✕✕ desnudar. ✕✕ vestir.

☛ Se conjuga como: servir; la 'e' se convierte en 'i' en algunos tiempos y personas, como: desvistió.

desviar		
INDICATIVO		**SUBJUNTIVO**
presente		**presente**
desvío		desvíe
desvías		desvíes
desvía		desvíe
desviamos		desviemos
desviáis		desviéis
desvían		desvíen
pretérito imperfecto		**pretérito imperfecto**
desviaba		desviara o desviase
desviabas		desviaras o desviases
desviaba		desviara o desviase
desviábamos		desviáramos o
desviabais		desviásemos
desviaban		desviarais o desviaseis
		desviaran o desviasen
pretérito indefinido		
desvié		**futuro**
desviaste		desviare
desvió		desviares
desviamos		desviare
desviasteis		desviáremos
desviaron		desviareis
		desviaren
futuro		
desviaré		**IMPERATIVO**
desviarás		
desviará		desvía (tú)
desviaremos		desvíe (usted)
desviaréis		desviad (vosotros)
desviarán		desvíen (ustedes)
condicional		**FORMAS**
desviaría		**NO PERSONALES**
desviarías		
desviaría		**infinitivo gerundio**
desviaríamos		desviar desviando
desviaríais		**participio**
desviarían		desviado

desviar

verbo **1** Apartar a una persona o cosa del camino que seguía o de la dirección normal: *En el cruce nos desviamos a la izquierda.*

desvío

nombre masculino **1** Vía o camino que se separa de otro más importante. A veces cuando se produce un atasco en una carretera tomamos un desvío.

detallar

verbo **1** Contar una cosa con todos sus detalles: *Nos detalló su viaje.*

detalle

nombre masculino **1** Parte no necesaria de algo que lo completa o lo hace más bonito, como un adorno que se pone en una prenda de ropa o en el pelo.

2 Dato que completa o aclara una información.

3 Cosa que se dice o se hace para agradar a alguien. Cuando es el cumpleaños de un amigo tenemos el detalle de felicitarlo.

4 Parte de una obra artística, normalmente parte que destaca o resalta por algún motivo: *Estas fotos son de unos detalles de las columnas de la catedral.*

detectar

verbo **1** Captar un aparato una cosa que no puede ser percibida directamente por una persona, como un escape de gas.

2 Darse cuenta una persona de una cosa que no se manifiesta de forma clara y evidente: *Detecto cierto enfado en tus palabras.*

detective

nombre masculino y femenino **1** Persona que se encarga de investigar delitos o asuntos por encargo de otra persona.

detención

nombre femenino **1** Acción que consiste en detener o quitar la libertad a un persona durante un tiempo.

2 Paro o interrupción del desarrollo de una acción o de un movimiento. Cuando hay una avería en el metro se produce la detención de todos los servicios.

☛ El plural es: detenciones.

D
d

detener
verbo **1** Interrumpir o parar el desarrollo de una acción o un movimiento. Cuando hacemos un viaje en coche nos detenemos a ver el paisaje. **2** Coger a una persona que ha cometido un delito.
👁 Se conjuga como: tener.

detenimiento
con detenimiento Con mucha atención y cuidado. Hay que leer con detenimiento las instrucciones de los aparatos antes de usarlos.

detergente
nombre masculino **1** Producto que se utiliza para lavar o limpiar. Para lavar la ropa en la lavadora usamos un detergente líquido o en polvo.

deteriorar
verbo **1** Hacer que el valor o la calidad de una cosa sea más bajo. 🗶 estropear.

determinado, determinada
adjetivo **1** Que es uno en particular con características bien definidas: Me lo dijo una persona determinada.

determinante
adjetivo **1** Que determina o hace que una persona o una cosa sea de un modo y no de otro. Las lluvias son un factor determinante para que haya una buena cosecha.
nombre masculino **2** Palabra que va delante de un nombre para ayudar a precisar su significado y concuerda con él en género y número. Hay distintos tipos de determinantes: artículos, posesivos, demostrativos, numerales, indefinidos, interrogativos y exclamativos.

DETERMINANTES

Tipo		Expresa	Ejemplos	Observaciones
artículo	determinado	es conocido por el hablante o por el oyente o se ha hablado antes del nombre	el, la, los, la	
	indeterminado	no es conocido por el hablante o por el oyente o no se ha hablado antes del nombre	un, una, unos, unas	
posesivo		a quién pertenece lo que se dice a continuación	mi, tu, su, nuestro, nuestra, vuestro, vuestra	Puede ir delante o detrás del nombre: Nuestra amiga. Una amiga nuestra
demostrativo		está cerca en el espacio o en el tiempo	este, esta, estos, estas	También se usa como pronombre. Como pronombre suele acentuarse: Me gusta éste
		está a distancia media en el espacio o en el tiempo	ese, esa, esos, esas	
		está lejos en el espacio o en el tiempo	aquel, aquella, aquellos, aquellas	
numeral		cardinal: número de veces de lo designado	uno, dos, veinte, mil	También se usa como pronombre: Quiero uno. Que pase el primero
		ordinal: orden de lo designado dentro de una serie	primero, segundo, tercero	
indefinido		indica imprecisión en lo designado	algún, ningún, todo, otro, cierto, mucho, poco, varios, bastante	También se usa como pronombre: Tengo poco. Vi varias

D
d

determinar
verbo   **1** Tomar una decisión o hacer que una persona tome una decisión. Un fracaso puede determinar a una persona a dejar un negocio.
2 Decir una persona o decidir entre varias cómo realizar o cómo tiene que ser una cosa exactamente, como la fecha de examen o los puntos de un acuerdo.
3 Llegar a conocer el resultado de una cosa a partir de unos datos.
4 Ser una cosa la causa de una acción o tenerla como consecuencia inevitable. El paso de los años determina la aparición de arrugas.

detestar
verbo   **1** Experimentar un sentimiento de rechazo o desagrado hacia algo o alguien que no nos gusta nada. ⚹ aborrecer; odiar. ⚹ estimar.

detrás
adverbio   **1** Indica que un objeto, lugar o persona se encuentra en una posición posterior respecto a otro objeto, lugar o persona y a una cierta distancia: *Tú estudias ahí detrás, ¿verdad?* ⚹ delante.
2 por detrás Indica que una acción se realiza a espaldas de alguien, sin que esta persona se dé cuenta: *No es de buena educación hablar mal de los demás por detrás*.

deuda
nombre femenino   **1** Obligación que tiene una persona de devolver una cosa, en especial una cantidad dinero.

devoción
nombre femenino   **1** Sentimiento de amor y respeto que una persona tiene hacia Dios y hacia todo lo religioso.
2 Cariño o admiración especial que se siente hacia una persona o una cosa: *Mi hermano tiene devoción por los coches*.
👁 El plural es: devociones.

devolución
nombre femenino   **1** Entrega de una cosa que nos habían dejado o de algo que habíamos comprado y no nos satisface. El plazo habitual para la devolución de libros en la biblioteca es de quince días.
👁 El plural es: devoluciones.

devolver
verbo   **1** Dar una cosa a la persona que nos la había prestado.
2 Volver a llevar una cosa al lugar donde se ha obtenido o comprado porque no nos satisface.
3 Echar por la boca lo que se tiene en el estómago. Cuando estamos mareados tenemos ganas de devolver. ⚹ vomitar.
4 Hacer que una cosa o una persona vuelva a estar en el lugar o en el estado en que estaba antes.
👁 Se conjuga como: mover; la 'o' se convierte en 'ue' en sílaba acentuada, como: devuelvo.

devorar
verbo   **1** Comer con muchas ganas y rapidez. Mucha gente devora la comida cuando tiene mucha hambre.

devorar

2 Comer un animal a su presa.
3 Acabar con una cosa rápidamente. Las personas a las que les gusta mucho leer devoran los libros.

devuelto, devuelta
participio   **1** Participio irregular de devolver. También se utiliza como adjetivo: *¿Me has devuelto el lápiz que te presté? Las cartas devueltas están encima de la mesa*.
nombre masculino   **2** Conjunto de sustancias que estaban en el estómago y se han expulsado fuera. ⚹ vómito.

día
nombre masculino   **1** Tiempo que tarda la Tierra en dar una vuelta sobre sí misma, que suele ser veinticuatro horas. Un año tiene 365 días o 366 si es bisiesto.

D
d

2 Parte del día en que hay claridad o luz solar. En verano los días son más largos que en invierno porque el Sol sale antes y se pone más tarde.
3 Tiempo atmosférico. Cuando llueve o está nublado decimos que hace mal día.
hoy en día En la actualidad: *Hoy en día se pueden hacer muchas cosas con los ordenadores*.
estar al día Tener información actualizada sobre algo.

diabetes
nombre femenino **1** Enfermedad de las personas que se caracteriza por tener una concentración de azúcar en la sangre mayor de lo normal.
👁 El plural es: diabetes.

diablo
nombre masculino **1** Ser que representa el mal y se opone a Dios. Según la religión católica, el diablo está en el infierno. ※ demonio. ※ ángel.
2 Persona muy mala o muy traviesa, en especial referido a niños. ※ demonio. ※ ángel.
del diablo Expresión que se utiliza para exagerar lo malo de una cosa. También se dice 'de mil diablos': *Hace un frío del diablo*.

diablura
nombre femenino **1** Acción de un niño que provoca un trastorno o un daño de poca importancia. Esconder unas llaves o un mando a distancia es una diablura. ※ trastada; travesura.

diadema
nombre femenino **1** Objeto en forma de círculo o de medio círculo rígido que se pone en la cabeza, apoyado detrás de las orejas. La diadema sujeta el pelo o sirve como adorno. ✎ 550
2 Pequeña corona de brillantes o piedras preciosas que algunas mujeres, especialmente las de la realeza o nobleza, se ponen en la cabeza en ocasiones especiales.

diáfano, diáfana
adjetivo **1** Se dice de los objetos o superficies que dejan pasar la luz. ※ transparente.
2 Se dice de la forma de actuar o de hablar que es muy clara.

diagnosticar
verbo **1** Decir el médico qué enfermedad tiene un enfermo mediante el examen de sus síntomas.

diagnóstico
nombre masculino **1** Determinación de una enfermedad mediante el examen de los síntomas que presenta un enfermo. En el diagnóstico de una gripe el médico tiene en cuenta la tos o la fiebre del paciente.
2 Conclusión a la que llega un médico después de examinar los síntomas de un enfermo: *Su diagnóstico fue claro: pulmonía*.

diagonal
adjetivo y nombre femenino **1** Se dice de la línea recta que une dos ángulos de una figura que no están seguidos.

dialecto
nombre masculino **1** Variedad de una lengua que se habla en una determinada zona geográfica; en los dialectos suele haber algunas palabras o expresiones diferentes de las de la lengua, pero los hablantes de los diferentes dialectos de una lengua se entienden perfectamente. El andaluz o el canario son dialectos del español.

dialogar
verbo **1** Mantener un diálogo.

diálogo
nombre masculino **1** Conversación entre dos o más personas en la que cada una contesta a lo dicho por la otra. En los libros, los diálogos se señalan con guiones que van seguidos de la frase que dice cada personaje.

diamante
nombre masculino **1** Piedra preciosa de color transparente que se utiliza para hacer joyas. El diamante es el mineral más duro que hay.

diámetro
nombre masculino **1** Línea recta que une dos puntos de una circunferencia pasando por el centro. El diámetro divide la circunferencia en dos partes iguales.

diana
nombre femenino **1** Tabla redonda que tiene dibujados varios círculos con un mismo centro, y que sirve para hacer prue-

bas de tiro con armas de fuego o con flechas.
2 Punto central de una diana.
3 Toque de trompeta que se da en los cuarteles por la mañana para despertar a los soldados.

diapositiva
nombre femenino **1** Fotografía copiada en un material transparente que se proyecta sobre una pantalla con ayuda de una máquina. ✎ 397

diario, diaria
adjetivo **1** Que ocurre o se hace todos los días: *Toma una ducha diaria.*
nombre masculino **2** Publicación que sale todos los días. ⁂ periódico.
3 Libro o cuaderno en el que una persona escribe todo lo que hace cada día y también sus pensamientos y sentimientos.

diarrea
nombre femenino **1** Trastorno del aparato digestivo que consiste en expulsar una caca líquida o semilíquida con mucha frecuencia.

dibujante
nombre masculino y femenino **1** Persona que dibuja como profesión o como afición.

dibujar
verbo **1** Hacer un dibujo.
2 dibujarse Mostrarse o aparecer algo en un sitio de manera poco clara. A veces se dibujan sombras en la oscuridad.

dibujo
nombre masculino **1** Imagen de una persona o una cosa representada en una superficie plana.
2 Acción de dibujar.

diccionario
nombre masculino **1** Libro que contiene las palabras de una lengua o de una determinada materia definidas. Las palabras del diccionario suelen ir en orden alfabético.

dicha
nombre femenino **1** Estado de ánimo de la persona que se encuentra alegre o muy satisfecha por algo. ⁂ felicidad.

dicho
nombre masculino **1** Palabra o frase graciosa que normalmente encierra una enseñanza. Los refranes son dichos populares.

dichoso, dichosa
adjetivo **1** Que está alegre o muy satisfecho por algo.
2 Que causa molestia o preocupación: *¡Dichoso trabajo! Siempre andas sin poder solucionar los problemas.* Con este significado siempre va delante del nombre.

diciembre
nombre masculino **1** Último mes del año. Diciembre tiene 31 días y es el mes en que empieza el invierno.

dictado
nombre masculino **1** Acción que consiste en leer o decir algo en voz alta para que otro lo escriba. En clase se escribe un texto al dictado para practicar las normas de ortografía.
2 Texto que se escribe al dictado.
3 Conjunto de reglas o normas de conducta que se siguen y que pueden tener diversos orígenes, como la razón, los sentimientos o los principios de una ciencia o una actividad profesional.

dictador, dictadora
nombre **1** Persona que tiene todo el poder de un país y gobierna según sus deseos, sin tener en cuenta los derechos ni la voluntad de los ciudadanos. ⁂ tirano.
adjetivo y nombre **2** Que abusa de su superioridad o su poder y trata muy mal a otras personas.

dictadura
nombre femenino **1** Sistema de gobierno en el que el control está ejercido por un dictador que tiene todo el poder. En una dictadura no hay elecciones y no se respetan los derechos y la voluntad de los ciudadanos.
2 Periodo de tiempo durante el cual se mantiene este sistema de gobierno en un país.
3 País gobernado por un dictador.

dictar
verbo **1** Leer o decir algo en voz alta para que otro lo escriba.
2 Hacer públicas las leyes, normas o sentencias.
3 Seguir una determinada regla o norma de conducta que puede te-

D

d

ner distintos orígenes, como la razón, los sentimientos o los principios de una ciencia o una actividad profesional.

didáctico, didáctica

adjetivo **1** Que sirve o es adecuado para enseñar o que tiene relación con la enseñanza. Los juguetes didácticos son aquellos que enseñan cosas a los niños mientras juegan con ellos.

diecinueve

numeral cardinal **1** Indica que el nombre al que acompaña está 19 veces.

numeral ordinal **2** Que ocupa el lugar número 19 en una serie ordenada.

nombre masculino **3** Nombre del número 19: *El diecinueve es un número primo.*

dieciocho

numeral cardinal **1** Indica que el nombre al que acompaña está 18 veces.

numeral ordinal **2** Que ocupa el lugar número 18 en una serie ordenada.

nombre masculino **3** Nombre del número 18.

dieciséis

numeral cardinal **1** Indica que el nombre al que acompaña está 16 veces.

numeral ordinal **2** Que ocupa el lugar número 16 en una serie ordenada.

nombre masculino **3** Nombre del número 16.

diecisiete

numeral cardinal **1** Indica que el nombre al que acompaña está 17 veces.

numeral ordinal **2** Que ocupa el lugar número 17 en una serie ordenada.

nombre masculino **3** Nombre del número 17: *El diecisiete es un número primo.*

diente

nombre masculino **1** Cada una de las piezas blancas y duras que tienen en la boca las personas y algunos animales. **2** Cada una de las puntas o partes salientes que tiene la superficie de una cosa, como las sierras o los bordes de los sellos.

diente de ajo Cada una de las partes en que se divide una cabeza de ajo. ☞793

diente de leche Cada uno de los dientes que tienen los niños pequeños, que a una determinada edad se caen.

hablar entre dientes Hablar una persona en voz tan baja que no se entiende lo que dice.

diéresis

nombre femenino **1** Signo de ortografía que se coloca sobre la vocal 'u' para indicar que se tiene que pronunciar cuando va en un grupo 'gue' o 'gui'. La palabra 'pingüino' se escribe con diéresis.
👁 El plural es: diéresis.

diestro, diestra

adjetivo y nombre **1** Se dice de la persona que utiliza la mano o el pie derecho para hacer cosas. ✂ zurdo. **2** Se dice de la persona que hace un trabajo o realiza una actividad muy bien y con habilidad.

nombre **3** Torero encargado de matar el toro.

dieta

nombre femenino **1** Conjunto de normas o guías referidas al tipo, la cantidad y la combinación de alimentos que come una persona o una comunidad de personas. La dieta mediterránea se caracteriza por una abundancia de alimentos frescos: *El médico le recomendó una dieta pobre en sal.* ✂ régimen. **2** Cantidad de dinero que se da a una persona para cubrir los gastos ocasionados por tener que trabajar fuera del lugar donde vive.

diez

nombre cardinal **1** Indica que el nombre al que acompaña está 10 veces.

numeral ordinal **2** Que ocupa el lugar número 10 en una serie ordenada.

nombre masculino **3** Nombre del número 10.

difamar

verbo **1** Hablar muy mal de una persona para perjudicarla y crearle mala fama. Generalmente las cosas que se dicen cuando se difama a alguien no son ciertas.

diferencia

nombre femenino **1** Característica o rasgo que hace que una persona o una cosa no sea igual que otra. ✂ semejanza. **2** Aquello sobre lo que dos personas no están de acuerdo y que puede provocar disputas. Con este

D
d

significado se utiliza mucho en plural.
3 Cantidad que resulta de restar dos cantidades. La diferencia entre cuatro y tres es uno.

diferenciar

verbo   **1** Notar o percibir que dos personas o dos cosas no son iguales en algo.
2 Ser una cosa la causa o la razón que hace que dos o más personas o cosas no sean iguales. La inteligencia diferencia al hombre del resto de animales.
3 diferenciarse Ser una persona o una cosa diferente de otra o de otras.
👁 Se conjuga como: cambiar; la 'i' no lleva nunca acento de intensidad.

diferente

adjetivo   **1** Que tiene una o varias características que son distintas o que no se parecen a las de otras personas o cosas: *El clima del norte es diferente al del sur*. ⚔ igual; semejante.

difícil

adjetivo   **1** Que cuesta mucho esfuerzo solucionarlo, hacerlo o entenderlo. ⚔ complicado. ⚔ fácil; sencillo.
2 Se dice de la persona que tiene mal carácter o con la que no es agradable tratar porque se enfada con facilidad.

dificultad

nombre femenino   **1** Aquello que hace que algo sea difícil de hacer o resolver. Decimos que un examen tiene muchas dificultades cuando las preguntas son muy complicadas. ⚔ facilidad.

dificultar

verbo   **1** Hacer que algo sea difícil de hacer o sea más difícil de lo normal.

difuminar

verbo   **1** Hacer que las líneas y los colores de un dibujo sean poco claros para dar una impresión de más realidad. Se puede difuminar con los dedos o con un instrumento especial parecido a un lápiz.

difundir

verbo   **1** Hacer que una idea, noticia o alguna otra cosa inmaterial sea conocida por gran número de personas. ⚔ divulgar.
2 Extender algo material por un espacio. Las calefacciones difunden calor y los ventiladores, aire.

difunto, difunta

adjetivo y nombre   **1** Se dice de la persona que ha muerto.

difusión

nombre femenino   **1** Acción que consiste en difundir o difundirse algo material o inmaterial. Los libros son unos buenos medios de difusión de la cultura. ⚔ divulgación.
2 Emisión de ondas por el aire para transmitir sonidos e imágenes a lugares lejanos. Para la difusión de un programa de televisión hacen falta equipos técnicos especiales.

difuso, difusa

adjetivo   **1** Que no está lo suficientemente claro o preciso: *No conozco bien el tema, sólo tengo una idea difusa*.

digerir

verbo   **1** Transformar el aparato digestivo los alimentos que se comen en las sustancias que necesita el organismo para funcionar.
2 Soportar con paciencia una pena o una desgracia.
👁 Se conjuga como: preferir; la 'e' se convierte en 'ie' en sílaba acentuada o en 'i' en algunos tiempos y personas, como: digiero o digirió.

digestión

nombre femenino   **1** Proceso desarrollado en el aparato digestivo por medio del cual los alimentos se transforman en las sustancias necesarias para el organismo.

digestivo, digestiva

adjetivo   **1** Que está relacionado con la digestión. 🖎 594
2 Que ayuda a hacer la digestión o la facilita.

digital

adjetivo   **1** De los dedos o que tiene relación con ellos. Las huellas digitales son distintas en cada persona.
2 Se dice de los aparatos que representan los datos con números.

D
d

dignidad

nombre femenino **1** Característica de la persona que merece ser respetada por tener un comportamiento ejemplar consigo misma y con los demás. También es dignidad el modo de comportarse de este tipo de persona. **2** Persona que tiene un cargo importante y con poder, como un obispo o un ministro. ✂ autoridad.

digno, digna

adjetivo **1** Se dice de la persona o la cosa que merece aquello que se indica. Los buenos artistas son dignos de admiración. ✂ indigno. **2** Que es adecuado a la naturaleza o a las características propias de una persona o de una cosa. Portarse mal no es digno de los niños bien educados. **3** Que se comporta tan bien que merece el respeto de los demás. ✂ respetable. **4** Que es suficientemente bueno, aunque podría ser mucho mejor. Una vivienda digna tiene todo lo necesario para vivir en ella pero no tiene comodidades ni lujos.

dilatación

nombre femenino **1** Aumento del tamaño de una cosa. El calor produce la dilatación de las vías de tren. ✂ contracción.

dilatar

verbo **1** Hacer que una cosa sea más grande y ocupe más espacio. Los pies se dilatan cuando hace mucho calor; las puertas de hierro se dilatan con el calor. **2** Hacer que una cosa dure más tiempo de lo esperado. A veces, el tiempo previsto para la construcción de una casa se dilata porque surgen problemas inesperados.

dilema

nombre masculino **1** Duda grande que se le plantea a una persona cuando tiene que escoger obligatoriamente entre dos alternativas y no sabe qué hacer, generalmente porque las dos son igual de convenientes o perjudiciales.

diligencia

nombre femenino **1** Carro grande y cubierto tirado por caballos que se utilizaba para llevar viajeros entre ciudades.

diligente

adjetivo **1** Que hace las cosas que tiene que hacer o los trabajos que se le encargan con mucho interés y atención y de manera rápida y eficaz.

diluviar

verbo **1** Llover de forma abundante y con mucha fuerza.

diluvio

nombre masculino **1** Lluvia muy fuerte y abundante. Un diluvio puede ocasionar grandes inundaciones.

dimensión

nombre femenino **1** Tamaño o extensión de algo: *Tiene una casa enorme, de muy grandes dimensiones*. **2** Aquello que puede medirse de un objeto, una persona o cualquier cosa de la realidad. Hay tres dimensiones: largo, alto y ancho.

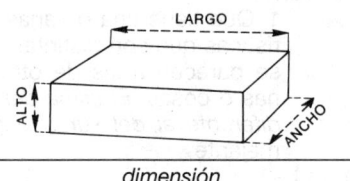

dimensión

3 Importancia que tiene algo. Un problema de gran dimensión es muy difícil de resolver.
👁 El plural es: dimensiones.

diminutivo, diminutiva

adjetivo y nombre masculino **1** Se dice de las palabras o sufijos que indican pequeñez o poca importancia. La palabra 'casita' es el diminutivo de 'casa'. Con los sufijos '-ito' o '-illo' se forman los diminutivos: arbolito y librillo. Los diminutivos también se emplean para indicar afecto o cariño: *Ha venido a vernos el abuelito*. ✂ aumentativo.

diminuto, diminuta

adjetivo **1** Que es muy pequeño. ✂ enano. ✂ enorme; gigante.

dimisión

nombre femenino **1** Acción que consiste en que una persona deja su trabajo o cargo por propia voluntad.
👁 El plural es: dimisiones.

dimitir

verbo **1** Dejar una persona su trabajo o cargo por propia voluntad.

D

d

dinámico, dinámica
adjetivo **1** Se dice de la persona que hace muchas cosas y que parece que no se cansa.

dinamita
nombre femenino **1** Explosivo potente que se emplea en las minas, en la construcción y con fines militares.

dineral
nombre masculino **1** Cantidad muy grande de dinero. ✺ fortuna.

dinero
nombre masculino **1** Conjunto de monedas y billetes que sirven para comprar cosas o para pagar un trabajo o servicio.
2 Conjunto de bienes o cosas de valor que alguien posee.

dinosaurio
nombre masculino **1** Reptil de gran tamaño, que se extinguió hace millones de años. El dinosaurio fue probablemente el animal terrestre más grande que ha existido sobre la Tierra.

dintel
nombre masculino **1** Elemento horizontal que cierra la parte superior del hueco de una pared o ventana y sostiene el muro que hay encima. ✍756

diócesis
nombre femenino **1** Conjunto de territorios que dependen de un obispo.
👁 El plural es: diócesis.

dioptría
nombre femenino **1** Unidad que emplean los oculistas para medir el grado de defecto de la vista humana. La miopía se mide en dioptrías.

dios, diosa
nombre **1** Ser superior al hombre, que tiene distintas formas, distintos poderes y distintas características según las diferentes religiones.
nombre masculino **2** Para los cristianos, ser superior que lo puede todo y es el creador de todas las cosas. Con este significado se escribe con mayúscula.
como Dios manda De forma correcta, como debe ser: *Si no te coses los pantalones como Dios manda, te van a quedar muy mal.* Es una expresión informal.

dióxido
nombre masculino **1** Compuesto químico formado por dos átomos de oxígeno. El dióxido de carbono que expulsan los tubos de escape de los coches contamina el aire.

diploma
nombre masculino **1** Documento que prueba que una persona ha conseguido un título al acabar sus estudios o ha ganado un premio.

diplomacia
nombre femenino **1** Estudio de las relaciones políticas, económicas y culturales entre los países. También es la actividad que desarrollan las personas que han hecho estos estudios.
2 Conjunto de funcionarios e instituciones que se encargan de las relaciones internacionales de un país.
3 Habilidad de la persona que actúa de un modo muy correcto y educado, intentando no ofender a nadie.

diplomático, diplomática
adjetivo **1** Que tiene que ver con la diplomacia.
adjetivo y nombre **2** Se dice de la persona que tiene un trato muy correcto y educado y dice las cosas de forma que no molesten al que las oye.
3 Que trabaja para la diplomacia de un país y representa a su país en el extranjero. Los embajadores y cónsules son diplomáticos.

diptongo
nombre masculino **1** Conjunto de dos vocales distintas que se pronuncian en una sola sílaba. La palabra 'guarro' tiene un diptongo.

diputado, diputada
nombre **1** Político que forma parte del Congreso. Los diputados son elegidos por los ciudadanos y se encargan de elaborar y votar la aprobación de las leyes.

dique
nombre masculino **1** Muro construido para contener las aguas.
2 Parte de un puerto que se puede cerrar para sacar el agua y poder limpiar o reparar los barcos en seco.

dirección
nombre femenino **1** Trayectoria o recorrido que sigue una persona o cosa en su movimiento. El viento de Levante sopla en dirección Este-Oeste.
2 Nombre de la población, calle,

D
—
d

número y piso donde vive una persona. 🔆 señas.

3 Acción que consiste en dirigir a una persona o una cosa por parte de una o varias personas. El entrenador es el encargado de la dirección de un equipo.

4 Grupo de personas que dirigen una escuela, una empresa, una fábrica o una compañía de teatro. También se llama dirección la oficina donde trabajan estas personas: *El director del hotel recibió en la dirección al jefe de personal.*

5 Conjunto de las piezas y los mecanismos que sirve para dirigir un vehículo. Cuando se bloquea la dirección de un coche no se puede mover el volante. 🖎 193

👁 El plural es: direcciones.

directo, directa
adjetivo

1 Que va o se dirige a un sitio sin desviarse en su camino ni parar.

2 Que se hace sin que intervenga nadie aparte de las personas interesadas. No es fácil tener un trato directo con una persona importante.

3 Que siempre dice lo que piensa de un modo muy claro: *Hablando es muy directa, te lo dirá sin rodeos.*

director, directora
nombre masculino y femenino

1 Persona encargada de organizar y dirigir un negocio o algunos establecimientos o grupos de personas.

dirigente
nombre masculino y femenino

1 Persona que dirige un partido político, un sindicato o una empresa.

dirigible
adjetivo

1 Que se puede dirigir. Los coches de juguete dirigibles se manejan con un mando a distancia.

nombre masculino

2 Vehículo en forma de globo grande y alargado, que lleva una hélice y un motor para poder dirigirlo por el aire.

dirigir
verbo

1 Llevar o hacer que una cosa o una persona vaya hacia un lugar o mire hacia él.

2 Organizar y mandar a un grupo de personas, generalmente en un trabajo. El director de una empresa dirige a los empleados.

3 Dedicar un trabajo, un producto, un pensamiento o un sentimiento a un determinado fin o a una persona.

4 dirigirse Ir hacia un lugar.

5 dirigirse Hablar o escribir a una persona o un grupo de personas: *Se dirigió a su audiencia.*

discapacitado, discapacitada
adjetivo y nombre

1 Se dice de las personas que tienen algún defecto físico que les impide moverse libremente: *Van a hacer obras para adecuar el edificio a los discapacitados.*

discernir
verbo

1 Distinguir una cosa de otra o de otras, especialmente las cosas que son buenas o están bien hechas de las que no lo son. Las personas discernimos el bien del mal.

discernir	
INDICATIVO	**SUBJUNTIVO**
presente	**presente**
discierno	discierna
disciernes	disciernas
discierne	discierna
discernimos	discernamos
discernís	discernáis
disciernen	disciernan
pretérito imperfecto	**pretérito imperfecto**
discernía	discerniera o discerniese
discernías	discernieras o
discernía	discernieses
discerníamos	discerniera o discerniese
discerníais	discerniéramos o
discernían	discerniésemos
	discernierais o
pretérito indefinido	discernieseis
discerní	discernieran o
discerniste	discerniesen
discernió	
discernimos	**futuro**
discernisteis	discerniere
discernieron	discernieres
	discerniere
futuro	discerniéremos
discerniré	discerniereis
discernirás	discernieren
discernirá	
discerniremos	**IMPERATIVO**
discerniréis	
discernirán	discierne (tú)
	discierna (usted)
condicional	discernid (vosotros)
discerniría	disciernan (ustedes)
discernirías	
discerniría	**FORMAS**
discerniríamos	**NO PERSONALES**
discerniríais	**infinitivo gerundio**
discernirían	discernir discerniendo
	participio
	discernido

disciplina

nombre femenino **1** Conjunto de normas de conducta que debe seguir una persona para el desarrollo de una actividad o en su comportamiento.
2 Obediencia y sometimiento de una persona a unas normas de conducta o de actuación. Los deportistas siguen con disciplina los consejos de sus entrenadores.
3 Materia, asignatura o ciencia que se imparte en un centro de enseñanza.

discípulo, discípula

nombre **1** Persona que recibe las enseñanzas de un maestro.

disco

nombre masculino **1** Objeto redondo y plano que tiene diversos usos según su tamaño, su forma o el material de que está hecho, como el que hay en las vías públicas con señales de tráfico o el que se coloca a una máquina para que corte el metal.
2 Plancha circular hecha de un material parecido al plástico, en la cual se han grabado unos sonidos que luego se pueden reproducir mediante un tocadiscos.
3 Cada una de las luces con forma circular que hay en un semáforo. También se llama disco al semáforo.
4 Objeto redondo, de poco grosor y casi plano, que se utiliza en una prueba de atletismo para lanzarlo lo más lejos posible. El lanzamiento de disco es una prueba olímpica.
disco compacto Disco de 12 cm de diámetro hecho de un material especial en el que previamente se han grabado unos sonidos que se pueden reproducir mediante un aparato que utiliza el láser. ✖ compact, compacto.
disco duro Disco que se utiliza en informática para almacenar información. El disco duro se encuentra dentro del ordenador y tiene mucha mayor capacidad para guardar información que el disquete.

discordia

nombre femenino **1** Diferencia de opinión, intereses o ideas entre dos o más personas. ✖ desacuerdo.

discoteca

nombre femenino **1** Establecimiento donde se puede escuchar música grabada y bailar.
2 Colección de discos: *Tiene una discoteca de música clásica en su casa.*

discreción

nombre femenino **1** Forma de comportarse de las personas que no hablan de lo que no deben y no se meten en los asuntos de los demás. ✖ indiscreción.
◉ El plural es: discreciones.

discreto, discreta

adjetivo **1** Que no habla de lo que no debe y no se mete en los asuntos de los demás. Las personas discretas guardan muy bien los secretos. ✖ indiscreto.
2 Que no llama la atención ni destaca por nada especial: *Llevaba un vestido muy discreto.*

discriminación

nombre femenino **1** Acción de discriminar o tratar a una persona de forma inferior al resto de la sociedad por motivo de su raza, religión, sexo, ideas o condición social, causándole algún daño o perjuicio. La Constitución es contraria a la discriminación.

discriminar

verbo **1** Tratar a una persona de forma inferior al resto de la sociedad por motivo de su raza, religión, sexo, ideas o condición social, causándole algún daño o perjuicio.

disculpa

nombre femenino **1** Excusa o explicación que una persona da a otra para que la perdone por algo que ha hecho o dicho anteriormente.
2 Perdón que una persona pide y espera de otra por haber hecho o dicho algo inadecuado.

disculpar

verbo **1** Perdonar a alguien o considerar que no es culpable de algo.
2 Se utiliza para pedir permiso para hacer algo: *Si me disculpas,*

D
d

D
d

voy un momento a hacer una lla-mada y ahora vuelvo.
3 disculparse Pedir perdón o dar una explicación para que nos per-donen por algo que hemos dicho o hecho anteriormente: *Se disculpó por llegar tarde.*

discurrir
verbo **1** Utilizar la inteligencia para en-contrar la solución de un problema o para hacer una cosa.
2 Andar, correr o moverse una persona o una cosa por un sitio. Los ríos discurren por los valles y entre las montañas.
3 Realizarse o transcurrir una ac-ción o un hecho de manera conti-nua. El tiempo discurre sin dete-nerse.

discurso
nombre **1** Palabras que una persona dice
masculino en público. En los actos oficiales suele haber una personalidad que pronuncia un discurso a los asis-tentes.
2 Conjunto de frases y palabras utilizadas para expresar lo que se piensa o siente.
3 Paso o duración del tiempo.

discusión
nombre **1** Conversación en que se discute
masculino alguna cosa. En una discusión se puede llegar a un acuerdo o no.
👁 El plural es: discusiones.

discutir
verbo **1** Tratar un asunto entre varias personas para llegar a un acuerdo.
2 Defender dos o más personas ideas u opiniones opuestas en una conversación.
3 Pelear por cosas poco impor-tantes, como a veces hacen algu-nos hermanos o compañeros de clase: *¿Queréis dejar de discutir vosotros dos?*

disecar
verbo **1** Preparar un animal muerto de manera que parezca vivo y se con-serve así durante mucho tiempo. Para disecar un animal hay que quitarle las tripas y rellenarlo de un producto especial.
👁 Se escribe 'qu' delante de 'e', como: diseque.

diseñador, diseñadora
nombre **1** Persona que se dedica a dise-ñar objetos, como muebles, lám-paras o ropa.

diseñar
verbo **1** Dibujar el modelo de un vestido, un mueble, una lámpara o cualquier cosa para que después se haga o se fabrique.

diseño
nombre **1** Dibujo que sirve como modelo
masculino para algo que se hará después; los estudios para aprender a hacer estos dibujos también se llaman diseño. ✍ 600

disfraz
nombre **1** Prenda de vestir y adornos que
masculino nos ponemos para parecer una cosa o una persona distinta de la que somos o para que no nos re-conozcan. En carnavales la gente lleva disfraz.
👁 El plural es: disfraces.

disfrazar
verbo **1** Vestir a alguien con un disfraz.
👁 Se escribe 'c' delante de 'e', como: disfracé.

disfrutar
verbo **1** Sentir alegría o placer en un lu-gar o con cierta cosa. Se puede disfrutar con la música o con la lectura.

disfrutar

2 Tener o gozar de algo bueno o beneficioso. Cuando una persona está sana decimos que disfruta de buena salud.

disgustar
verbo **1** Causar pena o enfado: *Me dis-gustó que no me felicitaras.*

2 Causar una impresión desagradable o molesta. A mucha gente le disgusta el sabor del ajo; a los padres les disgusta que sus hijos lleguen tarde a casa sin avisar. � desagradar. ✗✗ agradar.

disgusto

nombre masculino

1 Sentimiento de pena o enfado provocado por una situación desagradable o inesperada. Alguien que ha estudiado mucho se puede llevar un disgusto si llega a suspender.
2 Enfado de poca importancia entre dos o más personas que no están de acuerdo en algo.
a disgusto Incómodo o de mala gana. Alguien puede sentirse a disgusto en una fiesta cuando nadie le hace caso.
tener un disgusto Suceder algo malo que ya se ha advertido o se supone que puede pasar: *Al final han tenido un disgusto con la manía de dejar las ventanas abiertas y les han entrado en casa.*

disimular

verbo

1 Hacer como que no se oye, no se sabe o no se siente una cosa: *No disimules, que me has oído perfectamente.*

disimular

2 Esconder una cosa para que no se vea o no se note. Las manchas de la pared se pueden disimular con una capa de pintura.

disimulo

nombre masculino

1 Habilidad que tiene una persona para que no se note una cosa que está haciendo o que está sintiendo.

disipar

verbo

1 Hacer que una cosa desaparezca o deje de existir. Los diccionarios disipan nuestras dudas sobre el significado de las palabras.
2 Gastarse el dinero de forma exagerada, sin orden ni cuidado: *Disipó toda su fortuna en un año y se quedó sin nada.* ✗✗ derrochar.

dislocarse

verbo

1 Salirse un hueso del cuerpo de su sitio. Si nos caemos nos podemos dislocar el tobillo.
👁 Se escribe 'qu' delante de 'e', como: me disloqué.

disminución

nombre femenino

1 Acción que consiste en hacer una cosa más pequeña, menos numerosa o menos importante. ✗✗ reducción. ✗✗ aumento.

disminuido, disminuida

adjetivo y nombre

1 Se dice de la persona que no tiene todas las capacidades físicas o mentales. Un sordo es un disminuido físico.

disminuir

verbo

1 Hacer una cosa más pequeña, menos numerosa o menos importante. Si disminuye el número de ballenas en el mundo es porque se cazan más de las que nacen.
👁 Se conjuga como: huir; la 'i' se convierte en 'y' delante de 'a', 'e' y 'o', como: disminuyó.

disolvente

adjetivo y nombre masculino

1 Se dice de la sustancia líquida que sirve para disolver otras sustancias.

disolver

verbo

1 Mezclar una sustancia con un líquido y hacer que esta sustancia se deshaga o se vuelva más líquida. Algunos medicamentos, como las pastillas efervescentes, se disuelven en agua para tomarlos.
2 Deshacer una unión o relación entre personas separando las partes que la componen. Cuando se disuelve un matrimonio, el marido y la mujer viven separados.
👁 Se conjuga como: mover; la 'o' se convierte en 'ue' en sílaba acentuada, como: disuelvo.

D
d

disparar
verbo 1 Hacer que salga una bala u otra carga de un arma, como una flecha de un arco.
2 Lanzar con mucha fuerza una cosa, como un balón.
3 **dispararse** Aumentar algo con rapidez y sin demasiado control. Si los precios se disparan, en poco tiempo las cosas son mucho más caras.

disparatado, disparatada
adjetivo 1 Se dice de las cosas que se consideran un disparate, por ser absurdas o poco sensatas.

disparate
nombre 1 Cosa absurda o poco razonable
masculino que hace o dice una persona y que no tiene lógica ni sentido.
2 Cantidad excesivamente grande de algo. Se dice que una cosa cuesta un disparate cuando vale mucho dinero.

disparo
nombre 1 Acción de disparar un arma.
masculino Los disparos de armas de fuego hacen un ruido fuerte.
2 Marca o efecto provocado por la acción de disparar un arma. En los lugares donde ha habido guerras se pueden ver los disparos en las paredes de los edificios.
3 Lanzamiento de cualquier cosa hecho con mucha fuerza: *El portero no pudo parar el disparo y le metieron un gol.*

dispensario
nombre 1 Establecimiento sanitario donde
masculino el médico recibe y trata a enfermos que no van a quedar ingresados en él. ✖ ambulatorio.

disponer
verbo 1 Colocar a una persona o una cosa en la posición adecuada para hacer una actividad determinada: *El profesor dispuso a los alumnos en fila para pasar lista.*
2 Decidir una cosa y la forma en que se va a hacer: *Hemos dispuesto ir a Londres para aprender inglés.*
3 **disponerse** Tener la intención de hacer una cosa o estar a punto de hacerla: *Me disponía a entrar en la ducha cuando llamaron.*

disponer de Tener una cosa para poder usarla. Las instalaciones deportivas disponen de gimnasios.
☞ Se conjuga como: poner.

disponible
adjetivo 1 Se dice de las cosas que se pueden tener o usar porque están preparadas o están al alcance de uno. Un producto no está disponible hasta que sale al mercado.
2 Se dice de las personas con las que se puede hablar o estar porque no están ocupadas.

dispositivo
nombre 1 Aparato o mecanismo que se
masculino instala en un lugar y que tiene una función determinada. Las puertas de algunos garajes tienen un dispositivo por el que se abren y cierran a distancia.

dispuesto, dispuesta
adjetivo 1 Se dice de la persona que se ofrece a los demás y pone interés para hacer las cosas y las hace bien.
2 Que tiene la intención de hacer una cosa o que ya está preparado para ello. Si vemos a alguien haciendo una maleta es que está dispuesto a hacer un viaje.

disputa
nombre 1 Discusión o enfrentamiento en-
femenino tre dos o más personas.

disputar
verbo 1 Competir una persona con otras para conseguir algo o ganar un premio. Los atletas se disputan la medalla de oro en los juegos olímpicos.
2 Discutir o pelearse dos o más personas.

disquete
nombre 1 Disco pequeño que se utiliza en
masculino informática para almacenar información. El disquete es un disco de material flexible que se introduce en la disquetera del ordenador para su lectura. ✎ 396

disquetera
nombre 1 Dispositivo que tienen los orde-
femenino nadores y que sirve para leer o poder ver la información que contienen los disquetes.

D
d

distancia

nombre femenino **1** Espacio o periodo de tiempo que hay entre dos cosas, personas o acontecimientos. La distancia de Barcelona a Madrid es de seiscientos kilómetros.
2 Diferencia importante entre dos personas o cosas.
3 Alejamiento entre dos o más personas que hace que su trato y su relación sean cada vez menores y más fríos.
a distancia Desde lejos: *Lo vi a distancia con unos catalejos*.
guardar las distancias Evitar el exceso de confianza en una relación personal.

distante

adjetivo **1** Que está lejos o a gran distancia en el espacio o en el tiempo. Australia es el país más distante que hay de España.
2 Se dice de la persona que no muestra confianza o afecto hacia los demás.

distar

verbo **1** Estar separada una cosa de otra en el espacio o en el tiempo. Por el estrecho de Gibraltar, España dista de África unos quince kilómetros.
2 Ser diferentes dos personas o cosas entre sí.

distinción

nombre femenino **1** Lo que hace que una cosa o una persona no sea igual a otra. La distinción entre dos hermanos gemelos es muy pequeña. ⚔ diferencia.
2 Conjunto de las cualidades que tienen las personas elegantes y bien educadas. ⚔ clase.
3 Trato especial de honor y respeto hacia determinadas personas, como a una familia real.
👁 El plural es: distinciones.

distinguido, distinguida

adjetivo **1** Que destaca o sobresale entre los demás por alguna cualidad.
2 Se dice de personas o cosas elegantes y con clase.

distinguir

verbo **1** Saber o conocer la diferencia que hay entre dos o más personas o cosas. Los gemelos son difíciles de distinguir; las personas que sufren daltonismo no distinguen bien algunos colores.
2 Tratar un asunto, un tema o una materia por partes separadas y diferentes unas de otras. En un libro se distinguen varios capítulos.
3 Hacer que una persona o una cosa sea distinta a las demás por medio de una señal o una característica especial que tiene. La inteligencia distingue al hombre del resto de animales.
4 Ver o percibir algo, pero sin total perfección o con alguna dificultad. Las cosas muy lejanas apenas se distinguen.
5 Dar a una persona una condecoración o un premio que la honra.

distinto, distinta

adjetivo **1** Que no es igual que otra persona o cosa. Los niños suelen tener distintos juguetes. El paisaje andaluz es distinto del gallego. ⚔ diferente.

distorsión

nombre femenino **1** Deformación de un sonido o imagen a causa de una mala transmisión.
👁 El plural es: distorsiones.

distracción

nombre femenino **1** Falta o pérdida de la atención: *Tuvo una distracción y se cayó de la bici.*
2 Cosa que hace que alguien pase un tiempo agradable o divertido y olvide sus preocupaciones, como un juego, una actividad deportiva, el cine o un libro.
👁 El plural es: distracciones.

distraer

verbo **1** Hacer que alguien pierda la atención que tenía puesta en una cosa. Los ruidos distraen a algunas personas y no les dejan concentrarse.
2 Hacer que alguien pase un tiempo agradable o divertido y se olvide de sus preocupaciones. Cuando una persona no tiene nada que hacer, se distrae viendo la televisión o leyendo.
👁 Se conjuga como: traer.

D d

distraído, distraída
adjetivo y nombre **1** Que pierde con frecuencia la atención que tenía sobre una cosa y no se da cuenta de lo que pasa a su alrededor.
adjetivo **2** Se dice de la persona o la cosa que hace que alguien pase un tiempo agradable o divertido y no tenga puesta la atención en preocupaciones. Algunos juegos y algunos libros son muy distraídos.

distribución
nombre femenino **1** Acción de dividir una cosa entre varias personas de manera que a cada una le corresponda su parte. ✖ reparto.
2 Acción de llevar un producto a distintos sitios. La distribución de la correspondencia la hace el cartero. ✖ reparto.
3 Forma en que están dispuestas las partes de una casa o edificio.
☞ El plural es: distribuciones.

distribuir
verbo **1** Repartir una cosa entre varias personas de manera que a cada una le toque lo que le corresponde. El jefe distribuye el trabajo entre sus empleados.
2 Colocar personas o cosas en el lugar que se considera adecuado. En un banquete, se distribuye a los invitados por mesas.
3 Llevar los productos que fabrica una empresa a las tiendas o lugares que se los compran. ✖ repartir.
☞ Se conjuga como: huir; la 'i' se convierte en 'y' delante de 'a', 'e' y 'o', como: distribuyen.

distrito
nombre masculino **1** Parte en que se divide una población o un territorio para su mejor administración.

disturbio
nombre masculino **1** Suceso que ocurre en la calle que altera el orden público y puede ser muy violento, como las peleas entre bandas juveniles.

disuelto, disuelta
participio **1** Participio irregular de disolver. También se utiliza como adjetivo: La manifestación se ha disuelto rápidamente. Tómate esta pastilla disuelta antes de comer.

diurno, diurna
adjetivo **1** Que sucede o se hace durante el día. El bullicio diurno es característico de las grandes ciudades. También se dice de las personas o animales que realizan su actividad durante el día. ✖ nocturno.

diversidad
nombre femenino **1** Diferencia o variedad. Es difícil llegar a un acuerdo cuando hay diversidad de opiniones.
2 Conjunto de personas o cosas distintas. En la selva existe una gran diversidad de árboles.

diversión
nombre femenino **1** Actividad que entretiene.
☞ El plural es: diversiones.

diverso, diversa
adjetivo **1** Que es distinto a otro o que no es igual: Tiene un cajón lleno de juguetes diversos.

divertido, divertida
adjetivo **1** Se dice de las personas o las cosas que producen alegría y buen humor.

divertir
verbo **1** Hacer pasar a alguien un rato agradable y alegre.
☞ Se conjuga como: preferir; la 'e' se convierte en 'ie' en sílaba acentuada o en 'i' en algunos tiempos y personas, como: divirtió.

dividendo
nombre masculino **1** En una división, cantidad que hay que dividir por otra.

dividir
verbo **1** Separar una cosa o un conjunto de personas o cosas formando grupos más pequeños. Se puede dividir un terreno, una tarta, una herencia o un trabajo.
2 Calcular cuántas veces está contenida una cantidad en otra. Si dividimos 20 manzanas entre 4 personas, el resultado es 5 manzanas por persona.
3 Servir una cosa de separación entre otras dos.
4 Hacer que personas que estaban unidas por la amistad o el amor se enfaden o separen.

divino, divina
adjetivo **1** Que tiene relación con Dios o con los dioses.

D
d

2 Que es muy bonito o muy bueno: *Llevaba un vestido divino.*

divisa
nombre femenino
1 Dinero de un país extranjero en relación a otro país.
☞ Se usa más en plural.

divisar
verbo
1 Ver una cosa desde muy lejos.

división
nombre femenino
1 Acción que consiste en dividir una cosa en partes.
2 Operación matemática que consiste en calcular las veces que una cantidad está contenida en otra.
3 Cosa que sirve de separación entre otras dos. Un biombo sirve de división entre dos mesas en un restaurante.
4 Falta de acuerdo entre las personas. Después de un partido siempre hay división de opiniones por la actuación del árbitro.
5 En algunos deportes, conjunto de equipos deportivos de la misma categoría.
☞ El plural es: divisiones.

divisor
nombre masculino
1 En una división, cantidad por la que se divide otra.

divorciarse
verbo
1 Separarse legalmente dos personas que están casadas. Cuando dos personas se divorcian, el matrimonio se disuelve legalmente y pueden volver a casarse.
☞ Se conjuga como: cambiar; la 'i' no lleva acento de intensidad.

divorcio
nombre masculino
1 Separación legal de dos personas casadas.

divulgar
verbo
1 Hacer que una idea, noticia o alguna otra cosa inmaterial sea conocida por gran número de personas. La invención de la imprenta contribuyó a divulgar la cultura.
☞ Se escribe 'gu' delante de 'e', como: divulguen.

dobladillo
nombre masculino
1 Borde de la ropa que está doblado y cosido hacia dentro.

doblaje
nombre masculino
1 Sustitución de la voz original de los personajes de una película por otra voz en el idioma del país en que la película se va a proyectar.

doblar
verbo
1 Poner una o más partes de una cosa sobre sí misma, de modo que queden como pegadas. Las sábanas o las camisas se doblan para guardarlas en el armario.
2 Hacer que una cosa sea dos veces mayor: *Le dobla la edad.*
3 Torcer o dar forma curva a una cosa que estaba recta.
4 Cambiar de dirección hacia la derecha o hacia la izquierda.
5 Cambiar las voces de los actores de una película por las de otros, normalmente para traducirlas.
6 Tocar las campanas por una persona muerta.

doble
adjetivo y nombre masculino
1 Que resulta de multiplicar por dos una cantidad. Doce es el doble de seis.
adjetivo
2 Que está formado por dos cosas iguales. En las casas se pone doble ventana para que no entre el ruido de la calle.
nombre masculino y femenino
3 Persona que se parece mucho a otra. El doble es también la persona que sustituye a un actor o una actriz de cine o televisión, a quien se parece mucho, en algunas escenas.

doblez
nombre masculino
1 Parte doblada o plegada de una cosa y señal o arruga que queda en el lugar por donde se ha doblado o plegado.
☞ El plural es: dobleces.

doce
numeral cardinal
1 Indica que el nombre al que acompaña está 12 veces.
numeral ordinal
2 Que ocupa el lugar número 12 en una serie ordenada.
nombre masculino
3 Nombre del número 12.

docena
nombre femenino
1 Conjunto de doce unidades de la misma clase. Los huevos se suelen comprar por docenas. ☞ 593

dócil
adjetivo
1 Se dice del animal que es tranquilo y fácil de educar.

D

d

2 Se dice de la persona que cumple lo que se le manda sin protestar. ✂ obediente.

doctor, doctora

nombre **1** Persona que se dedica a curar las enfermedades de las personas. ✂ médico.

2 Persona que después de acabar una carrera universitaria hace unos años más de estudio en la universidad y realiza un trabajo de investigación: *Es doctora en física.*

doctrina

nombre femenino **1** Conjunto organizado de ideas de un autor o un tema determinado. Los sacerdotes se encargan de enseñar la doctrina católica.

documentación

nombre femenino **1** Conjunto de documentos que prueban o demuestran algo: *Le pidieron la documentación del coche.*

2 Información que se reúne sobre un tema o asunto.

👁 El plural es: documentaciones.

documental

adjetivo y nombre masculino **1** Se dice de la película o programa que trata de personajes o hechos reales con fines informativos y pedagógicos.

documento

nombre masculino **1** Escrito que sirve para probar algo. El documento nacional de identidad sirve para identificarnos.

dólar

nombre masculino **1** Moneda de varios países, como Estados Unidos y Canadá.

doler

verbo **1** Padecer dolor en alguna parte del cuerpo.

2 Causar o sentir tristeza o pena por un desengaño, por falta de cariño o por un insulto: *Me duele su hipocresía.* ✂ alegrar.

3 Producir algo dolor, como una fractura de hueso.

👁 Se conjuga como: mover; la 'o' se convierte en 'ue' en sílaba acentuada, como: duele.

dolmen

nombre masculino **1** Construcción de la prehistoria que consiste en dos piedras verticales sobre las que se apoya otra horizontal. El dolmen era un monumento funerario.

👁 El plural es: dólmenes.

dolor

nombre masculino **1** Sensación molesta y desagradable en alguna parte del cuerpo, como la que se siente al recibir un golpe o una herida.

dolor

2 Sentimiento de tristeza o pena que experimenta una persona. ✂ pesar. ✂ alegría; felicidad.

dolorido, dolorida

adjetivo **1** Que siente dolor a causa de una herida, lesión o enfermedad. Cuando nos caemos de una bicicleta tenemos el cuerpo dolorido.

doloroso, dolorosa

adjetivo **1** Que produce dolor. Las quemaduras son muy dolorosas.

2 Que causa un sentimiento de tristeza o pena. Las imágenes sobre el hambre y las guerras son muy dolorosas. ✂ lamentable.

domador, domadora

nombre **1** Persona que doma y maneja animales salvajes. En los circos suele haber domadores de leones, focas o elefantes.

domar

verbo **1** Hacer que un animal salvaje obedezca órdenes. ✂ amaestrar.

domesticar

verbo **1** Hacer que un animal salvaje se acostumbre y se adapte a la compañía del hombre. También se domestica a un animal cuando se le adiestra para que obedezca determinadas órdenes.

👁 Se escribe 'qu' delante de 'e', como: domestiquen.

doméstico, doméstica

adjetivo **1** De la casa o que tiene relación con ella. Padres e hijos suelen compartir las tareas domésticas.

2 Se dice del animal que se cría en compañía de las personas.

domicilio

nombre masculino **1** Población, calle, número y piso donde vive una persona o están situados una empresa o un comercio.

dominante

adjetivo y nombre masculino y femenino **1** Se dice de la persona que siempre intenta dominar a los demás o imponer su opinión o sus ideas.

adjetivo **2** Se dice de la cosa o la característica que tiene dominio o sobresale sobre otras. En otoño, los colores dominantes en el campo son el amarillo y el marrón.

dominar

verbo **1** Mandar o tener poder sobre personas o cosas para que hagan lo que uno quiere o sean como a uno le interesa.

2 Controlar y no dejar que se note algo, como un sentimiento o un estado de ánimo: *Tiene que dominar su genio*. ✼ contener; reprimir.

3 Saber mucho sobre un tema determinado. Para viajar por todo el mundo es muy útil dominar varios idiomas.

4 Destacar o sobresalir una cosa sobre otras. Una torre alta domina todo un pueblo.

domingo

nombre masculino **1** Séptimo día de la semana. El domingo es un día festivo.

dominical

adjetivo **1** Que sucede o se hace en domingo: *Aprovechan el descanso dominical para ir de excursión*.

nombre masculino **2** Periódico o suplemento del periódico que se publica el domingo.

dominicano, dominicana

adjetivo y nombre **1** Se dice de la persona o cosa que es de la República Dominicana, país de América Central.

dominio

nombre masculino **1** Poder que se tiene sobre una cosa, un animal o una persona. Los perros están bajo el dominio de sus dueños.

2 Conocimiento que se tiene de un tema o una materia determinados. Los escritores tienen un gran dominio de la lengua.

3 Conjunto de territorios que posee una persona o un Estado.

dominó

nombre masculino **1** Juego de mesa que se juega con veintiocho fichas rectangulares; cada una de estas fichas está dividida en dos partes iguales que llevan marcados de uno a seis puntos negros o ninguno. Se trata de hacer coincidir las fichas que tengan el mismo número de puntos en alguno de sus lados.

don

nombre masculino **1** Palabra que se pone delante de un nombre propio de hombre en señal de respeto o cortesía. Es muy frecuente utilizarla para dirigirse a las personas mayores o en relaciones de trabajo: *Le espera don Pedro García*. Su abreviatura es: D.

2 Regalo o cosa que se da a alguien en señal de agradecimiento o afecto.

3 Habilidad o cualidad especial para hacer algo, en especial si es algo positivo.

donación

nombre femenino **1** Entrega desinteresada de dinero u otra cosa de valor, sin esperar nada a cambio. Se hacen donaciones de dinero y objetos a orfanatos, hospitales u otros centros benéficos; los hospitales necesitan donaciones de sangre.
👁 El plural es: donaciones.

donante

nombre masculino y femenino **1** Persona que da voluntariamente alguna cosa, en especial la que da sangre o un órgano de su cuerpo para trasplante o investigación.

donar

verbo **1** Dar una persona a otra una cosa propia de forma gratuita y desinteresada.

donativo

nombre masculino **1** Dinero u otra cosa de valor que se da sin esperar recibir nada a cambio. Hacemos donativos para ayudar a las víctimas de una guerra o catástrofe.

doncella

nombre femenino **1** Mujer que se ocupa de hacer las tareas de una casa que no es-

D
___
d

tán relacionadas con la cocina o de cuidar a una señora.
2 En el lenguaje literario, mujer que no ha tenido relaciones sexuales con un hombre.

donde
adverbio   **1** Indica el sitio o lugar en el que sucede o está algo: *Busca donde te dije.*
2 Se emplea para referirse a la casa de una persona: *Estaré donde mis primos.* Es un uso informal.
👁 No se acentúa; no lo confundas con la forma del adverbio interrogativo 'dónde', que se acentúa.

dónde
adverbio interrogativo   **1** Se utiliza para preguntar sobre un lugar: *¿Dónde están los lavabos? ¿Dónde te duele?*
👁 Como adverbio interrogativo siempre se acentúa; no lo confundas con la forma sin acentuar 'donde'.

donostiarra
adjetivo y nombre masculino y femenino   **1** Se dice de la persona o cosa que es de San Sebastián, capital de Guipúzcoa. Se dice donostiarra porque en vasco el nombre de San Sebastián es Donostia.

doña
nombre femenino   **1** Palabra que se pone delante de un nombre propio de mujer en señal de respeto o cortesía. Es muy frecuente utilizarla para dirigirse a personas mayores o en relaciones de trabajo: *Pase, doña Juana.*
👁 Su abreviatura es: D.ª

doping
nombre masculino   **1** Uso de sustancias químicas o medicinas para conseguir mejores resultados en un deporte. En caso de doping, el atleta es descalificado.
👁 Es una palabra de origen inglés. Se pronuncia: 'dopin'.

doquier
por doquier Indica que algo está por todas partes: *Había gente por doquier.* Es de uso literario.

dorado, dorada
adjetivo   **1** De color y brillo parecidos al oro.
2 Se dice de un periodo en el que pasan cosas muy buenas y mejores que en otro periodo.

dorar
verbo   **1** Asar o freír un alimento hasta que tiene un color amarillo o marrón brillante.
2 Cubrir una superficie con una fina capa de oro o de otra sustancia dorada.

dormir
verbo   **1** Estar en un estado de descanso y sin tener conciencia de lo que pasa a nuestro alrededor. Las personas dormimos en la cama.
2 Hacer que alguien se duerma. Los padres cantan nanas a sus bebés para dormirlos.
3 dormirse Hacer algo de forma muy lenta, sin poner el interés o la atención que se debe: *¡No te duermas y acaba los deberes cuanto antes!*
4 dormirse Perder la sensibilidad

dormir	
INDICATIVO	**SUBJUNTIVO**
presente	**presente**
duermo	duerma
duermes	duermas
duerme	duerma
dormimos	durmamos
dormís	durmáis
duermen	duerman
pretérito imperfecto	**pretérito imperfecto**
dormía	durmiera o durmiese
dormías	durmieras o durmieses
dormía	durmiera o durmiese
dormíamos	durmiéramos o
dormíais	durmiésemos
dormían	durmierais o durmieseis
	durmieran o durmiesen
pretérito indefinido	
dormí	**futuro**
dormiste	durmiere
durmió	durmieres
dormimos	durmiere
dormisteis	durmiéremos
durmieron	durmiereis
	durmieren
futuro	
dormiré	**IMPERATIVO**
dormirás	
dormirá	duerme (tú)
dormiremos	duerma (usted)
dormiréis	dormid (vosotros)
dormirán	duerman (ustedes)
condicional	**FORMAS NO PERSONALES**
dormiría	
dormirías	
dormiría	**infinitivo** **gerundio**
dormiríamos	dormir durmiendo
dormiríais	**participio**
dormirían	dormido

D
d

una parte del cuerpo: *Se me ha dormido el pie.*

dormitar

verbo **1** Estar medio dormido, normalmente sin haberse metido en la cama.

dormitorio

nombre masculino **1** Habitación con camas que se utiliza para dormir.

dorso

nombre masculino **1** Parte de atrás de una cosa, o parte opuesta a la principal. El remite de una carta se escribe al dorso del sobre.

dos

numeral cardinal **1** Indica que el nombre al que acompaña está dos veces. Las personas tenemos dos manos y dos pies.

numeral ordinal **2** Que ocupa el lugar número 2 en una serie ordenada. ✖✖ segundo.

nombre masculino **3** Nombre del número 2.

cada dos por tres Indica que algo sucede con mucha frecuencia.

doscientos, doscientas

numeral cardinal **1** Indica que el nombre al que acompaña está 200 veces.

numeral ordinal **2** Que ocupa el lugar número 200 en una serie ordenada.

nombre masculino **3** Nombre del número 200.

dosificar

verbo **1** Determinar la dosis de medicina o de cualquier otra cosa. El médico nos dosifica los medicamentos cuando estamos enfermos.
👁 Se escribe 'qu' delante de 'e', como: dosifiquen.

dosis

nombre femenino **1** Cantidad de un medicamento o de otra sustancia que debe tomarse cada vez para que produzca un efecto beneficioso.
2 Cantidad o proporción de alguna cosa no material, como un sentimiento o una actitud: *Afronta sus problemas con una buena dosis de optimismo.*
👁 El plural es: dosis.

dotar

verbo **1** Dar a una cosa algo necesario para completarla o mejorarla. También es dar a una persona algo que necesita.
2 Dar a algo o a alguien una cuali-

dad positiva: *La naturaleza ha dotado a Beatriz de una voz preciosa.*

dote

nombre femenino **1** Dinero y conjunto de cosas de valor que una mujer aporta al matrimonio. En España, la dote prácticamente ha desaparecido, pero la costumbre se mantiene en muchos países.

nombre femenino plural **2 dotes** Buena capacidad natural para realizar una actividad. Alguien tiene dotes para la música cuando aprende con rapidez a tocar cualquier instrumento. ✖✖ don.

dragón

nombre masculino **1** Animal imaginario de gran tamaño, parecido a una serpiente pero con patas y alas. Los dragones echan fuego por la boca.

drama

nombre masculino **1** Obra de teatro en la que pasan cosas tristes y alegres.
2 Situación triste y dolorosa de la vida real.

dramático, dramática

adjetivo **1** Del teatro o que está relacionado con él. Si una persona quiere ser actor de teatro o de cine puede estudiar arte dramático.
2 Que produce mucha tristeza o mucho dolor. ✖✖ trágico. ✖✖ cómico.
3 Que hace o dice las cosas de una forma muy exagerada para llamar la atención: *No llores tanto y no te pongas tan dramático por una herida de nada.*

dramatizar

verbo **1** Exagerar el comportamiento haciendo que algo parezca más triste o más grave de lo que realmente es.
👁 Se escribe 'c' delante de 'e', como: dramatices.

drástico, drástica

adjetivo **1** Se dice de las cosas que ocurren o se hacen de manera rápida, fuerte y decidida y que suponen un cambio importante de una situación: *Tomó una decisión drástica: dejaba el trabajo.*

droga

nombre femenino **1** Sustancia que se toma para cambiar de estado de ánimo y que

D
d

crea dependencia. Las drogas causan trastornos físicos y mentales que pueden llegar a ser muy graves. ☒ estupefaciente.

drogadicción

nombre femenino **1** Estado de la persona que toma drogas con regularidad y no puede pasar sin tomarlas. La drogadicción tiene cura.
☞ El plural es: drogadicciones.

drogadicto, drogadicta

nombre **1** Persona que consume drogas habitualmente y que no puede prescindir de ellas. Hay centros especializados para curar a los drogadictos. ☒ toxicómano.

drogar

verbo **1** Dar drogas a una persona o consumirlas uno mismo. Empezar a drogarse es muy peligroso, porque luego es difícil dejarlo.
☞ Se escribe 'gu' delante de 'e', como: droguen.

droguería

nombre femenino **1** Tienda donde se venden productos de limpieza, perfumes, pinturas y otras sustancias químicas.

dromedario

nombre masculino **1** Mamífero de gran tamaño, parecido al camello. Se diferencia de éste en que tiene una sola joroba.

dubitativo, dubitativa

adjetivo **1** Se dice de la persona que refleja en su actitud o en sus palabras duda respecto de algo: *Se quedó dubitativo ante una pregunta tan difícil.*

ducha

nombre femenino **1** Agua en forma de chorro que cae sobre el cuerpo y que se utiliza para refrescarse o para limpiarse.
2 Aparato por donde cae el agua en forma de chorro y que nos permite ducharnos.
3 Lugar de la casa donde se instala este aparato.

ducharse

verbo **1** Tomar una ducha.

duda

nombre femenino **1** Falta de seguridad de una persona que no sabe si debe hacer algo o no o si algo es cierto o no.
2 Cosa sobre la cual no se tiene completa seguridad o sobre la cual

una persona no puede decidirse. Cuando no se entiende muy bien una explicación, hay que exponer las dudas al profesor.

dudar

verbo **1** No tener completa seguridad respecto de una cosa o tener que escoger entre dos o más posibilidades y no saber cuál de ellas elegir.
2 No creer una persona que una cosa que se dice o que se da como verdadera sea del todo cierta. Hasta que no se confirma un rumor, dudamos de él.

dudoso, dudosa

adjetivo **1** Se dice de las cosas de las que se sospecha que no son ciertas o que no están del todo claras. Cuando el resultado de un examen es dudoso, no está claro si es aprobado o suspenso.
2 Que duda o le cuesta decidirse entre hacer o no hacer una cosa o entre varias posibilidades. Algunas personas suelen estar dudosas a la hora de elegir una carrera. ☒ indeciso.

duelo

nombre masculino **1** Pelea entre dos personas o animales.
2 Demostración de la tristeza y el dolor por la muerte de un ser querido. Algunas personas van vestidas de negro en señal de duelo.

duende

nombre masculino **1** Ser imaginario que suele vivir en los bosques y es muy travieso.

dueño, dueña

nombre **1** Persona que posee algo: *Es dueño de una tienda.*

dulce

adjetivo **1** Que tiene un sabor agradable parecido al del azúcar. Los caramelos tienen sabor dulce.
2 Que tiene un carácter muy suave y agradable y se enfada muy pocas veces. También son dulces algunos rasgos y características de las personas cuando resultan muy agradables: *Tiene una mirada muy dulce.*

nombre masculino **3** Alimento que está hecho con azúcar. Los pasteles, las tartas, los bollos y los caramelos son dulces.

D
d

dulzor

nombre masculino **1** Sabor dulce, como el del azúcar o los caramelos.

dulzura

nombre femenino **1** Característica de las personas o las cosas agradables y suaves.
2 Dulzor.

duna

nombre femenino **1** Pequeña montaña de arena que forma y mueve el viento en el desierto y en las playas.

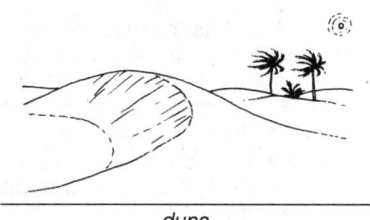

duna

dúo

nombre masculino **1** Conjunto de dos personas que cantan o tienen alguna relación.
2 Composición musical que se toca con dos instrumentos y se canta a dos voces.
a dúo Entre dos personas, o dos personas a la vez: *Hicieron el trabajo a dúo.*

duodécimo, duodécima

numeral ordinal **1** Que ocupa el lugar número 12 en una serie ordenada. Diciembre es el duodécimo mes del año.

duodeno

nombre masculino **1** Parte del intestino delgado que se comunica con el estómago.

dúplex

nombre masculino **1** Vivienda que consta de dos pisos, comunicados por una escalera interior.
👁 El plural es: dúplex.

duque, duquesa

nombre **1** Persona que es miembro de la nobleza y tiene una categoría superior a la de marqués.

duración

nombre femenino **1** Tiempo que dura algo. La duración de un partido de fútbol es de 90 minutos.

duradero, duradera

adjetivo **1** Se dice de las cosas, acciones o situaciones que continúan durante mucho tiempo.

durante

adverbio **1** Indica el espacio de tiempo a lo largo del cual pasa o se hace algo: *Ha llovido durante todo el día.*

durar

verbo **1** Estar ocurriendo una cosa durante un tiempo determinado. Una clase suele durar una hora.
2 Continuar existiendo u ocurriendo en un momento determinado una cosa que ya existía o estaba ocurriendo desde hace tiempo. Hoy en día todavía duran algunas costumbres antiguas. ⚒ perdurar.

dureza

nombre femenino **1** Característica de las cosas que son difíciles de romper, de cortar o de deformar. La dureza de una piedra es mayor que la de la madera. ⚒ blandura.
2 Parte del cuerpo, en especial los pies, donde la piel se pone dura.
3 Característica de las actividades o los trabajos que cuestan mucho hacer. ⚒ dificultad.
4 Característica de las personas que aguantan bien los trabajos o las situaciones difíciles porque son fuertes o porque tienen una manera de ser optimista.

duro, dura

adjetivo **1** Se dice de las cosas que se cortan o se rayan con dificultad o que no se aplastan al apretarlas. El diamante es el mineral más duro. ⚒ blando.
2 Se dice de las cosas muy resistentes al uso o al paso del tiempo. También son duras las personas que aguantan mucho el trabajo o las penalidades. ⚒ frágil, débil.
3 Se dice de las cosas que causan sufrimiento físico, que exigen mucho esfuerzo o que causan dolor moral. El ciclismo y el atletismo son deportes muy duros.
nombre masculino **4** Moneda española que equivale a cinco pesetas.
adverbio **5 duro** Con fuerza y energía.
no tener ni un duro No tener nada de dinero.
ser duro de oído Ser un poco sordo.

E e

e

nombre femenino **1** Quinta letra del alfabeto español. La 'e' es una vocal.

conjunción **2** Sustituye a 'y' cuando la palabra siguiente empieza por 'i' o 'hi' pero nunca por 'hie'. Se dice 'han venido Juan e Ignacio', 'aguja e hilo', pero 'con limón y hielo'.

ebanista

nombre masculino y femenino **1** Persona que se dedica a reparar y hacer muebles con madera de buena calidad.

ébano

nombre masculino **1** Árbol de madera oscura, muy valiosa por su dureza y finura, que se utiliza para fabricar instrumentos musicales y muebles.

ebrio, ebria

adjetivo **1** Que ha tomado demasiadas bebidas alcohólicas y ha perdido el control de su mente y de sus actos. ✗ bebido. ✗ sobrio.

ebullición

nombre femenino **1** Acción que se produce cuando un líquido hierve y forma burbujas.

echar

verbo **1** Tirar una cosa o tirarse una persona, normalmente con fuerza, hacia un lugar: *¡Échame el balón! En cuanto llegue a la piscina me echo de cabeza.* ✗ lanzar.
2 Dejar caer una cosa en un sitio determinado, como por ejemplo un líquido en un recipiente. Echamos agua en los vasos y comida en los platos.
3 Hacer que alguien o algo salga de un lugar: *Algunos fumadores echan el humo por la nariz. Mi madre siempre echa al gato de encima del sofá pero vuelve a subirse.*
4 Salirle o producir algo un ser vivo. Las plantas echan flores y frutos; los bebés echan los dientes a partir de los seis meses.
5 Inclinar o mover una cosa hacia un lado determinado, especialmente el cuerpo o una parte de él. Mucha gente echa la cabeza para atrás cuando se ríe.
6 Poner una cosa o a una persona en posición horizontal: *Eché al niño en la cama porque se había quedado dormido en el sofá.* ✗ tumbar.
7 Calcular o tratar de averiguar una cantidad que no se sabe, especialmente la edad de una persona: *Te echo 25 años.*
8 Jugar a algo o participar en una carrera o competición. Para echar una partida de cartas se necesitan dos personas como mínimo.
9 Emitir un programa o una película, o representar una obra de teatro: *¿Qué echan hoy en televisión?*
10 Mover una cosa de un lado a otro para cerrar o tapar un lugar. Echamos las cortinas o el cerrojo. ✗ correr.
11 Poner una cosa sobre un lugar. Cuando tenemos frío en la cama nos echamos una manta encima.
12 Realizar la acción que indica el nombre que sigue al verbo, como echar una mirada, echar una bronca o echar cuentas.
echar a Empezar a hacer una cosa, como por ejemplo echar a andar.
echar de menos Sentirse triste cuando falta un ser querido o una cosa que nos gusta mucho: *Cuando viajo, echo mucho de menos a mi familia.* ✗ añorar.

echar en falta Notar que una cosa ha desaparecido: *Cuando eché en falta el collar de perlas me di cuenta de que habían entrado a robar.*

eclipse
nombre masculino **1** Situación que se produce cuando un astro se pone delante de otro. El eclipse de Sol se produce cuando la Luna se interpone entre la Tierra y el Sol.

eco
nombre masculino **1** Repetición de un sonido al chocar sus ondas contra algo y regresar al punto de donde salieron. Si gritamos desde una montaña o en una habitación vacía podemos oír el eco de nuestra voz.
2 Sonido que viene de lejos y se oye débil y poco claro. En algunos lugares se oye el eco de las campanas de las iglesias.
3 Efecto que tiene una noticia o un acontecimiento que hace que la gente se interese más o menos por esa noticia o ese acontecimiento: *La noticia tuvo mucho eco en la prensa internacional.*
hacerse eco Difundir o dar a conocer una noticia. Los periódicos se hacen eco de las noticias importantes.

ecología
nombre femenino **1** Ciencia que estudia las relaciones que hay entre los seres vivos y el medio ambiente en el que se desarrollan.

ecológico, ecológica
adjetivo **1** Se dice de las cosas relacionadas o que tienen que ver con la ecología.
2 Se dice de las acciones, actitudes o cosas que no perjudican a la naturaleza o que la protegen, como un producto que no desprende gases nocivos.

ecologista
adjetivo **1** Se dice de las cosas que tienen relación con la ecología o con la defensa del medio natural.
adjetivo y nombre masculino y femenino **2** Se dice de la persona que es partidaria de la defensa del medio natural. Los ecologistas están a favor de la conservación de la naturaleza y en contra de la matanza de algunas especies animales, como las ballenas.

economato
nombre masculino **1** Establecimiento destinado a ciertos grupos de personas, trabajadores o socios, que pueden comprar productos a un precio más bajo que en otro sitio.

economía
nombre femenino **1** Ciencia que estudia cómo utilizar el dinero, la producción y el consumo de los bienes o la creación de riqueza para obtener el máximo rendimiento.
2 Ingresos y gastos que tiene un país, una región o una empresa y forma de obtener y gastar el dinero. Parte de la economía española está basada en el turismo.
3 Conjunto de bienes y de dinero que posee una persona o familia.
4 Ahorro o reducción de los gastos. El uso de la luz natural permite una importante economía de electricidad.
economía doméstica Dinero de que dispone una familia y forma de distribuirlo o gastarlo.
economía sumergida Conjunto de actividades económicas que se realizan sin el control del Estado para evitar el pago de impuestos.

económico, económica
adjetivo **1** Se dice de las cosas que están relacionadas con la economía. Una persona sin trabajo tiene problemas económicos.
2 Se dice de la cosa que cuesta poco dinero comprarla o mantenerla. Un coche económico es el que consume poca gasolina.

economizar
verbo **1** Gastar de una cosa lo menos posible para no agotarla o para ahorrar. Debemos economizar recursos que son limitados, como el petróleo o el agua. ✖ ahorrar. ✖ derrochar.
👁 Se escribe 'c' delante de 'e', como: economicen.

ecosistema
nombre masculino **1** Conjunto formado por los animales y plantas que viven en un medio natural. La selva tropical es un eco-

E
e

sistema caracterizado por una vegetación muy abundante.

ecuación

nombre femenino

1 Igualdad que tiene una o más incógnitas que se tienen que averiguar. En matemáticas se tienen que resolver muchos problemas mediante ecuaciones, por ejemplo $5x + 4 = 14$.

👁 El plural es: ecuaciones.

ecuador

nombre masculino

1 Círculo imaginario que forman todos los puntos de la Tierra que están situados a la misma distancia del polo Norte y del polo Sur. El ecuador divide a la Tierra en dos partes iguales: el hemisferio norte y el hemisferio sur.

ecuatorial

adjetivo

1 Del ecuador o que tiene relación con él. En las regiones ecuatoriales el clima es húmedo.

ecuatoriano, ecuatoriana

adjetivo y nombre

1 Se dice de la persona o cosa que es de Ecuador, país de América del Sur.

edad

nombre femenino

1 Cantidad de años que hace que nació una persona, un animal o una planta. También se llama edad a la cantidad de años que hace que existe una cosa, como un monumento o un coche.
2 Etapa o periodo de la vida de las personas que tiene unas determinadas características que cambian en otras etapas. La edad infantil, juvenil, adulta, madura y senil son las principales edades del hombre.
3 Periodo de la historia de la humanidad que tiene unas características determinadas que lo diferencian de otros periodos, como la Edad Antigua o la Edad Media.

de edad Se dice de la persona que ya es anciana.

mayor de edad Se dice de la persona que tiene ya la edad que marca la ley para tener todos los derechos de las personas adultas, como firmar contratos o votar. Según la ley española, una persona es mayor de edad a los 18 años.

menor de edad Se dice de la persona que aún no ha llegado a la edad que marca la ley para tener todos los derechos de las personas adultas. Un menor de edad no puede votar.

tercera edad Periodo de la vida humana que empieza a los 65 años aproximadamente.

edelweiss

nombre masculino

1 Flor blanca en forma de estrella que nace de una planta que crece en zonas montañosas altas y secas. El edelweiss también se llama flor de nieve.

👁 Se pronuncia: 'edelváis'. El plural es: edelweiss.

edición

nombre femenino

1 Preparación y lanzamiento al mercado de una obra, como un libro, una revista o un disco. Todos los trabajos qe se han llevado a cabo para realizar este diccionario forman parte de la edición.
2 Conjunto de los ejemplares de una obra hechos de una vez. Los libros de mucho éxito agotan varias ediciones porque se venden muchos ejemplares.
3 Celebración de un acto o acontecimiento que se repite cada cierto tiempo, como un concurso: *Celebramos la v edición del festival.*

👁 El plural es: ediciones.

edificar

verbo

1 Construir un edificio.

👁 Se escribe 'qu' delante de 'e', como: edifiqué.

edificio

nombre masculino

1 Construcción fabricada con materiales resistentes que se destina a la vivienda y a otros usos, como las fábricas o las iglesias.

editar

verbo

1 Preparar una obra y lanzarla al mercado en forma de libro, vídeo o disco.

editor, editora

adjetivo y nombre

1 Se dice de la persona o empresa que publica libros, periódicos u otras obras escritas.

nombre masculino

2 Programa de ordenador que permite escribir un texto y presentarlo de una forma determinada.

editorial

adjetivo **1** Que está relacionado con las personas y empresas que editan libros, periódicos o revistas.

nombre femenino **2** Empresa que se dedica a editar libros, revistas o periódicos.

nombre masculino **3** Artículo de un periódico o revista que refleja la opinión de la dirección de la publicación sobre un tema; el editorial no lleva firma.

edredón

nombre masculino **1** Especie de colcha gruesa, rellena de plumas de ave o de otro material ligero, que abriga mucho.
👁 El plural es: edredones.

educación

nombre femenino **1** Formación que recibe una persona a medida que se va desarrollando físicamente y que hace posible su desarrollo intelectual, social y moral. La educación la imparten los padres en casa y los profesores en la escuela.
2 Comportamiento correcto de una persona en su trato con los demás y con la sociedad, según un conjunto de normas de cortesía y reglas básicas de conducta. Las personas que no guardan el debido respeto a los demás no tienen educación.
educación física Conjunto de actividades físicas, como la gimnasia y ciertos deportes, que se enseñan y se practican para formar y desarrollar el cuerpo.

educado, educada

adjetivo **1** Que tiene muy buena educación y se comporta con cortesía y respeto con los demás. Las personas educadas piden las cosas por favor. 🗶 cortés. 🗶 maleducado.

educar

verbo **1** Hacer que una persona vaya aprendiendo las cosas a medida que va creciendo y que vaya desarrollando su capacidad intelectual, física y moral.
2 Hacer que una persona aprenda las normas de cortesía y las reglas básicas de conducta para poder comportarse correctamente en la sociedad.
3 Hacer que un animal aprenda y se acostumbre a unas normas de conducta o de comportamiento.
4 Desarrollar de manera especial la percepción de un sentido o la capacidad de una parte del cuerpo. Se puede educar el oído para distinguir bien las notas musicales.
👁 Se escribe 'qu' delante de 'e', como: eduquen.

educativo, educativa

adjetivo **1** Que tiene relación con la educación o formación de una persona, como un programa educativo o una reforma educativa.
2 Que es útil o sirve para educar o formar a una persona. La mayor parte de los juguetes son educativos.

efe

nombre femenino **1** Nombre de la letra 'f'. 'Familia' empieza con efe.

efectivo, efectiva

adjetivo **1** Que produce el efecto que se desea. 🗶 eficaz.

nombre masculino **2** Dinero en billetes y en monedas: *Pagó en efectivo.*

efecto

nombre masculino **1** Resultado que produce una cosa. Ponerse moreno es el efecto de tomar el sol. 🗶 causa.
2 Impresión agradable o desagradable que una cosa causa en el ánimo de una persona: *Su actitud causó muy buen efecto.*
3 Movimiento que se hace tener a un objeto, especialmente a una bola o a una pelota, cuando después de lanzarlo cambia de dirección mientras se mueve.

nombre masculino plural **4 efectos** Bienes o posesiones que tiene una persona.
efectos especiales Trucos que se utilizan en una película u otro espectáculo para representar cosas que en realidad no existen y hacer creer a la gente que son reales.
en efecto Se usa para dar una respuesta afirmativa a una pregunta: *En efecto, ocurrió como dices.*

efectuar

verbo **1** Hacer o llevar a cabo una cosa: *Han efectuado varios cambios en el despacho.* 🗶 realizar.
👁 Se conjuga como: actuar; la 'u'

E
e

E
e

se acentúa en algunos tiempos y personas, como: efectúe.

efeméride

nombre femenino
1 Hecho importante que ocurrió y se recuerda en una fecha determinada: *El 25 de diciembre es la efeméride del nacimiento de Cristo.*

nombre femenino plural
2 efemérides Hechos importantes que ocurrieron en un mismo día de diferentes años. También se llama efemérides a los artículos que publican los periódicos donde se recuerdan estos hechos.

efervescente

adjetivo
1 Que desprende gas o burbujas cuando está en contacto o dentro de un líquido. Algunas aspirinas son efervescentes.

eficaz

adjetivo
1 Se dice de las cosas que producen el efecto deseado. Un medicamento eficaz contra el dolor de cabeza lo hace desaparecer cuando se toma. ※ efectivo.
👁 El plural es: eficaces.

eficiente

adjetivo
1 Se dice de las personas que cumplen bien con su función o su trabajo. Una enfermera eficiente atiende y cura muy bien a los pacientes. ※ competente.

efigie

nombre femenino
1 Representación, en dibujo, pintura o escultura, de una persona.

efímero, efímera

adjetivo
1 Se dice de las cosas, los seres o los hechos que duran muy poco tiempo. La vida de algunas mariposas es muy efímera, sólo viven un día.

efusivo, efusiva

adjetivo
1 Que muestra alegría, afecto u otro sentimiento intensamente: *Al despedirse se dieron un abrazo muy efusivo.*

egipcio, egipcia

adjetivo y nombre
1 Se dice de la persona o cosa que es de Egipto, país del norte de África.

egoísmo

nombre masculino
1 Forma de comportarse de las personas egoístas. Una persona actúa con egoísmo cuando piensa en su beneficio sin importarle el resto de la gente.

egoísta

adjetivo y nombre masculino y femenino
1 Se dice de la persona que sólo se preocupa de ella misma y no le importan los demás. La gente egoísta no suele compartir sus cosas con nadie.

¡eh!

interjección
1 Expresa extrañeza. También se utiliza para llamar la atención de alguien o al final de algo que se dice para reafirmar lo dicho: *¡Eh! ¿Qué hace? Tú preparas la fiesta, ¿eh?*
👁 No lo confundas.

eje

nombre masculino
1 Barra que atraviesa y sujeta un objeto que da vueltas a su alrededor. La barra que une las ruedas de un coche es un eje.
2 Línea que divide algo por la mitad. La Tierra gira sobre su eje.
3 Persona o cosa que, por su importancia, se considera el centro o la parte principal de algo.

ejecución

nombre femenino
1 Acción que consiste en ejecutar o hacer una cosa. La ejecución de una obra suele ser trabajo de los albañiles y lleva bastante tiempo.
2 Acción que se realiza al interpretar o tocar una pieza musical.
3 Acto de matar a una persona condenada a muerte.
👁 El plural es: ejecuciones.

ejecutar

verbo
1 Hacer una cosa que había sido planeada previamente. Muchas veces es más fácil ejecutar una acción que planearla.
2 Cantar o tocar con un instrumento una pieza musical. Las orquestas ejecutan piezas de diversos compositores.
3 Matar a una persona que ha sido condenada a muerte.

ejecutiva

nombre femenino
1 Grupo de personas encargado de la dirección de una empresa, de una asociación o de un partido político.

ejecutivo, ejecutiva

adjetivo
1 Se dice del poder de un país encargado de hacer cumplir las leyes. En España, el Gobierno representa al poder ejecutivo.

nombre **2** Persona que ocupa un puesto en la dirección de una empresa y toma decisiones importantes.

ejemplar

adjetivo **1** Que es tan bueno o hace las cosas tan bien que puede servir como ejemplo para que lo imiten los demás.
2 Que puede servir de escarmiento para que no vuelva a ocurrir, como un castigo ejemplar.

nombre **3** Cada una de las copias de un libro, una revista, un dibujo u otra cosa parecida.
masculino
4 Cada uno de los individuos de una especie o una raza. En los zoos hay varios ejemplares de cada especie animal.

ejemplo

nombre **1** Persona o cosa que se debe tomar como modelo para imitar o para evitar. Cogiendo una cosa como ejemplo se pueden hacer otras iguales o parecidas; los buenos deportistas son un ejemplo para muchos jóvenes.
masculino
2 Persona o cosa que tiene en un alto grado la cualidad o la característica que se expresa: *Este libro es un ejemplo de claridad.*
3 Cosa, suceso o hecho que se expone o se cita para que se vea más clara una explicación, hacer que se entienda mejor una cosa o para completar una definición. En los diccionarios suele haber ejemplos.
por ejemplo Expresión que se usa en un texto o en una conversación para introducir una cita que ayude a aclarar una explicación.

ejercer

verbo **1** Realizar las tareas propias de una profesión determinada. Los médicos ejercen la medicina; los profesores ejercen la enseñanza.
2 Producir una acción, una influencia o un poder determinado sobre una persona o una cosa. Las personas buenas ejercen una buena influencia sobre nosotros.
👁 Se escribe 'z' delante de 'a' y 'o', como: ejerzan, ejerzo.

ejercicio

nombre **1** Conjunto de movimientos de gimnasia que se hacen con el cuerpo para estar en forma.
masculino
2 Trabajo práctico que sirve para aprender cosas o para practicar lo que nos han explicado. Los dictados son ejercicios para practicar ortografía.
3 Examen o prueba: *El profesor corrigió los ejercicios.*
4 Práctica que se hace de una actividad o un oficio determinado: *Mi padre lleva 25 años dedicado al ejercicio de la medicina.*
5 Cosa que se hace para practicar una actividad determinada. Hacer crucigramas es un buen ejercicio para desarrollar la memoria.

ejercitar

verbo **1** Practicar una actividad o una capacidad para conseguir desarrollar alguna cualidad o habilidad. Aprender poemas ayuda a ejercitar la memoria.

ejército

nombre **1** Conjunto de los militares y de las fuerzas armadas de un país.
masculino

el, la

determinante **1** 'El, la, los, las' son artículos determinados. Los artículos determinados indican que el nombre al que acompañan es conocido por el hablante y el oyente o se ha hablado antes de él: *¿Qué te pareció el libro que te presté?*
artículo
2 Se utiliza el artículo determinado con nombres no contables: *La leche contiene mucho calcio.*
👁 No confundas el artículo 'el', que nunca lleva acento, con la forma del pronombre 'él', que siempre lleva acento.

él, ella

pronombre **1** Pronombre personal de tercera persona. Se refiere a una persona distinta del hablante y del oyente. En la oración, hace función de sujeto; también se usa detrás de una preposición: *Él es un chico muy formal. ¿Ya has hablado con ella?*
personal
👁 El plural de 'él' es: ellos. No confundas el pronombre personal 'él', que siempre se acentúa, con

la forma del determinante artículo 'el', que nunca se acentúa.

elaboración

nombre femenino **1** Preparación de un producto con los elementos necesarios; el modo de prepararlo también se llama elaboración. La elaboración de un pastel lleva bastante tiempo.
2 Creación de una cosa, como una teoría o un plan.

elaborar

verbo **1** Preparar un producto utilizando los elementos necesarios. El queso se elabora con leche.
2 Crear o producir una cosa nueva: *Creo que esos dos están elaborando algún plan.*

elástico, elástica

adjetivo **1** Se dice de un objeto o un material que puede estirarse o cambiar la forma al hacer fuerza o presión sobre él y que al dejar de hacer fuerza vuelve fácilmente a su forma original.
nombre masculino **2** Cinta o tejido que puede estirarse y encogerse fácilmente. Muchas cazadoras tienen elásticos en los puños de las mangas y en la cintura.

ele

nombre femenino **1** Nombre de la letra 'l'. 'Lata' empieza con ele.

elección

nombre femenino **1** Acción que consiste en escoger entre varias personas o cosas la que se cree más oportuna para algo.
2 Acción que consiste en escoger por votación a la persona más adecuada para ocupar un cargo, o elegir el partido político que debe gobernar. Las elecciones se hacen por mayoría. Se usa más en plural.
3 Posibilidad que una persona tiene de coger entre varias opciones la que más le favorece. Una persona no tiene elección cuando las circunstancias la obligan a realizar una cosa que no quiere.
👁 El plural es: elecciones.

electo, electa

adjetivo **1** Se dice de la persona que ha sido elegida por votación para desempeñar un cargo, pero que todavía no ha empezado a desem-

peñarlo. Los diputados electos deben jurar la Constitución para ocupar sus escaños.

elector, electora

adjetivo y nombre **1** Se dice de la persona que vota o que tiene derecho a votar en unas elecciones.

electorado

nombre masculino **1** Conjunto de las personas que votan o que tienen derecho a votar en unas elecciones.

electricidad

nombre femenino **1** Forma de energía que se utiliza para producir luz y para que funcionen los aparatos eléctricos.
2 Corriente eléctrica de una casa o un edificio. Cuando se corta la electricidad, no hay luz en las casas.

electricista

nombre masculino y femenino **1** Persona que se encarga de colocar y reparar instalaciones eléctricas.

eléctrico, eléctrica

adjetivo **1** Que funciona por medio de electricidad. Los exprimidores de naranjas pueden ser manuales o eléctricos.
2 De la electricidad o que tiene relación con ella. Las averías eléctricas las arreglan los técnicos.

electrocutar

verbo **1** Matar a alguien o morir por el paso de la electricidad por el cuerpo. Si una persona está mojada y toca un cable o un enchufe, se puede electrocutar.

electrodoméstico

nombre masculino **1** Cualquier aparato que funciona con electricidad y se usa en las casas para diferentes fines, como la lavadora o el frigorífico.

electrónica

nombre femenino **1** Ciencia que aplica la electricidad en aparatos como la televisión, la radio o los ordenadores.

electrónico, electrónica

adjetivo **1** De la electrónica o que está relacionado con ella.

elefante, elefanta

nombre **1** Mamífero de gran tamaño que tiene las orejas muy grandes y una gran trompa que usa para coger comida. Posee dos colmillos a los lados de la boca, de los que se

obtiene el marfil. Vive en África y en Asia y se alimenta de hierba.
elefante marino Mamífero marino de gran tamaño con el cuerpo muy grueso y adaptado para nadar, y la cabeza pequeña y sin orejas. ※ morsa.

elegancia
nombre femenino **1** Característica de las cosas y personas elegantes.

elegante
adjetivo **1** Se dice de las cosas o las personas que tienen buen gusto y estilo, especialmente en la forma de vestir.

elegir
verbo **1** Coger entre varias personas o cosas la que se cree más oportuna para algo. ※ escoger.
2 Decir que una persona es la más adecuada para un cargo o puesto. En los municipios de España, el alcalde se elige por votación.

elegir	
INDICATIVO	**SUBJUNTIVO**
presente	**presente**
elijo	elija
eliges	elijas
elige	elija
elegimos	elijamos
elegís	elijáis
eligen	elijan
pretérito imperfecto	**pretérito imperfecto**
elegía	eligiera o eligiese
elegías	eligieras o eligieses
elegía	eligiera o eligiese
elegíamos	eligiéramos o
elegíais	eligiésemos
elegían	eligierais o eligieseis
	eligieran o eligiesen
pretérito indefinido	**futuro**
elegí	eligiere
elegiste	eligieres
eligió	eligiere
elegimos	eligiéremos
elegisteis	eligiereis
eligieron	eligieren
futuro	
elegiré	**IMPERATIVO**
elegirás	
elegirá	elige (tú)
elegiremos	elija (usted)
elegiréis	elegid (vosotros)
elegirán	elijan (ustedes)
condicional	**FORMAS**
elegiría	**NO PERSONALES**
elegirías	
elegiría	**infinitivo** **gerundio**
elegiríamos	elegir eligiendo
elegiríais	**participio**
elegirían	elegido

elemental
adjetivo **1** Se dice de la cosa que es muy importante o muy necesaria para algún fin. Cualquier deporte o juego tiene unas reglas elementales que deben respetarse al practicarlo. ※ fundamental.
2 Se dice de lo que no tiene complicación y está formado por conceptos básicos que se entienden fácilmente. Al aprender un idioma empezamos por lo más elemental.

elemento
nombre masculino **1** Cada una de las partes que forman una cosa. Un conjunto está formado por varios elementos.
2 Lugar natural en el que vive un ser vivo. El agua es el elemento de los peces. ※ medio.
3 Cuerpo químico simple. El sodio, el hierro y el hidrógeno son elementos químicos.
4 Persona que suele comportarse mal o hacer travesuras: *Vaya elemento estás hecho, te pasas el día jugando y nunca te veo estudiar.*

elevación
nombre femenino **1** Lugar que está más alto que el que lo rodea. Un monte es una elevación de terreno.
2 Subida o aumento de algo. La elevación de los salarios mejora el nivel de vida de los trabajadores.
☞ El plural es: elevaciones.

elevado, elevada
adjetivo **1** Que es o está alto o más alto de lo normal. Si una cosa tiene un precio elevado, es cara.

elevar
verbo **1** Mover una cosa de abajo hacia arriba o ponerla en un lugar más alto. Los montacargas sirven para elevar cosas a pisos altos.
2 Hacer aumentar la intensidad, la cantidad o el valor de una cosa. Cuando se eleva el volumen de la radio, se oye más alto. ※ subir.
3 Colocar a una persona o una cosa en un lugar más alto o en una posición más destacada.

eliminación
nombre femenino **1** Acción que se realiza al eliminar algo: *La derrota ha supuesto su eliminación de la competición.*

E
e

eliminar

verbo **1** Quitar una cosa de un sitio. Los detergentes eliminan las manchas de la ropa.
2 Apartar a una persona de un juego, una competición deportiva o un concurso de cualquier tipo.
3 Expulsar fuera del cuerpo una sustancia. Cuando sudamos eliminamos mucha agua.
4 Matar a una persona o un animal. Es un uso informal.

eliminatoria

nombre femenino **1** Prueba que sirve para seleccionar a personas o equipos en un concurso o una competición. Si un equipo supera todas las eliminatorias, llega a la final.

eliminatorio, eliminatoria

adjetivo **1** Que sirve para eliminar a una persona de algo: Este examen es eliminatorio.

elipse

nombre femenino **1** Línea curva cerrada que forma una figura parecida a una circunferencia aplastada.

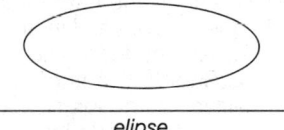

elipse

elixir

nombre masculino **1** Líquido compuesto por varias sustancias disueltas en alcohol que sirve para limpiar o para curar enfermedades.
2 Bebida que tiene propiedades maravillosas.

ella

pronombre personal **1** Forma femenina del pronombre personal; mira **él**: Ella es la representante de nuestra clase.

elle

nombre femenino **1** Nombre de 'll', grupo de dos eles que representan un sonido. 'Lluvia' empieza con elle.

ello

pronombre personal **1** Pronombre personal neutro e invariable que se refiere a una información anterior y equivale a una oración o una idea. En la oración, hace función de sujeto; también se usa detrás de una preposición: Anoche volviste muy tarde, y ello me preocupa.

ellos, ellas

pronombre personal **1** Forma plural del pronombre personal de tercera persona; mira **él, ella**: Ellos me prometieron que llegarían hoy.

elogiar

verbo **1** Hablar bien de personas o cosas resaltando sus méritos o cualidades.
👁 Se conjuga como: cambiar; la 'i' no lleva nunca acento de intensidad.

elogio

nombre masculino **1** Palabras que se utilizan para hablar bien de una persona o cosa.

embajada

nombre femenino **1** Lugar u oficina que representa a un país en otro y donde trabajan el embajador y sus colaboradores.

embajador, embajadora

nombre **1** Máximo representante de un país y de su gobierno en el extranjero. El embajador suele residir en la capital del país donde está destinado.

embalar

verbo **1** Envolver una cosa de modo que quede protegida para que se pueda transportar: Tiene que embalarlo todo porque se muda de casa.

embalsamar

verbo **1** Preparar un cadáver con unas sustancias especiales para que no se descomponga. Los egipcios embalsamaban a los faraones.

embalse

nombre masculino **1** Lago artificial, a menudo cerrado por una presa, en el que se recogen las aguas de un río para aprovecharlas mejor. El agua de los embalses se utiliza para regar las tierras y para el consumo humano. ▧ pantano.

embarazada

adjetivo y nombre femenino **1** Se dice de la mujer que va a tener un hijo.

embarazo

nombre masculino **1** Estado en el que se encuentra la mujer que espera un hijo y también los nueve meses que dura dicho estado. Hasta después del tercer mes de embarazo no se empieza a notar la barriga. 🖝 600

2 Sensación de vergüenza o de incomodidad que produce alguna cosa.

embarazoso, embarazosa
adjetivo   **1** Que provoca una sensación de vergüenza o de incomodidad que no se puede disimular: *Ha sido muy embarazoso para todos que se pusiera a gritar de ese modo.*

embarcación
nombre femenino   **1** Cualquier vehículo construido por el hombre para transportar por el agua personas o mercancías.
👁 El plural es: embarcaciones.

embarcadero
nombre masculino   **1** Construcción a orillas del mar, de un lago o de un río para embarcar y desembarcar pasajeros o mercancías.

embarcar
verbo   **1** Subir pasajeros o mercancías a un barco o a un avión para emprender un viaje. ⚔ desembarcar.
2 Hacer que una persona desarrolle o participe en un proyecto que suele ser arriesgado: *Me embarqué en la compra de un piso y ahora estoy lleno de deudas.*
👁 Se escribe 'qu' delante de 'e', como: embarquen.

embargo
nombre masculino   **1** Acción mediante la cual un juez o una autoridad hace que una persona deje de disfrutar de unos bienes, como una casa, por no poder pagar una deuda o por los daños causados por un delito.
2 Acción mediante la cual un gobierno prohíbe que se transporten productos a un país y se comercie con ellos, por haber creado algún conflicto.
conjunción   **sin embargo** Indica oposición. Es parecido a 'pero': *No tengo muchas ganas de ir a la fiesta, sin embargo iré.*

embarrar
verbo   **1** Llenar o manchar de barro. Si jugamos en un campo de tierra mojada, nos embarramos.

embarullar
verbo   **1** Hacer un lío de cosas o ideas mezcladas y sin orden. Cuando nos embarullamos decimos las cosas de forma equivocada y desordenada. Es una palabra informal. ⚔ liar.

embellecer
verbo   **1** Hacer que una persona o una cosa esté más bella.
👁 Se conjuga como: agradecer; la 'c' se convierte en 'zc' delante de 'a' y 'o', como: embellezco.

embestir
verbo   **1** Lanzarse con fuerza o violencia contra una persona o una cosa. Algunos animales, como los toros o las cabras, embisten a las personas cuando están inquietos.
👁 Se conjuga como: servir; la 'e' se convierte en 'i' en algunos tiempos y personas, como: embisten.

emblema
nombre masculino   **1** Figura o símbolo que representa algo. La paloma es el emblema de la paz.

embolsarse
verbo   **1** Obtener una cantidad de dinero de un trabajo, negocio o juego.
2 Apropiarse una persona de un dinero que no le corresponde: *Ya te has embolsado otra vez el cambio, ¿no?*

emborrachar
verbo   **1** Hacer perder a una persona el control de su mente y de sus actos debido al consumo excesivo de bebidas alcohólicas.

emborronar
verbo   **1** Ensuciar un escrito con manchas de tinta. También es llenar un papel de cualquier forma, sin pensar lo que se escribe o se dibuja.

emboscada
nombre femenino   **1** Acción que consiste en permanecer oculta una persona o un grupo de personas y atacar por sorpresa a otras. Las tropas de un ejército intentan vencer a su enemigo tendiéndole una emboscada.
2 Trampa que una persona prepara contra otra.

E

e

embotellamiento
nombre masculino **1** Proceso por el cual se meten líquidos u otras sustancias en botellas.
2 Atasco de vehículos en una carretera. Cuando hay un embotellamiento los coches están parados.

embotellar
verbo **1** Meter un líquido dentro de una botella.

embrague
nombre masculino **1** Mecanismo que llevan los motores de algunos vehículos y que permite cambiar de marcha. También es el pedal o la maneta que acciona este mecanismo.

embriagador, embriagadora
adjetivo **1** Que produce una sensación de placer: *Llevaba un perfume embriagador.* Es una palabra literaria.

embrión
nombre masculino **1** Ser vivo en su primera etapa de desarrollo, cuando comienza a formarse y crecer. El ser humano es un embrión durante los tres primeros meses del embarazo.
2 Inicio de alguna cosa que todavía no está formada del todo: *Esos dibujos son el embrión de lo que realmente quiero pintar.*
👁 El plural es: embriones.

embrollo
nombre masculino **1** Lío formado por un conjunto de cosas o ideas mezcladas o sin orden: *Después de memorizar tantas fórmulas matemáticas tengo un embrollo en la cabeza.*
2 Situación poco clara o difícil de comprender: *Se ha metido en un embrollo.*

embrujar
verbo **1** Cambiar o conseguir algo utilizando la brujería o la magia. ✗✗ hechizar.
2 Producir una persona o una cosa mucha atracción en alguien: *La belleza de sus ojos embrujó a todos.* ✗✗ cautivar.

embrujo
nombre masculino **1** Acción mágica que se realiza para cambiar o conseguir algo de una persona. Un embrujo típico de los cuentos es convertir a un príncipe en rana. ✗✗ hechizo.
2 Atracción fuerte que una persona o una cosa provoca en los demás.

embudo
nombre masculino **1** Instrumento con forma de cono que se utiliza para hacer pasar un líquido de un recipiente a otro que tiene la boca más estrecha. ✍ 793

embuste
nombre masculino **1** Cosa que se dice y que no es verdad. Las personas mentirosas cuentan muchos embustes. ✗✗ mentira. ✗✗ verdad.

embustero, embustera
adjetivo **1** Se dice de la persona que cuenta embustes. ✗✗ mentiroso.

embutido
nombre masculino **1** Alimento curado hecho de carne de cerdo picada, arreglada con especias y metida dentro de una tripa, como el chorizo o el salchichón.

eme
nombre femenino **1** Nombre de la letra 'm'. 'Madre' empieza con eme.

emergencia
nombre femenino **1** Cosa que ocurre de repente y que necesita una solución con urgencia.

emerger
verbo **1** Salir a la superficie una cosa que estaba debajo del agua.
👁 Se escribe 'j' delante de 'a' y 'o', como: emerjan.

emigración
nombre femenino **1** Movimiento de una o más personas de un país o zona a otro país o zona. También es el conjunto de personas que han emigrado de un lugar a otro a lo largo de un periodo de tiempo.
👁 El plural es: emigraciones.

emigrante
nombre masculino y femenino **1** Persona que deja su país o población para ir a vivir a otro.

emigrar
verbo **1** Dejar una persona su país o población para ir a vivir a otro lugar.
2 Cambiar un animal de zona en busca de un clima adecuado. Muchos pájaros emigran desde el norte de Europa hacia el sur en invierno. ✍ 598

eminente
adjetivo **1** Que destaca por su trabajo o

por sus excelentes cualidades en una profesión o en algún ámbito de la ciencia o el arte. Las personas que ganan el premio Nobel son eminentes científicos y escritores.

emisario, emisaria
nombre   **1** Persona que se envía a un lugar para llevar un mensaje o tratar un asunto. ✂ mensajero.

emisión
nombre femenino   **1** Acción que consiste en emitir algo, como una película o un ruido.
👁 El plural es: emisiones.

emisor, emisora
adjetivo y nombre masculino   **1** Que emite o envía algo. Las televisiones son aparatos emisores de imágenes.
nombre   **2** Persona que emite o produce un mensaje en la comunicación.

emisora
nombre femenino   **1** Conjunto de instalaciones y aparatos que transmiten sonidos o imágenes. Los programas de radio se realizan en una emisora.

emitir
verbo   **1** Producir algo que sale desde el interior de un cuerpo y que se percibe por la vista o el oído. El Sol emite luz.
2 Lanzar al aire ondas que trasmiten sonidos o imágenes.
3 Fabricar y poner en circulación monedas, billetes y otros valores.
4 Decir una opinión para que se conozca públicamente. Las autoridades emiten declaraciones o comunicados.

emoción
nombre femenino   **1** Lo que se siente breve e intensamente cuando algo, bueno o malo, nos impresiona mucho. Una noticia inesperada, un regalo o una película nos pueden causar mucha emoción.
👁 El plural es: emociones.

emocionante
adjetivo   **1** Que causa emoción.
2 Que despierta interés: *La final de tenis será muy emocionante porque las dos jugadoras son muy buenas.*

emocionar
verbo   **1** Producir o tener una emoción: *Se emocionó al verla.*

emotivo, emotiva
adjetivo   **1** Que muestra un sentimiento muy intenso y produce emoción a quien lo recibe: *Fue una despedida emotiva.*
2 Se dice de una persona que siente emoción con facilidad.

empachar
verbo   **1** Llenar mucho un alimento por ser demasiado dulce o por no hacerse bien la digestión.
2 Cansar o aburrir una persona o una cosa a alguien.

empacho
nombre masculino   **1** Sensación molesta que se tiene en el estómago cuando se come demasiado. Podemos coger un empacho de pasteles en una fiesta de cumpleaños. ✂ indigestión.

empacho

2 Cansancio o aburrimiento que se siente después de estar haciendo una misma actividad durante mucho tiempo.

empalagoso, empalagosa
adjetivo   **1** Se dice del alimento que resulta pesado de comer o harta enseguida por ser demasiado dulce.
2 Se dice de la persona que cansa o aburre por mostrarse demasiado amable y cariñosa.

empalmar
verbo   **1** Unir dos o más cosas por sus extremos. Si un cable es corto, puede cogerse un trozo de otro cable y empalmarlos.
2 Hacer o suceder una cosa inmediatamente después de acabar otra.

empalme
nombre masculino   **1** Unión de dos o más cosas por sus extremos.

E/e

2 Lugar en el que se unen dos medios de transporte.

empanada
nombre femenino **1** Masa fina de pan rellena de varios ingredientes y cocida al horno. Las empanadas se suelen rellenar de carne o de pescado.

empanadilla
nombre femenino **1** Pastel pequeño y salado, hecho con una lámina redonda de masa de harina que se dobla por la mitad; va rellena de varios ingredientes y se fríe en abundante aceite.

empanar
verbo **1** Cubrir un alimento con pan rallado antes de freírlo. ✶ rebozar.

empañar
verbo **1** Hacer que una superficie deje de estar clara y brillante a causa de la humedad y quede cubierta de vapor. La niebla empaña los cristales de los coches.
2 Cubrir los ojos de lágrimas.
3 Disminuir las cualidades o las virtudes de una persona. Una mala acción puede empañar la buena fama de una persona.

empapar
verbo **1** Mojar algo completamente. Cuando llueve mucho y no tenemos paraguas nos empapamos de agua.
2 Absorber y retener un líquido. Las esponjas y las bayetas empapan muy bien los líquidos.
3 empaparse Estudiar o practicar mucho una cosa para saberla o dominarla: *Se ha empapado de geografía para presentarse al concurso ese de la tele.*

empapelar
verbo **1** Cubrir de papel una superficie, especialmente las paredes de una habitación.

empaquetar
verbo **1** Meter una cosa dentro de una caja o un papel y hacer un paquete.

emparedado
nombre masculino **1** Comida que consiste en dos rebanadas de pan de molde rellenas de un alimento. ✶ sándwich.

emparejar
verbo **1** Unir un par de personas, animales o cosas para que formen pareja. Las personas se emparejan cuando empieza un baile.
2 Poner cosas iguales o parejas al mismo nivel, de manera que no sobresalga una más que la otra.

empastar
verbo **1** Poner una pasta especial en los agujeros de las muelas y dientes que tienen caries.

empatar
verbo **1** Obtener el mismo número de tantos o puntos dos jugadores o equipos en una competición deportiva, o alcanzar igual número de votos los candidatos o partidos en una votación. ✶ igualar.

empate
nombre masculino **1** Situación que se produce cuando hay igualdad de votos en una votación o de puntos en una competición.

empedrar
verbo **1** Cubrir de piedras planas y lisas el suelo.
☞ Se conjuga como: acertar; la 'e' se convierte en 'ie' en sílaba acentuada, como: empiedren.

empeine
nombre masculino **1** Parte de arriba del pie que va desde el tobillo hasta donde empiezan los dedos.

empellón
nombre masculino **1** Empujón fuerte que se da con todo el cuerpo o con una parte de él contra una persona o una cosa, para moverla, apartarla del sitio o hacer que caiga. ✶ empujón.
☞ El plural es: empellones.

empeñado, empeñada
adjetivo **1** Se dice de las cosas que se entregan en depósito a cambio de un préstamo de dinero y que se recuperan cuando se devuelve ese dinero prestado. Los objetos empeñados suelen ser joyas o pequeños objetos de valor.
2 Se dice de la persona que tiene muchas deudas.
3 Se dice de la persona que tiene la intención muy firme y decidida de hacer una cosa: *Está empeñado en estudiar solfeo y piano.*

empeñar
verbo **1** Entregar en depósito un obje-

to, un mueble u otra cosa de valor como garantía por un préstamo de dinero que se pide a alguien.

2 Dar una persona su palabra de honor como garantía de que cumplirá una cosa y esforzarse para conseguirlo.

3 empeñarse Tener una persona la intención muy firme y decidida de hacer una cosa.

4 empeñarse Llegar a tener una persona muchas deudas o una deuda muy grande por haber pedido mucho dinero prestado. Para poder comprar un piso, muchas personas se empeñan con el banco.

empeño
nombre masculino **1** Característica de la persona que tiene la intención muy firme y decidida de hacer una cosa y se esfuerza mucho por conseguirlo. Las personas que trabajan con empeño suelen conseguir sus objetivos.

2 Esfuerzo que una persona realiza para poder conseguir una cosa en la que estaba empeñada, o interés y atención que pone en algo. Algunas personas ponen poco empeño en aprender.

empeoramiento
nombre masculino **1** Acción de ponerse en peores condiciones una persona o una cosa. ⚔ mejora.

empeorar
verbo **1** Ponerse una persona o una cosa en peores condiciones de las que estaba. En invierno, cuando el clima empeora, suele hacer mucho frío. ⚔ mejorar.

empequeñecer
verbo **1** Volverse una cosa más pequeña. Algunas prendas de ropa empequeñecen cuando se lavan. ⚔ encoger. ⚔ agrandar.

2 empequeñecerse Sentirse una persona avergonzada, ridícula y poco importante: *Cuando Ana me empezó a reñir me empequeñecí y no supe qué contestarle.*

👁 Se conjuga como: agradecer; la 'c' se convierte en 'zc' delante de 'a' y 'o', como: empequeñezca.

emperador, emperatriz
nombre **1** Persona que gobierna un imperio. Algunos gobernantes romanos fueron emperadores.

nombre masculino **2** Pez marino que tiene la parte superior de la boca en forma de espada; el emperador es comestible. ⚔ pez espada.

emperrarse
verbo **1** Querer algo e intentar conseguirlo cueste lo que cueste, aunque sea muy difícil o no salga a la primera. Es un uso informal. ⚔ obstinarse.

empezar
verbo **1** Hacer la primera parte de una cosa o de una acción: *He empezado a estudiar inglés. Empezó a contármelo, pero no terminó.* ⚔ comenzar; iniciar. ⚔ acabar; terminar.

empezar	
INDICATIVO	**SUBJUNTIVO**
presente	**presente**
empiezo	empiece
empiezas	empieces
empieza	empiece
empezamos	empecemos
empezáis	empecéis
empiezan	empiecen
pretérito imperfecto	**pretérito imperfecto**
empezaba	empezara o empezase
empezabas	empezaras o empezases
empezaba	empezara o empezase
empezábamos	empezáramos o
empezabais	empezásemos
empezaban	empezarais o
	empezaseis
	empezaran o empezasen
pretérito indefinido	
empecé	**futuro**
empezaste	empezare
empezó	empezares
empezamos	empezare
empezasteis	empezáremos
empezaron	empezareis
	empezaren
futuro	
empezaré	**IMPERATIVO**
empezarás	
empezará	empieza (tú)
empezaremos	empiece (usted)
empezaréis	empezad (vosotros)
empezarán	empiecen (ustedes)
condicional	**FORMAS NO PERSONALES**
empezaría	
empezarías	**infinitivo gerundio**
empezaría	empezar empezando
empezaríamos	**participio**
empezaríais	empezado
empezarían	

E e

2 Tener comienzo algo: *La película empieza a las 8.* ※ comenzar. ※ acabar.

3 Comenzar a usar una cosa o a consumir un alimento. ※ acabar.

empinado, empinada

adjetivo **1** Se dice de la calle, camino o cualquier otro lugar que tiene mucha pendiente. ※ llano.

empinar

verbo **1** Levantar una cosa y aguantarla en alto: *Empinó al niño para que viera por encima de las cabezas* ※ alzar.

2 empinarse Ponerse una persona de puntillas para llegar más arriba: *Se empinó para ver por encima de las cabezas.*

empleado, empleada

nombre **1** Persona que trabaja en un lugar a cambio de un sueldo. Las empresas grandes tienen muchos empleados.

empleada del hogar Mujer que trabaja en la casa de una persona haciendo las tareas domésticas, como limpiar o lavar, a cambio de dinero. ※ sirvienta, asistenta.

emplear

verbo **1** Utilizar una cosa para un fin determinado. Empleamos los bolígrafos para escribir. ※ usar.

2 Dar trabajo a una persona. El dueño de una empresa emplea a personas para que trabajen en ella. ※ despedir.

empleo

nombre masculino **1** Trabajo o actividad que se realiza a cambio de dinero. La falta de empleo es un grave problema que afecta a muchos países.

2 Uso o utilización de una cosa. El empleo de ciertos aerosoles perjudica la capa de ozono.

empobrecer

verbo **1** Hacer que a una persona o una cosa le falte dinero o algún otro valor. El lenguaje se empobrece si utilizamos siempre las mismas palabras. ※ enriquecer.

👁 Se conjuga como: agradecer; la 'c' se convierte en 'zc' delante de 'a' y 'o', como: empobrezcan.

empollar

verbo **1** Sentarse un ave sobre los hue-

vos para darles calor y hacer posible que se desarrollen en su interior los polluelos.

empollar

2 Estudiar mucho una persona y aplicarse mucho en aprender. Es un uso informal.

empollón, empollona

adjetivo y nombre **1** Se dice de la persona que estudia mucho y se aplica mucho en aprender. Los empollones suelen estar muy atentos en clase y sacar buenas notas.

👁 Es una palabra informal. El plural es: empollones.

empotrado, empotrada

adjetivo **1** Que está metido en una pared o dentro de otra cosa. Los armarios empotrados permiten aprovechar mejor el espacio.

emprendedor, emprendedora

adjetivo y nombre **1** Se dice de la persona que emprende acciones o actividades difíciles o arriesgadas con iniciativa y decisión.

emprender

verbo **1** Empezar a realizar una actividad: *El pájaro emprendió el vuelo. Ha emprendido un largo viaje.*

empresa

nombre femenino **1** Organización o sociedad que se dedica a una determinada actividad o a producir un determinado producto para ganar dinero. ※ compañía.

2 Trabajo o actividad que necesita mucho esfuerzo para poderse realizar. Acabar para siempre con la delincuencia es una empresa difícil.

empresario, empresaria

nombre **1** Persona que tiene o dirige una empresa.

empujar

verbo **1** Hacer fuerza, generalmente con las manos, contra una persona o una cosa para moverla.

E
e

2 Intentar convencer o presionar a una persona para que haga algo.

empuje
nombre masculino **1** Energía o buen ánimo que tiene una persona para hacer algo. Cuando empieza el curso los estudiantes van a clase con mucho empuje.
2 Fuerza que empuja o mueve a una persona o una cosa: *El empuje del viento ha hecho caer varios árboles.*

empujón
nombre masculino **1** Golpe fuerte que se da con todo el cuerpo o con una parte de él contra una persona o una cosa, para moverla, apartarla del sitio o hacer que caiga.
2 Esfuerzo extraordinario que se hace para que avance un trabajo que se está haciendo.
👁 El plural es: empujones.

empuñar
verbo **1** Coger un objeto o utensilio por el mango, generalmente en actitud violenta.

en
preposición **1** Indica el lugar o la posición donde está alguien o algo. Puede indicar que una persona o cosa está encima de un lugar o que está dentro de un lugar: *Viví cinco años en Murcia. Tus gafas están en la mesa del comedor. Busca en tu cartera.*
2 Indica el periodo de tiempo en el que ocurre una determinada cosa: *En Navidad muchas calles están adornadas con bombillas de colores.*
3 Indica la manera o el modo en que se hace una cosa: *Hacemos gimnasia en pantalón corto.* También forma parte de distintas expresiones que indican modo: en general, en secreto, en serio, en breve.
4 Indica el medio de transporte: *Voy a clase en autobús.*

enamorado, enamorada
adjetivo y nombre **1** Que siente mucho amor por una persona. Cuando dos personas están muy enamoradas desean estar siempre juntas.

2 Que se siente muy atraído por una cosa determinada. Los enamorados de la lectura no pueden pasar un día sin leer.

enamorar
verbo **1** Hacer que una persona sienta amor por otra.
2 Gustar mucho a alguien una cosa: *Se enamoró de la casa en cuanto la vio.*
3 enamorarse Sentir amor.

enano, enana
adjetivo **1** Que es muy pequeño en relación con otros del mismo grupo o de la misma especie. Los poneys son caballos enanos; el bonsai es un árbol enano.
nombre **2** Persona de estatura menor de lo normal, debido a un trastorno en el desarrollo o crecimiento. Los enanos suelen medir menos de metro y medio.
3 Niño pequeño. Es un uso familiar.

encabezamiento
nombre masculino **1** Frase o expresión fija que se pone al comienzo de un escrito. La expresión 'Querido amigo' es un encabezamiento habitual al comenzar una carta personal.

encabezar
verbo **1** Estar al principio de un lugar, generalmente de una lista. Los apellidos que empiezan por 'A' encabezan las listas alfabéticas.
2 Ir delante de una fila o de un grupo de gente. El corredor más rápido encabeza una carrera.
3 Escribir una frase o unas palabras de saludo al principio de una carta u otro escrito.
👁 Se escribe 'c' delante de 'e', como: encabecé.

encabritarse
verbo **1** Ponerse el caballo con las patas delanteras levantadas, apoyándose sólo en las traseras.
2 Enfadarse mucho una persona. ▓▓ cabrearse.

encadenar
verbo **1** Atar o unir con cadenas una o más cosas o personas.
2 Unir varias ideas o palabras relacionándolas de algún modo. En

E

e

las conversaciones se suelen encadenar temas diversos.

encajar

verbo **1** Colocar una cosa o una parte de ella dentro del hueco de otra, de forma que quede bien ajustada. Para hacer un rompecabezas tenemos que encajar unas piezas con otras. ⚹ acoplar.

2 Aceptar con paciencia o resignación una mala noticia o una cosa desagradable. Las personas nerviosas no son capaces de encajar los problemas con serenidad.

3 Estar de acuerdo o coincidir dos cosas entre sí: *Sus declaraciones no encajan.*

4 Sentirse una persona a gusto en un lugar o ambiente determinado. A algunos niños les cuesta encajar en un nuevo colegio.

encaje

nombre masculino **1** Tejido calado parecido a una malla, pero con figuras o bordados. Hay distintos tipos de encaje porque se puede hacer con aguja, ganchillo o a máquina. ☛796

encaminar

verbo **1** Dirigir hacia un lugar o un fin determinado. Cuando una persona pregunta por un lugar hay que encaminarla en dirección a ese lugar.

encantador, encantadora

adjetivo **1** Se dice de la persona que se comporta con los demás con mucho encanto, amabilidad y simpatía.

2 Se dice de las cosas que tienen mucho encanto o son muy agradables, como un paisaje muy bonito o una noche serena.

nombre **2** Persona que hace encantamientos.

encantamiento

nombre masculino **1** Acción mágica que se realiza para cambiar a una persona o cosa: *La bruja convirtió en rana al príncipe por medio de un encantamiento.* ⚹ hechizo.

encantar

verbo **1** Gustar mucho a alguien una persona o cosa. A muchas personas les encanta ir de compras.

2 Transformar por arte de magia a una persona o cosa en otra distinta. En el cuento de Cenicienta, el hada madrina encanta a los ratones y los convierte en sirvientes y cocheros. ⚹ embrujar; hechizar.

encanto

nombre masculino **1** Conjunto de cualidades agradables que hacen que una persona o cosa nos guste mucho. De una persona dulce y cariñosa decimos que tiene mucho encanto.

nombre masculino plural **2 encantos** Conjunto de cualidades físicas agradables de una persona.

encañonar

verbo **1** Apuntar a una persona con un arma de fuego, como una pistola o una escopeta.

encapricharse

verbo **1** Desear mucho una persona conseguir alguna cosa. En las rebajas nos podemos encaprichar de cosas poco útiles, pero que tienen buen precio. ⚹ antojarse.

encapuchado, encapuchada

adjetivo y nombre **1** Se dice de la persona que lleva la cabeza totalmente cubierta con una capucha con dos agujeros a la altura de los ojos.

encaramar

verbo **1** Subir o colocar a una persona o una cosa en un lugar alto. En el campo, los niños se encaraman a los árboles para coger sus frutos.

encarcelar

verbo **1** Meter a una persona en la cárcel para que cumpla una condena impuesta por un juez.

encargar

verbo **1** Pedirle o mandarle a una persona que nos haga una cosa determinada. Podemos encargar en una pastelería que nos preparen una tarta de cumpleaños.

2 encargarse Ocuparse de hacer un trabajo o una actividad. Los padres se encargan de criar y educar a sus hijos.

👁 Se escribe 'gu' delante de 'e', como: encarguen.

encargo

nombre masculino **1** Cosa que se tiene que hacer porque nos lo han ordenado o pe-

E
e

dido: *Mi madre me ha dejado el encargo de comprar el pan.*
2 Cosa o producto que se pide a un vendedor o a un fabricante. ✕✕ pedido.

encariñarse
verbo **1** Tomar cariño a una persona, animal o cosa. Cuando nos encariñamos de un animal nos cuesta separarnos de él durante un tiempo.

encarnado, encarnada
nombre masculino y adjetivo **1** Color rojo, como el de algunos claveles o geranios. Hay pintalabios encarnados. ✕✕ colorado.

encendedor
nombre masculino **1** Pequeño aparato que sirve para encender una cosa. Hay varios tipos de encendedores: de gas, eléctricos o de mecha. ✕✕ mechero.

encender
verbo **1** Hacer que llegue la electricidad a un aparato para que empiece a funcionar. Si enciendes la luz, desaparece la oscuridad.
2 Hacer que una cosa arda, normalmente para que dé luz o calor. Para cocinar hay que encender la cocina o el horno.
3 encenderse Ponerse roja la cara de una persona.
👁 Se conjuga como: entender; la 'e' se convierte en 'ie' en sílaba acentuada, como: enciende.

encerado
nombre masculino **1** Superficie plana sobre la que se escribe con tiza. ✕✕ pizarra.

encerar
verbo **1** Dar cera al suelo o a otra superficie para que quede más brillante.

encerrar
verbo **1** Meter a una persona, animal o cosa en un sitio cerrado del que no se puede salir o sacar sin los medios necesarios. A los delincuentes se les encierra en la cárcel; en el zoo encierran a los animales salvajes en jaulas.
2 Contener o llevar algo dentro: *Las palabras que me dirigió encerraban mucho misterio.*
👁 Se conjuga como: acertar; la 'e' se convierte en 'ie' en sílaba acentuada, como: encierre.

encerrona
nombre femenino **1** Trampa para obligar a una persona a hacer o decir algo.

encestar
verbo **1** En baloncesto, meter el balón en la cesta o canasta. También es meter una bola de papel en una papelera o meter cualquier objeto dentro de otro lanzado a cierta distancia.

encharcar
verbo **1** Cubrir de agua una parte del terreno formando charcos.
👁 Se escribe 'qu' delante de 'e', como: encharque.

enchufado, enchufada
nombre **1** Persona que obtiene un empleo o algún tipo de favor por estar bien relacionada con personas importantes.

enchufar
verbo **1** Conectar un aparato eléctrico a la red por medio del enchufe. Para que funcione un aparato eléctrico, primero hay que enchufarlo.
2 Unir los extremos de dos tubos o de un tubo con otro conducto. Las mangueras se enchufan a los grifos. ✕✕ conectar.
3 Dar un empleo o algún trato de favor a una persona sólo por estar bien relacionada y no por sus méritos.

enchufe
nombre masculino **1** Pieza con dos barritas metálicas que sirve para conectar un aparato eléctrico a la red de corriente eléctrica. También son enchufes las placas con dos agujeros que hay en las paredes de las casas por donde pasa la corriente.
2 Influencia que tiene una persona con otras, especialmente en el trabajo, y por la que consigue favores o privilegios.

encía
nombre femenino **1** Carne blanda y roja que rodea la base de los dientes en la boca de las personas y de algunos animales.

enciclopedia
nombre femenino **1** Obra en la que se recogen una gran cantidad de conocimientos sobre una materia o sobre todo el

E
e

saber humano: *Hemos comprado una enciclopedia de arte.*

encierro
nombre masculino **1** Acción de encerrar o encerrarse: *Los trabajadores de la fábrica realizaron un encierro para protestar por su sueldo.*
2 Fiesta popular que consiste en llevar a los toros corriendo hasta una plaza. En Pamplona se realizan muchos encierros durante los sanfermines.
3 Lugar en el que se encuentra encerrada una persona o un animal.

encima
adverbio **1** Indica la parte superior de un espacio determinado o de un lugar o cosa de que se habla: *He dejado tus libros allí encima.*
2 Indica que se dice algo negativo que se añade a una situación anterior que ya estaba mal: *Llega tarde y, encima, se enfada conmigo.* Es un uso informal.
3 Indica que queda muy poco tiempo para algo que supone trabajo o que el tiempo corre muy deprisa y queda mucho trabajo por hacer: *Ya tenemos encima los exámenes.*
por encima Indica que una acción se realiza de forma poco profunda o de modo superficial y sin prestar mucha atención.

encina
nombre femenino **1** Árbol de tronco grueso y hojas perennes y duras, de color gris por encima y verde por debajo. Su fruto es un tipo de bellota, que se usa para alimentar a los cerdos.

encinar
nombre masculino **1** Terreno en el que crecen encinas. Los encinares son propios del bosque mediterráneo.

encinta
adjetivo **1** Se dice de la mujer que va a tener un hijo. Las mujeres que están encintas no deben fumar ni beber alcohol. ※ embarazada.

enclenque
adjetivo y nombre masculino y femenino **1** Se dice de la persona débil, muy delgada o con poca salud: *La enfermedad lo dejó muy enclenque.*

encoger
verbo **1** Disminuir o hacer más pequeño el tamaño de las cosas. Algunas ropas encogen al lavarse.
2 Doblar o recoger el cuerpo o una parte de él, en especial los brazos o las piernas.
3 encogerse Sentir miedo o vergüenza ante una situación determinada.
👁 Se escribe 'j' delante de 'a' y 'o', como: encojan.

encolar
verbo **1** Dar cola a una superficie para pegar una cosa sobre ella.

encontrar
verbo **1** Descubrir a una persona o cosa que se estaba buscando o averiguar dónde está: *¿Has encontrado a la niña?* ※ hallar.
2 Descubrir a una persona o cosa por casualidad, sin estar buscándola: *Me encontré a Carlos por la calle.* ※ hallar.
3 Notar una cosa o tener una opinión sobre algo: *Te encuentro muy cambiado con esas gafas nuevas.*
4 encontrarse Estar en una situación, un lugar o un estado de ánimo determinado. Francia se encuentra en Europa. ※ hallarse.
5 encontrarse Juntarse dos o más cosas o personas en algún lugar: *Quedé con Jaime en encontrarnos en la puerta del cine.*
👁 Se conjuga como: contar; la 'o' se convierte en 'ue' en sílaba acentuada, como: encuentra.

encorvarse
verbo **1** Doblar una persona la espalda hacia delante por la edad o por otro motivo.
2 Hacer que un objeto tome forma curva, normalmente a causa del calor o del peso. Las estanterías de una librería se encorvan si ponemos libros muy pesados.

encuadernación
nombre femenino **1** Actividad que consiste en coser o pegar hojas escritas o impresas y colocarles tapas.
👁 El plural es: encuadernaciones.

encuadernar

verbo **1** Coser o pegar hojas escritas o impresas y ponerles tapas para hacer un libro o documento. Los trabajos de la escuela se encuadernan con grapas o anillas.

encubrir

verbo **1** Ocultar una cosa que se ha hecho o no decir la verdad sobre ella. Los niños encubren sus travesuras para no ser castigados.

encuentro

nombre masculino **1** Reunión de dos o más personas en un mismo sitio.
2 Competición deportiva en la que se enfrentan dos equipos. ⚒ partido.

encuesta

nombre femenino **1** Conjunto de preguntas que se hacen a la gente sobre un tema determinado.

enderezar

verbo **1** Poner recto algo que estaba torcido o inclinado. También enderezamos un asunto que va mal cuando lo intentamos mejorar.
👁 Se escribe 'c' delante de 'e', como: enderecé.

endibia

nombre femenino **1** Planta parecida a la lechuga pero más pequeña y de sabor algo amargo. Sus hojas tiernas, de color verde claro, se comen en ensaladas.
👁 También se escribe: endivia.

endivia

nombre femenino **1** Es otra forma de escribir: endibia.

endulzar

verbo **1** Poner azúcar u otra sustancia dulce a un alimento.
2 Hacer agradable una situación triste o difícil. Podemos endulzar la enfermedad de un amigo haciéndole una visita.
👁 Se escribe 'c' delante de 'e', como: endulcé.

endurecer

verbo **1** Poner duro o más duro. El pan se endurece en muy poco tiempo; el carácter de las personas se endurece con la edad. ⚒ ablandar.
👁 Se conjuga como: agradecer; la 'c' se convierte en 'zc' de-

lante de 'a' y 'o', como: endurezcan.

ene

nombre femenino **1** Nombre de la letra 'n'. 'Niño' empieza con ene.

enemigo, enemiga

adjetivo y nombre **1** Se dice de la persona que es contraria o se opone a otra persona o a una cosa. Los pacifistas son enemigos de la violencia.
2 Se dice de las personas o ejércitos del bando contrario que participan en una guerra.
3 Se dice de la persona que quiere hacer daño a otra o le desea cosas malas, porque la odia o por otro motivo. Las personas sinceras y justas suelen tener pocos enemigos. ⚒ amigo.

enemistad

nombre femenino **1** Relación que mantienen dos personas o dos grupos de personas que se odian, están enfrentadas o han dejado de ser amigas. El amor por la misma persona puede ser origen de enemistad entre dos personas.

enemistar

verbo **1** Hacer que dos personas dejen de ser amigas. Es difícil que se enemisten dos buenos amigos.

energía

nombre femenino **1** Capacidad o fuerza que tiene una cosa o una persona para hacer algo. En algunas casas, el agua se calienta por medio de energía solar.
2 Predisposición o ánimo de las personas para hacer cosas. Cuando las personas están deprimidas, no tienen energía para hacer nada.

enérgico, enérgica

adjetivo **1** Que actúa con energía o fuerza. Las personas enérgicas nunca parecen cansadas.
2 Que se hace o se dice con energía, de manera muy decidida: *Me dio una respuesta enérgica.*

energúmeno, energúmena

nombre masculino **1** Persona que está muy enfadada y lo demuestra dando gritos y comportándose con agresividad:

E

e

Se puso como un energúmeno porque le había manchado su traje.

enero
nombre masculino **1** Primer mes del año. Enero tiene 31 días. El día seis de enero se celebra la fiesta de los Reyes Magos.

enfadar
verbo **1** Causar un disgusto a una persona o molestarla hasta hacerle perder el buen humor. ✖ enojar.

enfado
nombre masculino **1** Situación o estado de la persona que está enfadada o molesta con otra por alguna cosa. Las bromas pesadas pueden causar enfado. ✖ enojo.

énfasis
nombre masculino **1** Fuerza con la que se dice o se pronuncia algo que se quiere destacar: *Hizo énfasis en las ventajas de aprender inglés.*
👁 El plural es: énfasis.

enfermar
verbo **1** Ponerse enfermo. Cuando enfermamos debemos acudir inmediatamente al médico.

enfermedad
nombre femenino **1** Alteración de una parte del cuerpo o del organismo de un ser vivo que hace que no funcione bien. La gripe es una enfermedad contagiosa; las plantas sufren enfermedades a causa de plagas de insectos.

enfermería
nombre femenino **1** Lugar donde se asiste a las personas heridas, lesionadas o enfermas. Suele haber enfermerías en colegios o playas para hacer curas de emergencia.

enfermero, enfermera
nombre **1** Persona que cuida de los enfermos y ayuda al médico en su trabajo. Los enfermeros se preocupan del buen estado de los enfermos.

enfermo, enferma
adjetivo y nombre **1** Que tiene una enfermedad. Si queremos ir a ver a un enfermo al hospital, tenemos que respetar los horarios de visita. ✖ sano.

enfocar
verbo **1** Hacer que una imagen que pasa a través de una lente se vea con claridad. Para que las fotografías no salgan borrosas hay que enfocar bien la cámara fotográfica.
2 Dirigir un foco de luz o una cámara hacia un lugar. Por la noche, los coches enfocan la carretera con los faros. ✖ iluminar.
3 Plantear un asunto de una manera determinada. En cualquier debate, los participantes intentan enfocar el tema propuesto desde el punto de vista de sus intereses o ideas. ✖ orientar.
👁 Se escribe 'qu' delante de 'e', como: enfoqué.

enfoque
nombre masculino **1** Lo que se hace para que una imagen que pasa a través de una lente se vea con claridad.
2 Manera en que se trata un asunto determinado: *No me gusta el enfoque de tu trabajo.*

enfrentamiento
nombre masculino **1** Acción de oponerse, enfrentarse, luchar o competir una persona con otra. Hay enfrentamientos entre políticos, enfrentamientos armados entre ejércitos enemigos o enfrentamientos deportivos entre equipos rivales.

enfrentar
verbo **1** Hacer que dos personas o grupos de personas tengan una relación de enemistad o de oposición. La lucha por un trofeo enfrenta a todos los equipos que participan en una competición.
2 Poner una persona o una cosa enfrente de otra. Para poder recibir la señal de televisión hay que enfrentar la antena con el aparato emisor de señales.
3 enfrentarse Oponerse una persona a otra o competir por alguna cosa.
4 enfrentarse Hacer frente a una situación difícil o peligrosa. Los gobiernos europeos se enfrentan a problemas graves, como el paro o la contaminación.

enfrente

adverbio **1** Indica que la parte delantera o principal de una cosa o de una persona se encuentra delante de la persona que habla o del lugar u objeto del que hablamos: *Yo vivo ahí enfrente.*

enfriar

verbo **1** Poner fría una cosa o hacer bajar su temperatura. La nevera enfría los alimentos. ⚔ calentar. **2** Hacer que un sentimiento, un deseo o una ilusión sea menos fuerte o intenso. Dicen que la distancia puede enfriar el amor. **3 enfriarse** Coger una persona un resfriado o un constipado a causa del frío o de un cambio brusco de temperatura. ⚔ resfriarse. 👁 Se conjuga como: desviar; la 'i' se acentúa en algunos tiempos y personas, como: enfríe.

enfundar

verbo **1** Meter una cosa dentro de una funda o de una cubierta. Las personas también nos podemos enfundar dentro de un vestido o un traje. ⚔ desenfundar.

enfurecer

verbo **1** Hacer que una persona se enfade muchísimo. 👁 Se conjuga como: agradecer; la 'c' se convierte en 'zc' delante de 'a' y 'o', como: enfurezca.

enfurruñarse

verbo **1** Enfadarse un poco por alguna cosa de poca importancia. Los chavales se enfurruñan con sus padres cuando no les dejan hacer algo que quieren. 👁 Es una palabra informal.

engalanar

verbo **1** Poner a una persona o a una cosa ropas o adornos bonitos y elegantes. Nos engalanamos cuando vamos a una fiesta o a una boda.

enganchar

verbo **1** Sujetar, unir o colgar una cosa a otra con un gancho o algo parecido. Podemos enganchar un papel a la pared con chinchetas o cinta adhesiva. **2** Atraer mucho una persona o una cosa a alguien, hasta el punto de que casi no puede pasar sin ella: *Ha estado muchos años sin novia pero al final esa chica lo ha enganchado bien.* **3 engancharse** Tener una dependencia muy fuerte de una cosa, especialmente de la droga.

enganche

nombre masculino **1** Aquello que sirve para enganchar o unir dos cosas o dos partes de una cosa de modo que no se suelten. Las faldas suelen tener una cremallera y encima un enganche.

enganchón

nombre masculino **1** Rotura que se produce en una cosa, especialmente una tela, cuando se engancha a un objeto con punta. 👁 El plural es: enganchones.

engañar

verbo **1** Hacer creer una cosa que no es verdad o hacer caer en una trampa: *Me ha engañado al decirme que estaba lloviendo: hace un sol radiante.* **2** Parecer una cosa o una persona lo que no es en realidad; dar una impresión falsa: *Esa foto engaña: parezco más alta de lo que soy.* **3** Tener una persona relaciones amorosas o sexuales con otra que no es su pareja. **4** Dar menos de lo que se debe dar o cobrar más de lo que se debe cobrar: *Me han engañado, he visto este juguete más barato en otro sitio.* ⚔ estafar. **5** Calmar o aliviar por un rato una necesidad, normalmente el hambre o la sed. A media tarde nos podemos comer una galleta para engañar el hambre hasta la hora de cenar. **6 engañarse** No querer creer que algo es como es: *No te engañes, no podrás con todo.* ⚔ desengañarse.

engaño

nombre masculino **1** Cosa que se hace o se dice que no es verdad. ⚔ mentira. ⚔ verdad.

E
e

engañoso, engañosa
adjetivo **1** Que engaña o puede engañar: *Ese anuncio es engañoso, en realidad el producto no es tan bueno.*

engatusar
verbo **1** Conquistar a una persona mediante alabanzas exageradas para conseguir algo de ella.

engendrar
verbo **1** Producir una persona o un animal un nuevo ser de su misma especie. ✕ concebir.
2 Producir o provocar algo. A menudo la envidia tan sólo engendra odio.

engordar
verbo **1** Poner o ponerse un animal o una persona más gordo de lo que estaba. Los ganaderos engordan a los cerdos para luego aprovechar su carne. ✕ adelgazar.

engorro
nombre masculino **1** Molestia pequeña causada por algún hecho de poca importancia. Es un engorro tener que hacer mucho rato de cola para comprar una entrada de cine.
👁 Es una palabra informal.

engrandecer
verbo **1** Hacer grande o más grande. Las ciudades importantes se van engrandeciendo cada vez más. ✕ agrandar. ✕ empequeñecer.
👁 Se conjuga como: agradecer; la 'c' se convierte en 'zc' delante de 'a' y 'o', como: engrandezco.

engrasar
verbo **1** Poner grasa o aceite en las piezas de un objeto o una máquina para que funcione mejor. Cuando una cerradura está oxidada hay que engrasarla.

engrase
nombre masculino **1** Acción de poner grasa o aceite a una máquina o a otro objeto para que funcione mejor.

engullir
verbo **1** Comer y tragar con muchas ganas y de forma muy rápida, casi sin masticar: *Se ha engullido el plato de paella en dos minutos.*
👁 Se conjuga como: zambullir.

enhebrar
verbo **1** Pasar un hilo por el ojo o agujero de una aguja.

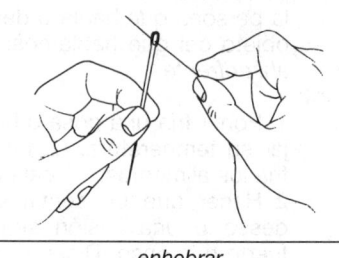

enhebrar

enhorabuena
nombre femenino **1** Felicitación que se da a una persona por algo bueno que ha hecho o le ha sucedido.

enigma
nombre masculino **1** Expresión o conjunto de palabras de significado difícil o que ocultan algún significado que hay que adivinar. ✕ acertijo.
2 Cosa difícil de entender o para la que no se encuentra explicación. Cuando no se puede saber cuál es el origen de un malestar, decimos que es un enigma.

enjabonar
verbo **1** Frotar la ropa o el cuerpo con agua y jabón para limpiarlos. ✕ jabonar.

enjambre
nombre masculino **1** Conjunto de abejas de una colmena. ✎ 596

enjaular
verbo **1** Meter dentro de una jaula, en especial a un animal.

enjuagar
verbo **1** Quitar con agua el jabón con el que se está limpiando una persona o una cosa. Después de enjabonarnos el pelo nos lo enjuagamos con agua antes de secarlo. ✕ aclarar.
2 enjuagarse Limpiarse la boca cogiendo un sorbo de agua u otro líquido y moviéndolo dentro de la boca.
👁 Se escribe 'gu' delante de 'e', como: enjuaguen.

enjugar
verbo **1** Quitar la humedad de la su-

perficie de una cosa. También es secar las lágrimas, el sudor o la sangre del cuerpo. ⚹ humedecer.
👁 Se escribe 'gu' delante de 'e', como: enjugué.

enlace
nombre masculino **1** Ceremonia en la que dos personas se casan. ⚹ boda.
2 Persona que en una organización sirve para mantener la comunicación entre personas que no pueden comunicarse directamente.
3 Palabra que sirve para unir oraciones o partes de la oración.
4 Lugar en que se cruzan o unen dos vías de comunicación o dos medios de transporte. Las estaciones donde hay dos líneas de tren o metro son enlaces.

enlatar
verbo **1** Meter algo dentro de una lata.

enlazar
verbo **1** Relacionar un hecho, una idea o unas palabras con otras que se conocen. En las conversaciones enlazamos unas ideas con otras.
2 Combinarse en un lugar dos o más medios de transporte.
3 Unir dos o más cosas con un lazo.
👁 Se escribe 'c' delante de 'e', como: enlacen.

enloquecer
verbo **1** Volver loca a una persona. También es poner a alguien muy nervioso o inquieto. El ruido de unas obras nos puede enloquecer.
2 Gustar una cosa a una persona de manera exagerada. Es un uso informal. ⚹ encantar.
👁 Se conjuga como: agradecer; la 'c' se convierte en 'zc' delante de 'a' y 'o', como: enloquezca o enloquezco.

enmadrado, enmadrada
adjetivo **1** Se dice del hijo que está demasiado encariñado con su madre.

enmarañar
verbo **1** Mezclar sin orden un conjunto de cosas, como cabellos, hilos o lanas. ⚹ enredar.
2 Hacer más difícil o complicada

una situación o un asunto, aunque no se tenga la intención de hacerlo.

enmarcar
verbo **1** Poner un cuadro, una foto o un póster dentro de un marco.
👁 Se escribe 'qu' delante de 'e', como: enmarquen.

enmascarado, enmascarada
adjetivo y nombre **1** Que lleva la cara tapada con una máscara o con un antifaz.

enmascarar
verbo **1** Cubrir o tapar la cara con una máscara.
2 Enseñar o contar algo ocultando o disimulando un aspecto para que parezca distinto de como es en realidad.

enmendar
verbo **1** Quitar un error o una falta y hacer lo correcto. ⚹ rectificar.
👁 Se conjuga como: acertar; la 'e' se convierte en 'ie' en sílaba acentuada, como: enmiendan.

enmienda
nombre femenino **1** Corrección de un error o una falta.

enmudecer
verbo **1** Quedarse callado o hacer callar a una persona. El público enmudece cuando los actores salen al escenario. ⚹ hablar.
👁 Se conjuga como: agradecer; la 'c' se convierte en 'zc' delante de 'a' y 'o', como: enmudezca o enmudezco.

enojar
verbo **1** Hacer que una persona se enfade mucho.

enojo
nombre masculino **1** Estado de la persona que está muy disgustada o molesta por algo o con alguien. ⚹ enfado.

enorgullecerse
verbo **1** Hacer que alguien se sienta lleno de orgullo y satisfacción: *Se enorgullece de sus hijos.*
👁 Se conjuga como: agradecer; la 'c' se convierte en 'zc' delante de 'a' y 'o', como: enorgullezca.

enorme
adjetivo **1** Que es muy grande o tiene un tamaño más grande de lo normal. ⚹ inmenso. ⚹ pequeño.

E
e

enraizar

verbo **1** Echar raíces una planta. ✖ arraigar.
2 Establecerse alguien en un lugar y echar raíces. ✖ asentarse.

enraizar

INDICATIVO	SUBJUNTIVO
presente enraízo enraízas enraíza enraizamos enraizáis enraízan	**presente** enraíce enraíces enraíce enraicemos enraicéis enraícen
pretérito imperfecto enraizaba enraizabas enraizaba enraizábamos enraizabais enraizaban	**pretérito imperfecto** enraizara o enraizase enraizaras o enraizases enraizara o enraizase enraizáramos o enraizásemos enraizarais o enraizaseis enraizaran o enraizasen
pretérito indefinido enraicé enraizaste enraizó enraizamos enraizasteis enraizaron	**futuro** enraizare enraizares enraizare enraizáremos enraizareis enraizaren
futuro enraizaré enraizarás enraizará enraizaremos enraizaréis enraizarán	**IMPERATIVO** enraíza (tú) enraíce (usted) enraizad (vosotros) enraícen (ustedes)
condicional enraizaría enraizarías enraizaría enraizaríamos enraizaríais enraizarían	**FORMAS NO PERSONALES** **infinitivo** gerundio enraizar enraizando **participio** enraizado

enredadera

adjetivo y nombre femenino **1** Se dice de la planta que crece subiendo por las paredes y los árboles, como la hiedra.

enredar

verbo **1** Mezclar sin ningún orden un conjunto de cosas, como cabellos, hilos, lanas o papeles. ✖ enmarañar.
2 Hacer que algo sea difícil o más difícil de lo que es: *No enredes más las cosas.*
3 Meter poco a poco y sin violencia a una persona en una situación o un asunto difícil o complicado.
4 Perder el tiempo una persona casi sin darse cuenta: *Me enredé y perdí el tren.*
5 Molestar o andar tocando cosas que no se deben tocar o que no se conocen bien.
6 **enredarse** Equivocarse o hablar o hacer algo de un modo confuso.
7 **enredarse** Empezar una pelea o una discusión fuerte.

enredo

nombre masculino **1** Mezcla desordenada de cosas, como de cabellos, cables o hilos.
2 Asunto difícil o complicado, del que resulta difícil salir. En las películas de risa suele haber muchos enredos.
3 Engaño o mentira que causa problemas entre las personas. ✖ chisme.

enrejado

nombre masculino **1** Conjunto de barras de metal o de madera entrecruzadas que se pone delante de una puerta o de una ventana para protegerla o para decorarla. ✖ reja.

enrejar

verbo **1** Poner una reja a una ventana o una puerta.

enriquecedor, enriquecedora

adjetivo **1** Que enriquece espiritualmente a la persona. Viajar o conversar son actividades enriquecedoras.

enriquecer

verbo **1** Hacer rica o más rica a una persona o cosa. El turismo enriquece las zonas costeras. ✖ arruinar.
2 Mejorar o aumentar las cualidades o propiedades de alguna cosa. El abono enriquece el suelo.
3 Ser algo útil para que una persona aprenda y sea mejor espiritualmente. Las experiencias positivas enriquecen a las personas y las hacen mejores.
👁 Se conjuga como: agradecer; la 'c' se convierte en 'zc' delante de 'a' y 'o', como: enriquezca.

enrojecer

verbo **1** Poner o ponerse roja una cosa durante un tiempo, especialmente algo del cuerpo humano, como la piel, los ojos o la cara.
👁 Se conjuga como: agradecer; la 'c' se convierte en 'zc' delante de 'a' y 'o', como: enrojezca.

E
_
e

enrollar

verbo **1** Poner algo flexible en forma de rollo. ✂ desenrollar.
2 Convencer a una persona para que haga una cosa que no quiere o que no tenía planeada. ✂ liar. Es un uso informal.
3 Gustar mucho una cosa: *El cine me enrolla cantidad*. ✂ molar. Es un uso informal.
4 enrollarse Extenderse demasiado en hacer algo, especialmente en hablar o escribir. Es un uso informal.
5 enrollarse Tener dos personas una relación sexual o amorosa. ✂ ligar. Es un uso informal.
6 enrollarse Saber relacionarse con la gente o participar de forma activa en una actividad social: *Es muy majo, se enrolla bien*. Es un uso informal.

enroscar

verbo **1** Hacer que un objeto encaje en otro dándole vueltas, como un tornillo en un agujero. ✂ desenroscar.
2 enroscarse Retorcerse un cuerpo en forma de espiral. Las serpientes se enroscan alrededor de sus presas.
☞ Se escribe 'qu' delante de 'e', como: enrosquen.

ensaimada

nombre femenino **1** Bollo de forma redonda y plana que suele estar cubierto por azúcar en polvo y puede estar relleno de crema o cabello de ángel.

ensalada

nombre femenino **1** Comida fría compuesta por trozos de varias hortalizas, como lechuga, tomate o cebolla, que se acompaña de alguna salsa o condimento.

ensaladilla

nombre femenino **1** Comida fría que se hace con trozos de patata y otras hortalizas hervidas y se sirve cubierta de mayonesa. La ensaladilla suele llevar atún y huevo duro.

ensanchamiento

nombre masculino **1** Acción que consiste en hacer más ancha una cosa: *Se están realizando obras de ensanchamiento en la carretera.*

ensanchar

verbo **1** Hacer más ancha una cosa, como una acera o una carretera.

ensangrentar

verbo **1** Llenar o manchar de sangre.
☞ Se conjuga como: acertar; la 'e' se convierte en 'ie' en sílaba acentuada, como: ensangrientan.

ensayar

verbo **1** Hacer como prueba algo que se tendrá que hacer más adelante de manera definitiva, para aprender a hacerla o probar si ya se sabe hacer. Los actores ensayan sus papeles antes de actuar.
2 Comprobar las cualidades o la calidad de una cosa, sometiéndola a una serie de condiciones o de operaciones para ver cómo reacciona: *Han ensayado el nuevo medicamento.*

ensayo

nombre masculino **1** Acción que consiste en ensayar algo, como una obra de teatro o un discurso.
2 Obra literaria, generalmente breve, en la que el autor expone sus pensamientos o ideas acerca de un tema. También es el género literario formado por este tipo de obras.
3 Prueba que se hace para comprobar las cualidades o la calidad de una cosa.

enseguida

adverbio **1** Indica que una acción tiene lugar casi inmediatamente después de otra o muy poco tiempo después: *Si no gana, enseguida se enfada*. También se escribe 'en seguida'.

enseñanza

nombre femenino **1** Actividad que consiste en hacer que una persona adquiera conocimientos, habilidades, experiencias o hábitos. Los profesores se dedican a la enseñanza. ✂ educación.
2 Método o sistema que una persona o un centro emplea para enseñar, como la enseñanza a distancia o la enseñanza audiovisual.
3 Cosa que sirve de experiencia o de ejemplo a una persona: *Espero que el accidente te sirva de enseñanza.*

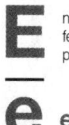

E
e

nombre femenino plural
4 enseñanzas Conjunto de conocimientos, ideas, principios o hábitos que una persona enseña a otra o a otras.

enseñar
verbo
1 Hacer que una persona adquiera conocimientos, habilidades, experiencias o hábitos. Se enseña una cosa con la intención de que alguien la aprenda. Los libros enseñan muchas cosas.
2 Mostrar una cosa o ponerla delante de la vista de una persona para que la vea: *Nos enseñó las fotos de sus vacaciones.*
3 Servir una cosa de experiencia o de ejemplo a una persona. Los errores nos enseñan a afrontar mejor las situaciones en el futuro.

ensillar
verbo
1 Poner una silla de montar en el lomo de un caballo u otro animal.

ensimismarse
verbo
1 Quedarse una persona muy concentrada en sus propios pensamientos, de manera que no se da cuenta de lo que pasa a su alrededor.

ensordecedor, ensordecedora
adjetivo
1 Se dice del ruido o la música que suena muy fuerte.

ensordecedor

ensuciar
verbo
1 Poner sucia una cosa que estaba limpia. ✕✕ manchar. ✕✕ limpiar.

entender
verbo
1 Llegar a saber bien el significado de una cosa. A algunas personas no se las entiende cuando hablan.
2 Conocer y aceptar las razones o los motivos por los que una persona realiza una acción o tiene determinados sentimientos: *No entiendo cómo puedes tardar tanto en vestirte.*
3 Tener una persona determinada opinión sobre otra persona o una cosa: *Entiendo que deberías decírselo.* ✕✕ opinar.
4 Tener una persona conocimientos acerca de una materia o de un tema: *Entiende mucho de música.*
5 entenderse Llevarse bien dos personas o estar de acuerdo en casi todo: *Se entiende muy bien con su padre.*
6 entenderse Mantener dos personas relaciones amorosas o relaciones sexuales, especialmente si no están casadas.

entender	
INDICATIVO	**SUBJUNTIVO**
presente	**presente**
entiendo	entienda
entiendes	entiendas
entiende	entienda
entendemos	entendamos
entendéis	entendáis
entienden	entiendan
pretérito imperfecto	**pretérito imperfecto**
entendía	entendiera o entendiese
entendías	entendieras o
entendía	entendieses
entendíamos	entendiera o entendiese
entendíais	entendiéramos o
entendían	entendiésemos
	entendierais o
	entendieseis
pretérito indefinido	entendieran o
entendí	entendiesen
entendiste	
entendió	**futuro**
entendimos	entendiere
entendisteis	entendieres
entendieron	entendiere
	entendiéremos
	entendiereis
futuro	entendieren
entenderé	
entenderás	
entenderá	**IMPERATIVO**
entenderemos	
entenderéis	entiende (tú)
entenderán	entienda (usted)
	entended (vosotros)
	entiendan (ustedes)
condicional	**FORMAS NO PERSONALES**
entendería	
entenderías	**infinitivo** **gerundio**
entendería	entender entendiendo
entenderíamos	**participio**
entenderíais	entendido
entenderían	

entendido, entendida

adjetivo y nombre **1** Se dice de la persona que entiende mucho o tiene muchos conocimientos acerca de una materia o un tema.

entendimiento

nombre masculino **1** Capacidad de las personas para conocer, comprender y juzgar las cosas. Los bebés aún no tienen entendimiento.
2 Estado o situación de las personas que se llevan bien y están de acuerdo en las cosas. Una reunión fracasa cuando no hay entendimiento entre las partes.

enterarse

verbo **1** Tener noticia o conocimiento de algo: *Se enteró del asunto por los periódicos*.
2 Darse cuenta una persona de lo que pasa a su alrededor: *Cuando está dormido no se entera de nada, aunque hagas mucho ruido*.
3 Entender algo: *Lo leí, pero no me enteré de nada*.

enternecer

verbo **1** Hacer que una persona muestre sus sentimientos o sus emociones o se comporte con ternura.
👁 Se conjuga como: agradecer; la 'c' se convierte en 'zc' delante de 'a' y 'o', como: enternezca.

entero, entera

adjetivo **1** Que no le falta ninguna parte o que no ha sufrido ningún daño. ✖✖ completo. ✖✖ incompleto.
2 Se dice de la persona que es capaz de controlar sus sentimientos y emociones y reacciona con serenidad ante las desgracias. ✖✖ sereno; íntegro.

adjetivo y nombre masculino **3** En matemáticas, se dice del número que no tiene decimales, como el 2, el 7 o el 10.

enterrar

verbo **1** Poner algo debajo de la tierra o de otras cosas. Si se entierra una semilla en tierra, sale una planta.
2 Meter un cadáver en una tumba o un nicho. Cuando una persona se muere, se la suele enterrar.
👁 Se conjuga como: acertar; la 'e' se convierte en 'ie' en sílaba acentuada, como: entierran.

entidad

nombre femenino **1** Asociación de personas que tienen algún negocio público o privado, como una entidad bancaria. ✖✖ compañía; empresa.
2 Aquello que hace que una cosa sea lo que es. La entidad de un pueblo está formada por sus costumbres y su cultura. ✖✖ esencia.

entierro

nombre masculino **1** Acto en el que se mete un cadáver en una tumba o en un nicho.

entonación

nombre femenino **1** Cambio en el tono de la voz cuando se habla que expresa la intención del que habla o el tipo de oración. La entonación de una pregunta es diferente de la de una afirmación.
👁 El plural es: entonaciones.

entonar

verbo **1** Cantar una canción con el tono adecuado.
2 Hacer que una persona se sienta mejor: *Se tomó un café para entonarse*.

entonces

adverbio **1** Indica un tiempo o momento en el pasado o en el futuro. Suele indicar el momento inmediatamente después de algo de lo que se habla: *Le pregunté si lo sabía, y entonces ella me dijo que no*.
2 Indica que lo que se dice a continuación es una consecuencia de lo que se ha dicho antes: *¿Dices que está fuera? Entonces no vendrá*.

entornar

verbo **1** Dejar algo sin cerrarlo del todo. Se entornan cosas como una puerta o los ojos.

entorno

nombre masculino **1** Conjunto de lugares, objetos, personas y situaciones que rodean a una persona o una cosa. La familia y su casa son el entorno más próximo de las personas.

entorpecer

verbo **1** Poner obstáculos o trabas, de modo que algo resulte más difícil o más lento. Los atascos entorpecen el tráfico. ✖✖ dificultar. ✖✖ facilitar.

E
e

E
e

◉ Se conjuga como: agradecer; la 'c' se convierte en 'zc' delante de 'a' y 'o', como: entorpezca.

entrada

nombre femenino

1 Acción que consiste en pasar al interior de un sitio: *El guardia controlaba la entrada al edificio.* ✗✗ salida.

2 Espacio por donde se entra a un lugar, como un edificio o un pueblo. ✗✗ salida.

3 Parte de una casa que está junto a la puerta principal y que se utiliza para recibir a las personas que llegan.

4 Trozo de papel pequeño que da derecho a entrar a ver una competición deportiva o un espectáculo de teatro, cine o música.

5 Conjunto de personas que van a ver un espectáculo o una competición deportiva.

6 Parte de los lados de la cabeza que no tiene pelo. Se usa sobre todo en plural.

7 Plato ligero que se sirve antes del plato principal de una comida. La sopa o el puré son entradas.

8 Comienzo o primera parte de una cosa, una acción o un proceso. En la entrada de una película aparecen el título y el nombre del director y de los actores

9 Cada una de las palabras que se definen en un diccionario. La palabra 'entraña' es una entrada de este diccionario.

10 En algunos deportes, acción que consiste en atacar al jugador contrario para quitarle el balón, normalmente haciéndole una falta.

entraña

nombre femenino

1 Cada uno de los órganos que se encuentran en las cavidades interiores de las personas y de los animales. ✗✗ víscera.

nombre femenino plural

2 entrañas Sentimientos de una persona. Una persona sin entrañas no suele tener piedad con los demás. Con este significado se utiliza sobre todo en frases negativas. ✗✗ corazón.

3 entrañas Parte más oculta o interior de una cosa. La lava del volcán sale con fuerza de las entrañas de la Tierra.

entrañable

adjetivo

1 Que es muy querido y estimado: *Guardamos un recuerdo entrañable de las vacaciones.*

entrar

verbo

1 Ir o pasar de fuera a dentro de un lugar. Entramos en casa por la puerta. ✗✗ salir.

2 Poder meterse bien una cosa en otra. Cuanto más grande es el maletero de un coche, más cosas entran en él. ✗✗ caber.

3 Pasar a formar parte de un grupo o una asociación: *No ha podido entrar en el club porque ya había demasiados socios.*

4 Empezar a sentir algo, como hambre, frío o miedo.

5 Ser una prenda de vestir suficientemente ancha como para poder ponérsela: *No me entra el jersey.*

6 Empezar algo que es cíclico o se repite cada cierto tiempo. El 21 de junio entramos en el verano.

entre

preposición

1 Indica una situación o un lugar en medio de dos o más personas o cosas. Muchas veces se dice el principio y el fin de algo y nos referimos a lo que está en medio, como cuando hablamos de edades: *Tendrá entre 20 y 30 años.*

2 Indica algo dentro de un grupo: *Creo que entre los estudiantes de tu curso tú eres el mejor.*

3 Indica las distintas personas o cosas que hacen algo juntos: *Entre todos lo haremos mejor.*

4 Señala un periodo de tiempo de los que se dicen el principio y el fin: *Muchas tiendas cierran entre las dos y las cinco de la tarde.*

5 Sirve para comparar dos o más cosas o personas: *No veo tanta diferencia entre tu trabajo y el mío.*

entreabierto, entreabierta

participio

1 Participio irregular de: entreabrir. También se usa como adjetivo: *La ventana se ha entreabierto. Entró por la puerta entreabierta.*

E
e

entreabrir
verbo **1** Abrir un poco una cosa, pero no del todo.
👁 El participio es: entreabierto.

entreacto
nombre masculino **1** Periodo de tiempo breve durante el cual se interrumpe un espectáculo teatral o de otro tipo para que el público y los actores descansen.

entrecejo
nombre masculino **1** Espacio que hay entre las cejas.

entrecomillar
verbo **1** Poner entre comillas una palabra, frase o párrafo. La palabra 'hola' está entrecomillada.

entrega
nombre femenino **1** Acción que consiste en entregar o dar algo a alguien: *La entrega del premio fue muy solemne.* **2** Esfuerzo y ánimo con que se realiza un trabajo o una actividad: *La entrega de los jugadores en el partido ha sido absoluta.* **3** Cada uno de los cuadernillos que forman un libro que se va publicando por partes. Algunas enciclopedias se venden por entregas en los quioscos. ✂ fascículo.

entregar
verbo **1** Dar una cosa a alguien para que la tenga en su poder: *Los mensajeros entregan cartas y paquetes.* **2 entregarse** Dedicarse con muchas ganas y mucho esfuerzo a una actividad determinada: *Se entrega tanto a su trabajo que nunca tiene tiempo para salir.* **3 entregarse** Rendirse o declararse vencido: *El ladrón se entregó a la policía.*
👁 Se escribe 'gu' delante de 'e', como: entreguen.

entremedias
adverbio **1** Entre dos lugares o entre dos cosas o dos personas: *Se colocó entremedias de nosotros.* **2** Entre dos periodos de tiempo. En la televisión ponen anuncios entremedias de los programas.

entremés
nombre masculino **1** Conjunto de alimentos ligeros que se toman antes del plato fuerte. Los embutidos o las croquetas se toman a menudo como entremeses. Con este significado se utiliza sobre todo en plural. **2** Pieza teatral de humor formada por un solo acto.
👁 El plural es: entremeses.

entrenador, entrenadora
nombre **1** Persona que prepara a una persona o a un equipo para practicar un deporte. ✎➚799

entrenamiento
nombre masculino **1** Conjunto de actividades que se hacen para prepararse antes de hacer algo, en especial algún deporte.

entrenar
verbo **1** Preparar a una persona para hacer algo, en especial para hacer deporte. Cuando un deportista se entrena hace ejercicios físicos y también aprende las técnicas propias de su deporte.

entresuelo
nombre masculino **1** Piso situado encima de la planta baja y debajo del principal de un edificio. En algunos lugares, también se llama entresuelo a la planta baja cuando tiene una parte por debajo del nivel del suelo.

entretanto
adverbio **1** Indica que una acción se realiza al mismo tiempo que otra: *Voy a preparar la cena, tú entretanto recoge tu habitación.* También se escribe 'entre tanto'. ✂ mientras.

entretener
verbo **1** Hacer pasar el tiempo a alguien de manera agradable. El cine entretiene. ✂ divertir. **2** Distraer a una persona de modo que no pueda hacer lo que está haciendo. Cuando no estamos concentrados en el estudio nos entretenemos con cualquier cosa.
👁 Se conjuga como: tener.

entretenimiento
nombre masculino **1** Cosa o actividad que nos hace pasar el rato de modo agradable y distraído. Para algunas personas leer cómics es un entretenimiento.

entrever
verbo **1** Ver una cosa con poca claridad.

E
e

A través de las cortinas se puede entrever el exterior.
👁 Se conjuga como: ver.

entrevista
nombre femenino

1 Reunión entre dos o más personas para tratar de un asunto determinado, como una entrevista de trabajo.
2 Serie de preguntas que un periodista hace a alguien para que la gente lo conozca mejor o conozca mejor sus ideas y opiniones. ✍ 397

entrevistado, entrevistada
nombre

1 Persona a la que se hace una entrevista. El entrevistado es el que responde las preguntas. ✍ 397

entrevistador, entrevistadora
nombre

1 Persona que hace las preguntas en una entrevista. ✍ 397

entrevistar
verbo

1 Conversar un periodista con una persona para que el público la conozca mejor o para que se sepa cuáles son sus ideas u opiniones.
2 entrevistarse Reunirse dos o más personas para tratar de un asunto.

entristecer
verbo

1 Poner triste. Cuando ocurre una desgracia nos entristecemos. ✖ apenar. ✖ alegrar.
2 Hacer que algo tenga un aspecto triste. La lluvia entristece algunos paisajes.
👁 Se conjuga como: agradecer; la 'c' se convierte en 'zc' delante de 'a' y 'o', como: entristezca.

enturbiar
verbo

1 Hacer que un líquido se ponga turbio u opaco. El agua del mar se enturbia cuando se remueve la arena del fondo. ✖ aclarar.
2 Hacer que una idea o una situación sea poco clara. Una relación de amistad se puede enturbiar a causa de algún malentendido.
👁 Se conjuga como: cambiar; la 'i' no lleva nunca acento de intensidad.

entusiasmar
verbo

1 Hacer que una persona sienta entusiasmo o alegría. Nos entusiasmamos cuando hacemos algo que nos gusta mucho.

2 Gustar mucho una cosa. A muchas personas les entusiasma la Navidad porque se reúnen con toda la familia. ✖ encantar.

entusiasmo
nombre masculino

1 Estado de gran alegría interior por algo que admiramos o que nos gusta y que hace que nos mostremos muy contentos. Muchas personas sienten entusiasmo por la música.
2 Gran energía e interés que se pone en hacer algo.

entusiasta
adjetivo y nombre masculino y femenino

1 Se dice de la persona que siente mucho interés y entusiasmo por algo. Los entusiastas del fútbol no se pierden ni un partido.

enumeración
nombre femenino

1 Expresión de todos los componentes de un conjunto o una serie, uno detrás de otro. Si hacemos la enumeración de las vocales, decimos: a, e, i, o, u.

enumerar
verbo

1 Nombrar una por una todas las partes que forman una serie o un conjunto. ✖ contar.

enunciado
nombre masculino

1 Conjunto de palabras que van entre dos pausas. Un enunciado puede estar compuesto de una o más frases.
2 Conjunto de palabras o frases con que se expone o se presenta algo, como un problema de matemáticas o una pregunta de un examen.

enunciar
verbo

1 Expresar algo con palabras, normalmente de forma breve o resumida.
👁 Se conjuga como: cambiar; la 'i' no lleva nunca acento de intensidad.

enunciativo, enunciativa
adjetivo y nombre femenino

1 Se dice de la frase o la oración que afirma o niega algo. Las frases 'Ella lee mucho' y 'Su hermano vendrá' son enunciativas.

envasar
verbo

1 Poner un producto, especialmente un alimento, dentro de un envase, como una lata, una botella o un bote de cristal.

E
e

envase

nombre masculino **1** Recipiente o caja cerrada que sirve para guardar, conservar o transportar cosas, especialmente alimentos. Los envases se deben reciclar.

envejecer

verbo **1** Hacerse una persona o una cosa vieja o más vieja.
2 Hacer que una persona o una cosa parezca vieja o más vieja. Una ropa anticuada puede envejecer a una persona.
☞ Se conjuga como: agradecer; la 'c' se convierte en 'zc' delante de 'a' y 'o', como: envejezca.

envejecimiento

nombre masculino **1** Acción que consiste en envejecer una persona o una cosa. Algunas cremas retrasan el envejecimiento de la piel.

envenenar

verbo **1** Matar o causar una enfermedad a una persona o animal con un veneno. Algunas personas se envenenan comiendo setas que no son comestibles. ⚔ intoxicar.
2 Poner veneno en algún producto o alimento. Para matar ratas se envenena su comida.
3 Estropear o echar a perder algo, en especial las buenas relaciones entre dos personas.

envergadura

nombre femenino **1** Distancia que hay entre las puntas de las alas de un pájaro cuando están extendidas. También es la distancia que hay entre los extremos de las alas de un avión o de los brazos extendidos de una persona.
2 Importancia mayor o menor de alguna cosa.

enviado, enviada

nombre **1** Persona que se envía a un lugar para hacer una cosa determinada, en especial el periodista que trabaja habitualmente en una ciudad o un país distinto de donde está el medio de información para el que trabaja.
enviado especial Periodista que se envía al lugar donde ha pasado algo importante para que dé la noticia desde allí.

enviar

verbo **1** Mandar o hacer llegar a una persona o una cosa a un lugar. Cuando la gente se va de vacaciones suele enviar postales a sus familiares y amigos.
☞ Se conjuga como: desviar; la 'i' se acentúa en algunos tiempos y personas, como: envíen.

envidia

nombre femenino **1** Sentimiento que tiene una persona cuando desea tener o hacer lo que tienen o hacen otros: *¡Qué envidia! Me encantaría ir de vacaciones contigo.*
2 Sentimiento de odio o rabia que siente una persona hacia otra que tiene más suerte o más cosas que ella. La envidia es un defecto muy feo.

envidiar

verbo **1** Sentir envidia, en sentido positivo o negativo: *Envidio tu suerte.*
☞ Se conjuga como: cambiar; la 'i' no lleva nunca acento de intensidad.

envidioso, envidiosa

adjetivo y nombre **1** Se dice de la persona que siente envidia hacia los demás. Las personas envidiosas nunca están contentas con lo suyo y siempre quieren tener lo que tienen otros.

envío

nombre masculino **1** Acción que consiste en hacer llegar una cosa a un lugar.
2 Cosa que se manda o se envía a un lugar. Cuando llega un envío hay que estar en casa para recibirlo.

enviudar

verbo **1** Quedarse viuda una persona al morir su esposo o su esposa.

envoltorio

nombre masculino **1** Papel o cualquier otro material flexible, como plástico o cartón, que sirve para envolver una cosa.

envolver

verbo **1** Cubrir una cosa rodeándola con algo. Cuando le compramos un regalo a alguien lo envolvemos con un papel bonito. ⚔ desenvolver.
2 Recubrir una cosa con una sustancia determinada. Los pasteleros envuelven algunas tartas con un capa de chocolate.

E
e

3 Mezclar a una persona en un asunto o en un problema, sin que ella se dé cuenta.
👁 Se conjuga como: mover; la 'o' se convierte en 'ue' en sílaba acentuada, como: envuelve.

envuelto, envuelta
participio **1** Participio irregular de envolver. También se usa como adjetivo: *Se vio envuelto en un lío. Estaba envuelta en papel de regalo.*
adjetivo **2** Que está rodeado por un material que lo tapa todo. Los caramelos están envueltos en papel.

enyesar
verbo **1** Cubrir con yeso una superficie. Los albañiles enyesan las paredes.
2 Poner un vendaje recubierto con yeso en un miembro del cuerpo que está roto para que no se mueva y se cure.

enzarzar
verbo **1** Empezar una discusión o una pelea.
2 enzarzarse Meterse en un asunto o una actividad difícil o peligrosa: *Se enzarzó en una aventura muy arriesgada.*
👁 Se escribe 'c' delante de 'e', como: enzarcen.

eñe
nombre femenino **1** Nombre de la letra 'ñ'. 'Ñoño' empieza con eñe.

¡epa!
interjección **1** Se usa, generalmente, para avisar sobre algo que va a ocurrir o para que alguien tenga cuidado: *¡Epa! Casi chocas conmigo.*
👁 Es una palabra informal.

epiceno
adjetivo **1** Se dice de los nombres, especialmente de animales, que son iguales para el macho y para la hembra. 'Rinoceronte' y 'jirafa' son nombres epicenos.

epicentro
nombre masculino **1** Punto de la superficie de la Tierra en el que se produce un terremoto. El epicentro es la zona en donde los terremotos son más fuertes e intensos.

épico, épica
adjetivo **1** Que ocurre o se hace tras superar muchas dificultades, de tal modo que resulta impresionante e importante.

epidemia
nombre femenino **1** Enfermedad infecciosa que ataca a un gran número de personas o de animales del mismo lugar y al mismo tiempo.
2 Daño o desorden que se extiende de forma rápida, como una epidemia de robos. 🔀 ola.

epílogo
nombre masculino **1** Parte final de algunos libros, obras de teatro o películas. El epílogo sirve para añadir información o explicaciones de la obra.

episodio
nombre masculino **1** Cada una de las partes en que se divide una obra literaria o una serie de radio o de televisión.
2 Hecho que está relacionado con otros y forma con ellos un todo. La guerra civil fue un episodio de la historia de España.

epístola
nombre femenino **1** Carta que se envía a una persona. Se usa sobre todo en literatura.
2 Cada una de las cartas de la Biblia que escribieron algunos apóstoles. Con este uso se escribe con mayúscula.

época
nombre femenino **1** Periodo de tiempo bastante largo que se caracteriza por algún hecho importante y recordado. Los años 60 fueron una época de revoluciones culturales. 🔀 era.
2 Periodo de tiempo determinado: *Lleva una época que apenas sale de casa. En aquella época vivía en las afueras de la ciudad.*
de época Que es o imita algo del pasado. En algunas fiestas de disfraces la gente va con vestidos de época.

equilibrado, equilibrada
adjetivo **1** Que es muy tranquilo, que nunca hace locuras y actúa pensando mucho lo que va a hacer.

equilibrar
verbo **1** Hacer que una cosa esté en equilibrio. Para equilibrar una balanza hay que poner el mismo peso en cada platillo. 🔀 estabilizar, nivelar. 🔀 desequilibrar.

E e

equilibrio

nombre masculino **1** Situación en la que se encuentra un cuerpo que tiene poca base para apoyarse pero se mantiene en una posición sin caerse. Los artistas de circo que andan sobre la cuerda floja mantienen el equilibrio.
2 Proporción y buena relación entre todas las partes que forman algo. Debemos conseguir el equilibrio entre progreso y conservación de la naturaleza. ✖✖ armonía.

nombre masculino plural **3 equilibrios** Cosas que se tienen que hacer para superar un problema o una situación difícil. Las familias con poco dinero tienen que hacer equilibrios para que el sueldo les llegue a fin de mes.

equilibrista

nombre masculino y femenino **1** Persona que realiza ejercicios en los que resulta difícil mantener el equilibrio y no caerse.

equipaje

nombre masculino **1** Conjunto de maletas y bolsas llenas de ropa y otros objetos que una persona lleva de viaje.

equipaje

equipar

verbo **1** Proporcionar a una cosa o a una persona todo lo necesario para que pueda realizar una función determinada. Los coches se pueden equipar con aire acondicionado y radio.

equipo

nombre masculino **1** Grupo de personas que practican juntas un deporte.
2 Conjunto de personas que se organizan para realizar una tarea o una actividad determinada, como el equipo de dirección de una empresa.

3 Conjunto de todas las cosas necesarias para hacer algo, como un trabajo o un deporte. Un equipo de pesca está compuesto por la ropa, las botas y la caña. ☞397

equis

nombre femenino **1** Nombre de la letra 'x'. En español, pocas palabras empiezan por equis.

equitación

nombre femenino **1** Actividad y deporte que consiste en montar a caballo.

equivalente

adjetivo y nombre masculino **1** Se dice de lo que equivale a otra cosa determinada. Mil metros es la longitud equivalente a un kilómetro.

equivaler

verbo **1** Tener una cosa el mismo valor, precio o significado que otra. Veinte duros equivalen a cien pesetas. 👁 Se conjuga como: valer.

equivocación

nombre femenino **1** Hecho de equivocarse. El resultado de equivocarse también es una equivocación. ✖✖ error. 👁 El plural es: equivocaciones.

equivocarse

verbo **1** Cometer un fallo o un error, hacer o decir algo que no se debía hacer o decir: *Me equivoqué de calle.* ✖✖ errar. ✖✖ acertar. 👁 Se escribe 'qu' delante de 'e', como: se equivoquen.

era

nombre femenino **1** Etapa o periodo de tiempo de la historia de la humanidad que empieza con un hecho importante. La era cristiana empezó con el nacimiento de Cristo.
2 Parte o periodo de tiempo en que dividen los geólogos la historia del planeta Tierra. Ahora estamos en la era cuaternaria pero también ha habido la primaria, la secundaria y la terciaria.
3 Terreno descubierto y llano donde los agricultores aplastan el cereal cortado para separar el grano de la paja.

erguir

verbo **1** Levantar o poner derecho el cuerpo o una parte de él. A las pocas semanas de vida los bebés empiezan a erguir la cabeza.

E
e

erguir

INDICATIVO	SUBJUNTIVO
presente	**presente**
irgo o yergo	irga o yerga
irgues o yergues	irgas o yergas
irgue o yergue	irga o yerga
erguimos	irgamos
erguís	irgáis
irguen o yerguen	irgan o yergan
pretérito imperfecto	**pretérito imperfecto**
erguía	irguiera o irguiese
erguías	irguieras o irguieses
erguía	irguiera o irguiese
erguíamos	irguiéramos o
erguíais	irguiésemos
erguían	irguierais o irguieseis
	irguieran o irguiesen
pretérito indefinido	**futuro**
erguí	irguiere
erguiste	irguieres
irguió	irguiere
erguimos	irguiéremos
erguisteis	irguiereis
irguieron	irguieren
futuro	
erguiré	**IMPERATIVO**
erguirás	
erguirá	irgue o yergue (tú)
erguiremos	irga o yerga (usted)
erguiréis	erguid (vosotros)
erguirán	irgan o yergan (ustedes)
condicional	**FORMAS NO PERSONALES**
erguiría	
erguirías	**infinitivo** **gerundio**
erguiría	erguir erguiendo
erguiríamos	**participio**
erguiríais	erguido
erguirían	

erizar
verbo **1** Levantarse y ponerse rígido el pelo o el vello de una persona o de un animal.
👁 Se escribe 'c' delante de 'e', como: erice.

erizo
nombre masculino **1** Animal mamífero de cuerpo redondeado, de color oscuro, con la cabeza pequeña, el hocico puntiagudo y las patas y la cola muy cortas. Tiene la parte superior del cuerpo recubierta por púas que le sirven de defensa. ☞596
erizo de mar Animal marino en forma de bola ligeramente aplastada, con un caparazón recubierto de espinas.

ermita
nombre femenino **1** Iglesia pequeña o capilla que suele estar situada en las afueras de una población.

ermitaño, ermitaña
nombre **1** Persona que vive sola en un lugar sin otros habitantes.

erosión
nombre femenino **1** Desgaste que se produce poco a poco en la superficie de la Tierra por la acción del viento, del agua o de los seres vivos.
👁 El plural es: erosiones.

errante
adjetivo **1** Que va de un lado para otro sin tener un lugar fijo donde estar o vivir. Los artistas de circo llevan una vida errante.

errar
verbo **1** Cometer un error o hacer o decir algo que no es adecuado para un determinado fin: El jugador erró el tiro. ⚒ equivocar. ⚒ acertar.
2 Ir de un sitio a otro sin destino fijo: Erraba por el camino sin saber dónde ir. ⚒ vagar.

errar

INDICATIVO	SUBJUNTIVO
presente	**presente**
yerro	yerre
yerras	yerres
yerra	yerre
erramos	erremos
erráis	erréis
yerran	yerren
pretérito imperfecto	**pretérito imperfecto**
erraba	errara o errase
errabas	erraras o errases
erraba	errara o errase
errábamos	erráramos o errásemos
errabais	errarais o erraseis
erraban	erraran o errasen
pretérito indefinido	**futuro**
erré	errare
erraste	errares
erró	errare
erramos	erráremos
errasteis	errareis
erraron	erraren
futuro	
erraré	**IMPERATIVO**
errarás	
errará	yerra (tú)
erraremos	yerre (usted)
erraréis	errad (vosotros)
errarán	yerren (ustedes)
condicional	**FORMAS NO PERSONALES**
erraría	
errarías	**infinitivo** **gerundio**
erraría	errar errando
erraríamos	**participio**
erraríais	errado
errarían	

E / e

errata

nombre femenino

1 Equivocación o error que hay en el texto de un libro, una revista u otra obra impresa. Algunos libros tienen al final una fe de erratas, que es una lista de los errores que hay en el libro y que no se han podido corregir antes de publicarlo.

erre

nombre femenino

1 Nombre de la letra 'r'.
erre que erre Indica que se insiste mucho en algo.

error

nombre masculino

1 Cosa que no se tenía que haber dicho o hecho: *Fue un error salir tan tarde*. ✖ fallo.
2 Idea o afirmación que no se corresponde con la realidad o la verdad. *Decir que un cuadrado tiene tres lados es un error*. ✖ equivocación.

eructar

verbo

1 Expulsar por la boca los gases del estómago haciendo ruido.

eructo

nombre masculino

1 Gas que se expulsa del estómago haciendo ruido.

erupción

nombre femenino

1 Conjunto de granos o manchas que aparecen en la piel debido a una enfermedad, como el sarampión.

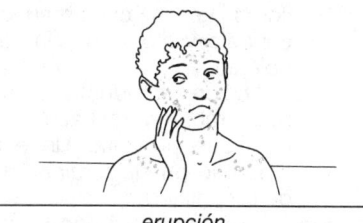

erupción

2 Salida violenta de fuego, lava, piedras y cenizas del interior de la Tierra.
👁 El plural es: erupciones.

esbelto, esbelta

adjetivo

1 Que es alto y delgado y tiene una figura bien formada. Algunos animales, como las jirafas, resultan muy esbeltos.

escabeche

nombre masculino

1 Salsa hecha con aceite, vinagre y laurel que sirve para conservar los alimentos, sobre todo los pescados.

escabullirse

verbo

1 Irse de un lugar con disimulo, intentando no ser visto.
2 Escaparse una persona o una cosa de las manos de quien la sujetaba: *Al portero se le escabulló la pelota*.
👁 Se conjuga como: zambullir.

escacharrar

verbo

1 Romper o estropear una cosa, normalmente un aparato o una maquinaria. Si se te escacharra la bici, te la tendrán que arreglar. Es una palabra informal.

escafandra

nombre femenino

1 Casco y traje herméticos que llevan los buzos o los astronautas y que van conectados a unos tubos por donde entra el oxígeno.

escala

nombre femenino

1 Serie de cosas de la misma especie ordenadas según su intensidad. El negro es el color más oscuro en la escala de los colores.
2 División numerada que tienen los aparatos o instrumentos que sirven para medir, como la escala del termómetro.
3 Proporción entre el tamaño de un dibujo o de un mapa y la medida real del objeto o lugar que representa. En un plano a escala 1:50, cada unidad del plano equivale a 50 unidades en la realidad.
4 Sucesión de notas musicales. La escala musical está formada por siete notas: do, re, mi, fa, sol, la, si.
5 Parada que realizan los aviones o los barcos en su trayecto. En los viajes largos, los aviones hacen escalas para volver a llenar el depósito de combustible.
6 Escalera de mano hecha de madera o de cuerda. ✍ 196

escalada

nombre femenino

1 Deporte que consiste en subir montañas o paredes muy altas utilizando las manos y los pies y con ayuda de cuerdas.
2 Aumento rápido de una cosa:

E
e

Las autoridades están preocupadas por la escalada de la violencia.

escalador, escaladora

nombre **1** Persona que practica el montañismo y escala montañas. ※ alpinista.
2 Ciclista que está especializado en subir montañas.

escalar

verbo **1** Subir a una gran altura, como una montaña, utilizando la fuerza física.
2 Conseguir una categoría profesional o social más importante.

escalera

nombre femenino **1** Serie de escalones colocados uno después del otro y a distinta altura, que sirve para bajar y subir de un lugar a otro.
2 Instrumento de madera o metal, que se puede llevar de un lugar a otro, formado por dos barras verticales unidas por otras horizontales que sirven de escalones para poner los pies. Las escaleras de bomberos se pueden extender para llegar a las partes más altas de un edificio. ✍ 393

escalerilla

nombre femenino **1** Escalera pequeña, corta y estrecha, como las que hay en los bordes de las piscinas.
2 Escalera que se pone en la entrada de un avión o barco para que los pasajeros puedan subir o bajar.

escaléxtric

nombre masculino **1** Juego de coches eléctricos con un sistema de carreteras con muchas curvas a distintos niveles. Las carreteras que pasan a distintos niveles también se llaman escaléxtric.
👁 Esta palabra tiene su origen en el nombre de un juego de coches eléctricos.

escalinata

nombre femenino **1** Escalera ancha de un solo tramo construida en el exterior o en el vestíbulo de un edificio, como una iglesia.

escalofriante

adjetivo **1** Que impresiona mucho y produce una sensación como de frío.

Las imágenes de las guerras son escalofriantes.

escalofrío

nombre masculino **1** Sensación de frío, acompañada de temblores, producida por el frío, la fiebre o el miedo.
👁 Esta palabra se usa más en plural: escalofríos.

escalón

nombre masculino **1** Supeficie llana y estrecha de una escalera donde se apoya el pie al subir o bajar. ※ peldaño.
2 Grado o categoría dentro de una organización. El cargo de director es el último escalón que se puede ocupar en una empresa.
👁 El plural es: escalones.

escalope

nombre masculino **1** Trozo delgado de carne rebozado y frito. Los escalopes suelen ser de ternera o de cerdo.

escama

nombre femenino **1** Cada una de las pequeñas piezas duras, finas y brillantes que cubren el cuerpo de los peces, los reptiles y otros animales.
2 Trozo pequeño de piel que se desprende cuando está seca.

escampar

verbo **1** Dejar de llover.

escándalo

nombre masculino **1** Ruido grande de voces, gritos o lloros. Los niños arman gran escándalo y alboroto a la salida del colegio.
2 Acción, conducta o situación poco moral y rechazo o indignación que provoca. Un escándalo amoroso puede arruinar la carrera de un político.

escandaloso, escandalosa

adjetivo **1** Que hace mucho ruido. Los coches viejos suelen ser muy escandalosos.
2 Que causa indignación o que no se puede tolerar. Los alimentos en Navidad suben de precio de una manera escandalosa.

escaño

nombre masculino **1** Cada uno de los asientos que ocupan los políticos en el Parlamento de una nación.
2 Cargo que ocupa un político del Parlamento de una nación.

escapada

nombre femenino   **1** Acción de escapar o escaparse: *¿Sabes algo de la escapada de esos presos?*
2 Viaje o visita corta que se hace a un lugar aprovechando un corto espacio de tiempo libre.
3 En algunos deportes, como el ciclismo, acción que consiste en adelantarse a un grupo de personas y sacarles ventaja.

escapar

verbo   **1** Lograr salir de un lugar, en especial si se está encerrado.
2 No tener que sufrir o haber salido de una situación sin sufrir daño: *Escapó de la catástrofe de puro milagro.*
3 Quedar fuera del alcance, la influencia o la percepción de una persona. Si a una persona se le escapa el significado de una cosa, no la entiende.
4 escaparse Salirse un líquido o un gas del conducto o el recipiente en el que está.
5 escaparse Irse o partir un transporte público antes de que una persona pueda cogerlo.
6 escaparse Decir o hacer sin querer una cosa que se quería ocultar o que se quería contener: *Se me escapó la risa sin querer.*

escaparate

nombre masculino   **1** Espacio cerrado con cristales situado en la fachada de un establecimiento, que sirve para exponer los productos que se venden ante el público.

escaparatista

nombre masculino y femenino   **1** Persona que se dedica profesionalmente a poner en los escaparates de las tiendas los objetos que se venden en ellas de forma que el escaparate resulte atractivo.

escape

nombre masculino   **1** Salida de un gas o de un líquido por un agujero o una grieta del conducto o el recipiente en el que está.

escapulario

nombre masculino   **1** Objeto hecho con dos trozos de tela cosidos y con una imagen religiosa bordada o una reliquia en su interior. Se lleva colgado al cuello con una cinta.

escarabajo

nombre masculino   **1** Insecto negro con el cuerpo ovalado, que tiene antenas, las patas cortas y las alas anteriores duras.

escarbar

verbo   **1** Revolver la tierra una persona con las manos o una herramienta, o un animal con las patas o el hocico para buscar algo o para hacer un agujero. Los perros escarban para esconder huesos.
2 Intentar averiguar información escondida sobre cosas o personas. Las revistas del corazón escarban en la vida privada de los famosos.
3 escarbarse Rascarse o tocar con los dedos alguna parte del cuerpo. Es de mala educación escarbarse la nariz en público.

escarcha

nombre femenino   **1** Conjunto de gotas de agua que se congelan por la noche. En las madrugadas de invierno, el campo aparece todo blanco por la escarcha.

escarlata

nombre masculino y adjetivo   **1** Color rojo fuerte. Algunos cines y teatros tienen cortinas de terciopelo escarlata.

escarmentar

verbo   **1** Imponer un castigo suficientemente fuerte a una persona para que no vuelva a repetir alguna falta que ha cometido.
2 Decidir una persona no volver a realizar una acción tras ver las malas consecuencias que ella misma o alguien sufre por haberla realizado: *Cuando ha visto todo lo que se ha roto con el pelotazo que ha lanzado creo que ha escarmentado.*
◉ Se conjuga como: acertar; la 'e' se convierte en 'ie' en sílaba acentuada, como: escarmiente.

escarmiento

nombre masculino   **1** Castigo que se impone a una persona por haber cometido alguna falta para que no vuelva a repetirla.
2 Lección que aprende una persona cuando comete una equivo-

E
e

E
e

cación o error y que le sirve para no volver a cometerla.

escarola
nombre femenino **1** Planta comestible de hojas grandes, muy rizadas, de color verde amarillento. La escarola se cultiva en las huertas y se come en ensalada.

escarpado, escarpada
adjetivo **1** Se dice del terreno que está muy inclinado.

escarpia
nombre femenino **1** Clavo que en el extremo opuesto a la punta está doblado en ángulo recto y que se utiliza para colgar cosas en una pared.

escasear
verbo **1** No haber suficiente cantidad de alguna cosa. En los últimos años escasean las lluvias. ✗ abundar.

escasez
nombre femenino **1** Falta de una cosa, en especial de las cosas necesarias para vivir. ✗ abundancia.

escaso, escasa
adjetivo **1** Se dice de las cosas de las que hay poca cantidad o número. A final de mes andamos escasos de dinero. ✗ abundante.
2 Que le falta un poco para estar completo. Decimos que una película dura dos horas escasas cuando no llega a las dos horas.

escayola
nombre femenino **1** Masa formada por yeso y agua que es fácil de modelar, y que cuando se seca se pone dura. La escayola se utiliza en construcción y en escultura y también para inmovilizar un hueso roto.

escayolar
verbo **1** Envolver con escayola una parte del cuerpo que está rota para mantenerla inmóvil y ayudar a que se cure.

escena
nombre femenino **1** Escenario.
2 Parte de una obra de teatro o de una película donde los personajes representan una determinada acción: *La película tiene escenas muy tiernas.*
3 Hecho, suceso o situación que llama la atención. Nos avergüenza

que alguien con quien vamos por la calle haga una escena y toda la gente nos mire.

escenario
nombre masculino **1** Espacio de un teatro o de otro local parecido donde se representa una obra o un espectáculo ante el público. A veces cuando el público está contento con una actuación lanza flores al escenario.
2 Lugar en que se desarrolla la acción de una película o donde ocurre un hecho. La policía examina con atención el escenario de un crimen.

escenografía
nombre femenino **1** Oficio y técnica de preparar los decorados y el ambiente para el cine, el teatro, la televisión u otro espectáculo. Hay premios para la mejor escenografía de una película cinematográfica.
2 Conjunto de decorados de una obra de teatro, cine, televisión u otro espectáculo.

escéptico, escéptica
adjetivo **1** Se dice de la persona que tiene dudas sobre la verdad, la autenticidad o la eficacia de una cosa, o que generalmente acostumbra dudar de todo.

esclavitud
nombre femenino **1** Estado de la persona que no tiene libertad y está completamente sometida a otra que es su propietaria; también es la situación social en la que está permitido que haya personas en este estado de falta de libertad. En la actualidad, en la mayoría de países del mundo no existe la esclavitud.
2 Estado de la persona que depende excesivamente de otra persona o de una cosa que la domina. Muchas personas luchan contra la esclavitud que supone la droga.

esclavizar
verbo **1** Llevar a una persona al estado de esclavitud o falta de libertad.
2 Tener fuertemente dominada a una persona. Los envidiosos viven esclavizados por la envidia.
👁 Se escribe 'c' delante de 'e', como: esclavicen.

E e

esclavo, esclava

adjetivo y nombre **1** Se dice de la persona que no tiene libertad y está sometida a otra persona que es su propietaria. **2** Se dice de la persona que hace todo lo que quiere otra persona o que parece que no puede vivir sin alguna cosa.

escoba

nombre femenino **1** Utensilio de limpieza que sirve para barrer; está formado por un cepillo de pelos flexibles unido a un palo largo por donde se agarra.

escobilla

nombre femenino **1** Escoba pequeña que sirve para limpiar superficies pequeñas o de difícil acceso, como el interior de la taza del retrete. **2** Objeto formado por un arco metálico y una tira de goma que sirve para arrastrar el agua de los cristales delanteros y traseros de los coches y dejarlos limpios y secos.

escocer

verbo **1** Causar una cosa, en especial una herida, una sensación de picor doloroso. ※ picar. **2 escocerse** Irritarse la piel de una parte del cuerpo debido al sudor o al roce de una prenda. 👁 Se conjuga como: cocer; la 'o' se convierte en 'ue' en sílaba acentuada y se escribe 'z' delante de 'a' y 'o', como: escuece, escueza.

escoger

verbo **1** Elegir una cosa o a una persona entre varias opciones. 👁 Se escribe 'j' delante de 'a' y 'o', como: escojan, escojo.

escolar

adjetivo **1** De la escuela o del estudiante o que tiene relación con ellos. El curso escolar acaba en junio. *nombre masculino y femenino* **2** Alumno, generalmente niño, que estudia en una escuela. ※ colegial.

escolta

nombre masculino y femenino **1** Persona que acompaña a otra para protegerla contra posibles ataques. Los políticos y otras personalidades llevan escolta. *nombre femenino* **2** Conjunto de personas que acompañan a alguien para protegerlo.

escoltar

verbo **1** Acompañar una persona a otra para protegerla o vigilar que no le pase nada malo o que no escape. La policía escolta a los detenidos hasta el juzgado.

escombro

nombre masculino **1** Conjunto de los restos que quedan en un edificio después de hacer obras o de que haya habido una catástrofe.

esconder

verbo **1** Hacer que una cosa o una persona desaparezca de la vista de los demás y cueste encontrarla. ※ ocultar.

escondido, escondida

adjetivo **1** Que no se puede ver porque está oculto o en un lugar poco habitual: *Tiene su bolígrafo escondido para que nadie se lo coja.*

escondite

nombre masculino **1** Lugar oculto en el que se esconde o puede esconderse una cosa o una persona. ※ escondrijo. **2** Juego de niños en el que unos se esconden y otro los tiene que encontrar.

escondrijo

nombre masculino **1** Lugar oculto en donde se esconde o puede esconderse una cosa o una persona, en especial si es pequeño o de difícil acceso.

escopeta

nombre femenino **1** Arma de fuego formada por uno o dos cañones, una pieza de madera con el mecanismo para disparar y una culata para apoyarla.

escorpio

nombre masculino **1** Octavo signo del zodiaco. Con este significado se escribe con mayúscula. *nombre masculino y femenino* **2** Persona nacida bajo el signo de Escorpio, entre el 24 de octubre y el 22 de noviembre.

escorpión

nombre masculino **1** Animal del grupo de los arácnidos, con las patas delanteras en forma de pinzas y un cuerpo largo y acabado en un aguijón venenoso en forma de gancho. ※ alacrán. 👁 El plural es: escorpiones.

E e

escote
nombre masculino **1** Abertura de una prenda de vestir que deja al descubierto el cuello y, a veces, parte del pecho.

escozor
nombre masculino **1** Sensación de picor doloroso parecida a la que produce una quemadura, pero menos intensa. Cuando nos cae jabón en los ojos notamos un gran escozor.

escriba
nombre masculino **1** Hombre que en la Antigüedad escribía a mano textos que le dictaban o que copiaba.

escribir
verbo **1** Representar palabras o sonidos mediante letras u otros signos. Podemos escribir con bolígrafo o tiza y también podemos escribir a máquina o en el ordenador. Los ciegos escriben con un sistema especial de signos.
2 Comunicarse con alguien por escrito. Se escriben cartas o notas.
3 Hacer libros, discursos, partituras musicales u otras obras parecidas. Los periodistas escriben artículos para periódicos.
4 Funcionar un bolígrafo, una pluma o un rotulador.

escrito, escrita
participio **1** Participio irregular del verbo escribir. También se usa como adjetivo: *Ha escrito una redacción. Busco un papel escrito.*
nombre masculino **2** Cosa escrita, como un cuento o un informe.

escritor, escritora
nombre **1** Persona que escribe libros o artículos.

escritorio
nombre masculino **1** Mueble para escribir que tiene cajones y pequeños estantes para guardar los papeles y los utensilios de escritura.

escritura
nombre femenino **1** Representación de palabras, ideas o sonidos por medio de letras u otros signos escritos.
2 Documento oficial que refleja un acuerdo y está firmado por los interesados. En la escritura de la compra de un piso figuran el precio y las condiciones de pago.
3 La Biblia. Con este significado se escribe con mayúscula y generalmente en plural.

escrúpulo
nombre masculino **1** Sentimiento de temor o duda que produce una acción que no se sabe si es buena o justa y no se está seguro de hacerla. Hay personas que no tienen escrúpulos para matar animales.
2 Asco que producen a algunas personas ciertos alimentos y también las cosas que no están muy limpias.

escrupuloso, escrupulosa
adjetivo **1** Se dice de la persona que siempre cumple con sus deberes y su trabajo, y lo hace muy bien y con mucho cuidado. Los estudiantes escrupulosos presentan sus trabajos muy limpios y bien ordenados.
2 Se dice de la persona a la que le dan asco ciertos alimentos y también cualquier cosa que no está muy limpia. Las personas escrupulosas nunca comen nada con los dedos.

escrutinio
nombre masculino **1** Acción que consiste en revisar todos los votos que se han emitido en una votación y contar los que ha obtenido cada candidatura. También se hace un escrutinio en algunos sorteos, como las quinielas, para saber cuántas personas han acertado el resultado.

escuadra
nombre femenino **1** Utensilio de dibujo parecido a una regla, pero con forma de triángulo rectángulo. También se le llama escuadra a otros objetos que tienen la misma forma, como el ángulo de una portería de fútbol.
2 Conjunto de barcos de guerra de un país.

escuadrón
nombre masculino **1** Unidad militar compuesta por un gran número de aviones.
2 Unidad militar compuesta por militares a caballo mandada generalmente por un capitán.
👁 El plural es: escuadrones.

escuálido, escuálida
adjetivo **1** Que está muy delgado.

① construcción	⑥ rosca	⑪ escalera	⑮ metro	⑳ cable
② tabique	⑦ arandela	⑫ serrucho/sierra	⑯ taladradora/taladro	㉑ hembra
③ tornillo	⑧ nivel	⑬ lima	⑰ alicates	㉒ cepillo
④ clavo	⑨ martillo	⑭ caja de	⑱ llave	㉓ cinta aislante
⑤ tuerca	⑩ destornillador	herramientas	⑲ macho	㉔ cinta métrica

Formas y medidas
394

① tamaños   ④ ventana   ⑦ teclado   ⑩ ratón

② menú   ⑤ monitor   ⑧ CD-ROM   ⑪ pauta

③ iconos   ⑥ disquete   ⑨ impresora

① rotativa	⑥ entrevistador	⑪ equipo	⑯ titular	㉑ anuncio
② operario	⑦ periodistas	⑫ cámara	⑰ fotografía	㉒ letra negrita
③ sección	⑧ fotógrafo	⑬ teletipo	⑱ columna	㉓ letra cursiva
④ entrevista	⑨ carrete	⑭ pruebas	⑲ índice	
⑤ entrevistada	⑩ diapositiva	⑮ portada	⑳ artículo/noticia	

Signo
Cualquier cosa que sirve para representar algo.

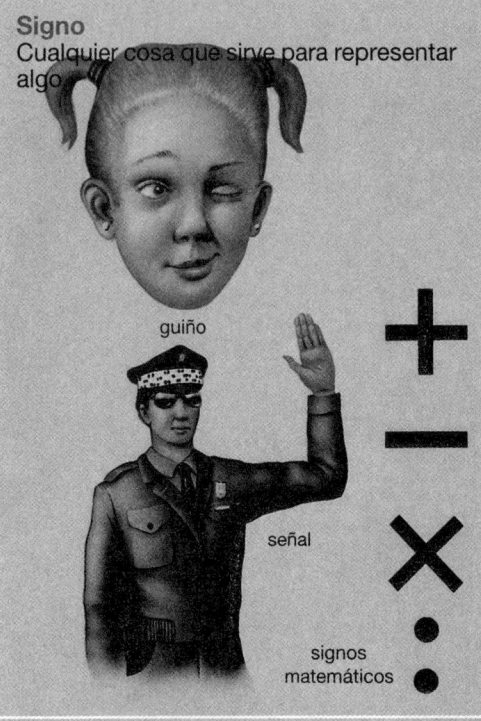

guiño

señal

signos matemáticos

Indicio
Señal que sirve para descubrir la presencia de otra cosa.

huella

rastro

Icono
Signo que representa una cosa por medio de un dibujo muy parecido a lo representado.

impresora

extintor

servicio de señoras

dirección

Símbolo
Signo que represen una idea, un concepto una realidad.

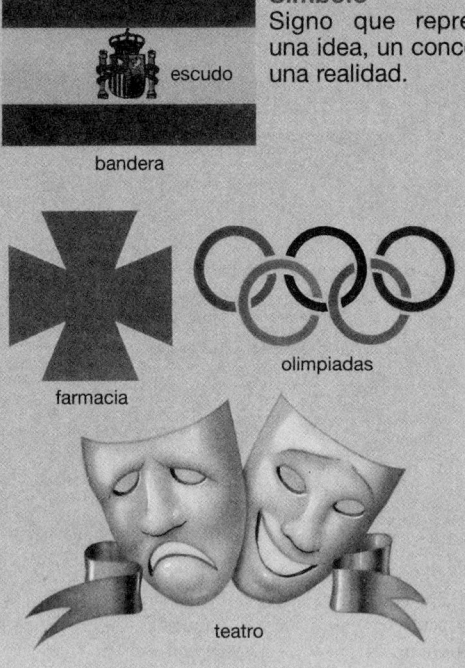

escudo

bandera

farmacia

olimpiadas

teatro

CAT 7-8 73EN

logotipos

3 173185 212456

código de barras

matrícula

placa   rótulo   cartel

sistema de numeración

1 2 3 4 5
6 7 8 9 0

sistema de numeración romana

I V X L C D M

alfabeto español

ABCDEFGHIJKLMNÑOPQRSTUVWXYZ

alfabeto griego

ΑΒΓΔΕΖΗΘΙΚΛΜΝΞΟΠΡΣΤΥΦΧΨΩ

alfabeto árabe

المل م م م ن ن ت ن ة هـة ـخ ف ف ف ف ق ة ق ق ك ك گ گ ك ش ش ش ش ض ض ض ض ص ص ط ط ظ غ ع غ خ خ ج ج ج ح ذ ذ ذ ز ز ش

castellano	catalán	gallego	vasco
Padre	Pare	Pai	Aita

japonés	hebreo	árabe	cirílico
		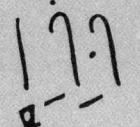	Отче

① ciudad	④ cruce	⑦ aeropuerto	⑩ caserío	⑬ señal de peligro o	⑮ pueblo
② puerto comercial	⑤ población	⑧ autovía	⑪ autopista	atención	⑯ huella
③ puerto deportivo	⑥ carretera	⑨ vía del tren	⑫ plano	⑭ señal de prohibido	⑰ marca

E e

escucha

nombre femenino **1** Acción de escuchar una conversación, en especial cuando se hace de forma secreta.

escuchar

verbo **1** Oír algo con atención.
2 Hacer caso de un aviso o un consejo.

escuchimizado, escuchimizada

adjetivo **1** Que está delgado y tiene aspecto de enfermo. Los perros callejeros tienen un aspecto triste y escuchimizado.

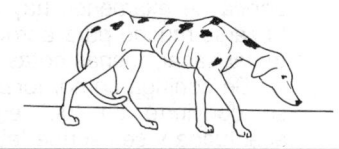

escuchimizado

escudero

nombre masculino **1** Hombre que antiguamente servía a un caballero o un noble: *Sancho Panza era el escudero de don Quijote*.

escudo

nombre masculino **1** Arma que utilizaban antiguamente los guerreros y los soldados para defenderse, formada por una plancha de metal que se sujetaba con el brazo.
2 Emblema o dibujo que representa a un equipo deportivo, a un país, una ciudad o una familia noble. ↷398
3 Moneda de Portugal.

escuela

nombre femenino **1** Establecimiento público donde se enseña a las personas que van a aprender, en especial el que se dedica a la enseñanza primaria. En las escuelas públicas la enseñanza es gratuita. ✖ colegio.
2 Conjunto de personas que siguen una misma doctrina, arte, estilo o maestro, y también sus enseñanzas. El pintor Velázquez es el máximo representante de la escuela barroca en España.

esculpir

verbo **1** Hacer una escultura a partir de un bloque de algún material. Los escultores esculpen la piedra, la madera o el mármol.
2 Grabar letras o dibujos en un material duro. En las lápidas de las tumbas se esculpen los nombres de los difuntos.

escultor, escultora

nombre **1** Persona que hace esculturas.

escultura

nombre femenino **1** Obra de arte que se hace esculpiendo o trabajando una pieza de madera, piedra u otro material duro; la técnica de hacer este tipo de obras de arte también se llama escultura.

escupir

verbo **1** Expulsar saliva o cualquier otra cosa por la boca.
2 Expulsar o lanzar una cosa lo que tiene dentro. Los volcanes en erupción escupen lava.

escupitajo

nombre masculino **1** Saliva que se expulsa con fuerza y de una vez por la boca. Es una palabra informal. ✖ lapo.

escurreplatos

nombre masculino **1** Utensilio o mueble de cocina en el que se colocan los platos, vasos y cacharros fregados para que escurran el agua. ↷793
👁 El plural es: escurreplatos.

escurridizo, escurridiza

adjetivo **1** Que se desliza con facilidad entre las manos, como una pastilla de jabón mojada. ✖ resbaladizo.
2 Que resbala. Un suelo recién fregado puede ser escurridizo. ✖ resbaladizo.

escurridor

nombre masculino **1** Utensilio de cocina en forma de cazo con agujeros que sirve para escurrir el agua de algunos alimentos, como la pasta, después de hervidos. ↷793

escurrir

verbo **1** Soltar o hacer soltar el líquido que tiene una cosa. Para escurrir bien una toalla hay que retorcerla con fuerza. ↷793
2 escurrirse Resbalar una cosa o una persona: *Lo sentó en la silla del cochecito, pero no lo ató y se escurrió hasta el suelo*.

E e

esdrújulo, esdrújula

adjetivo y nombre femenino **1** Se dice de la palabra que lleva el acento en la antepenúltima sílaba, como 'frigorífico' y 'estúpido'.

ese, esa

determinante demostrativo **1** Indica que el objeto, persona o situación de que se habla está a una distancia media del hablante en el espacio o en el tiempo: *No quiero acordarme de ese día.*

pronombre demostrativo **2** Sustituye a un nombre que ya se ha dicho e indica que el objeto, persona o situación sustituido está a una distancia media del hablante, ni muy cerca ni muy lejos: *Yo prefiero ésa.* Recuerda que como pronombre admite la forma con tilde o sin ella, aunque es conveniente que utilices la forma con tilde.

nombre femenino **3** Nombre de la letra 's': *'Sevilla' se escribe con ese inicial.*

esencia

nombre femenino **1** Conjunto de características que están en las cosas o personas de forma permanente e invariable y que hacen que sean como son. La capacidad de pensar está en la esencia del hombre.
2 Característica o parte fundamental y más importante de una cosa. La esencia de un texto es la idea principal en la que se puede resumir.
3 Perfume muy concentrado que se saca de algunas flores, como la rosa o el jazmín.
4 Sustancia concentrada que se saca de algunas plantas y semillas y se utiliza en cocina, como la esencia de vainilla o de anís.

esencial

adjetivo **1** Se dice de lo que es más importante en una cosa, aquello de lo cual no se puede prescindir. El respeto mutuo es esencial para la convivencia de las personas.

esfera

nombre femenino **1** Cuerpo sólido con forma de bola. La Tierra es una gran esfera.
2 Superficie redonda donde están las agujas de un reloj, de una brújula o de otros instrumentos.
3 Ambiente o clase social en el que se mueve un grupo de personas. La gente de las altas esferas es la que tiene mucho dinero.

esfinge

nombre femenino **1** Ser imaginario que tiene cuerpo de león y cabeza de mujer.

esforzar

verbo **1** Utilizar un órgano o una parte del cuerpo con mucha intensidad o con más intensidad de lo normal. Cuando tenemos una pierna rota, esforzamos más la otra.
2 esforzarse Utilizar con intensidad la fuerza física o mental para hacer o para conseguir algo. En época de exámenes hay que esforzarse mucho para aprobar e intentar sacar buenas notas.
☞ Se conjuga como: forzar; la 'o' se convierte en 'ue' en sílaba acentuada y se escribe 'c' delante de 'e', como: esfuercen.

esfuerzo

nombre masculino **1** Empleo de la fuerza física o mental para hacer o conseguir algo, especialmente cuando se hace con mucha intensidad o interés. Para levantar una cosa pesada hay que hacer un esfuerzo.

esfumarse

verbo **1** Marcharse o irse una persona de un lugar sin que la vea nadie: *Cuando volví ya no estaba, se había esfumado.* Es un uso informal.
2 Desaparecer una cosa poco a poco, como el humo o la niebla.

esgrima

nombre femenino **1** Deporte que consiste en la lucha de dos personas armadas con espadas u otras armas blancas. En la esgrima se trata de tocar el cuerpo del adversario con la espada sin que él consiga tocar el nuestro.

esguince

nombre masculino **1** Rotura o daño que se produce en los ligamentos o los músculos de una articulación cuando se tuercen.

eslabón

nombre masculino **1** Cada una de las piezas en forma de aro con las que está formada una cadena.
☞ El plural es: eslabones.

E
e

eslogan

nombre masculino **1** Frase corta que se utiliza para hacer publicidad de un producto o para que la gente identifique fácilmente un servicio o una empresa: *'Más por menos', ése es nuestro eslogan.* 👁 El plural es: eslóganes.

eslovaco, eslovaca

adjetivo y nombre **1** Se dice de la persona o cosa que es de Eslovaquia, país del centro de Europa.

nombre masculino **2** Lengua hablada en Eslovaquia. El eslovaco es una lengua eslava.

esmalte

nombre masculino **1** Sustancia pastosa que se utiliza para decorar y abrillantar objetos o superficies de cerámica o metal. **2** Líquido espeso que sirve para pintar o dar brillo a las uñas. **3** Sustancia blanca y dura que recubre los dientes.

esmeralda

nombre femenino **1** Piedra preciosa de color verde que se utiliza para hacer joyas.

esmerarse

verbo **1** Poner mucho cuidado y atención para hacer algo lo mejor posible: *Se esmera mucho en su trabajo y todo le sale bien.*

esmero

nombre masculino **1** Cuidado, atención o interés especial que pone una persona para hacer algo lo mejor posible.

esmirriado, esmirriada

adjetivo **1** Que está muy delgado o poco desarrollado. 🌟 fuerte; robusto.

esmoquin

nombre masculino **1** Traje de hombre que se usa en fiestas y ocasiones importantes. La chaqueta tiene las solapas estrechas y de seda y el pantalón puede llevar una cinta estrecha de seda en cada lado de las piernas. 👁 El plural es: esmóquines.

eso

pronombre demostrativo **1** Se refiere a una situación u objeto más o menos cercano al hablante, pero sin especificar su nombre, bien porque no se quiere, porque se desconoce o porque ya se ha hablado antes de él: *¿Cómo sabías que pasaría eso?* 👁 Nunca lleva tilde.

esófago

nombre masculino **1** Especie de tubo que forma parte del aparato digestivo y conduce los alimentos desde la boca hasta el estómago.

espabilar

verbo **1** Hacer que alguien sea más inteligente y vaya perdiendo su torpeza o su inocencia. **2 espabilarse** Darse prisa o acabar con rapidez lo que se está haciendo: *Espabílate, que no acabarás el trabajo a tiempo.* **3 espabilarse** Acabarse de despertar una persona que aún está medio dormida.

espachurrar

verbo **1** Hacer presión sobre una cosa hasta deformarla o romperla. Si una persona se sienta sobre un sombrero, lo espachurra. Es una palabra informal.

espacial

adjetivo **1** Se dice de las cosas que se encuentran en el espacio o que tienen relación con él. Las naves espaciales exploran aspectos del universo.

espacio

nombre masculino **1** Extensión del lugar que ocupa o puede ser ocupado por una persona o cosa. Cuando compramos una casa procuramos que haya espacio suficiente. **2** Lugar que queda fuera de la atmósfera de la Tierra, en el que hay planetas y estrellas. **3** Distancia que hay entre dos o más cosas, como la que existe entre dos renglones. **4** Periodo de tiempo: *En el espacio de media hora se acabó de leer el cómic.* **5** Tiempo de radio o televisión. Todas las cadenas de televisión ofrecen espacios informativos.

espacioso, espaciosa

adjetivo **1** Se dice de los lugares o las cosas que tienen mucho espacio interior y donde entran con comodidad personas o cosas. Los coches grandes son más espaciosos que los pequeños. 🌟 amplio. 🌟 estrecho.

E e

espada

nombre femenino **1** Arma blanca formada por una hoja larga y afilada de metal que está sujeta a un mango o empuñadura por donde se agarra.

nombre masculino y femenino **2** Persona que mata al toro en una corrida.

nombre femenino plural **3 espadas** Palo de la baraja española al que pertenecen las cartas que tienen dibujada una o varias espadas.

espadachín, espadachina

nombre **1** Persona que maneja muy bien la espada.

espagueti

nombre masculino **1** Pasta hecha de harina y agua con forma de cilindro fino y largo. Los espaguetis se hierven en agua y se suelen comer acompañados de alguna salsa y queso rallado.

espalda

nombre femenino **1** Parte trasera del cuerpo humano que va desde los hombros hasta la cintura.

2 Parte posterior del cuerpo de los animales. ※ lomo.

3 Parte trasera de una cosa.

4 Modo de nadar en que el nadador se coloca boca arriba y mueve los brazos en círculo hacia atrás.

espantapájaros

nombre masculino **1** Muñeco grande o cualquier cosa que se coloca en los campos de cultivo y que sirve para asustar a los pájaros que van a picar las semillas o los alimentos sembrados.

👁 El plural es: espantapájaros.

espantar

verbo **1** Causar o sentir mucho miedo o rechazo por algo. A algunos niños les espanta la oscuridad.

2 Hacer que se vaya o no dejar que se acerque alguien a un lugar. Las alarmas sirven para espantar a los ladrones.

espanto

nombre masculino **1** Miedo o impresión muy fuerte causada de repente por algo o alguien.

2 Aquello que molesta mucho o resulta muy desagradable. Para muchas personas es un espanto tener que madrugar.

de espanto Muy grande o muy intenso: En agosto hizo un calor de espanto.

espantoso, espantosa

adjetivo **1** Que da o produce un miedo o rechazo fuerte: Vimos una pelea espantosa. ※ espeluznante.

2 Que es muy grande o muy intenso, especialmente si es algo que se considera negativo: Había un ruido espantoso que me impedía dormir.

español, española

adjetivo y nombre **1** Se dice de la persona o cosa que es de España.

nombre masculino **2** Lengua hablada en España y en los países hispanoamericanos. El español tiene su origen en el latín, como el catalán, el gallego, el portugués, el francés, el italiano o el rumano. También se utiliza la palabra 'castellano' para diferenciar el español que se habla en Castilla del que se habla en otras zonas de España o para diferenciarlo de las otras lenguas oficiales de España.

esparadrapo

nombre masculino **1** Cinta que se pega por una de sus caras y se usa para sujetar las vendas. ☞ 595

esparcir

verbo **1** Separar y extender un conjunto de cosas que están juntas. El viento esparce por el suelo las hojas de los árboles.

👁 Se conjuga como: zurcir; se escribe 'z' delante de 'a' y 'o', como: esparza o esparzo.

espárrago

nombre masculino **1** Brote tierno y comestible de una planta, que tiene forma alargada y redondeada; los espárragos pueden ser de color blanco o verde y se venden frescos o en lata. También es la planta de cuyas raíces crecen estos brotes.

2 Pieza metálica que sirve para sujetar algo introduciéndola por un agujero. Las estanterías pueden fijarse con espárragos.

esparto

nombre masculino **1** Material hecho de fibras vegetales que se usa para fabricar cuer-

das y otros objetos, como las suelas de las zapatillas.
2 Planta de hojas muy fuertes, largas y estrechas, de la que se saca este material.

espátula
nombre femenino **1** Herramienta formada por un mango y una lámina de metal, generalmente con forma triangular. La espátula se utiliza en albañilería para rascar y limpiar superficies o para extender masa; también se utiliza en pintura para mezclar los colores. ↷794
2 Herramienta plana y alargada, con mango o sin él, que se utiliza para diversos fines. Los médicos utilizan una pequeña espátula que apoyan sobre nuestra lengua para poder vernos mejor la garganta; en la cocina también se utiliza una espátula para extender una crema o chocolate sobre un pastel.

especia
nombre femenino **1** Hierba aromática que se echa a las comidas para darles un olor y un sabor especial, como la pimienta, el orégano y la albahaca.

especial
adjetivo **1** Que es distinto de lo que se considera normal.
2 Que es propio o adecuado para un fin determinado. Hay jabones especiales para la cara de las personas con piel grasa.
3 Que tiene unos gustos un poco raros, especialmente para las comidas.

especialidad
nombre femenino **1** Parte de una ciencia o de cualquier otra actividad. La dermatología es una especialidad de la medicina.
2 Cosa que sabe hacer muy bien una persona, o producto en el que destaca un establecimiento o una zona geográfica.

especialista
adjetivo y nombre **1** Se dice de la persona que tiene amplios conocimientos sobre una materia de estudio o de una profesión. Un oftalmólogo es un médico especialista en problemas de vista.

2 Que hace muy bien una determinada cosa, mejor que otras del mismo tipo: *Mi madre es especialista en hacer sopas.*
nombre masculino y femenino **3** Persona que sustituye a un actor de cine o televisión en las escenas peligrosas. ✂ doble.

especializar
verbo **1** Preparar a alguien en una determinada rama de una ciencia o de un arte. Algunas academias de arte especializan a sus alumnos en pintura y otras en escultura.
👁 Se escribe 'c' delante de 'e', como: especialicen.

especie
nombre femenino **1** Conjunto de personas o animales que tienen unas características comunes. Las ballenas son una especie en vías de extinción y por eso está prohibido cazarlas.
una especie de Parecido a algo: *El gazpacho es una especie de sopa fría.*

especificar
verbo **1** Dar la información más importante y los datos más concretos sobre una persona o una cosa para distinguirla de las demás: *Como no especifiques más no sé a qué chica te refieres.*
👁 Se escribe 'qu' delante de 'e', como: especifique.

especificativo, especificativa
adjetivo **1** Se dice del adjetivo o del grupo de palabras que sirven para limitar el significado general de un nombre y especificar así de qué individuo o cosa en concreto se está hablando. En la frase 'tráeme la chaqueta roja', 'roja' es un adjetivo especificativo.

espectacular
adjetivo **1** Se dice de las cosas o las personas que llaman mucho la atención por ser muy grandes o altas o muy bonitas o guapas.

espectáculo
nombre masculino **1** Acto que se realiza ante un número más o menos elevado de personas para divertirlas o entretenerlas.
2 Cualquier suceso o actividad que nos llama la atención por sa-

E
e

lirse de lo normal. Un eclipse de Luna es un espectáculo que sólo se ve de vez en cuando.

espectador, espectadora
adjetivo y nombre   **1** Se dice de la persona que va a ver un espectáculo.

espectro
nombre masculino   **1** Ser irreal, generalmente de aspecto horrible, que una persona ve en su imaginación como si fuera real. ✳✳ fantasma.

especular
verbo   **1** Meditar o pensar sobre un tema. Los filósofos especulan sobre el sentido de la vida.
2 Hacer suposiciones sobre algo, normalmente pensando en cosas que pueden no ocurrir.
3 Comprar algo que se supone va a subir de precio para venderlo después y obtener así un beneficio. Hay personas que especulan con la venta de pisos.

espejismo
nombre masculino   **1** Imagen que una persona cree estar viendo, pero que no existe en realidad. En el desierto, a causa del calor y de los reflejos del sol, se ven muchos espejismos.

espejo
nombre masculino   **1** Superficie en la que puede verse reflejada la propia figura o la de otras personas o cosas. Los espejos son cristales que están pintados por la parte de atrás.
2 Cualquier cosa que refleja cómo es otra cosa. Se suele decir que la cara es el espejo del alma porque refleja cómo nos sentimos.

espeleología
nombre femenino   **1** Exploración de las cuevas que se hace con fines científicos o como deporte.

espeluznante
adjetivo   **1** Que causa un miedo o rechazo muy grande. Las películas de terror tienen algunas escenas espeluznantes. ✳✳ espantoso.

espera
nombre femenino   **1** Acción que consiste en esperar a una persona o una cosa: *La espera se le hizo muy larga, parecía que no llegaría nunca.*

esperanza
nombre femenino   **1** Confianza que tiene alguien en conseguir una cosa o en que ocurra algo que le interesa.
2 Cosa o persona en la que confiamos para que nos ayude o nos sirva para algo. Un trasplante de algún órgano es la única esperanza que les queda a algunos enfermos para poder curarse.

esperar
verbo   **1** Creer y tener la esperanza de que ocurrirá algo que se desea que ocurra. Cuando hacemos bien un examen, esperamos aprobar.
2 Estar en un lugar hasta que llegue una persona que sabemos que tiene que llegar o hasta que ocurra algo que tiene que ocurrir. En los aeropuertos la gente espera a que lleguen los aviones.

esperma
nombre   **1** Líquido espeso de color blanco que producen los órganos reproductores masculinos. El esperma contiene las células sexuales masculinas. ✳✳ semen.
👁 Tiene doble género. Se dice: el esperma y la esperma.

espermatozoide
nombre masculino   **1** Célula sexual masculina. Cuando un espermatozoide se une con la célula sexual femenina se forma un nuevo ser.

espesar
verbo   **1** Hacer un líquido más espeso. Para espesar una salsa, se le añade un poco de harina.
2 espesarse Unirse o apretarse unas cosas con otras. En algunas zonas de los bosques los árboles se espesan y no dejan pasar los rayos del Sol. ✳✳ separarse.

espeso, espesa
adjetivo   **1** Se dice de los líquidos o sustancias muy densas o que fluyen con dificultad. El aceite es más espeso que el agua. ✳✳ denso.
2 Que está formado por partes o elementos que están muy juntos. Cuando llueve mucho, decimos que cae una espesa cortina de agua. ✳✳ tupido.

espesor

nombre masculino **1** Anchura de un cuerpo. El tronco de algunos árboles puede alcanzar metros de espesor. ✹ grosor.

espía

nombre masculino y femenino **1** Persona que se dedica a espiar a otras.

espiar

verbo **1** Observar o escuchar a escondidas lo que hace o dice otra persona. Las personas cotillas se pasan el día espiando a los demás.
2 Intentar conseguir información secreta de un país extranjero o de una empresa de la competencia.
☞ Se conjuga como: desviar; la 'i' se acentúa en algunos tiempos y personas, como: espíen.

espiga

nombre femenino **1** Conjunto de flores o frutos pequeños unidos en un solo tallo, como los del trigo, la cebada y otros cereales.

espigón

nombre masculino **1** Muro que se construye a orillas del mar o de un río para proteger el puerto o la orilla contra la corriente o la crecida del agua.
☞ El plural es: espigones.

espina

nombre femenino **1** Hueso del pez. Los peces tienen una espina principal de la que salen otras finas y puntiagudas.
2 Parte dura y afilada que les crece a algunas plantas, como los rosales y las zarzas.
espina dorsal Columna vertebral.

espinaca

nombre femenino **1** Planta de huerta de hojas pequeñas y suaves, de color verde fuerte; se come hervida o cruda.

espinilla

nombre femenino **1** Pequeño grano de grasa que sale en la piel de las personas. Muchos jóvenes entre 12 y 16 años tienen espinillas en la cara.
2 Parte delantera del hueso de la pierna que va desde el pie hasta la rodilla. Una patada en la espinilla hace mucho daño.

espinoso, espinosa

adjetivo **1** Que tiene espinas. Para cercar algunos terrenos se utiliza alambre espinoso.

2 Que es difícil o delicado y puede causar muchos problemas.

espionaje

nombre masculino **1** Actividad que realiza la persona que se dedica a intentar conseguir información secreta de un país extranjero. También realizan espionaje las personas que intentan conseguir a escondidas información secreta de una empresa para proporcionársela a otra.

espiral

nombre femenino **1** Línea curva que va girando alrededor de un punto y se va separando cada vez más de él. El caparazón de los caracoles forma una espiral.

espiral

2 Curva que da vueltas alrededor de la superficie de un cilindro. También se llama espiral a los objetos que tienen esta forma. Algunos cuadernos tienen una espiral; los muelles tienen forma de espiral.
3 Proceso rápido en el que van pasando cada vez más cosas o cosas más importantes que escapan a nuestro control, en especial cuando son negativas: *La policía no pudo con la espiral de violencia que se desató en la calle.*

espirar

verbo **1** Expulsar por la boca o por la nariz el aire de los pulmones. ✹ aspirar.
☞ No lo confundas con 'expirar', que significa 'morir'.

espíritu

nombre masculino **1** Parte no material de una persona, de la que dependen los pensamientos y los sentimientos. Los creyentes piensan que el espíritu de las personas no muere. ✹ alma. ✹ cuerpo.

E e

2 Ser imaginario que no tiene cuerpo material, pero sí tiene capacidad para pensar. En algunas películas de terror aparecen espíritus malvados que hacen daño a los protagonistas.

espiritual

adjetivo **1** Del espíritu o que tiene relación con él. Leer es una actividad muy buena para desarrollar la parte espiritual de las personas.
2 Se dice de la persona que se interesa más por las cosas del espíritu y de la mente que por las cosas materiales.

espléndido, espléndida

adjetivo **1** Que es muy bueno. En primavera suele hacer algunos días espléndidos para pasear. ✖ estupendo; fantástico. ✖ horrible.
2 Se dice de la persona a la que no le importa gastar el dinero. ✖ avaro; tacaño.

esplendor

nombre masculino **1** Característica de las cosas o los actos que son o parecen muy ricos y lujosos: Celebraron una fiesta de gran esplendor.
2 Situación de mayor calidad o mayor desarrollo a la que ha llegado una persona o una cosa. Barcelona alcanzó gran esplendor con motivo de la celebración de las Olimpiadas de 1992. ✖ apogeo; plenitud. ✖ decadencia.

espolvorear

verbo **1** Echar una sustancia en polvo sobre una cosa. Los cocineros espolvorean de azúcar algunos pasteles.

esponja

nombre femenino **1** Animal invertebrado marino, con el cuerpo lleno de huecos y agujeros que permiten la entrada de agua. También es el esqueleto de estos animales, que, mojándolo en agua, se utiliza para lavarse.
2 Objeto de materia elástica con agujeritos que absorbe el agua y se utiliza para lavarse.

esponjoso, esponjosa

adjetivo **1** Que es blando, elástico y suave como una esponja. La lana suele ser muy esponjosa. ✖ blando.

espontaneidad

nombre femenino **1** Característica de la persona que habla y se comporta siguiendo el impulso propio de su personalidad y su forma de ser, sin fingimiento y sin miedo a hacer el ridículo.

espontáneo, espontánea

adjetivo **1** Se dice de la persona que habla y se comporta siguiendo el impulso propio de su personalidad y su forma de ser. También son espontáneas las acciones y la manera de ser de estas personas.
2 Se dice de las acciones que se producen por un impulso interior sin que haya una causa externa que las provoque. Algunas plantas crecen de manera espontánea.

nombre **3** Persona que en un espectáculo sale al escenario e interviene en él sin autorización; especialmente, el aficionado que salta al ruedo en una corrida de toros para torear.

esposar

verbo **1** Poner las esposas en las muñecas a una persona.

esposas

nombre femenino plural **1** Aros de metal unidos por una cadena que se pone en las muñecas de los presos.

esposo, esposa

nombre **1** Persona con la que una persona está casada. ✖ cónyuge.

espuela

nombre femenino **1** Pieza de metal que se sujeta al talón de las botas y que utilizan los jinetes para golpear al caballo y que vaya más deprisa. ☞ 157

espuma

nombre femenino **1** Conjunto de muchas burbujas que se forman en la superficie de algunos líquidos, como la cerveza.
2 Sustancia blanca y espesa que se parece a la espuma de los líquidos. En las droguerías podemos encontrar espuma de afeitar y espuma para el pelo.
3 Tejido sintético, que es muy suave y esponjoso, con el que se fabrican algunas cosas, como medias o colchones.

E
e

espumadera

nombre femenino **1** Utensilio de cocina formado por un mango largo y una paleta con agujeros; sirve para sacar los alimentos escurridos del recipiente en el que se están cocinando. ☞ 793

espumillón

nombre masculino **1** Tira con flecos que se utiliza para adornar el árbol de Navidad. 👁 El plural es: espumillones.

esqueje

nombre masculino **1** Tallo o parte de una planta que se introduce en tierra para que eche raíces y nazca una planta nueva.

esquela

nombre femenino **1** Comunicación escrita de la muerte de una persona, en la que se indica el lugar y la hora del funeral y del entierro.

esquelético, esquelética

adjetivo **1** Que está demasiado delgado. ✕✕ flaco; escuálido. ✕✕ gordo.

esqueleto

nombre masculino **1** Conjunto de los huesos que tienen las personas y los animales vertebrados. El esqueleto sostiene el cuerpo.
2 Conjunto de las piezas que forman y sujetan una cosa. El esqueleto de un edificio está formado por los cimientos, las columnas y las vigas. ✕✕ estructura.
mover el esqueleto Bailar. Es una expresión informal.

esquema

nombre masculino **1** Resumen sencillo y ordenado de los aspectos más importantes de un tema.
2 Dibujo de una cosa en donde sólo aparecen las líneas o características principales.

esquí

nombre masculino **1** Tabla larga y estrecha de material duro que se pone en los pies para resbalar sobre la nieve o sobre el agua. Los esquís se tienen que fijar bien en los pies.
2 Deporte que se practica deslizándose sobre la nieve con los esquís puestos en los pies.
esquí acuático Deporte que consiste en deslizarse sobre el agua con unos esquís puestos en los pies. Para practicar el esquí acuá-

tico hay que ir detrás de una lancha sujetándose a ella con unas cuerdas.

esquiador, esquiadora

nombre **1** Persona que practica el esquí.

esquiar

verbo **1** Deslizarse sobre la nieve o sobre el agua con unos esquís puestos en los pies.
👁 Se conjuga como: desviar; la 'i' se acentúa en algunos tiempos y personas, como: esquíen.

esquilar

verbo **1** Cortar el pelo o la lana a un animal, especialmente a las ovejas.

esquimal

adjetivo y nombre **1** Se dice de un pueblo de raza mongoloide que habita en las zonas del polo Norte. También se dice de las personas y cosas de este pueblo. Los esquimales viven en iglúes.

esquina

nombre femenino **1** Parte interior o exterior del ángulo que forman dos cosas o dos superficies al juntarse. La esquina que forman dos calles es el punto en donde se unen.

esquivar

verbo **1** Hacer un movimiento con el cuerpo o parte de él para evitar un golpe o un obstáculo.

esquivar

2 Hacer todo lo posible para no encontrarse con una persona o para no tener que hacer algo.

estabilidad

nombre femenino **1** Característica de las cosas o las personas que se mantienen en un estado, normalmente positivo, sin sufrir grandes cambios. Se habla de estabilidad atmosférica cuando la temperatura no cambia y no se

E
e

producen precipitaciones. ✗✗ inestabilidad.
2 Característica del cuerpo que se mantiene en equilibrio o puede recuperarlo con facilidad. Cuando un motorista derrapa, la moto pierde la estabilidad y cae al suelo.

estabilizar
verbo **1** Hacer que una cosa sea estable y segura. Para estabilizar una mesa que está coja podemos poner un trozo de madera bajo una pata.
👁 Se escribe 'c' delante de 'e', como: estabilice.

estable
adjetivo **1** Se dice de las personas o las cosas que se mantienen en un estado, normalmente positivo, sin sufrir grandes cambios. ✗✗ inestable.
2 Que se mantiene en equilibrio, sin moverse. Una silla es estable cuando no cojea. ✗✗ inestable.
3 Que no está en peligro de desaparecer. Algunas personas consiguen con los años un trabajo estable. ✗✗ fijo.

establecer
verbo **1** Crear una cosa en un lugar: *Se ha establecido la costumbre de no trabajar el viernes por la tarde.*
2 Expresar una idea o decir cómo ha de ser una cosa. Los legisladores establecen las penas para los delincuentes.
3 establecerse Quedarse a vivir en un lugar. ✗✗ instalarse.
4 establecerse Abrir o crear un negocio propio en un lugar.
👁 Se conjuga como: agradecer; la 'c' se convierte en 'zc' delante de 'a' y 'o', como: establezca.

establecimiento
nombre **1** Acción que consiste en crear,
masculino fundar u organizar una cosa: *Están estudiando el establecimiento de una fábrica en esta zona.*
2 Lugar en el que se realiza una actividad comercial, industrial, benéfica o de otro tipo. Las academias, hoteles o tiendas son establecimientos.

establo
nombre **1** Lugar en el que se guarda el ga-
masculino nado.

estaca
nombre **1** Palo de madera que tiene un
femenino extremo terminado en punta y que generalmente sirve para clavarlo en algún lugar, como los que se clavan en la tierra para marcar un terreno o para formar una valla.
2 Palo de madera grueso y fuerte que puede tener distintos usos.

estacazo
nombre **1** Golpe muy fuerte.
masculino 👁 Es una palabra informal.

estación
nombre **1** Lugar donde se paran los auto-
femenino buses, trenes o metros para que la gente baje o suba.
2 Cada uno de los cuatro periodos de tiempo en que se divide el año, según las características atmosféricas de cada uno.
3 Conjunto de edificios, instalaciones y aparatos destinados a una determinada actividad. En una estación de esquí hay todo lo necesario para practicar el esquí.
estación de servicio Lugar donde los vehículos pueden llenar sus depósitos de combustible y revisar el nivel del aire de las ruedas. ✗✗ gasolinera.
👁 El plural es: estaciones.

estacionamiento
nombre **1** Detención de un vehículo en un
masculino lugar durante un cierto tiempo. ✗✗ aparcamiento.
2 Lugar preparado y reservado para dejar los vehículos durante un tiempo. En el centro de la ciudad hay lugares de estacionamiento. ✗✗ aparcamiento; parking.

estacionar
verbo **1** Dejar un vehículo en un lugar durante el tiempo que esté parado. No se puede estacionar encima de las aceras. ✗✗ aparcar.
2 estacionarse Detenerse o permanecer algo en un estado determinado sin sufrir cambios o variaciones: *La enfermedad se ha estacionado.* ✗✗ estabilizarse. ✗✗ evolucionar.

E e

estadio
nombre masculino
1 Recinto público donde se celebran competiciones deportivas, con asientos para el público.
2 Periodo o fase de un proceso más amplio. La adolescencia es un estadio de la vida del hombre. ⚹⚹⚹ etapa.

estadística
nombre femenino
1 Ciencia que se ocupa de reunir y clasificar determinadas informaciones y expresarlas en números para sacar conclusiones generales. A partir de los datos obtenidos por medio de encuestas, la estadística nos dice por ejemplo si el paro aumenta o se estabiliza.

estadístico, estadística
adjetivo
1 De la estadística o que tiene relación con ella.

estado
nombre masculino
1 Situación o modo en que se encuentra alguien o algo en un momento determinado. Una revisión médica sirve para conocer el estado de salud de una persona.
2 Forma en la que puede presentarse la materia. Los estados de la materia son tres: líquido, sólido y gaseoso.
3 Clase o situación de una persona. El estado civil de una persona que no se ha casado se define con el nombre de soltería.
4 Terreno y población de un país independiente. Para elegir al gobierno estatal se celebran elecciones en todo el estado.
5 Conjunto de poderes e instituciones, como gobierno o ministerios, que gobiernan y administran una sociedad o territorio. ⚹⚹⚹ administración.
6 Territorio que se gobierna con leyes propias, aunque dependa del gobierno central del país. California es un estado de los Estados Unidos de América.
en estado Se dice de la mujer que está embarazada.

estadounidense
adjetivo y nombre
1 Se dice de la persona o cosa que es de los Estados Unidos, país de América del Norte.

estafa
nombre femenino
1 Robo de dinero u otras cosas que se hace por medio de engaños y mentiras.

estafar
verbo
1 Quitarle dinero u otra cosa a alguien por medio de mentiras y engaños. La gente que no paga sus impuestos está estafando al estado.
2 No cumplir lo prometido o prometer algo que no es cierto: *Me estafaron, me dijeron que este reloj se podía mojar y era mentira*.

estalactita
nombre femenino
1 Masa dura, alargada y terminada en punta que cuelga del techo de algunas cuevas.

estalactita

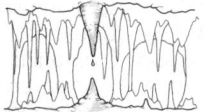

estalagmita

estalactita y estalagmita

estalagmita
nombre femenino
1 Masa dura, alargada y terminada en punta que arranca del suelo de algunas cuevas hacia el techo. A veces estalactitas y estalagmitas llegan a unirse formando columnas.

estallar
verbo
1 Romperse algo de golpe y haciendo mucho ruido. ⚹⚹⚹ explotar.
2 Abrirse o romperse algo de repente, debido a una fuerte presión. Cuando se meten demasiadas cosas en una maleta, parece que va a estallar.
3 Ocurrir algo de repente y con mucha fuerza: *Estábamos en el bosque y de repente estalló una tormenta*.
4 Mostrar un sentimiento o un estado de ánimo que no se puede contener de un modo claro y fuerte. Las personas estallan a reír, a llorar o a gritar.

estallido
nombre masculino
1 Acción que consiste en que algo se rompe de repente hacien-

E
e

do mucho ruido. También es estallido el ruido que se produce.

2 Manifestación repentina de un suceso que ocurre con violencia o fuerza. El estallido de una guerra es algo muy triste y dramático.

3 Expresión de un sentimiento o un estado de ánimo de una manera muy clara y fuerte.

estambre
nombre masculino **1** Órgano reproductor masculino de las flores. El estambre está formado por un filamento delgado con una cabeza en su extremo que contiene el polen. ✍ 598

estampa
nombre femenino **1** Dibujo o lámina que aparece impresa en los libros.

2 Trozo de cartulina en la que aparece la imagen de Jesucristo, la Virgen o algún santo.

3 Aspecto exterior que ofrece una persona o un animal. Un caballo de buena estampa es un caballo elegante y bien proporcionado.

estampado, estampada
nombre masculino **1** Dibujo o colores de una tela. Hay estampados de flores, de cuadros y de figuras.

adjetivo y nombre **2** Se dice de una tela o una prenda de vestir que tiene dibujos o colores.

estancar
verbo **1** Detener el curso de alguna cosa, en especial de una corriente de agua.

👁 Se escribe 'qu' delante de 'e', como: estanquen.

estancia
nombre femenino **1** Tiempo que permanece una persona en un lugar. Los estudiantes aprovechan su estancia en el extranjero para aprender idiomas.

2 Habitación o sala de una vivienda. ※ cuarto.

estanco
nombre masculino **1** Establecimiento en el que se venden tabaco, sellos de correos, sobres y papel del Estado.

estándar
adjetivo **1** Que es o se considera lo normal porque sigue y copia un modelo. Las piezas de los coches fabrica-

dos en serie tienen una forma y una medida estándar.

👁 El plural es: estándar.

estanque
nombre masculino **1** Lugar artificial que contiene agua. En los estanques de los parques hay patos, peces de colores y nenúfares.

estanquero, estanquera
nombre **1** Persona que trabaja en un estanco.

estante
nombre masculino **1** Pieza rectangular y plana sobre la cual se colocan libros, plantas y otros objetos. Los estantes pueden colgarse directamente de la pared o pueden ser parte de una estantería; también hay estantes dentro de algunos armarios. ✍ 800

estantería
nombre femenino **1** Mueble formado por estantes. No suelen tener puertas y se emplean para colocar libros.

estaño
nombre masculino **1** Metal blando de color gris muy claro que no se oxida y se funde fácilmente.

estar
verbo **1** Hallarse o encontrarse una persona o una cosa de cierta manera: *Estoy bien. El tren está parado.*

2 Existir o encontrarse en un lugar. También se utiliza para indicar que estamos en un momento o una época del año determinados: *Su casa está en la montaña. Está en Londres. Estamos en verano.*

3 Resultar una prenda de vestir a una persona de un modo determinado: *La falda te está grande.*

4 Se utiliza seguido de un verbo en gerundio para indicar que una acción se está realizando: *Está hablando el profesor.*

5 estarse Permanecer o quedarse en un sitio durante cierto tiempo: *Ayer me estuve más de cinco horas en casa de Ramón.*

estar a Expresa que nos encontramos en el día del mes que se indica: *Estamos a 7 de noviembre.*

estar a Tener un producto el precio que se indica, en especial los productos de alimentación: *¿A cuánto está la merluza?*

estar a Hallarse un lugar a una distancia determinada de otro: *Estamos a 10 kilómetros del pueblo.*

estar a Seguido del número de grados, se utiliza para indicar la temperatura: *Estamos a 8 grados.*

estar con Estar de acuerdo con una persona: *En eso estoy contigo, tienes toda la razón.*

estar de Se utiliza para indicar que nos hallamos haciendo algo, como en las expresiones: estar de huelga o estar de exámenes.

estar de Se utiliza para indicar que alguien tiene una determinada actitud o estado de ánimo, como en las expresiones: estar de malas o estar de broma.

estar de más No ser necesario: *Está de más que te diga que mi casa es tu casa y puedes hacer lo que quieras en ella.*

estar en todo Ocuparse de muchas cosas al mismo tiempo: *Estás en todo, no se te escapa ningún detalle.*

estar para Estar a punto de ocurrir o hacer lo que se indica: *Estoy para salir, así que no vengas.*

estar por Estar a la espera de que algo ocurra o acabe de producirse de un modo u otro: *Está por verse cómo acabará esto.*

estar por Tener la tentación de hacer lo que se indica: *Estoy por irme, ya me tiene harta.*

ya está bien Se utiliza para indicar que ya hay suficiente o demasiado de algo: *Ya está bien, no me eches más azúcar.*

estatal
adjetivo **1** Del estado o que tiene relación con él.

estático, estática
adjetivo **1** Que no se mueve, que permanece en el mismo estado o posición.

estatua
nombre femenino **1** Escultura que representa a una persona o un animal.

estatura
nombre femenino **1** Altura de una persona desde los pies hasta la cabeza. Para ser un jugador de baloncesto hay que tener una gran estatura. ※ talla.

estatuto
nombre masculino **1** Conjunto de normas que regulan el funcionamiento de una entidad, una asociación o una empresa. Con este significado se usa más en plural.
2 Texto jurídico en el que se recogen las normas que regulan una determinada actividad o un territorio, como el estatuto de los trabajadores o los estatutos de las comunidades autónomas.

este, esta
determinante demostrativo **1** Indica que un objeto, persona o situación de los que se habla están cercanos al hablante en el espacio o en el tiempo: *Esta noche te irás a dormir pronto, ¿verdad?*

---

estar

INDICATIVO	SUBJUNTIVO
presente	**presente**
estoy	esté
estás	estés
está	esté
estamos	estemos
estáis	estéis
están	estén
pretérito imperfecto	**pretérito imperfecto**
estaba	estuviera o estuviese
estabas	estuvieras o estuvieses
estaba	estuviera o estuviese
estábamos	estuviéramos o estuviésemos
estabais	estuvierais o estuvieseis
estaban	estuvieran o estuviesen
pretérito indefinido	**futuro**
estuve	estuviere
estuviste	estuvieres
estuvo	estuviere
estuvimos	estuviéremos
estuvisteis	estuviereis
estuvieron	estuvieren

futuro	
estaré	
estarás	
estará	
estaremos	
estaréis	
estarán	

IMPERATIVO	
está	(tú)
esté	(usted)
estad	(vosotros)
estén	(ustedes)

condicional	
estaría	
estarías	
estaría	
estaríamos	
estaríais	
estarían	

FORMAS NO PERSONALES	
infinitivo	**gerundio**
estar	estando
participio	
estado	

E
e

estela

pronombre demostrativo **2** Sustituye a un nombre que ya se ha dicho e indica que el objeto, persona o situación sustituido está cercano al hablante en el espacio: *Me he enfadado con éste.* Recuerda que como pronombre admite la forma con tilde o sin ella, aunque es conveniente que utilices la forma con tilde.

determinante demostrativo **3** Se utiliza detrás de un nombre e indica cierto enfado o desprecio hacia la persona o cosa de la que se habla: *¡Mira tú el hombre este qué tonterías dice!*

nombre masculino **4** Punto del horizonte o lugar por donde sale el Sol. La abreviatura de este es 'E'; la Comunidad Valenciana y Cataluña se encuentran en el este de España. ✗ oriente; levante. ✗ oeste; occidente.

estela

nombre femenino **1** Señal o marca que deja una cosa que pasa, especialmente la que deja un barco en el agua o un avión en el aire.

estepa

nombre femenino **1** Terreno seco, llano, muy extenso y con una vegetación adaptada a la sequedad.

estéreo

adjetivo **1** Se dice de los sonidos grabados desde dos puntos distintos para que al reproducirlos se escuchen separados. También es el aparato que emite los sonidos de esta forma por medio de dos altavoces.

estéril

adjetivo **1** Se dice de la persona o animal que no puede reproducirse. ✗ fecundo.
2 Que no da fruto o que no produce nada. Una tierra estéril es la que no sirve para sembrar nada.
3 Que está libre de gérmenes. Para limpiar una herida hay que utilizar materiales estériles.

estética

nombre femenino **1** Aspecto exterior de una persona o una cosa desde el punto de vista de la belleza. La estética de una habitación es la forma como está decorada.

estético, estética

adjetivo **1** Se dice de las cosas que tienen relación con la belleza.
2 Se dice de las cosas que tienen un aspecto bonito. Si una cosa nos parece poco estética no nos gusta mucho.

estetoscopio

nombre masculino **1** Instrumento usado en medicina para escuchar los sonidos del pecho y del abdomen. ✎ 594

estiércol

nombre masculino **1** Conjunto de excrementos de animales mezclados con sustancias vegetales. El estiércol es un buen abono para las plantas.

estilo

nombre masculino **1** Conjunto de características que distinguen a un artista o a una época. El estilo barroco es muy diferente del renacentista.
2 Característica que diferencia del resto a una persona, un grupo de personas, un país, una época, un lenguaje, una película, una moda u otras cosas: *Yo haré la paella, pero la voy a hacer a mi estilo.*
3 Forma de practicar un deporte. En natación hay varios estilos, como mariposa, braza y espalda.
4 Prolongación en forma de tubo pequeño del pistilo de una flor. El estilo tiene en uno de sus extremos el ovario de la flor.
por el estilo De modo parecido o aproximado. Si una persona estudia por el estilo que otra, estudian más o menos las mismas horas.

estima

nombre femenino **1** Cariño o afecto que se siente hacia alguien o algo.

estimable

adjetivo **1** Que merece ser apreciado o estimado: *Su ayuda fue muy estimable.*

estimar

verbo **1** Sentir afecto o cariño por alguien o algo. Las personas que se estiman suelen llegar a tener una gran amistad.
2 Reconocer el valor o importancia de una persona o cosa. Las personas que estiman la naturale-

za no tiran basuras en el bosque. ⚒ apreciar. ⚒ despreciar.

3 Calcular el valor o el precio de algo de forma aproximada. Los agricultores después de una sequía estiman las pérdidas que se producen en las cosechas.

estimular
verbo   **1** Dar ánimos a una persona para que haga una cosa o para que la haga mejor o con más rapidez. Los premios o recompensas suelen estimular a las personas.
2 Hacer que un órgano o parte del cuerpo humano funcione más activamente. Un masaje estimula la circulación de la sangre.

estímulo
nombre   **1** Cosa que anima o mueve a una
masculino   persona a hacer una cosa. ⚒ aliciente.
2 Aquello que provoca una respuesta o reacción de un ser vivo o de una parte de su cuerpo. Los bebés necesitan estímulos que les ayuden a desarrollar adecuadamente sus sentidos.

estirar
verbo   **1** Hacer más larga o poner más lisa una cosa tirando de sus extremos.
2 Hacer que una cosa dure más: *Este mes ya no puedo estirar más el dinero.*
3 Crecer o hacerse más alta una persona. Cuando son pequeños, los niños estiran tanto que la ropa se les queda pequeña enseguida.
4 estirarse Hacer el gesto de extender o alargar los brazos y parte del cuerpo para quitarse la pereza.

estirón
nombre   **1** Proceso por el que una persona
masculino   se hace más alta en poco tiempo.
2 Lo que hacemos al tirar con fuerza de algo que no deberíamos tirar porque podemos estropearlo o causar daño. Si alguien nos da un estirón de pelo, nos duele.
👁 El plural es: estirones.

esto
pronombre   **1** Se refiere a una situación u ob-
demostrativo   jeto cercano al hablante y al oyen-

te, pero sin especificar su nombre, bien porque no se quiere, porque se desconoce o porque ya se ha dicho antes: *¿Qué es esto?*
a todo esto Indica que va a introducirse algún comentario sobre lo que se está hablando: *A todo esto, ¿tú cómo te encuentras?*
en esto Se utiliza cuando se está contando una historia para indicar que a la vez que ocurría lo que se acaba de contar sucede lo que se cuenta a continuación: *Iba tranquilamente paseando por la calle y en esto se me acerca un hombre.* ⚒ entonces.
👁 Nunca lleva tilde.

estofado
nombre   **1** Plato de carne guisada en agua
masculino   con sal, aceite, cebolla y especias.

estómago
nombre   **1** Órgano en forma de bolsa al que
masculino   van a parar los alimentos; está situado dentro del abdomen. ✍594

estoque
nombre   **1** Especie de espada de hoja es-
masculino   trecha. Los toreros usan estoques para matar al toro.

estor
nombre   **1** Cortina que se recoge en forma
masculino   vertical.

estorbar
verbo   **1** Molestar o impedir que se realice una cosa. Un coche en doble fila estorba el paso.

estorbo
nombre   **1** Persona o cosa que molesta o
masculino   impide hacer algo. Llevar mucho equipaje es un estorbo para viajar.

estornudar
verbo   **1** Expulsar el aire de los pulmones por la boca y la nariz con fuerza y haciendo ruido.

estornudo
nombre   **1** Expulsión del aire de los pulmo-
masculino   nes por la boca y la nariz con fuerza y haciendo ruido.

estrafalario, estrafalaria
adjetivo   **1** Se dice de la persona que llama la atención porque tiene una forma de vestir o de ser muy rara y fuera de lo normal.

estrangular
verbo   **1** Apretar a una persona en el

E
e

cuello con las manos o con algún objeto, haciendo que no pueda respirar.

estratagema

nombre femenino **1** Plan o proyecto que una persona prepara para conseguir algo.

estrategia

nombre femenino **1** Conjunto de acciones militares que se proyectan y se dirigen en una guerra para conseguir vencer al enemigo.
2 Forma que tiene una persona de planear y dirigir un asunto para lograr un fin determinado. Las empresas intentan seguir una buena estrategia comercial para vender un producto.

estratégico, estratégica

adjetivo **1** Se dice de lo que está relacionado con una estrategia determinada o pertenece a ella.
2 Se dice del lugar que resulta el más adecuado para algo, como situar un comercio. Una tienda de golosinas está en un lugar estratégico si está cerca de un colegio.

estrechamiento

nombre masculino **1** Parte de una cosa que es más estrecha que el resto.

estrechar

verbo **1** Hacer más estrecha o delgada una cosa.
2 Hacer que aumente la confianza o mejore la relación que hay entre dos o más personas, instituciones o países.
3 Apretar con fuerza a una persona con los brazos o las manos, en señal de amistad o de amor.
4 estrecharse Ponerse más juntas las personas que hay en un lugar para que quepa más gente.

estrechez

nombre femenino **1** Característica de las cosas que no son lo suficientemente anchas.
2 Escasez de dinero. Las familias que pasan estrecheces no se pueden permitir ningún lujo.
👁 El plural es: estrecheces.

estrecho, estrecha

adjetivo **1** Que tiene poca distancia de lado a lado o tiene menos de lo normal. Los pasillos de las casas suelen ser estrechos y largos. ⋙ ancho.

2 Que aprieta o es demasiado ajustado. Unos zapatos estrechos hacen mucho daño. ⋙ amplio.
3 Se dice de la relación entre personas que es íntima o muy intensa. ⋙ superficial.

nombre masculino **4** Trozo de mar que separa dos partes de tierra y a través del cual se comunica un mar con otro, como el estrecho de Gibraltar.

estrella

nombre femenino **1** Astro que brilla con luz propia en el firmamento. Las noches en que no hay luna es posible ver muy bien las estrellas.
2 Figura rodeada de puntas con que se representa una estrella y que, en ocasiones, sirve de símbolo de algo, como la categoría de un hotel.
3 Persona que destaca en una profesión o actividad, en especial en un deporte o en el arte.
4 Suerte de una persona. Cuando a una persona todo lo que hace le sale bien decimos que tiene buena estrella.
estrella de mar Animal marino que tiene cinco brazos alrededor de su cuerpo plano y la boca en la parte inferior. La estrella de mar se arrastra por el fondo moviendo los cinco brazos.
ver las estrellas Sentir un dolor muy fuerte y vivo. Cuando alguien se da un fuerte golpe en el codo, ve las estrellas.

estrellar

verbo **1** Lanzar una cosa contra otra haciendo que se rompa en pedazos.
2 estrellarse Darse una persona o una cosa un golpe muy violento contra una superficie o un objeto.
3 estrellarse Tener una persona un fracaso o encontrarse con un problema muy grave. Si no estudiamos cada día, nos podemos estrellar a final de curso.
4 estrellarse Llenarse el cielo de estrellas.

estremecer

verbo **1** Hacer temblar a una persona o una cosa.
2 Producir una impresión fuerte

E
e

de miedo o sobresalto en una persona: *Algunas escenas de la película me estremecieron.*
👁 Se conjuga como: agradecer; la 'c' se convierte en 'zc' delante de 'a' y 'o', como: estremezco.

estrenar
verbo **1** Utilizar una cosa nueva por primera vez.
2 Representar por primera vez ante el público una obra de teatro, una película o cualquier otro espectáculo.

estreno
nombre masculino **1** Utilización de una cosa por primera vez: *Hoy voy de estreno, con zapatos nuevos.*
2 Primera vez que se representa ante el público una obra de teatro, una película o cualquier otro espectáculo. A los estrenos de las películas suelen ir los actores que han intervenido y el director.

estreñido, estreñida
adjetivo **1** Que retiene los excrementos y le cuesta mucho expulsarlos.

estreñimiento
nombre masculino **1** Trastorno del aparato digestivo que consiste en una dificultad para expulsar los excrementos, que quedan retenidos. El estreñimiento se cura con laxantes o comiendo algunos productos, como cereales o frutas.

estreñir
verbo **1** Producir estreñimiento.
👁 Se conjuga como: reñir.

estrépito
nombre masculino **1** Ruido grande, como cuando se cae una estantería llena de libros.

estrepitoso, estrepitosa
adjetivo **1** Que suena mucho.
2 Se dice de algo negativo, como un fracaso o un ridículo, que es grande o exagerado.

estrés
nombre masculino **1** Estado en el que se encuentra una persona que tiene demasiado trabajo o que no puede hacer todo lo que tiene que hacer. El estrés provoca nerviosismo, apatía y otros problemas de salud.
👁 El plural es: estrés.

estribillo
nombre masculino **1** Verso o frase que se repite al final de una o varias estrofas de un poema o una canción.

estribo
nombre masculino **1** Pieza de metal en la que apoya el pie el jinete cuando va montado a caballo. ✍ 157
2 Hueso que se encuentra en el interior del oído y está encadenado al yunque. El estribo es un hueso muy pequeño que tiene la forma de un estribo de caballo.
perder los estribos Enfadarse mucho una persona, hasta el punto de no poder controlar sus acciones.

estribor
nombre masculino **1** Lado derecho de una embarcación, mirando hacia delante cuando está en marcha. ✖ babor. ✍ 123

estricto, estricta
adjetivo **1** Que cumple exactamente todo lo que está mandado por la norma o por la ley. Un profesor que no perdona ni una falta es muy estricto.

estrofa
nombre femenino **1** Parte de un poema formada por dos o más versos que siguen un modelo.

estropajo
nombre masculino **1** Trozo de esparto, níquel, plástico u otro material que se usa para fregar. ✍ 793

estropear
verbo **1** Hacer que una cosa pierda calidad o valor o deje de funcionar. Cuando se estropea un alimento, no se debe comer.
2 Hacer que un plan, un proyecto o una diversión no puedan llevarse a cabo. Si empieza a llover, se estropea el plan de salir de paseo.

estropicio
nombre masculino **1** Rotura aparatosa o destrozo grande, generalmente acompañado de mucho ruido.

estructura
nombre femenino **1** Modo determinado en que están colocadas todas las partes que forman algo. Las novelas tienen una estructura basada normalmente en una introducción, un nudo y un desenlace.
2 Conjunto de piezas que sirven

E
e

de soporte o refuerzo, como la estructura de un edificio.

estruendo
nombre masculino
1 Ruido grande, como cuando se derrumba un edificio.
2 Ruido de voces y de movimiento de gente.

estrujar
verbo
1 Apretar una cosa con fuerza para sacarle lo que tiene dentro. Estrujamos medio limón sobre el pescado para que salga el zumo y le dé sabor.
2 Apretar una cosa con fuerza hasta arrugarla o estropearla. Antes de tirar un papel a la papelera lo estrujamos.
3 Apretar con fuerza a una persona. Si nos dan un abrazo muy fuerte, nos estrujan.

estuche
nombre masculino
1 Caja que se utiliza para guardar ordenadamente uno o varios objetos o para protegerlos. Muchos niños llevan estuches de lápices a clase.

estudiante
nombre masculino y femenino
1 Persona que estudia o realiza unos estudios en un centro de enseñanza para adquirir unos conocimientos.

estudiar
verbo
1 Utilizar una persona la inteligencia o el entendimiento para aprender o comprender una cosa. Hay que estudiar mucho para sacar una buena nota en un examen.
2 Realizar una persona unos estudios determinados o hacerlo en determinado centro. Algunas personas estudian idiomas al mismo tiempo que estudian una carrera.
3 Pensar sobre una cosa con mucho detenimiento y con mucha insistencia para darle una solución o tomar una decisión sobre ella. El gobierno estudia las propuestas que le hace la oposición.

estudio
nombre masculino
1 Esfuerzo o ejercicio que hace la mente para comprender las cosas o aprenderlas. ✵ aprendizaje.
2 Trabajo en el que una persona analiza un tema. Se han publicado muchos estudios sobre el origen del universo.
3 Lugar de trabajo de una persona que se dedica al arte, a la ciencia o a la literatura. Algunos delineantes trabajan en el estudio de un arquitecto.
4 Lugar acondicionado para la grabación de películas, programas de radio y televisión, y discos. En Hollywood se encuentran los estudios de cine más famosos del mundo.
5 Piso pequeño, compuesto por una habitación principal, cocina y cuarto de baño, destinado a vivienda de una o dos personas.

nombre masculino plural
6 estudios Conjunto de asignaturas que se estudian o actividad que se hace para conseguir un título. Algunas personas se pagan los estudios trabajando.

estudioso, estudiosa
adjetivo
1 Que estudia mucho o es muy aplicado en sus estudios. Los alumnos estudiosos sacan buenas notas.
adjetivo y nombre
2 Que se dedica al estudio o a la investigación de una ciencia o una materia.

estufa
nombre femenino
1 Aparato que sirve para producir calor y que utilizan las personas cuando hace frío para calentar una habitación u otro lugar. Hay estufas de butano y de electricidad.

estupefaciente
adjetivo y nombre masculino
1 Se dice de la sustancia que elimina el dolor y produce sensación de relajación y placer. La mayoría de drogas son estupefacientes y su consumo crea adicción.

estupefacto, estupefacta
adjetivo
1 Se dice de la persona que está muy asombrada o sorprendida por algo, de manera que se queda por un momento sin poder reaccionar.

estupendo, estupenda
adjetivo
1 Que es muy bueno o muy bonito: Estas zapatillas son estupendas. ✵ espléndido; fabuloso.

estupidez
nombre femenino
1 Característica de la persona que demuestra poca inteligencia,

poca sensatez o falta de juicio en lo que hace o dice.

2 Cosa estúpida o extremadamente absurda que hace o dice una persona.

👁 El plural es: estupideces.

estúpido, estúpida

adjetivo y nombre

1 Que demuestra poca inteligencia, poca sensatez o falta de juicio en lo que hace o dice. Las acciones, la conducta o las expresiones de este tipo de personas también son estúpidas.

2 Se dice de la persona que presume excesivamente de sus cosas y se cree que debe ser admirada por los demás. Las personas estúpidas son antipáticas.

estupor

nombre masculino

1 Sorpresa o asombro que causa una cosa.

etapa

nombre femenino

1 Distancia que se recorre entre dos puntos de un recorrido más largo, en especial de pruebas deportivas.

2 Cada una de las partes en que se divide una acción o un proceso. La infancia es una etapa importante de la vida. ✖ fase.

etcétera

nombre masculino

1 Palabra que sustituye la parte final de una enumeración, cuando ya se han citado varias cosas, para indicar que todavía se pueden citar más. Se suele usar casi siempre la forma abreviada: etc.

eternidad

nombre femenino

1 Espacio de tiempo que no tiene principio ni fin. También se llama eternidad a un tiempo muy largo: Tardamos una eternidad en llegar.

2 En algunas religiones, vida del alma después de la muerte.

eterno, eterna

adjetivo

1 Se dice de las cosas que duran siempre, que no tienen principio ni fin. Para los cristianos, Dios es el único ser eterno.

2 Se dice de lo que dura mucho tiempo o es así desde siempre: Su amistad es eterna, se conocen desde pequeñitos. ✖ efímero.

3 Se dice de las cosas que se re-

piten mucho. Con este significado se suele poner delante del nombre: eterna queja, eterna pregunta.

ética

nombre femenino

1 Conjunto de normas y reglas que distinguen las acciones buenas de las malas, y que guían el comportamiento humano. Hacer sufrir a los demás va en contra de la ética. ✖ moral.

ético, ética

adjetivo

1 Que está de acuerdo con el conjunto de las reglas que guían el comportamiento humano. Ayudar a los demás es un comportamiento ético.

2 De la ética o que tiene relación con ella.

etiqueta

nombre femenino

1 Trozo de papel, tela o plástico que lleva escrita una información y se pega o sujeta a una cosa. Los productos que compramos tienen una etiqueta con el precio. ✎➤800

2 Conjunto de normas de comportamiento que se deben cumplir en algunos actos solemnes, como las recepciones con autoridades.

de etiqueta Se dice de las fiestas o reuniones en las que hay que llevar cierto tipo de ropa. Ir de traje de noche y de chaqueta y corbata es vestirse de etiqueta.

etiquetar

verbo

1 Poner etiquetas a los productos.

etnia

nombre femenino

1 Conjunto de personas que pertenecen a una misma raza y tienen una lengua y costumbres comunes: En Estados Unidos conviven gentes de distintas etnias.

eucalipto

nombre masculino

1 Árbol de tronco muy alto y recto, con hojas muy aromáticas de forma alargada y puntiaguda, de las que se extrae una sustancia que se utiliza para hacer caramelos y otras cosas.

eucaliptus

nombre masculino

1 Es otra forma de pronunciar y escribir: eucalipto.

👁 Es preferible utilizar la forma: eucalipto.

E
e

E e

eucaristía
nombre femenino **1** Sacramento de la Iglesia católica que consiste en tomar el pan y el vino que representan el cuerpo y la sangre de Jesucristo. ✖ comunión.

euforia
nombre femenino **1** Estado de ánimo de la persona que no puede contener su alegría y su felicidad.

europeo, europea
adjetivo y nombre **1** Se dice de la persona o cosa que es de Europa, uno de los seis continentes. España es un país europeo.

euskera
nombre masculino **1** Lengua hablada en el País Vasco español y francés y en zonas de Navarra. ✖ vasco, vascuence.

eutanasia
nombre femenino **1** Acción que consiste en dejar morir o provocar la muerte a un enfermo incurable para evitarle sufrimientos. En muchos países la eutanasia está prohibida.

evacuar
verbo **1** Vaciar de personas un lugar. ✖ desalojar; desocupar.
2 Echar excrementos por el ano. Es un uso formal. ✖ cagar.
👁 Se conjuga como: adecuar; la 'u' no lleva nunca acento de intensidad.

evadir
verbo **1** Hacer todo lo posible para no cumplir con una obligación o para no caer en una situación peligrosa.
2 Sacar dinero u otros bienes de un país de manera ilegal, normalmente para no pagar impuestos.
3 evadirse Escaparse de un lugar en el que se está encerrado. ✖ fugarse; huir.

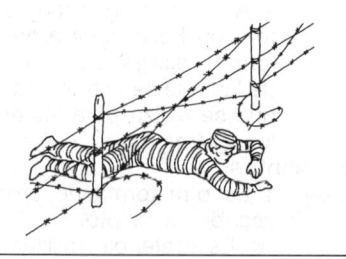

evadirse

4 evadirse Distraerse una persona con algo para intentar olvidar un problema o una preocupación.

evaluación
nombre femenino **1** Acción que consiste en evaluar o calcular el valor o la importancia de algo.
2 Prueba o conjunto de actividades que hacen los profesores a los alumnos para ver si dominan una materia escolar.
👁 El plural es: evaluaciones.

evaluar
verbo **1** Determinar el valor o importancia de una cosa o las cualidades o conducta de una persona: *Están evaluando los daños producidos por el incendio.* ✖ calcular.
2 Juzgar o valorar el profesor si un alumno ha progresado o no en los estudios y ponerle una nota.
👁 Se conjuga como: actuar; la 'u' se acentúa en algunos tiempos y personas, como: evalúen.

evangelio
nombre masculino **1** Doctrina de Jesucristo. Los misioneros predican el evangelio.
2 Conjunto de cuatro libros que narran la vida de Jesucristo. Con este significado se escribe con mayúscula.

evangelista
nombre masculino **1** Cada uno de los cuatro discípulos de Jesucristo que escribieron la historia de su vida: san Juan, san Lucas, san Mateo y san Marcos.

evaporación
nombre femenino **1** Proceso que consiste en la transformación de un líquido en vapor. La evaporación del agua se produce a una temperatura de 100 grados centígrados. ✎ 597

evaporar
verbo **1** Convertir un líquido en gas o en vapor.
2 evaporarse Desaparecer algo rápidamente: *En esta casa los yogures se evaporan en dos días.* Es un uso informal.

evasión
nombre femenino **1** Acción de escapar de un lugar en el que se estaba encerrado. ✖ fuga; huida.
👁 El plural es: evasiones.

eventual

adjetivo **1** Que no es definitivo o seguro porque está sujeto a cambios dependiendo de las circunstancias. Un contrato eventual no es para siempre.

evidencia

nombre femenino **1** Seguridad completa que tiene una persona de que algo es cierto: *Tengo la evidencia de que ocurrió así.* ✖ certeza.

poner en evidencia Hacer que algo sea conocido por los demás, especialmente cuando es algo negativo: *Le pusieron en evidencia al descubrir sus mentiras.*

evidente

adjetivo **1** Que está muy claro o que es una verdad que no ofrece ninguna duda. Es evidente que en verano los días son más largos que en invierno.

evitar

verbo **1** Hacer todo lo posible para que no ocurra algo malo. Para evitar los constipados tenemos que abrigarnos bien. ✖ eludir.

evocar

verbo **1** Hacer que venga a la memoria o al pensamiento algo que ocurrió en el pasado. ✖ recordar. ✖ olvidar.
👁 Se escribe 'qu' delante de 'e', como: evoquen.

evolución

nombre femenino **1** Transformación o paso de un estado a otro. Con los años, se produce una evolución en la forma de ser de las personas.
2 Movimiento o paso de un lugar o una posición a otra: *Los niños siguieron con asombro las evoluciones de los acróbatas.*
👁 El plural es: evoluciones.

evolucionar

verbo **1** Ir cambiando o pasando de un estado a otro. Si una enfermedad evoluciona favorablemente, quiere decir que se va curando.

ex

1 Se pone delante de los nombres y adjetivos para indicar que algo o alguien ya no es lo que era. Una mujer que se divorcia de su marido se convierte en su ex mujer.

exactitud

nombre femenino **1** Cualidad o característica de lo que es exacto. Los cronómetros miden el tiempo con exactitud. ✖ precisión. ✖ inexactitud.

exacto, exacta

adjetivo **1** Se dice de lo que se corresponde con precisión a la realidad. El peso exacto de una cosa es el que marca la balanza. ✖ preciso.
2 Que se parece mucho a otro. Los cuadros que pintan algunas personas en la calle son exactos a los originales.

exageración

nombre femenino **1** Acción que consiste en exagerar al decir o hacer algo.
2 Aquello que ocurre, se hace o se dice de un modo exagerado: *Es una exageración pedir cinco platos en un restaurante.*
👁 El plural es: exageraciones.

exagerado, exagerada

adjetivo **1** Que es mucho más grande, fuerte o intenso que lo normal: *Hace un calor exagerado.* ✖ excesivo.

adjetivo y nombre **2** Se dice de la persona que hace o dice algo con exageración.

exagerar

verbo **1** Decir o hacer una cosa presentándola con unas proporciones mucho más grandes que las que realmente tiene.

examen

nombre masculino **1** Prueba que se hace a una persona para conocer sus aptitudes, su preparación o su dominio de una materia o una actividad. Hay exámenes orales y escritos.
2 Observación que se hace de una cosa con mucha atención y mucho detenimiento para ver sus características o sus cualidades, como un examen médico.
👁 El plural es: exámenes.

examinar

verbo **1** Poner un examen a una persona para conocer sus aptitudes, su preparación o su dominio de una materia o una actividad determinada. Los que no aprueban en junio deben examinarse en septiembre.
2 Observar una cosa con mucha atención y mucho detenimiento

E
e

E
e

para ver sus características o sus cualidades.

excavación

nombre femenino **1** Acción que consiste en hacer un gran agujero en un terreno con un fin determinado. Los arqueólogos realizan excavaciones para buscar piedras y objetos antiguos. 👁 El plural es: excavaciones.

excavadora

nombre femenino **1** Máquina que se utiliza para excavar la tierra o para mover grandes cantidades de tierra. Las excavadoras tienen una gran pala con la que hacen agujeros y se utilizan en la construcción. ✍ 395

excavar

verbo **1** Hacer una zanja o un gran agujero en un terreno.

exceder

verbo **1** Superar o ser más grande que otra persona o cosa en una característica o en una cualidad: *Este árbol excede en altura al otro.*
2 excederse Hacer una cosa que va más allá de lo que se considera justo o razonable. ⚕ pasarse.

excelente

adjetivo **1** Que destaca sobre otras personas o cosas por sus buenas cualidades. ⚕ extraordinario; fabuloso.

excéntrico, excéntrica

adjetivo **1** Que tiene un comportamiento o una manera de ser que se sale de lo que se considera normal. También son excéntricos el comportamiento, la manera de ser o las cosas que no se consideran normales: *Es un excéntrico, vive solo en una cueva.*

excepción

nombre femenino **1** Lo que es distinto de lo normal o general. Las ovejas negras son la excepción en los rebaños. 👁 El plural es: excepciones.

excepcional

adjetivo **1** Que se aparta de lo que es normal o general. En España, los terremotos son excepcionales.
2 Que es muy bueno. Los atletas que ganan medallas en las olimpiadas suelen ser excepcionales.

excepto

preposición **1** Indica que lo que se dice a con-

tinuación se excluye de lo que se ha dicho antes o de un conjunto más general: *Lo sabíamos todos excepto ella.* ⚕ menos; salvo.

exceptuar

verbo **1** Dejar fuera de un grupo o de una regla a una persona, una cosa o un animal. Las tiendas suelen abrir todos los días exceptuando los domingos. ⚕ excluir.

excesivamente

adverbio **1** Mucho más de lo que se considera normal o razonable.

excesivo, excesiva

adjetivo **1** Que es mucho más grande, fuerte o intenso de lo que se considera normal o razonable.

exceso

nombre masculino **1** Cantidad que sobra o que hay de más de lo necesario o lo normal. Cuando en un recipiente hay un exceso de agua, el agua se desborda.
2 Acción que se hace con mucha más intensidad de lo que se considera normal. Pasarse toda la noche sin dormir es un exceso.

excitación

nombre femenino **1** Estado en que se encuentra la persona que se excita. Ganar un premio en un concurso de disfraces produce una gran excitación.

excitante

adjetivo **1** Que causa excitación.

excitar

verbo **1** Hacer que una persona se ponga muy nerviosa o que tenga un sentimiento muy fuerte e intenso de enfado, alegría o miedo. Algunas bebidas, como el café o el té, excitan.

exclamación

nombre femenino **1** Voz o frase que expresa con intensidad algún sentimiento o estado de ánimo. Cuando a una persona le toca un premio lanza una exclamación de alegría.
2 Signo que se coloca al principio y al final de la palabra o frase para indicar admiración, sorpresa o emoción. La frase '¡Qué sorpresa!' está entre exclamaciones. ⚕ admiración.
👁 El plural es: exclamaciones.

E / e

exclamar

verbo **1** Decir algo con una entonación especial para expresar un sentimiento o estado de ánimo.

exclamativo, exclamativa

adjetivo **1** Se dice de la frase que expresa la admiración o emoción que siente una persona.

excluir

verbo **1** Dejar a una persona o cosa fuera de un lugar o de un grupo. Si haces trampas, tus amigos te excluirán del juego. ✄ incluir.

✆ Se conjuga como: huir; la 'i' se convierte en 'y' delante de 'a', 'e' y 'o', como: excluya o excluyo.

exclusiva

nombre femenino **1** Noticia o reportaje que sólo sale en un periódico o revista porque ésta ha pagado el derecho a ser el único en publicarla; algunos famosos suelen vender la exclusiva de sus bodas. También se llama exclusiva a este derecho: *Esa tienda tiene la exclusiva para vender la marca que buscas.*

exclusivo, exclusiva

adjetivo **1** Que es único, que no hay otro igual. Las joyas exclusivas son mucho más caras que las normales.

excremento

nombre masculino **1** Sustancia sólida que los animales y las personas expulsan por el ano. ✄ caca; mierda.

excursión

nombre femenino **1** Viaje o salida corta que se hace a la montaña, a la playa o a otro lugar para divertirse o para ver algo. Los niños suelen hacer excursiones con los compañeros del colegio y los profesores.

✆ El plural es: excursiones.

excursionista

nombre masculino y femenino **1** Persona que va de excursión. Los excursionistas llevan mochilas y botas cómodas para andar.

excusa

nombre femenino **1** Razón o motivo que una persona da para hacer o dejar de hacer una cosa o para justificar algo que ha hecho. ✄ pretexto.

exento, exenta

adjetivo **1** Que no tiene la obligación de hacer alguna cosa, que está libre de ello. Si una persona está exenta de pagar un impuesto, no lo tiene que pagar.

exhalación

nombre femenino **1** Acción que consiste en lanzar un suspiro o una queja. Es un uso formal.

2 Estrella fugaz que pasa muy rápida por el cielo.

como una exhalación A gran velocidad: *Elena pasó por mi lado como una exhalación y ni me vio.*

✆ El plural es: exhalaciones.

exhalar

verbo **1** Expulsar aire, olores o gases. Las basuras exhalan muy mal olor.

2 Lanzar una persona un suspiro o una queja. Es un uso formal.

exhaustivo, exhaustiva

adjetivo **1** Que se hace o se dice con todo detalle, sin dejarse nada.

exhausto, exhausta

adjetivo **1** Que está muy cansado o prácticamente sin fuerzas por una enfermedad o por un gran esfuerzo.

exhibición

nombre femenino **1** Acción que consiste en mostrar algo a un público. La gente bromista hace exhibición de su buen humor.

✆ El plural es: exhibiciones.

exhibicionista

nombre masculino y femenino **1** Persona a la que le gusta enseñar sus órganos sexuales en lugares públicos para que la miren.

exhibir

verbo **1** Mostrar una cosa a un público. En los cines se exhiben películas.

2 exhibirse Dejarse ver una persona en público para que la miren.

exigencia

nombre femenino **1** Aquello que se pide con fuerza porque se tiene o se cree tener derecho a ello.

2 Aquello que es necesario para un fin determinado: *El actor salía desnudo en la película por exigencias del guión.*

exigente

adjetivo y nombre **1** Se dice de la persona que siempre espera que los demás hagan todo lo que ella pide.

exigir

verbo **1** Pedir con fuerza una cosa a la

E e

que se tiene o se cree tener derecho. En algunas manifestaciones se exige paz y justicia.
2 Obligar a hacer algo. Cuando los alumnos de una clase hablan mucho, el profesor exige silencio.
3 Ser algo necesario para un fin determinado. Ser deportista profesional exige muchas horas de ejercicio y entrenamiento.
👁 Se escribe 'j' delante de 'a' y 'o', como: exija o exijo.

exiliado, exiliada
adjetivo y nombre
1 Se dice de la persona que se ve obligada a irse de su país, especialmente por motivos políticos.

exiliarse
verbo
1 Irse una persona de su país para no ser perseguida o perjudicada por el gobierno a causa de sus ideas políticas. Durante las dictaduras, muchos intelectuales tienen que exiliarse a otros países.
👁 Se conjuga como: cambiar; la 'i' no lleva nunca acento de intensidad.

exilio
nombre masculino
1 Acción que consiste en exiliarse o irse del propio país por motivos políticos. ⚒ destierro.
2 Lugar al que una persona se exilia y tiempo que permanece en este lugar.

existencia
nombre femenino
1 Hecho de existir una persona, una cosa o un animal. Las personas que son religiosas creen en la existencia de Dios.
2 Vida de las personas: *Tenía una existencia llena de alegría.*
nombre femenino plural
3 existencias Productos que hay almacenados en un lugar para ser vendidos, pero que todavía no se han vendido.

existir
verbo
1 Estar con vida o realidad en el mundo o en el universo una persona, un animal o una cosa. Los dinosaurios dejaron de existir hace miles de años.
2 Estar una cosa o una persona en un lugar o en una situación determinados. En algunas calles existen edificios en ruinas. ⚒ haber.

éxito
nombre masculino
1 Resultado muy bueno que se consigue después de hacer algo. ⚒ triunfo. ⚒ fracaso.
2 Buena acogida que tiene una persona o cosa entre la gente. Un libro tiene mucho éxito cuando lo compra mucha gente. ⚒ aceptación. ⚒ fracaso.

exótico, exótica
adjetivo
1 Que es de un país extranjero y muy lejano. La papaya y el mango son frutas exóticas.

exótico

2 Que es tan poco conocido o poco frecuente que llama la atención. Resulta exótico ver un rebaño de ovejas en la ciudad. ⚒ raro.

expectación
nombre femenino
1 Interés con que se espera y se sigue una cosa o un acontecimiento.
👁 El plural es: expectaciones.

expectativa
nombre femenino
1 Esperanza o posibilidad de conseguir una cosa: *Se ha presentado al concurso de dibujo con muchas expectativas de ganar.*

expedición
nombre femenino
1 Viaje que se realiza a un lugar con un fin determinado, generalmente científico o militar. Los científicos suelen hacer expediciones a lugares como la Antártida.
2 Conjunto de personas que participan en este tipo de viajes.
👁 El plural es: expediciones.

expediente
nombre masculino
1 Conjunto de todos los documentos o todos los papeles que se han tramitado o se han gestionado en relación con un asunto.
2 Escrito en el que figuran los datos relativos a la trayectoria profe-

sional de un empleado o los datos académicos de un estudiante.

3 Investigación o conjunto de actuaciones que se hacen de manera oficial contra un funcionario, un empleado o un estudiante, por alguna supuesta falta cometida.

expedir
verbo   **1** Enviar a un lugar una comunicación o una mercancía. En Correos expiden paquetes, cartas y telegramas. ✖ mandar; remitir.
2 Elaborar y entregar al interesado un certificado o un documento oficial. El libro de familia lo expide el juzgado.
👁 Se conjuga como: servir; la 'e' se convierte en 'i' en algunos tiempos y personas, como: expiden.

experiencia
nombre   **1** Conjunto de conocimientos sofemenino   bre las cosas de la vida que se adquieren al practicarlas o al vivirlas.
2 Suceso o situación que vive una persona y que le da conocimiento acerca de la vida. Perder a un ser querido es una experiencia amarga y dolorosa.
3 Acción de provocar un fenómeno para estudiarlo o analizar sus efectos. ✖ experimento.

experimentar
verbo   **1** Realizar experimentos para estudiar un fenómeno o analizar sus efectos: *Están experimentando la nueva vacuna*.
2 Tener una persona una sensación o un estado determinado. Cuando una persona no se encuentra bien experimenta una sensación de malestar.
3 Sufrir un cambio o una transformación. El paro siempre experimenta un descenso en los meses de verano.

experimento
nombre   **1** Acción que consiste en provomasculino   car un fenómeno para estudiarlo o analizar sus efectos. Los experimentos se suelen realizar en un laboratorio.

experto, experta
adjetivo   **1** Se dice de la persona que tiene
y nombre   mucha experiencia o muchos co-

nocimientos sobre una materia o un campo concreto.

expirar
verbo ·   **1** Dejar de vivir una persona. Es un uso formal. ✖ fallecer; morir; perecer. ✖ vivir.
2 Llegar una cosa al final de su duración. Si el plazo de entrega de unos papeles expira el 20 de agosto, el 21 ya no se pueden entregar.

explanada
nombre   **1** Terreno llano, amplio y que está
femenino   despejado de edificios o árboles. En las explanadas se montan ferias o mercados ambulantes.

explicación
nombre   **1** Lo que se dice para que algo se
femenino   conozca o se entienda con claridad. Son explicaciones las causas, razones y aclaraciones que exponemos ante los demás.
👁 El plural es: explicaciones.

explicar
verbo   **1** Hablar de algo dando todos los detalles necesarios para que se conozca o se entienda con claridad: *El profesor explicó la lección*.
2 Decir la causa o la razón de algo: *Explícame qué ha pasado para que se haya roto el cristal*.
3 explicarse Comprender la causa o la razón de algo. Nadie se explica por qué hay hambre y guerras en el mundo.

explicativo, explicativa
adjetivo   **1** Que explica o sirve para explicar, como un gráfico que acompaña a un texto.
2 Se dice del adjetivo que señala una cualidad del nombre al que acompaña, pero que no es necesaria para clasificarlo o diferenciarlo de otro nombre. En 'frío hielo', 'frío' es un adjetivo explicativo.

explícito, explícita
adjetivo   **1** Que dice o expresa con claridad lo que quiere decir: *Lo dijo de un modo explícito para que todos lo entendiéramos*.

exploración
nombre   **1** Reconocimiento o examen de-
femenino   tallado de algo o alguien, como un terreno o un enfermo.
👁 El plural es: exploraciones.

E
e

explorador, exploradora

nombre **1** Persona que explora un lugar desconocido para ver cómo es el terreno, la vegetación y la fauna.

explorar

verbo **1** Ir por un lugar o un terreno para ver cómo es o descubrir algo de él.
2 Examinar el cuerpo o algún órgano de una persona para ver si está bien o mal: *El médico la exploró y dijo que no tenía nada.*

explosión

nombre femenino **1** Rotura violenta y repentina de una cosa haciendo mucho ruido, como la explosión de una bombona de gas o de un coche. También es explosión el ruido que se oye.
2 Manifestación de un estado de ánimo o de un sentimiento de forma intensa y espontánea: *Cuando se anunció la excursión, se produjo una explosión de alegría en la clase.*
👁 El plural es: explosiones.

explosionar

verbo **1** Hacer que se produzca una explosión.
2 Romperse una cosa de golpe y haciendo mucho ruido. Las bombas y otros artefactos de guerra explosionan. ✗✗ explotar.

explosivo, explosiva

adjetivo y nombre masculino **1** Se dice de las cosas y las sustancias que pueden provocar una explosión, como la dinamita.
adjetivo **2** Se dice de las noticias, las cosas o las personas que llaman mucho la atención o producen asombro.

explotación

nombre femenino **1** Abuso que consiste en hacer trabajar mucho a una persona y pagarle muy poco o en sacar el máximo provecho de una cosa.
2 Conjunto de máquinas e instalaciones que se utilizan en una actividad agrícola o industrial. En las explotaciones agrícolas suele haber tractores y segadoras.
👁 El plural es: explotaciones.

explotar

verbo **1** Romperse o partirse una cosa de forma muy violenta, de modo que salen por el aire los trozos de la cosa, su contenido e incluso fuego o chispas.
2 Hacer que algo sea provechoso o dé beneficios. Los agricultores explotan sus parcelas de terreno y los empresarios sus empresas.
3 Abusar de una persona haciéndola trabajar mucho y pagándole poco.

exponer

verbo **1** Presentar una cosa para que se vea. Los pintores exponen sus cuadros en una galería de arte. ✗✗ exhibir; mostrar.
2 Decir o explicar algo. Los alumnos exponen sus dudas en clase.
3 Poner una cosa o a una persona en situación de recibir la acción o el peligro de algo. Las plantas de interior no se pueden exponer al aire libre; los bomberos exponen sus vidas al apagar un incendio.
👁 Se conjuga como: poner.

exportación

nombre femenino **1** Venta de productos comerciales a otros países. También es el conjunto de bienes que se venden al extranjero. ✗✗ importación.
👁 El plural es: exportaciones.

exportar

verbo **1** Vender o transportar un país productos comerciales a otro. España exporta naranjas a países de la Unión Europea. ✗✗ importar.

exposición

nombre femenino **1** Presentación o muestra de un conjunto de cosas.
2 Explicación de algo: *El conferenciante hizo una brillante exposición del tema.*
👁 El plural es: exposiciones.

exprés

adjetivo **1** Que va o funciona muy rápido. Las ollas exprés cocinan mucho más rápido que las normales; si se envían las cartas utilizando el servicio exprés de Correos, llegan antes que las ordinarias.
👁 El plural es: exprés.

expresar

verbo **1** Dar a conocer un deseo, un pensamiento o un sentimiento con palabras, signos, gestos o actitudes. ✗✗ manifestar.

E e

expresión

nombre femenino **1** Comunicación de un pensamiento o un sentimiento. El llanto es una expresión de tristeza.

2 Gesto de una persona que da a conocer un sentimiento: *Tenía la expresión triste*.

3 Palabra o grupo de palabras con un significado determinado. 'Estar en Babia' y 'estar distraído' son dos expresiones con el mismo significado.

👁 El plural es: expresiones.

expresividad

nombre femenino **1** Característica de las cosas o personas expresivas.

expresivo, expresiva

adjetivo **1** Que muestra con gran viveza pensamientos o sentimientos. Cuando una persona recibe a otra con un saludo muy expresivo le demuestra su afecto con claridad, sonriendo, abrazando o dando un apretón de manos a esa persona.

expreso, expresa

adjetivo **1** Que ha sido dicho así para que quede claro: *No lo hizo porque tenía órdenes expresas de no hacerlo*. ✗✗ explícito. ✗✗ implícito.

nombre masculino **2** Tren rápido de pasajeros que sólo para en algunas estaciones importantes de su recorrido.

exprimidor

nombre masculino **1** Instrumento o aparato que sirve para sacar el zumo de algunas frutas, como las naranjas, los pomelos o los limones.

exprimir

verbo **1** Apretar con fuerza una fruta para sacar el líquido que tiene dentro.

2 Abusar de una cosa o de una persona hasta agotarla tratando de sacar el máximo partido de ella. Si exprimimos una prenda de ropa es que la usamos hasta que se desgasta o se rompe.

expropiar

verbo **1** Quitar de manera legal una propiedad a su dueño por razones de interés público, a cambio de una cantidad de dinero. Para construir una carretera, el estado expropia los terrenos necesarios.

👁 Se conjuga como: cambiar; la 'i' no lleva nunca acento de intensidad.

expuesto, expuesta

adjetivo **1** Que puede resultar peligroso. Asomarse a un lugar sin barandilla es muy expuesto.

2 Que está colocado en un lugar para que todo el mundo pueda verlo.

expulsar

verbo **1** Echar o hacer salir a alguien o algo de un lugar. Los volcanes expulsan lava. Los árbitros de balonmano expulsan a los jugadores que cometen faltas graves.

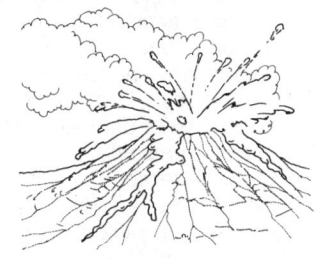

expulsar

expulsión

nombre femenino **1** Acción que consiste en echar a una persona de algún lugar: *El árbitro decidió la expulsión del jugador*.

2 Acción que consiste en lanzar o soltar una cosa que se tiene en el interior. La expulsión de gases de las fábricas contamina el aire.

exquisito, exquisita

adjetivo **1** Que es muy bueno y tiene una gran calidad y un gusto extraordinario. Los modales de las personas bien educadas son exquisitos.

éxtasis

nombre masculino **1** Estado en el que se encuentra una persona cuando está tan admirada por algo que no se entera de lo que sucede a su alrededor: *Estaba en éxtasis viendo la película de su actor favorito*.

2 En religión, sentimiento agradable que provoca la relación con Dios.

E
e

3 Droga química que provoca falsa alegría y gran excitación a quien la toma.
👁 El plural es: éxtasis.

extender
verbo **1** Hacer que una cosa doblada o recogida ocupe más espacio desdoblándola o estirándola. Extendemos el mantel sobre la mesa.
2 Poner algo que estaba junto o apretado sobre una superficie de modo que ocupe más espacio: *El niño extendió todas las fotografías por el suelo.*
3 Poner algo por escrito en un documento, un cheque o un recibo. Las universidades extienden certificados académicos.
4 Hacer que un gran número de personas conozcan o dispongan de una cosa. Las hamburgueserías se han extendido rápidamente por muchos países.
5 extenderse Ocupar una cosa cierta cantidad de espacio o de tiempo. Las películas no se extienden más de tres horas.
6 extenderse Hablar o escribir mucho sobre algo.
👁 Se conjuga como: entender; la 'e' se convierte en 'ie' en sílaba acentuada, como: extiende.

extensión
nombre **1** Aumento de tamaño o espacio
femenino de una cosa: *La extensión del incendio es muy preocupante.*
2 Acción que consiste en estirar o desdoblar una cosa: *Vamos a hacer unas extensiones de brazos y piernas para calentar antes de empezar el partido.*
3 Superficie, tamaño o espacio que tiene u ocupa algo: *Es una novela de poca extensión, no pasa de las cien páginas.*
4 Tiempo que dura una cosa, como un programa de radio o televisión.
5 Línea de teléfono conectada a una centralita.

extenso, extensa
adjetivo **1** Que es muy grande o que tiene una superficie de gran tamaño: *En Castilla hay extensos campos de trigo.*

exterior
adjetivo **1** Que está situado en la parte de fuera. La capa exterior de los frutos secos se llama 'cáscara'. ✖ externo. ✖ interno.
2 Se dice de aspectos económicos o políticos relacionados con los países del extranjero.
adjetivo **3** Se dice de las viviendas o habi-
y nombre taciones que dan a la calle.
masculino
nombre **4** Superficie que se extiende fuera
masculino de las cosas o personas. El ayuntamiento se encarga de limpiar los exteriores de los edificios.
nombre **5 exteriores** Escenas de una pelí-
masculino cula que se ruedan al aire libre en
plural lugar de hacerlo en un estudio.

exteriorizar
verbo **1** Mostrar alguien lo que piensa o siente.
👁 Se escribe 'c' delante de 'e', como: exteriorice.

exterminar
verbo **1** Hacer desaparecer completamente a un grupo de personas, animales o plantas de un lugar. En las ciudades hay empresas que se dedican a exterminar ratas.

exterminio
nombre **1** Acción que se realiza cuando se
masculino extermina. El exterminio de los judíos por parte de los nazis es uno de los hechos históricos más graves del siglo xx.

externo, externa
adjetivo **1** Se dice de lo que está, se manifiesta o queda fuera o por fuera de algo. Las pomadas son medicamentos de uso externo. ✖ interno.
adjetivo **2** Se dice de la persona que no
y nombre vive ni come en su lugar de estudio o de trabajo. ✖ interno.

extinguir
verbo **1** Hacer que una cosa se acabe o deje de existir. Los bomberos se dedican a extinguir incendios.
👁 Se conjuga como: distinguir; se escribe 'g' delante de 'a' y 'o', como: extingan.

extintor
nombre **1** Aparato con una sustancia en
masculino su interior que sirve para apagar el fuego. Los extintores tienen forma

E e

de botellas grandes de color rojo y suelen estar colgados de la pared en los locales públicos. ☞ 800

extra

adjetivo **1** Se dice del producto que es de una calidad superior a la normal.

adjetivo y nombre masculino **2** Se dice de una cosa que se añade a lo normal o habitual. Las horas extra son las que se trabajan además de las que están en el contrato; algunos periódicos sacan extras sobre temas especiales.

nombre masculino y femenino **3** Persona que aparece en una obra de cine o teatro pero no tiene papel. Los actores que aparecen en la calle son extras.

extractor

nombre masculino **1** Aparato que sirve para sacar al exterior el humo o el aire contaminado que hay en un lugar, en especial en las cocinas. ☞ 793

extraer

verbo **1** Sacar fuera una cosa que estaba dentro de un sitio. Los dentistas extraen las muelas dañadas.
2 Obtener una sustancia a partir de un producto. Extraemos aceite de las aceitunas y vino de las uvas.
👁 Se conjuga como: traer.

extranjero, extranjera

adjetivo y nombre **1** Se dice de la persona o cosa que es de un país distinto del propio. Para un español, franceses e ingleses son extranjeros.

nombre masculino **2** País o países distintos del propio: *Cada vez más gente pasa sus vacaciones en el extranjero.*

extrañar

verbo **1** Causar una cosa sorpresa porque nos parece rara o imposible de creer. Nos extraña que las personas muy puntuales lleguen tarde a una cita. ✖ sorprender.
2 Echar de menos a una persona o una cosa. ✖ añorar.
3 Encontrar rara una cosa a la que no se está acostumbrado: *No he dormido bien esta noche porque extraño la cama nueva.*

extrañeza

nombre femenino **1** Sorpresa que nos producen las cosas raras o difíciles de creer. ✖ asombro.

extraño, extraña

adjetivo **1** Que es raro o distinto de lo normal.

adjetivo y nombre **2** Se dice de las personas que no se conocen. Los padres aconsejan a sus hijos pequeños que no hablen con extraños. ✖ desconocido. ✖ conocido.

extraordinario, extraordinaria

adjetivo y nombre **1** Que se aparta de lo que es normal o habitual: *Han convocado una reunión extraordinaria para analizar el problema.*

adjetivo **2** Que destaca sobre las demás cosas o personas por ser mejor o tener una característica muy buena. ✖ excelente; formidable.

adjetivo y nombre masculino **3** Se dice del número de un periódico o revista que sale por una razón especial, como una boda o algún acontecimiento importante.

extraterrestre

nombre masculino y femenino **1** Habitante de un planeta distinto de la Tierra. Se han hecho muchas películas en las que los extraterrestres invaden la Tierra con sus naves espaciales.

extravagante

adjetivo y nombre **1** Se dice de una cosa o persona que llama la atención, o de una persona que tiene una forma de pensar y actuar extraña o que se sale de lo normal. Muchos artistas tienen fama de extravagantes.

extraviar

verbo **1** Perder o no saber dónde está una persona o una cosa: *Se me han extraviado las llaves.*
👁 Se conjuga como: desviar; la 'i' se acentúa en algunos tiempos y personas, como: extravíen.

extremaunción

nombre femenino **1** Sacramento de la Iglesia católica que consiste en frotar con aceite bendito la frente de una persona que está a punto de morir.
👁 El plural es: extremaunciones.

extremeño, extremeña

adjetivo y nombre **1** Se dice de la persona o cosa que es de Extremadura.

extremidad

nombre femenino **1** Cada uno de los brazos y las piernas de una persona, o de las

E

e

patas, las alas o la cola de un animal. ↳ 594

extremo, extrema

adjetivo

1 Que es muy fuerte o muy intenso. En las zonas de clima seco hay temperaturas extremas: mucho calor en verano y mucho frío en invierno.

2 Que tiene el grado máximo que puede tener una cosa. Los cirujanos trabajan con extremo cuidado.

nombre masculino

3 Que está situado en el punto más alejado del centro.

4 Parte del principio o del final de una cosa. Los pies están situados al extremo de las piernas.

5 Punto último o grado máximo al que puede llegar una cosa: *Se enfadaron tanto que han llegado al extremo de no hablarse.*

6 En algunos deportes, cada uno de los delanteros que juegan por los lados del campo.

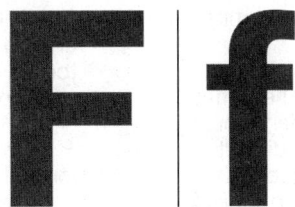

F f

f
nombre femenino
1 Sexta letra del alfabeto español. La 'f' es una consonante.

fabada
nombre femenino
1 Guiso hecho con judías blancas, chorizo, tocino y morcilla. Es un plato típico de Asturias.

fábrica
nombre femenino
1 Edificio con las máquinas y las instalaciones necesarias para elaborar productos en gran número; hay fábricas de coches, zapatos o muebles. ✕ factoría. ✍ 19

fabricación
nombre femenino
1 Acción que consiste en fabricar algo.

fabricante
nombre masculino y femenino
1 Persona que tiene una fábrica o establecimiento donde se elaboran productos. También es la empresa que fabrica un producto. En el cuidado de la ropa conviene seguir las instrucciones del fabricante.

fabricar
verbo
1 Elaborar productos, generalmente en serie y con la ayuda de máquinas.
2 Crear algo una persona con las manos. También decimos que los animales fabrican algo cuando lo crean de forma natural. Las abejas fabrican miel.
👁 Se escribe 'qu' delante de 'e', como: fabriquemos.

fábula
nombre femenino
1 Cuento del que se saca algún tipo de enseñanza; sus personajes son animales o cosas que hablan y se comportan como personas.

fabuloso, fabulosa
adjetivo
1 Que destaca por ser muy grande o por ser especialmente bueno. Si pasamos unas vacaciones fabulosas, lo pasamos muy bien. ✕ excelente; extraordinario.

faceta
nombre femenino
1 Cada una de las habilidades que tiene una persona o de las actividades que realiza: *No conocíamos su faceta de chistoso.*

facha
nombre femenino
1 Aspecto exterior de una persona o una cosa. Decimos que una persona tiene buena facha cuando nos parece que es guapa y va bien vestida: *No me gusta nada la facha de esa carne, yo creo que está pasada.* Es un uso informal. ✕ aspecto; pinta.
adjetivo y nombre masculino y femenino
2 Se dice de la persona que tiene ideas políticas de ultraderecha. Es un uso despectivo. ✕ fascista.

fachada
nombre femenino
1 Cada una de las paredes exteriores de un edificio. La fachada principal es aquella en la que está la puerta de entrada al edificio. ✍ 395

facial
adjetivo
1 De la cara o que tiene relación con ella: *Utiliza crema facial.*

fácil
adjetivo
1 Que se puede entender o hacer con poco esfuerzo. ✕ difícil.
2 Que es muy probable que ocurra: *No es fácil que nieve en Sevilla.*

facilidad
nombre femenino
1 Capacidad para hacer o entender una cosa sin problemas y sin esfuerzo. Algunas personas tienen mucha facilidad para tocar un instrumento. ✕ dificultad.
nombre femenino plural
2 facilidades Medios que nos dan para que nos resulte más fácil hacer una cosa. Las tiendas que

F
f

dan facilidades de pago permiten pagar en varios plazos.

facilitar

verbo **1** Hacer que una cosa sea más fácil de realizar. Los ordenadores nos facilitan el trabajo. ✗ dificultar. **2** Dar a alguien aquello que pide o que necesita: *Mi padre me facilitó el dinero para pagar la moto.*

factible

adjetivo **1** Que se puede hacer o realizar.

factor

nombre masculino **1** Elemento o situación que hace que se produzca una cosa o que algo sea de una manera determinada. La confianza mutua es un factor necesario para una buena amistad. **2** Cada uno de los números que se multiplican en una multiplicación.

factoría

nombre femenino **1** Fábrica o conjunto de fábricas donde se elabora o produce algún producto.

factura

nombre femenino **1** Documento o escrito en que se detallan las mercancías compradas o los servicios recibidos y el dinero que hay que pagar por ellos.

facultad

nombre femenino **1** Aptitud o capacidad física o intelectual que tiene una persona para realizar una actividad. A diferencia de los animales, el hombre tiene la facultad de hablar. **2** Derecho o autorización para hacer alguna cosa. Los jueces tienen plena facultad para dictar sentencia en un juicio. ✗ autoridad. **3** Cada una de las diferentes secciones en que se dividen los estudios universitarios que corresponden a una rama del saber; también es el edificio donde se realizan estos estudios.

faena

nombre femenino **1** Trabajo que tiene que hacer una persona. Cocinar, limpiar y planchar son algunas de las faenas de la casa. ✗ labor; tarea. **2** Cosa que molesta o hace daño a una persona. Los amigos no suelen hacernos faenas.

3 Acciones que el torero hace con el toro cuando torea. Cuando un torero realiza una buena faena el público lo aplaude.

fagot

nombre masculino **1** Instrumento musical de viento formado por un tubo largo de madera con unas llaves, y un tubo curvado de metal terminado en una boquilla por la que se sopla. ☞ 536

faisán

nombre masculino **1** Ave de plumaje marrón, del mismo grupo que la gallina y un poco más grande que ésta. El macho tiene un penacho de plumas sobre la cabeza y una larga cola de vistosos colores. El faisán se cría en granjas, ya que su carne es muy apreciada por su sabor. 👁 El plural es: faisanes.

faja

nombre femenino **1** Prenda de ropa interior de tejido elástico que aprieta la barriga, las caderas y las nalgas. **2** Banda de tela que se pone alrededor de la cintura. **3** Tira o banda de papel o de otro material que rodea una cosa, a veces con varias vueltas. Los paquetes de billetes nuevos van unidos con una faja de papel.

fajo

nombre masculino **1** Conjunto de cosas largas y delgadas, puestas unas sobre otras y que pueden ir atadas por el centro, como un fajo de billetes.

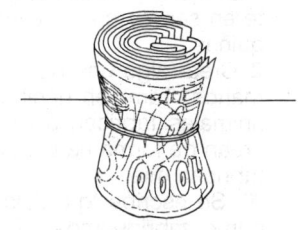

fajo

falda

nombre femenino **1** Prenda de vestir femenina que consiste en una tela que se ajusta a la cintura y cubre las piernas o parte de ellas. **2** Tela que cubre una mesa redon-

F f

da y que suele llegar hasta el suelo.
3 Parte baja de una montaña.
4 Regazo de una persona sentada.

faldón
nombre masculino **1** Parte de tela de una prenda de vestir que cuelga desde la cintura hacia abajo, como el faldón de una camisa.
2 Falda larga que se pone a los bebés encima de otras prendas.
👁 El plural es: faldones.

falla
nombre femenino **1** Rotura o fractura de una roca o superficie de terreno debida a un movimiento de la tierra. Las fallas se producen en los lugares donde hay muchos terremotos.
2 Figura o conjunto de figuras de madera y cartón que se queman en las calles valencianas la noche de San José.
nombre femenino plural **3 Fallas** Fiestas populares de Valencia que se celebran en torno al día de San José.

fallar
verbo **1** No acertar al hacer algo o hacerlo mal: *Falló el penalti.* ✖ errar.
2 Perder algo su fuerza o resistencia. Si una estantería falla, se cae.
3 No dar una persona o una cosa el resultado que se esperaba de ella. Si un amigo no nos ayuda cuando lo necesitamos, decimos que nos ha fallado. ✖ defraudar.

fallecer
verbo **1** Dejar de vivir una persona. ✖ expirar; morir; perecer. ✖ vivir.

fallecimiento
nombre masculino **1** Muerte de una persona: *El fallecimiento del Papa conmovió al mundo.*

fallo
nombre masculino **1** Cosa que se hace o se dice de forma equivocada o que tiene un mal resultado. ✖ equivocación; error.
2 Avería que se produce en una máquina o en un motor.
3 Decisión que toma el jurado o el juez de un tribunal respecto a algo que se juzga.

falsedad
nombre femenino **1** Aquello que no es cierto o verdadero. Decir que el Sol no es una estrella es una falsedad. ✖ mentira; trola. ✖ verdad.

falsificación
nombre femenino **1** Acción que consiste en falsificar o copiar algo. La falsificación de una firma es un delito.
👁 El plural es: falsificaciones.

falsificar
verbo **1** Hacer una copia de algo intentando que parezca auténtico. Las personas que falsifican billetes de banco son delincuentes.
👁 Se escribe 'qu' delante de 'e', como: falsifiquen.

falso, falsa
adjetivo **1** Que es mentira o no es de verdad. ✖ verdadero.
adjetivo y nombre **2** Que no dice la verdad o que engaña a los demás con su manera de actuar. No se puede confiar en las personas falsas. ✖ hipócrita. ✖ sincero.

falta
nombre femenino **1** Circunstancia de no haber o tener alguna cosa, o de haber o tener menos de lo necesario: *No pudieron terminar el trabajo por falta de tiempo.* ✖ escasez; carencia. ✖ abundancia.
2 Ausencia de una persona. En los momentos de tristeza notamos la falta de una persona querida.
3 Cosa mal hecha o equivocada, como una falta de ortografía. ✖ fallo; error. ✖ acierto.
4 Anotación con que se indica la ausencia de una persona en un determinado lugar u ocupación. Cuando el profesor pasa lista y no estamos, nos pone una falta.
5 Acción o dicho desacertado que va en contra de un deber u obligación, como la falta de respeto. También la acción que va contra las reglas de un deporte.
echar en falta Echar de menos una cosa o sentir la ausencia de una persona.
hacer falta Ser necesaria una cosa. Para estudiar hace falta concentración.

faltar
verbo **1** No haber una cosa o haber menos de lo necesario. Cuando falta luz no puedes estudiar bien. ✖ sobrar.

F
f

2 No acudir alguien a un sitio al que tenía que ir o no cumplir una obligación. *Si faltas mucho a clase, tendrás problemas para aprobar.* ⚒ asistir.
3 Quedar tiempo todavía para que se realice u ocurra una determinada cosa: *Aún falta mucho para que acabe el curso.*
4 Quedar algo por hacer: *Todavía me falta el último ejercicio.*
5 Ofender o molestar a alguien. *No se debe faltar a las personas mayores.* ⚒ insultar. ⚒ respetar.
no faltaba más Expresión que se usa como fórmula de cortesía para decir sí a una petición: *¡No faltaba más!, yo lo ayudo.*

falto, falta
adjetivo **1** Que no tiene aquello que se indica. *Alguien está falto de recursos cuando tiene poco dinero.*

fama
nombre femenino **1** Hecho de ser conocida una persona o una cosa que destaca en una determinada actividad entre un grupo o en toda la sociedad. *Los cantantes y los actores de cine tienen mucha fama.* ⚒ gloria.
2 Opinión que los demás tienen de alguien. *Si una persona tiene mala fama es que la gente piensa mal de ella.*

famélico, famélica
adjetivo **1** Que tiene o que pasa mucha hambre. *Las campañas contra el hambre muestran fotos de niños famélicos.* ⚒ hambriento.

familia
nombre femenino **1** Conjunto de personas formado por una pareja y sus hijos. *Las familias ahora son menos numerosas que antes, incluso hay muchas familias sin hijos.* ↝ 197
2 Conjunto de personas entre las que hay una relación de parentesco, como la que hay entre padres, hermanos y primos, o como la que una persona tiene con los padres y hermanos de su marido o su mujer. ↝ 197
3 Conjunto de hijos de una pareja o de una persona: *Se casaron muy mayores y no tuvieron familia.*

4 Conjunto de cosas que tienen un origen común y características parecidas. *Son palabras de la misma familia 'compra', 'comprar' y 'comprador'.* ↝ 593

familiar
nombre masculino y femenino **1** Persona que es de la misma familia que otra. *Los familiares y amigos siempre están cerca en los malos momentos y con ellos se comparten las alegrías.* ⚒ pariente.
adjetivo **2** Se dice de la cosa que es de la familia, tiene que ver con la familia o se hace con la familia: *Las Navidades son fiestas familiares.*
3 Que es conocido pero no sabemos de qué, o que recuerda algo o a alguien conocido: *Su cara me resulta familiar.*
4 Se dice de la persona que trata o habla a otra de forma natural y como si fuese de la familia, aunque en realidad no lo sea.
5 Que tiene un tamaño mayor que el habitual para que pueda ser usado o consumido por una familia. *El modelo familiar de un coche es más grande que el modelo normal.*

familiaridad
nombre femenino **1** Forma de tratar una persona a otra con sencillez y naturalidad. *La familiaridad puede ser positiva, pero es negativa cuando indica que una persona trata a otra con más confianza de la adecuada.*

familiarizarse
verbo **1** Acostumbrarse una persona a una situación o a una cosa nueva: *Todavía no se ha familiarizado con el nuevo barrio.* ⚒ adaptarse.
👁 Se escribe 'c' delante de 'e', como: se familiaricen.

famoso, famosa
adjetivo **1** Que es muy conocido por un grupo de personas o por toda la sociedad por haber hecho algo destacado. *Dalí y Picasso son dos pintores españoles muy famosos. También son famosas las cosas que son muy conocidas por la gente, como los cuadros de estos pintores o algunos restaurantes.* ⚒ célebre.

fan

nombre masculino y femenino **1** Persona que admira mucho a alguien o que es muy aficionada a alguna cosa. Los cantantes famosos suelen tener muchos fans.

fanático, fanática

adjetivo y nombre **1** Que defiende una creencia religiosa o política con una pasión exagerada.
2 Que siente una gran pasión por una cosa o por una persona. Los fanáticos del fútbol no se pierden ni un partido.

fanfarrón, fanfarrona

adjetivo y nombre **1** Que presume mucho de algo que en realidad no es, como por ejemplo ser muy rico, muy guapo o muy valiente. ✖ fantasma.
👁 El plural de fanfarrón es: fanfarrones.

fango

nombre masculino **1** Barro espeso y pegajoso, en especial el que se forma en el fondo de los charcos, lagos y pantanos. ✖ lodo.

fantasía

nombre femenino **1** Capacidad para imaginar cosas que no son reales. Los cuentos y las novelas son producto de la fantasía. ✖ imaginación. ✖ realidad.
2 Cosa no real que una persona inventa gracias a su imaginación: *Tiene muchas fantasías en la cabeza; entre otras, que ha visto a un extraterrestre.*

fantasioso, fantasiosa

adjetivo **1** Que tiene mucha imaginación y se pasa mucho tiempo pensando en cosas y hechos imaginarios.

fantasma

nombre masculino **1** Espíritu de una persona muerta que se dice que aparece en el mundo de los vivos. En muchos libros y películas los fantasmas se representan con una sábana blanca. ✖ aparición.
2 Imagen o idea que una persona crea en su imaginación, pero que no es real: *Olvídate de tus fantasmas y haz lo que debes hacer.*
adjetivo **3** Se dice de un lugar que está abandonado o en el que no hay nadie.

adjetivo y nombre masculino y femenino **4** Se dice de la persona que presume mucho de lo que es o de lo que tiene. ✖ fanfarrón.

fantasmagórico, fantasmagórica

adjetivo **1** Que tiene un aspecto tan triste que produce miedo.

fantástico, fantástica

adjetivo **1** Que no es real, sino que ha sido creado por la imaginación de alguien. Los monstruos y las hadas son seres fantásticos. ✖ real.
2 Que es muy bueno y gusta mucho: *Hemos pasado un día fantástico con nuestros amigos.* ✖ fabuloso; maravilloso.

fantoche

nombre masculino **1** Persona de aspecto ridículo.
2 Persona que presume de ser lo que no es o tener lo que no tiene.

faquir

nombre masculino **1** Artista de circo que hace cosas que a otras personas les causarían dolor o heridas, como clavarse espadas o caminar sobre fuego.

faraón

nombre masculino **1** Título del gobernante del antiguo Egipto. Las pirámides se construyeron para enterrar en ellas a los faraones.
👁 El plural es: faraones.

fardar

verbo **1** Presumir de algo que se sabe o se tiene. Es una palabra informal.

faringe

nombre femenino **1** Conducto que va desde el fondo de la boca hasta el esófago. Cuando se nos inflama la faringe nos duele la garganta. 🖎 594

farmacéutico, farmacéutica

nombre **1** Persona que tiene la carrera de farmacia. Los farmacéuticos pueden vender y hacer medicinas en una farmacia.
adjetivo **2** Que está relacionado con la farmacia y los medicamentos. Las empresas farmacéuticas hacen medicinas.

farmacia

nombre femenino **1** Establecimiento donde se hacen y venden medicinas y remedios para curar enfermedades. En la farmacia también se pueden comprar productos de higiene y de belleza. ✖ botica.

F
f

F
f

2 Ciencia que estudia la preparación de medicinas y las sustancias que se utilizan para hacerlas. También se llama farmacia la carrera universitaria en la que se aprende esta ciencia.

faro

nombre masculino **1** Torre alta con una luz potente en su parte superior, que hay en costas y puertos y sirve para orientar a los barcos por la noche e indicarles dónde está la costa.
2 Foco o luz potente que tienen algunos vehículos en la parte delantera. ☞ 195

farol

nombre masculino **1** Caja que tiene las paredes de cristal o de material transparente y que tiene dentro una bombilla o una luz para alumbrar un lugar. Algunos se cuelgan del techo o en la pared y otros se colocan sobre un pie.
2 Acción o dicho exagerado o falso con el cual alguien pretende lucirse, engañar a otra persona o confundirla. Es un uso informal.

farola

nombre femenino **1** Farol grande que se coloca en las calles, carreteras, plazas y otros lugares públicos para iluminarlos por la noche.

farsa

nombre femenino **1** Obra de teatro corta y divertida.
2 Mentira o engaño que se prepara para conseguir algo o para ocultar algo que no queremos que se sepa: *Lo de su enfermedad es una farsa para que le dejen en paz.* ※ comedia; engaño.

farsante

adjetivo y nombre masculino y femenino **1** Que miente o engaña a los demás haciéndoles creer algo que no tiene nada que ver con la realidad: *Decía que era un rico heredero, pero en realidad era un farsante.* ※ embustero; mentiroso. ※ sincero.

fascículo

nombre masculino **1** Cada uno de los cuadernillos que forman un libro y que se venden por separado. El comprador compra los fascículos que aparecen periódicamente y después los encuaderna para tener un libro.

fascinante

adjetivo **1** Que es tan bello, bonito o interesante que produce atracción y admiración en la gente. Si un libro nos resulta fascinante, no podemos dejar de leerlo.

fascinar

verbo **1** Atraer o interesar mucho una cosa o una persona: *Me fascinan los libros de aventuras.*

fase

nombre femenino **1** Periodo de tiempo o estado que constituye una parte de una acción o de un proceso. Los trabajos muy complicados se hacen en distintas fases. ※ etapa.

fastidiar

verbo **1** Causar algo un disgusto o enfado pequeño a una persona.
2 Estropear o averiar algo: *Me has fastidiado el plan, ahora no podré salir.*
3 fastidiarse Tener que soportar una situación que no gusta, pero que no se puede evitar ni cambiar: *Me tuve que fastidiar y esperar.* ※ aguantarse.
👁 Se conjuga como: cambiar; la 'i' no lleva nunca acento de intensidad.

fastidio

nombre masculino **1** Enfado o disgusto de poca importancia: *¡Qué fastidio! Se me han olvidado las fotos que te quería enseñar.*

fatal

adjetivo **1** Que está muy mal hecho o es muy malo.
2 Se dice de las acciones o las situaciones que tienen consecuencias muy malas, tanto que incluso pueden llegar a la muerte. Por desgracia, hay muchos accidentes de tráfico fatales.
3 Que no se puede evitar, que tiene que ocurrir necesariamente. Que las personas nos hagamos viejas es un hecho fatal.
adverbio **4** Muy mal. En verano, los contenedores de basura huelen fatal.

fatiga

nombre femenino **1** Agotamiento o cansancio producido por un gran esfuerzo físico o mental.

F
f

2 Dificultad que se tiene para respirar bien. Algunas personas sienten fatiga cuando suben muchas escaleras.
3 Sufrimiento o trabajo excesivo. Hay padres que pasan muchas fatigas para criar a sus hijos. Con este significado se usa más en plural.

fatigar
verbo
1 Cansar o causar fatiga a una persona: *Tanto trabajo lo fatiga.*
👁 Se escribe 'gu' delante de 'e', como: fatiguen.

fauces
nombre femenino plural
1 Boca y dientes de los mamíferos, especialmente de los más fieros, como el tigre o el león.

fauna
nombre femenino
1 Conjunto de los animales que hay en una zona geográfica determinada. Los jabalíes son animales típicos de la fauna mediterránea.

favor
nombre masculino
1 Cosa que se hace o dice para ayudar a una persona. Le hacemos un favor a un amigo si le ayudamos a hacer los deberes.
2 Apoyo que se da a alguien en quien se confía o a quien se admira: *Tiene el favor de su jefe.*

favorable
adjetivo
1 Que favorece o es bueno para algo. La tranquilidad y el silencio son las condiciones más favorables para estudiar.
2 Que está a favor de alguien o de algo.

favorecer
verbo
1 Hacer que una cosa sea posible o fácil de hacer. La lluvia y el sol favorecen el crecimiento de las plantas. ✂ facilitar.
2 Ayudar a una persona o hacerle un favor.
3 Hacer que una persona esté más guapa o más atractiva: *Ese vestido te favorece.*
👁 Se conjuga como: agradecer; la 'c' se convierte en 'zc' delante de 'a' y 'o', como: favorezca o favorezco.

favorito, favorita
adjetivo
1 Que es el que más gusta o el más querido entre los de su especie. Muchas personas tienen un libro favorito que leen y releen muchas veces.
2 Que se cree que tiene más posibilidades que otros para ganar un concurso o una competición. En las carreras ciclistas siempre hay uno o varios favoritos.

fax
nombre masculino
1 Sistema de comunicación que permite mandar y recibir información escrita a través del teléfono.
2 Aparato que permite enviar y recibir mensajes a través de este sistema. También es el mensaje que se recibe o se envía de esta manera.
👁 El plural es: faxes.

faz
nombre femenino
1 Cara de una persona. Es un uso formal. ✂ rostro.
👁 El plural es: faces.

fe
nombre femenino
1 Creencia de que Dios existe y cuida de nosotros. Las personas que tienen fe suelen rezar y rendir culto a Dios.
2 Confianza total que se tiene en una persona o en una cosa, y de las que se esperan cosas buenas o positivas: *Tiene mucha fe en los avances de la ciencia.*
de buena o mala fe Con una intención o propósito bueno o malo: *Le gasté una broma de buena fe, pero se la tomó muy a mal.*

fealdad
nombre femenino
1 Característica de las cosas o personas que resultan feas o desagradables a la vista. ✂ belleza; hermosura.

febrero
nombre masculino
1 Segundo mes del año. Febrero es el único mes que tiene 28 días y 29 los años bisiestos.

fecha
nombre femenino
1 Día, mes y año en que se hace o sucede una cosa. Ponemos la fecha en las cartas que escribimos.
2 El día de hoy o el momento actual: *Hasta la fecha sólo se han recibido tres cartas.*

F
f

fechoría
nombre femenino **1** Acción mala que hace una persona. Las fechorías no suelen ser acciones muy graves.

fecundación
nombre femenino **1** Unión de una célula sexual masculina y otra femenina para dar origen a un nuevo ser vivo. De la fecundación del óvulo por el espermatozoide saldrá el embrión que, al cabo de nueve meses en el vientre de la madre, se convierte en un bebé. ✍ 600
👁 El plural es: fecundaciones.

fecundar
verbo **1** Unirse una célula sexual masculina y otra femenina para dar origen a un nuevo ser vivo.
2 Hacer más fértil y productiva alguna cosa. El abono y el agua sirven para fecundar la tierra.

fecundo, fecunda
adjetivo **1** Se dice del terreno que da mucho fruto. ✕ fértil. ✕ infecundo.
2 Se dice de las personas o los animales que pueden reproducirse porque no tienen ningún tipo de impedimento o enfermedad que se lo impida. ✕ fértil.
3 Se dice de las personas que producen una gran cantidad de obras. Un artista fecundo hace muchas obras de arte al año. ✕ fértil.

federación
nombre femenino **1** Unión o asociación de deportistas, partidos políticos o personas que se dedican a un oficio determinado. También es el organismo que resulta de esa unión.
2 Estado compuesto por varios estados que están sujetos a algunas leyes comunes. Suiza es una federación de estados.
👁 El plural es: federaciones.

felicidad
nombre femenino **1** Estado de ánimo de la persona que siente una gran alegría y satisfacción porque ha hecho o le ha ocurrido algo muy bueno. ✕ dicha.
nombre femenino plural **2 felicidades** Expresión que se utiliza para expresar nuestra alegría por algo bueno que le ha pasado a otra persona o para desearle felicidad.

felicitación
nombre femenino **1** Acción que consiste en felicitar a alguien: *Recibió la felicitación de sus compañeros por la buena noticia.*
2 Palabras con las que se felicita a alguien; también se llama felicitación a la tarjeta en la que se escriben estas palabras.
👁 El plural es: felicitaciones.

felicitar
verbo **1** Decir a alguien que nos alegramos por algún acontecimiento bueno que le ha ocurrido.
2 Expresar a alguien el deseo de que sea feliz: *La felicitó el día de su boda.*

felino, felina
adjetivo **1** Del gato o que tiene algún tipo de relación o parecido con él: *Tiene los ojos felinos.*
adjetivo y nombre masculino **2** Se dice del animal que pertenece al grupo de los mamíferos que tienen el cuerpo alargado y flexible, uñas fuertes que pueden esconder y que se alimentan de la carne de otros animales. La pantera y el leopardo son felinos.

feliz
adjetivo **1** Que está muy alegre y satisfecho por algo bueno que ha hecho o le ha ocurrido: *Está feliz porque ha acabado el curso con muy buenas notas.* ✕ dichoso. ✕ infeliz.
2 Que produce alegría y felicidad.
👁 El plural es: felices.

felpa
nombre femenino **1** Tejido de algodón muy suave con un poco de pelo. Se utiliza mucho para hacer toallas.

felpudo
nombre masculino **1** Alfombra de pequeño tamaño que se coloca delante de la puerta de las casas para limpiarse la suela de los zapatos antes de entrar.

femenino, femenina
adjetivo **1** De la mujer o que tiene relación con ella. ✕ masculino.
2 Se dice de los seres vivos que tienen órganos reproductores, en especial de las plantas.

F f

adjetivo y nombre masculino **3** Se dice del género de las palabras que van con los artículos 'la' o 'las'. 'Falda' y 'niña' son palabras femeninas. ⚔ masculino.

feminismo

nombre masculino **1** Movimiento social que pide que la mujer tenga los mismos derechos y oportunidades que el hombre.

fenomenal

adjetivo **1** Que destaca por sus buenas cualidades o por tener unas características especiales. ⚔ fabuloso; formidable.

adverbio **2** Muy bien: *Estas flores huelen fenomenal.* ⚔ fatal.

fenómeno

nombre masculino **1** Cualquier actividad o suceso que se produce en la naturaleza y que puede ser observado y estudiado. La lluvia, la nieve y el granizo son fenómenos atmósfericos.
2 Persona o cosa que sobresale entre las demás por presentar alguna característica extraordinaria. Cervantes fue un fenómeno de la literatura.

feo, fea

adjetivo **1** Que no es agradable de ver u oír. Un insulto es una palabra fea. ⚔ bonito; guapo.
2 Que parece que no va bien o tal como se había previsto: *El asunto se está poniendo feo.*
3 Que va contra lo que se considera que está bien o es justo: *Decir mentiras es algo muy feo.*

feria

nombre femenino **1** Mercado y exposición de productos que se celebra en un lugar público y en sitios y fechas determinados. Existen ferias de ganado o de libros y de antigüedades, por ejemplo. ⚔ muestra.
2 Lugar con muchas atracciones para que la gente se divierta. Las ferias se instalan en los pueblos durante las fiestas patronales.

feroz

adjetivo **1** Se dice de un animal fiero que ataca y devora a otros animales de su tamaño, como el león o el lobo.
2 Se dice de las cosas que causan mucho destrozo, mucho daño o mucha molestia: *Esta madrugada ha habido una lucha feroz entre los dos ejércitos.*
👁 El plural es: feroces.

ferretería

nombre femenino **1** Tienda en la que se venden clavos, tornillos, herramientas y otros objetos de metal.

ferrocarril

nombre masculino **1** Medio de transporte que consiste en una serie de vagones unidos que son arrastrados por una máquina sobre una vía.
2 Conjunto de instalaciones, vehículos y personas que hacen funcionar ese medio de transporte.

ferroviario, ferroviaria

adjetivo **1** Que está relacionado con el ferrocarril, como la fabricación o el tráfico de trenes, la red de vías o las compañías encargadas de ofrecer servicios: *Trabaja en una empresa ferroviaria.*

nombre **2** Persona que trabaja para la red de ferrocarriles.

fértil

adjetivo **1** Se dice de la tierra que produce muchos frutos.
2 Se dice de las personas o los animales que pueden tener hijos o crías. Las mujeres son fértiles desde que tienen la primera menstruación. ⚔ estéril.
3 Que produce mucho. Decimos que un pintor es muy fértil cuando produce muchos cuadros. ⚔ fecundo.

fertilidad

nombre femenino **1** Cualidad de las personas, animales o cosas que son fértiles.

fertilizante

nombre masculino **1** Sustancia que sirve para hacer crecer las plantas y los frutos de la tierra.

festejar

verbo **1** Celebrar un acontecimiento importante con una fiesta donde se invita a gente y en la que se comen y se beben alimentos especiales. Muchas personas festejan los cumpleaños y aniversarios.

F f

festejo
nombre masculino **1** Fiesta que se hace para celebrar algo.
👁 Se utiliza más en plural.

festín
nombre masculino **1** Comida variada y abundante, en especial la que se hace para celebrar algún acontecimiento importante. ※ banquete; comilona.
👁 El plural es: festines.

festival
nombre masculino **1** Conjunto de actividades de carácter artístico o competitivo que se hacen en un lugar durante un corto periodo de tiempo. Hay festivales de cine, de música o de canciones.

festividad
nombre femenino **1** Día de fiesta en que se recuerda a algún santo de la Iglesia o se celebra el aniversario de algún acontecimiento. El 19 de marzo es la festividad de San José.

festivo, festiva
adjetivo **1** Se dice del día en que no se trabaja por ser día de descanso en el trabajo o porque se celebra algún aniversario.
2 Se dice de las cosas o las personas que tienen relación con la fiesta o la alegría.

fetiche
nombre masculino **1** Objeto al que se le atribuye suerte o poderes mágicos: *Esa moneda es su fetiche*.

feto
nombre masculino **1** Animal que está en el vientre de la madre en el periodo que va desde el momento en que tiene las características de la especie hasta que nace. En el ser humano se habla de feto a partir del tercer mes de gestación. ✍ 600

fiambre
nombre masculino **1** Carne de cerdo cocida y preparada para que dure mucho tiempo y se pueda comer fría, como el jamón de York o la mortadela.
2 Cuerpo de una persona muerta. Es un uso informal. ※ cadáver.

fiambrera
nombre femenino **1** Recipiente de plástico o metal que se cierra herméticamente y sirve para conservar o llevar alimentos. ✍ 793

fiar
verbo **1** Vender algo sin cobrarlo en el mismo momento: *En esa tienda me fían, puedo comprar sin dinero y luego lo pago todo a fin de mes.*
2 fiarse Tener confianza en una persona o una cosa. Si nos fiamos de alguien, le podemos dejar algo tranquilamente porque sabemos que nos lo devolverá.
👁 Se conjuga como: desviar; la 'i' se acentúa en algunos tiempos y personas, como: fío.

fibra
nombre femenino **1** Cada uno de los trozos delgados de materia que forman los tejidos animales o vegetales, como los músculos, el pelo o las hojas.
2 Materia fina y delgada que se obtiene de manera artificial para hacer hilos y telas.

ficción
nombre femenino **1** Historia que no es real, sino que ha sido inventada por alguien. Las novelas y las películas suelen contar historias de ficción.
👁 El plural es: ficciones.

ficha
nombre femenino **1** Pieza pequeña que se utiliza en algunos juegos, como el parchís, el ajedrez o el dominó.
2 Hoja de papel o cartulina en la que se escriben datos relevantes para obtener información de manera rápida. Las fichas de una biblioteca tienen información sobre los libros.

fichaje
nombre masculino **1** Compra de los servicios de una persona para que forme parte de un equipo deportivo o de una empresa. También es la persona que entra a formar parte del equipo o de la empresa.

fichar
verbo **1** Contratar a una persona para que haga un trabajo determinado, en especial a un deportista para que forme parte de un equipo.

F
f

2 Hacer una ficha con los datos sobre una cosa o una persona. La policía ficha a los delincuentes.
3 Marcar en un papel la hora de entrada y de salida del trabajo.

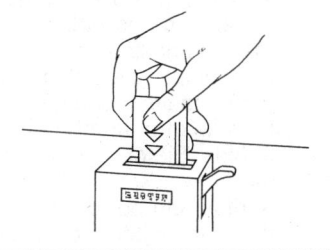

fichar

fichero
nombre masculino
1 Conjunto de fichas que se guardan ordenadas en una caja o en un mueble. También se llama fichero al lugar donde se guardan las fichas.
2 Conjunto de datos que se guardan con el mismo nombre en un ordenador. ✂ archivo.

ficticio, ficticia
adjetivo
1 Que es fingido o inventado. Las películas y las novelas cuentan historias ficticias. ✂ falso. ✂ real.

fidelidad
nombre femenino
1 Forma de comportarse de las personas y los animales que nunca traicionan ni engañan a los demás. ✂ lealtad. ✂ infidelidad.
2 Exactitud o precisión en la copia o reproducción de una cosa. Un buen pintor puede copiar con gran fidelidad cuadros originales.

fideo
nombre masculino
1 Pasta de harina y agua con forma de cilindro fino y corto. Los fideos se suelen echar al caldo para hacer sopa.
2 Persona que está demasiado delgada. Es un uso informal.

fiebre
nombre femenino
1 Aumento de la temperatura del cuerpo por encima de lo normal, que se produce a causa de una enfermedad o trastorno del organismo. Tenemos fiebre cuando el termómetro marca más de 37 grados. ✂ calentura.
2 Afición exagerada que alguien siente por alguna cosa: *Le ha entrado la fiebre por la lectura.*

fiel
adjetivo
1 Que nunca engaña ni traiciona a los demás. Los verdaderos amigos suelen ser muy fieles. ✂ leal. ✂ infiel.
2 Que se acerca mucho a la verdad o a la realidad: *El periodista hizo un relato muy fiel de los hechos.* ✂ verídico.
3 Se dice de la cosa que cumple con su función de una manera exacta; un reloj o una balanza son fieles cuando marcan la hora o el peso exacto. También se dice que una persona es fiel a sus compromisos o sus promesas cuando los cumple.
nombre masculino y femenino
4 Persona que sigue las ideas de una religión. Los sacerdotes dicen la misa dirigiéndose a los fieles.

fiera
nombre femenino
1 Animal salvaje, como los tigres o leones.
nombre masculino y femenino
2 Persona que es muy buena en una actividad determinada: *Belén es una fiera en el tenis, siempre gana.* ✂ monstruo.
hecho una fiera Que está muy enfadado y se comporta de forma violenta y agresiva.

fiesta
nombre femenino
1 Reunión de varias personas para divertirse y celebrar un aniversario o un acontecimiento importante.
2 Día de la semana en que no se trabaja porque se celebra algún acontecimiento. El 1 de enero es la fiesta de Año Nuevo.
3 Conjunto de actividades que se organizan para celebrar algún acontecimiento. Todos los pueblos organizan unas fiestas una vez al año, coincidiendo con el día de su patrón. Con este significado se utiliza más en plural.
nombre femenino plural
4 fiestas Caricia o demostración de cariño que se hace a las personas o a los animales.

figura
nombre femenino
1 Estatua o dibujo que representa a una persona o un objeto deter-

F
f

minado. Las figuras se pueden hacer o dibujar con varios materiales, como cera, plastilina, tiza o lápiz. ※ imagen.
2 Persona que destaca en una actividad determinada: *Es la figura del equipo.* ※ estrella.
3 Aspecto o línea exterior de un objeto o del cuerpo de una persona o un animal. Si decimos que una persona tiene buena figura, es que tiene un cuerpo bonito y bien proporcionado.

figurar
verbo
1 Estar presente una cosa o una persona en algún sitio junto con otras: *Pepe no figuraba entre los invitados a tu boda.*
2 Destacar una persona o una cosa entre otras de su misma clase: *Figura entre los mejores políticos del país.*
3 figurarse Imaginarse o inventarse cosas que no son reales o que no se sabe si son ciertas: *Me figuré que vendrías.*

fijar
verbo
1 Poner o sujetar algo de manera que no se pueda mover. Los carteles se fijan a la pared con chinchetas o con celo.
2 Dirigir toda la atención o la mirada hacia un punto determinado o concentrarla en él. No se puede fijar la vista en el Sol durante mucho tiempo porque molesta mucho.
3 Hacer que algo tenga ya una forma o una fecha definitiva. Son los profesores los que fijan la fecha de los exámenes.
4 fijarse Prestar atención a algo: *Mira cómo lo hago, fíjate bien.*

fijo, fija
adjetivo
1 Que está sujeto de modo que no se mueve. Los dientes tienen que estar bien fijos.
2 Que no cambia, que es siempre igual o se hace del mismo modo. Los museos suelen cerrar un día fijo a la semana.
3 Se dice de los trabajadores que tienen trabajo para siempre.
4 Que se dirige con intensidad hacia un punto o una cosa con-

creta: *Tenía la mirada fija en el horizonte.*
adverbio
5 Con toda seguridad: *Fijo que viene, ya lo verás.*

fila
nombre femenino
1 Conjunto de personas o cosas colocadas una detrás de otra formando una línea larga.
2 Conjunto de soldados que forman una línea colocándose uno al lado de otro, hombro con hombro.
nombre femenino plural
3 filas Ejército o grupo de militares.
4 filas Grupo de personas que tiene un objetivo determinado, en especial cuando es político. Una persona pertenece a las filas de un partido si forma parte de ese partido.
fila india Fila que forman varias personas o cosas colocadas una detrás de otra.

filatelia
nombre femenino
1 Conjunto de los conocimientos sobre los sellos de correos y afición a coleccionarlos.

filete
nombre masculino
1 Trozo alargado y fino de carne o pescado que no tiene huesos ni espinas.
2 Línea que separa párrafos o dibujos en un libro o en un escrito.

filial
nombre femenino
1 Tienda o empresa que depende de otra más importante.
adjetivo
2 Se dice de los sentimientos que los hijos tienen hacia los padres o que son parecidos a los que los hijos tienen hacia sus padres.

filipino, filipina
adjetivo y nombre
1 Se dice de la persona o cosa que es de Filipinas, país del este de Asia.

film
nombre masculino
1 Filme.
👁 Es una palabra de origen inglés; es preferible utilizar la palabra: filme.

filmar
verbo
1 Grabar imágenes y sonidos para hacer una película.

filme
nombre masculino
1 Película de cine o televisión: *Este filme ha ganado un Oscar.*

F
f

filmina

nombre femenino **1** Fotografía transparente que una máquina proyecta agrandada sobre una pantalla para verla bien. ✗✗ diapositiva.

filmoteca

nombre femenino **1** Lugar donde se guardan las películas para su estudio y exhibición. En las filmotecas podemos ver películas que ya no se proyectan en los cines comerciales.

filo

nombre masculino **1** Borde cortante de una superficie, como el de un cuchillo o una espada.

filtrar

verbo **1** Hacer pasar un líquido o cualquier sustancia por un filtro para quitarle lo malo o lo que no sirve. Se filtra el café para quitarle los posos.
2 Comunicar información secreta a quien no debe conocerla. Los espías filtran información de un bando a otro.
3 filtrarse Pasar un líquido u otra cosa a través de un cuerpo sólido. En los días de sol, los rayos de luz se filtran por las persianas.

filtro

nombre masculino **1** Material o aparato con agujeros muy pequeños por el que se hace pasar un líquido para separar las partículas sólidas que pueda contener o para impedir que se mezcle con algo sólido. ✍ 195
2 Material que no deja pasar los rayos de luz que son perjudiciales. Las gafas de sol tienen un filtro especial.

fin

nombre masculino **1** Parte o momento último de una cosa o de una acción o situación: No veo el fin del camino. ✗✗ final. ✗✗ principio.
2 Aquello que se quiere conseguir al hacer algo. El fin de hacer gimnasia es tener un cuerpo sano, fuerte y bonito. ✗✗ objetivo.
a fin de cuentas En definitiva o en resumen: Da igual lo que le digas, a fin de cuentas hará lo que quiera.
al fin Por fin.
al fin y al cabo En definitiva, después de todo: Yo lo intentaría; al fin y al cabo no pierdes nada.
por fin Por último o después de haber superado todos los obstáculos para conseguir algo: Tuvimos que esperar mucho, pero por fin llegamos a la taquilla.

final

adjetivo **1** Se dice de lo que está o va en la última parte de una cosa, acción o situación. ✗✗ inicial.

nombre masculino **2** Última parte de una cosa, una acción o una situación. La caída del telón marca el final de una representación teatral. ✗✗ fin. ✗✗ principio.

nombre femenino **3** Última prueba de una competición deportiva o de un concurso en la que se decide el ganador.

finalidad

nombre femenino **1** Objetivo que se pretende alcanzar al hacer algo: Estudia mucho con la finalidad de aprender.

finalista

adjetivo y nombre masculino y femenino **1** Se dice de la persona o el equipo que ha llegado a la última prueba de una competición deportiva o de un concurso. Uno de los finalistas gana la prueba.

finalizar

verbo **1** Llegar al fin una cosa o hacer que una cosa llegue a su término o fin: Todavía no han finalizado las obras. ✗✗ acabar. ✗✗ iniciar.
👁 Se escribe 'c' delante de 'e', como: finalicen.

finanzas

nombre femenino plural **1** Conjunto de actividades que tienen relación con el dinero con el que se negocia o se trabaja.

finca

nombre femenino **1** Terreno o edificio que alguien tiene en el campo o en la ciudad: Vive en una finca de reciente construcción.

finés, finesa

adjetivo y nombre **1** Se dice de la persona o cosa que es de Finlandia, país del norte de Europa.

nombre masculino **2** Lengua hablada en Finlandia.

fingir

verbo **1** Presentar como cierto algo que no lo es, especialmente mediante

F
f

gestos o acciones. Si no queremos ir al colegio, fingimos un resfriado. ✕✕ aparentar.

👁 Se escribe 'j' delante de 'a' y 'o', como: finja o finjo.

fino, fina
adjetivo

1 Que es delgado o poco grueso. Un hilo es más fino que una cuerda.
2 Que muestra mucha delicadeza y educación. Las personas finas nunca dicen palabras malsonantes. ✕✕ cortés. ✕✕ grosero.
3 Se dice de la vista, el oído, el olfato o el tacto que están muy desarrollados y perciben hasta las sensaciones más débiles.
4 Que es delicado y de muy buena calidad: *En esta pastelería hacen unos pasteles muy finos.* ✕✕ selecto. ✕✕ basto.
5 Que tiene una habilidad especial para hacer su trabajo: *Es un carpintero muy fino.* ✕✕ torpe.

finolis
*adjetivo
y nombre
masculino
y femenino*

1 Se dice de la persona que intenta parecer más fina y elegante de lo que en realidad es. Es una palabra despectiva.

👁 El plural es: finolis.

finta
*nombre
femenino*

1 Movimiento que una persona hace con el cuerpo para esquivar un golpe o a otra persona. Los futbolistas hacen fintas para dejar atrás a sus contrarios. ✕✕ regate.

finura
*nombre
femenino*

1 Característica de las cosas que son finas o delgadas, como el hilo.
2 Característica de las personas que tienen muy buenos modales y se comportan de una manera muy delicada y educada.

firma
*nombre
femenino*

1 Nombre y apellidos de una persona escritos a mano por ella misma y acompañados generalmente de un trazo característico.
2 Empresa o establecimiento comercial.

firmamento
*nombre
masculino*

1 Espacio en el que se mueven los astros. Las estrellas brillan en el firmamento. ✕✕ cielo.

firmar
verbo

1 Poner la firma en un papel. Firmamos cartas o contratos.

firme
adjetivo

1 Que es o está seguro, de forma que no se mueve ni se cae. Las barandillas están bien firmes.
2 Que no cambia, que es seguro y definitivo: *Su opinión sobre el tema es firme.*

*nombre
masculino*

3 Suelo de una calle o de una carretera.

en firme De forma definitiva y clara: *Me han hecho una propuesta laboral en firme.*

firmeza
*nombre
femenino*

1 Característica de las cosas o las personas que son o están firmes o seguras: *Defiende sus opiniones con firmeza.*

fiscal
*nombre
masculino
y femenino*

1 Persona que acusa de un delito en un juicio e intenta demostrar que alguien es culpable. ☞ 797

fisgar
verbo

1 Hacer lo posible por enterarse de los asuntos privados de los demás, especialmente preguntando a otros o registrando las cosas personales de otras personas. ✕✕ fisgonear.

👁 Se escribe 'gu' delante de 'e', como: fisguen.

fisgonear
verbo

1 Fisgar.

física
*nombre
femenino*

1 Ciencia que estudia la composición de los cuerpos que existen en el universo y las relaciones entre ellos.

físico, física
adjetivo

1 Que está relacionado con la ciencia de la física. La atracción del imán por el hierro es un fenómeno físico.

*nombre
masculino
y femenino*

2 Persona que se dedica a la física.

*nombre
masculino*

3 Aspecto exterior del cuerpo de una persona.

fisonomía
*nombre
femenino*

1 Aspecto exterior de una persona, especialmente de su cara.
2 Aspecto externo de algunos lugares, como la ciudad o el campo.

F f

flaco, flaca
adjetivo **1** Se dice de la persona o animal que tiene poca grasa o carne en el cuerpo. ✗ delgado. ✗ gordo.

flamante
adjetivo **1** Que es nuevo y tiene muy buen aspecto.

flamenco, flamenca
adjetivo y nombre masculino **1** Se dice del baile y el canto que son típicos de Andalucía. También son las cosas que están relacionadas con este baile y este canto, como un artista flamenco o un traje flamenco.

nombre masculino **2** Ave de un metro aproximado de altura, de color rosa o blanco, con las patas y el cuello largos. Los flamencos viven en zonas acuáticas.

flan
nombre masculino **1** Alimento dulce de color amarillo que se hace con huevos, azúcar y leche y se cuece a fuego lento dentro de un molde.
estar hecho un flan Estar muy nervioso.

flas
nombre masculino **1** Es otra forma de escribir y pronunciar: flash.

flash
nombre masculino **1** Luz muy potente y breve que se enciende en la cámara de fotos cuando no hay suficiente claridad para que salga bien la foto.
👁 El plural es: flashes. También se escribe y se pronuncia: flas.

flauta
nombre femenino **1** Instrumento musical de viento formado por un tubo recto de madera o de metal con varios agujeros. ↳ 536
flauta de Pan Flauta que está formada por varios tubos finos unidos de forma paralela y que se apoya debajo del labio inferior al soplar.
flauta dulce Flauta que se toca en posición vertical, con una boquilla en forma de pico en el extremo del tubo.
flauta travesera Flauta de metal que se toca en posición horizontal y tiene la boquilla en un lado del tubo.

flautista
nombre masculino y femenino **1** Persona que toca la flauta. 'El flautista de Hamelín' es un cuento.

flecha
nombre femenino **1** Arma formada por una varilla delgada y ligera que termina en una punta. Las flechas se lanzan con fuerza con un arco para que se claven en algún lugar.
2 Objeto, dibujo o señal que tiene la forma de una flecha o de la punta de una flecha.

flechazo
nombre masculino **1** Acción de enamorarse o sensación que siente una persona que se enamora de otra de forma muy rápida, casi sin conocerla.
2 Herida o marca que se produce cuando se clava una flecha en una persona o una cosa.

fleco
nombre masculino **1** Adorno formado por una serie de hilos o cordones. Los flecos cuelgan del borde de una tela, como los flecos de un mantón.
2 Conjunto de hilos que salen del borde de una tela rozada o desgastada, especialmente de los bajos de un pantalón. Con este significado se usa más en plural.

flemón
nombre masculino **1** Bulto con pus que se forma cuando se inflaman las encías.
👁 El plural es: flemones.

flequillo
nombre masculino **1** Pelo de la cabeza de una persona que cae sobre la frente. Si llevas el flequillo muy largo, se te mete en los ojos.

flexible
adjetivo **1** Que se puede doblar fácilmente sin que se rompa. La goma y el plástico son materiales flexibles. ✗ elástico. ✗ rígido.
2 Que se adapta con facilidad a las circunstancias, a la opinión o la decisión de otra persona: *Tiene una actitud negociadora muy flexible.* ✗ tolerante. ✗ rígido.

flexión
nombre femenino **1** Movimiento que consiste en doblar el cuerpo o una parte de él. En los ejercicios de gimnasia hacemos diferentes flexiones.

F f

2 Conjunto de cambios formales que experimenta una palabra cuando cambia de género y de número o cuando se conjuga.
👁 El plural es: flexiones.

flexo
nombre masculino **1** Lámpara que se coloca sobre la mesa para iluminar una zona concreta y que tiene un brazo flexible o articulado para poder orientarla en cualquier dirección. 🖎 795

flipar
verbo **1** Impresionar o gustar mucho una persona o una cosa. Es una palabra informal.

flojo, floja
adjetivo **1** Que está poco apretado o poco tirante. Los vestidos flojos no se ajustan al cuerpo.
2 Que tiene poca fuerza o energía. Después de una enfermedad, las personas están más flojas.
3 Que no es suficientemente bueno o no tan bueno como se esperaba: *El concierto ha sido flojo.*

flor
nombre femenino **1** Parte de la planta en la que se encuentran los órganos de reproducción. Las flores suelen tener formas y colores vistosos.
2 La mejor parte de algo. Una persona joven está en la flor de la vida.
3 Piropo o alabanza que se le dice a una persona: *No paró de echarle flores.* Se usa sobre todo en plural.
a flor de piel En la superficie de algo, que se manifiesta hacia el exterior. Una persona muy excitada tiene los nervios a flor de piel.

flora
nombre femenino **1** Conjunto de las plantas y flores de un país o región.

florecer
verbo **1** Echar flores las plantas. El campo florece en primavera.
2 Aumentar la importancia o riqueza de una cosa. Florecen los negocios que prosperan; cuando florece la amistad entre dos personas es que cada vez es más fuerte e intensa.
3 Existir y desarrollarse una cosa

o persona importante en un momento determinado. Cervantes y Quevedo florecieron en el Siglo de Oro.
👁 Se conjuga como: agradecer; la 'c' se convierte en 'zc' delante de 'a' y 'o', como: florezca.

florero
nombre masculino **1** Recipiente que se usa para colocar flores. En el florero se ponen flores recién cortadas o secas para adornar. ✕✕ jarrón.

florido, florida
adjetivo **1** Que tiene flores en abundancia. Hay jardines, campos o telas floridas. ✕✕ floreado.
2 Se dice del lenguaje o estilo artístico que tiene muchos adornos.

floripondio
nombre masculino **1** Adorno o dibujo en forma de flor grande que adorna algunas cosas. También llamamos floripondio a cualquier adorno llamativo y de mal gusto.

floripondio

florista
nombre masculino y femenino **1** Persona que se dedica a cultivar o vender flores y plantas.

floristería
nombre femenino **1** Tienda en la que se venden flores y plantas.

flota
nombre femenino **1** Conjunto de barcos que pertenece a un país o a una compañía de navegación. Hay flotas pesqueras, de guerra, de barcos mercantes o de barcos de viajeros.
2 Conjunto de barcos de guerra que están en una zona marina o que van juntos para cumplir una misión.
3 Conjunto de vehículos que per-

F
f

tenecen a una empresa. Hay flotas de camiones o de autobuses.

flotador

nombre masculino

1 Objeto que flota en el agua y sirve para que las personas que no saben nadar puedan sujetarse a él y estar en el agua sin hundirse.
2 Cualquier objeto que flota en el agua y sirve como indicador de algo. Los pescadores ponen flotadores en el sedal para saber dónde está el anzuelo.
3 Parte del hidroavión que le permite aterrizar y flotar sobre el agua.

flotar

verbo

1 Mantenerse una cosa o una persona en la superficie de un líquido sin hundirse. El corcho y la madera flotan en el agua.
2 Mantenerse una cosa en el aire sin caer al suelo. Los globos hinchados flotan en el aire.
3 Extenderse una sensación determinada en el ambiente: *Después de la pelea, el mal humor flotaba en la sala.*

fluido, fluida

adjetivo

1 Se dice de la sustancia que se mueve o que se desliza con facilidad y se adapta a la forma del recipiente que la contiene. Las bebidas, las cremas o las pinturas son fluidas.
2 Se dice de la forma de expresarse que es clara, espontánea y fácil de entender.
3 Se dice del tráfico que circula bien, sin atascos.

nombre masculino

4 Cuerpo que tiene las moléculas muy separadas entre sí. El aire, los gases y los líquidos son fluidos.
5 Corriente eléctrica. Las empresas de electricidad a veces cortan el fluido a las viviendas para hacer reparaciones en la línea.

fluir

verbo

1 Correr un líquido o un gas por un lugar o salir de algún sitio. El agua fluye de los manantiales.
2 Salir con facilidad y abundancia las palabras o las ideas.
👁 Se conjuga como: huir; la 'i' se convierte en 'y' delante de 'a', 'e' y 'o', como: fluyen.

flujo

nombre masculino

1 Movimiento o salida de un líquido o un gas.
2 Expulsión de una determinada cantidad de líquido del cuerpo humano, tanto si es normal como si se trata de una enfermedad. También se le llama flujo a la cantidad de sangre que se pierde con la menstruación.
3 Subida de las aguas del mar.

flúor

nombre masculino

1 Gas de color amarillo verdoso y de olor muy fuerte. El flúor tiene unos elementos que protegen los dientes de la caries.

fluorescente

nombre masculino

1 Tubo de cristal que contiene un gas que emite luz cuando se conecta a la electricidad. Los fluorescentes proporcionan una luz blanca.

fluvial

adjetivo

1 De los ríos o que tiene relación con ellos. En las zonas donde no hay mar sólo es posible la pesca fluvial.

foca

nombre femenino

1 Mamífero marino, con el cuerpo redondo y alargado, dos aletas para nadar y bigotes en el morro, que vive en los mares fríos y se alimenta de peces. Es una especie en peligro de extinción.

nombre femenino y adjetivo

2 Persona que está muy gorda. Es un uso informal y despectivo.

foco

nombre masculino

1 Lámpara eléctrica que produce una luz muy potente y que generalmente se puede orientar en cualquier dirección. ✎ 794, 798
2 Punto en el cual está concentrada una cosa o se da con mayor intensidad, o desde el cual se origina y se propaga una cosa, como un foco de un incendio, un foco de violencia o un foco de infección.

fofo, fofa

adjetivo

1 Que es blando y tiene poca consistencia. Las personas fofas suelen hacer gimnasia para fortalecer los músculos. ✗ flojo. ✗ duro.

F
f

fogata
nombre femenino **1** Fuego de llama alta que se hace con leña y al aire libre. ⚒ hoguera.

fogonazo
nombre masculino **1** Llama breve que producen algunas materias cuando se encienden. La pólvora de algunos cohetes o petardos produce un fogonazo cuando se quema.

foie-gras
nombre masculino **1** Pasta blanda hecha con hígado de pato o cerdo y otros ingredientes que se suele comer untada en un trozo de pan.
👁 Se pronuncia: 'fuagrás'. El plural es: foie-gras.

folclore
nombre masculino **1** Conjunto de costumbres y tradiciones, especialmente artísticas, de un pueblo. El baile y la música tradicionales son parte del folclore.
👁 También se escribe: folclor o folklore.

folio
nombre masculino **1** Hoja de papel que mide aproximadamente 21 por 30 centímetros. El folio es una medida de papel habitual en oficinas.

follaje
nombre masculino **1** Conjunto de las hojas y ramas de los árboles o de las plantas. A veces, los animales del bosque se esconden entre el follaje para no ser vistos.

folleto
nombre masculino **1** Escrito de una o de pocas páginas que se usa para hacer propaganda o informar sobre un producto o servicio y va dirigido a posibles clientes interesados en ese producto o servicio, como los folletos de viajes o un folleto de instrucciones. ✍ 800

follón
nombre masculino **1** Situación en la que hay mucho ruido y movimiento de personas. ⚒ jaleo.
2 Situación problemática o de difícil solución. Las personas intentan no meterse en follones. ⚒ lío.
3 Conjunto de cosas mezcladas y desordenadas. Si en una habitación hay mucho follón, es difícil encontrar lo que se busca. ⚒ lío.
👁 El plural es: follones. Es una palabra informal.

fomentar
verbo **1** Hacer que se dedique más atención a algo o que se realice con más intensidad. En los colegios se fomenta la práctica del deporte, porque es algo muy saludable.

fonda
nombre femenino **1** Establecimiento con habitaciones en el que se dan comidas y alojamiento a precios muy económicos.

fondo
nombre masculino **1** Parte más baja del interior de una cosa, como un recipiente, una piscina o el mar.
2 Parte opuesta a la entrada de un lugar. Si una cosa se encuentra al fondo del pasillo, decimos que está al final del todo.
3 Distancia que hay desde la superficie de una cosa hasta su parte más baja. El fondo de las piscinas suele ser diferente en un lado que en otro. ⚒ profundidad.
4 Todo lo que queda detrás de la figura principal de una fotografía o de un cuadro.
5 Parte más importante de algo. Antes de llegar al fondo de un asunto, a veces hay que discutir temas más secundarios.
6 Cantidad de dinero, de libros o de otras cosas que se reúnen o se tienen para un fin determinado. Las bibliotecas tienen fondos de libros para que el público los consulte.
a fondo Con mucho detalle, por completo. Si se estudia algo a fondo, se aprende muy bien.

fonética
nombre femenino **1** Rama de la lingüística que estudia los sonidos de las lenguas. La fonética describe cómo se pronuncian los sonidos.

fontanero, fontanera
nombre **1** Persona que se encarga de la instalación y reparación de grifos,

cañerías y otras cosas relacionadas con las conducciones de agua en una casa.

forajido, forajida

nombre **1** Persona que es perseguida por la justicia porque ha cometido algún delito y vive huyendo de ella.

forastero, forastera

nombre **1** Persona que no es de la población en la que está, sino de otra distinta.

forcejear

verbo **1** Luchar una persona con alguien que la sujeta para intentar soltarse o escaparse.

forense

nombre masculino y femenino **1** Médico especialista que hace autopsias a los cadáveres cuando se quiere conocer las causas de la muerte. El forense trabaja en un juzgado para ayudar a los jueces a resolver los casos.

forestal

adjetivo **1** De los bosques o que tiene relación con ellos. Los guardias forestales se encargan de vigilar los bosques.

forjar

verbo **1** Dar la forma deseada a un trozo de metal cuando está caliente dándole golpes con un martillo. **2** Construir una idea o una historia en la imaginación: *Ya ha forjado su plan*.

forma

nombre femenino **1** Conjunto de líneas y superficies que componen el aspecto exterior de algo. Una tarta suele tener una forma redonda; los libros tienen forma rectangular. ✖ figura. **2** Modo de ser o de realizar las cosas. Cada persona tiene una forma de ser y de actuar que la caracteriza. ✖ manera.

nombre femenino plural **3 formas** Modo en que se comporta una persona en su relación con los demás. Es más fácil conseguir las cosas si se piden con buenas formas. ✖ modales.

estar en forma Tener buenas condiciones físicas. Para estar en forma hay que hacer ejercicio diariamente y comer alimentos sanos.

formación

nombre femenino **1** Acción que consiste en crear o formar una cosa, así como lo que resulta de ello. Algunas casas de discos participan en la formación de conjuntos de música. ✍ 597 **2** Educación y conjunto de conocimientos que tiene una persona. **3** Grupo de personas ordenadas en filas, en especial cuando son soldados. ☞ El plural es: formaciones.

formal

adjetivo **1** Que es serio y educado y hace todo lo que debe. A los padres les gusta que sus hijos sean formales. ✖ informal. **2** Que se hace o se dice de un modo claro y preciso, siguiendo unas determinadas reglas: *Hicimos una protesta formal*. ✖ informal. **3** De la forma o el aspecto exterior de las cosas, las acciones o las personas, o que tiene que ver con ello. Una corrección de la ortografía es una corrección formal.

formalidad

nombre femenino **1** Característica de las personas, las cosas o las acciones que son formales o serias. **2** Condición o requisito que se debe cumplir para hacer algo, en especial cuando es puramente formal. Firmar un contrato es una formalidad necesaria para comprar un piso.

formar

verbo **1** Dar una forma concreta a algún material creando una nueva figura. Los niños forman figuritas con la plastilina. ✖ hacer. **2** Organizar o crear una asociación reuniendo a un grupo de personas o cosas. Se forman equipos de fútbol, pandillas de amigos o colecciones de cromos. ✖ crear. **3** Educar y preparar a alguien para que sea capaz de realizar una actividad. ✖ instruir. **4** Colocar a un grupo de personas en una o varias filas de una manera ordenada. Los soldados forman para desfilar.

F f

formatear
verbo **1** Preparar un disquete de ordenador para que pueda ser utilizado y se puedan grabar cosas en él.

formato
nombre masculino **1** Forma y tamaño que tiene un libro o cualquier conjunto de hojas encuadernadas.

formidable
adjetivo **1** Que destaca por sus buenas cualidades o características, como el tamaño, la belleza, la simpatía o el conjunto de varias cosas. Las personas formidables suelen tener muchos amigos. ✖ fabuloso.

fórmula
nombre femenino **1** Escrito en el que aparecen las indicaciones necesarias para preparar algo, especialmente un medicamento.
2 Expresión formada por signos que sirve como regla para calcular y resolver otros casos iguales, como las fórmulas matemáticas.
3 En química, combinación de letras y números que representan los elementos químicos que forman un cuerpo o una sustancia.
4 Manera fija o establecida de decir o de hacer algo, que se usa en una situación determinada. Para despedirnos utilizamos fórmulas como 'adiós' o 'hasta la vista'.
5 Cada una de las categorías en que se dividen las carreras de coches. En la fórmula I participan los coches más rápidos.

formular
verbo **1** Expresar con palabras o por escrito alguna cosa, especialmente un deseo.

forofo, forofa
nombre **1** Persona que sigue con pasión a un equipo deportivo. Los forofos gritan mucho en el campo. ✖ hincha.
2 Persona a la que le gusta mucho algo: Es forofa del sol.

forrar
verbo **1** Cubrir algo por dentro o por fuera con tela, papel o plástico para que no se estropee o para adornarlo. A principio de curso forramos los libros.
2 forrarse Ganar mucho dinero. Es un uso informal.

forro
nombre masculino **1** Pieza de tela, papel o plástico con que se cubre algo por dentro o por fuera para que no se estropee o para adornarlo.

fortalecer
verbo **1** Hacer fuerte o más fuerte a una persona o una cosa. El calcio es bueno para fortalecer los dientes.
👁 Se conjuga como: agradecer; la 'c' se convierte en 'zc' delante de 'a' y 'o', como: fortalezco.

fortaleza
nombre femenino **1** Fuerza física o moral para superar las dificultades. Quien tiene gran fortaleza de ánimo es capaz de soportar cualquier adversidad. ✖ debilidad.
2 Edificio rodeado de murallas que sirve para protegerse de un ataque enemigo.

fortuna
nombre femenino **1** Causa, que no se puede determinar con exactitud, a la que se deben las cosas que suceden en la vida, ya sean buenas o malas: La fortuna ha querido que nos volviésemos a encontrar.
2 Cosa feliz o positiva que le sucede a una persona. Las personas a las que las cosas les van bien tienen mucha fortuna.
3 Conjunto de dinero, propiedades y otros bienes de valor que tiene una persona.
4 Éxito o buena aceptación que consigue una persona o una cosa por parte del público.

forzar
verbo **1** Obligar a una persona a hacer algo que no quiere.
2 Abrir algo, como una caja fuerte o una puerta, utilizando la fuerza: Los ladrones forzaron la puerta.
3 Hacer que un mecanismo o aparato funcione utilizando excesiva fuerza o potencia. Si forza-

mos la cuerda de un juguete, podemos romperla.
4 Obligar a una persona a mantener relaciones sexuales.

forzar

INDICATIVO	SUBJUNTIVO
presente	**presente**
fuerzo	fuerce
fuerzas	fuerces
fuerza	fuerce
forzamos	forcemos
forzáis	forcéis
fuerzan	fuercen
pretérito imperfecto	**pretérito imperfecto**
forzaba	forzara o forzase
forzabas	forzaras o forzases
forzaba	forzara o forzase
forzábamos	forzáramos o
forzabais	forzásemos
forzaban	forzarais o forzaseis
	forzaran o forzasen
pretérito indefinido	
forcé	**futuro**
forzaste	forzare
forzó	forzares
forzamos	forzare
forzasteis	forzáremos
forzaron	forzareis
	forzaren
futuro	
forzaré	**IMPERATIVO**
forzarás	
forzará	fuerza (tú)
forzaremos	fuerce (usted)
forzaréis	forzad (vosotros)
forzarán	fuercen (ustedes)
condicional	**FORMAS**
forzaría	**NO PERSONALES**
forzarías	
forzaría	**infinitivo** **gerundio**
forzaríamos	forzar forzando
forzaríais	**participio**
forzarían	forzado

forzoso, forzosa
adjetivo   **1** Que es obligatorio o no se puede evitar.

fosa
nombre femenino   **1** Hoyo excavado en la tierra para enterrar a los muertos.
2 Zona hundida de la tierra o del fondo del mar. Algunos países entierran desperdicios contaminantes en fosas marinas muy profundas.
fosa nasal Agujero de la nariz.

fosforescencia
nombre femenino   **1** Propiedad que tienen algunas sustancias de reflejar en la oscuridad la luz que han recibido. La fosforescencia de las señales de la carretera hace que se puedan ver de noche cuando se refleja en ellas la luz de los faros de los coches.

fosforito
adjetivo   **1** De color chillón y que se ve enseguida porque destaca sobre otros colores. Los colores fosforito más frecuentes son el naranja, el verde, el amarillo y el fucsia.

fósil
nombre masculino   **1** Restos de animales, plantas y minerales que existieron hace mucho tiempo y que han quedado convertidos en piedra.
2 Señal o marca que prueba que determinados seres vivos existieron hace mucho tiempo. Los fósiles se suelen encontrar en rocas o piedras.

foso
nombre masculino   **1** Excavación larga y profunda que rodea un castillo u otra construcción.
2 En el teatro, espacio situado debajo del escenario donde se suele colocar la orquesta. Los músicos saludan al público desde el foso.

foto
nombre femenino   **1** Es la forma abreviada de: fotografía.

fotocopia
nombre femenino   **1** Copia idéntica que se hace de un papel escrito, de un dibujo o de una fotografía utilizando una máquina especial que funciona con electricidad. Las fotocopias se hacen en blanco y negro o en color.

fotocopiadora
nombre femenino   **1** Máquina eléctrica que sirve para hacer copias instantáneas de escritos o dibujos mediante procedimientos fotográficos.

fotocopiar
verbo   **1** Hacer fotocopias o copias idénticas de un escrito, un dibujo o una foto. Está prohibido fotocopiar libros enteros.
👁 Se conjuga como: cambiar; la 'i' no lleva nunca acento de intensidad.

F
f

F

f

fotografía

nombre femenino

1 Técnica que consiste en obtener imágenes con una cámara fotográfica y también en revelar estas imágenes sobre un papel especial, utilizando unos productos químicos que la fijan sobre el papel. Algunas escuelas ofrecen cursos de fotografía.
2 Imagen que se toma con una cámara fotográfica y está revelada sobre un papel especial. ✎ 397
👁 También se dice: foto.

fotografiar

verbo

1 Hacer fotografías de personas, cosas o lugares.
👁 Se conjuga como: desviar; la 'i' se acentúa en algunos tiempos y personas, como: fotografíen.

fotógrafo, fotógrafa

nombre

1 Persona que se dedica a hacer fotografías, normalmente como profesión. ✎ 397

frac

nombre masculino

1 Chaqueta masculina que por delante llega hasta la cintura y termina en dos picos y por detrás tiene dos faldones que llegan hasta la pantorrilla. Suele ser de color negro y se usa en fiestas y ocasiones en que se viste de gala, como fiestas por la noche.
👁 El plural es: fracs o fraques.

fracasar

verbo

1 No tener una persona o una cosa el éxito o el resultado que se esperaba. Una película fracasa cuando va muy poca gente a verla. ✖ triunfar.

fracaso

nombre masculino

1 Resultado malo o peor del que se esperaba de una persona o una cosa. ✖ éxito; triunfo.

fracción

nombre femenino

1 Parte o porción de algo. Un segundo se puede dividir en fracciones de segundo. ✎ 593
2 En matemáticas, expresión que representa la división de dos cantidades enteras separadas por una raya, como 1/3. ✖ quebrado.
👁 El plural es: fracciones.

fractura

nombre femenino

1 Rotura de alguna cosa dura, en especial un hueso del cuerpo.

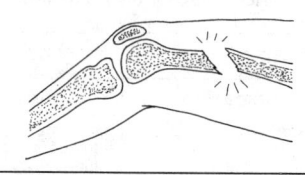

fractura

fracturar

verbo

1 Romper o quebrarse algo duro con violencia, en especial un hueso del cuerpo.

fragancia

nombre femenino

1 Olor suave y agradable, como el de una colonia o un gel de baño.

fragata

nombre femenino

1 Barco de guerra pequeño, rápido y ligero que se usa en la protección de otras embarcaciones.
2 Barco de vela de tres palos y velas cuadradas en todos ellos.

frágil

adjetivo

1 Que se rompe o se parte con facilidad. ✖ resistente.
2 Que tiene poca resistencia o se estropea con facilidad. Las personas de salud frágil enferman con mucha frecuencia. ✖ fuerte.

fragilidad

nombre femenino

1 Característica de las personas o cosas frágiles. La fragilidad de algunas cristalerías hace que no se puedan lavar en el lavavajillas.

fragmento

nombre masculino

1 Trozo o parte de una cosa. Una estrofa es un fragmento de una poesía y un aria, de una ópera.

fraile

nombre masculino

1 Hombre que pertenece a una determinada orden religiosa.

frambuesa

nombre femenino

1 Fruto silvestre de sabor agridulce formado por bolitas agrupadas de color rojo. Con las frambuesas se hace mermelada.

francés, francesa

adjetivo y nombre

1 Se dice de la persona o cosa que es de Francia, país europeo al norte de España.

F

f

nombre masculino **2** Lengua hablada en Francia y en zonas de Bélgica, Suiza, Canadá y otros países. El francés tiene su origen en el latín, como el español, el catalán, el gallego, el italiano, el portugués y el rumano.

franco, franca
nombre masculino **1** Moneda de Francia, Bélgica, Suiza y Luxemburgo.
adjetivo **2** De Francia o que tiene relación con Francia. Una película franco-italiana está hecha con capital francés e italiano.
3 Que habla y se comporta mostrando lo que piensa o siente. Tenemos que ser francos con los amigos. ⚒ sincero. ⚒ hipócrita.

franela
nombre femenino **1** Tejido fino de lana o algodón que tiene una capa de pelo muy suave en una de sus dos caras. La franela se utiliza mucho para hacer prendas de vestir de invierno.

franja
nombre femenino **1** Trozo más largo que ancho. Algunos campos están separados por una franja de tierra sin cultivar.
2 Raya o línea de color, especialmente en una tela. La bandera española tiene dos franjas rojas y una amarilla.

franqueza
nombre femenino **1** Sinceridad y claridad al decir lo que pensamos o sentimos.

frasco
nombre masculino **1** Recipiente que se utiliza para contener o guardar cosas; suele ser de vidrio, con un cuello estrecho y de tamaño más pequeño que el de una botella.

frase
nombre femenino **1** Conjunto de palabras con sentido que sirve para decir, exclamar o preguntar algo. '¿Qué hora es?' es una frase.
frase hecha Grupo de palabras, que siempre tienen la misma forma y siempre se dicen del mismo modo, con un significado concreto. 'Estar en la Luna' es una frase hecha que significa: estar distraído.

fraternal
adjetivo **1** Se dice de los sentimientos que

un hermano siente hacia otro hermano.

fraternidad
nombre femenino **1** Sentimiento de amor como el que hay entre hermanos.

fraude
nombre masculino **1** Engaño que se hace para conseguir dinero u otros beneficios. El fraude es un delito castigado por la ley. ⚒ estafa.

fray
nombre masculino **1** Forma abreviada de fraile que se antepone al nombre de estos religiosos cuando queremos referirnos a ellos.

frecuencia
nombre femenino **1** Repetición de una acción o un suceso.
2 Cantidad de veces que ocurre o se hace una cosa en un espacio de tiempo determinado: *Va al cine con una frecuencia de tres veces al mes.*

frecuentar
verbo **1** Ir a un lugar con frecuencia o a menudo.
2 Ver o tener relación con una persona de manera habitual o regular.

frecuente
adjetivo **1** Se dice de las cosas o las acciones que se repiten de manera habitual, con regularidad o cada poco tiempo. En verano, los días de sol son muy frecuentes.

fregadero
nombre masculino **1** Recipiente que se utiliza para fregar los platos y cacharros de cocina. El fregadero tiene un grifo y un desagüe.

fregar
verbo **1** Limpiar una cosa con agua y jabón u otro producto. Según lo que queramos fregar utilizaremos un tipo distinto de objeto con el que frotar, como una bayeta, un estropajo o una fregona.
👁 Se conjuga como: regar; la 'e' se convierte en 'ie' en sílaba acentuada y se escribe 'gu' delante de 'e', como: friegen.

fregona
nombre femenino **1** Utensilio de limpieza que sirve para fregar el suelo estando de

F
f

pie; la fregona está formada por unas tiras de material absorbente unidas a un palo largo.

freidora

nombre femenino **1** Especie de sartén honda o aparato eléctrico que tiene una cesta metálica en su interior y sirve para freír alimentos en abundante aceite.

freír

verbo **1** Cocinar un alimento en una sartén con aceite, mantequilla o manteca de cerdo. ✏ 793
◉ Se conjuga como: reír.

frenar

verbo **1** Detener el movimiento de un vehículo o hacer que vaya más despacio. También podemos frenar cuando vamos sobre patines, en trineo, a caballo o en cualquier otro medio.
2 Impedir que siga una actividad o hacerla menos intensa. Hay que tomar todas las precauciones necesarias para frenar los incendios.

frenazo

nombre masculino **1** Parada brusca de un vehículo: *Tuvo que dar un frenazo.*

frenesí

nombre masculino **1** Pasión grande que siente una persona por otra. Se pueden dar besos y abrazos con frenesí.
2 Actividad y excitación excesiva que tiene una persona o una cosa. Mucha gente de campo no soporta el frenesí de la ciudad.

freno

nombre masculino **1** Mecanismo que sirve para parar un vehículo o una máquina o disminuir su velocidad.
2 Cosa que impide o disminuye una actividad o un sentimiento: *Lo que le contestó puso freno a su amistad.*
3 Pieza de hierro en forma de anilla que se pone en la boca de los caballos y que sirve para sujetarlos y dirigirlos.

frente

nombre femenino **1** Parte superior de la cara de una persona que está entre las sienes y va desde el nacimiento del pelo hasta los ojos.

nombre masculino **2** Parte delantera de una cosa. La puerta principal de un edificio suele estar en el frente.
3 Zona en la que luchan los soldados en una guerra.
hacer frente Luchar contra una persona o una situación difícil. Hay que hacer frente a los problemas de la vida para tratar de solucionarlos.

fresa

nombre femenino **1** Fruta pequeña, de color rojo y forma de corazón, con pequeñas semillas en la superficie. Es el fruto de una planta silvestre o cultivada que tiene el mismo nombre.
2 Herramienta que tiene unas cuchillas o dientes que giran rápidamente y que se usa para hacer agujeros en piezas de metal.

fresal

nombre masculino **1** Terreno en el que se cultivan fresas.

frescales

adjetivo y nombre masculino y femenino **1** Que se comporta o actúa de manera desvergonzada y tomándose excesivas libertades con la gente. Es una palabra informal.
◉ El plural es: frescales.

fresco, fresca

adjetivo **1** Que tiene una temperatura baja; que está un poco frío. En verano se suelen tomar bebidas frescas.
2 Que produce frío o sensación de frío. La seda es un tejido muy fresco. ✗ caluroso.
3 Se dice del alimento que no está congelado ni curado, y se tiene que comer pronto porque si no se estropea, como carnes, pescados, lácteos, fruta y verdura.
4 Que acaba de ocurrir: *Te traigo noticias frescas: María acaba de tener un niño.* ✗ reciente.
5 Que no está cansado y tiene mucha energía y ganas de hacer cosas. Después de dormir nos levantamos frescos.
6 Que está tranquilo y no le preocupa nada de lo que se le dice. Es un uso informal. ✗ pancho.
7 Persona que habla o se comporta sin vergüenza o sin respeto. Es un uso informal. ✗ caradura; sinvergüenza.

F
f

nombre **8** Temperatura del aire un poco fría, pero agradable: *Le gusta sentir la fresca por la mañana al salir de casa.* Con este significado tiene doble género, se dice: el fresco y la fresca.

nombre masculino **9** Pintura que se hace directamente en las paredes o en el techo de un edificio. En las iglesias y catedrales hay muchos frescos.

traer al fresco No importarle o no preocuparle nada una cosa a una persona: *Me trae al fresco lo que me digas, haré lo que yo quiera.*

frescura

nombre femenino **1** Cualidad que tienen las cosas que son frescas o están frías. La frescura de las frutas y las verduras recién cogidas dura poco tiempo.

2 Falta de vergüenza o de respeto que tiene una persona al comportarse: *Me pidió 10 000 pesetas con una frescura asombrosa.* ✖ descaro; desvergüenza.

fresno

nombre masculino **1** Árbol de tronco grueso, corteza gris y flores blancas. Su madera se usa para hacer muebles. ✍ 598

fresón

nombre masculino **1** Fruta roja en forma de corazón, con pequeñas semillas en la superficie. Es el fruto de una planta silvestre o cultivada que tiene el mismo nombre.

frialdad

nombre femenino **1** Cualidad de las cosas frías.

2 Indiferencia, falta de interés o de pasión que muestra una persona: *Me saludó con frialdad.*

3 Tranquilidad y dominio de los nervios de una persona en un momento en que debería alterarse.

friegaplatos

nombre masculino **1** Electrodoméstico que sirve para limpiar los platos y utensilios de cocina. ✖ lavavajillas.

nombre masculino y femenino **2** Persona que en la cocina de un restaurante se encarga de fregar los platos y utensilios de cocina.

👁 El plural es: friegaplatos.

frigorífico

nombre masculino **1** Electrodoméstico que sirve para mantener las bebidas y los alimentos fríos. ✖ nevera; refrigerador.

frío, fría

adjetivo **1** Que tiene una temperatura baja o más baja de lo normal. El helado es un alimento frío. ✖ fresco. ✖ caliente.

2 Se dice de la persona que no suele ponerse nerviosa ni mostrar sus sentimientos.

nombre masculino **3** Sensación que se tiene en el cuerpo cuando hay una temperatura baja. Cuando tenemos frío nos ponemos un abrigo. ✖ calor.

4 Temperatura baja del aire. El frío reseca la piel, por eso es aconsejable protegerse la cara y las manos con alguna crema hidratante. ✖ calor.

coger frío Resfriarse o constiparse. En invierno hay que abrigarse bien para no coger frío.

quedarse frío Quedarse sorprendido o sin saber cómo reaccionar. Cuando nos dan una mala noticia nos quedamos fríos.

friolero, friolera

adjetivo y nombre **1** Se dice de la persona que siempre tiene frío.

frito, frita

adjetivo y nombre masculino **1** Se dice del alimento que ha sido cocinado en aceite muy caliente. Los huevos, el beicon o el pescado son alimentos que se comen fritos.

adjetivo **2** Se dice de una persona que se ha quedado completamente dormida: *Me quedé frito.* Es un uso informal. ✖ roque. ✖ despierto.

frívolo, frívola

adjetivo **1** Se dice de la persona que no se preocupa por las cosas serias e importantes, y a la que sólo le gusta divertirse y pasárselo bien. ✖ superficial. ✖ profundo.

2 Que es poco serio e importante y sirve para pasar el rato. Son conversaciones frívolas las que mantenemos sobre el tiempo con un vecino al que apenas conocemos. ✖ superficial.

frondoso, frondosa

adjetivo **1** Se dice del lugar, la planta o el árbol que tiene muchas hojas y ramas.

frontal

adjetivo **1** De la parte delantera de una

F
f

cosa o que tiene relación con ella. La parte frontal de un edificio suele tener ventanas y balcones.
2 De la frente o que tiene relación con ella.

frontera
nombre femenino **1** Línea que separa dos países, dos territorios o dos cosas. España tiene frontera con Portugal y con Francia.

frontón
nombre masculino **1** Juego o deporte que consiste en que un jugador lanza una pequeña pelota contra una pared de modo que bote y vuelva a ser lanzada por otro jugador. Se puede jugar con una pala, con una raqueta o golpeando con la mano.
2 En arquitectura, elemento decorativo con forma de triángulo que hay encima de algunas fachadas, ventanas o pórticos.
👁 El plural es: frontones.

frotar
verbo **1** Pasar varias veces y con fuerza una cosa sobre otra. Para limpiar una cazuela hay que frotar con un estropajo.

fructífero, fructífera
adjetivo **1** Que da fruto o resultado. Un trabajo fructífero proporciona las ganancias o beneficios esperados. ✂ productivo.

frustrar
verbo **1** Quitar o perder la alegría o esperanza de conseguir algo.
2 Hacer fracasar un intento o un plan: *La alarma frustró el robo en el museo de arte.*

fruta
nombre femenino **1** Fruto comestible de algunas plantas y árboles, como las manzanas, peras y naranjas. Normalmente comemos la fruta como postre.

frutal
adjetivo y nombre masculino **1** Se dice del árbol que produce fruta, como el manzano, el peral o el naranjo.

frutería
nombre femenino **1** Tienda, departamento de supermercado o puesto de mercado donde se vende fruta.

frutero, frutera
nombre **1** Persona que trabaja en una frutería vendiendo fruta.
nombre masculino **2** Recipiente que contiene fruta o que sirve para llevarla a la mesa.

fruto
nombre masculino **1** Parte de la planta que proviene de la transformación de la flor y que contiene una o más semillas. Muchos frutos son comestibles, como las frutas, las hortalizas o los frutos secos. ✎ 596
2 Producto útil de la tierra. Una huerta produce muchos frutos. Se usa sobre todo en plural.
3 Beneficio o utilidad que produce alguna cosa. El saber es fruto del estudio y de la experiencia.
fruto seco Fruto que no tiene o ha perdido su humedad y se puede conservar mucho tiempo. Algunos frutos secos tienen cáscara, como las almendras, las avellanas o las nueces, y otros no, como las pasas o los higos secos.

fucsia
nombre femenino **1** Planta de hojas ovaladas y flores que cuelgan, generalmente de color rosa fuerte. Las fucsias pueden llegar a ser arbustos.
nombre masculino y adjetivo **2** Color rosa fuerte y brillante como el de la fucsia o algunas otras flores.

fuego
nombre masculino **1** Luz y calor que sale de un cuerpo que está ardiendo.
2 Materia que está ardiendo.
3 Gran cantidad de materia que arde y destruye todo lo que encuentra en su camino. ✂ incendio.
4 Lugar de la cocina donde se produce calor y en el que se calientan y cocinan los alimentos.
5 Disparo hecho con un arma, como una pistola o una escopeta.
fuegos artificiales Cohetes que cuando se encienden salen disparados y producen luces de colores en el cielo.
jugar con fuego Realizar una acción peligrosa sin necesidad, normalmente para divertirse o para presumir. Conducir a demasiada velocidad es jugar con fuego.

fuelle

nombre masculino **1** Instrumento que aspira aire del exterior y lo expulsa con fuerza, y que sirve para avivar el fuego o para inflar una cosa.
2 Parte de algunos objetos que se pliega y que hace posible que éstos aumenten su capacidad o su volumen, como el que tienen algunas maletas o bolsos a los lados.
3 Capacidad que tiene una persona para realizar un esfuerzo continuado sin cansarse o perder la respiración. Es un uso informal.

fuente

nombre femenino **1** Lugar por donde brota el agua de la tierra. ⚒ manantial.
2 Construcción situada en plazas, caminos o calles, con caños o grifos por donde sale el agua.
3 Recipiente grande y llano en el que se sirven los alimentos.
4 Aquello que produce o es el origen de algo: *El Sol es una fuente de calor.*

fuera

adverbio **1** Indica que algo o alguien está en el exterior de un lugar determinado, sea real o figurado: *Estaré fuera. Fue tal su enfado que parecía que estaba fuera de sí.*
2 Indica movimiento hacia la parte exterior de un lugar determinado: *Creo que voy a salir fuera.*
fuera de Indica que algo no está dentro del tiempo o del plazo: *No aceptaremos ninguna inscripción fuera del plazo.*
fuera de Indica que lo que se dice a continuación se excluye de un conjunto o de algo más general: *Fuera del último punto, estoy de acuerdo con todo.* ⚒ excepto; menos.

fuerte

adjetivo **1** Se dice de las cosas o las personas que tienen fuerza y resistencia. La madera del roble es muy fuerte. ⚒ débil; flojo.
2 Que es tan intenso que se percibe con mucha claridad. Los perfumes suelen tener un olor fuerte.
3 Que produce un resultado o un efecto muy marcado. Un golpe fuerte hace mucho daño.
4 Que está bien apretado o sujeto: *Átate fuerte los zapatos, que si no se te soltarán.* ⚒ flojo.
5 Que posee gran poder o medios para obrar. Una empresa fuerte puede afrontar sin problemas cualquier contratiempo. ⚒ poderoso.
6 Se dice de la persona que tiene mucho ánimo o que no se rinde con facilidad: *Es muy fuerte, podrá superar ese problema.* ⚒ débil.

adjetivo y nombre masculino **7** Cosa que gusta a una persona y por eso sabe mucho al respecto y destaca en ello: *Su fuerte son las matemáticas.*

nombre masculino **8** Lugar rodeado de muros y otros medios de defensa para protegerse de los ataques enemigos. ⚒ fortaleza.

adverbio **9** Con intensidad o en abundancia: *No hables tan fuerte que despertarás a tu hermano.*

fuerza

nombre femenino **1** Capacidad física que tienen las personas y los animales para hacer cosas que exigen un esfuerzo. Para mover cosas muy pesadas hay que tener mucha fuerza.
2 Grado de energía o intensidad con la que se hace o sucede algo. Cuando las olas tienen mucha fuerza es peligroso bañarse.
3 Capacidad que tiene una persona o una cosa de producir un determinado efecto. A menudo las imágenes de una desgracia tienen más fuerza que su descripción para sensibilizar a la gente.
4 Capacidad que tiene una cosa o una persona para sostener un cuerpo o resistir un empuje: *Esta pared tiene mucha fuerza.*
5 Poder físico de las personas, especialmente cuando se utiliza con fines violentos.
a fuerza de Haciendo muchas veces aquello que se indica: *A fuerza de repetirlo, lo memorizó.*
a la fuerza Contra la voluntad o el deseo de alguien, obligándolo a hacerlo. ⚒ por la fuerza.

F

f

a la fuerza De modo inevitable, necesariamente. Para hacer una carrera hay que ir a la fuerza a la universidad.

fuerza bruta Fuerza física de las personas.

fuerzas armadas Ejército de un país.

por la fuerza Contra la voluntad o el deseo de alguien, obligándolo a hacerlo: *He tenido que comer la sopa por la fuerza, aunque no me gustaba.* ✗ a la fuerza.

fuga
nombre femenino **1** Salida de un gas o un líquido por un agujero o por una grieta. ✗ escape.

fugacidad
nombre femenino **1** Característica de las cosas que tienen una duración muy corta.

fugarse
verbo **1** Escaparse de un lugar en el que se está encerrado: *El ladrón se fugó de la cárcel.* ✗ evadirse.

fugaz
adjetivo **1** Se dice de lo que dura muy poco tiempo: *¡Qué visita tan fugaz!, quédate un poco más.*
2 Se dice de las cosas que pasan y desaparecen a mucha velocidad, como algunas estrellas.
👁 El plural es: fugaces.

fugitivo, fugitiva
adjetivo y nombre **1** Se dice de la persona que se escapa de un lugar en el que estaba encerrado. También son fugitivas las personas que se esconden para que no puedan ser juzgadas.

fulano, fulana
nombre **1** Palabra con la que se menciona a una persona cuyo nombre se desconoce, se ha olvidado o no se quiere decir. ✗ mengano; zutano.

fular
nombre masculino **1** Pañuelo largo de seda, gasa u otra tela fina que se pone alrededor del cuello.

fulgor
nombre masculino **1** Brillo o luz muy intensa que sale de algunos cuerpos, como las estrellas. ✗ resplandor.

fulminante
adjetivo **1** Que ocurre de forma rápida y tiene un efecto inmediato, en especial cuando este efecto es negativo. Un dolor fulminante viene de repente y es tan fuerte que deja a la persona sin poder hacer nada.

fulminar
verbo **1** Causar un daño o la muerte de forma instantánea.
2 Dejar impresionada a una persona con una mirada o un gesto de enfado: *Me fulminó con la mirada.*

fumador, fumadora
adjetivo y nombre **1** Se dice de la persona que fuma habitualmente. En algunos lugares públicos hay zonas diferenciadas para fumadores y no fumadores.
fumador pasivo Persona que, al estar en un ambiente de mucho humo, sufre los efectos negativos del tabaco aunque no fume.

fumar
verbo **1** Aspirar el humo del tabaco o de cualquier otra sustancia por la boca y despedirlo por la boca o por la nariz. Fumar no es bueno para la salud.

fumigar
verbo **1** Esparcir un polvo o un líquido desinfectante sobre un lugar para protegerlo o luchar contra las plagas de insectos.
👁 Se escribe 'gu' delante de 'e', como: fumiguen.

fumigar

función
nombre femenino **1** Lo que una persona tiene que hacer por el hecho de ser lo que es. La función de un abogado es defender a sus clientes.
2 Aquello para lo que sirve una cosa; la función de un despertador es despertar a las personas con un timbre.
3 Proyección o representación de un espectáculo. En los cines suele haber dos o tres funciones al día.
👁 El plural es: funciones.

funcional
adjetivo **1** Se dice de las cosas que tienen una función práctica que es más importante que cualquier otra característica. Un mueble funcional puede ser bonito o no, pero hace mucho servicio.

funcionamiento
nombre masculino **1** Realización de la función que tiene una cosa. Los electrodomésticos tienen que enchufarse para que se pongan en funcionamiento. También es el modo como funciona algo.

funcionar
verbo **1** Realizar una cosa su función. Los electrodomésticos funcionan con electricidad.

funcionario, funcionaria
nombre **1** Persona que trabaja en la administración pública. Los empleados de correos o de los ministerios son funcionarios.

funda
nombre femenino **1** Cubierta con que se envuelve o cubre totalmente una cosa para protegerla o conservarla.

fundación
nombre femenino **1** Organización o institución que realiza actividades con fines benéficos, culturales, científicos o humanitarios. Suele estar fundada y mantenida por un particular.
2 Acción que consiste en crear una institución, organización o sociedad para un fin determinado.
👁 El plural es: fundaciones.

fundamental
adjetivo **1** Que es muy importante o muy necesario para algún fin: *Comer bien es fundamental para tener una buena salud.* 🔀 esencial.
2 Que sirve de fundamento o de base a otra cosa, como el esquema fundamental de una teoría, donde se explican sus principios.

fundamento
nombre masculino **1** Cosa material o inmaterial en la que se apoya o basa otra cosa. El fundamento de una buena amistad es la sinceridad.
nombre masculino plural **2 fundamentos** Principios básicos por los que se rige una ciencia o un arte: *En el colegio aprendí los fundamentos de las matemáticas.*

fundar
verbo **1** Crear una ciudad, institución, organización o sociedad. Muchas ciudades españolas fueron fundadas por los romanos.
2 Dar unos argumentos para apoyar una teoría, una creencia, una afirmación o una cosa parecida. También es basarse una cosa en otra. La sospecha de un hecho se funda en una serie de pruebas o indicios.

fundición
nombre femenino **1** Fábrica o taller donde se funden los metales. En las fundiciones hay hornos que trabajan a altas temperaturas.
👁 El plural es: fundiciones.

fundir
verbo **1** Hacer que un cuerpo sólido se vuelva líquido, generalmente por la acción del calor.
2 Unir dos o más cosas para crear una más grande. Se pueden fundir párrafos, escritos, líneas, grupos de trabajo o empresas.
3 Gastar sin orden ni cuidado mucho dinero: *Me fundí el sueldo de un mes en un par de días.* Es un uso informal. 🔀 derrochar.
4 fundirse Dejar de funcionar un aparato eléctrico, como por ejemplo una bombilla.

fúnebre
adjetivo **1** De los difuntos o que está relacionado con ellos.

funeral
nombre masculino **1** Ceremonia religiosa que se celebra en la iglesia cuando muere una persona.

F
f

funeraria

nombre femenino **1** Empresa que se encarga de organizar todo lo relacionado con el funeral de una persona.

funesto, funesta

adjetivo **1** Que es triste o desgraciado: *Ha sido un día funesto, todo me ha salido mal y además me he roto la pierna.*

funicular

nombre masculino **1** Tren pequeño que se mueve arrastrado por una cadena y sube y baja cuestas con mucha pendiente.
2 Medio de transporte que consiste en una cabina que se mueve colgando de un cable o de un carril sin estar en contacto con la superficie. ✂ teleférico.

furgón

nombre masculino **1** Vagón de un tren de viajeros donde se transportan los equipajes o el correo.
2 Vehículo de cuatro ruedas con un espacio interior grande que se usa para el transporte de mercancías. Un furgón es mayor que una furgoneta.
👁 El plural es: furgones.

furgoneta

nombre femenino **1** Vehículo más grande que un coche y más pequeño que un camión que sirve para transportar mercancías. Las furgonetas tienen una puerta atrás para poder meter las cosas.

furia

nombre femenino **1** Enfado muy grande y que no se puede controlar. ✂ furor.
2 Fuerza o energía con la que se hace o sucede algo. Cuando hay tempestad, el viento sopla con furia. ✂ furor.

furibundo, furibunda

adjetivo **1** Que tiene o muestra un enfado muy grande.
2 Se dice de la persona que admira mucho, de un modo incluso exagerado, a alguien o algo.

furioso, furiosa

adjetivo **1** Que está muy enfadado y no lo oculta.
2 Que tiene mucha fuerza o energía. Cuando hay una tormenta furiosa, llueve mucho y hay mucho viento, rayos y truenos.

furioso

furor

nombre masculino **1** Fuerza o energía con la que se hace o sucede algo. Los artistas trabajan con furor cuando están inspirados.
2 Enfado muy grande que va acompañado de muestras de violencia. ✂ furia.
hacer furor Estar o ponerse algo muy de moda.

furtivo, furtiva

adjetivo **1** Que se hace a escondidas o con disimulo, tratando de que los demás no lo vean.

adjetivo y nombre **2** Se dice de la persona que hace cosas a escondidas o sin permiso, especialmente cazar o pescar en lugares donde no debe.

fusible

nombre masculino **1** Dispositivo que se coloca en un circuito eléctrico para que no se funda o deje de funcionar cuando pase por él una corriente superior a la que se considera normal.

fusil

nombre masculino **1** Arma de fuego que dispara balas y está formada por un cañón, un mecanismo para disparar y una culata para apoyarlo.

fusilar

verbo **1** Ejecutar a una persona disparando con un fusil sobre ella.
2 Copiar algo sin decir que se ha hecho.

fusión

nombre femenino **1** Paso de un cuerpo sólido a líquido por efecto del calor.
2 Unión de dos o más cosas para formar una sola.
👁 El plural es: fusiones.

F
f

fusionar
verbo **1** Unir dos o más cosas de forma que constituyan una sola.

fustigar
verbo **1** Dar una persona golpes con una fusta, un látigo o una vara. El jinete fustiga al caballo para que corra a mayor velocidad.
👁 Se escribe 'gu' delante de 'e', como: fustiguen.

futbito
nombre masculino **1** Fútbol sala. La pelota de futbito es pequeña y bota poco.

fútbol
nombre masculino **1** Deporte que se practica entre dos equipos de 11 jugadores, que consiste en meter el balón en la portería del equipo contrario. El fútbol se practica en campos al aire libre de hierba o de arena y los jugadores no pueden tocar el balón con la mano.
fútbol sala Deporte similar al fútbol, pero que se juega en un campo más pequeño entre equipos de seis jugadores.

futbolín
nombre masculino **1** Mesa que imita un campo de fútbol con unas barras giratorias que tienen enganchadas unas figuras de jugadores de fútbol y que se usa para jugar; el juego, que consiste en que las figuras golpeen una bola y la metan en la portería contraria, también se llama futbolín.
👁 El plural es: futbolines.

futbolista
nombre masculino y femenino **1** Persona que juega al fútbol. Kubala fue un gran futbolista.

futuro, futura
adjetivo **1** Que ocurrirá o existirá en un tiempo próximo que todavía no ha llegado. Una mujer embarazada es una futura madre.
nombre masculino **2** Tiempo que va a llegar, pero todavía no ha llegado. Las personas suelen hacer planes para el futuro.
nombre masculino y adjetivo **3** Tiempo verbal que indica las acciones que todavía no han llegado. 'Cantaré' es el futuro del verbo 'cantar'.

G | g

g
nombre femenino
1 Séptima letra del alfabeto español. La 'g' ante 'e' e 'i' se pronuncia igual que la 'j'.

gabardina
nombre femenino
1 Prenda de vestir larga y de tela impermeable que sirve para protegerse de la lluvia o el viento.

gacela
nombre femenino
1 Mamífero parecido al ciervo, pero más pequeño, que tiene las patas y el cuello largos y la cabeza pequeña, con los cuernos curvados hacia atrás. Corre a gran velocidad.

gaceta
nombre femenino
1 Obra impresa de carácter informativo que se publica de forma periódica. Generalmente están especializadas en un tema.

gaditano, gaditana
adjetivo y nombre
1 Se dice de la persona o cosa que es de Cádiz, ciudad y provincia de Andalucía.

gafas
nombre femenino plural
1 Objeto que sirve para ver mejor o para proteger los ojos del sol, del agua o del viento. Las gafas están formadas por una montura que se apoya en la nariz y dos patillas que se apoyan en las orejas.
👁 Se usa en plural para indicar sólo una unidad.

gafe
adjetivo y nombre masculino y femenino
1 Se dice de la persona o de la cosa que se cree que trae mala suerte o desgracias a las personas que están a su alrededor.

gafotas
adjetivo y nombre masculino y femenino
1 Se dice de la persona que utiliza gafas por tener algún defecto en la vista. Es un uso despectivo.
👁 El plural es: gafotas.

gaita
nombre femenino
1 Instrumento musical de viento formado por una bolsa de piel, una boquilla para soplar y llenar de aire la bolsa, y dos tubos por los que sale el aire y se producen los sonidos.
2 Cosa que molesta o fastidia mucho a una persona o le resulta desagradable: *¡Vaya gaita! Ahora que podemos salir empieza a llover*. Es un uso informal.

gajo
nombre masculino
1 Parte en que se dividen algunas frutas, como las naranjas. 🖎 593

gala
nombre femenino
1 Reunión o fiesta muy elegante y con muchos invitados: *Los príncipes presidieron la gala benéfica*.
2 Actuación de un cantante o un grupo musical. En verano los cantantes suelen hacer muchas galas.
3 Vestido o traje muy elegante y adornos o complementos que lo acompañan. Con este significado se usa más en plural.
hacer gala de Dar muestras de lo que se dice: *Hizo gala de su buen humor*.
tener a gala Estar orgulloso de algo.

galán
nombre masculino
1 Hombre de aspecto atractivo que es muy amable y atento con las mujeres.
2 Actor principal de una película o de una obra de teatro.
👁 El plural es: galanes.

galantería
nombre femenino
1 Acción o palabras amables. Enviar un ramo de flores a alguien que cumple años es una galantería.

galápago

nombre masculino **1** Reptil de la familia de las tortugas que vive en el agua y tiene los dedos unidos por membranas que le permiten nadar mejor.

galardón

nombre masculino **1** Premio o recompensa que se concede por algún trabajo o servicio prestado.
👁 El plural es: galardones.

galaxia

nombre femenino **1** Cada uno de los conjuntos formados por millones de planetas y estrellas que ocupan una parte del universo. La galaxia en la que se encuentran la Tierra y el Sol se llama Vía Láctea.

galeón

nombre masculino **1** Antiguo barco grande de vela de tres o cuatro palos.
👁 El plural es: galeones.

galería

nombre femenino **1** Pasillo largo, abierto al exterior o con vidrieras, que tienen algunas casas para iluminar las habitaciones interiores.
2 Camino subterráneo, largo y estrecho, como los que los mineros hacen en las minas o los que excava el topo en la tierra. ✖ túnel.
3 Sala o establecimiento donde se exponen obras de arte, como cuadros, cerámicas o esculturas.

nombre femenino plural **4 galerías** Conjunto de establecimientos que están en un recinto cubierto o en un centro comercial.

galgo, galga

nombre masculino y adjetivo **1** Perro de cuerpo delgado y ágil, que tiene las patas largas y la cabeza pequeña. Los galgos corren muy deprisa.

gallego, gallega

adjetivo y nombre **1** Se dice de la persona o cosa que es de Galicia.

nombre masculino **2** Lengua hablada en Galicia. El gallego es la lengua oficial en Galicia junto al español; tiene su origen en el latín.

galleta

nombre femenino **1** Alimento dulce y crujiente hecho con harina, huevos, azúcar y otros ingredientes que se cuecen en el horno.

2 Golpe dado en la cara con la mano abierta. Es un uso informal. ✖ bofetada; torta.

gallina

nombre femenino **1** Hembra del gallo; es de menor tamaño que él y tiene la cresta más corta. Utilizamos de ella los huevos y la carne.

nombre masculino y femenino **2** Que tiene miedo o muestra ser cobarde, incluso en situaciones en que no hace falta mucho valor: *No seas gallina y tírate al agua.*

gallinero

nombre masculino **1** Lugar donde están y se crían las gallinas y otras aves de corral.
2 Lugar en el que hay mucha gente que grita y hace ruido.
3 Conjunto de asientos del piso más alto de un cine o un teatro.

gallo

nombre masculino **1** Ave macho que tiene una gran cresta roja sobre la cabeza. El gallo es un animal doméstico y emite un canto característico a la salida del sol.
2 Pez marino comestible de cuerpo plano, de color marrón amarillento. Tiene los dos ojos en un mismo lado del cuerpo.
3 Nota aguda o falsa que sale al hablar o cantar.

adjetivo y nombre masculino **4** Se dice de una persona que quiere mandar sobre los demás.
en menos que canta un gallo En muy poco tiempo, con mucha rapidez.
otro gallo cantaría Indica que, si se hubieran hecho las cosas de otra manera, se habría conseguido un resultado mejor.

galón

nombre masculino **1** Cinta de tejido grueso que se emplea como adorno de vestidos o sirve de distintivo de un uniforme militar.
2 Medida de capacidad para líquidos que se usa en Gran Bretaña y equivale a unos cuatro litros y medio.
👁 El plural es: galones.

galopar

verbo **1** Correr un caballo a galope. Los caballos pueden andar, trotar o galopar.

G

g

G

g

2 Ir una persona montada sobre un caballo que va corriendo al galope.

galope

nombre masculino

1 Modo de correr el caballo en el cual mantiene por un momento las cuatro patas en el aire. Cuando un caballo va al galope es cuando más corre.

gama

nombre femenino

1 Serie de cosas de la misma categoría ordenadas por el grado o la intensidad de alguna de sus cualidades. Dentro de la gama del azul hay muchos colores diferentes, desde el azul celeste hasta el marino.

gamba

nombre femenino

1 Crustáceo marino comestible, de color rojizo, con el cuerpo alargado, las patas y antenas largas y los ojos salientes.

gamberrada

nombre femenino

1 Acción propia de un gamberro.

gamberro, gamberra

adjetivo

1 Que se divierte haciendo cosas que provocan daños o molestias a los demás, como ensuciar las calles o romper escaparates.

gameto

nombre masculino

1 Célula sexual destinada a la reproducción. Cuando se unen un gameto masculino y un gameto femenino, se origina un nuevo ser.

gamo

nombre masculino

1 Mamífero parecido al ciervo, de menor tamaño, con el pelo de color marrón rojizo con manchas blancas. Tiene la cola negra por encima y blanca por debajo. Los machos tienen cuernos ramificados en forma de palas.

gana

nombre femenino

1 Deseo o voluntad de hacer algo: *No tiene ganas de salir a la calle.* Con este significado se usa más en plural.

de buena gana Con gusto y agrado. Cuando nos apetece mucho hacer algo, lo hacemos de buena gana.

de mala gana Sin gusto ni agrado. Cuando nos obligan · a hacer algo que no queremos, lo hacemos de mala gana.

dar la gana Querer hacer algo.

ganadería

nombre femenino

1 Actividad que consiste en la cría y comercio de ganado.

2 Conjunto de cabezas de ganado que tiene una persona.

ganadero, ganadera

nombre

1 Persona que tiene ganado y se dedica a criarlo y a comerciar con él.

adjetivo

2 Del ganado o que tiene relación con él.

ganado

nombre masculino

1 Conjunto de animales de cuatro patas que son criados y explotados por los seres humanos.

ganador, ganadora

adjetivo y nombre

1 Que consigue el primer puesto en una competición o un concurso, o el premio de un sorteo.

ganancia

nombre femenino

1 Provecho o utilidad que se saca de algo, en especial dinero que se gana. ✖ beneficio. ✖ pérdida.

ganar

verbo

1 Conseguir dinero u otros bienes. Los buenos actores ganan premios. ✖ perder.

2 Recibir un determinado sueldo a cambio de trabajo.

3 Superar una persona a otra en alguna cosa: *César es un bromista, pero Andrés lo gana.* ✖ sobrepasar.

4 Conseguir vencer en una pelea, una competición o una discusión. En un partido de fútbol gana el equipo que más goles mete. ✖ perder.

5 Llegar a un lugar, generalmente con esfuerzo: *Los alpinistas ganaron la cima.*

6 **ganarse** Merecer algo. Cuando hacemos un examen perfecto nos ganamos el sobresaliente.

ganar con Estar mejor con aquello que se indica: *Has ganado mucho con tus nuevas gafas.*

ganchillo

nombre masculino

1 Aguja de metal de unos 20 centímetros que en un extremo termina en forma de gancho y se usa para hacer un tipo de labor.

G

g

2 Labor de hilo o algodón que se hace con una aguja de ganchillo.

gancho

nombre masculino **1** Objeto de metal terminado en una punta curvada que sirve para sujetar, colgar o sostener una cosa.
2 Capacidad que tiene una persona para atraer el interés de alguien por su belleza, su simpatía o sus cualidades: *Tiene mucho gancho con los chicos.* Es un uso informal.
3 En boxeo y otros deportes de lucha, golpe con el puño que un contrincante da al otro desde abajo y con el brazo doblado.
4 En baloncesto, lanzamiento de la pelota hacia la canasta que efectúa un jugador con el brazo arqueado y pasándolo por encima de la cabeza.

gandul, gandula

adjetivo **1** Se dice de la persona que evita trabajar o estudiar. ⚹ holgazán; vago. ⚹ trabajador.

ganga

nombre femenino **1** Cosa de buena calidad que se consigue muy barata. ⚹ chollo.

gángster

nombre masculino y femenino **1** Persona que pertenece a una banda criminal; se utiliza sobre todo para referirse a criminales de Estados Unidos.
👁 El plural es: gángsteres.

ganso, gansa

nombre **1** Ave doméstica de color gris con rayas marrones en la parte superior del cuerpo y con el pecho y vientre amarillos. Tiene el pico anaranjado y las patas rojizas. Es muy apreciado por su carne y su hígado, con el que se fabrican patés. ⚹ oca.

adjetivo y nombre **2** Que intenta ser gracioso y no lo consigue.
3 Que se mueve de forma lenta o torpe.

ganzúa

nombre femenino **1** Instrumento formado por un alambre fuerte y doblado en uno de sus extremos que se utiliza para abrir una cerradura cuando no se dispone de llave.

garaje

nombre masculino **1** Lugar público o privado donde se guardan coches y otros vehículos.
2 Taller donde se reparan los automóviles.

garantía

nombre femenino **1** Aquello que sirve para asegurar que algo se va a cumplir: *Dejé un poco de dinero como garantía para que me guardaran el mueble.*
2 Periodo de tiempo en que la fábrica arregla un producto si se estropea; los electrodomésticos suelen tener una garantía de meses o años. También es el documento donde está escrito el periodo de tiempo que cubre la garantía.

garantizar

verbo **1** Asegurar que una cosa va a ocurrir o se va a cumplir: *Si me garantizas que mañana vas a estar en casa, te iré a hacer una visita.*
👁 Se escribe 'c' delante de 'e', como: garanticen.

garbanzo

nombre masculino **1** Semilla redondeada y de pequeño tamaño que se come hervida. Los garbanzos se utilizan como ingrediente esencial del cocido. También se llama así la planta que da esta semilla.

garbo

nombre masculino **1** Elegancia y agilidad que tiene una persona al moverse, al andar o al hacer determinadas cosas.

garfio

nombre masculino **1** Gancho de hierro terminado en una punta afilada que sirve para sujetar o colgar una cosa.

garganta

nombre femenino **1** Parte anterior del cuello de las personas y de otros animales.
2 Parte interior del cuello de las personas y de otros animales que va desde el final del paladar hasta la entrada del esófago: *Me duele la garganta.*

gargantilla

nombre femenino **1** Collar corto que se ajusta al cuello sin colgar. ✍ 550

gárgaras

hacer gárgaras Acción que consiste en mantener una pequeña cantidad de líquido en la boca,

G
g

sin tragarlo, con la cara hacia arriba y expulsando aire de modo que el líquido se mueva. Hacemos gárgaras para limpiarnos bien la boca.

garita
nombre femenino **1** Caseta o torrecilla pequeña desde donde vigilan, resguardados del frío o de la lluvia, los vigilantes.
2 Espacio cerrado donde está el portero de un edificio.

garra
nombre femenino **1** Cada una de las uñas largas, fuertes y afiladas que tienen en los dedos algunos animales, como los tigres, los leones y las águilas. También son garras las manos o los pies de estos animales.
2 Fuerza y atractivo que tiene una persona o una cosa para atraer a los demás. ✕✕ gancho.

garrafa
nombre femenino **1** Recipiente de cristal o plástico con la forma de una botella grande y ancha que sirve para guardar líquidos.

garrafón
nombre masculino **1** Garrafa grande.
👁 El plural es: garrafones.

garrapata
nombre femenino **1** Animal parecido a la araña que vive en la piel o el pelo de aves, mamíferos y reptiles a los que chupa la sangre.

garrota
nombre femenino **1** Garrote.
2 Bastón de madera que tiene la parte superior curvada y que utilizan los pastores para conducir el ganado. ✕✕ cayado.

garrote
nombre masculino **1** Palo grueso y fuerte que se utiliza como bastón o para golpear a alguien. ✕✕ garrota.
2 Instrumento con el que antiguamente se mataba a los condenados a muerte.

gas
nombre masculino **1** Estado de la materia en el que las moléculas que la forman están muy separadas. El aire o el vapor de agua son gases.
2 Materia en este estado que se utiliza como combustible para aprovechar la energía que produce cuando se quema. Usamos gas para calentar el agua o para encender el fuego de la cocina.
nombre masculino plural **3 gases** Aire que se acumula en el estómago de una persona y que hace sentirse mal y tener ganas de eructar.

gasa
nombre femenino **1** Trozo de tejido con los hilos muy separados que se usa para curar o cubrir heridas.
2 Tela fina que es muy ligera y transparente. La gasa se usa para hacer vestidos de fiesta.

gaseosa
nombre femenino **1** Bebida transparente y con burbujas compuesta de agua y ácido carbónico. La gaseosa es dulce y no tiene alcohol.

gaseoso, gaseosa
adjetivo **1** Que se encuentra en estado de gas. El agua pasa al estado gaseoso cuando alcanza una temperatura superior a 100 grados.
2 Que tiene gas en su interior. Muchos refrescos son gaseosos.

gas-oil
nombre masculino **1** Gasóleo. Los camiones suelen usar gas-oil como combustible en lugar de gasolina.

gasóleo
nombre masculino **1** Combustible líquido que se extrae del petróleo y sirve para que funcionen vehículos o algunas calefacciones. ✕✕ gas-oil.

gasolina
nombre femenino **1** Combustible líquido que se extrae del petróleo y sirve para que funcionen coches y otros vehículos. La gasolina puede tener o no tener plomo.

gasolinera
nombre femenino **1** Establecimiento en el que se vende gasolina, gasóleo y otros combustibles.

gastar
verbo **1** Utilizar el dinero para comprar cosas. Cuando vamos al mercado gastamos dinero. ✕✕ ahorrar.
2 Utilizar una cosa que, con el uso, desaparece poco a poco o se estropea. Cuando nos lavamos las manos gastamos jabón.

3 Utilizar algo habitualmente: *Siempre gasta champú de niños.*
gastarlas Tener la costumbre de comportarse de una manera determinada, en especial con malos modales o mal genio: *¡Oye, cómo las gastas!, eres un maleducado.*

gasto
nombre masculino **1** Cantidad de dinero que se utiliza para comprar una cosa: *Tiene muchos gastos.*
2 Acción que consiste en gastar dinero para comprar algo: *Ha hecho mucho gasto en la tienda.*

gastronomía
nombre femenino **1** Conjunto de los conocimientos sobre el modo de cocinar y todo lo que tiene relación con la preparación de los alimentos.
2 Modo de preparar los alimentos en una determinada zona o región. La gastronomía andaluza es muy diferente de la vasca.

gatear
verbo **1** Andar apoyando las manos y las rodillas en el suelo. Cuando no saben andar, los niños gatean.

gatillo
nombre masculino **1** Pieza que tienen las armas de fuego cerca de la empuñadura y que se aprieta para disparar.

gato, gata
nombre **1** Mamífero doméstico que tiene la cabeza redonda y con largos bigotes, el cuerpo cubierto de pelo suave y abundante, y los ojos adaptados para ver en la oscuridad. Suele vivir en las casas como animal de compañía.
nombre masculino **2** Instrumento que se utiliza para levantar grandes pesos a poca altura. Se suele llevar un gato en el coche para poder levantarlo y cambiar una rueda. ☞ 193
a gatas Con las manos y las rodillas sobre el suelo.
dar gato por liebre Engañar a alguien dándole algo parecido a lo que había pedido, pero de menor calidad.
gato montés Mamífero salvaje parecido al gato doméstico, pero algo más grande, de color amarillento con rayas negras.

haber gato encerrado Haber una razón oculta en algo que resulta raro o sospechoso: *Esto me huele mal, yo creo que hay gato encerrado.*

gavilán
nombre masculino **1** Ave rapaz parecida al halcón que se caracteriza por tener las alas cortas y redondeadas y la cola larga. Vive en los bosques y se alimenta de los pequeños mamíferos y aves que caza.
2 Punta de la pluma de escribir.
👁 El plural es: gavilanes.

gaviota
nombre femenino **1** Ave de color blanco con plumas grises en la espalda y las alas que tiene el pico largo y anaranjado y puede nadar. Vive en las zonas costeras, donde se alimenta de peces y desperdicios.

gay
adjetivo y nombre masculino **1** Se dice del hombre al que le gusta tener relaciones sexuales con otros hombres y no con mujeres. ✖ homosexual.

gazapo
nombre masculino **1** Equivocación que se comete al hablar o escribir. Si encuentras faltas en el diccionario, seguro que es un gazapo.
2 Cría del conejo. ☞ 596

gazpacho
nombre masculino **1** Sopa fría que se hace con varias hortalizas trituradas y aliñadas con ajo, aceite, vinagre y sal.

ge
nombre femenino **1** Nombre de la letra 'g'. 'Gazpacho' empieza con ge.

gel
nombre masculino **1** Jabón líquido y espeso que se usa para ducharse o bañarse.
2 Sustancia espesa y transparente con la que se hacen medicinas y productos de belleza.

gelatina
nombre femenino **1** Dulce sólido y blando que se hace con una sustancia densa y transparente y zumo de frutas.
2 Sustancia incolora y transparente que se extrae de los huesos y los tejidos animales haciéndolos hervir en agua. La gelatina se usa en la cocina o para fabricar algunos productos farmacéuticos.

G g

G
g

gema
nombre femenino
1 Piedra preciosa que se utiliza para fabricar joyas y objetos de lujo. Los diamantes, las esmeraldas y los rubíes son gemas.
2 Brote de las plantas. ✖ yema.

gemelo, gemela
adjetivo y nombre
1 Se dice de la persona que nace en el mismo parto que otro hermano. Los hermanos gemelos se forman en el mismo óvulo y son físicamente muy parecidos.
adjetivo
2 Se dice de una cosa que es igual que otra con la que forma pareja, como las torres iguales de una iglesia.
nombre masculino
3 Músculo que está en la parte baja y trasera de la pierna, que se une al talón y sirve para mover el pie.
4 Especie de botón que se utiliza para cerrar los puños de las camisas de caballero que no tienen botón.
nombre masculino plural
5 gemelos Aparato que sirve para ver ampliados objetos que se encuentran lejos. ✖ prismáticos.

gemido
nombre masculino
1 Sonido que hace una persona o un animal cuando siente dolor, pena u otros sentimientos y sensaciones.

géminis
nombre masculino
1 Tercer signo del zodiaco. Con este significado se escribe con mayúscula.
nombre masculino y femenino
2 Persona nacida bajo el signo de Géminis, entre el 22 de mayo y el de 20 de junio.

gemir
verbo
1 Expresar con sonidos un dolor, una pena u otros sentimientos y sensaciones.
👁 Se conjuga como: servir; la 'e' se convierte en 'i' en algunos tiempos y personas, como: gimió.

gen
nombre masculino
1 Cada una de las partículas que hay en los cromosomas y que hacen que algunas características se hereden o pasen de padres a hijos.

generación
nombre femenino
1 Conjunto de personas nacidas en un mismo periodo de tiempo.
2 Creación de nuevas cosas mediante las técnicas necesarias para ello. Las centrales eléctricas sirven para la generación de corriente eléctrica.
3 Conjunto de artistas cuyas obras tienen unas características más o menos similares o que han vivido en una misma época.
4 Conjunto de aparatos o mecanismos creados en un mismo periodo y que suponen un avance en relación con los mismos aparatos o mecanismos de épocas anteriores.
👁 El plural es: generaciones.

general
adjetivo
1 Se dice de las cosas que son comunes a todas o a la mayoría de las personas o cosas de las que se habla. Una opinión general es algo en lo que la mayoría de las personas está de acuerdo.
2 Se dice de las explicaciones que hacen referencia a las características más importantes de algo, sin entrar en detalles.
nombre masculino y femenino
3 Grado militar más alto que existe en el ejército. La persona que tiene ese grado también se llama general.
en general Cuando se habla de algo en general, se habla de lo que es común a la mayoría de personas o cosas de las que se trate: *En general, el nivel cultural de los españoles es bueno.*

generalizar
verbo
1 Hacer que una cosa sea común o frecuente entre la gente. Entre los jóvenes se ha generalizado el uso de ropa deportiva.
2 Considerar los rasgos generales de un tema o un asunto, dejando de lado los detalles.
3 Extender a todas las cosas o personas de un mismo grupo lo que es propio de un individuo: *No generalices, no todos son así.*
👁 Se escribe 'c' delante de 'e', como: generalicen.

G
g

generalmente

adverbio **1** Indica que una acción se produce con bastante frecuencia y es habitual que ocurra así: *Generalmente me levanto a las ocho.*

generar

verbo **1** Ser una persona o una cosa la causa que produce o que da principio a algo, generalmente como reacción o respuesta: *La ola de frío generó un aumento importante del consumo de energía.* ✂ originar.

género

nombre masculino **1** Conjunto de seres vivos o de cosas que tienen unas características comunes. Las personas pertenecen al género humano.
2 Categoría gramatical que establece si una palabra es masculina o femenina.
3 Mercancía o producto que se vende y se compra. En las rebajas, las tiendas venden el género más barato.
4 Categoría en la que se agrupan las obras literarias que tienen unas características formales comunes. La poesía, el teatro y la novela son tres géneros literarios distintos.

generosidad

nombre femenino **1** Forma de comportarse de las personas generosas: *Es una asociación benéfica que se mantiene gracias a la generosidad de sus asociados.*

generoso, generosa

adjetivo **1** Se dice de la persona a la que le gusta dar y compartir sus cosas con los demás, sin esperar nada a cambio.

genético, genética

adjetivo **1** De los genes o que tiene relación con todo lo que tiene que ver con los rasgos o las características que se heredan en las personas y las cosas. El color del cabello es un rasgo genético que se hereda de padres a hijos.

genial

adjetivo **1** Que es propio de un genio o una persona de una inteligencia o sensibilidad extraordinarias.
2 Que es muy bueno: *Vimos una película genial.* Es un uso informal.
adverbio **3** Muy bien: *Lo pasé genial con mis amigos. Esa colonia huele genial.* Es un uso informal.

genialidad

nombre femenino **1** Capacidad para crear o inventar cosas muy originales y muy buenas. La genialidad es un rasgo que distingue a los grandes artistas de la historia.
2 Cosa que hace o dice una persona y que es muy original o tiene mucho ingenio. A veces se usa en sentido irónico para decir que una persona ha metido la pata haciendo o diciendo una cosa que no tiene nada de original o ingeniosa.

genio

nombre masculino **1** Carácter o forma de ser de una persona, en especial de las que se enfadan fácilmente.
2 Persona que tiene una inteligencia muy superior a la normal, o que es capaz de hacer o inventar cosas dignas de admiración.
3 Ser imaginario de los cuentos de niños que tiene poderes mágicos.

genital

adjetivo **1** De los órganos reproductores o que está relacionado con ellos. Los ovarios forman parte del aparato genital femenino.
nombre masculino plural **2 genitales** Órganos externos del aparato reproductor masculino y femenino.

gente

nombre femenino **1** Grupo o cantidad indeterminada de personas consideradas en conjunto.
2 Conjunto de las personas con las que se tiene una relación más estrecha, como la familia o los amigos íntimos. Con este significado suele ir precedido de 'mi', 'tu', 'su', 'nuestra', 'vuestra': *Es muy tímido, sólo se siente a gusto con su gente.*
3 Con los adjetivos 'buena' y 'mala', buena o mala persona: *Es muy buena gente.*

EL GÉNERO EN LOS NOMBRES

Masculino	Femenino	Cómo se indica en el diccionario
pie, otoño	ø	**pie** nombre masculino
ø	mano, primavera	**mano** nombre femenino
acaba en -o niño, gato	cambia en -a niña, gata	**niño, niña** nombre
acaba en consonante comprador, león	añade -a compradora, leona	**comprador, compradora** nombre
acaba en -ista periodista	no cambia	**periodista** nombre masculino y femenino
acaba en -e cantante, estudiante, jefe, jefe, asistente	no cambia cantante, estudiante cambia jefa, asistenta	**cantante** nombre masculino y femenino **jefe, jefa** nombre
poeta, conde, zar, actor, emperador	sufijo especial: -esa, -ina, -iz poetisa, condesa, zarina, actriz, emperatriz	**zar, zarina** nombre **actor, actriz** nombre
hombre, caballo, yerno, jinete	palabra distinta mujer, yegua, nuera, amazona	A veces hay ayudas: **yerno** 👁 El femenino es: nuera. **jinete** 👁 El femenino es: amazona.
juez	dos posibilidades juez o jueza	**juez, jueza** 👁 El femenino también puede ser: la juez

Los adjetivos concuerdan con los nombres en género y número. Hay adjetivos de dos terminaciones (blanco, sencillo) y de una (azul, atroz, amable).
Recuerda que las palabras que tienen masculino y femenino se buscan por la forma masculina singular.

G g

gentil

adjetivo **1** Que trata a los demás con atención y amabilidad. ✖✖ amable; cortés. ✖✖ descortés.

gentilicio, gentilicia

adjetivo y nombre masculino **1** Se dice de las palabras que indican el origen geográfico de las cosas o las personas. Son gentilicios palabras como 'europeo', 'español', 'vasco' y 'leonés'.

gentío

nombre masculino **1** Muchísima gente reunida en un lugar. ✖✖ muchedumbre.

gentuza

nombre femenino **1** Gente que se considera tan mala y perversa que merece ser despreciada.
👁 Es una palabra despectiva.

geografía

nombre femenino **1** Ciencia que estudia los ríos, las montañas, los mares, los países y otros aspectos de la Tierra, como el clima o la población.

geográfico, geográfica

adjetivo **1** Que tiene relación con la geografía. Montes y cabos son accidentes geográficos.

geógrafo, geógrafa

nombre **1** Persona que se dedica al estudio de la geografía.

geología

nombre femenino **1** Ciencia que estudia el origen, la formación y la estructura actual de la Tierra, así como los materiales que la componen. La geología estudia las rocas y los minerales.

geólogo, geóloga

nombre **1** Persona que se dedica al estudio de la geología.

geometría

nombre femenino **1** Parte de las matemáticas que estudia las características del espacio, las líneas y las figuras, así como la forma de medirlas.

geométrico, geométrica

adjetivo **1** De la geometría o que tiene alguna relación con ella. El cuadrado o el círculo son figuras geométricas.

geranio

nombre masculino **1** Planta de tallo fuerte y hojas grandes con flores de colores vivos reunidas en pequeñas cabezas. El geranio se utiliza mucho para adornar las ventanas y balcones.

germen

nombre masculino **1** Ser vivo microscópico que puede provocar o transmitir enfermedades.
2 Primera parte del desarrollo de un ser vivo, en especial primer tallo que brota de una planta a partir de una semilla.
👁 El plural es: gérmenes.

GENTILICIOS

Un gentilicio es la palabra que se utiliza para referirse a las personas o cosas de un país, región, ciudad o lugar. 'Español' es el gentilicio para la gente y las cosas de España.
En este diccionario puedes encontrar los gentilicios de: comunidades autónomas, provincias y capitales de provincia españolas, países de Europa Occidental y de América, países mediterráneos y continentes. Incluir todos los gentilicios necesitaría un libro entero.
Los gentilicios suelen formarse con estos sufijos:

-aco, -aca	austriaco, polaco
-ano, -ana	valenciano, mexicano
-ense	ovetense, nicaragüense
-eño, -eña	malagueño, extremeño
-és, -esa	barcelonés, francés
-í	ceutí, marroquí
-ino, -ina	santanderino, argentino
-o, -a	canario, ruso

G g

germinar

verbo   **1** Empezar a desarrollarse una planta a partir de una semilla. ✖ brotar.

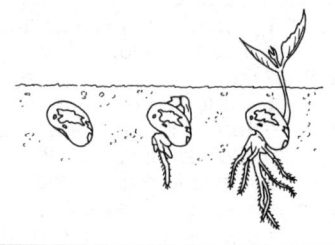

germinar

gerundense

adjetivo y nombre   **1** Se dice de la persona o cosa que es de Gerona, ciudad y provincia de Cataluña.

gerundio

nombre masculino   **1** Forma no personal del verbo que indica que la acción expresada por el verbo está durando en el momento en que se habla o en el mismo momento que otra acción. En español, el gerundio termina en '-ando' o '-iendo'; 'nadando' o 'comiendo' son gerundios.

gestación

nombre femenino   **1** Proceso de desarrollo de un nuevo ser en el interior de la madre hasta el momento del nacimiento.
2 Proceso de formación o elaboración de algo, como un libro.

gesticular

verbo   **1** Hacer gestos para dar a entender algo o para dar más fuerza a lo que se dice.

gestión

nombre femenino   **1** Cada una de las acciones que se tienen que hacer para conseguir algo, como pedir la luz, el agua o sacarse un carné.
2 Conjunto de acciones que se hacen para dirigir un negocio o un asunto y hacer que funcione bien.
👁 El plural es: gestiones.

gesto

nombre masculino   **1** Movimiento de los músculos de la cara, de las manos o de otra parte del cuerpo que se hace para expresar algo. ✖ mueca.

2 Acción que realiza una persona para mostrar un sentimiento o impulso. Ceder el asiento a una persona que lo necesita más que nosotros en un transporte público es un bonito gesto. ✖ detalle.

gestoría

nombre femenino   **1** Establecimiento en el que trabajan personas que se ocupan de hacer gestiones para sus clientes.

gigante

nombre masculino   **1** Figura de madera o de cartón que representa a una persona muy alta.
2 Personaje fantástico muy alto y fuerte.

adjetivo   **3** Muy grande o más grande de lo normal: *Me he comido un helado gigante*. ✖ enorme.

gigantesco, gigantesca

adjetivo   **1** Que es de un tamaño mucho más grande de lo normal. ✖ enorme. ✖ diminuto; enano.

gilipollas

adjetivo y nombre masculino y femenino   **1** Se aplica como insulto a una persona a la que se quiere calificar de muy tonta o muy estúpida. Es un uso vulgar.
👁 El plural es: gilipollas.

gimnasia

nombre femenino   **1** Actividad que consiste en hacer una serie de ejercicios físicos que sirven para mantenerse en forma y tener el cuerpo más ágil y flexible.

gimnasio

nombre masculino   **1** Lugar que dispone de aparatos para hacer ejercicio físico y practicar ciertos deportes.

gimnasta

nombre masculino y femenino   **1** Persona que realiza ejercicios gimnásticos, en especial si compite.

gimotear

verbo   **1** Llorar de forma débil o sin una razón importante. Cuando los niños pequeños quieren algo no dejan de gimotear hasta que lo consiguen. ✖ lloriquear.

ginebra

nombre femenino   **1** Bebida alcohólica muy fuerte de color transparente.

gira

nombre femenino   **1** Serie de actuaciones que hace un artista o un grupo de artistas

G
g

yendo de viaje por distintos lugares. Los cantantes suelen hacer giras en verano por todo el país.
2 Viaje por distintos lugares que termina en el mismo lugar en que empezó. Las agencias de viajes organizan giras turísticas.

girar
verbo   **1** Dar vueltas alrededor de algo o sobre sí mismo: *La Tierra gira alrededor del Sol.*
2 Cambiar de dirección hacia la derecha o hacia la izquierda.
3 Tratar una conversación o una discusión sobre un tema determinado: *Todas las conversaciones giraban en torno al fútbol.*
4 Mandar dinero por correo o por telégrafo.

girasol
nombre masculino   **1** Planta de tallo grueso, alto y recto, con hojas en forma de corazón y una gran flor amarilla que gira siguiendo la luz del sol. El girasol produce unas pipas negras comestibles de las que se saca un aceite vegetal.

giratorio, giratoria
adjetivo   **1** Que gira o se mueve sobre sí mismo. Algunos taburetes son giratorios.

giro
nombre masculino   **1** Movimiento en círculo sobre sí mismo o alrededor de un cuerpo, como el de las peonzas.
2 Cambio de dirección hacia la derecha o hacia la izquierda.
3 Manera de hablar o de construir una frase que es propia de una persona o de un lugar.
4 Dinero que se manda por correo o por telégrafo.

gitano, gitana
nombre   **1** Persona que pertenece a un pueblo originario de la India y que vive en distintos países de Europa. Los gitanos conservan rasgos físicos y culturales propios en los distintos países donde se encuentran.
adjetivo y nombre   **2** Se dice de la persona que por medio de gracias y palabras amables se gana la simpatía de otra y consigue que haga lo que desea. Es un uso familiar.

glacial
adjetivo   **1** Que es muy frío. El polo Norte tiene un clima glacial.
2 Se dice de las tierras y de los mares situados en los extremos de la superficie terrestre, en la zona más fría de la Tierra. La Antártida es una zona glacial.

glaciar
nombre masculino   **1** Masa de hielo que se forma en la parte alta de las montañas y que desciende lentamente hacia niveles inferiores.

glándula
nombre femenino   **1** Órgano del ser humano y de algunos animales que produce sustancias que el cuerpo necesita o expulsa. Las glándulas salivales producen la saliva.

global
adjetivo   **1** Que se considera en conjunto, sin tener en cuenta las partes. ✖ general. ✖ parcial.

globo
nombre masculino   **1** Especie de bolsa de goma que se hincha al llenarla de aire y forma una esfera alargada. Los globos suelen ser de colores.
2 Vehículo que va por el aire compuesto por una cesta, donde va la gente, y una gran bolsa llena de un gas menos pesado que el aire que lo hace volar. ✍ 193

glóbulo
nombre masculino   **1** Cada una de las células que se encuentran en la sangre y en otros líquidos del cuerpo.

gloria
nombre femenino   **1** Según ciertas religiones, lugar donde se disfruta de la presencia de Dios, los ángeles y los santos para siempre.
2 Fama que alcanza una persona que ha hecho algo bueno o importante.
3 Persona que tiene mucha fama por haber hecho algo bueno o importante. Picasso es una gloria de la pintura española.
estar en la gloria Sentirse una persona muy bien, muy a gusto o muy contenta.
saber a gloria Gustar mucho o causar gran placer una cosa a una

G
g

persona, especialmente un alimento. A las personas golosas los pasteles les saben a gloria.

glorieta

nombre femenino

1 Plaza redonda y pequeña donde van a dar varias calles y donde los coches están obligados a ceder el paso a los vehículos que rodean la glorieta y vienen por su izquierda.

2 Plazoleta de un jardín o un parque, normalmente rodeada y cubierta de madera y plantas.

glosario

nombre masculino

1 Conjunto de palabras difíciles de entender acompañadas de una definición. Algunos libros tienen al final un glosario.

glotón, glotona

adjetivo y nombre

1 Se dice de la persona que come mucho o demasiado. ※ comilón.

☞ El plural de glotón es: glotones.

glotón

glúteo

nombre masculino

1 Cada una de las dos partes carnosas y redondeadas que están situadas en la parte trasera del cuerpo humano, entre la espalda y las piernas. ※ nalga.

gnomo

nombre masculino

1 Ser imaginario muy pequeño que vive en los bosques y que tiene algunos poderes mágicos. Los gnomos se suelen representar con un gorro en forma de cucurucho.

☞ Se pronuncia: 'nomo'.

gobernador, gobernadora

nombre

1 Persona que gobierna un territorio en representación del jefe de gobierno o del jefe del estado. En las provincias españolas, el gobernador es el representante del presidente del Gobierno.

gobernante

nombre masculino y femenino

1 Persona que gobierna o dirige un país.

gobernar

verbo

1 Dirigir un país, estableciendo las normas para su funcionamiento y haciendo que se cumplan.

2 Dirigir una asociación, una empresa o una colectividad, tomando todas las decisiones para que estas entidades funcionen lo mejor posible.

3 Conducir una embarcación, dirigiéndola y guiándola directamente o dando las órdenes para que marche correctamente. También se puede gobernar otro tipo de vehículo, como un avión.

4 gobernarse Dirigir y controlar una persona su comportamiento. Las personas desordenadas no se gobiernan bien cuando viven solas.

☞ Se conjuga como: acertar; la 'e' se convierte en 'ie' en sílaba acentuada, como: gobierne.

gobierno

nombre masculino

1 Acción que consiste en dirigir y controlar una empresa, una colectividad o un país, estableciendo las normas para su correcto funcionamiento. El gobierno de una casa conlleva varias responsabilidades.

2 Modo en que se ejerce el gobierno de un país o una colectividad. En España hay un gobierno democrático.

3 Conjunto de personas que ejercen el gobierno de un país.

4 Edificio donde desempeñan sus funciones las personas que gobiernan un país.

goce

nombre masculino

1 Sensación de placer y alegría que una persona siente cuando disfruta de algo o contempla alguna cosa. ※ delicia; gozo.

gol

nombre masculino

1 Acción que consiste en meter el balón en la portería del equipo contrario en fútbol y otros deportes; también es el tanto que se consigue así.

golear
verbo **1** Marcar muchos goles al equipo contrario.

golf
nombre masculino **1** Deporte que consiste en golpear una pelota pequeña y dura con un palo especial para introducirla en uno de los diferentes agujeros que hay en un campo grande de hierba.

golfo, golfa
adjetivo y nombre **1** Que evita cualquier trabajo u obligación.
nombre masculino **2** Parte grande de mar que entra en la tierra y que está situada entre dos cabos. El golfo de Cádiz se encuentra en la costa atlántica.
adjetivo y nombre **3** Se dice de la persona que sabe engañar a los demás para sacar provecho. ✂ pillo.

golondrina
nombre femenino **1** Pájaro de color negro por encima y blanco por debajo, alas largas y puntiagudas, cola larga terminada en dos puntas y pico corto.
2 Barco pequeño que se utiliza en trayectos cortos para transportar viajeros.

golosina
nombre femenino **1** Dulce que se come entre horas y tiene poco alimento, como los caramelos o los chicles.

goloso, golosa
adjetivo y nombre **1** Se dice de la persona a la que le gustan mucho los dulces.

golpe
nombre masculino **1** Encuentro violento de dos cuerpos: *Me di un golpe con la mesa.* ✂ choque.
2 Señal que deja un golpe. También se llama golpe al ruido que se oye cuando choca una cosa con otra.
3 Desgracia que ocurre de repente y que afecta mucho. La muerte de un familiar es un golpe muy duro.
4 Acción que consiste en robar algo de un sitio o robarle algo a una persona. ✂ robo.
5 Cosa que dice una persona de forma inesperada y que tiene gracia o ingenio. Los humoristas tienen unos golpes muy buenos.

de golpe Manera de hacer o de decir una cosa de forma rápida, sin pensarla demasiado. Un jarabe que tiene mal sabor se toma de golpe.
no dar golpe No hacer una persona un trabajo que tendría que hacer o no hacer nada por pereza. Los domingos generalmente no damos golpe. Es una expresión informal.

golpear
verbo **1** Dar uno o varios golpes a una persona o una cosa. Las ventanas golpean con el viento. Si nos golpeamos en un ojo, se nos pondrá morado.

goma
nombre femenino **1** Tira elástica que se utiliza para sujetar cosas. Con una goma se puede hacer una coleta en el pelo o se puede cerrar una bolsa.
2 Pequeño objeto sólido y flexible que se frota sobre una superficie, como el papel, para borrar lo que está escrito o dibujado en él.
3 Sustancia espesa y elástica que se obtiene de algunas plantas y que se utiliza en la industria. Los neumáticos son de goma.
goma de mascar Golosina hecha con goma de sabor dulce que se mastica pero no se traga. ✂ chicle.

gomina
nombre femenino **1** Producto de aseo, que parece gelatina, que se utiliza para dejar el pelo pegado y brillante.

góndola
nombre femenino **1** Embarcación pequeña, ligera y alargada que tiene los extremos levantados y acabados en punta y se mueve con un solo remo que está en la popa. Es la embarcación típica de los canales de Venecia.

gong
nombre masculino **1** Instrumento musical de percusión compuesto por un disco grande de metal que se hace sonar golpeándolo fuertemente con una maza.

gordinflas
adjetivo y nombre masculino y femenino **1** Gordinflón.
👁 Es una palabra familiar. El plural es: gordinflas.

G g

G
g

gordinflón, gordinflona

adjetivo y nombre **1** Se dice de la persona que está muy gorda.
👁 Es una palabra familiar. El plural de gordinflón es: gordinflones.

gordo, gorda

adjetivo y nombre **1** Se dice de la persona o animal que tiene mucha carne o mucha grasa. ✖ obeso. ✖ delgado; flaco.

adjetivo **2** Que es grueso o hace más bulto de lo normal: *Me he comprado un diccionario muy gordo*. ✖ delgado; fino.
3 Que es más grave o más importante de lo normal. De los errores gordos también se aprende. ✖ importante. ✖ insignificante.

nombre masculino **4** Primer premio de la lotería.
caer gordo Resultar desagradable o antipática una persona. Las personas presumidas y creídas suelen caer gordas a los demás. Es una expresión informal.

gordura

nombre femenino **1** Exceso de carne o de grasa que tienen las personas o los animales en el cuerpo. ✖ obesidad. ✖ delgadez.

gorila

nombre masculino **1** Mono grande y fuerte con el cuerpo recubierto de pelo negro. Vive en grupos familiares en los bosques de África y se alimenta de vegetales.
2 Persona que acompaña a otra para protegerla. Es un uso informal. ✖ guardaespaldas.

gorra

nombre femenino **1** Prenda de vestir que cubre la cabeza; suele ser redonda, de tela y con visera.
2 Prenda del uniforme de algunas profesiones que cubre la cabeza. Suele ser plana en su parte de arriba, como la gorra de los pilotos de avión o de los policías.

gorrino, gorrina

nombre **1** Cerdo, especialmente el de menos de cuatro meses.

adjetivo y nombre **2** Se dice de la persona que no está limpia y aseada o que no tiene el hábito de la limpieza. ✖ cerdo, guarro.

gorrión

nombre masculino **1** Pájaro de pequeño tamaño, con el cuerpo de color marrón con manchas oscuras, que se alimenta de insectos y cereales.
👁 El plural es: gorriones.

gorro

nombre masculino **1** Prenda de vestir de tela o punto que cubre y abriga la cabeza.
estar hasta el gorro Estar harto o muy cansado de algo o de alguien.

gorrón, gorrona

adjetivo **1** Se dice de la persona que cuando sale con otras no paga nada y trata de que lo inviten, y también de la persona que utiliza y gasta las cosas de los demás.
👁 El plural de gorrón es: gorrones.

gota

nombre femenino **1** Parte pequeña y redondeada de un líquido que se desprende o se deposita sobre algo. Antes de un fuerte chaparrón empiezan a caer grandes gotas de lluvia. 🖎 593
2 Pequeña cantidad de algo, especialmente de un líquido. En frases negativas significa 'nada': si no nos queda ni gota de pan es que nos lo hemos comido todo.

gotear

verbo **1** Caer un líquido gota a gota. Para no desperdiciar el agua, debemos cerrar bien los grifos y vigilar que no goteen.
2 Caer gotas muy pequeñas al empezar y terminar de llover.

gotera

nombre femenino **1** Paso del agua a través de una grieta o de un agujero que hay en el techo.

goterón

nombre masculino **1** Gota grande de agua de lluvia.
👁 El plural es: goterones.

gótico, gótica

adjetivo y nombre masculino **1** Se dice del estilo artístico que se desarrolló en Europa desde el siglo XII hasta el XVI. La arquitectura gótica se caracterizó por hacer edificios muy altos y por el uso de un arco terminado en punta.

gozada

nombre femenino **1** Gran placer y alegría producidos por una cosa que nos gusta: *¡Qué gozada, hoy me he levantado a las doce de la mañana!* Es una palabra informal. ✖ goce.

gozar

verbo **1** Sentir placer o alegría. Los niños gozan muchísimo en sus visitas al parque zoológico. ✖ disfrutar. ✖ sufrir.

2 Tener una cosa agradable o beneficiosa o disponer de ella. Si estamos enfermos es que no gozamos de muy buena salud; en primavera gozamos de una temperatura estupenda. ✖ disfrutar.

👁 Se escribe 'c' delante de 'e', como: gocé.

gozo

nombre masculino **1** Sensación de placer y alegría que una persona siente cuando disfruta de algo o contempla alguna cosa. ✖ satisfacción. ✖ sufrimiento.

grabación

nombre femenino **1** Recogida de imágenes o de sonidos en una cinta o en un disco para verlos o escucharlos de nuevo. A lo que se ha grabado también lo llamamos grabación.

👁 El plural es: grabaciones.

grabado

nombre masculino **1** Técnica artística que consiste en grabar o hacer un dibujo en una superficie dura para poder imprimirlo luego en papel cuantas veces se quiera. También es la imagen que se obtiene de esta manera.

grabar

verbo **1** Marcar un dibujo o unas letras en una superficie dura, como el oro u otros metales.

2 Recoger sonidos o imágenes en una cinta o en un disco para poder oírlos o verlos después.

3 grabarse Fijarse fuertemente en la memoria una cosa, como una imagen o un suceso. Los buenos recuerdos se guardan en la memoria.

gracia

nombre femenino **1** Aquello que nos divierte o nos gusta de una persona o una cosa. Si una persona no es especialmente guapa, pero nos gusta la

expresión de su cara, decimos que tiene gracia.

2 Acción o dicho que nos hace reír. Los bromistas están todo el día haciendo gracias. ✖ broma.

3 Habilidad que tiene una persona para hacer algo. Decimos que una persona que canta bien tiene gracia para cantar.

4 Se dice de una cosa que molesta o disgusta: *Vaya gracia tener que repetir el trabajo.*

interjección **5 gracias** Expresión que se utiliza para mostrar agradecimiento por algo.

gracias a Por mediación de una persona o una cosa. Los enfermos se curan gracias a los médicos.

dar las gracias Expresar nuestro agradecimiento por algo.

gracioso, graciosa

adjetivo y nombre **1** Se dice de las personas o las cosas que hacen reír o resultan divertidas.

grada

nombre femenino **1** Asiento a modo de escalón largo que hay en lugares donde acude gran cantidad de público, como estadios, plazas de toros o teatros.

gradería

nombre femenino **1** Es otra forma de decir: graderío.

graderío

nombre masculino **1** Conjunto de gradas que hay en lugares donde acude gran cantidad de público, como estadios o teatros.

👁 También se dice: gradería.

grado

nombre masculino **1** Unidad de medida, como la que se usa para medir la temperatura, la presión, los ángulos o el alcohol de las bebidas.

2 Lugar o nivel que ocupa una persona o cosa en una clasificación o en una ordenación, de más a menos o de menos a más, como un militar en el ejército.

3 Título que recibe la persona que termina con éxito sus estudios en la universidad.

4 Cada una de las tres formas que tiene el adjetivo de indicar la

G g

intensidad de una cualidad. En la frase 'este camino es largo', el adjetivo 'largo' está en grado positivo; en 'es más largo que aquél' en grado comparativo, y en 'este camino es larguísimo', en grado superlativo.

gradual

adjetivo **1** Se dice del aumento o disminución que se produce de forma continua, sin saltos bruscos. Durante la noche se produce un descenso gradual de las temperaturas. ✕✕ progresivo. ✕✕ brusco.

graduar

verbo **1** Dar a una cosa el grado que se quiere de intensidad o el que es conveniente, como graduar el agua que sale de un grifo. También es determinar el grado de algo, como un defecto de la vista.
2 Hacer o disponer una cosa de manera que aumente o disminuya de forma gradual.
3 graduarse Conceder o recibir un grado o título. Cada año se gradúan más estudiantes en la universidad.
👁 Se conjuga como: actuar; la 'u' se acentúa en algunos tiempos y personas, como: gradúe.

grafía

nombre femenino **1** Letra o conjunto de letras que representan un sonido. En español hay grafías que representan dos sonidos distintos, como la 'c' en 'casa' o 'fácil'.

gráfico, gráfica

adjetivo **1** Que está relacionado con la escritura o la imprenta: *La palabra 'día' lleva acento gráfico en la 'i'.*
2 Se dice de las explicaciones y los gestos que son claros y fáciles de comprender.

adjetivo y nombre **3** Se dice de las cosas que se representan por medio de dibujos o signos.

nombre **4** Dibujo o esquema con líneas, colores o números que ayuda a entender alguna cosa. Observa que puede usarse como nombre masculino y como nombre femenino: *En esa página hay dos gráficos*

parecidos; la gráfica de población es correcta. ✎ 199

gragea

nombre femenino **1** Pastilla redonda u ovalada que está recubierta de una sustancia azucarada. Las grageas se tragan sin deshacer.

gramática

nombre femenino **1** Ciencia que estudia la forma de las palabras y las reglas que existen en las lenguas para combinarlas correctamente.
2 Libro en el que se recogen las reglas de combinación de las palabras de una lengua, así como su forma.

gramatical

adjetivo **1** De la gramática o que tiene relación con ella. La conjugación es un fenómeno gramatical.

gramo

nombre masculino **1** Medida que se usa para pesar. El símbolo del gramo es: g.

gran

adjetivo **1** Apócope de 'grande'; se utiliza delante de nombres masculinos y femeninos en singular. Normalmente añade un valor muy positivo al nombre al que acompaña: que es muy bueno, que es muy importante o que es extraordinario. Una gran persona es una persona muy buena o estupenda.

granada

nombre femenino **1** Fruta redonda, de piel dura, con el interior lleno de granos rojos, jugosos y de sabor dulce.
2 Explosivo que se lanza con la mano o se usa como proyectil de un mortero o cañón.

granadino, granadina

adjetivo y nombre **1** Se dice de la persona o cosa que es de Granada, ciudad y provincia de Andalucía.

granado

nombre masculino **1** Árbol con muchas ramas delgadas y flores rojas que tiene por fruto la granada.

granate

nombre masculino y adjetivo **1** Color rojo oscuro. La mezcla de rojo y negro da granate.

grande

adjetivo **1** Que tiene un tamaño o dimensión mayor de lo normal. El elefan-

G g

te es uno de los animales más grandes que existen. ✗✗ pequeño. **2** Que tiene mucha importancia o destaca por alguna cosa. Las pinturas de los grandes artistas españoles están expuestas en los museos más importantes del mundo. *adjetivo* **3** Se dice de la persona que ya es adulta. Los niños suelen imaginar qué profesión tendrán cuando sean grandes. *nombre masculino* **4** Persona que tiene un título de nobleza. **pasarlo en grande** Divertirse mucho o pasarlo muy bien. En las fiestas de cumpleaños lo pasamos en grande.

grandioso, grandiosa
adjetivo **1** Que destaca e impresiona por su tamaño o por sus características. El espectáculo del circo suele ser grandioso.

grandullón, grandullona
adjetivo y nombre **1** Se dice de los niños y jóvenes que están demasiado crecidos para su edad. 👁 Es una palabra familiar. El plural de grandullón es: grandullones.

granero
nombre masculino **1** Lugar donde se guardan los granos de los cereales. Los graneros suelen instalarse en el desván de las casas de campo para proteger el grano de la humedad.

granívoro, granívora
adjetivo **1** Se dice de los animales que se alimentan de granos. Los pájaros son granívoros.

granizada
nombre femenino **1** Lluvia abundante de granizo. Una fuerte granizada puede arruinar una buena cosecha de fruta.

granizado
nombre masculino **1** Bebida refrescante que está hecha con trocitos de hielo picado y zumo de frutas o café.

granizar
verbo **1** Caer granizo. 👁 Se escribe 'c' delante de 'e', como: granice.

granizo
nombre masculino **1** Agua congelada en forma de pequeñas bolas, duras y blancas, que cae de las nubes con mucha fuerza.

granja
nombre femenino **1** Finca de campo que tiene un huerto, una casa para las personas y establos y corrales para los animales. **2** Terreno en el campo en el que hay edificios y todo lo necesario para la cría de algunos animales, especialmente gallinas y pollos. **3** Establecimiento donde se venden o sirven productos derivados de la leche.

granjero, granjera
nombre **1** Persona que trabaja en una granja en el campo.

grano
nombre masculino **1** Semilla o conjunto de semillas de un cereal o de otra planta. ✍ 593 **2** Trozo muy pequeño y redondeado de alguna cosa. La sal, la arena y el azúcar tienen granos. **3** Bulto pequeño y rojizo que sale en la piel. En la adolescencia salen granos en la cara. **ir al grano** Dirigirse a la parte más importante de una conversación o asunto.

granuja
adjetivo y nombre masculino y femenino **1** Se dice de la persona que roba y estafa o engaña a los demás para conseguir una cosa.

granulado, granulada
adjetivo **1** Se dice de la sustancia o la masa formada por granos pequeños. El azúcar es una sustancia granulada.

grapa
nombre femenino **1** Pieza pequeña y fina de metal con la que se mantienen sujetos o unidos papeles u otras cosas finas. Las grapas se ponen con una máquina que las clava.

grapadora
nombre femenino **1** Instrumento que sirve para grapar unas cosas con otras. La grapadora tiene un mecanismo que clava las grapas sobre el papel o sobre otra superficie y generalmente les dobla los extremos para impedir que se salgan.

grapar
verbo **1** Unir entre sí o sujetar varias cosas finas mediante grapas.

G
g

grasa
nombre femenino

1 Sustancia pringosa o espesa que se encuentra en el cuerpo de las personas y animales. De algunas plantas, como el girasol o el maíz, se extraen también grasas y aceites para cocinar.
2 Sustancia que se pone en las piezas de una máquina que está oxidada o funciona mal. Los mecánicos se manchan de grasa cuando arreglan motos y coches.

graso, grasa
adjetivo

1 Que tiene grasa. El queso y la mantequilla son alimentos grasos.

gratis
adverbio

1 Sin cobrar o sin pagar dinero. En las galas benéficas los artistas actúan gratis.

adjetivo

2 Que no cuesta dinero. En el comedor del colegio sirven comidas gratis a los niños que tienen una beca. ✖✖ gratuito.
👁 El plural es: gratis.

gratitud
nombre femenino

1 Agradecimiento hacia una persona. ✖✖ ingratitud.

grato, grata
adjetivo

1 Que gusta o resulta agradable. Si un trabajo es grato, se hace mejor que si es pesado.

gratuito, gratuita
adjetivo

1 Que no cuesta dinero. La entrada a algunos museos o exposiciones es gratuita. ✖✖ gratis.
2 Que no tiene base ni razón de ser. No debemos hacer comentarios gratuitos sobre alguien sin saber si son ciertos.

grave
adjetivo

1 Que es muy peligroso o muy importante. Si una persona tiene una enfermedad grave, hay que hospitalizarla.

adjetivo y nombre masculino

2 Se dice del sonido que tiene un tono muy bajo, como el de la bocina de algunos grandes barcos.

adjetivo y nombre femenino

3 Se dice de las palabras que llevan el acento en la penúltima sílaba. 'Cama' y 'mármol' son palabras graves. ✖✖ llana.

gravedad
nombre femenino

1 Estado de la persona que está grave o muy enferma. Los médicos determinan la gravedad de una enfermedad.
2 Importancia de una cosa o un asunto. El hambre en el mundo es un asunto de mucha gravedad.
3 Fuerza de atracción de la Tierra sobre los cuerpos y los objetos. La gravedad hace que se caigan las cosas al suelo cuando no se sujetan.

graznar
verbo

1 Emitir ciertas aves su sonido característico. Los cuervos graznan.

graznido
nombre masculino

1 Sonido característico de algunas aves, como los cuervos.

gremio
nombre masculino

1 Conjunto de personas que tienen el mismo oficio. En la Edad Media los gremios fueron muy importantes.
2 Conjunto de personas que están en la misma situación. Se habla del gremio de los casados, de los parados o de los que preparan oposiciones.

greña
nombre femenino

1 Cabellera o mechón de cabello despeinado y enredado.
👁 Se usa más en plural.

griego, griega
adjetivo y nombre

1 Se dice de la persona o cosa que es de Grecia, país del sur de Europa.

nombre masculino

2 Lengua hablada en Grecia. En español hay muchas palabras que proceden del griego antiguo.

grieta
nombre femenino

1 Abertura de forma alargada y estrecha que hay en una superficie. Si una pared tiene grietas, hay que arreglarla.

grieta

grifo
nombre masculino

1 Llave que sirve para abrir o cerrar el paso de un líquido, en especial el agua.

G / g

grillo

nombre masculino **1** Insecto de color negro, con dos antenas largas y las patas posteriores adaptadas para saltar. El grillo macho tiene unas alas duras y cortas que, al frotarlas, producen un sonido agudo característico.

nombre masculino plural **2 grillos** Conjunto de dos anillas gruesas de hierro, unidas por una cadena, que se ponía en los pies a los presos o a los esclavos.

grima

nombre femenino **1** Sensación desagradable que se experimenta en los dientes al comer ciertas cosas, oír ciertos ruidos o tocar determinados objetos: *Me da grima chupar un limón.* ✺ dentera.

2 Rabia, lástima o disgusto que produce alguna cosa. Da grima escuchar a las personas que se pasan todo el día quejándose.

gripe

nombre femenino **1** Enfermedad infecciosa causada por un virus, que produce fiebre, dolor de cabeza, catarro y otras molestias.

griposo, griposa

adjetivo **1** Que tiene gripe.

gris

nombre masculino y adjetivo **1** Color como el del cemento o la piel de los elefantes. La mezcla de blanco y negro da gris.

adjetivo **2** Se dice de cosas tristes o apagadas y del humor de las personas sin alegría. Si se habla de un futuro, una vida o un día gris, quiere decir que no tienen ninguna animación o alegría.

3 Que no destaca por nada especial.

grisáceo, grisácea

adjetivo **1** De color parecido al gris o de tono gris. En un día lluvioso de invierno el cielo se ve grisáceo.

gritar

verbo **1** Dar gritos. Podemos gritar para expresar un sentimiento o una emoción. ✺ chillar.

2 Levantar mucho la voz al hablar. Si queremos hablar con alguien que está lejos, gritamos para que nos oiga. ✺ chillar.

3 Regañar a alguien levantando la voz: *A mí no me grites, que yo no he sido.*

griterío

nombre masculino **1** Conjunto de voces altas y poco claras que producen mucho ruido. Los aficionados suelen armar un gran griterío en las gradas del campo cuando su equipo marca un gol. ✺ alboroto; jaleo.

grito

nombre masculino **1** Sonido, palabra o expresión que se emite en voz más alta de lo normal. En las atracciones de terror de un parque de atracciones la gente suele dar gritos de miedo.

a grito pelado Indica que algo se dice dando voces.

el último grito Lo más moderno o a la última moda.

grogui

adjetivo **1** Se dice de la persona que está atontada o medio dormida: *Me quedé grogui viendo la televisión.* Es un uso informal.

2 En deportes de combate, como el boxeo, que ha perdido el conocimiento durante la lucha.

grosella

nombre femenino **1** Fruto pequeño, redondo, de color rojo o negro y sabor agridulce. Con las grosellas se hacen bebidas, mermeladas y jarabes.

grosería

nombre femenino **1** Acción o palabra maleducada que demuestra poco respeto hacia los demás. Un insulto o una palabrota son groserías.

grosero, grosera

adjetivo **1** Se dice de la persona maleducada que trata con poco respeto a los demás.

grosor

nombre masculino **1** Anchura de un cuerpo. Las estanterías deben tener suficiente grosor para aguantar el peso de los libros. ✺ espesor.

grosor

G
g

grúa
nombre femenino

1 Máquina que se utiliza para levantar grandes pesos o para llevarlos a otro lugar. Las grúas suelen tener un cable con un gancho con el que se sujetan los pesos y se levantan. ✍ 394
2 Vehículo con una grúa incorporada que se utiliza para remolcar coches accidentados, estropeados o mal aparcados.

grueso, gruesa
adjetivo

1 Que es más grande o ancho de lo normal o tiene mucho volumen. Cuando el hilo es muy grueso no entra por el ojo de la aguja. ✕ gordo.
2 Se dice de la persona que tiene mucha carne o grasa. ✕ gordo. ✕ delgado.

nombre masculino

3 Anchura o grosor de un cuerpo. El grueso de un ladrillo suele ser de 7 centímetros; el grueso del cartón es superior al de la cartulina. ✕ espesor.
4 Parte más numerosa o más importante de una cosa. En una carrera de ciclismo, el grueso del pelotón acompaña al líder del equipo.

grulla
nombre femenino

1 Ave de color gris, con el cuello largo y negro, las patas también largas y con un penacho de plumas en la cabeza. Tiene las alas grandes y redondas y suele mantenerse sobre una pata cuando se posa.

grumete
nombre masculino

1 Chico que aprende el oficio de marinero. El grumete forma parte de la tripulación del barco y ayuda a los otros marineros.

grumo
nombre masculino

1 Bola pequeña que se forma al mezclar un líquido con una sustancia sólida. Al mezclar la harina con la leche para hacer una bechamel se pueden formar grumos.

gruñido
nombre masculino

1 Sonido característico del cerdo.
2 Sonido que emiten algunos animales, como los perros, cuando se sienten amenazados.
3 Sonido o palabra de enfado o protesta que emiten algunas personas.

gruñir
verbo

1 Emitir el cerdo su sonido característico.
2 Dar gruñidos un animal.
3 Quejarse o protestar una persona por medio de sonidos o palabras de enfado o protesta.

gruñir	
INDICATIVO	**SUBJUNTIVO**
presente	**presente**
gruño	gruña
gruñes	gruñas
gruñe	gruña
gruñimos	gruñamos
gruñís	gruñáis
gruñen	gruñan
pretérito imperfecto	**pretérito imperfecto**
gruñía	gruñera o gruñese
gruñías	gruñeras o gruñeses
gruñía	gruñera o gruñese
gruñíamos	gruñéramos o
gruñíais	gruñésemos
gruñían	gruñerais o gruñeseis
	gruñeran o gruñesen
pretérito indefinido	
gruñí	**futuro**
gruñiste	gruñere
gruñó	gruñeres
gruñimos	gruñere
gruñisteis	gruñéremos
gruñeron	gruñereis
	gruñeren
futuro	
gruñiré	**IMPERATIVO**
gruñirás	
gruñirá	gruñe (tú)
gruñiremos	gruña (usted)
gruñiréis	gruñid (vosotros)
gruñirán	gruñan (ustedes)
condicional	**FORMAS NO PERSONALES**
gruñiría	
gruñirías	**infinitivo** **gerundio**
gruñiría	gruñir gruñendo
gruñiríamos	**participio**
gruñiríais	gruñido
gruñirían	

gruñón, gruñona
adjetivo

1 Se dice de la persona que gruñe y protesta por todo. ✕ cascarrabias.
👁 El plural de gruñón es: gruñones.

grupa
nombre femenino

1 Parte de atrás del lomo de algunos animales. Cuando dos personas montan a caballo, una de ellas va delante y la otra va a la grupa. ✍ 157

G g

grupo

nombre masculino **1** Cantidad más o menos grande de personas, animales o cosas que van o están juntas. Dentro de una misma clase se pueden hacer varios grupos de alumnos para hacer distintos trabajos. ✎ 200
2 Conjunto de personas que se dedican a tocar música.
3 Palabra o conjunto de palabras que tienen una misma función en la oración. En la oración 'el chico viene de su casa', 'el chico' es un grupo nominal y 'de su casa' es un grupo preposicional.

gruta

nombre femenino **1** Cueva abierta en las rocas, natural o hecha por una persona.

guacamayo

nombre masculino **1** Ave americana parecida al papagayo, con el cuerpo de color rojo, azul y amarillo, que tiene la parte superior del pico blanca y la inferior negra y una cola muy larga y llamativa.

guadalajareño, guadalajareña

adjetivo y nombre **1** Se dice de la persona o cosa que es de Guadalajara, ciudad y provincia de Castilla-La Mancha.

guadaña

nombre femenino **1** Herramienta que se utiliza en las labores del campo para cortar la hierba o segar los campos; está formada por una gran cuchilla curva y terminada en punta, sujeta por un mango largo que se maneja con las dos manos.

gualdo, gualda

adjetivo **1** De color amarillo dorado. La bandera española es roja y gualda.

guantazo

nombre masculino **1** Golpe que se da a una persona en la cara con la mano abierta. ✕✕ bofetada; bofetón.

guante

nombre masculino **1** Prenda que cubre la mano y tiene la forma de los dedos.

guantera

nombre femenino **1** Cajón que tienen los automóviles en la parte situada delante del asiento del pasajero y que sirve para guardar papeles y otras cosas.

guapo, guapa

adjetivo **1** Se dice de la persona que resulta muy atractiva y agradable de ver porque tiene una cara bonita. ✕✕ bello. ✕✕ feo.
2 Se dice de la persona que va muy bien vestida o arreglada.
3 Se dice de la cosa que es bonita o de buena calidad: *Se ha comprado un piso muy guapo*. Es un uso informal.

guarda

nombre masculino y femenino **1** Persona que cuida y vigila un lugar, en especial cuando es un lugar grande o un espacio abierto, como un aparcamiento o un bosque.

guardabarros

nombre masculino **1** Pieza que cubre las ruedas de los vehículos y que sirve para evitar que el barro, el agua o el polvo que pisan las ruedas salpique a otras partes del vehículo o a las personas. Los coches, las bicis y las motos suelen tener guardabarros.
👁 El plural es: guardabarros.

guardabosque

nombre masculino y femenino **1** Persona que se encarga de vigilar el bosque y de evitar que la gente haga cosas que no están permitidas, como acampar en lugares prohibidos.
👁 También se usa el plural para indicar sólo una unidad.

guardacostas

nombre masculino **1** Barco pequeño, rápido y normalmente armado que utiliza el ejército o la policía para vigilar las costas e impedir el contrabando y la pesca ilegal.
👁 El plural es: guardacostas.

guardaespaldas

nombre masculino y femenino **1** Persona que acompaña a otra para protegerla contra posibles ataques o para evitar que la gente se le acerque demasiado y moleste. Muchos artistas llevan guardaespaldas.
👁 El plural es: guardaespaldas.

guardameta

nombre masculino y femenino **1** Jugador de un deporte de equipo que juega en la portería para evitar que el equipo contrario meta goles. ✕✕ portero.

guardar

verbo **1** Poner algo en un sitio seguro y dejarlo allí para saber dónde está

G
g

y para que no se pierda. Guardamos la ropa en el armario.

2 No gastar o consumir completamente una cosa y reservarla para otro momento. Guardamos la comida que nos sobra.

3 Reservar un sitio o un determinado derecho para otra persona. Cuando vamos al cine con un amigo que tarda en llegar, le guardamos un sitio.

4 Vigilar y proteger algo de un posible mal. Los perros guardan las casas.

5 Mantenerse en una determinada situación o estado, normalmente por obligación o por necesidad. Cuando estamos enfermos tenemos que guardar cama.

guardarse de Evitar algún peligro o cualquier cosa que no queremos que ocurra: *Guárdate de dormir destapado si no quieres coger un catarro.*

guardársela No olvidar algo malo que nos han hecho y querer devolvérselo a quien nos lo ha hecho en cuanto tengamos oportunidad.

guardarropa
nombre masculino **1** Lugar de los hoteles, teatros y otros establecimientos públicos en el que los clientes dejan los abrigos, chaquetas y otros objetos.

guardería
nombre femenino **1** Establecimiento donde se cuida a niños pequeños que todavía no han cumplido la edad para ir al colegio. Los padres que trabajan y no pueden atender a sus hijos los llevan a la guardería.

guardia
nombre femenino **1** Conjunto de personas, normalmente armadas, que se dedican a defender o vigilar algo o a alguien, como la guardia civil o la guardia urbana.

nombre masculino y femenino **2** Persona que se dedica a defender o vigilar algo o a alguien; normalmente forma parte de una guardia.

nombre femenino **3** Servicio de vigilancia en el que hay que cuidar algo o defenderlo. En los cuarteles militares los soldados deben hacer guardia.

4 Servicio especial que se hace fuera de las horas habituales de trabajo. Por la noche o los fines de semana hay algunas farmacias de guardia.

en guardia En actitud de defensa.

guardián, guardiana
nombre **1** Persona que se dedica a vigilar o proteger. Algunos museos y establecimientos comerciales tienen guardianes en la puerta.
👁 El plural de guardián es: guardianes.

guarecer
verbo **1** Proteger a alguien de algo. Los paraguas nos guarecen de la lluvia.
👁 Se conjuga como: agradecer; la 'c' se convierte en 'zc' delante de 'a' y 'o', como: guarezca.

guarida
nombre femenino **1** Lugar cubierto y bastante oculto que sirve de refugio, en especial para los animales salvajes.

guarnición
nombre femenino **1** Comida más ligera que se sirve para acompañar el plato principal, como las patatas fritas.
2 Conjunto de soldados que protege un lugar, como un cuartel, un buque de guerra o un recinto militar.
👁 El plural es: guarniciones.

guarrada
nombre femenino **1** Acción o dicho poco educado y que tiene relación con cosas sucias. Andarse con los dedos en la nariz es una guarrada. ✕ guarrería.
2 Acción o dicho que molesta o hace daño y que se hace con esa intención. Hablar mal de la gente es una guarrada.
👁 Es una palabra informal.

guarrería
nombre femenino **1** Acción o dicho poco educado y que tiene relación con cosas sucias. ✕ guarrada.
2 Cosa o lugar muy sucio. Si se anda en un lugar lleno de barro, los zapatos quedan hechos una guarrería.
👁 Es un uso informal.

guarro, guarra
adjetivo y nombre **1** Se dice de la persona o cosa que están o son muy sucias. ✕ marrano.

2 Se dice de la persona que hace o dice algo que perjudica a alguien, normalmente con la intención de hacerlo: *Es un guarro, me dijo que vendría a verme y ni siquiera me ha llamado.* ✕ cerdo.

nombre **3** Mamífero doméstico que tiene las patas cortas, el cuerpo grueso, el morro aplastado y las orejas caídas sobre la cara. ✕ cerdo.

guasa
nombre
femenino **1** Cosa que se hace o se dice con intención de reírse o divertirse. También es guasa el tono divertido o irónico con que se hace o se dice algo. ✕ broma.

guasón, guasona
adjetivo
y nombre **1** Se dice de la persona que hace muchas bromas. ✕ bromista.
👁 El plural de guasón es: guasones.

guatemalteco, guatemalteca
adjetivo
y nombre **1** Se dice de la persona o cosa que es de Guatemala, país de América Central.

guateque
nombre
masculino **1** Fiesta que se organiza en una casa donde un grupo de amigos se reúnen para comer, beber y bailar.

guay
adjetivo **1** Muy bueno o estupendo. Cuando una bici o las canciones de un grupo nos gustan mucho decimos que son guay. Es una palabra informal. ✕ chachi; chupi.

guerra
nombre
femenino **1** Lucha que mantienen los ejércitos de dos o más países o regiones durante algún tiempo, en la que se utilizan armas.
2 Situación de lucha o de enfrentamiento entre dos personas: *Los vecinos están en guerra con el ayuntamiento porque no quieren que se construya una nueva carretera.*
guerra civil Guerra en la que luchan entre sí personas de un mismo país agrupadas en dos o más bandos. En España hubo una guerra civil entre 1936 y 1939.
dar guerra Crear muchos problemas o molestias a alguien.

guerrero, guerrera
adjetivo
y nombre **1** Que hace la guerra, que está relacionado con la guerra o pertenece a ella.
2 Se dice de los niños que son muy activos y traviesos: *La pequeña es muy guerrera.*
3 Se dice de las personas a las que les gusta provocar discusiones o peleas: *No le hagas caso, porque hoy ha venido muy guerrero y no conseguirás razonar con él.*

guerrilla
nombre
femenino **1** Grupo de personas armadas que no forman parte de ningún ejército y que aprovechan su conocimiento del lugar donde se desarrolla una guerra para atacar al enemigo por sorpresa. También se llama guerrilla a la forma de guerra que realizan estos grupos.

guerrillero, guerrillera
nombre **1** Persona que pertenenece a una guerrilla.

guía
nombre
masculino
y femenino **1** Persona que conoce bien un lugar y conduce a otras personas por donde le indican dentro de ese lugar. Cuando se sale de excursión, la persona que conoce mejor el terreno hace de guía. En los viajes y en los museos hay guías que enseñan a los turistas y visitantes los mejores caminos y las cosas más interesantes.
nombre
femenino **2** Libro con datos o información breve sobre un tema concreto. Podemos encontrar guías de teléfonos, de hoteles, de ciudades y de precios. Una guía de jardinería ofrece información sobre plantas.

guiar
verbo **1** Dirigir hacia un lugar o un fin determinado: *Le guió hacia la salida. Su padre le guió hacia la carrera de medicina.* ✕ encaminar.
2 guiarse Dejarse llevar o dirigir por aquello que se indica. Para saber qué tiempo hará al día siguiente, las personas se guían por las informaciones meteorológicas.
👁 Se conjuga como: desviar; la 'i' se acentúa en algunos tiempos y personas, como: guíen.

G g

guijarro
nombre masculino **1** Piedra pequeña y redondeada a causa de los efectos de la erosión del agua. Los guijarros suelen abundar en las desembocaduras de los ríos o en la orilla del mar.

guillotina
nombre femenino **1** Construcción de madera formada por un soporte vertical que sostiene en su parte superior una gran cuchilla deslizante. Se utilizaba para ejecutar a un condenado a muerte dejando caer de golpe la cuchilla para que le cortara el cuello.
2 Aparato que sirve para cortar papel mediante una cuchilla que se hace bajar de golpe.

guinda
nombre femenino **1** Fruto pequeño y redondo, de color rojo, que tiene un hueso en el centro y es muy parecido a la cereza pero más ácido.
2 Detalle que termina una cosa mejorándola o perfeccionándola. Una sobremesa agradable es la guinda de una buena comida.

guindilla
nombre femenino **1** Especie de pimiento pequeño estrecho y alargado que pica mucho y sirve para dar sabor a las comidas.

guiñar
verbo **1** Cerrar y abrir rápidamente un ojo dejando el otro abierto, generalmente para hacer una señal.

guiño
nombre masculino **1** Gesto que consiste en cerrar y abrir un ojo con rapidez dejando el otro abierto, generalmente para hacer una señal a alguien. 🖎 398

guiñol
nombre masculino **1** Representación de teatro hecha con muñecos que mueven con las manos unas personas que están ocultas detrás de un pequeño escenario.

guión
nombre masculino **1** Resumen que se hace de un tema, lección o discurso para ayudar a desarrollarlo. 🗱 esquema.
2 Escrito que contiene los diálogos y otras indicaciones necesarias para la realización de una película o un programa de radio o televisión.
3 Signo de ortografía en forma de raya horizontal (-). El guión tiene, entre otros usos, el de separar palabras al final del renglón y unir palabras compuestas.
👁 El plural es: guiones.

guionista
nombre masculino y femenino **1** Persona que escribe guiones para películas o programas de radio o televisión.

guipuzcoano, guipuzcoana
adjetivo y nombre **1** Se dice de la persona o cosa que es de Guipúzcoa, provincia del País Vasco.

guirigay
nombre masculino **1** Situación en la que hay mucho ruido y gran movimiento de personas. 🗱 bulla; griterío; jaleo.
👁 El plural es: guirigáis.

guirlache
nombre masculino **1** Pasta dura y muy dulce hecha de caramelo y almendras tostadas.

guirnalda
nombre femenino **1** Tira que se utiliza como adorno y que se hace con flores, papeles de colores u otros materiales.

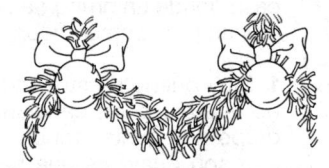
guirnalda

guisante
nombre masculino **1** Semilla de pequeño tamaño, redondeada y de color verde, que se come hervida cuando aún está verde, normalmente como acompañamiento de otros platos. Los guisantes crecen en una vaina, como las judías. La planta que produce estas vainas también se llama guisante.

guisar
verbo **1** Cocinar un alimento cociéndolo al fuego en una salsa preparada con distintos condimentos.

guiso
nombre masculino **1** Comida que se prepara al fuego y que lleva salsa y otros condimentos.

guitarra

nombre femenino **1** Instrumento musical de cuerda formado por una caja de resonancia de madera con formas redondeadas y un agujero en medio, que va unida a un mástil en el que se sujetan las cuerdas. La guitarra tiene seis cuerdas y se toca con los dedos o con una púa.

guitarrista

nombre masculino y femenino **1** Persona que toca la guitarra. En los grupos musicales hay guitarristas.

gusano

nombre masculino **1** Animal invertebrado sin patas, que tiene el cuerpo blando y alargado, normalmente cilíndrico.

2 Animal en estado de desarrollo que ya puede ser independiente y alimentarse por sí mismo, pero que aún no ha llegado a ser adulto. ✖ larva.

adjetivo y nombre masculino **3** Se dice de la persona que es tan mala que merece ser despreciada: *Ese gusano siempre anda metiendo cizaña entre nosotros.*

gusano de seda Gusano que produce un hilo de seda con el que teje un capullo en el que se mete y se convertirá en mariposa.

gustar

verbo **1** Resultar una cosa o una persona bonita o agradable a alguien. A las personas nos gusta tener amigos. ✖ agradar. ✖ disgustar.

gusto

nombre masculino **1** Sentido que permite notar y distinguir los sabores. ✍ 594

2 Sabor que tiene una cosa. Cuando un alimento sabe mal decimos que tiene mal gusto.

3 Sensación agradable que produce algo que gusta. Da gusto ver cómo la gente ayuda a las personas que lo necesitan. ✖ satisfacción.

4 Aquello que prefiere o que le gusta más a una persona. Las personas tenemos gustos diferentes.

5 Característica de la persona que siempre sabe elegir cosas bonitas y elegantes. Decimos que alguien tiene mucho gusto para vestir cuando siempre va muy bien vestida.

6 Agrado con que se hace algo, normalmente porque nos gusta o porque queremos hacerlo. Recibimos la visita de los amigos con mucho gusto.

a gusto Bien, sin problemas y con comodidad.

gustoso, gustosa

adjetivo **1** Que hace una cosa con ganas y con placer.

gymkhana

nombre femenino **1** Conjunto de pruebas deportivas o de otro tipo en las que los participantes tienen que superar una serie de pruebas u obstáculos.

✖ Se pronuncia: 'yincana'.

G

g

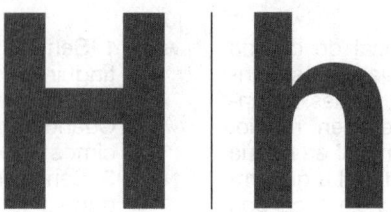

H h

h
nombre femenino **1** Octava letra del alfabeto español. En español, la 'h' no se pronuncia.

haba
nombre femenino **1** Fruto ancho y un poco aplastado, de color verde, que crece en las vainas de una planta que también se llama haba. Las habas son parecidas a las judías blancas pero más grandes y se comen hervidas o estofadas.
◉ Es un nombre femenino, pero se usan los determinantes 'el' y 'un' cuando entre el determinante y el nombre no hay otras palabras: el haba.

haber
verbo **1** Existir o estar disponible algo. En las casas hay muebles; si en una tienda se ha acabado la leche, no hay leche. Se usa sólo en tercera persona del singular.
2 Ocurrir o suceder algo. Los domingos hay misa en las iglesias católicas; en algunos países hay terremotos cada cierto tiempo. Se usa sólo en tercera persona del singular.
3 Se usa como auxiliar para formar los tiempos compuestos de los verbos, como en 'ha comido' o 'había comido'.
haber de Tener que hacer lo que se indica: *He de acabar esta redacción para mañana.*
haber que Ser necesario o conveniente: *Habría que levantarse pronto para no perder el tren.*

hábil
adjetivo **1** Que tiene la capacidad o aptitud para hacer bien algo o conseguirlo. Algunas personas son muy hábiles haciendo trabajos manuales. ✗ torpe.

habilidad
nombre femenino **1** Capacidad para hacer algo bien o conseguir lo que se quiere: *Muestra gran habilidad jugando a las cartas.*

habitable
adjetivo **1** Se dice del lugar que reúne las condiciones para poder habitarlo.

haber

INDICATIVO	SUBJUNTIVO
presente	**presente**
he	haya
has	hayas
ha	haya
hemos	hayamos
habéis	hayáis
han	hayan
pretérito imperfecto	**pretérito imperfecto**
había	hubiera o hubiese
habías	hubieras o hubieses
había	hubiera o hubiese
habíamos	hubiéramos o
habíais	hubiésemos
habían	hubierais o hubieseis
	hubieran o hubiesen
pretérito indefinido	
hube	**futuro**
hubiste	hubiere
hubo	hubieres
hubimos	hubiere
hubisteis	hubiéremos
hubieron	hubiereis
	hubieren
futuro	
habré	
habrás	**IMPERATIVO**
habrá	
habremos	has (tú)
habréis	ha (usted)
habrán	habed (vosotros)
	han (ustedes)
condicional	
habría	**FORMAS NO PERSONALES**
habrías	
habría	**infinitivo** **gerundio**
habríamos	haber habiendo
habríais	**participio**
habrían	habido

H h

habitación

nombre femenino

1 Cada una de las partes en que se divide una casa y que está separada de las demás por paredes, como la cocina o el salón. ⚹⚹ cuarto.
2 Lugar de la casa donde se duerme. ⚹⚹ dormitorio.
👁 El plural es: habitaciones.

habitante

nombre masculino y femenino

1 Persona que habita o vive en un lugar y forma parte de su población. En la actualidad, España tiene más de 38 millones de habitantes.

nombre masculino

2 Animal que vive en una zona determinada. El águila, el conejo y el lobo son algunos de los habitantes de nuestros bosques.

habitar

verbo

1 Vivir en un lugar. Las personas habitan en sus casas; en los bosques habitan muchas especies animales.

hábitat

nombre masculino

1 Lugar con unas condiciones ambientales, una flora y una fauna determinadas. El hábitat del pez es el agua. ⚹⚹ medio; ambiente.
👁 El plural es: hábitat o hábitats.

hábito

nombre masculino

1 Actividad que se repite con frecuencia o que se hace siempre igual. Algunas personas tienen el hábito de leer por la noche. ⚹⚹ costumbre.
2 Traje propio de una orden religiosa y que visten todos sus miembros. Las monjas y los frailes suelen vestir hábito.

habitual

adjetivo

1 Que se repite, que se hace muy a menudo o que es costumbre: Lo habitual es que me levante a las ocho.

habituar

verbo

1 Acostumbrar a alguien a hacer una cosa con frecuencia: Mi padre me habituó a lavarme los dientes tres veces al día.

habla

nombre femenino

1 Capacidad de hablar. Cuando nos llevamos un susto nos quedamos un instante sin habla.
2 Acción de hablar o modo de ha-

cerlo: Tiene un habla tan especial que se le reconoce enseguida.
👁 Es un nombre femenino, pero se utilizan los determinantes 'el' y 'un' cuando entre el determinante y el nombre no hay otras palabras: el habla.

hablador, habladora

adjetivo y nombre

1 Se dice de la persona que habla mucho.

hablante

adjetivo y nombre masculino y femenino

1 Que habla una lengua determinada. El castellano es una de las lenguas más habladas del mundo.
2 Persona que habla con otra.
🖝 198

hablar

verbo

1 Utilizar la voz y expresar el pensamiento o los sentimientos por medio de palabras.
2 Tener una conversación: Quiero hablar contigo del examen.
3 Conocer y utilizar una lengua determinada. Las personas bilingües hablan correctamente dos idiomas.
4 Tratar sobre el tema o asunto que se indica, normalmente textos escritos o programas informativos: En este documental se habla de las especies protegidas.
hablar por hablar Decir cosas para no estar callado o decir cosas sin conocimiento exacto de ellas: Eso es hablar por hablar, no lo ha dicho con ninguna intención.
ni hablar Expresión que se usa para negar o rechazar algo: Ni hablar, yo no pienso hacerlo.

hacendado, hacendada

nombre

1 Persona que tiene una hacienda o gran extensión de terreno en el campo. Suele aplicarse a la gente que tiene mucha tierra y dinero.

hacer

verbo

1 Crear, construir o inventar algo que no existía antes: El carpintero hace mesas. Haz la comida.
2 Realizar una acción o practicar una actividad. Hacemos deporte, viajes, preguntas, pis, trabajos de clase y muchas cosas más.
3 Causar un efecto determinado. Algunas películas nos hacen llorar; los problemas nos hacen pensar; los golpes hacen daño.

H h

4 Convertir a una persona en algo. La vida nos hace más prudentes; a la gente no le gusta hacerse vieja.
5 Estar el tiempo atmosférico o la temperatura de una manera determinada. En invierno suele hacer frío y en verano hace sol y calor. Sólo se conjuga en tercera persona del singular.
6 Dar un aspecto determinado a una persona o una cosa: *El color amarillo hace más luminosas las habitaciones. Este pantalón me hace más gordo.*
7 Comportarse como se dice: *Deja de hacer el mono. Nos divertimos haciendo el indio.*
8 Haber pasado un tiempo: *Hacía años que no lo pasaba tan bien.* Sólo se conjuga en tercera persona del singular.

9 Obligar a algo o mandar algo: *Mis padres me han hecho recoger las hojas del jardín.*
10 hacerse Fingir o simular algo: *No te hagas el tonto, que sabes de qué te hablo. Se hizo el muerto y nos dio un gran susto.*
hacer de Imitar o tener un papel en una función: *Hace de romano en su última película.*
hacerse con Conseguir un objeto o un fin determinado: *El equipo se hizo con el título de Liga.*

hacer

INDICATIVO	SUBJUNTIVO
presente	**presente**
hago	haga
haces	hagas
hace	haga
hacemos	hagamos
hacéis	hagáis
hacen	hagan
pretérito imperfecto	**pretérito imperfecto**
hacía	hiciera o hiciese
hacías	hicieras o hicieses
hacía	hiciera o hiciese
hacíamos	hiciéramos o hiciésemos
hacíais	hicierais o hicieseis
hacían	hicieran o hiciesen
pretérito indefinido	**futuro**
hice	hiciere
hiciste	hicieres
hizo	hiciere
hicimos	hiciéremos
hicisteis	hiciereis
hicieron	hicieren

futuro		
haré	**IMPERATIVO**	
harás		
hará	haz	(tú)
haremos	haga	(usted)
haréis	haced	(vosotros)
harán	hagan	(ustedes)

condicional	**FORMAS NO PERSONALES**	
haría		
harías	**infinitivo**	**gerundio**
haría	hacer	haciendo
haríamos	**participio**	
haríais	hecho	
harían		

hacha *nombre femenino* **1** Herramienta que se usa para cortar una cosa con uno o más golpes, especialmente ramas o troncos de árbol. Está formada por una hoja ancha de hierro afilada por un lado y un mango de madera.
☞ Es un nombre femenino, pero se utilizan los determinantes 'el' y 'un' cuando entre el determinante y el nombre no hay otras palabras: el hacha.

hache *nombre femenino* **1** Nombre de la letra 'h'.
por hache o por be Por una u otra razón: *Si por hache o por be no llegara a tiempo, empezad a comer sin mí.*

hachís *nombre masculino* **1** Droga que se fuma o mastica; se considera una droga blanda. ✖ marihuana.
☞ Se pronuncia: 'jachís'.

hacia *preposición* **1** Indica la dirección o el destino: *¿Hacia dónde va este tren?* ✖ a.
2 Expresa un tiempo aproximado: *Llegaré hacia las ocho de la mañana. Lo he leído hacia el principio del capítulo.* ✖ sobre.
☞ No se acentúa; no la confundas con la forma 'hacía' del verbo 'hacer'.

hacienda *nombre femenino* **1** Conjunto de propiedades o bienes de una persona. Una persona con una gran hacienda es una persona rica.
2 Casa de campo que posee una persona, con tierras y ganado.

3 Ministerio encargado de la administración de los bienes y riquezas del estado. Con este significado se escribe con mayúscula.

hada
nombre femenino

1 Personaje femenino imaginario que aparece en cuentos y leyendas. El hada se caracteriza por ser muy hermosa y tener poderes mágicos que emplea en hacer el bien, aunque a veces en los cuentos también aparecen hadas malas.

halagüeño, halagüeña
adjetivo

1 Se dice de lo que parece que puede traer muchas satisfacciones en el futuro. Una noticia halagüeña crea esperanzas de algo bueno.

halcón
nombre masculino

1 Ave rapaz menor que un águila, con el pico curvo, fuertes garras y alas largas y puntiagudas. Antes se utilizaba para cazar.
☞ El plural es: halcones.

hall
nombre masculino

1 Parte de una casa o edificio que se encuentra junto a la puerta principal y que se usa para recibir a los que llegan.
☞ Es una palabra de origen inglés; es preferible utilizar las palabras 'vestíbulo' o 'recibidor'. Se pronuncia: 'jol'.

hallar
verbo

1 Encontrar o descubrir una cosa o a una persona: *En cuanto hallaron la salida se escaparon todos. Hallé a mi hermano escondido en el armario.*
2 Averiguar una respuesta o encontrar una solución: *En esta enciclopedia hallarás la respuesta.*
3 Descubrir o inventar una cosa. Los médicos y científicos se encargan de hallar nuevas vacunas para prevenir enfermedades.
4 Darse cuenta, observar o notar una cosa: *Halló muy extraño que su amigo no estuviera en casa cuando lo llamó.* ✖ encontrar.
5 hallarse Estar o encontrarse en una situación, un estado de ánimo o un lugar determinado. Cuando

nos hallamos cansados nos apetece descansar; España se halla al sur de Europa.

hallazgo
nombre masculino

1 Acción que consiste en hallar o encontrar una cosa, especialmente cuando se trata de algo muy importante o beneficioso: *Descubrir este restaurante ha sido todo un hallazgo.*

halterofilia
nombre femenino

1 Deporte que consiste en levantar una barra de hierro que lleva pesas en sus extremos.

hamaca
nombre femenino

1 Pieza alargada de red o tela que se cuelga por los extremos y sirve para echarse en ella. Algunas personas tienen hamacas en el jardín para echarse la siesta.
2 Asiento formado por una tela resistente que forma el asiento y el respaldo. En muchas playas alquilan hamacas para tumbarse a tomar el sol. ✖ tumbona.

hambre
nombre femenino

1 Sensación que se produce cuando se tienen ganas de comer. Cuando llevamos muchas horas sin comer sentimos hambre.
2 Falta o escasez de alimentos. El hambre es un grave problema que existe en muchos países del mundo; muchos niños mueren de hambre diariamente.
☞ Es un nombre femenino, pero se utilizan los determinantes 'el' y 'un' cuando entre el determinante y el nombre no hay otras palabras: el hambre.

hambriento, hambrienta
adjetivo

1 Que tiene mucha hambre o ganas de comer.

hambruna
nombre femenino

1 Situación de mucha hambre en una región. Las guerras provocan grandes hambrunas.

hamburguesa
nombre femenino

1 Pieza redonda de carne picada, normalmente de vaca o de pollo, que se fríe o se asa; suele ponerse dentro de un pan redondo acompañada de vegetales, queso y alguna salsa.

H
h

H h

hámster

nombre masculino **1** Mamífero roedor parecido al ratón pero más grande, de color variado y cola corta. Algunas personas tienen un hámster como animal doméstico.
👁 Se pronuncia: 'jámster'. El plural es: hámsters o hámsteres.

hangar

nombre masculino **1** Edificio con techos altos y puertas grandes donde se revisan, reparan o guardan los aviones en un aeropuerto. 🔎 195

harapo

nombre masculino **1** Prenda de vestir o trozo de tela que está rota, sucia y muy gastada: *Cenicienta iba vestida con harapos.*
👁 Se usa sobre todo en plural.

harina

nombre femenino **1** Polvo que se obtiene al moler los granos de trigo o de otros cereales. Con la harina se hace pan, tartas y pasteles.

hartar

verbo **1** Molestar o cansar a una persona hasta aburrirla o hacerla enfadar. La gente pesada harta a los demás.
2 hartarse Hacer una cosa muchas veces o durante mucho tiempo hasta no poder más, especialmente comer o beber: *Me he hartado de decirle todos los días que recogiera su habitación.*

harto, harta

adjetivo **1** Que está aburrido o cansado de algo: *Está harto de tantas tonterías. Estoy harto de comer puré.*

hasta

preposición **1** Señala el límite en el tiempo, en el espacio o en la cantidad. Lo que viene después de 'hasta' es un punto máximo del que no se puede pasar: *Podemos gastarnos hasta 3000 pesetas. Quiero quedarme hasta que acabe el partido.*
2 Se utiliza en expresiones de despedida seguida del momento en que se cree que se volverá a ver a la persona de que uno se despide, como en: hasta luego, hasta mañana, hasta el lunes o hasta ahora; si estamos muy enfadados con alguien y no queremos volver a verlo, decimos 'hasta nunca'.
adverbio **3** Indica que se incluye algo o a alguien en lo que se ha dicho, aunque parezca sorprendente o extraño que la persona o cosa de que se habla haga lo que se dice: *¡Hasta Juan supo contestar aquella pregunta! ¡Hasta comiendo eres incapaz de dejar de hablar!* ✖ incluso.

hastío

nombre masculino **1** Sensación que se experimenta cuando se está completamente aburrido y no se quiere hacer nada. Si sentimos hastío de ver la televisión lo mejor es apagarla y salir a pasear. Es un uso formal. ✖ aburrimiento; cansancio.

haya

nombre femenino **1** Árbol de tronco alto y grueso, de corteza gris, hojas ovaladas y fruto pequeño. Su madera es ligera, resistente y suele utilizarse en trabajos de carpintería.
👁 Es un nombre femenino, pero se utilizan los determinantes 'el' y 'un' cuando entre el determinante y el nombre no hay otras palabras: el haya.

hayedo

nombre masculino **1** Lugar donde hay muchas hayas. Los hayedos forman bosques frondosos en el norte de España.

haz

nombre masculino **1** Conjunto de cosas largas y estrechas agrupadas y atadas por el centro. Los segadores hacen haces con el trigo segado.
2 Conjunto de rayos de luz que salen del mismo punto. Durante la noche, el haz de luz de los faros de los coches en dirección contraria molesta al conductor.
3 En una cosa de dos caras, lado superior. El haz de una hoja de árbol es la parte de arriba y el envés la de abajo.
👁 El plural es: haces.

hazaña

nombre femenino **1** Acción difícil que se consigue hacer con esfuerzo y valentía. Subir a la cima del Everest es una hazaña. ✖ proeza.

hazmerreír

nombre masculino y femenino **1** Persona, acción o cosa que por su aspecto ridículo hace reír a los demás: *Tu coche, desde que lo has pintado, es el hazmerreír del barrio.*

hebilla

nombre femenino **1** Pieza, generalmente de metal, que sirve para unir los dos extremos de una tira de tela o cuero. La hebilla tiene una barrita alargada que se mete en uno de los agujeros que hay en un extremo de la tira que se quiere sujetar. Los cinturones tienen hebilla.

hebra

nombre femenino **1** Trozo de hilo que se pone en una aguja para coser: *No necesito el carrete, con una hebra ya tengo para coser este botón.*
2 Especie de hilo o fibra que tienen algunos alimentos sólidos, como por ejemplo las judías verdes o la carne.

hebreo, hebrea

adjetivo y nombre **1** Se dice de la persona que habitaba antiguamente en una zona de Palestina. También se dice de sus descendientes, muchos de los cuales viven en Israel. ※ judío.

nombre masculino **2** Lengua hablada por los hebreos. El hebreo es la lengua en que se escribió la Biblia y actualmente es la lengua oficial de Israel.

hechicero, hechicera

nombre **1** Persona que hace hechizos, como los brujos.

hechizo

nombre masculino **1** Acción mágica que se realiza para conseguir una cosa, para influir sobre una persona o para hacerle daño. En algunos cuentos los príncipes han sido convertidos en rana por medio de un hechizo. ※ embrujo; encantamiento.

hecho, hecha

participio **1** Participio irregular de: hacer. También se usa como adjetivo: *Ya he hecho los deberes. Los dibujos hechos a lápiz quedan mejor si después se pintan.*

adjetivo **2** Se dice de los alimentos que están cocinados, especialmente de la carne. Un filete poco hecho está rojo por dentro.

3 Se dice de una persona que tiene el aspecto o las características de lo que se indica a continuación: *Se puso hecho una fiera porque no lo llamé. Mi abuelo ha vuelto de las vacaciones hecho un chaval.*
4 Se dice de las personas o las cosas que están maduras o desarrolladas: *Es un hombre muy hecho y totalmente responsable.*

nombre masculino **5** Acción que hace o hizo una persona: *Si tienes en cuenta todos sus hechos no es extraño que al final lo hayan juzgado.*
6 Cosa que ocurre o ha ocurrido. Si queremos conocer todos los hechos referentes a un accidente, queremos saber todo lo que pasó.

hectárea

nombre femenino **1** Medida de superficie que equivale a 100 áreas. Su símbolo es: ha.

hectogramo

nombre masculino **1** Medida de masa que es igual a 100 gramos. Su símbolo es: hg.

hectolitro

nombre masculino **1** Medida de capacidad que equivale a 100 litros. Su símbolos es: hl.

hectómetro

nombre masculino **1** Medida de longitud que es igual a 100 metros. Su símbolo es: hm.

hedor

nombre masculino **1** Olor fuerte y muy desagradable, como el de un animal muerto.

helada

nombre femenino **1** Fenómeno atmosférico que consiste en que la temperatura desciende por debajo de 0 grados y se forma escarcha o hielo. Durante el invierno se producen muchas heladas.

heladería

nombre femenino **1** Establecimiento donde se hacen y venden helados.

heladero, heladera

nombre **1** Persona que se dedica a hacer o vender helados.

helado, helada

adjetivo **1** Que está muy frío. En invierno el agua del mar está helada.
2 Que se ha quedado sorprendido o asustado por algo. A veces nos quedamos helados cuando oímos una noticia terrible que no nos esperábamos.

H h

H
h

nombre masculino 3 Alimento dulce y frío hecho con agua o leche, azúcar y otros ingredientes, que se congela y se come sólido.

helar

verbo 1 Formar hielo en un líquido debido a una temperatura muy baja, especialmente el agua cuando forma escarcha o hielo. En invierno suele helar por las noches en muchos lugares de España.
2 Hacer mucho frío: *En esta habitación hiela, pon un rato la estufa.*
3 **helarse** Sentir una persona mucho frío. Si en invierno no vamos bien abrigados nos helamos de frío. ✕✕ congelarse. ✕✕ asarse.
👁 Se conjuga como: acertar; la 'e' se convierte en 'ie' en sílaba acentuada, como: hiela.

helecho

nombre masculino 1 Planta de hojas grandes y muy verdes, sin flores ni semillas, que crece en lugares húmedos y con sombra.

hélice

nombre femenino 1 Pieza formada por dos o más palas o aspas que dan vueltas alrededor de un eje y hacen mover algunos barcos y aviones. ✎ 194

helicóptero

nombre masculino 1 Vehículo volador que despega en vertical, puede moverse horizontal o verticalmente y puede quedarse parado en el aire. El helicóptero tiene una cabina para el piloto y los pasajeros, una gran hélice sobre el techo y una cola con una hélice más pequeña.

hembra

nombre femenino 1 Ser vivo de sexo femenino. Las hembras de los animales son las que pueden quedar fecundadas y reproducir nuevos seres de su misma especie. Las plantas que sólo tienen flores femeninas y que dan los frutos también son hembras, como una palmera hembra que da dátiles. ✕✕ macho.
2 Una de las dos piezas que forman un objeto o instrumento, que tiene un agujero en el que entra o encaja la otra pieza. En un enchufe la pieza que está en la pared con dos agujeros es la hembra y la del aparato eléctrico con dos barritas metálicas es el macho. ✎ 393

hemeroteca

nombre femenino 1 Lugar o parte de una biblioteca donde se guardan revistas y periódicos.

hemiciclo

nombre masculino 1 Espacio en forma de medio círculo que puede tener gradas o asientos a su alrededor. La sala del Congreso de los Diputados en España tiene esta forma, por eso a esta sala también se la llama hemiciclo.

hemisferio

nombre masculino 1 Cada una de las dos mitades de la Tierra separadas por el Ecuador o por un meridiano. España se encuentra en el hemisferio norte y Argentina en el hemisferio sur.

hemorragia

nombre femenino 1 Salida abundante de sangre de una arteria o vena. Para detener la hemorragia de una herida se puede hacer un torniquete.

heno

nombre masculino 1 Hierba que se corta y deja secar para dar de comer al ganado. El heno es el alimento principal de las vacas.

heptágono

nombre masculino 1 Figura geométrica que tiene siete lados.

herbario

nombre masculino 1 Colección de plantas secas que se conservan y clasifican para su estudio.

herbívoro, herbívora

adjetivo y nombre 1 Se dice del animal que se alimenta de hierba o vegetales, como la vaca o el conejo.

herbolario

nombre masculino 1 Tienda en la que se venden hierbas y plantas medicinales. En el herbolario mezclan distintas plantas secas que alivian algunos dolores y enfermedades. ✕✕ herboristería.

herboristería

nombre femenino 1 Herbolario.

heredar

verbo 1 Recibir dinero o propiedades de una persona cuando ésta muere.

2 Tener características físicas o de carácter de los padres o de otros ascendientes: *Ha heredado esos ojos de su madre.*
3 Recibir una cosa de otra persona cuando ésta ya no la utiliza: *Ha heredado la chaqueta de su hermano.*

heredero, heredera
adjetivo y nombre   **1** Persona que recibe la herencia de otra persona o que tiene derecho a recibirla: *Felipe de Borbón es el príncipe heredero de la Corona de España.*

hereditario, hereditaria
adjetivo   **1** Se dice de las cosas que se transmiten por herencia, como algunas enfermedades o derechos.

herejía
nombre femenino   **1** Idea o conjunto de ideas que se consideran equivocadas o falsas dentro de una religión o doctrina. Para los católicos, es una herejía decir que Cristo no es el hijo de Dios.

herencia
nombre femenino   **1** Propiedades, dinero o cualquier otra cosa que una persona deja a otra cuando muere. También se dice que un músico o un escritor han dejado una buena herencia cuando su obra es muy importante.

herida
nombre femenino   **1** Corte o abertura de la piel debidos a un corte o golpe. Una herida debe limpiarse bien para que no se infecte.

herido, herida
adjetivo y nombre   **1** Se dice de la persona o animal que tiene heridas o golpes: Ha habido dos heridos en un accidente de coche.

herir
verbo   **1** Causar una herida en alguna parte del cuerpo a una persona o animal, con un objeto cortante, un arma o un golpe. Si no tenemos cuidado nos podemos herir con un cuchillo o con unas tijeras.
2 Causar un sentimiento doloroso en una persona. Podemos herir a los demás cuando decimos algo molesto o desagradable.

👁 Se conjuga como: preferir; la 'e' se convierte en 'ie' en sílaba acentuada o en 'i' en algunos tiempos y personas, como: hiere, hirió.

H
h

hermanastro, hermanastra
nombre   **1** Dos personas son hermanastras cuando de los dos padres sólo tienen uno en común o cuando son hijos de la madrastra o el padrastro. Las hermanastras de Cenicienta eran las hijas que la madrastra de Cenicienta tuvo en un matrimonio anterior.

hermano, hermana
nombre   **1** Son hermanas las personas que tienen los mismos padres. ✍ 197
2 Persona que pertenece a una comunidad religiosa, normalmente frailes y monjas. También se utiliza como forma de tratamiento hacia ellos.

hermético, hermética
adjetivo   **1** Que cierra por completo sin dejar pasar el aire o la humedad. Los submarinos llevan puertas herméticas para evitar que el agua entre dentro.

hermoso, hermosa
adjetivo   **1** Que es muy agradable de ver o de oír: *¡Qué hermoso es oír el canto de algunos pájaros!* ✖ bello; bonito. ✖ feo.
2 Se dice de los actos buenos y nobles que se hacen para ayudar a la gente. Dar algunos de nuestros juguetes a algún hospital es algo muy hermoso.
3 Se dice de una persona, animal o planta que está bien desarrollado y tiene buen aspecto: *¡Qué bebé más hermoso!*

hermosura
nombre femenino   **1** Característica de las cosas o las personas hermosas: *Esta niña es una hermosura.*

héroe, heroína
nombre   **1** Persona famosa a la que la gente respeta y admira por haber realizado acciones importantes, difíciles o valientes. Algunas personas opinan que los bomberos son héroes porque a veces arriesgan su vida para salvar las de los demás.

H
h

2 Ser mitológico superior a los hombres pero inferior a los dioses. Hércules y Aquiles son héroes griegos.
3 Personaje principal de una novela, una historia, una obra de teatro o una película: *La heroína se salva en el último momento.* ✂ protagonista.

heroína
nombre femenino **1** Droga derivada del opio, que se presenta en forma de polvo blanco, crea mucha adicción y causa graves trastornos físicos y mentales.
2 Forma femenina de héroe.

heroísmo
nombre masculino **1** Conjunto de cualidades que tienen los héroes: *Poner su vida en peligro para salvar a otros fue un acto de heroísmo.*

herradura
nombre femenino **1** Pieza plana de hierro que se sujeta con clavos en los cascos de los caballos para evitar que se les desgasten o se les dañen al andar; tiene forma de 'U' y para algunos es símbolo de buena suerte. ✍ 157

herramienta
nombre femenino **1** Objeto o aparato que se utiliza para realizar un trabajo determinado. Las herramientas se usan con las manos y se emplean para desempeñar un oficio o una actividad. Las tijeras, el taladro o la maza son herramientas. ✍ 393

herrar
verbo **1** Poner herraduras a los caballos o a otros animales.
2 Hacer una marca en la piel de un animal con un hierro muy caliente para que se sepa quién es su propietario.
👁 Se conjuga como: acertar; la 'e' se convierte en 'ie' en sílaba acentuada, como: hierre.

herrero, herrera
nombre **1** Persona que trabaja de forma artesana haciendo objetos de hierro, como rejas para las ventanas y herraduras para los caballos.

hervir
verbo **1** Calentar un líquido a una temperatura tan alta que el líquido se convierte en gas; el agua hierve a 100 grados centígrados. ✂ cocer. ✍ 793
2 Poner algo en un líquido hirviendo para cocinarlo o esterilizarlo. Los chupetes de los bebés pueden esterilizarse en agua hirviendo.
👁 Se conjuga como: preferir; la 'e' se convierte en 'ie' en sílaba acentuada o en 'i' en algunos tiempos y personas, como: hiervo, hirvió.

hexágono
nombre masculino **1** Figura geométrica que tiene seis lados.

hiato
nombre masculino **1** Encuentro de dos vocales seguidas que se pronuncian en sílabas distintas. En las palabras 'proveer' y 'armonía' hay hiatos porque se pronuncian así: 'pro-ve-er' y 'ar-mo-ní-a'.

hibernar
verbo **1** Pasar el invierno algunos animales aletargados en su madriguera, con muy poca actividad o dormidos, como hace el oso. ✍ 599
👁 No lo confundas con 'invernar', que significa 'pasar el invierno en algún lugar'.

hidratar
verbo **1** Dar el agua o la humedad necesaria a un cuerpo para que no se quede seco. Después de hacer ejercicio tenemos que beber para hidratar nuestro organismo.

hidroavión
nombre masculino **1** Avión que puede aterrizar y despegar sobre el agua. Para apagar incendios en los bosques se utilizan hidroaviones especiales que pueden cargar agua.
👁 El plural es: hidroaviones.

hidrógeno
nombre masculino **1** Gas sin color ni olor, que es el más ligero que se conoce. El hidrógeno combinado con el oxígeno forma el agua.

hiedra
nombre femenino **1** Planta trepadora de hojas verdes que crece subiendo por las paredes y los árboles. Es común adornar las fachadas de las casas con hiedra.
👁 También se pronuncia y se escribe: yedra.

hielo
nombre masculino
1 Agua que está en estado sólido a causa del frío. Ponemos cubitos de hielo para enfriar las bebidas.

hiena
nombre femenino
1 Mamífero salvaje, parecido a un perro, con las patas traseras más cortas que las delanteras y el pelo gris con manchas oscuras. Se alimenta de la carne de animales muertos.

hierba
nombre femenino
1 Planta pequeña de tallo tierno y verde, que crece silvestre en los campos. También se llama hierba al conjunto de estas plantas.
2 Conjunto de hojas o flores de plantas que se utilizan para hacer infusiones o para dar sabor a las comidas. La manzanilla y el té son hierbas.
hierba buena Es otra forma de pronunciar y escribir: hierbabuena.
mala hierba Conjunto de plantas silvestres que crecen en los sembrados y los perjudican.
☞ También se escribe y se pronuncia: yerba.

hierbabuena
nombre femenino
1 Planta de hojas verdes muy aromáticas, que se usa para dar sabor a las comidas y buen olor al ambiente. También se toma en infusión. ✺ menta.
☞ También se pronuncia y se escribe: hierba buena o yerbabuena.

hierro
nombre masculino
1 Metal duro de color gris oscuro que se utiliza para hacer todo tipo de objetos y herramientas.
2 Cualquier objeto o instrumento hecho de este metal: *Ha puesto unos hierros para sujetar la pared.*
de hierro Que es muy fuerte o resistente. Decimos que una persona tiene una salud de hierro cuando nunca se pone enferma.

hígado
nombre masculino
1 Órgano del aparato digestivo de las personas y muchos animales; se encuentra en la parte derecha del abdomen. ✎ 594

higiene
nombre femenino
1 Limpieza del cuerpo, los utensilios, la casa y los lugares públicos para proteger la salud y evitar, de este modo, enfermedades infecciosas. Desinfectar un lugar y mantenerlo limpio es una medida de higiene.

higiénico, higiénica
adjetivo
1 Se dice de las cosas o las actitudes que tienen que ver con la higiene. Lavarse los dientes a diario es una costumbre muy higiénica.

higo
nombre masculino
1 Fruto comestible de la higuera que tiene la piel casi negra y la carne dulce y blanda, de color rojo y blanco, con muchas semillas; se come fresco o seco.
estar hecho un higo Estar algo muy arrugado o estropeado. Una camisa puede salir de la lavadora hecha un higo, con muchas arrugas. Es una expresión informal.

higuera
nombre femenino
1 Árbol frutal, de hojas grandes, brillantes por encima y grises y ásperas por debajo, que produce higos.

hijastro, hijastra
nombre
1 Hijo de la persona con la que se casa alguien, que no es un hijo propio de él. Si una mujer con hijos se casa, sus hijos son los hijastros de su nuevo esposo.

hijo, hija
nombre
1 Persona que ha nacido de un padre y una madre: *Los reyes de España tienen dos hijas y un hijo. Tú eres el hijo de tus padres.* ✎ 197
2 Una persona es hija del pueblo, ciudad, región o país donde ha nacido: *Se ha celebrado un homenaje a los hijos del pueblo que no viven en él.*

hilar
verbo
1 Transformar en hilo las fibras de origen vegetal o animal, como el algodón o la lana.
2 Hacer un hilo la araña para una telaraña y el gusano de seda para un capullo.

H
h

H
h

hilera

nombre femenino

1 Conjunto de personas o cosas colocadas una detrás de otra formando una línea. ✖ fila.

hilo

nombre masculino

1 Fibra de forma larga y muy delgada que se utiliza para tejer y coser. ✎ 796
2 Tipo de tejido hecho con fibra de lino. El hilo se utiliza mucho para hacer lencería del hogar, como sábanas, manteles o toallas.
3 Cualquier alambre muy fino, como el que conduce la electricidad o transmite la señal del teléfono. Los cables están formados por varios hilos metálicos.
coger el hilo Enterarse del asunto o del tema del que se está hablando en un discurso o en una conversación: *Llegué tarde a clase, pero enseguida cogí el hilo de lo que estaba explicando el profesor.*
perder el hilo No poder seguir una conversación u olvidarse del tema o el asunto del que se está hablando: *Me distraje y perdí el hilo de la historia.*

himno

nombre masculino

1 Canción o composición musical que se compone y se toca como alabanza de una persona, una entidad o una nación. En las competiciones internacionales se toca el himno de cada país.

hincapié

hacer hincapié Insistir mucho en algo. Hacemos hincapié en las cosas que queremos que se recuerden y queden muy claras y las repetimos.

hincar

verbo

1 Clavar una cosa que termina en punta en otra: *Hincó el cuchillo en la mesa.*
👁 Se escribe 'qu' delante de 'e', como: hinquen.

hincha

nombre masculino y femenino

1 Persona que sigue con pasión a un equipo deportivo que le gusta mucho. ✖ forofo.

hincha

hinchar

verbo

1 Aumentar el tamaño de algo, llenándolo de aire o de gas. Hinchamos las ruedas de la bicicleta o un balón. ✖ inflar. ✖ deshinchar.
2 Exagerar y aumentar la importancia de algo: *Los periodistas hincharon la noticia para llamar la atención del público.* ✖ inflar.
3 hincharse Aumentar el tamaño de una cosa, especialmente de una parte del cuerpo. Cuando tenemos paperas se nos hinchan los dos lados de la cara; si nos damos un golpe fuerte en la pierna, se nos hinchará.
4 hincharse Hacer una cosa de forma exagerada, especialmente comer mucho: *Se hinchó a pasteles y luego le dolía la barriga.* ✖ hartarse.

hinchazón

nombre femenino

1 Aumento del tamaño de una parte del cuerpo, a causa de una herida, un golpe o una infección. La picadura de una abeja provoca una gran hinchazón.

hindú

adjetivo y nombre masculino y femenino

1 Se dice de la persona o cosa que es de la India, país asiático; en especial, de las personas de

este país que practican la religión budista.
☞ El plural es: hindúes.

híper
nombre masculino **1** Es la forma abreviada de 'hipermercado'.
☞ El plural es: híper.

hipérbole
nombre femenino **1** Figura del lenguaje que consiste en exagerar mucho cuando se dice o se escribe algo. Cuando una persona dice que le han contado una mentira como una catedral, está haciendo una hipérbole, porque compara el tamaño de la mentira con el de una catedral.

hipermercado
nombre masculino **1** Establecimiento comercial muy grande en el que se venden productos de todo tipo, que los clientes cogen directamente sin que nadie los sirva. Los hipermercados suelen estar en las afueras de las ciudades y tener un aparcamiento muy grande.
☞ También se dice: híper.

hípica
nombre femenino **1** Conjunto de deportes que se practican a caballo, como los saltos de obstáculos o las carreras.

hipnotizar
verbo **1** Hacer que una persona entre en un estado parecido al sueño y obedezca todas las órdenes que se le dan.
☞ Se escribe 'c' delante de 'e', como: hipnoticen.

hipo
nombre masculino **1** Ruido repetido que sale de la garganta de un modo involuntario y que va acompañado de un movimiento brusco del pecho.

hipócrita
adjetivo **1** Se dice de la persona que intenta parecer lo que no es y que nunca dice lo que piensa de verdad. ✗ falso. ✗ sincero.

hipódromo
nombre masculino **1** Lugar donde se celebran carreras de caballos y otros deportes en los que participan caballos.

hipopótamo
nombre masculino **1** Mamífero de cuerpo grueso, sin pelo, que tiene las patas cortas y la cabeza y la boca muy grandes. Se alimenta de vegetales y vive en los ríos africanos.

H h

hipoteca
nombre femenino **1** Modo de asegurar el pago de una deuda poniendo una casa, tierras u otra propiedad como garantía. Cuando alguien quiere comprar una casa normalmente pide una hipoteca al banco y si el comprador no puede pagar, el banco se queda con la casa.

hipótesis
nombre femenino **1** Idea o explicación que se da como buena de forma provisional, pero que no está demostrada. La hipótesis es el punto de partida que una investigación intenta demostrar: *Sostiene la hipótesis de que hay vida en otros planetas.*
☞ El plural es: hipótesis.

hispánico, hispánica
adjetivo **1** Se dice de lo que está relacionado con España y los países donde se habla español.

hispano, hispana
adjetivo y nombre **1** Se dice de la persona o cosa que es de Hispanoamérica, conjunto de países americanos donde se habla español. También se dice de lo que es común a España y América, como la lengua o las costumbres.
2 Se dice de los habitantes de origen español o hispanoamericano que viven en los Estados Unidos.

hispanoamericano, hispanoamericana
adjetivo y nombre **1** Se dice de la persona o cosa que es de Hispanoamérica, conjunto de países americanos que fueron colonizados por España.

hispanohablante
adjetivo y nombre masculino y femenino **1** Que tiene el español como lengua materna. El número de hispanohablantes supera los 300 millones.

histérico, histérica
adjetivo **1** Que es o está muy nervioso y excitado y no puede controlar sus actos ni sus palabras. Algunas personas gritan y lloran mucho cuando se ponen histéricas.

H h

historia

nombre femenino

1 Conjunto de los acontecimientos y hechos que han pasado en el mundo. También es historia la ciencia que estudia esos acontecimientos y hechos.

2 Narración de un hecho inventado o real, como la historia de Blancanieves o la de Pulgarcito.

nombre femenino plural

3 historias Mentiras que se cuentan como pretexto para hacer o no hacer algo: *No me vengas con historias, lo que pasa es que no te apetecía salir.*

hacer historia Tener un hecho tanta importancia o ser tan excepcional que pasa a ser recordado por mucha gente. La llegada del hombre a la Luna hizo historia.

pasar a la historia Dejar de estar de moda o de tener actualidad una cosa. La televisión en blanco y negro ya pasó a la historia.

historiador, historiadora

nombre

1 Persona que se dedica al estudio y la investigación de la historia.

historial

nombre masculino

1 Escrito en el que se reúnen ciertos datos sobre una persona, empresa o entidad. El historial médico de un paciente tiene datos sobre su salud. ※ expediente.

histórico, histórica

adjetivo

1 De la historia o que tiene relación con la historia. La revolución francesa es un acontecimiento histórico muy importante.

2 Se dice de las personas o los acontecimientos que han existido de verdad, en especial cuando aparecen en libros o películas. ※ imaginario.

3 Se dice de los acontecimientos que son tan importantes o extraordinarios que merecen ser recordados. Cuando un equipo de fútbol profesional mete más de diez goles a otro decimos que ha sido una goleada histórica.

historieta

nombre femenino

1 Historia que se cuenta por medio de una serie de dibujos, normalmente para niños y jóvenes.

Los tebeos son revistas de historietas.

hobby

nombre masculino

1 Actividad que se practica en tiempo libre, como la lectura y el deporte. ※ afición.

👁 Es una palabra de origen inglés y se pronuncia: 'jobi'. El plural es: hobbies, y se pronuncia: 'jobis'.

hocico

nombre masculino

1 Parte que sobresale de la cabeza de algunos animales donde están la boca y la nariz. ※ morro.

hockey

nombre masculino

1 Deporte que se practica entre dos equipos, que consiste en meter una pelota pequeña o un disco en la portería del contrario con la ayuda de un bastón. Hay tres tipos de hockey: sobre hierba, sobre hielo y sobre patines.

👁 Es una palabra de origen inglés; se pronuncia: 'jokei'.

hogar

nombre masculino

1 Lugar en el que vive una persona, generalmente con su familia.

hoguera

nombre femenino

1 Fuego que desprende llamas altas, que se hace al aire libre y generalmente con leña. En la noche de San Juan se encienden hogueras muy grandes. ※ fogata.

hoja

nombre femenino

1 Parte de las plantas y los árboles, generalmente verde, que sale del tallo o de las ramas. Las hojas suelen ser planas y delgadas y pueden tener diferentes formas.

2 Parte de la flor que forma la corola. Las hojas de las amapolas son rojas. ※ pétalo.

3 Lámina fina de papel, como las de los libros y los cuadernos.

4 Pieza de metal con un filo que corta, como las hojas de una máquina de afeitar o la hoja de un cuchillo.

5 Parte de las puertas y de las ventanas que se abre y se cierra. Muchas ventanas son de dos hojas.

hojalata

nombre femenino

1 Lámina fina de metal que se utiliza para hacer botes y latas de conserva.

hojaldre

nombre masculino **1** Masa hecha con harina y mantequilla que forma varias capas finas al cocerse en el horno. El hojaldre se usa en pasteles y tartas.

hojarasca

nombre femenino **1** Conjunto de hojas secas que caen de los árboles y cubren el suelo. En otoño, la hojarasca cubre los jardines.

hojear

verbo **1** Pasar rápidamente las hojas de un libro, una revista o alguna otra cosa leyendo sólo algunas líneas para hacerse una idea de cómo es o de qué trata.

hola

interjección **1** Palabra que se usa para saludar: *Hola, ya estoy aquí.*

holandés, holandesa

adjetivo y nombre **1** Se dice de la persona o cosa que es de Holanda, país del norte de Europa.

nombre masculino **2** Lengua hablada en Holanda y el norte de Bélgica. El holandés es una lengua parecida al alemán.

holgado, holgada

adjetivo **1** Se dice de la ropa que es más ancha o grande de lo necesario y no se ajusta al cuerpo. En verano se suele llevar ropa holgada para soportar mejor el calor. ⚔ suelto; amplio. ⚔ estrecho.

2 Se dice de la situación económica de una persona que tiene para vivir sin preocupaciones y con bienestar. ⚔ acomodado.

holgazán, holgazana

adjetivo **1** Se dice de la persona que evita trabajar o estudiar. Los holgazanes intentan no hacer su trabajo. ⚔ gandul; vago. ⚔ trabajador.

hollín

nombre masculino **1** Polvo pegajoso de color negro que deja el humo que sale de un fuego. Las chimeneas suelen estar manchadas de hollín.

hombre

nombre masculino **1** Persona adulta de sexo masculino: *Había un hombre, una mujer y dos niñas.*

2 Ser humano. A veces indica el conjunto de los seres humanos, tanto en singular como en plural: *El hombre debe preservar la naturaleza. Todos los hombres somos iguales.*

3 Forma utilizada para dirigirse a la persona con la que se está hablando, normalmente un amigo, o para llamar su atención: *Sí, hombre, sí, lo que tú digas.*

interjección **4** Expresión que indica sorpresa, extrañeza o disgusto: *¡Hombre, cuánto tiempo sin verte!*

hombre rana Persona equipada con traje de goma, gafas y aletas para bucear.

hombrera

nombre femenino **1** Pieza de espuma que se adapta al hombro. Se usa bajo la ropa para que los hombros parezcan más grandes o, en algunos deportes como el rugby, para protegerlos de golpes.

hombro

nombre masculino **1** Parte del cuerpo humano por donde se une el brazo con la parte superior del tronco y que llega hasta el cuello.

2 Parte de una prenda de vestir que cubre esta parte del cuerpo.

arrimar el hombro Ayudar o colaborar en un trabajo. Si se produce un incendio en un edificio todos los vecinos arriman el hombro para intentar apagarlo.

homenaje

nombre masculino **1** Acto o fiesta que se celebra para demostrar el respeto o la admiración hacia una o varias personas: *Hicieron un homenaje al compañero que se iba.*

homicidio

nombre masculino **1** Delito que consiste en matar a una persona de manera intencionada. El homicidio está castigado con la cárcel.

homófono, homófona

adjetivo y nombre masculino **1** Se dice de la palabra que se pronuncia igual que otra, aunque se escriban diferente. 'Honda', tira de cuero para lanzar piedras, y 'onda', curva, son palabras homófonas.

homógrafo, homógrafa

adjetivo y nombre masculino **1** Se dice de la palabra que se escribe igual que otra pero tiene un significado diferente. 'Americana',

H
h

H h

mujer de América, y 'americana', chaqueta, son palabras homógrafas.

homónimo, homónima

adjetivo y nombre masculino **1** Se dice de la palabra que se escribe o se pronuncia igual que otra, pero que tienen significados diferentes. 'Banco', el lugar donde se tiene el dinero, y 'banco', el asiento, son homónimos. También son homónimos 'basto', grosero o sin acabar, y 'vasto', muy grande.

homosexual

adjetivo y nombre masculino y femenino **1** Que se siente atraída sexualmente por personas de su mismo sexo.

honda

nombre femenino **1** Tira de cuero u otro material que se usa para lanzar piedras a mucha distancia y con gran fuerza.

👁 No lo confundas con 'onda', que significa 'curva'.

hondo, honda

adjetivo **1** Que tiene mucha distancia entre la superficie y la parte que está más adentro. Una piscina de dos metros de profundidad es más honda que otra de metro y medio. **2** Se dice de los sentimientos o las sensaciones que afectan con mucha intensidad a una persona. Una persona que tiene una honda tristeza está muy triste.

hondureño, hondureña

adjetivo y nombre **1** Se dice de la persona o cosa que es de Honduras, país de América Central.

honesto, honesta

adjetivo **1** Se dice de la persona que es honrada. Nos podemos fiar de las personas honestas, porque no nos engañarán ni harán nada que pueda perjudicarnos. ⬚ deshonesto.

hongo

nombre masculino **1** Nombre que se da a los seres vivos que no son animales ni vegetales; viven en la tierra y tienen raíces, como las plantas, pero no tienen clorofila. Algunos hongos son comestibles.

honor

nombre masculino **1** Característica de las personas que se comportan siempre haciendo lo que creen que es más

justo o más adecuado. A una persona que no tiene honor no le importa mentir ni hacer daño a los demás. ⬚ honra. **2** Admiración y buena opinión que alcanza una persona por sus méritos y sus buenas acciones. Algunas personas se preocupan mucho por defender su honor personal o profesional. **3** Aquello que es motivo de orgullo o satisfacción para una persona: *Ha tenido el honor de ser el primero en conocer la noticia.*

nombre masculino plural **4 honores** Demostración pública del respeto o el aprecio a una persona. Cuando llega una personalidad a un país, recibe los honores de las autoridades.

honra

nombre femenino **1** Respeto y buena opinión que tienen los demás de una persona: *Defendió su honra ante quienes le criticaban sin motivo.* ⬚ deshonra. **2** Lo que es motivo de orgullo o satisfacción para una persona: *Para ellos es una honra tener unos hijos tan buenos y estudiosos.*

a mucha honra Expresión con la que se muestra orgullo o satisfacción por algo, en especial si es algo de lo que se ha hablado mal: *Sí señor, soy de pueblo y a mucha honra.*

honras fúnebres Actos o ceremonias que se hacen en honor a una persona muerta.

honradez

nombre femenino **1** Forma de comportarse de las personas honradas. ⬚ honestidad.

honrado, honrada

adjetivo **1** Se dice de la persona que hace siempre lo que cree que es más justo y es incapaz de engañar o robar. Las personas honradas suelen devolver el dinero o las cosas que se encuentran. ⬚ honesto; íntegro. **2** Que se hace o se obtiene sin engaños y siguiendo las leyes: *Este es un negocio honrado.* ⬚ decente.

H h

honrar

verbo **1** Mostrar respeto o admiración por una persona o por su trabajo. Los homenajes se hacen para honrar a las personas que se respetan o se admiran.
2 Hacer que una persona se sienta orgullosa o satisfecha por algo o por alguien: *Tu sinceridad te honra. Hoy nos honra con su presencia el doctor Molina.*

hora

nombre femenino **1** Cada una de las veinticuatro partes en que se divide un día. Una hora tiene sesenta minutos.
2 Momento determinado del día en el que sucede o hacemos algo, como la hora de almorzar, la hora del recreo o la hora de acostarse.
3 Cita que se tiene con algún profesional, como un médico o un abogado: *Mañana tengo hora con el dentista.*
a buenas horas Indica que algo ocurre demasiado tarde o cuando ya no es necesario: *A buenas horas me ofreces tu ayuda, cuando ya he solucionado el problema.*
hora punta Momento del día en el que hay más movimiento de gente y tráfico en una ciudad, porque muchas personas realizan la misma actividad a la vez.
ya era hora Indica que una acción ya tenía que haberse hecho o haber ocurrido: *Ya era hora, creía que no llegarías nunca.*

horario, horaria

adjetivo **1** De la hora o que tiene relación con ella. Al principio del invierno y del verano hay un cambio horario, se adelantan o atrasan una hora los relojes.
nombre masculino **2** Conjunto de horas durante las que se desarrolla una actividad. El horario laboral de algunas empresas es de 8.00 a 15.00.
3 Tabla en la que se indican las horas en las que se realiza una actividad o en que sucede algo. El horario del tren indica cuándo sale de una estación y llega a otra. ✍ 199

horca

nombre femenino **1** Herramienta formada por un palo largo de madera terminado en dos o más puntas largas de madera o de hierro; se utiliza para coger y amontonar la paja y para otros usos agrícolas.
2 Construcción de madera formada por un palo vertical con otro horizontal en su extremo superior y una cuerda atada de este último y terminada en un lazo. Se utilizaba para ejecutar a un condenado a muerte haciéndole pasar la cabeza por el lazo y dejándolo colgado por el cuello.

horchata

nombre femenino **1** Bebida de color blanco hecha con chufas o almendras, agua y azúcar.

horizontal

adjetivo **1** Que sigue la misma línea que el horizonte, que el suelo o que la línea inferior de algo. Las camas están en posición horizontal, mientras que los armarios lo están en vertical.

horizonte

nombre masculino **1** Línea más lejana a la que llega la vista y donde parece que el cielo se junte con la tierra o el mar.

horma

nombre femenino **1** Instrumento que sirve para dar forma a un objeto o a un material que se va a trabajar. Los zapateros utilizan hormas para hacer o para ensanchar los zapatos.

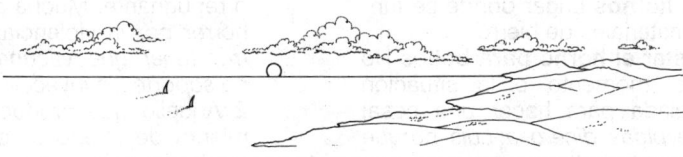

horizonte

H
h

hormiga
nombre femenino

1 Insecto de pequeño tamaño, normalmente de color negro o rojo, que vive en grupos muy amplios y excava galerías en el interior de la tierra, donde pasa el invierno acumulando alimentos.
2 Persona que es muy trabajadora y ahorradora. Se utiliza sobre todo en diminutivo: *Es una hormiguita, ahorra todo lo que puede.*

hormigón
nombre masculino

1 Masa hecha con piedras pequeñas, cemento, agua y arena, que cuando se seca se endurece; se utiliza para construir edificios.

hormiguero
nombre masculino

1 Lugar en el que viven las hormigas. Los hormigueros están formados por agujeros y galerías dentro de la tierra. 🖙 596
2 Lugar en el que hay mucha gente circulando y moviéndose sin orden. Los grandes almacenes son un hormiguero en rebajas.

hornada
nombre femenino

1 Cantidad de pan o de otras cosas que se cuecen en el horno al mismo tiempo. 🖙 593

hornear
verbo

1 Cocer un alimento dentro del horno. Para hacer un pastel hay que preparar una masa y luego hornearla. 🖙 600

horno
nombre masculino

1 Aparato o construcción que consiste en un espacio cerrado en el que se produce calor y que se usa para cocer o calentar materias. Los artesanos también tienen hornos para cocer sus objetos de barro o arcilla. 🖙 793
2 Establecimiento donde se fabrica y se vende pan y otros productos parecidos. ⋙ panadería.
altos hornos Lugar donde se funden materiales de hierro.
no estar el horno para bollos No ser el momento o la situación apropiada para hacer una cosa: *No le pidas dinero a Luis porque se ha enfadado con su jefe y no está el horno para bollos.*

horóscopo
nombre masculino

1 Signo del zodiaco de una persona. El horóscopo de las personas nacidas entre el 21 de junio y el 22 de julio es Cáncer.
2 Aquello que se dice que le va a ocurrir a una persona en el futuro según su signo del zodiaco.

horquilla
nombre femenino

1 Varilla de metal doblada por la mitad que sirve para sujetar el pelo o un peinado.
2 Parte del cuadro de una bicicleta o motocicleta que une el manillar con la rueda delantera.

horrendo, horrenda
adjetivo

1 Que es muy feo o desagradable. Las brujas de los cuentos suelen ser seres horrendos. ⋙ horrible.
2 Que produce horror o mucho miedo o rechazo: *Tuvo una pesadilla horrenda.* ⋙ horrible.
3 Que es muy grande o muy intenso. Si nos pasamos todo un día sin comer, tendremos un hambre horrenda. ⋙ espantoso; horrible.

horrible
adjetivo

1 Que es tan grave o tan repugnante que causa horror o miedo. Las muertes violentas son horribles. ⋙ horrendo.
2 Que es muy feo o muy malo. Un peinado o un coche pueden resultar horribles. ⋙ horrendo.
3 Que es muy grande o muy intenso. En verano hace un calor horrible. ⋙ horrendo.

horripilar
verbo

1 Horrorizar. A mucha gente le horripila la sangre y en cuanto la ven se ponen muy mal. ⋙ espantar.

horror
nombre masculino

1 Sentimiento de miedo o rechazo muy fuerte producido por algo que es o parece muy grave, muy malo o repugnante. Mucha gente siente horror por la violencia: *Le da horror tener que vacunarse porque no soporta las inyecciones.*
2 Aquello que produce un sentimiento de miedo o rechazo muy fuerte: *En la novela se cuentan los horrores de la guerra.*

¡qué horror! Se usa para indicar sorpresa o rechazo: *¡Qué horror, cuánta gente! ¡Qué horror!, hay una rata en mi casa.*

horrorizar
verbo **1** Producir o sentir un miedo o rechazo muy grandes: *Le horroriza viajar en avión, porque le da miedo que se estrelle.* ✖ espantar; horripilar.
👁 Se escribe 'c' delante de 'e', como: horrorice.

horroroso, horrorosa
adjetivo **1** Que causa horror o miedo. Los monstruos y las brujas de los cuentos son horrorosos. ✖ espantoso; horrible.
2 Que es muy feo o muy malo: *No me gustó nada la película, es horrorosa.* ✖ espantoso; horrible.
3 Que es muy intenso o muy grande. En Andalucía hace un calor horroroso durante el verano. ✖ terrible.

hortaliza
nombre femenino **1** Planta comestible que se cultiva en las huertas. Las patatas, lechugas, tomates o judías son hortalizas.

hortelano, hortelana
nombre **1** Persona que tiene una huerta o se dedica a cultivarla.

hortensia
nombre femenino **1** Planta de jardín que tiene una flor muy grande, rosa, azul o blanca, compuesta de pequeñas flores.

hortera
adjetivo **1** Que es o se considera vulgar y de mal gusto aunque pretenda ser elegante.

hospedar
verbo **1** Dar o tomar alojamiento una persona como invitada o como huésped de pago. En vacaciones mucha gente se hospeda en casa de un familiar. ✖ alojar.

hospital
nombre masculino **1** Establecimiento con camas, personas y medios para que los enfermos o heridos reciban atención médica, operarlos o tenerlos ingresados.

hospitalario, hospitalaria
adjetivo **1** Se dice de la persona que recibe o acoge con amabilidad y atenciones a las personas que llegan a su casa, ciudad o país para quedarse temporalmente.
2 Se dice de las cosas que tienen que ver con los hospitales. Los heridos graves en un accidente deben recibir atención hospitalaria.

hospitalidad
nombre femenino **1** Característica de la persona o del lugar que recibe y acoge con amabilidad y atenciones a las personas que llegan a su casa, ciudad o país para quedarse temporalmente.

hostal
nombre masculino **1** Establecimiento con habitaciones que ofrece alojamiento y comida a cambio de dinero; es de categoría inferior a un hotel.

hostia
nombre femenino **1** Trozo plano y redondo de pan que toman los católicos en la comunión y que representa el cuerpo de Jesucristo.
2 Golpe fuerte que se da una persona al caerse o al chocar con algo. Es un uso vulgar. ✖ tortazo.
3 Golpe que una persona da a otra con la mano o con el puño. Es un uso vulgar.

hostil
adjetivo **1** Se dice de la persona o cosa que muestra odio o rechazo o parece enemiga de alguien o algo: *Enseguida notó su actitud hostil, porque no le ayudaba en nada y casi ni le dirigía la palabra.*

hotel
nombre masculino **1** Establecimiento con habitaciones que ofrece alojamiento y comida a cambio de dinero. Los hoteles marcan su categoría con estrellas.

hoy
adverbio **1** En el día en que estamos. Si ayer fue lunes, hoy es martes.
2 En el tiempo o el momento actual: *Hoy tenemos más comodidades que hace unos años.*
hoy en día En la actualidad: *Hoy en día en España mucha gente va a la universidad.*

hoyo
nombre masculino **1** Agujero que hay o se hace en la tierra o en el suelo. Los baches son hoyos que hay en la carretera.

H
h

H

h

hoyuelo
nombre masculino **1** Hoyo que algunas personas tienen en la barbilla o que se les forma en la mejilla cuando se ríen.

hoz
nombre femenino **1** Herramienta agrícola formada por un mango de madera y una hoja curva y cortante; se usa para segar.
nombre masculino **2** Paso estrecho y profundo entre dos montañas.
👁 El plural es: hoces.

hucha
nombre femenino **1** Recipiente con una abertura estrecha y larga en la parte de arriba por donde se echa dinero para ahorrar.

hueco, hueca
adjetivo **1** Que está vacío por dentro. Las figuras de escayola que venden para pintar suelen estar huecas.
2 Que no tiene el contenido o el significado que parece tener. Las palabras huecas en realidad no dicen nada, aunque suenen muy bien.
nombre masculino **3** Abertura o agujero que hay en una superficie: *Lo esconderemos aquí, en este hueco del árbol.*
4 Espacio o tiempo que no está ocupado, que está libre. Si en una clase no hay un hueco libre es que todos los asientos están ocupados.

huelga
nombre femenino **1** Modo de protestar o reclamar algo que tienen los trabajadores, dejando de trabajar durante cierto tiempo.
huelga de hambre Modo de protestar o reclamar algo que tiene una persona, dejando de comer durante cierto tiempo y mostrando la decisión incluso de morir si no se consigue lo que se pretende.

huella
nombre femenino **1** Señal o marca que deja al pisar o tocar algo una persona o un animal. Cuando caminamos por la playa dejamos las huellas de nuestros pies en la arena. ✍ 398, 400
2 Impresión muy fuerte que dura un tiempo en el recuerdo de las personas: *Ese profesor dejó una huella profunda en todos los alumnos con sus clases.*

huérfano, huérfana
nombre y adjetivo **1** Persona que tiene poca edad y no tiene padres porque han muerto, o que ha perdido a su padre o a su madre: *Quedó huérfana de padre a los 6 años.*

huerta
nombre femenino **1** Terreno donde se cultivan verduras, legumbres, árboles frutales y otras plantas. La huerta es más grande que el huerto.
2 Conjunto de tierras que necesitan ser regadas con frecuencia. En el Levante español la huerta proporciona frutos ricos y variados.

huerto
nombre masculino **1** Terreno pequeño, generalmente al lado de una casa, dedicado al cultivo de verduras, legumbres, árboles frutales y otras plantas. Los huertos dan alimentos suficientes para el consumo diario de una familia.

hueso
nombre masculino **1** Cada una de las piezas duras y blanquecinas que sirven para sostener el cuerpo de las personas y de los animales vertebrados. Los huesos forman el esqueleto.
2 Parte dura y redondeada que hay dentro de algunos frutos, como las cerezas y las aceitunas. ✍ 596
nombre masculino y adjetivo **3** Color blanco amarillento, como el de los huesos cuando llevan tiempo separados de la carne o el de los colmillos de un elefante.
adjetivo y nombre masculino **4** Se dice de una cosa o persona muy dura, estricta o antipática. Llamamos huesos a las asignaturas muy difíciles de aprobar.

huésped, huéspeda
nombre **1** Persona que está en una casa como invitado.
nombre masculino **2** Organismo animal o vegetal que tiene un parásito viviendo y alimentándose a sus expensas.

huesudo, huesuda
adjetivo **1** Que está muy delgado y tiene los huesos muy marcados. La cara, el cuerpo y las manos de una persona pueden ser huesudas.

huevera
nombre femenino **1** Recipiente que sirve para guardar o transportar huevos. Las neveras suelen tener huevera. ✍ 793

huevería

nombre femenino   **1** Tienda donde se venden huevos.

huevo

nombre masculino   **1** Cuerpo redondo u ovalado que ponen las hembras de aves, reptiles, peces e insectos y de donde salen las crías. 🖎 599
2 Célula que, en la reproducción sexual, es el resultado de la unión de las dos células reproductoras, una masculina y una femenina.
3 Testículo de los hombres y de los animales machos. Es un uso vulgar. ✖ cojón.

huida

nombre femenino   **1** Acción que consiste en escapar o huir de un lugar. ✖ evasión; fuga.

huir

verbo   **1** Marcharse de un sitio donde se está detenido o en peligro: *Al ver el barco enemigo, huyó.*

huir	
INDICATIVO	**SUBJUNTIVO**
presente	**presente**
huyo	huya
huyes	huyas
huye	huya
huimos	huyamos
huís	huyáis
huyen	huyan
pretérito imperfecto	**pretérito imperfecto**
huía	huyera o huyese
huías	huyeras o huyeses
huía	huyera o huyese
huíamos	huyéramos o huyésemos
huíais	huyerais o huyeseis
huían	huyeran o huyesen
pretérito indefinido	**futuro**
huí	huyere
huiste	huyeres
huyó	huyere
huimos	huyéremos
huisteis	huyereis
huyeron	huyeren
futuro	**IMPERATIVO**
huiré	
huirás	huye (tú)
huirá	huya (usted)
huiremos	huid (vosotros)
huiréis	huyan (ustedes)
huirán	
condicional	**FORMAS NO PERSONALES**
huiría	
huirías	**infinitivo** **gerundio**
huiría	huir huyendo
huiríamos	**participio**
huiríais	huido
huirían	

2 Evitar relacionarse o hablar con una persona o evitar una cosa. La gente vaga suele huir del trabajo; después de una riña muy fuerte las personas se huyen.

hule

nombre masculino   **1** Tela que tiene un lado cubierto de una capa de plástico o de pintura impermeable. Mucha gente pone un hule debajo del mantel para proteger la mesa de manchas.

humanidad

nombre femenino   **1** Conjunto de todos los seres humanos. Los problemas del medio ambiente afectan a toda la humanidad.
2 Conjunto de las características del ser humano, en especial las que tienen que ver con la compasión y el amor hacia los demás. Las personas que trabajan ayudando a los pobres y los enfermos muestran gran humanidad.

nombre femenino plural   **3 humanidades** Conjunto de los estudios y carreras dedicadas al arte, la filosofía, la historia, la lengua, la literatura, la psicología y otras ciencias. ✖ letras.

humanitario, humanitaria

adjetivo   **1** Se dice de las personas que se preocupan por el bienestar de los demás, en especial de los más pobres o necesitados; también son humanitarias las acciones que se hacen para ayudar a los más necesitados, como enviar alimentos y medicinas a un país muy pobre.

humano, humana

adjetivo   **1** Que es propio del hombre o que tiene relación con él. La inteligencia es una facultad humana.
2 Que es bueno y comprensivo con los demás, en especial con los que sufren por algo. Un trato humano es un trato amable y respetuoso.

nombre masculino   **3** Individuo perteneciente a la especie de los hombres. Los humanos son las personas.

humareda

nombre femenino   **1** Gran cantidad de humo. Cuando hay muchas personas fumando en un sitio cerrado se produce una gran humareda.

H h

H
h

humedad

nombre femenino

1 Cantidad de agua o de vapor de agua que contiene una cosa. En los días de lluvia se nota mucha humedad en el aire.

humedecer

verbo

1 Mojar un poco una cosa. Cuando tenemos los labios secos nos los humedecemos con la lengua.

👁 Se conjuga como: agradecer; la 'c' se convierte en 'zc' delante de 'a' y 'o', como: humedezco.

húmedo, húmeda

adjetivo

1 Que está un poco mojado. Algunas prendas de vestir se planchan mejor si están un poco húmedas.

2 Se dice del clima, región o país que recibe abundantes lluvias. El norte de España es más húmedo que el sur. ✕✕ seco.

humildad

nombre femenino

1 Forma de ser de una persona humilde.

humilde

adjetivo

1 Que no se cree superior a los demás y quita importancia a las cosas buenas que hace o a lo que es. Una persona humilde suele reconocer sus errores y defectos.

2 Que tiene poco dinero: *Van a dar una ayuda económica a las familias humildes de ese barrio.*

humillación

nombre femenino

1 Lo que se siente cuando una persona es despreciada o ridiculizada delante de los demás: *Qué humillación que se rieran de su caída.*

humillar

verbo

1 Despreciar o ridiculizar a una persona en público y hacer que sienta vergüenza.

humor

nombre masculino

1 Estado de ánimo o manera de tomarse las cosas que tiene una persona. Si no estamos de humor para hacer una cosa, no nos sentimos con ganas de hacerla; las personas que tienen buen humor suelen ser muy simpáticas.

2 Característica de las personas que ven siempre el lado divertido y alegre de las cosas o las situaciones. Los humoristas suelen tener mucho humor.

humor negro Diversión producida por algún hecho o situación que normalmente debería producir pena o miedo. En las películas de humor negro los muertos nos hacen reír.

humorista

nombre masculino y femenino

1 Persona que se dedica como profesión a divertir y hacer reír al público, normalmente contando chistes.

humo

nombre masculino

1 Conjunto de gases y polvo que sale de una cosa que se está quemando. Cuando hay un incendio desde lejos se ve el humo; la contaminación de las ciudades se debe al humo que echan fábricas y coches.

2 Vapor que sale de un líquido o de un cuerpo húmedo cuando está muy caliente. Los alimentos recién sacados del fuego echan humo.

nombre masculino plural

3 humos Orgullo que tiene una persona que se cree mejor que las demás: *Tiene muchos humos porque su padre es el presidente de una gran empresa.*

hundido, hundida

adjetivo

1 Se dice de las personas que están muy tristes o preocupadas. Cuando estamos hundidos necesitamos apoyo y cariño de los demás para superar ese estado.

hundimiento

nombre masculino

1 Acción en la que un barco se hunde en el agua: *Uno de los hundimientos de barcos más famosos de la historia es el del 'Titanic'.*

hundir

verbo

1 Meter o irse hacia abajo una cosa en algo líquido o sólido. Si un barco se hunde en el mar desaparece bajo el agua; cuando caminamos por la playa hundimos los pies en la arena.

2 Hacer caer un edificio o construcción. Para hacer obras nuevas a veces hay que hundir edificios. ✕✕ derrumbar.

3 Meter una superficie hacia den-

tro al golpearla o hacer presión. En un choque frontal entre dos coches se hunden los parachoques.
4 Arruinar o destruir algo o a alguien. *Una mala dirección en una empresa puede hacer que ésta se hunda.*
5 hundirse Estar una persona muy triste y desanimada a causa de un disgusto o un problema y resultarle difícil recuperarse: *Se hundió cuando se le quemó toda la casa y todavía no se ha repuesto.* ※※ derrumbarse.

húngaro, húngara
adjetivo y nombre
1 Se dice de la persona o cosa que es de Hungría, país del centro de Europa.
nombre masculino
2 Lengua hablada en Hungría.

huracán
nombre masculino
1 Viento muy fuerte, generalmente acompañado de lluvias o marejadas, que avanza girando sobre sí mismo de forma muy rápida. Los huracanes suelen producirse en el Caribe y el golfo de México.
👁 El plural es: huracanes.

huracanado, huracanada
adjetivo
1 Se dice del viento que sopla tan fuerte que casi parece un huracán.

huraño, huraña
adjetivo
1 Se dice de las personas que evitan el trato, la relación o la conversación con otras personas. Hay también animales huraños que no dejan que se los acaricie.

hurgar
verbo
1 Tocar con los dedos o con un instrumento en un mismo sitio hueco de forma repetida. *Hurgarse la nariz es muy feo; si hurgamos una herida podemos hacer que se infecte.*
2 Mirar, revolver o meterse en las cosas privadas de otra persona sin su permiso. *No hay que hurgar en los cajones de nadie.*
👁 Se escribe 'gu' delante de 'e', como: hurgué.

hurón
nombre masculino
1 Mamífero pequeño, con el cuerpo largo y delgado, la cabeza pequeña y las patas cortas. Es parecido a la comadreja.
👁 El plural es: hurones.

hurtar
verbo
1 Robar una cosa de forma disimulada y sin ninguna violencia, generalmente una cosa pequeña y de poco valor: *Lo cogieron por hurtar en los grandes almacenes.*

husmear
verbo
1 Buscar algo sirviéndose del olfato. *Los perros de la policía están preparados para husmear la droga.*
2 Intentar conseguir información de manera disimulada: *Un periodista husmeaba con su cámara alrededor de la casa.*

H

h

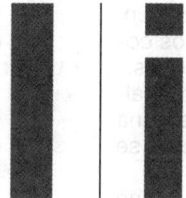

I i

i

nombre femenino

1 Novena letra del alfabeto español. La 'i' es una vocal.

👁 El plural es: íes o is.

iberoamericano, iberoamericana

adjetivo y nombre

1 Se dice de la persona o cosa que es de Iberoamérica, conjunto de países americanos que fueron colonizados por España o Portugal. ✖ latinoamericano.

ibicenco, ibicenca

adjetivo y nombre

1 Se dice de la persona o cosa que es de Ibiza, isla de las Baleares.

iceberg

nombre masculino

1 Bloque grande de hielo, desprendido de un glaciar, que flota en el mar arrastrado por las corrientes. Desde la superficie del mar sólo se ve la punta del iceberg.

👁 El plural es: icebergs.

icono

nombre masculino

1 Signo que representa una cosa por medio de un dibujo muy parecido a lo que representa. Una figura humana en la puerta de un baño es un icono. ✍ 396, 398

ida

nombre femenino

1 Acción que consiste en ir o dirigirse hacia un lugar. Los billetes de tren y de avión pueden ser sólo de ida o de ida y vuelta.

idea

nombre femenino

1 Representación o imagen que una persona forma en su mente de un objeto, de una persona o de cualquier cosa: *Tenía una idea distinta de cómo sería, lo imaginaba más amable.* ✖ concepto.

2 Plan o proyecto que una persona tiene en la mente para hacer una cosa: *Tiene grandes ideas para hacer negocios.*

3 Intención o propósito que tiene una persona de hacer una cosa. Cuando se decide hacer una cosa con mucho entusiasmo es difícil cambiar de idea.

4 Opinión o juicio que una persona tiene acerca de otra persona o de una cosa. Algunas personas tienen una idea equivocada de otras porque no las conocen bien.

nombre femenino plural

5 ideas Punto de vista o manera de pensar que una persona tiene sobre asuntos políticos, morales o religiosos. Algunos hijos piensan que sus padres tienen unas ideas un poco anticuadas porque no les permiten hacer ciertas cosas.

dar idea de Servir una cosa para conocer o comprender de forma general otra. Mirar por la ventana puede darnos una idea de la temperatura que hace en el exterior.

hacerse una idea de Comprender o conocer una cosa de forma general y sin profundidad. Nos podemos hacer una idea de lo que le pasa a una persona si nos lo explica un poco.

no tener ni idea No saber una persona una cosa o no saber absolutamente nada sobre un tema o un asunto: *No tengo ni idea de dónde he dejado las llaves.*

ideal

adjetivo

1 Se dice de lo que es perfecto, de lo que no puede ser mejor de lo que es, aunque puede ser sólo una idea y no una realidad. La gente espera encontrar su pareja ideal con quien compartir su vida y ser feliz; en una sociedad ideal no habría nunca guerras ni hambre ni otras penalidades.

nombre masculino **2** Modelo de perfección o representación perfecta de cómo tendría que ser una cosa. Algunas personas cuidan mucho su cuerpo porque siguen un ideal de belleza.

nombre masculino plural **3 ideales** Conjunto de ideas que una persona tiene y defiende sobre temas políticos, morales o religiosos. Muchas personas han muerto luchando por unos ideales.

idealista

adjetivo y nombre **1** Se dice de la persona que defiende y persigue sus ideales aunque sean difíciles o imposibles de conseguir.

idear

verbo **1** Pensar o formar en la mente una idea para hacer una cosa. Los inventores idean aparatos muy útiles y prácticos.

ídem

pronombre **1** Lo mismo. Se usa para no repetir lo que se ha dicho antes. También se dice 'ídem de ídem' con el mismo significado: *Ayer comí macarrones y hoy ídem de ídem.*

idéntico, idéntica

adjetivo **1** Que es exactamente igual o muy parecido. A dos hermanos gemelos es muy difícil distinguirlos porque son idénticos. ✂ distinto.

identidad

nombre femenino **1** Conjunto de características propias de una persona o cosa que la distinguen de las demás. En las aduanas la policía comprueba nuestra identidad a partir de algún documento, como el pasaporte.

identificar

verbo **1** Reconocer y asegurar que una cosa o una persona es la que se busca o se cree que es. Los testigos tienen que identificar a los acusados en los juicios.
2 Considerar que dos cosas son iguales. Hay personas que identifican el dinero con la felicidad, pero no todos los ricos son felices.
3 identificarse Dar una persona su nombre y sus datos personales para que pueda ser reconocido. Si

un policía o un guardia nos pide que nos identifiquemos, le enseñamos el carné de identidad.
4 identificarse Estar de acuerdo con unas ideas o unas personas: *Yo me identifico con los ecologistas porque creo que hay que defender y cuidar el medio ambiente.* 👁 Se escribe 'qu' delante de 'e', como: identifique.

ideología

nombre femenino **1** Conjunto de ideas que defiende una persona, un grupo de personas o una doctrina por considerar que son las más acertadas. La mayoría de los partidos políticos siguen una ideología determinada.

idioma

nombre masculino **1** Lengua que se habla en un país o en un lugar. El español, el vasco y el chino son idiomas.

idiota

adjetivo y nombre masculino y femenino **1** Se dice como insulto a la persona que es o consideramos muy poco inteligente. Algunas personas lo aplican con enfado a otra persona que les está molestando mucho. Es un uso informal.
2 Se dice de la persona que padece un retraso mental muy grande. Se considera idiotas a las personas con un desarrollo físico normal, pero con una edad mental inferior a los tres años.

idiotez

nombre femenino **1** Característica de la persona que es muy poco inteligente y molesta mucho a los demás con las tonterías que dice o hace.
2 Cosa extremadamente absurda o estúpida que hace o dice una persona: *¡La Tierra es plana!, mira que dices idioteces.* ✂ estupidez. 👁 El plural es: idioteces.

ídolo

nombre masculino **1** Imagen o figura a la que se adora como si fuera un dios: *Aquella tribu adoraba a un ídolo de barro que había en la plaza del poblado.*
2 Persona por la que se siente mucha admiración, respeto y cariño. Algunos deportistas se convierten en ídolos para la gente.

idóneo, idónea

adjetivo **1** Se dice de las cosas o las personas que son las más útiles o las mejores para un fin determinado. La playa es el lugar idóneo para bañarse y tomar el sol; la persona idónea para un puesto de trabajo es la que puede hacerlo mejor.

iglesia

nombre femenino **1** Edificio donde una comunidad cristiana se reúne para rezar, oír misa o realizar ceremonias religiosas.
2 Conjunto de personas que tienen una misma religión. El máximo representante de la Iglesia católica es el Papa de Roma. Con este significado se escribe con mayúscula.

iglú

nombre masculino **1** Casa de los esquimales construida con bloques de hielo, en forma de media esfera y con un sola entrada pequeña.
👁 El plural más usado es 'iglús', pero también puede ser 'iglúes'.

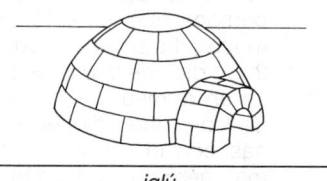

iglú

ignorancia

nombre femenino **1** Falta de los conocimientos, la cultura o la formación que se consideran elementales o indispensables. Algunas personas viven en una completa ignorancia y no se preocupan por conocer las cosas que suceden en el país.

ignorante

adjetivo y nombre masculino y femenino **1** Se dice de la persona que carece de los conocimientos, la cultura o la formación que se consideran elementales o indispensables: *No seas ignorante, piensa un poco y verás cómo sí sabes la respuesta correcta.*

ignorar

verbo **1** No saber o desconocer una persona cierta cosa. Se ignora lo que ha pasado en un lugar cuando no se tiene ninguna noticia de ello.
2 Fingir una persona que no se da cuenta de otra persona o de lo que le dicen. Se ignora a una persona cuando se actúa ante ella como si no existiera, sin hacerle ningún caso.

igual

adjetivo **1** Se dice de la persona, animal o cosa que es muy parecida o tiene las mismas características que otra. Todas las personas son iguales ante la ley y no debe haber ningún tipo de discriminación: *Corta el pastel, pero procura hacer todos los trozos iguales.* ✗ diferente.

nombre masculino **2** En matemáticas, signo de la igualdad o equivalencia exacta de dos cantidades que se representa por dos rayas. Su signo es '='.

adverbio **3** Indica que algo tiene o ha tenido todas las posibilidades de ocurrir: *Igual te podías haber roto una pierna. No te hagas ilusiones porque igual no viene.*
4 De la misma manera o del mismo modo: *Este chico habla igual que su padre.*
dar igual Ser indiferente, dar lo mismo: *Le da igual lo que digas, hará lo que quiera.*

igualar

verbo **1** Hacer iguales en cualquier aspecto a dos o más personas o cosas: *El gobierno realiza un gran esfuerzo para igualar el nivel de vida de los ciudadanos.*
2 Alisar una superficie o quitar las irregularidades del borde de algo para ponerlo al mismo nivel: *Alisa la madera con la lija.*

igualdad

nombre femenino **1** Circunstancia de ser iguales dos o más personas o cosas. La Constitución defiende la igualdad de derechos de todos los españoles. ✗ desigualdad.

ilegal

adjetivo **1** Se dice de las cosas que están o se realizan en contra de la ley. Traficar con drogas es ilegal.

ilegible

adjetivo **1** Que no se puede leer porque no se ve bien la letra o porque está muy mal escrito.

ileso, ilesa

adjetivo **1** Se dice de la persona o animal que no ha sufrido ningún daño o lesión en una situación de peligro: *Salió ilesa de un accidente.*

iluminación

nombre femenino **1** Conjunto de luces que iluminan un lugar o que se ponen como decoración, por ejemplo durante las fiestas de Navidad o las verbenas. ※ alumbrado.
2 Cantidad de luz artificial o natural que hay en un edificio, sala u otro lugar. *La iluminación de las bibliotecas debe ser suficiente para poder leer sin dificultad.*

iluminar

verbo **1** Dar luz sobre algo o alguien. *El Sol ilumina la Tierra.*
2 Adornar con luces un objeto o lugar: *Iluminan la iglesia y el castillo durante las fiestas patronales.*

ilusión

nombre femenino **1** Sentimiento de alegría y satisfacción al conseguir algo que se espera o se desea: *¡Qué ilusión verte!*
2 Esperanza o deseo difícil de cumplir: *La ilusión de su vida es hacer un viaje a Australia.*
3 Falsa imagen de algo producida por la imaginación o los sentidos: *Los magos utilizan la ilusión en algunos de sus trucos para hacernos creer cosas que no son verdad.*
hacerse ilusiones Creer, sin tener ninguna razón para ello, que se va a conseguir algo: *No te hagas ilusiones, que no te llamará.*
👁 El plural es: ilusiones.

ilusionar

verbo **1** Hacer que alguien tenga una ilusión o esperanza en conseguir algo: *Me ilusiona pensar que pasaremos juntos la vacaciones.*

ilusionista

nombre masculino y femenino **1** Persona que hace juegos de manos y trucos de magia. ※ mago; prestidigitador.

iluso, ilusa

adjetivo y nombre **1** Que se cree fácilmente cosas que son falsas.
2 Que se hace ilusiones sin fundamento.

ilustración

nombre femenino **1** Dibujo o fotografía que hay en un libro, revista u otra publicación.
👁 El plural es: ilustraciones.

ilustrar

verbo **1** Poner dibujos o fotografías en un libro, revista u otra publicación.
2 Explicar una cosa o aclarar un asunto con comentarios, imágenes o ejemplos.

ilustre

adjetivo **1** Se dice de una persona que destaca por su actividad o sus virtudes, especialmente artistas o científicos muy reconocidos. *Las ciudades dedican calles a personas ilustres.*

imagen

nombre femenino **1** Representación de algo o alguien en un dibujo o en una escultura. *La imagen de Jesucristo está representada en muchos cuadros y figuras.*
2 Figura que se ve reflejada en un espejo o en una pantalla. *Cuando nos miramos al espejo vemos nuestra imagen reflejada en él.*
3 Representación de una idea por medio de palabras. *'Tus ojos son dos esmeraldas' es una imagen poética en la que se compara el color verde de la esmeralda con el color de los ojos de una persona.*
4 Conjunto de rasgos que se ven de una persona y hacen que la gente tenga de ella una idea determinada: *Tiene muy buena imagen entre sus alumnos.*
👁 El plural es: imágenes.

imaginación

nombre femenino **1** Capacidad que tienen las personas para inventar historias y cosas. *Los escritores suelen tener mucha imaginación.*
2 Capacidad que tiene una persona para representarse imágenes en la mente: *Tengo muy poca imaginación pues no soy capaz de imaginarme lo que me describes.*

i

3 Cosa o idea que una persona imagina pero no es verdad: *Hoy me ha parecido ver a Irene, pero han sido imaginaciones mías porque sé que no está en la ciudad.*
👁 El plural es: imaginaciones.

imaginar
verbo **1** Crear en la mente la imagen de algo que no existe o no está presente: *Me estoy imaginando cómo podría quedar la clase pintada de verde.*
2 Creer o pensar algo, pero no saber con seguridad si es cierto: *Imagino que tu hijo ya habrá acabado el colegio, ¿no?*

imaginario, imaginaria
adjetivo **1** Que no es real, sino que existe sólo en la imaginación de una persona. Los monstruos y las brujas son seres imaginarios que aparecen en los cuentos infantiles.

imán
nombre masculino **1** Mineral o pieza de metal que tiene la propiedad de atraer al hierro u otros metales.
👁 El plural es: imanes.

imbécil
adjetivo y nombre masculino y femenino **1** Se dice como insulto a la persona que es o consideramos muy poco inteligente o que está molestando mucho. Es una palabra informal. ✖ idiota.

imitación
nombre femenino **1** Cosa falsa que se parece mucho a una verdadera a la que imita: *Este cuadro es una imitación.* ✖ copia.
2 Acción que consiste en hacer lo mismo que hace una persona o un animal determinado. Los humoristas hacen imitaciones de personajes famosos para hacer reír.
👁 El plural es: imitaciones.

imitar
verbo **1** Hacer lo mismo que hace una persona o un animal: *Imita muy bien a su abuelo.*
2 Ser una cosa muy parecida a otra de la que reproduce sus características principales: *Es una tela que imita piel.*

impacientarse
verbo **1** Ponerse nerviosa una persona porque no puede soportar seguir esperando a que se produzca algo que espera desde hace tiempo. Cuando alguien con quien hemos quedado se retrasa una hora, nos impacientamos.

impaciente
adjetivo **1** Se dice de la persona que no tiene paciencia para estar esperando que suceda algo: *No seas impaciente, enseguida salimos.*

impacto
nombre masculino **1** Choque fuerte de una cosa contra otra. Los misiles hacen explosión en el momento del impacto contra el objetivo.
2 Señal o agujero que dejan las balas en un cuerpo o un lugar.
3 Sentimiento que produce algo que nos ha impresionado mucho: *La mala noticia fue un impacto para ella.* ✖ conmoción.

impar
adjetivo y nombre masculino **1** Se dice del número que no se puede dividir exactamente por 2. Todos los números terminados en 1, 3, 5, 7 y 9 son impares. ✖ non. ✖ par.

imparcial
adjetivo **1** Se dice de la persona que cuando juzga algo o toma parte en algún asunto o decisión que afecta a otra persona no se deja llevar por sus preferencias. Los jueces son imparciales al aplicar la ley.

impasible
adjetivo **1** Se dice de la persona que no demuestra ninguna emoción ante algo que normalmente debería producir alguna reacción. Es difícil quedarse impasible ante el hambre en el Tercer Mundo.

impecable
adjetivo **1** Se dice de las cosas que no tienen ningún fallo o mancha. Un examen impecable merece un sobresaliente. ✖ perfecto.

impedir
verbo **1** Hacer muy difícil o imposible que algo ocurra. La lluvia fuerte puede impedir que se juegue un partido de fútbol.
👁 Se conjuga como: servir; la 'e' se convierte en 'i' en algunos

tiempos y personas, como: impidamos.

impensable

adjetivo **1** Se dice de la cosa que no se cree que sea posible que suceda o que sea llevada a cabo. Es impensable que una persona honrada coja algo que no es suyo.

impepinable

adjetivo **1** Que no se puede evitar que ocurra o que sea como es, que es seguro e indudable. El paso del tiempo es impepinable. Es un uso informal. ⚇ inevitable.

imperativo, imperativa

adjetivo **1** Que manda o expresa una orden. 'Ven aquí ahora mismo' es una frase imperativa.

nombre masculino **2** Modo verbal que se utiliza para expresar órdenes. 'Sal' y 'salid' son formas del imperativo del verbo 'salir'.

imperceptible

adjetivo **1** Que no se puede notar o que apenas se percibe. Para el oído del hombre, algunos sonidos que oyen los perros son imperceptibles.

imperdible

nombre masculino **1** Objeto de metal que se fija en una prenda de ropa para unir dos trozos de tela o como adorno. El imperdible es un alfiler doblado sobre sí mismo de manera que la punta se recoge en una pequeña pieza que impide que se abra.

imperfección

nombre femenino **1** Aquello que hace que una cosa sea imperfecta. Un jarrón de porcelana tiene imperfecciones cuando tiene alguna rotura. ⚇ deficiencia. ⚇ perfección.

👁 El plural es: imperfecciones.

imperfectivo, imperfectiva

adjetivo y nombre masculino **1** Se dice de las formas verbales que expresan que la acción se da como no terminada o incompleta. En 'Comía cuando llamó', 'comía' es una forma imperfectiva porque presenta la acción en desarrollo. El imperfectivo es un aspecto del verbo.

imperfecto, imperfecta

adjetivo **1** Que tiene algún defecto que hace que no sea perfecto. ⚇ perfecto.

adjetivo y nombre masculino **2** Se dice del tiempo verbal que expresa una acción mientras ocurría en el pasado. 'Amaba' es una forma del pretérito imperfecto de indicativo del verbo 'amar'.

3 Imperfectivo.

imperio

nombre masculino **1** Organización política en la que un Estado, gobernado por un emperador que tiene todo el poder, domina a otros países.

2 Conjunto de territorios que están bajo la autoridad o el poder de un emperador: *Las invasiones de los pueblos bárbaros acabaron con el poderoso Imperio romano.*

impermeable

nombre masculino **1** Prenda de vestir de tela fina que no deja pasar el agua y sirve para protegerse de la lluvia. El impermeable va abierto por delante, tiene manga larga y suele cubrir todo el cuerpo hasta las rodillas.

adjetivo **2** Se dice del material o la superficie que no deja pasar el agua ni ningún otro líquido.

impersonal

adjetivo **1** Se dice de las cosas que no muestran la personalidad o la manera de ser o de ver el mundo de la persona que las hace o las dice. Una casa es muy impersonal cuando en la decoración no se ve ningún detalle de los propietarios, ni fotos, ni recuerdos de ningún tipo.

2 Que no hace referencia a ninguna persona en concreto. Una riña en estilo impersonal va dirigida a todos en general.

3 Se dice del verbo que no lleva sujeto, como 'llover' y 'nevar'.

impertinente

adjetivo y nombre masculino y femenino **1** Se dice de la persona que dice o hace cosas que molestan a los demás por resultar pesadas o poco adecuadas: *¡Qué impertinente!, no paró de hacerme preguntas indiscretas en toda la noche.*

ímpetu

nombre masculino **1** Fuerza o energía grande con que se hace o sucede algo: *Si no empujas con ímpetu, no podrás moverlo.*

implicar

verbo **1** Tener una cosa como consecuencia inevitable lo que se dice a continuación. Una herida profunda suele implicar dolor.

2 Hacer una persona que alguien participe con ella en un asunto, generalmente negativo, o decir que lo ha hecho: *No me impliques en tus líos.*

👁 Se escribe 'qu' delante de 'e', como: impliquen.

implorar

verbo **1** Pedir una cosa con mucha fuerza y mucho sentimiento, tratando de provocar compasión en los demás: *Me imploró llorando que le dejara salir y no pude negarme.*

imponente

adjetivo **1** Que impresiona y provoca respeto, admiración o miedo por estar muy bien arreglado o ser muy grande o muy bonito. Se suele decir de un paisaje precioso o una persona muy guapa que son imponentes.

imponer

verbo **1** Obligar a alguien a hacer una cosa o a seguir unas normas. Cuando alguien impone un castigo a otra persona, le obliga a cumplirlo: *Se ha impuesto leer un poco cada día antes de dormir.*

2 Provocar una persona respeto o miedo a los demás. Los profesores serios imponen mucho a los alumnos.

3 Darle a alguien lo que le toca o le corresponde. A los ganadores de una carrera les imponen la medalla de oro.

4 imponerse Superar o ponerse por delante de los demás: *Pablo se impuso a sus compañeros y ganó la carrera.*

5 imponerse Hacerse general una moda o una costumbre. Las autoridades hacen campañas publicitarias para que se imponga el uso del casco en las motos.

👁 Se conjuga como: poner.

importación

nombre femenino **1** Compra de productos comerciales a otros países. También son importaciones los productos que se compran al extranjero: *La importación de petróleo supone un gasto importante para la economía española.* ✕ exportación.

👁 El plural es: importaciones.

importancia

nombre femenino **1** Valor o interés que tiene una persona o una cosa: *El descubrimiento de la penicilina fue un hecho de gran importancia para la humanidad.*

darse importancia Presumir mucho una persona de algo: *Desde que le han ascendido se da mucha importancia.*

importante

adjetivo **1** Que tiene importancia o interés. Los políticos son gente importante porque pueden influir mucho en las cosas que ocurren en un país: *Es importante que apruebes todo en junio.*

importar

verbo **1** Tener importancia o interés para alguien una persona o una cosa. Nos importa mucho lo que les pase a las personas que queremos. Cuando una cosa no nos importa no nos preocupamos por ella. ✕ interesar; afectar.

2 Comprar un país productos comerciales a otros países. Los países importan lo que no pueden producir ellos mismos. ✕ exportar.

importe

nombre masculino **1** Cantidad de dinero que se debe pagar por una cosa. Cuando nos arreglan el televisor pagamos el importe de la factura.

imposible

adjetivo **1** Se dice de las cosas que no se pueden realizar o conseguir, o que no es posible que sucedan. Es imposible vivir sin agua.

adjetivo y nombre masculino **2** Se dice de las cosas que son muy difíciles de hacer o de conseguir: *Es imposible abrir este bote. Me pides un imposible, no creo que pueda ayudarte en eso.*

impostor, impostora

adjetivo y nombre **1** Se dice de la persona que se hace pasar por otra persona o por lo que no es para engañar a los demás: *Es un impostor, decía que era médico y en realidad no lo es.*

impotente

adjetivo **1** Se dice de la persona que se ve sin fuerzas ni posibilidades de hacer algo que quisiera hacer. Cuando hay un incendio y no se puede parar el avance del fuego las personas se ven impotentes.

adjetivo y nombre masculino **2** Se dice del hombre que por algún tipo de problema no puede realizar el acto sexual.

impreciso, imprecisa

adjetivo **1** Que no es preciso o exacto. Decir que dentro de unos días vendrá alguien a casa es una forma imprecisa de hablar porque no se sabe quién vendrá ni cuándo. ✂ preciso.

impregnar

verbo **1** Mojar una tela, algodón o esponja hasta que no admite más líquido. Para desinfectar una herida impregnamos una gasa o un algodón con alcohol.

imprenta

nombre femenino **1** Técnica de imprimir textos escritos o dibujos sobre el papel. La invención de la imprenta facilitó la difusión de la cultura.
2 Taller donde se imprimen libros, revistas o dibujos.

imprescindible

adjetivo **1** Se dice de la persona o la cosa sin la cual no se puede hacer algo. Para ejercer de médico es imprescindible haber estudiado medicina. ✂ indispensable; necesario.

impresión

nombre femenino **1** Acción que consiste en imprimir un libro, un periódico u otra cosa. Cuando un libro se agota hay que hacer una segunda impresión.
2 Efecto muy fuerte que produce en el estado de ánimo una cosa, una persona o un suceso: *Verlo en el hospital me causó mucha impresión.*
3 Opinión o primera idea que nos formamos sobre una persona o una cosa. Una persona bien aseada, amable y simpática nos da buena impresión al conocerla.

tener la impresión Formarse una idea o una opinión supuesta sobre una cosa sin tener la total seguridad de ella. Tenemos la impresión de que va a llover cuando el cielo se llena de nubes.
👁 El plural es: impresiones.

impresionante

adjetivo **1** Se dice de la persona o de la cosa que causan una fuerte impresión o provocan admiración porque se salen de lo normal. Los pilotos de motociclismo corren a una velocidad impresionante.
2 Que es muy grande o muy intenso: *Tengo un frío impresionante, estoy congelado.*

impresionar

verbo **1** Causar una persona o una cosa una fuerte impresión a alguien. A la mayoría de los niños les impresiona el circo.

impreso, impresa

participio **1** Participio irregular de: imprimir. También se usa como adjetivo: *Este diccionario ha sido impreso en Barcelona. Todavía no están impresas las papeletas de la rifa.*

nombre masculino **2** Hoja o conjunto de hojas escritas o ilustradas utilizando la imprenta u otras técnicas de impresión. Un impreso puede ser un libro o cualquier otra publicación.
3 Hoja con una serie de cuestiones que el interesado tiene que rellenar. Para pedir una beca o hacer la matrícula en el colegio hay que rellenar un impreso.

impresora

nombre femenino **1** Máquina que, conectada a un ordenador, imprime información sobre papel. ✍ 396

imprevisto, imprevista

adjetivo y nombre masculino **1** Se dice de las cosas que se hacen o suceden sin que hayan sido previstas o planeadas: *Le ha surgido un imprevisto y hoy no podrá venir.*

imprimir

verbo **1** Reproducir en papel un texto o una fotografía con la ayuda de la máquina o el aparato adecuados. Imprimimos lo que escribimos en un ordenador metiendo una hoja de papel en la impresora.

👁 Tiene dos participios: imprimido e impreso.

impropio, impropia

adjetivo **1** Se dice de los comportamientos que no son los usuales o normales en una persona. La mentira y el engaño son impropios de la gente sincera.

improvisar

verbo **1** Decir o hacer una cosa en el mismo momento en que se piensa, sin haberla preparado antes. Los actores de teatro tienen que improvisar las palabras cuando se olvidan del texto.

improviso

de improviso De forma inesperada, sin avisar. Si alguien va a visitar a una persona de improviso, le da una sorpresa.

imprudencia

nombre femenino **1** Acción que se realiza sin reflexión y que supone un serio peligro. Cruzar la calle sin mirar a los dos lados es una imprudencia porque nos puede atropellar un coche.

imprudente

adjetivo y nombre masculino y femenino **1** Que actúa sin cuidado y sin tener en cuenta el peligro de lo que hace: No seas imprudente y guarda bien todo ese dinero. 🔀 alocado. 🔀 prudente.

impuesto

nombre masculino **1** Cantidad de dinero que pagan los ciudadanos al Estado o al Ayuntamiento para que puedan afrontar los gastos de la comunidad. Con el dinero de los impuestos se hacen y mantienen colegios públicos, carreteras, hospitales y muchas otras cosas.

impulsar

verbo **1** Hacer que algo tenga movimiento, desplazándolo del lugar en que estaba. Impulsamos un columpio dándole un empujón. Algunos vehículos se impulsan mediante mecanismos de propulsión.

2 Ser una cosa la causa o la finalidad que llevan a una persona a realizar determinada acción. El deseo de tener mucho dinero impulsa a algunas personas a trabajar duro.

3 Hacer que algo cobre fuerza o se desarrolle con mayor intensidad: Están tratando de impulsar el turismo de la zona haciendo campañas publicitarias.

impulsivo, impulsiva

adjetivo **1** Se dice de la persona que se deja llevar por el impulso de sus sentimientos, sin reflexionar sobre lo que hace.

impulso

nombre masculino **1** Acción de impulsar o mover algo. Se da impulso a una barca con los remos.

2 Acción que alguien o algo ejerce sobre una cosa para que sea mejor, más activa o se desarrolle: La empresa necesita un impulso para ganar clientes.

3 Sentimiento repentino que lleva a una persona a hacer una cosa sin reflexionar: Sentí el impulso de abrazarlo, pero me contuve.

impuro, impura

adjetivo **1** Se dice de las cosas que no están limpias o puras. El aire contaminado es impuro. 🔀 sucio.

inaceptable

adjetivo **1** Que no se puede aceptar o dar por bueno. Llegar a una cita una hora tarde sin ningún motivo es inaceptable. 🔀 inadmisible.

inadmisible

adjetivo **1** Que no se puede admitir o dar por bueno. Tratar mal a los ancianos o a los niños es inadmisible. 🔀 inaceptable.

inagotable

adjetivo **1** Se dice de las cosas que no se agotan, que nunca se acaban, como una fuente que siempre tiene agua.

inaguantable

adjetivo **1** Que no se puede aguantar o soportar. Las películas malas y aburridas son inaguantables; los niños mimados y caprichosos son inaguantables; decimos que un dolor es inaguantable cuando es muy fuerte. 🔀 insoportable.

inalámbrico

adjetivo y nombre masculino

1 Se dice del teléfono o sistema de comunicación que no usa cables o hilos para recibir y enviar mensajes.

inalámbrico

inalterable

adjetivo

1 Se dice de la cosa que no puede alterarse o cambiar. Algunos metales son inalterables porque no se oxidan ni se estropean.

inanimado, inanimada

adjetivo

1 Que no tiene vida o movimiento voluntario. Todos los objetos son inanimados.

inaudito, inaudita

adjetivo

1 Que resulta muy sorprendente por ser raro o poco oído: *He leído una noticia inaudita: al parecer, ha nacido un cerdito con tres colas.* ✖ insólito.

2 Que es tan malo que no se puede tolerar o aceptar. Resulta inaudito que todavía haya castigos corporales en los colegios de algunos países.

inauguración

nombre femenino

1 Acto con el que se celebra el principio de una cosa, como la apertura de una nueva tienda o el comienzo de los Juegos Olímpicos. ✖ clausura.
👁 El plural es: inauguraciones.

inaugurar

verbo

1 Celebrar el principio o el comienzo de algo. En la universidad el rector inaugura el curso académico con un discurso. ✖ abrir. ✖ clausurar.

inca

adjetivo y nombre masculino y femenino

1 Se dice de un pueblo indígena que se encontraba en Ecuador, Perú, Chile y el norte de Argenti-na antes de la llegada de los españoles. También se llaman incas las personas y las cosas de este pueblo.

incalculable

adjetivo

1 Que es tan grande o numeroso que no se puede calcular con facilidad: *Las pérdidas causadas por el terremoto son incalculables.*

incansable

adjetivo

1 Que no se cansa de hacer una cosa o tarda mucho en cansarse. Los niños pequeños son incansables: nunca se cansan de jugar. ✖ infatigable.

incapaz

adjetivo

1 Que no puede hacer algo porque no tiene los conocimientos o las cualidades necesarias: *Es incapaz de trabajar con el ordenador.* ✖ capaz.

2 Que por su carácter no puede hacer algo: *Es incapaz de mentir. Es incapaz de tirarse en paracaídas, le da pánico.* ✖ capaz.
👁 El plural es: incapaces.

incendiar

verbo

1 Hacer que una cosa o un lugar se quemen. Un cigarro encendido puede incendiar todo un bosque.
👁 Se conjuga como: cambiar; la 'i' no lleva nunca acento de intensidad.

incendio

nombre masculino

1 Fuego grande que se extiende y que puede destruir lugares como un bosque o un edificio.

incertidumbre

nombre femenino

1 Falta de seguridad que tiene una persona de que una cosa sea cierta o de que sea de determinada manera.

2 Estado o situación de la persona que tiene dudas o no está segura de algo: *Su incertidumbre le impide tomar una decisión rápida.*

incesante

adjetivo

1 Que no cesa o no se para. En las discotecas la música es incesante.

incidencia

nombre femenino

1 Influencia o impresión que causa una cosa o una acción en alguien. La moda tiene mucha incidencia entre los jóvenes y todos quieren estar a la última.

2 Cada uno de los hechos destacables que ocurren durante un proceso o una actividad.

incidente
nombre masculino
1 Suceso que afecta al desarrollo de un asunto, normalmente de forma negativa. Que salte un espontáneo a una plaza de toros es un incidente.

2 Pelea o discusión fuerte entre dos o más personas.

incienso
nombre masculino
1 Sustancia que se extrae de ciertas plantas y que cuando se quema produce un olor muy fuerte.

incierto, incierta
adjetivo
1 Se dice de lo que no es cierto o no es verdadero.

2 Se dice de lo que no se sabe o no se conoce de manera cierta.

incinerar
verbo
1 Quemar una cosa hasta convertirla en cenizas, especialmente un cadáver. ✂ quemar.

inclemencia
nombre femenino
1 Característica del tiempo atmosférico cuando es desagradable y frío, como cuando llueve, nieva o graniza.

inclinación
nombre femenino
1 Desviación o caída de una cosa hacia un lado.

2 Tendencia o afición a hacer algo. Las personas que tienen inclinación a la fotografía suelen hacer muchas fotos.

👁 El plural es: inclinaciones.

inclinar
verbo
1 Desviar una cosa de la posición que tenía.

2 Hacer que una persona se decida a hacer o decir algo. Cuando dos cosas tienen las mismas características o gustan por igual, suele ser el precio el que nos inclina a comprar una u otra.

3 **inclinarse** Tender o mostrar preferencia por una cosa o por hacer algo.

incluir
verbo
1 Poner una cosa dentro de otra o a una persona dentro de un grupo.

Se puede incluir un nombre en una lista de espera o una factura dentro de un sobre. ✂ excluir.

2 Contener una cosa a otra o llevarla consigo. El precio del hotel incluye la habitación y el desayuno. ✂ comprender. ✂ excluir.

👁 Se conjuga como: huir; la 'i' se convierte en 'y' delante de 'a', 'e' y 'o', como: incluya, incluye o incluyo.

inclusive
adverbio
1 Incluyendo los límites que se señalan. Si nos vamos de vacaciones del 10 al 25 de agosto, ambos inclusive, estaremos de vacaciones también los días 10 y 25.

incluso
adverbio
1 Indica que se incluye a algo o alguien en lo que se ha dicho. Suele añadir fuerza a lo que se dice porque puede parecer sorprendente o extraño que la persona o cosa de que se habla haga lo que se dice: *Es tan fácil que puede hacerlo incluso un niño pequeño.*

conjunción
2 Indica que la información que se dice a continuación, aunque pueda parecer sorprendente, también se produce: *Es incapaz de callar, habla incluso durmiendo.*

3 Indica que, aunque algo pueda parecer contradictorio con la acción principal, ésta se cumplirá: *Incluso estando enfermo, iré a la excursión.*

incógnita
nombre femenino
1 Cosa que no se sabe o que se desconoce: *La policía tiene que aclarar muchas incógnitas en este caso.*

2 Cantidad que no se conoce en matemáticas y que hay que averiguar resolviendo un problema o una ecuación. La incógnita se suele representar con la letra 'x'.

incoherencia
nombre femenino
1 Característica de las cosas que están formadas por varias partes que no guardan una unión y una relación adecuada entre sí. Se habla de la incoherencia de un texto cuando dice cosas sin conexión y contradictorias.

2 Cosa que no guarda una relación lógica con otra o que la contradice. Es una incoherencia hacer lo contrario de lo que se dice.

incoloro, incolora
adjetivo **1** Se dice de las cosas transparentes y sin color. El agua y el alcohol son incoloros.

incomodar
verbo **1** Hacer que una persona se sienta incómoda o intranquila: *No me mires así, que me incomodas.*

incomodidad
nombre femenino **1** Característica de las cosas que son incómodas: *No compró el coche por la incomodidad de los asientos.* ✕ comodidad.
2 Aquello que hace que algo no resulte cómodo o agradable. Es una incomodidad tener que llevar una pierna escayolada.

incómodo, incómoda
adjetivo **1** Que hace que una persona no se sienta o se encuentre a gusto y experimente una sensación física desagradable. Tener que viajar de pie en un tren con mucha gente es incómodo. ✕ cómodo.
2 Que no se siente a gusto en un lugar o en una situación desagradable: *Estaba muy incómodo porque no conocía a nadie.*

incomparable
adjetico **1** Se dice de la cosa o persona que tiene unas características o unas cualidades tan buenas que no se puede comparar con ninguna otra cosa o persona. Una puesta de sol bonita es de una belleza incomparable.

incompatible
adjetivo **1** Que no se puede hacer o no puede ocurrir o existir al mismo tiempo que otra cosa por ser muy diferentes o contrarios. El amor y el odio son incompatibles.

incompleto, incompleta
adjetivo **1** Que no está completo o que no tiene todas sus partes o elementos. Si se pierde la pieza de un puzzle, queda incompleto. ✕ completo.

incomprendido, incomprendida
adjetivo y nombre **1** Se dice de la persona que no es comprendida o valorada como se

merece. Algunos genios, como Galileo, fueron incomprendidos por sus contemporáneos.

incomprensible
adjetivo **1** Que no se puede comprender o es muy difícil de comprender porque no tiene un significado claro o una razón que lo justifique: *Es incomprensible que la gente no recicle todo lo que se puede reciclar.* ✕ inexplicable.

incomprensión
nombre femenino **1** Actitud de la persona que no comprende y respeta las opiniones o los actos de otra persona: *Su incomprensión me resultó injusta.*

incomunicar
verbo **1** Hacer que dos o más personas o dos lugares no se puedan comunicar entre sí. Las nevadas fuertes incomunican los pueblos de montaña. ✕ comunicar.
👁 Se escribe 'qu' delante de 'e', como: incomuniquen.

inconfundible
adjetivo **1** Que se percibe de un modo tan claro que no se puede confundir con otra cosa. El olor del café es inconfundible.

inconsciente
adjetivo **1** Se dice de la persona que ha perdido el conocimiento o que se ha desmayado. Un fuerte golpe en la cabeza puede dejar a una persona inconsciente.
2 Se dice de los actos que realiza una persona sin darse cuenta, sin que intervenga la voluntad. Taparse la cabeza con los brazos cuando nos cae algo encima es un movimiento inconsciente.
adjetivo y nombre masculino y femenino **3** Se dice de la persona que actúa de una forma imprudente y poco sensata, sin pensar en las consecuencias de sus acciones. Las personas que conducen a mucha velocidad son unas inconscientes.

incontable
adjetivo **1** Que es tan numeroso que no se puede contar o numerar con facilidad. Las estrellas del cielo o los granos de arena de la playa son incontables.

2 Se dice del tipo de nombres que se refieren a cosas que no se pueden contar; son incontables nombres como 'aire' o 'belleza'.

inconveniente

nombre masculino

1 Cualquier cosa que hace difícil la realización de otra. Estudiar con un amigo tiene ventajas e inconvenientes: podemos consultar dudas, pero también nos podemos distraer.

incordiar

verbo

1 Causar una molestia o enfado pequeño a una persona: Le incordia tener que salir de casa tan tarde. ✖ fastidiar.

👁 Se conjuga como: cambiar; la 'i' no lleva nunca acento de intensidad.

incorporar

verbo

1 Unir o añadir una cosa a otra de la que pasa a formar parte. Si una agencia de viajes incorpora un nuevo país a su oferta de viajes, los clientes pueden ir también a ese país.

2 Levantar la cabeza o la parte superior del cuerpo. Para poder comer en la cama, los enfermos se tienen que incorporar un poco.

3 incorporarse Entrar a formar parte de una empresa, una institución o una asociación: Mañana se incorporan al banco los nuevos empleados.

incorrección

nombre femenino

1 Cosa que está mal hecha. Un examen en el que hay más incorrecciones que aciertos se califica como suspenso. ✖ error.

2 Falta de respeto a las normas de la buena educación. Comer con las manos está considerado una incorrección.

👁 El plural es: incorrecciones.

incorrecto, incorrecta

adjetivo

1 Que está mal hecho, que tiene incorrecciones: La solución al ejercicio es incorrecta. ✖ correcto.

incrédulo, incrédula

adjetivo

1 Se dice de la persona que no suele creer nada de lo que le dicen.

increíble

adjetivo

1 Que es tan extraordinario o está tan lejos de lo normal que no se puede creer o es muy difícil de creer: Ha sido una casualidad increíble encontrarte aquí.

incrementar

verbo

1 Aumentar o hacer más grande la cantidad o el tamaño de una cosa. Cuando en un país se incrementa el paro, hay más personas que no trabajan.

incrustar

verbo

1 Introducir un cuerpo sólido, como una piedra o un trozo de metal, dentro de una superficie y dejarlo allí. Los joyeros incrustan piedras preciosas en los anillos y collares.

2 incrustarse Pegarse una cosa a otra muy fuertemente. Las manchas de grasa se incrustan en la ropa.

incubadora

nombre femenino

1 Aparato donde se mantiene a los niños nacidos antes de tiempo o con problemas. En las incubadoras, los bebés pueden completar su desarrollo y están protegidos de posibles enfermedades.

2 Aparato que sirve para calentar los huevos de las aves domésticas para que se desarrollen en ellos las crías.

incubar

verbo

1 Ponerse un ave sobre sus huevos para calentarlos hasta que las crías que hay dentro se desarrollen y nazcan. ✖ empollar.

2 Desarrollar una enfermedad sin que se note hasta que aparecen los síntomas. Cuando aparecen la tos y la fiebre ya hace días que el resfriado se estaba incubando.

inculto, inculta

adjetivo y nombre

1 Se dice de la persona ignorante o que no tiene cultura.

incultura

nombre femenino

1 Falta de los conocimientos, la cultura o la formación que se consideran básicos o elementales: Me asombra su incultura: no sabe cuál es la capital de Francia.

incurable

adjetivo

1 Se dice de la enfermedad que no se puede curar o es muy difícil de curar.

indagar

verbo **1** Intentar saber o conocer a fondo una cosa realizando para ello todas las acciones necesarias. La policía indaga para aclarar los delitos.
👁 Se escribe 'gu' delante de 'e', como: indaguemos.

indecente

adjetivo **1** Que va en contra de la moral o de lo que la mayoría de la gente considera bueno. Mentir y engañar a los amigos es indecente. ✂ inmoral. ✂ decente.
2 Que está sucio y poco arreglado: *Esa camisa está indecente, échala para lavar.* ✂ decente.
3 Que tiene una calidad o unas condiciones inferiores a las que se consideran normales: *Le pagan un sueldo indecente, mucho menor del que deberían pagarle.*

indecisión

nombre **1** Falta de valor o seguridad para hacer algo sin dudar, especialmente para escoger entre dos o más opciones: *No soporto su indecisión, nunca está seguro.*
femenino

indeciso, indecisa

adjetivo **1** Se dice de la persona que actúa con inseguridad porque le cuesta mucho decidir lo que tiene que hacer. ✂ decidido.

indefenso, indefensa

adjetivo **1** Que se encuentra sin ninguna posibilidad de defenderse de un ataque o de un peligro: *El perro gruñía y yo me sentía indefenso.*

indefinido, indefinida

adjetivo **1** Que no tiene un límite o un final marcado o conocido. Un contrato de trabajo indefinido no tiene fin y puede ser para toda la vida.
2 Se dice de los pronombres o los determinantes que no se refieren a ninguna persona o cosa en concreto, como 'unos', 'algunos' o 'varios'.

indemnizar

verbo **1** Dar dinero a una persona por haberle causado algún daño o perjuicio. Las empresas indemnizan a los empleados que despiden.
👁 Se escribe 'c' delante de 'e', como: indemnice.

independencia

nombre **1** Característica o estado de la persona que no depende de otra para hacer las cosas y que piensa y actúa con libertad: *Dice que no se casa para mantener su independencia.*
femenino
2 Situación del país o el territorio que se gobierna a sí mismo, que no depende de otro.

independiente

adjetivo **1** Se dice de la persona que no depende de otra para hacer las cosas y que piensa y actúa con libertad. Las personas independientes no se dejan influir por los demás.
2 Se dice del país o el territorio que se gobierna a sí mismo, que no depende de otro.

independizar

verbo **1** Hacer que una persona o una cosa sea independiente y deje de depender de otra para desarrollarse. Algunos jóvenes se van a vivir solos para independizarse.
👁 Se escribe 'c' delante de 'e', como: independice.

indescriptible

adjetivo **1** Que es tan grande o tan extraordinario que no se puede describir con palabras. Las emociones fuertes son indescriptibles.

indeseable

adjetivo **1** Se dice de la persona con la que nadie quiere relacionarse porque es muy mala.
y nombre
masculino
y femenino

indestructible

adjetivo **1** Que es tan fuerte o tan duro que no se puede destruir.

indeterminado, indeterminada

adjetivo **1** Que no se puede determinar o fijar con exactitud: *Vino un número indeterminado de personas.*
2 Se dice del artículo que va delante de un nombre que no se había nombrado antes o que no se conoce. 'Un', 'una', 'unos' y 'unas' son los artículos indeterminados.

indicación

nombre **1** Palabra, gesto o señal que sirve para indicar algo: *Me hizo una indicación para decirme que saliera a la pizarra.* ✎ 398, 800
femenino

2 Consejo o instrucción que se da a una persona para que mejore en algún aspecto. Cuando estamos enfermos debemos seguir las indicaciones del médico.
☞ El plural es: indicaciones.

indicador, indicadora

adjetivo y nombre masculino **1** Se dice de la señal que sirve para dar una información. En la carretera hay señales indicadoras de muchos tipos.

nombre masculino **2** Aguja o luz que hay en algunos aparatos o vehículos y que indica su funcionamiento o el de alguna de sus partes.

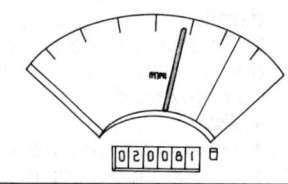

indicador

indicar

verbo **1** Dar a conocer algo mediante palabras o señales. El termómetro indica la temperatura: *Me indicó con la mano que entrara.*
2 Ser una cosa la señal de otra. Las hojas caídas indican la llegada del otoño.
☞ Se escribe 'qu' delante de 'e', como: indiquen.

indicativo

adjetivo y nombre masculino **1** Se dice del modo verbal que agrupa los tiempos que expresan acciones reales. En la frase 'Duerme mucho', 'duerme' está en indicativo.

índice

nombre masculino **1** Lista ordenada de las materias o de las partes de un libro o escrito. El índice nos permite encontrar con más rapidez lo que buscamos. ✏️ 397

nombre masculino y adjetivo **2** Dedo segundo de la mano empezando por el pulgar; se usa normalmente para señalar. ✏️ 303

indicio

nombre masculino **1** Señal que sirve para descubrir la existencia de una cosa. El humo es indicio de que hay fuego. ✏️ 398

indiferencia

nombre femenino **1** Forma de mostrar que no se siente ni atracción ni rechazo por alguien o algo: *Me molestó que me saludara con esa indiferencia.*

indiferente

adjetivo **1** Se dice de una persona que no muestra ni atracción ni rechazo por una persona o cosa.
2 Que no importa que sea o se haga de una u otra forma: *Haz lo que quieras para cenar, me es indiferente.*

indígena

adjetivo y nombre masculino y femenino **1** Se dice del pueblo o persona que es habitante originario de una región o país. Suele decirse de los pueblos, considerados primitivos, de América, África, Oceanía y zonas de Asia. ※ aborigen.

indigestión

nombre femenino **1** Alteración de la digestión causada por comer demasiados alimentos o por no masticarlos bien.

indigesto, indigesta

adjetivo **1** Se dice del alimento que sienta mal o se digiere mal por ser muy fuerte.

indignado, indignada

adjetivo **1** Se dice de la persona que está muy enfadada o disgustada por algo que considera injusto.

indignar

verbo **1** Causar un enfado o un disgusto grande a una persona algún hecho que le parece injusto: *Le indignan las actitudes racistas.*

indigno, indigna

adjetivo **1** Que no es adecuado a la naturaleza de una persona o de una cosa. Mentir es indigno de una persona sincera. ※ digno.
2 Que no merece aquello que se indica. ※ digno.

indio, india

adjetivo y nombre **1** Se dice de la persona o cosa que es de la India, país del sur de Asia.

nombre **2** Persona que pertenece a alguno de los pueblos originarios de América antes de la llegada de Cristóbal Colón.

indirecta

nombre femenino **1** Cosa que se da a entender al hablar sin expresarla con claridad: *Me lanzó una indirecta para ver si le ayudaba a hacer los deberes.*

indirecto, indirecta

adjetivo **1** Que no es directo. Si tomamos un camino indirecto para llegar a un sitio, daremos un rodeo antes de llegar.

indiscreción

nombre femenino **1** Característica de la persona que cuenta a los demás cosas que no se deberían contar, o que pretende enterarse de asuntos que no le conciernen o que se quieren mantener secretos. **2** Acción o expresión propios de la persona indiscreta.

indiscreto, indiscreta

adjetivo y nombre **1** Se dice de la persona que cuenta a los demás cosas que no se deberían contar porque son un secreto o porque son asuntos de otras personas. **2** Se dice de la persona que pretende enterarse de asuntos que no le conciernen o que se quieren mantener secretos.

adjetivo **3** Se dice de las acciones propias de las personas indiscretas: *Ese comentario es muy indiscreto; no tienes por qué hablar de los problemas de Juan en su ausencia.*

indiscutible

adjetivo **1** Que está tan claro o es tan evidente que no se puede poner en duda. Es indiscutible que las mariposas vuelan.

indispensable

adjetivo **1** Se dice de la persona o la cosa sin la cual no se puede hacer algo o que hace falta obligatoriamente para algo. El sol es indispensable para que crezcan las plantas. ✕✕ imprescindible; necesario.

individual

adjetivo **1** Que es para una sola persona. Las camas individuales suelen tener 80 ó 90 centímetros de ancho.

individuo

nombre masculino **1** Ser que pertenece a un grupo o una especie. El perro es un individuo de la especie animal.

2 Persona cuyo nombre no se dice porque no se sabe o porque no importa.

indudable

adjetivo **1** Que está tan claro que no se puede poner en duda.

indulto

nombre masculino **1** Perdón que concede una autoridad a un preso, quitándole todo el castigo o parte de él.

indumentaria

nombre femenino **1** Conjunto de prendas de vestir que lleva una persona.

industria

nombre femenino **1** Actividad laboral que consiste en la transformación de materias primas en productos útiles y preparados para el consumo, como la industria textil o la industria del automóvil. **2** Establecimiento con las personas y los medios necesarios para dedicarse a esta actividad. ✕✕ empresa.

industrial

adjetivo **1** Que está relacionado con la industria. La actividad industrial es muy importante para la economía de un país.

nombre masculino y femenino **2** Persona que tiene o dirige una industria: *Después de terminar sus estudios se convirtió en industrial.*

industrializar

verbo **1** Crear industrias o empresas nuevas en un lugar. **2** Fabricar cosas con la maquinaria y los medios propios de las industrias. Se ha industrializado la elaboración de algunos productos, como la miel, que tradicionalmente eran artesanales. 👁 Se escribe 'c' delante de 'e', como: industrialicen.

inepto, inepta

adjetivo y nombre **1** Se dice de la persona que es completamente inútil para realizar un trabajo o una acción determinados.

inercia

nombre femenino **1** Fuerza que hace que un cuerpo mantenga el reposo o el movimiento mientras no haya otra fuerza contraria. Cuando se deja de empujar a una cosa, la inercia hace que se siga moviendo durante un tiempo.

2 Hábito o costumbre que lleva a hacer o decir algo sin pensarlo.

inesperado, inesperada

adjetivo **1** Que ocurre sin que se esperara o se supiera que iba a ocurrir. Las sorpresas suelen ser inesperadas.

inestabilidad

nombre femenino **1** Característica de las cosas o las personas que cambian de estado, que sufren cambios importantes. **2** Característica del cuerpo que se puede caer con facilidad o que no se mantiene en equilibrio. ✕✕ estabilidad.

inestable

adjetivo **1** Se dice de la persona o la cosa que sufre cambios. En primavera, el tiempo es más inestable que en verano. ✕✕ estable. **2** Que no mantiene el equilibrio. Los niños pequeños cuando empiezan a andar aún son muy inestables. ✕✕ estable.

inestimable

adjetivo **1** Que tiene tanto valor que no se puede apreciar tanto como se debería: *Tu ayuda ha sido inestimable.*

inevitable

adjetivo **1** Que no se puede evitar o impedir que ocurra. ✕✕ impepinable.

inexacto, inexacta

adjetivo **1** Que no es exacto o no se ajusta bien a lo que debería ser.

inexistente

adjetivo **1** Que no existe. En los países sin mar, las playas son inexistentes.

inexperto, inexperta

adjetivo **1** Que no tiene experiencia o costumbre de hacer algo. ✕✕ experto.

inexplicable

adjetivo **1** Que es tan extraño que no se puede explicar ni entender o es difícil hacerlo. ✕✕ incomprensible.

infalible

adjetivo **1** Se dice de las cosas o personas que nunca fallan o que no se equivocan.

infame

adjetivo **1** Que es muy malo o de muy mala calidad: *Vimos una película infame.*

2 Se dice de la persona que actúa con mala intención y hace daño a los demás.

infancia

nombre femenino **1** Primer periodo de la vida de las personas que va desde el nacimiento hasta la adolescencia. ✕✕ niñez.

infante, infanta

nombre **1** Hijo de un rey y hermano de un príncipe.

infantería

nombre femenino **1** Conjunto de soldados de un ejército que van y luchan a pie.

infantil

adjetivo **1** De los niños, que tiene relación con ellos o está destinado a ellos. **2** Se dice de la persona adulta que piensa o se comporta como si fuera un niño.

infarto

nombre masculino **1** Daño que sufre un órgano del cuerpo al no llegarle la sangre y quedarse sin oxígeno.

infatigable

adjetivo **1** Que no se cansa o tarda mucho en cansarse.

infección

nombre femenino **1** Enfermedad causada por microbios que entran en el cuerpo y que puede contagiarse. **2** Estado de una herida infectada. Hay que desinfectar rápidamente con agua oxigenada un corte para que no haya ninguna infección. 👁 El plural es: infecciones.

infeccioso, infecciosa

adjetivo **1** Que tiene las características de la infección o que la produce. La gripe es una enfermedad infecciosa.

infectar

verbo **1** Llenar de microbios una herida, una parte del cuerpo o una cosa. Una herida producida por un clavo oxidado se puede infectar. ✕✕ desinfectar. **2** Contagiar una enfermedad. En los hospitales hay muchas medidas de higiene para que los pacientes no se infecten unos a otros. 👁 No lo confundas con 'infestar', que quiere decir: llenar un lugar una plaga de animales o plantas.

infeliz

adjetivo **1** Que está triste o que sufre por algo. ✖ desgraciado. ✖ feliz.

👁 El plural es: infelices.

inferior

adjetivo **1** Que está más abajo que otra cosa o por debajo de ella. En una tabla numérica, el seis es inferior al siete. ✖ superior.

2 Que tiene menos cantidad, calidad e importancia que otra cosa. La ropa de inferior calidad suele ser más barata. ✖ peor. ✖ superior.

adjetivo y nombre masculino y femenino **3** Se dice de la persona que está a las órdenes de otra de cargo superior. En una empresa, el subdirector es el inferior del director. ✖ subordinado. ✖ superior.

inferioridad

nombre femenino **1** Situación de la persona o de la cosa que está por debajo de otra o que tiene menos cantidad, calidad o importancia. La inferioridad del aceite de girasol respecto al aceite de oliva se ve reflejada en el precio.

infestar

verbo **1** Llenar un lugar una plaga de animales o plantas y causar daños en él. También se dice que un lugar está infestado de gente cuando hay demasiada gente, tanta que casi no caben.

👁 No lo confundas con 'infectar', que quiere decir: causar infección.

infiel

adjetivo **1** Que engaña o traiciona a otra u otras personas. ✖ desleal. ✖ fiel.

nombre masculino y femenino **2** Persona que sigue una religión distinta de la que uno tiene. Suele decirlo un cristiano de un no cristiano.

infierno

nombre masculino **1** Según ciertas religiones, lugar al que van las almas de las personas que han sido malas y mueren sin arrepentirse de lo que han hecho.

2 Situación muy mala y desagradable y muy difícil de soportar: *Están viviendo un infierno desde que su hijo está en el hospital*.

infinidad

nombre femenino **1** Gran cantidad o gran número de personas, animales o cosas. En Navidad hay infinidad de luces en las calles de algunas ciudades.

infinitivo

nombre masculino **1** Forma no personal del verbo; se utiliza para nombrar al verbo en general. En español, el infinitivo termina en '-ar', '-er' o '-ir'.

infinito, infinita

adjetivo **1** Que no tiene fin. El mar en el horizonte parece infinito.

2 Se dice de lo que es muy grande o muy numeroso. Si alguien tiene un miedo infinito a algo, es que tiene mucho miedo; en el mar hay infinitos peces.

nombre masculino **3** Espacio sin límites. Si se pierde el control de una nave espacial, se puede perder en el infinito.

inflamable

adjetivo **1** Que arde en llamas fácilmente. El papel y la paja son materiales muy inflamables.

inflamación

nombre femenino **1** Aumento del tamaño y la temperatura de una parte del cuerpo a causa de un golpe, una herida o una infección, que suelen ir acompañados de dolor.

inflamarse

verbo **1** Arder algo en llamas. La gasolina se inflama al contacto con el fuego.

2 Hincharse y aumentar de temperatura una parte del cuerpo a causa de un golpe, una herida o una infección. Si tienes paperas, se te inflaman los dos lados de la cara.

inflar

verbo **1** Aumentar el tamaño de algo, llenándolo de aire o de gas. Hay que inflar bien un flotador antes de tirarse al agua con él. ✖ hinchar. ✖ desinflar.

2 Exagerar y aumentar la importancia de algo.

3 inflarse Hacer una cosa de forma exagerada, especialmente comer mucho: *Se ha inflado a comer pipas*.

inflexible

adjetivo **1** Que es rígido y no se puede doblar. Una barra de hierro es inflexible. ✖ flexible.

2 Se dice de la persona que no cambia de opinión o no cambia sus decisiones por considerar que su punto de vista es más justo y razonable que el de los demás.

influencia

nombre femenino   **1** Acción de influir algo o alguien en una persona o cosa. Algunas personas creen que los cambios de humor de la gente se deben a la influencia de la Luna.

nombre femenino plural   **2 influencias** Gente con poder o autoridad que una persona conoce y que la puede ayudar en algo: *Si necesitas algo, dímelo, que yo tengo influencias porque mi padre trabaja allí desde hace años.*

influir

verbo   **1** Producir algo o alguien, de manera indirecta o a distancia, un efecto determinado sobre una cosa o persona. La Luna influye sobre las mareas; los grandes artistas influyen en los artistas jóvenes que empiezan.
2 Tener una persona autoridad o poder sobre otra: *Tú eres el único que puede influir en él y hacerle cambiar de opinión.*
👁 Se conjuga como: huir; la 'i' se convierte en 'y' delante de 'a', 'e' y 'o', como: influyeron.

información

nombre femenino   **1** Comunicación de noticias o datos a quien no los tiene.
2 Conjunto de noticias o datos sobre algo. Los periódicos recogen toda la información del día.
3 Lugar donde se informa sobre algo en concreto. Los grandes almacenes o las grandes empresas suelen tener una mesa o mostrador de información a la entrada.
👁 El plural es: informaciones.

informador, informadora

adjetivo y nombre   **1** Se dice de la persona que informa de algo a alguien.

informal

adjetivo y nombre masculino y femenino   **1** Que no cumple con sus obligaciones y hace lo que le parece. Una persona que promete cosas que después no cumple es una informal. ✖ formal.

adjetivo   **2** Se dice de las cosas o las acciones que se hacen sin seguir unas reglas o normas precisas o estrictas. ✖ formal.

informar

verbo   **1** Dar a alguien noticias o datos sobre alguna cosa. Utilizamos los periódicos para informarnos de lo que sucede en el mundo.

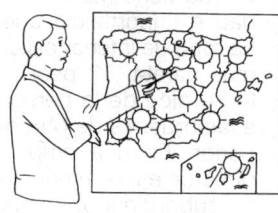

informar

informática

nombre femenino   **1** Ciencia que estudia todo lo relacionado con los ordenadores.

informático, informática

adjetivo   **1** Que está relacionado con la informática o con los ordenadores.

nombre   **2** Persona que trabaja en temas relacionados con la informática, en especial con el diseño de ordenadores y la programación.

informativo, informativa

adjetivo   **1** Que informa sobre algo.

nombre masculino   **2** Programa de radio o televisión que da a conocer al público las noticias de actualidad. En muchas emisoras de radio hay un informativo cada hora.

informe

nombre masculino   **1** Información detallada sobre una persona o un asunto. Los informes generalmente se hacen por escrito y tratan de reunir todos los datos y aspectos relacionados con el tema de que tratan.

infracción

nombre femenino   **1** Acción que se realiza cuando no se cumple una ley o una norma concreta o cuando se hace algo que va en contra de ellas. Saltarse un semáforo en rojo es una infracción del código de circulación.
👁 El plural es: infracciones.

infusión

nombre femenino **1** Bebida caliente que se prepara mezclando determinadas hierbas con agua hirviendo. El té, la manzanilla y la tila son infusiones. 👁 El plural es: infusiones.

infusión

ingeniar

verbo **1** Hacer o idear una persona una cosa original utilizando el ingenio. Los niños ingenian muchos juegos para no aburrirse.
ingeniárselas Utilizar una persona el ingenio para conseguir una cosa o solucionar un problema. 👁 Se conjuga como: cambiar; la 'i' no lleva nunca acento de intensidad.

ingeniería

nombre femenino **1** Profesión y materia que tratan de la aplicación de conocimientos científicos en la construcción y el funcionamiento de las máquinas, carreteras, minas, barcos y todo lo que el hombre puede construir.

ingeniero, ingeniera

nombre **1** Persona que tiene conocimientos científicos que aplica en una actividad industrial, como la construcción de puentes, electrodomésticos, carreteras y barcos.

ingenio

nombre masculino **1** Habilidad o capacidad que tiene una persona para inventar o idear con inteligencia cosas originales. **2** Habilidad o capacidad que tiene una persona para inventar o decir cosas originales, ocurrentes y con gracia. Algunas personas tienen mucho ingenio para contar anécdotas e historias divertidas. **3** Máquina o artilugio que están formados por diferentes mecanismos.

ingenioso, ingeniosa

adjetivo **1** Se dice de la persona que tiene ingenio para inventar o idear cosas originales y que son muy útiles para algo, o para decir cosas originales, ocurrentes y con gracia. **2** Se dice de las cosas que están hechas o dichas con ingenio.

ingenuidad

nombre femenino **1** Característica que tienen las personas puras y sinceras y que no actúan con mala intención. La ingenuidad es una característica propia de la mayoría de los niños pequeños. ✂ candor; inocencia.

ingenuo, ingenua

adjetivo y nombre **1** Se dice de la persona sencilla, que no tiene malos sentimientos y que se lo cree todo porque no ve que pueda haber mala intención. ✂ inocente.

ingerir

verbo **1** Tragar una bebida, un alimento o una medicina. 👁 Se conjuga como: preferir; la 'e' se convierte en 'ie' en sílaba acentuada o en 'i' en algunos tiempos y personas, como: ingiero, ingirió.

ingle

nombre femenino **1** Parte del cuerpo humano en donde se junta el muslo con el vientre.

inglés, inglesa

adjetivo y nombre **1** Se dice de la persona o cosa que es de Inglaterra, una de las regiones que integran el Reino Unido.
nombre masculino **2** Lengua hablada en el Reino Unido, Estados Unidos, Australia y otros países que fueron colonias británicas. 👁 El plural de inglés es: ingleses.

ingratitud

nombre femenino **1** Comportamiento de la persona que no agradece un favor o beneficio recibidos. ✂ gratitud.

ingrato, ingrata

adjetivo y nombre **1** Se dice de la persona que no reconoce el valor de los favores recibidos y no da las gracias por ellos. Un ingrato no valora el esfuerzo realizado por otra persona para ayudarlo. ✂ desagradecido. ✂ agradecido.

i

adjetivo **2** Se dice del trabajo que cuesta realizar por ser desagradable, molesto o porque los demás no lo valoran lo suficiente. Las amas de casa suelen decir que su trabajo es muy ingrato.

ingrediente

nombre masculino **1** Cada una de las cosas o sustancias que forman una comida o un alimento preparado. ✎ 800

ingresar

verbo **1** Entrar a formar parte de un conjunto de personas o de una asociación: *Ingresó en un convento.* ※ entrar.
2 Quedarse en un hospital para ser operado o recibir un tratamiento médico.
3 Meter dinero en una cuenta de un banco.

ingresar

ingreso

nombre masculino **1** Acción de ingresar o entrar una persona en un grupo, una asociación o un hospital. El ingreso en un seminario es el primer paso para ser cura.
2 Acción que consiste en meter una cantidad de dinero en una cuenta de un banco.

nombre masculino plural **3 ingresos** Cantidad de dinero que gana una persona o una empresa.

inhalar

verbo **1** Aspirar un gas, un vapor o un líquido muy pulverizado. Inhalar vapores de eucalipto es bueno para la congestión nasal.

inhumano

adjetivo **1** Que hace sufrir o deja sufrir sin sentir compasión: *Es inhumano no ayudar a la gente que lo necesita.*

inicial

adjetivo **1** Se dice de las cosas que están al inicio o comienzo.

adjetivo y nombre femenino **2** Se dice de la primera letra de una palabra. Algunas personas llevan una medalla de oro con la inicial de su nombre.

iniciar

verbo **1** Hacer que una acción o un proceso comience o esté en sus primeros momentos. Antes de iniciar la clase, los profesores piden silencio a los alumnos. ※ empezar.
2 Enseñar a una persona algunas cosas sobre algo de lo que no sabía nada hasta ese momento.
👁 Se conjuga como: cambiar; la 'i' no lleva nunca acento de intensidad.

iniciativa

nombre femenino **1** Capacidad de tener ideas originales o empezar a hacer cosas nuevas. Las personas con iniciativa son muy inquietas y siempre están pensando algo nuevo.
2 Idea que da origen o está en el comienzo de una acción o de un proyecto.
tomar la iniciativa Ser la primera persona en hacer o decir algo.

inicio

nombre masculino **1** Primera parte o primer momento de las cosas o las acciones. El inicio del curso escolar suele ser en septiembre. ※ fin.

injusticia

nombre femenino **1** Acción que está en contra de lo que es justo. Es una injusticia hacer pagar más impuestos a quien menos dinero tiene.
2 Característica de ser injusta una persona o una cosa.

injusto, injusta

adjetivo y nombre **1** Se dice de las personas o de las cosas que no actúan con justicia, que no son justas porque no dan a cada cual lo que le corresponde. Es injusto reñir o castigar a alguien por algo que no ha hecho.

inmaculado, inmaculada

adjetivo **1** Se dice de las cosas que están perfectamente limpias y no tienen ninguna mancha ni defecto.

inmaduro, inmadura

adjetivo y nombre **1** Se dice de la persona adulta que se comporta como si fuera un niño o como si tuviera muchos menos años de los que en realidad tiene. ※ maduro.

inmediato, inmediata

adjetivo **1** Se dice de lo que ocurre justo después de otra cosa, sin que pase nada en medio. Una respuesta inmediata se da en cuanto acaba la pregunta.

inmenso, inmensa

adjetivo **1** Que es muy grande. El número de estrellas es inmenso. ※ enorme. ※ pequeño.

inmerso, inmersa

adjetivo **1** Se dice de la persona o de la cosa que está metida o sumergida en un líquido.
2 Se dice de la persona que está muy concentrada en la realización de una cosa o en un pensamiento: *Estaba tan inmersa en el trabajo que ni siquiera oí el teléfono cuando sonó.*
3 Se dice de la persona que está muy introducida en un ambiente o una situación, generalmente negativos. Algunos drogadictos están inmersos en un mundo de delincuencia.

inmigrar

verbo **1** Llegar a un país o población gente que procede de otro país o población para instalarse en ellos.

inminente

adjetivo **1** Se dice de lo que va a ocurrir enseguida, de un momento a otro. Cuando el cielo se pone muy negro la lluvia es inminente.

inmobiliaria

nombre femenino **1** Empresa que se dedica a la compra, venta o alquiler de pisos, casas y locales. Cuando queremos comprar un piso, acudimos a una inmobiliaria.

inmoral

adjetivo **1** Que va en contra de lo que la mayoría de la gente considera bueno y correcto. Es inmoral engañar y estafar a la gente para sacarles su dinero.

inmortal

adjetivo **1** Que no muere o no puede morir. No hay ningún hombre inmortal. ※ mortal.
2 Se dice de las cosas o las personas que han tenido tal importancia que se recuerdan siempre. Las canciones de los Beatles son inmortales.

inmortalizar

verbo **1** Hacer que una cosa, una persona o un lugar no se olvide nunca y permanezca siempre en la historia y en la memoria de los hombres.
👁 Se escribe 'c' delante de 'e', como: inmortalicé.

inmóvil

adjetivo **1** Que no se mueve o no se puede mover, normalmente algo que tiene movimiento. El miedo puede dejar inmóvil a una persona o un animal. ※ móvil.

inmueble

adjetivo y nombre masculino **1** Se dice de los bienes o propiedades que no pueden moverse del lugar en el que están, como las fincas o los edificios.

innecesario, innecesaria

adjetivo **1** Que no hace falta de manera obligatoria para que exista, suceda o se haga algo. ※ necesario.

innegable

adjetivo **1** Que está tan claro o es tan evidente que no se puede negar. Es innegable que reciclar el papel, el vidrio y todo lo que se pueda reciclar es bueno para todos.

innumerable

adjetivo **1** Que es tan grande o numeroso que no se puede contar: *Había innumerables espectadores en el concierto.* ※ incontable; incalculable.

inocencia

nombre femenino **1** Condición de la persona que ha sido declarada por un juez o un tribunal como libre de culpa respecto de una falta o un delito.
2 Característica de la persona que es muy fácil de engañar porque siempre actúa con buenas intenciones y cree que los demás también lo hacen.
3 Característica de la persona o

cosa que no tiene mala intención o malicia al obrar: *No te enfades, porque te lo ha dicho con toda la inocencia del mundo.*

inocentada

nombre femenino **1** Broma que se hace o se dice para reírse de alguien. En España, la gente suele hacer inocentadas el día 28 de diciembre.

inocente

nombre masculino y femenino **1** Se dice de la persona que ha sido declarada por un juez o un tribunal como libre de culpa respecto de una falta o un delito.
2 Que es muy fácil de engañar porque siempre actúa con buenas intenciones y cree que los demás también lo hacen.

adjetivo **3** Que no tiene mala intención o malicia. Una broma inocente es aquella que se hace sin pretender ofender.

inodoro, inodora

adjetivo **1** Se dice de la sustancia o el producto que no tiene olor. El agua es una sustancia inodora.

nombre masculino **2** Recipiente que hay en el servicio donde las personas hacen sus necesidades. El inodoro tiene un depósito de agua y está conectado a una tubería de desagüe, de modo que se puede limpiar cada vez que se utiliza. ⚒ retrete; váter.

inofensivo, inofensiva

adjetivo **1** Se dice de la persona, animal o cosa que no hace ningún daño.

inolvidable

adjetivo **1** Que ha causado una impresión tan fuerte en una persona que no lo puede olvidar, en especial cuando la impresión es positiva. Muchas personas tienen recuerdos inolvidables de su infancia.

inoportuno, inoportuna

adjetivo **1** Se dice de las cosas que ocurren en un momento que no es adecuado o conveniente. Un comentario inoportuno puede resultar molesto. ⚒ oportuno.

inorgánico, inorgánica

adjetivo **1** Que no es un ser vivo, que no tiene vida. Los minerales son inorgánicos. ⚒ orgánico.

inoxidable

adjetivo **1** Que no se puede oxidar. A los metales inoxidables, como el acero, no se les forma una capa de color rojizo con la humedad.

inquietar

verbo **1** Hacer que una persona se ponga nerviosa o empiece a tener preocupación por algo. Muchas personas se inquietan sin motivo cuando el médico les dice que tienen que hacerse un análisis.

inquieto, inquieta

adjetivo **1** Se dice de la persona que no se está quieta y siempre está moviéndose de un lado para otro. Los niños inquietos suelen hacer muchas travesuras.
2 Que no está tranquilo porque tiene alguna preocupación o algún temor. Muchas personas están inquietas cuando viajan en avión.
3 Se dice de la persona que tiene mucha curiosidad o que tiene muchas ganas de aprender cosas nuevas.

inquietud

nombre femenino **1** Característica de la persona que no está tranquila porque tiene alguna preocupación, o que se está moviendo constantemente de un lado para otro.
2 Característica de la persona que tiene mucha curiosidad o interés por una cosa o muchas ganas de aprender cosas nuevas: *Tienen inquietud por la música.*

inquilino, inquilina

nombre **1** Persona que vive en una casa de alquiler.

insaciable

adjetivo **1** Que nunca se harta de hacer lo que le gusta: *Para los dulces es insaciable, nunca pararía de comerlos.*

inscribir

verbo **1** Apuntar a alguien en una lista para hacer algo determinado. Para participar en competiciones deportivas u otras actividades hace falta inscribirse. ⚒ borrarse.
2 Escribir algo en una superficie haciendo una señal profunda. ⚒ grabar.

3 Trazar una figura geométrica dentro de otra con el mayor número de puntos de contacto posible. ✗✗ circunscribir.

👁 El participio es: inscrito.

inscripción

nombre femenino **2** Escrito breve grabado sobre una superficie dura. En las ruinas romanas pueden observarse inscripciones.

👁 El plural es: inscripciones.

inscrito, inscrita

participio **1** Participio irregular de: inscribir. También se utiliza como adjetivo: *Nos hemos inscrito en el concurso de baile. Ya ha salido el listado de los alumnos inscritos para este curso.*

insecticida

nombre masculino **1** Producto que sirve para matar insectos, como moscas o mosquitos. Se presenta en spray o en pastillas que se meten en un enchufe.

insectívoro, insectívora

adjetivo y nombre **1** Se dice del animal que se alimenta de insectos.

insecto

nombre masculino **1** Animal invertebrado, normalmente de pequeño tamaño, con el cuerpo dividido en anillos y que tiene seis patas. Los que pueden volar tienen además dos pares de alas. La mosca y la hormiga son insectos.

inseguridad

nombre femenino **1** Característica de las personas que nunca saben si lo que hacen o dicen está bien o mal y que tienen poca confianza en sí mismas. ✗✗ seguridad.

2 Característica de las cosas que no son seguras, que pueden cambiar o fallar. ✗✗ seguridad.

inseguro, insegura

adjetivo **1** Se dice de las personas que tienen muy poca confianza en sí mismas y que nunca saben si lo que hacen está bien o mal. Las personas tímidas suelen ser inseguras.

2 Se dice de las cosas que pueden fallar o que pueden ser peligrosas. Cuando el tiempo está inseguro, en cualquier momento puede empezar a llover. ✗✗ seguro.

insensato, insensata

adjetivo **1** Se dice de la persona que hace o dice las cosas con imprudencia y sin pensar en sus posibles consecuencias: *No seas insensato, no puedes salir a correr en medio de esta tormenta.*

insensible

adjetivo **1** Que no tiene sentimientos y no siente compasión.

2 Que no puede sentir porque ha perdido la sensibilidad. Cuando se pone anestesia en una parte del cuerpo, esa parte queda insensible y no se siente dolor.

inseparable

adjetivo **1** Que no se puede separar o que es muy difícil hacerlo. Decimos que dos amigos son inseparables cuando van juntos a todas partes.

insertar

verbo **1** Meter una cosa dentro de otra o entre otras, como por ejemplo una moneda en la ranura de un teléfono público, o una fotografía entre las páginas de un texto.

inservible

adjetivo **1** Se dice de las cosas que están tan estropeadas o deterioradas que ya no sirven.

insignia

nombre femenino **1** Señal u objeto, normalmente de pequeño tamaño, que significa o simboliza algo. Las insignias se sujetan a la ropa. ✗✗ distintivo.

insignificante

adjetivo **1** Que es muy pequeño o tiene muy poca importancia.

insinuar

verbo **1** Dar a entender una cosa sin decirla con claridad: *Me insinuó que necesitaba dinero, aunque no se atrevió a pedírmelo.*

2 insinuarse Dejarse ver una cosa de un modo poco claro o verse sólo el principio o una parte de ella: *En la distancia se insinuaba la silueta de un barco.*

👁 Se conjuga como: actuar; la 'u' se acentúa en algunos tiempos y personas, como: insinúen.

insípido, insípida

adjetivo **1** Se dice de las comidas o las sustancias que tienen poco o ningún sabor. El agua es insípida.

insistencia

nombre femenino **1** Repetición continuada de algo que se quiere destacar.

insistente

adjetivo **1** Que repite lo mismo muchas veces; también es insistente aquello que se repite mucho: *No respondió a su insistente pregunta.*

insistir

verbo **1** Repetir algo varias veces para conseguir un determinado fin: *No insistas, no voy a dejarte salir.*
2 Destacar la importancia de una cosa de algún modo, normalmente repitiéndola varias veces: *El profesor insistió en este tema.*

insolación

nombre femenino **1** Trastorno ocasionado en una persona que ha estado mucho tiempo al sol, caracterizado por fiebre, vómitos y fuerte dolor de cabeza.
👁 El plural es: insolaciones.

insolente

adjetivo y nombre masculino y femenino **1** Que se comporta con atrevimiento, descaro y desvergüenza, especialmente con las personas mayores o con autoridad.

insólito, insólita

adjetivo **1** Que resulta muy sorprendente por ser raro o muy poco frecuente.

insomnio

nombre masculino **1** Falta de sueño o dificultad para dormir cuando es necesario hacerlo.

insoportable

adjetivo **1** Que no se puede soportar o aguantar por ser muy desagradable o malo: *El olor de la basura me resulta insoportable.*

inspeccionar

verbo **1** Examinar u observar una cosa con mucha atención y mucho detenimiento para comprobar que está como tiene que estar o para encontrar algo: *La policía inspeccionó el vehículo.*

inspector, inspectora

nombre **1** Persona que se dedica a la inspección de algo, como un colegio o un hospital. Los inspectores tienen la obligación de comprobar que todo está en orden y la gente sigue las normas.

inspiración

nombre femenino **1** Acción que consiste en coger aire por la nariz o por la boca y llevarlo a los pulmones al respirar. ✗ aspiración. ✗ espiración.
2 Cosa o persona que supone un estímulo y ayuda y empuja a una persona a realizar una obra de arte. Para muchos poetas, la persona amada es su inspiración. ✍ 600

inspirar

verbo **1** Coger aire por la nariz o por la boca para llevarlo a los pulmones al respirar. ✗ aspirar. ✗ espirar.
2 Provocar un sentimiento determinado en una persona. La gente con mal aspecto no nos inspira confianza.
3 Empujar y ayudar a un artista a crear una obra de arte. Las historias de la vida real inspiran a muchos escritores para escribir novelas.

instalación

nombre femenino **1** Acción que consiste en colocar una cosa en un sitio de la forma adecuada para que pueda funcionar o para que pueda utilizarse.
2 Conjunto de aparatos, objetos o edificios instalados en algún lugar para realizar un servicio o una función determinados. Los gimnasios tienen muchas instalaciones, como aparatos, vestuarios o piscinas.
👁 El plural es: instalaciones.

instalar

verbo **1** Colocar una cosa en un sitio de la forma necesaria para que pueda realizar su función. Se instalan el teléfono, el ordenador y otros aparatos.
2 Poner a una persona en un sitio para que esté una temporada en él: *Me instalé en un hotel del centro.* ✗ acomodar.

instancia

nombre femenino **1** Documento oficial que se usa para pedir algo. Para solicitar becas o cualquier clase de ayuda, hay que rellenar la instancia correspondiente. ✗ solicitud.

instantáneo, instantánea

adjetivo **1** Que se produce o se consigue en muy poco tiempo, en un instante: *Su respuesta fue instantánea.* **2** Que sólo dura un instante o un momento: *Vimos una luz instantánea en el cielo.* **3** Se dice de los productos de alimentación, como el café o la sopa, que se presentan en forma de polvo y se preparan añadiéndoles leche o agua caliente.

instante

nombre masculino **1** Periodo de tiempo muy breve: *Vuelvo en un instante, espera.*

instintivo, instintiva

adjetivo **1** Se dice de los actos, los sentimientos, las actitudes o las reacciones que no obedecen a la voluntad y a la reflexión, sino que se hacen o se tienen por instinto. Es instintivo el llanto de los niños pequeños cuando tienen hambre.

instinto

nombre masculino **1** Razón o impulso natural que hace que los animales y las personas actúen de un modo determinado de manera espontánea. Los animales cazan por instinto de conservación.

institución

nombre femenino **1** Organización fundada por unas personas con el fin de realizar una labor de interés público. La Cruz Roja es una institución destinada a socorrer a los necesitados. 👁 El plural es: instituciones.

instituto

nombre masculino **1** Establecimiento oficial dedicado a la enseñanza secundaria. **2** Organización que tiene fines científicos, culturales o benéficos, como el Instituto Nacional de Meteorología. **3** Establecimiento comercial en el que se proporcionan determinados servicios al público, como los institutos de belleza.

instrucción

nombre femenino **1** Norma, regla u orden que se da para la correcta realización de una cosa. Los aparatos eléctricos llevan un libro de instrucciones para usarlos correctamente. **2** Conjunto de conocimientos que una persona posee porque los ha ido aprendiendo a lo largo de su vida. Decimos que tiene mucha instrucción la persona que tiene mucha cultura o muchos conocimientos generales. 👁 El plural es: instrucciones.

instructivo, instructiva

adjetivo **1** Se dice de lo que sirve para enseñar o es útil para que una persona aprenda una cosa o adquiera experiencia sobre ella. Algunos juguetes, como los de construcción, son muy instructivos.

instructor, instructora

nombre **1** Persona que se dedica a enseñar a otra a realizar una actividad concreta. Los instructores deportivos ayudan a mejorar la forma física.

instrumento

nombre masculino **1** Objeto simple o formado por un conjunto de piezas que se utiliza para realizar un trabajo. **2** Objeto hecho a propósito para producir sonidos musicales. Los instrumentos musicales pueden ser de cuerda, como la guitarra; de percusión, como el tambor, o de viento, como la flauta. **3** Persona o cosa de la cual se sirve alguien para conseguir un fin sin importarle el perjuicio que le pueda causar: *Utilizó a la prensa como instrumento para darse a conocer.*

insuficiente

adjetivo **1** Que no llega, que no es bastante para algo. Ducharse una vez al mes es insufícente para mantenerse limpio. ✂ suficiente.

nombre masculino **2** Nota o calificación que indica que la persona examinada no tiene los conocimientos mínimos para aprobar. Si tenemos un insuficiente, hemos suspendido.

insufrible

adjetivo **1** Que es tan malo o tan pesado que no se puede aguantar. Una película insufrible es un rollo.

insultar

verbo **1** Enfadar o molestar a una persona con palabras, gestos o accio-

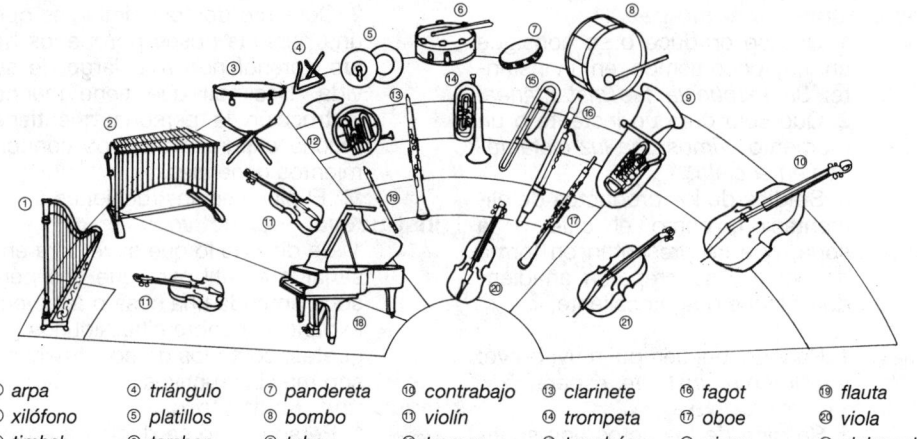

① arpa	④ triángulo	⑦ pandereta	⑩ contrabajo	⑬ clarinete	⑯ fagot	⑲ flauta
② xilófono	⑤ platillos	⑧ bombo	⑪ violín	⑭ trompeta	⑰ oboe	⑳ viola
③ timbal	⑥ tambor	⑨ tuba	⑫ trompa	⑮ trombón	⑱ piano	㉑ violoncelo

instrumentos

nes que se hacen o se dicen con la intención de ofenderle. Decirle imbécil a alguien es insultarle.

insulto

nombre masculino   **1** Palabra o palabras que se dirigen a una persona para insultarla. **2** Acción que ofende o molesta a una persona: *Es un insulto que a mi edad aún me traten como a un niño.*

insuperable

adjetivo   **1** Que tiene unas características tan buenas que no se pueden o son muy difíciles de superar o mejorar, como un récord. **2** Que no se puede solucionar. Un problema nos parece insuperable cuando nos preocupa mucho.

intacto, intacta

adjetivo   **1** Que no ha sido tocado, dañado o alterado. A pesar de los años transcurridos, muchas momias se conservan intactas. ⚒ entero.

íntegro, íntegra

adjetivo   **1** Que está entero, que no le falta ninguna parte: *La versión íntegra de esta novela tiene 500 páginas, pero yo me he leído una versión reducida.* ⚒ completo. **2** Se dice de la persona que hace siempre lo que considera que es más justo o conveniente. Las personas íntegras no suelen engañar ni mentir. ⚒ honrado; justo.

intelectual

adjetivo   **1** Se dice de las cosas que tienen que ver con la inteligencia, el entendimiento o la razón.

adjetivo y nombre masculino y femenino   **2** Se dice de la persona que se dedica a actividades o trabajos en los que predomina el uso de la inteligencia y de las facultades mentales, como los escritores o los filósofos.

inteligencia

nombre femenino   **1** Capacidad que tienen las personas para conocer, comprender y juzgar las cosas, formando ideas en la mente y relacionándolas entre sí.

inteligente

adjetivo   **1** Se dice de la persona que tiene una inteligencia bastante desarrollada. También se dice de algunos animales, en especial domésticos, que se comportan como si comprendieran las cosas y de algunas cosas que parece que tengan inteligencia, como un sistema informático. **2** Se dice de las acciones que son fruto de la mente humana y que están hechas con mucha inteligencia y acierto, como una pregunta, un análisis, una crítica o una observación muy bien pensadas.

intemperie

a la intemperie Al aire libre: *El*

mendigo dormía a la intemperie porque no tenía casa.

intención

nombre femenino
1 Pensamiento o idea que tiene una persona de hacer una cosa. Cuando una persona planea una cosa es porque tiene la intención de hacerla.
2 Deseo de hacer o decir algo bueno o malo para una persona al hacerlo o al decirlo: *Me lo dijo con buena intención, pero no me sentó muy bien.*
☞ El plural es: intenciones.

intencionado, intencionada

adjetivo
1 Se dice de la acción que realiza una persona con la voluntad de conseguir el resultado que implica esa acción. Decimos que una decisión es intencionada cuando se toma a propósito, sabiendo el daño o beneficio que puede causar.

intensidad

nombre femenino
1 Fuerza o energía de algo, como un suceso, una acción, unas palabras, un sentimiento o una sensación. En verano, la intensidad del calor es mayor que en primavera.

intenso, intensa

adjetivo
1 Que es muy fuerte, de modo que se nota o se percibe mucho. Los perfumes suelen tener un olor intenso.

intentar

verbo
1 Empezar a hacer algo sin estar seguro de conseguir realizarlo o terminarlo, pero haciendo todo lo posible o lo necesario para hacerlo: *El técnico intentó arreglar la tele, pero no pudo.*

intento

nombre masculino
1 Acción que realiza una persona cuando hace todo lo posible o lo necesario para conseguir un fin, sin estar segura de si lo conseguirá o no.
2 Acción que una persona intenta realizar, pero que no se llega a conseguir. En un intento de robo hay voluntad de cometer el delito, pero no se completa la acción.

intercalar

verbo
1 Poner una cosa entre otras: *Me he hecho un collar intercalando bolas blancas con bolas negras.*

intercambiar

verbo
1 Cambiar una cosa entre sí dos o más personas o grupos. En algunos partidos de fútbol los jugadores se intercambian las camisetas al final del partido.
☞ Se conjuga como: cambiar; la 'i' no lleva nunca acento de intensidad.

interceder

verbo
1 Defender a una persona o ayudarla hablando en su favor.

interés

nombre masculino
1 Aquello que es útil o conveniente para alguien. Las personas estudian por su propio interés.
2 Importancia o valor que una cosa tiene para alguien.
3 Cantidad de dinero que da o percibe el banco por recibir o prestar dinero a sus clientes. Cuando una persona tiene dinero en una libreta de ahorro, el banco le da un interés determinado.
☞ El plural es: intereses.

interesado, interesada

adjetivo y nombre
1 Que tiene interés por algo: *Está muy interesado en hablar contigo.*
2 Se dice de la persona que actúa sólo por su propio interés, para sacar un provecho o beneficio.

nombre
3 Persona que interviene en algún asunto público o lleva a cabo algún trámite oficial por su cuenta. Cuando se solicita una beca se comunica al interesado la decisión de concedérsela o no.

interesante

adjetivo
1 Que interesa o atrae o puede interesar.

interesar

verbo
1 Tener interés o resultar atrayente una cosa o una persona. Las personas estudian las carreras que más les interesan.
2 Tener importancia o afectar un asunto a una persona.
3 Ser una cosa útil o buena para alguien: *Yo creo que te interesa estudiar durante el curso para intentar aprobarlo todo en junio.*
4 interesarse Mostrar interés o curiosidad por una cosa, por una actividad o por una persona.

interferencia

nombre femenino **1** Funcionamiento o desarrollo anormal de algo producido por el cruce de otras acciones. Cuando hay interferencias en la radio o la televisión, las imágenes y los sonidos se perciben mal porque se superponen varias ondas. ✎ 198

interfono

nombre masculino **1** Aparato telefónico que sirve para que puedan comunicarse a distancia las personas que están en diferentes habitaciones de un edificio o las personas que están en una casa con las que llaman al timbre desde el exterior.

interior

adjetivo y nombre masculino **1** Que está situado o queda en la parte de dentro de una cosa. ✖ interno. ✖ exterior.
2 Se dice de las viviendas o habitaciones cuyas ventanas no dan a la calle. ✖ exterior.

nombre masculino **3** Parte de un continente, un país, una región o una provincia que está lejos del mar. El clima del interior suele ser más frío que el de las zonas costeras.
4 Conjunto de sentimientos y de pensamientos de una persona.

interjección

nombre femenino **1** Clase de palabras invariables que se usa para indicar diversos tipos de impresiones del hablante, como la alegría, la sorpresa o el dolor, o para captar la atención del oyente. Siempre aparece entre signos de exclamación.
👁 El plural es: interjecciones.

interlocutor, interlocutora

nombre **1** Persona que interviene en una conversación junto a otra u otras.

intermediario, intermediaria

nombre **1** Persona u organismo que interviene para poner paz entre personas o bandos enfrentados o para intentar que lleguen a un acuerdo. ✖ mediador.
2 Persona que compra los productos a los agricultores o a los fabricantes y los vende a las tiendas.

intermedio, intermedia

adjetivo **1** Se dice de lo que está en medio de dos puntos extremos de tiempo o lugar. Madrid está en un punto intermedio entre Santander y Jaén.
2 Que está entre los extremos de una escala de cualquier tipo, compartiendo rasgos de ambos extremos. El gris es un color intermedio entre el negro y el blanco.

nombre masculino **3** Pausa que se hace hacia la mitad de un espectáculo, como teatro, cine o televisión. ✖ descanso.

interminable

adjetivo **1** Se dice de las cosas que no se pueden acabar o que parece que no acaban nunca. En una discusión interminable parece imposible que se llegue a un acuerdo.

intermitente

adjetivo **1** Se dice de las cosas que se interrumpen y vuelven a comenzar cada cierto tiempo. El viento, un sonido o el dolor pueden ser intermitentes.

nombre masculino **2** Luz que tienen los coches delante y detrás para indicar los cambios de dirección. La luz de los intermitentes se apaga y se enciende varias veces. ✎ 195

internacional

adjetivo **1** Que afecta o relaciona a varios o a todos los países del mundo. La contaminación del mar es un problema internacional. ✖ mundial; universal.

adjetivo y nombre masculino y femenino **2** Se dice del deportista que representa a su país en una competición en la que participan varios países.

internado

nombre masculino **1** Centro de enseñanza en el que viven los estudiantes: *En verano suele ir a un internado en el extranjero para aprender idiomas.*

internar

verbo **1** Llevar y dejar a una persona en un lugar para que pase allí cierto tiempo, por ejemplo en un hospital o en una cárcel.
2 internarse Avanzar y meterse dentro de un lugar: *Se internaron en el laberinto y luego no podían salir.*

internet

nombre **1** Red informática de nivel mundial que utiliza la línea telefónica para transmitir la información.

interno, interna

adjetivo **1** Que ocurre o está dentro: *Tuvo una hemorragia interna.* ✖ externo.

nombre **2** Persona que vive en un internado o está ingresada en un hospital o en una prisión.

interpretación

nombre femenino **1** Explicación del significado de una cosa, como por ejemplo de un poema, de una frase o de una palabra.
2 Actuación de un actor, un cantante o un músico. ✖ ejecución.
👁 El plural es: interpretaciones.

interpretar

verbo **1** Explicar el significado de una cosa, como por ejemplo de un libro o de un poema.
2 Dar un significado determinado a unas palabras o acciones que se pueden entender de diversas maneras: *No sé cómo interpretar tu error; no sé si se debe a un despiste o a que no has estudiado.*
3 Representar un actor un papel en una película o en una obra de teatro.
4 Tocar una pieza musical con un instrumento o cantar una canción. ✖ ejecutar.

intérprete

nombre masculino y femenino **1** Persona que se dedica a traducir, de un modo oral, lo que se dice en una lengua a otra.
2 Persona que interpreta personajes en el cine o el teatro.
3 Persona que toca una pieza musical o canta una canción.

interrogación

nombre femenino **1** Signo que se pone al principio y al final de una frase para indicar que es una pregunta. Los signos de interrogación se escriben así: ¿ ? ✖ interrogante.
2 Palabras con las que se hace una pregunta.
👁 El plural es: interrogaciones.

interrogante

nombre **1** Aquello que se pregunta o que no se conoce.
👁 Tiene doble género, se dice: el interrogante o la interrogante.

interrogar

verbo **1** Hacer preguntas a alguien para intentar descubrir algo.

👁 Se escribe 'gu' delante de 'e', como: interroguen.

interrogativo, interrogativa

adjetivo **1** Que indica o sirve para indicar una pregunta. '¿Quién está ahí?' es una frase interrogativa y 'quién' es un pronombre interrogativo.

interrogatorio

nombre masculino **1** Acción que consiste en hacer una serie de preguntas a alguien para aclarar un hecho. Los acusados por algún delito son sometidos a un interrogatorio por parte de la policía.

interrumpir

verbo **1** Hacer que algo o alguien no pueda continuar. Nos interrumpe alguien que no nos deja seguir hablando. Se interrumpe la emisión de un programa de radio para dar noticias importantes.

interrupción

nombre femenino **1** Acción que consiste en interrumpir algo.
👁 El plural es: interrupciones.

interruptor

nombre masculino **1** Mecanismo que tiene la función de abrir o cerrar un circuito eléctrico. Los interruptores se usan para encender o apagar una luz y se suelen pulsar con la mano. ✍ 194

intersección

nombre femenino **1** Punto o espacio donde se juntan dos líneas o dos superficies que se entrecruzan, como la intersección de dos calles.
👁 El plural es: intersecciones.

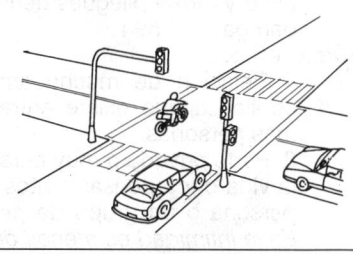

intersección

interurbano, interurbana

adjetivo **1** Que existe o se establece entre poblaciones distintas. Los autobuses y trenes interurbanos conectan ciudades o pueblos diferentes.

intervalo

nombre masculino **1** Fragmento de tiempo que hay entre dos cosas. Entre el final de una clase y el comienzo de otra suele haber un intervalo de un par de minutos.
2 Distancia que hay entre dos cosas. Las semillas se plantan separadas por intervalos de unos centímetros.

intervención

nombre femenino **1** Acción que consiste en intervenir o tomar parte en algo, como una conversación o un trabajo.
2 Acción que consiste en abrir un cuerpo para curar los órganos o tejidos que estén enfermos o para trasplantarlos. ⚒ operación.
☞ El plural es: intervenciones.

intervenir

verbo **1** Tomar parte una persona en una acción o en un asunto, como una conversación, una reunión o un negocio.
2 Meterse una persona en los asuntos de otra o de otras para beneficiarlas o perjudicarlas, o meterse en un conflicto o enfrentamiento para mediar entre dos o más personas.
3 Operar el médico a un enfermo.
☞ Se conjuga como: venir.

intestino

nombre masculino **1** Tubo largo y musculoso del aparato digestivo que va desde el estómago hasta el ano. El intestino humano tiene varios metros de longitud y forma pliegues dentro de la barriga. ☞ 594

intimidad

nombre femenino **1** Relación de mucha amistad y confianza que existe entre dos o más personas.
2 Parte privada o muy personal de la vida o los pensamientos de una persona o un grupo de personas: *En la intimidad es menos duro que en el trabajo*.

íntimo, íntima

adjetivo **1** Que forma parte de lo más profundo y más personal. Algunas cosas son demasiado íntimas como para contarlas incluso a los amigos.

adjetivo y nombre **2** Se dice de los amigos con los que se tiene una relación más especial, de más confianza, que con otros amigos.

adjetivo **3** Se dice de los actos que se hacen con muy pocas personas, todas ellas amigas o familiares. En una boda íntima sólo están los seres más queridos.

intocable

adjetivo **1** Que merece un respeto tal que no se puede o no se debe criticar ni cambiar. Entre los católicos, el Papa es intocable.

intolerable

adjetivo **1** Que es tan malo o está tan mal que no se puede admitir o tolerar. Los ataques racistas son intolerables.

intoxicación

nombre masculino **1** Daño causado en el organismo por comer, beber o respirar una sustancia venenosa o tóxica o que está en mal estado.
☞ El plural es: intoxicaciones.

intoxicarse

verbo **1** Sufrir alguien daño en el organismo debido a una sustancia venenosa o tóxica o que está en mal estado: *Se intoxicaron por comer una mayonesa en mal estado*.
☞ Se escribe 'qu' delante de 'e', como: intoxiquen.

intranquilidad

nombre femenino **1** Estado de la persona que no está tranquila porque tiene alguna preocupación o algún temor.

intransitivo, intransitiva

adjetivo y nombre masculino **1** Se dice de los verbos que no necesitan complemento directo, como 'andar', 'dormir' o 'ir'.

intratable

adjetivo **1** Se dice de la persona con la cual es muy difícil hablar o relacionarse, debido a su antipatía o mal carácter.

intrépido, intrépida

adjetivo **1** Que se atreve a hacer las cosas más difíciles o problemáticas con valor y decisión, sin miedo al peligro o al riesgo. ⚒ valiente.

intriga

nombre femenino **1** Sentimiento de curiosidad que despierta una cosa que se quiere conocer. Las novelas por capítu-

los o las series de televisión nos dejan con la intriga hasta la nueva entrega o el siguiente episodio.
2 Conjunto de sucesos o de acciones que despiertan y mantienen el interés y la curiosidad de las personas que los siguen, en especial los de una novela, una obra de teatro o una película.
3 Plan o acción que se prepara en secreto para conseguir algo, en especial algo negativo para otra persona.

introducción
nombre femenino
1 Acción que consiste en introducir o poner una cosa dentro de otra.
2 Texto que va antes del cuerpo principal de una obra y que sirve como presentación. En muchas novelas hay unas páginas de introducción en las que se presenta a los personajes.
👁 El plural es: introducciones.

introducir
verbo
1 Meter una cosa en otra o en un sitio. Para que funcione un teléfono público, hay que introducir una moneda por la ranura.

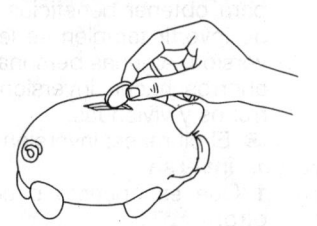

introducir

2 Hacer que una persona entre a formar parte de un grupo o se aficione o se familiarice con algo: *Introdujo a su amigo en el mundo empresarial.*
3 introducirse Entrar una persona en un lugar, en especial cuando lo hace sin que nadie se dé cuenta o sin permiso: *Se introdujo por sorpresa en la reunión.*
👁 Se conjuga como: conducir; la 'c' se convierte en 'zc' delante de 'a' y 'o' y el pretérito indefinido es irregular, como: introduzca, introduzco o introduje.

intruso, intrusa
adjetivo y nombre
1 Se dice de la persona que se ha introducido en un lugar donde no tiene derecho a estar o disfruta de algo a lo que tampoco tiene ningún derecho.

intuición
nombre femenino
1 Capacidad que tienen algunas personas de comprender o conocer algunas cosas instantáneamente y con claridad, sin necesidad de razonamientos: *No me lo han dicho, pero la intuición me dice que vendrán mañana.*
👁 El plural es: intuiciones.

inundación
nombre femenino
1 Situación en que queda una casa, una ciudad o un terreno cuando el agua los ha cubierto por completo. Las fuertes lluvias y el desbordamiento de los ríos provocan graves inundaciones.
👁 El plural es: inundaciones.

inundar
verbo
1 Cubrir el agua un lugar. Si olvidamos cerrar el grifo de la bañera, se nos puede inundar el piso.
2 Llenar un lugar por completo de personas o cosas. Los turistas inundan cada año la costa.

inútil
adjetivo
1 Que no es útil o no sirve. Unas tijeras que no cortan son un instrumento inútil. ✂ útil.
adjetivo y nombre masculino y femenino
2 Se dice de la persona que no sirve para hacer algo porque no sabe hacerlo o porque tiene algún problema o defecto que no se lo permite. Algunas personas son inútiles para el servicio militar porque tienen algún defecto que les impide hacer la instrucción.

invadir
verbo
1 Entrar en un lugar o un territorio por la fuerza para quedarse en él.
2 Llegar gran cantidad de personas, animales o cosas a un lugar y llenarlo durante un tiempo. En verano, los mosquitos nos invaden.
3 Ponerse una persona en un estado de ánimo determinado que la domina por completo. Cuando a una persona la invade el desánimo lo ve todo negro.

I

i

inválido, inválida

adjetivo y nombre **1** Se dice de la persona que tiene un defecto físico o una enfermedad que le impide hacer determinados movimientos o trabajos.

invariable

adjetivo **1** Que no varía o no cambia. En las lenguas hay palabras invariables, como las preposiciones, que no tienen singular ni plural, masculino ni femenino. ✘ variable.

invasión

nombre femenino **1** Acción que consiste en que muchas personas, animales o cosas entran en un lugar para quedarse en él o llenarlo durante un tiempo. ☞ El plural es: invasiones.

invasor, invasora

adjetivo y nombre **1** Que invade o entra en un lugar o una situación de modo violento para quedarse.

invencible

adjetivo **1** Se dice de lo que no se puede o es muy difícil de vencer o derrotar, como un ejército que siempre sale victorioso o un equipo deportivo que siempre gana.

invención

nombre femenino **1** Acción de inventar una cosa. La invención del teléfono fue un hecho muy importante.
2 Cosa inventada o creada por alguien: *Los ordenadores son la mejor invención del siglo xx.* ✘ invento.
3 Cosa que se dice para engañar: *Vaya invención lo que ha contado, no me creo nada.* ✘ mentira.
☞ El plural es: invenciones.

inventar

verbo **1** Crear una cosa que antes no existía.
2 Imaginar cosas que no existen en realidad. Algunos escritores inventaron gran cantidad de cuentos en su vida, como los hermanos Grimm.

inventiva

nombre femenino **1** Capacidad o facilidad de algunas personas para inventar cosas. ✘ creatividad.

invento

nombre masculino **1** Cosa inventada: *Me han regalado un libro de los inventos del siglo xx.* ✘ invención.

inventor, inventora

nombre **1** Persona que ha inventado algo o se dedica a inventar. Graham Bell fue el inventor del teléfono.

invernadero

nombre masculino **1** Lugar acondicionado para mantener una temperatura adecuada en el que se cultivan flores, frutas y otros vegetales. Suele estar cubierto con cristales o plásticos que dejan pasar la luz del sol.

invernar

verbo **1** Pasar el invierno en algún lugar. Muchas aves europeas invernan en países del norte de África donde no pasan tanto frío.
☞ No lo confundas con 'hibernar', que significa: pasar el invierno algunos animales dentro de su madriguera.

inverosímil

adjetivo **1** Se dice de las cosas que no se puede creer que sean verdad porque son disparatadas o porque parecen imposibles.

inversión

nombre femenino **1** Cantidad de dinero que se emplea en un negocio o actividad para obtener beneficios. Al hecho de invertir también se le llama inversión. Algunas personas con sus ahorros hacen inversiones en terrenos y viviendas.
☞ El plural es: inversiones.

inverso, inversa

adjetivo **1** Que es opuesto o contrario a otro.
a la inversa Al revés o en sentido contrario. Leer una palabra a la inversa es leerla de derecha a izquierda.

invertebrado, invertebrada

adjetivo y nombre **1** Se dice del animal que no tiene esqueleto, como los insectos o los gusanos. ✘ vertebrado.

invertir

verbo **1** Emplear una cantidad de dinero en un negocio o actividad para obtener beneficios.
2 Dedicar esfuerzo o tiempo a alguna cosa. Hay personas que invierten su tiempo libre en escuchar música o hacer deporte.
3 Cambiar el orden, el sentido o

la dirección de alguna cosa. Cuando queda poco gel en un frasco lo invertimos para que caiga y salga el gel que queda.

👁 Se conjuga como: preferir; la 'e' se convierte en 'ie' en sílaba acentuada o en 'i' en algunos tiempos y personas, como: invierten.

investigación

nombre femenino **1** Acción que consiste en intentar saber o conocer a fondo una cosa preguntando, examinando y analizando lo relacionado con ella.

👁 El plural es: investigaciones.

investigador, investigadora

nombre **1** Persona que se dedica a la investigación, en especial la científica o la policial.

investigar

verbo **1** Intentar saber o conocer a fondo una cosa preguntando, examinando y analizando lo relacionado con esa cosa. ▨ indagar.

2 Estudiar con profundidad una ciencia, una materia o un fenómeno para conocerlo bien o para hacer algún descubrimiento.

👁 Se escribe 'gu' delante de 'e', como: investigue.

inviable

adjetivo **1** Que no se puede hacer o llevar a cabo. Si no hay dinero suficiente para hacer un trabajo, el trabajo es inviable. ▨ irrealizable.

invierno

nombre masculino **1** Estación del año que viene después del otoño y antes de la primavera; empieza el 21 de diciembre y termina el 21 de marzo. ☞ 599

invisible

adjetivo **1** Que no puede ser visto. Los hilos transparentes resultan invisibles.

invitación

nombre femenino **1** Acto en el que se invita a una persona a algo: *Acepté su invitación por cortesía.*

2 Tarjeta o carta con la que se invita a algo, como una boda.

👁 El plural es: invitaciones.

invitado, invitada

adjetivo y nombre **1** Se dice de la persona que asiste a una celebración porque alguien se lo ha pedido o tiene una invitación.

invitar

verbo **1** Pedir a alguien que acuda a una fiesta, a una comida o a cualquier otro tipo de celebración.

2 Pagar lo que una o más personas toman en un establecimiento: *Nos invitó a todos a un helado.*

3 Animar o convencer a una persona para que haga algo que se considera agradable. El buen tiempo invita a salir a pasear.

4 Pedir a alguien que haga una cosa o animarle a hacer algo. Cuando alguien viene a nuestra casa lo invitamos a pasar, a sentarse y a que nos cuente cómo le va.

involuntario, involuntaria

adjetivo **1** Que ocurre o se hace sin querer, sin que exista una voluntad clara. Si alguien recibe un golpe involuntario de otra persona no se tiene que enfadar. ▨ voluntario.

inyección

nombre femenino **1** Medicamento líquido que se introduce en el cuerpo mediante una aguja y una jeringa para curar una enfermedad.

👁 El plural es: inyecciones.

inyectar

verbo **1** Introducir una sustancia líquida en un cuerpo, en especial un medicamento mediante una aguja y una jeringa para curar una enfermedad. Las serpientes inyectan su veneno a sus presas a través de los colmillos.

ir

verbo **1** Moverse una persona o una cosa hacia un lugar determinado. Algunas personas van al trabajo en coche; cuando sopla viento del norte las nubes van hacia el sur.

2 Tener un camino o un medio de transporte una dirección determinada o llevar a un sitio: *El avión va a Nueva York.*

3 Estar presente en un lugar o un acto: *No irá a la inauguración del restaurante.* ▨ asistir.

4 Funcionar un aparato. Cuando la tele va mal, no se ve bien.

5 Ser o desarrollarse algo de determinada manera: *¿Cómo te va?*

Me va estupendamente en mi nuevo trabajo.
6 Tener una persona o una cosa una actitud determinada. Se utiliza en expresiones como: ir en serio, ir en broma, ir a contracorriente.
7 Arreglarse, vestirse o combinar prendas o adornos: *Esta corbata te va muy bien con ese traje. Vas demasiado elegante para ir a ese restaurante.*
8 Extenderse una cosa desde un punto o lugar hasta otro: *La avenida va desde la estación hasta el parque.*
9 Seguido de 'a' y un verbo en infinitivo, indica que se tiene la intención de hacer algo o que algo ocurrirá en el futuro: *Ahora mismo voy a regar las plantas.*
10 Seguido de gerundio, indica que la acción se realiza poco a poco:

ir	
INDICATIVO	**SUBJUNTIVO**
presente	**presente**
voy	vaya
vas	vayas
va	vaya
vamos	vayamos
vais	vayáis
van	vayan
pretérito imperfecto	**pretérito imperfecto**
iba	fuera o fuese
ibas	fueras o fueses
iba	fuera o fuese
íbamos	fuéramos o fuésemos
ibais	fuerais o fueseis
iban	fueran o fuesen
pretérito indefinido	**futuro**
fui	fuere
fuiste	fueres
fue	fuere
fuimos	fuéremos
fuisteis	fuereis
fueron	fueren
futuro	
iré	**IMPERATIVO**
irás	
irá	ve (tú)
iremos	vaya (usted)
iréis	id (vosotros)
irán	vayan (ustedes)
condicional	**FORMAS NO PERSONALES**
iría	
irías	**infinitivo** **gerundio**
iría	ir yendo
iríamos	**participio**
iríais	ido
irían	

Ya va aprendiendo la tabla de multiplicar.
11 irse Abandonar un lugar o salir de él: *Se fue sin despedirse.*
12 irse Pasar algo sin aprovecharlo, como el tiempo, el dinero o los años.
ir a lo suyo Preocuparse sólo de los propios asuntos y no de los asuntos de los demás.
ir de algo Parecer o querer ser como aquello que se indica: *Va de chulo; es insoportable.*
ir sobre algo Tratar una cosa sobre lo que se indica. Las películas de amor van sobre historias de amor.
qué va Indica que no se está de acuerdo con lo que otra persona dice: *¿Que en España hay treinta y cinco millones de habitantes? ¡Qué va! Por lo menos hay cuarenta.*

ira
nombre femenino **1** Enfado muy fuerte o violento en el que la persona pierde el dominio sobre sí misma. La ira suele manifestarse con gran irritación, gritos e insultos e incluso con golpes y violencia física.

iris
nombre masculino **1** Parte redonda de color que hay en el ojo. El iris puede ser negro, marrón, azul o verde. ✍ 594
◉ El plural es: iris.

irlandés, irlandesa
adjetivo y nombre **1** Se dice de la persona o cosa que es de la isla de Irlanda, de la República de Irlanda o de Irlanda del Norte.
nombre masculino **2** Lengua que se habla en Irlanda. El irlandés es de origen celta.

ironía
nombre femenino **1** Aquello que se dice queriendo dar a entender justo lo contrario de lo que se dice. Es una ironía decir a alguien que se cuide y no se canse demasiado cuando está tumbado sin hacer nada.

irónico, irónica
adjetivo **1** Que da a entender justo lo contrario de lo que dice.

irracional
adjetivo **1** Se dice de los animales que, a diferencia del hombre, carecen de

razón y entendimiento para poder pensar.

2 Se dice de lo que está en contra de la razón o del buen juicio.

irreal

adjetivo   **1** Que no es real o verdadero. Las novelas suelen contar hechos irreales. ✕✕ real.

irrealizable

adjetivo   **1** Que no se puede hacer o realizar porque es muy difícil, no da tiempo o por cualquier otro problema. ✕✕ inviable.

irreconocible

adjetivo   **1** Se dice de las personas, cosas o lugares que están tan diferentes de como se recordaban que casi no se pueden reconocer.

irregular

adjetivo   **1** Que no es uniforme o regular. Si una carretera tiene baches, se dice que tiene el suelo irregular.

2 Que no es, no se hace o no ocurre conforme a la norma, la regla, la ley o la costumbre. Los verbos irregulares se conjugan de forma distinta de como se conjugan otros verbos de su misma conjugación.

irremediable

adjetivo   **1** Que no se puede remediar.

irresistible

adjetivo   **1** Que no se puede resistir o aguantar, normalmente por ser muy fuerte o por ser desagradable y molesto.

2 Se dice de la persona que es muy atractiva y gusta mucho. Es un uso informal.

irresponsable

adjetivo y nombre masculino y femenino   **1** Se dice de la persona que actúa sin pensar y sin tener en cuenta las consecuencias de lo que hace. ✕✕ inconsciente. ✕✕ responsable.

irritación

nombre femenino   **1** Estado de una parte del cuerpo que se pone roja o hinchada y pica. El contacto con las ortigas produce irritación en la piel.

2 Enfado muy grande.

👁 El plural es: irritaciones.

irritar

verbo   **1** Producir un enrojecimiento o hinchazón acompañados de picor en una parte del cuerpo. Si las lentillas están sucias, pueden irritar los ojos.

2 Enfadar mucho a una persona.

irrompible

adjetivo   **1** Que es tan duro o está hecho de tal forma que no se puede romper o es muy difícil romperlo.

irrumpir

verbo   **1** Entrar en algún sitio de repente y sin avisar o pedir permiso.

isla

nombre femenino   **1** Extensión de tierra que está rodeada de agua por todas partes. Mallorca, Menorca e Ibiza son islas españolas situadas en el Mediterráneo.

isla

islamismo

nombre masculino   **1** Religión de los musulmanes fundada por el profeta Mahoma.

islandés, islandesa

adjetivo y nombre   **1** Se dice de la persona o cosa que es de Islandia, isla y país europeos que se encuentra cerca del polo Norte.

nombre masculino   **2** Lengua de origen germánico hablada en Islandia.

islote

nombre masculino   **1** Isla pequeña y desierta. Todos los archipiélagos cuentan con algunos islotes.

israelí

adjetivo y nombre   **1** Se dice de la persona o cosa que es de Israel, país del sudoeste de Asia junto al Mediterráneo.

👁 El plural es: israelíes.

istmo

nombre masculino   **1** Estrecha franja de tierra que une dos continentes o una península y un continente. El istmo de Panamá une América del Norte con América del Sur.

italiano, italiana

adjetivo y nombre   **1** Se dice de la persona o cosa que es de Italia, país del sur de Europa.

I nombre masculino **2** Lengua hablada en Italia. El italiano tiene su origen en el latín, como el español.

itinerante
adjetivo **1** Que va de un lugar a otro, parando un tiempo en cada sitio: *Han organizado una exposición itinerante que se podrá ver en diferentes ciudades.*

itinerario
nombre masculino **1** Camino que se sigue para llegar a algún sitio.

izar
verbo **1** Subir una bandera o la vela de un barco tirando de una cuerda o un cable.

👁 Se escribe 'c' delante de 'e', como: icemos.

izquierda
nombre femenino **1** Conjunto de personas, grupos y partidos que tienen ideas progresistas y defienden que no haya diferencias entre ciudadanos o clases sociales.

2 Todo lo que está situado a nuestra izquierda. Cuando preparamos la mesa debemos colocar el tenedor a la izquierda del plato.

izquierdo, izquierda
adjetivo **1** Se dice de la parte del cuerpo que está situada en el lado del corazón, y de las cosas que quedan en ese lado. Las personas zurdas escriben con la mano izquierda.

adjetivo y nombre femenino **2** Se dice de la mano o pierna de una persona situada en el lado del corazón.

J j

j

nombre femenino **1** Décima letra del alfabeto español. La 'j' es una consonante.

jabalí, jabalina

nombre masculino y femenino **1** Animal mamífero salvaje parecido al cerdo, con dos colmillos que le salen de la boca hacia arriba.
👁 El plural de 'jabalí' es: jabalíes o jabalís.

jabalina

nombre femenino **1** Barra larga y fina terminada en punta; se utiliza en atletismo en una prueba de lanzamiento. 🖎 798

jabato, jabata

nombre **1** Cría del jabalí.
adjetivo y nombre **2** Se dice de una persona valiente y atrevida: *Ha entrado a ponerse la inyección él solito, es un jabato.*

jabón

nombre masculino **1** Producto que cuando se mezcla con agua produce espuma y sirve para lavar la piel, la ropa u otras cosas.
👁 El plural es: jabones.

jabonar

verbo **1** Mojar con agua y jabón a una persona o una cosa para lavarla. ✂ enjabonar.

jabonera

nombre femenino **1** Recipiente que se utiliza para dejar o para guardar la pastilla de jabón.

jaca

nombre femenino **1** Hembra del caballo. ✂ yegua.
2 Caballo que no llega al metro y medio de altura.

jacinto

nombre masculino **1** Planta con bulbo, de hojas largas y brillantes, y flores pequeñas en forma de campana.

jadear

verbo **1** Respirar por la boca deprisa y haciendo ruido después de haber hecho un gran esfuerzo. Después de una sesión de gimnasia se acaba jadeando.

jadear

jaleo

nombre masculino **1** Situación en la que hay mucho ruido, desorden, movimiento o confusión. Cuando en un lugar se reúnen muchas personas que hablan en voz alta suele haber mucho jaleo.

jamás

adverbio **1** Indica que una acción o situación no se ha producido antes en ningún momento: *Jamás he estado en el extranjero.* ✂ nunca.
2 Se utiliza para indicar que algo no debe ocurrir o hacerse: *Jamás olvides lo que te voy a decir.*

jamón

nombre masculino **1** Pata del cerdo curada y salada que sirve como alimento; también se llama jamón serrano.
2 Pierna de una persona, sobre todo cuando es gruesa. Es un uso informal.
jamón de York Pata del cerdo cocida.
¡y un jamón! Expresión que se usa cuando queremos negar algo que se nos ha pedido: *¿Que vas a*

J

j

coger mi caja de acuarelas?; sí, hombre, ¡y un jamón! Es una expresión informal.
☞ El plural es: jamones.

japonés, japonesa

adjetivo y nombre **1** Se dice de la persona o cosa que es de Japón, país del este de Asia.
nombre masculino **2** Lengua que se habla en Japón.
☞ El plural de 'japonés' es: japoneses.

jaqueca

nombre femenino **1** Dolor fuerte de cabeza. Si tenemos jaqueca lo mejor es descansar en un lugar sin ruidos.

jara

nombre femenino **1** Arbusto de hojas alargadas, aromáticas y pegajosas, con flores blancas, rosas o amarillas. La jara crece en los montes mediterráneos.

jarabe

nombre masculino **1** Medicamento líquido y espeso que sirve para curar una enfermedad o la tos.

jardín

nombre masculino **1** Terreno en el que se cultivan árboles, plantas y flores para hacerlo un lugar agradable y bonito.
jardín botánico Terreno en el que se cultivan plantas con fines científicos.
☞ El plural es: jardines.

jardinera

nombre femenino **1** Recipiente o soporte, normalmente alargado, que sirve para colocar plantas o macetas.

jardinería

nombre femenino **1** Cultivo y cuidado de los jardines. La jardinería puede ser una profesión o una afición.

jardinero, jardinera

nombre **1** Persona que se dedica a cultivar o cuidar jardines.

jarra

nombre femenino **1** Recipiente de boca ancha que tiene una o dos asas y sirve para contener líquidos o como adorno. Para servir el agua en la mesa usamos una jarra; la cerveza se puede tomar en vaso o en jarra.

jarro

nombre masculino **1** Recipiente de base y boca ancha, con o sin asa, que sirve para contener líquidos. En muchos restaurantes sirven el vino en un jarro de cristal o de barro.

jarrón

nombre masculino **1** Objeto más alto que ancho que se usa para poner flores o como adorno.
☞ El plural es: jarrones.

jaula

nombre femenino **1** Caja hecha con barras de metal o palos de madera, que sirve para encerrar a algunos animales. Hay gente que tiene en su casa pájaros dentro de jaulas.

jauría

nombre femenino **1** Conjunto de perros que cazan juntos.

jazmín

nombre masculino **1** Planta que da unas flores pequeñas, blancas o amarillas, de olor intenso y agradable; se utiliza en la elaboración de perfumes.
☞ El plural es: jazmines.

jazz

nombre masculino **1** Género musical que concede mucha importancia a la improvisación. El jazz se originó en Estados Unidos y al principio lo tocaban músicos de raza negra.
☞ Se pronuncia 'yas'.

jeans

nombre masculino plural **1** Pantalón vaquero.
☞ Se pronuncia 'yins'. El plural es: jeans.

jefatura

nombre femenino **1** Oficina de determinados cuerpos oficiales, especialmente del cuerpo de policía. La jefatura de tráfico vigila las carreteras.

jefe, jefa

nombre **1** Persona que manda o dirige el trabajo o la actividad de una o más personas. ☞ 395
2 Forma de llamar la atención de alguien: ¡Oiga, jefe, que se olvida el cambio! Es un uso informal.

jengibre

nombre masculino **1** Especia muy aromática y de sabor picante; se usa para preparar medicamentos y para dar sabor a las comidas.

jeque

nombre masculino **1** Jefe de un territorio o de una comunidad árabe.

jerga

nombre femenino **1** Manera de hablar propia de un determinado grupo de personas cuando hablan entre sí. Los policías, los estudiantes o los médicos tienen su propia jerga. ✕✕ argot.

jergón

nombre masculino **1** Colchón de paja o hierba.
👁 El plural es: jergones.

jeringuilla

nombre femenino **1** Instrumento de cristal o plástico formado por un tubo hueco y una aguja, que sirve para introducir un medicamento líquido en el cuerpo o extraer sangre. ✍ 595

jeroglífico, jeroglífica

adjetivo **1** Se dice de la escritura que, en vez de utilizar letras, utiliza dibujos. La escritura de los antiguos egipcios era jeroglífica.

nombre masculino **2** Pasatiempo que consiste en averiguar el significado de un conjunto de dibujos y símbolos.

jersey

nombre masculino **1** Prenda de vestir de punto, con mangas, que cubre desde el cuello hasta la cintura o la cadera.
👁 El plural es: jerséis.

jeta

adjetivo y nombre **1** Se dice de la persona que no tiene ninguna vergüenza ni reparo en hacer cosas que no se consideran correctas: *Tu primo es un jeta, me dice que no lleva dinero, le invito a un helado y luego él se compra otro con su dinero.*

nombre femenino **2** Falta de vergüenza. Las personas que se cuelan en las colas tienen mucha jeta. ✕✕ cara; morro; rostro.
3 Cara o expresión de una persona: *Tendrías que haber visto la jeta que ha puesto cuando te ha visto entrar.*
👁 Es una palabra informal.

jienense

adjetivo y nombre **1** Se dice de la persona o cosa que es de Jaén, ciudad y provincia de Andalucía.

jilguero

nombre masculino **1** Pájaro de color marrón oscuro por encima y blanco por el vientre, con la cabeza blanca, roja y negra, y las alas amarillas y negras, muy común en España.

jinete

nombre masculino **1** Hombre que monta a caballo.
👁 El femenino es: amazona.

jirafa

nombre femenino **1** Animal mamífero con el cuello y las patas muy largas y la cabeza pequeña; es de color amarillento con manchas marrones. Se alimenta de las hojas de los árboles y vive en África.
2 Brazo mecánico, largo y articulado, con un micrófono en el extremo, que sirve para grabar conversaciones desde arriba. En algunas películas se puede ver la jirafa utilizada al grabar la escena.

¡jo!

interjección **1** Expresa normalmente extrañeza, sorpresa o fastidio: *¡Jo, vaya bicicleta te han regalado!* Es un uso informal. ✕✕ jolín; jobar; jope.

¡jobar!

interjección **1** Expresa normalmente extrañeza, sorpresa o fastidio: *¡Jobar, cuánto sabes de ordenadores!* Es un uso informal. ✕✕ caray; jo.

joder

verbo **1** Realizar dos personas el acto sexual.
2 Causar una cosa un disgusto o enfado a una persona. ✕✕ fastidiar.
3 Romper o estropear una cosa: *Se jodió la tele.*

interjección **4 ¡joder!** Se utiliza para indicar enfado o sorpresa: *¡Joder, vaya morro, ese bocadillo era el mío!*
👁 Es una palabra vulgar.

jolgorio

nombre masculino **1** Situación divertida con mucha gente que se lo pasa bien. Cuando hacemos una fiesta en casa con música y muchos amigos se arma un jolgorio. ✕✕ juerga.

¡jolín!

interjección **1** Indica normalmente extrañeza, sorpresa o fastidio: *¡Jolín, qué interesantes!* Es un uso informal. ✕✕ jo; jolín; jope.

¡jope!

interjección **1** Indica normalmente extrañeza, sorpresa o fastidio: *¡Jope, cuántos deberes tengo!* Es un uso informal. ✕✕ jolín; jobar; jo.

jornada

nombre femenino **1** Tiempo que una persona dedica a trabajar al día o a la semana. La

J
j

J
j

jornada laboral normal es de cuarenta horas a la semana.
2 Día, en especial cuando hablamos de lo que ocurre desde la mañana hasta la noche. En las noticias de televisión, el resumen de la jornada recoge los titulares de las noticias más importantes.
3 Parte de una competición deportiva que se celebra durante un periodo de tiempo determinado, generalmente durante un día, como algunas etapas de carreras ciclistas.
jornada intensiva Jornada en que una persona trabaja de forma seguida, sin ninguna interrupción. La jornada intensiva suele ser de 8 de la mañana a 3 de la tarde.

jornal
nombre masculino   **1** Dinero que gana un trabajador por cada día de trabajo.

jornalero, jornalera
nombre   **1** Persona que trabaja por días a cambio de un jornal, especialmente en el campo.

joroba
nombre femenino   **1** Bulto que sale a las personas en la espalda, debido a una desviación de la columna vertebral. ✖✖ chepa.
2 Bulto que tienen ciertos animales en el lomo, como el camello, el dromedario o el bisonte.

jorobado, jorobada
adjetivo y nombre   **1** Se dice de una persona o un animal que tiene joroba.

jorobar
verbo   **1** Causar algo un disgusto o enfado de poca importancia a una persona: *Me joroba levantarme tan pronto todos los días.* ✖✖ fastidiar.
2 Romper o estropear una cosa: *Se ha jorobado el dedo meñique de la mano derecha.* ✖✖ fastidiar.
👁 Es una palabra informal.

jota
nombre femenino   **1** Nombre de la letra 'j'.
2 Baile popular de algunas zonas de España, como Aragón o Navarra; también es la canción que acompaña a este baile.
ni jota Nada de nada o poquísimo: *No entiende ni jota de inglés.* Es una expresión informal.

joven
adjetivo y nombre masculino y femenino   **1** Se dice de una persona, animal o planta que tiene pocos años y ha pasado su primera época sin ser todavía adulto. Una persona joven ya no es un niño y un animal joven ya no es una cría, aunque todavía no son adultos.
adjetivo   **2** Se dice de lo que tiene relación con la juventud. La música joven es la que le gusta a la juventud. ✖✖ juvenil.
👁 El plural es: jóvenes.

jovial
adjetivo   **1** Se dice de la persona que siempre está de buen humor y es muy alegre y divertida. Las personas joviales disfrutan mucho de la compañía de la gente y de las bromas.

joya
nombre femenino   **1** Objeto de oro, plata o platino, que puede llevar piedras preciosas y que sirve de adorno. Unos pendientes o un anillo son joyas.
2 Persona, animal o cosa que vale mucho y tiene excelentes cualidades: *Este médico es una joya.*

joyería
nombre femenino   **1** Taller o tienda donde se fabrican, venden o arreglan joyas.
2 Técnica de hacer joyas.

joyero, joyera
nombre   **1** Persona que se dedica a fabricar, arreglar o vender joyas.
nombre masculino   **2** Caja en la que se guardan las joyas que se tienen en casa.

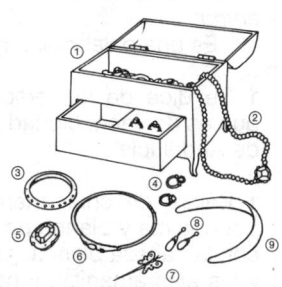

① joyero   ④ anillo   ⑦ alfiler
② collar   ⑤ broche   ⑧ pendientes
③ pulsera   ⑥ gargantilla   ⑨ diadema

joyero

J j

juanete

nombre masculino **1** Deformidad o bulto del hueso del dedo gordo del pie. Los juanetes duelen al rozar con un zapato estrecho.

jubilación

nombre femenino **1** Retirada de una persona de su trabajo porque ha llegado a la edad de jubilarse. La edad de jubilación en España está fijada en los 65 años. ✕ retiro.
2 Cantidad de dinero que una persona que se ha jubilado cobra del estado.
☞ El plural es: jubilaciones.

jubilado, jubilada

nombre **1** Persona que ha llegado a la edad de jubilarse o que cobra una jubilación.

jubilar

verbo **1** Retirar a una persona de su trabajo porque ha llegado a cierta edad. Cuando una persona se jubila sigue cobrando una cantidad de dinero del Estado como pensión. ✕ retirar.
2 Dejar de usar una cosa porque está muy vieja o ya no sirve: *Voy a jubilar este televisor y voy a comprarme uno nuevo.*

júbilo

nombre masculino **1** Alegría muy grande que se expresa exteriormente con gestos.

judaísmo

nombre masculino **1** Religión de los judíos. El judaísmo sigue la doctrina de Moisés y del Antiguo Testamento pero, a diferencia del cristianismo, que cree que Jesucristo es el enviado de Dios, el judaísmo aún espera la llegada del Hijo de Dios a la tierra.

judía

nombre femenino **1** Planta que da una legumbre en forma de vaina con unas semillas en su interior, que también se llaman judías, y que tienen forma de riñón o son redondeadas. ✕ alubia.
2 Legumbre en forma de vaina, larga y aplastada o redonda y fina, que se coge cuando todavía está verde, y las semillas en su interior son muy pequeñas.

judío, judía

adjetivo y nombre **1** Se dice de la persona que practica el judaísmo. Muchos judíos viven en Israel.
2 Se dice de las personas que habitaban antiguamente en una zona de Palestina. También se dice de sus descendientes, muchos de los cuales viven en Israel. ✕ hebreo.

judo

nombre masculino **1** Deporte de lucha de origen japonés; el luchador utiliza su agilidad y la fuerza del contrario para hacerlo caer.
☞ También se escribe: yudo. Se pronuncia 'yudo'.

judoka

nombre masculino y femenino **1** Persona que practica judo. El color del cinturón de los judokas indica la categoría que tienen.

juego

nombre masculino **1** Actividad cuyo fin es la diversión o el entretenimiento. Los juegos suelen tener unas reglas y los participantes ganan o pierden.
2 Conjunto de objetos que se utilizan para jugar a algo. El juego del parchís se compone de un tablero, dados y fichas de colores. ✎ 800
3 Conjunto de cosas que se utilizan para un mismo fin y tienen algo en común, como un juego de café o un juego de toallas. ✎ 593
4 En algunos deportes, como el tenis, cada una de las partes en que se divide un set.
5 En algunos deportes, como el fútbol o el baloncesto, manera de jugar de un equipo. Los mejores equipos acostumbran a tener mejor juego.
juego de azar Entretenimiento en el que una persona arriesga una cantidad de dinero y que, según su suerte, puede perder, recuperar o superar. El bingo y la lotería son juegos de azar.
juego de palabras Combinación de palabras con más de un sentido o interpretación y una finalidad divertida o graciosa. 'Oro parece, plata no es' es una adivinanza a partir de un juego de palabras entre 'plata no' y 'plátano'.
Juegos Olímpicos Conjunto de competiciones deportivas que se

J
---
j

celebran cada cuatro años en una ciudad y país diferentes, y donde participan deportistas de todo el mundo. Los Juegos Olímpicos de 1992 se celebraron en Barcelona.

hacer juego Combinar bien, normalmente por ser de la misma tela o el mismo color. En los trajes, la chaqueta hace juego con el pantalón o la falda.

juerga
nombre femenino **1** Fiesta o situación muy divertida y normalmente ruidosa.

juerguista
adjetivo y nombre masculino y femenino **1** Se dice de una persona a la que le gusta mucho la juerga e irse de fiesta.

jueves
nombre masculino **1** Cuarto día de la semana, entre el miércoles y el viernes.

no ser nada del otro jueves No destacar por nada en concreto ni ser especial: *Estas mandarinas no son nada del otro jueves, no tienen ni sabor ni zumo.*

juez, jueza
nombre **1** Persona que en un juicio dice si el acusado es culpable o inocente y le impone un castigo o lo deja en libertad. Los jueces son responsables de la correcta aplicación de las leyes. ✍ 797
2 Persona que juzga a los participantes de un concurso, un examen o una oposición: *Los jueces aún no han decidido quién es el ganador.* ✍ 798
3 En deporte, persona que hace que se respeten y cumplan las reglas: *El juez anuló el tanto.*
juez de línea Persona que ayuda al árbitro de fútbol o tenis indicándole las infracciones que ve.
👁 El plural de juez es: jueces. El femenino también puede ser la juez.

jugada
nombre femenino **1** Cada una de las intervenciones de un jugador en un juego cuando le llega su turno.
2 Cada una de las acciones destacadas de un juego o de un partido: *¿Has visto qué jugada acaba de hacer el extremo?*

3 Acción mala que se hace contra alguien; también se llama mala jugada. Ocultar a una persona algo que le interesa mucho saber es una jugada.

jugador, jugadora
nombre **1** Persona que participa en un juego o que forma parte de un equipo. Los jugadores de baloncesto llevan camisetas sin mangas.
2 Persona que juega mucho dinero en juegos de azar.

jugar
verbo **1** Tomar parte en una actividad cuyo fin es la diversión o el entretenimiento: *Estuve jugando a las cartas. ¿Juegas al fútbol?* ✍ 200
2 Actuar sin tomar en serio o sin dar importancia a algo que sí la tiene. No hay que jugar con los sentimientos de los demás.
3 Arriesgar una cantidad de dine-

jugar

INDICATIVO	SUBJUNTIVO
presente	**presente**
juego	juegue
juegas	juegues
juega	juegue
jugamos	juguemos
jugáis	juguéis
juegan	jueguen
pretérito imperfecto	**pretérito imperfecto**
jugaba	jugara o jugase
jugabas	jugaras o jugases
jugaba	jugara o jugase
jugábamos	jugáramos o
jugabais	jugásemos
jugaban	jugarais o jugaseis
	jugaran o jugasen
pretérito indefinido	
jugué	**futuro**
jugaste	jugare
jugó	jugares
jugamos	jugare
jugasteis	jugáremos
jugaron	jugareis
	jugaren
futuro	
jugaré	**IMPERATIVO**
jugarás	
jugará	juega (tú)
jugaremos	juegue (usted)
jugaréis	jugad (vosotros)
jugarán	jueguen (ustedes)
condicional	**FORMAS NO PERSONALES**
jugaría	
jugarías	**infinitivo** **gerundio**
jugaría	jugar jugando
jugaríamos	**participio**
jugaríais	jugado
jugarían	

ro en un juego de azar determinado. En Navidad la gente juega mucho dinero a la lotería.

4 jugarse Poner algo en peligro y arriesgarse a perderlo, en especial la vida de una persona. Las personas que conducen muy rápido se juegan la vida sin darse cuenta.

jugar limpio No hacer trampas ni engañar, tanto en el juego como en cualquier otra actividad.

jugar sucio Hacer trampas o engañar, tanto en el juego como en cualquier otra actividad.

jugársela a alguien Engañar o perjudicar en algo a una persona que nos tenía confianza.

jugarreta
nombre femenino
1 Mala acción que una persona le hace a otra, normalmente con mala intención. Dejar plantado a un amigo es hacerle una jugarreta. Es un uso informal. ✖ faena.

jugo
nombre masculino
1 Zumo que sale de un vegetal o líquido que desprende un trozo de carne o pescado. Si exprimimos una naranja sale todo el jugo que lleva dentro; cuando freímos un trozo de carne suelta algo de jugo.
2 Interés y utilidad que tiene una cosa. Si decimos que un libro tiene mucho jugo es que está lleno de ideas interesantes.
jugo gástrico Líquido que produce el estómago; deshace los alimentos y ayuda a hacer la digestión.

jugoso, jugosa
adjetivo
1 Se dice del vegetal o el alimento que tiene mucho jugo o mucha sustancia y sabor, especialmente las frutas. ✖ seco.

juguete
nombre masculino
1 Objeto que sirve para que los niños jueguen con él. Las muñecas, las pelotas de goma o los coches teledirigidos son juguetes.

juguetear
verbo
1 Divertirse o distraerse con un juego o con cualquier cosa sin prestar mucha atención a lo que ocurre alrededor: *¿Quieres dejar de juguetear con mis gafas de sol, que me las vas a romper?*

juguetería
nombre femenino
1 Tienda en la que se venden juguetes.

juguetón, juguetona
adjetivo
1 Se dice de la persona o el animal que juega mucho o a los que les gusta mucho jugar.
👁 El plural de 'juguetón' es: juguetones.

juicio
nombre masculino
1 Acto en el que un juez juzga algo, como un delito o una denuncia, y dice qué debe hacerse según la ley.
2 Capacidad que tienen las personas de distinguir lo que está bien de lo que está mal. Las personas que actúan alocadamente no tienen mucho juicio.
3 Característica de la persona que tiene un estado mental normal. Una persona pierde el juicio cuando se vuelve loca.
4 Opinión o idea que una persona tiene de algo después de haberlo estudiado: *Dicen que la política del gobierno les merece un juicio positivo.*

juicioso, juiciosa
adjetivo
1 Se dice de la persona que hace o dice las cosas con juicio o inteligencia. Las personas juiciosas son las que no cometen locuras. ✖ sensato.

julio
nombre masculino
1 Séptimo mes del año, que tiene 31 días.

junco
nombre masculino
1 Planta silvestre de tallo recto, largo y flexible, y hojas como tiras delgadas; crece a orillas de los ríos o arroyos y se utiliza para hacer cestos y otros objetos.

jungla
nombre femenino
1 Bosque de los países de clima tropical, en especial al sur de Asia, en el que crece una vegetación muy abundante.

junio
nombre masculino
1 Sexto mes del año, que tiene 30 días. En junio empieza el verano.

junta
nombre femenino
1 Reunión para tratar o discutir algún tema. Los vecinos de un

J
j

J
j

edificio suelen celebrar juntas para decidir sobre temas que afectan a todos.
2 Conjunto de personas nombradas para administrar o dirigir los asuntos de otras. La junta de un club deportivo se encarga de la dirección del club en nombre de sus socios.
3 Espacio por donde se unen dos cosas, y también la pieza que a veces se coloca entre dos cosas para unirlas. Algunas mangueras se unen a un grifo con una junta de plástico o de metal.

juntar
verbo
1 Poner una cosa al lado de otra. Para hacer un rompecabezas hay que juntar cada una de las piezas. unir. separar.
2 Reunir varias cosas y formar un conjunto con ellas: *Pienso juntar los cromos y completar el álbum*.
3 juntarse Ser amigo de una persona. No es bueno juntarse con gamberros.

junto, junta
adjetivo
1 Que está muy cerca o unido a otra cosa o persona: *Las vi juntas a la salida de clase*.
adverbio
2 Acompañando a una persona o cosa: *Junto con las flores iba una tarjeta*.
3 En una posición cercana a algo o alguien. Si un apartamento está junto a la playa, se puede ir a pie a la playa.

jurado
nombre
masculino
1 Grupo de personas elegidas para juzgar un delito en un juicio. El jurado tiene que decidir si el acusado es culpable o inocente. ✍ 797
2 Grupo de personas que tiene como misión decidir el ganador en un concurso o en una competición deportiva.

juramento
nombre
masculino
1 Promesa que se hace poniendo por testigo a Dios o a una persona querida o respetada. Las personas que declaran en un juicio tienen que prestar el juramento de que van a decir toda la verdad.

jurar
verbo
1 Prometer que se hará una cosa o que lo que se dice es verdad poniendo por testigo a Dios o a una persona querida o respetada: *Juró por su madre que él no había robado ese dinero. Te juro que lo cuido*.
2 Prometer que se van a cumplir las obligaciones propias de un puesto o un cargo importante. Los ministros tienen que jurar ante el rey antes de ocupar su cargo.

justicia
nombre
femenino
1 Virtud de las personas que son justas. Quedarse una cosa que es de otra persona no es actuar con justicia.
2 Forma de actuar que es justa y se hace según las leyes. Si alguien pide justicia, quiere que se aplique la ley.
3 Organización del Estado que sirve para aplicar las leyes, encontrando y castigando al culpable de un delito y tomando decisiones sobre las disputas de los ciudadanos. Algunos delincuentes huyen de la justicia y se refugian en otros países.

justificante
adjetivo
y nombre
masculino
1 Se dice del documento o prueba que sirve para justificar algo. Un recibo es un justificante de compra, porque demuestra que se ha comprado algo en un lugar.

justificar
verbo
1 Ser una cosa la razón o la causa de otra. Cuando llegamos tarde a una cita lo correcto es dar una explicación o excusa que justifique nuestro retraso.
2 Demostrar con pruebas una cosa. Para justificar unos gastos que se quieren cobrar es necesario enseñar los recibos o las facturas de esos gastos.
3 Defender la inocencia de alguien o disculparlo: *No hace falta que lo justifiques, que ya sé que no ha sido él*.
👁 Se escribe 'qu' delante de 'e', como: justifiqué.

justo, justa

adjetivo **1** Se dice de la persona o cosa adecuada o correcta según la ley o la razón. *Una persona justa, al repartir algo, da a cada uno lo que se merece. Es justo que pague más impuestos quien más tiene. Un juez justo es objetivo e imparcial cuando ha de dar el veredicto.*
2 Se dice de una cosa que es exacta, a la que no le falta ni le sobra nada. *Un pastel no sale bien si no echamos la cantidad justa de harina; cuando compramos algo en una tienda y damos el dinero justo no nos dan cambio.*
3 Se dice de una cosa un poco pequeña o menor de lo necesario. *Los zapatos nos vienen un poco justos cuando son nuevos. Un sueldo justo casi no es suficiente.*

adverbio **4 justo** Exactamente, en el mismo momento o de la misma manera. *Lo ha hecho justo al revés de como se lo expliqué.*

juvenil

adjetivo **1** De la juventud o que tiene relación con ella. *La ropa juvenil suele ser muy alegre.* ✗✗ joven.

adjetivo y nombre **2** Se dice de la categoría deportiva que corresponde a los deportistas que tienen entre 15 y 18 años.

juventud

nombre femenino **1** Periodo de la vida de las personas que transcurre entre la niñez y la edad adulta.
2 Conjunto de los jóvenes de un lugar: *La juventud de este pueblo cada vez se acuesta más tarde.*

juzgado

nombre masculino **1** Edificio donde trabajan los jueces y se celebran los juicios.

juzgar

verbo **1** Decidir un juez o un tribunal si se debe imponer un castigo a alguien o quién tiene razón en una cosa.
2 Creer o pensar una persona que algo es de determinada manera. *Juzgamos a alguien capaz de algo cuando creemos que lo puede hacer.*
👁 Se escribe 'gu' delante de 'e', como: juzguen.

J
—
j

K | k

k

nombre femenino **1** Undécima letra del alfabeto español. La 'k' es una consonante.

ka

nombre femenino **1** Nombre de la letra 'k'.

kamikaze

nombre masculino **1** Piloto de la aviación japonesa de la segunda Guerra Mundial que estrellaba su avión contra objetivos militares enemigos, como buques de guerra. Los kamikazes eran pilotos suicidas.

karaoke

nombre masculino **1** Diversión que consiste en cantar en público una canción al oír su música y leyendo la letra que se proyecta en una pantalla. **2** Aparato que reproduce al mismo tiempo la música de la canción y su letra en una pantalla con unas imágenes de fondo. **3** Establecimiento público con karaoke para que canten los clientes.

karate

nombre masculino **1** Es otra forma de escribir y pronunciar: kárate.

kárate

nombre masculino **1** Deporte de lucha de origen japonés; los luchadores se golpean con los bordes de las manos, los codos o los pies. 👁 También se escribe y se pronuncia: karate.

karateca

nombre masculino y femenino **1** Persona que practica kárate. El color del cinturón de los karatecas indica la categoría que tienen.

ketchup

nombre masculino **1** Salsa de tomate con vinagre y especias. Normalmente le ponemos ketchup a los perritos calientes y a las hamburguesas. 👁 Se pronuncia 'quéchup'.

kilo

nombre masculino **1** Es la forma abreviada de escribir y decir: kilogramo. **2** Un millón de pesetas. Es un uso informal. 👁 También se escribe: quilo.

kilogramo

nombre masculino **1** Unidad de masa que equivale a mil gramos. Su símbolo es: kg.

kilométrico, kilométrica

adjetivo **1** Que es muy largo: *A la entrada del cine se formó una cola kilométrica.* 👁 Es un uso informal.

kilómetro

nombre masculino **1** Medida de longitud que equivale a mil metros. Su símbolo es: km. La distancia que recorremos en un vehículo se mide en kilómetros.

kiosco

nombre masculino **1** Es otra forma de escribir: quiosco.

kiwi

nombre masculino **1** Fruta ovalada de piel marrón y carne verde con semillas oscuras, que tiene un sabor dulce pero un poco ácido. También se llama kiwi la planta que da esta fruta. 👁 Se pronuncia: 'quivi' o 'quiui'.

koala

nombre masculino **1** Mamífero pequeño y de aspecto parecido a un oso que tiene en su vientre una bolsa donde guarda a sus hijos recién nacidos. Tiene la cabeza y las orejas grandes, el hocico corto y el pelo de color gris. Vive en Australia y come hojas de eucalipto.

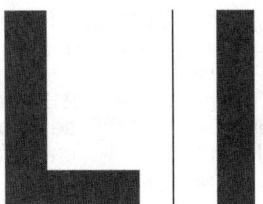

l

nombre
femenino

1 Duodécima letra del alfabeto español. La 'l' es una consonante.

2 Abreviatura de: litro.

la

determinante
artículo

1 Forma femenina del artículo determinado; mira **el, la**: *Mañana, si hace buen día, iré a la playa.*

laberinto

nombre
masculino

1 Lugar cerrado formado por numerosos caminos cruzados del que es muy difícil salir. En algunos jardines hay laberintos construidos con setos para diversión de las personas.

labio

nombre
masculino

1 Borde exterior carnoso y movible de la boca de los seres humanos y de algunos animales.

labor

nombre
femenino

1 Trabajo o actividad de cualquier tipo, especialmente trabajo del campo. Sembrar y recoger frutos son labores agrícolas.

2 Obra que se hace con agujas e hilo o lana. ✍ 796

laborable

adjetivo

1 Se dice de los días en que se trabaja, que no son festivos.

laboral

adjetivo

1 Del trabajo o que tiene relación con él: *Tiene problemas laborales.*

laboratorio

nombre
masculino

1 Local preparado con aparatos, instrumentos y productos necesarios para realizar experimentos científicos o técnicos.

laborioso, laboriosa

adjetivo

1 Se dice de la tarea que exige mucho trabajo y esfuerzo para hacerla bien. ✂ trabajoso.

2 Que trabaja mucho: *Las abejas y las hormigas son animales muy laboriosos.* ✂ trabajador. ✂ vago.

labrador, labradora

nombre
y adjetivo

1 Se dice de la persona que cultiva o trabaja la tierra. ✂ campesino; labriego.

labrar

verbo

1 Cultivar la tierra, en especial, abrir surcos en ella para sembrar.

2 Dar forma a un material o grabar algo en él. Se puede labrar la piedra, la madera o el oro.

3 Conseguir o preparar algo, esforzándose para ello. Los jóvenes labran su porvenir estudiando. ✂ forjar.

labriego, labriega

nombre

1 Persona que cultiva o trabaja la tierra. ✂ labrador.

laca

nombre
femenino

1 Sustancia que se pone en el pelo para fijar y conservar el peinado durante mucho tiempo. Las lacas se aplican con un spray.

2 Sustancia líquida y espesa que sirve para dar brillo o color a los objetos de madera y a los de cerámica.

lacayo

nombre
masculino

1 Persona que intenta agradar en todo a otro y se comporta como si fuera su criado. Es un uso despectivo.

2 Criado que antiguamente debía acompañar a su señor.

lacio, lacia

adjetivo

1 Se dice del pelo muy liso, que no tiene ningún rizo ni onda.

2 Que está estropeado o tiene mal aspecto, como las plantas cuando no se riegan durante mucho tiempo.

L

I

lacrimógeno, lacrimógena
adjetivo **1** Que hace llorar.

lactancia
nombre femenino **1** Periodo de la vida de los mamíferos en el que se alimentan sólo de leche, en especial de la que maman de su madre; también es este modo de alimentación.

lácteo, láctea
adjetivo **1** Se dice de los productos que se elaboran con leche o a partir de ella, como el queso o el yogur.

ladera
nombre femenino **1** Lado inclinado de una montaña.

ladilla
nombre femenino **1** Insecto parásito de pequeño tamaño, con el cuerpo redondo, plano y de color amarillo, que vive en la zona de las ingles sujeto al pelo de las personas.

lado
nombre masculino **1** Parte derecha o izquierda de un cuerpo o una cosa.
2 Cada una de las superficies de un objeto. Un dado tiene seis lados.
3 Sitio o parte de un espacio, en especial el que hay alrededor de una persona o una cosa. Es muy útil tener tiendas al lado de casa.
4 Aspecto o punto de vista que se tiene sobre alguna cosa: *Analiza los problemas desde todos los lados.*
5 Cada una de las líneas que forman una figura o un ángulo.
al lado Muy cerca de donde se indica: *Vivo al lado de la plaza.*
dejar de lado Excluir o no tener en cuenta a una persona o cosa para algo.
estar del lado de Estar a favor de alguien o de algo en una discusión o en un asunto.

ladrar
verbo **1** Emitir el perro su voz característica.

ladrido
nombre masculino **1** Voz característica del perro: *Los ladridos del perro me asustaron.*

ladrillo
nombre masculino **1** Pieza de barro cocido de forma rectangular que se utiliza en la construcción de paredes. ✑ 395

ladrón, ladrona
nombre y adjetivo **1** Persona que roba.

nombre masculino **2** Pieza con varios agujeros que se coloca en un enchufe y permite enchufar varios aparatos a la vez.

lagartija
nombre femenino **1** Reptil pequeño que tiene cuatro patas cortas y cola larga. Puede ser de color verde, marrón o gris. Vive en lugares soleados.

lagarto, lagarta
nombre **1** Reptil parecido a una lagartija pero de mayor tamaño, que se alimenta de insectos, caracoles o gusanos. Vive en lugares soleados y trepa por los árboles para aprovechar los rayos solares.

lago
nombre masculino **1** Extensión grande de agua rodeada de tierra por todos lados. Los lagos suelen ser de agua dulce y en muchos se puede pescar, pasear en barca o nadar.

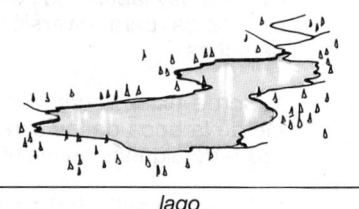

lago

lágrima
nombre femenino **1** Cada una de las gotas de líquido que nos salen de los ojos cuando lloramos.
2 Cualquier cosa que tiene forma de lágrima.
lágrimas de cocodrilo Lágrimas que vierte una persona cuando llora sin sentimiento, sólo por llamar la atención.

lagrimal
adjetivo **1** De las lágrimas o que tiene relación con ellas. Las glándulas lagrimales son las que producen las lágrimas.
nombre masculino **2** Lado del ojo más próximo a la nariz por donde salen las lágrimas.

laguna
nombre femenino **1** Lago pequeño, generalmente de agua dulce.

2 Información que no se tiene o no se da, porque no se sabe o no se recuerda: *Tiene muchas lagunas en Historia.*

lamentable

adjetivo **1** Que produce pena o dolor: *Es lamentable que tengas que irte tan pronto, con lo bien que estábamos.*
2 Que causa mala impresión por tener un aspecto malo o por estar roto o estropeado.

lamento

nombre masculino **1** Conjunto de gestos, palabras o lloros con que se expresa la pena o el dolor.

lamer

verbo **1** Pasar la lengua varias veces por algo, como un objeto o un alimento. Los gatos se lamen el cuerpo para lavarse.

lametón

nombre masculino **1** Paso o roce de la lengua sobre algo, en especial cuando se hace con fuerza.
👁 El plural es: lametones.

lámina

nombre femenino **1** Imagen dibujada, fotografiada o grabada que está impresa en un papel.
2 Pieza delgada y plana de cualquier material, como la madera o el metal.

lámpara

nombre femenino **1** Objeto que sirve de soporte a una o varias bombillas. Hay lámparas de pie, de techo o de mesa.
2 Bombilla eléctrica. Es obligatorio llevar un juego de lámparas de recambio en el coche.

lamparilla

nombre femenino **1** Círculo pequeño de corcho con una mecha atravesándolo que se coloca flotando dentro de un recipiente con aceite y que se enciende como devoción a un santo o a la virgen.

lamparón

nombre masculino **1** Mancha grande que deja un alimento, normalmente líquido, en una prenda de vestir.
👁 El plural es: lamparones.

lana

nombre femenino **1** Pelo que cubre el cuerpo de las ovejas y otros animales parecidos.

2 Tejido hecho con los hilos que se extraen de la lana.

lancha

nombre femenino **1** Embarcación pequeña descubierta con una vela o con motor. ≋ bote.
2 Barca grande que se usa en los puertos para ayudar a otros barcos o para comunicarse con puertos que están cerca.

langosta

nombre femenino **1** Animal crustáceo marino comestible de cuerpo alargado, de gran tamaño, que tiene la cabeza grande, diez patas y dos antenas largas. Su carne es muy apreciada.
2 Insecto de cuerpo alargado, ojos salientes y patas posteriores adaptadas para saltar.

langostino

nombre masculino **1** Animal crustáceo marino comestible, parecido a la langosta pero más pequeño. Su carne es muy apreciada.

lanza

nombre femenino **1** Arma formada por una vara larga que tiene una punta de hierro afilada y cortante en su extremo. La lanza se arroja con la mano dando un fuerte impulso con el brazo.

lanzado, lanzada

adjetivo **1** Que va muy rápido: *Iba lanzado con la bici y se cayó.*
2 Se dice de las personas que se atreven a hacer cualquier cosa y sin pensárselo mucho.

lanzamiento

nombre masculino **1** Acción que consiste en lanzar algo: *El gol se produjo en el lanzamiento de la falta.*
2 Prueba de atletismo que consiste en lanzar distintos tipos de objetos. El lanzamiento puede ser de peso, de disco, de martillo o de jabalina.

lanzar

verbo **1** Tirar o soltar con fuerza una cosa en una dirección determinada: *Los niños jugaban a lanzar piedras al lago.*
2 Dejar caer una cosa o a una persona desde un vehículo o un objeto en movimiento. Los paracaidistas se lanzan desde los aviones.

L l

3 Dirigir algo hacia una persona, como una mirada o un grito.

4 Dar a conocer al público a una persona o una cosa. *Las campañas publicitarias sirven para lanzar nuevos productos.*

5 Hacer que despegue o salga para arriba un vehículo espacial.

6 lanzarse Empezar a hacer algo con muchas ganas y sin pensárselo mucho.

👁 Se escribe 'c' delante de 'e', como: lancen.

lapa

nombre femenino
1 Molusco marino comestible que tiene la concha en forma de cono y que se pega fuertemente a las rocas.

nombre y adjetivo masculino y femenino
2 Se dice de la persona que es muy pesada y de la que no te puedes librar.

lapicero

nombre masculino
1 Lápiz, instrumento que se utiliza para escribir o dibujar.

lápida

nombre femenino
1 Piedra o pieza de mármol plana y de forma rectangular que sirve para cubrir las tumbas.

lápiz

nombre masculino
1 Instrumento que se utiliza para escribir o dibujar, formado por una barra fina de grafito o de otro material encerrada en un cilindro delgado de madera, o dentro de un tubo hueco de plástico o de metal.

👁 El plural es: lápices.

lapo

nombre masculino
1 Saliva que se expulsa con fuerza por la boca. ✗✗ escupitajo.

largar

verbo
1 Dar a alguien una cosa negativa o desagradable, como una torta o una paliza.

2 Hablar de manera poco adecuada o poco oportuna: *Nos largó un rollo insoportable.*

3 Hablar demasiado sobre cualquier cosa, en especial sobre temas poco importantes.

4 largarse Irse de un lugar: *Ya no aguanto más, me largo.*

👁 Es una palabra informal. Se escribe 'gu' delante de 'e', como: larguemos.

largo, larga

adjetivo
1 Que tiene mucha longitud o más longitud de lo normal. ✗✗ corto.

2 Que dura mucho tiempo. *En verano, los días son más largos que en invierno.* ✗✗ breve.

3 Que pasa de una cantidad exacta: *Me pasé dos horas largas haciendo cola.*

nombre masculino
4 Distancia más grande de las que tiene una superficie plana.

interjección
5 ¡largo! Se usa para echar a alguien de un lugar de un modo enérgico: *¡Largo!, ya estoy harta.*

a la larga Después de haber pasado un tiempo: *A la larga piensa construirme una casa.*

a lo largo de Durante el tiempo que se indica o en algún momento del periodo que se indica: *A lo largo de su vida ha hecho de todo.*

dar largas Retrasar un hecho o acontecimiento sin decir exactamente por qué.

para largo Indica que algo va a durar aún mucho tiempo o que falta mucho para que se haga o se acabe: *Este proyecto va para largo, no sé cuándo se acabará.*

larguero

nombre masculino
1 Palo superior de la portería de fútbol y de otros deportes.

larguirucho, larguirucha

adjetivo
1 Se dice de la persona que es muy alta y delgada.

👁 Es una palabra familiar.

larva

nombre femenino
1 Insecto que acaba de salir del huevo pero aún se está desarrollando y tiene un aspecto diferente al que tendrá de adulto. *Las larvas de mariposa son como gusanos.* ✍ 599

láser

nombre masculino
1 Rayo muy fino pero de luz intensa y de gran energía. *El rayo láser se utiliza en la industria, y en medicina para hacer algunas operaciones delicadas.*

2 Aparato que produce este tipo de rayos.

👁 El plural es: láseres.

L
l

lástima

nombre femenino **1** Sentimiento de pena o tristeza que se tiene hacia una persona que sufre o una cosa que está mal. ⚘ compasión.
2 Aquello que produce ese sentimiento de pena o tristeza. *Es una lástima que haya tanta gente en el mundo que pase hambre.*

lastimar

verbo **1** Hacer daño físico o moral a una persona. *Se puede lastimar a una persona dándole un golpe o haciéndole una crítica injusta.*

lastimoso, lastimosa

adjetivo **1** Se dice de las cosas o los hechos que producen pena o lástima porque no están bien hechos o porque ofrecen un mal aspecto: *Después de la tormenta, el jardín quedó en un estado lastimoso.* ⚘ lamentable.

lata

nombre femenino **1** Recipiente que está hecho con una lámina fina de metal. Muchos alimentos en conserva, como las aceitunas, se venden en latas. ✍ 800
2 Lámina de hierro lisa y delgada, cubierta por una capa de estaño, que se utiliza para hacer recipientes y envases. ⚘ hojalata.
3 Actividad o cosa que aburre o que cansa mucho. ⚘ rollo.
dar la lata Molestar a una persona: *Deja de darme la lata.*

lateral

adjetivo y nombre masculino **1** Que está a un lado, no en el centro. *Algunos edificios tienen entrada frontal y lateral.*

latido

nombre masculino **1** Cada uno de los movimientos rítmicos del corazón al entrar o salir la sangre; también, golpes que producen en el pecho estos movimientos.

latifundio

nombre masculino **1** Terreno muy grande que es propiedad de una sola persona.

latigazo

nombre masculino **1** Golpe que se da con un látigo.
2 Herida que produce un golpe dado con el látigo.

látigo

nombre masculino **1** Instrumento que está formado por una cuerda o una correa larga y flexible y un mango por el que se sujeta.

latín

nombre masculino **1** Lengua que se hablaba en el Imperio romano. Del latín proceden varias lenguas modernas, entre ellas el catalán, el español y el gallego.

latino, latina

adjetivo y nombre **1** Que está relacionado con Italia, España, Portugal o Latinoamérica.

latinoamericano, latinoamericana

adjetivo y nombre **1** Se dice de la persona o cosa que es de Latinoamérica, conjunto de países americanos que fueron colonizados por España o Portugal. ⚘ iberoamericano.

latir

verbo **1** Moverse el corazón de un modo rítmico al entrar o salir la sangre. ⚘ palpitar.

latitud

nombre femenino **1** Distancia que hay desde un punto cualquiera de la superficie de la Tierra hasta el ecuador.
2 Lugar o zona; también es latitud la extensión de un terreno. *Los antiguos terratenientes eran dueños de inmensas latitudes.*

latón

nombre masculino **1** Metal de color amarillo que está hecho con una mezcla de cobre y cinc. Se utiliza para fabricar objetos y utensilios diversos, como los cerrojos de las puertas.

latoso, latosa

adjetivo y nombre **1** Se dice de la persona que da la lata a los demás fastidiando o molestando con cosas inoportunas o pesadas. También son latosas algunas cosas que fastidian o molestan mucho.

laúd

nombre masculino **1** Instrumento musical antiguo de cuerda formado por una caja de resonancia de forma ovalada y abombada por detrás y un mástil donde se fijan las cuerdas.

laurel

nombre masculino **1** Árbol de tronco liso y hojas perennes, duras, ovaladas, de color verde oscuro y olor agradable. Las hojas de laurel se usan como condimento en las comidas.

L

l

dormirse en los laureles Dejar de esforzarse en un asunto por tener demasiada confianza en llevarlo adelante o conseguir un éxito.

lava
nombre femenino **1** Materia espesa y muy caliente que sale del interior de un volcán cuando entra en erupción; cuando se enfría se convierte en roca.

lavable
adjetivo **1** Que se puede lavar sin que se estropee.

lavabo
nombre masculino **1** Recipiente conectado a un desagüe que tiene uno o dos grifos y se usa para lavarse la cara, las manos o los dientes.
2 Habitación de una casa, de un bar u otro lugar donde se encuentra este recipiente y el váter. ※ aseo; baño; servicio.

lavadero
nombre masculino **1** Lugar o habitación donde se lava, en especial la ropa.

lavado
nombre masculino **1** Operación de limpieza de una cosa que suele hacerse con agua y jabón.

lavadora
nombre femenino **1** Máquina para lavar ropa. La lavadora tiene una puerta que se cierra herméticamente por donde se mete la ropa y normalmente un cajón donde se echa el detergente, la lejía y el suavizante para el lavado.

lavafrutas
nombre masculino **1** Recipiente ancho y redondo que se llena de agua y se pone en la mesa para lavar frutas de pequeño tamaño, como las uvas o las cerezas.
👁 El plural es: lavafrutas.

lavandería
nombre femenino **1** Establecimiento con muchas lavadoras donde la gente lleva la ropa a lavar.

lavandero, lavandera
nombre **1** Persona que se dedica a lavar ropa para otras personas.

lavaplatos
nombre masculino **1** Lavavajillas, electrodoméstico que sirve para fregar utensilios de cocina.

nombre masculino y femenino **2** Persona que se dedica a lavar platos en un restaurante.
👁 El plural es: lavaplatos.

lavar
verbo **1** Limpiar con agua, con agua y jabón o con algún otro producto. Lavamos la fruta con agua, nos lavamos la cara con agua y jabón, y una herida con alcohol. ✍ 793

lavavajillas
nombre masculino **1** Electrodoméstico que sirve para fregar los platos, los vasos, los cubiertos y otros utensilios de cocina. ※ lavaplatos.
2 Jabón especial para lavar los platos, los vasos, los cubiertos y otros utensilios de cocina.
👁 El plural es: lavavajillas.

laxante
adjetivo y nombre masculino **1** Se dice de la sustancia o el alimento que ayuda a expulsar los excrementos a las personas que tienen problemas de retención.

lazada
nombre femenino **1** Lazo que se puede soltar fácilmente tirando de una de sus puntas.

lazarillo
nombre masculino **1** Persona o animal que acompaña y guía a una persona ciega.

lazo
nombre masculino **1** Nudo que se hace con una cinta o un cordón que sirve para sujetar algo o como adorno.
2 Cuerda con un nudo corredizo en uno de sus extremos que sirve para atrapar o sujetar a ciertos animales, como a un conejo o un toro.
3 Unión o relación entre personas: *Desde muy pequeños ha habido fuertes lazos de amistad entre ellos.*

le
pronombre **1** 'Le', 'les' son pronombres de complemento indirecto. Los pronombres de complemento indirecto sustituyen a nombres, normalmente de persona, que ya han sido nombrados y que hacen función de complemento indirecto: *He hablado con el profesor y le he entregado los ejercicios.*
👁 No tiene variación de género.

leal

adjetivo **1** Se dice de la persona que nunca engaña ni traiciona a los demás. ✖ fiel.
2 Se dice del animal doméstico que siempre obedece y sigue a su amo.

lealtad

nombre femenino **1** Forma de comportarse de las personas o los animales que son leales. ✖ fidelidad.

lección

nombre femenino **1** Cada una de las partes en que se divide un libro de texto y que forma una unidad independiente.
2 Conjunto de conocimientos que se enseñan y aprenden. Los actores reciben lecciones de interpretación para aprender a actuar.
3 Experiencia de la que se obtiene alguna enseñanza. ✖ ejemplo.
👁 El plural es: lecciones.

lechal

adjetivo y nombre masculino **1** Se dice del cordero de poca edad que todavía mama.

leche

nombre femenino **1** Líquido blanco que producen las mamas de las hembras de los mamíferos y que sirve de alimento a sus crías.
2 Cualquier sustancia parecida a este líquido, especialmente por el color, como la leche bronceadora o la leche limpiadora.
3 Golpe fuerte que da o recibe una persona. Es un uso informal. ✖ golpe; torta.
a toda leche Muy deprisa: *El coche de la policía iba a toda leche.* Es una expresión informal.
leche condensada Leche cocida y mezclada con azúcar que es más espesa que la leche líquida.
mala leche Mala idea o mal humor. Cuando alguien está de mala leche se siente enfadado por algo. Es una expresión informal.

lechera

nombre femenino **1** Recipiente que sirve para guardar o transportar la leche.
2 Recipiente que se utiliza para servir la leche. En un juego de café además de las tazas y platos suele haber una cafetera, un azucarero y una lechera.

lechería

nombre femenino **1** Tienda en la que se vende leche, nata, queso y otros productos derivados. Debido a la modernización de la producción y envasado de la leche, las lecherías han desaparecido casi por completo.

lechero, lechera

adjetivo **1** De la leche o que tiene relación con la leche.
2 Se dice de los animales hembra que se crían para aprovechar su leche, principalmente de las vacas.

nombre **3** Persona que se dedica a vender o repartir leche fresca por las casas.

lecho

nombre masculino **1** Cama o cualquier superficie preparada para dormir o descansar. Es un uso formal.
2 Lugar por el que va una corriente de agua o un río.

lechón, lechona

nombre **1** Cría del cerdo cuando todavía mama. ✖ gorrino.
2 Cerdo de cualquier edad. ✖ cochino.
👁 El plural de lechón es: lechones.

lechuga

nombre femenino **1** Planta de huerta, de hojas grandes y verdes unidas por su base, que se come en ensalada.

lechuza

nombre femenino **1** Ave rapaz que tiene los ojos muy grandes, el pico pequeño y curvo, la cara redonda y unas plumas blancas alrededor de los ojos que parecen una máscara.

lector, lectora

adjetivo y nombre **1** Se dice de la persona que lee o es aficionada a la lectura.

nombre **2** Profesor que enseña su idioma en una universidad extranjera: *Está en la Universidad de Oxford, como lector de español.*

nombre masculino **3** Aparato que sirve para reproducir lo que está escrito o grabado en ciertos discos u otros soportes magnéticos: *Me he comprado un ordenador con lector de CD–ROM.*

L
l

L l

lectura

nombre femenino

1 Actividad que consiste en leer La lectura supone un gran placer y una fuente de conocimientos.
2 Texto u obra que se lee.

leer

verbo

1 Comprender el significado de un texto o una frase a partir de la comprensión de los signos escritos en ellos. Leemos el periódico, libros, notas o carteles.
2 Comprender el significado de cualquier tipo de signos. Para leer las partituras de música hay que estudiar solfeo. ✂ interpretar.
3 Adivinar un significado o intención de una persona por los signos externos que demuestra: *En su cara se lee la alegría.*

leer

INDICATIVO	SUBJUNTIVO
presente	**presente**
leo	lea
lees	leas
lee	lea
leemos	leamos
leéis	leáis
leen	lean
pretérito imperfecto	**pretérito imperfecto**
leía	leyera o leyese
leías	leyeras o leyeses
leía	leyera o leyese
leíamos	leyéramos o leyésemos
leíais	leyerais o leyeseis
leían	leyeran o leyesen
pretérito indefinido	**futuro**
leí	leyere
leíste	leyeres
leyó	leyere
leímos	leyéremos
leísteis	leyereis
leyeron	leyeren

futuro	IMPERATIVO	
leeré		
leerás	lee	(tú)
leerá	lean	(usted)
leeremos	leed	(vosotros)
leeréis	lean	(ustedes)
leerán		

condicional	FORMAS NO PERSONALES	
leería		
leerías	**infinitivo**	**gerundio**
leería	leer	leyendo
leeríamos	**participio**	
leeríais	leído	
leerían		

legal

adjetivo

1 Se dice de las cosas que están o se realizan de acuerdo con lo que dice la ley.
2 Se dice de las cosas que están relacionadas con la ley o con la justicia. Una disposición legal es una orden que da el gobierno respaldándose en una ley.
3 Se dice de la persona que nunca engaña, siempre cumple lo que dice y se comporta con corrección. Es un uso informal.

legalizar

verbo

1 Hacer que una cosa que estaba en contra de la ley sea legal.
2 Decir una persona que tiene autoridad para ello que un documento o una firma son auténticos.
👁 Se escribe 'c' delante de 'e', como: legalicen.

legaña

nombre femenino

1 Sustancia viscosa, blanca o amarilla, que sale de los ojos.

legendario, legendaria

adjetivo

1 Se dice de las cosas que están relacionadas con las leyendas: *Ése es un personaje legendario, en realidad no se sabe si existió.*
2 Se dice de la persona, cosa o suceso que es muy famoso.

legible

adjetivo

1 Que se puede leer por estar escrito con suficiente claridad. ✂ ilegible.

legión

nombre femenino

1 Unidad militar compuesta por soldados profesionales que han sido entrenados para llevar a cabo misiones muy difíciles.
2 Cantidad grande de personas o animales: *Había una legión de fans esperando la llegada del cantante.*
3 Cuerpo o unidad militar más importante del ejército de la antigua Roma.
👁 El plural es: legiones.

legionario, legionaria

adjetivo

1 De la legión o que tiene relación con ella.

nombre masculino

2 Soldado de la legión. Los legionarios son soldados profesionales.

legislación

nombre femenino

1 Conjunto de las leyes de un país; también conjunto de leyes sobre una materia concreta.

legislatura

nombre femenino **1** Periodo de tiempo durante el cual desarrolla su actividad el órgano del gobierno encargado de aprobar y modificar las leyes.

legítimo, legítima

adjetivo **1** Se dice de las cosas que están establecidas por la ley o hechas de acuerdo con ella. La legítima defensa es la que está permitida por la ley ante un ataque o agresión. ✗ legal.
2 Se dice de lo que es justo o razonable: *Están en su legítimo derecho de pedir una vivienda digna.*
3 Se dice de lo que es cierto, verdadero o auténtico.

legua

nombre femenino **1** Medida de longitud que equivale a 5.572,7 metros.
a la legua De forma clara y evidente.

legumbre

nombre femenino **1** Fruto o semilla que crece formando con otros una hilera en el interior de una cáscara alargada. Los guisantes, los garbanzos y las habas son legumbres.
2 Planta que se cultiva en el huerto. ✗ hortaliza.

lejanía

nombre femenino **1** Estado o situación de la persona o la cosa que está lejana. ✗ cercanía.
2 Lugar o lugares que se ven a gran distancia. Cuando zarpamos en un barco, el puerto poco a poco se va quedando en la lejanía.

lejano, lejana

adjetivo **1** Que está lejos o a gran distancia en el espacio. La India es un país lejano. ✗ próximo.
2 Que ocurrió hace tiempo.
3 Se dice de la persona o cosa que está unida a otra por una ligera relación. Un tío abuelo es un pariente lejano. ✗ cercano.

lejía

nombre femenino **1** Líquido compuesto por agua y productos químicos que se utiliza para desinfectar los lugares y para poner la ropa blanca.

lejos

adverbio **1** Indica que algo o alguien está a gran distancia en el espacio.
2 Indica que algo ocurrió o se hacía hace mucho tiempo.

lema

nombre masculino **1** Frase que expresa una norma de conducta o un objetivo de una persona o un grupo de personas. Los lemas suelen ser frases cortas y fáciles de recordar: *Su lema es 'haz el bien y no mires con quién'.*
2 Cada una de las palabras que se definen en un diccionario. ✗ entrada.

lengua

nombre femenino **1** Órgano blando, musculoso y móvil que hay dentro de la boca. Con la lengua notamos el sabor de los alimentos y también nos ayuda a pronunciar los sonidos y las palabras. ☞ 399
2 Cualquier cosa que tiene una forma estrecha y alargada, parecida a la de la lengua de un ser humano, como los trozos de tierra alargados que entran en el mar.
3 Sistema de signos lingüísticos que utilizan las personas para comunicarse. Las lenguas se diferencian entre sí porque tienen gramáticas, palabras y pronunciaciones muy diferentes. ✗ idioma.
irse de la lengua Contar alguien una cosa que no se puede o no se debe decir.
lengua materna Lengua que las personas aprenden en casa y hablan desde pequeños.
morderse la lengua Contenerse una persona y no decir algo que le gustaría decir: *Me mordí la lengua para no discutir con él.*
tirar de la lengua Intentar que una persona cuente algo que no debería contar: *Es un cotilla que siempre me tira de la lengua para que le cuente historias de mis amigos.*

lenguado

nombre masculino **1** Pez marino comestible con el cuerpo plano, que vive en el fondo del mar. Es de color blanquecino por el lado por el que se posa en

L
l

L

l

el fondo y de color oscuro por encima. Su carne es muy apreciada.

lenguaje

nombre masculino

1 Capacidad de las personas de comunicarse y expresar sus pensamientos mediante la combinación de palabras.

2 Sistema de signos que sirve para comunicarse. Algunos animales, como las ballenas o las abejas, tienen su propio lenguaje.

3 Manera de hablar o de escribir propia de una persona o un grupo de personas.

lengüeta

nombre femenino

1 Tira que tiene el calzado de cordones que cubre el empeine del pie y queda debajo de los cordones: *Antes de abrocharte los zapatos pon bien la lengüeta.*

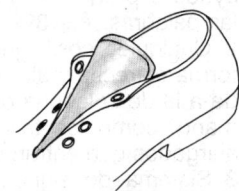

lengüeta

2 Pieza plana que al entrar en una ranura une dos piezas. Algunas cajas de cereales y de galletas tienen una lengüeta en la tapa.

3 Pieza de metal pequeña y delgada que tienen algunos instrumentos de viento y que, al soplar, vibra y produce sonidos, como ocurre con la armónica o el clarinete.

lente

nombre

1 Cristal transparente que tiene una o las dos caras curvas y que sirve para ver mejor algo. Las lentes se utilizan para hacer lupas, gafas o microscopios.

lente de contacto Lentilla.

👁 Puede usarse como nombre masculino o femenino: el lente o la lente.

lenteja

nombre femenino

1 Semilla de pequeño tamaño redondeada y de color marrón que se come hervida; también es la planta que produce estas semillas.

lentejuela

nombre femenino

1 Pieza redonda y pequeña parecida a una lenteja, y de un material brillante que se cose a la ropa pasando el hilo por un agujero que tiene en el medio.

lentilla

nombre femenino

1 Objeto de cristal u otro material pequeño y redondo que se pone pegado al ojo para corregir un defecto de la visión. Normalmente, las lentillas se quitan para dormir y se dejan guardadas en una cajita con un líquido especial. ⁕ lente de contacto.

lentitud

nombre femenino

1 Característica de las cosas o las personas que son lentas.

lento, lenta

adjetivo

1 Se dice de las cosas que van o suceden muy despacio; también son lentas las personas que utilizan mucho tiempo en hacer algo. ⁕ rápido.

leña

nombre femenino

1 Conjunto de trozos de madera seca que sirven para encender un fuego: *En casa hay una chimenea de leña.*

echar leña al fuego Aumentar el enfado de una persona o hacer que un problema o una mala situación empeoren.

leñador, leñadora

nombre

1 Persona que se dedica a cortar y recoger la leña del bosque. Los leñadores talan los árboles para aprovechar su madera.

leño

nombre masculino

1 Trozo de árbol cortado y sin ramas. Echamos leños a la chimenea para avivar el fuego.

2 Persona torpe o poco inteligente: *¡Qué leño eres!, por donde vas lo tiras todo.*

leo

nombre masculino

1 Quinto signo del zodiaco. Con este significado se escribe con mayúscula.

nombre masculino y femenino

2 Persona nacida bajo el signo de Leo, entre el 23 de julio y el 23 de agosto.

león, leona

nombre **1** Animal mamífero de gran tamaño, de la familia de los gatos, con el cuerpo de color marrón claro y una larga cola que tiene al final un mechón de pelo como si fuera un pincel. El macho tiene una cabellera muy espesa que le rodea la cara.

nombre y adjetivo **2** Se dice de la persona que es muy valiente o tiene mucho genio. **león marino** Mamífero marino parecido a una foca pero con la cabeza más pequeña. Vive en grupos y se alimenta de peces.

leonés, leonesa

nombre y adjetivo **1** Se dice de la persona o cosa que es de León, ciudad y provincia de Castilla y León.

leopardo

nombre masculino **1** Mamífero carnívoro parecido al gato, pero mucho mayor, de color amarillo con manchas oscuras. Es muy rápido y ágil y se sube a los árboles con mucha facilidad.

leotardo

nombre masculino **1** Prenda de vestir de lana que se ajusta a las piernas y cubre desde los pies hasta la cintura.
👁 También se usa el plural para indicar sólo una unidad.

lepra

nombre femenino **1** Enfermedad infecciosa grave que afecta a la piel y los nervios y cubre el cuerpo de manchas, escamas y heridas que no se cierran.

leproso, leprosa

nombre y adjetivo **1** Que padece la enfermedad de la lepra.

leridano, leridana

nombre y adjetivo **1** Se dice de la persona o cosa que es de Lérida, ciudad y provincia de Cataluña.

lesbiana

nombre femenino **1** Mujer que se siente atraída sexualmente por mujeres.

lesión

nombre femenino **1** Daño en alguna parte del cuerpo causado por una herida, un golpe o una enfermedad.
👁 El plural es: lesiones.

lesionar

verbo **1** Producir una lesión o daño en alguna parte del cuerpo. ✖ herir.

letal

adjetivo **1** Que causa o puede causar la muerte. ✖ mortal; mortífero.

letanía

nombre femenino **1** Oración en la que una o más personas dirigen ruegos y peticiones a Dios, la virgen o los santos, que son repetidos o contestados por otras personas.

letargo

nombre masculino **1** Periodo de tiempo en el que un animal está en reposo o dormido.

letra

nombre femenino **1** Signo escrito con el que se representa un sonido. 'A', 'b', 'c' y 'd' son las cuatro primeras letras del alfabeto español.
2 Manera de escribir de una persona. En los exámenes hay que intentar hacer buena letra.
3 Palabras que se dicen en una canción: *No puedo cantar este villancico porque no me sé la letra.*

nombre femenino plural **4 letras** Conjunto de estudios relacionados con el hombre, su lengua, su pensamiento o su historia. La filología o la filosofía son carreras de letras. ✖ humanidades.

letrero

nombre masculino **1** Mensaje que se coloca en un lugar público y visible para indicar algo.

letrina

nombre femenino **1** Lugar destinado para hacer sus necesidades en un cuartel militar o en un campamento.

levadizo, levadiza

adjetivo **1** Se dice de las cosas que se pueden levantar con algún tipo de mecanismo. Algunos puentes sobre el mar son levadizos para que puedan pasar los barcos.

levadura

nombre femenino **1** Sustancia que se emplea en cocina y repostería para hacer que se levante y se ponga más esponjosa una masa. La levadura se utiliza para hacer pan y bizcochos.

levantar

verbo **1** Mover una cosa de abajo hacia arriba. Para levantar un objeto del suelo hay que agacharse.
2 Poner de pie una cosa que se ha caído.

L

l

3 Construir algo, como un edificio.
4 Hacer que se separe una cosa de donde estaba unida o pegada. Se levanta el césped de un jardín o el parqué de una casa.
5 Aumentar la intensidad o la fuerza de algo. Levantamos la voz para que nos oigan mejor o para reñir a alguien; si algo nos levanta el ánimo, nos pone más contentos.
6 Hacer que desaparezca un castigo o una prohibición.
7 levantarse Salir de la cama.
8 levantarse Ponerse de pie una persona. Cuando terminamos de comer nos levantamos de la mesa.

levante
nombre masculino **1** Punto del horizonte por donde sale el Sol. ※ este; oriente.
2 Viento húmedo y cálido que viene de ese punto.
3 Zona del este de España que comprende las provincias de Castellón, Valencia, Alicante y Murcia. Con este significado se escribe con mayúscula.

levantino, levantina
nombre y adjetivo **1** Se dice de la persona o cosa que es de la zona del Levante.

leve
adjetivo **1** Que tiene poca importancia, que no es grave.
2 Que es suave o poco fuerte, como un leve temblor.

lexema
nombre masculino **1** Parte de una palabra que contiene su significado general. En la palabra 'cochecito', 'coche' es el lexema.

léxico, léxica
adjetivo **1** De las palabras o que tiene relación con ellas.
nombre masculino **2** Conjunto de las palabras de una lengua o que conoce una persona: *Tiene un léxico amplio*.

ley
nombre femenino **1** Regla o conjunto de reglas que establece el gobierno de una nación para regular la conducta de las personas, ordenando, prohibiendo o indicando cómo se tienen que hacer las cosas.
2 Cada una de las reglas que cumplen siempre ciertos fenómenos de la naturaleza que están relacionados entre sí. Los planetas se atraen entre sí según la ley de la gravedad.
3 Doctrina que sigue una religión determinada. La ley de los judíos les prohíbe trabajar en sábado.
de ley Indica que un objeto de oro o plata tiene la cantidad concreta de oro o plata que según la ley tiene que tener para ser auténtico.

leyenda
nombre femenino **1** Narración antigua y tradicional sobre sucesos fabulosos o historias reales que parecen fantásticas.
2 Persona que es muy famosa y admirada por mucha gente porque ha hecho cosas extraordinarias.
3 Texto que aparece escrito en las monedas, escudos, mapas, dibujos y otras cosas similares.

liana
nombre femenino **1** Planta de tallos largos y delgados que crece enredándose en los árboles de la selva.

liar
verbo **1** Atar o sujetar una cosa, como un paquete, con cuerdas o algo parecido: *Lía los periódicos para llevarlos al contenedor de papel*.
2 Enrollar una cosa, en especial el tabaco para hacer un cigarro.
3 Hacer que una situación o un asunto sean más complicados de lo que ya son.
4 Hacer que una persona se quede sin entender algo o sin saber qué hacer o qué decir: *Me habéis liado con tantos consejos*.
5 liarse Confundirse o equivocarse al hacer algo.
6 liarse Hacer algo durante mucho tiempo y con mucha concentración: *Se lió a arreglar la puerta y perdió la noción del tiempo*.
7 liarse Empezar a tener una relación amorosa con alguien. Es un uso informal.
👁 Se conjuga como: desviar; la 'i' se acentúa en algunos tiempos y personas, como: líen.

libélula
nombre femenino **1** Insecto de cuerpo alargado, de color brillante y metálico, con dos

pares de alas transparentes y largas y dos ojos muy grandes. Vive cerca de lugares con agua, como ríos o estanques.

liberalismo

nombre masculino
1 Sistema político, social y económico que defiende la libertad del individuo en todos los aspectos sociales y religiosos, y en el que el estado no interviene en el control de la economía.

liberar

verbo
1 Hacer que una persona o un lugar recuperen la libertad: *Han liberado al preso.* ✂ libertar.
2 Quitar una obligación, una preocupación o un compromiso molesto a una persona: *Se ha liberado de su miedo, ahora ya se atreve a tirarse en paracaídas.*
3 Desprender, soltar o dejar escapar una cosa algo de su interior. Los automóviles liberan partículas nocivas a la atmósfera.

libertad

nombre femenino
1 Facultad que tienen las personas de decidir sus acciones o pensamientos sin que nada ni nadie se lo impida.
2 Situación o estado de la persona que no está en la cárcel o de la persona o animal que no están retenidos o sometidos a la voluntad de otra persona. Los animales salvajes viven en libertad.
3 Permiso que una persona concede a otra o se concede a sí misma para decidir su manera de actuar respecto a algo: *Me he tomado la libertad de usar tu lápiz.*
4 Confianza que tiene una persona al tratar con otra o falta de timidez con que se comporta en determinadas situaciones. Con un amigo se suele hablar con total libertad.

nombre femenino plural
5 libertades Exceso de confianza o atrevimiento en la relación con otras personas o en el comportamiento.

libertar

verbo
1 Hacer que una persona o un lugar recuperen la libertad.

libio, libia

adjetivo y nombre
1 Se dice de la persona o cosa que es de Libia, país del norte de África.

libra

nombre femenino
1 Moneda del Reino Unido y otros países, como Egipto, Siria, Libia, Chipre e Israel.
2 Medida de peso antigua que equivale a medio kilo.

nombre masculino
3 Séptimo signo del zodiaco. Con este significado se escribe con mayúscula.

nombre masculino y femenino
4 Persona nacida bajo el signo de Libra, entre el 22 de septiembre y el 23 de octubre.

librar

verbo
1 Hacer que una persona no sufra un daño o perjuicio o que no tenga que cumplir una obligación molesta: *Mi libré de ir a trabajar el sábado.*
2 Mantener dos o más personas una lucha o algo parecido.
3 Tener un trabajador unas horas, un día o varios días libres por corresponderle según sus condiciones de trabajo: *El dependiente libra los martes.*

libre

adjetivo
1 Se dice de la persona que tiene la facultad de decidir sus acciones o pensamientos sin que nada ni nadie se lo impida.
2 Se dice de la persona que ha salido de la cárcel; también de la persona o animal que no están retenidos.
3 Que no tiene impedimentos, obstáculos o prohibiciones. Decimos que la entrada a un sitio es libre cuando es gratuita.
4 Se dice de la cosa que podemos usar en un momento determinado porque nadie la está utilizando en ese momento, como un asiento vacío.

librería

nombre femenino
1 Tienda donde se venden libros.
2 Mueble con estantes para colocar libros. ✂ biblioteca.

librero, librera

nombre
1 Persona que se dedica a vender libros.

L
l

L

l

libreta
nombre femenino
1 Cuaderno que se usa para escribir notas o cuentas.

libro
nombre masculino
1 Conjunto de hojas encuadernadas que contienen un texto ordenado para leer y a veces fotos y dibujos. Este diccionario es un libro.
libro de texto Libro que contiene la materia de una asignatura.

licencia
nombre femenino
1 Documento legal que da permiso a una persona para hacer una cosa determinada, como la licencia de conducir. ✵ permiso.

lícito, lícita
adjetivo
1 Se dice de aquello que está permitido o se realiza de acuerdo con la ley, la moral o con lo que se considera correcto. El uso de la fuerza no es un medio lícito para conseguir lo que queremos.

licor
nombre masculino
1 Bebida alcohólica dulce que se obtiene a partir de ciertas plantas, frutas u otras sustancias.

licuadora
nombre femenino
1 Electrodoméstico pequeño que sirve para extraer el zumo de las frutas y verduras.

licuar
verbo
1 Convertir en líquido cualquier sustancia sólida.
2 Convertir en líquido una sustancia gaseosa, como el aire.
👁 Se conjuga como: actuar; la 'u' se acentúa en algunos tiempos y personas, como: licúen.

líder
nombre masculino y femenino
1 Persona que dirige o está al frente de un grupo, un partido o una asociación.
2 Deportista o equipo deportivo que en una competición ocupa el primer puesto de la clasificación.
3 Persona o cosa que es la más destacada o la que domina en un terreno determinado. Decimos que un producto es líder de ventas cuando es el que más se vende.

lidiar
verbo
1 Realizar un torero pases y movimientos con el toro para incitarlo a que ataque, defenderse de él y finalmente matarlo. ✵ torear.
2 Luchar o hacer todo lo posible para conseguir algo.
👁 Se conjuga como: cambiar; la 'i' no lleva nunca acento de intensidad.

liebre
nombre femenino
1 Animal mamífero parecido a un conejo pero más grande, con el pelo suave y espeso, las orejas largas, las patas traseras más largas que las delanteras y la cola corta. La liebre corre a gran velocidad.
2 Corredor que en las carreras de larga distancia corre rápido para animar el ritmo de los otros corredores y que luego abandona la carrera.

lienzo
nombre masculino
1 Tela que está preparada para pintar un cuadro sobre ella.
2 Cuadro pintado sobre un lienzo.

liga
nombre femenino
1 Acuerdo o unión que se hace entre varias personas, partidos políticos o países con un objetivo determinado. ✵ alianza; coalición.
2 Competición deportiva en la que participan equipos de la misma categoría que se enfrentan sucesivamente todos entre sí.
3 Tira elástica que sirve para sujetar a las piernas las medias que llegan hasta la mitad del muslo.

ligamento
nombre masculino
1 Conjunto de fibras que unen entre sí los huesos y las articulaciones.

ligar
verbo
1 Atar o sujetar algo con una cuerda, venda, hilo u otra cosa parecida.
2 Tener relación una cosa o persona con otra. Decimos que a dos buenos amigos los liga una estrecha amistad.
3 Establecer o intentar establecer una relación amorosa con una persona. Es un uso informal.
👁 Se escribe 'gu' delante de 'e', como: liguemos.

ligero, ligera
adjetivo
1 Que pesa poco. El algodón es mucho más ligero que el hierro. ✵ pesado.

2 Que es poco fuerte o se percibe poco: *Sufrió un ligero mareo*.
3 Que es rápido o de movimientos vivos. Un andar ligero permite ir muy rápido aunque sin correr.
4 Se dice de las comidas o los alimentos que se pueden digerir fácilmente.
5 Se dice de las prendas de vestir que abrigan poco.
a la ligera De modo rápido y sin pensarlo. Cuando se habla a la ligera se pueden decir tonterías.

light
adjetivo   **1** Se dice de los alimentos que tienen menos calorías para que engorden menos de lo normal.
👁 Es una palabra de origen inglés. Se pronuncia: 'lait'.

ligón, ligona
nombre y adjetivo   **1** Se dice de la persona a la que le gusta establecer relaciones amorosas poco serias y pasajeras y que siempre intenta hacerlo. Es una palabra informal.
👁 El plural de ligón es: ligones.

ligue
nombre masculino   **1** Relación amorosa superficial y pasajera; también es la persona con la que se establece este tipo de relación.
👁 Es una palabra informal.

lija
nombre femenino   **1** Papel fuerte y resistente que tiene una de sus dos caras cubierta por granitos duros. La lija sirve para pulir objetos de madera o metal. 🖎 795

lijar
verbo   **1** Poner lisa y suave una superficie frotándola con una lija. 🖎 795

lila
nombre femenino   **1** Arbusto con flores en forma de racimo, de color morado claro o blanco y olor intenso y agradable. También se llama lila la flor de este arbusto.
nombre masculino y adjetivo   **2** Color morado claro como el de esta flor.

liliputiense
nombre y adjetivo   **1** Se dice de la persona que es más pequeña de lo normal. ✂ enano. ✂ gigante.

lima
nombre femenino   **1** Herramienta que se usa para alisar metales, madera y otros materiales duros. Consta de una barra de acero con la superficie áspera unida a un mango. 🖎 393
2 Utensilio pequeño y alargado que se usa para pulir y dar forma a las uñas.
3 Persona que come mucho.
4 Fruta de corteza amarilla o verde muy parecida al limón pero algo más pequeña y menos ácida. También se llama lima el árbol que da esta fruta.

limar
verbo   **1** Hacer que una superficie o un borde quede liso frotándolo con una lima. Nos limamos las uñas para darles una forma redonda.

limbo
nombre masculino   **1** Parte ancha de las hojas de una planta.
2 Según la religión católica, lugar al que van las almas de los niños que han muerto sin haber sido bautizados.
estar en el limbo Estar una persona distraída o despistada.

limitar
verbo   **1** Poner límites a la extensión, la cantidad o la fuerza de una cosa.
2 Estar un lugar al lado de otro con el que comparte un límite o una frontera. ✂ lindar.
3 **limitarse** Dedicarse a hacer una cosa exclusivamente y no hacer nada más.

límite
nombre masculino   **1** Línea real o imaginaria que marca el final de una cosa y el principio de otra. A veces es difícil marcar el límite entre lo bueno y lo malo.
2 Punto o grado máximo que se puede alcanzar en alguna acción o actividad y de la que no se puede pasar. Las carreteras tienen un límite de velocidad determinado.

limón
nombre masculino   **1** Fruta amarilla de forma ovalada, con cáscara gruesa y carne de sabor ácido de la que se saca zumo;

L

l

también se llama limón el árbol que produce esta fruta.
👁 El plural es: limones.

limonada
nombre femenino **1** Bebida refrescante hecha con zumo de limón, agua y azúcar.

limonar
nombre masculino **1** Terreno en el que se cultivan limoneros.

limonero
nombre masculino **1** Árbol frutal que produce los limones. Tiene el tronco liso con muchas ramas y hojas de color verde brillante, y flores blancas muy olorosas. ✕✕ limón.

limosna
nombre femenino **1** Dinero, comida o ropa que se da por caridad a los necesitados. Los mendigos suelen pedir limosna.

limpiabotas
nombre masculino y femenino **1** Persona que se dedica a limpiar y dar brillo a los zapatos de otras personas.
👁 El plural es: limpiabotas.

limpiaparabrisas
nombre masculino **1** Mecanismo de los coches en los cristales delantero y trasero que consiste en una varilla con una tira de goma o plástico que al ponerse en funcionamiento aparta el agua de los cristales. ↳ 195
👁 El plural es: limpiaparabrisas.

limpiar
verbo **1** Quitar la suciedad del cuerpo, de un lugar o de una cosa con la ayuda de los productos y los instrumentos necesarios. ✕✕ ensuciar. ↳ 794
2 Quitar lo que estorba o no sirve para una cosa, como cuando se quita la espina de un pescado.
3 Dejar sin dinero a una persona sin que se dé cuenta. Es un uso informal.
👁 Se conjuga como: cambiar; la 'i' no lleva nunca acento de intensidad.

limpieza
nombre femenino **1** Acción que se realiza al limpiar algo; también se llama limpieza al estado en que quedan las cosas después de limpiarlas.

limpio, limpia
adjetivo **1** Se dice de las cosas o las personas que no tienen suciedad. ✕✕ sucio.
2 Que cuida de su limpieza. ✕✕ sucio.
3 Que no tiene nada de dinero: *Siento no acompañaros al cine, pero estoy completamente limpio.* Es un uso informal.
sacar en limpio Sacar una conclusión o una explicación de una situación determinada.

lince
nombre masculino **1** Animal mamífero del grupo de los gatos, pero más grande, con la piel rojiza con manchas negras y las orejas puntiagudas, terminadas en unos finos mechones de pelo negro.
adjetivo y nombre masculino **2** Se dice de la persona que es muy inteligente y que entiende las cosas enseguida.

linchar
verbo **1** Matar varias personas a un sospechoso de un delito grave, sin que se le haya hecho un juicio.

lindar
verbo **1** Estar un lugar al lado de otro con el que comparte un límite o una frontera: *Mi pueblo linda con el tuyo.* ✕✕ limitar.

lindo, linda
adjetivo **1** Que es bonito y agradable de ver u oír. ✕✕ bello. ✕✕ feo.

línea
nombre femenino **1** Marca muy fina y alargada que puede ser recta o curva, larga o corta. ✕✕ raya.
2 Conjunto de personas o cosas colocadas una al lado de otra. Las palabras escritas en un libro forman líneas. ✕✕ fila.
3 Servicio de transportes públicos que siempre siguen el mismo recorrido.
4 Silueta o forma externa que tiene el cuerpo de una persona, en especial cuando está bien proporcionada: *Come alimentos poco grasos para cuidar la línea.* ✕✕ tipo.
5 Sistema de cables y otros aparatos que permiten establecer una comunicación telefónica o telegráfica.
6 Conjunto de productos comerciales que tienen una misma mar-

ca o unas características similares o iguales: *Han sacado una nueva línea de trajes de baño.*
7 Conjunto de personas con las que se tiene una relación de parentesco: *Somos primos por línea materna.*
en líneas generales Modo de contar algo sin entrar en detalles.

lingote
nombre masculino **1** Barra de metal, normalmente de oro o de otros metales nobles.

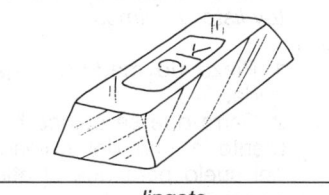
lingote

lino
nombre masculino **1** Planta de cuyo tallo se saca una fibra que sirve para hacer tejidos.
2 Fibra vegetal que se extrae de esta planta y que sirve para hacer tejidos; también se llama lino a estos tejidos.

linterna
nombre femenino **1** Utensilio que sirve para producir un foco de luz, formado por una bombilla, un mecanismo para encenderla y una o más pilas eléctricas.

lío
nombre masculino **1** Conjunto de cosas desordenadas o mezcladas: *Hay mucho lío de juguetes en tu cuarto.*
2 Situación problemática o de difícil solución. Las personas que van contando mentiras se pueden meter en un lío. ※ follón.

lioso, liosa
adjetivo **1** Que es muy difícil de entender o de resolver. ※ complicado.
adjetivo y nombre **2** Se dice de la persona que complica un asunto o una situación más de lo que ya estaba.

liquen
nombre masculino **1** Ser orgánico formado por la asociación de un hongo y un alga. Crece en las rocas, paredes o cortezas de los árboles de zonas húmedas.
☞ El plural es: líquenes.

liquidación
nombre femenino **1** Venta de los productos de un comercio a un precio mucho más bajo de lo normal. ※ saldo.
2 Pago completo de una deuda o de una cuenta.
☞ El plural es: liquidaciones.

liquidar
verbo **1** Pagar completamente un recibo, una deuda o una cuenta. ※ cancelar.
1 Gastar completamente el dinero del que se dispone: *Se liquida el sueldo en una semana.* Es un uso informal.
3 Poner fin a una cosa o una actividad.
4 Vender a un precio más bajo de lo normal los productos de un comercio para intentar venderlo todo. Las tiendas liquidan sus productos cuando van a realizar reformas o cuando tienen que cerrar el negocio.
5 Acabar con la vida de alguien: *En la película, el gángster liquida al soplón de la policía.* Es un uso informal. ※ matar; eliminar.

líquido, líquida
adjetivo y nombre masculino **1** Se dice de la sustancia que, igual que el agua, no tiene forma propia sino que se adapta a la forma del recipiente que la contiene. Los estados de la materia son: sólido, líquido y gaseoso.

lira
nombre femenino **1** Instrumento musical antiguo formado por varias cuerdas tensadas sobre una estructura en forma de U.

lírica
nombre femenino **1** Género literario de obras escritas en verso con la intención de mostrar y provocar sentimientos.

lírico, lírica
adjetivo **1** Se dice de las obras literarias en verso que expresan los sentimientos del autor.
2 Se dice de las obras de teatro cantadas o con música, como la ópera y la zarzuela.

L
l

L

l

lirio
nombre masculino **1** Planta de hojas largas y duras que salen de un tallo central, que tiene flores grandes azules, moradas o blancas con seis pétalos.

lirón
nombre masculino **1** Animal mamífero roedor de pequeño tamaño que tiene el pelo suave, de color marrón, las orejas grandes y la cola larga. Vive en los árboles, donde pasa todo el invierno dormido.

adjetivo y nombre masculino **2** Se dice de la persona que duerme mucho o que duerme profundamente. ✖✖ dormilón.

👁 El plural es: lirones.

lisiado, lisiada
adjetivo y nombre **1** Se dice de la persona a quien le falta un miembro del cuerpo, como una pierna o un brazo, o que lo tiene deformado por una enfermedad, herida o golpe.

liso, lisa
adjetivo **1** Que no tiene desniveles, asperezas o arrugas en su superficie. La superficie de una mesa suele ser lisa. ✖✖ arrugado; rugoso.
2 Se dice del pelo que no tiene rizos. ✖✖ lacio. ✖✖ rizado.
3 Que es de un solo color o que no tiene dibujos. Una camisa totalmente blanca es lisa. ✖✖ estampado.

lista
nombre femenino **1** Serie de nombres o de datos que se escriben ordenados, normalmente en forma de columna: *Se me ha olvidado la lista de la compra en casa.* ✍ 199
2 Raya o línea de distinto color que decora una tela.
3 Pedazo largo y estrecho de tela, papel, madera u otro material que se aplica sobre una superficie.
pasar lista Leer en voz alta los nombres de las personas que están apuntadas en un papel para saber si se encuentran presentes.

listín
nombre masculino **1** Lista impresa con nombres y números de teléfonos. Cada provincia española tiene un listín. ✖✖ guía de teléfonos.

👁 El plural es: listines.

listo, lista
nombre y adjetivo **1** Se dice de la persona que es inteligente y comprende las cosas con facilidad y con rapidez.
2 Se dice de la persona que tiene habilidad para salir beneficiado de las situaciones. Las personas listas se comportan con astucia y siempre buscan su conveniencia.

adjetivo **3** Se dice de las personas o de las cosas que están preparadas y dispuestas para hacer determinada cosa o para ser utilizadas: *Estoy listo, ¿salimos?*

listón
nombre masculino **1** Pieza de madera larga y delgada.
2 Barra que se coloca horizontalmente a una determinada altura del suelo para que el atleta salte por encima de ella.

👁 El plural es: listones.

litera
nombre femenino **1** Mueble formado por dos camas colocadas una sobre otra con un espacio entre las dos; para subir a la cama de arriba, las literas suelen tener una pequeña escalera. También se llama litera cada una de estas camas.

literal
adjetivo **1** Se dice del mensaje que reproduce exactamente las palabras de otro.
2 Se dice de la traducción que dice exactamente lo mismo que el original, palabra por palabra.

literario, literaria
adjetivo **1** De la literatura. Hay obras, personajes, autores y estilos literarios.

literato, literata
nombre **1** Persona que se dedica a escribir o estudiar literatura.

literatura
nombre femenino **1** Forma de arte que utiliza la palabra. Las novelas, cuentos, obras de teatro, discursos y poesías forman parte de la literatura.
2 Estudio de las obras, autores y estilos de la literatura.
3 Conjunto de las obras literarias de un país, época, género o estilo.

litoral
adjetivo **1** De la orilla del mar o de su costa o que tiene relación con ella. El

clima litoral es más húmedo y suave que el clima del interior.

nombre masculino **2** Costa u orilla del mar, como el litoral mediterráneo o el litoral cantábrico.

litro

nombre masculino **1** Unidad que sirve para medir líquidos. Un litro de agua equivale aproximadamente a un kilogramo de agua. Su símbolo es: l.

litrona

nombre femenino **1** Botella de cerveza de un litro. 👁 Es una palabra informal.

lívido, lívida

adjetivo **1** Se dice de una persona que está muy pálida.

llaga

nombre femenino **1** Herida abierta en cualquier parte interior o exterior del cuerpo que escuece o duele.

llama

nombre femenino **1** Gas encendido que sale hacia arriba de algo que se quema y que da luz y calor. Las llamas que salen de un tronco que se quema son rojas y amarillas.
2 Mamífero doméstico con la cabeza pequeña, el cuello y las patas largas y el cuerpo recubierto por abundante pelo blanco o marrón claro. Es propio de los Andes, donde se utiliza como animal de carga y se aprovecha su leche.

llamada

nombre femenino **1** Acción de llamar: *Me pasé la tarde haciendo llamadas telefónicas.*
2 Palabra o gesto con que se llama o se avisa a alguien.

llamar

verbo **1** Utilizar la voz u otro medio para hacer que una persona o un animal venga o nos atienda. Para llamar a una persona que está lejos elevamos la voz.
2 Hacer sonar un timbre u otra cosa para que alguien nos atienda o venga a donde estamos.
3 Telefonear a alguien.
4 Poner un nombre a alguien o algo, o tener una persona, un animal o una cosa un nombre: *Mi perro se llama Boni.*
5 Poner un mote a alguien o referirse a alguien por una de sus cualidades o por un rasgo personal: *Le llaman el Rapado.*

llamativo, llamativa

adjetivo **1** Que llama mucho la atención. El rojo o el amarillo son colores llamativos que destacan sobre otros colores. ⚔ espectacular; vistoso. ⚔ corriente; sencillo.

llana

nombre femenino **1** Herramienta formada por una plancha de metal con un asa; se utiliza para extender yeso u otro material en una superficie. 🖎 394

llano, llana

adjetivo **1** Se dice de la superficie que tiene el mismo nivel en todas sus partes o que no tiene diferencias de altura. Las mesetas son grandes extensiones de tierras llanas.
2 Se dice de la persona que es sencilla, natural y fácil de tratar: *Aunque es importante, es una persona muy llana.*
3 Se dice de la palabra que lleva el acento en la penúltima sílaba. 'Difícil', 'llovizna' y 'árbol' son palabras llanas.
nombre masculino **4** Extensión de terreno que tiene el mismo nivel en todas sus partes o que no tiene diferencias de altura. ⚔ llanura.

llanta

nombre femenino **1** Parte metálica de una rueda sobre la cual se coloca y queda sujeto el neumático.

llanta

llanto

nombre masculino **1** Acción que consiste en llorar, especialmente haciendo ruido. Los bebés manifiestan el hambre, el dolor o el sueño mediante el llanto.

llanura

nombre femenino

1 Terreno llano y extenso. *La Mancha ocupa una gran extensión de la llanura castellana.*

llave

nombre femenino

1 Instrumento que sirve para abrir o cerrar una cerradura. *La llave es un objeto de metal provisto de dientes o surcos que encajan en una única cerradura.*

2 Dispositivo que sirve para abrir o cerrar el paso de una corriente eléctrica o el paso de un líquido o gas por una cañería.

3 Herramienta que sirve para apretar o aflojar una tuerca o un tornillo. ✎ 393

4 Signo ortográfico que se usa para encerrar un grupo de palabras o de números, colocando uno al principio y otro al final. Se representa con los signos { }.

5 En deportes de lucha, como el judo, conjunto de movimientos con los que un contrincante consigue dominar a su adversario, tirándolo al suelo o inmovilizándolo.

llave inglesa Herramienta que sirve para apretar o aflojar una tuerca o un tornillo, formada por una mango y una cabeza plana con una boca que, mediante un mecanismo, se puede ajustar a tuercas o tornillos de medidas distintas. ✎ 194

llave maestra Llave que puede abrir y cerrar distintas cerraduras.

llavero

nombre masculino

1 Objeto que sirve para poder llevar juntas varias llaves.

llegada

nombre femenino

1 Acción de llegar una persona o una cosa a un lugar.

2 Lugar o línea donde termina una carrera deportiva. ✕ meta.

llegar

verbo

1 Aparecer en un lugar después de haber recorrido un camino: *Todavía no ha llegado a casa.*

2 Producirse o aparecer algo que es cíclico. *En marzo llega la primavera.*

3 Durar una persona o una cosa hasta un momento determinado. *Algunas personas llegan a los cien años.*

4 Alcanzar algo un determinado punto: *La falda le llega hasta los tobillos.*

5 Alcanzar una cantidad determinada: *El jamón no llega a los seis kilos.*

6 Ser algo suficiente: *No me llega el dinero.*

7 Alcanzar un fin o un objetivo determinado: *Por fin ha llegado a ser presidente.*

llenar

verbo

1 Ocupar con personas o cosas un espacio que antes estaba vacío o medio vacío. *La gente llena los estadios para ver partidos de fútbol.* ✕ vaciar.

2 Dar gran cantidad de una cosa: *Cada vez que voy a ver a mi abuela me llena de besos* . ✕ cubrir.

3 Satisfacer por completo un deseo o una esperanza. *Las personas a las que les llena su trabajo son felices en él.* ✕ colmar.

4 llenarse Comer mucha cantidad hasta no poder más.

lleno, llena

adjetivo

1 Que no tiene espacio libre y no caben más personas o cosas. *Los niños suelen desayunar un vaso lleno de leche.* ✕ vacío.

2 Que tiene gran cantidad de alguna cosa. *Cuando volvemos de la playa tenemos las zapatillas llenas de arena.*

3 Que ha comido mucho, hasta no poder más. ✕ harto.

4 Se dice de la persona que está un poco gorda. Se usa más en diminutivo: *Los dos estamos llenitos.*

llevadero, llevadera

adjetivo

1 Que es fácil de soportar aunque exija esfuerzo o suponga sufrimiento: *Tengo un dolor llevadero.*

llevar

verbo

1 Hacer que una persona o una cosa vaya de un lugar a otro o que llegue a un destino determinado en nuestra compañía: *Llevó el coche al garaje.*

2 Conducir o dirigir hacia un lugar o un fin: *La carretera lleva al sur.*

3 Tener puesta una determinada prenda de vestir.
4 Tener o contener una cosa: *El pastel lleva crema y frutas.*
5 Haber pasado un tiempo en un lugar o haciendo algo: *Llevo media hora esperándote.*
6 Ser necesario o exigir una cosa lo que se indica. *Algunos trabajos llevan más tiempo que otros.*
7 Soportar una actividad difícil o una situación penosa: *Lleva lo mejor que puede la desgracia.*
8 Haber realizado o conseguido una determinada cantidad de aquello que se indica: *Lleva vistas cuatro películas en dos días.*
9 Superar una persona o una cosa a otra en la cantidad que se indica: *Su hermano mayor le lleva dos años.*
10 llevarse Estar de moda.
11 llevarse Entenderse o tener una determinada relación dos personas: *Se llevan muy bien.*
12 llevarse Tener o experimentar un determinado sentimiento, como un susto o una alegría.

llorar
verbo
1 Echar o salir lágrimas por los ojos.
2 Quejarse mucho de las penas o los problemas propios, con el fin de que se compadezcan de uno. Es un uso informal.

llorica
nombre masculino y femenino
1 Persona que llora a menudo, incluso por motivos poco importantes.

lloriquear
verbo
1 Llorar y quejarse con poca fuerza y casi sin ganas.

lloro
nombre masculino
1 Acción que consiste en llorar, generalmente haciendo ruido. El lloro de una persona indica que está triste o le duele algo.

llorón, llorona
nombre y adjetivo
1 Se dice de la persona que llora mucho y por cualquier motivo.
👁 El plural de llorón es: llorones.

llover
verbo
1 Caer agua de las nubes en forma de gotas.

2 Venir o producirse algo de forma abundante: *Me llovieron los regalos.*
como quien oye llover Sin hacer el menor caso o sin prestar atención: *Estaba escuchando tu regañina como quien oye llover.*

llovizna
nombre femenino
1 Lluvia muy fina y continua. ⚒ calabobos; sirimiri.

lluvia
nombre femenino
1 Fenómeno atmósferico que consiste en la caída de agua de las nubes en forma de gotas. La lluvia es muy beneficiosa para el campo. ✍597
2 Abundancia o gran cantidad de cosas que caen, se producen o se reciben al mismo tiempo. Cuando unos recién casados salen de la iglesia son recibidos por los invitados con una lluvia de arroz. Si alguien recibe una lluvia de ofertas de trabajo es que tiene muchas.

lluvioso, lluviosa
adjetivo
1 De lluvias frecuentes. El mes de abril suele ser un mes lluvioso.

lo
determinante
1 Determinante neutro de forma invariable que se utiliza delante de un adjetivo para indicar cosas que tienen esa característica: *Si quieres aprobar a la primera, lo mejor es que estudies un poco cada día.*
2 Se utiliza delante de 'que' más un complemento o una oración: *Nadar en la playa es lo que más me gusta.*

lo, la
pronombre
1 'Lo, la, los, las' son pronombres de complemento directo. Los pronombres de complemento directo sustituyen a un nombre de persona o de cosa que ya ha sido nombrada y que hace función de complemento directo: *Tranquilo, los helados los compro yo. ¿Juan?, no, no lo he visto.*

lobato
nombre masculino
1 Lobezno. Una loba suele tener entre cuatro y siete lobatos.

lobezno
nombre masculino
1 Cría del lobo. ⚒ lobato.

L

l

lobo, loba

nombre **1** Animal mamífero carnívoro parecido al perro, de color gris oscuro, con el hocico alargado, las orejas cortas y tiesas, y la cola larga y peluda.

local

nombre masculino **1** Lugar cubierto y cerrado que suele encontrarse en la parte baja de un edificio y en el que se tiene o se puede instalar un negocio, tienda o industria.

adjetivo **2** Propio o característico de un pueblo, territorio o comarca. Los periódicos locales recogen sobre todo las noticias que afectan a una población concreta.
3 Que sólo afecta o se produce en una parte de un todo. El dentista nos aplica anestesia local.

localidad

nombre femenino **1** Lugar con edificios, calles y otros espaciós públicos donde habita un conjunto de personas. ✖ población.
2 Asiento o plaza en un cine, teatro u otro lugar donde se celebran espectáculos.
3 Entrada o billete que da derecho a ocupar un asiento o plaza en un cine, teatro u otro espectáculo. Las localidades se pueden reservar con antelación.

localizar

verbo **1** Averiguar el lugar donde ha sucedido algo o se encuentra una persona o cosa. Localizamos un país en un mapa o una calle en el plano de una ciudad.
2 Encontrarse o estar situada una persona o cosa en un lugar: El dolor se localiza en la espalda.
👁 Se escribe 'c' delante de 'e', como: localice.

loco, loca

nombre y adjetivo **1** Se dice de la persona que ha perdido la razón o tiene la mente trastornada. Los locos son enfermos mentales que necesitan ayuda especial. ✖ demente. ✖ cuerdo.
2 Se dice de la persona que actúa de manera extraña o poco común y también de la que hace cosas peligrosas sin pensar en las consecuencias. Sólo un loco es capaz de saltarse un semáforo en rojo.

adjetivo **3** Que experimenta un sentimiento con intensidad, como el amor, la felicidad, la alegría, el dolor o el deseo de algo.
4 Muy grande o muy intenso: Tiene unas ganas locas de verte.
a lo loco Sin pensar, sin razonar y con prisas o de cualquier manera: No me contestes a lo loco, piénsalo bien y ya me dirás algo.
ni loco Nunca, de ninguna manera: No haría lo que me pides ni loco.

locomotora

nombre femenino **1** Máquina que arrastra los vagones de un tren.
como una locomotora Muy rápido: Ese señor habla como una locomotora. Es una expresión informal.

locomotor, locomotora

adjetivo **1** Que produce movimiento o está relacionado con él. Las piernas son los miembros locomotores de las personas.

locuaz

adjetivo **1** Que habla mucho. Muchos vendedores son personas locuaces que convencen a los compradores con sus palabras. ✖ hablador.
👁 El plural es: locuaces.

locura

nombre femenino **1** Enfermedad que padecen las personas que han perdido la razón o tienen trastornada la mente.
2 Acción que comete la persona extravagante, insensata o con poco juicio. Es una locura bañarse en el mar el día en que está puesta la bandera roja.
3 Cariño exagerado por alguien o interés muy grande por algo.
de locura Extraordinario o fuera de lo normal. En las grandes rebajas hay unos precios de locura. Es una expresión informal.

locutor, locutora

nombre **1** Persona que da noticias en informativos o habla en espacios fijos de radio o televisión.

lodo

nombre masculino · **1** Mezcla de tierra y agua que se forma en la tierra cuando llueve. ✄ barro.

lógica

nombre femenino · **1** Ciencia que estudia las operaciones que realiza el pensamiento para razonar las cosas.
2 Característica de las cosas que tienen sentido común, que son razonables o que no tienen contradicciones. No tiene lógica que alguien con mucho dinero robe en una tienda.

lógico, lógica

adjetivo · **1** De la lógica o que tiene relación con ella.
2 Se dice de lo que es normal o natural, o de lo que es razonable. Es lógico que haga frío en invierno o que alguien se rasque cuando siente picor.

nombre y adjetivo · **3** Se dice de la persona que se dedica al estudio de la lógica o que es experta en lógica. Muchos filósofos de la historia han sido también grandes lógicos.

logotipo

nombre masculino · **1** Imagen o símbolo que representa una determinada marca de un producto, una empresa o una institución. ✍ 398
👁 También se dice: logo.

lograr

verbo · **1** Llegar a tener una cosa que se desea o se intenta obtener. Para lograr algo hay que esforzarse. ✄ conseguir.

logroñés, logroñesa

adjetivo y nombre · **1** Se dice de la persona o cosa que es de Logroño, capital de la comunidad autónoma de La Rioja.
👁 El plural de logroñés es: logroñeses.

loma

nombre femenino · **1** Elevación de terreno de poca altura y de bordes suaves y redondeados.

lombriz

nombre femenino · **1** Gusano largo de color blanco o rosa, con el cuerpo cilíndrico, blando y dividido en anillos. Vive bajo la tierra en las zonas húmedas.
👁 El plural es: lombrices.

lomo

nombre masculino · **1** Parte superior del cuerpo de los animales de cuatro patas, entre el cuello y la cola. Cuando montamos a caballo nos subimos en su lomo.
2 Carne de la parte superior del cuerpo de algunos animales, en especial del cerdo.
3 Parte de un libro donde están unidas todas las hojas. En el lomo de un libro suelen estar escritos el título del libro y el nombre del autor.

lona

nombre femenino · **1** Tela fuerte y resistente que se utiliza para fabricar toldos, hamacas o tiendas de campaña.

loncha

nombre femenino · **1** Trozo ancho y fino de algunos alimentos, especialmente de jamón o de queso. ✍ 593

longaniza

nombre femenino · **1** Embutido de forma cilíndrica y alargada, que está hecho con carne picada.

longevo, longeva

adjetivo · **1** Se dice de las personas o los animales que llegan a tener muchos años.
👁 Es una palabra formal.

longitud

nombre femenino · **1** Distancia entre dos puntos de una superficie plana. La unidad básica de longitud es el metro.

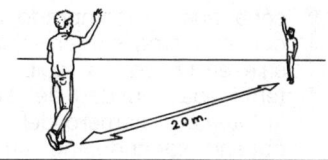

longitud

2 Distancia que hay desde un punto de la superficie de la Tierra hasta el meridiano 0 o meridiano de Greenwich. Las longitudes se cuentan positivas hacia el oeste y negativas hacia el este.

loro

nombre masculino · **1** Ave de vistosos colores, con el pico curvo y muy duro, que puede aprender a producir sonidos del habla humana.

L
l

L

l

adjetivo
y nombre
masculino

2 Aparato de radio o radiocasete: *Le han robado tres veces el loro del coche.* Es un uso informal.
3 Se dice de la persona que no para de hablar. Es un uso informal.
4 Se dice de la persona fea o mal arreglada. Es un uso informal y despectivo.
estar al loro Atento a lo que pasa, se dice o es nuevo y actual. Es una expresión informal.

los

determinante
artículo

1 Forma masculina plural del artículo determinado; mira **el, la**.

pronombre

2 Forma masculina plural del pronombre de complemento directo; mira **lo, la**: *Ayer pregunté el precio de unos libros y esta mañana me los he comprado.*

losa

nombre
femenino

1 Piedra lisa, plana y no muy gruesa, normalmente de forma cuadrada o rectangular, que sirve para cubrir el suelo o cubrir una tumba en un cementerio o lugar sagrado.
2 Cosa muy pesada que cuesta mucho hacer o soportar.

lote

nombre
masculino

1 Conjunto de cosas que se agrupan para venderlas, subastarlas, sortearlas o regalárselas a alguien, como un lote de libros, un lote de discos o un lote de Navidad.

lotería

nombre
femenino

1 Juego de azar en el que la persona que ha comprado el billete con el mismo número que el que sale en un sorteo recibe una determinada cantidad de dinero. En la lotería, el número del sorteo se obtiene sacando de un bombo una serie de bolas numeradas.
2 Asunto en el que interviene la suerte o el azar. Cuando en unas oposiciones se presenta mucha gente y existen pocas plazas, conseguir una es una lotería.
lotería primitiva Juego de azar organizado por una institución pública, que consiste en sortear seis números entre cuarenta y nueve y premiar con diversas cantidades de dinero los aciertos marcados en un boleto.

loto

nombre
masculino

1 Planta acuática, de hojas grandes y brillantes que flotan en la superficie del agua, y flores generalmente blancas muy aromáticas. Los estanques y lagos de algunos parques tienen lotos.

loza

nombre
femenino

1 Tipo de cerámica hecha con barro muy fino, cocido y barnizado. La loza sirve para fabricar diversos objetos, especialmente platos.

lubina

nombre
femenino

1 Pez marino con el cuerpo alargado, de color gris plateado por encima y blanco por el vientre. Vive en los mares templados y es comestible.

lucense

adjetivo
y nombre
masculino
y femenino

1 Se dice de la persona o cosa que es de Lugo, ciudad y provincia de Galicia.

lucero

nombre
masculino

1 Estrella que destaca en el cielo por ser más grande y brillante que las demás.

lucha

nombre
femenino

1 Acción que realiza una persona cuando emplea la fuerza o cualquier recurso a su alcance para vencer a otra persona, salvar una dificultad o conseguir alguna cosa.
2 Deporte que practican dos personas que se enfrentan cuerpo a cuerpo sin usar armas y en el que cada una tiene que conseguir dominar o vencer a la otra.

luchador, luchadora

adjetivo
y nombre

1 Se dice de la persona que se esfuerza para conseguir algo y no se rinde ante las dificultades.

nombre

2 Persona que practica lucha.

luchar

verbo

1 Emplear una persona la fuerza o cualquier recurso a su alcance para vencer a otra persona, salvar una dificultad o conseguir alguna cosa: *Los huelguistas luchan para conseguir mejoras laborales.*
2 Pelear dos o más personas o animales utilizando la fuerza, las armas, o cualquier otro recurso. Los ejércitos luchan en la guerra.

luciérnaga

nombre femenino

1 Insecto parecido a un gusano, que desprende de la parte posterior de su cuerpo una luz brillante que podemos ver en la oscuridad.

lucio

nombre masculino

1 Pez de río, de color amarillo verdoso, con la mandíbula inferior más grande que la superior y dientes con los que ataca y devora a otros animales.

lucir

verbo

1 Brillar o dar luz, como hacen una estrella o una bombilla.
2 Dejarse ver presumiendo de alguien o algo: *Luce las joyas que heredó de su madre.*
3 Quedar bien una cosa: *Ese cuadro no luce nada ahí.*
4 lucirse Quedar muy bien o dar una buena impresión. A veces se utiliza con ironía: *Te has lucido diciéndole que lleva un vestido horrible.*

lucir

INDICATIVO	SUBJUNTIVO
presente	**presente**
luzco	luzca
luces	luzcas
luce	luzca
lucimos	luzcamos
lucís	luzcáis
lucen	luzcan
pretérito imperfecto	**pretérito imperfecto**
lucía	luciera o luciese
lucías	lucieras o lucieses
lucía	luciera o luciese
lucíamos	luciéramos o luciésemos
lucíais	lucierais o lucieseis
lucían	lucieran o luciesen
pretérito indefinido	**futuro**
lucí	luciere
luciste	lucieres
lució	luciere
lucimos	luciéremos
lucisteis	luciereis
lucieron	lucieren
futuro	**IMPERATIVO**
luciré	
lucirás	
lucirá	luce (tú)
luciremos	luzca (usted)
luciréis	lucid (vosotros)
lucirán	luzcan (ustedes)
condicional	**FORMAS NO PERSONALES**
luciría	
lucirías	
luciría	**infinitivo** **gerundio**
luciríamos	lucir luciendo
luciríais	**participio**
lucirían	lucido

lucrativo, lucrativa

adjetivo

1 Que produce mucho beneficio o muchas ganancias. Un negocio lucrativo da mucho dinero.

lúdico, lúdica

adjetivo

1 Que tiene relación con el juego, la diversión o el entretenimiento.

luego

adverbio

1 Indica que una acción se produce después de otra: *Primero se quedó muy sorprendido y luego se puso rojo como un tomate.*
2 Indica que algo está después de otra cosa: *Siga todo recto; primero verá la plaza y luego el parque.*
desde luego Indica que estamos totalmente de acuerdo con algo o que no tenemos ninguna duda de algo: *Desde luego que tenías razón.* ✖ sin duda.
desde luego Se utiliza para expresar un pequeño enfado o desacuerdo con algo que se ha dicho o hecho: *¡Desde luego, hay que ver cómo eres!* Es un uso familiar.
hasta luego Se utiliza para despedirnos de alguien a quien pensamos ver más tarde.

lugar

nombre masculino

1 Parte de un espacio que se puede ocupar. Se dice de distintos tipos de espacios: el campo, una calle, una ciudad o una parte de una casa: *En esta calle hay varios lugares para aparcar.* ✖ sitio.
2 Parte de un espacio que corresponde a una persona o a una cosa o es adecuado para algo.
3 Posición que ocupa una persona o cosa en una clasificación: *Llegó en tercer lugar.*
4 Población pequeña o zona: *La gente del lugar es muy amable.*
en lugar de En vez de o en sustitución de. El teniente de alcalde acude a la reuniones en lugar del alcalde cuando éste está ausente.

lujo

nombre masculino

1 Abundancia de dinero, de cosas caras o de comodidades que tiene una persona o cosa. Tener

L

l

tres coches y dos casas es un lujo.
2 Aquello que no está al alcance de cualquier persona: *Se permitió el lujo de hacer un gran viaje.*
3 Abundancia o gran cantidad de cosas que no siempre son necesarias. Cuando alguien escribe sus memorias, cuenta su vida con todo lujo de detalles.

lumbre
nombre femenino
1 Fuego pequeño que se enciende con leña, carbón u otro material, para cocinar o para calentarse. También es cualquier fuego que sirve para encender algo, como la lumbre que enciende un cigarro, un quinqué o un fogón.

luminoso, luminosa
adjetivo
1 Que tiene o despide luz. La esfera luminosa de algunos relojes permite ver la hora en la oscuridad.
2 Que tiene luz natural o está muy bien iluminado. Los áticos son pisos muy luminosos. ✂ oscuro.

luna
nombre femenino
1 Satélite natural de la Tierra que gira a su alrededor y se ve por la noche en el cielo porque refleja la luz del Sol. Con este significado se escribe con mayúscula y siempre lleva delante el determinante 'la': la Luna.
2 Cristal, generalmente grande y grueso, que se coloca en vidrieras y escaparates. También es el cristal con el que se hacen los espejos, por ejemplo los que se ponen en las puertas de los armarios.
Luna creciente Fase de la Luna cuando sólo refleja luz su parte derecha.
luna de miel Periodo que sigue al día de la boda en el que, generalmente, los recién casados salen de viaje.
Luna llena Fase de la Luna cuando refleja luz todo su círculo. La Luna llena se ve redonda y aparece entre la Luna creciente y la Luna menguante.
Luna menguante Fase de la Luna cuando sólo refleja luz su parte izquierda.
Luna nueva Fase de la Luna cuando no refleja luz. La Luna nueva no se ve desde la Tierra.
estar en la Luna Estar distraído o no prestar atención a aquello que ocurre o se dice.

lunar
nombre masculino
1 Pequeña mancha redonda y de color oscuro que tienen algunas personas en la piel.
2 Dibujo en forma de círculo: *Tiene una corbata de lunares.*
adjetivo
3 De la Luna o que tiene relación con ella.

lunático, lunática
adjetivo y nombre
1 Que tiene muchas manías o que ha perdido la razón.

lunes
nombre masculino
1 Primer día de la semana. El lunes empiezan las clases semanales.

lupa
nombre femenino
1 Objeto formado por una lente de aumento sujeta a un mango o soporte, que sirve para ver aumentado el tamaño de las cosas pequeñas.

lustro
nombre masculino
1 Periodo de tiempo que dura cinco años.

luto
nombre masculino
1 Dolor y pena por la muerte de una persona.
2 Ropa de color negro que se usa por la muerte de alguien. En los entierros la gente suele ir de luto en señal de dolor.
3 Periodo de tiempo durante el que se dan muestras de dolor por la muerte de alguien.

luxemburgués, luxemburguesa
adjetivo y nombre
1 Se dice de la persona o cosa que es de Luxemburgo, país europeo que tiene frontera con Alemania, Bélgica y Francia.
👁 El plural de luxemburgués es: luxemburgueses.

luz
nombre femenino
1 Forma de energía que ilumina y nos permite ver los objetos, sus formas y sus colores. En verano se suele adelantar la hora para aprovechar más la luz del Sol.

2 Dispositivo que sirve para iluminar de forma artificial. Para leer es necesario disponer de una buena luz.

3 Corriente eléctrica. Los fluorescentes gastan poca luz.

nombre
femenino
plural

4 luces Inteligencia o sentido común. Las personas que tienen pocas luces no son muy listas.

a todas luces De manera clara y segura: *Su actitud agresiva fue a todas luces incorrecta.*

dar a luz Tener un hijo una mujer.

sacar a la luz Publicar o dar a conocer una obra, un texto o una noticia.

👁 El plural es: luces.

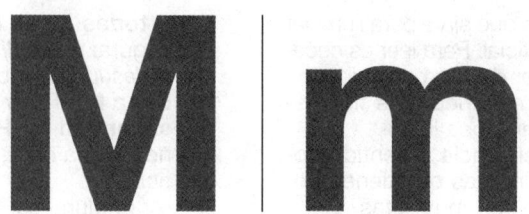

M m

m

nombre femenino
1 Decimotercera letra del alfabeto español. La 'm' es una consonante.
2 Abreviatura de: metro.

macaco, macaca

nombre
1 Mono de cola corta y pelaje amarillento.

macarra

adjetivo y nombre masculino y femenino
1 Se dice de la persona que se comporta de forma vulgar y agresiva con los demás.

adjetivo
2 Se dice de aquello que es vulgar y de mal gusto. ※ hortera.

nombre masculino
3 Hombre que vive del dinero que ganan las prostitutas. ※ chulo.

macarrón

nombre masculino
1 Pasta hecha con harina de trigo que tiene forma de tubo fino y corto. Se come hervida y con alguna salsa.
👁 Se usa más en plural. El plural es: macarrones.

macedonia

nombre femenino
1 Postre frío que se hace con trozos de distintas frutas mezcladas con zumo.

maceta

nombre femenino
1 Recipiente, normalmente de barro, que se llena de tierra para cultivar plantas. También es el conjunto que forman el recipiente, la planta y la tierra. ※ tiesto.

machacar

verbo
1 Reducir una cosa a trozos muy pequeños, generalmente dándole golpes. Algunos alimentos, como el ajo, el perejil o las almendras se machacan para hacer salsas. ✎ 793
2 Romper o destrozar algo, golpeándolo o aplastándolo: *Chocó*

contra el árbol y se machacó la nariz. Es un uso informal.
3 Ganar a alguien de una forma muy clara, en especial en una competición deportiva. Es un uso informal.
4 Insistir mucho sobre alguna cosa hasta llegar a cansar: *Me ha estado machacando durante toda la semana para que lo lleve al circo el fin de semana.* Es un uso informal.
👁 Se escribe 'qu' delante de 'e', como: machaquen.

machacón, machacona

adjetivo y nombre
1 Se dice de la persona o la cosa que se repite mucho, tanto que llega a resultar pesada: *No seas tan machacona, que me cansas.*
👁 El plural de machacón es: machacones.

machete

nombre masculino
1 Arma blanca formada por una hoja de metal ancha y afilada por un lado. Es parecido a un cuchillo pero más grande, y se usa como arma o para abrirse paso entre la maleza.

machista

adjetivo y nombre masculino y femenino
1 Que piensa que el hombre es superior a la mujer, especialmente en los aspectos laborales, jurídicos, morales o sociales; también es la persona que se comporta o actúa con esta superioridad.

adjetivo
2 Se dice del comportamiento de este tipo de personas; también de las cosas que tienen relación con este comportamiento o que son un reflejo de él, como una sociedad machista o un texto machista.

M
m

macho

nombre masculino **1** Ser vivo de sexo masculino. Los machos de los animales mamíferos, como un elefante macho o un hombre, son los que fecundan a las hembras con su esperma, pero son las hembras las que tienen las crías o los hijos. Las plantas que fecundan a otras de su especie también son machos, como una palmera macho. ✂ hembra.

2 Una de las dos piezas que forma un objeto o instrumento, que tiene un saliente y se mete en el agujero de la otra pieza, como el macho de un enchufe. ✍ 393

adjetivo y nombre masculino **3** Que tiene o se comporta con valentía y fuerza, o que tiene otras cualidades que se consideran propias de los hombres. Es un uso informal.

nombre masculino **4** Se utiliza para dirigirse a una persona, normalmente un amigo o un conocido: *Macho, no sabes lo que me han contado*. Es un uso informal.

macizo, maciza

adjetivo **1** Que está formado por una masa sólida y no tiene huecos en su interior. Los muebles de madera maciza pesan mucho y son de buena calidad.

adjetivo y nombre **2** Se dice de la persona que tiene las carnes duras y un cuerpo muy bien formado: *¡Qué tío más guapo y macizo acaba de pasar!* Es un uso informal.

nombre masculino **3** Conjunto de montañas de características parecidas y con unos límites bien delimitados. ✍ 597

4 Grupo de plantas o flores que decoran un jardín o un parque.

macroconcierto

nombre masculino **1** Espectáculo musical en el que hay varias actuaciones de músicos o de cantantes y que se suele realizar en un gran recinto con la asistencia de miles de personas.

macuto

nombre masculino **1** Bolsa de tela fuerte que sirve para llevar cosas cuando se va de excursión, de caza o de campamento; el macuto se lleva colgado del hombro por una tira o correa.

madeja

nombre femenino **1** Hilo largo que está enrollado en vueltas grandes e iguales. El hilo para hacer un jersey o para bordar se suele comprar en madejas.

madera

nombre femenino **1** Materia dura que forma los troncos y ramas de los árboles. Se usa para encender el fuego y hacer muebles y otros objetos.

tener madera Tener capacidad o talento para realizar una determinada actividad: *El profesor le ha dicho que el niño tienen madera de artista*.

madero

nombre masculino **1** Trozo largo de madera. Con los maderos se hacen postes, balsas, cabañas y otras cosas.

madrastra

nombre femenino **1** La madrastra de una persona es la mujer que se casa con su padre y no es su madre. Cuando un hombre con hijos se vuelve a casar, su nueva esposa es la madrastra de sus hijos.

madre

nombre femenino **1** Mujer que tiene uno o más hijos: *Es madre de tres hijos.* ✍ 197

2 Forma en que un hijo se dirige a su madre: *¿Puedo salir, madre?* Ahora se utiliza más: mamá.

3 Forma de tratamiento que se utiliza con las monjas: *La madre Teresa es la profesora de mi hija*.

¡madre mía! Indica sorpresa o admiración ante algo o alguien: *¡Madre mía, qué niño tan guapo! ¡Qué susto, madre mía!*

madriguera

nombre femenino **1** Lugar en el que viven y se protegen algunos animales, especialmente los conejos. Una madriguera es un agujero en la tierra muy largo y profundo. ✍ 596

2 Lugar en el que se esconden las personas que no quieren ser encontradas.

madrileño, madrileña

adjetivo y nombre **1** Se dice de la persona o cosa que es de la ciudad o de la comunidad autónoma de Madrid, en el centro de España.

M

m

madrina
nombre femenino **1** Mujer que acompaña a los novios al altar en la boda o al niño en el bautizo. Las madrinas protegen a sus ahijados.

madrugada
nombre femenino **1** Momento del día en que sale el Sol. ※ alba; amanecer.
2 Parte del día que va desde las 12 de la noche hasta el amanecer. La gente que sale a divertirse de noche suele volver a casa a las tantas de la madrugada.

madrugador, madrugadora
adjetivo y nombre **1** Que se levanta muy temprano.

madrugar
verbo **1** Levantarse muy pronto por la mañana, en especial antes de que salga el Sol. Las personas madrugamos para ir al trabajo o al colegio.
☞ Se escribe 'gu' delante de 'e', como: madruguen.

madrugón
nombre masculino **1** Acción que consiste en levantarse muy temprano por la mañana, en especial antes de la salida del Sol.
☞ El plural es: madrugones.

madurar
verbo **1** Ponerse madura una fruta. Cuando las frutas maduran están más dulces.
2 Crecer una persona, desarrollar su cuerpo y su mente y dejar de actuar como un niño.
3 Pensar bien una idea o preparar lentamente un proyecto.

madurez
nombre femenino **1** Estado de las cosas o las personas que están maduras o completamente desarrolladas. Las frutas se recogen cuando llegan a su madurez; la madurez de una persona se refleja en un comportamiento sensato.
2 Periodo de vida de las personas, entre la juventud y la vejez.

maduro, madura
adjetivo **1** Se dice de las frutas que ya han alcanzado su desarrollo completo y ya se pueden recoger y comer.
2 Se dice de la persona que ya no es joven pero tampoco vieja.

3 Se dice de las personas que actúan pensando lo que hacen, aunque sean jóvenes.

maestría
nombre femenino **1** Habilidad o destreza muy grande que tiene una persona en el desarrollo de una actividad.

maestro, maestra
adjetivo **1** Se dice de una cosa que es la principal o la más importante entre otras del mismo tipo. En un museo se pueden ver las obras maestras de algunos pintores: *Ésta es la viga maestra que sujeta el peso del tejado.*
nombre **2** Persona que se dedica a enseñar cualquier cosa a otra persona, especialmente una ciencia, un arte o un oficio. ※ profesor. ☞ 795
3 Persona que compone música o que es músico de profesión.

mafia
nombre femenino **1** Organización formada por un gran número de personas, que actúa de forma ilegal y utiliza la violencia, el asesinato y el chantaje para aumentar sus riquezas y su poder. Se han hecho muchas películas sobre la mafia italiana.
2 Grupo de personas que utiliza medios ilegales o poco claros para protegerse entre ellas e impedir que otras personas participen en sus asuntos: *Este sitio es una mafia, no hay modo de enterarse de lo que hacen ni de cómo consiguen sus clientes.*

magdalena
nombre femenino **1** Bollo pequeño hecho con huevos, harina, aceite y azúcar, que se cuece en el horno dentro de un molde de papel. Se toma para desayunar o merendar.

magia
nombre femenino **1** Arte de realizar cosas maravillosas que van en contra de las leyes naturales. En los cuentos infantiles las brujas hacen magia.
2 Conjunto de juegos y trucos que hace una persona para hacer creer al público que está viendo algo que no es real.
3 Gracia y atractivo que tiene una cosa o una persona y que provoca

admiración en los demás. El cine tiene mucha magia y atrae a muchos espectadores. ✖✖ encanto.

como por arte de magia De un modo que no se puede explicar o que parece inexplicable.

mágico, mágica

adjetivo **1** De la magia o que tiene relación con ella. Las hadas de los cuentos tienen una varita mágica.
2 Que gusta o atrae mucho por ser muy bueno o excepcional: *El ambiente de su casa es mágico, siempre están contentos.* ✖✖ fantástico; maravilloso.

magisterio

nombre masculino **1** Profesión o actividad que desarrolla un maestro o profesor, especialmente el que enseña en la enseñanza primaria.
2 Conjunto de estudios superiores que hay que realizar para conseguir el título y poder ejercer de maestro o profesor.

magnate

nombre masculino y femenino **1** Persona muy importante que ocupa una elevada posición en el mundo de los negocios y de las finanzas.

magnetofón

nombre masculino **1** Aparato que sirve para grabar y reproducir sonidos por medio de una cinta especial que se va enrollando en unos rodillos.
👁 El plural es: magnetofones.

magnífico, magnífica

adjetivo **1** Que destaca sobre otras cosas o personas por sus buenas cualidades: *El museo del Prado es un museo magnífico.* ✖✖ excelente; extraordinario.

magnitud

nombre femenino **1** Cualquier aspecto de las cosas que puede medirse, como la longitud, el peso, la velocidad, la temperatura y el tiempo.
2 Tamaño o importancia de alguna cosa. Las inundaciones, incendios o terremotos provocan pérdidas de gran magnitud. ✖✖ dimensión; proporción.

mago, maga

nombre **1** Persona que hace trucos con las manos para hacer creer al pú-

blico que es real algo que no lo es. ✖✖ ilusionista.
2 Personaje imaginario de los cuentos infantiles que utiliza poderes mágicos para conseguir lo que quiere. ✖✖ brujo; hechicero.

magullar

verbo **1** Producir un daño sin herida en una parte del cuerpo como consecuencia de un golpe o una caída. Si nos magullamos un brazo no sangramos, aunque nos puede salir un cardenal. ✖✖ contusionar.

mahometano, mahometana

adjetivo **1** De la religión que fue enseñada por Mahoma o que tiene relación con ella. ✖✖ musulmán.
adjetivo y nombre **2** Que sigue la religión que fue enseñada por Mahoma. Los mahometanos creen en un único dios: Alá. ✖✖ musulmán.

mahonesa

nombre femenino **1** Salsa espesa que se hace mezclando huevo y aceite con limón o vinagre. Se usa como condimento de muchas comidas.
👁 También se escribe y se pronuncia: mayonesa.

maillot

nombre masculino **1** Prenda femenina parecida a un bañador y que se usa para hacer gimnasia, aeróbic y otros deportes.
2 Camiseta deportiva que se ajusta al cuerpo, como la que llevan los ciclistas.
👁 Se pronuncia: 'mallot'.

maíz

nombre masculino **1** Cereal de tallo recto y largo, con las hojas grandes y las flores agrupadas en racimos, que da unos granos amarillos que se usan como alimento. Estos granos también se llaman maíz.

majadería

nombre femenino **1** Dicho o hecho torpe, inoportuno o molesto. Es una palabra informal. ✖✖ chorrada; tontería.

majadero, majadera

adjetivo y nombre **1** Que hace o dice cosas que no tienen sentido o que molestan a los demás: *El muy majadero, se pasó todo el día chinchando.* Es una palabra informal.

M m

M
m

majara

adjetivo
y nombre
masculino
y femenino

1 Se dice de la persona que actúa de un modo poco responsable o imprudente. Es una palabra informal. ✖ chalado; loco.

majareta

adjetivo
y nombre
masculino
y femenino

1 Majara: *¿Te crees que estoy majareta? No pienso dejarte mi bicicleta nueva para que hagas el bestia.* Es una palabra informal. ✖ chalado; loco.

majestad

nombre
femenino

1 Palabra que se utiliza para nombrar a Dios o a los emperadores y reyes en señal de respeto y obediencia.
👁 Se escribe con mayúscula.

majestuoso, majestuosa

adjetivo

1 Que impresiona y causa admiración por ser muy elegante o muy grande.

majo, maja

adjetivo

1 Se dice de la persona que es muy amable, simpática y agradable en el trato.
2 Que es bonito o útil, aunque no sea lujoso ni muy grande: *Se ha comprado un coche muy majo, no es muy potente pero es bonito y le dará un buen servicio.*

majorette

nombre
femenino

1 Niña o mujer joven que marcha delante de una banda de música en un desfile. Las majorettes llevan uniforme y un bastón que lanzan al aire y que recogen a lo largo de la marcha.
👁 Se pronuncia: 'mayoret'.

mal

adjetivo

1 Apócope de 'malo'; se usa cuando va delante de un nombre masculino: *Tiene mal humor.* ✖ buen.

adverbio

2 De manera contraria a la debida o de un modo que no es correcto o adecuado. Si un problema está mal es porque no hemos sabido resolverlo. ✖ bien.
3 A disgusto o de forma desagradable: *Lo pasé muy mal.* ✖ bien.
4 Con problemas de salud: *Todavía estoy mal de la gripe.*

nombre
masculino

5 Lo que se considera moralmente malo. No deberíamos hacer el mal a nadie.

6 Cosa que es mala y perjudicial para nuestra vida y nos produce insatisfacción o tristeza. La guerra es un mal que causa la muerte de muchas personas. ✖ bien.
7 Enfermedad o dolencia física: *Se pasa el día quejándose de sus males, le duele todo.*
menos mal Se utiliza para expresar un alivio, porque no ha ocurrido algo malo o todo lo malo que podía ocurrir.
tomar a mal Ofenderse por algo que se dice o se hace, aunque no se haya dicho o hecho con esa intención: *No te lo tomes a mal, era una broma.*

malabarista

nombre
masculino
y femenino

1 Persona que realiza juegos o ejercicios de habilidad que consisten en lanzar cosas al aire y recogerlas con distintas combinaciones, o en mantenerlas en equilibrio. Los malabaristas suelen trabajar en el circo.

malagueño, malagueña

adjetivo
y nombre

1 Se dice de la persona o cosa que es de Málaga, ciudad y provincia de Andalucía.

maldad

nombre
femenino

1 Característica de las personas malas; también acción realizada por estas personas. ✖ bondad.

maldecir

verbo

1 Decir maldiciones de una persona o una cosa. Maldecimos el momento en que decidimos hacer algo que nos causa después muchos problemas.
👁 Se conjuga como: predecir.

maldición

nombre
femenino

1 Palabras insultantes con las que se muestra el enfado con alguien o algo. ✖ bendición.
2 Persona o cosa muy mala que crea muchos problemas o que se considera como un castigo: *Esta tormenta ha sido una maldición para el pueblo.* ✖ bendición.
👁 El plural es: maldiciones.

maldito, maldita

adjetivo

1 Indica enfado o disgusto por algo o alguien que resulta tan malo o molesto que hace perder la

M m

paciencia: *Ya estoy harto de la maldita cerradura, nunca se abre a la primera.*

adjetivo y nombre
2 Se dice de la persona a la que le gusta hacer el mal. ✕ perverso.
3 Que es objeto de una maldición. Decimos que un lugar está maldito cuando en él pasan cosas muy raras y desagradables.

adjetivo
4 Delante de un nombre con artículo, significa nada: *Maldita la gracia que me hace.*

maleducado, maleducada
adjetivo y nombre
1 Que tiene muy mala educación y se comporta sin respeto ni atención con los demás. ✕ educado.

maleficio
nombre masculino
1 Daño que recibe una persona por medio de la magia: *La bruja realizó un maleficio contra la princesa para que se quedara dormida hasta que un príncipe la besara.*

maléfico, maléfica
adjetivo
1 Que perjudica o hace daño.

malestar
nombre masculino
1 Sensación desagradable que tiene una persona cuando se encuentra mal o molesta. Un dolor de cabeza o de estómago provocan malestar.

maleta
nombre femenino
1 Objeto que sirve para llevar la ropa y otras cosas en un viaje.

nombre masculino y femenino
2 Persona que hace mal las cosas o se equivoca al hacerlas: *El muy maleta ha fallado el gol a puerta vacía.* Es un uso informal.

maletero
nombre masculino
1 Espacio cerrado de un coche que sirve para llevar las maletas y otras cosas; suele estar en la parte trasera de los coches.

maletín
nombre masculino
1 Maleta pequeña que se usa para llevar documentos u objetos pequeños, como la que llevan los ejecutivos o los médicos.
👁 El plural es: maletines.

maleza
nombre femenino
1 Conjunto de las malas hierbas que perjudican los campos de cultivo. De vez en cuando hay que limpiar los sembrados para que no se llenen de maleza.

2 Conjunto espeso de árboles, arbustos y plantas que crecen de manera silvestre.

malgastar
verbo
1 Gastar el dinero, el tiempo o el esfuerzo sin prudencia en cosas que no sirven para nada. ✕ desperdiciar. ✕ aprovechar; ahorrar.

malhablado, malhablada
adjetivo y nombre
1 Que habitualmente habla empleando expresiones vulgares o palabras malsonantes.

malhechor, malhechora
adjetivo y nombre
1 Que comete delitos habitualmente. ✕ delincuente.

malhumor
nombre masculino
1 Estado de ánimo de la persona que está enfadada o molesta.
👁 También se escribe: mal humor.

malhumorado, malhumorada
adjetivo
1 Que tiene mal humor o está enfadado por algo.

malicia
nombre femenino
1 Intención o costumbre de una persona de hacer cosas malas sabiendo que las hace. Una persona que está siempre pensando cómo fastidiar a los demás tiene mucha malicia. ✕ maldad.

maligno, maligna
adjetivo
1 Que es muy grave o perjudicial, o que no puede curarse. Gracias a los avances de la medicina se pueden curar muchas enfermedades malignas. ✕ benigno.
2 Que tiende a hacer mal o a pensar mal. También es maligna la persona que se alegra cuando le pasa algo malo a otra. ✕ perverso. ✕ bueno.

malla
nombre femenino
1 Prenda parecida a un leotardo de tela elástica que se ajusta a las piernas. Para hacer gimnasia, aeróbic o ballet se usan mallas. Se usa sobre todo en plural.
2 Tejido parecido a una red hecho con hilo o plástico. Hay medias hechas de malla y a veces las naranjas se venden en bolsas de malla.

mallorquín, mallorquina
adjetivo y nombre
1 Se dice de la persona o cosa que es de la isla de Mallorca.

M
m

malo, mala

adjetivo **1** Que no se porta bien con los demás o que, en general, causa problemas. También se dice de las acciones y sentimientos de una persona mala. ✂ malvado. ✂ bueno.

2 Que tiene poca calidad o que no es conveniente para un determinado fin. Un bolígrafo, si es malo, no escribirá bien; un cantante malo no sabe cantar; la comida mala no gusta. ✂ bueno.

3 Que no es agradable a los sentidos. ✂ bueno.

4 Se dice de las cosas que pueden causar un perjuicio. Las drogas son malas para la salud. ✂ perjudicial. ✂ beneficioso.

adjetivo **5** Que tiene algún problema de salud. Cuando estamos malos no podemos ir al colegio. ✂ enfermo.

estar de malas Estar de mal humor.

por las malas Que se hace a la fuerza: *Si no haces lo que te digo ahora por las buenas, tendrás que hacerlo luego por las malas.*

👁 Delante de nombre masculino se utiliza: mal. El comparativo es: peor.

maloliente

adjetivo **1** Que tiene un olor desagradable, como la ropa muy sucia o una habitación mal ventilada.

malsonante

adjetivo **1** Se dice de las palabras que suenan mal por ser muy vulgares o de mal gusto. Los tacos son palabras malsonantes.

maltratar

verbo **1** Tratar a una persona o una cosa de modo que se le cause algún daño o desperfecto.

maltrecho, maltrecha

adjetivo **1** Que está en mal estado como consecuencia de un esfuerzo o de un accidente: *El coche quedó maltrecho después del accidente.*

malva

nombre femenino **1** Planta de hojas de color verde intenso y grandes flores moradas. Las malvas crecen en terrenos húmedos o terrenos sin cultivar.

nombre masculino y adjetivo **2** Color rosa con un tono morado como el de la flor de la malva.

criar malvas Estar una persona muerta y enterrada. Es un uso informal.

ser una malva Ser muy tranquilo y dócil.

malvado, malvada

adjetivo **1** Que actúa con muy mala intención pretendiendo hacer daño a los demás; también se dice de las acciones de estas personas. ✂ maligno; perverso. ✂ bueno.

mama

nombre femenino **1** Órgano de las hembras de los mamíferos por donde sale la leche. ✂ teta.

2 Forma en que un hijo se dirige a su madre. También se escribe y se pronuncia: mamá.

mamá

nombre femenino **1** Forma en que una persona se refiere a su madre o se dirige a ella. Es una palabra familiar; en situaciones más formales se usa: madre.

👁 También se escribe y se pronuncia: mama.

mamar

verbo **1** Chupar las crías de los mamíferos la leche que sale de las mamas de su madre. Algunas mujeres dan de mamar a sus bebés.

mamarracho

nombre masculino **1** Cosa mal hecha o ridícula, en especial un dibujo o una pintura.

2 Persona que viste o se comporta de forma ridícula: *Con ese traje estás hecho un mamarracho.*

mamífero, mamífera

adjetivo y nombre **1** Se dice del animal vertebrado que se desarrolla en el interior del cuerpo de la hembra y se alimenta, en una primera etapa de su vida, de la leche materna. El gato y la vaca son mamíferos.

mamitis

nombre femenino **1** Deseo exagerado de estar siempre con la madre.

👁 Es una palabra informal.

mamporro

nombre masculino **1** Golpe que se da a una persona con la mano cerrada. Es una palabra informal. ✂ puñetazo.

M
—
m

mamut

nombre masculino **1** Mamífero prehistórico parecido al elefante, pero más grande, con dos colmillos muy largos y abundante pelo.
☞ El plural es: mamuts.

manada

nombre femenino **1** Grupo de animales grandes, terrestres y de la misma especie, salvajes o domésticos, que viven juntos. ☜ 596

manantial

nombre masculino **1** Corriente de agua que brota de la tierra o de entre las rocas de forma natural.

manar

verbo **1** Salir un líquido de un sitio. El agua mana de las fuentes.

manazas

adjetivo y nombre masculino y femenino **1** Se dice de la persona que no tiene habilidad para hacer cosas en las que se emplean las manos y que estropea todo lo que toca. Es una palabra informal.
☞ El plural es: manazas.

mancha

nombre femenino **1** Marca de suciedad que hay en una superficie.
2 Parte de una superficie que tiene un color diferente al resto. Las jirafas tienen manchas oscuras por todo el cuerpo.
3 Cosa que daña la fama o el honor de una persona.

manchar

verbo **1** Ensuciar una cosa.

manchego, manchega

adjetivo y nombre **1** Se dice de la persona o cosa que es de La Mancha, región natural española que se extiende por las provincias de Cuenca, Toledo, Ciudad Real y Albacete.

adjetivo y nombre masculino **2** Se dice de un tipo de queso que se hace en La Mancha siguiendo una elaboración determinada.

manco, manca

adjetivo y nombre **1** Se dice de la persona a la que le falta un brazo o una mano, o los dos, o que tiene un defecto físico en ellos y no puede usarlos.

mandamiento

nombre masculino **1** Orden de un superior o una autoridad que hay que cumplir, como un mandamiento judicial que es una orden de un juzgado.
2 Reglas de conducta de algunas religiones, como los mandamientos de la ley de Dios.

mandar

verbo **1** Decir a alguien lo que tiene que hacer: *¿No te había mandado sacar la basura?* ⚒ ordenar.
2 Dirigir una persona a los demás. En una empresa, los jefes mandan a sus subordinados. ⚒ gobernar.
3 Enviar una cosa o a una persona a un lugar. Las cartas y los paquetes se mandan por correo o por medio de mensajeros.

mandarina

nombre femenino **1** Fruta parecida a la naranja, pero más pequeña y de sabor más dulce. Es muy aromática y se pela fácilmente con la mano.

mandato

nombre masculino **1** Aquello que manda hacer un superior o una autoridad. ⚒ orden.
2 Periodo de tiempo durante el cual una persona tiene un cargo; también es mandato la actuación de esa persona en su cargo. El mandato de un presidente de gobierno español dura cuatro años.

mandíbula

nombre femenino **1** Cada uno de los dos huesos que forman la boca de las personas y animales vertebrados, y donde están los dientes. Para masticar los alimentos movemos la mandíbula inferior.

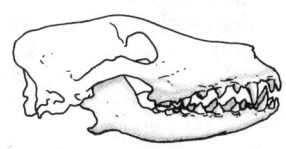

mandíbula

mandil

nombre masculino **1** Especie de delantal de tela fuerte que se cuelga del cuello y se ata a la cintura para proteger la ropa en determinados oficios. Los carniceros, pescaderos y fruteros suelen llevar mandil.

M
m

mando

nombre masculino

1 Poder o autoridad que una persona tiene sobre otra u otras a las cuales puede dirigir y dar órdenes. El capitán ejerce el mando en una compañía.
2 Persona u organismo que tiene poder y autoridad para mandar sobre otras. Los suboficiales, los oficiales y los jefes son mandos del ejército.
3 Mecanismo o dispositivo mediante los cuales se maneja, se controla o se dirige una máquina o un aparato. Los aviones tienen un cuadro de mandos. ✍ 193

mandón, mandona

adjetivo y nombre

1 Se dice de la persona a la que le gusta mucho mandar sobre los demás.
👁 El plural de mandón es: mandones.

manecilla

nombre femenino

1 Aguja pequeña que tienen los relojes y otros instrumentos para marcar algo. Las manecillas de las brújulas marcan el punto cardinal.

manejable

adjetivo

1 Que es fácil de manejar o utilizar: *Las cámaras de fotos automáticas son muy manejables*.

manejar

verbo

1 Usar algo, especialmente cuando se hace con las manos. Los pintores manejan bien el pincel.
2 Organizar y dirigir un asunto: *El director maneja muy bien los asuntos del colegio*.
3 manejarse Saber actuar o comportarse en una determinada actividad, situación o circunstancia: *Se maneja muy bien en las reuniones de trabajo*.

manejo

nombre masculino

1 Uso de algo, en especial si se hace con las manos: *Es todo un experto en el manejo de ordenadores*.
2 Aquello que se hace de forma oculta para conseguir algo: *Se trae unos manejos rarísimos, no sé qué está tramando*. Se usa más en plural. ✖ maniobra.

manera

nombre femenino

1 Conjunto de características que hacen que una acción, una actividad o un comportamiento sean diferentes cada vez que se hacen o según la persona que los haga. Cada persona tiene su manera de hablar y una misma persona puede hablar de diferentes maneras según las ocasiones. ✖ modo.

nombre femenino plural

2 maneras Conjunto de características que hacen que un comportamiento sea o no sea considerado educado. ✖ modales.
de manera que Indica la consecuencia o el resultado de lo que se dice: *No quedaban entradas, de manera que no pudimos entrar*.
de ninguna manera Se usa para negar algo con fuerza: *No dejaré que lo haga, de ninguna manera*.
de todas maneras Indica que algo que se conoce o que se ha dicho antes no impide que sea cierto o que ocurra lo que se dice después: *Ya sé que he llegado tarde, pero de todas maneras no soy el último*. ✖ de todos modos.

maneta

nombre femenino

1 Pieza que tienen las bicicletas y las motocicletas en el manillar y que sirve para accionar un mecanismo, como la maneta de los frenos en la bici o la maneta del embrague en la moto. ✍ 193

manga

nombre femenino

1 Parte de una prenda de vestir que cubre el brazo. La manga larga cubre todo el brazo y la manga corta no llega al codo.
2 Objeto de tela en forma de cono con un agujero en la punta que sirve para decorar postres. La manga se rellena de nata o crema que después se hace salir a presión por la punta.

mangar

verbo

1 Robar una cosa a una persona, sobre todo cuando se hace engañándola o sin que se dé cuenta. Es una palabra informal. ✖ robar.
👁 Se escribe 'gu' delante de 'e', como: manguen.

① ② ③ ④ ⑤ ⑥ ⑦ ⑧ ⑨ ⑩ ⑪ ⑫ ⑬ ⑭ ⑮ ⑯ ⑰ ⑱ ⑲ ⑳ ㉑ ㉒ ㉓ ㉔

① barra	⑥ rodaja	⑪ pareja	⑯ familia	㉑ decena
② pedazo	⑦ gajo	⑫ trío	⑰ serie	㉒ centena
③ rebanada	⑧ gota	⑬ par	⑱ juego	㉓ surtido
④ loncha	⑨ grano	⑭ banco	⑲ hornada	㉔ millar
⑤ añicos	⑩ fracción	⑮ cuaderno	⑳ docena	

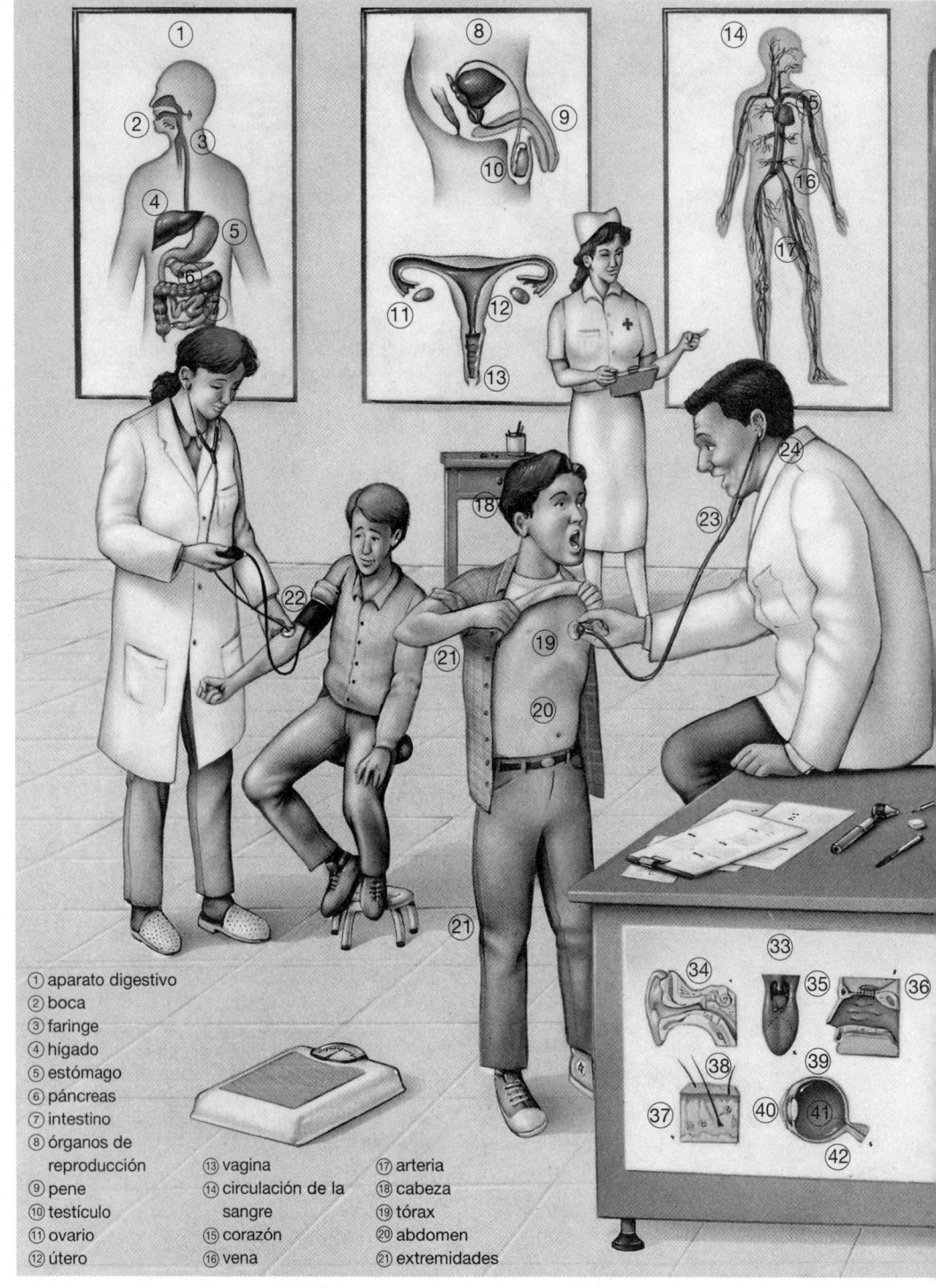

① aparato digestivo
② boca
③ faringe
④ hígado
⑤ estómago
⑥ páncreas
⑦ intestino
⑧ órganos de
  reproducción
⑨ pene
⑩ testículo
⑪ ovario
⑫ útero

⑬ vagina
⑭ circulación de la
  sangre
⑮ corazón
⑯ vena

⑰ arteria
⑱ cabeza
⑲ tórax
⑳ abdomen
㉑ extremidades

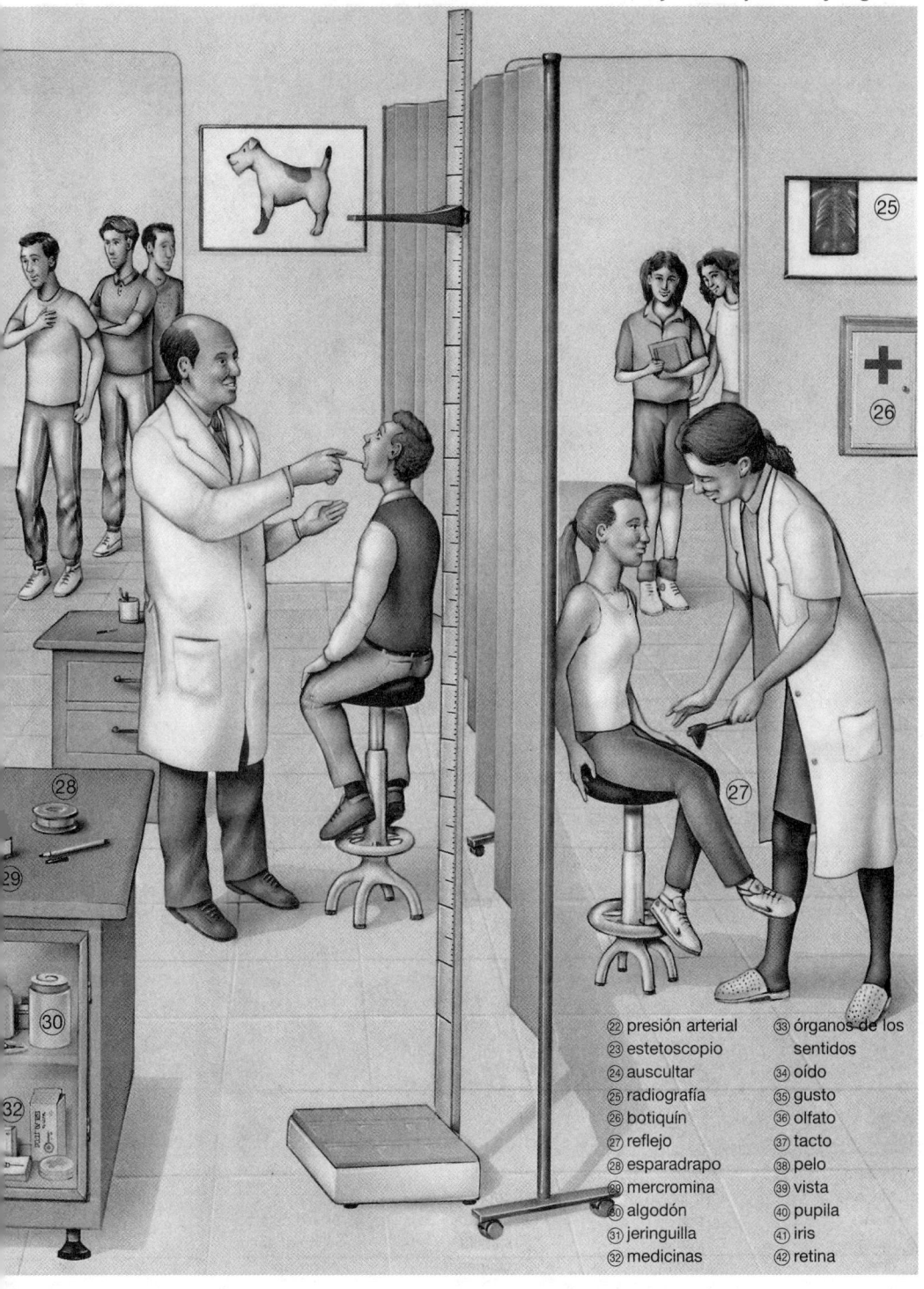

22 presión arterial
23 estetoscopio
24 auscultar
25 radiografía
26 botiquín
27 reflejo
28 esparadrapo
29 mercromina
30 algodón
31 jeringuilla
32 medicinas

33 órganos de los
    sentidos
34 oído
35 gusto
36 olfato
37 tacto
38 pelo
39 vista
40 pupila
41 iris
42 retina

① rebaño	⑥ nido	⑪ arboleda	⑯ enjambre	㉑ hormiguero
② manada	⑦ fruto	⑫ copa	⑰ tronco	㉒ erizo
③ piara	⑧ piel	⑬ cáscara	⑱ pie de árbol	
④ rama	⑨ carne	⑭ semilla	⑲ madriguera	
⑤ cría	⑩ hueso	⑮ colmena	⑳ gazapo	

Ciclo del agua	④ río	⑨ macizo	⑭ delta	Ciclo del papel
① evaporación	⑤ mar	⑩ nacimiento	⑮ pozo	⑰ bosque
② formación	⑥ nube	⑪ cultivos	⑯ aguas	⑱ talar
de nubes	⑦ nieve	⑫ remanso	subterráneas	⑲ fábrica de papel
③ precipitación	⑧ lluvia	⑬ margen		⑳ reciclado

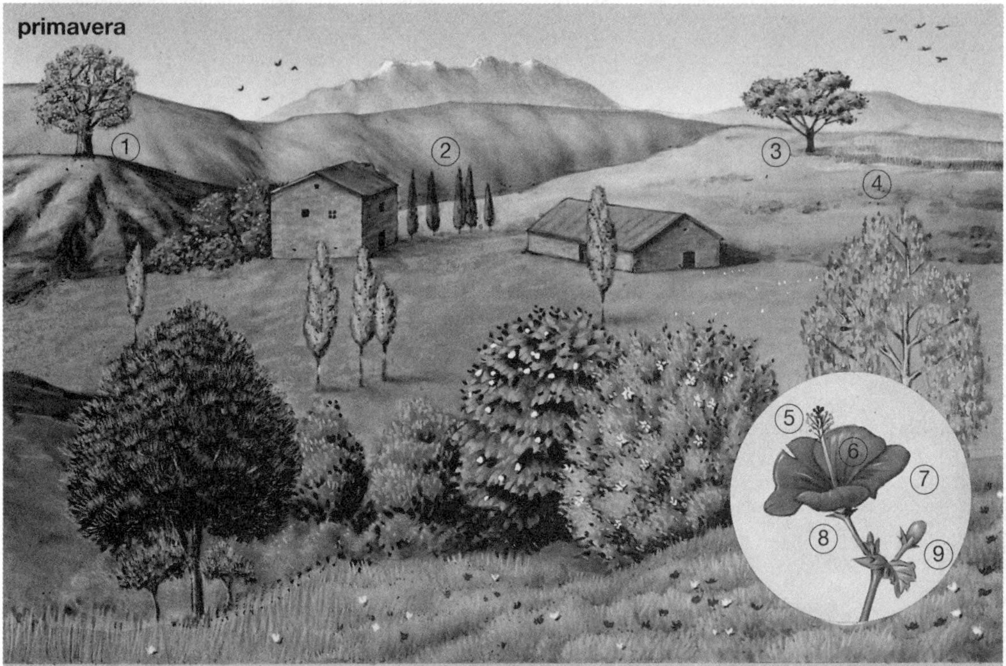
primavera
1
2
3
4
5
6
7
8
9

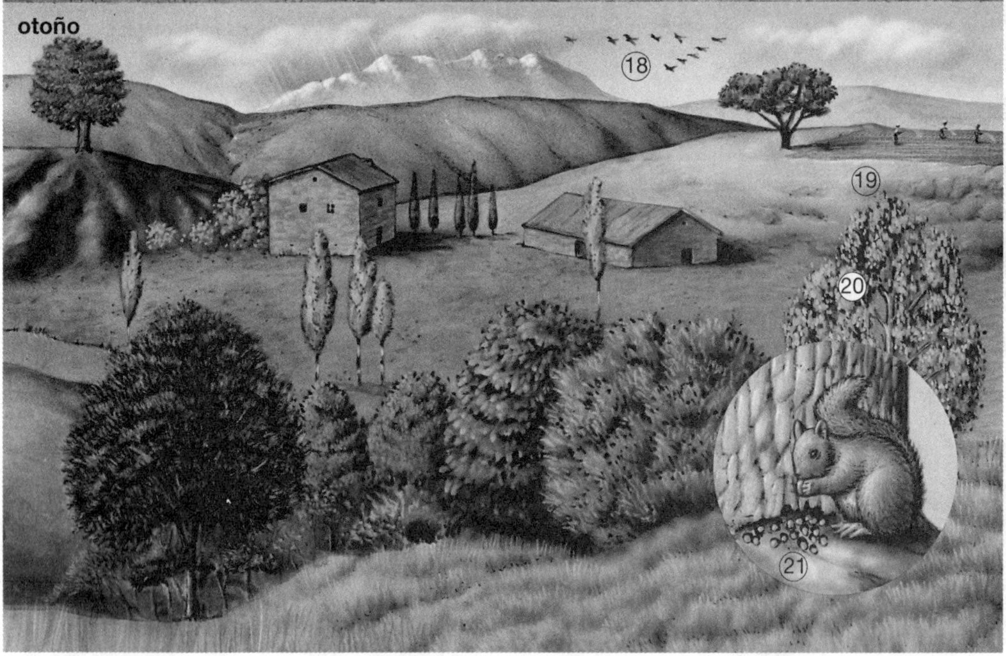
otoño
18
19
20
21

25
26
27
28
29
30

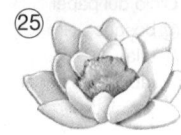

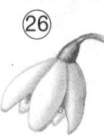

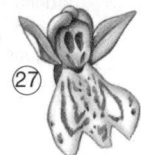

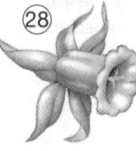

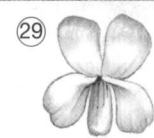

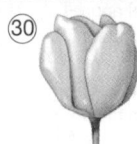

verano

invierno

① fresno	⑥ pétalo	⑪ álamo/chopo	⑯ capullo	㉖ campanilla
② ciprés	⑦ corola	⑫ cerezo	⑰ mariposa	㉗ orquídea
③ pino	⑧ cáliz	⑬ manzano	⑱ emigrar	㉘ narciso
④ sembrado	⑨ capullo/botón	⑭ huevo	⑲ siembra	㉙ violeta
⑤ estambre	⑩ siega	⑮ larva/oruga	⑳ abedul	㉚ tulipán
			㉑ recoger	
			㉒ hoja perenne	
			㉓ hoja caduca	
			㉔ hibernar	
			㉕ nenúfar	

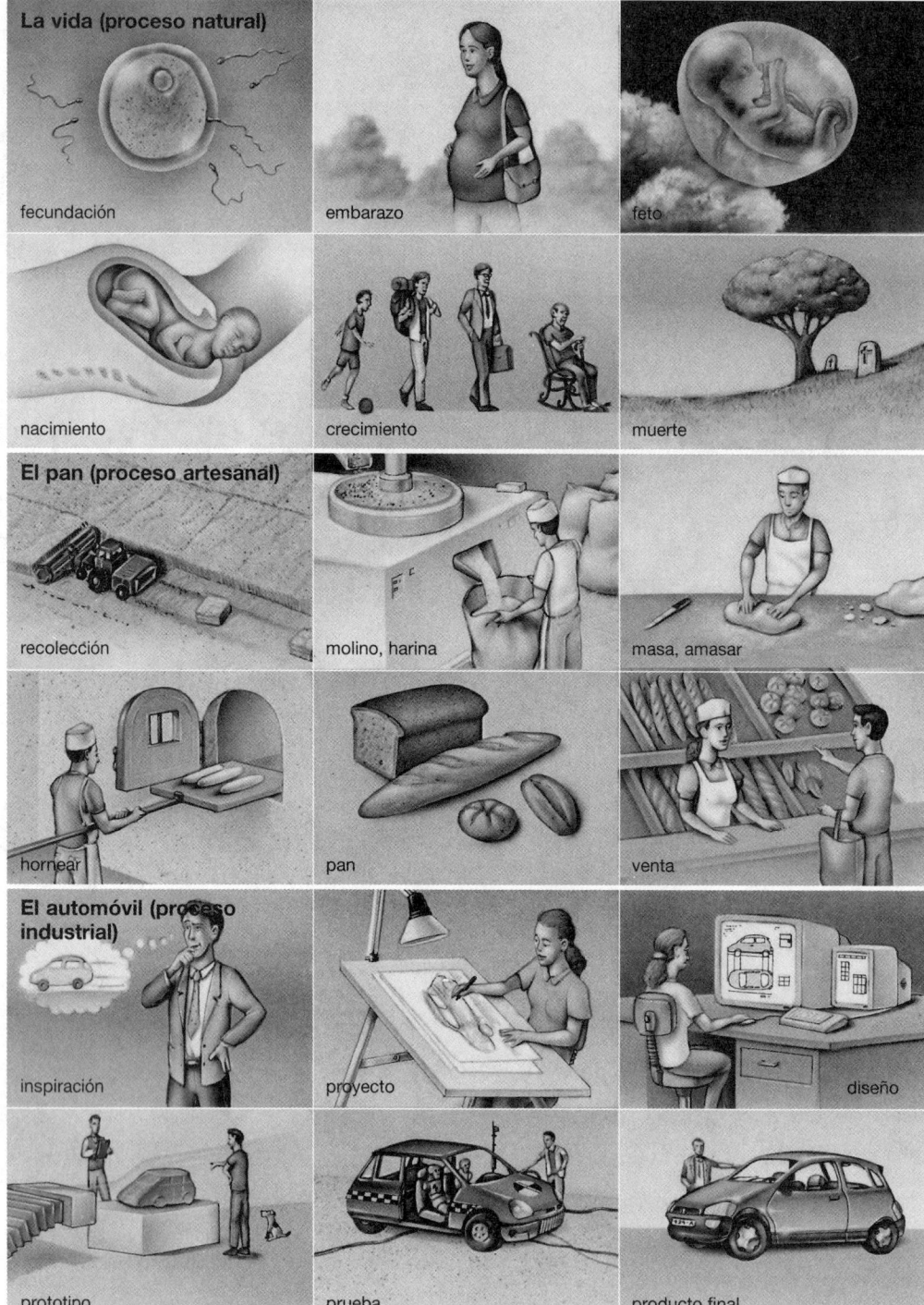

La vida (proceso natural)

fecundación

embarazo

feto

nacimiento

crecimiento

muerte

El pan (proceso artesanal)

recolección

molino, harina

masa, amasar

hornear

pan

venta

El automóvil (proceso industrial)

inspiración

proyecto

diseño

prototipo

prueba

producto final

mango

nombre masculino **1** Parte de un utensilio o una herramienta por donde se coge con la mano.
2 Fruta de forma ovalada, de color amarillo y de sabor muy dulce, con la piel delgada y una semilla grande y plana. Es el fruto de un árbol originario de la India que se cultiva en países cálidos que también se llama mango.

manguera

nombre femenino **1** Tubo largo de un material flexible, generalmente de goma, que sirve para conducir por su interior un líquido de un lugar a otro. En los jardines suele haber mangueras para regar.

manía

nombre femenino **1** Costumbre rara o poco normal de hacer una cosa. También es una manía un comportamiento poco adecuado o injustificado. Algunas personas tienen la manía de conducir sin cinturón de seguridad.
2 Afición exagerada que tiene una persona por una cosa o deseo muy grande que siente por ella.
3 Rechazo o antipatía que se siente por una persona o una cosa sin ninguna causa justificada: *Se mete con él porque le tiene manía.*

maniático, maniática

adjetivo **1** Se dice de la persona que tiene alguna manía.

manicomio

nombre masculino **1** Hospital o clínica que atiende y cuida enfermos mentales.

manicura

nombre femenino **1** Cuidado y arreglo de las manos y las uñas.

manifestación

nombre femenino **1** Grupo de personas que se reúnen en un lugar o desfilan por la calle para hacer pública una protesta o petición.
2 Comunicación de una opinión o sentimiento. En una encuesta se recogen las manifestaciones de los entrevistados. ✂ declaración.
3 Muestra de algo. Los aplausos son la manifestación de que un espectáculo ha gustado.
👁 El plural es: manifestaciones.

manifestante

nombre masculino y femenino **1** Persona que participa en una manifestación. A veces, los manifestantes llevan pancartas.

manifestar

verbo **1** Expresar o dar a conocer un sentimiento, un pensamiento o una opinión. Sonreír es una forma de manifestar alegría.
2 manifestarse Participar en una manifestación: *Los ciudadanos se han manifestado por la paz y para protestar por los atentados.*
👁 Se conjuga como: acertar; la 'e' se convierte en 'ie' en sílaba acentuada, como: manifieste.

manillar

nombre masculino **1** Pieza de una bicicleta o de una motocicleta que está formada por una barra unida a la rueda delantera y que sirve para hacer girar el vehículo. El manillar suele llevar las palancas que accionan los frenos. 👉193

maniobra

nombre femenino **1** Cada uno de los movimientos que se hacen para mover o manejar una cosa, como un vehículo, una máquina o un instrumento.
2 Aquello que se hace de forma oculta para conseguir algún fin determinado, normalmente negativo: *Todas sus maniobras iban dirigidas a desprestigiarle.* ✂ manejo.

maniobrar

verbo **1** Hacer maniobras o movimientos para mover o manejar algo.

manipular

verbo **1** Tocar o manejar una cosa con las manos; hacer funcionar una máquina o un aparato también es manipularlo. En muchas fruterías debemos ponernos guantes para manipular la fruta y la verdura.
2 Influir en una persona para que haga lo que otra quiere. Las personas que manipulan a otras utilizan todo tipo de engaños y artimañas.

maniquí

nombre masculino **1** Muñeco con forma y tamaño de persona que se viste para mostrar prendas de ropa en las tiendas o para confeccionarlas. 👉796

M

m

2 Persona que se dedica a hacer pases de ropa en público. ※ modelo.

☞ El plural puede ser 'maniquís' o 'maniquíes'.

manitas
nombre masculino y femenino

1 Se dice de la persona que tiene habilidad para hacer cosas en las que se emplean las manos y todo lo que está estropeado lo arregla. ※ mañoso. ※ manazas.

hacer manitas Acariciarse mutuamente las manos dos personas como muestra de amor y cariño. ☞ El plural es: manitas.

manivela
nombre femenino

1 Pieza que tienen algunos motores o mecanismos y que sirve para hacer girar un eje y poner en funcionamiento dicho motor o mecanismo; es una barra de hierro doblada en ángulo recto. ✍ 193

manjar
nombre masculino

1 Alimento muy bueno y apetitoso. Es una palabra formal.

mano
nombre femenino

1 Parte del cuerpo humano que va desde la muñeca hasta la punta de los dedos. Las manos nos sirven para coger y manejar cosas.
2 Cada una de las dos patas delanteras de algunos animales, como los caballos o los cerdos.
3 Habilidad que tienen algunas personas para hacer bien ciertas cosas. Hay personas que tienen mucha mano para cocinar y hacen unas comidas deliciosas.
4 Capa de pintura, barniz o esmalte que se le da a una superficie.
5 Objeto alargado, generalmente de madera, con el que se machacan algunos alimentos en el mortero.
6 Cada una de las veces en que se reparten las cartas en una partida; también es la persona a la que le toca repartir: *Vamos a jugar otra mano. ¿Quién es mano?*
7 Lado en el que se encuentra algo, en especial un lugar: *El parque está a mano derecha.*
a mano Se dice del trabajo que ha

sido realizado con las manos, sin la ayuda de ninguna máquina.

con las manos en la masa En el mismo momento en que se está haciendo algo que no queremos que se sepa.

de segunda mano Se dice del objeto que ya ha sido usado. Mucha gente se compra un coche de segunda mano.

echar una mano Ayudar a alguien: *le echó una mano con los deberes*.

frotarse las manos Alegrarse una persona o sentirse contento por algo que va a pasar.

lavarse las manos No querer saber nada de una cosa y desentenderse de ella como si no tuviéramos nada que ver.

mano a mano Entre dos o más personas: *Se han comido todo el pastel mano a mano*.

mano de obra Conjunto de obreros que trabajan en una construcción.

mano derecha Persona de confianza que ayuda a otra en el trabajo realizando las tareas más importantes.

mano dura Forma dura y severa de tratar o castigar a alguien.

mano izquierda Habilidad que tiene una persona para tratar los asuntos delicados o difíciles.

manojo
nombre masculino

1 Conjunto de cosas alargadas del mismo tipo que se pueden coger con la mano o que están agrupadas. En una mano podemos llevar un manojo de llaves o de flores.

manopla
nombre femenino

1 Prenda que cubre y protege la mano manteniendo todos los dedos juntos excepto el pulgar. La manopla de cocina sirve para no quemarse al coger cacharros que están calientes.

manosear
verbo

1 Tocar una cosa con las manos muchas veces. Si manoseamos un objeto delicado podemos ensuciarlo o estropearlo; no se deben manosear los alimentos. ※ sobar.

M

m

manotazo

nombre masculino   **1** Golpe que se da a una persona o una cosa con la mano abierta.

mansedumbre

nombre femenino   **1** Característica de las personas o los animales que son muy buenos, tranquilos e incapaces de atacar o pelear.

mansión

nombre femenino   **1** Casa muy grande y lujosa. 👁 El plural es: mansiones.

manso, mansa

adjetivo   **1** Se dice de un animal que es tranquilo y no es fiero o peligroso ni ataca.
2 Se dice de la persona pacífica, tranquila y que no se enfada ni pelea con nadie.
3 Se dice de lo que se mueve suave y lentamente: *Aquí el agua del río es muy mansa.*

manta

nombre femenino   **1** Pieza de tela gruesa y forma cuadrada o rectangular que sirve para abrigar. Las mantas suelen ponerse en las camas en invierno para no pasar frío.
2 Pez de cuerpo ancho y muy plano en forma de rombo y con una cola larga y delgada.
3 Serie numerosa de golpes: *Le dio una buena manta, suerte que lo pararon.* Es un uso informal.
4 Persona que es muy torpe al hacer algunas cosas y comete errores y fallos: *Es un manta, no mete gol ni de penalti.*

mantear

verbo   **1** Lanzar al aire a una persona que está sobre una manta sujetada por las esquinas por varias personas. Se suele mantear a las personas para celebrar algún acontecimiento o para divertirse.

manteca

nombre femenino   **1** Grasa de color blanco que tienen los animales, sobre todo la de cerdo que se usa para cocinar.

mantecada

nombre femenino   **1** Bollo parecido a una magdalena que se hace con huevos, azúcar, harina y manteca de cerdo, y se cuece en el horno dentro de un molde cuadrado de papel. Las mantecadas de Astorga son las más famosas de España.
👁 También se dice: mantecado.

mantecado

nombre masculino   **1** Es otra forma de decir mantecada.
2 Dulce hecho con harina, azúcar y manteca de cerdo y cocido en el horno. Los mantecados se comen durante las fiestas de Navidad.
3 Helado hecho con leche, huevos y azúcar.

mantel

nombre masculino   **1** Pieza grande de tela, papel o plástico, que se pone encima de una mesa cuando se va a comer.

mantelería

nombre femenino   **1** Conjunto de mantel de tela y varias servilletas.

mantener

verbo   **1** Hacer que una cosa esté siempre de la misma manera o en el mismo estado. Las neveras mantienen los alimentos frescos durante mucho tiempo.
2 Seguir o continuar con una acción o situación. Los buenos amigos procuran mantener su amistad durante toda la vida.
3 Proporcionar la comida y el dinero necesario para poder vivir. Los padres mantienen a sus hijos hasta que son mayores y empiezan a trabajar.
4 Defender una idea o una opinión. Los vegetarianos mantienen que no hay que comer carne.
5 mantenerse Aguantarse una cosa o una persona en una posición o en un lugar determinado. Los globos se mantienen en el aire porque están llenos de aire caliente.
👁 Se conjuga como: tener.

mantequería

nombre femenino   **1** Tienda en la que se vende mantequilla, queso y otros derivados de la leche. Actualmente quedan muy pocas mantequerías.

mantequilla

nombre femenino   **1** Pasta blanda y suave, de color amarillo claro, que se obtiene de la grasa de la leche de vaca. Se tiene que guardar en un sitio fresco porque con el calor se deshace.

M
m
nombre femenino

mantilla
nombre femenino **1** Prenda de tela fina o calada que usan las mujeres para cubrirse la cabeza y que a veces cae sobre los hombros y la espalda.
2 Prenda que envuelve y abriga a un bebé.

mantis
nombre femenino **1** Insecto de cuerpo alargado, de color verde o amarillo, que tiene las patas delanteras largas, robustas y terminadas en unas pinzas con las que caza a otros insectos. También se llama: mantis religiosa.

manto
nombre masculino **1** Especie de capa que cubre desde la cabeza o los hombros hasta los pies.
2 Capa de la Tierra que está entre el núcleo y la corteza terrestre.

mantón
nombre masculino **1** Pañuelo grande y cuadrado que se dobla en forma de triángulo y se lleva sobre los hombros. El mantón de Manila es de seda bordada y tiene flecos largos.
👁 El plural es: mantones.

manual
adjetivo **1** Se dice de las cosas o los trabajos que se hacen con las manos y no con máquinas. ✀ mecánico.
nombre masculino **2** Libro donde se recoge lo más importante de una materia o se cuenta cómo funciona un aparato o una máquina. Los aparatos electrónicos suelen venir con un manual de instrucciones: *El ayuntamiento ha publicado un manual de urbanidad*.

manufactura
nombre femenino **1** Proceso industrial en el que se transforma una materia prima en un producto elaborado de forma manual o con ayuda de maquinaria. En la manufactura de cigarrillos se emplean hojas de tabaco como materia prima.
2 Fábrica donde se elaboran productos hechos a mano o con máquinas: *Su padre tenía una manufactura de papel, pero la vendió*.
3 Producto realizado a mano o con la ayuda de una máquina.

manuscrito, manuscrita
adjetivo y nombre masculino **1** Que está escrito a mano. Antes de la invención de la imprenta, todos los libros eran manuscritos; actualmente entendemos por manuscrito un texto escrito que es muy antiguo o está escrito por una persona famosa.

manzana
nombre femenino **1** Fruta redondeada, con la piel fina y brillante de color amarillo, verde o rojo, y la carne blanca con cuatro o cinco semillas negras en su interior. La manzana es el fruto del manzano.
2 Conjunto de casas o solares que está limitado por calles. Las manzanas suelen ser cuadradas y estar rodeadas por una misma acera que da la vuelta.

manzanilla
nombre femenino **1** Planta que tiene unas flores parecidas a las margaritas, pero más pequeñas y olorosas.
2 Infusión que se hace hirviendo en agua flores de manzanilla.

manzano
nombre masculino **1** Árbol frutal que da manzanas; tiene el tronco con muchos nudos, ramas gruesas, hojas ovaladas y flores olorosas. ✍ 599

maña
nombre femenino **1** Habilidad y facilidad para hacer bien una cosa.

mañana
nombre femenino **1** Parte del día desde que sale el Sol hasta la hora de comer.
2 Parte del día desde medianoche hasta que sale el Sol: *La fiesta duró hasta las cinco de la mañana*. ✀ madrugada.
nombre masculino **3** Tiempo futuro, un tiempo que todavía no ha llegado pero que pensamos que vamos a vivir. Muchas personas ahorran su dinero pensando en el mañana.
adverbio **4** En el día después del de hoy.
hasta mañana Se utiliza para despedirnos de alguien a quien pensamos ver al día siguiente.
pasado mañana En el segundo día después de hoy. Si hoy es lunes, pasado mañana es miércoles.

mañanero, mañanera
adjetivo **1** De la mañana o relacionado con ella. El sol mañanero es más suave que el de primera hora de la tarde.

maño, maña
nombre **1** Persona que es de Aragón. ✖ aragonés.

mañoso, mañosa
adjetivo **1** Se dice de la persona que tiene maña o habilidad para hacer las cosas: *Es muy mañosa para las reparaciones caseras, se le dan muy bien.* **2** Que se hace con maña o habilidad.

mapa
nombre masculino **1** Representación dibujada de la superficie de una región, un país, un continente o el mundo entero. En los mapas físicos se pueden ver los montes, los ríos o las carreteras de un lugar y en los políticos las fronteras entre países.

mapamundi
nombre masculino **1** Mapa que representa la imagen de toda la Tierra. Los mapamundis pueden ser figuras planas de papel o plástico o esferas que dan vueltas alrededor de un eje.

maqueta
nombre femenino **1** Modelo o reproducción en tamaño pequeño que se hace de un edificio, de un vehículo o de otras cosas. **2** Prueba que se hace de algunas páginas de libros o revistas antes de hacer la impresión definitiva. Al ver la maqueta de un libro se pueden corregir los errores o añadir o eliminar ilustraciones.

maquillador, maquilladora
nombre **1** Persona que se dedica a maquillar a otras personas.

maquillaje
nombre masculino **1** Conjunto de productos que se utilizan para dar color a la cara, los ojos y los labios, especialmente el que se utiliza para la piel de la cara.

maquillar
verbo **1** Dar color a la cara, los ojos y los labios de una persona para que esté más guapa o para disfrazarse. Los maquilladores maquillan a los actores de teatro o de cine.

máquina
nombre femenino **1** Conjunto de piezas y de mecanismos que una fuerza o energía hacen que funcionen juntos y realicen un trabajo determinado. Una máquina de coser, una fotocopiadora o una excavadora son máquinas. ✎ 796 **2** Locomotora de un tren que arrastra los vagones.
a máquina Indicar que una cosa se hace utilizando determinada máquina y no a mano. Actualmente casi toda la ropa se lava a máquina.
a toda máquina Indica que una cosa se hace con la máxima rapidez o velocidad. Trabajar a toda máquina es hacerlo con mucha intensidad y dando el máximo rendimiento posible.

maquinaria
nombre femenino **1** Conjunto de las máquinas que hay en un lugar. **2** Mecanismo que tienen algunos aparatos para ponerlos en movimiento o en funcionamiento. Los relojes tienen una maquinaria muy compleja. ✎ 193

maquinilla
nombre femenino **1** Instrumento que sirve para afeitar la barba o el vello y que está formado por un mango sujeto a una pieza rectangular donde va una cuchilla.
maquinilla eléctrica Aparato eléctrico que sirve para cortar la barba y el vello.

maquinista
nombre masculino y femenino **1** Persona que conduce una máquina de tren.

mar
nombre **1** Masa de agua salada que cubre la mayor parte de la superficie de la Tierra. Los barcos navegan por el mar. Con este significado tiene doble género, se dice: el mar o la mar. ✎ 597
nombre masculino **2** Parte en que se divide la masa de agua que cubre parte de la Tierra, de menor extensión que los océanos y situada en una región determinada. El mar Mediterráneo baña el sur de Europa.

M
m

3 Nombre que se les da a algunos grandes lagos, como el mar Muerto, el mar Negro o el mar Caspio.

a mares En gran cantidad, mucho: *Tuvieron que suspender la excursión porque llovía a mares.*

alta mar Zona del mar que está muy alejada de la costa.

hacerse a la mar Salir un barco del puerto para navegar.

marabunta
nombre femenino

1 Conjunto formado por un gran número de hormigas que van comiéndose y destruyendo todo lo que encuentran a su paso. La marabunta es muy peligrosa para los huertos y los campos de cultivo. **2** Conjunto de personas que arman mucho escándalo.

maraca
nombre femenino

1 Instrumento musical de percusión formado por una bola hueca que tiene dentro piedrecitas o semillas; tiene un mango para agitar la bola y hacer que suene.

maratón
nombre

1 Carrera de atletismo que consiste en correr una distancia de unos 42,195 kilómetros. 👁 Tiene doble género: el maratón (más usual) y la maratón. El plural es: maratones.

maravilla
nombre femenino

1 Suceso, cosa o persona extraordinaria que causa admiración: *La clase de hoy ha sido una maravilla. El disco que me prestaste es una maravilla, me encanta.*

de maravilla Muy bien, perfectamente: *Son muy buenos amigos, se llevan de maravilla.*

hacer maravillas Hacer muchas cosas o hacerlas muy bien con pocos medios: *El malabarista hacía maravillas con tres pelotas.*

maravillar
verbo

1 Provocar una persona o cosa mucha sorpresa o entusiasmo. Los astrónomos se maravillan ante la inmensidad y la perfección del universo.

maravilloso, maravillosa
adjetivo

1 Se dice de la persona o cosa extraordinaria o que causa admi-

ración: *Fue un día maravilloso, lo pasamos muy bien.*

marca
nombre femenino

1 Señal que sirve para distinguir algo o para saber de quién es. Ponemos una marca en los libros, cuadernos y otras cosas que llevamos a clase para no confundirlos con los de algún compañero. **2** Señal que deja un golpe, una herida u otra cosa. En la piel podemos tener marcas de arañazos o de enfermedades como la varicela. 👁400 **3** Resultado que consigue un deportista en una prueba: *Su mejor marca son 7,48 metros.* **4** Nombre de un producto comercial: *A mí no me gusta esta marca de cereales, me gusta más la que tomamos siempre.*

de marca mayor Indica que destaca o se sale de lo común, normalmente se dice de una persona que tiene una cualidad negativa: *Es que es tonto de marca mayor.*

marca registrada Nombre de un producto comercial que está protegido por la ley y sólo puede usar su fabricante. 'Coca-Cola' o 'Aspirina' son marcas registradas.

marcador
nombre masculino

1 Cuadro grande que suele haber en los campos de deporte para anotar en él los puntos que va consiguiendo cada equipo. 👁798

marcapasos
nombre masculino

1 Aparato electrónico pequeño que llevan conectado las personas enfermas del corazón para que éste lata y funcione bien. 👁 El plural es: marcapasos.

marcar
verbo

1 Poner una señal en algo para distinguirlo o saber de quién es. Los propietarios de ganado marcan sus vacas u ovejas para no confundirlas con las de otros propietarios. **2** Dejar algo una señal: *Con esa patada le has marcado la pierna, aunque haya sido sin querer.* **3** Señalar un reloj las horas o un aparato una medida o cantidad:

Esta mañana el termómetro marcaba 14 grados.
4 Pulsar los números de un teléfono al que se quiere llamar. Para llamar a otra provincia hay que marcar un prefijo.
5 En algunos deportes, conseguir un tanto.
6 En algunos deportes, colocarse un jugador cerca del rival para dificultar sus movimientos. En fútbol son los defensas quienes marcan a los delanteros.
7 Indicar, fijar o señalar algo. Los navegantes han de marcar el rumbo que tiene que seguir la nave; en un comercio los artículos en venta llevan el precio marcado en una etiqueta.
8 Moverse o hacer algo con cierto ritmo. Los soldados marcan el paso en un desfile.
9 Actuar sobre una persona o cosa dejando un recuerdo o una huella. Pasar una larga temporda en un país extranjero marca a mucha gente.
10 Peinar y dar forma al cabello con ayuda de un secador. En la peluquería lavan, tiñen y marcan el cabello.
👁 Se escribe 'qu' delante de 'e', como: marqué.

marcha
nombre femenino
1 Acción que consiste en marchar o moverse hacia un lugar.
2 Movimiento de personas que caminan juntas con un fin determinado, como una protesta.
3 Modo de funcionar o de desarrollarse alguna cosa o asunto. A los políticos les preocupa la buena marcha de la economía.
4 Estado de ánimo o actitud de la persona que hace muchas cosas sin cansarse y con alegría y buen ánimo: *Lo hará muy bien, tiene mucha marcha.* ⚒ energía.
5 Situación en la que hay buen ambiente o diversión. En las fiestas suele haber mucha marcha.
6 Prueba de atletismo que consiste en andar muy rápido.
7 Mecanismo que tienen los coches, las motos y algunas bicis para regular la velocidad.
8 Composición musical de ritmo muy marcado que se interpreta en celebraciones o ceremonias, como una marcha nupcial en una boda o una marcha militar en un desfile.
a marchas forzadas Con mucha prisa y dificultad: *Tuvieron que terminar el trabajo a marchas forzadas porque se acababa el plazo.*
a toda marcha Muy rápidamente.
sobre la marcha A medida que se va haciendo una cosa: *Todavía no saben cómo lo harán, lo decidirán sobre la marcha.*

marchar
verbo
1 Irse o abandonar un lugar: *¿A qué hora marcha el tren? Me marcho a las diez.* ⚒ partir.
2 Andar o moverse por algún lugar: *Todos los niños marchaban juntos por el camino.*
3 Funcionar o desarrollarse algo como se indica: *Los estudios de su hijo no marchan bien.*

marchitar
verbo
1 Secarse una planta o una flor.
2 Quitar la fuerza, la energía o la belleza a una persona o cosa. Un rostro se marchita por el paso de los años.

marchito, marchita
adjetivo
1 Se dice de una planta o una flor cuando empieza a secarse. ⚒ mustio.
2 Que ha perdido la fuerza, la energía o la belleza. Una mirada marchita es triste y apagada, no tiene su anterior expresividad.

marchoso, marchosa
adjetivo
1 Se dice de la persona que hace las cosas con mucho ánimo, fuerza y energía. Es una palabra informal.

marciano, marciana
nombre
1 Ser imaginario que vive en el planeta Marte o en cualquier otro planeta que no es la Tierra. ⚒ extraterrestre.

marco
nombre masculino
1 Pieza que rodea a un objeto, como el marco de un cuadro o el marco de una puerta. 🖎756

M / m

2 Situación, ambiente o escenario que rodea algo. Los conciertos de música clásica suelen celebrarse en marcos históricos o artísticos.
3 Moneda de Alemania.

marea
nombre femenino **1** Movimiento de subida y bajada del agua del mar. Cuando el agua del mar sube hay marea alta y cuando baja hay marea baja.
marea negra Capa de petróleo que se vierte o se derrama en el mar a causa de un accidente. La marea negra es un desastre ecológico.

marear
verbo **1** Producir mareo o sufrir un mareo. El movimiento de los barcos marea a mucha gente.
2 Molestar o fastidiar a una persona: *Me mareo con tantas preguntas*. Es un uso informal. ※ agobiar; cansar.

marejada
nombre femenino **1** Agitación del agua del mar con olas de gran altura, pero sin ser tan fuerte como un temporal.

maremoto
nombre masculino **1** Especie de terremoto que se produce en el mar. Los maremotos pueden causar olas de más de 4 metros de altura.

mareo
nombre masculino **1** Malestar o trastorno que se manifiesta con vómitos, pérdida del equilibrio y sudores. En las farmacias venden unas pastillas para prevenir el mareo en los viajes.

mareo

marfil
nombre masculino **1** Material duro, de color amarillo muy claro, del que están hechos los colmillos de los elefantes.

margarina
nombre femenino **1** Pasta blanda, de color amarillo claro, parecida a la mantequilla pero hecha con grasas o aceites vegetales. La margarina se extiende mejor que la mantequilla porque no es tan compacta.

margarita
nombre femenino **1** Flor de pétalos alargados blancos, con el centro amarillo, que nace de una planta con muchas hojas que también se llama margarita.

margen
nombre **1** Parte extrema de una cosa, donde ésta acaba y empieza otra. En los márgenes de las calles suele haber aceras; los ríos tienen una margen izquierda y otra derecha. Con este significado tiene doble género, se dice: el margen o la margen. ✍597
nombre masculino **2** Espacio en blanco que hay o se deja en los lados de una página de un libro o un cuaderno.
3 Diferencia entre dos cosas, especialmente entre el dinero que le cuesta un producto a un comerciante y el dinero por el que lo vende, que suele ser un poco superior.
4 Espacio o periodo de tiempo del que dispone una persona o cosa: *Con tan poco margen no sé si podré hacer este trabajo*.
al margen Sin tener en cuenta o sin participar en algo. Si una persona se mantiene al margen de una discusión, no toma parte en ella y se limita a escuchar.
👁 El plural es: márgenes.

marginado, marginada
adjetivo y nombre **1** Se dice de la persona que no está integrada en la sociedad, porque recibe un trato de inferioridad o porque se aísla y se separa de la vida normal.

marginar
verbo **1** Tratar a una persona de forma inferior al resto de la sociedad por motivo de su raza, religión, sexo, ideas o condición social.
2 Dejar al margen o apartar de un grupo a una persona o una cosa, por considerarla menos importante que las demás. Cuando una

persona explica una cosa, puede marginar los detalles e ir directamente al grano.

mariachi
nombre masculino **1** Músico que toca y canta una música típica popular mexicana que también se llama mariachi. Los mariachis suelen llevar trajes y sombreros vistosos.

marica
adjetivo y nombre masculino **1** Se dice del hombre que se siente atraído sexualmente por otros hombres y no por mujeres, o que se mueve o habla como si fuera una mujer. Es una palabra despectiva. ⚒ gay; homosexual.

marido
nombre masculino **1** Hombre con el que está casada una mujer. ⚒ esposo.

marihuana
nombre femenino **1** Droga que se obtiene de las hojas de una planta y se fuma mezclada con tabaco. ⚒ hachís.

marimandón, marimandona
adjetivo y nombre **1** Se dice de la persona a la que le gusta mucho mandar sobre los demás, que es muy autoritaria y dominante. ⚒ mandón.
👁 El plural de marimandón es: marimandones.

marimorena
armarse la marimorena Crearse una situación donde dos o más personas discuten fuertemente y se hace mucho ruido. Es una expresión informal.

marina
nombre femenino **1** Conjunto de barcos de una nación o de una compañía de navegación.
2 Conjunto de personas que sirven en el ejército del mar.

marinero, marinera
adjetivo **1** De la marina o que tiene relación con la marina o los marineros: *Vive en un pueblo marinero muy tranquilo.*
nombre **2** Persona que trabaja en un barco u otra embarcación.
3 Soldado de la marina. ⚒ marino.
adjetivo **4** Se dice de las prendas de vestir que son parecidas a las que llevan los marineros.

marino, marina
adjetivo **1** Del mar o que tienen relación con el mar. El delfín y la ballena son mamíferos marinos.
2 Se dice del color azul muy oscuro.
nombre masculino **3** Persona con conocimientos en navegación que sale a navegar. Cristobal Colón fue un excelente y experto marino.
4 Soldado de la marina.

marioneta
nombre femenino **1** Muñeco que mueve una persona tirando de unos hilos o metiendo la mano dentro de él. Los espectáculos de marionetas son como obras de teatro pero con muñecos.

mariposa
nombre femenino **1** Insecto con cuatro alas de vistosos colores, cuerpo alargado y dos antenas en la cabeza. ✍ 599
2 Estilo de nadar que consiste en mover los dos brazos a la vez en círculo y hacia delante, al mismo tiempo que las piernas se agitan juntas arriba y abajo.

mariquita
nombre femenino **1** Insecto de forma redondeada que tiene dos alas duras de color rojo o amarillo con manchas negras. Es muy común en España.

marisco
nombre masculino **1** Animal marino comestible que no tiene esqueleto, como la langosta, la gamba, el pulpo y el percebe.

marisma
nombre femenino **1** Terreno pantanoso que está situado por debajo del nivel del mar y que ha sido inundado por las aguas del mar o de un río.

marítimo, marítima
adjetivo **1** Del mar o que tiene relación con él, normalmente porque se hace en el mar o se encuentra cerca del mar. El esquí náutico, la vela o el surf son deportes marítimos.

marmita
nombre femenino **1** Recipiente de metal, redondo y profundo, que se pone al fuego y sirve para calentar alimentos. Las marmitas tienen dos asas y una tapadera que se ajusta. ⚒ olla.

M
m

M m

mármol
nombre masculino

1 Piedra dura, fría y brillante, de distintos colores y con vetas, que se utiliza en la construcción y en la decoración.

marmota
nombre femenino

1 Mamífero roedor de color marrón por la espalda y blanco por el vientre, que tiene la cola larga y fuertes uñas que utiliza para excavar. Vive en las altas montañas y pasa todo el invierno dormido en su madriguera.

adjetivo y nombre

2 Se dice de la persona que duerme mucho o le gusta mucho dormir.

marqués, marquesa
nombre

1 Persona que es miembro de la nobleza y tiene un título entre conde y duque.

☞ El plural de marqués es: marqueses.

marranada
nombre femenino

1 Cosa o acción muy sucia o poco educada. No lavarse las manos antes de comer es una marranada.

2 Palabras o hechos que molestan o causan daño a una persona porque se hacen o se dicen con mala intención. ⚒ faena.

marrano, marrana
nombre

1 Mamífero doméstico que tiene las patas cortas, el cuerpo grueso, el morro aplastado y las orejas caídas sobre la cara. ⚒ cerdo; cochino.

adjetivo y nombre

2 Se dice de la persona que no está limpia y aseada o que no tiene hábitos de limpieza. ⚒ cerdo; cochino.

3 Se dice de la persona que hace lo que quiere sin importarle el daño que pueda hacer a los demás. ⚒ cerdo.

marrón
nombre masculino y adjetivo

1 Color como el del barro, el chocolate o el café. La mezcla de verde y rojo da marrón.

☞ El plural es: marrones.

marroquí
adjetivo y nombre masculino y femenino

1 Se dice de la persona o cosa que es de Marruecos, país del norte de África cerca de la costa española.

☞ El plural es: marroquíes.

martes
nombre masculino

1 Segundo día de la semana.

☞ El plural es: martes.

martillazo
nombre masculino

1 Golpe que se da con un martillo.

martillo
nombre masculino

1 Herramienta que se utiliza para clavar clavos o para golpear sobre una cosa. Está formado por un mango de madera con una pieza de hierro en un extremo. ✎ 393, 795

2 Hueso pequeño con forma de martillo que se encuentra en el interior del oído y está encadenado al yunque.

3 Objeto que se usa en atletismo en una prueba de lanzamiento, formado por una bola de hierro unida a un cable de acero que termina en un asa.

mártir
nombre masculino y femenino

1 Persona que muere o sufre daños y dolores por defender su religión o sus ideas. Juana de Arco fue una mártir que fue quemada en una hoguera por mantener sus creencias religiosas.

2 Persona que sufre trabajos muy duros y pesados de realizar: *No pongas cara de mártir, que no trabajas nada.*

martirio
nombre masculino

1 Sufrimiento, muerte o daño que sufre una persona por defender su religión o sus ideas.

2 Trabajo o cosa que hace sufrir mucho y pasarlo muy mal. Llevar unos zapatos que nos hacen daño o nos rozan el pie es un martirio.

maruja
nombre femenino

1 Mujer que se dedica a cuidar de su casa y de su familia y que no trabaja fuera de casa.

☞ Es una palabra despectiva.

marxismo
nombre masculino

1 Conjunto de ideas económicas, políticas y sociales del filósofo Karl Marx, que se caracteriza por defender una sociedad sin clases sociales y en la que los bienes pertenezcan a todos los individuos.

marzo
nombre masculino **1** Tercer mes del año. En marzo empieza la primavera.

mas
conjunción **1** Indica que lo que se dice a continuación se opone a lo que se ha dicho antes o es contradictorio, aunque no lo impide: *Se lo avisó en repetidas ocasiones, mas él no quiso hacerle caso*. Es una palabra formal. ※ pero.
👁 Como conjunción nunca se acentúa; no lo confundas con el adverbio 'más', que siempre se acentúa.

más
adverbio **1** Indica una cantidad o cualidad superior a la que decimos o a la determinada por la situación: *Fuera hace más calor que dentro*.
2 Introduce la cantidad que se suma a otra: *Ocho más siete son quince*.
más o menos Indica una cantidad aproximada, no exacta: *Éramos, más o menos, veinte personas*.
👁 Como adverbio siempre se acentúa; no lo confundas con la conjunción 'mas', que nunca se acentúa.

masa
nombre femenino **1** Mezcla blanda y espesa que resulta al unir un líquido a una sustancia sólida o en polvo. Para hacer un bizcocho hacemos una masa de huevos, aceite, azúcar y harina. ※ pasta. ✍ 600
2 Cantidad de materia que tiene un cuerpo. La masa se mide en kilogramos.
3 Conjunto formado por muchos elementos o muchas personas. Cuando hace mal tiempo en el cielo se ve una masa de nubes.
en masa Todos a la vez: *Fuimos toda la clase en masa a hablar con el profesor*.

masaje
nombre masculino **1** Serie de movimientos de presión que se realizan con las manos sobre el cuerpo o alguna de sus partes. Los masajes se dan para quitar algún dolor muscular o para relajarse.

masajista
nombre masculino y femenino **1** Persona que se dedica a dar masajes a otras personas. Los equipos de fútbol tienen masajista.

mascar
verbo **1** Masticar una cosa muchas veces y sin llegar a tragarla para extraer su jugo o sabor. Algunas golosinas se mascan, como el chicle o los caramelos de goma.
👁 Se escribe 'qu' delante de 'e', como: masqué.

máscara
nombre femenino **1** Objeto que representa la cara de una persona, un animal o un ser imaginario. Algunas máscaras se utilizan para taparse la cara y no ser reconocido, como las de carnaval.
2 Objeto que se coloca sobre la nariz y la boca para protegerse de gases peligrosos para la salud y poder respirar oxígeno: *Los bomberos tuvieron que ponerse las máscaras antes de entrar en el almacén para apagar el fuego*.
3 Lo que cubre o disimula los sentimientos, la forma de ser o las intenciones de alguien: *No te fíes de su sonrisa, es sólo una máscara*.

mascarilla
nombre femenino **1** Trozo de tela u otro material que cubre la nariz y la boca y se sujeta con una goma. La mascarilla permite el paso del aire pero no de los microbios, la polución o los elementos tóxicos, por eso la utilizan los médicos y enfermeros y gente que trabaja con productos tóxicos, como algunos pintores.
2 Objeto que se coloca sobre la nariz y la boca de un paciente para hacerle respirar oxígeno o la anestesia antes de operarlo.
3 Capa de productos de belleza con que se cubre la cara o el cabello. La mascarilla se deja un rato para que haga su efecto y después se quita.

mascota
nombre femenino **1** Persona, animal o cosa que se supone da buena suerte a quien lo posee o sirve para representar al-

M
—
m

go: *La mascota de los Juegos Olím-picos de 1992 se llamaba Cobi.*

mascota

masculino, masculina
adjetivo **1** Del hombre o que tiene relación con él. *La corbata es una prenda de vestir masculina.* ✗ femenino.

adjetivo **2** Se dice del género de las pala-
y nombre bras que van con los artículos 'el'
masculino y 'los'. 'Niño' y 'lápiz' son palabras masculinas. ✗ femenino.

adjetivo **3** Se dice del ser vivo que tiene los órganos sexuales que pueden fecundar a un ser vivo femenino.

masía
nombre **1** Casa de campo con tierras de
femenino cultivo y establos para el ganado, característica de Cataluña.

masticar
verbo **1** Partir y aplastar con los dientes y las muelas los alimentos sólidos. Hay que masticar bien los alimen-tos antes de tragarlos para hacer una buena digestión.
👁 Se escribe 'qu' delante de 'e', como: mastiquen.

mástil
nombre **1** Palo largo y estrecho donde se
masculino sujeta una bandera o las velas de los barcos. ✎ 196
2 Pieza larga y estrecha de un instrumento de cuerda, como una guitarra o un violín. ✎ 795

mastodonte
nombre **1** Animal mamífero prehistórico pa-
masculino recido a un elefante pero de ma-yor tamaño, que tenía cuatro dien-tes muy grandes.

adjetivo **2** Se dice de una persona o cosa
y nombre de tamaño muy grande. Es un uso informal.

masturbarse
verbo **1** Darse una persona placer se-

xual a sí misma tocándose los ór-ganos sexuales.

mata
nombre **1** Hierba, planta o arbusto de po-
femenino ca altura y con muchas ramas.
2 Rama de una planta o hierba. También se llama mata al conjun-to de hierbas o plantas cortadas, como una mata de menta.
mata de pelo Gran cantidad de ca-bello o cabello largo y abundante.

matadero
nombre **1** Lugar en el que se mata a los
masculino animales que sirven para alimentar a las personas, como las terneras o los corderos.

matamoscas
nombre **1** Utensilio que sirve para matar
masculino moscas y otros insectos; está for-mado por un mango largo con una pala pequeña en un extremo.
2 Producto químico que sirve pa-ra matar moscas y otros insectos.
👁 El plural es: matamoscas.

matanza
nombre **1** Acto de matar a muchas perso-
femenino nas. En las guerras se producen matanzas horribles.
2 Acto de matar a un cerdo y pre-parar con su carne distintos pro-ductos para la alimentación hu-mana.
3 Época del año en que se hace la matanza y los productos que se obtienen, como el chorizo, el ja-món o la morcilla.

matar
verbo **1** Quitar la vida a un ser vivo. *Los insecticidas matan a los mosqui-tos; muchas personas se matan en accidentes de tráfico.*
2 Hacer que se acabe o disminu-ya la intensidad de algo, como la sed, el hambre o el aburrimiento.
3 matarse Hacer un esfuerzo muy grande: *En época de exámenes, los estudiantes se matan a estudiar.*
a matar Se dice de personas que no se tratan o se llevan muy mal.
matarlas callando Hacer algo ma-lo en secreto y dando la impresión de que se es muy buena persona: *Parece una santa, pero las mata callando.*

matasanos

nombre masculino y femenino **1** Médico, especialmente el que no hace bien su trabajo.
👁 Es una palabra despectiva. El plural es: matasanos.

matasellos

nombre masculino **1** Marca que ponen en Correos sobre los sellos de una carta para que no se puedan volver a utilizar.
👁 El plural es: matasellos.

matasuegras

nombre masculino **1** Tubo de papel enrollado que se desenrolla cuando se sopla por la boquilla que tiene en uno de sus extremos y se vuelve a enrollar cuando se deja de soplar. En las fiestas de cumpleaños suele haber matasuegras y globos.
👁 El plural es: matasuegras.

mate

adjetivo **1** Que no tiene brillo: *¿Quiere las fotos mates o brillantes?* ✂ brillante.
nombre masculino **2** Jugada de baloncesto en la que el jugador acompaña el balón hasta la canasta y encesta con fuerza sin soltar la pelota hasta que entra.
3 Bebida que se prepara hirviendo en agua las hojas secas de una planta que también se llama mate, originaria de América. El mate se bebe en países de América del Sur, como Argentina o Brasil.

matemática

nombre femenino **1** Ciencia que estudia los números, sus relaciones y sus propiedades. También estudia las figuras geométricas y sus características.
👁 Se usa más en plural: matemáticas.

matemático, matemática

adjetivo **1** Que está relacionado con las matemáticas: *Para resolver el problema hay que hacer varios cálculos matemáticos.*
2 Que es muy exacto: *Marta es de una puntualidad matemática, nunca se retrasa.*
3 Que es seguro, que ocurre tal como se dice: *Es matemático, se olvida las llaves cada vez que sale.*
nombre **4** Persona que se dedica al estudio de las matemáticas o trabaja aplicando sus conocimientos sobre las matemáticas.

materia

nombre femenino **1** Sustancia de la que está hecha una cosa, como la madera, el plástico o el cristal. ✂ material.
2 Tema del que se habla, se escribe o se estudia. En los colegios se enseñan varias materias, por ejemplo lengua o dibujo.
materia gris Cerebro de una persona.
materia prima Sustancia natural que se utiliza en la industria para transformarla en un producto elaborado. El hierro es una materia prima que se utiliza para fabricar objetos.

material

adjetivo **1** Se dice de las cosas que tienen cuerpo o una realidad física. Los sentimientos no son cosas materiales, los objetos sí. ✂ espiritual.
nombre masculino **2** Sustancia de la que está hecha una cosa o que sirve para construir algo. La madera es el material del que están hechos la mayoría de los muebles. ✂ materia.
3 Conjunto de los instrumentos y utensilios que se necesitan para realizar un trabajo o una actividad determinada. Los estudiantes necesitan material escolar, como lápices, libros y libretas.

materialista

adjetivo y nombre masculino y femenino **1** Se dice de la persona que concede una importancia muy grande al dinero y a los bienes materiales, y no se preocupa por las cosas espirituales.

maternal

adjetivo **1** Se dice de los sentimientos y atenciones que tienen el amor y la ternura que una madre siente hacia su hijo: *La enfermera atendía a los niños con cuidado maternal.*
2 Se dice de la persona que se comporta con otra como una madre o que muestra sentimientos parecidos a los de una madre con sus hijos.

maternidad

nombre femenino **1** Hecho de ser madre o situación de la mujer que es madre: *La felicitaron por su nueva maternidad.*

M
m

M
—
m

2 Hospital o parte de un hospital donde se atiende a las mujeres en el embarazo, en el parto y en los primeros días de la vida del niño.

materno, materna
adjetivo 1 Se dice de las cosas que son de la madre o están relacionadas con ella. Los abuelos maternos son los padres de la madre.

matinal
adjetivo 1 Que sucede o se hace durante la mañana. Algunos cines tienen una sesión matinal los domingos por la mañana.

matiz
nombre masculino 1 Tono que puede tener un color. El azul del mar tiene muchos matices: *Esta pintura tiene un matiz distinto de la otra, es más oscura.*
2 Pequeño aspecto o detalle que diferencia dos cosas parecidas.
👁 El plural es: matices.

matón
nombre masculino 1 Hombre que presume de ser fuerte y busca continuamente pelea para intimidar a los demás y obligarles a hacer algo.
2 Persona que está contratada por algún personaje famoso o muy conocido para que lo acompañe en los actos públicos y lo proteja de posibles ataques de otras personas. ※ guardaespaldas.
👁 El plural es: matones.

matorral
nombre masculino 1 Arbusto o conjunto de arbustos.
2 Terreno en el que hay muchos arbustos y plantas de poca altura.

matrícula
nombre femenino 1 Placa rectangular que llevan los coches y otros vehículos en la parte delantera y en la trasera, con una combinación de letras y números. La matrícula indica el número con el que está registrado un vehículo y sirve para identificarlo. ✎ 398
2 Registro o anotación que se hace en una lista de una persona o de una cosa con un fin determinado. Para poder realizar un curso en la universidad hay que hacer primero la matrícula.

3 Documento oficial que acredita que una persona se ha registrado o inscrito en una lista para un fin determinado.
matrícula de honor Calificación o nota más alta que se puede conseguir de una asignatura o como nota global de curso, superior a la de sobresaliente.

matricular
verbo 1 Anotar, registrar o inscribir oficialmente a una persona o una cosa en una lista o en un registro para un fin determinado. Los alumnos se matriculan en la facultad para estudiar una carrera.

matrimonio
nombre masculino 1 Unión legal o religiosa de dos personas ante testigos y según las leyes civiles o las normas de la Iglesia. Los matrimonios civiles los celebra un juez y los religiosos, un sacerdote.
2 Pareja formada por dos personas casadas. ✎ 197

matutino, matutina
adjetivo 1 Que sucede o se hace en las primeras horas de la mañana. Casi todos los periódicos tienen ediciones matutinas.

maullar
verbo 1 Emitir el gato su voz característica. Los perros ladran, las ranas croan y los gatos maúllan.

maullido
nombre masculino 1 Voz característica del gato. En español, el maullido se suele representar con la palabra 'miau'.

máxima
nombre femenino 1 Frase breve, que se dice siempre igual, que expresa un principio moral, un consejo o una enseñanza, como por ejemplo: no dejes para mañana lo que puedas hacer hoy. ※ sentencia.
2 Temperatura más alta que se registra en un lugar o en un periodo determinado. En Sevilla se alcanzan máximas de 40 grados centígrados en verano. ※ mínima.

máximo, máxima
adjetivo 1 Que es el más grande, el más importante o el más numeroso entre los de su género. La má-

xima puntuación de un examen es el diez.

2 máximo Límite más alto a que
nombre
masculino puede llegar una cosa. Cuando un embalse está al máximo de su capacidad es que ya no cabe más agua. ✖ mínimo.

maya

adjetivo
y nombre
masculino
y femenino

1 Se dice de un pueblo indígena que se encontraba en el sur de México, norte de Guatemala y Honduras antes de la llegada de los españoles. También se dice de las personas y las cosas de este pueblo.

mayo

nombre
masculino

1 Quinto mes del año, que tiene 31 días.

mayonesa

nombre
femenino

1 Salsa espesa que se hace con huevo, aceite y limón o vinagre; se usa para acompañar comidas, como mariscos o ensaladas.

👁 También se escribe y se pronuncia: mahonesa.

mayor

adjetivo

1 Que es más grande, que tiene más tamaño o importancia que otra cosa de su misma especie. La plaza mayor es la más importante de una población; las tijeras de cocina suelen ser mayores que las de coser. Es el comparativo de 'grande'. ✖ menor.

2 Se dice de la persona que tiene más edad que otra. Cuando los padres están ausentes los hermanos mayores deben cuidar de los más pequeños.

adjetivo
y nombre
masculino

3 Se dice de la persona que ha llegado a la edad que marca la ley para tener todos los derechos de una persona adulta. También se dice: mayor de edad.

4 Se dice de una persona adulta o de una persona que tiene muchos años. En un autobús hay que dejar sentarse a los mayores.

nombre
masculino
plural

5 mayores Personas que han nacido y vivido antes que nosotros. La herencia cultural de nuestros mayores tiene gran valor.

al por mayor Se dice de la compra o la venta hecha en grandes cantidades porque va a venderse en un comercio de venta directa al público.

mayordomo, mayordoma

nombre

1 Criado principal de una casa y encargado del resto del servicio.

mayoría

nombre
femenino

1 Parte mayor de un grupo o un conjunto de personas o cosas. Las votaciones se hacen para tomar la decisión que apoya la mayoría. ✖ minoría.

mayoría de edad Edad que establece la ley para que una persona tenga todos los derechos de un adulto. Según la ley española, se alcanza la mayoría de edad a los 18 años.

mayúscula

nombre
femenino

1 Letra que tiene un tamaño mayor de lo normal y que se emplea para escribir la primera letra de los nombres propios, como nombres de ciudades o de personas, y de la palabra que va después de un punto. ✖ minúscula.

maza

nombre
femenino

1 Herramienta que se utiliza para golpear, machacar o aplastar. La maza está formada por una pieza pesada sujeta por el centro a un mango largo de madera.

2 Instrumento que sirve para tocar el bombo o los timbales; está formado por una bola forrada de cuero o de otro material unida a un mango de madera.

mazapán

nombre
masculino

1 Dulce de pequeño tamaño, hecho con azúcar y almendras molidas, que puede tener diversas formas y se cuece en el horno. Es un dulce típico de Navidad.

👁 El plural es: mazapanes.

mazazo

nombre
masculino

1 Golpe que se da con una maza o un mazo. Para tirar un tabique o partir una piedra damos mazazos.

2 Acción que causa una fuerte impresión y produce un sentimiento de dolor o indignación. Los atentados terroristas son un mazazo para la sociedad.

M
—
m

M / m

mazmorra

nombre femenino

1 Cárcel pequeña construida bajo tierra. En los castillos medievales se construían mazmorras para encerrar a los prisioneros.

mazo

nombre masculino

1 Martillo grande y pesado con un mango de madera. ✎ 795

2 Martillo pequeño de madera que se utiliza para golpear, machacar o aplastar. Se puede utilizar un mazo para partir frutos secos.

3 Conjunto de cosas que están agrupadas y colocadas todas juntas en la misma posición, formando un manojo o un fajo, como un mazo de papeles de cartas.

mazorca

nombre femenino

1 Fruto del maíz, de forma alargada, gruesa y redondeada, formado por una espiga rodeada de granos amarillos muy juntos y cubierto de hojas largas y delgadas.

me

pronombre personal

1 Pronombre personal de primera persona del singular que en la oración hace función de complemento directo o indirecto. Hace referencia a la persona que habla: *Aunque me vio, no me dijo ni hola.*

2 Se usa en la primera persona del singular en la conjugación de los verbos reflexivos: *Todos los días me lavo los dientes.*

meada

nombre femenino

1 Cantidad de pis que se expulsa de una vez; también es la señal que deja el pis en el suelo.

👁 Es una palabra informal.

mear

verbo

1 Hacer pis. ✳ orinar.

2 mearse Reírse mucho: *Nos meamos con los chistes que nos contó.* También se dice: 'mearse de risa'. Es un uso informal.

mecachis

interjección

1 Indica disgusto o enfado pequeño por algo: *¡Mecachis! Ya se me han vuelto a olvidar las llaves.*

👁 Es una palabra coloquial.

mecánica

nombre femenino

1 Estudio de las máquinas, de su construcción y funcionamiento.

2 Manera de realizarse una actividad o reglas que han de cumplirse siempre siguiendo un orden: *El presentador explicó a los concursantes la mecánica del juego.* ✳ mecanismo.

mecánico, mecánica

nombre

1 Persona que monta o repara máquinas o motores. ✎ 194

adjetivo

2 Que tiene construcción y reparación de máquinas y motores. En un taller mecánico reparan automóviles.

3 Que es involuntario y se hace sin pensar: *Ha hecho tantas veces ese rompecabezas que ya lo hace de forma mecánica.*

mecanismo

nombre masculino

1 Conjunto de piezas unidas y organizadas entre sí para transmitir un movimiento o hacer funcionar una máquina. ✎ 193

2 Manera de realizarse una actividad o reglas que han de cumplirse siempre siguiendo un orden: *Al principio no entendía bien el mecanismo del trabajo.* ✳ mecánica.

mecano

nombre masculino

1 Juguete compuesto por una serie de piezas y tornillos que se pueden unir como uno quiera para hacer distintos tipos de objetos y construcciones.

mecanógrafo, mecanógrafa

nombre

1 Persona que se dedica a pasar textos a máquina.

mecedora

nombre femenino

1 Silla que apoya las patas sobre dos piezas de madera en forma de arco de modo que la persona sentada se puede balancear hacia delante y hacia atrás. ✳ balancín.

mecer

verbo

1 Mover suavemente una cosa que está colgada o que se apoya sobre una superficie. Los padres mecen las cunas de sus bebés para que se duerman.

👁 Se escribe 'z' delante de 'a' y 'o', como: meza.

mecha

nombre femenino

1 Cuerda fina formada por hilos o por algún material inflamable que se enciende para que arda con al-

guna finalidad. Tienen mecha las velas y los candiles para producir luz y también los petardos y otros artefactos para encender la carga explosiva.

mecha

2 Mechón de pelos de la cabeza, especialmente el mechón de pelos teñidos o coloreados mediante un tinte. Con este significado se usa sobre todo en plural.
a toda mecha Indica que algo se hace con mucha velocidad o con mucha prisa. Es una expresión informal.

mechero
nombre masculino **1** Utensilio que sirve para encender, especialmente el que se utiliza para encender cigarrillos.

mechón
nombre masculino **1** Conjunto de pelos, hilos o lana separado de otros de su misma clase.
👁 El plural es: mechones.

medalla
nombre femenino **1** Objeto de metal, plano y generalmente redondo, que lleva grabado una imagen o un símbolo y se pone en una cadena para colgarla del cuello.
2 Objeto de metal, plano y generalmente redondo, que se entrega como premio en un concurso o una competición. En las pruebas deportivas, el tipo de metal indica el puesto obtenido: medalla de oro para el primer puesto, plata para el segundo y bronce para el tercero.

media
nombre femenino **1** Prenda de vestir femenina de tejido elástico muy fino, que cubre la pierna desde el pie hasta más arriba de la rodilla o hasta la cintu-

ra. Con este significado se usa más en plural: medias.
2 Prenda de vestir de lana, algodón o punto, que cubre la pierna desde el pie hasta la rodilla, como la que llevan los jugadores de fútbol o de baloncesto.
3 Cantidad que resulta de sumar varias cantidades y dividir el resultado por el número de ellas. Si en un grupo de amigos, uno tiene 5 pesetas, otro 10 y otro 3, tienen una media de 6 pesetas cada uno: 5 + 10 + 3 = 18 pesetas : 3 amigos = 6 pesetas. ✖ promedio.
4 Periodo de tiempo de treinta minutos por encima de la hora indicada: *En mi casa se come a la una y media*.
a medias Entre dos o más personas: *Viven juntos y pagan los gastos de la casa a medias*.
a medias Sin acabar una cosa: *Dejó el trabajo a medias porque tuvo que salir de casa corriendo*.

medialuna
nombre femenino **1** Cualquier objeto que tiene forma de luna creciente o luna menguante.
2 Bollo de hojaldre que tiene forma de media luna. ✖ cruasán.
👁 El plural es: mediaslunas.

medianoche
nombre femenino **1** Las doce de la noche.
2 Parte central de la noche, entre las doce y las primeras horas de la mañana.
3 Bollo pequeño de forma ovalada que se abre por la mitad para rellenarlo de algún alimento, como queso, mermelada o mantequilla.
👁 El plural es: mediasnoches.

mediante
preposición **1** Se usa delante del medio utilizado para conseguir algo o de la forma en que se consigue algo: *Consiguió gran éxito mediante algunos trucos increíbles de magia*.

medicación
nombre femenino **1** Conjunto de medicinas que pueden curar una enfermedad. Es el médico el que nos dice qué medicación tomar cuando estamos enfermos.

M
m

medicamento
nombre masculino **1** Sustancia que sirve para curar o evitar enfermedades o para calmar el dolor. ※ medicina.

medicina
nombre femenino **1** Ciencia que estudia las enfermedades de las personas y la forma de curarlas, calmarlas o evitarlas. Un dentista, un oculista o un pediatra han estudiado medicina. ✍ 595
2 Medicamento.

medicinal
adjetivo **1** Que sirve para curar o se usa para curar. Las aguas termales tienen propiedades medicinales.

medición
nombre femenino **1** Acción que consiste en medir y valorar la cantidad, el peso, la temperatura, la capacidad o la longitud de alguna cosa. ※ medida.

médico, médica
nombre **1** Persona que se dedica a la medicina. Los médicos procuran evitar que la gente contraiga enfermedades y ayudan a curarlas.

medida
nombre femenino **1** Unidad que sirve para medir. Como medida de longitud usamos el metro, como medida de capacidad el litro y como medida de masa el kilogramo.
2 Número que indica el resultado de medir una magnitud, como las medidas de una habitación.
3 Acción que se hace para conseguir o para evitar alguna cosa: *En verano aumentan las medidas para prevenir incendios*. Con este significado se usa más en plural.
4 Cuidado y equilibrio al hacer o decir algo. *No tiene medida, trabaja incluso los fines de semana*.
a medida Que es muy adecuado o está hecho con las medidas de la persona o la cosa a la que se destina: *Es tan alto que le tienen que hacer la ropa a medida*. También se dice: a la medida.
a medida que Indica que algo ocurre o se hace al mismo tiempo que otra cosa: *A medida que llegaba la gente, íbamos sacando la comida*.

medieval
adjetivo **1** De la Edad Media o que tiene relación con ella.

medio, media
adjetivo **1** Que es la mitad de una cosa. Medio kilo son 500 gramos.
2 Que está entre dos extremos o en el centro de alguna cosa. Se considera que Madrid está situado en el punto medio de España. ✍ 303
3 Que representa las características más comunes de un grupo social determinado. ※ normal; corriente.
nombre masculino **4** Punto situado a igual distancia de los extremos de una cosa. Muchas plazas tienen en el medio una fuente. ※ centro.
5 Todo aquello que sirve para conseguir un objetivo o llevar a buen término una actividad. Los servicios de urgencias de los hospitales disponen de medios para atender a los heridos con rapidez.
6 Lugar que reúne unas condiciones ambientales determinadas y en el que viven y se desarrollan los seres vivos. Los anfibios, como la rana, necesitan un medio húmedo para vivir. ※ hábitat.
7 Ambiente familiar, cultural, social o económico que rodea a una persona. ※ entorno.
adverbio **8 medio** No del todo o de manera incompleta: *Tenía tanta prisa que salió de casa a medio vestir*.
nombre masculino plural **9 medios** Cantidad de dinero o bienes que alguien posee: *No tienen muchos medios, pero viven bien*. ※ fortuna.
en medio En la mitad o en el centro de lo que se indica: *La gente se concentró en medio de la plaza*.
medio ambiente Medio natural que rodea a los seres vivos. Los bosques, el aire y el agua forman parte de nuestro medio ambiente.
por medio de Utilizando aquello que se indica o con la ayuda de lo que se indica: *Se lo comunicó por medio de un telegrama*.

mediocre
adjetivo **1** Que no es ni muy bueno ni muy malo.

M
m

adjetivo y nombre masculino y femenino **2** Se dice de la persona que no es muy inteligente, que no destaca en casi nada y que no es demasiado buena en el trabajo que realiza.

mediodía

nombre masculino **1** Las doce de la mañana.
2 Parte del día que va desde las doce de la mañana hasta la hora de comer.
3 Parte de un país o de una región que está más al sur. Sevilla está en el mediodía español.

medir

verbo **1** Determinar la longitud, la extensión, la capacidad, la temperatura, el peso o el valor de alguna cosa con ayuda de algún instrumento. Medimos una pared o una mesa con un metro.
2 Tener una determinada altura, longitud, superficie y capacidad: *Su casa mide 100 metros cuadrados.*
3 Pensar sobre los distintos aspectos de algo, en especial sobre las ventajas e inconvenientes de cualquier decisión importante que tengamos que tomar.
👁 Se conjuga como: servir; la 'e' se convierte en 'i' en algunos tiempos y personas, como: midan.

meditación

nombre femenino **1** Acción que consiste en meditar o pensar en algo con mucho detenimiento. También es el pensamiento o la idea sobre los que se medita.
2 Oración que se hace mentalmente y en la que se reflexiona sobre asuntos religiosos.

meditar

verbo **1** Pensar en algo con mucho detenimiento y con mucha concentración. Se deben meditar bien los problemas para poder resolverlos.
2 Rezar mentalmente una oración en la que se reflexiona sobre asuntos religiosos. Los monjes se retiran a veces a meditar en silencio y en soledad.

mediterráneo, mediterránea

adjetivo **1** Del mar Mediterráneo y de sus territorios o que tiene relación con ellos. El clima mediterráneo es suave y agradable.

medusa

nombre femenino **1** Animal invertebrado marino que tiene el cuerpo en forma de seta, transparente y con muchos brazos. El contacto con una medusa produce irritación e hinchazón de la piel.

megáfono

nombre masculino **1** Aparato en forma de cono, más ancho por un extremo que por otro, que sirve para aumentar el volumen de un sonido, en especial de la voz.

mejicano, mejicana

adjetivo y nombre **1** Es otra forma de escribir: mexicano.

mejilla

nombre femenino **1** Cada una de las dos partes carnosas de la cara situadas bajo los ojos y a cada lado de la nariz.

mejillón

nombre masculino **1** Molusco marino comestible que tiene el cuerpo protegido por una concha negra azulada, dividida en dos partes. Vive sujeto a las rocas en aguas poco profundas.
👁 El plural es: mejillones.

mejor

adjetivo **1** Se dice de las cosas o las personas que son más buenas que otras. Decimos que un juego es mejor que otro si nos resulta más divertido; el mejor juego es el que más nos gusta, más que ningún otro. ✖ peor.
2 Se dice de las cosas que son más convenientes que otras para un determinado fin. Para dormir es mejor tener la luz de la habitación apagada. ✖ peor.
adverbio **3** Comparativo de: bien. Indica que una acción es más buena que otra con la que se compara o está más cerca de lo que está bien: *Hoy me encuentro mejor que ayer. Este dibujo me ha salido mejor que el otro.* ✖ peor.
a lo mejor Indica posibilidad.
👁 Es el comparativo de: bueno.

mejorar

verbo **1** Hacer que una cosa sea mejor de lo que era. Podemos mejorar nuestras notas si estudiamos más. ✖ empeorar.

M / m

2 Hacer que una persona pase a un estado de ánimo o de salud mejor que el que tenía. ✕ empeorar.
3 Hacerse el tiempo más agradable: *Aunque hoy llueve, dicen que mañana mejorará el tiempo.*

mejoría
nombre femenino **1** Cambio o progreso de una cosa hacia un estado mejor: *No he notado ninguna mejoría en su comportamiento, sigue portándose bastante mal.* ✕ empeoramiento.
2 Recuperación de la salud. Un enfermo nota cierta mejoría cuando comienza a encontrarse bien. ✕ empeoramiento.
3 Cambio hacia un tiempo meteorológico más agradable.

mejunje
nombre masculino **1** Mezcla, normalmente líquida, de varios ingredientes, que tiene un aspecto raro o poco agradable. ◉ Es una palabra despectiva.

melancolía
nombre femenino **1** Tristeza profunda que se siente durante cierto tiempo y a veces sin un motivo concreto.

melena
nombre femenino **1** Pelo largo de una persona.
2 Pelo que tiene el león alrededor de la cabeza. Las leonas no tienen melena.

melenudo, melenuda
adjetivo **1** Se dice de la persona que tiene mucho pelo y lo lleva largo y despeinado.

melillense
adjetivo y nombre masculino y femenino **1** Se dice de la persona o cosa que es de Melilla, ciudad española que se encuentra en el norte de África.

mellizo, melliza
adjetivo y nombre **1** Se dice de la persona que nace en el mismo parto que otro hermano. Los mellizos se forman en óvulos diferentes y por eso no siempre son parecidos.

melocotón
nombre masculino **1** Fruta redonda de color anaranjado, con la piel suave como el terciopelo y un hueso duro en su interior. ◉ El plural es: melocotones.

melocotonero
nombre masculino **1** Árbol frutal que produce los melocotones. Tiene las hojas de color verde claro y las flores blancas o rosadas.

melodía
nombre femenino **1** Sucesión de notas en una composición musical que se van enlazando y que destacan por encima del acompañamiento.

melodioso, melodiosa
adjetivo **1** Se dice de los sonidos que resultan agradables al oído, como el canto de algunos pájaros.

melodrama
nombre masculino **1** Obra de teatro, de cine o de televisión en la que se tratan temas muy tristes o con sentimientos muy exagerados.
2 Obra de teatro en la que se combinan la música y las palabras.

melón
nombre masculino **1** Fruta alargada y bastante grande, que tiene la piel dura, amarilla o verde, y la carne jugosa y dulce, con muchas semillas amarillas. También se llama melón la planta que da esta fruta.
2 Persona torpe o poco inteligente. Es un uso informal. ◉ El plural es: melones.

membrana
nombre femenino **1** Capa de tejido animal o vegetal, fina y elástica, que envuelve o limita algunos órganos. Los dedos de los patos están unidos por una membrana.

membrete
nombre masculino **1** Nombre y dirección de una persona o un grupo que se pone en la parte superior de un papel de escribir o de un sobre.

membrillo
nombre masculino **1** Fruta de piel amarilla y carne áspera con forma de pera grande. También se llama membrillo el arbusto que da esta fruta, que tiene muchas ramas, hojas alargadas y flores rosas.
2 Dulce que se prepara con membrillo cocido y mucho azúcar. También se dice: 'dulce de membrillo' o 'carne de membrillo'.

memo, mema
adjetivo **1** Que no comprende las cosas y siempre las hace mal; también es mema la persona que es demasiado ingenua y se deja engañar con mucha facilidad. ✖ bobo.

memoria
nombre femenino **1** Capacidad que tienen las personas para recordar las cosas.
2 Recuerdo que una persona tiene de otra que ha fallecido o a la cual no ve desde hace tiempo, o de algo importante que ha pasado tiempo atrás.
3 Estudio o trabajo sobre una materia o un tema determinados que se presenta por escrito. En algunas carreras se tiene que hacer una memoria para obtener la licenciatura.
4 Parte de un ordenador donde se almacena la información, en forma de datos o de programas.
nombre femenino plural **5 memorias** Obra escrita que contiene las experiencias personales, los recuerdos y los datos relativos a la vida de una persona, contados generalmente por ella misma.
de memoria Forma de hacer algo utilizando sólo la memoria. Se recita o se explica algo de memoria cuando se hace sin tenerlo escrito delante.

memorizar
verbo **1** Aprender algo de memoria. Es mejor entender bien una lección que memorizarla sin saber lo que dice.
2 Fijar algo en la memoria para que no se nos olvide. Memorizamos nuestro número de teléfono.
👁 Se escribe 'c' delante de 'e', como: memoricen.

menaje
nombre masculino **1** Conjunto de muebles, vajillas y otros objetos necesarios en una casa.

mencionar
verbo **1** Dar algún dato o nombrar algo o a alguien. Cuando el profesor pasa lista, menciona el nombre de todos los alumnos.
2 Referirse a algo o a alguien de pasada, sin detenerse a hablar de ellos: *El otro día te mencionaron en una conversación, pero no dijeron nada de ti.*

mendigo, mendiga
nombre **1** Persona que vive de la limosna.

mendrugo
nombre masculino **1** Trozo pequeño de pan duro.

menear
verbo **1** Mover algo de un lado a otro, como cuando los animales mueven la cola.
2 menearse Actuar con rapidez: *Si no te meneas, no vas a llegar.*

meneo
nombre masculino **1** Movimiento hacia un lado y otro: *Se mareó con el meneo del barco.*

menestra
nombre femenino **1** Guiso que se prepara con diferentes verduras y hortalizas y trocitos de carne o jamón.

mengano, mengana
nombre **1** Palabra con la que se menciona a una persona cuyo nombre se desconoce, se ha olvidado o no se quiere decir: *Todos me mandan, fulano esto, mengano lo otro.* ✖ fulano; zutano.

menguante
adjetivo **1** Se dice de la fase intermedia de la Luna, entre la Luna llena y la Luna nueva. La Luna en cuarto menguante tiene forma de 'C'.

menhir
nombre masculino **1** Monumento prehistórico que consiste en una piedra grande y alta clavada en el suelo.

menisco
nombre masculino **1** Tejido elástico y muy resistente que une los huesos de la rodilla y facilita su articulación. El menisco tiene forma de media luna.

menor
adjetivo y nombre masculino y femenino **1** Que es más pequeño, que tiene menos tamaño o importancia que otra cosa de su misma especie. La talla 14 es menor que la 16. Es el comparativo de 'pequeño'. ✖ mayor.
adjetivo **2** Cuando va entre 'el' o 'la' y un nombre, significa 'ningún'o 'ninguna': *No te preocupes, no tiene la*

M
adjetivo y nombre masculino
m
y femenino

menor importancia. No tengo la menor idea.

3 Se dice de la persona que no ha llegado a la edad que marca la ley para tener todos los derechos de las personas adultas. Los menores no pueden votar ni conducir. También se dice: menor de edad. ✖ mayor.

al por menor Forma de comerciar que consiste en comprar mercancías y venderlas después en pequeñas cantidades al consumidor.

menorquín, menorquina
adjetivo y nombre
1 Se dice de la persona o cosa que es de la isla de Menorca.

menos
adverbio
1 Indica una cantidad o cualidad inferior o menor en comparación con otra cosa, otra situación u otra persona: *Había menos gente en la playa que otras veces.* ✖ más.
2 Indica que lo que se dice a continuación no tiene que incluirse en el conjunto de la información anterior: *Puedes hacer lo que quieras menos molestar.* ✖ excepto.
3 Indica la cantidad que se resta de otra: *Ocho menos dos son seis.*
nombre masculino
4 Signo de la resta; se representa con una raya horizontal y corta: –.

al menos Indica que lo que decimos a continuación es lo mínimo que debe hacerse o tenerse en cuenta: *Si ibas a llegar tan tarde, al menos podías haber llamado.* Tambien se puede decir: por lo menos.

al menos Indica que la cantidad que se dice a continuación es la cantidad mínima de algo, pero que casi con seguridad la cantidad es mayor: *Al menos tiene 30 años.* ✖ como poco.

nada menos Expresa la gran importancia que le damos a la información que le sigue: *Aquel año el curso fue muy bien y sacó nada menos que cinco sobresalientes.*

ni mucho menos Indica que no estamos en absoluto de acuerdo con algo: *No es lo que él dice, ni mucho menos.* Es una expresión informal.

ser lo de menos Indica que algo es poco importante porque lo que realmente importa es otra cosa: *El trabajo es lo de menos, lo que quiero es aprender.*

menosprecio
nombre masculino
1 Rechazo de una persona o cosa por considerar que no tiene valor o no merece respeto o consideración. El menosprecio hacia los demás es un defecto que tienen las personas soberbias y orgullosas. ✖ desprecio.

mensaje
nombre masculino
1 Aquello que se dice a alguien por escrito o verbalmente. En los contestadores automáticos se dejan mensajes para que los oiga la persona interesada cuando llegue a casa.
2 Idea o significado profundo de alguna cosa, como una película o una canción: *El mensaje de la película era que hay que intentar vivir lo mejor posible.*

mensajero, mensajera
adjetivo y nombre
1 Que lleva un mensaje de un lugar a otro. Las palomas mensajeras son capaces de llevar un mensaje a muchos kilómetros de distancia sin perder el rumbo.
nombre
2 Persona que se dedica a llevar mensajes o paquetes urgentes a otras personas. En las grandes ciudades los mensajeros suelen ir en moto para evitar los atascos del tráfico.

menstruación
nombre femenino
1 Pérdida de sangre, procedente del útero, que tienen las mujeres una vez al mes. Las mujeres tienen su primera menstruación en la adolescencia. ✖ regla.

mensual
adjetivo
1 Se dice de las cosas que ocurren o se repiten cada mes, como la publicación de algunas revistas o el pago de algunos recibos.
2 Se dice de las cosas o acontecimientos que duran un mes.

mensualidad
nombre femenino
1 Cantidad de dinero que se paga o se cobra cada mes, como el sueldo que se obtiene por un trabajo.

M
—
m

menta
nombre femenino

1 Planta de hojas verdes y muy olorosas, y flores moradas. De sus hojas se extrae una sustancia que se emplea para hacer caramelos o licores.
2 Infusión que se obtiene hirviendo en agua las hojas de la menta.

mental
adjetivo

1 Se dice de lo que tiene que ver con la mente de las personas.

mentalidad
nombre femenino

1 Manera de pensar o modo determinado de ver las cosas por parte de una persona. Decimos, de una persona que acepta otras ideas y modos de pensar o actuar diferentes a los suyos, que tiene una mentalidad abierta.

mente
nombre femenino

1 Conjunto de capacidades que tienen las personas para pensar y para entender las cosas. La demencia y la amnesia son enfermedades de la mente; decimos que una persona tiene una mente privilegiada cuando entiende las cosas más difíciles con facilidad.
2 Lugar no real donde se guardan las ideas y donde se piensan las cosas. Cuando se nos va una cosa de la mente no conseguimos acordarnos de ella.
3 Manera de pensar o modo determinado de ver las cosas por parte de una persona: *Tiene una mente cerrada, no acepta las modas y las costumbres innovadoras.* ✂ mentalidad.

mentir
verbo

1 Decir algo que no es cierto sabiendo que no lo es. Las personas sinceras no mienten casi nunca.
👁 Se conjuga como: preferir; la 'e' se convierte en 'ie' en sílaba acentuada o en 'i' en algunos tiempos y personas, como: mienten o mintió.

mentira
nombre

1 Cosa que se dice que es verdad, sabiendo que no lo es. Las mentiras suelen decirse para engañar. ✂ embuste; trola. ✂ verdad.

mentirijillas

de mentirijillas De broma: *No te enfades, que es de mentirijillas.*

mentiroso, mentirosa
adjetivo

1 Se dice de la persona que dice mentiras. ✂ embustero; farsante. ✂ sincero.

mentolado, mentolada
adjetivo

1 Que tiene olor o sabor a menta.

mentón
nombre masculino

1 Parte de la cara que está situada debajo de la boca y que sobresale un poco. ✂ barbilla.
👁 El plural es: mentones.

menú
nombre masculino

1 Conjunto de platos que forman una comida. Los menús suelen incluir dos platos, postre, pan y bebida.
2 Lista de comidas y bebidas que se ofrecen en un restaurante. Cuando te sientas en la mesa el camarero te trae el menú para que escojas los platos que quieres comer. ✂ carta.
3 Lista que aparece en la pantalla de un ordenador con todas las cosas que se pueden hacer, de las cuales se elige la que interesa en cada momento. ✎ 396

menudo, menuda
adjetivo

1 Se dice de las cosas que son de pequeño tamaño. Las semillas de las plantas suelen ser muy menudas. También se dice de las personas que son delgadas y más bien bajas.
2 Que tiene poca importancia. En una reunión de vecinos, los detalles menudos se suelen dejar para el final. ✂ insignificante.
3 Se usa para destacar el valor del nombre que va detrás: *¡Menudo lío has armado!* Es un uso informal.

a menudo Con frecuencia: *En los países tropicales llueve a menudo.*

meñique
nombre masculino y adjetivo

1 Dedo más pequeño de la mano o el pie. ✎ 303

meollo
nombre masculino

1 Parte principal o más importante de un tema o asunto. El meollo de una lección o de un tema es

M
m

aquello que hay que entender bien para poder entender el resto.

meón, meona

adjetivo y nombre

1 Se dice de la persona o el animal que hace mucho pis y con mucha frecuencia.

👁 Es una palabra informal. El plural de meón es: meones.

mequetrefe

nombre masculino y femenino

1 Persona que se comporta con poca formalidad, que siempre está metiéndose en los asuntos de los demás y estorbando a otros con sus tonterías.

2 Persona de aspecto débil y sin personalidad, que no impone ningún respeto ni ofrece confianza a los demás: *Si cree que me va a asustar ese mequetrefe, va listo.*

👁 Es una palabra informal.

mercader

nombre masculino

1 Persona que antiguamente se dedicaba a vender diversas mercancías. Actualmente se utiliza la palabra para referirse a comerciantes de otras épocas o lugares.

mercadillo

nombre masculino

1 Mercado callejero en el que se venden cosas a bajo precio y que se celebra un día determinado de la semana. En los mercadillos podemos encontrar ropa, zapatos, flores y libros, entre otras muchas cosas.

mercado

nombre masculino

1 Lugar o edificio público donde se compran y venden alimentos y otros productos de primera necesidad. En el mercado suele haber puestos con dependientes y el trato es personal. ✖✖ plaza.

2 Conjunto de operaciones de compra y venta de productos y servicios. Decimos que se lanza un producto al mercado cuando se pone a la venta.

3 Conjunto de compradores y consumidores de un producto o línea de productos: *Los productos deportivos tienen un amplio mercado entre la juventud.*

mercancía

nombre femenino

1 Cualquier cosa que se puede comprar y vender, como ropa, alimentos o electrodomésticos. ✖✖ género; producto.

nombre masculino plural

2 mercancías Tren que únicamente transporta mercancías y no viajeros.

mercante

adjetivo y nombre masculino

1 Se dice del barco que transporta mercancías. Los mercantes llevan la carga en grandes contenedores que se cargan en los puertos con grandes grúas.

adjetivo

2 Del comercio por mar o relacionado con él: *Grecia tiene una flota mercante muy poderosa.*

mercantil

adjetivo

1 Del comercio o que tiene relación con él.

mercería

nombre femenino

1 Tienda donde se venden telas, hilos, agujas, botones y otros útiles para coser y hacer labores.

mercromina

nombre femenino

1 Sustancia líquida de color rojo oscuro que se pone en una herida para que no se infecte. ✎➤595

mercurio

nombre masculino

1 Metal líquido de color plateado brillante. El mercurio se usa para fabricar termómetros.

merecer

verbo

1 Tener derecho o ser justo que una persona tenga algo por su comportamiento o sus buenas cualidades. Las personas que estudian merecen aprobar.

👁 Se conjuga como: agradecer; la 'c' se convierte en 'zc' delante de 'a' y 'o', como: merezca.

merecido

nombre masculino

1 Castigo que se considera justo. Cuando alguien se porta muy mal y le castigan, decimos que tiene su merecido.

merendar

verbo

1 Tomar algún alimento a media tarde, entre la comida de mediodía y la cena.

👁 Se conjuga como: acertar; la 'e' se convierte en 'ie' en sílaba acentuada, como: meriendan.

merendero

nombre masculino

1 Lugar al aire libre, situado en el campo o en la playa, en el que se puede comer o tomar algo.

merendola

nombre femenino **1** Merienda muy buena y abundante. Las fiestas de cumpleaños de los niños se celebran con una merendola. Es una palabra informal.

merengue

nombre masculino **1** Dulce de color blanco que se hace cociendo en el horno claras de huevo batidas con azúcar. También se llama merengue al pastel que tiene este dulce.
2 Tipo de baile de origen caribeño que tiene mucho ritmo.

meridiano

nombre masculino **1** Cualquier línea imaginaria de la esfera de la Tierra que pasa por los polos, cortando perpendicularmente el ecuador y los paralelos.

meridional

adjetivo **1** Del Sur o que tiene relación con él. Andalucía es la comunidad más meridional de España. ✂ septentrional.

merienda

nombre femenino **1** Comida ligera que se toma a media tarde, entre la comida y la cena.

mérito

nombre masculino **1** Importancia o valor de una acción difícil o muy bien hecha. Trabajar y estudiar al mismo tiempo tiene mérito.
2 Derecho que tiene alguien a recibir un premio o un reconocimiento por algo que ha hecho bien: *Su vida es digna de mérito, siempre ayuda a los demás.*

merluza

nombre femenino **1** Pez marino comestible que tiene el cuerpo alargado, de color gris plateado y blanco. Su carne es muy apreciada.

merluzo, merluza

nombre **1** Persona que demuestra poca inteligencia, poca sensatez, ingenuidad o falta de juicio en lo que hace o dice: *El muy merluzo suspendió porque confundió las dos preguntas.*
👁 Es una palabra informal.

mermar

verbo **1** Disminuir la cantidad o el tamaño de una cosa, como el líquido de las salsas cuando las ponemos al fuego.

mermelada

nombre femenino **1** Dulce blando y pegajoso que se hace con frutas hervidas y trituradas y azúcar. ✂ confitura.

mero

nombre masculino **1** Pez marino comestible que tiene la cabeza y la boca grandes y es de color amarillo o marrón por la parte superior del cuerpo y blanco por el vientre. Vive en los fondos rocosos y su carne es muy apreciada.

mes

nombre masculino **1** Cada una de las doce partes en las que se divide un año.
2 Periodo de tiempo que va desde un día cualquiera hasta el mismo día del mes siguiente.

mesa

nombre femenino **1** Mueble formado por una superficie plana que se apoya sobre una o varias patas. Las mesas pueden tener diferentes formas y se pueden utilizar para diferentes fines, como comer o estudiar.
mesa redonda Reunión de varias personas para discutir sobre algún tema específico.

meseta

nombre femenino **1** Terreno llano y de gran extensión, situado a una determinada altura.

mesilla

nombre femenino **1** Mueble en forma de pequeña mesa, con cajones, que suele colocarse a los lados de la cama.

mesón

nombre masculino **1** Establecimiento donde se sirven comidas y bebidas, decorado de una forma tradicional y rústica. Normalmente, los mesones están especializados en comidas regionales.
👁 El plural es: mesones.

mesonero, mesonera

nombre **1** Persona que tiene y atiende un mesón.

mestizo, mestiza

adjetivo y nombre **1** Se dice de la persona que es hijo de dos personas de razas diferentes. Normalmente indica que

M
—
m

uno de los padres es de raza blanca y el otro indio americano.

meta

nombre femenino

1 Lugar o línea donde acaba una carrera. El primer corredor que llega a la meta es el ganador. ☛798
2 Portería de los campos de fútbol y otros deportes.
3 Aquello que se quiere conseguir al hacer algo: *Su meta es aprender bien varios idiomas.* ✖ objetivo.

metabolismo

nombre masculino

1 Conjunto de los procesos químicos que se producen en los seres vivos, de los cuales obtienen la energía necesaria para vivir. Cuando una persona adelgaza aunque siga comiendo como siempre, se dice que le ha cambiado el metabolismo porque su cuerpo necesita más energía que antes.

metáfora

nombre femenino

1 Figura del lenguaje que consiste en hacer una identidad entre dos palabras o utilizar una en lugar de otra cuando parece que no tienen nada que ver, pero en realidad comparten algún rasgo que se pretende destacar. 'Tus labios son una fresa' es una metáfora con la que se quiere representar el color rojo y la forma carnosa de los labios.

metal

nombre masculino

1 Material duro y brillante que se extrae de los minerales. El hierro, el cobre y el acero son metales.

metálico, metálica

adjetivo

1 Que está hecho de metal.
en metálico Con dinero. Cuando vamos a comprar a una tienda podemos pagar en metálico o con tarjeta de crédito.

metalizado, metalizada

adjetivo

1 Que tiene una capa de pintura que brilla como el metal: *Mi coche es de color gris metalizado.*

metalúrgico, metalúrgica

adjetivo

1 Que está relacionado con la industria que se ocupa de sacar metales de los minerales y darles forma para crear productos.

nombre

2 Persona que trabaja en la industria del metal.

metamorfosis

nombre femenino

1 Serie de cambios que sufren algunos animales en su desarrollo desde que salen del huevo hasta que se hacen adultos. En la primera etapa de su metamorfosis, las ranas son renacuajos.
2 Cambio de cualquier tipo que sufre una persona o una cosa.
👁 El plural es: metamorfosis.

meteoro

nombre masculino

1 Fenómeno natural que se produce en la atmósfera. El viento, la lluvia y el granizo son meteoros.

meteorología

nombre femenino

1 Ciencia que estudia los fenómenos naturales que suceden en la atmósfera, como la lluvia, la nieve, el viento o las nubes.

metepatas

nombre masculino y femenino

1 Persona inoportuna que acostumbra hablar cuando no tiene que hablar, decir lo que no tiene que decir o hacer cosas que no tiene que hacer.
👁 El plural es: metepatas.

meter

verbo

1 Poner o dejar algo en el interior de una cosa o de un lugar. Metemos el dinero en la cartera, la ropa en la lavadora o los papeles en el cajón. ✖ sacar.
2 Poner a una persona o a un animal en algún lugar. ✖ sacar.
3 Causar o producir algo, como miedo, ruido o prisa.
4 Hacer que una persona esté en una situación difícil o desagradable: *Se ha metido en un lío.*
5 Hacer que una persona aguante

metamorfosis

M / m

algo pesado o desagradable: *Nos metió un rollo insoportable.*

6 Hacer que una persona crea algo que es falso: *Le metió una bola y él se la creyó.*

7 Dar o conseguir un puesto de trabajo para alguien: *Su padre le metió en la empresa familiar.*

8 Con palabras como 'golpe', 'patada', 'bofetada' o 'torta', darlas. Es un uso informal.

9 meterse Participar una persona en algo a lo que no ha sido llamada o que no le afecta directamente. A los entrometidos les gusta meterse en los asuntos de los demás.

10 meterse Dedicarse a alguna actividad, oficio o profesión: *Se metió a bombero.*

11 meterse Ir a parar a un lugar determinado: *Dónde se habrá metido el perro, no lo encuentro.*

a todo meter A mucha velocidad: *Bajó por la cuesta con su bici a todo meter.*

meterse con Hablar mal de una persona o hacer que se enfade: *No te metas con ella, que no te está haciendo nada.*

metódico, metódica

adjetivo   **1** Se dice de lo que se hace de una manera ordenada y bien pensada o de la persona que actúa así.

método

nombre masculino   **1** Manera de hacer las cosas siguiendo un plan y un orden determinados. Hay muchos métodos distintos para enseñar idiomas.

metomentodo

adjetivo y nombre masculino y femenino   **1** Se dice de la persona a la que le gusta meterse en los asuntos de los demás sin que nadie se lo pida.

👁 Es una palabra informal.

metralleta

nombre femenino   **1** Arma de fuego parecida a un fusil, que dispara muchas balas seguidas a gran velocidad y de manera automática. La maneja una sola persona.

metro

nombre masculino   **1** Unidad de longitud que sirve para medir la distancia entre dos puntos. Su símbolo es: m.

2 Barra o cinta de un metro de longitud que sirve para tomar medidas. El metro tiene marcados con rayas los decímetros, los centímetros y los milímetros. ↝ 393

3 Tren que circula bajo tierra y transporta a los viajeros que viven en una gran ciudad.

metro cuadrado Unidad de superficie que es igual al área de un cuadrado que tiene un metro de lado. La superficie de las casas se mide en metros cuadrados.

mexicano, mexicana

adjetivo y nombre   **1** Se dice de la persona o cosa que es de México, país de América del Norte.

👁 Se pronuncia: 'mejicano'. También se escribe: mejicano.

mezcla

nombre femenino   **1** Conjunto de varios elementos distintos que están unidos formando un todo.

mezclar

verbo   **1** Juntar varias cosas, iguales o diferentes, para que formen un todo. Para hacer un puré hay que mezclar varios ingredientes.

2 Hacer que un conjunto de cosas ordenadas dejen de estarlo: *Me has mezclado todas las hojas de mis apuntes y ahora no voy a poder estudiar.* � desordenar.

3 Reunir o juntar en un lugar a un conjunto de cosas o personas diferentes entre sí: *No puedo mezclar a mis amigos del colegio con mi pandilla del barrio.*

4 Meter a una persona en un asunto que no le importa o no le interesa demasiado: *No me mezcles en tus travesuras.*

5 mezclarse Relacionarse y tratarse unas personas con otras: *Sólo se mezcla con gente de su barrio.*

mezquita

nombre femenino   **1** Edificio donde los musulmanes se reúnen para rezar o celebrar actos religiosos. La mezquita de Córdoba fue construida por los árabes cuando vivían en España.

mi

determinante posesivo   **1** Indica que el objeto o la persona a que acompaña pertenece a la

M / m

persona que habla. 'Mi, mis' son determinantes posesivos de primera persona del singular y siempre van delante de un nombre: *Mi madre es una mujer estupenda.*
👁 Como determinante nunca se acentúa; no lo confundas con la forma del pronombre personal 'mí', que siempre se acentúa.

mí
pronombre personal   **1** Pronombre personal de primera persona del singular que en la oración hace función de complemento indirecto y que se usa también detrás de preposición: *A mí me parece muy fácil este ejercicio. Sé que no dirás nada de mí.*
👁 Como pronombre personal siempre se acentúa; no lo confundas con la forma del determinante posesivo 'mi', que nunca se acentúa.

michelín
nombre masculino   **1** Pliegue de grasa que se forma en la cintura de algunas personas.
👁 El plural es: michelines. Es una palabra informal.

mico, mica
nombre   **1** Mono que tiene la cola muy larga.
2 Niño pequeño. Es un uso informal.
volverse mico Ponerse nervioso y alterado por resultar una cosa muy difícil o muy complicada.

microbio
nombre masculino   **1** Ser vivo tan pequeño que sólo se puede ver con un microscopio. Los virus y las bacterias son microbios.

microfilme
nombre masculino   **1** Película fotográfica de tamaño muy pequeño que se utiliza para fotografiar páginas, dibujos o libros enteros que luego se ven con un aparato que las amplía.
👁 También se dice: microfilm.

micrófono
nombre masculino   **1** Aparato que sirve para ampliar el volumen y la fuerza de un sonido. Los cantantes utilizan micrófono para cantar.

microondas
nombre masculino y adjetivo   **1** Horno que descongela, calienta y cocina los alimentos muy rápidamente por medio de unas ondas o radiaciones especiales. � 793
👁 El plural es: microondas.

microorganismo
nombre masculino   **1** Ser vivo tan pequeño que sólo se puede ver con un microscopio.

microscopio
nombre masculino   **1** Instrumento óptico que sirve para ver ampliadas cosas tan pequeñas que nuestra vista ve con mucha dificultad o no llega a ver. Las células o las bacterias sólo se pueden ver con el microscopio.

miedica
adjetivo y nombre masculino y femenino   **1** Se dice de la persona que siente miedo o temor por cualquier cosa. ⋈ atrevido.
👁 Es una palabra informal.

miedo
nombre masculino   **1** Sentimiento de intranquilidad o angustia que tiene una persona ante algo que le parece peligroso, arriesgado o perjudicial para ella. Se puede tener miedo a cosas como la oscuridad o la enfermedad. ⋈ temor. ⋈ valor.
2 Falta de esperanza o de confianza de que ocurra algo que deseamos. Las personas pesimistas siempre tienen miedo de que las cosas no les salgan como ellas desearían.
de miedo Muy bueno o muy bien: *En el parque de atracciones nos lo hemos pasado de miedo.*

miedoso, miedosa
adjetivo   **1** Que siente miedo por cualquier cosa. ⋈ valiente.

miel
nombre femenino   **1** Sustancia espesa de color dorado, muy dulce y pegajosa, que fabrican las abejas con el polen de las flores y que sirve para la alimentación humana.

miembro
nombre masculino   **1** Cada uno de los brazos o las piernas de una persona o cada una de las patas de un animal.
2 Persona que, junto con otras, forma parte de una organización, un colectivo o una comunidad. Algunas personas son miembros de un partido político o una asociación cultural.
3 Pene de un hombre. También se llama: miembro viril.

M
m

mientras
conjunción **1** Indica que una acción se realiza a la vez que otra o en el mismo periodo de tiempo. *Me gusta mucho que haya silencio mientras estudio.*

miércoles
nombre masculino **1** Tercer día de la semana.

mierda
nombre femenino **1** Excremento sólido que expulsan las personas y los animales por el ano. ✕✕ caca.
2 Suciedad que se pega a una cosa o a una parte del cuerpo.
3 Aquello que está mal hecho o es de mala calidad. Un tejado con goteras es una mierda de tejado. ✕✕ caca.
interjección **4 ¡mierda!** Indica enfado o disgusto por algo.
irse a la mierda Estropearse o fallar algo, como unos planes o un proyecto.
👁 Es una palabra vulgar.

miga
nombre femenino **1** Parte interior y blanda del pan que está cubierta por la corteza.
2 Trozo muy pequeño de pan o de otra cosa. En algunos parques, hay gente que echa migas de pan a las palomas. ✕✕ migaja.
3 Contenido interesante e importante que tiene una cosa, generalmente algo que se dice o que se escribe. Algunos artículos de periódico tienen mucha miga.
nombre femenino plural **4 migas** Comida que consiste en trozos muy pequeños de pan duro que se humedecen y se fríen en aceite con ajo; se pueden servir acompañadas de distintas cosas, como carne, sardinas o uva.
hacer buenas migas Llevarse muy bien dos personas, caerse bien mutuamente.

migajas
nombre femenino plural **1** Trozo muy pequeño de pan u otra cosa. Después de comer quedan migajas encima del mantel.

migajas

2 Restos de algo, normalmente los que uno ya no quiere y deja para otros o para tirar: *Le he echado al perro esas migajas para que se las coma, pero no las quiere.*

migración
nombre femenino **1** Movimiento de personas que dejan un país para irse a vivir a otro.
2 Viaje que hacen algunas aves, peces y otros animales cada cierto tiempo.
👁 El plural es: migraciones.

mil
numeral cardinal **1** Indica que el nombre al que acompaña está 1.000 veces: *Le he pedido mil pesetas para salir esta tarde.*
2 Se utiliza para indicar una cantidad muy elevada e indeterminada: *Te lo he dicho mil veces.*
numeral ordinal **3** Que ocupa el lugar número 1.000 en una serie ordenada.
nombre masculino **4** Nombre del número 1.000. En números romanos, el mil se representa por M.
5 Conjunto formado por mil unidades. Se utiliza para indicar que hay grupos de mil, pero no para dar cifras concretas: *Han llegado miles de cartas de apoyo.*

milagro
nombre masculino **1** Hecho en el que se cree que ha tomado parte Dios y que no se puede explicar por causas naturales. Según la religión católica, Jesucristo realizó muchos milagros, entre ellos el de la multiplicación de los panes y los peces.
2 Cosa extraña y difícil de que ocurra: *Fue un milagro que nuestro equipo ganara el partido.*
de milagro Por muy poco: *Me dormí y llegué al examen de milagro.*

milenario, milenaria
adjetivo **1** Se dice de las cosas que tienen o duran mil años o más. El acueducto de Segovia es una construcción milenaria.
nombre masculino **2** Día o año en que se celebra que se han cumplido los mil años de algún acontecimiento.

M
m

milenio
nombre masculino **1** Periodo de tiempo que dura mil años. En el año 2001 entraremos en el tercer milenio después de Cristo.

milésimo, milésima
numeral ordinal **1** Que ocupa el lugar número 1 000 en una serie ordenada.
nombre femenino **2** Cada una de las 1 000 partes iguales que resultan de dividir un todo. Un milímetro es la milésima parte del metro.

milhojas
nombre masculino **1** Dulce de forma rectangular formado por varias láminas muy finas de hojaldre, entre las que se pone nata, crema o merengue.
◉ El plural es: milhojas.

mili
nombre femenino **1** Servicio que presta un ciudadano a su país sirviendo como soldado durante un periodo de tiempo determinado.

miligramo
nombre masculino **1** Medida de masa que equivale a la milésima parte de un gramo. Su símbolo es: mg.

mililitro
nombre masculino **1** Medida de capacidad que equivale a la milésima parte de un litro. Su símbolo es: ml.

milímetro
nombre masculino **1** Medida de longitud que equivale a la milésima parte de un metro. Su símbolo es: mm.

militante
adjetivo y nombre masculino y femenino **1** Se dice de la persona que pertenece a un partido político, a un sindicato o a un grupo artístico o cultural.

militar
nombre masculino **1** Persona que forma parte del ejército.
adjetivo **2** Que está relacionado con el ejército. La disciplina militar es muy rígida.
verbo **3** Formar parte de un ejército, de un partido o de una asociación. La gente que milita en una asociación participa en sus actividades.

milla
nombre femenino **1** Medida de longitud que equivale a 1 609 metros. Se utiliza en el Reino Unido y en Estados Unidos.

millar
nombre masculino **1** Conjunto de mil unidades. ☞ 593

millón
nombre masculino **1** Nombre del número 1 000 000. El resultado de multiplicar 1 000 por 1 000 es un millón.
2 Se utiliza para indicar una cantidad muy elevada o indeterminada: *He enviado un millón de cartas y no me han contestado.*
◉ El plural es: millones.

millonada
nombre femenino **1** Cantidad muy grande de dinero. Los coches de lujo, las casas grandes o los cuadros de artistas famosos cuestan una millonada.

millonario, millonaria
adjetivo y nombre **1** Se dice de la persona que es muy rica o que tiene muchos millones de pesetas.
adjetivo **2** Se dice de la cantidad que supera el millón: *El único acertante de la quiniela ha ganado una suma millonaria.*

mimar
verbo **1** Tratar con mucho cariño o cuidado a una persona o cosa. Mimamos a un bebé cuando lo abrazamos y lo arrullamos para que se duerma.
2 Tratar a alguien o algo con excesivo mimo, en especial a los niños. A algunos niños se les mima cuando se les consiente que hagan toda clase de travesuras y se les da demasiados caprichos.

mimbre
nombre masculino **1** Rama larga, delgada y flexible de un arbusto que se llama también mimbre; se utiliza para hacer cestos y otros objetos. El mimbre crece en las orillas de los ríos y lagos: *En mi habitación tengo una estantería de mimbre.*

mimetismo
nombre masculino **1** Propiedad que tienen algunos animales o plantas para cambiar de aspecto imitando el color o la forma del lugar en el que estén, de modo que no se nota que están ahí y nadie les ataca.
2 Propiedad de las personas que copian o imitan algún rasgo, ca-

M
m

racterística o modo de actuar de otras personas.

mímica
nombre femenino **1** Arte y técnica que consiste en expresarse por medio de gestos, movimientos y posiciones del cuerpo.

mimo
nombre masculino **1** Demostración de afecto, cariño o amor: *Todo el día le está haciendo mimos a ese cachorro.* Se usa más en plural.
2 Excesiva consideración o tolerancia con la que a veces se trata a los niños: *Con tantos mimos, siempre hace lo que quiere.*
3 Delicadeza y cuidado con que se hace o se trata algo: *Te presto mi jersey nuevo, pero trátalo con mimo.*
4 Tipo de género teatral en el que no se usan palabras, sólo gestos y movimientos del cuerpo para expresarse ante el público.
nombre masculino y femenino **5** Persona que actúa usando gestos y movimientos del cuerpo y sin usar palabras.

mimosa
nombre femenino **1** Planta que tiene unas hojas muy pequeñas y flores redondas, también pequeñas, de color amarillo. En algunas especies las hojas se cierran un instante si se tocan.

mimoso, mimosa
adjetivo **1** Que le gusta hacer mimos o que le hagan mimos. Los niños mimosos quieren que sus padres les den muchos besos y les acaricien.

mina
nombre femenino **1** Lugar abierto o bajo tierra de donde se extraen el carbón, el oro, la sal y otros minerales.
2 Barra de grafito, de distintos colores, que va en el interior de los lápices y sirve para escribir, dibujar o pintar.
3 Artefacto que se coloca bajo tierra o bajo el agua y que explota al ser tocado por un enemigo.
4 Persona o cosa que con poco trabajo ofrece muchos beneficios. Un negocio que marcha bien puede ser una mina de dinero.

mineral
adjetivo **1** Que está relacionado con la materia natural que no tiene vida. En la tierra hay muchas sustancias minerales, como por ejemplo el oro o la sal.
nombre masculino **2** Materia natural que no tiene vida, que está formado por varios elementos químicos y se encuentra en el interior o en la superficie de la tierra. El cuarzo, la pirita y el azufre son minerales.

minería
nombre femenino **1** Conjunto de técnicas y conocimientos que se utilizan para la explotación de las minas. También conjunto de las minas de un país o región.

minero, minera
adjetivo **1** De la mina o que tiene relación con la mina o la minería. En el norte de España varias localidades viven de la industria minera.
nombre **2** Persona que trabaja sacando minerales en una mina.

miniatura
nombre femenino **1** Copia de una cosa en tamaño muy pequeño.
2 Pintura muy pequeña pero que tiene muchos detalles. Muchos libros antiguos suelen estar ilustrados con miniaturas.
en miniatura En tamaño muy pequeño: *Tiene una reproducción del Concorde en miniatura.*

minibasket
nombre masculino **1** Baloncesto que se juega en una pista más pequeña.

minifalda
nombre femenino **1** Falda corta que llega como máximo a la mitad del muslo. También se dice: mini.

mínima
nombre femenino **1** Temperatura más baja que se registra en un lugar o en un periodo determinado. En invierno, en algunos puntos de España la mínima puede estar por debajo de los 0 grados centígrados. ⚅ máxima.

mínimo, mínima
adjetivo **1** Que es el más pequeño, el menos importante o el menos numeroso entre los de su género: *No tengo la mínima idea de las reglas de juego del parchís.*

M
m

2 mínimo Límite más bajo a que puede llegar una cosa. *Cuando los embalses están al mínimo debemos administrar el consumo de agua.* ✕ máximo.
como mínimo Significa por lo menos. *Los niños en edad escolar deben dormir ocho horas diarias como mínimo.*

minino, minina
nombre **1** Es una forma familiar de llamar al gato.

ministerio
nombre masculino **1** Cada uno de los departamentos en que se divide el gobierno de un país para tratar un aspecto determinado de la vida política, social o económica. También es el edificio en el que trabajan el ministro y las personas responsables de cada uno de estos departamentos. Se escribe más con mayúscula.

ministro, ministra
nombre **1** Persona que dirige un ministerio.
primer ministro Jefe de gobierno de algunos países. *En Gran Bretaña hay primer ministro en vez de presidente del gobierno.*

minoría
nombre femenino **1** Parte menos numerosa de un conjunto o grupo de personas o cosas. *Si en una clase hay 20 chicos y 11 chicas, las chicas están en minoría.* ✕ mayoría.
minoría de edad Periodo de tiempo en el que las personas no tienen la edad que establece la ley para tener los derechos de los adultos.

minucioso, minuciosa
adjetivo y nombre **1** Se dice de la persona que hace las cosas con mucho cuidado y prestando mucha atención a los detalles, incluso a los más insignificantes. También se dice de las cosas que se hacen así.

minúscula
nombre femenino **1** Letra que es de tamaño pequeño y que se utiliza normalmente al escribir. ✕ mayúscula.

minúsculo, minúscula
adjetivo **1** Que es muy muy pequeño.

minusválido, minusválida
adjetivo y nombre **1** Se dice de la persona que tiene un defecto físico o mental que le impide hacer determinados movimientos, actividades o trabajos. *Cada vez hay más servicios públicos a los que pueden acceder minusválidos en sillas de ruedas, pero todavía no son suficientes.*

minutero
nombre masculino **1** Aguja del reloj que marca los minutos.

minuto
nombre masculino **1** Espacio de tiempo en el que transcurren sesenta segundos. *Una hora tiene sesenta minutos.*

mío, mía
determinante posesivo **1** Indica que el objeto o la persona a que acompaña pertenece a la persona que habla. Siempre va detrás de un nombre. 'Mío, mía, míos, mías' son determinantes posesivos de primera persona del singular: *Este niño es un amigo mío.*
pronombre posesivo **2** Se refiere a un objeto o persona que ya hemos nombrado e indica que pertenece a la persona que habla. 'Mío, mía, míos, mías' son pronombres posesivos de primera persona del singular. *Este diccionario es mío.*

miope
adjetivo y nombre masculino y femenino **1** Se dice de la persona que tiene miopía. *Los miopes necesitan llevar gafas.*

miopía
nombre femenino **1** Defecto de la vista que consiste en ver con dificultad o no ver los objetos lejanos.

mirada
nombre femenino **1** Forma de mirar de una persona o un animal. *Cuando una persona está muy triste o muy contenta, se nota en su mirada.*
2 Acción que consiste en mirar algo o a alguien: *No pude leer el libro pero le di una mirada rápida.*

mirado, mirada
adjetivo **1** Se dice de la persona que tiene mucho cuidado de no molestar a los demás o tiene mucho cuidado con las cosas.
2 Se dice de la persona o de las

acciones o comportamientos que están bien o mal considerados por la gente en general.

mirador
nombre masculino

1 Lugar bien situado desde el que se puede contemplar una vista o paisaje. En los viajes la gente suele pararse en los miradores para fotografiar el paisaje. ✎ 196
2 Balcón cubierto y cerrado con cristales.

miramiento
nombre masculino

1 Característica de la persona que tiene mucho cuidado de no molestar a los demás con sus acciones o su comportamiento o tiene mucho cuidado con las cosas.
2 Cuidado o precaución que una persona tiene con las cosas o con otras personas, para que no sufran ningún daño o no resulten perjudicadas.

mirar
verbo

1 Dirigir la vista hacia alguien o algo y observarlo.
2 Pensar y considerar una cosa hasta estar seguro de ella: *Mira bien lo que haces, no te vayas a arrepentir más tarde.*
3 Estar una cosa situada en dirección hacia un lugar. En las poblaciones de la costa hay muchas casas que miran al mar.

mirilla
nombre femenino

1 Agujero o abertura pequeña que tienen algunas puertas para poder ver, sin abrirlas, lo que hay al otro lado. Cuando llaman a la puerta, antes de abrir, se mira a través de la mirilla para ver quién es.

mirlo
nombre masculino

1 Pájaro cantor de color negro, con el pico amarillo en el macho, y marrón en la hembra. Puede ser domesticado y aprende a repetir sonidos. Es común en Europa.

mirón, mirona
adjetivo y nombre

1 Se dice de la persona que mira mucho a una persona o una cosa, con mucha insistencia y curiosidad. Son mirones los curiosos que se amontonan cuando hay un accidente.
2 Se dice de la persona que no quiere participar en una actividad,

en una acción o en un juego pero le gusta ver cómo participan los demás.
👁 El plural es: mirones.

misa
nombre femenino

1 Ceremonia religiosa de la Iglesia católica en la que un sacerdote ofrece a los fieles el cuerpo y la sangre de Cristo en forma de pan y vino.
ir a misa Ser una cosa cierta o tenerse que hacer obligatoriamente. Las personas mandonas creen que todo lo que ellas dicen va a misa.
misa del gallo Misa que se celebra en Nochebuena a las 12 de la noche.

miserable
adjetivo y nombre masculino y femenino

1 Se dice de la persona que es muy pobre, tanto que le faltan algunas cosas básicas, como la vivienda o la comida; también es miserable todo lo relacionado con estas personas, como su barrio o su forma de vida.
2 Se dice de la persona que está o se siente muy triste o desanimada y siente pena de sí misma.
3 Se dice de la persona que siempre trata de no gastar o gastar muy poco dinero aunque tenga bastante. ✖ avaro; tacaño.
4 Se dice de la persona a la que no le importa hacer daño a los demás y verles sufrir con tal de conseguir lo que quiere. ✖ canalla.

adjetivo

5 Que es excesivamente pequeño o escaso. Un sueldo miserable casi no da ni para comer.

miseria
nombre femenino

1 Gran escasez económica o falta de lo necesario para vivir. Las personas que viven en la miseria no tienen ni lo justo para comprar alimentos o ropa.
2 Cantidad muy pequeña de una cosa o cosa de poco valor. Si hemos pagado una miseria por unos zapatos es que nos han costado poco dinero. Es un uso informal.

misericordia
nombre femenino

1 Virtud que tienen las personas que saben ayudar y perdonar a las que lo necesitan.

M
m

M
m

mísero, mísera

adjetivo **1** Que es muy pobre. *Los mendigos suelen llevar una vida mísera.* **2** Que es muy infeliz y tiene muy poca suerte. **3** Que es muy pequeño o escaso. *Después de una comida mísera, enseguida ataca el hambre.* ✼ miserable.

misil

nombre masculino **1** Proyectil que lleva una carga explosiva y que se puede lanzar a gran distancia contra un objetivo para que estalle.

misión

nombre femenino **1** Orden o encargo que una persona tiene la obligación de realizar. ✼ cometido. **2** Deber moral que una persona tiene que cumplir. *Los médicos tienen la misión de atender a los heridos o enfermos.* **3** Lugar donde trabajan los misioneros. *Las misiones suelen ser pequeños núcleos de población en países subdesarrollados en los que hay un dispensario, una escuela, una iglesia y otros servicios para la gente del lugar.* **4** Trabajo que consiste en la enseñanza de la doctrina cristiana a los pueblos que no la conocen. *Hay gente que dedica unos años de su vida a una misión en algún país extranjero.* ◉ El plural es: misiones.

misionero, misionera

nombre **1** Persona que se dedica a enseñar la doctrina cristiana en lugares donde no la conocen. **2** Persona que se dedica a hacer trabajos benéficos en países subdesarrollados.

mismo, misma

determinante indefinido **1** Se dice de la persona, cosa, circunstancia o acción que es idéntica a otra: *Practican el mismo deporte, el tenis.* **2** Que se parece mucho a otra persona, cosa o acción: *Los dos hermanos tienen la misma cara.* **3** Que no ha cambiado, que sigue siendo como era antes. *Sigue siendo la misma persona de siempre.*

pronombre indefinido **4** Hace referencia a una persona o cosa que es igual que otra o que sigue siendo igual que antes: *Han venido los mismos de siempre.*

determinante indefinido **5** Se usa para enfatizar o dejar claro que es la persona o la cosa citada la que hace, dice o de la que se dice algo: *Me lo dijo él mismo.* ✼ propio.

adverbio **6 mismo** Exacta o concretamente lo que se dice: *Te devuelvo el libro mañana mismo.*

dar lo mismo No importar algo: *Si quieres te quedas y si no te vas, me da lo mismo.*

miss

nombre femenino **1** Mujer que gana un concurso de belleza.

misterio

nombre masculino **1** Cosa o hecho que no se sabe o no se puede comprender. *A pesar del avance de la ciencia, la naturaleza esconde aún muchos misterios.* **2** Cosa o hecho que se oculta. *El trabajo de un mago se basa en mantener el misterio de sus trucos.*

misterioso, misteriosa

adjetivo **1** Que no se puede comprender, que está oculto o se mantiene en secreto.

mística

nombre femenino **1** Parte de la teología y obras de teología que tratan de la unión del hombre con Dios y de su contemplación.

místico, mística

adjetivo **1** De la mística o que tiene relación con ella.

nombre **2** Persona que dedica su vida a la contemplación y a la unión con Dios.

mitad

nombre femenino **1** Cada una de las dos partes iguales en que se divide una cosa o una cantidad. **2** Punto o lugar que está a la misma distancia de otros dos puntos o lugares que están uno a cada lado.

a mitad de Durante el desarrollo de una determinada actividad o situación: *Tuvo que salir de la iglesia a mitad de la misa.*

M
m

mitin

nombre masculino **1** Reunión donde una o varias personas pronuncian discursos de temas políticos o sociales.
2 Celebración de diversas pruebas de atletismo. Los atletas que participan en un mitin tratan de mejorar sus marcas personales.
☞ El plural es: mítines.

mito

nombre masculino **1** Historia fantástica que cuenta aventuras de dioses y héroes de la Antigüedad.
2 Persona o cosa que forma parte de la historia por haber sido muy famosa o importante. Marilyn Monroe es un mito del cine.

mitología

nombre femenino **1** Conjunto de historias que cuentan aventuras de dioses y héroes de la Antigüedad, especialmente de la antigua Grecia y Roma. Eros, Poseidón, Zeus y Afrodita son personajes de la mitología griega.

mixto, mixta

adjetivo **1** Que está formado o compuesto por dos o más personas o cosas de distinta naturaleza. En un colegio mixto estudian niños y niñas.

mobiliario

nombre masculino **1** Conjunto de muebles de un estilo o para un fin determinado. Los bancos y las papeleras forman parte del mobiliario urbano.

mocasín

nombre masculino **1** Tipo de zapato plano, muy flexible y sin cordones.
☞ El plural es: mocasines.

mochila

nombre femenino **1** Bolsa o saco de tela fuerte que sirve para llevar cosas al ir de excursión, de caza, de acampada o a clase. Se lleva a la espalda.

mochuelo

nombre masculino **1** Ave rapaz parecida al búho pero más pequeña, con la cabeza redonda, el pico corto y en forma de gancho, y el plumaje de color marrón con manchas grises y blancas. Se alimenta de roedores e insectos.

moco

nombre masculino **1** Líquido viscoso y blanquecino que sale por la nariz.

llorar a moco tendido Llorar mucho y con mucho sentimiento.
tirarse el moco Presumir mucho una persona de aquello que en realidad no tiene o no ha hecho. Es una expresión informal.

mocoso, mocosa

adjetivo y nombre **1** Se dice de la persona que tiene la nariz llena de mocos.
2 Se dice de la persona que no tiene experiencia en algo o se comporta como un niño pequeño: *Se cree muy mayor, pero en realidad aún es un mocoso que tiene mucho que aprender*. Es un uso informal.

moda

nombre femenino **1** Tipo de ropa y forma de vestir en un momento determinado: *Este año la moda es llevar colores oscuros*.

modales

nombre masculino plural **1** Conjunto de características que hacen que un comportamiento sea o no sea educado. ⚒ maneras; modos.
2 Gusto, costumbre o forma de comportarse que depende del momento o del lugar: *En la década de los setenta, era moda que los chicos llevaran el pelo largo*.

modelar

verbo **1** Hacer figuras con las manos con un material blando y fácil de manejar, como el barro.

modelar

modelo

nombre masculino **1** Persona en quien la gente se fija para imitarla. Puede usarse como nombre calificativo en aposición, como por ejemplo, un profesor modelo. ⚒ ejemplo.

M
—
m

2 Cosa en la que la gente se fija para hacer otra igual o parecida por considerar que es buena o está bien hecha. Las personas que hacen vestidos sacan sus modelos de las revistas de moda. ⚔ patrón.

nombre masculino y femenino
3 Persona que posa para que un artista la represente en un retrato o una escultura.
4 Persona que trabaja exhibiendo prendas de vestir, joyas o productos de belleza. Las modelos suelen trabajar en las pasarelas de moda, en anuncios de televisión o en fotos de publicidad. ⚔ maniquí.

nombre masculino
5 Conjunto de objetos que se fabrican en serie y que tienen las mismas características. Una empresa de coches ofrece a sus clientes varios modelos distintos.
6 Prenda de vestir, en especial cuando es un conjunto completo.

moderado, moderada
adjetivo
1 Que no es ni mucho ni poco, que está en un término medio. Decimos que un dolor es moderado cuando duele, pero no demasiado.
2 Se dice de los partidos o las ideas políticas que no son radicales, que no son ni de extrema izquierda ni de extrema derecha.

moderador, moderadora
nombre
1 Persona que dirige una conversación dando la palabra por orden a quien quiere intervenir. En las tertulias de televisión o radio suele haber un moderador.

moderar
verbo
1 Hacer que una cosa sea menos fuerte o menos intensa. La velocidad, el calor, el frío o el dolor se pueden moderar.
2 Dirigir una reunión en la que varias personas hablan sobre algún tema controlando que todos puedan intervenir y que no hablen todos al mismo tiempo.

modernizar
verbo
1 Hacer que una cosa o una persona tenga un aspecto moderno o actual.
👁 Se escribe 'c' delante de 'e', como: modernicen.

moderno, moderna
adjetivo
1 Que es de la época presente o tiene relación con ella. La sociedad moderna es la sociedad actual.
2 Se dice de la cosa que existe desde hace poco tiempo y supone una mejora respecto a lo que había antes: *La medicina utiliza las técnicas más modernas para curar a los enfermos.* ⚔ nuevo.
3 Que está o se hace de acuerdo con la moda. Las personas modernas suelen vestir y actuar de acuerdo con la moda o con las tendencias más actuales. ⚔ anticuado.

modestia
nombre femenino
1 Característica de la persona que no presume de sí misma ni se cree superior a los demás, aunque haga las cosas muy bien o sepa mucho. ⚔ humildad; sencillez. ⚔ vanidad.
2 Falta de dinero o de los medios necesarios para vivir. Las personas que viven con mucha modestia no se pueden permitir ningún lujo. ⚔ sencillez.

modesto, modesta
adjetivo
1 Que no se cree mejor que los demás y quita importancia a lo que hace o a lo que es. Las personas modestas no son presumidas aunque sean famosas o importantes. ⚔ humilde. ⚔ orgulloso.
2 Que es de una clase social baja y con poco dinero; también se dice de las cosas que no son lujosas: *Viven en una casa pequeña y modesta.* ⚔ humilde.

modificación
nombre femenino
1 Cambio pequeño o variación que se realiza en una cosa. Cuando un trabajo no está bien, se hacen modificaciones para arreglarlo.
👁 El plural es: modificaciones.

modificar
verbo
1 Cambiar o alterar una cosa sin que varíen demasiado sus características principales. ⚔ variar.
👁 Se escribe 'qu' delante de 'e', como: modifiquen.

M m

modismo

nombre masculino **1** Grupo de palabras de una lengua que siempre van juntas y funcionan como si fueran una palabra. 'Por los pelos' es un modismo que significa 'en el último momento'.

modisto, modista

nombre **1** Persona que se dedica a hacer trajes, vestidos y prendas de vestir para otras personas. En algunos casos los modistos diseñan y crean nuevas prendas pero en otros sólo confeccionan ropa creada por otras personas.

modo

nombre masculino **1** Conjunto de características que hacen que una acción, una actividad o un comportamiento sea diferente cada vez que se hace o según la persona que lo haga. ✼ manera.

2 Cada uno de los grupos en que se divide la conjugación de los verbos, que expresa la actitud del hablante ante la acción expresada por el verbo, si la considera real, irreal o como una orden. En español hay tres modos: indicativo, subjuntivo e imperativo.

nombre masculino plural **3 modos** Conjunto de características que hacen que un comportamiento sea o no sea educado. Una persona que escucha lo que dicen otros sin interrumpirles demuestra tener buenos modos. ✼ maneras; modales.

de modo que Indica que algo es o se presenta como el resultado de lo que se ha dicho antes: *Ha pintado el cuadro por encima de modo que parezca viejo*.

de todos modos Indica que algo que se conoce o se ha dicho antes no impide que sea cierto o que ocurra lo que se dice después: *De todos modos, aunque llueva, saldrá a pasear*. ✼ de todas maneras.

modorra

nombre femenino **1** Sensación de pesadez causada por las ganas de dormir.

módulo

nombre masculino **1** Parte de un conjunto que se puede separar del resto. Algunos muebles están compuestos de diferentes módulos que se unen.

mofeta

nombre femenino **1** Mamífero con el cuerpo alargado, de color negro con rayas blancas, y el hocico puntiagudo. Cuando se siente amenazado, desprende un líquido que huele muy mal. Vive en la zona norte de Estados Unidos y en el sur de Canadá.

moflete

nombre masculino **1** Cada una de las dos partes carnosas de la cara situadas debajo de los ojos y a cada lado de la nariz. ✼ carrillo; mejilla.

mogollón

nombre masculino **1** Gran cantidad de cosas o personas. ✼ multitud.

adverbio **2** Mucho: *La peli me gustó mogollón, era chulísima*.

👁 Es una palabra informal. El plural es: mogollones.

moho

nombre masculino **1** Especie de polvillo de color blanco o verdoso que sale en los alimentos y otras materias orgánicas cuando se están estropeando o pudriendo.

mohoso, mohosa

adjetivo **1** Que está cubierto de moho.

mojar

verbo **1** Cubrir o tocar el agua u otro líquido una superficie o un cuerpo, de modo que se humedece. La lluvia moja la tierra ✼ secar.

2 Meter un alimento dentro de otro o de un líquido. Mojamos pan en la yema de los huevos fritos y las galletas en el café con leche.

3 mojarse Comprometerse en un asunto o dar la opinión que se tiene de él. Es un uso informal. ✼ implicarse.

molar

verbo **1** Gustar o resultar agradable o atractivo: *Este plan mola, primero vamos al parque de atracciones y luego al cine*. Es un uso informal.

adjetivo y nombre masculino **2** Se dice del diente que está situado en la parte posterior de la boca y sirve para triturar los alimentos. Las personas tenemos doce molares.

M m

molde

nombre masculino **1** Recipiente hueco con una forma concreta en el que se mete alguna materia blanda para que tome la misma forma. Los cocineros utilizan moldes para hacer galletas y pasteles. ✗✗ horma.

moldura

nombre femenino **1** Adorno estrecho y largo que se pone en la unión de la pared con el techo o en la fachada de las casas.

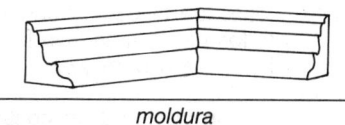

moldura

molécula

nombre femenino **1** Parte más pequeña de una sustancia que tiene todas sus propiedades; las moléculas están formadas por átomos. Una molécula de agua está formada por dos átomos de hidrógeno y uno de oxígeno.

moler

verbo **1** Reducir una cosa sólida a trozos muy pequeños o a polvo con la ayuda de una máquina. El café se muele con el molinillo.
2 Dejar una cosa o una actividad muy cansada a una persona: *Este partido de tenis me ha molido.* ✗✗ fatigar.
👁 Se conjuga como: mover; la 'o' se convierte en 'ue' en sílaba acentuada, como: muelan.

molestar

verbo **1** Hacer que una persona se sienta mal o pierda la tranquilidad o la comodidad. La música muy alta molesta para estudiar.
2 Provocar un disgusto o enfado pequeño a una persona: *Me molestó ese comentario, porque me pareció injusto.*
3 Producir algo un poco de dolor: *Los zapatos nuevos me molestan.*
4 molestarse Esforzarse o preocuparse por hacer algo: *No te has molestado mucho en ayudarme, lo he tenido que hacer todo yo.*

molestia

nombre femenino **1** Trastorno de la tranquilidad o la comodidad de una persona, causada por algún tipo de enfado o una situación fuera de lo normal; es una molestia tener que levantarse durante la noche por las picaduras de un mosquito.
2 Dolor poco intenso o de poca importancia. Cuando tenemos gripe, podemos tener molestias en el pecho o en la cabeza.

molesto, molesta

adjetivo **1** Que siente molestia o incomodidad: *Estaba molesto durmiendo en el suelo.*
2 Que siente un enfado o disgusto poco importante.
3 Que siente un dolor ligero o poco importante.

molinero, molinera

nombre **1** Persona que trabaja moliendo grano en un molino.

molinillo

nombre masculino **1** Aparato que sirve para moler los granos de café y convertirlos en polvo. Antiguamente, los molinillos eran manuales, pero en la actualidad suelen ser eléctricos.
2 Juguete de niños formado por un palo largo y una pieza en forma de X en el extremo que gira con el viento. ✎⟿ 196

molino

nombre masculino **1** Edificio donde hay instalada una máquina que sirve para moler el trigo y otros cereales. Las aspas de los molinos se mueven por la fuerza del viento o del agua. ✎⟿ 196, 600

molusco

adjetivo y nombre masculino **1** Se dice del animal invertebrado con el cuerpo blando, generalmente protegido por una concha. El caracol, la almeja y el calamar son moluscos.

momentáneo, momentánea

adjetivo **1** Que dura muy poco tiempo, sólo un momento.

momento

nombre masculino **1** Periodo de tiempo muy corto. Si una persona nos dice que volverá en un momento, quiere decir que volverá pronto, en unos minutos. ✗✗ instante.

2 Espacio de tiempo más o menos largo en el que ocurre o se hace una cosa determinada. En la vida de las personas hay momentos buenos y momentos malos.
3 Tiempo oportuno o adecuado para hacer o para que suceda algo: *Cuando llegue el momento, se lo diré.*
al momento En seguida, inmediatamente: *No tuve que esperar nada, me lo dio al momento.*
de momento En el tiempo actual o hasta el tiempo actual: *De momento me quedo, pero ya veré lo que hago después.* También se dice: por el momento.
de un momento a otro En un futuro muy cercano, pero sin saber exactamente cuándo: *Llegará de un momento a otro.*
hace un momento Hace muy poco tiempo: *Debe de estar cerca porque sólo hace un momento que salió.*

momia
nombre femenino **1** Persona muerta que se conserva con el mismo aspecto que cuando estaba viva. Las momias egipcias suelen estar envueltas en tiras de tela blanca.

monada
nombre femenino **1** Persona, animal o cosa que resulta agradable, bonita o graciosa. ⁑ monería.

monaguillo
nombre masculino **1** Niño que ayuda al sacerdote en la misa.

monarca
nombre masculino **1** Jefe del estado que gobierna un país por derecho, generalmente hereditario. ⁑ rey; soberano.

monarquía
nombre femenino **1** Sistema de gobierno en el que el jefe del estado es un monarca o rey, que ocupa el trono generalmente por herencia.
2 País que tiene un sistema de gobierno en el que el jefe del estado es un monarca o rey. En la actualidad, España en una monarquía constitucional.

monasterio
nombre masculino **1** Edificio en el que vive una comunidad de religiosos de la misma orden.

monda
nombre femenino **1** Piel o cáscara que se quita de las frutas y hortalizas.
ser la monda Ser una persona o una cosa muy graciosa y divertida.

mondadientes
nombre masculino **1** Palo de madera corto y muy fino, con los extremos acabados en punta, que sirve para pinchar los alimentos o para sacar los restos de comida que quedan entre los dientes. ⁑ palillo.
👁 El plural es: mondadientes.

mondar
verbo **1** Quitar la piel a una fruta o a una hortaliza. ⁑ pelar.
2 mondarse Reírse mucho una persona por algo muy divertido. Si nos cuentan un chiste muy gracioso nos mondamos de risa. Es un uso informal.

moneda
nombre femenino **1** Pieza de metal, generalmente redonda y con inscripciones en cada cara, que sirve para comprar y vender cosas.
2 Unidad que se utiliza en un país como medida para fijar el precio de las cosas. La moneda oficial de España es la peseta.

monedero
nombre masculino **1** Pequeña bolsa o cartera con un departamento para monedas.

monería
nombre femenino **1** Acción o gesto gracioso, especialmente el que hace un niño pequeño.
2 Persona, animal o cosa que resulta agradable, bonita o graciosa: *La gata ha tenido unos gatitos que son una monería.* ⁑ monada.

mongólico, mongólica
adjetivo y nombre **1** Se dice de la persona que padece una enfermedad que provoca retraso mental.

monicaco, monicaca
nombre **1** Persona baja o de poca edad, como los niños. Es una palabra familiar.

monigote
nombre masculino **1** Figura ridícula que se pinta, se dibuja o se recorta. Hacemos un monigote dibujando dos palos cruzados con un círculo por cabeza.
2 Muñeco muy sencillo o ridículo.

M
m

M
m

monitor, monitora

nombre **1** Persona que dirige o ayuda a otras que están aprendiendo a realizar alguna actividad cultural, deportiva o recreativa.

nombre masculino **2** En informática, pantalla del ordenador. ✍ 396

monje, monja

nombre **1** Persona que pertenece a una orden religiosa y vive en un monasterio.

mono, mona

nombre **1** Animal mamífero cubierto de pelo que tiene un aspecto parecido al de los humanos, como el chimpancé y el gorila. ✖ simio.

adjetivo **2** Que es guapo o bonito o resulta agradable a la vista. ✖ feo.

nombre masculino **3** Prenda de vestir de una sola pieza, de tela fuerte, que se utiliza para trabajar.

4 Malestar físico y mental que tiene un drogadicto cuando empieza a dejar la droga o cuando no la toma. También es la sensación desagradable que tiene alguien cuando no puede o deja de hacer algo a lo que está muy habituado.

ser el último mono Ser la persona menos importante en algún lugar o situación: *Acaba de llegar a la empresa y es el último mono.*

monolito

nombre masculino **1** Obra de piedra hecha con una sola pieza. Los monolitos son propios del arte prehistórico.

monólogo

nombre masculino **1** Discurso de una persona que habla sola en voz alta.

2 Obra literaria en la que sólo habla una persona; también es la parte de una obra, en especial de teatro, en la que sólo habla un personaje.

monopatín

nombre masculino **1** Objeto formado por una superficie plana con ruedas debajo que permite ponerse de pie sobre él y patinar sobre una superficie lisa y dura.
👁 El plural es: monopatines.

monosemia

nombre femenino **1** Característica de las palabras que tienen sólo un significado.

monosémico, monosémica

adjetivo **1** Se dice de la palabra que tiene un único significado. 'Dromedario' es una palabra monosémica.

monosílabo, monosílaba

adjetivo y nombre masculino **1** Se dice de la palabra que tiene una sola sílaba. 'Sí' y 'no' son monosílabos.

monótono, monótona

adjetivo **1** Que no cambia, que es siempre igual. Las personas y las cosas monótonas son muy aburridas.

monstruo

nombre masculino **1** Ser imaginario que da mucho miedo porque es muy feo y muy malo.

2 Persona o cosa muy fea.

3 Persona muy mala y cruel: *El criminal era un monstruo.*

4 Cosa que no es normal en la naturaleza, como un perro con seis patas. También es una cosa que resulta extraña o queda mal en un lugar por ser demasiado grande.

5 Persona que es muy buena y destaca mucho en una actividad determinada. Cervantes fue un monstruo de la literatura.

monstruoso, monstruosa

adjetivo **1** Que es muy feo.

2 Que es muy grande o demasiado grande: *Tengo un dolor de muelas mostruoso.*

3 Que es muy malo o muy cruel.

montacargas

nombre masculino **1** Aparato que sirve para poner cargas o cosas pesadas en él y hacer que suban o bajen de un lugar a otro. El montacargas es un ascensor destinado a transportar sólo mercancías.
👁 El plural es: montacargas.

montador, montadora

nombre **1** Persona que se dedica a montar máquinas o aparatos en una fábrica.

2 Persona que se dedica a montar películas de cine o programas de radio y televisión.

montaje

nombre masculino **1** Acción de montar o poner juntas las piezas o partes de una cosa. Para el montaje de una cocina nueva hace falta al menos un carpintero y un electricista.

2 Aquello que se hace para que parezca real pero que en realidad es fingido: *Lo de su separación es un montaje y en realidad todavía viven juntos.* ✕✕ farsa.

montaña

nombre femenino **1** Elevación natural del terreno, de gran altura y generalmente de lados muy inclinados.

2 Región o territorio en el que abundan estas elevaciones: *Le gusta el aire de la montaña.*

3 Gran cantidad o número elevado de algo. A las bibliotecas llegan cada día montañas de libros para clasificar y ordenar. ✕✕ montón.

4 Problema o dificultad que parece difícil de solucionar: *Hizo una montaña de un pequeño problema.*

montaña rusa Atracción de ferias y parques de atracciones; consiste en una vía estrecha con muchas curvas y pendientes muy pronunciadas por la que circulan pequeños vagones a gran velocidad.

montañero, montañera

nombre **1** Persona que practica montañismo.

montañés, montañesa

adjetivo **1** Que es propio de las montañas. El aire montañés es muy sano.

adjetivo y nombre **2** Se dice de la persona que vive en la montaña.

montañismo

nombre masculino **1** Deporte que consiste en subir a las montañas y andar por los caminos que hay en ellas.

montañoso, montañosa

adjetivo **1** Se dice de los lugares en los que hay muchas montañas. El norte de España es montañoso.

montar

verbo **1** Subir encima de una cosa que se puede mover o en un vehículo. En los parques de atracciones nos montamos en los tiovivos; para montar en moto es obligatorio llevar casco.

2 Moverse sobre un animal, como un caballo o un burro.

3 Juntar las diferentes piezas que forman una cosa, como un mueble o un reloj. ✕✕ desmontar.

4 Hacer lo necesario para que pueda realizarse un espectáculo o una exposición. Las compañías teatrales montan obras de teatro.

5 Poner lo necesario en un lugar para vivir en él o para realizar alguna actividad o trabajo: *Van a montar una farmacia nueva.*

6 Hacer o provocar aquello que se expresa, como un escándalo, una fiesta o un lío. Es un uso informal.

7 Batir o remover la nata de la leche o las claras de huevo hasta que se forme una masa compacta y esponjosa.

8 Seleccionar y unir las partes de una película de cine o de un programa de radio o televisión para que queden como quiera el director.

9 Unirse sexualmente el animal macho con la hembra.

montar en Experimentar y mostrar la sensación que se expresa de forma muy fuerte: *Ha montado en cólera y ha empezado a gritar.*

montárselo Organizar una persona su vida o alguna actividad de algún modo. Si no se añade nada, se entiende que se organiza bien: *¡Cómo te lo montas! Siempre consigues lo que quieres.* Es un uso informal.

monte

nombre masculino **1** Elevación natural del terreno de gran altura, generalmente menor que la montaña. También se utiliza para nombrar o referirse a las montañas: el monte Everest.

2 Terreno sin cultivar en el que hay árboles, arbustos y matas.

montículo

nombre masculino **1** Pequeña elevación del terreno, natural o hecho por el hombre o los animales.

montón

nombre masculino **1** Conjunto de cosas de cualquier forma y tamaño puestas sin orden unas encima de otras, como un montón de papeles o un montón de ropa. ✕✕ pila.

M
m

2 Un gran número o una gran cantidad de algo, en especial de personas.
del montón Muy corriente y normal: *No es especialmente guapo, yo diría que es del montón.*
👁 El plural es: montones.

montura
nombre femenino
1 Soporte sobre el que se monta una cosa, como los cristales de unas gafas.
2 Conjunto formado por la silla de montar y todo lo necesario para montar sobre un caballo.
3 Animal que se puede montar, como un caballo o un burro.

monumental
adjetivo
1 De los monumentos o que tiene relación con ellos.
2 Que es muy grande o espectacular. Las compuertas de los pantanos son contrucciones monumentales.

monumento
nombre masculino
1 Construcción de gran valor histórico, arqueológico o artístico. Se consideran monumentos la Giralda de Sevilla, la Alhambra de Granada o las pirámides de Egipto.
2 Obra de arquitectura, escultura o grabado que se hace para recordar a una persona, un suceso o una fecha importante.
3 Persona que es muy guapa y atractiva. Es un uso informal.

moño
nombre masculino
1 Peinado que consiste en recogerse todo el pelo en la nuca o encima de la cabeza, enrollándolo sobre sí mismo y dándole una forma redonda.
estar hasta el moño Estar harto o aburrido de algo o alguien. Es una expresión informal.

moquear
verbo
1 Echar mocos por la nariz de forma continuada. Moqueamos cuando tenemos una alergia o cuando estamos acatarrados.

moqueta
nombre femenino
1 Tejido grueso parecido a una alfombra que cubre completamente el suelo de una habitación.

mora
nombre femenino
1 Fruto redondeado formado por bolitas agrupadas de color rojo o morado.

morada
nombre femenino
1 Lugar donde vive una persona o un animal. Es una palabra formal.

morado, morada
nombre masculino y adjetivo
1 Color como el de la mora o la berenjena. La mezcla de rojo y azul da morado. Para algunos el morado es el color de la tristeza.
pasarlas moradas Pasarlo muy mal, tener problemas o pasar por una situación difícil de superar.

pasarlas moradas

ponerse morado Comer o beber mucho de algo que nos gusta: *Me puse morada de pasteles.*

moral
adjetivo
1 Se dice de la acción o la forma de actuar que tiene en cuenta lo que es bueno y lo que es malo o lo que es justo y lo que no lo es. No es moral actuar pensando sólo en uno mismo, sin tener en cuenta el daño que se puede hacer a los demás. ※ ético.
nombre femenino
2 Conjunto de reglas y normas que rigen el comportamiento humano, distinguiendo entre lo que está bien y lo que está mal. ※ ética.
3 Estado de ánimo de una persona. Cuando tenemos la moral alta estamos muy animados.
nombre masculino
4 Árbol de tronco grueso y hojas caducas que da como fruto la mora.

moraleja
nombre femenino
1 Consejo práctico que se puede extraer de un cuento, una fábula, una historia o una experiencia. La

moraleja es un ejemplo de conducta que se puede trasladar a una situación de la vida cotidiana.

moralidad
nombre femenino **1** Característica de las acciones que están de acuerdo con lo que se considera moral.

moratón
nombre masculino **1** Mancha azulada o morada que sale en la piel después de haber recibido un golpe fuerte.
👁 El plural es: moratones.

morboso, morbosa
adjetivo **1** Que muestra un excesivo gusto por las cosas desagradables, crueles o prohibidas: *Es un morboso, le encanta leer las noticias sobre crímenes*.

morcilla
nombre femenino **1** Embutido que se hace con sangre de cerdo cocida, cebolla, especias y miga de pan o arroz. Es cilíndrica, de color negro y se puede comer frita o asada.

mordaza
nombre femenino **1** Trozo de tela, esparadrapo o cualquier otra cosa que se utiliza para tapar la boca de una persona y que no pueda hablar o gritar para pedir ayuda.

mordaza

morder
verbo **1** Apretar algo entre los dientes, clavándolos.
👁 Se conjuga como: mover; la 'o' se convierte en 'ue' en sílaba acentuada, como: muerden.

mordisco
nombre masculino **1** Acción que consiste en apretar con fuerza una cosa entre los dientes hasta clavarlos.
2 Trozo pequeño de una cosa, normalmente de comida, que se

ha cortado con los dientes. Podemos pedirle a un amigo un mordisco de su manzana o su bocadillo.

mordisquear
verbo **1** Dar mordiscos pequeños a un alimento u otra cosa con poca fuerza: *No mordisquees el bolígrafo, hombre*.

moreno, morena
adjetivo **1** Se dice de la persona que tiene la piel de color oscuro o que está bronceada por el sol.
2 Se dice del pelo de color marrón oscuro o negro y de la persona que tiene el pelo de este color.
✕ rubio.

morfema
nombre masculino **1** En lingüística, cada una de las partes más pequeñas con significado en que se puede dividir una palabra. En la palabra 'niños' hay tres morfemas: 'niñ-', '-o', que significa masculino y '-s', que significa plural.

morfología
nombre femenino **1** Parte de la gramática que estudia la forma de las palabras. La morfología estudia, entre otras cosas, cómo se forman los plurales, los diminutivos o la conjugación.

moribundo, moribunda
adjetivo y nombre **1** Que está muriéndose o a punto de morir.

morir
verbo **1** Dejar de vivir una persona o un animal. ✕ fallecer. ✕ vivir.
2 Llegar a su fin una cosa, un proceso o una acción. Cuando el verano muere, empieza el otoño.
3 morirse Tener un sentimiento o una sensación muy fuerte o desear mucho algo: *Me muero de frío*.
👁 Se conjuga como: dormir; la 'o' se convierte en 'ue' en sílaba acentuada o en 'u' en algunos tiempos y personas, como: muera o murió.

moro, mora
nombre **1** Persona del norte de África.
2 Persona que sigue la religión musulmana. ✕ musulmán.

morrada
nombre femenino **1** Golpe que se produce al chocar la cabeza de una persona con la cabeza de otra.

M
m

M
m

MORFEMAS

En muchas palabras, principalmente nombres, adjetivos y verbos, distinguimos dos elementos:
1. el lexema, que aporta significado y relaciona las familias de palabras. Por ejemplo: 'pan' es el lexema de 'panadero, panadería, empanar, empanada, empanadilla';
2. el morfema, que aporta información de distinto tipo al lexema, como se indica en el siguiente cuadro.

Tipo	Significado	Ejemplo
morfema de género	indica si una palabra es masculina o femenina	en *gato* y *gata*, la -o es el morfema de masculino y la -a el morfema de femenino
morfema de número	indica cuándo una palabra está en plural	*gato* no tiene morfema de número y es singular, pero *ratones* tiene -es que es morfema de plural
prefijo	va delante del lexema y sirve para formar nuevas palabras	des-hacer, re-poner
sufijo	va detrás del lexema y sirve para formar nuevas palabras	'-ero' es un sufijo que significa 'persona que tiene una profesión relacionada con', como *panadero, frutero, carpintero, torero*
desinencia	terminación de las formas verbales; ofrece información sobre la persona que realiza la acción (primera, segunda o tercera del singular o del plural), el tiempo (pasado, presente, futuro) y el modo (indicativo, subjuntivo)	en *mirabas*, '-abas' es una desinencia de segunda persona del singular del pretérito imperfecto de indicativo

morriña
nombre femenino **1** Sentimiento de tristeza o pena que tiene una persona cuando recuerda un lugar o a una persona que están lejos. ※ nostalgia.

morro
nombre masculino **1** Parte de la cara de algunos animales donde están la boca y la nariz. ※ hocico.
2 Parte delantera y alargada de algunas cosas, como el morro del coche.
3 Falta de vergüenza o de respeto que tiene una persona al decir o hacer una cosa: *¡Vaya morro! Se está colando descaradamente*. Es un uso informal. ※ cara; jeta.
nombre masculino plural **4 morros** Labios de una persona. Es un uso informal.
beber a morro Beber directamente de la jarra o de la botella, sin utilizar un vaso.
estar de morros Estar enfadado: *Está de morros conmigo porque no la invité a la fiesta*.

por el morro Sin pagar o sin vergüenza: *Entré en el concierto por el morro porque mi hermano conoce a uno de los músicos*. Es una expresión informal.

morsa
nombre femenino **1** Mamífero marino de gran tamaño, con el cuerpo muy grueso y adaptado para nadar. Tiene la cabeza pequeña y sin orejas, el labio superior cubierto de largos pelos y grandes colmillos a los lados de la boca. ※ elefante marino.

morse
nombre masculino **1** Código que consiste en la combinación de puntos y rayas y sirve para comunicarse a grandes distancias mediante el telégrafo. En morse, por ejemplo, la letra 'a' se representa por un punto seguido de una raya, la 'b' por una raya seguida de tres puntos.

mortadela
nombre femenino **1** Embutido de color rosa con forma de cilindro grueso que se hace

con carne de cerdo cocida y picada.

mortal

adjetivo **1** Que se tiene que morir en algún momento. El hombre y los animales son seres mortales.
2 Que causa o puede causar la muerte, como las picaduras de algunas serpientes venenosas.
3 Que es muy fuerte o muy intenso: *Este verano hace un calor mortal, no se puede aguantar.*
nombre **4** Ser humano: *La alegría o la tristeza son sentimientos que afectan a todos los mortales.* ✖ persona.

mortero

nombre masculino **1** Utensilio de cocina que se utiliza para moler o machacar en su interior semillas o condimentos. Está formado por un recipiente con forma de taza y un mazo con el que se machaca. ✖ almirez. ☞793
2 Mezcla de agua, arena y cemento que se utiliza en la construcción para fijar ladrillos, cubrir paredes y para otras cosas.
3 Arma de artillería formada por un cañón ancho y corto que se coloca apoyada sobre el suelo.

mortífero, mortífera

adjetivo **1** Que causa o puede causar la muerte.

mosaico

nombre masculino **1** Obra artística formada por varias piezas de distintos materiales y colores pegadas sobre una superficie formando un dibujo.

mosca

nombre femenino **1** Insecto con el cuerpo de color negro, dos alas transparentes y la boca en forma de trompa que le sirve para sorber líquidos. En verano suele haber muchas moscas.
estar mosca Tener la sospecha de algo. También se dice: estar con la mosca detrás de la oreja.
estar mosca Estar enfadado o sentirse molesto: *Está mosca conmigo porque se me olvidó felicitarlo.* ✖ mosquearse.
por si las moscas Indica que una cosa se hace pensando en la posibilidad de que ocurra algo: *Yo prefiero salir con tiempo de casa*

por si las moscas, nunca se sabe cómo estará el tráfico. ✖ por si acaso.

moscardón

nombre masculino **1** Insecto parecido a una mosca pero de mayor tamaño, de color marrón oscuro, con dos alas transparentes y muchos pelos. Produce un zumbido fuerte al volar.
adjetivo y nombre masculino **2** Se dice de la persona que es o resulta pesada y molesta.
👁 El plural es: moscardones.

mosquear

verbo **1** Hacer que una persona tenga sospechas sobre algo a partir de algún indicio: *Tanto movimiento de policías en la calle me mosqueó.*
2 Hacer que una persona se enfade o se moleste un poco: *Se ha mosqueado porque te estuvo esperando una hora y no apareciste.*
👁 Es una palabra informal.

mosqueo

nombre masculino **1** Sospecha o duda que se tiene sobre algo.
2 Enfado poco importante. Algunas personas pillan mosqueos por cualquier tontería.
👁 Es una palabra informal.

mosquetero

nombre masculino **1** Antiguo soldado que pertenecía al ejército francés. 'Los tres mosqueteros' es una novela famosa.

mosquito

nombre masculino **1** Insecto de color oscuro, con el cuerpo delgado y las patas y las alas largas. Produce picaduras molestas.

mostaza

nombre femenino **1** Salsa de color amarillo y sabor fuerte y picante que se hace con las semillas de una planta. La planta también se llama mostaza.
nombre masculino y adjetivo **2** Color amarillo oscuro, como el de la mostaza.

mosto

nombre masculino **1** Zumo de uva antes de que fermente para hacer el vino. El mosto es una bebida sin alcohol.

mostrador

nombre masculino **1** Especie de mesa alta que suele haber en las tiendas, bares y otros establecimientos para poner sobre ella los productos que se venden.

M m

M
m

mostrar
verbo
1 Poner algo a la vista o dejarlo ver. Mostramos las cosas que queremos enseñar.
2 Dar a conocer una cualidad o estado de ánimo. Mostramos la alegría o la tristeza con gestos, palabras y signos externos.
3 Explicar algo para que se entienda cómo es o cómo funciona o para convencer de que es cierto. Mostramos el funcionamiento de una máquina; también mostramos la verdad de lo que decimos.
4 mostrarse Comportarse de una manera determinada. Una persona que presta mucha atención a lo que se dice se muestra atenta.
☞ Se conjuga como: contar; la 'o' se convierte en 'ue' en sílaba acentuada, como: muestran.

mota
nombre femenino
1 Porción pequeña de una cosa, como un poco de polvo que hay en un mueble o una mancha pequeña en la ropa.
2 Dibujo o mancha en forma de círculo pequeño.

mote
nombre masculino
1 Nombre, que no es el propio, por el que se conoce a una persona. El mote suele estar inspirado en una peculiaridad física o del carácter. ※ apodo.

motel
nombre masculino
1 Establecimiento situado cerca de la carretera, que acoge a los viajeros de paso y les ofrece camas a cambio de dinero.

motín
nombre masculino
1 Acción que consiste en volverse contra una autoridad y protestar con violencia o con desobediencia, como el motín de los marineros contra el capitán.
☞ El plural es: motines.

motivar
verbo
1 Ser una cosa el motivo de que una persona realice determinada acción o de que algo sea de cierta manera. El comportamiento de las personas está motivado en parte por su personalidad. ※ causar.
2 Hacer que una persona se interese por una cosa que no le interesaba o le interesaba poco. Algunos profesores motivan a sus alumnos con juegos y actividades.

motivo
nombre masculino
1 Cosa que hace que una persona haga algo o que una cosa sea de cierta manera.
2 Figura dibujada o escultura que se repite en la decoración de una cosa; también es el tema central de un cuadro o un dibujo.

moto
nombre femenino
1 Es la forma abreviada de 'motocicleta'.

motocicleta
nombre femenino
1 Vehículo de dos ruedas que se mueve gracias a un motor. Las motocicletas pueden ser para una o dos personas.

motociclismo
nombre masculino
1 Deporte que se practica montando en motocicletas. El motociclismo se practica en circuitos especiales.

motociclista
nombre masculino y femenino
1 Persona que practica motociclismo.

motocross
nombre masculino
1 Deporte que consiste en correr con motos por terrenos con muchas subidas y bajadas.

motor
nombre masculino
1 Aparato que hace que funcione o se mueva un mecanismo o un vehículo. Los motores transforman la energía en movimiento. ☜ 194

motorista
nombre masculino y femenino
1 Persona que conduce una moto. Es obligatorio que todos los motoristas lleven casco.
2 Persona que practica motociclismo.

mousse
nombre femenino
1 Postre dulce, blando y cremoso, que se hace con claras de huevo batidas, azúcar y otro ingrediente, como chocolate o limón.
☞ Se pronuncia: 'mus'.

mover
verbo
1 Cambiar de lugar o de posición: *Ha movido el sofá y lo ha puesto al lado de la ventana. Tienes que mover una ficha.*

2 Hacer movimientos con algo: *No muevas los ojos.*

3 Provocar una acción, un comportamiento o un sentimiento. Algunas cosas nos mueven a divertirnos y otras nos mueven a la protesta.

4 moverse Ir de un sitio a otro: *Se mueve en taxi por la ciudad.*

5 moverse Darse prisa: *Si no te mueves, perderás el tren.*

6 moverse Hacer las cosas que son necesarias para conseguir algo: *Tienes que moverte para pedir la beca.*

mover	
INDICATIVO	**SUBJUNTIVO**
presente	**presente**
muevo	mueva
mueves	muevas
mueve	mueva
movemos	movamos
movéis	mováis
mueven	muevan
pretérito imperfecto	**pretérito imperfecto**
movía	moviera o moviese
movías	movieras o movieses
movía	moviera o moviese
movíamos	moviéramos o
movíais	moviésemos
movían	movierais o movieseis
	movieran o moviesen
pretérito indefinido	
moví	**futuro**
moviste	moviere
movió	movieres
movimos	moviere
movisteis	moviéremos
movieron	moviereis
	movieren
futuro	
moveré	**IMPERATIVO**
moverás	
moverá	mueve (tú)
moveremos	mueva (usted)
moveréis	moved (vosotros)
moverán	muevan (ustedes)
condicional	**FORMAS NO PERSONALES**
movería	
moverías	
movería	**infinitivo** **gerundio**
moveríamos	mover moviendo
moveríais	**participio**
moverían	movido

móvil
adjetivo **1** Que puede moverse o ser movido. ✳ movible.
nombre masculino **2** Cosa que hace o justifica que una persona realice una determinada acción: *El móvil del ladrón era que no tenía nada para comer.* ✳ motivo.

movilidad
nombre femenino **1** Capacidad para moverse o cambiar de sitio o posición; también es la facilidad para moverse. Las personas que tienen coche tienen más movilidad que las que no lo tienen.

movimiento
nombre masculino **1** Estado de los cuerpos mientras cambian de posición o de lugar; también es movimiento ese cambio de lugar o de posición.
2 Cantidad grande de coches o de personas que se mueven en un lugar.
3 Conjunto de las actividades artísticas, científicas o culturales, que surgen en un momento determinado con unas características comunes: *En el siglo XIX dominó el movimiento romántico en el arte.*

mozo, moza
nombre **1** Persona joven, en especial los hombres y mujeres jóvenes de un pueblo que todavía no están casados.
nombre masculino **2** Hombre joven que tiene que hacer el servicio militar desde que ha sido alistado hasta que ingresa en el ejército.
adjetivo **3** Que está relacionado con los años de juventud y anteriores al matrimonio: *Al abuelo le gusta contar historias de sus años mozos.*
nombre **4** Persona que trabaja en ciertos oficios que no necesitan conocimientos especiales. Los mozos suelen hacer recados, llevar objetos o bultos y ayudar en tareas manuales.

muchacho, muchacha
nombre **1** Niño o persona joven.

muchedumbre
nombre femenino **1** Conjunto muy numeroso de personas, animales o cosas: *Una muchedumbre de gente llenaba el recinto del concierto.*

mucho, mucha
determinante y pronombre indefinido **1** Indica gran cantidad o número de personas o cosas: *Hace mucho calor. No hay poca gente, hay mucha.*

M
—
m

M
m

muda

adverbio **2** En gran cantidad o con gran intensidad: *Los atletas corren mucho. No es recomendable ver mucho la televisión.*

muda

nombre femenino **1** Conjunto de ropa interior limpia que uno se pone en lugar de la sucia: *Me cambio de muda todos los días.*

mudanza

nombre femenino **1** Cambio de cosas o personas de una casa a otra.

mudar

verbo **1** Cambiar un animal de piel, pelo o pluma. *Las serpientes mudan de piel.*

2 mudarse Cambiar de casa: *Mi amigo se ha mudado a Francia.*

3 mudarse Cambiarse de ropa interior para ponerse una limpia.

mudo, muda

adjetivo y nombre **1** Se dice de la persona que no puede hablar, generalmente por algún defecto físico o lesión en las cuerdas vocales. Los mudos tienen un lenguaje de signos para comunicarse con otras personas.

adjetivo **2** Se dice de la película de cine en la que los personajes no hablan o no se reproduce lo que hablan. Las primeras películas de cine eran mudas. ✖ sonoro.

3 Se dice del mapa que no lleva nada escrito. Una forma de aprender geografía física o política es completar un mapa mudo.

adjetivo y nombre **4** Que está o se queda callado cuando debería hablar: *Se quedó mudo al recibir la noticia.*

mueble

nombre masculino **1** Objeto que hay en las casas y que sirve para diversos fines, como sentarse, dormir o guardar cosas. Sillas, mesas, camas y armarios son muebles.

mueca

nombre femenino **1** Gesto o movimiento extraño y exagerado hecho con la cara. Algunas personas se burlan de otras haciendo muecas a su espalda.

muela

nombre femenino **1** Cada uno de los dientes grandes y anchos situados en la parte posterior de la boca que sirven para triturar los alimentos.

muelle

nombre masculino **1** Objeto formado por un alambre en forma de espiral que se puede estirar y encoger y luego volver a su posición normal. Muchos sofás y colchones llevan muelles. ✎ 193

2 Construcción a orillas del mar, de un lago o de un río para embarcar y desembarcar pasajeros o mercancías. Los puertos grandes tienen varios muelles. ✖ embarcadero.

muerte

nombre femenino **1** Fin de la vida. A la mayoría de las personas no les gusta hablar de la muerte. ✎ 600

2 Figura en forma de esqueleto que representa la muerte.

a muerte Con todas las fuerzas de uno. Cuando alguien odia a muerte a una persona, la odia muchísimo.

muerto, muerta

participio **1** Participo irregular de morir. También se usa como adjetivo: *Ha muerto. Había un gato muerto.*

adjetivo y nombre **2** Se dice de la persona que ha dejado de vivir. En las guerras suele haber muchos muertos. ✖ vivo.

adjetivo **3** Que tiene poca actividad o animación. Las zonas turísticas se quedan muertas en invierno. ✖ vivo.

4 Que está muy cansado. Al final de una jornada de trabajo, las personas llegan a casa muertas.

nombre masculino **5** Aquello que resulta molesto y nadie quiere hacer: *Tenéis mucha cara, siempre me toca a mí el muerto.*

cargar el muerto Echarle a alguien la culpa de algo o hacerlo responsable de algo: *Le cargaron el muerto por lo del cristal, pero fueron todos.*

muestra

nombre femenino **1** Parte o pequeña cantidad de una cosa que sirve para mostrar su calidad, probarla o analizarla. Las empresas regalan muestras de los productos que quieren promocionar; con una muestra de sangre o de orina se hacen análisis.

M m

2 Modelo que se debe imitar o copiar para realizar el mismo trabajo. En el colegio, los niños copian las muestras de caligrafía de su cartilla. **3** Prueba o señal por la que se conoce la existencia de algo. Damos muestras de alegría cuando recibimos una buena noticia; también podemos dar muestras de paciencia, de amor o de amistad. **4** Exposición de un conjunto de cosas o actividades del mismo tipo. Se hacen muestras de libros, de discos, de coches.

muestrario
nombre masculino **1** Conjunto de muestras de un producto. Un muestrario de telas tiene trozos de telas para poder ver la calidad y el estampado.

mugido
nombre masculino **1** Sonido característico de la vaca y el toro. En español, se suele representar con la palabra 'mu'.

mugir
verbo **1** Emitir la vaca o el toro su sonido característico. ☞ Se escribe 'j' delante de 'a' y 'o', como: mujan.

mugre
nombre femenino **1** Grasa o suciedad que está pegada a una superficie. Cuando una cosa tiene mugre hay que frotar mucho para limpiarla bien.

mugriento, mugrienta
adjetivo **1** Que está muy graso o sucio: *Las paredes de la cocina están mugrientas.*

mujer
nombre femenino **1** Persona adulta del sexo femenino. En singular puede indicar el conjunto de todas las mujeres: *La mujer tiene los mismos derechos que el hombre.* **2** Mujer con la que un hombre está casado. ☒ esposa. **3** Forma utilizada para dirigirse a una mujer o para llamar su atención. A veces puede indicar sorpresa o extrañeza: *Mira, mujer, lo mejor es que no te preocupes.*

mulato, mulata
adjetivo **1** Se dice de la persona que es hija de una persona de raza blanca y otra de raza negra.

muleta
nombre femenino **1** Instrumento que sirve para que se apoye en él al andar una persona coja o que tiene alguna lesión en una pierna; es una especie de bastón sobre el que se apoya la axila o el antebrazo. **2** Paño de color rojo que utilizan los toreros para torear en una parte determinada de la corrida.

muletilla
nombre femenino **1** Palabra o frase innecesaria que se repite por costumbre o como apoyo al hablar. '¿Entiendes?' es una muletilla que usa mucha gente al acabar sus frases.

mullir
verbo **1** Hacer que una cosa apretada se quede blanda y esponjosa, generalmente dándole algunos golpes o sacudiéndola, como hacemos con un cojín o un edredón. ☞ Se conjuga como: zambullir.

mulo, mula
nombre **1** Animal mamífero doméstico nacido del cruce de un caballo y un burro. Se utiliza como animal de carga. adjetivo y nombre **2** Se dice de una persona que tiene mucha fuerza y que resiste bien los trabajos pesados. **3** Se dice de una persona torpe o bruta que usa la fuerza en vez de la razón. ☒ burro.

multa
nombre femenino **1** Castigo que se impone a una persona por haber realizado una falta, y que consiste en el pago de una cantidad de dinero. Por exceso de velocidad se ponen multas. **2** Documento en que consta la falta que ha cometido una persona y el dinero que tiene que pagar como castigo.

multar
verbo **1** Poner una multa a alguien.

multicolor
adjetivo **1** Que tiene muchos colores.

multinacional
adjetivo y nombre femenino **1** Se dice de las empresas que tienen negocios y actividades en varios países.

múltiple
adjetivo **1** Que está formado por varios elementos, que no es único: *Ha ha-*

M
—
m
adjetivo
plural

bido un choque múltiple en la autopista.

2 múltiples Muchos o varios: *Este niño tiene múltiples actividades extraescolares. Te lo he dicho en múltiples ocasiones.*

multiplicación

nombre
femenino

1 Operación matemática que consiste en sumar un mismo número tantas veces como indica otro número. La multiplicación $2 \times 4 = 8$ es el resultado de sumar $2 + 2 + 2 + 2$.
☞ El plural es: multiplicaciones.

multiplicar

verbo

1 Efectuar una multiplicación matemática para calcular el producto de dos números.
2 Hacer varias veces mayor la cantidad o el número de alguna cosa. En época de rebajas los grandes almacenes multiplican sus ventas. Si se multiplican los problemas cada vez se tienen más.
3 multiplicarse Reproducirse y aumentar en número los seres vivos. Animales como los ratones o los conejos se multiplican con mucha rapidez.
☞ Se escribe 'qu' delante de 'e', como: multipliqué.

múltiplo

adjetivo
y nombre
masculino

1 Se dice del número que contiene a otro un número exacto de veces. 25 es múltiplo de 5.

multitud

nombre
femenino

1 Gran cantidad de personas, animales o cosas, generalmente reunidas en un mismo lugar. Los cantantes famosos siempre actúan rodeados de una multitud de fans.
✖ muchedumbre.

mundial

adjetivo

1 Del mundo entero o que tiene relación con él. El objetivo de la ONU es conseguir la paz mundial.

nombre
masculino

2 Competición deportiva en la que participan representantes de todos los países del mundo. Los mundiales se celebran cada cuatro años en un país.

mundo

nombre
masculino

1 Conjunto de todo lo que existe: planetas, estrellas... Según la Biblia, Dios creó el mundo en siete días.

2 La Tierra, el planeta en el que viven los seres humanos. A muchas personas les gustaría dar la vuelta al mundo.
3 Parte de la realidad o conjunto de actividades de cualquier tipo con características comunes, como el mundo animal, el mundo de la moda, el mundo de los negocios.
el otro mundo Lugar al que se cree que van las almas de las personas después de la muerte.
no ser nada del otro mundo Ser vulgar y corriente o no tener nada especial: *Esa película no es nada del otro mundo.*
Tercer Mundo Conjunto de los países de menor desarrollo económico e industrial. Los países ricos deben ayudar al Tercer Mundo a salir de su pobreza. Con este significado se escribe con mayúscula.

munición

nombre
femenino

1 Conjunto de proyectiles, como balas, cartuchos, que sirven para cargar un arma de fuego. Un ejército no puede seguir combatiendo si se queda sin munición.
☞ El plural es: municiones.

municipio

nombre
masculino

1 División territorial más pequeña en que se divide un Estado, que está gobernada y administrada por un ayuntamiento. Los pueblos y las ciudades son municipios.
2 Territorio que depende de un ayuntamiento.
3 Conjunto formado por el alcalde y los concejales encargado de administrar ese territorio.

muñeca

nombre
femenino

1 Parte del cuerpo humano por donde se unen la mano y el brazo. La muñeca está articulada y permite el movimiento de la mano.

muñeco, muñeca

nombre

1 Juguete con forma de persona o de animal.

muñequera

nombre
femenino

1 Tira de tela elástica que sujeta y protege la muñeca y que utilizan sobre todo los deportistas.

2 Tira ancha de cuero u otro material que se lleva alrededor de la muñeca como adorno.

mural

adjetivo y nombre masculino   **1** Se dice de la pintura que se hace o se pone sobre una pared. En muchos altares de iglesia hay murales.

muralla

nombre femenino   **1** Muro alto y grueso que rodea una ciudad o una fortaleza para protegerla de los ataques enemigos. La ciudad de Ávila es famosa por sus murallas medievales.

murciano, murciana

adjetivo y nombre   **1** Se dice de la persona o cosa que es de la ciudad o de la comunidad autónoma de Murcia.

murciélago

nombre masculino   **1** Animal mamífero nocturno de pequeño tamaño con alas que le permiten volar. Es ciego y se orienta por el eco que producen los sonidos que emite.

murga

dar la murga *Deja ya de dar la murga, aunque insistas no iremos a la playa.*

murmullo

nombre masculino   **1** Ruido suave y continuo, como el del agua, las hojas o dos personas que hablan muy bajo.

murmurar

verbo   **1** Criticar a alguien que no está presente.
2 Hablar en voz baja, generalmente quejándose de algo: *¿Qué estás murmurando?*

muro

nombre masculino   **1** Pared gruesa de una casa o un edificio o pared que sirve para rodear un terreno. 🖎 600
2 Construcción que rodea una población y que sirve para protegerla de los ataques enemigos. ✖ muralla.

musa

nombre femenino   **1** Persona o cosa que sirve de inspiración a un artista. Muchas veces la persona amada es la musa de un poeta.

musaraña

nombre femenino   **1** Animal mamífero de pequeño tamaño, parecido a un ratón, con el hocico puntiagudo y los ojos y las orejas muy pequeños. Se alimenta de insectos y pequeños reptiles.
pensar en las musarañas Estar distraído o sin prestar atención a lo que se hace o dice.

pensar en las musarañas

muscular

adjetivo   **1** Del músculo o que tiene relación con él. Lo mejor para los dolores musculares son los masajes.

músculo

nombre masculino   **1** Órgano del cuerpo compuesto por fibras que se estiran y se encogen permitiendo el movimiento del cuerpo. Si hacemos deporte desarrollamos los músculos.

musculoso, musculosa

adjetivo   **1** Que tiene los músculos muy fuertes y desarrollados. Los ciclistas tienen las piernas muy musculosas.

museo

nombre masculino   **1** Edificio abierto al público donde se exponen objetos artísticos, científicos o históricos.

musgo

nombre masculino   **1** Planta pequeña y tupida que crece en lugares húmedos formando una especie de alfombra verde y suave. El belén de Navidad se adorna con musgo.

música

nombre femenino   **1** Sucesión de sonidos que está compuesta o interpretada por el hombre según ciertas normas, de forma que resulta agradable al oído. La música se produce con instrumentos o con la voz humana.
2 Conjunto de las obras musicales y los compositores de una

M
—
m

M
m

época, un país o un estilo: *Tienen una gran colección de música clásica.*

musical

adjetivo **1** Que tiene relación con la música. Un instrumento sirve para producir música.

adjetivo y nombre masculino **2** Se dice del espectáculo de teatro o película cinematográfica que tiene música, canciones y baile.

músico, música

nombre **1** Persona que toca un instrumento musical. Un pianista, una violinista o un guitarrista son músicos.

musitar

verbo **1** Hablar en voz muy baja, casi susurrando. Antes de un examen hay estudiantes que repasan la lección musitando.

muslo

nombre masculino **1** Parte superior de la pierna de una persona que va desde la cadera hasta la rodilla.
2 Parte superior de la pata de un ave: *Me gusta más el muslo de pollo que la pechuga.*

mustio, mustia

adjetivo **1** Se dice de la planta o la flor que está seca o estropeada. Las plantas mustias suelen tener las hojas arrugadas y marrones.

mustio

2 Se dice de la persona que se siente o parece triste o cansada. Las personas enfermas están mustias.

musulmán, musulmana

adjetivo **1** De la religión que fue enseñada por Mahoma o que tiene relación con ella. El libro sagrado musulmán es el Corán. ✖ mahometano.

adjetivo y nombre **2** Se dice de la persona que sigue la religión enseñada por Mahoma. Los musulmanes creen en un único dios: Alá. ✖ mahometano.
👁 El plural de musulmán es: musulmanes.

mutilado, mutilada

nombre **1** Persona que ha perdido una parte del cuerpo, normalmente por un accidente o una herida: *Es un mutilado de guerra.*

mutilar

verbo **1** Cortar una parte del cuerpo de una persona o un animal: *La máquina le mutiló los dedos de la mano derecha.*
2 Quitar una parte importante de una cosa: *En España, la censura mutilaba los libros que consideraba que iban en contra del Estado o la Iglesia.*

mutuo, mutua

adjetivo **1** Indica que dos personas sienten o piensan lo mismo la una de la otra. Si dos personas sienten una admiración mutua, las dos se admiran.

muy

adverbio **1** Indica que el adjetivo o el adverbio al que acompaña está en un grado superior a lo normal o es mayor que lo normal: *Son unos chicos muy listos. Lo siento, pero ya es muy tarde.*

N | n

n

nombre femenino

1 Decimocuarta letra del alfabeto español. La 'n' es una consonante.

nabo

nombre masculino

1 Raíz comestible que se cultiva en las huertas; suele ser de color blanco y un poco más gruesa que una zanahoria. El nabo se come en sopas y purés.

nacer

verbo

1 Salir una persona o un animal del vientre de su madre o de un huevo. Los niños suelen nacer en los hospitales. ✖ morir.

2 Salir una planta de su semilla o del suelo. Muchas plantas nacen en primavera.

3 Empezar a existir o tener su origen una cosa en lo que se indica. El Duero nace en los picos de Urbión; el fútbol nació en Inglaterra.

nacimiento

nombre masculino

1 Acto o momento en el que nace un ser vivo. ✍ 600

2 Momento en el que comienza una cosa que antes no existía, como cuando se habla del nacimiento de un nuevo país o del nacimiento de los ordenadores.

3 Representación con figuras o personas de momentos y lugares relacionados con el nacimiento de Jesucristo. ✖ belén; pesebre.

4 Lugar donde nace un río: *El nacimiento del río Tajo se encuentra en la sierra de Albarracín.* ✍ 597

de nacimiento Se dice de las enfermedades o defectos que se padecen desde el nacimiento: *Es sordo de nacimiento.*

nación

nombre femenino

1 Conjunto de personas que viven en un territorio, tienen el mismo gobierno y comparten las mismas lengua, cultura, historia y costumbres. En unas elecciones generales, los votantes eligen a los representantes políticos de la nación.

2 Territorio de un estado in-

nacer	
INDICATIVO	**SUBJUNTIVO**
presente	**presente**
nazco	nazca
naces	nazcas
nace	nazca
nacemos	nazcamos
nacéis	nazcáis
nacen	nazcan
pretérito imperfecto	**pretérito imperfecto**
nacía	naciera o naciese
nacías	nacieras o nacieses
nacía	naciera o naciese
nacíamos	naciéramos o
nacíais	naciésemos
nacían	nacierais o nacieseis
	nacieran o naciesen
pretérito indefinido	
nací	**futuro**
naciste	naciere
nació	nacieres
nacimos	naciere
nacisteis	naciéremos
nacieron	naciereis
	nacieren
futuro	
naceré	**IMPERATIVO**
nacerás	
nacerá	nace (tú)
naceremos	nazca (usted)
naceréis	naced (vosotros)
nacerán	nazcan (ustedes)
condicional	**FORMAS NO PERSONALES**
nacería	
nacerías	**infinitivo** **gerundio**
nacería	nacer naciendo
naceríamos	**participio**
naceríais	nacido
nacerían	

N

n

dependiente. En la ONU hay representantes de muchas naciones. ⚒ país.
👁 El plural es: naciones.

nacional
adjetivo **1** Que tiene relación con la nación, en especial con la propia. En los telediarios hay una sección dedicada a la política nacional.

nacionalidad
nombre femenino **1** Estado jurídico de la persona que forma parte de una nación. La nacionalidad supone tener derechos y deberes en un país.

nacionalismo
nombre masculino **1** Movimiento político que defiende los intereses de su territorio.
2 Sentimiento de apego o amor por parte de los habitantes de una nación o un territorio a todo lo que se considera propio de ella. El nacionalismo defiende las cosas que son características de una nación.

nacionalista
adjetivo y nombre masculino y femenino **1** Se dice de la persona o el partido defensor del nacionalismo político. El BNG, el PNV y CiU son partidos nacionalistas.

nada
pronombre indefinido **1** Hace referencia a objetos, cosas o ideas e indica que no hay ningún objeto, cosa o idea de la que se habla: *No hay nada en ese cajón: está vacío. No se me ocurre nada que regalarle.*
de nada Respuesta que utilizamos cuando alguien nos da las gracias por algo: *Cuando alguien te dice 'gracias' es de buena educación contestar 'de nada'.*

nadador, nadadora
nombre **1** Persona que practica el deporte de la natación. También es la persona que nada bien.

nadar
verbo **1** Avanzar dentro del agua flotando y moviendo las manos y los brazos.

nadie
pronombre indefinido **1** Pronombre que equivale a 'ninguna persona': *Ayer por la tarde te llamé a casa, pero no había nadie.*

naipe
nombre masculino **1** Cartulina con dibujos o figuras impresos en uno de sus lados y que se utiliza, junto con otras, para jugar a cartas. ⚒ carta.

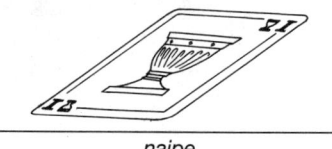
naipe

nalga
nombre femenino **1** Cada una de las dos partes redondas y carnosas situadas al final de la espalda de las personas. ⚒ glúteo.
👁 Se usa más en plural.

nana
nombre femenino **1** Canción que se canta a los bebés para que se duerman.

napias
nombre femenino plural **1** Nariz de una persona, normalmente nariz grande.
👁 Es una palabra informal.

naranja
nombre femenino **1** Fruta redonda de cáscara gruesa y carne dulce, dividida en gajos, de la que se puede sacar zumo.
nombre masculino y adjetivo **2** Color como el de las naranjas o las mandarinas. La mezcla de rojo y amarillo da naranja.

naranjada
nombre femenino **1** Bebida refrescante hecha con zumo de naranja, agua y azúcar.

naranjal
nombre masculino **1** Terreno plantado de naranjos.

naranjo
nombre masculino **1** Árbol frutal que produce las naranjas. Tiene el tronco liso y hojas perennes duras y de color verde brillante. Sus flores son blancas y olorosas y se llaman 'azahar'.

narciso
nombre masculino **1** Planta de jardín que nace de un bulbo; tiene hojas estrechas y alargadas y flores amarillas o blancas. ✎ 598

narcotráfico
nombre masculino **1** Comercio ilegal de grandes cantidades de droga. El narcotráfico es un delito.

nariz

nombre
femenino

1 Parte sobresaliente de la cara de las personas y de algunos animales situada entre los ojos y la boca. La nariz sirve para respirar y para oler.

estar hasta las narices Estar harto o cansado de una persona o de una cosa. Es una expresión informal.

meter las narices Tratar de averiguar cosas sobre una persona o sobre una cosa. Las personas cotillas siempre meten las narices en los asuntos de los demás.

👁 El plural es: narices.

narración

nombre
femenino

1 Historia, real o inventada, que se cuenta usando palabras. Las novelas son narraciones largas, mientras que los cuentos son narraciones breves.

👁 El plural es: narraciones.

narrador, narradora

nombre

1 Persona que narra. En el cine, a veces se utiliza a un narrador que cuenta algo relacionado con la historia, pero sin participar en ella.

narrar

verbo

1 Contar una historia real o inventada usando palabras.

narrativa

nombre
femenino

1 Género literario que incluye la novela y el cuento.

nasal

adjetivo

1 De la nariz o que tiene relación con ella.

nata

nombre
femenino

1 Sustancia blanca y espesa que se forma en la superficie de la leche cuando se hierve y luego se deja en reposo.

2 Crema de color blanco que se hace mezclando la nata de la leche con azúcar. La nata se utiliza en pastelería.

natación

nombre
femenino

1 Actividad y deporte que consisten en nadar.

natillas

nombre
femenino
plural

1 Postre dulce, blando y cremoso, que se hace con huevos, leche, azúcar y canela. Las natillas son de color amarillo.

nativo, nativa

adjetivo
y nombre

1 Se dice de la persona que ha nacido en un lugar concreto o en el lugar del que se habla. Los nativos de Portugal son portugueses.

nato, nata

adjetivo

1 Se dice de la persona que tiene una cualidad o una característica desde siempre, de nacimiento: *Es una optimista nata. Es un goleador nato.*

2 Se dice de la cualidad o la característica que existen en una persona desde siempre, desde que nació. En los niños la curiosidad es nata.

natural

adjetivo

1 Que tiene relación con la naturaleza o ha sido producido por ella y no por el hombre. La lluvia es un fenómeno natural; la leche y la miel son alimentos naturales; las ciencias naturales estudian asuntos relacionados con la naturaleza.

2 Que está hecho sin mezclarse con productos artificiales. Un producto natural no lleva ni conservantes ni colorantes.

3 Que es sincero y se comporta de manera sencilla: *Aunque es un tío importante es muy natural y simpático.* ✖ artificial.

4 Que no es extraño o que ocurre normalmente. Es natural que en verano haga calor. ✖ corriente; normal. ✖ raro; extraño.

adjetivo
y nombre
masculino
y femenino

5 Se dice de la persona que ha nacido en un pueblo o nación determinados. Los naturales de Sevilla se llaman sevillanos; los europeos son naturales de Europa.

naturaleza

nombre
femenino

1 Conjunto de todas las cosas y seres que existen en el mundo y que no han sido hechos por el hombre, como las plantas, los animales y las rocas.

2 Lugar donde hay plantas, montañas y ríos, y que está lejos de las ciudades. A muchas personas les gusta pasar las vacaciones en contacto con la naturaleza.

3 Característica propia de una persona o una cosa que la hace diferente de otras. La inteligencia

N
—
n

N
—
n

forma parte de la naturaleza humana. ⌘ esencia.

naturalidad
nombre femenino **1** Forma de ser, de actuar o de hablar sencilla y sincera, sin fingir nada. Los buenos actores actúan con naturalidad.

naufragar
verbo **1** Hundirse una embarcación. Las personas que van en un barco que se hunde también naufragan.
👁 Se escribe 'gu' delante de 'e', como: naufraguen.

naufragio
nombre masculino **1** Acción de naufragar o hundirse una embarcación.

náufrago, náufraga
nombre **1** Persona que sobrevive a un naufragio.

náusea
nombre femenino **1** Sensación desagradable que se tiene en el estómago cuando se quiere vomitar. ⌘ arcada.
2 Asco que se siente hacia algo. Un lugar muy sucio nos provoca náuseas. ⌘ repugnancia.

náutica
nombre femenino **1** Conjunto de los conocimientos necesarios para navegar o viajar en barco.

náutico, náutica
adjetivo **1** Que tiene relación con los barcos o los viajes en barco. En las ciudades costeras suele haber clubes náuticos.

navaja
nombre femenino **1** Instrumento parecido al cuchillo que se utiliza para cortar; está formado por una hoja de metal que se puede doblar y queda guardada en el mango. Algunos barberos y peluqueros utilizan una navaja especial para afeitar o cortar el pelo.
2 Molusco marino que tiene el cuerpo alargado y está cubierto por dos conchas rectas y alargadas. La navaja es comestible.

navajazo
nombre masculino **1** Golpe que se da con una navaja, clavándola o haciendo un corte con ella.
2 Herida o corte que produce un navajazo.

naval
adjetivo **1** Que tiene relación con la navegación o con los barcos, como la industria naval o una escuela naval.

navarro, navarra
adjetivo y nombre **1** Se dice de la persona o cosa que es de la Comunidad Foral de Navarra.

nave
nombre femenino **1** Cualquier barco. Antiguamente, se llamaba nave a un barco grande, con velas, con cubierta y sin remos.
2 Aparato para viajar por el aire o por el espacio. También se llama nave aérea al avión y nave espacial al vehículo que se usa para viajar por el espacio.
3 Edificio grande, de una sola planta, techo alto y sin divisiones en el interior, que se utiliza como fábrica o almacén.
4 Espacio alargado de un edificio que está entre muros o columnas. En muchas iglesias hay una nave central ancha entre dos filas de columnas y dos naves laterales más estrechas.

navegable
adjetivo **1** Se dice del río o lago que tiene la profundidad suficiente para que los barcos puedan navegar por él. El Guadalquivir es navegable entre Sevilla y la desembocadura.

navegar
verbo **1** Viajar o ir en una embarcación.
2 Moverse y avanzar una embarcación por el agua. Algunos barcos navegan a gran velocidad. ✍ 196
3 Hacer búsquedas de información a través de una red informática, como Internet.
👁 Se escribe 'gu' delante de 'e', como: naveguen.

navidad
nombre femenino **1** Día en que los cristianos celebran el nacimiento de Jesucristo. El 25 de diciembre es Navidad. Con este significado se escribe con mayúscula.
2 Periodo de tiempo entre el 24 de diciembre y el 6 de enero en que se celebra el nacimiento de

Jesucristo y otras fiestas relacionadas con este hecho. Con este significado se usa más en plural.

navideño, navideña
adjetivo **1** De la Navidad o que tiene relación con ella. *Los villancicos son canciones navideñas.*

navío
nombre masculino **1** Barco grande, en especial un barco de guerra.

neblina
nombre femenino **1** Niebla baja y poco espesa; suele aparecer por la mañana y se va disipando a lo largo del día.

necesario, necesaria
adjetivo **1** Que hace falta de manera obligatoria para que exista, suceda o se haga algo. *Es necesaria la intervención de un médico para operar a una persona.* ✂ innecesario.
2 Que es muy conveniente, aunque no sea obligatorio: *Es necesario que te distraigas después del trabajo.*

neceser
nombre masculino **1** Bolsa o maletín para guardar o llevar los objetos de aseo personal, como un peine, un cepillo de dientes o una pastilla de jabón.

necesidad
nombre femenino **1** Cosa que es necesaria o hace falta de manera obligatoria para un fin. *Los alimentos son artículos de primera necesidad, porque sin ellos no podríamos vivir.*
2 Circunstancia en que a una persona le falta algo muy necesario para vivir, como alimentos o dinero. *Algunas personas piden limosna por necesidad.*
hacer sus necesidades Expulsar una persona los excrementos o la orina.

necesitado, necesitada
adjetivo y nombre **1** Se dice de la persona que no tiene lo necesario para vivir. *Algunos necesitados se ven obligados a pedir para comer.* ✂ pobre.

necesitar
verbo **1** Tener una persona o una cosa necesidad de algo: *Necesito que me ayudes. Necesita descansar.*

necio, necia
adjetivo y nombre **1** Se dice de la persona que demuestra poca inteligencia o falta

de juicio en lo que hace o dice. ✂ tonto.

nefasto, nefasta
adjetivo **1** Que es muy malo o tiene consecuencias muy malas o muy tristes. *Las catástrofes naturales, como inundaciones, incendios o terremotos, suelen ser nefastas.*

negación
nombre femenino **1** Palabra o grupo de palabras que se utilizan para negar. *'No quiero' o 'no' son negaciones.*
👁 El plural es: negaciones.

negado, negada
adjetivo y nombre **1** Que lo hace muy mal o es incapaz de hacer algo. *Decimos que una persona es negada para las matemáticas cuando le cuesta mucho aprender esta materia.*

negar
verbo **1** Decir que algo no existe, no es verdad o no es correcto: *Niega haber participado en los hechos.* ✂ afirmar.
2 Decir que no. *Negamos con palabras o con gestos, como al mover de un lado a otro la cabeza o el dedo índice.* ✂ afirmar.
3 Prohibir o rechazar algo. *En muchos hoteles y restaurantes niegan la entrada a los perros.*
4 negarse Rechazar una cosa que no se quiere hacer: *Me niego a salir a la calle a estas horas.*
👁 Se conjuga como: regar; la 'e' se convierte en 'ie' en sílaba acentuada y se escribe 'gu' delante de 'e', como: nieguen.

negativo, negativa
adjetivo **1** Que sirve para negar o indica negación. *'No' es un adverbio negativo; responder que no a algo es dar una respuesta negativa.*
2 Que es malo o desfavorable para alguien. *Un suspenso es un resultado negativo.*
3 Se dice de la persona que siempre ve el aspecto malo o peligroso de las cosas. *Las personas negativas siempre ponen pegas a todo.*
4 Que no da el resultado que se buscaba o que confirma que algo no existe: *El análisis de orina dio negativo, no está embarazada.*

N
n

N n

nombre masculino

5 En matemáticas, se dice del número que es menor que 0. Los números negativos van precedidos del signo –.
6 Imagen fotográfica tal como se imprime en la película o carrete. A partir del negativo se sacan las fotografías.
7 Punto que se resta a la puntuación obtenida. Si un equipo de fútbol pierde en casa, suma negativos.

negociar

verbo

1 Comprar, vender o cambiar mercancías u otra cosa para conseguir ganancias. ✖ comerciar.
2 Discutir un asunto con alguien para llegar a un acuerdo o solución que sea conveniente para todos: *Los sindicatos negocian una subida de sueldos.* ✖ pactar.
👁 Se conjuga como: cambiar; la 'i' no lleva nunca acento de intensidad.

negocio

nombre masculino

1 Actividad económica relacionada con la compra y venta de productos con el fin de ganar dinero.
2 Establecimiento o local donde se venden mercancías, como los bares o las tiendas. ✖ comercio; establecimiento.

negrita

nombre femenino

1 Tipo de letra impresa que tiene el trazo grueso y se utiliza para resaltar palabras dentro de un texto. En este diccionario, están en negrita los nombres de los tiempos verbales que hay en los cuadros de verbos. ✎ 397

negro, negra

nombre masculino y adjetivo

1 Color como el del carbón, el petróleo, algunas aceitunas o la oscuridad total.

adjetivo

2 De color muy oscuro o más oscuro que otras cosas del mismo tipo, como la uva negra, la cerveza negra o la pimienta negra.
3 Se dice de una cosa muy sucia, como unas cortinas o unas manos sin lavar.
4 Se dice de cosas tristes o desgraciadas. En un día negro no pasa nada agradable y casi todo sale mal.

5 Que está muy molesto, enfadado o preocupado por algo o por alguien: *Cuando oigo chillar a la gente me pongo negro.*

nombre y adjetivo

6 Persona de piel negra o muy oscura. Se utiliza para distinguir una raza de otras de piel más clara.

negruzco, negruzca

adjetivo

1 De color casi negro o que está manchado de negro. Cuando hay un incendio en una montaña todo el suelo queda de color negruzco.

nene, nena

nombre

1 Niño pequeño.
👁 Es una palabra familiar.

nenúfar

nombre masculino

1 Planta acuática de hojas redondas que flotan en la superficie del agua y tiene flores blancas o amarillas. ✎ 598

nervio

nombre masculino

1 Órgano largo y delgado, compuesto por varias fibras, que sale del cerebro y recorre el cuerpo. Los nervios hacen llegar las sensaciones externas al cerebro, como el frío, el calor o el dolor.
2 Tejido blanco y duro que tiene la carne comestible. Los filetes de ternera suelen tener nervios.
3 Línea fina marcada en la superficie de las hojas de las plantas.
4 Fuerza o energía con la que se realiza una cosa: *El director dirigía la orquesta con mucho nervio.*

nombre masculino plural

5 nervios Estado en el que se encuentra una persona cuando está intranquila o muy excitada: *Paso muchos nervios antes de un examen importante.* ✖ tranquilidad.

nervioso, nerviosa

adjetivo

1 Que está relacionado con los nervios del cuerpo. El sistema nervioso está formado por neuronas.
2 Que está muy intranquilo o preocupado por algo: *Mi madre se pone nerviosa si llego tarde a casa.* ✖ tranquilo.
3 Que por su forma de ser se altera o se excita fácilmente. No es bueno para las personas nerviosas tomar mucho café. ✖ tranquilo.

neto, neta

adjetivo y nombre **1** Se dice del peso de un producto sin contar el peso del envase o recipiente que lo contiene. ✂ bruto. **2** Se dice de la cantidad de dinero que queda después de haberle descontado a otra los gastos, los impuestos u otras cosas: *Cobra 200 000 pesetas netas al mes.*

neumático

nombre masculino **1** Tubo de goma que va alrededor de la llanta de una rueda. Los coches llevan neumáticos.

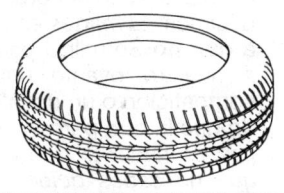

neumático

neutral

adjetivo **1** Se dice de la persona o el país que no está a favor de ninguna de las partes que intervienen en un conflicto, una competición o un enfrentamiento. En las dos guerras mundiales, España fue un país neutral; los árbitros son neutrales.

neutro, neutra

adjetivo **1** Se dice del género de las palabras que no son masculinas ni femeninas. La palabra 'aquello' es de género neutro.

nevada

nombre femenino **1** Acción de nevar; también cantidad de nieve que ha caído de una sola vez.

nevar

verbo **1** Caer nieve de las nubes. 👁 Es impersonal; al conjugarlo, la 'e' se convierte en 'ie' en sílaba acentuada, como: nieva.

nevera

nombre femenino **1** Electrodoméstico que sirve para mantener fríos las bebidas y los alimentos. Algunas neveras tienen congelador. ✂ frigorífico.

nexo

nombre masculino **1** Palabra que une dos o más palabras o frases. Las conjunciones, como 'y', o 'porque', o las preposiciones, como 'para', 'por' o 'en', son nexos.

ni

conjunción **1** Une dos elementos u oraciones con negación: *No ha venido ni ha llamado. No tiene pies ni cabeza.* **ni que** Suele utilizarse después de algo que molesta o causa gran sorpresa, e indica que lo que se dice a continuación es una comparación con algo imposible: *Quiere que le preste 20 000 pesetas, ¡ni que yo fuera un banco!* Es un uso informal.

nicaragüense

adjetivo y nombre masculino y femenino **1** Se dice de la persona o cosa que es de Nicaragua, país de América Central.

nicho

nombre masculino **1** Hueco construido en la pared de un cementerio para colocar el ataúd de un muerto o sus cenizas.

nicotina

nombre femenino **1** Sustancia excitante que se encuentra en las hojas de tabaco; es muy perjudicial para la salud.

nido

nombre masculino **1** Lugar que construyen las aves con ramas para poner sus huevos y criar a sus polluelos. ✍ 596 **2** Agujero donde viven y se reproducen algunas especies de animales, como los ratones, las lagartijas o las hormigas.

niebla

nombre femenino **1** Nube que está en contacto con el suelo. Los días en que hay niebla, hay que circular por carretera con mucha precaución.

nieto, nieta

nombre **1** Hijo del hijo de una persona.

nieve

nombre femenino **1** Agua congelada que cae de las nubes y llega a la tierra en forma de copos blancos. ✍ 597

ningún

determinante indefinido **1** Forma apocopada de 'ninguno'; se utiliza delante de nombres masculinos en singular: *Yo no he cogido ningún libro tuyo.*

ninguno, ninguna

determinante indefinido **1** Hace referencia a objetos o personas e indica que no hay ni un solo objeto o persona de los que

N
n

N
n

pronombre indefinido

se habla: *No he visto a ninguno de mis amigos.*
2 Sustituye a alguien que ya se ha mencionado e indica que no hay ni una sola persona: *Ninguno se atrevió a decir nada.*

niña

nombre femenino

1 Círculo de color negro que está en medio del iris del ojo. Los rayos de luz pasan a la retina del ojo a través de la niña. ✖ pupila.
ser la niña de sus ojos Ser la persona preferida o más querida de alguien.

niñería

nombre femenino

1 Acción que hace una persona mayor que se considera más normal que la hagan los niños.

niñero, niñera

nombre

1 Persona que se dedica a cuidar niños.

niñez

nombre femenino

1 Periodo de la vida de las personas que va desde el nacimiento hasta el principio de la adolescencia. ✖ infancia.

niño, niña

nombre

1 Persona que tiene pocos años. Se considera niño a una persona hasta que cumple 13 o 14 años.
2 Hijo, especialmente el que tiene pocos años: *¿Cuántos niños tienen?*

niqui

nombre masculino

1 Prenda de vestir parecida a una camiseta, de manga corta, con cuello y, a veces, con botones hasta el pecho. ✖ polo.

níspero

nombre masculino

1 Fruta pequeña y ovalada de color naranja que tiene una semilla muy grande en su interior. Nace de un árbol que también se llama níspero.

nivel

nombre masculino

1 Altura o grado en que está situada o al que llega una cosa o una persona, como el nivel del agua de un embalse o el nivel cultural de una persona.
2 Aparato o instrumento que sirve para comprobar si una línea o un plano está completamente horizontal o vertical. Los albañiles utilizan niveles para levantar las paredes completamente rectas. ✎ 393
nivel de vida Manera de vivir de una persona o de un grupo de personas según el dinero y las comodidades que se tienen.

no

adverbio

1 Indica la negación de una oración. Se utiliza, por ejemplo, para contestar a una pregunta de forma negativa: *No sabe nadar.*
¿no? Se utiliza al final de algo que se dice para saber si nuestro oyente está de acuerdo con lo que decimos: *El martes es fiesta ¿no?*
a que no Se utiliza para proponer a nuestro oyente una pequeña competición o un desafío, pensando que la otra persona no será capaz de hacer lo que decimos: *¿A que no sabes quién escribió 'La isla del tesoro'? ¿A que no te atreves a repetirlo?*

noble

adjetivo y nombre masculino y femenino

1 Se dice de la persona que pertenece a la nobleza, como los duques y marqueses. ✖ aristócrata.

adjetivo

2 Se dice de la persona que es muy buena, sincera e incapaz de hacer daño a nadie. También son nobles los animales que son muy fieles, como algunos perros.

nobleza

nombre femenino

1 Clase social formada por personas que tienen o heredan un título, como barón, marqués, conde o duque. ✖ aristocracia.
2 Característica de las personas que son muy buenas, muy fieles e incapaces de hacer mal a nadie. La nobleza es uno de los rasgos que más se valoran en un amigo.

noche

nombre femenino

1 Parte del día que va desde que el Sol se pone hasta que sale, en que está oscuro y no hay luz del Sol.
2 Conjunto de horas que dedicamos a dormir. Si pasamos mala noche es que nos encontramos mal y no podemos dormir.
buenas noches Saludo que se usa por la noche o al ir a dormir.
pasar la noche en blanco Pasar la noche sin dormir.

ser como la noche y el día Ser completamente distintas dos cosas o dos personas.

nochebuena

nombre femenino **1** Día y noche del 24 de diciembre, en que se celebra el nacimiento de Jesucristo. En Nochebuena las familias se reúnen en una casa para cenar todos juntos. 👁 Se suele escribir con mayúscula.

nochevieja

nombre femenino **1** Día y noche del 31 de diciembre, en que se celebra el final del año. En Nochevieja la gente toma doce uvas cuando suenan las doce campanadas de final de año. 👁 Se suele escribir con mayúscula.

noción

nombre femenino **1** Conocimiento básico o elemental que una persona tiene de una materia: *De informática sé poco, sólo tengo nociones.*

nocivo, nociva

adjetivo **1** Que causa daño o es peligroso. El alcohol y el tabaco son nocivos para la salud; los pulgones son nocivos para las plantas. ✖ perjudicial. ✖ beneficioso; bueno.

nocturno, nocturna

adjetivo **1** Que sucede o se hace durante la noche.
2 Se dice de la persona, animal o planta que realiza su actividad durante la noche. La lechuza es un ave nocturna que caza durante la noche; las flores nocturnas se abren de noche y permanecen cerradas durante el día.

nogal

nombre masculino **1** Árbol de tronco alto y fuerte, corteza lisa, copa grande, hojas caducas y flores blancas; su fruto es la nuez.

nómada

adjetivo y nombre masculino y femenino **1** Se dice de la persona o el grupo de personas que no tiene un lugar fijo para vivir, sino que va cambiando cada cierto tiempo. Los apaches eran una tribu nómada.

nombrar

verbo **1** Decir el nombre de una persona o cosa: *A Juan ni me lo nombres, no quiero oír nada de él.* ✖ mencionar.

2 Elegir a una persona para un cargo: *La han nombrado directora.*

nombre

nombre masculino **1** Clase de palabra que sirve para llamar a todas las cosas, concretas o abstractas. Los nombres sirven para clasificar y diferenciar entre sí diferentes tipos de cosas; 'flor', 'amor', 'hombre' o 'gobierno' son nombres. ✖ sustantivo.
2 Palabra con la que los hombres llaman y distinguen entre sí a las personas, los animales y algunas cosas. 'María' es un nombre de mujer.

nómina

nombre femenino **1** Sueldo fijo mensual que cobra una persona que trabaja en una empresa o administración.

nominal

adjetivo **1** Del nombre o que tiene relación con él. El núcleo del grupo nominal es un nombre.

non

adjetivo y nombre masculino **1** Se dice del número que no se puede dividir exactamente por dos, como el uno, el tres, el siete o el nueve: *¿Pares o nones?* ✖ impar. ✖ par.

nordeste

nombre masculino **1** Punto del horizonte o lugar situado entre el norte y el este. La abreviatura de nordeste es 'NE'; Cataluña está situada en el nordeste de España. ✖ noreste.

noreste

nombre masculino **1** Nordeste.

noria

nombre femenino **1** Atracción de feria que consiste en una rueda grande en posición vertical con asientos que va dando vueltas.
2 Rueda grande con cubos que se usa para sacar agua de los ríos o los estanques; al girar la rueda los cubos se llenan de agua.

norma

nombre femenino **1** Regla que se debe seguir para hacer algo bien. Las normas de tráfico indican lo que se debe hacer para conducir bien.

normal

adjetivo **1** Que no se sale de lo que es habitual. En agosto es normal que haga calor en casi toda España.

N

n

N
n

TIPOS DE NOMBRE

Hay diferentes tipos de nombres

Nombres propios	Designan a un ser concreto y determinado distinguiéndolo de otros, como nombres de personas, ciudades, países, empresas o marcas. Se escriben siempre con mayúscula inicial: *Segovia, Álvaro, Vox*.
Nombres comunes	Se refieren a cualquier ser de la misma clase, no a uno particular. *Hombre* designa a cualquier ser humano, *perro* a todos los perros y no a uno concreto En el diccionario sólo hay nombres comunes.
Nombres contables	Se pueden distinguir distintos seres de la misma clase, por lo que podemos contarlos, utilizarlos con números y ponerlos en plural: *persona, objeto, favor, deseo*.
Nombres no contables	No se distingue entre seres de la misma clase, por lo que no se pueden contar, utilizarlos con números ni ponerlos en plural: *trigo, agua, humanidad, conocimiento*.
Nombres concretos	Designan cosas materiales, que tienen cuerpo, como los objetos, las personas y los animales: *tigre, botella, pan*.
Nombres abstractos	Designan cosas inmateriales, que no tienen cuerpo, pero que nos representamos en la mente. Expresan acciones, sentimientos, ideas o cualidades: *comprensión, inteligencia, justicia, derecho*.
Nombres individuales	En singular, designan un solo elemento: *diccionario, clase, camisa*.
Nombres colectivos	En singular, designan un conjunto de elementos: *asociación* (conjunto de personas), *rebaño* (conjunto de animales de granja), *cabello* (conjunto de pelos), *archipiélago* (conjunto de islas).

normalidad

nombre femenino **1** Cualidad de aquello que no se desvía de lo normal o habitual; después de las vacaciones se vuelve a la normalidad: colegio, deberes, etcétera.

normativo, normativa

adjetivo **1** Que sirve de norma o establece normas. Las leyes son textos normativos.

noroeste

nombre masculino **1** Punto del horizonte o lugar situado entre el norte y el oeste. La abreviatura de noroeste es 'NO'; Galicia se encuentra en el noroeste de España.

norte

nombre masculino **1** Punto del horizonte o lugar situado frente a una persona a cuya derecha se encuentra la salida del Sol. La abreviatura de norte es 'N'. Asturias se encuentra en el norte de España. ✗✗ sur.

norteamericano, norteamericana

adjetivo y nombre **1** Se dice de la persona o cosa que es de América del Norte. Los canadienses, estadounidenses y mexicanos son norteamericanos. A veces se utiliza para referirse sólo a los estadounidenses.

noruego, noruega

adjetivo y nombre **1** Se dice de la persona o cosa que es de Noruega, país del norte de Europa.

nombre masculino **2** Lengua hablada en Noruega. Es una lengua germánica, como el inglés, el alemán y el sueco.

nos

pronombre personal **1** Pronombre personal de primera persona del plural que en la oración hace función de complemento directo o indirecto. Hace referencia a un grupo de personas entre las que se encuentra la persona que habla: *No nos lo dijo*.

2 Se usa en la primera persona de

plural en la conjugación de los verbos reflexivos y recíprocos: *Nos escribimos varias veces al año.*

nosotros, nosotras

pronombre personal **1** Pronombre personal de primera persona del plural. Se refiere a un grupo de personas entre las que se encuentra la persona que habla. En la oración, hace función de sujeto; también se usa detrás de una preposición: *Nosotros todavía no hemos terminado. A nosotras no nos han dicho nada.*

nostalgia

nombre femenino **1** Sentimiento de pena o tristeza que se tiene al estar lejos de las personas o los lugares queridos o al recordar algo perdido. ✕✕ morriña.

nota

nombre femenino **1** Texto corto que se escribe, normalmente en un trozo pequeño de papel, para comunicar o recordar algo. Algunos profesores usan unas notas para recordar lo que tienen que explicar.
2 Información breve que se añade a otro escrito, como las notas a pie de página.
3 Calificación que se obtiene en un examen o un curso. En muchas pruebas el diez es la nota máxima.
4 Papel en el que se detalla lo que se ha comprado o consumido y lo que hay que pagar. Después de cenar, el camarero trae la nota.
5 Cada uno de los sonidos de una composición musical, así como el signo que los representa. 'Do', 're' y 'mi' son notas musicales.
dar la nota Hacer o decir algo que llama mucho la atención: *Con su vestido naranja, dio la nota.*

notable

nombre masculino **1** Calificación o nota obtenida en un examen que es inferior a la de sobresaliente y superior a la de aprobado.
adjetivo **2** Se dice de la persona o la cosa que destaca porque sus cualidades son muy buenas, aunque no lleguen a excepcionales o extraordinarias: *Es un escritor notable.*
3 Se dice de la cosa que destaca porque es bastante grande o considerable. Cuando hay bastante diferencia entre dos cosas se dice que hay una diferencia notable.

notar

verbo **1** Sentir o darse cuenta de algo. Podemos notar un dolor o un pinchazo en una parte del cuerpo, notamos si los demás tienen algún problema o notamos cuándo ha habido un cambio en un lugar.
2 notarse Verse algo o ser una cosa visible o evidente: *Se nota que lleva el pelo teñido.*

notario, notaria

nombre **1** Persona que tiene autoridad para garantizar que un documento u otra cosa es legal; muchos concursos se hacen ante notario para que la gente sepa que no hay trampa.

noticia

nombre femenino **1** Hecho reciente que se comunica a quien lo desconoce: *Traigo noticias de tus primos.*
nombre femenino **2** Información sobre hechos recientes y actuales que da un medio de comunicación, como la radio o la televisión. ✎ 397

novatada

nombre femenino **1** Broma que gastan las personas que llevan mucho tiempo en un lugar o un trabajo a las personas que acaban de llegar o empezar.
2 Error o equivocación que se comete por la falta de experiencia. Cuando se empieza a trabajar en un sitio, se suele pagar la novatada y cometer algunos errores.

novato, novata

adjetivo y nombre **1** Se dice de la persona que es muy inexperta en una actividad, generalmente porque hace poco tiempo que la realiza. Los conductores novatos no pueden circular a más de 80 km por hora.

novecientos, novecientas

numeral cardinal **1** Indica que el nombre al que acompaña está 900 veces.
nombre masculino **2** Nombre del número 900.

novedad

nombre femenino **1** Característica de la cosa que se ha hecho o ha aparecido hace

N n

poco. Algunos productos se venden bien por su novedad, pero luego dejan de venderse.
2 Cosa o asunto que existe o se conoce desde hace poco. En las librerías suele haber un espacio para las novedades; si no hay novedades en un lugar, no hay cambios.

novela
nombre femenino
1 Obra literaria escrita en prosa que cuenta una historia real o imaginaria. Las novelas son más largas que los cuentos; 'El Quijote' es una novela.

novelista
nombre masculino y femenino
1 Persona que escribe novelas: *Camilo José Cela, Gabriel García Márquez y Carmen Martín Gaite son novelistas muy conocidos.*

noveno, novena
numeral ordinal
1 Que ocupa el lugar número 9 en una serie ordenada: *Ha llegado el noveno en la carrera.*
adjetivo y nombre
2 Se dice de cada una de las nueve partes iguales en que se divide un conjunto. Si en una fiesta de cumpleaños hay nueve niños, a cada uno le corresponde una novena parte del pastel.

noventa
numeral cardinal
1 Indica que el nombre al que acompaña está 90 veces.
nombre masculino
2 Nombre del número 90.

noviazgo
nombre masculino
1 Relación entre dos personas que se van a casar y tiempo que dura esta relación hasta el matrimonio.

noviembre
nombre masculino
1 Undécimo mes del año. Noviembre tiene 30 días.

novillo, novilla
nombre
1 Cría de la vaca, de dos o tres años.
hacer novillos Faltar un alumno a clase porque no quiere ir.

novio, novia
nombre
1 Persona que mantiene una relación amorosa con otra con la intención de casarse. ✍ 200
nombre masculino
2 Durante toda la ceremonia de la boda, persona que se casa: *Estos son los novios entrando en la iglesia, y aquí están los novios recién casados.*

nubarrón
nombre masculino
1 Nube grande y oscura. Cuando va a haber tormenta se ven nubarrones en el cielo.
👁 El plural es: nubarrones.

nube
nombre femenino
1 Masa de color blanco o grisácea que flota en el cielo y que está formada por pequeñas gotas de agua. ✍ 597
2 Agrupación de partículas en el aire, como una nube de polvo, de humo o de ceniza. También conjunto de muchos animales que vuelan juntos, como una nube de mosquitos.
estar por las nubes Tener una cosa un precio muy alto.
poner por las nubes Decir cosas positivas sobre algo o de alguien de quien se tiene muy buena opinión: *Le pregunté qué tal lo habías hecho y te puso por las nubes.*

nublarse
verbo
1 Cubrirse el cielo de nubes. ⋙ despejarse.

nuboso, nubosa
adjetivo
1 Con muchas nubes.

nuca
nombre femenino
1 Parte posterior del cuello de una persona. La nuca es la parte donde se une la columna vertebral con la cabeza.

nuclear
adjetivo
1 Que utiliza o funciona con la energía del núcleo de los átomos. Las centrales nucleares transforman la energía nuclear en eléctrica.

núcleo
nombre masculino
1 Parte central o más importante de una cosa concreta o abstracta. El núcleo de un asunto es la cuestión principal; el núcleo de la Tierra tiene una temperatura muy elevada.

nudillo
nombre masculino
1 Cada una de las partes que sobresalen en los dedos cuando los doblamos. Para llamar a una puerta que no tiene timbre usamos los nudillos.

N n

nudo

nombre masculino

1 Lazo apretado que se hace con hilo, cuerda o cable y que sirve para atar, sujetar o sostener algo. Al atarnos los zapatos hacemos un nudo.

2 Parte abultada del tronco de un árbol o del tallo de una planta, de donde salen las ramas y las hojas.

3 Unidad de velocidad que se usa en navegación. Un nudo equivale a una milla por hora.

un nudo en la garganta Hecho de no poder tragar saliva o hablar debido a una emoción fuerte: *De la emoción de verlo, se le hizo un nudo en la garganta.*

nuera

nombre femenino

1 Esposa del hijo de una persona: *He pasado el día con mi hijo y su esposa.*

nuestro, nuestra

determinante posesivo

1 Indica que el objeto o persona a que acompaña pertenece a un grupo de personas entre las que se encuentra la propia persona que habla. 'Nuestro', 'nuestra', 'nuestros' y 'nuestras' son determinantes posesivos de primera persona del plural y pueden ir delante o detrás del nombre: *Nuestro equipo fue el campeón de baloncesto el año pasado. Aquellos chicos son amigos nuestros.*

pronombre posesivo

2 Se refiere a un objeto o persona que ya hemos nombrado e indica que pertenece a un grupo de personas entre las que se encuentra la propia persona que habla: *Estas llaves son las nuestras.*

nueve

numeral cardinal

1 Indica que el nombre al que acompaña está 9 veces.

numeral ordinal

2 Que ocupa el lugar número 9 en una serie ordenada: *Ahora le toca al nueve de la lista.*

nombre masculino

3 Nombre del número 9. En números romanos, el nueve se representa por IX.

nuevo, nueva

adjetivo

1 Que ha aparecido, se ha hecho, se ha comprado o se ha conocido hace muy poco tiempo o por primera vez: *Es mi nuevo amigo. Tiene un abrigo nuevo. Conozco un juego nuevo.* ✗✗ viejo.

2 Que está sin usar o lo parece, porque no está estropeado ni gastado: *La bici tiene tres años, pero está nueva.* ✗✗ viejo.

adjetivo y nombre

4 Se dice de la persona que ha llegado hace muy poco tiempo a un lugar o a un trabajo: *Ésa es la nueva. Hay un nuevo delantero.*

de nuevo Otra vez. Si nos piden que repitamos algo, tenemos que decirlo o hacerlo de nuevo.

nuez

nombre femenino

1 Fruto del nogal; cuando está maduro es un fruto seco de cáscara dura y rugosa, formado por dos mitades y una semilla también rugosa en su interior. La semilla es comestible y también se llama nuez.

2 Bulto pequeño que una persona tiene en la parte de delante del cuello. La nuez se mueve arriba y abajo cuando tragamos saliva.

nuez moscada Especia de sabor fuerte que se usa para dar sabor a algunos platos y salsas, como la bechamel.

👁 El plural es: nueces.

nulo, nula

adjetivo

1 Que no tiene valor o que no tiene validez. Un documento que no lleve la firma del interesado es nulo. Un gol puede ser nulo si hay fuera de juego. ✗✗ válido.

numeración

nombre femenino

1 Sistema de signos que se usa para expresar o representar los números y las cantidades. La numeración arábiga usa los signos introducidos por los árabes en Europa: 0, 1, 2, 3, 4, 5, 6, 7, 8, 9. La numeración romana usa letras del alfabeto latino: I, V, X, L, C, D, M.

numerador

nombre masculino

1 En matemáticas, número de una fracción que expresa el número de partes que se cogen de la cantidad que indica el denominador. El numerador de 2/6 es 2.

N / n

NUMERALES

Número	Cardinal	Ordinal	Observación
1	uno	primero	Los numerales pueden funcionar como determinante
2	dos	segundo	y como pronombre:
3	tres	tercero	*Hay doce personas.*
4	cuatro	cuarto	*Éramos doce para comer.*
5	cinco	quinto	Los cardinales se usan también como ordinales, pero
6	seis	sexto	es preferible utilizar el ordinal:
7	siete	séptimo	*Soy el doce de la lista.*
8	ocho	octavo	*Soy el duodécimo de la lista.*
9	nueve	noveno	Además, los numerales cardinales también son
10	diez	décimo	nombres masculinos, porque son el nombre del número
11	once	undécimo	que representan: *El doce.*
12	doce	duodécimo	
13	trece	décimo tercero	**doce**
14	catorce	décimo cuarto	numeral cardinal — Indica que el nombre al que acompaña está 12 veces.
15	quince	décimo quinto	
16	dieciséis	décimo sexto	numeral ordinal — Que ocupa el lugar número 12 en una serie ordenada.
17	diecisiete	décimo séptimo	
18	dieciocho	décimo octavo	nombre masculino — Nombre del número 12.
19	diecinueve	décimo noveno	
20	veinte	vigésimo	

numeral

adjetivo y nombre masculino **1** Se dice de lo que expresa o representa la idea de número. *Cien, segundo y octavo son numerales.*

numerar

verbo **1** Marcar con un número cada elemento de un conjunto. *Para tener los apuntes bien ordenados es conveniente numerar las páginas.*

numérico, numérica

adjetivo **1** Que tiene relación con los números. *Cuando en fútbol expulsan a un jugador, se dice que el equipo contrario juega con superioridad numérica.*

número

nombre masculino **1** Signo que representa una cantidad, como 1, 16 o 244. ✗ cifra.

2 Cantidad indeterminada de personas, animales o cosas: *Sorprendió el gran número de participantes en la carrera*

3 Tamaño de algunas cosas ordenadas en serie, como los zapatos: *¿Qué número calza?*

4 Revista o periódico que aparece en una fecha determinada y que forma parte de una serie: *Los dos primeros números se venden al precio de uno.* ✗ ejemplar.

5 Parte de un espectáculo o de una función. Uno de los números más representativos del circo es el número de los payasos.

6 En gramática, posibilidad que tiene una palabra de referirse a una cosa o a más de una cosa. *El número puede ser singular o plural: 'niño' es de número singular y 'niños' es de número plural.*

7 Billete de lotería o de otro juego de azar: *Este año aún no he comprado ningún número para la lotería de Navidad.*

numeroso, numerosa

adjetivo **1** Que incluye gran cantidad de personas, animales o cosas. *Una clase es muy numerosa si hay muchos alumnos.*

nunca

adverbio **1** Indica que una acción o situación no se ha producido antes en ningún momento: *Nunca lo había pasado tan bien.* ✗ jamás.

2 Se utiliza para indicar que algo no debe ocurrir o hacerse: *Nunca te rías de la gente. Nunca le cuentes mis secretos a nadie, por favor.*

nutria

nombre femenino **1** Animal mamífero de cuerpo alargado y flexible, de color marrón oscuro, con las patas cortas y la cola larga. Vive en pequeños grupos en las orillas de los ríos y se alimenta de peces.

nutrición

nombre femenino **1** Acción de nutrir. Los padres se encargan de la nutrición adecuada de sus hijos. ※※ alimentación.

nutrir

verbo **1** Dar al organismo las sustancias y alimento que necesita para su funcionamiento. La leche materna nutre a los bebés; la tierra nutre a las plantas. ※※ alimentar.

nutritivo, nutritiva

adjetivo **1** Que da al organismo las sustancias y alimento que necesita para su funcionamiento. La carne y la verdura son muy nutritivos.

N
—
n

Ñ ñ

ñ

nombre femenino

1 Decimoquinta letra del alfabeto español. La 'ñ' es una consonante.

ñandú

nombre masculino

1 Ave americana parecida al avestruz, pero más pequeña, con el cuello largo, plumaje gris, las patas largas y dos dedos en cada pie. Corre mucho, pero no puede volar.

ñoñería

nombre femenino

1 Característica de una persona o cosa noña: *No me vengas con ñoñerías y cómete eso.*

ñoño, ñoña

adjetivo y nombre

1 Se dice de la persona o cosa que es cursi, sosa o excesivamente delicada. Las novelas de amor resultan ñoñas para algunas personas.

ñu

nombre masculino

1 Animal mamífero con el cuerpo parecido al de los caballos, la cabeza grande con cuernos curvos y una especie de barba; tiene la cola muy larga y se alimenta de vegetales. Los ñúes viven en manadas en las grandes llanuras de África.
👁 El plural es: ñúes.

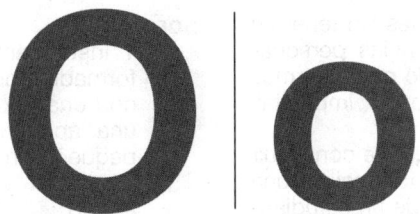

o

nombre femenino **1** Letra número dieciséis del alfabeto español. La 'o' es una vocal. También es el nombre de esta letra. El plural es: oes.

conjunción **2** Indica que dos elementos pueden aparecer o hacerse al mismo tiempo y que hay que elegir uno; también que son excluyentes y que sólo puede existir o aparecer uno de ellos: *¿Qué quieres: fruta o flan?*

o sea Introduce una explicación o una identidad: *He quedado con el hijo de mi tío, o sea, mi primo.*

oasis

nombre masculino **1** Lugar con plantas y agua en medio del desierto.

👁 El plural es: oasis.

obedecer

verbo **1** Hacer lo que dice u ordena una persona o una cosa. Para prevenir accidentes hay que obedecer las señales de tráfico. ✖ desobedecer.

2 Tener una cosa su origen en otra que se señala a continuación: *Tu dolor de cabeza obedece a la falta de sueño.*

👁 Se conjuga como: agradecer; la 'c' se convierte en 'zc' delante de 'a' y 'o', como: obedezca u obedezco.

obediencia

nombre femenino **1** Acción de obedecer lo que dice o lo que manda alguien. ✖ desobediencia.

obediente

adjetivo **1** Que hace todo lo que le piden o le ordenan. Los perros amaestrados son muy obedientes. ✖ desobediente.

obelisco

nombre masculino **1** Monumento con forma de columna alta acabada en punta.

obesidad

nombre femenino **1** Exceso de carne o de grasa que tiene una persona y que la hace estar mucho más gorda de lo que debería estar. Hay tratamientos médicos para curar la obesidad.

obeso, obesa

adjetivo y nombre **1** Se dice de la persona que tiene obesidad. ✖ delgado.

obispo

nombre masculino **1** Sacerdote que ocupa un alto cargo en la Iglesia y es el máximo responsable de una zona amplia. El cargo de obispo es inferior al de cardenal.

objeción

nombre femenino **1** Razón que se da para rechazar una idea o una acción determinada. Cuando se decide algo en una reunión, se hace a no ser que alguien tenga alguna objeción.

objeción de conciencia Razón moral o política que impide a una persona hacer el servicio militar.

👁 El plural es: objeciones.

objetar

verbo **1** Ponerse en contra o rechazar una propuesta, una orden o una afirmación: *No tengo nada que objetar, estoy de acuerdo con todo.* ✖ aceptar.

2 Negarse a cumplir el servicio militar porque las ideas que se tienen lo impiden. Cuando alguien decide objetar debe hacer una prestación social para sustituir el periodo militar.

objetivo, objetiva

adjetivo **1** Se dice de la persona que actúa

O
o

o toma las decisiones sin tener en cuenta sus preferencias personales, sino haciendo lo que cree más justo en cada caso. ✂ imparcial. ✂ subjetivo.

nombre masculino **2** Aquello que se quiere conseguir con una actividad o al realizar una acción. El objetivo de un estudiante es aprender y aprobar. ✂ finalidad.

3 Lente o sistema de lentes de una cámara fotográfica o de otros aparatos ópticos que sirve para ver las imágenes ampliadas o reducidas.

objeto
nombre masculino **1** Cosa material hecha por el hombre, generalmente de pequeño tamaño y manejable. Un cepillo, un jarrón o unas herramientas son objetos.
2 Cosa o persona a la cual se dirige la acción, el pensamiento o los sentimientos de alguien. Decimos que una persona es objeto de críticas cuando las recibe.
objeto directo Complemento directo de una oración.
objeto indirecto Complemento indirecto de una oración.

objetor
adjetivo y nombre masculino **1** Se dice del joven que se niega a realizar el servicio militar obligatorio y alega razones religiosas o de conciencia.

obligación
nombre femenino **1** Aquello que se debe hacer necesariamente, aunque no guste. Todos tenemos derechos y obligaciones.
👁 El plural es: obligaciones.

obligar
verbo **1** Utilizar el poder, la autoridad o la fuerza para que alguien haga algo necesariamente.
2 obligarse Forzarse una persona a hacer algo que no le gusta, pero es bueno o necesario: *Me obligo a comer verdura.* ✂ forzarse.
👁 Se escribe 'gu' delante de 'e', como: obliguen.

obligatorio, obligatoria
adjetivo **1** Que se tiene que hacer o cumplir necesariamente. Es obligatorio parar ante un semáforo en rojo.

oboe
nombre masculino **1** Instrumento musical de viento formado por un tubo de madera con una boquilla en un extremo y una abertura en forma de cono pequeño en el otro. El oboe tiene 14 llaves y produce un sonido agudo. ✍➤536

obra
nombre femenino **1** Cosa duradera hecha por una persona y que es el resultado de una actividad, en especial artística. Un cuadro, una escultura o una película son obras de arte.
2 Trabajo de construcción o reparación de un edificio, vivienda, calle, camino, carretera u otra cosa.

obrar
verbo **1** Actuar o comportarse de una manera determinada. ✂ portarse.

obrero, obrera
nombre **1** Persona que trabaja en una industria o en una obra, principalmente realizando trabajos manuales o que requieren esfuerzo físico.
adjetivo **2** Que está relacionado con los trabajadores, en especial con quienes realizan trabajos industriales físicos o manuales.

obsequiar
verbo **1** Hacerle a alguien un regalo u ofrecerle muestras de cariño o aprecio. ✂ regalar.
👁 Se conjuga como: cambiar; la 'i' no lleva nunca acento de intensidad.

obsequio
nombre masculino **1** Cosa que se da o se ofrece a alguien como muestra de agradecimiento o afecto, como un ramo de flores o una fiesta de bienvenida. ✂ regalo.

obsequio

observación

nombre femenino **1** Acción que consiste en observar o mirar detenidamente algo.
👁 El plural es: observaciones.

observador, observadora

adjetivo y nombre **1** Se dice de la persona que mira las cosas con mucha atención y detenimiento.

observar

verbo **1** Mirar a una persona o una cosa con mucha atención.
2 Llegar a conocer bien o darse cuenta una persona de algo que ocurre o que está en su presencia después de haberlo examinado: *He observado un cambio en tu conducta, ¿te pasa algo?*

observatorio

nombre masculino **1** Lugar que tiene los aparatos necesarios para observar los astros, el cielo, el clima o los terremotos, como un observatorio meteorológico o un observatorio astronómico.

obsesión

nombre femenino **1** Idea o pensamiento fijos que una persona tiene en la mente y que no puede apartar de ella.

obstáculo

nombre masculino **1** Aquello que impide el paso o hace que algo resulte más difícil.
2 En algunas pruebas de atletismo, barrera que hay que saltar mientras se va corriendo.

obstante

conjunción **1 no obstante** Indica que lo que se dice a continuación es contradictorio con respecto a lo que se ha dicho antes, aunque no lo impide: *No le gustaban las películas de terror; no obstante, sus amigos lo convencieron para que fuera con ellos.* ✖ sin embargo.

obstinado, obstinada

adjetivo **1** Se dice de la persona que mantiene una idea, una actitud o la intención de hacer una cosa con firmeza, generalmente habiendo razones en contra.

obstinarse

verbo **1** Mantener una persona una idea, una actitud o la intención de hacer una cosa con firmeza, aunque haya razones en contra.

obtención

nombre femenino **1** Acción que consiste en llegar a tener o conseguir una cosa. La obtención de una medalla olímpica es algo a lo que aspiran muchos deportistas.
👁 El plural es: obtenciones.

obtener

verbo **1** Llegar a tener algo esforzándose para ello. ✖ conseguir.
2 Sacar un material o un producto a partir de otro. El papel se obtiene de los troncos de los árboles.
👁 Se conjuga como: tener.

obús

nombre masculino **1** Arma de fuego que dispara proyectiles de gran calibre a grandes distancias.
2 Proyectil disparado por una pieza de artillería, como un obús o un cañón.
👁 El plural es: obuses.

obvio, obvia

adjetivo **1** Que está muy claro o es una verdad que no ofrece ninguna duda.

oca

nombre femenino **1** Ave doméstica parecida al pato pero de mayor tamaño; tiene el pico anaranjado, casi negro en la punta, y las patas rojizas. Es apreciada por su carne y su hígado, con el que se fabrica foie-gras. ✖ ganso.
2 Juego de mesa que consiste en mover una ficha por un tablero con el objetivo de llegar al final del recorrido antes que los demás.

ocasión

nombre femenino **1** Momento o periodo de tiempo determinado en el que ocurre una cosa. En algunas ocasiones, como cuando hay que hablar en público, la gente se pone muy nerviosa.
2 Momento bueno o apropiado para hacer o conseguir algo.
👁 El plural es: ocasiones.

ocasionar

verbo **1** Ser una persona o una cosa la causa de que se haga u ocurra algo: *Las heladas ocasionaron pérdidas en el campo.* ✖ originar.

ocaso

nombre masculino **1** Momento del día en que se pone el Sol por el horizonte. ✖ amanecer.
2 Final o decadencia de una cosa.

O
o

occidente
nombre masculino **1** Punto del horizonte o lugar por donde se oculta el Sol. *Galicia está en el occidente de España.* ✖ poniente; oeste. ✖ este; oriente; levante.
2 Conjunto de países de la parte oeste de Europa y de América del Norte, que tienen un régimen político democrático y una forma de vida parecida. Con este significado se escribe con mayúscula. ✖ oriente.

oceánico, oceánica
adjetivo **1** Del océano o que tiene relación con él, como la fauna o la flora oceánicas.

océano
nombre masculino **1** Masa de agua salada que cubre casi las tres cuartas partes de la Tierra.
2 Cada una de las cinco partes en que se considera dividida esa masa de agua. *Los océanos son: Atlántico, Pacífico, Índico, Ártico y Antártico.*

ochenta
numeral cardinal **1** Indica que el nombre al que acompaña está 80 veces: *Su abuela tiene ochenta años.*
numeral ordinal **2** Que ocupa el lugar número 80 en una serie ordenada: *Llegó a la meta el ochenta.*
nombre masculino **3** Nombre del número 80.

ocho
numeral cardinal **1** Indica que el nombre al que acompaña está 8 veces.
numeral ordinal **2** Que ocupa el lugar número 8 en una serie ordenada: *Te toca salir el ocho, después del siete.*
nombre masculino **3** Nombre del número 8.

ochocientos, ochocientas
numeral cardinal **1** Indica que el nombre al que acompaña está 800 veces.
numeral ordinal **2** Que ocupa el lugar número 800 en una serie ordenada.
nombre masculino **3** Nombre del número 800.

ocio
nombre masculino **1** Tiempo libre que tiene una persona en los momentos en que no tiene que trabajar o estudiar.

ocioso, ociosa
adjetivo **1** Se dice de la persona que está sin hacer nada porque no tiene obligaciones o porque está descansando.

ocre
nombre masculino **1** Mineral de color amarillo oscuro que se utiliza para fabricar pinturas.
nombre masculino y adjetivo **2** Color amarillo oscuro, como el del mineral que también se llama ocre.

octavo, octava
numeral ordinal **1** Que ocupa el lugar número ocho en una serie ordenada.
adjetivo y nombre masculino **2** Se dice de cada una de las ocho partes iguales en que se divide un conjunto. *Cien es la octava parte de ochocientos.*

octógono
nombre masculino **1** Figura geométrica que tiene ocho lados y ocho ángulos.

octubre
nombre masculino **1** Décimo mes del año. *Octubre tiene 31 días. En octubre empiezan a caer las hojas de los árboles.*

ocular
adjetivo **1** Del ojo o que tiene relación con él. *Si tenemos una infección ocular, tenemos que ir al oculista para que nos cure.*

oculista
nombre masculino y femenino **1** Médico especialista en las enfermedades relacionadas con los ojos y en problemas de visión. *Si necesitamos gafas, el oculista nos indica el tipo de cristales y la graduación que necesitamos.*

ocultar
verbo **1** No dejar que algo se vea, se note o se encuentre.
2 No decir algo que se sabe y que debe decirse: *El periodista ocultó la información y no la publicó.*

oculto, oculta
adjetivo **1** Que no se puede o no se deja ver, encontrar o conocer.

ocupación
nombre femenino **1** Trabajo que tiene una persona para ganar dinero. *Las personas que están en paro no tienen ocupación.* ✖ empleo.

2 Cada uno de los trabajos que tiene que hacer una persona. Dar clases y atender a los alumnos son las ocupaciones de un profesor. ✕✕ tarea.

3 Acción que consiste en ocupar un lugar para invadirlo, quedarse en él o protestar: *La ocupación de Polonia supuso el comienzo de la segunda guerra mundial. Los trabajadores votaron a favor de la ocupación de la fábrica.*

👁 El plural es: ocupaciones.

ocupante
adjetivo y nombre masculino y femenino

1 Se dice de la persona que ocupa un espacio en una casa, un vehículo o cualquier otro lugar.

ocupar
verbo

1 Llenar un espacio o estar en un lugar: *Tus libros ocupan mucho sitio en la estantería.*

2 Entrar en un sitio o invadir un lugar e instalarse en él durante cierto tiempo: *Los estudiantes ocuparon el despacho del rector para protestar por las tasas.*

3 Estar instalado en un lugar determinado para vivir o para trabajar: *No sé quién ocupa el despacho del fondo.*

4 Tener un puesto de trabajo o un cargo determinado: *Ocupa el puesto de director del colegio desde hace mucho tiempo.*

5 Llenar o emplear el tiempo haciendo una actividad: *Ocupa varias horas al día estudiando y luego saca muy buenas notas.*

6 ocuparse Encargarse de realizar una actividad o de cuidar y ayudar a una persona. Los padres se ocupan de educar a sus hijos.

ocurrencia
nombre femenino

1 Idea o cosa que a una persona se le ocurre de repente y que suele ser original o graciosa.

ocurrente
adjetivo

1 Se dice de la persona que tiene ideas graciosas e inesperadas. Las personas ocurrentes siempre tienen una respuesta para todo.

ocurrir
verbo

1 Pasar o producirse un hecho: *¿Qué te ha ocurrido que llegas tan tarde?* ✕✕ suceder.

2 ocurrirse Venir de repente una idea o un plan a la mente.

oda
nombre femenino

1 Poema largo que se escribe para alabar a la persona amada o a un personaje o un hecho importante.

odiar
verbo

1 Experimentar un sentimiento de rechazo o desagrado hacia algo o alguien que no nos gusta nada. ✕✕ amar.

👁 Se conjuga como: cambiar; la 'i' no lleva nunca acento de intensidad.

odio
nombre masculino

1 Sentimiento de fuerte antipatía o rechazo hacia una persona o cosa. ✕✕ amor.

odioso, odiosa
adjetivo

1 Que provoca odio o resulta muy desagradable. Una persona resulta odiosa cuando es muy antipática y desagradable; las cosas que nos fastidian nos parecen odiosas.

odisea
nombre femenino

1 Serie de dificultades que pasa una persona hasta conseguir algo.

odontólogo, odontóloga
nombre

1 Médico especialista en las enfermedades de los dientes y en su curación. Los odontólogos extraen muelas, curan caries y hacen empastes. ✕✕ dentista.

oeste
nombre masculino

1 Punto del horizonte o lugar por donde se pone el Sol. La abreviatura de oeste es 'O'; Portugal se encuentra al oeste de la península ibérica. ✕✕ occidente; poniente. ✕✕ este; oriente; levante.

ofender
verbo

1 Hacer daño o herir a una persona o sus sentimientos, especialmente cuando se dice algo malo o falso sobre ella, se le falta al respeto o se le trata con desprecio.

O

o

ofensa

nombre femenino **1** Daño o molestia que sufre una persona cuando se dice algo malo o falso sobre ella, se le falta al respeto o se la trata con desprecio.

ofensiva

nombre femenino **1** Acción que consiste en atacar o en llevar a cabo una acción de ataque. Un ejército lanza una ofensiva contra su enemigo para intentar conseguir la victoria.

ofensivo, ofensiva

adjetivo **1** Se dice de lo que ofende o puede llegar a ofender a una persona, como un insulto o un desprecio.
2 Se dice de aquello con lo que se ataca o se puede atacar a una persona. El escudo es un arma defensiva, y la espada, un arma ofensiva.

oferta

nombre femenino **1** Cosa que se ofrece o se pone a disposición de una persona. Cuando una empresa necesita trabajadores anuncia una oferta de trabajo en el periódico.
2 Producto que se vende a un precio más bajo de lo normal: *Esta semana hay un aceite en oferta en el supermercado.*
3 Cantidad de mercancías, bienes o servicios que hay en el mercado en un determinado momento. El precio de las cosas baja cuando hay mucha oferta.

oficial

adjetivo **1** Que tiene o ha recibido la autorización necesaria para algo: *Las fotos oficiales de la boda de los príncipes saldrán publicadas esta semana.*
2 Del Estado, que se relaciona con él o que tiene su autorización. El presidente del gobierno hace viajes oficiales a otros países.
nombre masculino y femenino **3** Persona que en un oficio manual o mecánico o en el cuerpo administrativo del Estado tiene un grado intermedio, superior al de aprendiz o auxiliar: *Ahora que es oficial de peluquería cobra más que antes.*

4 Militar que tiene uno de los grados superiores del ejército. Los alféreces, tenientes y capitanes son oficiales.

oficina

nombre femenino **1** Lugar donde se realizan trabajos administrativos o de organización. Las oficinas de información indican a los turistas los sitios de interés turístico de una ciudad.

oficinista

nombre masculino y femenino **1** Persona que trabaja en una oficina. El oficinista escribe cartas, lleva el archivo y atiende a los clientes.

oficio

nombre masculino **1** Trabajo que se hace para ganarse la vida, especialmente si es manual. Las personas tienen distintos oficios, pueden ser albañiles, peluqueros o panaderos.

ofrecer

verbo **1** Presentar o poner una cosa a disposición de alguien para ver si la quiere.
2 Dar la oportunidad o la facilidad para hacer una cosa: *Mi tío me ofreció trabajar en su bar.*
3 Dar o celebrar una fiesta, un acto o una comida invitando a gente.
4 Decir la cantidad que se está dispuesto a pagar por algo.
5 Dar una persona una impresión o producir un sentimiento determinado por su aspecto o alguna de sus características: *Este chico no me ofrece confianza.*
6 ofrecerse Hacer saber que se está dispuesto a hacer una cosa: *Se ofreció a ayudarnos con los deberes.*
👁 Se conjuga como: agradecer; la 'c' se convierte en 'zc' delante de 'a' y 'o', como: ofrezca u ofrezco.

ofrecimiento

nombre masculino **1** Cosa o idea que se ofrece o se propone: *Juan me hizo el ofrecimiento de llevarme a casa en coche.*

ofrenda

nombre femenino **1** Cosa que se le ofrece a Dios, a la Virgen o a los santos como muestra de respeto y gratitud.

ofuscar

verbo **1** Enfadarse tanto o ponerse tan nerviosa una persona que pierda la capacidad de razonar con claridad: *Cuando discute se ofusca y no hay quien lo convenza.*
👁 Se escribe 'qu' delante de 'e', como: ofusquen.

ogro

nombre masculino **1** Personaje imaginario de los cuentos infantiles que es muy malo y se come a las personas. Los ogros se representan como monstruos gigantes.
2 Persona que tiene muy mal carácter y que siempre está de mal humor.

¡oh!

interjección **1** Expresa mucha extrañeza, sorpresa o pena: *¡Oh, muchas gracias!, es muy bonito. ¡Oh!, ¿no vas a poder venir?*

oídas

de oídas Que se sabe o se conoce sólo por haber oído hablar de ello a otros y no por haberlo visto.

oído

nombre masculino **1** Órgano del cuerpo que sirve para oír. El oído está dentro de la oreja. ☞594
2 Sentido que permite notar y reconocer los sonidos. Las personas tenemos cinco sentidos: oído, vista, olfato, gusto y tacto.
3 Capacidad que tienen algunas personas para reconocer y diferenciar los distintos sonidos musicales.
duro de oído Se dice de la persona que no oye bien o está un poco sorda.
entrar una cosa por un oído y salir por el otro No hacer caso una persona de una cosa que alguien le dice.
ser todo oídos Escuchar con ganas y atención lo que una persona está contando: *Cuenta, soy toda oídos.*

oír

verbo **1** Captar los sonidos y los ruidos por medio del oído. Los sordos no oyen.

2 Hacer caso o prestar atención a lo que se dice: *He dicho que me mires, ¿me oyes?* ✂ escuchar.
¡oye! Se usa para llamar la atención de una persona que está lejos o de la que no se sabe el nombre. Cuando se habla de usted, se dice '¡oiga!'.

oír	
INDICATIVO	**SUBJUNTIVO**
presente	**presente**
oigo	oiga
oyes	oigas
oye	oiga
oímos	oigamos
oís	oigáis
oyen	oigan
pretérito imperfecto	**pretérito imperfecto**
oía	oyera u oyese
oías	oyeras u oyeses
oía	oyera u oyese
oíamos	oyéramos u oyésemos
oíais	oyerais u oyeseis
oían	oyeran u oyesen
pretérito indefinido	**futuro**
oí	oyere
oíste	oyeres
oyó	oyere
oímos	oyéremos
oísteis	oyereis
oyeron	oyeren
futuro	**IMPERATIVO**
oiré	
oirás	oye (tú)
oirá	oiga (usted)
oiremos	oíd (vosotros)
oiréis	oigan (ustedes)
oirán	
condicional	**FORMAS NO PERSONALES**
oiría	
oirías	**infinitivo** **gerundio**
oiría	oír oyendo
oiríamos	**participio**
oiríais	oído
oirían	

ojal

nombre masculino **1** Abertura alargada hecha en una tela por la que se hace pasar un botón para abrochar o desabrochar una prenda de ropa. Las camisas tienen ojales.

¡ojalá!

interjección **1** Indica que se tienen grandes deseos de que pase lo que se ha dicho antes o lo que se dice a continuación: *¡Ojalá pudiera ir contigo!*

O
o

ojeada
nombre femenino

1 Mirada rápida y con poca atención. Cuando no tenemos ganas de leer todo el periódico, le echamos una ojeada para ver los titulares y las fotos. ✕✕ vistazo.

ojear
verbo

1 Mirar algo o a alguien con rapidez y sin prestar mucha atención: *Ojeó un poco el lugar, pero no te vio.*
👁 No lo confundas con 'hojear', que significa pasar rápidamente las hojas de un libro.

ojear

ojera
nombre femenino

1 Mancha oscura que se forma debajo de los ojos; tenemos ojeras cuando estamos enfermos, cansados o hemos dormido poco.
👁 Se usa más en plural.

ojo
nombre masculino

1 Órgano que sirve para ver. Los ojos están situados en la cabeza de los hombres y de los animales.
2 Agujero que atraviesa de lado a lado un objeto, como el ojo de la cerradura o el ojo de la aguja.
3 Cuidado y atención que hay que tener al hacer una cosa. Hemos de tener ojo al cruzar la calle para que no nos atropelle un coche.
4 Capacidad que tiene una persona para notar y valorar las características de una cosa o una persona: *Este empresario tiene muy buen ojo para los negocios.*
a ojo Aproximadamente, sin exactitud.
con los ojos cerrados Con confianza y seguridad.
costar un ojo de la cara Ser una cosa muy cara.
echar el ojo Fijarse en una cosa y tener ganas de conseguirlo: *Le he echado el ojo a un jersey y creo que me lo voy a comprar.*
en un abrir y cerrar de ojos De forma muy rápida.
entrar por los ojos Gustar una cosa por su aspecto exterior.
no pegar ojo No dormir nada.
ojo de buey Ventana de forma redonda que hay en los barcos.
ser el ojo derecho Ser la persona preferida de alguien.

ola
nombre femenino

1 Onda que se produce en la superficie del mar o de un lago a causa del viento, de una corriente o de un movimiento.
2 Bajada o subida de la temperatura en un lugar de manera brusca y repentina. En verano, en algunas regiones de España se producen olas de calor.
3 Movimiento o aparición repentina de una gran cantidad de cosas, personas o acontecimientos.

¡ole!
interjección

1 Es otra forma de escribir y pronunciar: ¡olé!

¡olé!
interjección

1 Expresa ánimo o entusiasmo: *¡Olé! ¡Qué buen trabajo has hecho!* También se dice: ¡ole!

oleaje
nombre masculino

1 Movimiento continuo de las olas. No es conveniente bañarse en el mar el día que hay mucho oleaje.

óleo
nombre masculino

1 Pintura pastosa hecha con colorantes y aceites que se utiliza para pintar cuadros. Muchos pintores famosos tienen cuadros pintados al óleo.
2 Cuadro que está pintado con una pintura hecha con aceites: *Ayer me compré un óleo que representa un paisaje marino.* ✍ 794

oleoducto
nombre masculino

1 Canal o tubería que sirve para llevar petróleo de un lugar a otro.

oler
verbo

1 Sentir un olor. Cuando estamos resfriados y tenemos la nariz tapada casi no olemos nada.

2 Tener o desprender olor. Los perfumes huelen más que las colonias; los contenedores de basura huelen mal.
3 Imaginar o sospechar algo oculto, secreto o malo. A veces nos olemos algo cuando la gente se comporta de forma extraña.

oler

INDICATIVO	SUBJUNTIVO
presente	**presente**
huelo	huela
hueles	huelas
huele	huela
olemos	olamos
oléis	oláis
huelen	huelan
pretérito imperfecto	**pretérito imperfecto**
olía	oliera u oliese
olías	olieras u olieses
olía	oliera u oliese
olíamos	oliéramos u oliésemos
olíais	olierais u olieseis
olían	olieran u oliesen
pretérito indefinido	**futuro**
olí	oliere
oliste	olieres
olió	oliere
olimos	oliéremos
olisteis	oliereis
olieron	olieren

futuro	**IMPERATIVO**	
oleré		
olerás	huele	(tú)
olerá	huela	(usted)
oleremos	oled	(vosotros)
oleréis	huelan	(ustedes)
olerán		

condicional	**FORMAS NO PERSONALES**	
olería		
olerías	**infinitivo**	**gerundio**
olería	oler	oliendo
oleríamos	**participio**	
oleríais	olido	
olerían		

olfatear
verbo **1** Hacer aspiraciones cortas y seguidas por la nariz para sentir o reconocer un olor. Los perros son capaces de seguir un rastro olfateando un olor.

olfativo, olfativa
adjetivo **1** Que tiene relación con el sentido del olfato. La nariz es un órgano olfativo.

olfato
nombre masculino **1** Sentido del cuerpo que permite notar y distinguir los diferentes olores. Algunos animales, como los perros o los leones, tienen mejor olfato que las personas. ↳594
2 Capacidad que tienen algunas personas para descubrir cosas que están ocultas. Los detectives tienen que tener un buen olfato para hacer bien su trabajo.

olimpiada
nombre femenino **1** Celebración deportiva que tiene lugar cada cuatro años en un lugar determinado, en la que participan deportistas de casi todos los países del mundo en distintos deportes.
◉ Se utiliza más en plural. También se puede escribir con acento: olimpíada.

olímpico, olímpica
adjetivo **1** Se dice de las cosas o las personas que tienen o han tenido relación con las olimpiadas.

olisquear
verbo **1** Oler algo con aspiraciones cortas y rápidas.

oliva
nombre femenino **1** Fruto del olivo que suele ser pequeño, redondeado, de color verde o negro y con un hueso en el centro. Las olivas se comen como aperitivo y de ellas se extrae el aceite. ✄ aceituna.

olivar
nombre masculino **1** Terreno en el que se cultivan olivos.

olivo
nombre masculino **1** Árbol de tronco grueso, corto y retorcido, con hojas pequeñas de color verde oscuro. Su fruto es la oliva o aceituna.

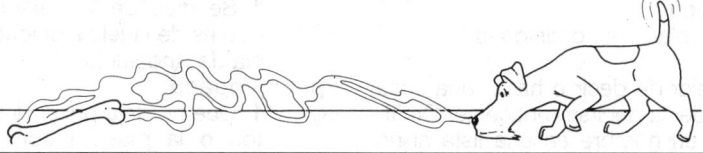

olfatear

O
o

olla
nombre femenino

1 Recipiente alto y redondo, con una o dos asas y con tapa, que sirve para cocinar alimentos.
olla a presión Recipiente de metal con una tapa que queda totalmente ajustada y que permite cocinar los alimentos con rapidez.

olmo
nombre masculino

1 Árbol grande, de tronco fuerte y recto, hojas caducas ovaladas y flores de color blanco rosado. Su madera se usa en carpintería.

olor
nombre masculino

1 Característica de las cosas que se percibe por el olfato. Las personas distinguimos miles de olores.

oloroso, olorosa
adjetivo

1 Que tiene un olor agradable, como el de los jabones o las colonias.

olvidar
verbo

1 Dejar una persona de tener presente en su memoria una cosa. Las personas que tienen mala memoria olvidan con facilidad los nombres y los datos de otras personas.
2 No acordarse de hacer algo que se tenía que hacer o de coger algo de un lugar.
3 Dejar una persona de sentir afecto por otra o dejar de tratar con ella.

olvido
nombre masculino

1 Acción de olvidar alguien una cosa. El resultado de esta acción también es un olvido.

ombligo
nombre masculino

1 Cicatriz pequeña y redonda que las personas y los demás animales mamíferos tenemos en medio del vientre y que queda al cortar el cordón umbilical después del parto.

omisión
nombre femenino

1 Acción de omitir algo. El resultado de esta acción también es omisión.
👁 El plural es: omisiones.

omitir
verbo

1 Dejar de decir o hacer una cosa que debía decirse o hacerse. Omitimos un nombre en una lista al no incluirlo voluntariamente o por error.

omnívoro, omnívora
adjetivo y nombre

1 Se dice del animal que se alimenta de todo tipo de sustancias, tanto de origen animal como vegetal. El oso y el hombre son omnívoros.

once
numeral cardinal

1 Indica que el nombre al que acompaña está 11 veces.

numeral ordinal

2 Que ocupa el lugar número 11 en una serie ordenada.

nombre masculino

3 Nombre del número 11. En números romanos, el once se representa por XI.

onda
nombre femenino

1 Curva circular que aparece en superficies líquidas, normalmente producida por una vibración o movimiento. Cuando tiramos una piedra al agua se forman ondas.
2 Curva en forma de S que aparece en ciertas superficies, como las ondas del pelo, de una tela o de la arena.
3 Vibración que se transmite de un punto a otro a través de algún medio, como las ondas luminosas, las de radio o las electromagnéticas.

ondear
verbo

1 Formar ondas en forma de S en algo que se mueve. Las banderas y la ropa tendida ondean con el viento.

ondulado, ondulada
adjetivo

1 Que tiene o forma ondas en forma de S. Mucha gente tiene el pelo ondulado; algunas patatas fritas son onduladas.

ondular
verbo

1 Formar una persona ondas en una superficie o en un objeto. Los peluqueros ondulan el pelo de sus clientes con ayuda de los rulos.

onomatopeya
nombre femenino

1 Palabra que imita un sonido producido por la naturaleza, una cosa o un animal. 'Quiquiriquí' o 'pum-pum' son onomatopeyas.

onubense
adjetivo y nombre

1 Se dice de la persona o cosa que es de Huelva, ciudad y provincia de Andalucía.

opaco, opaca
adjetivo

1 Que no deja pasar la luz. El cartón o la madera son materiales opacos.

opción

nombre femenino   **1** Posibilidad de elegir algo; también se llama opción aquello que se elige. Antes de comprar algo hay que examinar bien las opciones que hay.
2 Posibilidad o derecho de obtener alguna cosa: *Me ofrecen la opción de estudiar en el extranjero.*
☞ El plural es: opciones.

ópera

nombre femenino   **1** Obra musical escrita para ser cantada y representada en el teatro acompañada de música. Verdi es uno de los más famosos compositores de óperas.
2 Teatro donde se representan obras musicales cantadas.

operación

nombre femenino   **1** Acción de operar un cirujano a un paciente. Las operaciones se realizan en quirófanos.
2 Acción o conjunto de acciones que se hacen siguiendo unos planes previos para conseguir un fin determinado. Algunos cuerpos especiales de la policía están preparados para realizar operaciones de rescate o de salvamento en caso de accidente.
3 En matemáticas, cálculo que se hace con números para obtener un resultado. Cuando sumamos, restamos o dividimos, hacemos operaciones.
☞ El plural es: operaciones.

operador, operadora

nombre   **1** Persona que trabaja en una central de teléfonos y facilita las comunicaciones que no son automáticas.
2 Técnico encargado del uso de ciertos aparatos o máquinas, como un ordenador o una cámara de televisión.

operar

verbo   **1** Abrir alguna parte del cuerpo humano o de un animal con los instrumentos médicos adecuados para curar o mejorar el funcionamiento de algo o quitar algún órgano enfermo.
2 En matemáticas, hacer un cálculo para obtener un resultado.

operario, operaria

nombre   **1** Persona que trabaja en una fábrica o taller realizando trabajos manuales o que requieren esfuerzo físico. ☞ 394, 397

opinar

verbo   **1** Tener o dar una opinión sobre alguien o algo.

opinión

nombre femenino   **1** Idea o juicio que se tiene sobre una persona o asunto.
opinión pública Manera de pensar de la mayoría de la gente en general.
☞ El plural es: opiniones.

oponer

verbo   **1** Exponer opiniones en contra de una idea o una propuesta.
2 Poner un obstáculo o una dificultad para que no ocurra algo.
3 oponerse Estar en contra de algo; ser una cosa contraria a otra. El bien se opone al mal; muchos católicos se oponen al divorcio.
☞ Se conjuga como: poner.

oportunidad

nombre femenino   **1** Momento o circunstancia que es la más conveniente para que ocurra algo. Cuando se presenta una oportunidad o alguien tiene la oportunidad de hacer algo, debe aprovecharla.
2 Producto que se vende a un precio más bajo del que le correspondería, normalmente por estar fuera de temporada o tener algún tipo de tara o defecto. También es el departamento comercial de un establecimiento que vende este tipo de productos. Se usa más en plural.

oportuno, oportuna

adjetivo   **1** Se dice de los sucesos o las acciones que ocurren o se hacen en el momento, lugar o circunstancia más convenientes para algo o alguien.
2 Se dice de la persona que dice las cosas en el momento justo o que al hablar lo hace con gracia, simpatía u ocurrencia.

oposición

nombre femenino   **1** Acción de oponer u oponerse. A veces la población recurre a una manifestación para mostrar su oposición a algún plan o reforma del

O/o

gobierno con el que no está de acuerdo.

2 Conjunto de exámenes y ejercicios que hay que hacer y aprobar para conseguir un puesto de trabajo. Para ser profesor en un colegio público hay que presentarse a una oposición.

3 Conjunto de partidos políticos que no gobiernan un país y que se oponen al que está en el poder. La oposición no suele estar de acuerdo con las leyes que propone el gobierno. ☞ El plural es: oposiciones.

opresión

nombre femenino **1** Molestia causada por algo que aprieta o hace presión, como la opresión del cinturón cuando hacemos la digestión después de comer. También es la sensación de ahogo o angustia que nos produce algo, como una pena o un disgusto muy grandes.

2 Situación o estado de la persona o el país que vive sin libertad y está dominado por otros. ☞ El plural es: opresiones.

oprimir

verbo **1** Hacer mucha presión una cosa sobre otra. Unos zapatos pequeños oprimen el pie.

2 Mandar y dominar, abusando de la autoridad, sobre una persona o un pueblo.

optar

verbo **1** Decidirse por una cosa determinada entre varias posibilidades. Cuando hay dos caminos para llegar a un lugar y tenemos prisa optamos por el más corto.

2 Tratar de conseguir algo, especialmente un cargo o un trabajo: *Optaron más de 20 personas al puesto de jefe de cocina.*

optativo, optativa

adjetivo **1** Que se puede elegir o no. En la universidad hay algunas asignaturas obligatorias y otras optativas.

óptica

nombre femenino **1** Establecimiento donde se venden lentes e instrumentos destinados a corregir o mejorar la vista. Las gafas de sol graduadas se compran en una óptica.

2 Técnica y conocimientos necesarios para fabricar lentes y otros instrumentos destinados a corregir o mejorar la vista: *Me gustaría mucho estudiar óptica.*

3 Parte de la física que estudia la luz y los fenómenos luminosos que tienen relación con ella.

óptico, óptica

adjetivo **1** Que está relacionado con la vista o con la forma de mejorar la visión por medio de las lentes.

nombre masculino y femenino **2** Persona que se dedica a la fabricación o venta de objetos que sirven para mejorar la visión o ver cosas que no pueden verse a simple vista. Los ópticos fabrican gafas, microscopios y telescopios.

optimismo

nombre masculino **1** Forma de ser de una persona que ve las cosas por su lado bueno y confía en que las cosas salgan de la mejor manera posible. ✖ pesimismo.

optimista

adjetivo y nombre **1** Se dice de la persona que ve las cosas con optimismo. ✖ pesimista.

óptimo, óptima

adjetivo **1** Que es muy bueno o que no puede ser mejor. ✖ pésimo. ☞ Es el superlativo de: bueno.

opuesto, opuesta

adjetivo **1** Que se opone o está en contra de algo.

oración

nombre femenino **1** Palabras que se dirigen a Dios, a la Virgen o a los santos para alabarlos, hacer alguna petición o agradecer algo. El Padre Nuestro es una de las oraciones que más se rezan.

2 Conjunto de palabras que tienen un significado completo. Las oraciones constan de un sujeto y un predicado; 'la niña come un helado' es una oración. ✖ frase. ☞ El plural es: oraciones.

orador, oradora

nombre **1** Persona que da conferencias, pronuncia discursos o habla en público con intención de convencer a la gente de lo que dice.

oral

adjetivo **1** Que se expresa con palabras y

no por escrito. Algunos exámenes son orales y otros escritos.

2 De la boca o que tiene relación con ella. Los medicamentos que se toman por vía oral se tragan con un poco de agua.

orangután

nombre masculino   **1** Mono grande de cabeza alargada, con el pelo de color rojizo y los brazos mucho más largos y robustos que las piernas.

👁 El plural es: orangutanes.

orar

verbo   **1** Dirigirse a Dios, a la Virgen o a los santos por medio de oraciones para alabarlos, hacer alguna petición o agradecer algo. ✂ rezar.

órbita

nombre femenino   **1** Camino que sigue un planeta alrededor del Sol o un satélite al girar alrededor de un planeta.

orca

nombre femenino   **1** Animal mamífero marino de gran tamaño, de la familia de los delfines, de color negro por la parte superior del cuerpo y blanco por el vientre, con una gran mancha blanca detrás de cada ojo. Las orcas pueden llegar a medir hasta 9 metros de largo.

orden

nombre masculino   **1** Colocación de las cosas en el sitio o lugar en que deben estar o ir. Cuando hay orden en una habitación es más fácil encontrar lo que se busca.

2 Serie de cosas que están relacionadas y van unas detrás de otras según algún criterio. Muchas listas de nombres van por orden alfabético.

3 Situación en la que se respetan las normas o reglas de conducta. Cuando alguien rompe cosas en la calle, grita o se pelea, no respeta el orden público.

nombre femenino   **5** Lo que hay que obedecer o cumplir porque algún superior lo ha ordenado.

estar a la orden del día Ser muy frecuente o estar de moda algo.

sin orden ni concierto De cualquier manera, sin respetar unas reglas.

👁 El plural es: órdenes.

ordenado, ordenada

adjetivo   **1** Se dice de las cosas que están en orden y de una persona que hace y tiene sus cosas así: *Su habitación nunca está ordenada, hay papeles por todos lados.*

ordenador

nombre masculino   **1** Máquina electrónica que es capaz de almacenar y tratar gran cantidad de información de manera muy rápida y con gran exactitud, por medio de programas informáticos.

ordenanza

nombre   **1** Persona que en algunas oficinas se encarga de hacer recados.

nombre femenino   **2** Conjunto de órdenes o reglas que se dan para el buen funcionamiento de una ciudad, un ejército o una comunidad. La ordenanza municipal prohíbe aparcar un coche en doble fila.

ordenar

verbo   **1** Colocar unas cosas del modo adecuado o poner un sitio en orden. ✂ desordenar.

2 Mandar a alguien hacer una cosa.

ordeñar

verbo   **1** Sacar la leche de un animal hembra, como una vaca o una oveja, apretando sus ubres.

ordinal

adjetivo y nombre masculino   **1** Se dice del número que indica orden de sucesión o colocación. Los números primero, segundo y tercero son ordinales.

ordinario, ordinaria

adjetivo   **1** Que no se sale de lo habitual ni destaca por ninguna característica especial.

adjetivo y nombre   **2** Que es de mal gusto o de mala educación.

orégano

nombre masculino   **1** Hierba muy aromática, de hojas pequeñas y flores rosadas, que se usa como condimento para dar sabor a las comidas. Las pizzas y algunos platos de pasta llevan un poco de orégano.

oreja

nombre femenino   **1** Cada una de las dos partes externas del oído de las personas y de algunos animales, situadas a los lados de la cabeza.

O
o

2 Parte que sobresale de un objeto y que tiene forma parecida a la de una oreja humana. Algunos sillones tienen orejas en la parte superior del respaldo para apoyar la cabeza.

orejera
nombre femenino **1** Cada una de las dos piezas de tela gruesa y suave que cubren las orejas y las protegen del frío. Las orejeras pueden estar cosidas a una gorra o estar unidas entre sí por una especie de diadema.

orejudo, orejuda
adjetivo y nombre **1** Se dice de la persona o animal que tiene unas orejas muy grandes o largas.

orensano, orensana
adjetivo y nombre **1** Se dice de la persona o cosa que es de Orense, ciudad y provincia de Galicia.

orfanato
nombre masculino **1** Lugar dedicado a recoger, criar y educar niños cuyos padres han muerto, los han abandonado o no pueden hacerse cargo de ellos.

organillo
nombre masculino **1** Instrumento musical que tiene en su interior un cilindro con unos salientes que hacen sonar unas láminas de metal al girar y se toca haciendo girar una manivela que mueve el cilindro. Suele ir en un carrito y tocarse en la calle.

organismo
nombre masculino **1** Conjunto de órganos que forman el cuerpo de un ser vivo o de un vegetal.
2 Ser vivo. Algunos organismos sólo se ven con ayuda de un microscopio.
3 Asociación formada por un conjunto de personas que se ocupan de una actividad determinada. La ONCE es un organismo que se ocupa de ayudar a los ciegos y a los disminuidos.

organización
nombre femenino **1** Acción que consiste en organizar o planear algo; también se llama organización al resultado de organizar algo.
2 Conjunto de personas que se unen y comparten unos medios para conseguir un fin determinado, como en una organización política o una organización cultural. 👁 El plural es: organizaciones.

organizador, organizadora
adjetivo y nombre **1** Se dice de la persona que organiza o que sabe organizar, especialmente actos públicos o el trabajo de otras personas.

organizar
verbo **1** Preparar una cosa muy bien y cuidando todos los detalles, como por ejemplo una fiesta o una excursión. ✄ desorganizar.
2 Poner orden en una cosa. Antes de ponernos a estudiar tenemos que organizar bien los apuntes de clase. ✄ desorganizar. ☞ 199
3 organizarse Hacer las cosas con orden. Las personas responsables saben organizarse y realizar bien su trabajo.
4 organizarse Producirse una cosa de repente, sin esperarla: *Llegaron unos amigos con una guitarra y en diez minutos se organizó una fiesta.* ✄ armarse; formarse.
👁 Se escribe 'c' delante de 'e', como: organicé.

órgano
nombre masculino **1** Cada una de las partes que componen el cuerpo de un ser vivo y que tienen una función determinada. El corazón, los pulmones o el hígado son algunos de los órganos del cuerpo humano. ☞ 594
2 Instrumento musical parecido a un piano que tiene varios tubos de diferentes tamaños por donde sale el aire que produce los distintos sonidos. En algunas iglesias hay órganos para tocar himnos religiosos.
3 Organización formada por un conjunto de personas que tiene una función determinada. El Parlamento es un órgano de gobierno.

orgullo
nombre masculino **1** Sentimiento y actitud de una persona que se cree superior o mejor que los demás. A una persona con orgullo le cuesta pedir disculpas o favores a otras personas o reconocer sus errores.

2 Satisfacción que siente una persona por algo suyo o relacionado con ella y que se considera bueno. Cuando alguien cree que ha hecho algo muy bien, lo enseña con orgullo a otras personas.

orgulloso, orgullosa

adjetivo y nombre **1** Que tiene o siente orgullo, en el sentido de que se cree superior y no reconoce sus faltas.
2 Que tiene o siente orgullo, en el sentido de satisfacción por algo bueno que se tiene o se ha hecho: *Se siente muy orgulloso de su hija.*

orientación

nombre femenino **1** Posición de una cosa o una persona respecto a los puntos cardinales.
2 Capacidad de una persona para saber dónde está después de haber andado o cambiado de sitio o que sirve para dirigirse a un lugar. Hay personas que tienen un buen sentido de la orientación y nunca se pierden en la ciudad.
3 Información o consejo sobre algún asunto que ayuda a escoger entre distintas posibilidades. Los profesores suelen dar orientaciones a sus alumnos para que sigan determinadas carreras o estudios.
👁 El plural es: orientaciones.

orientar

verbo **1** Poner algo en cierta dirección respecto a los puntos cardinales o un lugar determinado. Orientamos hacia un punto determinado un telescopio, una antena o una planta.
2 Informar a alguien sobre el punto en el que se encuentra o la dirección que debe tomar para llegar a un sitio. Un plano te orienta en la ciudad.
3 Informar o dar consejo a alguien sobre un asunto para que pueda elegir entre distintas opciones.
4 Dirigir una acción, una actividad o una conducta hacia un fin determinado: *Orientó sus esfuerzos a ayudar a los necesitados.*
5 orientarse Conocer una persona o un animal dónde se encuentra o cómo se va a algún lugar. Las personas que se orientan mal siempre se pierden.

oriente

nombre masculino **1** Punto del horizonte o lugar por donde sale el Sol. Cataluña está en el oriente de España. ✕✕ este; levante. ✕✕ occidente; oeste; poniente.
2 Conjunto de países de Asia y de la parte de África y Europa más cercanas a Asia. Los países árabes forman parte del Oriente Próximo. Con este significado se escribe con mayúscula. ✕✕ occidente.

orificio

nombre masculino **1** Abertura de pequeño tamaño que hay o se hace en una superficie. ✕✕ agujero.
2 Abertura del cuerpo de una persona o de un animal que comunica un órgano interior con el exterior, como los orificios de la nariz.

origen

nombre masculino **1** Momento o conjunto de circunstancias en que una cosa empieza a existir.
2 Causa que hace que una cosa empiece a existir o a producirse. Una amistad puede ser el origen de un gran amor.
3 Lugar en el que ha nacido una persona o de donde procede una cosa. Algunos de los mejores quesos españoles tienen su origen en la zona de la Mancha.
4 Clase social a la que pertenece la familia de la que desciende una persona.
👁 El plural es: orígenes.

original

adjetivo **1** Que es especial o poco común. Una casa circular es muy original.
2 Del origen o principio o que tiene relación con él. En el cristianismo, el pecado original es el que está en el origen de la creación del hombre.
adjetivo y nombre masculino **3** Se dice de los textos o las obras de arte que no son copia, sino que han sido realmente producidos por su autor.

originar

verbo **1** Ser una persona o una cosa la causa, el motivo o el origen de algo.
2 originarse Tener su origen o

O
—
o

O
—
O

orilla

nombre
femenino

principio una cosa en un momento o en unas circunstancias determinadas. Algunos incendios forestales se originan por descuido.

1 Parte de tierra más próxima al mar, a un lago o a un río. Las personas que no saben nadar no deben alejarse de la orilla.
2 Extremo o borde de una superficie: *Se sentó en la orilla de la mesa.*

orina

nombre
femenino

1 Líquido amarillento que expulsan las personas y los animales por los genitales. La orina contiene los desechos del organismo. ✗✗ pipí; pis.

orinal

nombre
masculino

1 Recipiente que sirve para hacer en él pis y caca, y que se puede llevar de un sitio a otro. Los niños pequeños y algunos ancianos utilizan el orinal.

orinar

verbo

1 Expulsar la orina del cuerpo. ✗✗ mear.

oro

nombre
masculino

1 Metal de color amarillo, al que es muy fácil dar forma y se utiliza principalmente para hacer joyas y objetos de lujo.
2 Color amarillo brillante, como el de los objetos de oro.

nombre
masculino
plural

3 oros Carta de la baraja española que tiene dibujadas una o más monedas de oro.

como oro en paño Con mucho cuidado y atención: *Mi hermana guarda las cartas de su novio como oro en paño.*

hacerse de oro Ganar mucho dinero.

oro negro Petróleo.

valer su peso en oro Tener una cosa o una persona mucho valor.

orquesta

nombre
femenino

1 Conjunto de músicos que tocan diferentes instrumentos musicales siguiendo las indicaciones de un director.
2 En los teatros, lugar destinado a los músicos, que suele estar situado entre el escenario y los asientos.

orquídea

nombre
femenino

1 Flor grande, que puede ser de distintos colores, que tiene un pétalo más grande que los otros. La orquídea está considerada como una de las flores más bellas y raras que existen. ✎➔ 598

ortiga

nombre
femenino

1 Planta silvestre con las hojas ovaladas y cubiertas por unos pelos que al tocarlos producen mucho picor.

ortodoncia

nombre
femenino

1 Tratamiento dental para corregir una mala posición de los dientes.

ortografía

nombre
femenino

1 Conjunto de reglas que indican cómo escribir correctamente las palabras de una lengua. La ortografía enseña cómo se acentúan las palabras o cómo se utilizan algunas letras, como la 'b' y la 'v'.

ortográfico, ortográfica

adjetivo

1 De la ortografía o que tiene relación con ella. Al escribir hay que respetar las reglas ortográficas.

ortopédico, ortopédica

adjetivo

1 Se dice de objetos o aparatos que sirven para corregir o prevenir defectos físicos del cuerpo humano. Muchos niños llevan zapatos ortopédicos para corregir la forma de apoyar el pie en el suelo.

oruga

nombre
femenino

1 Gusano que está en fase de desarrollo hasta convertirse en mariposa. ✗✗ larva. ✎➔ 599

orzuelo

nombre
masculino

1 Bulto o inflamación que sale en el borde de un párpado debido a una infección.

os

pronombre
personal

1 Pronombre personal de segunda persona de plural que en la oración hace función de complemento directo o indirecto. Hace referencia a un grupo de personas entre las que se encuentra el oyente o los oyentes de la persona que habla: *¿Quién os ha invitado? Hoy os he preparado una sorpresa.*
2 Se usa en la primera persona de singular en la conjugación de los verbos reflexivos y recíprocos:

¿Por qué os lleváis tan mal? No os burléis de él.

osadía

nombre femenino

1 Característica de la persona que se atreve a hacer cualquier cosa sin importarle el peligro o el riesgo que ello suponga. ⚔ atrevimiento; valentía.
2 Falta de vergüenza o de respeto al actuar o al hablar.

osado, osada

adjetivo

1 Se dice de la persona que se atreve a hacer cualquier cosa sin tener miedo al riesgo o al peligro. ⚔ intrépido; valiente.
2 Se dice de la persona que actúa sin ninguna vergüenza ni respeto. ⚔ sinvergüenza.

osar

verbo

1 Atreverse a hacer algo que es especialmente difícil o peligroso sin tener miedo.
2 Atreverse a hablar con alguien que tiene cierta autoridad o a contestarle de forma poco respetuosa: *¿Cómo osas hablarle así?*

oscense

adjetivo y nombre masculino y femenino

1 Se dice de la persona o cosa que es de Huesca, ciudad y provincia de Aragón.

oscilar

verbo

1 Moverse hacia un lado y otro algo que está colgado o apoyado en un solo punto, como un péndulo.
2 Cambiar o variar un valor o una cantidad dentro de unos límites determinados: *La temperatura del mar oscila entre los 20 y los 23 grados.*

oscurecer

verbo

1 Poner o hacer más oscura una cosa, especialmente un color; también es disminuir la cantidad de luz de un lugar o dejarlo sin luz. ⚔ iluminar.
2 Empezar a desaparecer la luz del Sol. ⚔ anochecer.
👁 Se conjuga como: agradecer; la 'c' se convierte en 'zc' delante de 'a' y 'o', como: oscurezca u oscurezco.

oscuridad

nombre femenino

1 Falta de luz o claridad para ver las cosas. Las noches en que no

hay luna hay mucha oscuridad. ⚔ claridad.
2 Lugar en que hay poca o ninguna luz. En las películas, los ladrones se refugian en la oscuridad para huir de la policía. ⚔ sombra.
3 Característica de las cosas que son difíciles de entender o de captar con los sentidos. ⚔ claridad.

oscuro, oscura

adjetivo

1 Que no tiene luz o que tiene poca luz. Los sótanos o las cuevas suelen ser lugares oscuros y sombríos. ⚔ claro.
2 Se dice del color que se acerca al negro y que se opone a otro más claro de su misma clase, como el azul oscuro o marino en comparación al claro o celeste. ⚔ claro.
3 Que es difícil de entender. Decimos que un escritor tiene un estilo oscuro cuando utiliza un lenguaje muy difícil. ⚔ claro; comprensible.
a oscuras Sin luz: *La tormenta dejó el pueblo a oscuras.*

óseo, ósea

adjetivo

1 Del hueso o que está relacionado con él.

osezno

nombre masculino

1 Cría del oso.

oso, osa

nombre

1 Animal mamífero de gran tamaño, con el cuerpo cubierto de pelo, las orejas pequeñas, la cola corta y fuertes uñas en las patas. En Asturias y los Pirineos hay osos.
oso hormiguero Animal mamífero americano de color gris, con el hocico puntiagudo y largo, y una lengua también larga y pegajosa con la que coge gran cantidad de hormigas, de las que se alimenta.
oso panda Tipo de oso que vive en China; tiene el pelo de color blanco y negro, y orejas grandes y redondeadas.
oso polar Oso que tiene todo el pelo blanco y que vive en climas muy fríos.

ostentación

nombre femenino

1 Demostración con orgullo de algo que se tiene y que no todo el mundo tiene, como dinero, joyas o belleza.

O
o

O / o

ostentar
verbo **1** Mostrar con orgullo y satisfacción alguna cosa para que todo el mundo la vea. ✕✕ exhibir.
2 Poseer un cargo o un título: *Ostenta el cargo de presidente.*

ostra
nombre femenino **1** Molusco comestible que protege su cuerpo dentro de una concha formada por dos partes desiguales, gruesas y rugosas, de color gris verdoso por fuera y blanco por dentro. Las ostras se comen crudas; algunas fabrican perlas en su interior.
aburrirse como una ostra Aburrirse mucho.

otear
verbo **1** Mirar a lo lejos desde un lugar alto.

otitis
nombre femenino **1** Inflamación del oído a causa de una infección.
👁 El plural es: otitis.

otoño
nombre masculino **1** Estación del año que viene después del verano y antes del invierno; empieza el 21 de septiembre y termina el 21 de diciembre. En otoño algunos árboles pierden las hojas. ✎ 598

otorgar
verbo **1** Dar a alguien una cosa que pide o que se merece: *Le otorgaron un premio por su labor literaria.* ✕✕ conceder.
👁 Se escribe 'gu' delante de 'e', como: otorguen.

otro, otra
determinante indefinido **1** Indica de forma imprecisa la identidad de ciertas personas u objetos que son distintos de otras persona u objetos de los que se ha hablado antes: *También otras personas opinan igual que tú.*
pronombre indefinido **2** Hace referencia de modo impreciso a la identidad de ciertas personas u objetos distintos de aquellos de los que ya hemos hablado: *Me quedo con estos tebeos, los otros te los regalo.*

ovación
nombre femenino **1** Aplauso fuerte y ruidoso que un grupo de personas dedica a alguien para expresar satisfacción o admiración.
👁 El plural es: ovaciones.

oval
adjetivo **1** Se dice de lo que tiene forma parecida a la de un huevo.

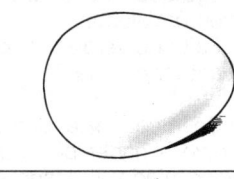

oval

óvalo
nombre masculino **1** Figura delimitada por una línea cerrada con forma parecida a la de un huevo. La cara de algunas personas tiene forma de óvalo.

ovario
nombre masculino **1** Órgano de reproducción femenino que contiene los óvulos. Las mujeres tienen dos ovarios situados a los lados del útero. ✎ 594
2 Órgano reproductor de las flores.

oveja
nombre femenino **1** Animal mamífero doméstico hembra, con el cuerpo cubierto de abundante pelo, con el que después se fabrica la lana; vive en rebaños y su carne es comestible.
👁 El macho de la oveja es el carnero.

ovetense
adjetivo y nombre masculino y femenino **1** Se dice de la persona o cosa que es de Oviedo, ciudad del norte de España y capital de Asturias.

ovillo
nombre masculino **1** Bola que se hace enrollando un hilo. Para hacer un jersey de lana se necesitan varios ovillos.
2 Lo que está envuelto o enrollado o que da esa impresión por estar encogido: *Cuando se quita la ropa hace un ovillo y la tira dentro del armario.*

ovino, ovina
adjetivo y nombre **1** Se dice del animal mamífero de tamaño medio que tiene lana y que se alimenta de vegetales. La oveja y la cabra son ovinos.
adjetivo **2** Que tiene relación con el ganado que da lana.

ovni

nombre masculino

1 Objeto que vuela, pero no se sabe qué es ni de dónde viene. La palabra 'ovni' es una sigla formada con las iniciales de: Objeto Volador No Identificado.

óvulo

nombre masculino

1 Célula de reproducción femenina. El óvulo se forma en los ovarios de las mujeres y cuando se une con un espermatozoide se crea un embrión.

oxidar

verbo

1 Formar el agua o la humedad una capa de color rojizo en un objeto de metal. El hierro se oxida muy fácilmente con la humedad.
2 Dejar de funcionar bien una cosa por haberla utilizado poco: *Hace mucho que no corro y tengo las piernas oxidadas.* Es un uso informal.

óxido

nombre masculino

1 Capa de color rojizo que se forma en la superficie de algunos metales cuando están demasiado tiempo en contacto con el agua o con la humedad del ambiente.

oxigenar

verbo

1 Hacer entrar aire limpio en un lugar cerrado. Cuando se ha fumado en una habitación, abrimos las ventanas para oxigenarla.
2 oxigenarse Respirar aire fresco una persona: *Voy a salir a dar un paseo para oxigenarme un poco, porque llevo todo el día en casa.*

oxígeno

nombre masculino

1 Gas que no tiene olor ni color y que, junto con otros gases, forma parte del aire y del agua. Los seres vivos necesitamos el oxígeno para poder respirar.

oyente

adjetivo y nombre masculino y femenino

1 Se dice de la persona que está oyendo o escuchando algo. Generalmente hablamos de oyentes para referirnos a quienes escuchan la radio. ✍ 198

ozono

nombre masculino

1 Gas de color azul claro que se forma en las capas altas de la atmósfera y protege a la Tierra de las radiaciones del Sol.

O
o

P p

p

nombre femenino **1** Decimoséptima letra del alfabeto español. La 'p' es una consonante.

pabellón

nombre masculino **1** Edificio, generalmente aislado, que depende de otro mayor o que forma parte de un conjunto.

pabellón auditivo Parte externa del oído. ✕ oreja.

👁 El plural es: pabellones.

pacense

adjetivo y nombre masculino y femenino **1** Se dice de la persona o cosa que es de Badajoz, ciudad y provincia de Extremadura. ✕ badajocense.

pacer

verbo **1** Comer hierba los animales en el campo. ✕ pastar.

👁 Se conjuga como: nacer; la 'c' se convierte en 'zc' delante de 'a' y 'o', como: pazca o pazco.

pachorra

nombre femenino **1** Calma o lentitud excesiva al hacer algo: *¡Qué pachorra!, llevas ya tres horas preparándote.* Es una palabra informal.

pachucho, pachucha

adjetivo **1** Se dice de la persona que está débil o se encuentra mal de salud. ✕ enfermo; pocho.

2 Se dice de las plantas o las flores que están un poco estropeadas o no muy frescas.

paciencia

nombre femenino **1** Calma y tranquilidad para hacer algo que resulta aburrido o difícil, como esperar a alguien que tarda en llegar.

2 Capacidad para mantener durante mucho tiempo una actitud tranquila ante una situación difícil.

paciente

adjetivo **1** Se dice de la persona que tiene paciencia. ✕ impaciente.

nombre masculino y femenino **2** Persona que está en tratamiento para curarse. Los médicos atienden a sus pacientes. ✕ enfermo.

pacífico, pacífica

adjetivo **1** Que no es agresivo o que ama la paz. Las personas pacíficas rechazan la violencia. ✕ violento.

2 Que se mantiene en tranquilidad o dentro de un orden, sin que se produzcan problemas. En una manifestación pacífica no se producen peleas ni nada extraordinario.

pacifista

adjetivo y nombre masculino y femenino **1** Se dice de la persona que es contraria a la guerra, a los actos violentos y a los enfrentamientos armados y defiende la paz entre los países. También son pacifistas las acciones, las ideas y los comportamientos favorables a la paz y en contra de la guerra.

pactar

verbo **1** Establecer dos o más personas un acuerdo mediante el cual se obligan a cumplir una serie de condiciones.

pacto

nombre masculino **1** Acuerdo entre dos o más personas mediante el cual se obligan a cumplir una serie de condiciones. Estudiar mucho a cambio de poder salir es un pacto que hacen algunos hijos con sus padres.

padecer

verbo **1** Sentir un dolor o daño físico o tener una enfermedad: *Fue al médico porque padecía un fuerte dolor de cabeza.*

2 Tener un estado de ánimo negativo por no tener algo que se necesita o que se desea mucho o por ver sufrir a los demás: *Padecimos mucha sed en el desierto*.

👁 Se conjuga como: agradecer; la 'c' se convierte en 'zc' delante de 'a' y 'o', como: padezca.

padrastro

nombre masculino **1** El padrastro de una persona es el hombre que se casa con su madre y no es su padre. Cuando una mujer con hijos se vuelve a casar, su nuevo marido es el padrastro de sus hijos.
2 Trozo de piel que se levanta junto a las uñas de los dedos de la mano.

padre

nombre masculino **1** Hombre que tiene uno o más hijos: *Ese es el padre de Marta*. 🖐197
2 Forma en que un hijo se dirige a su padre: *¿Cómo se encuentra, padre?* Ahora se utiliza más: papá.
3 Forma de tratamiento que se utiliza con curas y frailes.
4 Hombre que ha inventado algo o ha desarrollado una ciencia: *Bell y Edison son los padres del teléfono*.

nombre masculino plural **5 padres** Padre y madre de una persona.

adjetivo **6** Que es muy grande o muy fuerte: *En el recreo había un jaleo padre*.

padrenuestro

nombre masculino **1** Oración cristiana dedicada a Dios que empieza con las palabras 'Padre nuestro'.

padrino

nombre masculino **1** Hombre que acompaña a los novios al altar en la boda o al niño en el bautizo.

nombre masculino plural **2 padrinos** Hombre y mujer que acompañan a los novios al altar en la boda o al niño en el bautizo.

paella

nombre femenino **1** Comida que se hace con arroz y varios ingredientes más, normalmente marisco, pescado y carne.

paellera

nombre femenino **1** Recipiente de cocina redondo y poco profundo, que tiene dos asas y sirve para hacer paellas.

paga

nombre femenino **1** Cantidad de dinero que recibe una persona por un trabajo o servicio. Algunos trabajadores reciben una paga extra en Navidad.
2 Cantidad de dinero que recibe un niño o un joven de sus padres para que se lo gaste con sus amigos. La paga se da cada semana o los días de fiesta.

pagano, pagana

adjetivo y nombre **1** Que no es cristiano, sino de cualquier otra religión, en especial de aquellas en que se adora a varios dioses.

pagar

verbo **1** Dar una cantidad de dinero a cambio de un trabajo, un servicio o una cosa que compramos o para anular una deuda. ✂ cobrar.
2 Cumplir una pena o castigo por un delito o una mala acción. Los ladrones pagan su delito con la cárcel.

👁 Se escribe 'gu' delante de 'e', como: paguen.

pagaré

nombre masculino **1** Documento en que una persona se compromete a pagar cierta cantidad de dinero en un tiempo determinado.

página

nombre femenino **1** Cara o lado de una hoja de libro, cuaderno o publicación. En un papel impreso por las dos caras leemos dos páginas.

pago

nombre masculino **1** Entrega de una cantidad de dinero por algo que se compra o por una deuda. ✂ abono.

pagoda

nombre femenino **1** Edificio donde una comunidad budista se reúne para rezar o celebrar un acto religioso. Las pagodas suelen tener varios pisos y tejados con las puntas hacia arriba.

país

nombre masculino **1** Territorio de un estado independiente. Francia y Alemania son dos países europeos. ✂ nación.
2 Territorio donde viven un conjunto de personas que tienen la misma lengua, historia y costumbres, como el País Vasco. ✂ pueblo.

P
p

P

p

paisaje
nombre masculino **1** Trozo de un territorio que se puede ver desde un lugar determinado.
2 Cuadro o fotografía que representa una extensión de terreno: *Vimos una exposición de paisajes.*

paisano, paisana
adjetivo y nombre **1** Se dice de la persona que es de la misma población, provincia o región que otra.
de paisano Indica que un militar, un policía o un sacerdote va vestido con ropa de calle.

paja
nombre femenino **1** Tallo de los cereales cuando está seco y separado del grano.
2 Tubo delgado, normalmente de plástico flexible, que se utiliza para sorber líquidos, en especial refrescos. También se dice: pajita.
3 Parte poco importante o inútil de un asunto, una conversación o un libro.

pajar
nombre masculino **1** Lugar donde se guarda paja. El pajar suele estar cerca del establo.

pajarería
nombre femenino **1** Establecimiento donde se venden aves domésticas, como periquitos, loros o canarios.

pajarita
nombre femenino **1** Especie de lazo que se pone alrededor del cuello de una camisa, como el que llevan algunos camareros y directores de orquesta.
2 Figura que se hace doblando varias veces una hoja de papel y que tiene forma de pájaro.

pájaro, pájara
nombre masculino **1** Ave de pequeño tamaño, de movimientos rápidos, y que suele cantar de una manera agradable para el oído humano.
adjetivo y nombre **2** Se dice de la persona que engaña con habilidad o que tiene malas intenciones.

paje
nombre masculino **1** Chico que antiguamente servía a un señor o a un rey.

pala
nombre femenino **1** Herramienta que sirve para remover o recoger tierra, arena u otra cosa. La pala está formada por una pieza de madera o metal, plana y rectangular, sujeta a un mango largo de madera y se utiliza en tareas agrícolas, de construcción y de jardinería. ⟋ 394
2 Nombre que se da a diversos utensilios de cocina formados por un mango unido a una superficie ancha, como una pala para servir tarta o una pala de pescado.
3 En algunos deportes, tabla de madera redonda, unida a un mango, que sirve para dar golpes a la pelota, como las palas de frontón o de ping-pong.
4 Parte ancha y delgada de algunos objetos, como la pala de un remo o la del helicóptero.

palabra
nombre femenino **1** Sonido o grupo de sonidos que tienen un significado, como 'casa', 'coche', 'por' o 'a'.
2 Promesa de que se va a hacer algo o de que lo que se dice es verdad. Cuando damos nuestra palabra, la tenemos que cumplir.
3 Derecho de una persona a hablar en una conversación, en especial cuando es formal o está moderada por alguien. Para tener la palabra, hay que haberla pedido antes.

palabrota
nombre femenino **1** Palabra o expresión que suena mal o es ofensiva. ⁘ taco.

palacio
nombre masculino **1** Edificio grande y lujoso en el que suelen vivir personajes importantes, en especial los reyes.
2 Edificio público muy grande que se destina a celebrar actos y actividades que reúnen a mucha gente, como un palacio de deportes o un palacio de exposiciones.

paladar
nombre masculino **1** Superficie que hay en la parte interior y superior de la boca.
2 Capacidad de algunas personas para valorar y distinguir el sabor de las bebidas y los alimentos.

paladear
verbo **1** Disfrutar poco a poco del sabor de la comida o la bebida que se tiene en la boca. ⁘ saborear.

palanca

nombre femenino **1** Barra que sirve para levantar un peso situado en uno de sus extremos, aplicando una fuerza hacia abajo en el otro.

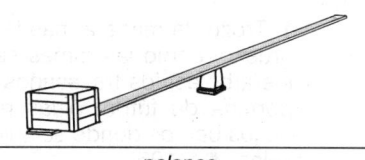

palanca

2 Pieza de algunas máquinas o aparatos que sirve para ponerlos en funcionamiento o para accionar algún mecanismo, como la palanca de cambios de un coche o la palanca de las puertas del metro.

palangana

nombre femenino **1** Recipiente redondo y poco profundo con el borde más grande que el fondo, que se usa en tareas domésticas. 🖎 796

palco

nombre masculino **1** En un teatro, espacio separado con forma de balcón donde hay varios asientos. También es un lugar separado y reservado que hay en estadios y plazas de toros.

palentino, palentina

adjetivo y nombre **1** Se dice de la persona o cosa que es de Palencia, ciudad y provincia de Castilla y León.

paleontología

nombre femenino **1** Ciencia que estudia los seres vivos cuyos restos se han convertido en piedra por el paso de los años y los siglos.

paleta

nombre femenino **1** Pala de pequeño tamaño, como la que se usa en la cocina para sacar los alimentos del fuego o darles la vuelta, o la de madera y con forma redonda que se usa para jugar a ping-pong.
2 Herramienta que usan los albañiles para recoger y extender la masa; está formada por una pieza triangular de hierro que está unida a un mango de madera.
3 Tabla de madera con un agujero que usan los pintores que pintan cuadros para dejar diferentes

montones de pintura y mezclar los colores. 🖎 794
4 Cada uno de los dos dientes que las personas tienen en la parte delantera superior de la boca.

paleto, paleta

adjetivo y nombre **1** Se dice de la persona que vive en una zona rural y no tiene estudios.

adjetivo **2** Se dice despectivamente de la persona que se comporta con modales poco educados y demostrando tener muy poca cultura.

palidecer

verbo **1** Perder una persona el color de la cara y ponerse blanca.
👁 Se conjuga como: agradecer; la 'c' se convierte en 'zc' delante de 'a' y 'o', como: palidezca.

palidez

nombre femenino **1** Característica de las personas o cosas que son o están pálidas.
👁 El plural es: palideces.

pálido, pálida

adjetivo **1** Que tiene un color más claro de lo normal. Tenemos la cara pálida cuando estamos enfermos o mareados.
2 Se dice del color que tiene un tono muy claro: *Rojo pálido*.

palillero

nombre masculino **1** Recipiente pequeño que sirve para guardar palillos.

palillo

nombre masculino **1** Palo de madera pequeño y fino, con los extremos acabados en punta, que sirve para pinchar los alimentos o para quitar restos de comida que quedan entre los dientes. ✄ mondadientes.

palíndromo

nombre masculino **1** Palabra o grupo de palabras que se leen igual de izquierda a derecha que de derecha a izquierda.

paliza

nombre femenino **1** Sucesión de muchos golpes que se dan a alguien con la intención de causarle daño.
2 Derrota muy grande en una competición o una disputa.
3 Trabajo que se realiza con mucho esfuerzo y que produce un gran cansancio: *Me tuve que pegar una paliza para acabar el trabajo a tiempo*.

P
p

P
p

P p nombre masculino y femenino

4 Persona que insiste tanto en algo que dice o pide que resulta molesta o muy pesada. Es un uso informal. ✂ pelma; plasta.

palma
nombre femenino

1 Parte inferior de la mano comprendida entre la muñeca y los dedos.

2 Árbol de tronco alto y áspero, sin ramas, con grandes hojas en la parte de arriba y flores blancas. Algunas palmas dan dátiles. ✂ palmera.

3 Hoja larga y amarilla de árboles como la palmera o el coco. El domingo de Ramos de Semana Santa las procesiones se adornan con palmas.

nombre femenino plural

4 palmas Golpes que se dan haciendo chocar las palmas de las manos. Damos palmas para demostrar que nos ha gustado un espectáculo o para acompañar algún tipo de música, cante o baile. ✂ aplauso; palmada.

palmada
nombre femenino

1 Golpe que se da con la palma de la mano. Podemos dar una palmada en la puerta para que nos abran o darle a un amigo palmadas en la espalda para saludarlo.

2 Golpe que se da haciendo chocar las dos palmas de las manos.

palmar
verbo

1 Dejar de vivir. ✂ morir. 👁 Es una palabra informal.

palmeado, palmeada
adjetivo

1 Se dice de la pata de un animal que tiene los dedos unidos por una membrana. Los animales que nadan con las patas, como patos y ranas, las tienen palmeadas.

palmear
verbo

1 Hacer chocar las palmas de las manos. En el flamenco, cuando una persona canta otras palmean.

palmera
nombre femenino

1 Árbol de tronco alto y áspero, sin ramas, terminado en hojas grandes perennes, con flores blancas y fruto comestible en algunas especies. ✂ palma.

2 Pastel plano de hojaldre en forma de corazón.

palmo
nombre masculino

1 Medida de longitud que equivale a la distancia que hay entre el extremo del dedo meñique y el del pulgar con la mano abierta.

palmotear
verbo

1 Hacer chocar las palmas de las manos en señal de alegría.

palo
nombre masculino

1 Trozo de madera más largo que grueso, como las ramas secas de los árboles, los travesaños de una portería de fútbol o las maderas de los barcos donde se sujetan las velas. ✍ 196

2 Golpe que se da con un trozo de madera: *Daba palos a la alfombra para quitarle el polvo*.

3 Madera. Los piratas llevan una pata de palo.

4 Cada uno de los grupos diferentes de cartas de una baraja. Los palos de la baraja española son cuatro: copas, oros, espadas y bastos.

5 Daño o pena que se le causa a alguien: *¡Qué palo!, ha suspendido*. Es un uso informal.

paloma
nombre femenino

1 Ave de tamaño medio con el plumaje de color blanco, gris o negro, capaz de volar durante muchas horas y de orientarse con facilidad. Antiguamente eran utilizadas para llevar mensajes a grandes distancias. 👁 El macho es el palomo.

palomar
nombre masculino

1 Lugar en donde se crían y van a refugiarse las palomas.

palomita
nombre femenino

1 Grano de maíz que se ha reventado después de haber sido frito con un poco de aceite. Normalmente, las palomitas son de color blanco y se comen con sal. 👁 Se usa más en plural.

palomo
nombre masculino

1 Macho de la paloma.

palote
nombre masculino

1 Raya recta y vertical que traza una persona cuando está aprendiendo a escribir.

palpar
verbo

1 Tocar con las manos para reconocer o examinar algo. Los ciegos palpan las cosas para saber cómo son.

P / **p**

2 Notar o percibir algo muy claramente: *El miedo se palpaba en el ambiente.*

palpitar
verbo   **1** Dar latidos el corazón. ✕✕ latir.

pamela
nombre femenino   **1** Sombrero de ala muy ancha que usan las mujeres.

pampa
nombre femenino   **1** Llanura extensa y sin árboles, propia de algunos países de América del Sur, como Argentina.

pamplina
nombre femenino   **1** Cosa que no tiene ninguna importancia: *Déjate de pamplinas y preocúpate por lo que te interesa de verdad.* Es una palabra informal. ☞ Se usa más en plural.

pamplonica
adjetivo y nombre masculino y femenino   **1** Se dice de la persona o cosa que es de Pamplona, capital de Navarra.

pan
nombre masculino   **1** Alimento que se hace con harina, agua, sal y levadura y se cuece en el horno. ✎ 600
ser pan comido Ser una cosa muy fácil de realizar.

pana
nombre femenino   **1** Tela gruesa de algodón, con pelos cortos y suaves formando rayas en una de sus caras. La pana se utiliza para hacer prendas de vestir.

panadería
nombre femenino   **1** Establecimiento en el que se hace y se vende pan, bollos, cruasanes y otros alimentos.

panadero, panadera
nombre   **1** Persona que hace o vende pan y otros productos de panadería.

panal
nombre masculino   **1** Conjunto de huecos o celdas que las abejas construyen con cera en la colmena para guardar la miel.

panameño, panameña
adjetivo y nombre   **1** Se dice de la persona o cosa que es de Panamá, país de América Central.

pancarta
nombre femenino   **1** Trozo de papel o tela grande en el que se pintan frases o peticiones que se pueden leer desde lejos. Se pueden ver pancartas en las manifestaciones.

pancho, pancha
tan pancho Se dice de la persona tranquila y que no se altera por cosas que alteran a los demás: *¿Cómo podéis estar tan panchos cuando hay tanto trabajo?*
tan pancho Se dice de la persona que se queda tranquila y satisfecha después de hacer o decir algo que altera a otros: *Cuando le ha dicho todo lo que pensaba de él se ha quedado tan pancha.*
👁 Es una expresión informal.

páncreas
nombre masculino   **1** Órgano del cuerpo, situado detrás del estómago, que produce un jugo que ayuda a digerir los alimentos. ✎ 594
👁 El plural es: páncreas.

panda
nombre femenino   **1** Pandilla o grupo de amigos que salen juntos. ✎ 200
nombre masculino   **2** Animal mamífero parecido a un oso que tiene el pelo de color blanco y negro. Los pandas se alimentan principalmente de vegetales. Son originarios de Asia.

pandereta
nombre femenino   **1** Instrumento musical formado por un aro de madera cubierto con una piel estirada y unas chapas de metal alrededor del aro. Se toca golpeándola con la mano abierta, con el puño o con los dedos. ✎ 536

pandilla
nombre femenino   **1** Grupo de amigos que habitualmente salen juntos. ✕✕ panda.

panera
nombre femenino   **1** Recipiente que sirve para guardar el pan o para servirlo en la mesa.

pánico
nombre masculino   **1** Sentimiento muy fuerte de miedo que no se puede controlar.

pánico

P
p

panorama
nombre masculino **1** Vista de una extensión grande de terreno que se ve desde un lugar. En algunas carreteras de montaña hay pequeñas entradas para contemplar el panorama.
2 Aspecto que presenta una determinada situación. Los medios de información reflejan el panorama político, social o económico.

pantalla
nombre femenino **1** Superficie plana y rectangular sobre la que se proyectan imágenes de cine o de fotografía.
2 Parte de un televisor, un ordenador y otros objetos electrónicos donde se ven las imágenes.
3 Parte de una lámpara que se pone alrededor de la bombilla. Las pantallas pueden ser de tela, plástico, cristal u otros materiales.

pantalón
nombre masculino **1** Prenda de vestir que se sujeta a la cintura y cubre cada pierna por separado.
☞ El plural es: pantalones. También se usa el plural para indicar sólo una unidad.

pantano
nombre masculino **1** Lago artificial, a menudo cerrado por una presa, en el que se almacenan las aguas de un río para aprovecharlas en el riego o en la obtención de electricidad. Cuando no llueve los pantanos se quedan vacíos. ≋ embalse.
2 Terreno poco profundo cubierto de aguas estancadas y de barro.

pantanoso, pantanosa
adjetivo **1** Se dice del terreno poco profundo que está cubierto de agua y barro.

pantera
nombre femenino **1** Animal mamífero carnívoro parecido al gato, pero mucho mayor, que puede ser de color amarillo con manchas oscuras o completamente negro. Es muy rápido y ágil.

pantorrilla
nombre femenino **1** Parte de atrás de la pierna de las personas que va de la rodilla al tobillo.

panza
nombre femenino **1** Barriga, normalmente grande y abultada, que tiene una persona o un animal.

panzada
nombre femenino **1** Golpe dado con la barriga. Cuando una persona se tira a una piscina se puede pegar una panzada.

pañal
nombre masculino **1** Prenda de tela o de papel que se pone a los niños pequeños entre las piernas para absorber y retener el pis y la caca.
☞ También se usa el plural para indicar sólo una unidad.

paño
nombre masculino **1** Tejido grueso de lana que se usa principalmente para hacer prendas de vestir de abrigo.
2 Trozo de tela cuadrado o rectangular, como un paño de cocina o un paño para quitar el polvo. ☞ 793
en paños menores En ropa interior o casi desnudo.

pañuelo
nombre masculino **1** Trozo cuadrado de tela o papel que sirve para limpiarse la nariz, el sudor o para otras cosas, como limpiar los cristales de unas gafas.
2 Trozo de tela que se pone en el cuello o la cabeza para abrigar o adornar.

papa
nombre masculino **1** Jefe supremo de la Iglesia católica.
2 Es otra forma de pronunciar y escribir: papá.
nombre femenino **3** Patata. Se usa en el español de Andalucía, Canarias y América.

papá
nombre masculino **1** Forma en que una persona se refiere a su padre o se dirige a él.
☞ Es una palabra familiar; en situaciones formales se usa: padre. También se escribe y se pronuncia: papa.

papada
nombre femenino **1** Abultamiento de carne que se forma debajo de la barbilla en las personas que están gruesas.

papagayo
nombre masculino **1** Ave tropical con plumas de colores llamativos y el pico corto, fuerte y curvado. Los papagayos se encuentran en América del Sur y África y algunos son capaces de imitar la voz humana.

papel

nombre masculino

1 Lámina fina de un material hecho con fibras vegetales que se utiliza para escribir, dibujar, envolver u otros usos. Las páginas de los libros son de papel.
2 Documento escrito que se necesita para hacer una cosa. Para matricularnos en una escuela tenemos que rellenar varios papeles.
3 Personaje que un actor representa en una película u obra de teatro.
4 Función que tiene que desempeñar una persona en una situación determinada: *Hizo el papel de consejero con su amigo.*
papel charol Papel brillante y de distintos colores. El papel charol se utiliza para hacer trabajos manuales.
papel higiénico Papel formado por varias capas muy suaves y finas, que se vende enrollado y se utiliza en el cuarto de baño.

papelera

nombre femenino

1 Recipiente donde se tiran los papeles que no sirven y otras cosas de basura. En las calles y en los parques hay papeleras para que la gente no tire papeles al suelo.

papelería

nombre femenino

1 Tienda en la que se venden libretas, cartulinas, lápices y otros objetos que se utilizan en oficinas o colegios.

papeleta

nombre femenino

1 Hoja pequeña de papel en la que hay escrito algún dato. Se usan papeletas para entregar calificaciones de exámenes o para votar en las elecciones.
2 Asunto difícil de resolver: *Vaya papeleta tener que decirle al director que hemos roto el cristal.* Es un uso informal.

paperas

nombre femenino plural

1 Enfermedad infecciosa, causada por un virus, que consiste en que se hinchan las glándulas de la saliva que están en la parte posterior de la boca. Las paperas atacan principalmente a niños y adolescentes.

papilla

nombre femenino

1 Alimento líquido y espeso preparado con harina y agua o leche que se da a los niños pequeños. También es el alimento triturado que se da a personas que tienen dificultad para masticar o tragar.

papiro

nombre masculino

1 Especie de hoja de papel sacada del tallo de una planta que antiguamente se utilizaba para escribir. Los egipcios, los griegos y los romanos escribían en papiro.

paquete

nombre masculino

1 Objeto envuelto para poder transportarlo. Los paquetes pequeños se pueden enviar por correo.
2 Papel, plástico u otro material que envuelve o contiene un producto, como un paquete de galletas, de pipas o de arroz. ✍ 800

par

adjetivo y nombre masculino

1 Se dice del número que se puede dividir exactamente por dos. Todos los números terminados en 2, 4, 6, 8 y 0 son pares. ✗ impar, non.

nombre masculino

2 Conjunto de dos personas, animales o cosas semejantes o iguales, como unos calcetines o unos zapatos. ✍ 593
de par en par Indica que una puerta, ventana o cualquier cosa está abierta del todo.

para

preposición

1 Indica la finalidad o la utilidad de una acción o de un objeto: *Hay que estudiar durante todo el curso para aprobar en junio. Este jarabe es para la tos.*
2 Indica una dirección o un destino. También introduce quién es el destinatario de algo: *Después del partido nos fuimos para casa. Esta carta es para el director.*
3 Indica un momento aproximado en el que puede ocurrir una cosa: *Yo creo que para el quince ya estaré de vuelta.*
4 Introduce una cosa que se tiene en consideración para decir si algo está bien o está mal: *Está muy alto para su edad. Habla muy bien para ser extranjero.*

P
p

P
___
p

que para qué Expresa la gran intensidad de una acción o de algo: *En la fiesta de cumpleaños de Alberto armamos una juerga que para qué.* Es una expresión informal.

parábola
nombre femenino **1** Cuento o historia que se cuenta para aprender algo. En la Biblia hay muchas parábolas contadas por Jesucristo a sus discípulos.
2 Línea curva que se puede dividir en dos partes iguales.

parabólica
adjetivo y nombre femenino **1** Se dice de la antena de televisión redonda que sirve para recibir la señal de televisiones que emiten vía satélite.

parabrisas
nombre masculino **1** Cristal grande que llevan los coches y otros vehículos en la parte delantera. 🖙 195
👁 El plural es: parabrisas.

paracaídas
nombre masculino **1** Utensilio que sirve para hacer que las personas u objetos que se tiran desde un avión caigan despacio y no se hagan daño al tocar el suelo. Un paracaídas está hecho por una pieza de tela rectangular o redonda que se sujeta con correas a la persona o al objeto.
👁 El plural es: paracaídas.

paracaidista
nombre masculino y femenino **1** Persona que salta de un avión con paracaídas. Hay paracaidistas civiles y militares.

parachoques
nombre masculino **1** Pieza estrecha y larga que tienen los vehículos en la parte baja delantera y trasera para protegerse de los golpes. 🖙 195
👁 El plural es: parachoques.

parada
nombre femenino **1** Lugar en el que se detienen los vehículos de transporte público para recoger o dejar viajeros.
2 Interrupción o fin de un movimiento o acción. Cuando llevamos mucho rato caminando hacemos una parada para descansar.
3 En fútbol y otros deportes, detención del balón por el portero.

parado, parada
adjetivo y nombre **1** Se dice de la persona que no tiene trabajo o empleo.
adjetivo **2** Se dice de la persona que no suele tener ideas para empezar a hacer cosas o que es muy tímida.
3 Se dice de la persona que tiene o muestra asombro o sorpresa por algo: *No me lo esperaba, me dejó parada.*

parador
nombre masculino **1** Hotel que presta un servicio de gran calidad y cuyas instalaciones mantienen el estilo y tradiciones típicas del lugar en el que se encuentra. Los paradores españoles suelen ser castillos o conventos restaurados y están situados en lugares de interés turístico.

paraguas
nombre masculino **1** Utensilio que sirve para protegerse de la lluvia. Tiene un bastón y unas varillas, cubiertas con un trozo circular de tela impermeable, que pueden extenderse o plegarse. Algunos paraguas son plegables para llevarlos dentro de un bolso.
👁 El plural es: paraguas.

paraguayo, paraguaya
adjetivo y nombre **1** Se dice de la persona o cosa que es de Paraguay, país de América del Sur.

paragüero
nombre masculino **1** Recipiente alto y estrecho que sirve para dejar los paraguas.

paraíso
nombre masculino **1** Según ciertas religiones, lugar donde se disfruta de la compañía de Dios, los ángeles y los santos para siempre. ⚔ cielo. ⚔ infierno.
2 Según la Biblia, lugar donde fueron creados y vivían Adán y Eva antes de cometer el primer pecado.
3 Lugar muy bello y agradable, donde todo es perfecto y se está muy bien.

paraje
nombre masculino **1** Lugar al aire libre muy lejano o aislado.

P
p

paralelo, paralela

adjetivo y nombre **1** Línea que está colocada al lado de otra y va en su misma dirección pero no se llegan a juntar nunca porque todos sus puntos están a la misma distancia. Las vías del tren están formadas por dos raíles paralelos.

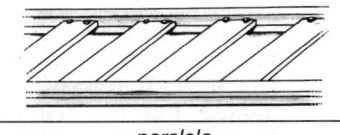

paralelo

adjetivo **2** Se dice de los hechos que son parecidos o que ocurren al mismo tiempo: *En la novela se cuentan dos historias paralelas*.

nombre masculino **3** En geografía, cada uno de los círculos imaginarios que rodean el planeta horizontalmente.

paralimpiada

nombre femenino **1** Celebración deportiva que tiene lugar cada cuatro años en un lugar determinado, en la que participan deportistas disminuidos físicos de casi todos los países del mundo en distintos deportes.
👁 Se utiliza más en plural.

paralímpico, paralímpica

adjetivo **1** Se dice de las cosas o las personas que tienen o han tenido relación con las paralimpiadas.

parálisis

nombre femenino **1** Pérdida de la capacidad de movimiento de un miembro o una parte del cuerpo, a causa de una enfermedad o un accidente.
👁 El plural es: parálisis.

paralítico, paralítica

adjetivo y nombre **1** Se dice de la persona que sufre parálisis.

paralizar

verbo **1** Perder o hacer perder la capacidad de movimiento de una parte del cuerpo. Algunos accidentes o enfermedades paralizan las piernas.
2 Detener el desarrollo de una acción o un proceso: *Han paralizado las obras*.
👁 Se escribe 'c' delante de 'e', como: paralicé.

parapente

nombre masculino **1** Deporte que consiste en lanzarse en paracaídas desde un lugar alto.

parapetado, parapetada

adjetivo **1** Que está resguardado detrás de un objeto o de un lugar que le sirve de protección.

parar

verbo **1** Dejar de moverse o de hacer algo: *Para ya de molestar*.
2 Detener o impedir que siga un movimiento o una acción: *Para un momento el aspirador que no oigo*.
3 Estar una persona o cosa durante un tiempo en un lugar: *¿Sabes dónde paran mis llaves?*
ir a parar Llegar una cosa o una persona a un lugar, una situación o a ser propiedad de alguien: *Los cuadros robados fueron a parar a un coleccionista extranjero*.
pararse a Seguido de un verbo en infinitivo, realizar la acción que indica ese verbo con calma y atención. Antes de responder una pregunta de un examen hay que pararse a pensar.

pararrayos

nombre masculino **1** Aparato metálico que se coloca en los tejados para proteger los edificios de los rayos.
👁 El plural es: pararrayos.

parásito

nombre masculino **1** Animal o vegetal que vive y se alimenta de otro ser vivo causándole un daño. Las pulgas son parásitos de los perros.

parcela

nombre femenino **1** Parte en la que se divide un terreno dedicado al cultivo.
2 Terreno que pertenece a una persona y que está registrado legalmente. Algunas personas se compran una parcela para construirse una casa a su gusto.
3 Parte pequeña de una cosa. La geometría es una parcela de las matemáticas.

parche

nombre masculino **1** Trozo de tela o de otro material flexible y resistente que sirve para tapar un agujero o un defecto.
2 Cosa que se añade a otra y que

P
p

la estropea en vez de mejorarla. ✖✖ pegote.

3 Arreglo provisional que se hace en algo roto o defectuoso para que aguante un tiempo antes de una reparación definitiva.

parchís
nombre masculino

1 Juego de mesa que consiste en hacer avanzar cinco fichas de color amarillo, rojo, azul o verde por un tablero dividido en casillas, según el número que indica un dado que se tira. El conjunto de tablero y fichas también se llama parchís. ☞ El plural es: parchises.

parcial
adjetivo

1 Que no está completo o acabado del todo o que sólo afecta a una parte de algo. Un eclipse de Sol parcial es el que sólo cubre una parte del Sol.

2 Se dice de la persona que cuando juzga un conflicto entre dos partes, se inclina injustamente por una de ellas. ✖✖ imparcial.

adjetivo y nombre masculino

3 Se dice del examen en el que entra parte del total de una asignatura. Los parciales se suelen hacer a mitad de curso.

pardo, parda
adjetivo

1 Se dice del color marrón como el de la tierra o la piel de algunos osos.

parecer
verbo

1 Tener un aspecto determinado. Una persona con tacones parece más alta de lo que es.

2 Haber razones o indicios para creer algo: *Parece que va a llover porque el cielo está muy nublado*. Con este significado sólo se utiliza en tercera persona.

3 parecerse Tener características o rasgos semejantes a los de otra persona o cosa.

nombre masculino

4 Opinión o idea que se tiene sobre algo: *Le pregunté su parecer sobre la compra*.

al parecer Según lo que se dice o se sabe en general: *Al parecer habrá huelga de transportes*.

☞ Se conjuga como: agradecer; la 'c' se convierte en 'zc' delante de 'a' y 'o', como: parezco.

parecido, parecida
adjetivo

1 Que tiene rasgos o características semejantes a los de otra persona o cosa. El cielo y el mar tienen un color parecido.

nombre masculino

2 Conjunto de características o rasgos que hacen que dos personas o cosas se parezcan.

pared
nombre femenino

1 Construcción vertical, generalmente de albañilería, que cierra o separa un espacio.

subirse por las paredes Estar una persona muy enfadada o de muy mal humor.

pareja
nombre femenino

1 Conjunto de dos personas, animales o cosas de la misma especie: *A la cena vamos tres parejas*. ✍ 593

2 Cada una de las personas o cosas que forman parte de un par: *He perdido la pareja del calcetín*. ✖✖ compañero.

parentela
nombre femenino

1 Conjunto de personas que pertenecen a una misma familia: *Se presentó con toda la parentela*. Es una palabra informal y despectiva. ✖✖ familia.

parentesco
nombre masculino

1 Relación que existe entre personas que pertenecen a la misma familia.

paréntesis
nombre masculino

1 Signo de ortografía que se usa para aislar un grupo de palabras en un texto. Los paréntesis se escriben así: ( ).

2 Interrupción o cambio momentáneo en una actividad. Los trabajadores hacen un paréntesis para comer y luego siguen trabajando. ☞ El plural es: paréntesis.

parida
nombre femenino

1 Cosa extremadamente absurda o estúpida que hace o dice una persona. ✖✖ idiotez. ☞ Es una palabra informal.

pariente
nombre masculino y femenino

1 Persona que es de la misma familia que otra: *Pasamos la Navidad en casa de unos parientes*. ✖✖ familiar. ✍ 197

P p

paripé

nombre masculino

1 Aquello que se hace o se dice para engañar a alguien o para quedar bien: *Tuve que ir a la fiesta y hacer el paripé de que me divertía.* 👁 Es una palabra informal.

parir

verbo

1 Expulsar la mujer o la hembra de algunos animales el feto que tiene en su vientre cuando ya está desarrollado.

párking

nombre masculino

1 Lugar preparado y reservado para dejar los vehículos durante un tiempo, normalmente pagando una cantidad de dinero a cambio. 🔀 aparcamiento.

parlamentario, parlamentaria

adjetivo

1 Del parlamento o relacionado con el parlamento. Algunos debates parlamentarios son retransmitidos por televisión.

nombre

2 Político que forma parte de un parlamento.

parlamento

nombre masculino

1 Institución política, compuesta por miembros elegidos por los ciudadanos, que se encarga de elaborar, aprobar o reformar las leyes que rigen un país. También es el edificio donde se reúnen las personas que forman parte de esta institución. 👁 Se escribe con mayúscula.

parlanchín, parlanchina

adjetivo y nombre

1 Que habla mucho. 👁 El plural de 'parlanchín' es: parlanchines. Es una palabra familiar.

paro

nombre masculino

1 Situación de las personas que no tienen empleo.

parónimo, parónima

adjetivo

1 Se dice de las palabras que tienen algún tipo de parecido formal. 'Caza' y 'casa' son parónimos.

parpadear

verbo

1 Abrir y cerrar los párpados en un movimiento muy rápido.

2 Apagarse y encenderse repetidamente una luz que está encendida: *Esta bombilla se va a fundir porque lleva un rato parpadeando.*

párpado

nombre masculino

1 Cada uno de los pliegues de piel que protegen los ojos. Cuan-do lloramos mucho rato se nos hinchan los párpados.

parque

nombre masculino

1 Lugar con plantas y árboles donde se va a pasear, descansar o divertirse.

2 Especie de cuna sin patas de forma cuadrada o redonda, rodeada por una red donde se pone a los niños pequeños para que jueguen. **parque de atracciones** Recinto donde hay muchas atracciones y aparatos para divertirse.

parqué

nombre masculino

1 Suelo de madera hecho con tablas estrechas que forman dibujos geométricos. 👁 También se pronuncia y se escribe: parquet.

parquet

nombre masculino

1 Es otra forma de pronunciar y escribir: parqué. 👁 El plural es: parquets.

parra

nombre femenino

1 Planta de la uva, en especial la de tallos muy alargados que trepan y se sujetan sobre un armazón. 🔀 vid; cepa.

párrafo

nombre masculino

1 Parte de un escrito formado por líneas que están separadas del resto por un punto y aparte.

parrilla

nombre femenino

1 Utensilio de cocina formado por un conjunto de barras de hierro unidas a un mango, que se coloca directamente sobre el fuego y sirve para asar alimentos.

parrillada

nombre femenino

1 Comida que consiste en varios alimentos asados directamente en el fuego en una parrilla.

párroco

nombre masculino

1 Sacerdote que dirige una parroquia.

parroquia

nombre femenino

1 Iglesia principal de una zona donde acuden de forma habitual las personas del lugar. También es el conjunto de estas personas que acuden a la iglesia.

parte

nombre femenino

1 Cantidad de personas o cosas que pertenecen a un grupo o con-

P

p

junto mayor. También es cada una de las unidades en que se puede dividir algo, como un capítulo que es una parte de una novela.

2 Cantidad indefinida de algo que tiene que dar o recibir alguien en un reparto. Cuando queremos hacer un regalo a un amigo del grupo, cada uno pone una parte de dinero.

3 Cada una de las personas o grupos que participan o tienen los mismos intereses en un asunto.

4 Sitio o lugar cualquiera. A veces cuando estamos cansados no queremos ir a ninguna parte.

nombre masculino **5** Información o noticia que se comunica cada cierto tiempo a alguien, como un parte médico, meteorológico o de guerra. También es un programa de radio o televisión que da información puntual.

nombre femenino plural **6 partes** Órganos genitales de una persona o animal. Esta palabra se utiliza para evitar otras que suenan mal.

tomar parte Participar o intervenir en algo.

participación
nombre femenino **1** Intervención de una persona en un acto determinado. Algunas películas suelen contar con la participación de un actor invitado.

2 Cantidad de dinero que se juega y que corresponde a una parte de un décimo de lotería; también es el billete en el que se escribe la cantidad de dinero que se juega.

3 Aviso o noticia que se da de algún acontecimiento importante, así como la tarjeta en la que se da. Las personas suelen enviar participaciones de su boda a los amigos. 👁 El plural es: participaciones.

participante
adjetivo y nombre masculino y femenino **1** Se dice de la persona o el equipo que toma parte en un concurso o en una competición. 🔎 798

participar
verbo **1** Intervenir o tomar parte en algún asunto o acción junto con otras personas. Si una persona participa en un concurso de poesía, compite con otras personas por el premio.

2 Comunicar una noticia a alguien. Cuando las personas tienen hijos suelen participar la noticia a los amigos. Es un uso formal.

participio
nombre masculino **1** Forma no personal del verbo que indica que la acción expresada por el verbo ya ha terminado y tiene la misma función que el adjetivo. El participio en español termina en '-ado' o en '-ido'; 'dormido' es el participio de 'dormir'.

partícula
nombre femenino **1** Parte o trozo muy pequeño de algo.

2 En gramática, palabra que no cambia de forma, como la conjunción o la preposición.

particular
adjetivo **1** Que es característico o propio de una persona o cosa. Cada fruta tiene su sabor particular que la distingue de otras. ✳️ peculiar.

2 Que pertenece a una o varias personas o es utilizada o disfrutada por ellas de manera exclusiva.

3 Se dice de las personas o las cosas que son especiales, diferentes de lo corriente, generalmente en un sentido positivo. Una sonrisa es particular cuando resulta muy agradable y sorprendente.

nombre masculino **4** Asunto o tema del que se habla o se trata: *No dijo nada sobre el particular*.

en particular Especialmente, en concreto.

partida
nombre femenino **1** Salida de un lugar. Cuando llega el momento de la partida mucha gente se emociona al despedirse de familiares o amigos.

2 Conjunto de jugadas que se hacen en un juego desde que empieza hasta que termina. Una partida de ajedrez puede ser muy larga.

3 Conjunto de mercancías que se ponen a la venta, se envían o se reciben de una vez.

partidario, partidaria
adjetivo y nombre **1** Se dice de la persona que está a favor de una persona, una ideas o un partido político.

P

p

partido

nombre masculino

1 Conjunto de personas que comparten las mismas ideas políticas y están organizadas para defenderlas en las instituciones políticas del país. Hay partidos de izquierdas, de derechas y de centro.
2 Competición deportiva en la que juegan dos equipos o dos personas que se enfrentan.
sacar partido Obtener un provecho o un beneficio de alguna cosa.
tomar partido Mostrarse a favor de una persona o cosa que está enfrentada a otra u otras.

partir

verbo

1 Dividir o separar una cosa en partes, como un pastel o el pan.
2 Romper algo: *Se ha partido la pata de la silla.*
3 Ponerse en camino o marcharse de un lugar: *El tren partirá a las diez en punto.* ※ salir.
4 Tener una cosa su origen en algo o alguien: *No sé de quién partió la idea.*
5 partirse Reírse mucho y con muchas ganas. ※ desternillarse.
a partir de Desde el momento que se indica: *A partir de mañana suben los precios.*

partitura

nombre femenino

1 Texto escrito de una composición musical. Muchas personas tocan el piano sin leer la partitura.

parto

nombre masculino

1 Acción que consiste en expulsar la mujer o la hembra de algunos animales el feto que tiene en su vientre cuando está desarrollado. En las mujeres, el parto llega después de unas cuarenta semanas de embarazo. ※ nacimiento.

párvulo

adjetivo y nombre masculino y femenino

1 Se dice del niño que tiene pocos años de edad, especialmente del que está en una clase o en un centro de educación preescolar.

pasa

nombre femenino

1 Uva seca. Las pasas son dulces y se comen con frutos secos.

pasable

adjetivo

1 Que no resulta demasiado malo o feo.

pasacalles

nombre masculino

1 Pieza musical de ritmo vivo que tocan las bandas en las fiestas populares.
👁 El plural es: pasacalles.

pasada

nombre femenino

1 Repaso que se hace de algo. Antes del examen se suele dar una última pasada a los apuntes.
2 Que destaca por ser o estar fuera de lo normal: *Ese chico es una pasada de guapo.* Es un uso informal.

pasadizo

nombre masculino

1 Paso estrecho y corto que se usa para pasar de un sitio a otro.

pasado, pasada

adjetivo y nombre masculino

1 Se dice del tiempo que es anterior al presente y de las cosas que ocurrieron en ese tiempo.

adjetivo

2 Se dice del producto que está en mal estado o estropeado. Los alimentos pasados no se pueden comer.

nombre masculino y adjetivo

3 Tiempo verbal que indica lo que ya ha ocurrido en un tiempo anterior al presente. 'Canté' es el pasado de 'cantar'. ※ pretérito.

pasador

nombre masculino

1 Objeto plano que sirve para sujetar o adornar el pelo.
2 Pieza de metal que corre dentro de otra y sirve para cerrar puertas, ventanas o cajas. La puerta del cuarto de baño suele tener un pasador. ※ pestillo.

pasaje

nombre masculino

1 Billete que se necesita para viajar en barco o en avión.
2 Conjunto de personas que viajan en un barco o avión.
3 Paso corto y estrecho que comunica dos calles, a menudo cubierto, y por el cual no pasan coches. En los pasajes suele haber comercios.
4 Fragmento de una obra literaria o musical con contenido completo: *Nos leyó un pasaje muy divertido de la novela.* ※ episodio.

pasajero, pasajera

adjetivo

1 Que no dura mucho, que pasa rápido: *No te preocupes, su enfado es pasajero.*

nombre

2 Persona que viaja en un medio de transporte público o en un vehículo que no conduce.

P p

pasamanos
nombre masculino

1 Barra o parte superior de una barandilla que sirve para apoyar las manos.
👁 El plural es: pasamanos.

pasamontañas
nombre masculino

1 Prenda de vestir, normalmente de lana, que cubre la cabeza y el cuello y deja al descubierto sólo la cara o los ojos.
👁 El plural es: pasamontañas.

pasaporte
nombre masculino

1 Documento que demuestra la identidad y nacionalidad de una persona. Es necesario llevar el pasaporte para viajar a algunos países extranjeros pero no para los países de la Unión Europea.

pasapuré
nombre masculino

1 Utensilio de cocina que sirve para triturar alimentos y convertirlos en puré. 🖎 793

pasar
verbo

1 Llevar de un lugar a otro: *Pasa los muebles a la otra habitación.*
2 Ir de un lado a otro o atravesar un lugar: *Cuidado al pasar la calle, mira bien a los dos lados.* ✖ cruzar.
3 Ocurrir o producirse un hecho: *¿Qué te ha pasado?*
4 Estar en un lugar, un estado o una situación determinada durante un tiempo: *Ha pasado los tres últimos años en el extranjero.*
5 Correr o transcurrir el tiempo: *Las horas pasan a veces sin que uno se dé cuenta.*
6 Acabar o dejar de suceder algo: *Ya pasó la tormenta.*
7 Entrar en un lugar: *Que pase el siguiente.*
8 Tener una enfermedad o algún tipo de desgracia o calamidad. Todos pasamos la gripe alguna vez.
9 Ir a un lugar sin quedarse mucho tiempo en él: *Si tengo un rato, pasaré por tu despacho.*
10 No preocuparse o no interesarse por algo o por alguien: *No tengo hambre, paso de comer.* Es un uso informal.
11 Dar o hacer llegar una cosa a alguien: *Me ha pasado su chaqueta roja. ¿Me pasas la sal?*
12 Aprobar un examen o una prueba.
13 Hacer deslizar una cosa sobre una superficie. Para quitar el polvo hay que pasar un trapo por los muebles.
14 Poder vivir o hacer algo sin una cosa. Los drogadictos no pueden pasar sin la droga.
15 pasarse Empezar a estropearse un alimento, en especial la fruta.
16 pasarse Hacer algo o comportarse de un modo que resulta excesivo en una situación determinada. También se dice: pasarse de la raya.
17 pasarse Borrarse de la memoria una cosa que se debía recordar: *Se me pasó que habíamos quedado, lo siento.*

pasarela
nombre femenino

1 Puente pequeño y estrecho, hecho de materiales ligeros, para cruzar un espacio, como el que se coloca entre un barco y el muelle para que bajen los pasajeros.
2 Pasillo estrecho y elevado por el que pasan los modelos en un desfile de modas.

pasatiempo
nombre masculino

1 Cualquier juego o diversión que sirve para pasar un rato entretenido. Los periódicos suelen tener una página con algunos pasatiempos, como jeroglíficos o sopas de letras. 🖎 200

pascua
nombre femenino

1 Fiesta cristiana que celebra la resurrección de Jesucristo.
2 Fiesta judía que celebra el fin de la esclavitud de su pueblo en Egipto.

nombre femenino plural

3 pascuas Periodo de tiempo que va desde el 24 de diciembre hasta el 6 de enero. ✖ Navidad.
como unas pascuas Se dice de la persona que está muy alegre o animada.
hacer la pascua Hacer algo que molesta o perjudica a una persona. Los amigos no suelen hacerse la pascua a propósito. ✖ fastidiar.

pase
nombre masculino

1 Documento en el que se concede un permiso para hacer algo, en especial para entrar o salir de un lugar.

2 Cada una de las ocasiones en que se proyecta una película. En los cines suele haber dos o tres pases diarios. ✖✖ sesión.
3 Acto en el que unos modelos muestran al público unos trajes. ✖✖ desfile.
4 En algunos deportes de equipo, envío del balón de un jugador a otro de su equipo para que siga la jugada.
5 En el toreo, acción que consiste en que el torero deja pasar al toro después de haber atraído su atención.

pasear
verbo **1** Andar por la calle con tranquilidad, para distraerse, tomar el aire o hacer ejercicio. ✖✖ caminar.
2 Ir a caballo, en coche, bicicleta o en barco para divertirse o hacer ejercicio: *En el lago del parque hay barcas para pasear.*
3 Llevar de paseo a una persona o un animal.

paseo
nombre masculino **1** Acción que consiste en andar despacio por diversión, para tomar el aire o hacer ejercicio.
2 Calle o avenida, a menudo con árboles, por donde la gente pasea con comodidad.
mandar a paseo Rechazar a una persona con enfado o disgusto.

pasillo
nombre masculino **1** Espacio largo y estrecho que comunica unas habitaciones con otras en el interior de una casa o edificio. ✖✖ corredor.

pasión
nombre femenino **1** Sentimiento muy fuerte, tanto que no se puede controlar o analizar de forma racional, como el amor o el odio.
2 Fuerza o intensidad de un sentimiento o una afición: *Le gusta la montaña con pasión.*
◉ El plural es: pasiones.

pasividad
nombre femenino **1** Característica de la persona que no hace algo que tiene que hacer o que deja que los demás actúen y tomen todas las decisiones por él.

pasivo, pasiva
adjetivo **1** Que no hace nada y deja que actúen los demás. La actitud pasiva no es buena para aprender.
adjetivo y nombre femenino **2** Se dice de la forma verbal que indica que la acción no la hace el sujeto sino que la recibe; también son pasivas las oraciones que tienen el verbo en pasiva. 'María ha sido saludada por Juan' es una oración pasiva.

CONJUGACIÓN PASIVA

ser amado

INDICATIVO	SUBJUNTIVO
presente	**presente**
soy amado	sea amado
eres amado	seas amado
es amado	sea amado
somos amados	seamos amados
sois amados	seáis amados
son amados	sean amados
pretérito imperfecto	**pretérito imperfecto**
era amado	fuera amado *o*
eras amado	fuese amado
era amado	fueras amado *o*
éramos amados	fueses amado
erais amados	fuera amado *o*
eran amados	fuese amado
	fuéramos amados *o*
pretérito indefinido	fuésemos amados
fui amado	fuerais amados *o*
fuiste amado	fueseis amados
fue amado	fueran amados *o*
fuimos amados	fuesen amados
fuisteis amados	
fueron amados	**futuro**
	fuere amado
futuro	fueres amado
seré amado	fuere amado
serás amado	fuéremos amados
será amado	fuereis amados
seremos amados	fueren amados
seréis amados	
serán amados	

IMPERATIVO
sé amado (tú)
sea amado (usted)
sed amados (vosotros)
sean amados (ustedes)

condicional
sería amado
serías amado
sería amado
seríamos amados
seríais amados
serían amados

FORMAS NO PERSONALES
infinitivo   gerundio
ser amado   siendo amado
participio
sido amado

pasmado, pasmada
adjetivo y nombre **1** Que se queda sin saber qué decir o qué hacer o sin entender lo que pasa en una situación.
adjetivo **2** Que está muy asombrado por

P

p

algo: *Se quedó pasmado mirando la puesta de sol.*

pasmarote

nombre masculino

1 Persona que se queda inmóvil y no reacciona ante algo que se le dice o ante algo que pasa a su alrededor. Decimos que una persona se queda como un pasmarote cuando está con otras personas y no se atreve a hacer ni decir nada. 👁 Es una palabra informal.

paso

nombre masculino

1 Movimiento que se realiza al andar, levantando un pie, adelántandolo y volviéndolo a poner sobre el suelo. También es el espacio que se recorre al realizar este movimiento.
2 Modo de moverse o andar, como el paso inseguro de los niños cuando empiezan a caminar o el paso elegante de las modelos.
3 Cada uno de los movimientos que se hacen al bailar.
4 Lugar por el que se pasa para ir de un sitio a otro o de un extremo a otro. ✍ 198
5 Señal que deja el pie al pisar, como los pasos que dejamos sobre la arena o la nieve. Con este significado se usa más en plural. ✖ pisada; huella.
paso a nivel Lugar en que se cruza una vía del tren con un camino al mismo nivel por donde pueden pasar los coches. El paso a nivel tiene unas barreras que se cierran al pasar el tren.

pasodoble

nombre masculino

1 Baile típico español por parejas, de ritmo vivo. En el pasodoble el hombre coge con su mano derecha la mano izquierda de la mujer y con la otra le rodea la cintura.
2 Música con que se acompaña este baile. El pasodoble es la música típica de las corridas de toros y de algunos desfiles militares.

pasota

nombre masculino y femenino

1 Persona que no se preocupa ni se interesa por nada: *Es un pasota, todo le da igual.* 👁 Es una palabra informal.

pasta

nombre femenino

1 Masa de harina y agua con la que se hacen los espaguetis, macarrones, fideos y otros alimentos parecidos.
2 Dulce pequeño de forma plana que se hace con harina, azúcar, huevos y cualquier otro ingrediente dulce, y se cuece en el horno.
3 Masa espesa fácil de modelar que se hace mezclando cosas sólidas con sustancias líquidas, y que cuando se seca queda dura. El cemento es una pasta que se hace con arcilla, cal y agua.
4 Dinero. Es un uso informal.
5 Cada una de las dos tapas que cubre las hojas de un libro.

pastar

verbo

1 Comer hierba el ganado en el campo. ✖ pacer.

pastel

nombre masculino

1 Dulce blando y de pequeño tamaño que puede estar hecho con diversos ingredientes dulces, como chocolate o crema.

adjetivo

2 Se dice del color que tiene un tono muy pálido y suave.

pastelería

nombre femenino

1 Establecimiento donde se elaboran y venden dulces, pasteles, bombones y tartas.

pastelero, pastelera

nombre

1 Persona que hace o vende pasteles, pastas u otro tipo de dulces.

pasterizado, pasterizada

adjetivo

1 Es otra forma de escribir y pronunciar: pasteurizado.

pasteurizado, pasteurizada

adjetivo

1 Se dice del alimento que ha sido calentado a una temperatura elevada para quitarle los microbios, en especial de la leche y los productos lácteos. 👁 También se escribe y se pronuncia: pasterizado.

pastilla

nombre femenino

1 Medicamento sólido, de forma redondeada y pequeña para que pueda tragarse con facilidad.
2 Trozo de alguna pasta dura, de pequeño tamaño y de forma redonda o cuadrada, como una pastilla de jabón o de chocolate.

a toda pastilla Muy rápido o a gran velocidad: *Los bomberos pasaron a toda pastilla*. Es una expresión informal.

pastizal
nombre masculino **1** Terreno de mucho pasto para el ganado.

pasto
nombre masculino **1** Hierba que come el ganado en el campo. El pasto es abundante después de las lluvias. ✕ forraje.
2 Campo donde crece hierba con la que se alimenta al ganado. Con este significado se usa más en plural. ✕ pastizal.
3 Lo que se consume o se destruye a causa de algo. Decimos que una casa ha sido pasto de las llamas cuando ha quedado destruida por el fuego.

pastor, pastora
nombre **1** Persona que se dedica a cuidar el ganado y a llevarlo a pastar al campo, especialmente las vacas, las cabras y las ovejas.
nombre masculino **2** Sacerdote que pertenece a la religión protestante.

pastoso, pastosa
adjetivo **1** Se dice de la sustancia que es blanda y espesa, como una pasta.

pata
nombre femenino **1** Pierna o pie de un animal. Los mamíferos tienen cuatro patas.
2 Cada una de las piezas verticales que sujetan un mueble o un objeto. Las sillas y las mesas suelen tener cuatro patas.
3 Pierna de una persona. Es un uso informal.
a cuatro patas Apoyando las rodillas o los pies y las palmas de la mano en el suelo al mismo tiempo. Los bebés que aún no saben andar se pasean por el suelo a cuatro patas. ✕ a gatas.
a la pata coja Forma de andar que consiste en doblar una pierna e ir dando saltos con la otra.
estirar la pata Morirse una persona. Es una expresión informal.
meter la pata Decir o hacer una cosa que no se debe, o hacerla en un momento poco oportuno o adecuado.

patas de gallo Conjunto de arrugas que aparecen alrededor de los ojos de las personas cuando van envejeciendo.

patada
nombre femenino **1** Golpe dado con el pie, normalmente con la punta del pie.

patalear
verbo **1** Dar patadas en el suelo con fuerza, generalmente en señal de protesta o enfado.
2 Mover mucho las piernas, en especial en el aire o en el agua.

pataleta
nombre femenino **1** Muestra de enfado fuerte pero que dura poco y no se debe a nada importante. ✕ rabieta.

patata
nombre femenino **1** Parte comestible de la raíz de una planta, de forma redondeada, y carne blanca y piel marrón. La planta también se llama patata.
2 Cosa que está mal hecha o tiene mala calidad: *Este dibujo es una patata, lo tendrás que repetir*. Es un uso informal. ✕ caca.

patatús
nombre masculino **1** Desmayo o ataque de nervios fuerte: *Empezó a ponerse blanco y le dio un patatús*. ✕ telele.
2 Impresión o susto muy fuerte: *Cuando lo vi llegar casi me da un patatús, no me lo esperaba en absoluto*.
👁 El plural es: patatús. Es una palabra informal.

paté
nombre masculino **1** Pasta blanda que se hace con el hígado, la carne y la grasa de algún animal y se suele comer untada en un trozo de pan.

patear
verbo **1** Dar golpes en el suelo o en otro sitio con los pies.
2 Andar mucho a pie por algún lugar. Para conocer bien una ciudad hay que patearla.

patente
nombre femenino **1** Documento oficial que dice quién es el inventor o propietario de un descubrimiento o de una marca y que autoriza a quien la tiene a ser el único que puede venderla o fabricarla.

P
p

P

p

paternal
adjetivo **1** Se dice de los sentimientos que tienen el amor y la ternura que un padre siente hacia su hijo.

paternidad
nombre femenino **1** Hecho de ser padre o situación del hombre que es padre.

paterno, paterna
nombre **1** Se dice de lo que es del padre o está relacionado con él. Los abuelos paternos son los padres del padre.

patético, patética
adjetivo **1** Que causa tristeza o pena.

patilla
nombre femenino **1** Pelo que crece en la cara, delante de las orejas. Algunos hombres llevan las patillas largas.
2 Cada una de las dos piezas finas y alargadas con las que se sujetan las gafas a las orejas.

patín
nombre masculino **1** Objeto que se pone en los pies y sirve para patinar sobre una superficie lisa y dura. Hay patines de ruedas para ir por la tierra y con cuchillas para ir sobre el hielo.
2 Pequeña embarcación con pedales que se utiliza como diversión en playas y lagos.
👁 El plural es: patines.

patinador, patinadora
nombre **1** Persona que practica patinaje.

patinaje
nombre masculino **1** Deporte o diversión que consiste en resbalar sobre una superficie con patines haciendo una serie de ejercicios difíciles.

patinar
verbo **1** Resbalar o deslizarse sobre una superficie con unos patines de ruedas o de cuchillas. Algunas personas van patinando por las calles.
2 Resbalar sin querer una persona o las ruedas de un coche.
3 Hacer o decir algo equivocado o que no se debía hacer o decir. Es un uso informal.

patinazo
nombre masculino **1** Movimiento brusco, y normalmente involuntario, que se hace cuando se resbala o patina.
2 Equivocación que comete una persona al hacer o decir algo. Es un uso informal.

patinete
nombre masculino **1** Juguete que consiste en una plancha con ruedas de la que sale una barra larga con un manillar para dirigirlo.

patinete

patio
nombre masculino **1** Espacio descubierto en el interior de un edificio, a menudo rodeado de paredes o por una galería, en el que se juega, se toma el sol o se tiende la ropa.
patio de butacas Planta baja de un cine o teatro en el que están los asientos para el público.

pato, pata
nombre **1** Ave acuática que tiene las patas cortas, con membranas que unen los dedos, y el pico plano.
adjetivo y nombre masculino **2** Se dice de la persona que se mueve de manera torpe.
pagar el pato Cargar con la culpa de un error que han cometido otras personas.

patoso, patosa
adjetivo **1** Se dice de la persona que es torpe para moverse: *Es una patosa y baila muy mal*.
2 Se dice de la persona que no tiene habilidad para hacer algo: *Es un patoso para la jardinería*.

patria
nombre femenino **1** Lugar, tierra o país en el que ha nacido una persona.

patrimonio
nombre masculino **1** Conjunto de bienes o cosas de valor que tiene una persona, institución o país.

patriota
adjetivo y nombre masculino y femenino **1** Se dice de la persona que siente o manifiesta amor o lealtad hacia su patria.

P
p

patriotismo
nombre masculino **1** Amor o lealtad hacia la patria de una persona.

patrocinar
verbo **1** Pagar los costes de un programa de televisión o de cualquier acto cultural o deportivo, a cambio de publicidad. Muchas empresas patrocinan equipos de fútbol. **2** Ayudar y proteger a una persona para que haga algo.

patrón, patrona
nombre **1** Persona que manda o dirige alguna cosa, que es propietaria de una fábrica o negocio o que contrata trabajadores para realizar un trabajo físico. Hay patrones de barco, patrones de empresas o de pensiones que ofrecen alojamiento. También se dice: patrono. **2** Santo o virgen que se cree que protege a un grupo de personas o un lugar: *El apóstol Santiago es el patrón de España.*
nombre masculino **3** Objeto que se utiliza como modelo. Los niños utilizan patrones para hacer algunos dibujos. ✍ 796
👁 El plural de 'patrón' es: patrones.

patrulla
nombre femenino **1** Grupo pequeño de personas que tienen una misión específica, en especial de policías. **2** Grupo pequeño de aviones o de barcos que vigilan o defienden algún lugar de la costa.

patrullar
verbo **1** Recorrer un lugar para vigilarlo y ocuparse de que no ocurra nada anormal.

patuco
nombre masculino **1** Prenda de lana parecida a una bota que se pone a los bebés o que usan las personas mayores en la cama para abrigar los pies.

pausa
nombre femenino **1** Parada breve en que se deja de hacer lo que se estaba haciendo. **2** Falta de rapidez en lo que se hace o se dice. Cuando se escribe con pausa, la letra sale mejor. ✗✗ lentitud.

pausado, pausada
adjetivo **1** Que habla o actúa con lentitud y sin prisas. También son pausadas las cosas que se hacen o se dicen de este modo.

pauta
nombre femenino **1** Modelo que alguien sigue para hacer algo. Lo que hacen los padres suele ser la pauta que siguen los hijos en su comportamiento. **2** Papel que tiene unas rayas para poder escribir sin torcerse; también son pautas esas rayas. ✍ 396

pavimento
nombre masculino **1** Superficie llana y lisa que se pone sobre el suelo de las calles y carreteras para que se pueda circular por ellas con facilidad.

pavo, pava
nombre **1** Ave doméstica del mismo grupo que la gallina, de color negro, con el cuerpo robusto, las alas cortas y las patas fuertes. No tiene plumas en la cabeza y cuello y presenta unas carnosidades rojizas en la cabeza y el pico.
pavo real Ave del mismo grupo que la gallina, con una cola muy grande y hermosa en el macho, de color verde brillante, que despliega para impresionar a la hembra.

payasada
nombre femenino **1** Acción o dicho que se considera propio de un payaso por ser poco serio y causar risa.

payaso, payasa
nombre **1** Persona que se dedica a hacer reír a los demás, especialmente a los niños en un circo. **2** Persona que gasta bromas, no hace las cosas en serio y hace reír a los demás, normalmente haciendo tonterías.

paz
nombre femenino **1** Situación en la que no hay guerra ni enfrentamientos con armas entre dos o más países o regiones. **2** Acuerdo o pacto para poner fin a una guerra o a un conflicto armado entre dos países o grupos enfrentados: *Los países en guerra firmaron la paz.* **3** Tranquilidad y calma que hay en un lugar o en una situación: *Se fue de vacaciones a un pueblo pequeño en busca de paz.*

P

p

dejar en paz No molestar o fastidiar a una persona o no toquetear o mover de sitio una cosa: *¡Deja en paz las cortinas que las vas a estropear!*
descansar en paz Estar muerta una persona o estar enterrada en algún lugar.
hacer las paces Volver a ser amigas o a tener una relación de buen entendimiento las personas que se habían enemistado.
y en paz Expresión que se usa para dar por terminado un asunto o una discusión: *Que cada cual se pague lo suyo y en paz.*
👁 El plural es: paces.

pazo
nombre masculino **1** Casa de campo característica de Galicia.

pe
nombre femenino **1** Nombre de la letra 'p'.
de pe a pa Del principio al final. Para sacar buenas notas hay que saberse las lecciones de pe a pa.

peaje
nombre masculino **1** Cantidad de dinero que hay que pagar para poder pasar por un lugar, en especial por una autopista. También es el lugar donde se paga esta cantidad.

peatón, peatona
nombre **1** Persona que va a pie por una calle. 🖎 198
👁 El plural de peatón es: peatones.

peatonal
adjetivo **1** Que está destinado a las personas que van a pie. En las calles peatonales no entran los coches.

peca
nombre femenino **1** Pequeña mancha de color marrón que tienen algunas personas en la piel.

pecado
nombre masculino **1** Acción o palabra que va en contra de las leyes de Dios y de la Iglesia.

pecador, pecadora
nombre **1** Persona que peca.

pecar
verbo **1** Hacer o decir cosas que van en contra de las leyes de Dios o de la Iglesia, como robar o mentir.
2 Tener una cualidad en exceso: *A veces pecas de bueno y por eso te acaban tomando el pelo.*

👁 Se escribe 'qu' delante de 'e', como: pequen.

pecera
nombre femenino **1** Recipiente transparente lleno de agua en el que viven peces y otros animales acuáticos.

pecho
nombre masculino **1** Parte del cuerpo humano y de algunos animales, que va desde el cuello hasta el vientre, en la que se encuentran el corazón y los pulmones protegidos por las costillas.
2 Cada uno de los dos órganos de forma redondeada que tienen las mujeres situados en la parte superior del tronco. ✼ seno; teta.
dar el pecho Dar de mamar una madre a su bebé. Las mujeres dan el pecho a sus hijos durante los primeros meses de vida.

pechuga
nombre femenino **1** Pecho de un ave: *Me gusta más la pechuga del pollo que el muslo.*
2 Pecho de una persona, especialmente de una mujer. Es un uso informal.

pecoso, pecosa
adjetivo y nombre **1** Se dice de la persona que tiene muchas pecas, sobre todo en la cara. Los pelirrojos suelen ser pecosos.

peculiar
adjetivo **1** Que es característico de una persona o una cosa: *Su voz es muy peculiar, se reconoce siempre.* ✼ particular.

pedagogía
nombre femenino **1** Ciencia que estudia los métodos y las técnicas para educar y enseñar a los niños y jóvenes.

pedal
nombre masculino **1** Pieza de una máquina o un aparato que se acciona mediante el pie y que sirve para poner en movimiento un mecanismo, como los pedales de las bicicletas. 🖎 193
2 Pieza que tienen algunos instrumentos musicales, como el piano o el órgano, y que sirve para producir ciertos sonidos.

pedalear
verbo **1** Mover empujando con los pies los pedales de un vehículo, como una bicicleta.

pedante

adjetivo **1** Se dice de la persona que presume tanto de sus conocimientos ante los demás que resulta molesta o desagradable.

pedantería

nombre femenino **1** Cualidad de la persona pedante. También son una pedantería las acciones o las palabras de este tipo de personas.

pedazo

nombre masculino **1** Parte de una cosa separada del todo: A la hora de comer, cada uno se coge un pedazo de pan. ✳ trozo. ☞593
ser un pedazo de pan Ser una persona muy buena y portarse muy bien.

pedestal

nombre masculino **1** Base no muy alta sobre la que se pone una columna, una escultura u otro objeto.

pedestal

pediatra

nombre masculino y femenino **1** Médico especialista en las enfermedades y cuidados de los niños pequeños.

pedido

nombre masculino **1** Encargo hecho por un cliente a un fabricante o a un vendedor para que le sirva un producto. Algunos supermercados llevan pedidos a casa.

pedigüeño, pedigüeña

adjetivo y nombre **1** Se dice de la persona que pide con insistencia.

pedir

verbo **1** Decirle a alguien que nos dé o nos haga una cosa que queremos o necesitamos: Ha pedido una bicicleta a los Reyes Magos.
2 Desear o querer una cosa: Yo sólo pido que no llueva mañana.

3 Necesitar o exigir una cosa: Este edificio está pidiendo una mano de pintura.
☞ Se conjuga como: servir; la 'e' se convierte en 'i' en algunos tiempos y personas, como: pide.

pedo

nombre masculino **1** Aire o gas que se expulsa por el ano; normalmente hace ruido y huele mal.
2 Estado de la persona que ha bebido demasiado alcohol y pierde el control de sí misma. Es un uso informal. ✳ borrachera.

pedorreta

nombre femenino **1** Sonido que se hace con la boca imitando el ruido de un pedo.
☞ Es una palabra informal.

pedrada

nombre femenino **1** Acción que consiste en lanzar piedras contra algo o alguien. También es el golpe que se da con una piedra lanzada.
2 Señal que deja en un lugar el golpe de una piedra.

pedrusco

nombre masculino **1** Piedra grande.
☞ Es una palabra informal.

pega

nombre femenino **1** Dificultad que se pone para hacer o conseguir algo, con la intención de intentar pasar sin hacerlo o de retrasarlo. Las personas que no son trabajadoras siempre ponen pegas para trabajar.
de pega De mentira, que imita la realidad. Los disfraces de vampiro suelen llevar dientes largos de pega. Es una expresión informal.

pegadizo, pegadiza

adjetivo **1** Que enseguida se graba en la memoria y es fácil de recordar. Las canciones que se ponen de moda en verano suelen ser muy pegadizas.
2 Que se pega o se contagia con facilidad: Tiene una risa muy pegadiza. ✳ contagioso.

pegajoso, pegajosa

adjetivo **1** Que se pega a otras cosas con facilidad, como la grasa, la mermelada o el chicle.
2 Que se comporta con excesivo cariño o amabilidad. Es un uso informal.

P

p

pegamento
nombre masculino
1 Sustancia que sirve para pegar una cosa a otra.

pegar
verbo
1 Unir una cosa a otra con una sustancia como el pegamento de forma que no puedan separarse.
2 Dar golpes a una persona, animal o cosa: *Se enfadó y le pegó una torta.*
3 Chocar con fuerza contra una cosa: *Se pegó contra la pared y se rompió la nariz.*
4 Colocar una persona o cosa muy cerca de otra, de manera que se toquen. Si se pegan los muebles a la pared se gana espacio.
5 Hacer que una persona tenga la misma enfermedad que otra con la que está en contacto: *En el colegio le han pegado el sarampión.* ✖ contagiar.
6 Formar dos o más cosas o personas un conjunto bonito o agradable. El color blanco pega con todos los demás.
7 Hacer algo con mucha fuerza y decisión, como pegar un grito, una bronca, un susto o un salto.
8 **pegarse** Pelearse o luchar dos o más personas.
9 **pegarse** Quemarse un guiso de modo que parte de la comida queda unida al fondo de la cazuela.
👁 Se escribe 'gu' delante de 'e', como: peguen.

pegatina
nombre femenino
1 Trozo de papel o de plástico que se puede pegar por una de sus caras. Las pegatinas suelen llevar impreso un dibujo, un mensaje publicitario u otras cosas.

pegote
nombre masculino
1 Trozo de alguna sustancia pegajosa que se encuentra en una superficie, como un pegote de barro o un pegote de chicle.
2 Aquello que se añade a algo y que lo estropea porque no queda bonito.

peinado
nombre masculino
1 Manera de peinar o de colocar el pelo.

peinar
verbo
1 Pasar un peine o un cepillo por el pelo para desenredarlo o arre-

glarlo dándole una forma determinada. ✖ despeinar.
2 Explorar una zona con atención para encontrar a una persona o cosa que se está buscando. Si se escapa un criminal, la policía peina los alrededores para encontrarlo.

peine
nombre masculino
1 Instrumento que sirve para alisar, desenredar y colocar bien el pelo de una persona. El peine está formado por una fila de púas o dientes paralelos y de la misma longitud, de manera que el cabello pasa a través de ellos.

peineta
nombre femenino
1 Objeto parecido a un peine, pero más cuadrado y con las púas más largas, que sirve para sujetar un peinado o adornar el pelo.

pela
nombre femenino
1 Peseta: *Me he gastado hasta la última pela.*
nombre femenino plural
2 **pelas** Dinero: *No puedo ir al cine porque no tengo pelas.*
👁 Es una palabra informal.

peladilla
nombre femenino
1 Almendra envuelta en una pasta dura y dulce hecha de azúcar.

pelar
verbo
1 Quitar la piel de una fruta, normalmente con la ayuda de un cuchillo, como hacemos al comer una naranja o un plátano. ✖ mondar.
2 Quitarle las plumas a un ave. ✖ desplumar.
3 Cortar el pelo a una persona o a un animal.
4 **pelarse** Perder una persona parte de la capa superior de la piel. Nos pelamos después de haber tomado mucho el sol.

peldaño
nombre masculino
1 Supeficie llana y estrecha de una escalera donde se apoya el pie al subir o bajar. ✖ escalón.

pelea
nombre femenino
1 Acción de pelear o pelearse con armas o golpes.

pelear
verbo
1 Luchar con fuerza o con armas dos o más personas o animales. Los boxeadores pelean con los puños. ✖ combatir.

2 Reñir o discutir con fuerza dos o más personas.
3 Trabajar con fuerza, hacer sacrificios y esforzarse para conseguir una cosa. ※ luchar.

peleón, peleona
adjetivo **1** Se dice de la persona a la que le gusta provocar peleas o se pelea con frecuencia con los demás.
2 Se dice del vino que es de poca calidad.
👁 El plural de peleón es: peleones.

peletería
nombre femenino **1** Establecimiento en el que se venden o se fabrican prendas de vestir y otros objetos de piel.

pelícano
nombre masculino **1** Ave de gran tamaño, con las patas cortas y el pico muy largo y ancho, con una bolsa debajo de la mandíbula inferior donde puede guardar los alimentos. Vive en zonas acuáticas.

película
nombre femenino **1** Cinta estrecha de plástico que se introduce en el interior de una cámara de fotografía o en un aparato de cine o de vídeo para grabar imágenes en ella. El conjunto de las imágenes grabadas en esta cinta que se proyectan en cine o en televisión también se llama película.
2 Capa muy fina que cubre algunas cosas. Cuando la leche hervida se enfría se forma una película de nata.
de película Que es muy bueno o que está muy bien: *Vive en una casa de película, con piscina y todo*. Es una expresión informal.

peligrar
verbo **1** Estar en peligro. Algunas especies animales peligran porque pueden acabar por extinguirse.

peligro
nombre masculino **1** Situación en la que puede ocurrir algo malo. Cruzar el semáforo en rojo es un peligro porque pueden atropellarnos.
2 Persona o cosa que puede provocar un mal o un daño a otras. Las drogas son un grave peligro para la juventud.

peligroso, peligrosa
adjetivo **1** Que representa un peligro o que puede causar daño.
2 Se dice de una persona que puede cometer un delito o puede causar daño: *La policía persigue a un delincuente muy peligroso*.

pelirrojo, pelirroja
adjetivo y nombre **1** Se dice del pelo de color anaranjado o rojizo y de la persona que tiene el pelo de este color.

pellejo
nombre masculino **1** Piel de un animal que ha sido separada del cuerpo. Los cazadores les quitan el pellejo a los animales después de matarlos.
2 Trozo de piel levantada de una persona.
jugarse el pellejo Ponerse una persona en una situación que puede ser peligrosa para su vida. Es una expresión informal.

pellizcar
verbo **1** Coger con dos dedos de la mano un trozo de piel y carne de una persona, apretando y retorciendo para hacerle daño.
2 Coger una pequeña cantidad o un trozo pequeño de una cosa que está entera. Pellizcamos un pastel para probar su sabor.
👁 Se escribe 'qu' delante de 'e', como: pellizque.

pellizco
nombre masculino **1** Acción que consiste en pellizcar a una persona.
2 Señal que queda en la carne o en la piel al pellizcar.
3 Pequeña cantidad que cogemos de una cosa utilizando sólo dos o tres dedos. Cogemos un pellizco de pan o echamos un pellizco de sal en las comidas. ※ pizca.

pelma
adjetivo y nombre masculino y femenino **1** Se dice de la persona que es muy pesada o resulta muy molesta. ※ pelmazo.

pelmazo, pelmaza
adjetivo y nombre **1** Pelma.
👁 Es una palabra informal.

pelo
nombre masculino **1** Cada una de las fibras delgadas, parecidas a un hilo, que crecen en

P
p

ciertas zonas del cuerpo de las personas y de algunos animales. ↳594

2 Conjunto de pelos de una persona, especialmente el de la cabeza, y de algunos animales. Los gatos tienen el pelo muy suave.

3 Hilos muy finos que salen de las hebras de algunos tejidos, como la lana de angora.

no tener un pelo de tonto Ser una persona muy lista: *No podrás engañarlo, porque no tiene un pelo de tonto.* Es una expresión informal.

poner los pelos de punta Dar miedo o impresionar a una persona. Algunas imágenes violentas que se ven en televisión ponen los pelos de punta.

tomar el pelo Reírse de una persona para ponerla en ridículo, o hacerle creer una cosa que no es verdad para gastarle una broma.

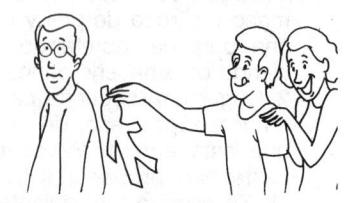

tomar el pelo

pelón, pelona
adjetivo y nombre   **1** Se dice de la persona que no tiene pelo en la cabeza, que tiene muy poco o que lo lleva cortado al rape. 👁 El plural de pelón es: pelones.

pelota
nombre femenino   **1** Objeto de forma redonda hecho de algún material flexible que sirve para jugar o practicar un deporte, como el baloncesto o el tenis.

2 Juego que se juega con ese objeto redondo. Muchos niños juegan a la pelota.

adjetivo y nombre masculino y femenino   **3** Se dice de la persona que intenta agradar a alguien para conseguir algún favor o beneficio. Es un uso informal.

en pelotas Se dice de una persona que está desnuda. Es una expresión vulgar. ✕ desnudo.

hacer la pelota Intentar resultar simpático o agradable a una persona para conseguir un favor o beneficio de ella: *Le hacía la pelota al profesor para que lo aprobara.*

pelotazo
nombre masculino   **1** Golpe que da una pelota cuando ha sido lanzada con fuerza. Jugando al tenis podemos recibir un pelotazo si nos despistamos. ✕ balonazo.

pelotillero, pelotillera
adjetivo y nombre   **1** Se dice de la persona que halaga a otra para intentar caerle bien y conseguir algún provecho de ella, especialmente de la que lo hace a menudo o con muchas personas. 👁 Es una palabra informal.

pelotón
nombre masculino   **1** Conjunto de personas que van juntas de manera desordenada; en especial conjunto de ciclistas que van juntos en una carrera.

2 Unidad militar pequeña compuesta por soldados de infantería que suelen estar mandados por un sargento. 👁 El plural es: pelotones.

peluca
nombre femenino   **1** Pelo postizo que se pone en la cabeza. Los payasos llevan pelucas de colores.

peluche
nombre masculino   **1** Tejido que tiene pelos largos y suaves. El peluche se usa principalmente para hacer muñecos.

2 Muñeco blando en forma de animal recubierto de peluche: *Tiene la habitación llena de peluches.*

peludo, peluda
adjetivo   **1** Que tiene mucho pelo.

peluquería
nombre femenino   **1** Establecimiento en el que se peina, se corta, se arregla y se cuida el cabello.

peluquero, peluquera
nombre   **1** Persona que se dedica a peinar, cortar, arreglar y cuidar el pelo de otras personas.

peluquín
nombre masculino   **1** Peluca pequeña que sólo tapa la parte de arriba de la cabeza. 👁 El plural es: peluquines.

pelusa

nombre femenino **1** Pelo corto y muy fino que hay en algunas superficies, como en la piel de un melocotón o en la cara de una persona.
2 Pelo que sueltan algunos tejidos, como la lana de angora.
3 Conjunto de polvo y suciedad que se forma en el suelo cuando no se barre.
4 Sentimiento de celos o envidia que tienen algunos niños, especialmente de sus hermanos.

pelvis

nombre femenino **1** Parte del esqueleto situada al final del tronco. La pelvis contiene y protege la vejiga urinaria, el final del tubo digestivo y algunos órganos del aparato genital.
👁 El plural es: pelvis.

pena

nombre femenino **1** Castigo que debe cumplir una persona que ha hecho algo malo.
2 Sentimiento que se tiene cuando ocurre o se ve algo que parece injusto o que pone triste. Da mucha pena saber que hay gente que pasa hambre en el mundo.
a duras penas Con mucho esfuerzo y dificultad: *Con una pierna escayolada a duras penas subimos una escalera* .
de pena Muy mal o muy malo: *Ese chico me cae de pena*. Es una expresión informal.

penacho

nombre masculino **1** Grupo de plumas que tienen algunas aves en la cabeza, como los pavos reales o los faisanes.
2 Grupo de plumas que se ponen de adorno en sombreros o cascos.

penalti

nombre masculino **1** En algunos deportes, pena máxima con la que se castiga una falta que un jugador hace dentro de su área.
👁 Esta palabra es de origen inglés; también se escribe: penalty.

pendiente

adjetivo **1** Que está sin solucionar o terminar: *Me quedaré un rato más porque tengo trabajo pendiente*.
2 Que está atento o prestando mucha atención a una persona o cosa: *Estaba tan pendiente de la película que me olvidé de que tenía que llamarte*.

nombre masculino **3** Joya o adorno que se pone en el lóbulo de la oreja. 🖙 550
nombre femenino **4** Terreno inclinado: *Iba por un camino, me despisté y me caí con la bici por una pendiente*.

péndulo

nombre masculino **1** Objeto colgado de un punto fijo que se mueve libremente de un lado a otro por su propio peso y la acción de la gravedad. Algunos relojes tienen un péndulo que cuelga y que se mueve constantemente.

péndulo

pene

nombre masculino **1** Órgano sexual masculino. El pene y los testículos son los genitales masculinos. 🖙 594

penetrante

adjetivo **1** Que entra muy dentro de una cosa. Un olor penetrante es un olor tan fuerte que entra en la nariz y parece que no sale.

penetrar

verbo **1** Meterse una cosa o una persona muy dentro de otra cosa o de un lugar.

penicilina

nombre femenino **1** Antibiótico que sirve para curar muchas infecciones producidas por bacterias. La penicilina es una sustancia que se obtiene a partir de un hongo.

península

nombre femenino **1** Extensión de tierra que está rodeada de agua por todas partes menos por una, por donde se une a otra de mayor extensión. La península Ibérica está formada por España y Portugal.

P
p

P

p

peninsular

adjetivo   **1** De una península o que tiene relación con ella. España tiene territorio peninsular e insular.

penitencia

nombre femenino   **1** Sacramento de la Iglesia católica por el que el sacerdote perdona los pecados de alguien en el nombre de Dios.
2 Oración o cosa que el sacerdote pide a la persona que se confiesa para que sea perdonada por haber cometido un pecado.

penoso, penosa

adjetivo   **1** Que da pena: *Las imágenes del accidente eran penosas.*
2 Que es de mala calidad, ridículo o vergonzoso: *La película de ayer fue penosa, de las peores que he visto últimamente.*
3 Que cuesta mucho trabajo: *Es penoso levantarse temprano.*

pensamiento

nombre masculino   **1** Capacidad que tienen las personas para formar ideas en su mente y relacionarlas unas con otras.
2 Lugar en el que se almacenan las ideas formadas por la mente. Cuando un problema nos preocupa mucho no lo podemos apartar del pensamiento.
3 Idea o cosa que piensa una persona o que tiene en su mente.
4 Conjunto de ideas o manera de pensar propia de una persona. El pensamiento de un escritor se refleja en su obra.
5 Planta que se cultiva en los jardines; es de pequeño tamaño y tiene unas flores con cuatro pétalos abiertos de varios colores. Las flores también se llaman pensamientos.

pensar

verbo   **1** Formar una persona ideas en su mente y relacionarlas unas con otras. Para encontrar la solución de un problema hay que pensar.
2 Examinar con mucho cuidado un asunto o una cuestión para tomar una decisión o formarse una opinión sobre ella.
3 Tener una persona la intención o el propósito de hacer una cosa: *Esta tarde pienso ir al cine.*
4 Usar la inteligencia para encontrar un plan o un método para hacer una cosa: *Hemos pensado en todas las posibilidades y no podemos fallar.*
5 Creer una persona una cosa o tener una opinión respecto de algo: *Yo pienso que no es para tanto, no te lo tomes así.*
ni pensarlo Indica que no se acepta o no se permite de ninguna manera lo que dice o propone una persona: *Respecto a lo de ir solo a la piscina, ni pensarlo.*
👁 Se conjuga como: acertar; la 'e' se convierte en 'ie' en sílaba acentuada, como: pienso.

pensativo, pensativa

adjetivo   **1** Se dice de la persona que está o se queda pensando con mucha atención en una cosa, sin atender o darse cuenta de lo que la rodea.

pensión

nombre femenino   **1** Cantidad de dinero que recibe cada cierto tiempo una persona por motivos que no son de trabajo, como una pensión de jubilación.
2 Establecimiento que ofrece alojamiento y comida a precios muy económicos. Una pensión es de categoría inferior a un hostal.
👁 El plural es: pensiones.

pensionista

nombre masculino y femenino   **1** Persona que recibe una pensión del estado o de una institución. Los jubilados son pensionistas.

pentágono

nombre masculino   **1** Figura geométrica que tiene cinco lados.

pentagrama

nombre masculino   **1** Serie de cinco líneas horizontales paralelas que están dibujadas en un papel y que sirve para escribir encima las notas musicales.

penúltimo, penúltima

adjetivo y nombre   **1** Que ocupa el puesto anterior al último en una serie.

penumbra

nombre femenino   **1** Sombra débil entre la luz y la oscuridad: *No lo vi bien porque estaba en la penumbra.*

peña

nombre femenino

1 Piedra grande que se encuentra en la naturaleza y no ha sido trabajada por el hombre.
2 Grupo de personas que tienen unos mismos intereses deportivos, culturales o a los que les une la amistad. ✖ asociación; club.

peñasco

nombre masculino

1 Roca de gran tamaño situada generalmente en un lugar alto.

peñazo

nombre masculino

1 Persona o cosa que resulta aburrida o pesada: *Esa película es un auténtico peñazo*.
👁 Es una palabra informal.

peñón

nombre masculino

1 Montaña llena de rocas grandes.
👁 El plural es: peñones.

peón

nombre masculino

1 Persona que hace trabajos físicos que no exigen estudios o una preparación especial. ✍ 395
2 Pieza del ajedrez. Cada jugador tiene ocho peones que se colocan delante del resto de las piezas; se mueven de frente y avanzan un solo cuadro en cada movimiento.

peonza

nombre femenino

1 Juguete con forma de cono redondeado y acabado en punta que se lanza al suelo o sobre una superficie para que dé vueltas sobre sí mismo. La peonza lleva una cuerda que se enrolla sobre ella y que se desenrolla al lanzarla.

peor

adjetivo

1 Se dice de la persona o la cosa que tiene menos calidad que otra. Una película es peor que otra si nos gusta menos; la peor película es la que menos nos gusta de todas las que hemos visto. ✖ mejor.

adverbio

2 Indica que una acción es menos buena que otra con la que se compara: *Hoy me lo he pasado peor que ayer*. ✖ mejor.
👁 Es el comparativo de: malo.

pepinillo

nombre masculino

1 Pepino pequeño que se conserva en vinagre.

pepino

nombre masculino

1 Fruto alargado y redondeado que tiene la piel verde y rugosa y la carne blanca con muchas semillas. Los pepinos se comen en ensalada y son un ingrediente esencial del gazpacho.
importar un pepino Importar muy poco una cosa o una persona: *Me importa un pepino si vienes o no*.

pepita

nombre femenino

1 Semilla pequeña de algunas frutas y hortalizas, como las del melón o las del tomate. ✖ pipa.
2 Trozo pequeño de oro o de otro metal.

pepito

nombre masculino

1 Bocadillo de lomo de cerdo o de ternera.

pequeñez

adjetivo

1 Cosa pequeña o de poca importancia. No merece la pena enfadarse con un amigo por una pequeñez. ✖ tontería.
👁 El plural es: pequeñeces.

pequeño, pequeña

adjetivo

1 Que tiene un tamaño menor de lo normal. ✖ grande.
2 Se dice de la persona que tiene poca altura. ✖ bajo. ✖ alto.

adjetivo y nombre

3 Que tiene pocos años: *Es el más pequeño de los cuatro hermanos*. ✖ mayor.

adjetivo

4 Que es poco importante: *Se ha hecho una herida pequeña*.

pera

nombre femenino

1 Fruta de forma redondeada, más ancha por abajo que por arriba, de piel amarilla o verde y carne dulce con mucha agua.
del año de la pera De hace mucho tiempo.
ser la pera Destacar sobre los demás por alguna cualidad muy buena o muy mala.

peral

nombre masculino

1 Árbol frutal que produce las peras. Tiene el tronco recto y liso, con espinas en las ramas, las hojas ovaladas y las flores blancas.

percance

nombre masculino

1 Hecho o suceso malo que ocurre de manera inesperada y que no suele ser grave, pero retrasa algo que se iba a hacer o se estaba haciendo: *El avión no pudo*

P
—
p

despegar a tiempo por un pequeño percance mecánico.

percatarse

verbo **1** Darse cuenta o enterarse bien de algo, especialmente de lo que no está demasiado claro.

percebe

nombre masculino **1** Crustáceo marino con el cuerpo alargado y de color oscuro, y la cabeza recubierta con cinco placas duras. Vive en grupo, sujeto a las rocas, y es comestible.

percha

nombre femenino **1** Objeto que sirve para colgar la ropa dentro de un armario.

perchero

nombre masculino **1** Objeto con ganchos para colgar ropa. Hay percheros que se sujetan a la pared o a las puertas y otros que tienen un pie y se apoyan en el suelo.

percibir

verbo **1** Enterarse de una cosa o tener conocimiento de ella a través de los sentidos o de la inteligencia. Percibimos un aroma, un sonido o un problema.

2 Recibir una persona una cantidad de dinero que le corresponde. Los empleados perciben un salario por su trabajo.

percusión

nombre femenino **1** Acción que consiste en golpear sobre algo.

2 Clase de instrumentos musicales que producen sonido al ser golpeados. La mayor parte de instrumentos de percusión, como el tambor o el xilófono se tocan con unos palillos o con unas mazas.

perdedor, perdedora

adjetivo y nombre **1** Que pierde en un concurso o una prueba deportiva.

perder

verbo **1** Dejar de tener una cosa que se tenía: *He perdido mi bolígrafo*.

2 No saber dónde está una cosa: *He perdido las llaves, no sé dónde las he metido*. ✕ encontrar.

3 Ser vencida una persona o un equipo en un juego o en un deporte. ✕ ganar.

4 No llegar a tiempo para coger un medio de transporte.

5 Ir disminuyendo poco a poco el contenido de un recipiente: *La botella pierde un poco de agua*.

6 Verse privado de la compañía de una persona, especialmente cuando se muere.

7 perderse Dejar sin querer el camino correcto y coger uno equivocado para ir a algún sitio.

8 perderse Olvidarse de lo que se estaba diciendo y no poder seguir.

9 perderse Desaparecer una costumbre.

¡piérdete! Se utiliza para expresar que se deje en paz a una persona: *¡Piérdete!, estoy harto de tus bromitas*. Es una expresión informal.

👁 Se conjuga como: entender; la 'e' se convierte en 'ie' en sílaba acentuada, como: pierden.

pérdida

nombre femenino **1** Acción de perder una cosa o a una persona: *Estaban muy tristes por la pérdida de su familiar*.

2 Cantidad de dinero o cosa que se pierde: *La tormenta produjo grandes pérdidas en el campo*. ✕ ganancia.

3 Mal uso de algo que no produce ningún resultado positivo. Perdemos el tiempo o las fuerzas cuando hacemos algo que nos exige tiempo y esfuerzo pero que no sirve para nada.

perdigón

nombre masculino **1** Bola de plomo muy pequeña que se dispara con algunas armas de fuego, como la escopeta.

👁 El plural es: perdigones.

perdiz

nombre femenino **1** Ave del mismo grupo que la gallina, de color gris y rojo, con la garganta blanca y un collar negro. Es una pieza de caza apreciada por su carne.

👁 El plural es: perdices.

perdón

nombre masculino **1** Acción que consiste en perdonar algo a alguien: *Espero su perdón. Me pidió perdón*.

perdonar

verbo **1** Olvidar algo malo que ha hecho una persona y no guardarle rencor

P

p

ni querer castigarla por ello: *Te perdono, pero no lo vuelvas a hacer.*
2 Decir a una persona que ya no debe dar o hacer algo que debía: *Me perdonó los cinco duros que me había prestado.*
3 Dejar de hacer una cosa que nos apetece mucho: *No perdona el café del mediodía.*
4 Pedir permiso para hacer algo: *Perdone, ¿me deja pasar?*

perdurar
verbo **1** Continuar existiendo u ocurriendo algo que lo hacía desde hace tiempo: *Su amor perdura.* ✂ durar.

perecer
verbo **1** Dejar de vivir una persona. Es una palabra formal. ✂ expirar; fallecer; morir.
👁 Se conjuga como: agradecer; la 'c' se convierte en 'zc' delante de 'a' y 'o', como: perezca.

peregrinar
verbo **1** Ir a visitar un lugar sagrado por motivos religiosos, especialmente en grupo y andando.

peregrino, peregrina
nombre **1** Persona que va a visitar un lugar sagrado por motivos religiosos.

perejil
nombre **1** Planta aromática de tallos muy
masculino finos y hojas brillantes de color verde oscuro, que se cultiva para dar sabor a las comidas.

perenne
adjetivo **1** Que dura siempre, que no se interrumpe nunca. ✂ permanente.
2 Se dice de la planta que vive más de dos años. También son perennes las hojas de las plantas que no caen en otoño, como las de los pinos o los abetos. ☞ 599

pereza
nombre **1** Sensación de la persona que no
femenino tiene ganas de trabajar ni de hacer nada.

perezoso, perezosa
adjetivo **1** Se dice de la persona que evita trabajar o estudiar, aunque tenga que hacerlo. ✂ gandul; vago.

perfección
nombre **1** Cualidad o característica de lo
femenino que está tan bien que no se puede mejorar. ✂ imperfección.

perfeccionar
verbo **1** Hacer que una cosa sea mejor o más perfecta. Repasamos el trabajo para perfeccionarlo. ✂ empeorar.

perfectivo, perfectiva
adjetivo **1** Se dice de la forma verbal que indica que la acción expresada por el verbo ya está acabada. 'Amó' y 'ha amado' son formas perfectivas. El perfectivo es un aspecto del verbo.

perfecto, perfecta
adjetivo **1** Que no tiene ningún defecto. ✂ imperfecto.
2 Que es adecuado o va bien para algo. Las sandalias son un calzado perfecto para el verano.
3 Se dice del tiempo verbal que indica una acción acabada. 'Cantó' y 'ha cantado' son tiempos perfectos.

perfil
nombre **1** Línea exterior que rodea una
masculino figura. En algunos tebeos, las figuras tienen el perfil marcado en negro. ✂ contorno.
2 Línea exterior de un objeto o de la cara o el cuerpo de una persona o un animal, vistos desde un lateral. Podemos hacernos fotos de frente o de perfil.

perforar
verbo **1** Hacer uno o más agujeros en una superficie. Para ponerse pendientes hay que perforarse las orejas. ✂ agujerear.

perfumar
verbo **1** Hacer que algo tenga buen olor utilizando un perfume o una sustancia aromática.

perfume
nombre **1** Líquido que tiene muy buen olor
masculino y que las personas se ponen en la piel para oler bien.
2 Olor muy bueno o agradable. Algunas flores, como el jazmín o las rosas, tienen mucho perfume.

perfumería
nombre **1** Tienda en la que se venden per-
femenino fumes, productos de belleza y de aseo.

pergamino
nombre **1** Especie de papel hecho con la
masculino piel estirada de un animal.

P / p

2 Documento escrito en esa piel: *Vimos pergaminos en el museo.*

periferia

nombre femenino **1** Espacio que rodea a otro considerado como centro. Las urbanizaciones suelen construirse en la periferia de las ciudades.

perilla

nombre femenino **1** Barba que se deja crecer sólo en la barbilla.

de perilla Indica que algo se hace o viene muy bien: *El examen me ha salido de perilla.*

periódico, periódica

adjetivo **1** Que se hace o sucede cada cierto periodo de tiempo: *Se hace una revisión periódica de la dentadura.*

nombre masculino **2** Publicación de información general que se vende todos los días.

periodismo

nombre masculino **1** Profesión que consiste en informar al público de las noticias que ocurren a través de la prensa, la radio o la televisión.

2 Carrera que hay que hacer para ejercer esta profesión.

periodista

nombre masculino y femenino **1** Persona que se dedica al periodismo. Los periodistas trabajan en periódicos, radio o televisión. ✍397

periodo

nombre masculino **1** Tiempo durante el que ocurre o se hace algo. En los periodos de elecciones suele haber mucha propaganda política en las calles.

2 Fenómeno por el que la mujer y las hembras de algunos animales expulsan todos los meses sangre y otras sustancias por su aparato genital. ✕ menstruación; regla.

👁 También se escribe y se pronuncia: período.

período

nombre masculino **1** Es otra forma de escribir y pronunciar: periodo.

peripecia

nombre femenino **1** Circunstancia o suceso que ocurre por sorpresa y que cambia una situación.

peripuesto, peripuesta

adjetivo **1** Que va muy bien vestido y arreglado, incluso demasiado.

periquete

en un periquete En muy poco tiempo, rápidamente: *Espera, estoy lista en un periquete.*

periquito

nombre masculino **1** Ave tropical pequeña y de colores vistosos, que tiene el pico corto, fuerte y curvado en forma de gancho. Puede aprender a repetir sonidos humanos.

periscopio

nombre masculino **1** Instrumento en forma de tubo que llevan los submarinos y que sirve para ver lo que hay en la superficie del agua cuando están sumergidos.

perjudicar

verbo **1** Causar un daño o perjuicio a una persona o una cosa: *La sequía ha perjudicado a los agricultores.* ✕ beneficiar.

👁 Se escribe 'qu' delante de 'e', como: perjudiquen.

perjudicial

adjetivo **1** Que causa o puede causar un daño o perjuicio a una persona o una cosa. El alcohol es perjudicial para la salud. ✕ beneficioso.

perjuicio

nombre masculino **1** Daño que se causa a una persona o una cosa. ✕ beneficio.

perla

nombre femenino **1** Bola pequeña y brillante, de color blanco o gris, que se forma dentro de las conchas de las ostras. También hay perlas artificiales. Las perlas se usan para hacer joyas.

2 Persona que tiene muy buenas cualidades. ✕ joya.

permanecer

verbo **1** Quedarse o mantenerse en el mismo lugar, estado o situación durante un tiempo sin moverse o cambiar: *Tuvo que permanecer de pie varias horas.*

👁 Se conjuga como: agradecer; la 'c' se convierte en 'zc' delante de 'a' y 'o', como: permanezca.

permanente

adjetivo **1** Que se mantiene en el mismo lugar, estado o situación durante mucho tiempo sin cambiar ni moverse.

nombre femenino **2** Ondulación del pelo que se fija con productos químicos para que dure mucho tiempo.

permiso
nombre masculino **1** Acción que consiste en dejar hacer a alguien lo que quiere o lo que pide.
2 Autorización para poder dejar de cumplir durante uno o más días con una obligación, como ir al trabajo.

permitir
verbo **1** Dejar a alguien que haga una cosa: *No me permiten llegar muy tarde a casa.* ⚒ autorizar.
2 Hacer posible la realización de una cosa. Los ordenadores nos permiten trabajar de forma más fácil y rápida.

pernicioso, perniciosa
adjetivo **1** Se dice de lo que causa un daño o perjuicio a una persona o una cosa: *La contaminación tiene efectos perniciosos en la salud de las personas.* ⚒ nocivo; perjudicial. ⚒ beneficioso.

pero
conjunción **1** Indica una oposición entre lo que se ha dicho y lo que se dice a continuación: *Es una buena idea, pero difícil, ¿no?* ⚒ aunque.
2 Añade fuerza o intensidad a algo que sorprende: *Pero, ¿qué haces ahí subido?*
nombre masculino **3** Problema, dificultad o cosa mal hecha que alguien encuentra en lo que hace otra persona: *Nunca está contento con mi trabajo, siempre le encuentra algún pero.*

perol
nombre masculino **1** Recipiente de cocina en forma de media esfera que sirve para cocinar alimentos en su interior.

perpendicular
adjetivo **1** Se dice de la línea o la superficie que forma un ángulo recto con otra línea o superficie. Las paredes son perpendiculares al suelo.

perpetuo, perpetua
adjetivo **1** Que dura siempre. ⚒ perenne.

perplejidad
nombre femenino **1** Estado en el que se queda una persona que no sabe qué decir o cómo reaccionar.

perplejo, perpleja
adjetivo **1** Se dice de la persona que se queda durante un momento confusa e indecisa, sin saber qué decir o cómo reaccionar.

perrera
nombre femenino **1** Lugar en el que viven los perros abandonados o sin dueño.

perrito
nombre masculino **1** Bocadillo hecho con un tipo de pan blando y alargado y una salchicha asada dentro. También se dice: perrito caliente.

perro, perra
nombre **1** Mamífero doméstico que tiene cuatro patas, el cuerpo cubierto de pelo, dos orejas en la parte superior de la cabeza y una cola que mueve cuando está contento. Hay varias razas de perro. ⚒ can.
adjetivo y nombre **2** Se dice de la persona o la cosa que es muy mala: *Qué día tan perro, todo me ha salido mal.*
de perros Se dice de algo que es muy molesto o desagradable: *Hace un día de perros, no para de llover.*

persecución
nombre femenino **1** Acción que consiste en ir detrás de alguien para intentar alcanzarlo.

perseguir
verbo **1** Seguir o ir detrás de una persona o un animal para intentar alcanzarlo. Cuando huyen, los policías persiguen a los ladrones.
2 Intentar conseguir algo. Todo el mundo persigue la felicidad en su vida.
3 Acompañar siempre a una persona alguna cosa, como un sentimiento, una sensación o unos recuerdos, en especial cuando son negativos: *Le persigue el recuerdo de la muerte de su amigo.*
👁 Se conjuga como: seguir; la 'e' se convierte en 'i' en algunos tiempos y personas y se escribe 'g' delante de 'a' y 'o', como: persigan.

persiana
nombre femenino **1** Especie de pantalla formada por láminas finas que se coloca en el hueco de las ventanas y balcones para graduar o impedir la entrada de la luz. Las persianas se pueden bajar y subir o enrollar y desenrollar.

P
/
p

P
p

persisitir
verbo

1 Mantenerse firme en una idea. ※ insistir.

2 Durar una cosa durante mucho tiempo. En los pueblos todavía persisten costumbres antiguas.

persistente
adjetivo

1 Se dice de la persona que insiste o se mantiene firme en las ideas que tiene o en lo que quiere hacer.

persona
nombre femenino

1 Ser humano. ※ individuo.

2 En el verbo y en los pronombres, aquello que nos indica si la forma en cuestión se refiere a quien habla, a quien escucha o a la persona o cosa de la que se habla. 'Yo' es un pronombre de primera persona, 'tú' de segunda y 'él' de tercera.

en persona Estando presente uno mismo.

personaje
nombre masculino

1 Persona que es muy conocida por destacar en su profesión. ※ personalidad.

2 Cada una de las personas o seres de ficción que aparecen en las novelas, los cuentos, el teatro o el cine, como Don Quijote.

personal
adjetivo

1 Que tiene relación, está dirigido o afecta a una sola persona.

2 Se dice del pronombre que indica la persona que habla, a la que se habla o de la que se habla. 'Yo', 'tú', 'él', 'ella', 'nosotros', 'vosotros', 'ellos' y 'ellas' son pronombres personales.

nombre masculino

3 Conjunto de personas que trabajan en una empresa. ※ plantilla.

personalidad
nombre femenino

1 Forma de ser que tiene una persona y que la diferencia de las demás. Decimos que una persona tiene mucha personalidad cuando tiene una forma de ser muy marcada y clara. ※ carácter; temperamento.

2 Persona muy conocida e importante que destaca en alguna actividad. ※ personaje.

perspectiva
nombre femenino

1 Modo de dibujar las cosas en una superficie plana de manera que se noten el volumen y la profundidad de la realidad.

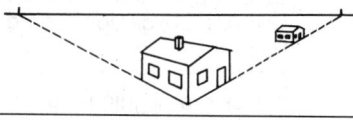

perspectiva

2 Modo de ver o de considerar las cosas desde un determinado punto de vista. Las mismas cosas pueden verse de distinta forma según la perspectiva que se tenga.

3 Situación o cosa que se ve que puede pasar en el futuro. Los jóvenes tienen muchas perspectivas para el futuro.

persuadir
verbo

1 Utilizar los argumentos necesarios para que una persona llegue a hacer o a creer algo: *No pudo persuadir a su hermana para que descansara un poco.* ※ convencer.

pertenecer
verbo

1 Ser una cosa propiedad de alguien.

2 Formar una cosa parte de otra en la que está incluida. Las islas Azores pertenecen a Portugal. Los hijos y los padres pertenecen a la misma familia.

👁 Se conjuga como: agradecer; la 'c' se convierte en 'zc' delante de 'a' y 'o', como: pertenezca.

pértiga
nombre femenino

1 Palo largo y delgado de material flexible que se utiliza para hacer saltos. El salto con pértiga es una prueba olímpica.

peruano, peruanas
adjetivo y nombre

1 Se dice de la persona o cosa que es de Perú, país de América del Sur.

perverso, perversa
adjetivo

1 Que actúa con mala intención y disfruta haciendo daño a los demás. También son perversas las acciones que se hacen con esta mala intención. ※ maligno; malvado. ※ bueno.

pervertir

verbo **1** Hacer que una persona se vuelva mala.

👁 Se conjuga como: preferir; la 'e' se convierte en 'ie' en sílaba acentuada o en 'i' en algunos tiempos y personas, como: prefiero o prefirió.

pesa

nombre femenino **1** Pieza de metal con un peso conocido que se utiliza para pesar las cosas en una balanza.

nombre femenino plural **2 pesas** Barra con distintos pesos en sus extremos que sirve para hacer gimnasia y desarrollar los músculos.

pesadez

nombre femenino **1** Lentitud o torpeza de movimientos por estar gordo.

2 Cosa que es molesta, aburrida o difícil de soportar: *Tener que madrugar es una pesadez.*

3 Sensación de peso o cansancio que se experimenta en algunas partes del cuerpo, como la cabeza, los ojos, el estómago o las piernas.

pesadilla

nombre femenino **1** Sueño desagradable que produce miedo o angustia.

pesado, pesada

adjetivo **1** Se dice de lo que pesa mucho, como una maleta muy llena o un objeto de hierro. ✖ ligero.

2 Que molesta o aburre, como una espera muy larga o una persona que insiste demasiado en algo. ✖ latoso. ✖ divertido.

3 Se dice del sueño que es profundo. ✖ ligero.

4 Se dice de algunos órganos del cuerpo, como la cabeza, los ojos, el estómago o las piernas, cuando se siente en ellos sensación de cansancio. ✖ cargado.

pesar

verbo **1** Tener un peso determinado. Todas las cosas pesan.

2 Determinar el peso de una persona o cosa por medio de un aparato apropiado.

3 Experimentar un sentimiento de tristeza, pena o dolor por algo que se ha hecho: *Me pesa mucho no haber ido a tu fiesta.*

nombre masculino **4** Sentimiento de tristeza, pena o dolor: *Con mucho pesar, tuve que salir sin despedirme porque si no perdía el tren.*

pesca

nombre femenino **1** Actividad que consiste en pescar peces en el mar o en el río, con ayuda de una caña, una red u otro instrumento.

pescadería

nombre femenino **1** Tienda en la que se vende pescado, marisco y otros productos del mar.

pescadero, pescadera

nombre **1** Persona que vende pescado.

pescadilla

nombre femenino **1** Pez marino comestible que tiene el cuerpo alargado, de color gris plateado y blanco; es parecido a la merluza pero más pequeño.

pescado

nombre masculino **1** Cualquier pez que se puede comer, como el salmón o el lenguado.

pescador, pescadora

nombre **1** Persona que se dedica a pescar.

pescar

verbo **1** Coger peces u otros animales del agua con ayuda de una caña, una red u otro instrumento.

2 Coger una enfermedad: *Con tanta corriente he pescado un buen catarro.* Es un uso informal.

3 Sorprender a alguien haciendo algo a escondidas, normalmente algo que no debería hacer: *Te pesqué mirando en el cajón de tu hermano.* Es un uso informal. ✖ pillar.

4 Entender algo, en especial con rapidez: *No he pescado el chiste.* Es un uso informal.

👁 Se escribe 'qu' delante de 'e', como: pesquen.

pescuezo

nombre masculino **1** Cuello de un animal.

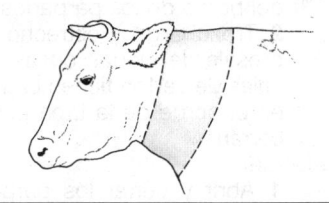

pescuezo

P

p

2 Parte trasera del cuello de una persona.

pesebre

nombre masculino **1** Recipiente donde comen los animales en los establos.
2 Conjunto de figuras que representan la escena del nacimiento de Jesucristo: *En Navidad siempre ponen el pesebre en casa.*

peseta

nombre femenino **1** Moneda de España.

pesimismo

nombre masculino **1** Forma de ser de una persona pesimista.

pesimista

adjetivo y nombre masculino y femenino **1** Que ve las cosas por su lado malo y cree que las cosas saldrán de la peor de las maneras posibles.

pésimo, pésima

adjetivo **1** Que es muy malo o que no puede ser peor. ✖✖ óptimo.
👁 Es el superlativo de: malo.

peso

nombre masculino **1** Fuerza que una cosa ejerce sobre las cosas que la sostienen, por efecto de la gravedad.
2 Valor que tiene esa fuerza: *¿Me dice el peso de estas naranjas, por favor?*
3 Aparato que sirve para pesar cosas o personas.
4 Moneda de algunos países hispanoamericanos y de Filipinas.
5 Preocupación que siente una persona por una situación difícil o molesta: *Cuando le dijeron que había aprobado se quitó un peso de encima.* ✖✖ carga.

pesquero, pesquera

adjetivo **1** Que está relacionado con la pesca.
adjetivo y nombre masculino **2** Se dice del barco que se utiliza para pescar.

pestaña

nombre femenino **1** Cada uno de lo pelos que salen del borde de los párpados del ojo.
2 Trozo largo y estrecho que sobresale de ciertas cosas. Algunas cajas de cartón tienen una pestaña en el borde de la tapa para poder cerrarla.

pestañear

verbo **1** Abrir y cerrar los párpados en un movimiento rápido moviendo las pestañas. Cuando se nos mete algo en el ojo, pestañeamos para que salga.

peste

nombre femenino **1** Enfermedad grave que provoca fiebre y hemorragias y que las ratas trasmiten a las personas.
2 Mal olor, como el que echan los huevos podridos. ✖✖ tufo.
3 Cosa que produce daños o molestias a una gran parte de la población, en especial cuando hay mucho de esa cosa: *El paro y la droga son una peste en nuestra sociedad.* ✖✖ plaga.

pestilencia

nombre femenino **1** Olor muy desagradable, como el del agua estancada y podrida.

pestillo

nombre masculino **1** Pieza que tienen algunas puertas o ventanas para cerrarlas y que no puedan ser abiertas desde el exterior. ✖✖ cerrojo. ✍756
2 Pieza de una cerradura que sale de ella y se mete en el hueco del marco donde está una puerta, una ventana o una tapa, para dejarlas bien cerradas.

petaca

nombre femenino **1** Caja pequeña y plana que se utiliza para llevar cigarrillos.
2 Botella pequeña y plana que sirve para llevar bebidas alcohólicas en el bolsillo de la chaqueta.

pétalo

nombre masculino **1** Hoja de la flor, casi siempre de colores vivos. ✍598

petardo

nombre masculino **1** Tubo pequeño lleno de pólvora que se enciende por medio de una mecha para que haga explosión y produzca un fuerte ruido o bonitos efectos de luz.
2 Persona o cosa que es muy aburrida o muy pesada. Es un uso informal.

petición

nombre femenino **1** Acción que consiste en pedir algo: *El jefe del gobierno hizo una petición de ayuda a los países vecinos.*
2 Escrito en el que se pide algo: *Firmó una petición de ayuda a los países del Tercer Mundo.*
👁 El plural es: peticiones.

P
p

peto
nombre masculino **1** Falda o pantalón con una pieza cuadrada cosida a la cintura que cubre el pecho y se sujeta con unos tirantes.

petróleo
nombre masculino **1** Sustancia líquida y grasa de color oscuro que se extrae del fondo de la tierra. El petróleo se utiliza para hacer combustibles y otras cosas, como plástico y alquitrán.

petrolero, petrolera
adjetivo **1** Que está relacionado con el petróleo.
nombre masculino **2** Barco utilizado para transportar petróleo.

petrolífero, petrolífera
adjetivo **1** Que contiene petróleo. En Arabia Saudí hay muchos yacimientos petrolíferos.

pez
nombre masculino **1** Animal vertebrado que vive en el agua y se reproduce por huevos; los peces tienen el cuerpo cubierto de escamas y en lugar de patas tienen aletas.
nombre femenino **2** Sustancia de color negro, muy espesa y pegajosa, que se saca del alquitrán.
como pez en el agua Indica que alguien se siente a gusto en una situación o en un lugar determinado.
estar pez No saber nada sobre algo: *Tienes que estudiar mucho, que estás pez en literatura.*
👁 El plural es: peces.

pezón
nombre masculino **1** Parte redondeada que sobresale en el centro de los pechos de las mujeres y de los mamíferos hembra y en la tetilla de los hombres y los mamíferos macho.
👁 El plural es: pezones.

pezuña
nombre femenino **1** Especie de uña grande y fuerte que tienen en los pies los animales de cuatro patas, como los cerdos y las vacas.

piadoso, piadosa
adjetivo **1** Que ayuda siempre que puede a los necesitados. ⚒ caritativo.
2 Se dice de la persona que es muy religiosa. ⚒ pío.

pianista
nombre masculino y femenino **1** Músico que toca el piano.
2 Persona que se dedica a fabricar o vender pianos.

piano
nombre masculino **1** Instrumento musical formado por una caja de resonancia a manera de mueble que contiene en su interior un conjunto de cuerdas tensadas y unos martillos que producen las notas al golpear las cuerdas. El piano se toca mediante un teclado que acciona un mecanismo por el que los martillos golpean las cuerdas. ✍ 536
adverbio **2** Modo de tocar una composición musical con suavidad o poca intensidad.

piar
verbo **1** Emitir los pollos y otras aves su voz característica.
👁 Se conjuga como: desviar; la 'i' se acentúa en algunos tiempos y personas, como: píen.

piara
nombre femenino **1** Grupo grande de cerdos que van juntos. ✍ 596

picador, picadora
nombre **1** Torero que va montado a caballo y pincha a los toros con un palo largo acabado en punta.

picadora
nombre femenino **1** Electrodoméstico pequeño que sirve para picar alimentos.

picadura
nombre femenino **1** Pinchazo de los insectos o las aves cuando pican o mordedura de los reptiles. También es picadura la señal que dejan.
2 Agujero pequeño que se hace en una cosa, como los que dejan las polillas en los muebles.
3 Señal o agujerito que hay en los dientes que tienen caries.

picante
adjetivo **1** Se dice de lo que tiene un sabor muy fuerte que pica en la lengua y en la garganta, como el de la pimienta o la guindilla.

picaporte
nombre masculino **1** Dispositivo que tienen las puertas y ventanas para quedar cerradas, y que consiste en una pieza larga de hierro sujeta a la puerta o

P
p

la ventana que encaja en otra pieza que hay en el marco.
2 Pomo o manivela para poder abrir o cerrar una puerta o una ventana. ✍756
3 Pieza de metal que tienen algunas puertas en la parte exterior y que sirve para llamar.

picar
verbo **1** Pinchar o morder un ave con el pico, un insecto con la trompa o el aguijón o un reptil con la boca.
2 Morder un pez el cebo puesto en el anzuelo.
3 Causar un alimento o una bebida una sensación como de ardor o cosquilleo en el paladar. Pican el queso muy fuerte, la guindilla, la pimienta o el agua con gas.
4 Causar algo una sensación de molestia en la piel que nos produce ganas de rascarnos.
5 Comer entre horas diferentes alimentos en pequeñas cantidades: *Ha picado bastante antes de comer y ahora no tiene hambre.*
6 Cortar o dividir una cosa en trozos muy pequeños, en especial alimentos, como la lechuga, la cebolla o la carne. ✖ trocear.
7 Golpear una superficie dura con una herramienta con punta para hacer agujeros o para quitarle una parte.
8 Hacer que una persona se enfade por algo que se ha dicho o se ha hecho. Es un uso informal.
9 Caer una persona en un engaño o broma, o dejarse convencer por alguna cosa: *Has picado, ¡que era broma!* Es un uso informal.
10 Hacer o decir algo para que una persona reaccione y haga algo: *Me estuvo picando toda la tarde para que se lo contara.* Es un uso informal.
11 **picarse** Estropearse o pudrirse un alimento o bebida.
12 **picarse** Agitarse el mar levantando olas pequeñas.
13 **picarse** Inyectarse droga en la sangre. Es un uso informal. ✖ pincharse; chutarse.
👁 Se escribe 'qu' delante de 'e', como: piquen.

picardía
nombre femenino **1** Habilidad para engañar a los demás y hacer o decir cosas con disimulo. ✖ astucia.
2 Acción mala pero poco importante.

pícaro, pícara
adjetivo **1** Se dice de la persona que tiene mucha habilidad para conseguir lo que quiere con mentiras y engaños. ✖ granuja; pillo.

picha
nombre femenino **1** Pene.
👁 Es una palabra vulgar.

pichón, pichona
nombre **1** Cría de la paloma.
👁 El plural de pichón es: pichones.

picnic
nombre masculino **1** Comida que se hace en el campo, al aire libre.
👁 El plural es: picnics.

pico
nombre masculino **1** Parte que sale de la boca de las aves formada por dos piezas duras que se abren para comer y emitir sonidos.
2 Parte de un objeto que acaba en punta.
3 Herramienta formada por un mango y una pieza de metal con dos puntas en sus extremos, que sirve para hacer agujeros en la tierra o en superficies duras.
4 Montaña que acaba en punta. También es pico la punta o el extremo más alto de una montaña.
5 Cantidad muy pequeña que sobra de un número: *Dejé el pico que sobraba de propina.*
cerrar el pico Callarse una persona: *Cierra el pico que no dices más que tonterías.* Es una expresión informal.

picor
nombre masculino **1** Sensación molesta que produce en la piel algo que pica y que da ganas de rascarse. La ortiga produce muchos picores cuando la tocas. ✖ escozor.
2 Sensación desagradable que produce en la boca un alimento picante.

picotazo
nombre masculino **1** Golpe que da un ave con el pico.

P
p

2 Acción de picar un insecto.
3 Herida o marca que deja un insecto cuando pica: *Tenía las piernas llenas de picotazos.*

pictograma

nombre masculino **1** Dibujo o símbolo que representa una idea o una palabra. La escritura china utiliza pictogramas en vez de letras y cada dibujo es una palabra o frase.

picudo, picuda

Adjetivo **1** Que tiene pico o que acaba en forma de pico, como la cima de algunas montañas. ✳ puntiagudo.

pie

nombre masculino **1** Parte del cuerpo humano que está al final de las piernas. Los pies se apoyan en el suelo y nos permiten estar de pie y andar.
2 Parte de un objeto que apoya en el suelo o en cualquier superficie plana. Las lámparas, las copas y las estatuas tienen pie.
3 Parte donde empiezan las cosas que crecen hacia arriba, como una montaña o un árbol. ✍ 596
4 Parte opuesta a la que se considera principal. El pie de una página es la parte de abajo.
5 Texto que se pone debajo de las fotografías de los libros y revistas para decir lo que hay en ellas.
a pie Andando, sin utilizar ningún tipo de vehículo.
de pie Levantado, en posición vertical. ✳ sentado.
dar pie Provocar o ayudar a que una cosa ocurra. Si insultamos a un amigo daremos pie a que se enfade con nosotros.
no tener ni pies ni cabeza No tener sentido algo que se dice o se hace.
parar los pies Hacer que una persona deje de hacer lo que está haciendo.

piedad

nombre femenino **1** Sentimiento de pena o lástima por una persona o un animal que sufren. La piedad nos lleva a ayudar a estas personas o animales. ✳ compasión; misericordia.

piedra

nombre femenino **1** Mineral muy duro y compacto que se encuentra en la superficie de la Tierra y que forma parte de las rocas. También son piedras los trozos de ese mineral.
2 Acumulación de pequeños trozos de sustancia dura que se forma en algunos órganos internos del cuerpo, por ejemplo en los riñones o en la vesícula.
3 Granizo de mayor tamaño que el normal.
de piedra Muy sorprendido ante un hecho inesperado: *Me quedé de piedra cuando supe que se divorciaban.*
piedra preciosa Mineral de gran valor que se usa para fabricar joyas, como el diamante y el rubí.

piel

nombre femenino **1** Tejido que cubre todo el cuerpo de las personas y de la mayoría de los animales. Algunas personas tienen la piel blanca, otras negra y otras más rojiza o amarillenta.
2 Capa exterior que cubre algunas frutas, como las manzanas, las peras o los melocotones. ✍ 596

pienso

nombre masculino **1** Alimento seco para el ganado. Los ganaderos dan pienso a las vacas, los cerdos o las gallinas.

pierna

nombre femenino **1** Parte del cuerpo humano que va desde el tronco hasta el pie.
2 Pata de un animal. El jamón es una pierna de cerdo: *Preparó una pierna de cordero al horno.*
estirar las piernas Andar o dar un paseo corto después de haber estado bastante tiempo sentado.

pieza

nombre femenino **1** Cada una de las partes que forman un conjunto o un mecanismo. Los puzzles tienen muchas piezas
2 Figura de algunos juegos de mesa, como el ajedrez o el parchís.
3 Obra de teatro o composición musical.
4 Animal que se caza o se pesca.
5 Cada una de las habitaciones de una casa.
6 Persona que destaca por tener un comportamiento revoltoso o no muy bueno: *¡Menuda pieza!, no para aunque lo ates.* Es un uso informal.

P
p

pifia
nombre femenino

1 Acción o dicho poco acertado o equivocado: *¡Vaya pifia!, ¡mira que decir que Bruselas es la capital de Francia!*
👁 Es una palabra informal.

pijama
nombre masculino

1 Conjunto de camiseta y pantalón que se usa para dormir. El pijama suele ser de punto o algodón.

pijo, pija
adjetivo y nombre

1 Se dice de la persona que da demasiada importancia a su aspecto exterior. Los pijos siempre se compran ropa y objetos caros para presumir entre sus amigos.

adjetivo

2 Que tiene relación con este tipo de personas o es propio de ellas: *Vive en un barrio muy pijo.*

pila
nombre femenino

1 Objeto que produce una corriente eléctrica y que se utiliza en muchos aparatos eléctricos para que funcionen. Hay pilas de muchos tipos, como las que son redondas y muy planas o las que tienen forma cilíndrica. ✍ 193
2 Recipiente en el que cae y se acumula el agua para diversos usos, como el que hay en las cocinas para fregar.
3 Conjunto de cosas que están puestas o colocadas unas encima de otras. ⁂ montón.
4 Cantidad muy grande de algo: *Está agobiada porque tiene una pila de trabajo.* Es un uso informal.

pilar
nombre masculino

1 Elemento vertical de apoyo, más alto que ancho, que sirve para aguantar un techo, arco o cosa pesada. Los pilares son más gruesos que las columnas. ✍ 394
2 Persona o cosa que sirve de apoyo o protección. Los padres suelen ser los pilares de la familia.

píldora
nombre femenino

1 Medicamento sólido, redondeado y pequeño que puede tragarse con facilidad. Las píldoras son como bolitas y más pequeñas que las pastillas.
2 Medicina que toman las mujeres cuando no quieren quedarse embarazadas. También se dice: píldora anticonceptiva.

pilila
nombre femenino

1 Pene.
👁 Es una palabra familiar.

pillo, pilla
adjetivo

1 Que es muy listo y tiene mucha habilidad para conseguir lo que quiere con mentiras y engaños. También llamamos pillos a los niños que son muy traviesos. ⁂ astuto; pícaro.

pilotar
verbo

1 Conducir o dirigir un vehículo o una nave.

piloto
nombre masculino y femenino

1 Persona que conduce o dirige un avión.
2 Persona que conduce una moto o un coche de carreras.

nombre masculino

3 Luz del coche que sirve para hacerse ver e indicar su posición. Cuando empieza a oscurecer, está muy nublado o hay niebla se encienden los pilotos.
4 Luz de pequeño tamaño que indica en un aparato eléctrico si está funcionando.

pimentón
nombre masculino

1 Especia roja y muy picante que se obtiene moliendo pimientos rojos secos.

pimienta
nombre femenino

1 Especia en forma de bolitas pequeñas de sabor muy picante; también puede ser en polvo. Suele ser blanca o negra y se utiliza como condimento.

pimiento
nombre masculino

1 Fruto comestible de color verde, rojo o amarillo, que es hueco y acabado en punta y tiene muchas semillas en su interior. También es pimiento la planta que da este fruto y que se cultiva en las huertas.
un pimiento Poco o nada: *Me importa un pimiento que te enfades.* Es una expresión informal.
¡y un pimiento! Se utiliza para negar o rechazar algo: *¡Y un pimiento!, yo no pienso dejarte mi bici.* Es una expresión informal.

P / p

pimpón
nombre masculino
1 Es otra forma de escribir y pronunciar: ping-pong.

pin
nombre masculino
1 Adorno que se pone en la ropa clavándolo y sujetándolo por detrás con otra pieza.

pinacoteca
nombre femenino
1 Edificio abierto al público en el que se conservan y exponen cuadros. El Museo del Prado es una de las pinacotecas más importantes del mundo. ※ galería.

pinar
nombre masculino
1 Terreno en el que crecen muchos pinos.

pincel
nombre masculino
1 Instrumento que sirve para pintar cuadros o cosas pequeñas; está formado por un mango delgado y cilíndrico que termina en una cabeza de pelos o cerdas. ☜794

pincelada
nombre femenino
1 Cada trazo o pasada de pintura que el pintor hace con el pincel sobre lo que está pintando.

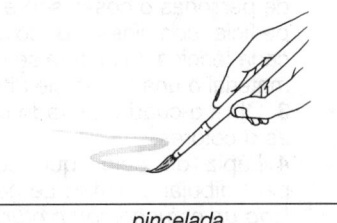

pincelada

pinchadiscos
nombre masculino y femenino
1 Persona que se dedica a poner música en un local público o en una emisora de radio.
👁 El pural es: pinchadiscos

pinchar
verbo
1 Clavar una cosa acabada en punta en una persona o cosa. Nos podemos pinchar con una aguja o con las espinas de una rosa; para comer aceitunas, se pinchan con un palillo y se llevan a la boca.
2 Inyectar un medicamento líquido a una persona enferma: *Voy al practicante para que me pinche.*
3 Meter un objeto acabado en punta en la superficie de la rueda de un vehículo o de un balón, de modo que se produce una pérdida de aire de su interior.
4 Animar a una persona a que haga o diga algo: *Si no la pinchas, no lo hará porque no es decidida.*
5 Molestar a una persona hasta hacer que se enfade: *Ya vale de pincharme, ya estoy harto.*
6 pincharse Inyectarse droga en la sangre. Es un uso informal. ※ picarse; chutarse.

pinchazo
nombre masculino
1 Herida que se hace con un instrumento acabado en punta; también es la señal que deja esta herida.
2 Agujero que se hace al introducirse un objeto acabado en punta en la superficie de una rueda o de una pelota y que causa la salida del aire.
3 Dolor fuerte y de corta duración que se produce en alguna parte del cuerpo.

pincho
nombre masculino
1 Punta aguda y afilada. Los erizos y los cactus están cubiertos de pinchos.
2 Trozo pequeño de un alimento que se toma como aperitivo; suele presentarse pinchado en un palillo.

ping-pong
nombre masculino
1 Juego de pelota que se juega sobre una mesa rectangular dividida en dos por una red. Se juega con una pelota pequeña y palas pequeñas de madera.
👁 Es una palabra de origen francés; es preferible escribir: pimpón.

pingüino
nombre masculino
1 Ave marina que no vuela y tiene el pico largo, las alas cortas y el cuerpo adaptado a la natación. Su plumaje es de color negro por la espalda y blanco por el pecho y el vientre.

pino
nombre masculino
1 Árbol de tronco alto y rugoso y hojas perennes en forma de aguja. Su fruto es la piña y su semilla el piñón. La madera de pino se utiliza mucho en carpintería. ☜598

pinrel
nombre masculino
1 Pie de una persona.
👁 Es una palabra informal.

P
p

pinta
nombre femenino

1 Aspecto o apariencia que tiene una persona o una cosa: *Este bocadillo tiene muy buena pinta.*
2 Mancha o señal redonda y pequeña que hay sobre una superficie de otro color. Los perros dálmatas son blancos con pintas negras.

pintada
nombre femenino

1 Mensaje escrito en letras grandes que se pinta sin permiso en una pared. Las pintadas suelen tener un objetivo político o social.

pintado, pintada
adjetivo

1 Se dice de una persona o cosa que es muy parecida o casi igual a otra: *El niño es pintado a su padre, tiene la misma cara.* ✂ clavado.
que ni pintado Se dice de una persona o cosa que es muy adecuada para algo: *Me vienes que ni pintado porque necesito ayuda para pegar este plato.*

pintalabios
nombre masculino

1 Pasta que se usa para dar color y brillo a los labios. El pintalabios suele ir en un estuche pequeño en forma de cilindro que se abre por la mitad. ✂ lápiz de labios.
👁 El plural es: pintalabios.

pintar
verbo

1 Cubrir una superficie con uno o más colores.
2 Hacer figuras de personas o cosas sobre una superficie con líneas o colores.
3 Estar una persona o una cosa en un lugar que no le corresponde o donde no tiene que estar. Se usa en oraciones negativas e interrogativas: *¿Qué pinta ese señor en medio del patio?*
4 Dar color a la cara, en especial a las mejillas, los labios o los ojos, con pinturas. Los actores de teatro siempre se pintan antes de una representación. ✂ maquillar.

pintarrajear
verbo

1 Hacer líneas de uno o más colores sobre una superficie sin ningún cuidado o estilo. Los niños pequeños suelen pintarrajear en cualquier sitio.

pintaúñas
nombre masculino

1 Líquido que se usa para dar color y brillo a las uñas. El pintaúñas va en un recipiente pequeño de cristal con una tapa de plástico que lleva un pincel para pintar las uñas.
👁 El plural es: pintaúñas.

pintoresco, pintoresca
adjetivo

1 Se dice del lugar o de la situación que son muy bonitos y muy típicos, como algunos rincones de la parte antigua de las ciudades.
2 Que llama la atención por ser muy poco corriente: *Llevaba un traje muy pintoresco, de colores muy vivos.*

pintor, pintora
nombre

1 Persona que se dedica al arte de la pintura.
2 Persona que se dedica a pintar superficies en general.

pintura
nombre femenino

1 Producto de color que se usa para pintar. La pintura es líquida y normalmente se aplica con un pincel o con una pistola.
2 Técnica y arte de hacer figuras de personas o cosas sobre una superficie con líneas o colores. En cada técnica de pintura se utiliza un material o una superficie diferentes.
3 Obra o cuadro pintado con líneas o colores.
4 Lápiz de color que se utiliza para dibujar y pintar: *Le han regalado un estuche con pinturas.*

nombre femenino plural

5 pinturas Conjunto de distintos productos que sirven para dar color a la cara de una persona.
no poder ver ni en pintura No querer saber nada de una persona o una cosa que nos desagrada o nos enfada.

pinza
nombre femenino

1 Instrumento formado por dos piezas que se juntan con fuerza por los extremos para sujetar, coger o apretar alguna cosa, como las pinzas de la ropa o las pinzas que sirven para tirar y quitar pelos de la cara.
2 Parte final de las patas de algunos animales, como los cangrejos, que está dividida en dos partes que se pueden cerrar con fuerza para coger cosas o defenderse.

P
p

3 Parte doblada y cosida en una prenda de vestir para darle una forma determinada.
👁 También se usa el plural para indicar sólo una unidad.

piña
nombre femenino
1 Fruto del pino y otros árboles que tiene forma de cono y está recubierto de pequeñas piezas duras que parecen escamas.
2 Fruta grande y redondeada con una corteza dura y rugosa terminada en un conjunto de hojas verdes. La carne de la piña es amarilla, jugosa y un poco ácida; se come fresca o en almíbar.
3 Grupo de personas o cosas unidas estrechamente. Unos hermanos que se llevan muy bien forman una piña.

piñata
nombre femenino
1 Recipiente lleno de golosinas y sorpresas que se cuelga de un sitio para que una persona con los ojos vendados lo rompa golpeándolo con un palo.

piño
nombre masculino
1 Diente de las personas o los animales.
👁 Es una palabra informal.

piñón
nombre masculino
1 Fruto del pino que, cuando está maduro, pasa a ser un fruto seco de cáscara dura y semilla alargada en su interior. A esta semilla también se le llama piñón. Algunos piñones son comestibles.
2 Rueda metálica con dientes en el borde que ajusta con otra rueda, como el piñón de una bicicleta o de otra máquina. 🖎 193
👁 El plural es: piñones.

pío, pía
adjetivo
1 Se dice de la persona que es muy religiosa.
nombre masculino
2 Palabra que se utiliza para imitar la voz de los pollos y de los pájaros.
no decir ni pío Quedarse callado.

piojo
nombre masculino
1 Insecto muy pequeño, con las antenas cortas y sin alas, que vive pegado al pelo del hombre y de otros animales, a los que chupa la sangre.

piojoso, piojosa
adjetivo y nombre
1 Que tiene muchos piojos o lo parece por la suciedad que lleva encima: Se me acercó un perro abandonado y piojoso.

pionero, pionera
adjetivo y nombre
1 Se dice de la persona que realiza los primeros trabajos en una actividad o abre un camino que después es seguido por otros.

pipa
nombre femenino
1 Semilla de algunos frutos como el girasol, la calabaza o la sandía. Las pipas de girasol se comen.
2 Utensilio que sirve para fumar formado por un recipiente de madera en el que se quema el tabaco picado y un tubo por el que se aspira el humo.

pipeta
nombre femenino
1 Tubo largo de cristal terminado en punta que se usa para pasar pequeñas cantidades de líquido de un recipiente a otro. La pipeta se utiliza en laboratorios.

pipí
nombre masculino
1 Orina de las personas o los animales. Es un uso familiar que se utiliza para evitar otros que se considera que suenan mal. ⚒ pis.
hacer pipí Orinar, expulsar la orina del cuerpo. ⚒ mear.

piqueta
nombre femenino
1 Herramienta que se utiliza en albañilería para picar piedras o paredes. Es parecida a un martillo pero con un extremo terminado en punta.

pirado, pirada
adjetivo y nombre
1 Que está loco o se comporta como si lo fuera. ⚒ chalado.
👁 Es una palabra informal.

piragua
nombre femenino
1 Embarcación larga y estrecha parecida a la canoa pero de mayor tamaño.

piragüismo
nombre masculino
1 Deporte que consiste en navegar por un río, por un canal o por el mar en una piragua.

pirámide
nombre femenino
1 Figura geométrica que tiene una base ancha generalmente cuadrada y varias caras con forma de triángulo que se juntan en un mismo punto.

P
p

2 Gran construcción de piedra con forma de pirámide que realizaban los antiguos egipcios para enterrar dentro a los faraones.
3 Construcción religiosa de los aztecas y mayas en forma de pirámide con escalones.

pirarse
verbo **1** Irse una persona de un lugar. ✂ marcharse.
👁 Es una palabra informal.

pirata
nombre masculino y femenino y adjetivo **1** Marinero que asalta y roba otros barcos o ciudades de la costa. Antiguamente había piratas en el Caribe y en el Mediterráneo. También se dice de lo que pertenece o está relacionado con los piratas, como un barco pirata o una bandera pirata.
nombre masculino y femenino **2** Persona que fabrica imitaciones de productos de forma ilegal y sin pagar impuestos al estado ni derechos legales a los dueños del producto.
adjetivo **3** Se dice de las cosas que se hacen ilegalmente y sin autorización. Una emisora pirata emite sin autorización; los vídeos piratas son copias ilegales.

pirenaico, pirenaica
adjetivo **1** De los Pirineos o que tiene relación con ellos.

piropo
nombre masculino **1** Palabra o frase de admiración dirigida a una persona, en especial a una mujer para destacar su belleza. ✂ cumplido.

pirrar
verbo **1** Gustar muchísimo.
2 pirrarse Gustarle mucho a alguien una persona o cosa: *Me pirro por las patatas fritas.*
👁 Es una palabra informal.

pirueta
nombre femenino **1** Salto o movimiento difícil que se hace en el aire. Los patinadores artísticos hacen piruetas.

piruleta
nombre femenino **1** Caramelo redondo y plano que está sujeto a un palo para poder cogerlo mientras se chupa.

pirulí
nombre masculino **1** Caramelo largo y con forma de cono que está sujeto a un palo

para poder cogerlo mientras se chupa.
👁 El plural es: pirulíes.

pis
nombre masculino **1** Orina de las personas o los animales. Es un uso familiar. ✂ pipí.
hacer pis Orinar, expulsar la orina del cuerpo. ✂ mear.

pisada
nombre femenino **1** Cada una de las veces que se pisa con el pie; también es una pisada el ruido que se hace al pisar.
2 Señal que deja el pie en la superficie que pisa. En el barro las pisadas se ven muy bien.

pisapapeles
nombre masculino **1** Objeto pesado que se utiliza para dejarlo sobre los papeles y evitar que se muevan.
👁 El plural es: pisapapeles.

pisar
verbo **1** Poner el pie sobre una cosa o una persona.
2 Ir o entrar en un lugar: *Nunca ha pisado esa librería.* Se usa en frases negativas.

piscina
nombre femenino **1** Construcción o recipiente grande y hondo que se llena de agua y sirve para bañarse o nadar.

piscis
nombre masculino **1** Duodécimo y último signo del zodiaco. Piscis comprende a las personas nacidas entre el 19 de febrero y el 20 de marzo. Con este significado se escribe con mayúscula.
nombre masculino y femenino **2** Persona nacida bajo el signo de Piscis.

piscívoro, piscívora
adjetivo **1** Se dice del animal que se alimenta de peces.

piso
nombre masculino **1** Cada vivienda en un edificio de varias plantas donde vive una familia. Un piso suele estar formado por el salón o comedor, las habitaciones, cocina y cuarto de baño.
2 Cada una de las diferentes alturas que se distinguen en una casa o edificio. ✂ planta. 👉394
3 Superficie sobre la que se pisa. ✂ suelo.

4 Cada una de las capas de una cosa que están una encima de la otra. En las bodas, la tarta suele ser de varios pisos.

pisotear
verbo **1** Poner el pie con fuerza y repetidamente sobre una persona o una cosa. Si pisoteamos el césped, se estropea o queda destrozado.
2 Hacer daño a una persona con palabras desagradables o insultos: *Con tal de conseguir lo que quiere, no le importa pisotear a los demás*.

pisotón
nombre **1** Acción de poner el pie con fuerza sobre el pie de otra persona o sobre otra cosa.
masculino
👁 El plural es: pisotones.

pista
nombre **1** Cualquier señal o dato que sirve femenino para descubrir una cosa o llegar a una conclusión.
2 Señal que queda al pasar una persona o un animal por un lugar. Los cazadores persiguen a sus presas por las pistas que dejan. ✕✕ rastro.
3 Superficie de terreno liso y preparado para cierto uso, como una pista de aterrizaje o una pista de atletismo. ✍ 799

pistacho
nombre **1** Fruto seco de forma ovalada masculino que tiene la cáscara dura de color marrón y una semilla verde en su interior.

pistola
nombre **1** Arma de fuego pequeña y de femenino cañón corto, que se dispara con una sola mano.
2 Utensilio que sirve para disparar un líquido a presión y esparcirlo sobre una superficie. Muchos pintores usan la pistola para pintar de manera uniforme una superficie.

pistolero, pistolera
nombre **1** Persona que usa pistola para robar, atacar o matar.

pitar
verbo **1** Hacer que suene un pito soplando por él.
2 Hacer que suene el claxon o la bocina de un coche o de otro vehículo para avisar de algo.
3 Producir una cosa un sonido muy fuerte y agudo, parecido al que hace un pito. Pita una olla cuando tiene vapor dentro o un micrófono cuando el volumen está muy alto.
4 Producir una persona un sonido fuerte y agudo cerrando los labios y haciendo salir aire con velocidad a través de ellos. ✕✕ silbar.
5 Hacer una persona la función de árbitro en una competición deportiva.
6 Señalar un árbitro una falta concreta en una competición deportiva, generalmente haciendo sonar el pito que lleva en la boca. El árbitro también pita el final del partido.
pitando Forma de hacer una cosa dándose la mayor prisa posible: *Salió pitando.*

pitido
nombre **1** Sonido agudo y continuado que masculino produce un pito o que se parece al que produce un pito.

pitillera
nombre **1** Caja o estuche que se utiliza pa-femenino ra guardar cigarrillos.

pitillo
nombre **1** Tabaco picado y enrollado en masculino forma de cilindro pequeño con un papel blanco. El pitillo se fuma dándole fuego por uno de sus extremos. ✕✕ cigarrillo; cigarro.

pito
nombre **1** Instrumento pequeño y hueco masculino que produce un sonido fuerte y agudo cuando se sopla a través de él. ✕✕ silbato.
2 Aparato que llevan los coches y otros vehículos que al tocarlo produce un ruido fuerte para avisar de un peligro. Es un uso informal. ✕✕ bocina.
3 Órgano sexual masculino. Es un uso familiar. ✕✕ pene
importar un pito No importarle nada una cosa a una persona, sentir total indiferencia o incluso desprecio por ella. Es una expresión informal.

P / p

P p

pitorrearse
verbo **1** Reírse o burlarse de una persona. ⚒ cachondearse.
👁 Es una palabra informal.

pitorreo
nombre masculino **1** Acción que se hace o palabras que se dicen para reírse o burlarse de alguien; también es un pitorreo la situación en la que hay gente que se ríe de otros. ⚒ cachondeo.
👁 Es una palabra informal.

pizarra
nombre femenino **1** Superficie lisa y rectangular que sirve para escribir en ella y borrar lo escrito con facilidad. ⚒ encerado.
2 Piedra de color negro azulado que se divide con facilidad en piezas planas y delgadas. En algunas zonas de España los tejados están hechos con pizarra.

pizca
nombre femenino **1** Cantidad muy pequeña de una cosa material o inmaterial: *Echa una pizca de sal. No hace ni pizca de gracia.*

pizza
nombre femenino **1** Masa redonda y plana hecha con harina y agua sobre la que se ponen trozos de cualquier alimento; se cubre de queso y se cocina al horno.

placa
nombre femenino **1** Pieza plana y delgada, generalmente de metal, en la que se escribe un texto. En algunos edificios se colocan placas para recordar la fecha de su inauguración. ✍398
2 Pieza plana de metal que forma parte de un aparato. Una placa solar sirve para recibir y almacenar la luz del Sol.
3 Objeto de metal que identifica y acredita a un policía.
4 Matrícula de un vehículo.
5 En geología, cada una de las capas internas de la Tierra.

placer
nombre masculino **1** Sensación de encontrarse muy a gusto en un lugar o en una situación por una cosa o una persona que nos gusta mucho. Charlar con un amigo es un placer.

verbo **2** Resultar algo agradable. Cuando no nos place pasear, no paseamos. ⚒ gustar; apetecer.

placer

INDICATIVO	SUBJUNTIVO
presente	**presente**
plazco	plazca
places	plazcas
place	plazca o plegue
placemos	plazcamos
placéis	plazcáis
placen	plazcan
pretérito imperfecto	**pretérito imperfecto**
placía	placiera o placiese
placías	o pluguiera o pluguiese
placía	placieras o placieses
placíamos	placiera o placiese o
placíais	pluguiera o pluguiese
placían	placiéramos o
	placiésemos
pretérito indefinido	placierais o placieseis
plací	placieran o placiesen
placiste	
plació o plugo	**futuro**
placimos	placiere
placisteis	placieres
placieron o pluguieron	placiere o pluguiere
	placiéremos
futuro	placiereis
placeré	placieren
placerás	
placerá	
placeremos	**IMPERATIVO**
placeréis	place (tú)
placerán	plazca (usted)
	placed (vosotros)
condicional	plazcan (ustedes)
placería	
placerías	**FORMAS NO PERSONALES**
placería	
placeríamos	**infinitivo** **gerundio**
placeríais	placer placiendo
placerían	**participio**
	placido

plácido, plácida
adjetivo **1** Que es agradable y tranquilo.

plaga
nombre femenino **1** Enfermedad o catástrofe que causa un daño grave a mucha gente. Los incendios son una plaga frecuente todos los veranos. ⚒ epidemia; peste.
2 Cantidad grande de algo perjudicial, en especial de animales que causan un gran daño en la agricultura, como una plaga de pulgones.
3 Abundancia de personas o cosas, especialmente si causan daño o molestan. Los robos son una plaga en las grandes ciudades.

P
p

plagiar
verbo 1 Copiar una persona la obra de otra y decir que es suya.
👁 Se conjuga como: cambiar; la 'i' no lleva nunca acento de intensidad.

plan
nombre masculino 1 Intención que tiene una persona de hacer una cosa.
2 Conjunto de cosas que se han programado para llevarlas a cabo e instrucciones que se dan sobre la manera de realizarlas: *El folleto explica todo el plan del viaje.*
3 Forma que tiene prevista una persona de pasar el tiempo.
4 Relación amorosa o sexual que mantiene una persona con otra de forma pasajera. También es la persona con la que se establece esa relación. Es un uso informal.

plancha
nombre femenino 1 Aparato con una superficie plana que se calienta y sirve para quitar las arrugas de la ropa. Las planchas suelen ser eléctricas y tienen una base metálica y triangular y un asa para cogerlas. 🖎 796
2 Trozo plano y delgado de metal que se usa en la cocina para asar o tostar alimentos.
3 Forma de poner el cuerpo casi horizontal, como hace un gimnasta en algunos ejercicios o un portero de fútbol al tirarse para coger el balón.
4 Error que comete una persona delante de otra y que hace que se sienta ridícula: *¡Vaya plancha!, la he confundido con una amiga mía.* Es un uso informal.
a la plancha Se dice de la comida que se hace sobre una plancha metálica utilizando sólo un poco de aceite.

planchar
verbo 1 Quitar las arrugas a la ropa utilizando una plancha caliente. 🖎 796

planeador
nombre masculino 1 Avión ligero y sin motor que vuela aprovechando las corrientes de aire. Los planeadores suben al cielo atados a un avión por medio de un cable y luego se sueltan.

planear
verbo 1 Pensar en una posible acción futura y en cómo se puede hacer. Las personas planean con antelación sus vacaciones.
2 Volar un avión o algo parecido sin motor. Las alas delta planean.
3 Volar un pájaro sin mover las alas.

planeta
nombre masculino 1 Cuerpo sólido que gira alrededor de una estrella y que no tiene luz propia. La Tierra es un planeta que gira alrededor del Sol.

planetario
nombre masculino 1 Aparato que representa los planetas del sistema solar y reproduce sus movimientos. También es el edificio o sala donde está este aparato.

planificar
verbo 1 Hacer que una acción, una actividad o un proceso se ajusten a un plan elaborado con un objetivo determinado.
👁 Se escribe 'qu' delante de 'e', como: planifiquen.

plano, plana
adjetivo 1 Se dice de la superficie que es llana y lisa y no tiene estorbos. La palma de la mano es plana. ⬚ liso; llano.
nombre masculino 2 Papel en el que están dibujadas las líneas y las figuras que representan las partes de un edificio o las calles de una población. 🖎 395,400

planta
nombre femenino 1 Ser orgánico que vive y crece en un sitio fijo en el suelo, del que no puede moverse de manera voluntaria. ⬚ vegetal.
2 Parte inferior del pie que toca el suelo al caminar o estar de pie.
3 Cada uno de los pisos o alturas en que se divide un edificio. Los rascacielos son edificios de muchas plantas. ⬚ piso.
4 Fábrica o instalación industrial.

plantación
nombre femenino 1 Terreno de gran extensión dedicado al cultivo de una clase de plantas.
👁 El plural es: plantaciones.

P
p

plantar

verbo **1** Poner o meter en la tierra una semilla, un tallo o una planta para que eche raíces y crezca. ✂ cultivar.

2 Poner una cosa en un lugar: *Podemos plantar aquí la tienda de campaña*.

3 Dar un fuerte beso o una bofetada de manera imprevista.

4 Poner a una persona o a una cosa en un lugar en contra de su voluntad o por la fuerza. A un trabajador lo plantan en la calle cuando lo echan de su lugar de trabajo.

5 Abandonar o dejar una persona a otra. Un amigo planta a otro si no se presenta a la cita acordada.

6 plantarse Llegar a un lugar en poco tiempo. Cogiendo un avión te plantas enseguida en otra ciudad. Es un uso informal.

7 plantarse Mantenerse firme en una idea.

plantear

verbo **1** Presentar o exponer una persona un tema para que se conozca y se discuta sobre él.

2 Hacer que se le presente a alguien un problema que tiene que resolver. La destrucción del medio natural plantea serios problemas para la humanidad en el futuro.

3 Enunciar un problema, especialmente de matemáticas, para que pueda ser resuelto.

4 plantearse Pensar una persona detenidamente la realización de una cosa, haciendo planes sobre ella antes de llevarla a cabo. Algunas personas sólo se plantean dejar de fumar cuando se encuentran mal.

plantilla

nombre femenino **1** Conjunto que forman todas las personas que trabajan en una empresa o que juegan en un equipo deportivo.

2 Pieza con la forma de la planta del pie que se pone dentro del zapato para que el pie no toque directamente el interior del calzado por razones higiénicas o de otro tipo.

3 Pieza recortada según una forma determinada que sirve para fabricar o para pintar piezas con esa misma forma.

plasma

nombre masculino **1** Parte líquida de la sangre compuesta fundamentalmente de agua que contiene elementos sólidos como los glóbulos o las plaquetas.

plasta

nombre femenino **1** Masa de alguna cosa que está blanda o pastosa, como el barro o un excremento poco sólido.

plastelina

nombre femenino **1** Pasta blanda y fácil de modelar que sirve para hacer figuras. La plastelina puede ser de muchos colores.

👁 También se escribe y se pronuncia: plastilina.

plástica

nombre femenino **1** Actividad en la que se trabaja con materiales, como la madera o el barro, para realizar objetos artísticos. En la clase de plástica, se enseña a dibujar, pintar y hacer manualidades.

plástico

nombre masculino y adjetivo **1** Material impermeable e inflamable que se obtiene del petróleo y se utiliza para fabricar todo tipo de objetos.

plastilina

nombre femenino **1** Plastelina.

plata

nombre femenino **1** Metal de color gris brillante que se utiliza mucho para hacer joyas y objetos de decoración.

nombre masculino y adjetivo **2** Color gris brillante, como el de los objetos de plata.

plataforma

nombre femenino **1** Superficie plana y horizontal elavada del suelo, donde se pueden colocar personas o cosas.

2 Parte de un autobús, tren o tranvía, en la que no hay asientos. Cuando el tren llega a la estación la gente se agolpa en la plataforma para salir.

platanero

nombre masculino **1** Planta que produce los plátanos. Alcanza tres o cuatro metros de altura y tiene un tallo grueso, parecido a un tronco, con grandes hojas en la punta. ※ plátano.

plátano

nombre masculino **1** Fruta con la corteza amarilla, que tiene forma alargada y un poco curvada, y una carne blanca, blanda y dulce. El plátano se cultiva en Canarias. El árbol que produce esta fruta también se llama plátano.
2 Árbol que se cultiva en las ciudades para dar sombra en calles, paseos y jardines. Tiene las hojas grandes y produce unas bolas peludas de color marrón claro.

platea

nombre femenino **1** Conjunto de asientos de la planta baja de un cine o teatro.

plateado, plateada

adjetivo **1** De color y brillo parecidos a la plata. Una cosa plateada es gris pero con reflejos brillantes, como un marco de foto, las escamas de los peces o unas tijeras.

platillo

nombre masculino **1** Objeto redondo, plano y poco profundo parecido a un plato, que normalmente está hecho de metal. Las balanzas tienen uno o dos platillos sobre los que se colocan los objetos que queremos pesar.

nombre masculino plural **2 platillos** Instrumento musical formado por dos discos de metal que producen un sonido al hacer chocar uno con otro. ✍ 536
platillo volante Nave espacial que se supone que viene de otro planeta o de otra galaxia. En muchas películas de ciencia ficción aparecen extraterrestres que viajan en platillos volantes.

platino

nombre masculino **1** Metal duro parecido a la plata que se utiliza para fábricar joyas y otros objetos.

plato

nombre masculino **1** Recipiente redondo y poco profundo que sirve para poner alimentos y servirlos en la mesa.
Hay platos llanos y platos hondos que se utilizan para la sopa.
2 Alimento cocinado y listo para comer, como una ensalada de arroz o un filete de ternera: *Hay arroz como primer plato.*
no haber roto un plato No haber hecho nunca nada malo.

plató

nombre masculino **1** Recinto cubierto de un estudio de cine o de televisión que se usa como escenario para rodar películas o realizar programas.
👁 El plural es: platós.

playa

nombre femenino **1** Superficie casi plana y cubierta de arena o piedras que está a la orilla del mar, de un lago o de un río.

playback

nombre masculino **1** Técnica que consiste en mover los labios como si se estuviera hablando o cantando algo que en realidad suena de una grabación. En televisión a veces los cantantes cantan en playback.
👁 Es una palabra de origen inglés; se pronuncia: 'pléibac'. El plural es: playback.

playeras

nombre femenino plural **1** Calzado de verano, de tela fuerte y suela de goma.

playero, playera

adjetivo **1** De la playa o que tiene relación con ella. Los bolsos playeros sirven para meter las toallas, los bronceadores y todo lo que se necesita para tomar el sol o bañarse.

plaza

nombre femenino **1** Lugar amplio y llano dentro de una ciudad que está rodeado de casas y en el que desembocan varias calles. En las plazas suele haber bancos para sentarse.
2 Lugar en que se venden comestibles. En la plaza hay diversos puestos de verdura, carne y pescado. ※ mercado.
3 Espacio o sitio determinado que puede ocupar una persona o cosa. Los colegios y los medios de transporte tienen un número limitado de plazas.
4 Puesto de trabajo o empleo: *Ha*

P
p

P / p

sacado la *plaza de profesor en un instituto*.

plaza de toros Espacio redondo y descubierto, rodeado de asientos, donde se celebran las corridas de toros.

plazo
nombre masculino **1** Espacio de tiempo limitado durante el cual se debe hacer una cosa: *El plazo de matrícula acaba hoy*.
2 Cada una de las partes de una cantidad de dinero que se puede pagar en varias veces. Pagamos a plazos compras grandes, como un coche, un equipo de música o una lavadora.

plazoleta
nombre femenino **1** Plaza pequeña que suele haber en jardines, parques y en algunos paseos con árboles.

plegaria
nombre femenino **1** Oración que se dirige a Dios, a la Virgen o a los santos para pedirles algo.

pleito
nombre masculino **1** Discusión que dos partes enfrentadas mantienen ante un juez o un tribunal para que éste decida quién tiene razón.

pleno, plena
adjetivo **1** Que está completamente lleno de cierta cosa: *Fue un viaje lleno de sorpresas*.
2 Que está en el momento de más intensidad o fuerza: *Salió de casa con el pijama a plena luz del día*.
nombre masculino **3** Reunión de todos los miembros o dirigentes de una organización, una empresa o una institución. Las cuestiones importantes para una ciudad se deciden en el pleno del ayuntamiento.

pliego
nombre masculino **1** Hoja grande de papel que se vende sin doblar, como una hoja de papel charol.

pliegue
nombre masculino **1** Doblez de una tela, un papel o cualquier superficie flexible. La ropa que tiene muchos pliegues es difícil de planchar.

plinto
nombre masculino **1** Aparato de gimnasia de forma rectangular que consta de varios cajones superpuestos.

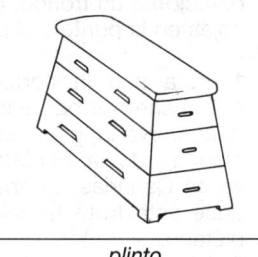

plinto

plomo
nombre masculino **1** Metal pesado de color gris oscuro que se utiliza para fabricar tubos, pinturas y balas de armas de fuego.
2 Persona o cosa que es muy pesada y aburre a los demás. Es un uso informal.
nombre masculino plural **3 plomos** Mecanismo que conduce la corriente eléctrica y que deja de funcionar cuando pasa por él una corriente demasiado intensa. ✖ fusible.

pluma
nombre femenino **1** Cada una de las piezas que cubren el cuerpo de las aves; tienen una especie de varilla en el centro y pelos finos a los lados.
2 Instrumento que sirve para escribir con tinta y es recargable. También se llama 'pluma estilográfica'.

plumaje
nombre masculino **1** Conjunto de plumas que tiene un ave.

plumero
nombre masculino **1** Objeto que sirve para quitar el polvo de los muebles; el plumero está formado por un conjunto de plumas sujeto a un palo.
verse el plumero Ser muy fácil de ver la intención o el pensamiento de una persona.

plumier
nombre masculino **1** Caja o estuche donde se guardan los lápices, bolígrafos, gomas de borrar y sacapuntas.
👁 El plural es: plumieres.

FORMACIÓN DEL PLURAL EN LOS NOMBRES

Singular	Plural
oro, plata, sed, sur	no tiene o se usa poco
no tiene o se usa poco	*víveres, añicos, cosquillas*
acaba en vocal *idea, libro, lío*	se añade -s *ideas, libros, líos*
acaba en -í o -ú *bambú, rubí, ceutí* *iglú, bisturí*	se añade -es *bambúes, rubíes, ceutíes* se añade -es o -s *iglús o iglúes, bisturís o bisturíes*
acaba en consonante *flor, verdad, intención, túnel, vez*	se añade -es *flores, verdades, intenciones, túneles, veces*
acaba en -s y lleva el acento en la última sílaba *interés, país, compás*	se añade -es *intereses, países, compases*
acaba en -s y no lleva el acento en la última sílaba *viernes, paréntesis, crisis*	no varía *viernes, paréntesis, crisis*

👁 Algunas palabras se usan en plural con significado singular, incluso aunque tengan singular: tijera/tijeras, pantalón/pantalones, gafas, alicates.

Recuerda que el adjetivo y los determinantes concuerdan con el nombre en género y número. Las normas para la formación del plural de los adjetivos son iguales que para formar el plural de los nombres.

En este diccionario, para buscar una palabra que tiene singular y plural tienes que buscar la forma masculina singular. Si el plural es irregular, lo encontrarás en la observación.

plural
adjetivo y nombre masculino **1** Se dice del número de las palabras que expresa varias unidades, como 'perros' o 'relojes'. El plural se forma añadiendo una 's' o 'es' al singular: libros, papeles.

pluriempleo
nombre masculino **1** Situación de la persona que tiene más de un trabajo.

plusmarca
nombre femenino **1** La mejor marca conseguida en un deporte en un año o en toda la historia del deporte. ✖ récord.

población
nombre femenino **1** Lugar con edificios, calles y otros espacios públicos, donde habita un conjunto de personas. Los pueblos y las ciudades son poblaciones. ✖ localidad. ✎ 400
2 Conjunto de personas que habitan en un país, una ciudad o cualquier otro lugar.
👁 El plural es: poblaciones.

poblado
nombre masculino **1** Lugar con viviendas donde habita un conjunto pequeño de personas agrupadas. Se utiliza especialmente para referirse a lugares rurales. ✖ población.

poblar
verbo **1** Ocupar un lugar para quedarse a vivir en él; también se puede poblar un lugar con animales que no son propios de ese lugar.
2 Habitar en un lugar. Los pigmeos pueblan la selva ecuatorial.
3 poblarse Llenarse un lugar o una cosa con gran cantidad de lo que se indica: *Se le ha poblado la cara de granos.*
👁 Se conjuga como: contar; la 'o'

P
p

se convierte en 'ue' en sílaba acentuada, como: pueblan.

pobre

adjetivo y nombre masculino y femenino **1** Se dice de la persona que no tiene lo necesario para vivir o que tiene muy poco. ✕ rico.

adjetivo **2** Que es escaso o que tiene poco valor o calidad: *Los materiales de esta casa son pobres.*
3 Que despierta compasión: *El pobre hombre perdió la cartera con todo su dinero.* Con este significado se utiliza delante del nombre.

pobreza

nombre femenino **1** Gran escasez económica o falta de lo necesario para vivir. En los países del Tercer Mundo hay mucha pobreza. ✕ miseria.
2 Escasez o falta de alguna cosa: *Le cuesta expresarse debido a la pobreza de su vocabulario.*

pocho, pocha

adjetivo **1** Se dice del alimento que está demasiado maduro y empieza a pudrirse. ✕ pasado.
2 Que está débil o se encuentra mal de salud: *No ha ido a trabajar porque está pocho.* Es un uso informal. ✕ pachucho.

pocilga

nombre femenino **1** Lugar cubierto donde se mete a los cerdos.
2 Lugar sucio y desordenado.

poción

nombre femenino **1** Bebida que tiene poderes mágicos o medicinales. En 'Alicia en el país de las maravillas' la protagonista se tomaba una poción mágica que la hacía disminuir de tamaño. ☞ El plural es: pociones.

poco, poca

determinante indefinido **1** Cantidad pequeña de personas o cosas. Si en un aula hay tres alumnos, hay muy pocos alumnos.
adverbio **2 poco** Menos de lo normal o de lo necesario. Si una persona come poco, adelgazará.
3 poco Indica un periodo de tiempo breve: *Hace poco que lo vi.*
poco a poco Lentamente, sin prisa. Los niños aprenden a hablar poco a poco.
por poco Indica que algo ha esta-

do a punto de ocurrir: *Cuando llegué a la estación el tren ya estaba allí, por poco lo pierdo.*
un poco de Cantidad pequeña de algo: *¿Me das un poco de agua?*

poda

nombre femenino **1** Trabajo de cortar algunas ramas de las plantas o los árboles para que crezcan con mayor fuerza.

podar

verbo **1** Cortar o quitar ramas de las plantas o de los árboles para que crezcan con mayor fuerza.

poder

verbo **1** Tener la capacidad, la posibilidad o la fuerza suficiente para hacer algo. Los bebés no pueden comer solos.
2 Tener el permiso o la libertad de hacer algo. En los vagones de fumadores de los trenes se puede fumar porque no está prohibido.

poder	
INDICATIVO	**SUBJUNTIVO**
presente	**presente**
puedo	pueda
puedes	puedas
puede	pueda
podemos	podamos
podéis	podáis
pueden	puedan
pretérito imperfecto	**pretérito imperfecto**
podía	pudiera o pudiese
podías	pudieras o pudieses
podía	pudiera o pudiese
podíamos	pudiéramos o
podíais	pudiésemos
podían	pudierais o pudieseis
	pudieran o pudiesen
pretérito indefinido	
pude	**futuro**
pudiste	pudiere
pudo	pudieres
pudimos	pudiere
pudisteis	pudiéremos
pudieron	pudiereis
	pudieren
futuro	
podré	**IMPERATIVO**
podrás	
podrá	puede (tú)
podremos	pueda (usted)
podréis	poded (vosotros)
podrán	puedan (ustedes)
condicional	**FORMAS NO PERSONALES**
podría	
podrías	**infinitivo** **gerundio**
podría	poder pudiendo
podríamos	**participio**
podríais	podido
podrían	

3 Ser posible que ocurra algo: *Puede que venga, puede que no.*
4 Tener más fuerza que otra persona.
nombre masculino **5** Capacidad de hacer algo: *Tiene mucho poder de convicción.*
6 Autoridad para mandar o para influir sobre los demás.
a más no poder Indica que no es posible que algo sea o se haga con más intensidad: *Es lista a más no poder.*

poderoso, poderosa
adjetivo y nombre **1** Que tiene poder o influencia sobre los demás.
adjetivo **2** Que es muy bueno y produce los efectos deseados. Un medicamento poderoso cura rápidamente.

podio
nombre masculino **1** Construcción en forma de tres cubos de diferentes alturas que se pone sobre el suelo para que se suban los tres primeros clasificados en una competición deportiva. Las copas y las medallas olímpicas se reparten en el podio.

podrido, podrida
participio **1** Participio irregular de: pudrir. También se utiliza como adjetivo: *Se ha podrido la fruta. Tuve que tirar la comida podrida.*

podrir
verbo **1** Pudrir.
👁 Sólo se usan el infinitivo y el participio.

poema
nombre masculino **1** Composición literaria escrita o recitada que está formada por versos y que tiene ritmo y, a menudo, rima. ✄ poesía.

poesía
nombre femenino **1** Poema.
2 Género literario al que pertenecen las obras escritas en verso.

poeta, poetisa
nombre **1** Persona que escribe poesía.
👁 También se utiliza 'poeta' para el femenino.

poética
nombre femenino **1** Conjunto de normas y principios para expresar la belleza, el sentimiento o las ideas por medio de palabras habladas o escritas que tienen ritmo y armonía.

poético, poética
adjetivo **1** Que tiene relación con la poesía. Un escritor puede ser autor de obra poética y dramática.
2 Que expresa la belleza o los sentimientos como lo hace la poesía.

poetisa
nombre femenino **1** Poeta.
👁 El masculino es: poeta.

polaco, polaca
adjetivo y nombre **1** Se dice de la persona o cosa que es de Polonia, país del norte de Europa.
nombre masculino **2** Lengua hablada en Polonia. El polaco es una lengua eslava, como el ruso.

polar
adjetivo **1** De los polos de la Tierra o que tiene relación con ellos. El clima polar es muy frío.

polea
nombre femenino **1** Rueda que tiene una cuerda que se enrolla para poder levantar algo con poco esfuerzo.

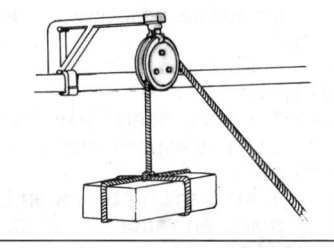

polea

polémica
nombre femenino **1** Discusión larga y bastante fuerte entre dos o más personas sobre algún tema en el que no están de acuerdo.

polémico, polémica
adjetivo **1** Que provoca discusión o enfrentamiento entre dos o más personas o en toda la sociedad. La legalización del aborto es un tema muy polémico, porque hay muchas personas que están a favor y otras muchas que están en contra.

polen
nombre masculino **1** Conjunto de granos muy pequeños que salen del estambre de la flor. El polen contiene las células

P
p

masculinas necesarias para la reproducción de las plantas con flor.
👁 El plural es: pólenes.

poleo
nombre masculino **1** Planta de hojas verdes aromáticas y flores de color morado, que se usa para preparar infusiones. También es poleo la infusión que se prepara hierviendo en agua las hojas de esta planta. ✕ menta.

poli
nombre masculino y femenino **1** Policía.
👁 Es una palabra informal.

policía
nombre femenino **1** Conjunto de personas civiles o militares encargadas de vigilar el orden público y la seguridad de los ciudadanos, defender las leyes de un estado y perseguir a los delincuentes.
nombre masculino y femenino **2** Persona que pertenece a la policía. ☞ 797

policiaco, policiaca
adjetivo **1** De la policía o que tiene relación con ella. También se escribe y se pronuncia: policíaco. ✕ policial.

policial
adjetivo **1** Policiaco.

policlínica
nombre femenino **1** Clínica donde hay médicos de distintas especialidades.

polideportivo
nombre masculino **1** Instalación pública en la que se practican varios deportes.

polifacético, polifacética
adjetivo **1** Se dice de la persona que es capaz de hacer muchas actividades distintas.

políglota
nombre masculino y femenino **1** Persona que habla varias lenguas.

polígono
nombre masculino **1** Figura geométrica que tiene varios lados. Un pentágono es un polígono de cinco lados.
polígono industrial Conjunto de fábricas y edificios comerciales situados en un lugar.

polilla
nombre femenino **1** Insecto nocturno de color marrón, con las alas estrechas y las antenas casi verticales. Las larvas de estos insectos son perjudiciales porque se comen los tejidos y la madera.

poliomielitis
nombre femenino **1** Enfermedad infecciosa muy grave, producida por un virus que daña la médula espinal y hace que la persona afectada quede paralítica. La poliomielitis ataca sobre todo a los niños. También se dice: polio.
👁 El plural es: poliomielitis.

polisemia
nombre femenino **1** Característica de las palabras que tienen más de un significado.

polisémico, polisémica
adjetivo **1** Se dice de la palabra que tiene más de un significado. 'Banco' es una palabra polisémica porque significa tanto un tipo de asiento para varias personas, como un establecimiento.

polisílabo, polisílaba
adjetivo **1** Se dice de la palabra que tiene cuatro o más sílabas, como 'carretera', 'polifacético' y 'diccionario'.

política
nombre femenino **1** Conjunto de ideas o acciones relacionadas con el gobierno de los países, las autonomías o las ciudades. También es la actividad de las personas que se dedican a este gobierno.
2 Conjunto de normas u orientaciones que marcan la forma de comportarse.

político, política
adjetivo **1** Que tiene relación con la política.
nombre **2** Persona que se dedica a la política.
adjetivo **3** Se dice de la persona que es pariente de otra porque ha habido un matrimonio en la familia, pero no tienen antepasados comunes. El suegro de una persona también se llama padre político.

polizón
nombre masculino y femenino **1** Persona que se sube a un barco o a un avión de forma ilegal, a escondidas y sin billete.
👁 El plural es: polizones.

pollería
nombre femenino **1** Tienda en la que se venden huevos y aves comestibles.

pollo
nombre masculino **1** Cría de la gallina.
2 Persona de poca edad. Es un uso informal.
👁 No lo confundas con 'poyo', que es un banco de piedra.

polo

nombre masculino **1** Cada una de las dos zonas que se encuentran en los extremos de la Tierra: el polo norte y el polo sur. **2** Helado alargado que se chupa cogiéndolo por un palo. **3** Prenda de vestir de algodón u otro tejido ligero, de manga corta y con botones desde el cuello hasta la mitad del pecho. **4** Cada uno de los dos extremos opuestos de un cuerpo en los que se acumula una mayor cantidad de energía, como el polo positivo y el negativo de una pila. **5** Deporte de equipo que se practica a caballo y que consiste en meter una pelota de madera en la portería contraria golpeándola con un palo largo.

polución

nombre femenino **1** Suciedad que hay en el aire o en el medio ambiente. En las ciudades hay más polución que en los pueblos. ⚒ contaminación.

polvareda

nombre femenino **1** Cantidad de polvo que se levanta de la tierra. **2** Efecto que produce una acción o un dicho en la gente: *Su cese provocó una polvareda de protestas.*

polvo

nombre masculino **1** Conjunto de partículas de tierra seca u otras sustancias que flotan en el aire y caen sobre los objetos. **2** Conjunto de partículas o granos muy pequeños que resultan de moler una sustancia sólida.

nombre masculino plural **3 polvos** Producto de belleza que se usa para dar color a la cara.
estar hecho polvo Estar muy cansado o tener pocos ánimos.
hacer polvo Causar mucho daño o destrozar a alguien o algo.

pólvora

nombre femenino **1** Sustancia explosiva en polvo, hecha con azufre, carbón y otras sustancias.

polvoriento, polvorienta

adjetivo **1** Que está cubierto de polvo.

polvorín

nombre masculino **1** Lugar donde se guarda la pólvora y otros explosivos.
👁 El plural es: polvorines.

polvorón

nombre masculino **1** Dulce pequeño hecho con harina, azúcar y manteca de cerdo que se deshace en polvo cuando se come. Es típico de la Navidad.
👁 El plural es: polvorones.

pomada

nombre femenino **1** Medicamento en forma de crema, hecho con grasas y otras sustancias, que se extiende sobre la piel.

pomelo

nombre masculino **1** Fruta redonda de cáscara gruesa y amarilla y carne de sabor ácido de la que se extrae zumo. También es pomelo el árbol que da esta fruta.

pompa

nombre femenino **1** Ahuecamiento que se forma en una superficie donde entra el aire; en especial, burbujas que se forman en el agua: *Los niños hacen pompas de jabón.* **2** Conjunto de medios que dan a una ceremonia un aire solemne, espectacular o lujoso.
pompas fúnebres Actos y ceremonias que se organizan cuando muere una persona, como el anuncio o el entierro.

pompi

nombre masculino **1** Culo de una persona. También se dice 'pompis'.
👁 Es una palabra familiar.

pompón

nombre masculino **1** Bola de lana que adorna algunas prendas, normalmente de niños, como gorros, bufandas o patucos.
👁 El plural es: pompones.

pómulo

nombre masculino **1** Cada una de las dos partes que sobresalen de la cara y que están debajo de los ojos y a cada lado de la nariz.

poncho

nombre masculino **1** Prenda de vestir parecida a una manta con una abertura en el centro por donde se pasa la cabeza.

poner

verbo **1** Hacer que una cosa o una persona esté en un lugar: *Puso el sofá junto a la pared.* **2** Hacer que una persona o una cosa estén de una manera deter-

P
p

P
/
p

minada. Ponemos cara de enfado o nos ponemos nerviosos.

3 Preparar algo para un fin determinado, como poner la mesa.

4 Hacer que algo pase a formar parte de otra cosa: *Ponle más azúcar al café.*

5 Dar algo, en especial dinero, para que se haga algo: *Pusimos mil pesetas cada uno para el regalo.*

6 Conectar un aparato para que funcione. Ponemos la lavadora, la televisión o el horno.

7 Hacer uso de unos conocimientos, una habilidad o una cualidad para conseguir algo. Ponemos muchas ganas o entusiasmo para hacer las cosas que nos gustan.

8 Cubrir con ropa a una persona: *Ponle el abrigo al niño.*

9 Decir o expresar algo. En los car-

teles de las autopistas suele poner el nombre de las ciudades.

10 Escribir algo. *Tengo que poner la dirección en el sobre.*

11 Representar una obra de teatro o proyectar una película.

12 Imaginar que algo pueda ser de un modo determinado para analizarlo: *Pongamos que llega a las doce, ¿qué pasaría?*

13 Dar un nombre o un apodo a una persona o un animal: *Le han puesto 'Chula' a la perra.*

14 Soltar un huevo las aves. Las gallinas ponen huevos.

15 ponerse Ocultarse el Sol en el horizonte.

ponerse a Empezar a hacer lo que se indica: *Después de cenar se puso a fregar.*

poni

nombre masculino **1** Caballo que pertenece a una raza que se caracteriza por su pequeña altura y su pelo largo.

poniente

nombre masculino **1** Punto del horizonte por donde se pone el Sol. ✖ oeste.

2 Viento que sopla desde la parte oeste.

pontevedrés, pontevedresa

adjetivo y nombre **1** Se dice de la persona o cosa que es de Pontevedra, ciudad y provincia de Galicia.

👁 El plural de pontevedrés es: pontevedreses.

pontífice

nombre masculino **1** Sacerdote que ocupa un alto puesto en la Iglesia, como obispo o arzobispo. Al papa se le llama Sumo Pontífice.

pop

adjetivo y nombre masculino **1** Se dice del tipo de música moderna derivada del rock, pero más suave.

popa

nombre femenino **1** Parte de atrás de una embarcación. ✍196

popular

adjetivo **1** Del pueblo o que tiene relación con el pueblo. Los villancicos son música popular.

2 Que es propio de las clases sociales que tienen menos dinero y menos educación o está dirigido a

poner	
INDICATIVO	**SUBJUNTIVO**
presente	**presente**
pongo	ponga
pones	pongas
pone	ponga
ponemos	pongamos
ponéis	pongáis
ponen	pongan
pretérito imperfecto	**pretérito imperfecto**
ponía	pusiera o pusiese
ponías	pusieras o pusieses
ponía	pusiera o pusiese
poníamos	pusiéramos o
poníais	pusiésemos
ponían	pusierais o pusieseis
	pusieran o pusiesen
pretérito indefinido	
puse	**futuro**
pusiste	pusiere
puso	pusieres
pusimos	pusiere
pusisteis	pusiéremos
pusieron	pusiereis
	pusieren
futuro	
pondré	**IMPERATIVO**
pondrás	
pondrá	pon (tú)
pondremos	ponga (usted)
pondréis	poned (vosotros)
pondrán	pongan (ustedes)
condicional	**FORMAS NO PERSONALES**
pondría	
pondrías	**infinitivo** **gerundio**
pondría	poner poniendo
pondríamos	**participio**
pondríais	puesto
pondrían	

ellas. En los barrios populares las casas no suelen ser lujosas.

3 Que es muy conocido y querido por la gente o que tiene mucha aceptación. ※※ famoso.

popularidad
nombre femenino **1** Aceptación que tiene una cosa o una persona entre la gente.

por
preposición **1** Indica la causa o el motivo por el que sucede o se hace una cosa: *Gracias por ayudarme.*

2 Indica intercambio. Cambiamos una cosa por otra; también se utiliza para indicar precio, porque se cambia algo por dinero: *Lo he comprado por muy poco dinero.*

3 Indica el medio a través del cual se realiza algo: *Ayer recibí mi primer CD por correo.*

4 Indica el lugar por donde se pasa: *Pasé por tu casa, pero no había nadie.*

5 Indica un lugar de manera aproximada: *¿Hay una farmacia por aquí cerca?*

6 Indica una parte concreta de un objeto o de una persona: *Sujeta la cacerola por el asa.*

7 Indica el tiempo aproximado en que se realizará una acción: *Volverá a casa por Navidad.*

8 Se utiliza en las multiplicaciones: *Dos por dos son cuatro.*

9 Introduce el complemento agente de una oración pasiva. El complemento agente es la persona que realiza la acción: *La carrera de relevos fue anulada por los jueces.*

10 Indica que una acción todavía no está hecha, pero se supone que se hará pronto: *¡Las doce y las camas por hacer!*

¿por qué? Se utiliza para preguntar la causa o el motivo de una cosa: *¿Por qué las aves vuelan hacia el sur en otoño?*

por si Indica que existe la posibilidad de que suceda lo que se dice a continuación y se propone algo teniendo eso en cuenta: *Te lo digo por si quieres venir con nosotros.*

porcentaje
nombre masculino **1** Cantidad que representa una parte de un total de cien. El porcentaje de niñas en un colegio es del 60 por 100 cuando hay 60 niñas por cada 100 alumnos.

porche
nombre masculino **1** Espacio cubierto con un techo, sostenido por columnas o arcos, que hay a la entrada de algunos edificios.

porcino, porcina
adjetivo **1** Que tiene relación con el cerdo.

porción
nombre femenino **1** Cada uno de los trozos pequeños en que se divide una cosa más grande.
◉ El plural es: porciones.

pordiosero, pordiosera
nombre **1** Persona que pide limosna porque no tiene las cosas necesarias para vivir. ※※ mendigo.

pormenor
nombre masculino **1** Circunstancia poco importante que afecta a un asunto sin cambiarlo: *Me contó todos los pormenores de la boda.*
◉ Se utiliza más en plural.

pornografía
nombre femenino **1** Característica de los libros, películas o cuadros que presentan actos sexuales con mucho realismo.

poro
nombre masculino **1** Agujero muy pequeño, que normalmente no se ve a simple vista, que hay en la piel de los seres vivos y de las plantas. A las personas nos sale el sudor por los poros.

porque
conjunción **1** Indica que lo que se dice a continuación es la causa de lo que se ha dicho antes. Se utiliza mucho para contestar preguntas: *No pudimos ir al campo porque llovía.*
◉ Se escribe junto y sin acento cuando introduce una explicación; no lo confundas con 'por qué', que sirve para hacer preguntas y se escribe separado y con acento.

porqué
nombre masculino **1** Cosa que hace que una persona realice determinada acción o que una cosa sea de cierta manera. ※※ causa; razón.

P
p

P

p

porquería

nombre femenino

1 Suciedad o basura que hay en un sitio. ⚞ mierda.

2 Cosa que está sucia y mancha: *No cojas porquerías del suelo.*

3 Cosa que funciona mal o es de mala calidad: *Este bolígrafo es una porquería, no escribe.* Es un uso informal. ⚞ basura; birria.

porra

nombre femenino

1 Palo de forma cilíndrica que tiene un extremo más grueso y redondeado que otro.

2 Objeto en forma de cilindro largo que utiliza la policía como arma para dar golpes.

3 Churro largo y grueso.

¡una porra! Indica negación o rechazo a hacer algo.

mandar a la porra Rechazar a una persona o una cosa con enfado.

porrazo

nombre masculino

1 Golpe que se produce al caerse una persona o al chocar con algo duro.

2 Golpe que se da con una porra o con otro objeto.

porrillo

a porrillo En abundancia o en gran cantidad. La gente amable y simpática tiene amigos a porrillo.

👁 Es una expresión informal.

porro

nombre masculino

1 Cigarro hecho a mano que contiene tabaco mezclado con marihuana o alguna otra droga. Fumar porros puede causar problemas físicos.

porrón

nombre masculino

1 Recipiente de cristal de base ancha, cuello estrecho y boca larga en forma de cono que sirve para beber el vino a chorro.

👁 El plural es: porrones.

portaaviones

nombre masculino

1 Barco de guerra de gran tamaño que tiene una cubierta plana que sirve de pista de despegue y aterrizaje de aviones de combate.

👁 El plural es: portaaviones.

portada

nombre femenino

1 Primera página de periódicos y revistas. ✍ 397

2 Página de un libro donde aparecen el nombre del autor, el título del libro y la editorial.

3 Fachada principal de algunos edificios importantes.

portador, portadora

adjetivo y nombre

1 Se dice de la persona que lleva o trae algo, como un portador de pizzas.

nombre

2 Persona que puede contagiar una enfermedad aunque ella no la tenga. Los portadores del sida tienen el virus del sida en su cuerpo aunque no tengan la enfermedad.

al portador Indica que un documento lo puede utilizar o aprovechar la persona que lo tiene en su poder, en especial un cheque.

portaequipajes

nombre masculino

1 Espacio cerrado que suelen tener los automóviles y que se utiliza para llevar maletas, paquetes y otros bultos. ⚞ maletero.

2 Estructura o armazón que se coloca sobre el techo de un coche y que sirve para llevar encima maletas o bultos. ⚞ baca.

👁 El plural es: portaequipajes.

portal

nombre masculino

1 Parte de una casa o edificio por donde se entra y donde está la puerta principal. ✍ 395

portaminas

nombre masculino

1 Instrumento que se utiliza como lápiz. Está formado por un tubo de plástico o de metal que contiene en su interior varias minas de recambio.

👁 El plural es: portaminas.

portátil

adjetivo

1 Que puede moverse o transportarse fácilmente. Los ordenadores portátiles son más pequeños que los normales y se pueden llevar en una maleta pequeña.

portavoz

nombre masculino y femenino

1 Persona elegida para representar a un grupo y hablar en su nombre.

👁 El plural es: portavoces.

portazo

nombre masculino

1 Golpe que se produce cuando una puerta o una ventana se cierra con fuerza.

2 Golpe fuerte que una persona da al cerrar una puerta cuando sale de un sitio, para mostrar enfado o disgusto con otras personas.

portento

nombre masculino **1** Persona que es muy buena en alguna actividad.
2 Cosa o acción que produce admiración o sorpresa: *Estaban ensimismados contemplando los portentos de la naturaleza tropical.*

portería

nombre femenino **1** Parte de un edificio desde la que el portero vigila la salida y entrada de personas. También es la vivienda donde vive el portero.
2 En fútbol y otros deportes, marco rectangular formado por dos postes verticales y uno horizontal, con una red al fondo, por el que debe entrar la pelota para conseguir un gol.

portero, portera

nombre **1** Persona que se dedica a vigilar y cuidar la entrada de un edificio.
2 En algunos deportes, jugador que defiende la portería.
portero automático Aparato que sirve para abrir la puerta de un edificio desde el interior de cada vivienda.

pórtico

nombre masculino **1** Espacio exterior cubierto, sostenido con columnas o pilares, que hay a la entrada de algunos edificios.

portugués, portuguesa

adjetivo y nombre **1** Se dice de la persona o cosa que es de Portugal, país europeo al oeste de España.
nombre masculino **2** Lengua hablada en Portugal, Brasil, Angola y otros países. El portugués tiene su origen en el latín, como el español.
👁 El plural de portugués es: portugueses.

porvenir

nombre masculino **1** Tiempo que todavía no ha llegado. También se llama porvenir a los hechos que ocurrirán en ese tiempo. ✳ mañana; futuro.

posada

nombre femenino **1** Establecimiento o casa particular con habitaciones situada en un camino donde se hospedan viajeros a cambio de dinero.

posar

verbo **1** Estar una persona en una o unas posturas determinadas durante un tiempo para que un artista la fotografíe, la pinte o haga una escultura.
2 Poner suavemente una cosa sobre otra: *Posó su mano sobre el hombro de su amigo.*
3 posarse Detenerse suavemente en un lugar los aviones, pájaros o insectos después del vuelo.
4 posarse Quedar alguna materia sólida en el fondo de un recipiente con líquido.

posavasos

nombre masculino **1** Objeto plano que se coloca debajo de los vasos cuando se sirven en una mesa, para evitar que ésta se raye o se ensucie.
👁 El plural es: posavasos.

poseedor, poseedora

adjetivo y nombre **1** Que tiene o posee algo: *Es poseedor de una gran fortuna.*

poseer

verbo **1** Ser dueño o propietario de algo. Casi todas las familias poseen al menos un televisor.
2 Tener o contar con una cosa que no se ha comprado: *El cantante posee una voz privilegiada.*
👁 Se conjuga como: leer.

posesión

nombre femenino **1** Acto que consiste en poseer o tener algo propio.
2 Aquello que se posee: *Tiene muchas posesiones.*
👁 El plural es: posesiones.

posesivo, posesiva

adjetivo **1** Se dice de la persona que trata de proteger y dominar demasiado a los demás.
adjetivo y nombre masculino **2** Se dice del adjetivo o el pronombre que indica posesión o pertenencia, como 'mi', 'tu', 'su', 'mío', 'tuyo', 'suyo', 'nuestro' o 'vuestro'.

posguerra

nombre femenino **1** Periodo de tiempo que viene después de la terminación de una guerra.

posibilidad

nombre femenino **1** Hecho o circunstancia de ser posible una cosa, de poder existir

P
p

o suceder o de poderse hacer o lograr: *La posibilidad de que haya vida en otros planetas está siendo estudiada por los científicos.*
2 Capacidad que tiene una persona de hacer o no hacer una cosa. Decimos que una persona tiene varias posibilidades cuando puede escoger entre varias cosas.

nombre femenino plural **3 posibilidades** Medios de los que dispone una persona para poder hacer una cosa, especialmente los económicos.

posibilitar
verbo **1** Hacer posible una cosa: *El agua posibilita el crecimiento de las plantas.* ✂ facilitar.

posible
adjetivo **1** Que puede existir o suceder o que se puede hacer o lograr: *Es posible sobrevivir varios días sin comer.*

nombre masculino plural **2 posibles** Medios de los que dispone una persona para poder hacer una cosa, en especial medios económicos.

posición
nombre femenino **1** Lugar que ocupa una cosa o una persona en un espacio, una serie o un conjunto. El vencedor de una carrera llega en primera posición a la meta.
2 Manera de estar o colocarse una cosa o una persona: *Cambia mucho de posición cuando duerme.* ✂ postura.
3 Manera de pensar sobre algo. En una negociación las dos partes cambian algo sus posiciones para poder llegar a un acuerdo.
4 Situación económica o social de una persona.
👁 El plural es: posiciones.

positivo, positiva
adjetivo **1** Que es bueno o que va bien para una persona o una cosa. La amistad es muy positiva porque nos ayuda a comprender mejor a las personas. ✂ negativo.
2 Se dice de la prueba o análisis que indica la existencia de una cosa, en especial de una enfermedad o un embarazo. ✂ negativo.
3 Que ve siempre el lado bueno

de las cosas y las situaciones y que no se desanima con facilidad. ✂ optimista. ✂ negativo.
4 En matemáticas, se dice del número que es mayor que 0.

poso
nombre masculino **1** Resto de una sustancia que queda en el fondo de un recipiente. Colamos el té para que no queden posos en la taza.

postal
nombre femenino **1** Tarjeta ilustrada con una fotografía que se envía a alguien por correo sin necesidad de sobre.
adjetivo **2** Que está relacionado con el servicio de correos.

poste
nombre masculino **1** Objeto más largo que ancho que se coloca apoyado en el suelo en vertical y que sirve como apoyo o como señal.

póster
nombre masculino **1** Dibujo, fotografía o reproducción de un cuadro que se cuelga o se clava en las paredes con fines decorativos.
👁 El plural puede ser 'pósteres' o 'pósters'.

posterior
adjetivo **1** Que ocurre, existe o se hace después que otra cosa. El miércoles es el día posterior al martes. ✂ anterior.
2 Que está detrás de otra cosa o en la parte trasera de una cosa. Los coches tienen el maletero en la parte posterior. ✂ anterior.

postizo, postiza
adjetivo **1** Que se pone en lugar de una cosa natural y propia cuando no se tiene o se ha perdido, como una dentadura o unas pestañas.
nombre masculino **2** Pelo añadido que sirve para disimular la falta de pelo o para aumentar el volumen de un peinado.

postre
nombre masculino **1** Alimento que se toma al final de una comida, como la fruta, los pasteles o el yogur.

postura
nombre femenino **1** Manera de estar o de colocarse una cosa o una persona. Las personas que tienen problemas de

espalda tienen que tener cuidado con la postura al sentarse o al agacharse. ✕✕ posición.

2 Manera de pensar sobre algo: *No entiendo su postura en este tema, creo que está equivocado.*

potable

adjetivo **1** Se dice del agua que tiene las condiciones de higiene necesarias para que se pueda beber sin que haga daño a la salud.

potaje

nombre masculino **1** Comida caliente que se hace guisando en el mismo recipiente varios ingredientes, normalmente verduras y legumbres.

potencia

nombre femenino **1** Capacidad para hacer una cosa o producir un efecto determinado, como la potencia de un motor o de una máquina. ✕✕ fuerza.

2 Nación con gran poder militar y económico: *Estados Unidos es una gran potencia mundial.*

en potencia Indica que algo o alguien no es todavía lo que se indica, pero que tiene grandes posibilidades de serlo: *Es una artista en potencia.*

potencial

adjetivo **1** Que aún no es o no existe, pero puede llegar a ser o a existir: *Son clientes potenciales de la tienda.*

nombre masculino **2** Fuerza o poder del que se dispone para lograr un fin. El potencial industrial de España es inferior al de otros países europeos.

potenciar

verbo **1** Dar fuerza o intensidad a una cosa o aumentar la que tiene: *El calor potenciaba su cansancio.*

👁 Se conjuga como: cambiar; la 'i' no lleva nunca acento de intensidad.

potente

adjetivo **1** Que tiene mucha fuerza o mucho poder. Los caballos tienen unas patas muy potentes. ✕✕ poderoso. ✕✕ débil.

2 Que es muy grande o fuerte, como una voz o un grito.

potingue

nombre masculino **1** Medicamento o producto de belleza, en especial una crema.

2 Cualquier bebida, comida o mezcla de aspecto desagradable.

👁 Es una palabra despectiva.

potito

nombre masculino **1** Alimento pastoso preparado para los niños pequeños y envasado en un tarro de cristal.

potro, potra

nombre **1** Cría del caballo, hasta la edad en que cambia los dientes de leche.

nombre masculino **2** Aparato de gimnasia que tiene cuatro patas y un cuerpo alargado y que se usa para hacer saltos.

poyo

nombre masculino **1** Banco de piedra pegado a la pared de una fachada.

👁 No lo confundas con 'pollo', que es un ave.

poyo

pozo

nombre masculino **1** Agujero profundo que se hace en la tierra para sacar agua, petróleo u otras sustancias. ✍ 597

práctica

nombre femenino **1** Realización de una actividad de forma repetida o frecuente; también es la experiencia que se adquiere de esta forma.

2 Ejercicio que se hace para aprender a hacer algo, normalmente bajo la dirección de un profesor: *Tienen prácticas de química en el laboratorio.*

practicante

adjetivo y nombre masculino y femenino **1** Que sigue y cumple las normas de una religión: *Es católico practicante.*

nombre masculino y femenino **2** Persona que ayuda a los médicos, generalmente poniendo inyecciones y haciendo curas.

practicar

verbo **1** Hacer muchas veces algo que se ha aprendido para adquirir habilidad. Para aprender a tocar bien el

P
p

P p

piano hay que practicar varias horas todos los días.

2 Hacer algo de forma habitual: *Practica el deporte.*

3 Hacer o realizar una cosa. En los hospitales se practican operaciones.

4 Seguir un creyente las ideas y las reglas de su religión: *Es judío, pero no practica su religión.*

👁 Se escribe 'qu' delante de 'e', como: practiquen.

práctico, práctica

adjetivo **1** Que es muy útil o va muy bien para algo: *Los toldos son prácticos para protegerse del sol.*

2 Se dice de lo que se aprende por la experiencia y no por el estudio: *Tiene un conocimiento práctico de cocina.*

pradera

nombre femenino **1** Terreno llano y cubierto de hierba más grande que el prado.

prado

nombre masculino **1** Terreno llano, típico de las zonas húmedas, donde crece o se cultiva la hierba.

precaución

nombre femenino **1** Atención especial que se pone al hacer algo para evitar un problema o un peligro: *Conducía con precaución porque la carretera estaba mojada.*

👁 El plural es: precauciones.

precavido, precavida

adjetivo **1** Que actúa con mucho cuidado haciendo todo lo necesario para evitar cualquier problema o peligro.

precedente

adjetivo **1** Que precede o va delante de una cosa o una persona. Las palabras precedentes son las que están antes que ésta en el diccionario. 🌑 antecedente.

nombre masculino **2** Hecho, circunstancia o dicho del pasado que es igual o parecido a algún otro del presente; los precedentes suelen servir para entender mejor el presente.

preceder

verbo **1** Estar o ir una cosa o una persona delante de otra en el espacio o en el tiempo. El verano precede al

otoño; en español, el artículo precede al nombre. 🌑 anteceder.

precio

nombre masculino **1** Cantidad de dinero que vale una cosa o que hay que pagar para obtenerla.

2 Esfuerzo o sufrimiento que cuesta conseguir algo: *La falta de vida privada es el precio que hay que pagar por la fama.*

preciosidad

nombre femenino **1** Persona, animal o cosa muy bellos o hermosos. 🌑 belleza.

precioso, preciosa

adjetivo **1** Que es muy bello. 🌑 hermoso. 🌑 feo.

2 Que tiene mucho valor, como las piedras preciosas.

precipicio

nombre masculino **1** Corte vertical y muy profundo del terreno. 🌑 barranco.

precipitación

nombre femenino **1** Manera de actuar de forma apresurada o sin reflexionar.

2 Cantidad de agua en estado líquido o sólido que cae sobre la tierra, procedente de la atmósfera. Con este significado se usa más en plural. ✍ 597

👁 El plural es: precipitaciones.

precipitar

verbo **1** Hacer que un proceso o un acontecimiento suceda más deprisa o antes de lo esperado: *Ya tenía que ingresar, pero el accidente precipitó su ingreso en el hospital.*

2 Hacer caer desde un lugar muy alto a una persona o una cosa: *El coche se precipitó al mar.*

3 **precipitarse** Hacer o decir algo sin pensárselo, con demasiada prisa. Más vale hacer las cosas con calma y no precipitarse.

precisar

verbo **1** Determinar o describir algo de forma exacta y completa.

2 Necesitar algo o no poder pasar sin ello. Cuando alguien está desanimado precisa de la compañía de un amigo.

precisión

nombre femenino **1** Característica de lo que es muy preciso o exacto.

preciso, precisa

adjetivo **1** Se dice de lo que es necesario o hace falta para una cosa: *Es preciso encontrar nuevas fuentes de energía para no agotar los recursos naturales de la Tierra.*
2 Se dice de lo que es exacto o justo: *Es un reloj muy preciso, no adelanta ni atrasa nunca.*

precoz

adjetivo **1** Se dice de la persona que tiene unas cualidades físicas o intelectuales más desarrolladas de lo que le correspondería por su edad.
2 Que ocurre o se hace antes de lo que es normal. ✖ prematuro.
☞ El plural es: precoces.

predecir

verbo **1** Anunciar con anticipación un hecho que va a ocurrir. La meteorología predice el tiempo atmosférico. ✖ pronosticar.

predecir	
INDICATIVO	**SUBJUNTIVO**
presente	**presente**
predigo	prediga
predices	predigas
predice	prediga
predecimos	predigamos
predecís	predigáis
predicen	predigan
pretérito imperfecto	**pretérito imperfecto**
predecía	predijera *o* predijese
predecías	predijeras *o* predijeses
predecía	predijera *o* predijese
predecíamos	predijéramos *o*
predecíais	predijésemos
predecían	predijerais *o* predijeseis
	predijeran *o* predijesen
pretérito indefinido	
predije	**futuro**
predijiste	predijere
predijo	predijeres
predijimos	predijere
predijisteis	predijéremos
predijeron	predijereis
	predijeren
futuro	
predeciré	**IMPERATIVO**
predecirás	
predecirá	predice (tú)
predeciremos	prediga (usted)
predeciréis	predecid (vosotros)
predecirán	predigan (ustedes)
condicional	**FORMAS NO PERSONALES**
predeciría	
predecirías	**infinitivo** **gerundio**
predeciría	predecir prediciendo
predeciríamos	**participio**
predeciríais	predicho
predecirían	

predicado

nombre masculino **1** Parte de la oración cuyo núcleo es un verbo. En la oración 'María canta una canción', 'canta una canción' es el predicado.

predicar

verbo **1** Dar a conocer o enseñar algo de contenido moral o religioso. Los misioneros se dedican a predicar el evangelio.
2 Decir o aconsejar a los demás lo que deberían hacer. Una persona predica con el ejemplo cuando hace lo que cree que los demás deberían hacer.
☞ Se escribe 'qu' delante de 'e', como: prediquemos.

predicción

nombre femenino **1** Anuncio de un hecho que va a ocurrir.
☞ El plural es: predicciones.

predominio

nombre masculino **1** Mayor fuerza, cantidad o importancia de una persona o una cosa sobre otras: *En el ejército hay un predominio de hombres sobre mujeres.*

preescolar

adjetivo **1** Se dice de lo que tiene relación con la enseñanza que se imparte o se recibe antes de entrar en la escuela.

preestablecido, preestablecida

adjetivo **1** Que ya estaba decidido con anterioridad a un momento determinado.

prefabricado, prefabricada

adjetivo **1** Que ha sido fabricado con anterioridad en un lugar distinto de aquel en que se va a colocar.

preferencia

nombre femenino **1** Ventaja o derecho que tiene una persona o cosa a pasar por delante de otra o a ocupar un lugar mejor. En los pasos de peatones tiene preferencia el peatón. ✖ prioridad.
2 Inclinación favorable hacia una persona o cosa entre varias.

preferible

adjetivo **1** Que es mejor o más conveniente que otra posibilidad. Es preferible llegar un poco antes que llegar tarde a una cita.

P
p

P
p

preferir
verbo **1** Elegir o querer más a una persona o cosa entre otras.

preferir

prefijo
nombre
masculino **1** Grupo de letras que se añaden al principio de una palabra para formar una palabra nueva. Si se une el prefijo 'sub-' a la palabra 'director' se crea la palabra 'subdirector'.
2 Grupo de números que hay que marcar antes de un número de teléfono si se llama a otra provincia o a otro país.

pregón
nombre
masculino **1** Anuncio de alguna noticia o discurso que se hace en voz alta en un lugar público para que todo el mundo lo conozca, como el pregón que se lee para inaugurar las fiestas de la ciudad.
☞ El plural es: pregones.

preferir

INDICATIVO	SUBJUNTIVO
presente	**presente**
prefiero	prefiera
prefieres	prefieras
prefiere	prefiera
preferimos	prefiramos
preferís	prefiráis
prefieren	prefieran
pretérito imperfecto	**pretérito imperfecto**
prefería	prefiriera o prefiriese
preferías	prefirieras o prefirieses
prefería	prefiriera o prefiriese
preferíamos	prefiriéramos o
preferíais	prefiriésemos
preferían	prefirierais o prefirieseis
	prefirieran o prefiriesen
pretérito indefinido	
preferí	**futuro**
preferiste	prefiriere
prefirió	prefirieres
preferimos	prefiriere
preferisteis	prefiriéremos
prefirieron	prefiriereis
	prefirieren
futuro	
preferiré	
preferirás	**IMPERATIVO**
preferirá	
preferiremos	prefiere (tú)
preferiréis	prefiera (usted)
preferirán	preferid (vosotros)
	prefieran (ustedes)
condicional	**FORMAS**
preferiría	**NO PERSONALES**
preferirías	**infinitivo** **gerundio**
preferiría	preferir prefiriendo
preferiríamos	**participio**
preferiríais	preferido
preferirían	

PREFIJOS

Sufijo	Significado	Ejemplo
ante-	Que ha sucedido antes; que está antes	anteayer, anteojos, antepenúltimo
anti-	Opuesto a	anticonstitucional, antiaéreo, antiniebla
bi-	Dos	bilingüe, bimotor, bimestre
contra-	Opuesto a	contraatacar, contraluz, contrasentido
des-	Hacer lo contrario	desatar, descargar, desanimar
extra-	Que se sale de	extraescolar, extraordinario
hiper-	Exceso o abundancia	hipermercado, hipertensión
homo-	Igual	homogéneo, homógrafo, homosexual
in- (im-; i-)	Ausencia o negación	incómodo, inhumano, inseguro, imposible, ilegal
mono-	Uno	monopatín, monolingüe, monoplaza
pre-	Antes de, delante de, con anterioridad	prefabricado, prefijo, prehistoria
re-	Repetición, volver a	reanimar, reconstruir, renacer
semi-	Medio, mitad	semicírculo, semidormido, semifinal
sobre-	Abundancia o exceso	sobrealimentación, sobrecargar
	(Por) encima de	sobrevolar, sobresalir, sobrenatural
sub-	Debajo de	subcampeón, subrayar, subterráneo
super-	Abundancia de	superdotado, superhombre, superpoblación
uni-	Uno	unicornio, unísono

pregonar

verbo **1** Decir algo para que todos lo sepan, en especial algo que no se debería decir.
2 Anunciar a voces una noticia o la mercancía que se lleva para vender.

pregonero, pregonera

nombre **1** Persona que se dedica a dar en voz alta una noticia o un pregón para que la gente los oiga.

pregunta

nombre femenino **1** Expresión o palabras que utiliza una persona con una entonación particular para pedir a otra que le diga algo que desconoce, que le resuelva una duda o que le diga si una cosa es cierta o no.
2 Cuestión que se plantea en una prueba o un examen y que debe ser contestada o resuelta.

preguntar

verbo **1** Hacer una pregunta.
2 preguntarse Tener dudas una persona sobre una cosa. Los científicos se preguntan si existe vida en otros planetas.

preguntón, preguntona

adjetivo y nombre **1** Se dice de la persona que hace demasiadas preguntas.
👁 El plural de preguntón es: preguntones.

prehistoria

nombre femenino **1** Periodo de la vida de los hombres anterior al invento de la escritura. También se llama prehistoria la ciencia que estudia este periodo de la humanidad.

prejuicio

nombre masculino **1** Opinión negativa que se tiene sobre algo o sobre alguien antes de conocerlo. Pensar que una persona es tonta sin haber hablado nunca con ella es un prejuicio.

premamá

adjetivo **1** Se dice de la ropa propia de la mujer embarazada.

prematuro, prematura

adjetivo **1** Que ocurre o se hace demasiado pronto: Me parece prematuro, yo esperaría un poco más.
adjetivo y nombre **2** Se dice del niño que nace antes de que se cumplan los nueve meses de embarazo pero que puede vivir.

premiar

verbo **1** Dar un premio a una persona en reconocimiento por su trabajo, por su buen comportamiento o por haber ganado un concurso o competición.
👁 Se conjuga como: cambiar; la 'i' no lleva nunca acento de intensidad.

premio

nombre masculino **1** Lo que se da a una persona en reconocimiento por su trabajo, por su buen comportamiento o por haber ganado un concurso o competición. ⚔ recompensa; galardón. ⚔ castigo.
2 Dinero u otra cosa que se sortea en un juego o concurso.

prenda

nombre femenino **1** Cada una de las piezas de tela, cuero u otro material que nos ponemos para vestirnos.
2 Cosa que se deja a alguien como garantía de que vamos a cumplir una promesa o una obligación y que esa persona nos devuelve cuando hemos cumplido.

prendarse

verbo **1** Quedarse encantado o enamorado de una cosa o persona.

prender

verbo **1** Empezar a arder una cosa.
2 Sujetar una cosa a otra por medio de una aguja o algo parecido.
3 Encender una cosa con fuego. Prendemos las velas con una cerilla o con un mechero. ⚔ apagar.
4 Capturar a una persona para meterla en la cárcel. ⚔ arrestar; detener.
5 Echar raíces una planta: Ya ha prendido el geranio que plantaste.

prensa

nombre femenino **1** Máquina que sirve para imprimir letras y dibujos sobre un papel, como las que se utilizan para hacer los periódicos.
2 Conjunto de publicaciones periódicas. Hablamos de la prensa cuando nos referimos a los periódicos y revistas y también a los periodistas o al periodismo.
3 Máquina que sirve para hacer presión sobre algo; una prensa de

P
p

vino presiona la uva para extraer su zumo.

preñada

adjetivo **1** Se dice de la mujer o de la hembra de un animal que va a tener un hijo.

preocupación

nombre femenino **1** Estado de la persona que tiene un temor o una duda en la que piensa mucho: *Piensa en el futuro con preocupación*.
2 Cosa, persona o situación que no nos deja estar tranquilos. La droga es una gran preocupación para los padres.
👁 El plural es: preocupaciones.

preocupar

verbo **1** Causar preocupación a una persona: *Le preocupa el examen*.
2 Tener mucho interés por una cosa. A muchos jóvenes les preocupan los movimientos pacifistas.
3 preocuparse Ocuparse mucho en cuidar o atender a una persona o una cosa.

preparación

nombre femenino **1** Acción que consiste en preparar una cosa para un fin determinado. La preparación de una comida se realiza en la cocina.
2 Acción que consiste en enseñar o educar a una persona. Los profesores se encargan de la preparación de sus alumnos.
3 Conjunto de conocimientos que se tienen sobre una materia. Para ciertos trabajos, es necesario tener una buena preparación.
👁 El plural es: preparaciones.

preparar

verbo **1** Hacer que una persona o una cosa estén dispuestos para un fin determinado. Cuando nos vamos de viaje preparamos el equipaje.
2 Educar a alguien o enseñarle unos conocimientos. ✂ formar.
3 Estudiar para un examen.
4 prepararse Haber las condiciones que indican que algo va a suceder: *Se está preparando un buen follón*.

preparativo

nombre masculino **1** Aquello que se hace para preparar algo, especialmente un acontecimiento importante.

preposición

nombre femenino **1** Palabra invariable que se utiliza para unir una palabra con un complemento. Las preposiciones españolas son: a, ante, bajo, con, contra, de, desde, en, entre, hacia, hasta, para, por, según, sin, sobre y tras.
👁 El plural es: preposiciones.

presa

nombre femenino **1** Animal o persona que se coge por la fuerza o se caza. Los leones matan y se comen a sus presas.
2 Muro grueso que se construye en la corriente de un río para retener sus aguas o desviarlas fuera de su cauce.

prescindir

verbo **1** Dejar de lado o no tener en cuenta a una persona o cosa al hacer algo: *Prescindieron de ella para hacer el trabajo*.

preselección

nombre femenino **1** Selección de algo que aún no es definitiva.

presencia

nombre femenino **1** Situación de encontrarse en el mismo lugar o delante de otras personas o cosas: *No me molesta tu presencia en la reunión*.
2 Aspecto exterior de una persona: *Tenía muy buena presencia e iba muy elegante*.

presenciar

verbo **1** Ver o estar presente en un acontecimiento: *Presenciamos el partido desde una tribuna*.
👁 Se conjuga como: cambiar; la 'i' no lleva nunca acento de intensidad.

presentación

nombre femenino **1** Acción que consiste en presentar a una persona o una cosa para que la conozcan otros.
2 Aspecto exterior de una cosa, en especial de algo que se da o se ofrece, como un regalo.
👁 El plural es: presentaciones.

presentador, presentadora

nombre **1** Persona que presenta un espectáculo, un programa de radio o televisión o un acto público.

presentar

verbo **1** Dar a conocer al público a una persona o una cosa. Los artistas presentan sus trabajos y también se presenta un nuevo artista.

2 Dar a conocer una persona a otra u otras: *Me presentó a su compañero de clase.*

3 Dar una cosa a una persona para que la vea o para que dé una opinión o un juicio sobre ella. Presentamos el pasaporte en la frontera.

4 Comentar o conducir un programa de radio, televisión o un acto público.

5 Proponer a una persona para un cargo o empleo. Un partido político presenta a su candidato a presidente en unas elecciones.

6 presentarse Aparecer en un lugar o ante alguien, en especial de forma inesperada.

7 presentarse Producirse un hecho de forma inesperada: *Se le ha presentado una buena oportunidad.*

8 presentarse Tener algo el aspecto que se indica: *El día se presenta gris.*

presente

adjetivo **1** Que ocurre o existe en el momento actual.

adjetivo y nombre masculino y femenino **2** Se dice de la persona que está en un lugar al mismo tiempo que otras. ✖ ausente.

nombre masculino **3** Tiempo actual por oposición al pasado y al futuro.

nombre masculino y adjetivo **4** Tiempo verbal que indica lo que ocurre en el tiempo actual. 'Canto' es el presente de 'cantar'.

nombre masculino **5** Cosa que se da a otra persona para demostrarle agradecimiento o cariño. ✖ regalo.

presentimiento

nombre masculino **1** Sensación que tiene una persona de que una cosa va a ocurrir, sin estar segura de ello.

presentir

verbo **1** Tener una persona la sensación de que una cosa va a ocurrir, sin estar segura de ello.

👁 Se conjuga como: preferir; la 'e' se convierte en 'ie' en sílaba acentuada o en 'i' en algunos tiempos y personas, como: presienten o presintió.

preservar

verbo **1** Proteger de un daño, una molestia o un peligro. Los paraguas nos preservan de la lluvia.

preservativo

nombre masculino **1** Funda muy fina de goma que se coloca el hombre en el pene durante las relaciones sexuales para evitar el embarazo de la mujer y el contagio de algunas enfermedades.

presidencia

nombre femenino **1** Cargo de presidente y tiempo que dura este cargo.

presidente, presidenta

nombre **1** Persona que preside o dirige el gobierno de una nación o que ocupa el puesto más alto en una asociación o un acto.

presidir

verbo **1** Ser el presidente de un gobierno o de una asociación. También, ocupar el puesto más importante en una reunión o un acto.

presión

nombre femenino **1** Fuerza que se ejerce sobre una cosa, empujándola.

2 Influencia que se ejerce sobre una persona para que actúe de un modo determinado.

presión arterial Empuje o fuerza de la sangre sobre las paredes de las arterias. Los médicos toman la presión arterial con un aparato especial. ✖ tensión. ⮫ 594

👁 El plural es: presiones.

presionar

verbo **1** Hacer presión o fuerza sobre algo. Para sacar una foto hay que presionar el disparador de la cámara.

2 Hacer fuerza para obligar a una persona a que actúe de una manera determinada: *Hicieron huelga para presionar a sus jefes para que no les bajaran el sueldo.*

preso, presa

adjetivo y nombre **1** Que está en la cárcel o ha sido detenido. ✖ prisionero.

préstamo

nombre masculino **1** Cantidad de dinero o de otra cosa que se presta a una persona. Para comprar un piso la gente pide un préstamo al banco.

prestar

verbo **1** Dar dinero u otra cosa a una

P
—
p

persona para que la use durante un tiempo y después la devuelva: *¿Me prestas tu bici para esta tarde?* ✂ dejar.
2 Dar u ofrecer lo que se indica, como prestar ayuda.
3 Realizar la acción que indica el nombre al que acompaña, como prestar atención.
4 prestarse Ofrecerse para hacer alguna cosa.

prestidigitador, prestidigitadora
nombre **1** Persona que hace juegos de manos y otros trucos de magia. ✂ mago; ilusionista.

prestigio
nombre masculino **1** Buena fama o buena imagen que tiene una persona o una cosa.

presumido, presumida
adjetivo y nombre **1** Se dice de la persona a la que le gusta presumir de las cosas que tiene porque cree que son muy buenas.

presumir
verbo **1** Mostrar con orgullo y satisfacción algo que se tiene para provocar admiración a otras personas. Hay gente que presume de su belleza o de su inteligencia.

presunción
nombre femenino **1** Característica de la persona que siente demasiado orgullo de sí misma.
2 Idea que se tiene como verdadera hasta que se demuestre con pruebas que no lo es. La presunción de inocencia dice que una persona es inocente hasta que se demuestre lo contrario.

presunto, presunta
adjetivo **1** Se dice de lo que no es seguro, pero se supone que es cierto aunque no esté probado.

presuponer
verbo **1** Suponer o dar como cierta una cosa de la cual no se está seguro. Cuando vemos el suelo mojado presuponemos que ha llovido.
☞ Se conjuga como: poner.

presupuesto
nombre masculino **1** Cálculo anticipado de lo que va a costar una cosa. Antes de pintar un piso se piden varios presupuestos.

2 Cantidad de dinero que se tiene para invertir en algo o que se destina a ello. Una gran parte del presupuesto de una familia se destina a gastos de comida y ropa.

pretender
verbo **1** Tener la intención de hacer o conseguir algo.

pretendiente
nombre masculino y femenino **1** Persona que quiere tener relaciones amorosas con alguien y hace todo lo posible para conseguirlo.
adjetivo y nombre masculino y femenino **2** Que pide y aspira a conseguir algo: *Hay muchos pretendientes para el puesto de trabajo.*

pretérito, pretérita
adjetivo **1** Que existió u ocurrió en un tiempo anterior al presente. Los acontecimientos pretéritos ya no existen. ✂ pasado.
nombre masculino y adjetivo **2** Tiempo verbal que indica las acciones que ya han pasado. En castellano hay varios pretéritos: el imperfecto, el perfecto y el pluscuamperfecto.

pretexto
nombre masculino **1** Razón o motivo que una persona se inventa para hacer o dejar de hacer una cosa. ✂ excusa.

prevenir
verbo **1** Tratar de evitar un daño, peligro o molestia antes de que se produzcan. Las vacunas sirven para prevenir algunas enfermedades.
2 Avisar a alguien de algo malo que le puede suceder.
☞ Se conjuga como: venir.

prever
verbo **1** Creer o imaginar que algo será de un modo determinado antes de que suceda. Algunos adivinos dicen que pueden prever el futuro.
2 Preparar todo lo necesario para hacer algo, en especial para evitar que algo malo ocurra.
☞ Se conjuga como: ver.

previo, previa
adjetivo **1** Que se hace antes o que va antes de otra cosa para la que sirve de ayuda o preparación. Los ensayos suelen ser previos a la representación de una obra teatral.

previsión

nombre femenino **1** Acción de preparar todo lo necesario para hacer frente a alguna molestia o a algo malo que se cree que va a suceder.
2 Cálculo que una persona hace de cómo va a ser una cosa, antes de saber realmente cómo es. La previsión meteorológica señala el tiempo que se cree que hará.
👁 El plural es: previsiones.

previsor, previsora

adjetivo **1** Que piensa y prepara las cosas teniendo en cuenta lo que pueda necesitar más tarde: *Es muy previsor, en cuanto ve el cielo nublado, coge un paraguas.*

previsto, prevista

participio **1** Participio irregular de: prever. También se utiliza como adjetivo: *Ya ha previsto sus vacaciones. Los gastos mensuales están previstos.*

prima

nombre femenino **1** Cantidad de dinero que se concede como premio o para animar a realizar mejor un trabajo.
2 Cantidad de dinero que se paga por tener un seguro.

primario, primaria

adjetivo **1** Que es más necesario o más importante que otra cosa. La libertad es un derecho primario.
adjetivo y nombre femenino **2** Se dice de la enseñanza que se da antes de la secundaria, en los primeros años de vida escolar de un niño.
adjetivo **3** Que es muy simple o está poco desarrollado: *Su forma de trabajo es bastante primaria, no utiliza el ordenador.* ✂ primitivo.

primavera

nombre femenino **1** Estación del año que va antes del verano y después del invierno; empieza el 21 de marzo y termina el 21 de junio. ✎ 598
nombre femenino plural **2 primaveras** Años, en especial de una persona joven.

primer

adjetivo **1** Apócope de 'primero'; se utiliza delante de nombres masculinos en singular.

primero, primera

numeral ordinal **1** Que ocupa el lugar número uno en una serie ordenada. El primero

de una cola no tiene a nadie delante. ✂ último.
adjetivo **2** Que es más importante o mejor que los demás de un conjunto o serie. El pan, la carne o el pescado son productos de primera necesidad.
adverbio **3 primero** Antes que otra cosa o en primer lugar. Primero comemos la sopa y después el filete.
a primeros En los primeros días de un periodo de tiempo: *Las rebajas comienzan a primeros de enero.*
de primera Muy bien o muy bueno: *Este solomillo está de primera.*

primitivo, primitiva

adjetivo **1** Que pertenece a los orígenes o los primeros tiempos de una cosa o de un lugar o que tiene relación con ellos. Los hombres primitivos vivían en cuevas.
2 Que está poco desarrollado o evolucionado.
3 Se dice de la persona que tiene unos modales muy bruscos y se comporta con poca educación.

primo, prima

nombre **1** Hijo de un tío. ✎ 197
hacer el primo Dejarse engañar fácilmente. Es una expresión informal.

primogénito, primogénita

adjetivo y nombre **1** Primero de los hijos que nace de una pareja.

primordial

adjetivo **1** Que es muy importante o básico para que algo ocurra o exista. El agua es primordial para las plantas. ✂ esencial; principal.

princesa

nombre femenino **1** Forma femenina de 'príncipe'.
2 Esposa de un príncipe.
👁 El masculino es: príncipe.

principado

nombre masculino **1** Territorio gobernado por un príncipe o una princesa.

principal

adjetivo **1** Que es lo más importante o lo más básico. La leche es la alimentación principal de los bebés.
adjetivo y nombre masculino **2** Se dice del piso de un edificio que está justo encima del entresuelo o de los bajos.

príncipe, princesa

nombre **1** Hijo del rey, heredero de la corona.

P
p

2 Persona que pertenece a una familia real.
3 Persona que tiene el poder en un territorio llamado 'principado'.

principiante
adjetivo y nombre masculino y femenino **1** Se dice de la persona que lleva muy poco tiempo realizando un trabajo o una actividad y todavía no tiene experiencia.

principio
nombre masculino **1** Primera parte o primeros momentos de una cosa, de una acción o de una situación. ⚔ comienzo; inicio. ⚔ final.
2 Idea fundamental en la que se apoya una argumentación o una disciplina científica.
3 Norma moral que guía a las personas en su forma de pensar y de actuar. A las personas sin principios no les importa hacer daño.

pringar
verbo **1** Manchar con grasa o con una sustancia pegajosa. La miel y los caramelos pringan mucho.
2 Hacer una persona más trabajo que los demás o hacer el trabajo más duro.
3 Hacer que una persona participe en un asunto que no le importa o que le puede traer problemas. ☞ Se escribe 'gu' delante de 'e', como: pringuen.

pringoso, pringosa
adjetivo **1** Que está grasiento o pegajoso de modo que mancha si se toca.

pringue
nombre masculino **1** Suciedad grasienta o pegajosa que mancha la ropa u otras cosas. ☞ Es una palabra informal.

prioridad
nombre femenino **1** Trato de favor que tiene una cosa o una persona que se consideran más urgentes o más importantes que otras en la misma situación.
2 Aquello que se considera más importante o urgente que otras cosas. Cuando somos pequeños nuestras prioridades son estudiar y pasarlo bien.

prioritario, prioritaria
adjetivo **1** Que tiene prioridad o preferencia sobre otras cosas. Los traba-jos o deberes prioritarios se hacen antes que los que tienen menos importancia o urgencia.

prisa
nombre femenino **1** Rapidez o velocidad grande con la que se hace una cosa: Si no te das prisa, no llegarás.
2 Necesidad de hacer o decir algo rápidamente. Cuando no se tiene prisa, se pueden hacer las cosas con más tranquilidad.
correr prisa Ser urgente una cosa.
meter prisa Hacer que una persona haga algo muy rápidamente.

prisión
nombre femenino **1** Edificio donde la autoridad encierra a las personas que han cometido un delito. ⚔ cárcel.
☞ El plural es: prisiones.

prisionero, prisionera
nombre **1** Persona que ha sido encerrada en la cárcel o en algún otro lugar en el que se le retiene a la fuerza.

prisma
nombre masculino **1** Cuerpo sólido formado por dos bases iguales y paralelas y por caras de cuatro lados. Un prisma hexagonal está formado por dos hexágonos y seis lados cuadrados.

prismáticos
nombre masculino plural **1** Aparato que sirve para ver más cerca las cosas que están lejos. Están formados por dos cilindros unidos que tienen lentes para aumentar la imagen.

privación
nombre femenino **1** Pérdida o desaparición de una cosa que se tenía.
nombre femenino plural **2 privaciones** Falta de lo necesario para vivir. Los mendigos viven con muchas privaciones.
☞ El plural es: privaciones.

privado, privada
adjetivo **1** Que pertenece o está reservado a una persona o a un grupo de personas. A un club de tenis privado sólo pueden entrar los socios.
2 Que es propio y personal de cada uno. Cada persona tiene una vida privada que hay que respetar.
3 Que no pertenece al estado, sino a una o varias personas. Hay empresas, colegios y hospitales privados. ⚔ público; estatal.

privar

verbo **1** Dejar a alguien sin algo que tiene o que quiere o necesita. Los problemas privan de alegría a las personas.

2 Gustar mucho: *El chocolate le priva.* Es un uso informal.

3 privarse Dejar de hacer algo voluntariamente: *Se ha privado de algunos gastos para ahorrar.*

privilegiado, privilegiada

adjetivo **1** Que es especialmente bueno o mucho mejor que otras cosas del mismo tipo. Las islas Canarias tienen un clima privilegiado, nunca hace frío.

adjetivo y nombre **2** Se dice de la persona que tiene ventajas que otras no tienen.

privilegio

nombre masculino **1** Aquello que resulta bueno o positivo para una persona, bien porque disfruta con ello o porque supone una circunstancia especialmente creada o pensada para ella.

pro

preposición **1** En favor de alguien o de algo: *Han hecho una campaña publicitaria pro tolerancia.* También se dice: en pro de.

proa

nombre femenino **1** Parte delantera de un barco. 🖉 196

probabilidad

nombre femenino **1** Hecho o circunstancia de ser posible que algo ocurra.

probable

adjetivo **1** Se dice de lo que es bastante posible que ocurra. Si se nubla el cielo, es probable que llueva.

probador

nombre masculino **1** Lugar donde los clientes se prueban la ropa en las tiendas.

probar

verbo **1** Utilizar una cosa para ver si funciona. Probamos un televisor en la tienda antes de comprarlo.

2 Demostrar con razones que una cosa es verdad. Los abogados defensores tienen que probar que sus clientes son inocentes.

3 Intentar hacer algo que no se sabe hacer o que nunca se ha hecho anteriormente.

4 Tomar una pequeña cantidad

probar

de un alimento o una bebida para ver cómo sabe. 🦷 catar.

👁 Se conjuga como: contar; la 'o' se convierte en 'ue' en sílaba acentuada, como: pruebo.

problema

nombre masculino **1** Hecho o situación negativos que se tiene que resolver, como el problema del paro o el problema del hambre. En matemáticas ponen problemas para resolver.

procedencia

nombre femenino **1** Lugar o conjunto de circunstancias determinadas de las que procede una persona o una cosa. La procedencia de un paquete suele aparecer en el remite.

proceder

verbo **1** Tener su origen una persona o una cosa en un momento, lugar o conjunto de circunstancias.

2 Sacarse o venir una cosa de otra, como el queso que procede de la leche.

3 Comportarse una persona de una manera determinada.

nombre masculino **4** Manera de actuar o de comportarse una persona ante una situación determinada: *No me gustó tu proceder en ese asunto.*

proceder a Empezar a hacer una cosa: *Después del recreo, se procedió a la votación.*

procedimiento

nombre masculino **1** Manera de hacer algo siguiendo unos determinados pasos.

procesión

nombre femenino **1** Conjunto de personas que van andando por las calles llevando imágenes y estatuas religiosas.

proceso

nombre masculino **1** Sucesión de distintas etapas por las que pasa un fenómeno natural, como una enfermedad. 🖉 600

2 Sucesión de las acciones nece-

P

p

sarias para conseguir un fin determinado o un producto: *El proceso de creación de empleo es lento.* ✍ 600

3 Conjunto de los actos que se llevan a cabo para que una persona sea juzgada por un tribunal de justicia. En un proceso intervienen abogados y jueces.

proclamar
verbo   **1** Anunciar algo para que todo el mundo lo conozca.
2 Declarar de forma pública y en una ceremonia el comienzo de un reinado o gobierno determinado.

procrear
verbo   **1** Engendrar el hombre y la mujer, o el macho y la hembra de los animales otros seres de su misma especie.

procurar
verbo   **1** Intentar hacer o conseguir una cosa. Cuando alguien está dormido procuramos no hacer ruido para no despertarlo.

prodigio
nombre   **1** Lo que es tan extraordinario
masculino   que es inexplicable o que parece que no se puede explicar: *Ha sido un prodigio que no te pasara nada habiéndote caído desde tan alto.*
adjetivo   **2** Se dice de la persona que hace cosas extraordinarias o impropias de su edad.

prodigioso, prodigiosa
adjetivo   **1** Que es tan extraordinario que provoca admiración en los demás. Los cantantes de ópera tienen una voz prodigiosa.

producción
nombre   **1** Acción que consiste en hacer
femenino   un producto a partir de unas materias y mediante el trabajo.
2 Conjunto de todos los productos o cosas producidas en un lugar o periodo de tiempo determinado. La producción total de un país incluye lo que ha producido la tierra y lo que ha producido la industria.
3 Acción que consiste en hacer los trabajos relacionados con la economía y los aspectos administrativos de una película, un progra-

ma de televisión o cualquier otro espectáculo.
4 Conjunto de personas y medios que se utilizan para la producción de una película o cualquier espectáculo.
👁 El plural es: producciones.

producir
verbo   **1** Ser una persona o una cosa la causa de algo: *Tu llegada le produjo alegría.*
2 Dar la tierra o las cosas naturales frutos, materiales o sustancias.
3 Hacer o realizar un producto a partir de unas materias y mediante el trabajo: *En esa fábrica se producen tornillos.*
4 Hacer los trabajos relacionados con la economía y los aspectos administrativos de una película o cualquier otro espectáculo.
5 Crear una persona obras literarias u obras de arte en general.
👁 Se conjuga como: conducir.

producto
nombre   **1** Cosa que se ha producido de
masculino   modo natural o artificial. Los medicamentos son productos químicos. ✍ 600, 800
2 Cosa que es el resultado o la consecuencia de algo. El sudor es producto del calor excesivo.
3 En matemáticas, el resultado de multiplicar una cifra por otra. El producto de 5 x 6 es 30.

productor, productora
adjetivo   **1** Que se dedica a producir algo.
y nombre   Brasil es uno de los países productores de café.
nombre   **2** Persona o sociedad que financia los gastos de la elaboración de una película, una obra de teatro, un programa de radio o televisión o un espectáculo.

proeza
nombre   **1** Acción difícil e importante que
femenino   se consigue hacer con valentía y esfuerzo. ※ hazaña.

profanar
verbo   **1** Tratar sin respeto algo que se considera sagrado, como una iglesia o un cementerio.

profano, profana
adjetivo   **1** Que no es sagrado o religioso.

2 Se dice de la persona que no entiende o no tiene conocimientos sobre un tema determinado: *Soy profano en medicina.*

profecía

nombre femenino **1** Anuncio de algo que pasará en el futuro: *La profecía decía que iba a nacer el hijo de Dios.*

profesión

nombre femenino **1** Trabajo de una persona, como abogado, médico o mecánico.

👁 El plural es: profesiones.

profesional

adjetivo y nombre masculino y femenino **1** Se dice de la persona que realiza una actividad de manera continuada y como profesión: *En el festival actúan compañías de teatro profesionales. Es un profesional de la informática.* ✗ aficionado.

adjetivo **2** Que tiene relación con el trabajo de una persona.

profesorado

nombre masculino **1** Conjunto de los profesores de un centro de enseñanza.

profesor, profesora

nombre **1** Persona que se dedica a enseñar algo.

profeta

nombre masculino **1** Hombre que habla en nombre de Dios anunciando lo que va a pasar en el futuro.

profundidad

nombre femenino **1** Distancia que hay desde la superficie hasta el fondo de ciertas cosas, como una piscina.

2 Distancia que hay desde la parte de fuera hasta la parte de dentro de algunas cosas, como la profundidad de un armario.

3 Características de las ideas que son muy importantes y bien desarrolladas o de los sentimientos que son muy fuertes.

nombre femenino plural **4 profundidades** Lugar muy profundo. *A las profundidades del mar no suelen llegar los rayos del sol.*

profundizar

verbo **1** Estudiar o examinar un asunto con mucho detenimiento.

2 Hacer que una cosa sea más profunda. *Para profundizar un hoyo hay que cavar en su fondo.*

👁 Se escribe 'c' delante de 'e', como: profundicen.

profundo, profunda

adjetivo **1** Que tiene mucha distancia desde la superficie hasta la parte que está más adentro. ✗ hondo.

2 Se dice del sentimiento o la sensación que afecta con mucha intensidad a una persona. *Los padres sienten un profundo amor por sus hijos.* ✗ hondo. ✗ superficial.

3 Se dice de la persona que trata, habla o piensa sobre temas serios para conocerlos de forma completa, y también de sus palabras, ideas o pensamientos. ✗ superficial.

progenitor, progenitora

nombre **1** Padre o madre de una persona.

👁 Es una palabra formal.

programa

nombre masculino **1** Proyecto ordenado de las actividades que va a realizar una persona, como el programa de un curso escolar, de una fiesta o de un espectáculo.

2 Cada una de las unidades con un tema propio que se transmiten por la radio o la televisión, como un informativo o un concurso.

3 Conjunto de instrucciones que permite a un ordenador realizar determinados trabajos, como un programa de tratamiento de textos o uno de cálculo.

programación

nombre femenino **1** Acción que consiste en programar una actividad, una máquina o un ordenador.

2 Conjunto de programas de radio o televisión.

👁 El plural es: programaciones.

programar

verbo **1** Preparar el programa de una actividad determinada, como un curso o un viaje.

2 Preparar una máquina para que haga su trabajo posteriormente. *Programamos el vídeo, la lavadora o la calefacción.*

3 Hacer programas informáticos.

progresar

verbo **1** Pasar a estar en una situación o un estado mejor, más avanzado. *Si un estudiante progresa en matemáticas, cada vez las entiende mejor y sabe más.*

P
—
p

P p

progresista

adjetivo y nombre masculino y femenino **1** Se dice de la persona, el partido político o las ideas que están a favor de que haya cambios políticos, sociales y económicos en la sociedad para que todos vivan mejor.

progresivo, progresiva

adjetivo **1** Que avanza o progresa pasando de una etapa a otra, de forma continuada. Las plantas crecen de forma progresiva.

progreso

nombre masculino **1** Paso a una situación o un estado mejor o más avanzado.

prohibición

nombre femenino **1** Acción que consiste en prohibir algo.

prohibir

verbo **1** No dejar hacer algo una persona con autoridad para ello.

prohibir	
INDICATIVO	**SUBJUNTIVO**
presente prohíbo prohíbes prohíbe prohibimos prohibís prohíben	**presente** prohíba prohíbas prohíba prohibamos prohibáis prohíban

pretérito imperfecto
prohibía
prohibías
prohibía
prohibíamos
prohibíais
prohibían
	pretérito imperfecto
	prohibiera o prohibiese
	prohibieras o prohibieses
	prohibiera o prohibiese
	prohibiéramos o
	  prohibiésemos
	prohibierais o
	  prohibieseis
	prohibieran o
	  prohibiesen

pretérito indefinido prohibí prohibiste prohibió prohibimos prohibisteis prohibieron	**futuro** prohibiere prohibieres prohibiere prohibiéremos prohibiereis prohibieren
futuro prohibiré prohibirás prohibirá prohibiremos prohibiréis prohibirán	**IMPERATIVO**
	prohíbe (tú) prohíba (usted) prohibid (vosotros) prohíban (ustedes)

condicional
prohibiría
prohibirías
prohibiría
prohibiríamos
prohibiríais
prohibirían
	**FORMAS
	NO PERSONALES**
	
	infinitivo **gerundio**
	  prohibir prohibiendo
	participio
	  prohibido

prójimo, prójima

nombre **1** Cualquier persona respecto a otra persona.

proletario, proletaria

adjetivo **1** De los trabajadores manuales o que tiene relación con ellos. En el siglo XIX hubo muchas protestas proletarias.

nombre **2** Persona que recibe un salario a cambio de su trabajo, normalmente manual o que exige un trabajo físico. ✖ obrero.

prólogo

nombre masculino **1** Texto que va en las primeras páginas de un libro en el que se explica alguna cosa sobre él o se presenta al autor.

prolongación

nombre femenino **1** Acción que consiste en hacer más larga una cosa.
2 Parte alargada que sale de la parte principal de un cuerpo. La cola de algunos animales es una prolongación de su espina dorsal.

prolongación

👁 El plural es: prolongaciones.

prolongar

verbo **1** Hacer que una cosa sea más larga o que dure más: *La reunión se prolongó más de lo habitual.* ✖ alargar. ✖ acortar.
👁 Se escribe 'gu' delante de 'e', como: prolonguen.

promedio

nombre masculino **1** Cantidad que resulta de sumar varias cantidades y dividir el resultado por el número de ellas. Si una persona un día hace 3 ejercicios y otro 5, hace un promedio de 4 ejercicios al día: 3 + 5 = 8 ejercicios; 8 ejercicios: 2 días = 4.

promesa

nombre femenino **1** Acción de prometer o asegurar que se va a hacer algo.
2 Persona de la que se espera que triunfe en una actividad: *Es una promesa de la música.*

prometer

verbo **1** Asegurar una persona que hará algo. Cuando prometemos algo, estamos obligados a hacerlo.
2 Afirmar una persona que es cierto lo que dice.
3 Dar muestras una persona o una cosa de que darán el resultado que se indica; si no se dice nada, se entiende que el resultado será bueno: *Este chico promete, es inteligentísimo.*

prometido, prometida

nombre **1** Persona que se va a casar con otra: *Presentó su prometida a toda la familia.*

promoción

nombre femenino **1** Grupo de personas que acaban juntas la carrera o que obtienen al mismo tiempo un trabajo.
2 Campaña de publicidad de un producto. Los vendedores hacen promoción de los productos nuevos.
👁 El plural es: promociones.

promocionar

verbo **1** Hacer subir de categoría a una persona en el trabajo o en las relaciones sociales.
2 Dar a conocer un producto a la gente mediante una campaña de publicidad.

promover

verbo **1** Hacer que se dedique más atención a algo o que se realice con más intensidad. Los ecologistas promueven el cuidado del medio ambiente. 🌼 fomentar.
2 Hacer que se produzca una cosa como reacción o respuesta a algo. Una injusticia puede promover acciones de protesta.
👁 Se conjuga como: mover; la 'o' se convierte en 'ue' en sílaba acentuada, como: promueven.

promulgar

verbo **1** Hacer pública una ley para que todos los ciudadanos la conozcan y la cumplan.
👁 Se escribe 'gu' delante de 'e', como: promulguen.

pronombre

nombre masculino **1** Los pronombres son una clase de palabras que sustituyen a una persona, un objeto o una situación que hemos nombrado antes. Hay pronombres personales, demostrativos, posesivos, indefinidos, numerales y relativos: *'Éste' es un pronombre demostrativo. 'Yo' es un pronombre personal.*

pronosticar

verbo **1** Anunciar a partir de indicios o señales algo que va a ocurrir en el futuro.
2 Hacer el médico un juicio sobre el estado de un paciente o sobre la posible evolución de una enfermedad o una lesión.
👁 Se escribe 'qu' delante de 'e', como: pronostiquen.

pronóstico

nombre masculino **1** Anuncio que se hace sobre algo que va a suceder en el futuro. Se hacen pronósticos del tiempo que va a hacer o de los resultados de los partidos de fútbol.

P p

El PRONOMBRE				
Persona gramatical	Función de sujeto	Función de complemento directo	Función de complemento indirecto	Detrás de preposición
1ª persona singular	yo	me	me / a mí	mí
2ª persona singular	tú	te	te / a ti	ti
2ª persona singular (forma de cortesía)	usted	lo, la	le, se / a sí	usted / sí
3ª persona singular	él, ella	lo, la	le, se / a sí	él, ella / sí
1ª persona plural	nosotros, nosotras	nos	nos	nosotros/nosotras
2ª persona plural	vosotros, vosotras	os	os	vosotros/vosotras
2ª persona plural (forma de cortesía)	ustedes	los, las	les, se / a sí	ustedes / sí
3ª persona plural	ellos, ellas	los, las	les, se / a sí	ellos, ellas / sí

P

p

2 Juicio que hace un médico sobre la evolución de una enfermedad o una lesión: *Su pronóstico es grave.*

prontitud

nombre femenino

1 Característica de lo que se hace con rapidez o velocidad; también es la característica de las personas que actúan de este modo.

pronto, pronta

adjetivo

1 Se dice de lo que se hace con rapidez o de la persona que actúa de este modo. Una respuesta pronta se da inmediatamente después de terminada la pregunta.

nombre masculino

2 Reacción repentina y brusca de una persona: *Le dio un pronto y se puso a gritar.*

adverbio

3 pronto Sin que pase mucho tiempo desde el momento tomado como referencia: *No tardes, vuelve pronto.* ✖ tarde.

4 pronto En un tiempo anterior al que es normal. Si te levantas a las 5 de la mañana, te levantas muy pronto. ✖ temprano. ✖ tarde.

de pronto De manera brusca o inesperada.

tan pronto como En el mismo momento en que se indica: *Tan pronto como llegue, me tumbo.*

pronunciar

verbo

1 Emitir los sonidos de una lengua al hablar.

2 Decir algo en voz alta y en público. Los políticos suelen pronunciar numerosos discursos.

3 pronunciarse Decir alguien públicamente lo que piensa sobre algo o alguien.

👁 Se conjuga como: cambiar; la 'i' no lleva nunca acento de intensidad.

propaganda

nombre femenino

1 Conjunto de actividades y medios destinados a vender un producto o a atraer la atención del público sobre una idea.

propagar

verbo

1 Hacer que algo material o inmaterial llegue a muchos lugares o a un gran número de personas. El fuego se propaga con el viento.

👁 Se escribe 'gu' delante de 'e', como: propaguen.

propicio, propicia

adjetivo

1 Que es adecuado o bueno para algo. Las vacaciones de verano son propicias para descansar.

propiedad

nombre femenino

1 Cosa que pertenece a una persona, como un terreno, un piso, un edificio o un bosque. ✖ posesión.

2 Derecho que tiene una persona para poder disponer de una cosa que es suya: *Vive en un piso de propiedad.*

3 Característica o cualidad particular de una persona o cosa. El agua tiene como propiedades la falta de olor, color y sabor. ✖ atributo.

propietario, propietaria

adjetivo y nombre

1 Se dice de la persona a la que pertenece alguna cosa. ✖ dueño.

propina

nombre femenino

1 Cantidad de dinero que se da voluntariamente al pagar algo para mostrar satisfacción por el buen trato o el servicio recibido.

propio, propia

adjetivo

1 Que pertenece a una persona y no a otros: *Tiene coche propio.*

2 Que es característico o típico de una persona o cosa. El calor es propio del verano.

3 Se usa para enfatizar o dejar claro que es la persona o la cosa citada la que hace, dice o de la que se dice algo: *Es un pesado, hasta su propia hermana lo dice.* ✖ mismo.

proponer

verbo

1 Exponer una idea o un plan con la intención de que otros lo conozcan o lo realicen: *Te propongo que salgamos a cenar, ¿vale?*

2 Presentar a una persona para que haga algo, en especial para un trabajo.

3 proponerse Decidirse a hacer algo poniendo los medios para ello: *Se ha propuesto dejar de fumar.*

👁 Se conjuga como: poner.

proporción

nombre femenino

1 Relación según la cual las distintas partes de algo forman un todo en la que no hay una parte que destaque demasiado sobre otras. ✖ equilibrio. ✖ desproporción.

2 proporciones *nombre femenino plural* Tamaño de una cosa, normalmente de algo muy grande, como un terreno o un local. ⚒ dimensiones; tamaño.
👁 El plural es: proporciones.

proporcionado, proporcionada
adjetivo **1** Se dice de algo o alguien cuyas partes tienen el tamaño adecuado para que no destaque ninguna sobre las otras. Decimos que una persona está bien proporcionada cuando todas las partes de su cuerpo tienen una relación ordenada y armónica.

proporcionar
verbo **1** Dar a alguien lo que necesita para un fin determinado. La naturaleza nos proporciona alimentos para vivir.
2 Causar o producir una cosa. Las buenas noticias nos proporcionan alegría.

proposición
nombre femenino **1** Acción de ofrecer o proponer algo; también es la cosa que se propone, como ayuda o trabajo.
2 Oración que forma parte de una oración compuesta. En la oración 'Pedro limpia y María plancha' hay dos proposiciones: 'Pedro limpia' y 'María plancha'.
👁 El plural es: proposiciones.

propósito
nombre masculino **1** Pensamiento o idea que tiene una persona de hacer o de no hacer una cosa: *Tiene el propósito de leer más.*
2 Objetivo que pretende alcanzar una persona.
a propósito Indica que una acción se realiza con la voluntad de conseguir el resultado que implica.
a propósito Se usa para introducir en medio de una conversación algo que tiene mucho que ver con lo que se está diciendo.

propuesta
nombre femenino **1** Idea o cosa que se ofrece para un fin determinado: *Le han hecho una propuesta de trabajo.*

propuesto, propuesta
participio **1** Es el participio irregular de: proponer. También se utiliza como adjetivo: *Le han propuesto continuar en la empresa. Te perdiste por desviarte de la ruta propuesta.*

propulsar
verbo **1** Ejercer una fuerza hacia adelante para que algo se mueva. Los aviones modernos son propulsados por motores a reacción.

prórroga
nombre femenino **1** Periodo de tiempo añadido que se concede para hacer algo que tenía ya fijado un tiempo de ejecución determinado: *El partido acabó en empate y hubo prórroga.*
2 Periodo de tiempo en que se deja en suspenso, sin hacer, algo que se tenía que hacer ya: *Tenía que ir a la mili pero ha pedido una prórroga.* ⚒ aplazamiento.

prorrogar
verbo **1** Hacer que un suceso o una acción dure más tiempo del que estaba previsto que durara: *Le han prorrogado el contrato.*
👁 Se escribe 'gu' delante de 'e', como: prorroguen.

prosa
nombre femenino **1** Manera de escribir que se diferencia de la poesía en que no necesita ritmo ni rima. Los cuentos, las novelas y los libros de texto se escriben en prosa.

proseguir
verbo **1** Continuar ocurriendo o haciendo algo que ya se había empezado. Después del recreo, prosiguen las clases.
👁 Se conjuga como: seguir; la 'e' se convierte en 'i' en algunos tiempos y personas y se escribe 'g' delante de 'a' y 'o', como: prosigan.

prospecto
nombre masculino **1** Papel escrito que da a conocer las características o el funcionamiento de ciertos productos, en especial farmacéuticos.

prosperar
verbo **1** Ir cada vez mejor una cosa, como la economía o el nivel de conocimientos. ⚒ progresar.

próspero, próspera
adjetivo **1** Que se desarrolla de forma favorable, cada vez mejor, en especial en lo que se refiere al dinero.

P
p

P
p

prostitución

nombre femenino **1** Actividad de la persona que mantiene relaciones sexuales a cambio de dinero.

prostituta

nombre femenino **1** Mujer que mantiene relaciones sexuales a cambio de dinero.

protagonista

nombre masculino y femenino **1** Personaje principal en una película o una novela.
2 Persona que destaca en un hecho o acontecimiento.

protagonizar

verbo **1** Representar el personaje principal en una película u obra teatral.
👁 Se escribe 'c' delante de 'e', como: protagonicen.

protección

nombre femenino **1** Lo que se hace cuando se ayuda y se protege a una persona.
2 Cosa que sirve para proteger de algún daño. El casco es una protección para los motoristas.
👁 El plural es: protecciones.

protector, protectora

adjetivo **1** Que protege o defiende algo. Las cremas protectoras protegen de los efectos malos del sol.

proteger

verbo **1** Cuidar, guardar o ayudar a una persona o animal para que no sufra una molestia, un peligro o un daño. ✄ preservar.
👁 Se escribe 'j' delante de 'a' y 'o', como: protejan o protejo.

proteger

proteína

nombre femenino **1** Sustancia química que hay en las células y que es necesaria para la vida. La carne, las legumbres y la leche tienen proteínas.

prótesis

nombre femenino **1** Pieza artificial que se pone en el lugar de un órgano o parte del cuerpo que falta o está dañado.

👁 El plural es: prótesis.

protesta

nombre femenino **1** Demostración de que no se está de acuerdo con alguna cosa. También son protesta las palabras o gestos que se hacen para protestar. ✄ queja.

protestantismo

nombre masculino **1** Movimiento religioso que se separó de la Iglesia católica y dio origen a muchas religiones.

protestar

verbo **1** Decir que no se está de acuerdo o contento con algo.

protocolo

nombre masculino **1** Conjunto de las reglas y las normas que se deben seguir en algunos actos oficiales o ceremonias.
2 Documento en el que figuran los acuerdos a los que han llegado dos o más países.

prototipo

nombre masculino **1** Persona o cosa que tiene unas determinadas características en un grado que se considera ideal y digno de servir como modelo: *Este chico es el prototipo de la simpatía, siempre está sonriente.* ✍ 600
2 Primer ejemplar de alguna máquina o vehículo que sirve como modelo para fabricar otros.

provecho

nombre masculino **1** Utilidad o beneficio que una persona o una cosa obtienen de algo. Se puede sacar provecho a unos ahorros metiéndolos en el banco.
2 Efecto que produce en el organismo una comida o una bebida que alimentan.

provechoso, provechosa

adjetivo **1** Que es útil o produce algún tipo de beneficio. La educación es provechosa para las personas.

proveer

verbo **1** Dar a alguien o poner a su alcance lo que necesita o lo que pide para un fin determinado.
👁 Se conjuga como: leer.

provenir

verbo **1** Tener su origen una persona o una cosa en un momento, lugar o conjunto de circunstancias determinadas. ✄ proceder.
👁 Se conjuga como: venir.

provincia

nombre femenino **1** Cada una de las divisiones que componen el territorio de algunos países. Sevilla, Madrid y Pontevedra son provincias españolas.

provinciano, provinciana

adjetivo y nombre **1** Se dice de la persona que ha nacido o vive en una provincia en la que no hay una ciudad grande.

provisión

nombre femenino **1** Conjunto de cosas necesarias que se guardan en algún sitio para cuando hagan falta, como una provisión de alimentos o de material de oficina.

nombre femenino plural **2 provisiones** Conjunto de alimentos que una persona se lleva a un viaje o a una excursión.
👁 El plural es: provisiones.

provisional

adjetivo **1** Que puede cambiar dependiendo de las circunstancias porque no es fijo ni definitivo: *Los libros están en el pasillo de forma provisional, hasta que pinten el salón.*

provisto, provista

adjetivo **1** Participio irregular de: proveer. También se utiliza como adjetivo: *Le han provisto de alimentos. Algunos coches están provistos de aire acondicionado.*

provocar

verbo **1** Ser una persona o una cosa la causa de que se haga u ocurra algo: *La tormenta provocó un apagón en la ciudad.* ✄ ocasionar.
2 Hacer una persona mediante ciertas palabras o acciones que otra se enfade o que acabe riñendo con ella.
3 Hacer que una persona sienta deseo sexual por otra.
👁 Se escribe 'qu' delante de 'e', como: provoquen.

provocativo, provocativa

adjetivo **1** Que provoca o causa una reacción determinada, en especial si es violenta.

proximidad

nombre femenino **1** Situación de lo que está próximo o cercano en el tiempo o en el espacio.

próximo, próxima

adjetivo **1** Que está o viene después de otra cosa o persona. La próxima palabra de este diccionario es 'proyección'. ✄ siguiente.
2 Que está cerca en el espacio o en el tiempo: *Tiene una tienda próxima a su casa. Está próximo el verano.* ✄ cercano. ✄ lejano.

proyección

nombre femenino **1** Acción de proyectar una película o unas diapositivas.
👁 El plural es: proyecciones.

proyectar

verbo **1** Pensar y decidir el modo y los medios de hacer una cosa. La gente suele proyectar sus vacaciones. ✄ planear.
2 Exhibir una película en un cine.
3 Reflejar una diapositiva sobre una pantalla o superficie, con la ayuda de un proyector.
4 Lanzar o dirigir con fuerza una cosa hacia delante o a distancia. Los focos proyectan la luz hacia la pantalla.

proyectil

nombre masculino **1** Cuerpo u objeto que es lanzado con fuerza y a gran velocidad contra una persona o contra una cosa, en especial el que dispara un arma de fuego.

proyecto

nombre masculino **1** Conjunto de dibujos y cálculos que se hacen antes de construir o fabricar algo. Los arquitectos hacen proyectos de casas. ✏ 600
2 Intención o deseo de hacer algo en el futuro.

proyector

nombre masculino **1** Aparato que sirve para proyectar una imagen sobre una pantalla o superficie plana, como un proyector de cine o de diapositivas.

prudencia

nombre femenino **1** Característica de la persona que se comporta con mucho cuidado y atención para evitar cualquier problema o daño. ✄ precaución. ✄ imprudencia.

prudente

adjetivo **1** Se dice de la persona que actúa con prudencia. Las personas prudentes piensan mucho las cosas antes de hacerlas para evitar problemas. ✄ sensato. ✄ imprudente.

P
—
p

P / p

prueba
nombre femenino

1 Acción que consiste en probar una cosa para ver si funciona correctamente, si tiene las cualidades o características que debe tener o si va bien para algo. ✍ 600
2 Experimento, análisis o ensayo que se hace con algo que está en fase de desarrollo: *El médico me ha mandado que me haga unas pruebas. Es una prueba, no está en su forma definitiva.* ✍ 397
3 Conjunto de conocimientos o preguntas que se plantean a una persona para conocer sus aptitudes o dominio de una materia o actividad determinada. ✍ 797
4 Cosa que sirve para demostrar la verdad o falsedad de un hecho.
5 Señal o muestra que se da de la cosa que se expresa. Los enamorados se suelen hacer regalos como prueba de su amor.
6 Operación que se hace en matemáticas para comprobar si es correcta otra operación anterior.
a prueba Se utiliza para indicar que una acción se realiza para poder comprobar las características, la cualidades o el funcionamiento de una persona o una cosa.

psicología
nombre femenino

1 Ciencia que estudia la mente, la manera de ser y el comportamiento de las personas. También es psicología la carrera universitaria en la que se aprende esta ciencia.
2 Manera de sentir o de pensar una persona. ✖ carácter.
👁 También se escribe: sicología.

psicólogo, psicóloga
nombre

1 Persona que se dedica a la psicología.
👁 También se escribe: sicólogo.

psiquiatra
nombre masculino y femenino

1 Médico especialista en psiquiatría.
👁 También se escribe: siquiatra.

psiquiatría
nombre femenino

1 Parte de la medicina que estudia las enfermedades mentales y su tratamiento.
👁 También se escribe: siquiatría.

psíquico, psíquica
adjetivo

1 De la mente humana o que tiene relación con ella. Los psiquiatras curan las enfermedades psíquicas.
👁 También se escribe: síquico.

púa
nombre femenino

1 Parte delgada y dura con una punta afilada que tienen algunos animales, como los erizos.
2 Diente de un peine.
3 Pieza pequeña y plana en forma de triángulo que se usa para tocar la guitarra y otros instrumentos.

pub
nombre masculino

1 Establecimiento donde se pueden tomar bebidas y escuchar música.
👁 Se pronuncia: 'pab'.

pubis
nombre masculino

1 Parte del cuerpo humano situada en la zona inferior del vientre que forma un triángulo entre los dos muslos. El pubis de los adultos está cubierto de pelos.
2 Hueso que está en la zona del pubis.
👁 El plural es: pubis.

publicación
nombre femenino

1 Obra impresa, como un periódico, un libro o un fascículo.

publicar
verbo

1 Imprimir una obra y ponerla a la venta. Las editoriales publican libros y otras obras.
2 Hacer que una cosa sea conocida por mucha gente. Los medios de comunicación publican noticias.
👁 Se escribe 'qu' delante de 'e', como: publique.

publicidad
nombre femenino

1 Conjunto de técnicas y medios que se usan para dar a conocer un producto o servicio.

público, pública
adjetivo

1 Que es de todas las personas que forman una comunidad o para que lo disfruten todas ellas, como una piscina pública. ✖ privado.
2 Que es conocido o sabido por mucha gente.
3 Que pertenece al estado, como algunos colegios, hospitales o empresas. ✖ privado.

P
p

nombre masculino **4** Conjunto de personas que asisten a presenciar un espectáculo o un acto.

puchero
nombre masculino **1** Recipiente de metal o de barro que sirve para cocinar alimentos en el fuego; es redondo y profundo y tiene una o dos asas.
hacer pucheros Poner cara de estar a punto de llorar.

pudor
nombre masculino **1** Sentimiento de vergüenza que siente una persona ante ciertas cosas.

pudrir
verbo **1** Hacer que una materia orgánica se estropee y se descomponga. La comida fuera de la nevera acaba pudriéndose.
👁 El participio es: podrido.

pueblo
nombre masculino **1** Población pequeña y con pocos habitantes.
2 Conjunto de personas de un país que no forman parte de la clase dirigente.
3 Conjunto de personas que forman una comunidad y tienen la misma lengua, religión y cultura, o pertenecen a la misma raza.

puente
nombre masculino **1** Construcción hecha sobre un río, una carretera o un barranco para pasar de un lado a otro.
2 Día o días de la semana en que no se trabaja por estar entre dos días festivos. A veces, cuando un martes es fiesta, el lunes se hace puente.
3 Plataforma con una barandilla que está más alta que la cubierta de un barco y desde donde el capitán dirige las maniobras.
4 Arco de la planta del pie.

puerco, puerca
nombre **1** Mamífero doméstico que tiene las patas cortas, el cuerpo grueso, el morro aplastado y las orejas caídas. ⚒ cerdo, cochino.
puerco espín Animal mamífero pequeño que tiene la espalda y la cola cubiertas de espinas; se alimenta de raíces y frutos secos y tiene hábitos nocturnos.

puericultor, puericultora
nombre **1** Persona especializada en el cuidado y la educación de los niños de hasta cuatro años. En la guardería hay siempre puericultores.

pueril
adjetivo **1** Se dice de la manera de comportarse de una persona adulta que parece más propia de un niño.

puerro
nombre masculino **1** Planta de huerta que tiene un bulbo alargado, blanco por abajo y verde por arriba.

puerta
nombre femenino **1** Pieza normalmente rectangular y de madera o vidrio que cierra un hueco por donde se entra y se sale de un lugar o sirve para cerrar espacios.

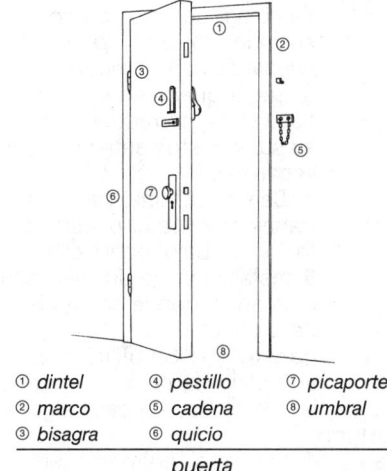

① dintel	④ pestillo	⑦ picaporte
② marco	⑤ cadena	⑧ umbral
③ bisagra	⑥ quicio	

puerta

2 Portería de fútbol.

puerto
nombre masculino **1** Lugar de la costa preparado para que las embarcaciones puedan embarcar y desembarcar pasajeros o carga, hacer reparaciones o estar un tiempo sin navegar. 🔎 400
2 Lugar por el que se puede pasar de un lado a otro de una cordillera.

pues
conjunción **1** Se utiliza para dar más fuerza a lo que decimos, o para darnos un poco de tiempo antes de decir

P
——
p

algo. Suele aparecer al principio de la oración: *Pues claro.*
2 Indica que lo que se dice a continuación es la causa de una cosa: *Pues no sabía que era su cumpleaños, por eso no llamé por teléfono.*
3 Introduce una consecuencia de algo: *¿No lo sabes?, pues búscalo en la enciclopedia.*

puesta
nombre femenino
1 Acción de ponerse el Sol en el horizonte.
2 Acción de poner huevos las aves. También es la cantidad de huevos que pone un ave de una vez.

puesto, puesta
adjetivo
1 Se dice de la persona que va bien vestida o arreglada. Es un uso informal. ✕ compuesto.
participio
2 Participio irregular de: poner. También se usa como adjetivo: *¿Dónde lo has puesto? Lleva puesta su camisa nueva.*
nombre masculino
3 Lugar que ocupa una persona o cosa. Los corredores se colocan en sus puestos antes de comenzar la carrera.
4 Cargo de una persona en un trabajo: *Ocupa el puesto de director.* ✕ trabajo; ocupación.
5 Instalación de un mercado o un mercadillo donde se vende un tipo de producto.
puesto que Se utiliza para indicar el motivo, la razón o la causa por la que se hace o pasa algo.

pugna
nombre femenino
1 Lucha o enfrentamiento entre dos personas o grupos por conseguir una cosa.

pulcro, pulcra
adjetivo
1 Se dice de la persona que cuida de su limpieza y de su aspecto.
2 Se dice de las cosas que están perfectamente limpias, cuidadas y ordenadas.

pulga
nombre femenino
1 Insecto parásito de mamíferos y aves, a los que chupa la sangre.

pulgar
adjetivo y nombre masculino
1 Se dice del dedo más gordo de la mano y el pie de las personas. Algunos niños pequeños se chupan el pulgar de la mano. ✎ 303

pulgón
nombre masculino
1 Insecto pequeño, de color verde o marrón. Es un animal parásito y perjudica los cultivos.
👁 El plural es: pulgones.

pulir
verbo
1 Hacer que una superficie quede lisa y brillante.
2 Hacer un último repaso y corrección a un trabajo para que quede lo mejor posible.

pulmón
nombre masculino
1 Órgano blando y esponjoso del sistema respiratorio de las personas y de los animales que respiran fuera del agua. Al respirar, los pulmones se llenan de oxígeno y éste pasa a la sangre.
nombre masculino plural
2 pulmones Capacidad que tiene una persona para gritar o cantar muy fuerte o para hacer ejercicios de gimnasia en los que hace falta mucho oxígeno.

pulmonía
nombre femenino
1 Enfermedad provocada por la inflamación de los pulmones. La pulmonía provoca fiebre, dolor de espalda y mucha tos.

pulpa
nombre femenino
1 Carne de la fruta. De algunas frutas, como del melón, sólo se come la pulpa.

pulpo
nombre masculino
1 Animal marino con el cuerpo en forma de globo y ocho tentáculos largos con ventosas.
2 Cuerda elástica, con ganchos de metal en sus extremos, que se utiliza para sujetar maletas o paquetes a la baca de un vehículo.

pulsar
verbo
1 Hacer presión con los dedos sobre una cosa. Para escribir a máquina se tienen que pulsar las teclas. ✕ apretar.

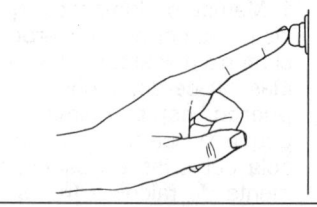

pulsar

P p

pulsera
nombre femenino **1** Joya o adorno en forma de aro que se pone en la muñeca. ✎ 550 **2** Correa o cadena de un reloj que sirve para sujetarlo a la muñeca.

pulso
nombre masculino **1** Sucesión de pequeños golpes que produce la sangre cuando circula por las arterias. El pulso se nota en distintas partes del cuerpo, especialmente en la muñeca. **2** Capacidad que tienen algunas personas para mantener la mano firme al hacer trabajos manuales delicados. **a pulso** Haciendo fuerza con los brazos y las manos sin apoyarlos en ningún sitio.

pulverizar
verbo **1** Hacer que un líquido salga en forma de gotas muy finas. Muchos envases de productos de limpieza pulverizan el líquido al salir. **2** Romper un cuerpo sólido en trozos muy pequeños. ☛ Se escribe 'c' delante de 'e', como: pulvericé.

puma
nombre masculino **1** Animal mamífero americano de la familia del tigre; suele medir 1,80 metros, tiene pelo de color marrón claro, es ágil y rápido y suele cazar de noche.

punta
nombre femenino **1** Extremo afilado y fino de una cosa aguda que pincha. Unas tijeras, un clavo y un alfiler acaban en punta. **2** Parte final de una cosa alargada, como las puntas del pelo o la punta del bolígrafo. **3** Clavo pequeño para clavar cosas de madera.

puntada
nombre femenino **1** Cada una de las veces que al coser se pasa una aguja con hilo por la tela. ✎ 796

puntapié
nombre masculino **1** Golpe que se da con la punta del pie.

puntear
verbo **1** Marcar o dibujar una figura con puntos.

puntera
nombre femenino **1** Parte del zapato, del calcetín o de la media que cubre la punta o los dedos del pie.

puntería
nombre femenino **1** Habilidad para dar en el blanco o en aquello donde se quiere dar cuando se dispara un arma o se lanza una piedra.

puntero, puntera
adjetivo **1** Que destaca por ser más avanzado que otros en algo. La tecnología puntera es la más avanzada.

puntilla
nombre femenino **1** Cinta calada que se pone como adorno en el borde de algunas prendas de ropa. **2** Cuchillo corto que se utiliza para matar a algunos animales, como a los toros. **de puntillas** Caminando sobre las puntas de los pies.

punto
nombre masculino **1** Señal o marca redondeada y pequeña en una cosa. ⚒ mota. **2** Signo ortográfico pequeño y redondeado que indica el final de una frase. En la escritura usamos el punto y seguido para separar frases y el punto y aparte para separar párrafos. **3** Signo gráfico pequeño y redondeado. El punto se coloca encima de la 'i' y la 'j'. **4** Unidad con que se cuenta un resultado o se valoran pruebas o juegos. **5** Asunto o materia de la que se habla o se trata. En una conversación puede haber muchos puntos de interés. **6** Pasada de una aguja con un hilo, en especial la que se hace a través de una tela. Las heridas también se cosen con puntos. **7** Cada una de las maneras de enlazar el hilo al coser. En costura se usa el punto de cruz. **8** Tejido que resulta de enlazar de determinada manera la lana, el algodón u otra clase de hilos. Hay telas y ropa de punto. **9** Sitio o lugar concreto: *Volvimos al punto de partida.*

P
―
p

10 En geometría, lugar de una recta, plano o espacio que ocupa una posición pero no tiene largo, alto ni ancho. Dos rectas que se cortan, se cortan en un punto.

a punto Una persona está a punto cuando está preparada o en condiciones para hacer algo: *Tengo todo a punto para salir de viaje.*

a punto Llegamos a punto a un lugar cuando lo hacemos en el momento oportuno.

a punto de Indica que algo va a ocurrir inmediatamente: *Estoy a punto de salir.*

dos puntos Signo ortográfico formado por dos puntos, uno encima del otro, que se utiliza para introducir enumeraciones.

en punto Utilizamos esta expresión para indicar la hora exacta: *Son las tres en punto.*

estar en su punto Una cosa que se prepara está en su punto cuando alcanza un buen grado de intensidad o perfección. La comida está en su punto cuando está lista para comer.

punto de vista Forma de pensar o de ver las cosas una persona.

punto y coma Signo ortográfico formado por una coma y un punto encima que se utiliza para indicar una pausa mayor que la coma.

puntuación
nombre femenino **1** Conjunto de los signos de ortografía que se ponen en un escrito. El punto, la coma o el acento son signos de puntuación.
2 Nota que se pone a un ejercicio para indicar si está bien o está mal. ⁑ calificación.

puntual
adjetivo **1** Que ocurre o se hace a la hora señalada. Un tren puntual pasa a la hora que indica el horario.

puntualidad
nombre femenino **1** Cualidad de las personas o las cosas que son puntuales.

puntuar
verbo **1** Poner en un escrito los signos de ortografía necesarios para que se lea correctamente.

2 Calificar con puntos un ejercicio o prueba.
👁 Se conjuga como: actuar; la 'u' se acentúa en algunos tiempos y personas, como: puntúo.

punzón
nombre masculino **1** Herramienta terminada en una punta afilada que se utiliza para hacer agujeros o grabar metales.
👁 El plural es: punzones.

puñado
nombre masculino **1** Cantidad de cualquier cosa que cabe en un puño, como un puñado de arroz o de caramelos.

puñal
nombre masculino **1** Arma blanca que sólo hiere con la punta; está formado por una hoja de acero corta que termina en punta.

puñalada
nombre femenino **1** Golpe que una persona da con un puñal, clavándolo sobre el cuerpo de otra persona o el de un animal.
2 Herida o corte que produce una persona al clavar un puñal.
3 Acción que realiza a traición una persona, en la que otra resulta dañada o perjudicada.

puñeta
nombre femenino **1** Cosa que resulta molesta o difícil: *El examen parecía fácil pero tenía muchas puñetas.*
hacer la puñeta Causar molestia o perjudicar a una persona.
👁 Es una palabra informal.

puñetazo
nombre masculino **1** Golpe que se da con el puño. En las películas de acción a veces hay peleas de puñetazos.

puño
nombre masculino **1** Mano cerrada de una persona.
2 Extremo de la manga de una prenda de vestir.

pupa
nombre femenino **1** Herida que sale en los labios a causa de la fiebre. ⁑ calentura.
2 Capa seca que cubre una herida al curarse: *Las pupas de la rodilla son de la caída.* ⁑ costra.
3 Cualquier herida, daño o dolor, especialmente al darse un golpe. Se suele usar hablando con niños pequeños.

P / p

pupila

nombre femenino **1** Círculo de color negro que está en medio del iris del ojo. ✂ niña. ↳594

pupitre

nombre masculino **1** Mesa que usan los alumnos en clase; suele tener un lugar donde dejar los libros o cuadernos.

puré

nombre masculino **1** Comida líquida y espesa que se hace triturando varios alimentos cocidos, normalmente patata, verduras y hortalizas.

pureza

nombre femenino **1** Característica de las cosas que mantienen todas sus propiedades sin haber sido mezcladas con otras. El agua que brota directamente de un manantial suele tener mucha pureza.

purgatorio

nombre masculino **1** Según la religión católica, lugar al que van las almas que han cometido algún pecado, pero no tan grave como para ir al infierno. En el purgatorio el alma se purifica.

purificar

verbo **1** Hacer que una cosa sea pura quitándole todo lo que no es propio de su naturaleza.

puro, pura

adjetivo **1** Que es bueno, limpio y sin mala intención ni malos pensamientos: *Tiene un alma pura. Su amor es puro.* **2** Se dice de las cosas que no están mezcladas con otras. También son puras las cosas que no tienen suciedad ni sustancias perjudiciales para la salud; en la montaña el aire suele ser más puro que en la ciudad. ✂ impuro.

nombre masculino **3** Hojas de tabaco enrolladas formando un cilindro. ✂ cigarro.

púrpura

nombre masculino y adjetivo **1** Color rojo fuerte con un tono morado. La ropa de los cardenales es púrpura.

purpurina

nombre femenino **1** Pintura plateada o dorada. **2** Polvo brillante de distintos colores que se pega sobre una superficie como adorno.

pus

nombre **1** Líquido espeso de color blanco amarillento que se forma en una herida infectada. 👁 Tiene doble género. Se dice: el pus y la pus.

puta

nombre femenino **1** Mujer que tiene relaciones sexuales a cambio de dinero. ✂ prostituta. 👁 Es una palabra vulgar.

putada

nombre femenino **1** Acción que molesta o hace daño, normalmente hecha con mala intención. ✂ faena. 👁 Es una palabra vulgar.

putear

verbo **1** Molestar o hacer daño a una persona, normalmente con mala intención. ✂ fastidiar. 👁 Es una palabra vulgar.

puzzle

nombre masculino **1** Juego que consiste en juntar piezas para reconstruir un dibujo o una figura. 👁 Se pronuncia: 'puzle'.

Q q

q

nombre femenino

1 Letra número dieciocho del alfabeto español. La 'q' es una consonante que sólo aparece en las sílabas 'que' y 'qui', donde la 'u' no suena.

que

pronombre relativo

1 Se utiliza para introducir un tipo de oración subordinada que va detrás de un nombre; en la oración 'El edificio que tiene la bandera es una embajada', 'que tiene la bandera' es una oración subordinada: *Los animales que dan de mamar a sus crías son mamíferos.*

conjunción

2 Se utiliza para introducir una oración subordinada que va detrás de un verbo. En la frase: 'Me ha dicho que se encuentra mal', 'que se encuentra mal' es una oración subordinada: *Los abuelos quieren que pases una semana con ellos.*

3 Se utiliza en comparaciones: *Ocho es menor que diez. La Tierra es más pequeña que el Sol.*

👁 No lo confundas con la forma interrogativa o exclamativa 'qué', que siempre se acentúa.

qué

determinante interrogativo

1 Se utiliza para preguntar por la persona o cosa concreta que hace lo que se pregunta. En la pregunta '¿Qué animales tienen plumas?', se quiere saber los animales concretos que tienen plumas dentro del conjunto de los animales.

pronombre interrogativo

2 Se utiliza para preguntar por ciertas cosas, como el precio de una cosa, lo que hace alguien, lo que opina, la hora y muchas otras cosas: *¿Qué vas a hacer esta tarde? ¿Qué hora es? ¿En qué tren viene tu amigo?*

pronombre exclamativo

3 Expresa sorpresa por la cantidad o intensidad de algo de lo que se habla: *¡Qué listo que eres! ¡Qué buena está esta comida!*

determinante exclamativo

4 Expresa sorpresa por una característica del nombre al que acompaña: *¡Qué día tan largo! ¡Qué niño tan estudioso!*

¿por qué? Se utiliza para preguntar la razón o el motivo de algo: *¿Por qué no quieres venir con nosotros?*

¿y qué? Indica que lo que se acaba de decir o hacer no es importante para la persona que habla o le resulta indiferente: *Eres 10 centímetros más alto que yo, ¿y qué?*

👁 Siempre se acentúa; no lo confundas con 'que'.

quebrado

adjetivo y nombre masculino

1 Se dice del número que indica las partes proporcionales que se toman después de dividir la unidad; el número de partes que se toman se llama numerador y la unidad denominador. 1/4 y 2/3 son quebrados. 〰 fracción.

quebrantahuesos

nombre masculino

1 Ave de gran tamaño, de color marrón o negro y sin plumas en el cuello; se alimenta de animales muertos. 〰 buitre.

👁 El plural es: quebrantahuesos.

quebrantar

verbo

1 Hacer una cosa que va en contra de una norma o una ley o no cumplir una obligación o una promesa. Los delincuentes quebrantan la ley; no debe quebrantarse una promesa hecha a un amigo.

quebrar

verbo **1** Romper una cosa dura de manera violenta: *La silla se quebró por el peso.*
2 Dejar de funcionar un negocio o una empresa porque tiene muchas pérdidas y debe mucho dinero.
👁 Se conjuga como: acertar; la 'e' se convierte en 'ie' en sílaba acentuada, como: quiebran.

quedar

verbo **1** Haber o existir todavía una parte de algo que se ha ido gastando o consumiendo. Si no queda pan en casa, hay que comprarlo. En España quedan aún muchos edificios medievales.
2 Faltar algo por hacer: *Aún me quedan tres horas de trabajo.*
3 Llegar algo a un determinado estado final: *¿Cómo ha quedado el partido? Las flores quedaron destrozadas por el granizo.*
4 Estar una persona o una cosa en un estado determinado y mantenerse en él durante un tiempo. Mucha gente queda paralítica a causa de un accidente de coche; en una situación difícil hay gente que se queda muda o parada sin saber qué decir o qué hacer.
5 Estar una cosa situada en un lugar determinado: *Su casa queda cerca de la estación.* ✂ encontrarse.
6 Citarse con una persona para verse a una hora y en un sitio determinado. Los amigos quedan para salir juntos.
7 Ponerse dos o más personas de acuerdo en hacer algo: *Quedaron en pagar a medias.*
8 Producir una impresión determinada en una persona. A todo el mundo le gusta quedar bien con la gente.
9 Sentar una prenda de vestir bien o mal a una persona: *¿Qué tal me queda esta camisa con este pantalón?*

10 quedarse Estar en un sitio y no moverse de él durante un tiempo: *Se quedó en casa todo el fin de semana.*
11 quedarse Hacerse con la propiedad de una cosa, por haberla comprado o por otros métodos: *Quédate el tebeo, yo tengo otro.*
quedarse con alguien Hacer creer a una persona una cosa que no es verdad para bromear: *No le hagas caso, se está quedando contigo.* Es una expresión informal.

quehacer

nombre masculino **1** Aquello que una persona tiene que hacer como trabajo u obligación. Los padres tienen muchos quehaceres como trabajar, cocinar o cuidar a los hijos.

queja

nombre femenino **1** Grito o sonido que expresa la pena o el dolor que siente una persona.
2 Protesta que se hace por algo que se considera injusto. Cuando alguien no está contento con el trato recibido en una tienda o un hotel, puede presentar una queja.

quejarse

verbo **1** Expresar con palabras y sonidos una pena o un dolor: *Se quejaba porque se había quemado la mano y le dolía.*
2 Expresar con palabras el disgusto o enfado que se tiene. Los ciudadanos se pueden quejar al defensor del pueblo si no se respetan sus derechos.

quejica

adjetivo y nombre masculino y femenino **1** Que se queja a menudo por cualquier cosa: *Es muy quejica, cada vez que se cae llora aunque no se haga nada.*

quejido

nombre masculino **1** Sonido con que se expresa la pena o el dolor que se siente.

quema

nombre femenino **1** Destrucción de algo por medio del fuego. La quema de bosques es un grave problema.

quemadura

nombre femenino **1** Herida o señal que produce el fuego, el calor o ciertas sustancias

Q q

químicas. Los primeros días de playa debemos ponernos crema protectora contra las quemaduras del sol.

quemar

verbo

1 Destruir, estropear o dañar una cosa con fuego, calor o sustancias químicas. El fuego quema la madera y otros materiales combustibles; si olvidamos el pollo en el horno, se quema.

2 Estar una cosa muy caliente y producir tanto calor que puede hacer daño. La sopa o el café recién hechos queman; el sol muy fuerte quema. ✂ abrasar.

3 Producir una sensación de dolor o de ardor en la boca, la garganta o el estómago. La comida mexicana es tan picante que quema la garganta. ✂ abrasar.

4 Secarse una planta a causa del frío o del calor demasiado fuertes. Las altas temperaturas queman las plantas de los jardines.

5 Producir cansancio y mal humor a una persona, dejándola sin fuerzas y sin ganas de hacer nada. El trabajo excesivo quema a muchas personas.

querer

verbo

1 Tener ganas o deseo de algo. Cuando queremos algo de verdad, hacemos todo lo posible por conseguirlo; una persona con sueño quiere dormir.

2 Sentir amor o cariño por alguien o algo. Las personas quieren mucho a su familia y a los amigos; también queremos a los animales o a nuestra tierra. ✂ amar. ✂ odiar.

sin querer De manera involuntaria o por casualidad. La mayoría de las veces, cuando rompemos algo o le hacemos daño a otra persona lo hacemos sin querer.

querido, querida

adjetivo

1 Palabra que se utiliza delante de un nombre al empezar una carta personal, como 'Querida Ana' o 'Queridos amigos'.

nombre

2 Persona que mantiene una rela-

querer	
INDICATIVO	**SUBJUNTIVO**
presente	**presente**
quiero	quiera
quieres	quieras
quiere	quiera
queremos	queramos
queréis	queráis
quieren	quieran
pretérito imperfecto	**pretérito imperfecto**
quería	quisiera o quisiese
querías	quisieras o quisieses
quería	quisiera o quisiese
queríamos	quisiéramos o
queríais	quisiésemos
querían	quisierais o quisieseis
	quisieran o quisiesen
pretérito indefinido	
quise	**futuro**
quisiste	quisiere
quiso	quisieres
quisimos	quisiere
quisisteis	quisiéremos
quisieron	quisiereis
	quisieren
futuro	
querré	**IMPERATIVO**
querrás	
querrá	quiere (tú)
querremos	quiera (usted)
querréis	quered (vosotros)
querrán	quieran (ustedes)
condicional	**FORMAS NO PERSONALES**
querría	
querrías	**infinitivo** **gerundio**
querría	querer queriendo
querríamos	**participio**
querríais	querido
querrían	

ción amorosa o relaciones sexuales con otra sin estar casada ni vivir con ella. ✂ amante.

quesera

nombre femenino

1 Recipiente en el que se guarda el queso. La quesera suele estar compuesta por un plato llano y una tapa con pequeños agujeros que cubre el queso.

quesito

nombre masculino

1 Trozo pequeño de queso blando envuelto en papel de aluminio. Los quesitos suelen tener forma de triángulo.

queso

nombre masculino

1 Alimento sólido que se hace cuajando la leche de vaca, oveja o cabra. Uno de los quesos que más se consumen en España es el manchego.

2 Pie de una persona. Es un uso informal. ✂ pinrel.

quicio

nombre masculino **1** Parte de una ventana o puerta donde están las bisagras. ☞ 756

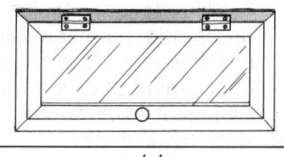

quicio

sacar de quicio Poner muy nerviosa a una persona: *Esta música tan alta me saca de quicio.*

quiebra

nombre femenino **1** Situación de la empresa que tiene que cerrar por falta de dinero para pagar lo que debe.

quien

pronombre relativo **1** Se utiliza para introducir un tipo de oración subordinada: *Son ellos quienes lo dicen, no yo.*
👁 Como pronombre relativo nunca se acentúa; no lo confundas con el pronombre interrogativo 'quién', que siempre se acentúa.

quién

pronombre interrogativo **1** Pregunta por la persona concreta que hace algo o interviene en algo: *¿Quién ha visto mis zapatillas? ¿Con quién ibas paseando esta mañana?*
👁 Como pronombre interrogativo siempre se acentúa; no lo confundas con el pronombre relativo 'quien', que nunca se acentúa.

quienquiera

pronombre indefinido **1** Se utiliza para indicar que no importa exactamente la persona que cumple lo que se dice a continuación: *Quienquiera que sea, no pienso abrir.* ✖ cualquiera.

quieto, quieta

adjetivo **1** Que no se mueve. Para hacerse fotos hay que estar quieto.

quilla

nombre femenino **1** Pieza alargada situada en la parte inferior de una embarcación, que va de proa a popa.

quilo

nombre masculino **1** Es otra forma de escribir: kilo.

quimera

nombre femenino **1** Sueño imposible que una persona se imagina como algo posible o verdadero: *Una de sus quimeras es hacer un viaje a la Patagonia.*

química

nombre femenino **1** Ciencia que estudia los elementos que forman parte de la naturaleza.

químico, química

adjetivo **1** Que está relacionado con la química o con los elementos que forman parte de la naturaleza y sus transformaciones.

nombre **2** Persona que se dedica al estudio de la química o trabaja aplicando sus conocimientos sobre la química.

quimono

nombre masculino **1** Prenda de vestir con las mangas muy anchas, que llega hasta los pies y se cierra por delante con una faja o un cinturón. El quimono es típico de Japón.
2 Conjunto de chaqueta y pantalón anchos y de tela fuerte que se usa para practicar artes marciales, como el judo o el karate. La chaqueta se cierra por delante con un cinturón.

quince

numeral cardinal **1** Indica que el nombre al que acompaña está 15 veces.

numeral ordinal **2** Que ocupa el lugar número 15 en una serie ordenada.

nombre masculino **3** Nombre del número 15. Con números romanos, el quince se representa por XV.

quincena

nombre femenino **1** Espacio de tiempo de quince días o de dos semanas. Hacer las vacaciones la primera quincena de julio es hacerlas del 1 al 15 de julio o las dos primeras semanas del mes.

quiniela

nombre femenino **1** Juego de azar que consiste en marcar en un papel los resultados que se cree que se producirán en los partidos de fútbol de una jornada. Se gana dinero si se aciertan doce, trece, catorce o quince resultados.

Q
q

Q q

quinientos, quinientas

numeral cardinal **1** Indica que el nombre al que acompaña está 500 veces.

numeral ordinal **2** Que ocupa el lugar número 500 en una serie ordenada.

nombre masculino **3** Número 500. Con números romanos se representa por D.

quinqué

nombre masculino **1** Aparato que sirve para dar luz, formado por un depósito de petróleo o aceite del que sale una llama que queda protegida por un tubo de cristal.

quinta

nombre femenino **1** Conjunto de todos los soldados que hacen el servicio militar el mismo año. También son de la misma quinta las personas que tienen la misma edad.

quinto, quinta

numeral ordinal **1** Que ocupa el lugar número 5 en una serie ordenada.

adjetivo y nombre masculino **2** Se dice de cada una de las cinco partes iguales en que se divide un conjunto.

nombre masculino **3** Persona que es llamada para hacer el servicio militar. ⚭ recluta.

quintuplicar

verbo **1** Multiplicar por cinco o hacer cinco veces mayor una cosa o cantidad.

👁 Se escribe 'qu' delante de 'e', como: quintupliquen.

quiosco

nombre masculino **1** Construcción pequeña, generalmente construida con materiales ligeros, que se instala en las calles o lugares públicos para vender periódicos, revistas, flores u otros artículos.

2 Construcción cubierta por arriba y abierta por todos los lados, que se instala en parques o jardines. A veces hay actuaciones musicales en los quioscos de las plazas. ✍ 200

👁 También se escribe: kiosco.

quirófano

nombre masculino **1** Sala de una clínica u hospital preparada para realizar operaciones médicas. Los aparatos, ropas o intrumentos de un quirófano deben estar esterilizados.

quirúrgico, quirúrgica

adjetivo **1** De la cirugía o que tiene relación con ella. En una operación quirúrgica pueden intervenir varios cirujanos.

quisquilloso, quisquillosa

adjetivo y nombre **1** Se dice de la persona que se molesta o se siente ofendida con mucha facilidad por cosas que no deberían molestarla u ofenderla.

2 Se dice de la persona que da demasiada importancia a detalles pequeños y nunca está contenta con las cosas. Las personas quisquillosas son muy exigentes.

quiste

nombre masculino **1** Bolsa pequeña de líquido o de grasa que se forma en algunas partes del cuerpo.

quitamanchas

nombre masculino **1** Producto que sirve para eliminar las manchas de los tejidos sin necesidad de lavarlos. Si se nos mancha la camisa mientras comemos, podemos utilizar un quitamanchas en lugar de lavarla.

👁 El plural es: quitamanchas.

quitanieves

adjetivo y nombre femenino **1** Se dice de la máquina que se utiliza para quitar la nieve que cubre la carretera para que los coches puedan circular.

👁 El plural es: quitanieves.

quitar

verbo **1** Separar o apartar una cosa del lugar en el que está y dejarla en

quitanieves

otro. Cuando vamos a dormir nos quitamos la ropa: *Quita los pies del sofá.* ✂ poner.

2 Hacer desaparecer una cosa. Si nos quitan una idea de la cabeza, dejamos de pensar en ella; cuando quitan un programa de televisión, dejan de emitirlo; el agua quita la sed.

3 Coger una cosa que es de otra persona para quedarse con ella un rato o permanentemente: *¿Quién me ha quitado el lápiz?*

4 quitarse Dejar de tener una costumbre negativa. Las personas que se quitan de fumar mejoran su salud.

quitarse de encima Librarse de una persona o una cosa que no nos gusta o nos molesta: *Estoy deseando quitarme de encima a ese pesado.*

quitar de en medio Apartar a una persona o cosa de un lugar o de una situación donde está molestando: *Quítate de en medio que viene un coche.*

quizá

adverbio

1 Indica que es posible que ocurra lo que decimos, pero que no estamos muy seguros: *Si no hay mucho tráfico, quizá lleguemos a tiempo al cine.* ✂ tal vez.

👁 También se escribe y se pronuncia: quizás.

quizás

adverbio

1 Es otra forma de escribir y pronunciar: quizá.

Q

q

R r

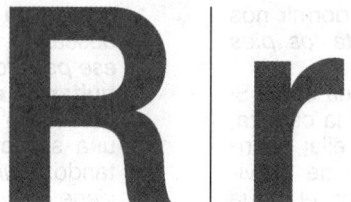

r

nombre femenino

1 Letra número diecinueve del alfabeto español. La 'r' es una consonante.

rábano

nombre masculino

1 Raíz de carne blanca, piel rosa fuerte y sabor picante. Los rábanos se comen crudos en ensalada.

rabia

nombre femenino

1 Enfado muy fuerte por alguna cosa que puede manifestarse de forma violenta, por ejemplo dando gritos o golpes.
2 Enfermedad infecciosa muy grave que padecen ciertos animales, en especial el perro. La rabia se transmite a través de una mordedura.

rabiar

verbo

1 Dar muestras de un gran enfado o disgusto. Cuando alguien está que rabia es mejor dejarlo tranquilo hasta que se le pase.
2 Sentir un dolor muy fuerte. Hay personas que rabian por un dolor de muelas.
a rabiar Mucho o más de lo que se considera normal. A los niños les gustan las golosinas a rabiar. Es una expresión informal.
👁 Se conjuga como: cambiar; la 'i' no lleva nunca acento de intensidad.

rabieta

nombre femenino

1 Enfado o llanto grande y de poca duración que se tiene por motivos insignificantes. Muchos niños cogen una rabieta cuando no se les da lo que quieren. ✄ berrinche.

rabioso, rabiosa

adjetivo

1 Que tiene la enfermedad de la rabia.

2 Que está muy enfadado: *Se pone rabiosa cuando no puede conseguir lo que se ha propuesto.*

rabo

nombre masculino

1 Cola que tienen algunos animales, como el perro o el elefante.
2 Tallo corto y delgado de las hojas y de algunos frutos. Las manzanas se sujetan al manzano por el rabo.
3 Órgano sexual masculino. Es un uso vulgar. ✄ cola; pene.

racha

nombre femenino

1 Periodo de tiempo, más o menos corto, en que una persona tiene buena o mala suerte: *¡Qué racha más mala, todo me sale mal!*
2 Golpe de viento fuerte y de poca duración.

racial

adjetivo

1 De la raza o que tiene relación con ella. Debemos evitar cualquier tipo de discriminación racial.

racimo

nombre masculino

1 Conjunto de frutos o flores que cuelgan de un solo tallo. Hay racimos de uvas, plátanos o lilas.

ración

nombre femenino

1 Cantidad determinada de comida que se supone suficiente para una persona.
👁 El plural es: raciones.

racional

adjetivo

1 Se dice del ser vivo que tiene capacidad para pensar o razonar. El hombre es un animal racional.
2 Se dice de lo que está hecho de acuerdo con la razón o utilizándola. Las personas que no hacen tonterías se comportan de una manera racional.

racismo

nombre masculino **1** Actitud o sentimiento de rechazo u odio de una persona hacia personas que pertenecen a una raza distinta de la suya. No hay razones para el racismo.

racista

adjetivo **1** Que tiene que ver con el racismo. Un comportamiento racista demuestra odio o desprecio hacia una persona de otra raza.

adjetivo y nombre masculino y femenino **2** Se dice de la persona que odia o desprecia a personas de otra raza. La gente racista cree, sin razón, que su raza es superior.

radar

nombre masculino **1** Aparato que se utiliza para detectar un objeto que se encuentra a cierta distancia y determinar su posición en cada momento. Los aeropuertos utilizan radares para controlar los aviones que vuelan cerca.

radiactividad

nombre femenino **1** Tipo de energía que emiten algunas sustancias y que procede del núcleo de sus átomos. La explosión de una bomba atómica genera radiactividad.

radiador

nombre masculino **1** Aparato de calefacción hecho con tubos de metal por los que circula agua o aceite caliente y sirve para calentar un lugar.
2 Conjunto de tubos por los que circula el agua que enfría los cilindros en los motores de algunos vehículos, como en el motor de un coche.

radiante

adjetivo **1** Que brilla mucho. La plata recién limpiada queda radiante.
2 Que siente y manifiesta mucha alegría. Cuando una persona está feliz tiene la cara radiante.

radiar

verbo **1** Transmitir algo por la radio, como un informativo, un concierto o un debate.
☞ Se conjuga como: cambiar; la 'i' no lleva nunca acento de intensidad.

radical

adjetivo **1** Se dice de las cosas que se hacen o se producen de manera completa y total, sin que se queden a medias: *Ha habido un cambio radical en él, ahora es muy amable.*

adjetivo y nombre masculino y femenino **2** Se dice de la persona que sigue una ideología o unas ideas de forma exagerada y extrema. Las personas radicales expresan sus opiniones de manera enérgica y son poco tolerantes.

radio

nombre masculino **1** Línea recta que une el centro de una circunferencia con cualquier punto de su borde. Una bicicleta tiene radios de metal.
2 Uno de los huesos del antebrazo.

nombre femenino **3** Aparato que recibe ondas y las transforma en sonidos.
4 Medio de comunicación que emite señales a través del aire, las cuales son recogidas por un aparato que las convierte en sonidos.
5 Empresa que se dedica a emitir programas por radio.

radiocasete

nombre masculino **1** Aparato que permite escuchar la radio o cintas de casete.
☞ También se escribe: radiocassette.

radiocassette

nombre masculino **1** Es otra forma de escribir: radiocasete.

radiografía

nombre femenino **1** Imagen que se hace utilizando rayos X. Para ver si hay huesos rotos, se hacen radiografías. ✍ 595

radiotelevisión

nombre femenino **1** Transmisión de imágenes y sonido a distancia por medio de ondas. La radiotelevisión emite programas de radio y de televisión.

radioyente

nombre masculino y femenino **1** Persona que escucha las emisiones de radio.

raíl

nombre masculino **1** Cada una de las barras de hierro largas sobre las que se mueven las ruedas del tren.

raíz

nombre femenino **1** Parte de la planta que crece en el interior de la tierra; con la raíz, la planta se sujeta fuertemente a la tierra y obtiene el agua y los minerales necesarios para alimentarse.

R

r

R

r

2 Parte donde empieza a nacer algo, como el pelo, los dientes o las uñas, y que queda oculta.
3 Principio o causa de algo. Para encontrar la solución de un problema hay que saber cuál es su raíz. ✖✖ origen.
4 Número que multiplicado por sí mismo una serie de veces da otro. La raíz cuadrada de 9 es 3, porque si multiplicamos 3 por 3 da 9.
5 Parte de la palabra que no varía y contiene el significado. Si a una palabra se le quitan las terminaciones o los prefijos, queda la raíz. La raíz de 'comprar', 'comprador' y 'compra' es 'compr'. ✖✖ lexema.
👁 El plural es: raíces.

raja
nombre femenino
1 Abertura alargada y estrecha, a menudo producida por un objeto que corta: *Se cortó con el cuchillo y se hizo una buena raja.*
2 Trozo largo y delgado que se corta de un alimento, como un limón o un melón.

rajar
verbo
1 Cortar o romper una cosa haciendo una o más rajas. El melón se raja para comerlo.
2 Herir a alguien con un arma cortante, como un cuchillo.
3 rajarse No hacer una persona algo que había dicho que haría, normalmente por miedo: *No subió la montaña, se rajó.* Es un uso informal.

rallador
nombre masculino
1 Utensilio de cocina que sirve para rallar ciertos alimentos, como el queso y la zanahoria. El rallador está formado por una pieza plana de metal con unos agujeritos de borde saliente y cortante. 🖎 793

rallar
verbo
1 Cortar en trocitos muy pequeños un alimento, como el queso, frotándolo sobre un rallador. 🖎 793
👁 No lo confundas con 'rayar', que significa 'hacer rayas'.

rama
nombre femenino
1 Parte de la planta que nace del tronco o del tallo y de la que salen las hojas, frutos y flores. 🖎 596

2 Cada una de las partes en que se divide una ciencia. La medicina tiene muchas ramas.
andarse por las ramas No tratar lo principal de un asunto. Alguien se anda por las ramas cuando no quiere responder a una pregunta y contesta otra cosa.

ramaje
nombre masculino
1 Conjunto de ramas de un árbol o arbusto.

rambla
nombre femenino
1 Calle ancha o avenida de una población, a menudo con un paseo en el centro. Las Ramblas de Barcelona son uno de los lugares más visitados por los turistas.

ramo
nombre masculino
1 Flores, ramas o hierbas cortadas y agrupadas. En las bodas, las novias llevan un ramo de flores.
2 Cada una de las partes en que se divide una actividad. La fabricación de ropa forma parte del ramo de la industria textil.

rampa
nombre femenino
1 Superficie inclinada que permite subir y bajar a un lugar o lo hace más fácil. En la entrada de los párkings públicos hay rampas. 🖎 798

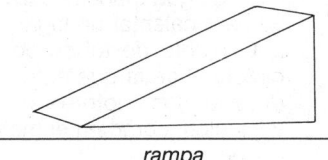

rampa

rana
nombre femenino
1 Animal anfibio de cuerpo pequeño y con las patas traseras largas y muy fuertes que se mueve dando saltos. Vive en charcas y ríos y se alimenta de insectos.

rancho
nombre masculino
1 Granja donde se crían caballos, vacas y otros animales. El rancho es típico de América.

rancio, rancia
adjetivo
1 Se dice del alimento o la bebida que con el tiempo ha tomado un olor y un sabor más fuertes de lo normal.

R / r

ranura
nombre femenino **1** Abertura corta y estrecha que hay o se hace en una superficie. Las huchas y los teléfonos públicos tienen una ranura para meter las monedas.

rapar
verbo **1** Cortar muy corto o al cero el pelo de una persona o de un animal. A los perros se les rapa en verano para que no tengan calor. ✕✕ pelar.

rapaz, rapaza
nombre **1** Persona joven. ✕✕ muchacho.
adjetivo y nombre femenino **2** Se dice del ave que se alimenta de animales a los que localiza mientras vuela; tiene el pico fuerte, las uñas afiladas y buena vista. El águila es un ave rapaz.
👁 El plural de 'rapaz' es 'rapaces'.

rape
nombre masculino **1** Pez marino comestible con el cuerpo aplanado y la cabeza y la boca muy grandes; vive en los fondos marinos medio enterrado en la arena.
al rape Se dice del pelo que está cortado hasta la piel.

rapidez
nombre femenino **1** Velocidad grande con que ocurre o se hace algo. ✕✕ lentitud.

rápido, rápida
adjetivo **1** Se dice de las cosas que se mueven o se hacen muy deprisa, a mucha velocidad; también son rápidas las personas que emplean poco tiempo en hacer algo, como trabajar o estudiar. ✕✕ lento.
nombre masculino **2** Parte de un río o de una corriente de agua donde corre a gran velocidad y con mucha fuerza.

raptar
verbo **1** Llevarse a una persona de un lugar y tenerla retenida en contra de su voluntad para pedir un rescate u otra cosa.

raqueta
nombre femenino **1** Instrumento que se utiliza en algunos juegos de pelota, como el tenis, para golpearla; consta de un mango y una superficie plana y ovalada con una red. ✍ 799
2 Objeto que se utiliza para andar sobre la nieve; tiene una base ancha y ovalada con cuerdas cruzadas y se ata a los zapatos.

raquítico, raquítica
adjetivo **1** Se dice de la persona o animal que está muy débil y delgado.
2 Que es muy pequeño: *Me puso una ración de tarta tan raquítica que casi no se veía en el plato*. Es un uso informal. ✕✕ ridículo.

rareza
nombre femenino **1** Aquello que es raro o poco frecuente. Tener un mono en casa es una rareza.

raro, rara
adjetivo **1** Que sorprende por ser poco frecuente o por ser diferente de lo normal. Es raro que nieve en Sevilla. ✕✕ extraño.
2 Se dice de la persona que se comporta de un modo distinto del que se considera normal en general o en esa persona concreta: *Jaime está raro, no sé qué le pasa*.

ras
a ras de Casi tocando por encima aquello que se indica: *El avión volaba muy bajo, a ras de suelo*.

rascacielos
nombre masculino **1** Edificio de gran altura y de muchos pisos. En Nueva York hay muchos rascacielos.
👁 El plural es: rascacielos.

rascar
verbo **1** Pasar las uñas sobre la piel. Cuando nos pica una parte del cuerpo nos rascamos.
2 Pasar algo áspero o afilado sobre una superficie, generalmente levantando la capa que la cubre. Antes de pintar un mueble, conviene rascar la pintura vieja.
👁 Se escribe 'qu' delante de 'e', como: rasque.

rasgar
verbo **1** Romper una cosa, especialmente tela o papel, tirando de ella. Si se nos engancha la camisa en algún sitio y tiramos se rasgará.
👁 Se escribe 'gu' delante de 'e', como: rasgue.

rasguño
nombre masculino **1** Herida o corte poco profundo y sin importancia.

R
r

raso, rasa
nombre masculino 1 Tela brillante, ligera y suave, como la de algunas prendas de vestir o cintas del pelo.
adjetivo 2 Que está lleno hasta el nivel del borde pero sin sobrepasarlo: *Ponme una cucharada rasa de azúcar.*

raspa
nombre femenino 1 Espina de pescado, y en especial la espina central.

raspar
verbo 1 Frotar una superficie con una cosa áspera o afilada, levantando la capa que la cubre. Para quitar la grasa de una sartén la raspamos con un estropajo. ※ rascar.

rastras
a **rastras** Arrastrando algo o a alguien por el suelo: *No lleves la cartera a rastras, que se romperá.*

rastrillo
nombre masculino 1 Herramienta que se usa para recoger hierba, paja y otras cosas; tiene un mango largo que termina en una pieza con púas. Los niños juegan con rastrillos en la playa.

rastro
nombre masculino 1 Señal que deja al pisar o al pasar una persona, animal o cosa por un lugar. Los perros policía están entrenados para seguir el rastro de una persona.

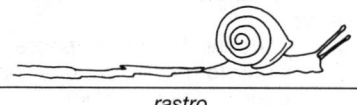
rastro

2 Mercado callejero donde se venden objetos, generalmente usados, cierto día de la semana.

rata
nombre femenino 1 Mamífero roedor parecido al ratón pero más grande, con la cola larga, las patas cortas y la cabeza pequeña.
adjetivo y nombre masculino y femenino 2 Se dice de una persona despreciable. Es un uso informal.
3 Se dice de una persona que no quiere gastar dinero. Es un uso informal. ※ tacaño.

ratero, ratera
nombre 1 Persona que roba objetos de poco valor.

rato
nombre masculino 1 Espacio de tiempo bastante corto. Si una persona ha salido de un lugar hace un rato, no hace mucho que ha salido.
a **ratos** Algunas veces sí y otras no: *Me duele la muela a ratos, sobre todo después de comer.*
para **rato** Para mucho tiempo: *No nos esperes porque tenemos para rato.*

ratón, ratona
nombre 1 Mamífero roedor de pequeño tamaño, con el pelo suave gris o marrón, la cola larga, la cabeza pequeña y las orejas grandes. Sale de noche a buscar comida.
nombre masculino 2 Elemento externo de un ordenador que sirve para situarse en un lugar de la pantalla y realizar operaciones. ↞396
👁 El plural de 'ratón' es 'ratones'.

ratonera
nombre femenino 1 Trampa que se usa para cazar ratones.

raya
nombre femenino 1 Línea larga y delgada marcada o pintada en una superficie.
2 Línea que se hace en el pelo al separarlo con el peine hacia los lados, de manera que queda al descubierto la piel.
3 Pliegue vertical que se marca al planchar una prenda de vestir, como unos pantalones.
4 Signo de ortografía que se usa para indicar el comienzo de un diálogo o para añadir una explicación.
5 Pez marino con el cuerpo plano en forma de rombo y con la cola larga y delgada.

rayar
verbo 1 Marcar o dibujar rayas en una superficie. Rayamos un papel con un lápiz o el suelo con una silla.
👁 No lo confundas con 'rallar', que significa 'cortar con un rallador'.

rayo
nombre masculino 1 Descarga eléctrica muy intensa y luminosa que se produce cuando hay tormenta. Se dice que después del rayo viene el trueno.

2 Línea de luz que procede de un punto, en especial del Sol o de la Luna. En la playa hay que protegerse de los rayos del sol.

raza
nombre femenino **1** Cada uno de los grandes grupos en que se divide la especie humana y algunas especies animales según una serie de características físicas. En los hombres se suelen distinguir tres razas: la amarilla, la blanca y la negra. Los galgos son una raza de perros.

razón
nombre femenino **1** Capacidad que tiene el hombre de pensar las cosas. La razón es lo que distingue al hombre de los animales.
2 Cosa que hace que una persona realice determinada acción o que una cosa sea de cierta manera: *Tenía mis razones para no ir a la fiesta.* ※ motivo.
3 Explicación que da una persona para justificar su manera de actuar o para demostrar algo: *Quiero oír qué razones me das para lo que has hecho.*
dar la razón Decir a una persona que lo que dice es verdad o lo que ha hecho está bien.
perder la razón Volverse loca una persona o actuar como si lo estuviera.
tener razón Decir la verdad o hacer algo que está bien hecho o es acertado: *Tienes razón, lo reconozco.*
👁 El plural es: razones.

razonable
adjetivo **1** Que se puede pensar que será de una determinada manera porque está de acuerdo con la razón o la justicia; es razonable pensar que se encontrará una cura para el cáncer.
2 Se dice de la persona con la que se puede razonar y entiende los argumentos de los demás. Una persona razonable suele ser tranquila y sensata.
3 Se dice del precio que es adecuado, que no es caro ni barato según la calidad o la cantidad del producto que se ofrece.

razonamiento
nombre masculino **1** Conjunto de ideas o razones que se tienen o se dan para razo-

nar. A través del razonamiento se encuentran soluciones.

razonar
verbo **1** Pensar algo uniendo ideas o razones para entenderlo, explicarlo o sacar conclusiones. Para comprender un problema y resolverlo, hay que razonarlo seriamente.

reacción
nombre femenino **1** Cosa que se hace como respuesta a unas palabras, una acción o un acontecimiento. La reacción al recibir una mala noticia puede ser llorar, gritar o no decir nada.
👁 El plural es: reacciones.

reaccionar
verbo **1** Hacer o decir algo como respuesta a otra cosa. Cuando se conduce un coche hay que saber reaccionar rápidamente ante cualquier situación.
2 Volver a la normalidad la salud o las funciones vitales de una persona: *Se desmayó y tardó mucho en reaccionar.*

reactivar
verbo **1** Volver a hacer funcionar o moverse una cosa que se ha parado o algo que está perdiendo fuerza: *El ministro dice que se reactivará la economía.*

reactor
nombre masculino **1** Motor que produce gases que salen con gran fuerza. Muchos aviones llevan reactores. ✍ 195
2 Avión que lleva uno o más reactores. Los reactores son más rápidos que los aviones de hélice.

reafirmar
verbo **1** Afirmar de nuevo algo que ya se había dicho: *El acusado reafirmó su inocencia.*

real
adjetivo **1** Que existe o ha existido de verdad en el mundo. En algunas novelas se cuentan hechos reales.
2 De los reyes o que tiene relación con ellos. Las visitas reales suelen ser acontecimientos importantes.

realidad
nombre femenino **1** Conjunto de todo lo que existe de verdad en el mundo. Las personas pertenecemos a la realidad, los dragones, no.

R
r

en realidad Indica que lo que se dice a continuación es la verdad, que no es lo que se ha dicho antes o lo que parece: *En realidad no vino porque no quiso, no porque tuviera trabajo.*

realismo
nombre masculino **1** Forma de exponer o de representar una cosa tal y como es en realidad. Una obra literaria tiene realismo cuando representa la realidad como es.

realista
adjetivo y nombre masculino y femenino **1** Se dice de la persona que ve las cosas como son en realidad. Las personas realistas no se hacen falsas ilusiones: *Tienes que ser realista, con mil pesetas no puedes viajar en avión.* � idealista.

realización
nombre femenino **1** Acción que consiste en realizar una cosa. La realización de un programa de televisión es complicada. ✕ ejecución.

realizar
verbo **1** Hacer o efectuar una cosa o una actividad. Los carpinteros realizan muebles de madera; los directores de cine realizan películas.
2 realizarse Sentirse una persona satisfecha por haber conseguido en la vida lo que quería: *Me he realizado: tengo una familia, un buen trabajo y muchos amigos.*
👁 Se escribe 'c' delante de 'e', como: realicé.

reanimar
verbo **1** Devolver las fuerzas o la energía a alguien: *Un tazón de leche caliente te reanimará.*

reanudar
verbo **1** Continuar con un trabajo o una actividad que se había dejado por un tiempo: *Después de comer reanudamos la partida de cartas.*

reaparecer
verbo **1** Volver a aparecer una persona o una cosa después de estar un tiempo sin verse. El Sol reaparece cuando para de llover.
👁 Se conjuga como: agradecer; la 'c' se convierte en 'zc' delante de 'a' y 'o', como: reaparezca.

rebaja
nombre femenino **1** Disminución del precio de una cosa. ✕ descuento.

rebajar
verbo **1** Disminuir el precio un producto. Las tiendas rebajan los precios a final de temporada. ✕ aumentar.

rebanada
nombre femenino **1** Trozo plano y no muy grueso de algún alimento, especialmente de pan: *He desayunado una rebanada de pan con mantequilla.* ✎ 593

rebañar
verbo **1** Acabar con los restos de comida que quedan en un plato. A muchas personas les gusta rebañar la salsa del plato con pan.

rebaño
nombre masculino **1** Conjunto de ovejas o cabras. Los pastores sacan su rebaño a pastar al campo. ✎ 596

rebasar
verbo **1** Superar un determinado límite. Si el agua rebasa los bordes de la bañera, se sale.

rebeca
nombre femenino **1** Chaqueta de punto sin cuello, abierta por delante y con botones. Suele ser de manga larga y utilizarse cuando no hace mucho frío porque es ligera.

rebelarse
verbo **1** Negarse una persona a obedecer o a cumplir las órdenes de un superior o de la autoridad y enfrentarse a él. Muchos pueblos se han rebelado contra los gobiernos autoritarios.
2 Oponer una persona o una cosa resistencia a algo que se quiere hacer. Decimos que una camisa que cuesta mucho de planchar se rebela.
👁 No lo confundas con 'revelar', que significa 'descubrir' o 'tratar un negativo para hacer fotografías'.

rebelde
adjetivo y nombre masculino y femenino **1** Se dice de la persona que se niega a obedecer o a cumplir las órdenes de otra o de otras que tienen autoridad sobre ella. Un ejército rebelde lucha contra el gobierno legal de su país.

2 Se dice de la persona que no se deja dominar, porque no obedece o no hace caso de lo que se le dice o se le manda. Los niños rebeldes suelen cometer travesuras.

3 Se dice de la cosa que opone resistencia y no se deja dominar con facilidad, como el cabello que es difícil de peinar.

rebelión

nombre femenino   **1** Acción de rebelarse contra el gobierno o la autoridad.

👁 El plural es: rebeliones.

rebosar

verbo   **1** Salirse un líquido por los bordes del recipiente en el que está contenido: *Se dejó el grifo abierto y el agua de la bañera rebosó.*

rebosar

2 Tener una cosa en gran cantidad. Cuando estamos muy contentos rebosamos alegría y buen humor.

rebotar

verbo   **1** Cambiar de dirección un cuerpo al chocar contra una superficie, como hace una pelota.

2 rebotarse Enfadarse o molestarse una persona por alguna cosa. Es un uso informal.

rebote

nombre masculino   **1** Cambio de dirección de un cuerpo al chocar contra una superficie después de haber botado.

2 En baloncesto, jugada en la que el balón choca contra el aro o el tablero y no entra en la canasta; los jugadores altos cogen muchos rebotes.

3 Enfado o disgusto de una persona: *¡Se cogió un rebote por una tontería!* Es un uso informal.

rebozar

verbo   **1** Cubrir un alimento con huevo batido, pan rallado o harina para luego freírlo. Las croquetas se rebozan antes de freírlas.

👁 Se escribe 'c' delante de 'e', como: reboce.

rebuscado, rebuscada

adjetivo   **1** Que es tan complicado que se nota que no es natural o espontáneo: *Su excusa es tan rebuscada que es difícil de creer.*

rebuznar

verbo   **1** Emitir el burro su sonido característico.

rebuzno

nombre masculino   **1** Sonido característico del burro.

recado

nombre masculino   **1** Mensaje que se recibe o se da a alguien para que haga o sepa algo: *Tengo aquí un recado de tu primo.*

2 Cosa que alguien está encargada de hacer, en especial compras para la casa: *Voy a la farmacia por un recado de mi madre.*

recaer

verbo   **1** Ponerse peor un enfermo o volver a caer enfermo de la misma enfermedad.

2 Volver a cometer los mismos vicios o errores. Muchas personas, después de haber dejado de fumar, recaen y vuelven a fumar.

3 Ir a parar o corresponder a una persona cierta cosa: *El premio recayó en una joven actriz.*

👁 Se conjuga como: caer.

recalcar

verbo   **1** Decir algo repitiéndolo mucho o insistiendo para que quede muy claro. Los profesores recalcan las ideas más importantes de cada clase.

👁 Se escribe 'qu' delante de 'e', como: recalque.

recalentar

verbo   **1** Volver a calentar una cosa que ya se ha enfriado. En los bares recalientan en el microondas los pinchos que están fríos.

👁 Se conjuga como: acertar; la 'e' se convierte en 'ie' en sílaba acentuada, como: recalienta.

recambio

nombre masculino   **1** Pieza igual que otra que se utiliza para sustituirla cuando se rom-

R
—
r

R
r

pe o estropea. Hay recambios para coches, electrodomésticos y otros aparatos. ✖✖ repuesto.

recapacitar
verbo **1** Reflexionar con detenimiento sobre un asunto o un problema importante para la vida: *Recapacita y piénsalo bien, porque creo que te equivocas.*

recargar
verbo **1** Poner demasiados adornos u objetos en un sitio.
2 Poner más carga o más material dentro de una cosa, cuando ya se ha acabado el que tenía. Las plumas estilográficas se recargan con tinta.
👁 Se escribe 'gu' delante de 'e', como: recargue.

recaudación
nombre femenino **1** Dinero que se recoge por las ventas, los impuestos o en una colecta. Cuando asiste mucha gente al cine, aumenta la recaudación.

recaudar
verbo **1** Recoger dinero de los impuestos, donativos o ventas. El estado recauda el dinero de los ciudadanos a través de los impuestos.

recepción
nombre femenino **1** Lugar que hay en algunos establecimientos públicos para recibir a los clientes. Los hoteles tienen la recepción en la planta baja.
2 Acto social que se organiza para recibir a alguien en un lugar. Los jefes de gobierno ofrecen recepciones para las personalidades extranjeras que visitan el país.
3 Llegada de un mensaje o cualquier cosa a la persona o al lugar donde se ha enviado. 🖎 198
👁 El plural es: recepciones.

receptor, receptora
nombre **1** Persona que recibe algo. El receptor de un mensaje es la persona que lo lee o lo escucha.
nombre masculino **2** Aparato que recibe una señal sonora o visual y la transmite, como un receptor de radio.

receta
nombre femenino **1** Información sobre los ingredientes de una comida y la forma de prepararla. Hay programas de televisión donde se dan recetas.

2 Nota en la que el médico escribe a su paciente el nombre de la medicina que debe tomar.

recetar
verbo **1** Decir el médico al enfermo el medicamento que debe tomar. Conviene no tomar medicinas que no nos receta el médico.

rechazar
verbo **1** No aceptar o no dar por bueno: *El tribunal rechazó su propuesta. Rechazó sus disculpas.*
2 Hacer que retroceda algo o alguien que va con fuerza. Un portero puede rechazar un balón; un ejército puede rechazar un ataque.
👁 Se escribe 'c' delante de 'e', como: rechace.

rechazo
nombre masculino **1** Hecho de no querer a alguien o algo. Algunas personas sufren el rechazo de otras simplemente por ser diferentes.

rechistar
verbo **1** Decir algo para protestar o mostrar el desacuerdo con algo: *Te callas y lo haces sin rechistar.*

rechoncho, rechoncha
adjetivo **1** Se dice de la persona o animal que es grueso y de poca altura. Sancho Panza es un personaje literario rechoncho y simpático.

rechupete
de rechupete Muy bueno, muy agradable. Cuando uno se divierte mucho, lo pasa de rechupete. Es una expresión informal.

recibidor
nombre masculino **1** Parte de una casa que se encuentra junto a la puerta principal y que se usa para recibir a los que llegan.

recibimiento
nombre masculino **1** Acto de recibir a una persona que llega de fuera. Cuando una persona que vive en el extranjero vuelve a su casa se le suele hacer un gran recibimiento.

recibir
verbo **1** Aceptar o tomar lo que se da o se envía. A las personas les gusta recibir regalos.
2 Ir a buscar a una persona que viene de fuera. En los aeropuertos

R
—
r

siempre hay gente que va a recibir a sus familiares o amigos.
3 Atender a una persona en la casa, la oficina o la consulta de uno: *Recibió a sus amigos en casa.*
4 Ser objeto de un golpe, una bofetada o un empujón.

recibo
nombre masculino **1** Documento o escrito en que se declara haber recibido dinero, una mercancía o haber pagado una cuenta. Cuando pagamos una factura, nos dan el recibo.

reciclable
adjetivo **1** Se dice del material que se puede reciclar. El vidrio, el aceite o el papel son productos reciclables.

reciclado, reciclada
adjetivo **1** Se dice del producto que ha sido fabricado a partir de desechos o desperdicios. El papel reciclado se hace con papel viejo.
nombre masculino **2** Conjunto de acciones para tratar objetos hechos con un material para poder obtener ese material y poder hacer nuevos objetos. ✍ 597

reciclar
verbo **1** Recuperar el material de cosas usadas para volver a utilizarlo. Si reciclamos el papel, no se tendrán que cortar tantos árboles.

recién
adverbio **1** En un tiempo o en un momento muy cercano al hecho que se expresa. El pan recién hecho todavía está caliente.

reciente
adjetivo **1** Se dice de las cosas, situaciones o acciones que se han hecho o han sucedido hace poco tiempo. Una casa de reciente construcción es nueva o casi nueva.

recinto
nombre masculino **1** Espacio generalmente cerrado y comprendido dentro de ciertos límites. Un polideportivo es un recinto para la práctica del deporte.

recipiente
nombre masculino **1** Objeto que sirve para contener o guardar cosas en su interior. Las ollas, las cacerolas y los cazos son recipientes que se utilizan en la cocina.

recíproco, recíproca
adjetivo **1** Indica que dos personas piensan, sienten o se hacen las mismas cosas la una a la otra. Si dos personas se aman, su amor es recíproco.
2 Se dice de los verbos o las oraciones en los que dos personas realizan la misma acción, cada una sobre la otra. 'Juan y Luis se saludaron' es una oración recíproca, porque indica que Juan saludó a Luis y Luis saludó a Juan.

recital
nombre masculino **1** Espectáculo musical en el que interviene una sola persona o un grupo. En un recital de piano, un pianista interpreta varias obras.
2 Acto público en el que se leen poesías en voz alta.

recitar
verbo **1** Decir un texto en voz alta: *El profesor recitó una poesía en la clase.*

reclamación
nombre femenino **1** Protesta que se hace por algo que se considera injusto esperando una solución. Cuando se compra algo estropeado, se puede hacer una reclamación para pedir una devolución del dinero.
👁 El plural es: reclamaciones.

reclamar
verbo **1** Protestar por algo que se considera que está mal. Si nos tratan mal en un sitio, podemos reclamar.
2 Pedir algo, en especial aquello a lo que se tiene derecho: *Los familiares reclaman la libertad del secuestrado.*

recluso, reclusa
adjetivo y nombre **1** Se dice de la persona que está encerrada en la cárcel. ⚒ preso.

recluta
nombre masculino y femenino **1** Persona que acaba de entrar en el Ejército y todavía no ha jurado bandera.

reclutar
verbo **1** Llamar e inscribir a una persona para realizar el servicio militar o para formar un ejército en una guerra.
2 Buscar y reunir gente para una obra o un fin determinado. Las aso-

R r

ciaciones humanitarias intentan reclutar voluntarios para sus labores.

recobrar
verbo **1** Volver a tener una cosa que se había perdido o que se había dejado de tener: *Cuando dejó el hospital recobró el buen humor.* ✕✕ recuperar.
2 recobrarse Dejar de estar enfermo o volver a estar bien después de sufrir una desgracia, un problema o un susto: *Ya se ha recobrado de su enfermedad.* ✕✕ recuperarse; reponerse.

recodo
nombre masculino **1** Curva cerrada que se forma en un lugar, como en un río, un camino o una carretera.

recogedor
nombre masculino **1** Objeto en forma de pala pequeña que sirve para recoger la suciedad del suelo, normalmente ayudándose de una escoba. ✕✕ cogedor.

recoger
verbo **1** Ir una persona a coger una cosa o a buscar a una persona a un lugar para llevárselo consigo: *Los basureros recogen las basuras. Mi padre me recoge a la salida de clase.*
2 Ordenar y poner las cosas en su sitio. Después de cocinar, hay que recoger y fregar la cocina.
3 Coger una cosa de un lugar para ponerla en un lugar más adecuado: *Recoge esos papeles del suelo y ponlos en la mesa. En otoño se recogen muchos frutos.*
4 Ir juntando cosas poco a poco, como dinero, datos o información. En la campaña contra el cáncer, se recoge dinero por la calle. ✎ 598
👁 Se escribe 'j' delante de 'a' y 'o', como: recoja o recojo.

recolección
nombre femenino **1** Trabajo que consiste en recoger los productos de la tierra. ✕✕ cosecha. ✎ 600

recolectar
verbo **1** Recoger los frutos que produce la tierra cuando están maduros. ✕✕ cosechar.
2 Juntar dinero u otras cosas. Se recolecta dinero para la lucha contra diversas enfermedades.

recomendación
nombre femenino **1** Consejo que se da a alguien. Los profesores dan recomendaciones sobre cómo estudiar.
2 Referencia positiva que una persona da sobre otra. Una recomendación sirve para que, al presentarla, la gente tenga buena opinión del que la tiene y lo ayude.
👁 El plural es: recomendaciones.

recomendado, recomendada
nombre **1** Persona de la que una persona habla bien a otra para que le haga un favor: *Le dieron el trabajo al recomendado del director.*

recomendar
verbo **1** Dar un consejo a alguien. Las guías turísticas suelen recomendar la visita a los sitios más interesantes de un lugar.
2 Hablar bien de una persona, diciendo que es buena en algo, para que otra la ayude: *El profesor la recomendó para una beca porque es una estudiante muy buena.*
👁 Se conjuga como: acertar; la 'e' se convierte en 'ie' en sílaba acentuada, como: recomiendo.

recompensa
nombre femenino **1** Regalo o dinero que se da como premio por una buena acción o comportamiento. A veces, el gobierno ofrece recompensas por información sobre delincuentes.

recompensar
verbo **1** Dar a una persona dinero o un regalo como premio por una acción o comportamiento buenos. Algunos padres recompensan a sus hijos con un regalo por estudiar.

recomponer
verbo **1** Arreglar una cosa que estaba rota o estropeada. Los fontaneros recomponen los grifos y las cañerías. ✕✕ reparar.
👁 Se conjuga como: poner.

reconciliar
verbo **1** Hacer que dos personas que estaban enfrentadas dejen de estarlo; después de una discusión los buenos amigos se reconcilian.
👁 Se conjuga como: cambiar; la 'i' no lleva nunca acento de intensidad.

reconfortar

verbo **1** Dar fuerzas y ánimos a una persona que está triste o cansada o se encuentra mal. *Las palabras de cariño de un amigo nos reconfortan cuando estamos deprimidos.*

reconocer

verbo **1** Darse cuenta de que una persona o cosa ya se conoce y distinguirla entre varias. *Reconocemos a la gente por su voz, por la cara o por otras características.*
2 Observar a una persona o cosa con cuidado o atención, en especial el médico al enfermo. *Antes de un encuentro deportivo es habitual reconocer el terreno.*
3 Admitir o aceptar la realidad de algo que se dice, sucede o existe. *El acusado se reconoce culpable o inocente ante la policía: Reconoce que tenemos razón y él no.*
👁 Se conjuga como: conocer; la 'c' se convierte en 'zc' delante de 'a' y 'o', como: reconozco.

reconocimiento

nombre **1** Acción de reconocer u observar
masculino atentamente: *Mañana en el colegio nos harán un reconocimiento médico a todos.*
2 Muestra de agradecimiento que se le hace a alguien por sus favores o sus buenas acciones: *Ayudé a Juan en su trabajo y como reconocimiento me invitó a cenar.*

reconquista

nombre **1** Acción que consiste en conquistar en una guerra un lugar o un territorio que se había perdido ante el enemigo.
femenino

reconstruir

verbo **1** Volver a construir un edificio o algo que ha sido destruido. *Si un edificio se incendia, hay que reconstruirlo.*
👁 Se conjuga como: huir; la 'i' se convierte en 'y' delante de 'a', 'e' y 'o', como: reconstruyo.

recopilación

nombre **1** Colección de varias obras que
femenino estaban en varios sitios. *Un disco de recopilación tiene canciones de distintos discos.*
👁 El plural es: recopilaciones.

recopilar

verbo **1** Juntar una serie de cosas y hacer con ellas un conjunto. *Muchos poetas recopilan sus poemas en un solo libro.*

récord

nombre **1** Mejor resultado que consigue un
masculino deportista en una prueba. ※ marca.
2 Hecho o cosa que supera lo conseguido anteriormente en una actividad. *Si una película es un récord de recaudación, gana más dinero que ninguna película hasta ese momento.*
👁 El plural es: récords.

recordar

verbo **1** Tener una persona presente en su memoria una cosa, o traer a su mente en determinado momento algo que tenía en la memoria. *La gente recuerda cosas que le han pasado o cosas que estudia.* ※ acordarse.
2 Hacer que una persona tenga una cosa presente en su memoria y no se olvide de ella, especialmente algo que tiene que hacer: *Recuérdame que llame a Paula a su casa.*
3 Parecerse una persona o una cosa a otra y hacer que se piense en ella: *Su voz me recuerda a la de mi primo.*
👁 Se conjuga como: contar; la 'o' se convierte en 'u' en sílaba acentuada, como: recuerdo.

recordatorio

nombre **1** Tarjeta en la que se recuerda un
masculino acontecimiento y la fecha de su celebración, como la primera comunión o un fallecimiento.

recorrer

verbo **1** Ir o atravesar un espacio de un extremo a otro: *Los nadadores recorren la piscina varias veces.*

recorrido

nombre **1** Conjunto de los lugares por los
masculino que se pasa al hacer un viaje o una carrera. *Las diferentes líneas de metro tienen diferentes recorridos.* ※ itinerario.
2 Distancia que se recorre en un viaje o carrera: *El recorrido de la carrera es más corto este año.*

R
—
r

recortable

nombre masculino **1** Hoja de papel con dibujos o figuras que se pueden recortar y utilizar para jugar o divertirse. Hay recortables de muñecas con sus vestidos, de edificios y de otras cosas.

recortar

verbo **1** Cortar las partes que sobresalen de una cosa: *El jardinero recorta las ramas del seto.*
2 Cortar una figura separándola de la superficie donde está marcada o dibujada, como la foto de una revista.
3 Disminuir el tamaño o la cantidad de una cosa. Cuando hay poco dinero hay que recortar gastos para ahorrar. ⊠ reducir.

recostar

verbo **1** Inclinar la cabeza o la parte superior del cuerpo y apoyarla sobre algo. Cuando vamos a dormir, recostamos la cabeza sobre la almohada.
👁 Se conjuga como: contar; la 'o' se convierte en 'u' en sílaba acentuada, como: recuesto.

recrear

verbo **1** Reproducir un ambiente determinado en una película, un cuadro u otra obra artística. Las películas de romanos recrean la arquitectura y la forma de vestir de la época.
2 Disfrutar con alguna actividad en los momentos de descanso. Algunas personas se recrean con la lectura.

recreo

nombre masculino **1** Interrupción entre dos clases que hay en los colegios para que los alumnos jueguen y descansen.

rectangular

adjetivo **1** Se dice del objeto que tiene forma de rectángulo. Una mesa, un ladrillo o una hoja de papel suelen ser rectangulares.

rectángulo

nombre masculino **1** Figura geométrica que tiene cuatro ángulos rectos y cuatro lados iguales dos a dos.
adjetivo **2** Se dice del triángulo que tiene un ángulo recto.

rectificar

verbo **1** Corregir una cosa quitando los errores o los defectos que tiene. Si se comete un error, conviene rectificar y hacerlo bien.
2 Cambiar o mejorar una persona la forma de comportarse o de pensar por considerarse equivocados. Dicen que rectificar es de sabios.
👁 Se escribe 'qu' delante de 'e', como: rectifique.

recto, recta

adjetivo **1** Que no está inclinado ni tiene curvas o ángulos. Un cuadrado está formado por líneas rectas. ⊠ derecho. ⊠ torcido.
2 Que se dirige a un sitio directamente, sin desviarse del punto hacia donde se va y sin hacer paradas largas. Cuando alguien va recto hasta su casa, va directamente allí. ⊠ directo.
3 Se dice de la persona que siempre actúa con justicia y honradez. Los jueces tienen que ser rectos a la hora de juzgar a una persona. ⊠ justo; honrado. ⊠ injusto.
nombre masculino **4** Última parte del intestino que empieza en el colon y termina en el ano.
adverbio **5 recto** Todo seguido y sin torcer: *Siga recto por esta calle y llegará a la farmacia.*

recuadro

nombre masculino **1** Línea cerrada con forma de cuadro dentro de la que se pone algo, como palabras o dibujos. En este diccionario, la conjugación de los verbos está en un recuadro.

recuento

nombre masculino **1** Cuenta que se hace de una cosa para estar seguro de su cantidad. Al ingresar dinero en el banco, el cajero hace un recuento.

recuerdo

nombre masculino **1** Cosa del pasado que una persona recuerda. Todo el mundo tiene recuerdos de sus amigos.
2 Objeto que sirve para recordar a una persona o un lugar. Cuando se va de viaje, es normal comprar recuerdos.

3 recuerdos *nombre masculino plural* Saludo que se envía a una persona que no está presente, encargándole a otra persona que se lo transmita: *Dale recuerdos a Lola.*

recuperación
nombre femenino **1** Proceso por el cual se cura una persona que está enferma o lesionada: *El médico le recomendó no practicar deporte hasta que la recuperación sea completa.* **2** Ejercicio o examen que tienen que hacer los estudiantes para aprobar una asignatura que se tiene suspendida. 👁 El plural es: recuperaciones.

recuperar
verbo **1** Volver a tener una cosa que se había perdido o se había dejado de tener: *Perdí el bolso en una tienda, pero al día siguiente lo recuperé.* ✂ recobrar. **2** Aprobar una asignatura que se había suspendido. Muchos estudiantes tienen que estudiar durante el verano para recuperar asignaturas. **3 recuperarse** Volver a un estado normal después de sufrir una enfermedad o una desgracia: *Le ha costado recuperarse de la muerte de su abuelo. La economía empieza a recuperarse.* ✂ recobrarse; reponerse.

recurrir
verbo **1** Utilizar la ayuda de una persona o una cosa cuando se necesita. Cuando no sabemos el significado de una palabra recurrimos al diccionario.

recurso
nombre masculino **1** Cualquier medio que se utiliza para conseguir o solucionar algo. Los abogados siempre tienen que buscar recursos para defender a sus clientes. *nombre masculino plural* **2 recursos** Dinero o riqueza que tiene una persona o un país. El petróleo, el agua o los minerales son recursos naturales.

red
nombre femenino **1** Tejido hecho con hilos cruzados entre sí formando cuadros que se usa para pescar, cazar, separar o cerrar espacios o sujetar cosas. Las pistas de tenis tienen una red en el medio. ☞ 799 **2** Conjunto de cables eléctricos, carreteras o vías de tren de un lugar. La red telefónica es el conjunto de cables que unen los teléfonos. **3** Conjunto de ordenadores conectados entre sí. **4** Conjunto de personas o empresas de distintos lugares asociadas para hacer un trabajo: *Nuestra red de distribución llega a toda España.*

redacción
nombre femenino **1** Ejercicio que consiste en escribir sobre algún tema para aprender a expresarse correctamente por escrito. **2** Lugar donde trabajan las personas que redactan en un periódico, una radio, un canal de televisión o una editorial; también es el conjunto de las personas que hacen este trabajo. 👁 El plural es: redacciones.

redactar
verbo **1** Expresar por escrito una idea, una opinión o una narración.

redactor, redactora
nombre **1** Persona que redacta, especialmente la que lo hace para un periódico, una revista, una editorial, una emisora de radio o un canal de televisión.

redada
nombre femenino **1** Acción que realiza la policía y que consiste en entrar por sorpresa en un lugar donde se sospecha que se lleva a cabo alguna actividad ilegal y detener a la gente que hay.

redicho, redicha
adjetivo y nombre **1** Se dice de la persona que intenta hablar o pronunciar las palabras de una manera excesivamente correcta o perfecta, sin que la situación lo requiera.

redil
nombre masculino **1** Terreno rodeado por una valla en el que se guarda el ganado. Al final del día los pastores meten su ganado en el redil.

R
r

redoblar
verbo **1** Aumentar la cantidad o la intensidad de algo, como un esfuerzo o el trabajo.
2 Tocar el tambor golpeándolo con los palos de forma repetida.

redondear
verbo **1** Dar forma redonda a algo con las manos o con la ayuda de un instrumento. Al hacer albóndigas se redondea la carne.
2 Acabar de completar un trabajo de forma que quede perfecto, revisando y corrigiendo todos los detalles: *La redacción estaba bien, pero te faltó redondearla.*
3 Añadir o quitar parte de una cantidad determinada para llegar a la cifra sencilla que sea más próxima. Redondeamos el precio de un libro cuando decimos que nos ha costado 1000 pesetas y en realidad han sido 989.

redondel
nombre masculino **1** Línea curva cerrada que tiene todos sus puntos a la misma distancia del centro. Un anillo o un aro tienen forma de redondel. ✺ círculo; circunferencia.

redondo, redonda
adjetivo **1** Que tiene forma de círculo o de bola, como un disco o una pelota.
2 Se dice de lo que resulta muy bien o de lo que queda perfectamente acabado y sin defectos: *La fiesta de cumpleaños salió redonda, me divertí muchísimo.*
nombre masculino **3** Trozo de carne con forma de tubo que se saca de la parte trasera de algunos animales. El redondo de ternera se come con salsa.

reducción
nombre femenino **1** Acción que consiste en hacer algo más pequeño disminuyendo su cantidad, su volumen o su intensidad: *Hablaron de la reducción de las cifras del paro.*

reducido, reducida
adjetivo **1** Que es muy pequeño. En un jardín de reducido tamaño no se pueden plantar árboles.

reducir
verbo **1** Hacer algo más pequeño, más corto, menos voluminoso, menos abundante o menos intenso: *He tenido que reducir el texto porque era demasiado largo.*
2 Convertir una cosa en otra, normalmente más pequeña: *La explosión redujo la casa a escombros.*
3 Hacer más corto un texto. La mayoría de los libros se pueden reducir a unas cuantas ideas. ✺ resumir.
4 Coger a alguien e impedir que pueda utilizar la fuerza: *La policía consiguió reducir a los atracadores y los rehenes quedaron libres.*
👁 Se conjuga como: conducir.

referencia
nombre femenino **1** Lo que se dice o se comenta sobre algo o alguien concreto cuando se habla o se escribe: *En el artículo había varias referencias a su abuelo.*
2 Aquello que sirve como modelo o como guía para alguien o algo: *Sus amigos son su referencia. No tiene puntos de referencia para hacer el trabajo, a ver si lo puedes ayudar.*

referir
verbo **1** Explicar, contar o dar a conocer algo de palabra o por escrito: *El testigo refirió lo que había presenciado.*
2 referirse Hablar de una persona o cosa o citarla de manera directa o indirecta al hablar o escribir: *En su discurso se refirió al tema del nuevo colegio.*
👁 Se conjuga como: preferir; la 'e' se convierte en 'ie' en sílaba acentuada y en 'i' en algunos tiempos y personas, como: refieren o refirió.

refilón
de refilón Indica que algo se hace de pasada, sin detenerse mucho en ello. Cuando vemos algo de refilón no podemos ver todos los detalles.

refinado, refinada
adjetivo **1** Se dice de las personas o las cosas que se consideran muy buenas, de buen gusto o elegantes.

① extractor - extraer	⑦ cafetera	⑪ cuchillo - cortar	⑰ paño	㉓ estropajo - lavar
② microondas	⑧ cazo - hervir/	⑫ diente de ajo	⑱ cazuela	㉔ horno
③ cocineros - cocinar	calentar	⑬ abrelatas - abrir	⑲ espumadera	㉕ fiambrera
④ cucharón/cazo	⑨ rallador - rallar	⑭ vinagreras	⑳ pasapurés	㉖ huevera
⑤ colador - colar	⑩ almirez/mortero -	⑮ escurridor - escurrir	㉑ batidora - batir	㉗ sacacorchos
⑥ sartén - freír	machacar	⑯ embudo	㉒ escurreplatos	㉘ salero

① taller	⑥ artesano	⑪ espátula	⑯ aprendiz	㉑ mazo
② bastidor	⑦ pinceles - pintar	⑫ foco	⑰ martillo - esculpir	㉒ torno
③ tapiz	⑧ paleta	⑬ azulejo	⑱ flexo	㉓ tenazas
④ óleo	⑨ caballete	⑭ lija - lijar	⑲ cerámica	㉔ barniz - barnizar
⑤ brocha - limpiar	⑩ taburete	⑮ maestro	⑳ restaurar	㉕ mástil

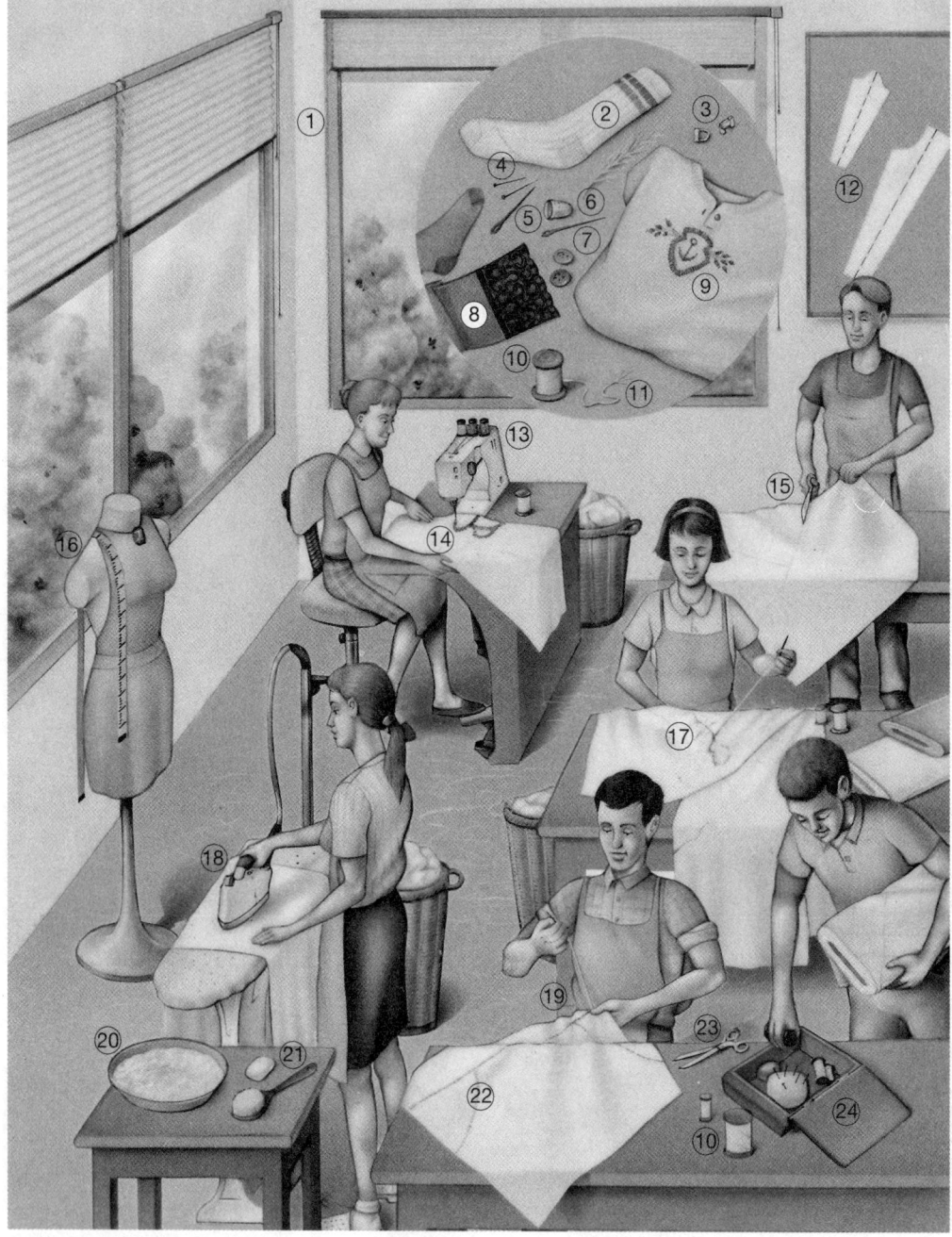

① taller de costura	⑥ dedal	⑪ hilo	⑯ maniquí	㉑ cepillo - cepillar
② zurcido - zurcir	⑦ botón	⑫ patrón	⑰ remiendo - remendar	㉒ costura
③ corchete	⑧ encaje	⑬ máquina de coser	⑱ plancha - planchar	㉓ tijeras
④ alfiler	⑨ bordado - bordar	⑭ labor	⑲ puntada - coser	㉔ costurero
⑤ aguja	⑩ carrete	⑮ cortar	⑳ palangana	

① jueza	③ jurado	⑤ fiscal	⑦ acusado	⑨ código
② policía	④ víctima	⑥ abogado	⑧ prueba	⑩ sala

① atletismo	⑥ atleta	⑫ cronometrar	⑰ canasta	㉒ entrenador
② juez	⑦ foco	⑬ pista	⑱ acta	㉓ cancha
③ jabalina	⑧ rampa ⑨ calle	⑭ raqueta	⑲ marcador	㉔ defensa
④ participante	⑩ competición	⑮ red	⑳ banquillo	㉕ árbitro
⑤ contrincantes	⑪ meta	⑯ tablero	㉑ suplentes	㉖ zona

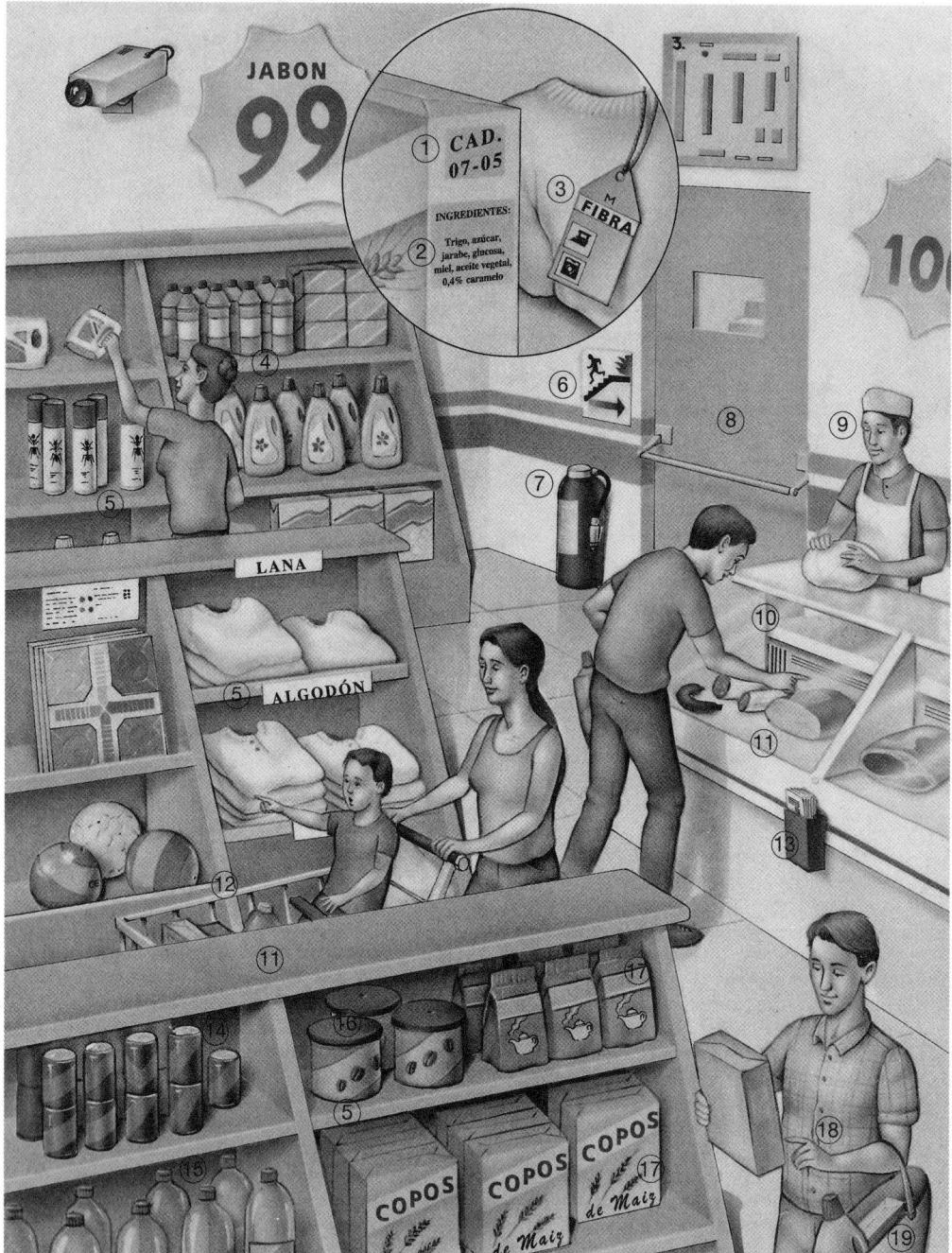

① fecha de caducidad	④ productos de limpieza	⑧ salida de emergencia	⑫ carro	⑯ bote
② ingredientes	⑤ estante	⑨ dependiente	⑬ folleto	⑰ paquete
③ etiqueta	⑥ indicación	⑩ charcutería	⑭ lata	⑱ consumidor
	⑦ extintor	⑪ alimentos	⑮ botella	⑲ bolsa

2 Se dice de un producto al que se le han quitado las impurezas. El azúcar refinado es blanco.

refinar
verbo **1** Hacer que un producto sea más fino quitándole las impurezas aunque sean parte de ese producto. Cuando se refina el petróleo, se obtiene la gasolina.

refinería
nombre **1** Instalación industrial donde se femenino refina un producto. En las refinerías de petróleo, se obtienen gasolina y otros combustibles.

reflejar
verbo **1** Hacer que la luz, el calor o el sonido cambien de dirección. Los espejos reflejan los rayos y las imágenes; la luz se refleja en el agua.
2 Expresar o mostrar algo de manera clara. Una persona con unas ojeras muy marcadas refleja cierto cansancio.

reflejo, refleja
adjetivo **1** Que se produce de manera invo-
y nombre luntaria como respuesta a un estí-
masculino mulo externo. Mover la pierna cuando el médico golpea la rodilla es un reflejo. ⚔ voluntario. ✍ 595
nombre **2** Luz o imagen que se refleja en masculino un objeto: *Le molestaba el reflejo de la luz en la mesa para leer. El cristal le devolvió el reflejo de su cara.*
3 Lo que reproduce, muestra o expresa otra cosa. Las lágrimas suelen ser reflejo de la tristeza.
nombre **4 reflejos** Capacidad para reac-
masculino cionar con rapidez ante un hecho
plural no previsto: *Es un portero muy bueno y tiene muchos reflejos.*

reflexión
nombre **1** Acción que consiste en pensar femenino con atención y detenimiento sobre algo que se va a hacer o que se ha dicho. ✍ El plural es: reflexiones.

reflexionar
verbo **1** Pensar con atención y detenimiento sobre algo que se va a hacer o que se ha dicho: *Después de mucho reflexionar, decidió estudiar arquitectura.*

reflexivo, reflexiva
adjetivo **1** Se dice de la persona que piensa mucho antes de hacer algo. Las personas reflexivas no suelen hacer nada de modo precipitado.
2 Se dice de los verbos o las oraciones que se usan para indicar que la acción es realizada y recibida por la misma persona, que suele ser el sujeto. 'María se lava las manos' es una oración reflexiva.

reforma
nombre **1** Cambio que se hace para mejo-
femenino rar algo. Se hacen reformas en las casas viejas.

reformar
verbo **1** Hacer cambios para mejorar alguna cosa. Las leyes se reforman para hacerlas más adecuadas y justas.
2 reformarse Corregirse y mejorar una persona su forma de comportarse.

reformatorio
nombre **1** Lugar al que se envía a los me-
masculino nores de edad que han cometido algún delito, para corregir su conducta y ayudarlos por medio de la educación.

reforzar
verbo **1** Hacer que algo sea más fuerte, resistente o seguro: *Reforzaron la pared con tablones porque parecía que iba a caer.*
👁 Se conjuga como: forzar; la 'o' se convierte en 'ue' en sílaba acentuada y se escribe 'c' delante de 'e', como: refuercen.

refrán
nombre **1** Frase popular que contiene un
masculino mensaje o un consejo. 'Más vale pájaro en mano que ciento volando' es un refrán español.
👁 El plural es: refranes.

refrescante
adjetivo **1** Que produce una sensación de frescor agradable. Una bebida fría resulta muy refrescante en un día de mucho calor.

refrescar
verbo **1** Hacer que baje la temperatura del cuerpo de una persona o de

R
—
r

una cosa. Las bebidas se meten a refrescar en la nevera.
2 Bajar la temperatura del aire. En España, a mediados de septiembre ya empieza a refrescar.
👁 Se escribe 'qu' delante de 'e', como: refresquen.

refresco
nombre masculino **1** Bebida sin alcohol elaborada normalmente con alguna fruta, agua y azúcar que se toma fría. Los refrescos de naranja, limón o cola son los más corrientes.

refrigerador
nombre masculino **1** Electrodoméstico que sirve para mantener las bebidas y los alimentos fríos. ⚙ frigorífico; nevera.

refuerzo
nombre masculino **1** Aquello que hace que algo sea más fuerte, resistente o seguro: *Ha puesto un refuerzo en la maleta para que no se rompa con el peso.*
nombre masculino plural **2 refuerzos** Conjunto de personas que van en ayuda de otras, especialmente conjunto de soldados que se unen a otros para ayudarlos.

refugiado, refugiada
nombre **1** Persona que va a vivir a un país extranjero, porque en el suyo hay una guerra o tiene graves problemas económicos o políticos.

refugiar
verbo **1** Dar protección o ayuda a una persona que lo necesita: *Han refugiado a los exiliados de guerra en su casa. Empezó a llover y tuvimos que refugiarnos en un portal.*
👁 Se conjuga como: cambiar; la 'i' no lleva nunca acento de intensidad.

refugio
nombre masculino **1** Lugar en el que se entra para poder protegerse y defenderse de cualquier peligro, ataque o del mal tiempo. Los refugios de montaña sirven para protegerse de las tormentas de nieve. Los refugios antiaéreos protegen de los bombardeos.

refunfuñar
verbo **1** Decir palabras o frases de enfado o protesta en voz baja.

regadera
nombre femenino **1** Recipiente que sirve para regar. La regadera tiene un asa para inclinarla y un tubo terminado en una boca ancha con muchos agujeros por los que sale el agua.
estar como una regadera Estar un poco loco o comportarse como si se estuviera loco.

regadío
adjetivo y nombre masculino **1** Se dice del terreno destinado al cultivo de plantas que necesitan ser regadas. Los árboles frutales son cultivos de regadío.

regalar
verbo **1** Dar una cosa a una persona sin recibir nada a cambio, como muestra de cariño o afecto. En los cumpleaños se regalan cosas.

regaliz
nombre masculino **1** Golosina que se extrae de la raíz de una planta y que se presenta en forma de pastillas o barritas de color negro o rojo.
2 Raíz de una planta que se chupa porque tiene un jugo muy dulce. También es regaliz la planta que produce esta raíz.
👁 El plural es: regalices.

regalo
nombre masculino **1** Cosa que se regala como muestra de cariño y afecto, sin recibir nada a cambio. El día de nuestro cumpleaños recibimos regalos. ⚙ obsequio.

regañadientes
a regañadientes Indica que algo se hace protestando o de mala gana: *Ordenó su habitación a regañadientes porque se lo ordenó su padre.*

regañar
verbo **1** Llamar la atención a una persona para decirle con enfado que ha hecho algo que está mal. ⚙ reñir.
2 Tener una discusión o una pelea dos personas: *Aunque son buenos amigos a veces regañan por tonterías.* ⚙ discutir; reñir.

regañina
nombre femenino **1** Llamada de atención que se hace a una persona para decirle con enfado que ha hecho algo

R

r

mal: *Se llevó una regañina por llegar tarde a casa.* Es un uso informal. ※ bronca; riña.

regar
verbo   **1** Echar agua en la superficie de la tierra cultivada o sobre las plantas para que éstas crezcan.
2 Pasar por un territorio un río, un afluente, un canal o cualquier otra corriente de agua. El río Guadalquivir riega las tierras de Andalucía.

regar	
INDICATIVO	**SUBJUNTIVO**
presente	**presente**
riego	riegue
riegas	riegues
riega	riegue
regamos	reguemos
regáis	reguéis
riegan	rieguen
pretérito imperfecto	**pretérito imperfecto**
regaba	regara *o* regase
regabas	regaras *o* regases
regaba	regara *o* regase
regábamos	regáramos *o* regásemos
regabais	regarais *o* regaseis
regaban	regaran *o* regasen
pretérito indefinido	**futuro**
regué	regare
regaste	regares
regó	regare
regamos	regáremos
regasteis	regareis
regaron	regaren
futuro	**IMPERATIVO**
regaré	
regarás	riega (tú)
regará	riegue (usted)
regaremos	regad (vosotros)
regaréis	rieguen (ustedes)
regarán	
condicional	**FORMAS NO PERSONALES**
regaría	
regarías	**infinitivo** **gerundio**
regaría	regar regando
regaríamos	**participio**
regaríais	regado
regarían	

regata
nombre femenino   **1** Competición deportiva en la que participan un grupo de embarcaciones que tienen que hacer un recorrido en el menor tiempo posible. En el País Vasco se hacen regatas de traineras.

regate
nombre masculino   **1** Movimiento que se hace con el cuerpo para intentar evitar a una persona o un obstáculo. Los futbolistas hacen regates para que el contrario no les quite el balón.

regatear
verbo   **1** Discutir el precio de una cosa con el vendedor para intentar comprarla más barata; al regatear, comprador y vendedor hacen distintas ofertas hasta llegar al precio final.
2 Hacer un movimiento con el cuerpo para evitar a una persona o un obstáculo, como hacen los futbolistas.

regazo
nombre masculino   **1** Espacio que queda entre la cintura y las rodillas de una persona cuando está sentada. Los niños pequeños se sientan en el regazo de las personas mayores.

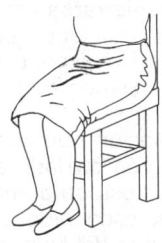

regazo

régimen
nombre masculino   **1** Conjunto de normas o guías referidas al tipo, la cantidad y la combinación de alimentos que come una persona: *Tiene un régimen especial porque es diabético.* ※ dieta.
2 Conjunto de reglas y normas con las que se gobierna un país. En los países de la Unión Europea hay regímenes democráticos.
👁 El plural es: regímenes.

regimiento
nombre masculino   **1** Unidad militar compuesta por varios batallones y mandada por un coronel.

región
nombre femenino   **1** Parte de un territorio o país que tiene unas características propias, como el clima, la vegetación o las tradiciones. La región levantina es rica en árboles frutales.
👁 El plural es: regiones.

R
r

regional

adjetivo **1** Que es propio de una región o que tiene relación con ella. *Las sevillanas, los fandangos y las jotas son bailes regionales.*

registrar

verbo **1** Mirar y examinar algo con cuidado y atención para encontrar lo que se está buscando. *La policía registra a los ladrones para buscar lo que han robado.*
2 Apuntar una persona su nombre en una lista o en un libro oficial. *Cuando llegamos a un hotel nos registramos en la lista de clientes.*
3 Marcar o anotar datos de modo que queden grabados o impresos. *Los periodistas registran las entrevistas en una grabadora.*
4 registrarse Ocurrir o producirse una cosa que puede ser medida: *Se ha registrado un descenso de nacimientos en el país.*

registro

nombre masculino **1** Acción que consiste en examinar con cuidado a una persona o una cosa para encontrar algo que tiene escondido: *La policía hizo un registro del lugar para ver si se escondía allí el delincuente.*
2 Libro o cuaderno en que se apuntan con regularidad hechos o informaciones de un tipo determinado. *En el Registro Civil está recogida toda la información sobre los nacimientos, bodas y muertes de los ciudadanos.*

regla

nombre femenino **1** Instrumento plano mucho más largo que ancho y con unas marcas graduadas, que se usa para medir distancias cortas y para dibujar líneas rectas.
2 Manera exacta en que se debe realizar una cosa o modo en que debemos comportarnos. *Para jugar a las cartas debemos conocer las reglas del juego.*
3 Método o procedimiento que se usa para realizar una operación matemática. *La suma, la resta, la división y la multiplicación siguen reglas matemáticas.*
4 Pérdida de sangre procedente del útero que tienen las mujeres y las hembras de algunos animales y es un fenómeno natural: *en las mujeres tiene lugar durante unos días cada mes.* ✺ **menstruación.**
en regla Manera de estar una o más cosas en la forma correcta o tal como es debido. *Los papeles del coche están en regla cuando no falta ningún documento y no están caducados.*

reglamentario, reglamentaria

adjetivo **1** Se dice de las cosas que están o se realizan de acuerdo con un reglamento. *Algunos deportes se deben practicar con un uniforme reglamentario.*

reglamento

nombre masculino **1** Conjunto de reglas o normas que se establecen para regular la aplicación de una ley, el funcionamiento de un organismo o la realización de un deporte o un juego. *Los árbitros conocen bien el reglamento.*

regresar

verbo **1** Ir otra vez a un lugar de donde se partió. *Las personas que estudian fuera de su ciudad regresan a casa en vacaciones.*

regreso

nombre masculino **1** Vuelta al lugar del que se partió: *El viaje de regreso se hizo corto.*

reguero

nombre masculino **1** Línea que forma cualquier líquido al caer. *Un coche que al andar pierde aceite deja un reguero a su paso.*

regular

adjetivo **1** Se dice de lo que está en un término medio y no es exagerado. *Si algo tiene un tamaño regular, no es ni grande ni pequeño; si un pastel está regular, no está ni bueno ni malo.*
2 Que sigue unas reglas determinadas y no se las salta. *Los verbos regulares son los que se conjugan basándose siempre en la misma estructura.* ✺ **irregular.**
verbo **3** Hacer que algo siga unas normas determinadas. *Los guardias urbanos y los semáforos regulan el tráfico.*

4 Ajustar el funcionamiento de un aparato para que se mantenga en un estado determinado. La calefacción se regula para que mantenga la temperatura adecuada.

adverbio **5** Ni suficientemente bien ni demasiado mal. Si alguien canta regular es que no canta muy bien.

rehabilitación

nombre femenino **1** Conjunto de métodos y ejercicios que sirven para recuperar la fuerza o el movimiento de las partes del cuerpo que están dañadas. La rehabilitación se hace después de un accidente, una enfermedad o una operación.

rehacer

verbo **1** Volver a hacer algo que había quedado mal o que se había roto o estropeado. Si tenemos que rehacer un ejercicio es porque lo habíamos hecho mal.
2 rehacerse Recuperar una persona el ánimo, la tranquilidad o la salud: *Le costó rehacerse después del disgusto.*
👁 Se conjuga como: hacer.

rehén

nombre masculino y femenino **1** Persona que está retenida por la fuerza y en contra de su voluntad en un lugar. Los secuestradores piden dinero u otras cosas antes de dejar en libertad a sus rehenes.
👁 El plural es: rehenes.

rehuir

verbo **1** Evitar una situación por miedo, vergüenza o sospecha. La gente muy tímida rehúye hablar en público.
2 Evitar a una persona y no querer tener relación con ella.
👁 Se conjuga como: huir.

rehusar

verbo **1** No aceptar una cosa que alguien nos ofrece: *Rehusé el bocadillo porque no tenía hambre.* ✖ rechazar.

reina

nombre femenino **1** Forma femenina de rey.
2 Esposa de un rey.

reinado

nombre masculino **1** Periodo de tiempo durante el cual un rey o una reina dirigen o gobiernan un país.

reinar

verbo **1** Ejercer un rey o una reina las funciones que le son propias.
2 Tener una persona o una cosa superioridad total o predominar sobre otras. Un deportista reina en una competición cuando ocupa el primer lugar. En el mar reina la calma cuando no hay olas.

reino

nombre masculino **1** Territorio o estado en el que el jefe del gobierno es un rey o una reina.
2 Cada una de las categorías generales en que se dividen los seres vivos y los elementos de la naturaleza, como el reino animal, el reino vegetal y el reino mineral.

reintegro

nombre masculino **1** En la lotería, premio que consiste en la devolución de la misma cantidad jugada.

R / r

rehusar

INDICATIVO	SUBJUNTIVO
presente	**presente**
rehúso	rehúse
rehúsas	rehúses
rehúsa	rehúse
rehusamos	rehusemos
rehusáis	rehuséis
rehúsan	rehúsen
pretérito imperfecto	**pretérito imperfecto**
rehusaba	rehusara o rehusase
rehusabas	rehusaras o rehusases
rehusaba	rehusara o rehusase
rehusábamos	rehusáramos o
rehusabais	rehusásemos
rehusaban	rehusarais o rehusaseis
	rehusaran o rehusasen
pretérito indefinido	
rehusé	**futuro**
rehusaste	rehusare
rehusó	rehusares
rehusamos	rehusare
rehusasteis	rehusáremos
rehusaron	rehusareis
	rehusaren
futuro	
rehusaré	
rehusarás	**IMPERATIVO**
rehusará	
rehusaremos	rehúsa (tú)
rehusaréis	rehúse (usted)
rehusarán	rehusad (vosotros)
	rehúsen (ustedes)
condicional	
rehusaría	**FORMAS NO PERSONALES**
rehusarías	
rehusaría	**infinitivo** **gerundio**
rehusaríamos	rehusar rehusando
rehusaríais	**participio**
rehusarían	rehusado

R / r

reír

verbo **1** Dar muestras de alegría abriendo la boca, moviendo los músculos de la cara y haciendo determinados sonidos. Nos reímos cuando un chiste nos gusta.
2 reírse de No dar importancia a una persona o una cosa o hacer burla de ellas: *Se reían de ellos sacándoles la lengua.*

reír

INDICATIVO	SUBJUNTIVO
presente	**presente**
río	ría
ríes	rías
ríe	ría
reímos	riamos
reís	riáis
ríen	rían
pretérito imperfecto	**pretérito imperfecto**
reía	riera *o* riese
reías	rieras *o* rieses
reía	riera *o* riese
reíamos	riéramos *o* riésemos
reíais	rierais *o* rieseis
reían	rieran *o* riesen
pretérito indefinido	**futuro**
reí	riere
reíste	rieres
rió	riere
reímos	riéremos
reísteis	riereis
rieron	rieren
futuro	
reiré	**IMPERATIVO**
reirás	
reirá	ríe (tú)
reiremos	ría (usted)
reiréis	reíd (vosotros)
reirán	rían (ustedes)
condicional	**FORMAS NO PERSONALES**
reiría	
reirías	**infinitivo** **gerundio**
reiría	reír riendo
reiríamos	**participio**
reiríais	reído
reirían	

reiterar

verbo **1** Volver a decir algo que ya se había dicho: *El acusado reiteró su inocencia.*

reivindicar

verbo **1** Pedir o exigir algo a lo que se tiene o se cree tener derecho. En las huelgas, los trabajadores reivindican mejoras.
2 Decir alguien que él es el responsable de una determinada acción: *Los terroristas reivindicaron el secuestro.*
👁 Se escribe 'qu' delante de 'e', como: reivindiquen.

reja

nombre femenino **1** Conjunto de barras de hierro o de otro metal que se ponen en una ventana, una puerta o un balcón para que no se pueda entrar o salir.
entre rejas En la cárcel. Es una expresión informal.

rejilla

nombre femenino **1** Red de metal, alambre o madera que se utiliza para cerrar espacios o huecos, como ventanas o puertas.
2 Tejido hecho con unas fibras vegetales entrelazadas que se utiliza para hacer el respaldo y el asiento de algunas sillas.

rejuvenecer

verbo **1** Hacer que una persona vuelva a tener la fuerza y el aspecto propios de la juventud: *Después de las vacaciones está rejuvenecido.*
👁 Se conjuga como: agradecer; la 'c' se convierte en 'zc' delante de 'a' y 'o', como: rejuvenezco.

relación

nombre femenino **1** Correspondencia o dependencia que hay entre varias cosas o personas que tienen algo en común. A los amigos les une una relación de amistad.
2 Lista de personas o cosas. Los periódicos publican la relación de todos los números premiados en la lotería.
nombre femenino plural **3 relaciones** Conjunto de personas que conoce alguien y que en algún momento lo pueden ayudar o hacer algún favor.
👁 El plural es: relaciones.

relacionar

verbo **1** Poner en relación o unir una cosa, una persona, una idea o un suceso con otros con los que tienen algo en común: *Cuando vi a Clara por primera vez enseguida la relacioné con su hermana, porque se parecen muchísimo.*
2 relacionarse Conocer y tratar a otras personas. A la gente tímida le cuesta mucho relacionarse.

R
r

relajar

verbo **1** Hacer que una persona se sienta más tranquila y descansada, olvidándose de sus problemas: *Se relaja oyendo música*.
2 Hacer que un músculo o una parte del cuerpo esté menos tenso o tirante.

relámpago

nombre masculino **1** Resplandor vivo y rápido que se produce en la atmósfera por una descarga eléctrica cuando hay tormenta. Los relámpagos van seguidos de truenos.

relampaguear

verbo **1** Haber relámpagos. Cuando empieza a relampaguear es que la tormenta se acerca.

relatar

verbo **1** Expresar de palabra o por escrito un hecho, una historia o un suceso. Cuando relatamos una historia procuramos contarla con claridad y sin olvidarnos de los detalles importantes.

relativo, relativa

adjetivo **1** Que tiene relación con una persona o una cosa. A las personas les importan mucho los problemas relativos a su familia.
2 Que no es total, sino que depende de la relación con otras cosas. La belleza siempre es relativa, depende del gusto de cada persona. � absoluto.

relato

nombre masculino **1** Explicación que se da sobre algo de palabra o por escrito. El relato de un acontecimiento se suele hacer de forma detallada.
2 Cuento o narración breve. Un libro de relatos contiene historias de un tema, autor o época.

relax

nombre masculino **1** Estado de tranquilidad y descanso de una persona cuando se olvida de todos sus problemas o preocupaciones. En vacaciones, la gente tiene muchos momentos de relax.

releer

verbo **1** Volver a leer una cosa. Mucha gente relee varias veces sus libros preferidos.
👁 Se conjuga como: leer.

relevante

adjetivo **1** Que tiene importancia para algo o para alguien. La conservación y el cuidado del medio ambiente es una cuestión relevante para los ecologistas. ✺ importante.

relevar

verbo **1** Sustituir una persona a otra en un trabajo o en una actividad. Los camareros se relevan unos a otros cuando se acaba su turno de trabajo.

relevo

nombre masculino **1** Sustitución de una persona por otra en un trabajo o en cualquier actividad. El relevo se produce cuando se le acaba el turno a una persona o está cansada.

relieve

nombre masculino **1** Figura grabada en una superficie de la que sobresale. Las columnas de las catedrales suelen tener relieves en el capitel.
2 Conjunto de los accidentes geográficos de la superficie de la Tierra, como las montañas, los valles, las mesetas y los ríos. El relieve de España es montañoso.
3 Importancia o valor de una persona o cosa. España ha dado a la literatura universal escritores de gran relieve.
poner de relieve Destacar la importancia de algo: *Los científicos han puesto de relieve la necesidad de conservar el medio ambiente*.

religión

nombre femenino **1** Conjunto de ideas y creencias sobre Dios y el hombre, y formas de comportamiento y costumbres que derivan de estas ideas. En el mundo existen muchísimas religiones, como la católica, la musulmana o la protestante.
👁 El plural es: religiones.

religioso, religiosa

adjetivo **1** De la religión o relacionado con la religión. Las ceremonias religiosas se celebran en lugares sagrados.
2 Se dice de la persona que tiene una religión y se comporta según las normas y reglas de esa religión. Hay gente religiosa en todo el mundo.

R

r

relinchar

nombre **3** Persona de religión cristiana que toma los hábitos y dedica su vida a la religión. Los curas, monjes y monjas son religiosos.

relinchar

verbo **1** Emitir el caballo su sonido característico.

relincho

nombre masculino **1** Sonido característico del caballo.

reliquia

nombre femenino **1** Trozo del cuerpo de un santo o de algo relacionado con él que se adora. En algunas catedrales hay reliquias.

rellano

nombre masculino **1** Superficie llana en que termina cada tramo de una escalera y que suele dar entrada a los diferentes pisos de un edificio o una casa. ※ descansillo.

rellenar

verbo **1** Volver a llenar un recipiente o cualquier cosa que está vacía o medio vacía: *Limpié la botella de vino y la rellené con agua.*
2 Llenar un hueco o un agujero metiendo algo dentro: *El albañil rellenó el agujero con cemento.*
3 Meter un alimento dentro de otro: *Rellené la carne con jamón y champiñones.*
4 Escribir en los espacios en blanco de una hoja de papel la información que se pide. Para pedir una beca hay que rellenar un impreso.

relleno, rellena

adjetivo **1** Que tiene el interior lleno de alguna cosa, como un pastel relleno de crema o las aceitunas rellenas.
2 Se dice de la persona que está un poco gorda. También se dice 'rellenito'.
nombre masculino **3** Cosa que sirve para llenar el interior de otra: *El relleno del cojín es de goma espuma. El relleno del pastel es de nata.*

reloj

nombre masculino **1** Instrumento que mide el tiempo o indica la hora del día.
como un reloj Indica que algo va o funciona muy bien, sin ningún problema. Un plan marcha como un reloj cuando sale muy bien y según se había pensado.
reloj de arena Reloj formado por dos tubos de cristal unidos por un paso estrecho y con arena en su interior. Al dar la vuelta al reloj, la arena del tubo de arriba cae en el tubo de abajo en un tiempo determinado. En algunos juegos se utilizan relojes de arena.
reloj de pulsera Reloj que se lleva sujeto a la muñeca por medio de una correa.
reloj de sol Reloj que indica la hora por medio de una sombra en el suelo o en la pared.

relojería

nombre femenino **1** Establecimiento en el que se venden y arreglan relojes.

relojero, relojera

nombre **1** Persona que se dedica a hacer, arreglar o vender relojes.

reluciente

adjetivo **1** Que está tan limpio o tan luminoso que brilla: *Lleva los zapatos limpios y relucientes.* ※ resplandeciente.

relucir

verbo **1** Brillar o despedir rayos de luz una cosa. Cuando el cielo está claro, el Sol reluce con más intensidad. ※ resplandecer.
salir a relucir Ser dicha una cosa de forma inesperada o inoportuna: *No esperábamos que saliera a relucir ese tema en la reunión.* Es una expresión informal.
👁 Se conjuga como: lucir; la 'c' se convierte en 'zc' delante de 'a' y 'o', como: reluzca o reluzco.

relumbrar

verbo **1** Brillar mucho o despedir rayos de luz una cosa. Los objetos de plata relumbran cuando están acabados de limpiar. ※ relucir; resplandecer.

remangar

verbo **1** Subir las mangas de una prenda de vestir o el bajo de unos pantalones o de una falda: *Se remangó las mangas de la camisa para no mojarla.*
👁 Se escribe 'gu' delante de 'e', como: remanguen.

remanso
nombre masculino **1** Lugar donde se para o se hace más lenta una corriente de agua. ☞597
remanso de paz Lugar muy tranquilo.

remar
verbo **1** Mover los remos de una embarcación para desplazarla.

rematar
verbo **1** Dar por terminada una actividad o un trabajo. Antes de rematar un ejercicio, lo repasamos.
2 Acabar de matar a una persona o un animal que está a punto de morir.
3 En algunos deportes, como el fútbol, tirar el balón hacia la portería con intención de marcar un gol.
para rematarlo Introduce algo malo que se añade a algo que ya estaba mal: *El dibujo le estaba saliendo mal y para rematarlo se le cayó al suelo y se ensució.* Es un uso informal.

remate
nombre masculino **1** Aquello que sirve para cerrar o terminar algo. El entierro de la sardina suele ser el remate de la fiesta del Carnaval.
2 En algunos deportes, lanzamiento de la pelota hacia el lugar en que se consiguen los puntos.

remediar
verbo **1** Arreglar o dar una solución a una situación mala o difícil: *No sé cómo voy a remediar este lío.*
2 Evitar que ocurra algo que se considera negativo: *No pudo remediar que se le cayera el jarrón.*
👁 Se conjuga como: cambiar; la 'i' no lleva nunca acento de intensidad.

remedio
nombre masculino **1** Medio o medicamento para curar un mal o una enfermedad. Los caramelos de menta son un buen remedio contra la tos.
2 Lo que sirve para arreglar o evitar un daño o problema. Un buen remedio para conservar los bosques es utilizar papel reciclado.
no haber más remedio Ser totalmente necesario y obligatorio lo que se expresa: *No hay más remedio que estudiar para aprobar.*

remendar
verbo **1** Pegar o coser un trozo de tela o de otro material en una prenda de ropa o un calzado que están gastados o rotos. ☞796
👁 Se conjuga como: acertar; la 'e' se convierte en 'ie' en sílaba acentuada, como: remienden.

remiendo
nombre masculino **1** Trozo de tela o de otro material que se pega o se cose en una prenda de ropa o un calzado gastados o rotos. ☞796

remite
nombre masculino **1** Nombre y dirección de la persona que envía una carta o paquete. Normalmente, el remite se pone en la parte de atrás de la carta.

remitir
verbo **1** Hacer llegar algo a una persona: *Le remitieron la carta a su antigua dirección.* ✂ enviar.
2 Perder fuerza o intensidad una cosa, como un dolor o una tormenta.
3 En un escrito, enviar una señal a un lugar donde hay una aclaración o una explicación más extensa de algo. Los números que se ponen en un texto remiten a las notas a pie de página o al final del capítulo.
4 remitirse Basarse en aquello que se expresa: *Para defenderse, se remitió a lo que dijo el cómplice.*

remo
nombre masculino **1** Objeto de madera en forma de pala larga que sirve para mover algunas embarcaciones.
2 Deporte que consiste en recorrer una distancia en una embarcación movida por remos. El remo es un deporte olímpico.

remojar
verbo **1** Meter una cosa en un líquido, especialmente en el agua. Remojamos los garbanzos durante unas horas para que se ablanden antes de ponerlos a cocer.

remojo
en remojo Indica que algo está dentro del agua durante cierto tiempo para que se moje bien y se

R

r

ablande. Antes de cocer las lentejas hay que ponerlas en remojo.

remojón
nombre masculino **1** Baño corto que se da cuando alguien se mete en una piscina o en la playa o cuando le cae de repente una gran cantidad de agua.
☞ El plural es: remojones.

remolacha
nombre femenino **1** Raíz de color rojo o blanco y sabor dulce de la que se saca el azúcar; también se come en ensalada y se usa para alimentar al ganado.

remolcar
verbo **1** Llevar arrastrando un vehículo tirando de él. Las grúas remolcan los coches averiados.
☞ Se escribe 'qu' delante de 'e', como: remolquen.

remolino
nombre masculino **1** Movimiento giratorio muy rápido del aire o el agua que forma una especie de espiral.
2 Conjunto de pelos que nacen en distintas direcciones formando un círculo. Los remolinos son muy difíciles de peinar.

remolón, remolona
adjetivo y nombre **1** Se dice de la persona que intenta evitar o retrasar la realización de un trabajo o algo que tiene que hacer: *Venga, no te hagas el remolón que tienes que ir al cole.*

remolque
nombre masculino **1** Plataforma con ruedas que se engancha a un vehículo que lo arrastra; se usa para llevar carga o animales. También hay remolques que son como casas con ruedas.

remontar
verbo **1** Subir una cuesta o una montaña: *Los ciclistas tuvieron que remontar un puerto muy duro.*
2 Navegar por un río aguas arriba y contra la corriente. Los salmones remontan los ríos para poner sus huevos.
3 Superar obstáculos o dificultades para avanzar en algo: *Ya han remontado la crisis y ahora les va muy bien.*
4 remontarse Elevarse en el aire un ave o un avión.

5 remontarse Llegar al pasado con el recuerdo: *Al volver a su pueblo se remontó a su infancia.*

remordimiento
nombre masculino **1** Sentimiento de preocupación que le queda a alguien después de haber hecho algo malo. Mucha gente, después de decir una mentira, tiene remordimientos.

remoto, remota
adjetivo **1** Que está muy alejado en el espacio o en el tiempo: *Australia es un país muy remoto. En tiempos remotos casi toda la Tierra estaba cubierta de hielo.* ☒ lejano.
2 Que es muy difícil que suceda o llegue a ser verdad. Cuando llueve mucho el peligro de incendio es remoto.

remover
verbo **1** Mover algo de forma continua, en especial un líquido: *Removía la salsa para que no se pegara.*
2 Volver a examinar o a tratar un asunto que estaba ya olvidado.
☞ Se conjuga como: mover; la 'o' se convierte en 'ue' en sílaba acentuada, como: remueven.

renacer
verbo **1** Volver a existir o cobrar fuerza-alguien o algo que había muerto o se había perdido: *Al vencer, renacieron las esperanzas de ganar la Liga.*
☞ Se conjuga como: nacer.

renacimiento
nombre masculino **1** Situación en la que vuelve a existir o a cobrar fuerza algo, como ideas o unas costumbres: *Se observa un renacimiento de la moda de los sesenta.*
2 Movimiento cultural y artístico que se desarrolló en Europa en los siglos xv y xvi. El Renacimiento se inspiró en el arte y la cultura de la Grecia y la Roma clásicas. Suele escribirse con mayúscula.

renacuajo
nombre masculino **1** Cría de la rana y de otros anfibios que vive en el agua, no tiene patas y tiene la cabeza grande y una larga cola.
2 Nombre que se da cariñosamente a los niños pequeños.

rencor

nombre masculino **1** Sentimiento de odio o antipatía que se guarda hacia otra persona por haber recibido de ella un daño o una ofensa: *No le guardes rencor, lo hizo sin querer*.

rencoroso, rencorosa

adjetivo y nombre **1** Que tiene o guarda rencor. Los rencorosos buscan vengarse del daño recibido.

rendija

nombre femenino **1** Hueco estrecho y alargado que queda entre dos cosas.

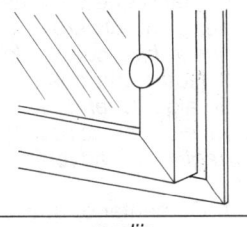

rendija

rendir

verbo **1** Producir beneficios una persona o una cosa o ser de utilidad para algo. Una máquina rinde mucho cuando produce algo en gran cantidad y tiene un gasto muy pequeño.
2 Ofrecer o dar a una persona ciertas cosas, como culto, homenaje o adoración. Los musulmanes rinden culto a Mahoma.
3 rendirse Dejar una persona de oponer resistencia y considerar que el otro ha vencido en una lucha o en una discusión. Una persona se rinde y admite su error cuando ya no tiene argumentos para defenderse.
👁 Se conjuga como: servir; la 'e' se convierte en 'i' en algunos tiempos y personas, como: rinden.

renegar

verbo **1** Rechazar o decir que ya no se quiere saber nada de alguien o algo. Si una persona reniega de su religión, ya no cree en ella.
2 Protestar o decir insultos o juramentos. Las personas quejicas, siempre están renegando.
👁 Se conjuga como: regar; la 'e'

se convierte en 'ie' en sílaba acentuada y se escribe 'gu' delante de 'e', como: reniegan.

renglón

nombre masculino **1** Serie de palabras o letras escritas en la misma línea. Esta definición tiene tres renglones.
❋ línea.
👁 El plural es: renglones.

reno

nombre masculino **1** Mamífero rumiante parecido a un ciervo que vive en zonas muy frías del hemisferio norte. El trineo de Papá Noel está tirado por renos.

renovación

nombre femenino **1** Acción que consiste en cambiar una cosa por otra más nueva o mejor: *La renovación de los muebles del comedor me costó mucho dinero*.

renovar

verbo **1** Cambiar una cosa por otra que es parecida o igual, pero más nueva o mejor: *Tienen que renovar los ordenadores porque se han quedado anticuados*.
2 Hacer que algo vuelva al estado en el que estaba: *El zumo de naranja ha renovado mis fuerzas*.
👁 Se conjuga como: contar; la 'o' se convierte en 'ue' en sílaba acentuada, como: renuevan.

renta

nombre femenino **1** Cantidad de dinero o beneficio que da una cosa cada cierto tiempo. Por el alquiler de un piso, el propietario percibe una renta.

rentable

adjetivo **1** Se dice de la actividad que produce un beneficio suficiente para seguir con ella: *La tienda no era rentable y tuvieron que cerrarla*.

renunciar

verbo **1** No querer aceptar algo que le corresponde a uno o que se le ofrece: *Renunció al premio*.
2 Abandonar una cosa, en especial una idea o un plan: *Llovía tanto que renunciamos a salir*.
👁 Se conjuga como: cambiar; la 'i' no lleva nunca acento de intensidad.

R
—
r

R
r

reñir

verbo **1** Pelearse o discutir dos personas. Se puede reñir y volver a ser amigos o no. A veces los novios riñen y dejan de ser novios.
2 Decir una persona a otra que ha hecho una cosa mal mostrándose enfadada o molesta. Los padres riñen a sus hijos cuando hacen alguna travesura. ✂✂ reprender.

reñir

INDICATIVO	SUBJUNTIVO
presente	**presente**
riño	riña
riñes	riñas
riñe	riña
reñimos	riñamos
reñís	riñáis
riñen	riñan
pretérito imperfecto	**pretérito imperfecto**
reñía	riñera o riñese
reñías	riñeras o riñeses
reñía	riñera o riñese
reñíamos	riñéramos o riñésemos
reñíais	riñerais o riñeseis
reñían	riñeran o riñesen
pretérito indefinido	**futuro**
reñí	riñere
reñiste	riñeres
riñó	riñere
reñimos	riñéremos
reñisteis	riñereis
riñeron	riñeren
futuro	**IMPERATIVO**
reñiré	
reñirás	riñe (tú)
reñirá	riña (usted)
reñiremos	reñid (vosotros)
reñiréis	riñan (ustedes)
reñirán	
condicional	**FORMAS NO PERSONALES**
reñiría	
reñirías	
reñiría	**infinitivo** **gerundio**
reñiríamos	reñir riñendo
reñiríais	**participio**
reñirían	reñido

reo, rea

nombre **1** Persona acusada de cometer un delito que está siendo juzgada por un tribunal o está presa en la cárcel.

reojo

de reojo Mirando sin mover la cabeza pero torciendo los ojos hacia un lado. Cuando alguien no quiere o no se atreve a mirar algo directamente, mira de reojo.

reparación

nombre femenino **1** Arreglo que se hace de una cosa que está estropeada. En un taller hacen reparaciones de coches.
◉ El plural es: reparaciones.

reparar

verbo **1** Arreglar una cosa que está estropeada. Normalmente se reparan máquinas, como un electrodoméstico, un coche o un ordenador. ✂✂ estropear. ✍ 194
2 Hacer algo para compensar por un daño que se le ha hecho a una persona: *Quiere reparar el daño que le hizo cuando lo insultó.*
3 Notar una cosa o darse cuenta de algo: *Cuando reparé en el error ya era demasiado tarde para corregirlo.* ✂✂ advertir.

reparo

nombre masculino **1** Comentario que se hace para señalar un defecto, un inconveniente o una falta en algo o alguien: *Puso muchos reparos para dejarle dinero.*
2 Vergüenza que una persona siente para hacer o decir una determinada cosa: *Me da reparo decirle que salga conmigo.*

repartir

verbo **1** Dividir una cosa en partes y entregar a cada persona la parte que le corresponde. Cuando todo el mundo trabaja lo mismo, lo justo es repartir el dinero en partes iguales.
2 Colocar o extender algo de manera que no esté todo en el mismo sitio. Al pintar un objeto, hay que repartir bien la pintura para que quede uniforme. ✂✂ distribuir.
3 *Llevar una cosa a distintas personas*. El cartero reparte cartas; el lechero reparte la leche.
4 Decidir el lugar que ocupa una persona o la función que tiene que hacer: *El entrenador nos repartió en equipos y nos dijo lo que teníamos que hacer cada uno.*

reparto

nombre masculino **1** Distribución de una cosa entre varias personas de forma que a cada una le toque la parte que le corresponde, como el reparto de

R
r

una herencia o de una cantidad de dinero.
2 Acción de llevar una cosa a distintos sitios. Por la mañana se hace el reparto de los periódicos a los quioscos.
3 Conjunto de actores y actrices que trabajan en una película o en una obra de teatro: *Esta película tiene muy buen reparto.*

repasar
verbo **1** Mirar con atención una cosa que se ha hecho para comprobar que no se ha cometido ningún error o para mejorarla. Conviene repasar los trabajos antes de entregarlos.
2 Volver a leer o a estudiar algo para que quede bien memorizado. Unas horas antes de hacer un examen la gente suele repasar lo que ha estudiado.

repaso
nombre **1** Acción que consiste en repasar masculino algo que ya se había hecho para ver que está bien o mejorarlo.
2 Acción que consiste en volver a leer o estudiar algo para comprobar que se sabe bien.

repatear
verbo **1** Molestar o fastidiar mucho a una persona. A mucha gente le repatea tener que levantarse pronto por la mañana.

repelente
adjetivo **1** Se dice de la persona que no agrada a otras personas por ser despectivo con los demás o por presumir excesivamente de algo, como de ser muy listo.
2 Se dice de la cosa que provoca un fuerte sentimiento de rechazo o de asco: *Las películas violentas me resultan repelentes.* ✕✕ repugnante.
adjetivo **3** Se dice de la sustancia que re-
y nombre pele o evita que se acerquen algu-
masculino nos animales. Los repelentes de insectos hacen que no entren en las casas.

repeler
verbo **1** Apartar o hacer que retroceda una persona o animal que ataca o molesta. Si un ejército repele un

ataque, obliga a huir o a retroceder al enemigo.
2 Causar algo o alguien mucho asco o desagrado: *Me repele que sea tan egoísta. Le repelen mucho las arañas.*

repelús
nombre **1** Sensación de frío acompañada
masculino de temblores producida por el asco o el miedo. A mucha gente le produce repelús tocar una serpiente. ✕✕ escalofrío.

repente
de repente Algo sucede de repente cuando ocurre de forma rápida e inesperada: *Estaba tan tranquilo y, de repente, se puso a chillar.*

repentino, repentina
adjetivo **1** Que ocurre de manera rápida, inesperada y sin haberlo preparado. Los ataques de nervios suelen ser repentinos.

repercusión
nombre **1** Efecto o consecuencia que tie-
femenino ne alguna cosa. La sequía tiene malas repercusiones en el campo y la agricultura.
👁 El plural es: repercusiones.

repercutir
verbo **1** Producir una cosa un efecto o una consecuencia sobre otra. Una enfermedad puede repercutir en el estado de ánimo de una persona. ✕✕ influir.

repertorio
nombre **1** Conjunto de obras o números
masculino que tiene preparados y ensayados un artista para interpretarlos en público.

repetición
nombre **1** Acción que consiste en repetir o
femenino volver a hacer o decir algo que ya se ha hecho o se ha dicho. En los partidos por televisión, ponen la repetición de las mejores jugadas.
👁 El plural es: repeticiones.

repetir
verbo **1** Volver a hacer o a decir algo que ya se había hecho o dicho. Cuando alguien no entiende lo que se le dice, hay que repetírselo; si una persona enferma durante mucho tiempo, tiene que repetir curso. ✕✕ reiterar.

R
—
r

2 Tomar más comida cuando alguien ha acabado su plato.
3 Venir a la boca el sabor de alguna comida que se había comido unos minutos u horas antes. Algunos alimentos, como el pimiento o el pepino, repiten más que otros.
4 repetirse Decir muchas veces las mismas cosas o hacer siempre las mismas bromas. Las personas que se repiten resultan pesadas.
👁 Se conjuga como: servir; la 'e' se convierte en 'i' en algunos tiempos y personas, como: repito.

repicar
verbo   **1** Sonar una campana repetidas veces. Las campanas de las iglesias repican para anunciar la misa o cuando salen los novios.
👁 Se escribe 'q' delante de 'e', como: repique.

repipi
adjetivo y nombre masculino y femenino   **1** Se dice especialmente de los niños que hablan como si lo supieran todo y utilizan expresiones que son propias de adultos o demasiado cultas.

repisa
nombre femenino   **1** Tabla que se coloca apoyada de forma horizontal en una pared para poner encima objetos, como libros, macetas o adornos. ✗✗ estante.

repleto, repleta
adjetivo   **1** Que está muy lleno, tanto que ya no cabe nada más.

replicar
verbo   **1** Responder o contestar a alguien diciendo que no se está de acuerdo con lo que ha dicho o ha mandado: *Replicó que le parecía una propuesta injusta.*
👁 Se escribe 'qu' delante de 'e', como: replique.

repoblación
nombre femenino   **1** Acción de volver a poblar un lugar que se había quedado sin habitantes, cultivar plantas o soltar animales en un lugar para que se reproduzcan. Es importante la repoblación de los bosques después de un incendio.
👁 El plural es: repoblaciones.

repoblar
verbo   **1** Ir un grupo de gente a vivir a un lugar que había quedado deshabitado.
2 Plantar plantas o soltar animales en un lugar para que se reproduzcan y vuelvan a ser como antes. Muchos ríos se repueblan si los peces mueren por la sequía.
👁 Se conjuga como: contar; la 'o' se convierte en 'ue' en sílaba acentuada, como: repueblan.

repollo
nombre masculino   **1** Planta redondeada de hojas comestibles de color verde claro y muy grandes. El repollo es una variedad de la col.

reponer
verbo   **1** Poner en un lugar una cosa igual o similar a otra que se ha gastado o sacado de allí. En las casas se van reponiendo los alimentos y los productos de limpieza a medida que se van gastando.
2 Volver a poner una película, una obra de teatro o un programa de televisión o radio.
3 reponerse Recuperarse una persona después de una enfermedad o un problema de cualquier tipo, como un disgusto o un susto.
👁 Se conjuga como: poner. El participio es: repuesto.

reportaje
nombre masculino   **1** Trabajo periodístico realizado para informar en profundidad sobre un tema, noticia o personaje: *Es un reportaje sobre el gobierno.*

reportero, reportera
nombre   **1** Periodista que se encarga de recoger noticias y especialmente de hacer reportajes.

reposar
verbo   **1** Descansar y no realizar ningún trabajo para recuperar fuerzas. A la gente enferma le conviene reposar.
2 Dejar sin mover una mezcla o un guiso para que se consuma el líquido que contiene o para que adquiera la consistencia que tiene que tener. La paella debe reposar antes de servirla.

3 Estar enterrado en un lugar: *En esta catedral reposan varios reyes.* Es un uso culto.

reposo

nombre masculino   **1** Estado en el que una persona está sin hacer ningún trabajo o esfuerzo para descansar y recuperar fuerzas. Los médicos suelen recomendar reposo a los enfermos.

reprender

verbo   **1** Decir una persona a otra que ha hecho una cosa mal mostrándose enfadada o molesta: *El profesor lo reprendió por no hacer los deberes.* ⚒ reñir.

representación

nombre femenino   **1** Cada una de las veces que se interpreta en público una obra de teatro.

representación

2 Persona o conjunto de personas que representan o actúan en nombre de otras personas. Una representación de los trabajadores es un grupo de trabajadores que representa al conjunto de todos los trabajadores.
3 Imagen o idea que se hace de alguna cosa, persona o situación: *Esa estatua de los ojos vendados es la representación de la justicia.*
👁 El plural es: representaciones.

representante

nombre masculino y femenino   **1** Persona que habla en nombre de otra persona o de una comunidad. Los representantes de los artistas firman los contratos en su nombre.
2 Persona que está autorizada por una empresa para poder vender los productos que fabrica.

representar

verbo   **1** Ser la imagen o el símbolo de una cosa o imitarla de modo que parezca esa cosa. El color verde representa la esperanza; una paloma representa la paz.
2 Interpretar en público una obra de teatro, una ópera o un ballet.
3 Actuar una persona o un grupo de personas en nombre de otra u otras o de una institución. Los abogados representan a sus clientes; los embajadores representan al gobierno de su país.
4 Parecer tener una determinada edad: *Se conserva tan bien que representa ser más joven.*
5 Ser una cosa o una persona importante para otra o ser lo que se dice a continuación: *Verte aquí representa para mí una gran alegría.*

represión

nombre femenino   **1** Acción en la que un gobierno o una persona utiliza la fuerza para impedir protestas o que se manifiesten ideas contrarias al gobierno.

reprimir

verbo   **1** Hacer que un sentimiento o una pasión no se manifieste o se manifieste con menor fuerza. A veces no podemos reprimir nuestra pena y nos ponemos a llorar.
2 Utilizar la fuerza para impedir protestas o que la gente exprese opiniones contrarias al gobierno. En manifestaciones violentas, la policía reprime a los manifestantes.

reprochar

verbo   **1** Decirle a alguien que ha hecho o dicho algo que no está bien. Un amigo puede reprocharle a otro falta de confianza o una mentira.

reproche

nombre masculino   **1** Cosa que se dice para reprochar a alguien cuando hace o dice algo malo. Cuando una persona se comporta correctamente, nadie le hace reproches.

reproducción

nombre femenino   **1** Proceso por el que un ser vivo genera otro ser vivo de su misma especie.

R
r

R

r

2 Cosa que es igual o casi igual que un original. Se pueden hacer reproducciones de cuadros, de fotografías o de objetos. ⁂ copia.
👁 El plural es: reproducciones.

reproducir
verbo **1** Copiar o imitar una cosa. Un casete reproduce música o las palabras de una persona.
2 Ser una cosa copia de un original. Una postal puede reproducir un cuadro.
3 **reproducirse** Producir o generar un ser vivo otro ser vivo de su misma especie.
👁 Se conjuga como: conducir.

reptar
verbo **1** Moverse arrastrando el cuerpo por el suelo. Los reptiles, como las serpientes, reptan.

reptil
nombre masculino **1** Animal vertebrado que se reproduce por huevos y se mueve tocando el suelo con el vientre porque no tiene patas o las tiene muy cortas. La tortuga, la culebra y el lagarto son reptiles.

república
nombre femenino **1** Sistema de gobierno en el que el jefe del Estado es el presidente elegido por los ciudadanos. En la república no hay rey.
2 País que tiene este sistema de gobierno. Francia es una república.

repuesto
participio **1** Participio irregular de 'reponer'; también se utiliza como adjetivo: *Han repuesto una obra de teatro muy famosa. Ya está repuesta de su enfermedad.*
nombre masculino **2** Pieza igual que otra que sirve para sustituirla cuando se estropea. Todos los coches llevan una rueda de repuesto por si se pincha alguna. ⁂ recambio.

repugnancia
nombre femenino **1** Sensación física desagradable provocada por algo que produce ganas de vomitar. Los malos olores pueden provocar repugnancia. Un crimen también puede provocar repugnancia. ⁂ asco.

repugnante
adjetivo **1** Se dice de la persona o la cosa que causa mucho asco o desagrado: *Considero repugnante que maltraten a los animales. La comida en aquel lugar era realmente repugnante.* ⁂ asqueroso.

reputación
nombre femenino **1** Opinión que mucha gente tiene sobre alguien o sobre algo. Un médico, un escritor, un restaurante o una marca pueden tener buena o mala reputación. ⁂ fama.

requesón
nombre masculino **1** Queso fresco y blando, soso y de color blanco; se suele comer con azúcar o con miel.

requetebién
adverbio **1** Cuando alguien lo pasa requetebién lo pasa muy bien, estupendamente. También se puede hacer algo requetebién.

requisito
nombre masculino **1** Condición necesaria para hacer o conseguir algo. Uno de los requisitos para sacar el carné de conducir es ser mayor de edad.

res
nombre femenino **1** Animal de cuatro patas de ciertas especies. Los ganaderos hablan de reses al hablar de vacas, bueyes u ovejas. ⁂ cabeza.

resaca
nombre femenino **1** Movimiento de retirada que realizan las olas del mar después de tocar la orilla.
2 Malestar que se siente después de una borrachera. Cuando una persona tiene resaca, le suelen doler la cabeza y la barriga.

resaltar
verbo **1** Sobresalir una cosa entre las demás. El color rojo resalta entre los tonos claros; una persona puede resaltar por sus cualidades. ⁂ destacar.
2 Hacer que una cosa se note más: *Esta camisa resalta tus ojos azules.* ⁂ destacar.

resbaladizo, resbaladiza
adjetivo **1** Que hace resbalar o deslizarse fácilmente. Las superficies de hielo son muy resbaladizas. ⁂ escurridizo.

resbalar

verbo **1** Hacer algo, normalmente una superficie, que una persona se deslice sin poder frenar. El hielo o el suelo mojado resbalan.

resbalar

2 Moverse por una superficie sin poder parar y, a veces, sin poder mantener el equilibrio.
3 No importar una cosa en absoluto: *Le resbala que la riñas, seguirá haciendo lo que quiera.* Es un uso informal.

resbalón

nombre masculino **1** Movimiento brusco que se produce cuando una persona resbala o se desliza sin querer sobre una superficie: *Pegó un resbalón y se rompió el tobillo.*
👁 El plural es: resbalones.

rescatar

verbo **1** Liberar a una persona que alguien tiene prisionera: *La policía rescató a los rehenes.*
2 Salvar a una persona de un peligro o una situación desfavorable. Los bomberos rescatan a gente en peligro; hay perros adiestrados para rescatar a la gente de la nieve.

rescate

nombre masculino **1** Acción que consiste en salvar a una persona de un peligro o una situación desfavorable.
2 Dinero que se paga o se pide para liberar a una persona que está secuestrada.

resecar

verbo **1** Hacer que una cosa pierda la humedad y se seque más de lo normal. Cuando hace mucho calor se nos reseca la boca y necesitamos beber algo.
👁 Se escribe 'qu' delante de 'e', como: reseque.

reseco, reseca

adjetivo **1** Que se ha secado demasiado porque ha perdido la humedad que tiene normalmente. Si tenemos la piel reseca, nos ponemos crema para hidratarla.

reseña

nombre femenino **1** Comentario corto sobre un libro o una película. Las reseñas de un libro tienen el nombre del autor y del título, un resumen de su contenido y una opinión de la persona que la ha hecho.

reserva

nombre femenino **1** Cosa que se guarda hasta que llega el momento de utilizarla. La joroba del dromedario es una reserva de grasa.
2 Plaza o asiento que se deja libre para que lo ocupe una persona en el momento en que ha dicho que lo ocupará. Se hacen reservas de tren o avión, de teatro, de hotel o en un restaurante.
3 Zona natural especialmente rica en animales y plantas que está protegida para que se pueda cuidar mejor. En España hay algunas reservas naturales, como Doñana o las Tablas de Daimiel.
4 Territorio de Estados Unidos o Canadá donde pueden vivir los indios según sus tradiciones.
5 Duda o falta de confianza sobre una decisión. Si una persona manifiesta reservas sobre un proyecto, no está del todo de acuerdo con la forma en que se hace.
nombre masculino y femenino **6** En algunos deportes, jugador que no sale a jugar con su equipo al principio del partido, pero que puede salir en cuanto el entrenador lo decida. Los reservas suelen sentarse en el banquillo.
nombre femenino plural **7 reservas** Materias primas o productos que están a disposición de un país. Hay que cuidar las reservas de agua y evitar que se contaminen.

reservado, reservada

adjetivo **1** Se dice de la persona que habla poco o que no le gusta manifestar sus sentimientos o ideas. En general las personas reservadas sólo

R
r

hacen confidencias a sus amigos más íntimos. ✂ discreto.

reservar
verbo **1** Guardar alguna cosa para más adelante o para cuando sea necesaria. Cuando se corre una maratón hay que reservar fuerzas para el final.
2 Hacer que guarden sitio en un restaurante, un teatro, un hotel, un tren o un avión. Cuando reservamos un sitio, tenemos que decir cuándo vamos a ocuparlo.
3 reservarse No hacer o decir algo a la espera de hacerlo en una ocasión mejor: *Se reservó su opinión para otra ocasión.*

resfriado
nombre masculino **1** Enfermedad de poca gravedad que se produce por cambios bruscos de temperatura; produce mocos, tos, estornudos y dolor de cabeza. ✂ catarro; constipado.

resfriarse
verbo **1** Coger una persona un resfriado. ✂ acatarrarse; constiparse.
👁 Se conjuga como: desviar; la 'i' se acentúa en algunos tiempos y personas, como: me resfrío.

resguardar
verbo **1** Proteger o defender de una cosa, especialmente de los fenómenos meteorológicos como la lluvia, el viento o el frío.

residencia
nombre femenino **1** Lugar en que una persona vive habitualmente. Muchas personas cambian de residencia por motivos de trabajo. ✂ domicilio.
2 Casa o conjunto de casas donde viven personas de la misma edad, ocupación u otra característica común. Hay residencias de estudiantes y de ancianos.

residir
verbo **1** Vivir en un lugar determinado de forma habitual: *Es italiana pero reside en Zamora.* ✂ habitar; vivir.

residuo
nombre masculino **1** Resto que queda de una cosa después de utilizarla o trabajarla. Las fábricas tienen que tratar los residuos para no contaminar.

resignación
nombre femenino **1** Aceptación voluntaria de una situación negativa o no del todo buena: *Tienes que estar tres días en cama, así que resignación.*

resignarse
verbo **1** Aceptar con paciencia una cosa mala o que no gusta: *No me resigno ante semejante injusticia.* ✂ conformarse.

resina
nombre femenino **1** Sustancia transparente muy espesa y pegajosa que sale del tronco de algunos árboles, como el pino. Con la resina se fabrica pegamento, plástico y otras cosas.

resistencia
nombre femenino **1** Capacidad física y mental de las personas para resistir o aguantar algo, como el esfuerzo o el sufrimiento.
2 Capacidad de las cosas para soportar un peso o una fuerza. Las estanterías tienen que tener mucha resistencia para aguantar libros pesados.
3 Oposición o rechazo fuerte a alguna cosa. Muchas personas oponen resistencia cuando alguien quiere robarles.
4 Hilo de un aparato eléctrico que se calienta al pasar la corriente, como en un tostador o una estufa.

resistir
verbo **1** Tener una persona o una cosa fuerza suficiente para aguantar algo, como el dolor, el cansancio, el peso o el calor: *No resisto más sin dormir.* ✂ aguantar; soportar.
2 resistirse Oponerse con fuerza a hacer o admitir algo: *Se resiste a aceptar la derrota.*
3 resistirse Resultar una cosa difícil de entender, de hacer o de conseguir: *Se me resiste el ordenador, no sé como funciona.*

resol
nombre masculino **1** Reflejo del sol: *Lleva gafas de sol porque le molesta el resol.*

resolver
verbo **1** Dar una solución a un problema o a una dificultad: *La policía resolvió el caso.* ✂ solucionar.
👁 Se conjuga como: mover; la 'o'

se convierte en 'ue' en sílaba acentuada, como: resuelvo. El participio es: resuelto.

resonar

verbo **1** Sonar con eco o sonar fuerte. En una calle vacía y silenciosa los pasos resuenan.

👁 Se conjuga como: contar; la 'o' se convierte en 'ue' en sílaba acentuada, como: resuena.

respaldo

nombre masculino **1** Parte de un asiento donde se apoya la espalda. Los taburetes no tienen respaldo.

2 Ayuda o protección de alguien. La gente siempre puede contar con el respaldo de su familia.

respectivamente

adverbio **1** Se utiliza para unir cada elemento o individuo de una serie con otro que ocupa el mismo orden en otra serie. Si decimos que el blanco y el verde son los colores de la paz y la esperanza respectivamente, el blanco es el color de la paz y el verde el de la esperanza.

respectivo, respectiva

adjetivo **1** Indica una relación entre una persona o cosa con otra persona o cosa que le corresponde o le pertenece. Si Juan y Pedro están con sus respectivas novias, Juan está con su novia y Pedro con la suya.

respecto

al respecto Expresa que lo que decimos está relacionado con algo de lo que ya se ha hablado: *No tengo nada más que añadir al respecto.*

respecto a Indica que lo que se va a decir está en relación con el tema de que se habla a continuación: *Respecto a tu pregunta anterior, creo que hay alguna posibilidad de hacerlo.* También se dice 'con respecto a' o 'respecto de'.

respetable

adjetivo **1** Que merece respeto. La democracia defiende que las opiniones de todo el mundo son respetables.

2 Que es grande o importante. Una suma respetable de dinero es una cantidad bastante alta. ✂ considerable.

nombre masculino **3** Forma de dirigirse al público de un espectáculo: *El respetable aplaudió con entusiasmo.*

respetar

verbo **1** Tratar con atención y buena educación a una persona. Tenemos que respetar a los ancianos.

2 Obedecer una regla o una norma. Hay que respetar las señales de tráfico para evitar accidentes.

3 Tratar las cosas con cuidado y sin destruirlas. Debemos respetar la naturaleza.

4 Admitir las ideas de los demás sin ofender a quien las dice, aunque no se esté de acuerdo.

respeto

nombre masculino **1** Cuidado, atención y buena educación con que se trata a una persona. El respeto hacia los demás es la base de la convivencia.

2 Tolerancia y aceptación de las cosas, especialmente de las ideas, las opiniones y los actos de los demás: *No tiene ningún respeto por su trabajo y dice y hace tonterías.*

3 Especie de miedo o temor que se tiene por algo o por alguien. Mucha gente siente respeto por el fuego.

respetuoso, respetuosa

adjetivo **1** Se dice de la persona que se comporta con mucho respeto y buena educación hacia los demás. ✂ considerado. ✂ irrespetuoso.

respingón, respingona

adjetivo **1** Se dice de la nariz que tiene la punta hacia arriba.

respiración

nombre femenino **1** Proceso que realizan los seres vivos y que consiste en tomar el oxígeno del aire o el agua.

respirar

verbo **1** Toma un ser vivo oxígeno del aire o del agua. Los mamíferos respiran a través de los pulmones, los peces a través de las branquias.

respiratorio, respiratoria

adjetivo **1** Que tiene relación con la respiración. El pulmón es el órgano más importante del aparato respiratorio.

respiro

nombre masculino **1** Momento de descanso o tranquilidad en una actividad o un tra-

R
___
r

R r

bajo: *Tómate un respiro, no debes trabajar tantas horas seguidas.*

resplandecer

verbo **1** Brillar mucho o despedir rayos de luz una cosa. El Sol, la Luna y las estrellas resplandecen en el cielo. ✖ relucir.
2 Reflejar el rostro de una persona alegría, felicidad o satisfacción: *Su cara resplandeció de felicidad al abrir el regalo.*
👁 Se conjuga como: agradecer; la 'c' se convierte en 'zc' delante de 'a' y 'o', como: resplandezca.

resplandeciente

adjetivo **1** Que brilla mucho por limpio, bello o luminoso: *El sol estaba resplandeciente.* ✖ reluciente.

resplandor

nombre masculino **1** Luz o brillo muy intenso que sale de algunos cuerpos, por ejemplo del Sol o del diamante.

responder

verbo **1** Decir o escribir algo a quien habla, pregunta o escribe algo. Respondemos a las preguntas de un examen, una duda, una carta o un saludo. ✖ contestar.
2 Hacer saber que se ha oído una llamada. Se responde al teléfono, al timbre o a otra señal.
3 Reaccionar una persona o una cosa de la manera que se espera. Si los mandos de un coche no responden, se pierde el control.
4 Considerarse responsable de algo. Una empresa responde de sus productos.

responsabilidad

nombre femenino **1** Característica que tiene la persona responsable y que cumple sus obligaciones. ✖ irresponsabilidad.
2 Obligación o deber que tiene que cumplir una persona. Cada trabajo tiene sus responsabilidades.

responsable

adjetivo **1** Que siempre cumple con sus obligaciones y se comporta con seriedad. Una persona responsable es de fiar.
nombre masculino y femenino **2** Persona que está encargada de cuidar o de dirigir una cosa. El responsable de una biblioteca se encarga de que funcione bien.

3 Persona que tiene la culpa de algo: *Se busca a los responsables del robo.*

respuesta

nombre femenino **1** Lo que se dice o se hace para responder a alguien: *Llamé, pero no obtuve respuesta.* ✖ contestación.

resta

nombre femenino **1** Operación matemática que consiste en hallar la diferencia que hay entre dos cantidades. El signo de la resta es: –. ✖ suma.

restablecer

verbo **1** Hacer que algo o alguien vuelva a estar como antes. Después de una guerra se restablece la paz.
2 restablecerse Curarse después de una enfermedad o volver a estar bien después de algún problema: *Pasó mucho tiempo antes de restablecerme del susto que me diste.* ✖ recuperarse; reponerse.
👁 Se conjuga como: agradecer; la 'c' se convierte en 'zc' delante de 'a' y 'o', como: restablezca.

restallar

verbo **1** Producir un objeto largo y flexible, como un látigo o un cinturón, un ruido seco al sacudirlo en el aire con violencia.

restar

verbo **1** Efectuar una operación matemática para calcular la diferencia entre dos cantidades. Si a 50 le restas 10, el resultado es 40. ✖ sustraer. ✖ sumar.
2 Hacer que una cosa baje en cantidad, fuerza e intensidad: *Le restó importancia al problema.*

restauración

nombre femenino **1** Acción que consiste en restaurar o volver a su estado original una cosa, como una obra de arte o un edificio.
2 Rama de la hostelería relacionada con los restaurantes.

restaurante

nombre masculino **1** Establecimiento público donde se preparan y sirven comidas.

restaurar

verbo **1** Arreglar y renovar una cosa que está vieja, como un mueble, un cuadro o un edificio y dejarla casi como era originalmente. ✎ 795

R / r

resto

nombre masculino **1** Parte que queda de una cosa o de un todo: *Ya te contaré el resto otro día. Cuatro fueron al cine y el resto a pasear.*
2 Resultado de restar dos números. El resto de diez menos cuatro es seis. ✂ diferencia.

nombre masculino plural **3 restos** Parte que queda de una cosa que se ha utilizado, se ha consumido o ha desaparecido, como los restos de comida o los restos de una civilización.
restos mortales Cuerpo de una persona después de muerta.

restregar

verbo **1** Frotar una cosa con otra con fuerza y repetidas veces: *Restriega el estropajo con fuerza.* ✂ frotar.
2 Rozar con el cuerpo y moverse: *Deja de restregarte por el suelo.*
👁 Se conjuga como: regar; la 'e' se convierte en 'ie' en sílaba acentuada y se escribe 'gu' delante de 'e', como: riegue o reguemos.

restringir

verbo **1** Limitar el uso de una cosa para evitar un efecto negativo. En Navidad, el Ayuntamiento restringe el paso de los coches al centro para evitar atascos.
👁 Se escribe 'j' delante de 'a' y 'o', como: restrinja o restrinjo.

resucitar

verbo **1** Volver a vivir una persona después de morir. Jesucristo resucitó a los tres días de haber sido crucificado.

resuelto, resuelta

participio **1** Participio irregular de: resolver. También se usa como adjetivo: *Ha resuelto el enigma. Es un problema no resuelto.*

adjetivo **2** Que tiene decisión y ánimo para hacer algo. Las personas resueltas suelen tener mucha seguridad en sí mismas.

resultado

nombre masculino **1** Lo que sigue o es consecuencia de algo. El resultado de un partido o de un examen es la puntuación; las vacunas son el resultado de la investigación en medicina.
2 Solución de una operación matemática. Cuatro es el resultado de sumar dos y dos.
3 Utilidad y calidad de una cosa. Cuando un coche dura mucho y es bueno, da un buen resultado.

resultar

verbo **1** Ser una idea la consecuencia de algo que se hace o dice: *Resulta que ahora la culpa la tengo yo. Resulta lógico pensar así.*
2 Salir una cosa de la manera que se dice: *El plan ha resultado un fracaso.*

resumen

nombre masculino **1** Explicación corta con la información más importante de un tema. En un resumen no se incluyen los detalles. ✂ síntesis.

resumir

verbo **1** Explicar o escribir de forma breve los aspectos más importantes de un tema. Al resumir, se da sólo la información más importante, sin entrar en detalles. ✂ ampliar.

resurrección

nombre femenino **1** Acción de resucitar. Los Evangelios narran la resurrección de Jesucristo.

retablo

nombre masculino **1** Conjunto de pinturas y esculturas que representa una historia y que decora la pared que está tras el altar de una iglesia.

retaco, retaca

adjetivo y nombre **1** Se dice de la persona de baja estatura y más bien gorda.
👁 Es una palabra de uso familiar y despectivo.

retaguardia

nombre femenino **1** Parte de un ejército que está detrás. A veces, la retaguardia no entra en combate. ✂ vanguardia.
👉 950
2 Parte alejada del frente de batalla. Las oficinas y los hospitales suelen estar en retaguardia. ✂ vanguardia.

retal

nombre masculino **1** Trozo de tela o de otro material que sobra después de cortar una pieza mayor.

retar

verbo **1** Provocar una persona a otra para que luche o compita con ella.

R
—
r

En la Edad Media los caballeros se retaban a muerte cuando querían resolver sus disputas.

retener
verbo

1 Detener una persona o una cosa e impedir que se vaya. Los pañales retienen la orina.
2 Guardar en la memoria. Todos somos capaces de retener muchos datos en la cabeza. ✂ memorizar.
◉ Se conjuga como: tener.

retina
nombre femenino

1 Membrana interior del ojo en la que se recibe la luz y se representan las imágenes. ✍ 594

retirada
nombre femenino

1 Acción que consiste en retirarse o abandonar un lugar o una actividad: *El general ordenó la retirada.*
2 Acción que consiste en quitar algo de un lugar. Los basureros se encargan de la retirada de las basuras.

retirado, retirada
adjetivo

1 Que está alejado. Las personas que viven en lugares retirados tiene problemas de comunicación.

adjetivo y nombre

2 Que no trabaja por razones de edad. ✂ jubilado.

retirar
verbo

1 Hacer que una persona o una cosa se aparte o se separe del lugar donde estaba: *Se retiraron para que pudiera pasar el coche.*
2 Decir que no se mantiene algo que se ha dicho antes. Si una persona ofende a otra, puede retirar lo dicho y pedir perdón.
3 retirarse Abandonar una persona una determinada actividad, en especial su trabajo. La gente se retira a los 65 años.
4 retirarse Irse a vivir a un lugar tranquilo y aislado: *Se retiró al campo porque ya estaba harto de la ciudad.*
5 retirarse Retroceder un ejército y abandonar su posición o la lucha.

retiro
nombre masculino

1 Situación de la persona que deja de trabajar por razones de edad o que deja una actividad.

2 Cantidad de dinero fija al mes que recibe una persona que ha dejado de trabajar por haber llegado a una edad avanzada.

reto
nombre masculino

1 Acción que realiza una persona cuando incita o provoca a otra para que luche o compita con ella: *No aceptes el reto de subir a la montaña, es muy peligroso.* ✂ desafío.
2 Tarea o trabajo difícil pero que produce mucha satisfacción si se supera. Acabar una maratón puede ser un reto. ✂ desafío.

retocar
verbo

1 Hacer pequeños cambios en una cosa que está casi acabada para dejarla de la mejor manera posible: *El dibujo está bien, pero retoca esta parte de aquí.*
◉ Se escribe 'qu' delante de 'e', como: retoquen.

retoque
nombre masculino

1 Corrección pequeña que se hace a algo que está casi acabado para que quede mejor.

retorcer
verbo

1 Torcer una cosa dándole vueltas. Se retuerce la ropa mojada para escurrirla, el brazo de una persona o un periódico.

retorcer

◉ Se conjuga como: cocer; la 'o' se convierte en 'ue' en sílaba acentuada y se escribe 'z' delante de 'a' y 'o', como: retuerza.

retornar
verbo

1 Volver al lugar, a la situación o al estado en que se estaba antes. En primavera retornan muchas aves que viajaron hacia zonas cálidas.

R / r

retortijón
nombre masculino **1** Dolor fuerte y breve que se siente en el vientre o en el estómago. Cuando una comida nos sienta mal tenemos retortijones.
☞ El plural es: retortijones.

retozar
verbo **1** Jugar dando saltos, corriendo y moviéndose con alegría.
☞ Se escribe 'c' delante de 'e', como: retoce.

retransmisión
nombre femenino **1** Acción de retransmitir una noticia o un espectáculo por radio o televisión. El fútbol es la retransmisión deportiva más habitual. ✍ 198
☞ El plural es: retransmisiones.

retransmitir
verbo **1** Comentar o transmitir una información, un espectáculo o una competición por radio o televisión: *El partido será retransmitido en directo.*

retrasado, retrasada
adjetivo y nombre **1** Se dice de las personas que tienen una capacidad mental que no alcanza el nivel considerado como normal.
adjetivo **2** Se dice de las cosas o las personas que están más atrás de lo que deben. El tren va retrasado cuando no llega a la estación a su hora.

retrasar
verbo **1** Hacer que una cosa suceda más tarde. La ausencia del maestro puede retrasar el inicio de un examen. ✖ atrasar.
2 Dejar una cosa para hacerla más adelante: *Retrasamos las vacaciones porque mi madre tiene mucho trabajo.*
3 retrasarse Llegar tarde a un lugar o una cita: *Quedamos a las ocho, no te retrases.*
4 retrasarse Avanzar a un ritmo más lento que los demás y quedarse atrás: *Se retrasó en matemáticas porque faltó a clase por enfermedad.*

retraso
nombre masculino **1** Tiempo que algo o alguien llega o comienza tarde: *El avión llega con una hora de retraso.*

2 Llegada o comienzo más tarde de la hora prevista: *El partido comenzará con retraso.*

retratar
verbo **1** Hacer un dibujo, una pintura o una fotografía de una persona concreta. Velázquez retrató la corte de Felipe IV.

retrato
nombre masculino **1** Dibujo, pintura o fotografía que representa a una persona concreta, como el retrato de un rey.
2 Descripción detallada de algo. Algunas novelas hacen buenos retratos de la sociedad de una época determinada.
ser el vivo retrato de alguien Parecerse mucho. Algunos hijos son el vivo retrato de sus padres.

retrete
nombre masculino **1** Recipiente que hay en el servicio donde las personas hacen sus necesidades. ✖ inodoro; váter.
2 Habitación en la que se encuentra el retrete y otros elementos de aseo personal, como el lavabo. ✖ váter; servicio.

retroceder
verbo **1** Ir o volver hacia atrás: *Retrocedimos para evitar el incendio.*

retroceso
nombre masculino **1** Movimiento hacia atrás. Cuando dispara un cañón, puede verse el retroceso. ✖ avance.

retrovisor
nombre masculino **1** Espejo pequeño que llevan los coches y otros vehículos que sirve para que el conductor pueda ver los coches que hay detrás. ✍ 195

retumbar
verbo **1** Sonar con eco o sonar muy fuerte. La música retumba en los altavoces. ✖ resonar.
2 Vibrar o moverse un objeto por efecto de las ondas de un sonido. Cuando hay tormenta los truenos hacen retumbar los cristales.

reuma
nombre masculino **1** Es otra forma de escribir y pronunciar: reúma.

reúma
nombre masculino **1** Enfermedad que provoca dolores en las articulaciones de los huesos y en los músculos, a veces

R
r

con inflamación. El reúma afecta sobre todo a los tobillos, muñecas, rodillas y codos.
👁 También se puede escribir y decir: reuma.

reumatismo
nombre masculino **1** Reúma.

reunión
nombre femenino **1** Conjunto de personas reunidas para hacer algo: *En la reunión de vecinos se decidió cambiar el ascensor.*
👁 El plural es: reuniones.

reunir
verbo **1** Hacer que dos o más personas se junten en un lugar. Las familias se reúnen en Navidad.
2 Juntar o conseguir varias cosas con un fin. Se puede reunir dinero para gastarlo o sellos para coleccionarlos.

reunir	
INDICATIVO	**SUBJUNTIVO**
presente	**presente**
reúno	reúna
reúnes	reúnas
reúne	reúna
reunimos	reunamos
reunís	reunáis
reúnen	reúnan
pretérito imperfecto	**pretérito imperfecto**
reunía	reuniera o reuniese
reunías	reunieras o reunieses
reunía	reuniera o reuniese
reuníamos	reuniéramos o
reuníais	reuniésemos
reunían	reunierais o reunieseis
	reunieran o reuniesen
pretérito indefinido	**futuro**
reuní	reuniere
reuniste	reunieres
reunió	reuniere
reunimos	reuniéremos
reunisteis	reuniereis
reunieron	reunieren
futuro	
reuniré	**IMPERATIVO**
reunirás	
reunirá	reúne (tú)
reuniremos	reúna (usted)
reuniréis	reunid (vosotros)
reunirán	reúnan (ustedes)
condicional	**FORMAS**
reuniría	**NO PERSONALES**
reunirías	
reuniría	**infinitivo** **gerundio**
reuniríamos	reunir reuniendo
reuniríais	**participio**
reunirían	reunido

revancha
nombre femenino **1** Acción con la que una persona quiere vengarse de un daño producido por otra persona. 〰 venganza.
2 Competición o prueba que pide la persona que pierde para intentar ganar y quedar empatados: *Has ganado, pero quiero la revancha.*

revelación
nombre femenino **1** Descubrimiento de algo que era secreto o no se conocía: *El detenido hizo unas importantes revelaciones.*
2 Persona que era poco conocida y de repente se descubre que es muy buena en su trabajo: *Esa actriz es una gran revelación.*
👁 El plural es: revelaciones.

revelar
verbo **1** Dar a conocer o descubrir algo que era secreto o no se conocía. Las personas suelen revelar sus planes a los amigos.
2 Tratar de manera adecuada un carrete de fotografías para poder hacer copias en papel.

reventar
verbo **1** Romper una cosa violentamente al hacer mucha presión desde dentro. El hielo puede reventar las cañerías del agua.

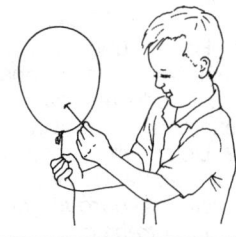

reventar

2 Expresar algo con mucha violencia por estar muy molesto y no poder aguantar: *Si no digo lo que pienso, reviento.*
3 Molestar mucho una persona o una cosa. A veces tenemos que hacer cosas que nos revientan, pero no tenemos más remedio que hacerlas. 〰 jorobar.
4 Estar una persona tan llena de

comida que parece que va a estallar.

👁 Se conjuga como: acertar; la 'e' se convierte en 'ie' en sílaba acentuada, como: revienta.

reverencia
nombre femenino **1** Inclinación que se hace con el cuerpo en señal de respeto. A los reyes se les hace una reverencia.

reverso
nombre masculino **1** Cara posterior o parte opuesta de la que se considera principal de una cosa. El reverso de una moneda es la cruz. ✕ revés; dorso. ✕ cara; anverso. ✍ 81

revés
nombre masculino **1** Parte opuesta a la que se considera principal de una cosa, como una tela o una hoja: *Mira, lleva la camisa del revés*. ✕ derecho.
2 Golpe que se da a alguien con la parte de la mano opuesta a la palma. ✕ bofetón; tortazo.
3 Desgracia grande e inesperada. Quedarse sin trabajo o perder a un ser querido son duros reveses.
4 En tenis, golpe que se da a la pelota cuando el brazo cruza por delante del cuerpo.
al revés De manera contraria a la normal o cambiando el orden: *Así no, al revés, lo de la derecha a la izquierda*.
👁 El plural es: reveses.

revisar
verbo **1** Examinar una cosa con mucha atención y cuidado para asegurarse de que está bien, no le falta nada y no tiene ningún fallo. Después de hacer un trabajo hay que revisarlo antes de darlo por bueno. Conviene revisar el coche antes de salir de viaje. ✍ 195

revisión
nombre femenino **1** Examen que se hace de una cosa para asegurarse de que está bien, no le falta nada y no tiene ningún fallo. Los coches viejos tienen que pasar una revisión todos los años.

revisor, revisora
nombre **1** Persona que trabaja en transporte público y comprueba que la gente viaja con billete.

revista
nombre femenino **1** Publicación de información general o especializada, en general con fotografías, que aparece de forma periódica. Hay revistas de actualidad, de moda, de informática y de otras cosas.
2 Inspección que hace un jefe de las personas que están bajo su mando o autoridad. Los generales pasan revista a sus tropas.

revistero
nombre masculino **1** Mueble pequeño que se utiliza para guardar revistas y periódicos.

revivir
verbo **1** Volver a vivir o volver a tener fuerzas y energía para vivir. Las plantas que están marchitas reviven si se riegan y se cuidan bien.

revolcarse
verbo **1** Echarse una persona o un animal sobre una superficie y dar vueltas sobre ella. A muchos niños les gusta revolcarse en la playa.
👁 Se conjuga como: volcar; la 'o' se convierte en 'ue' en sílaba acentuada y se escribe 'qu' delante de 'e', como: revuelque o revuelco.

revolotear
verbo **1** Volar un pájaro o una mariposa dando vueltas alrededor de una cosa o en poco espacio.

revoltijo
nombre masculino **1** Conjunto de cosas mezcladas y desordenadas. Cuando amontonamos ropa sin orden, se forma un revoltijo. ✕ lío.

revoltoso, revoltosa
adjetivo **1** Que nunca está quieto y siempre está haciendo travesuras. Los niños pequeños suelen ser revoltosos. ✕ travieso.

revolución
nombre femenino **1** Cambio enorme en las instituciones políticas de un país. En las revoluciones, el pueblo se levanta contra el gobierno y lo cambia, normalmente de forma violenta. La revolución francesa de 1789 fue muy importante.
2 Cambio rápido y profundo en la política, la sociedad, la economía o en otro ámbito cualquiera. Los

R / r

ordenadores han supuesto una verdadera revolución.

3 Cada movimiento que realiza un cuerpo al girar alrededor de un eje. La revoluciones por minuto de una batidora es el número de vueltas que da la cuchilla en un minuto. 👁 El plural es: revoluciones.

revolucionar
verbo **1** Provocar desorden o agitación o acabar con la tranquilidad: *No revoluciones al niño, que tiene que dormir.*

2 Provocar un fuerte cambio en un estado de cosas, especialmente en la política de un país o en las costumbres de una sociedad. La minifalda revolucionó el mundo de la moda de los años sesenta.

revolucionario, revolucionaria
adjetivo **1** Se dice de lo que tiene relación con la revolución, como unas ideas revolucionarias.

2 Se dice de la cosa que representa un cambio radical o profundo o una novedad importante. La electricidad fue un descubrimiento revolucionario.

revolver
verbo **1** Mover una o varias cosas de un lado a otro o dando vueltas. El cacao en polvo se remueve con la leche para preparar chocolate.

2 Mover algunas cosas y dejarlas desordenadas. Cuando se busca algo en un cajón y no se encuentra, se revuelve todo.

3 revolverse Darse la vuelta con rapidez hacia una persona o un animal para enfrentarse a él: *El gato se revolvió y lo arañó.*
👁 Se conjuga como: mover; la 'o' se convierte en 'ue' en sílaba acentuada, como: revuelvo.

revólver
nombre masculino **1** Arma de fuego que se sujeta y se dispara con una sola mano; tiene un cilindro en el que se colocan las balas y que gira a cada disparo. En las películas del oeste salen revólveres.

revuelo
nombre masculino **1** Desorden y ruido de personas ante una situación especial. Cuan-

do un famoso visita una ciudad, se produce un gran revuelo.

revuelta
nombre femenino **1** Movimiento violento de personas que protestan contra alguien o contra algo. En los años sesenta hubo muchas revueltas de estudiantes.

revuelto, revuelta
participio **1** Participio irregular de: revolver. También se usa como adjetivo: *¿Quién ha revuelto mis papeles? Encontró la habitación toda revuelta.*

adjetivo **2** Se dice del tiempo que cambia constantemente, de despejado a nuboso y al revés.

nombre masculino **3** Plato que se hace friendo una mezcla de huevos batidos con otros alimentos.

rey, reina
nombre **1** Persona que gobierna en algunos países; el título de rey se hereda y dura toda la vida. El rey de España es Juan Carlos I.

2 Persona, animal o cosa que destaca entre los demás de su especie. El león es el rey de los animales: *Con ese vestido vas a ser la reina de la noche.*

3 Pieza del ajedrez. El rey es la pieza principal a la que el resto de piezas deben defender y la reina es la pieza más importante para atacar o defender.

4 Carta de la baraja con la figura de una persona con corona. En la baraja española hay reyes pero no reinas y en la francesa hay reyes y reinas.
👁 El plural de 'rey' es 'reyes'.

rezar
verbo **1** Decir oraciones dirigiéndose a Dios, a la Virgen o a los santos. ✂ orar.
👁 Se escribe 'c' delante de 'e', como: rece.

rezo
nombre masculino **1** Conjunto de palabras y frases que se dirigen a Dios, a la Virgen o a los santos al rezar. ✂ oración.

ría
nombre femenino **1** Desembocadura de un río donde se mezclan el agua dulce y la salada. Las rías son un accidente geográfico típico de Galicia.

riachuelo

nombre masculino **1** Río pequeño que lleva poca agua.

riada

nombre femenino **1** Crecida muy grande del caudad de un río o de un arroyo que provoca inundaciones. ⚒ avenida.

ribera

nombre femenino **1** Orilla del mar o de un río: *Paseamos por la ribera del río.* ⚒ margen.
2 Tierra que está cerca de un río o que se riega con agua del río.

rico, rica

adjetivo **1** Se dice de la persona que tiene mucho dinero o propiedades. ⚒ pobre.
2 Que tiene gran cantidad de una cosa. La leche es rica en calcio; si una persona tiene un vocabulario rico, emplea muchas palabras.
3 Se dice de la comida que tiene buen sabor. ⚒ bueno.
4 Se dice de los niños pequeños guapos o simpáticos: *Tienen una niña muy rica.*

ridiculizar

verbo **1** Poner a una persona en una situación ridícula para que los demás se rían de ella. Algunas caricaturas ridiculizan a los famosos.

ridículo, ridícula

adjetivo **1** Que provoca la risa, la burla o el desprecio porque es muy raro, muy feo o extraño: *Con esa ropa resulta ridículo.*
2 Que es demasiado pequeño o demasiado poco. Si se reparten 10 pesetas entre 30 personas, a cada uno le toca una cantidad ridícula.

nombre masculino **3** Situación de la que otra persona se puede reír o burlar: *Quería presumir, pero hizo el ridículo.*

riego

nombre masculino **1** Operación que consiste en echar agua a los cultivos para que las plantas se alimenten y crezcan.

rienda

nombre femenino **1** Cada una de las dos correas que se sujetan junto a la boca del caballo u otro animal y sirven para guiarlo. El jinete debe tirar con fuerza de las riendas para que el caballo se detenga.

nombre femenino plural **2** Gobierno o dirección de un negocio, empresa u otro asunto. El encargado lleva las riendas del negocio cuando no está el jefe.

riesgo

nombre masculino **1** Posibilidad de que se produzca un daño o peligro. Supone un gran riesgo conducir una moto sin llevar casco; cuando se producen fuertes tormentas hay riesgo de inundaciones.

rifa

nombre femenino **1** Juego en el que se reparten o venden papeletas con número y después se escoge un número por sorteo; la persona con el número premiado recibe un premio. En las ferias hay rifas. ⚒ sorteo.

rifar

verbo **1** Sortear una cosa entre varias personas repartiendo o vendiendo papeletas con números y escogiendo uno al azar.

rifle

nombre masculino **1** Arma de fuego con culata para apoyar en el hombro y cañón largo; se caracteriza por tener rayas en el interior del cañón.

rígido, rígida

adjetivo **1** Que no se puede o es muy difícil de torcer o doblar. Los objetos de hierro son rígidos. ⚒ duro; tieso. ⚒ flexible.
2 Que no admite cambios y hace las cosas según unas ideas u obligaciones. La disciplina militar es muy rígida en cuanto al horario.

rigor

nombre masculino **1** Dureza excesiva con la que una persona trata a otra que está bajo su autoridad. Se juzga con rigor a alguien cuando no se consiente que cometa errores. ⚒ severidad.
2 Exactitud o precisión al examinar o estudiar una cosa o al explicar los detalles de algo. Hacer un análisis o un cálculo con rigor es hacerlos comprobando la exactitud de cada dato.

riguroso, rigurosa

adjetivo **1** Se dice del castigo que es estricto y se aplica sin compasión: *La tarjeta roja fue un castigo muy riguroso.*

R / r

R r

rima
nombre femenino **1** Igualdad de sonido en la terminación de dos o más palabras. La rima de la poesía y las canciones sirve para darles ritmo.

rimar
verbo **1** Tener una palabra o verso un sonido final igual o parecido a otra palabra o verso. Las palabras 'prisa' y 'risa' riman.

rincón
nombre masculino **1** Parte interior del ángulo que forman dos paredes al juntarse.

ring
nombre masculino **1** Espacio cuadrado limitado por cuatro filas de cuerdas en el que se celebran combates de boxeo o lucha. ✗ cuadrilátero.
◉ El plural es: rings.

rinoceronte
nombre masculino **1** Mamífero de gran tamaño y peso, cuerpo grueso, patas cortas y piel dura y sin pelos. Tiene uno o dos cuernos muy gruesos sobre el hocico. Vive en África y Asia y está en peligro de extinción.

riña
nombre femenino **1** Pelea o discusión violenta.
2 Cosa que una persona dice a otra mostrando enfado o diciendo que ha hecho algo malo: *Se llevó una buena riña por romper el cristal.*

riñón
nombre masculino **1** Cada uno de los dos órganos del cuerpo que producen la orina y purifican la sangre. Los riñones forman parte del aparato excretor.
nombre masculino plural **2 riñones** Zona del cuerpo humano situada en la parte baja de la espalda: *No lleves tanto peso en la espalda o te dolerán los riñones.*

riñonera
nombre femenino **1** Bolsa que se lleva atada a la cintura y sirve para llevar las llaves, el dinero y cosas pequeñas.

río
nombre masculino **1** Corriente continua de agua que va a parar al mar, a un lago o a otro río. El río Tajo es el más largo de España. ✍ 597

2 Se dice de lo que se hace con gran exactitud y precisión. Una historia rigurosamente cierta es tal y como se cuenta.

riojano, riojana
adjetivo y nombre **1** Se dice de la persona o cosa que es de La Rioja.

ripio
nombre masculino **1** Palabra o conjunto de palabras que se emplean para completar un verso o lograr una rima, pero que son innecesarias y suenan mal en el conjunto.

riqueza
nombre femenino **1** Abundancia de dinero, de bienes económicos o de recursos naturales. En el norte de España hay gran riqueza en pastos para el ganado.
2 Abundancia de una cualidad positiva: *Es un cuadro de gran riqueza artística.* ✗ escasez.

risa
nombre femenino **1** Sonido que hace una persona cuando se ríe. La risa es sana porque es un signo de alegría.

risueño, risueña
adjetivo **1** Que muestra en su cara una expresión de sonrisa o de alegría. Las personas con un carácter alegre suelen ser risueñas.

ritmo
nombre masculino **1** Orden que tienen los sonidos en la música o en la poesía que provoca una sensación de repetición y de mayor o menor velocidad.
2 Velocidad a la que se realiza o se produce una cosa, en especial si se repite. El ritmo normal de los latidos del corazón es de 60 a 80 pulsaciones por minuto.

rito
nombre masculino **1** Ceremonia que tiene unas reglas fijas. Las bodas suelen celebrarse siguiendo un rito religioso determinado.

rival
nombre masculino y femenino **1** Persona que compite contra otra o que se opone a otra para conseguir lo mismo que ella. Son rivales dos equipos que se enfrentan en un partido.

rivalidad
nombre femenino **1** Relación que hay entre dos personas que compiten para conseguir la misma cosa. Hay una gran rivalidad entre los equipos que aspiran a ganar un campeonato.

R
—
r

rizar

verbo

1 Hacer rizos en el pelo. La humedad riza el cabello. ※※ alisar.

👁 Se escribe 'c' delante de 'e', como: rices.

rizo

nombre masculino

1 Conjunto de pelos que forman un círculo no cerrado. Los rulos se utilizan para hacer rizos. ※※ onda.

robar

verbo

1 Coger una persona una cosa que no le pertenece para quedársela. Se puede robar usando la violencia, amenazas, el engaño o sin que se note.

2 Quitar algo no material, como el tiempo o el alma: *Le tiene robado el corazón.*

3 Coger una carta de la baraja o una ficha de un montón que se ha dejado sin repartir para poder seguir jugando. Se roba en el juego del dominó y en juegos de cartas.

roble

nombre masculino

1 Árbol de tronco alto y fuerte, hojas caducas con el borde en forma de sierra y copa redondeada; su fruto es un tipo de bellota. En el norte de España hay bosques de robles.

robo

nombre masculino

1 Acción que se realiza cuando una persona coge una cosa que no le pertenece y se queda con ella. El robo es un delito.

2 Precio excesivamente alto de una cosa.

robot

nombre masculino

1 Máquina electrónica que realiza operaciones de manera automática. En las fábricas de coches los robots colocan piezas y pintan.

2 Máquina que imita el aspecto y las acciones de una persona.

👁 El plural es: robots.

robusto, robusta

adjetivo

1 Se dice de la persona que tiene el cuerpo y los miembros fuertes y desarrollados. Los deportistas suelen ser robustos. ※※ duro. ※※ débil.

roca

nombre femenino

1 Material duro y sólido formado por la unión de varios minerales que se encuentra en la superficie de la Tierra.

2 Bloque grande de este material que hay en la tierra y en el mar. Los pescadores se sientan al atardecer en las rocas para pescar. ※※ piedra.

roce

nombre masculino

1 Contacto entre dos cosas o personas que se rozan. Los cuellos de las camisas se desgastan por el roce.

2 Marca o señal que produce el contacto frecuente de una cosa con otra. Unos zapatos muy usados están llenos de roces.

3 Trato frecuente y continuo entre dos personas. Las personas se van tomando cariño y se conocen mejor con el roce. ※※ relación.

4 Discusión de poca importancia entre dos personas: *No fue una pelea, fue sólo un roce.*

rociar

verbo

1 Echar sobre algo un líquido en forma de gotas pequeñas: *Esa plancha rocía agua sobre la ropa.*

👁 Se conjuga como: desviar; la 'i' se acentúa en algunos tiempos y personas, como: rocíe.

rocío

nombre masculino

1 Gotas de agua muy pequeñas que aparecen sobre las plantas o la tierra cuando hace frío por la noche.

rock

nombre masculino

1 Tipo de música moderna de ritmo muy vivo; suele tocarse con batería e instrumentos eléctricos.

👁 Se pronuncia: roc.

rocoso, rocosa

adjetivo

1 Se dice del lugar que está lleno de rocas. En la costa Brava hay playas muy rocosas.

rodaballo

nombre masculino

1 Pez marino comestible con el cuerpo plano y redondeado, de color marrón verdoso por la parte superior, donde tiene los ojos, y blanco por la inferior.

rodaja

nombre femenino

1 Trozo de forma redondeada que se saca de un alimento de forma alargada y circular. El chorizo y la merluza pueden cortarse en rodajas.

✍ 593

R

r

rodar
verbo

1 Dar una cosa vueltas sobre sí misma, como hace una pelota, un bote o una moneda que cae.
2 Grabar imágenes para hacer una película. Los directores de cine ruedan en exteriores y en decorados interiores.
3 Ir una persona o cosa de un lado hacia otro sin estar mucho tiempo en ningún sitio: *Ese juguete rueda por toda la casa, guárdalo*.
👁 Se conjuga como: contar; la 'o' se convierte en 'ue' en sílaba acentuada, como: cuento.

rodear
verbo

1 Estar o poner algo alrededor de una persona o cosa. Cuando abrazamos a alguien, lo rodeamos con nuestros brazos. ✂ cercar.

rodeo
nombre masculino

1 Recorrido más largo de lo normal que se hace para llegar a algún sitio. Si una carretera está cerrada por la nieve es posible que tengamos que dar un rodeo. ✂ vuelta.
2 Manera de decir algo que no es clara ni directa. Si una persona habla con rodeos, habla de otras cosas antes de decir lo que quiere decir realmente.
3 En algunos países de América, espectáculo que consiste en montar caballos y toros salvajes para dormarlos.

rodilla
nombre femenino

1 Parte de la pierna por donde se dobla. La rodilla, como la muñeca, es una articulación. También se llama rodilla a la parte delantera de esa zona; al doblar la pierna y caer al suelo, tocamos con la rodilla.

rodillera
nombre femenino

1 Pieza de tela cosida o pegada en la parte de la rodilla de algunos pantalones como adorno o refuerzo.
2 Protección que se pone en una rodilla una persona, principalmente un deportista.

rodillo
nombre masculino

1 Instrumento de cocina cilíndrico que se utiliza para aplastar una masa; tiene forma alargada y redonda y un mango a cada lado.

roedor
nombre masculino

1 Animal mamífero de pequeño tamaño con dos dientes largos en la mandíbula superior que utiliza para roer los alimentos. El ratón y la ardilla son roedores.

roer
verbo

1 Cortar con los dientes una cosa en trozos muy pequeños. Los ratones roen su comida.
2 Quitar la carne que queda alrededor de un hueso usando los dientes.

roer		
INDICATIVO		**SUBJUNTIVO**
presente		**presente**
roigo o roo o royo		roa o roiga o roya
roes		roas o roigas o royas
roe		roa o roiga o roya
roemos		roamos o roigamos o royamos
roéis		royamos
roen		roáis o roigáis o royáis
		roan o roigan o royan
pretérito imperfecto		**pretérito imperfecto**
roía		royera o royese
roías		royeras o royeses
roía		royera o royese
roíamos		royéramos o royésemos
roíais		royerais o royeseis
roían		royeran o royesen
pretérito indefinido		**futuro**
roí		royere
roíste		royeres
royó		royere
roímos		royéremos
roísteis		royereis
royeron		royeren
futuro		
roeré		**IMPERATIVO**
roerás		
roerá		roe (tú)
roeremos		roa o roiga
roeréis		o roya (usted)
roerán		roed (vosotros)
		roan o roigan
condicional		o royan (ustedes)
roería		
roerías		**FORMAS NO PERSONALES**
roería		
roeríamos		**infinitivo** **gerundio**
roeríais		roer royendo
roerían		**participio**
		roído

rogar
verbo

1 Pedir una cosa como un gran favor: *Me rogó que no lo contara*.
👁 Se conjuga como: colgar; la 'o' se convierte en 'ue' en sílaba acentuada y se escribe 'gu' delante de 'e', como: ruego o roguemos.

rojizo, rojiza
adjetivo **1** De color parecido al rojo o con un tono rojo. Algunas personas tienen el pelo castaño rojizo.

rojo, roja
nombre masculino y adjetivo **1** Color como el de la sangre, los tomates maduros o las fresas. El rojo se utiliza para muchas señales de prohibición o peligro.
adjetivo y nombre **2** Que tiene ideas políticas revolucionarias o de izquierdas, especialmente los comunistas.
al rojo vivo De color rojo fuerte por el calor o el fuego.
al rojo vivo Se dice de una reunión o discusión en la que la gente no llega a un acuerdo y cada vez está más alterada y enfadada.

rollizo, rolliza
adjetivo **1** Que es un poco gordo y está fuerte.

rollo
nombre masculino **1** Cilindro formado por un material, como papel, alambre o tela, que está doblado una o más veces sobre sí mismo. El papel higiénico y el de cocina se venden en rollos.
2 Persona o cosa que es muy aburrida o pesada. Una película que se hace pesada es un rollo. Es un uso familiar. ✕✕ lata, tostón.

romance
nombre masculino **1** Relación amorosa entre dos personas que no están casadas entre sí. Los romances suelen ser cortos y apasionados.
2 Poema popular en que los versos pares riman y los impares, no.
adjetivo **3** Se dice de las lenguas que tienen su origen en el latín. El español, el catalán y el gallego son lenguas romances. ✕✕ románico.

románico, románica
adjetivo y nombre masculino **1** Se dice del estilo artístico que se desarrolló en Europa entre los siglos X y XIII.
adjetivo **2** Se dice de las lenguas que derivan del latín, como el castellano y el portugués. ✕✕ romance.

romano, romana
adjetivo y nombre **1** Se dice de la persona o cosa que pertenecía a un antiguo imperio que tenía su capital en Roma.

2 Se dice de la persona o cosa que es de Roma, capital de Italia.

romántico, romántica
adjetivo **1** Que le da mucha importancia a los sentimientos y a las pasiones, como por ejemplo el amor. Las personas románticas se suelen enamorar con facilidad.
2 Se dice de la situación o la acción que provocan o expresan amor. Mucha gente llora con las películas románticas.

rombo
nombre masculino **1** Figura geométrica que tiene cuatro lados iguales y cuatro ángulos iguales dos a dos.

romería
nombre femenino **1** Viaje que hacen varias personas a una iglesia o lugar sagrado por fe y devoción.
2 Fiesta popular que se hace junto a una ermita o un lugar sagrado el día de la festividad del santo o santa de ese lugar.

romero
nombre masculino **1** Arbusto muy oloroso que se utiliza para hacer perfumes, medicinas y como condimento de las comidas.

rompecabezas
nombre masculino **1** Juego compuesto por pequeñas piezas que componen una figura; el juego consiste en reconstruir la figura juntando las piezas. ✕✕ puzzle.
2 Frase o pregunta difícil que una persona tiene que resolver con ayuda de algunas pistas. En las revistas de pasatiempos suele haber rompecabezas. ✕✕ adivinanza.
👁 El plural es: rompecabezas.

rompeolas
nombre masculino **1** Muro que protege un puerto o una bahía de las olas del mar.
👁 El plural es: rompeolas.

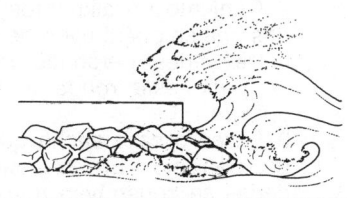

rompeolas

R
r

romper
verbo
1 Hacer trozos una cosa o separarla en partes estirándola o dándole golpes. La tiza se rompe muy fácilmente: *Se ha roto el muñeco*.
2 Hacer que algo no funcione. Cuando se rompe el ordenador no podemos utilizarlo.
3 No cumplir un compromiso o una promesa: *Han roto el acuerdo que tenían*.
4 Interrumpir la continuidad de algo: *Se han enfadado y han roto su amistad. Un golpe brusco rompió el silencio*.
romper a Empezar a hacer lo que se indica: *El niño rompió a llorar porque tenía hambre*.
romper con Dejar de tener relación con una persona: *Ha roto con su marido, pero todavía no ha pedido el divorcio*.
👁 El participio es: roto.

ron
nombre masculino
1 Bebida alcohólica muy fuerte de color transparente que se obtiene de la caña de azúcar.

roncar
verbo
1 Hacer un ruido áspero y grave al respirar cuando se está durmiendo.
👁 Se escribe 'qu' delante de 'e', como: ronquen.

ronco, ronca
adjetivo
1 Se dice de la voz o el sonido que es muy grave y muy bajo.
2 Se dice de la persona que habla con una voz grave y áspera porque tiene la garganta irritada: *Se quedó ronco de gritar*. ※ afónico.

ronda
nombre femenino
1 Recorrido que hace una persona para vigilar un lugar. La policía hace rondas nocturnas en las ciudades.
2 Conjunto de alimentos o bebidas que se distribuyen de una vez entre varias personas reunidas: *Yo pago esta ronda y tú la siguiente*.
3 Paseo o calle ancha que rodea una población. En las grandes ciudades se construyen rondas para regular el tráfico.

rondar
verbo
1 Andar por un lugar para vigilarlo. La policía ronda las calles.
2 Andar de noche por las calles, en especial cantando con otras personas: *La tuna rondaba por las calles*.
3 Estar a punto de atacar a una persona algo como el hambre, el sueño o una enfermedad.

ronquera
nombre femenino
1 Irritación de la garganta que hace que la voz se vuelva más grave y áspera.

ronquido
nombre masculino
1 Ruido áspero y grave que se hace al respirar cuando se duerme.

ronronear
verbo
1 Emitir un gato sonidos cuando está a gusto. Los gatos ronronean cuando se les acaricia.

roña
nombre femenino
1 Suciedad que está muy pegada a una superficie. Es un uso informal. ※ mugre.
nombre masculino y femenino
2 Se dice de la persona a la que no le gusta gastar dinero y no suele invitar a los demás. Es un uso informal. ※ roñica.

roñica
adjetivo y nombre masculino y femenino
1 Se dice de la persona que intenta gastar lo menos posible. Las personas roñicas no suelen invitar a los demás. ※ avaro; tacaño.

roñoso, roñosa
adjetivo
1 Que está cubierto de suciedad: *Tenía las manos roñosas de haber jugado en la calle*. Es un uso informal. ※ sucio. ※ limpio.
2 Se dice de la persona que intenta gastar lo menos posible. Es un uso informal. ※ avaro; roñica; tacaño.

ropa
nombre femenino
1 Conjunto de prendas de vestir que usamos para vestirnos o para cubrir muebles y ventanas.
ropa blanca Ropa que se usa para vestir las cosas de la casa, como las cortinas, los manteles o las sábanas.
ropa interior Ropa que se coloca encima de la piel y debajo de otras prendas de vestir, como los

calzoncillos, las bragas o la combinación.

ropaje

nombre masculino **1** Conjunto de la ropa que una persona lleva puesta. Indica normalmente ropa lujosa o que tiene alguna peculiaridad, como la ropa que llevan los actores en el teatro.

ropero

nombre masculino **1** Armario o habitación donde se guarda la ropa.

roque

adjetivo **1** Dormido: *Se quedó roque en el sofá viendo la tele*. Es un uso informal. ✕ frito.

rosa

nombre femenino **1** Flor de grandes pétalos de colores vivos que tiene espinas en el tallo y normalmente desprende muy buen olor.

nombre masculino y adjetivo **2** Color como el de un caramelo o chicle de fresa. La mezcla de rojo y blanco da rosa.

rosáceo, rosácea

adjetivo **1** De color parecido al rosa o con un tono rosa.

rosado, rosada

adjetivo **1** De color rosa o con un tono rosa. El jamón de York es rosado. **2** Se dice del vino de color rojo claro.

rosal

nombre masculino **1** Planta de la rosa. Los rosales florecen en primavera y verano.

rosaleda

nombre femenino **1** Terreno en el que se cultivan rosales.

rosario

nombre masculino **1** Conjunto de oraciones dedicadas a la Virgen que recuerdan los sucesos más importantes de su vida. **2** Especie de cadena que se usa para rezar el rosario y que está formada por piezas separadas en cinco grupos de 10.

rosca

nombre femenino **1** Objeto que tiene forma de aro con un agujero en medio. En muchas panaderías fabrican roscas de pan. **2** Raya que tienen los tornillos o algunas piezas que sirve para que se puedan meter dentro de otras piezas dándoles vueltas. Hay botellas con tapón de rosca. ✍ 393

hacer la rosca Alabar a una persona para conseguir algo de ella.

rosco

nombre masculino **1** Bollo o pan pequeño que tiene forma redonda con un agujero en el centro.

roscón

nombre masculino **1** Bollo grande de forma redonda y con un agujero en el medio. El día de Reyes se suele comer un roscón que tiene una sorpresa dentro. 👁 El plural es: roscones.

rosetón

nombre masculino **1** Ventana redonda con cristales de colores que forman dibujos. Las catedrales suelen tener rosetones. 👁 El plural es: rosetones.

rosquilla

nombre femenino **1** Dulce pequeño que tiene forma redonda y un agujero en medio.

rostro

nombre masculino **1** Cara de una persona. **2** Falta de vergüenza de una persona: *¡Qué rostro!, coge las cosas sin pedirlas*. Es un uso informal. ✕ cara.

rotación

nombre femenino **1** Movimiento de un cuerpo alrededor de su eje o centro. La rotación de la Tierra sobre sí misma dura un día. ✕ vuelta. 👁 El plural es: rotaciones.

rotativa

nombre femenino **1** Máquina que imprime los ejemplares de un periódico o revista con movimiento continuo y a gran velocidad. ✍ 397

roto, rota

participio **1** Participio irregular de: romper. También se usa como adjetivo: *El cristal se ha roto en mil pedazos. El lápiz tiene la punta rota*.

nombre masculino **2** Agujero o raja que se hace en un tejido: *¿Cómo te has hecho ese roto en el pantalón?*

rotulador

nombre masculino **1** Instrumento que se utiliza para escribir, dibujar o pintar, formado por un tubo que tiene en su interior una carga de tinta y en un extremo una punta que absorbe la tinta.

rótulo

nombre masculino **1** Mensaje o texto que se pone en un lugar público para informar o

R
—
r

avisar de algo. Hoteles, restaurantes y comercios tienen rótulos en
sus fachadas. ✕✕ letrero. ✍ 398

rotundo, rotunda
adjetivo **1** Que es muy firme y no admite
ninguna duda ni discusión. Si una
persona está muy segura de algo
puede afirmarlo de manera rotunda. ✕✕ terminante.

rotura
nombre **1** Acción de romperse algo o de
femenino hacerse pedazos de manera violenta: *El jugador sufrió una rotura de ligamentos.*

roulotte
nombre **1** Remolque que llevan algunos
femenino coches preparado como una casa
para poder vivir en él. ✕✕ caravana.
👁 Se pronuncia: 'rulot'.

rozadura
nombre **1** Herida superficial que se produ-
femenino ce en la piel por el roce con alguna
cosa áspera o dura. Los zapatos
nuevos suelen hacer rozaduras en
los talones.

rozar
verbo **1** Tocar ligeramente una superficie
algo que está en movimiento: *La
falda es tan larga que roza el suelo.*
2 Estar muy cerca de lo que se indica: *Alberto roza ya los 60 años.*
👁 Se escribe 'c' delante de 'e',
como: rocen.

rubeola
nombre **1** Es otra forma de escribir y pro-
femenino nunciar: rubéola.

rubéola
nombre **1** Enfermedad infecciosa que pro-
femenino voca la aparición de granos o
manchas rojas en la piel; se suele
coger durante la infancia y sólo es
peligrosa durante el embarazo.
👁 También se escribe y se pronuncia: rubeola.

rubí
nombre **1** Piedra preciosa de color rojo
masculino que se utiliza para hacer joyas.
👁 El plural es: rubíes o rubís.

rubio, rubia
adjetivo **1** Se dice del pelo que es de color
y nombre parecido al amarillo, o de la persona que tiene el pelo de este color.

ruborizarse
verbo **1** Ponerse roja una persona a

causa de la vergüenza: *Se rubori-
zó cuando le dijo que era muy
guapo.* ✕✕ avergonzarse.
👁 Se escribe 'c' delante de 'e',
como: ruborice.

rudo, ruda
adjetivo **1** Que es seco y se comporta de
forma poco delicada o cortés con
los demás. Algunas personas ru-
das tienen malos modos y molestan. ✕✕ bruto; tosco. ✕✕ fino.

rueda
nombre **1** Objeto que tiene forma de círcu-
femenino lo y gira sobre un eje. Las ruedas
ayudan a mover objetos, como
muebles o coches.
rueda dentada Objeto redondo
con dientes en el borde que hay
en la maquinaria de algunos aparatos, como en el reloj. ✍ 193

ruedo
nombre **1** Círculo central de la plaza de
masculino toros donde se torea; el ruedo
está cubierto de arena.

ruego
nombre **1** Cosa que se pide como un gran
masculino favor. Los favores importantes se
piden como ruegos.

rufián
nombre **1** Hombre que no tiene honor y
masculino actúa con maldad.

rugby
nombre **1** Deporte que se practica entre
masculino dos equipos de 15 jugadores que
consiste en hacer pasar un balón
de forma ovalada más allá de la línea de gol del equipo contrario o
por encima de la portería, que es
muy alta. Los jugadores pueden
tocar el balón con cualquier parte
de su cuerpo y pueden agarrar y
tirar al suelo al jugador que lleva el
balón.

rugido
nombre **1** Sonido fuerte y largo caracterís-
masculino tico de los leones, los tigres y
otros animales salvajes.

rugir
verbo **1** Emitir un rugido los leones y
otros animales salvajes.
👁 Se escribe 'j' delante de 'a' y
'o', como: ruja.

rugoso, rugosa
adjetivo **1** Que tiene arrugas en su su-

R

r

perficie. Las nueces tienen la cáscara rugosa. ✗✗ liso.

ruido
nombre masculino **1** Sonido o conjunto de sonidos fuertes, desagradables o que no se sabe de dónde vienen pero que no son ni voces ni instrumentos musicales: *¿Qué ha sido ese ruido?*

ruidoso, ruidosa
adjetivo **1** Que hace mucho ruido o un ruido molesto. Algunos electrodomésticos son bastante ruidosos.

ruin
adjetivo **1** Que es muy malo y actúa con mala intención para hacer daño a los demás. ✗✗ infame; malvado.
2 Se dice de la persona a la que no le gusta gastar dinero. ✗✗ avaro; tacaño.

ruina
nombre femenino **1** Hundimiento de una construcción. Si una casa amenaza ruina, no se puede habitar, porque puede caerse.
2 Pérdida de todo el dinero o de los bienes de una persona o empresa: *La empresa está en la ruina y no puede pagar a los trabajadores.*
3 Cosa que causa la destrucción de algo o la pérdida de todo el dinero o lo bueno que se tiene. El alcohol es la ruina de mucha gente.
nombre femenino plural **4 ruinas** Restos de edificios. Después de la guerra, de muchas ciudades sólo quedan ruinas; en Italia hay muchas ruinas romanas.

ruiseñor
nombre masculino **1** Pájaro que canta muy bien. Es pequeño y de color pardo y frecuente en la península ibérica.

rulo
nombre masculino **1** Cilindro pequeño que se utiliza para enrollar en él mechones de cabello y darles forma ondulada o rizada.

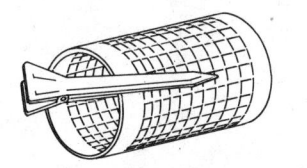
rulo

rumano, rumana
adjetivo y nombre **1** Se dice de la persona o cosa que es de Rumanía, país del este de Europa.
nombre masculino **2** Lengua hablada en Rumanía. El rumano tiene su origen en el latín, como el español.

rumbo
nombre masculino **1** Dirección que se sigue al navegar o volar: *El barco lleva rumbo norte.* ✗✗ ruta.
2 Dirección que se sigue para conseguir un fin o que toma una situación. Unas elecciones pueden cambiar el rumbo de la política de un país.

rumiante
adjetivo y nombre masculino **1** Se dice del animal mamífero que se alimenta de vegetales, los traga y los devuelve a la boca para masticarlos otra vez. La vaca, la jirafa y el camello son rumiantes.

rumiar
verbo **1** Masticar por segunda vez los alimentos que vuelven a la boca desde el estómago. La vaca y la cabra rumian la hierba que antes han tragado.
2 Pensar una cosa despacio durante cierto tiempo. Hay que rumiar bien las decisiones importantes antes de tomarlas.
👁 Se conjuga como: cambiar; la 'i' no lleva nunca acento de intensidad.

rumor
nombre masculino **1** Noticia o comentario que corre de boca en boca sin que se sepa su origen ni si es verdad. Un rumor no debe creerse hasta que se confirme.
2 Ruido sordo y continuado, como el del viento o el ruido de fondo en un restaurante.

rumorearse
verbo **1** Correr un rumor entre la gente. Se rumorean hechos que se saben de forma imprecisa, sin que se pueda asegurar si son ciertos.

rupestre
adjetiivo **1** Se dice de las pinturas y dibujos prehistóricos hechos sobre las rocas. Las paredes de las cuevas de Altamira, en Santander, están llenas de pinturas rupestres.

R
r

rural
adjetivo **1** Que está relacionado con los pueblos o el campo. *La población rural es cada vez menor.* ✂ urbano.

ruso, rusa
adjetivo y nombre **1** Se dice de la persona o cosa que es de Rusia, país del este de Europa.
nombre masculino **2** Lengua que se habla en Rusia y otros países. *El ruso es una lengua eslava, como el polaco.*

rústico, rústica
adjetivo **1** Que está relacionado con los pueblos o el campo. *Una finca rústica está en el campo; el mueble rústico es el mueble tradicional de casas de pueblo.* ✂ rural.

ruta
nombre femenino **1** Camino que se sigue para ir a un lugar. *A veces, la ruta está marcada con antelación, como la ruta de un autobús o de los ciclistas.*

rutina
nombre femenino **1** Cosa que se hace de manera habitual y mecánica, casi sin pensar. *Es conveniente salir algunas veces de la rutina y hacer cosas distintas.* ✂ hábito.

S | s

s

nombre femenino

1 Letra número veinte del alfabeto español. La 's' es una consonante.

sábado

nombre masculino

1 Sexto día de la semana. El fin de semana empieza el sábado.

sabana

nombre femenino

1 Terreno llano y de gran extensión en el que hay muy pocos árboles. La sabana es un paisaje típico de algunas regiones de África y América.

sábana

nombre femenino

1 Pieza de tela fina que se pone en la cama. Se usan dos: una que cubre el colchón y sobre la que nos acostamos y otra que va encima con la que nos tapamos.

saber

verbo

1 Conocer algo o tener información sobre ello: *Sabía que vendría porque me lo había dicho.*
2 Tener conocimientos acerca de una materia o tener muchos conocimientos en general: *Sabe mucho de literatura.*
3 Tener capacidad o habilidad para hacer algo: *Sabe tocar el piano desde pequeño.*
4 Tener una cosa determinado sabor. Un alimento sabe bien si tiene buen sabor.
5 Ser capaz una persona de comportarse de determinada manera o de reaccionar de cierta forma. Hay que saber ser humilde.

nombre masculino

6 Sabiduría.

sabiduría

nombre femenino

1 Conjunto de conocimientos sobre una ciencia o una materia que una persona ha adquirido por el estudio.

2 Prudencia y buen juicio con que una persona se comporta ante las situaciones o las circunstancias, normalmente como resultado de la experiencia.

sabio, sabia

adjetivo y nombre

1 Que tiene o demuestra sabiduría. Los sabios tienen un profundo conocimiento de las cosas. Leonardo da Vinci fue un gran sabio.

saber	
INDICATIVO	**SUBJUNTIVO**
presente	**presente**
sé	sepa
sabes	sepas
sabe	sepa
sabemos	sepamos
sabéis	sepáis
saben	sepan
pretérito imperfecto	**pretérito imperfecto**
sabía	supiera o supiese
sabías	supieras o supieses
sabía	supiera o supiese
sabíamos	supiéramos o
sabíais	supiésemos
sabían	supierais o supieseis
	supieran o supiesen
pretérito indefinido	
supe	**futuro**
supiste	supiere
supo	supieres
supimos	supiere
supisteis	supiéremos
supieron	supiereis
	supieren
futuro	
sabré	**IMPERATIVO**
sabrás	
sabrá	sabe (tú)
sabremos	sepa (usted)
sabréis	sabed (vosotros)
sabrán	sepan (ustedes)
condicional	**FORMAS NO PERSONALES**
sabría	
sabrías	**infinitivo** **gerundio**
sabría	saber sabiendo
sabríamos	**participio**
sabríais	sabido
sabrían	

S
s

sabiondo, sabionda

adjetivo y nombre **1** Se dice de la persona que cree que sabe muchas cosas y presume de ello.
👁 Es una palabra informal.

sable

nombre masculino **1** Arma blanca parecida a la espada, pero cuya hoja tiene filo únicamente por una lado. Tiene la hoja un poco curvada y terminada en punta.

sabor

nombre masculino **1** Sensación que producen las cosas en el sentido del gusto. Los alimentos tienen sabores distintos. **2** Impresión que produce algo en el ánimo de una persona. Los momentos felices nos dejan un buen sabor.

saborear

verbo **1** Disfrutar poco a poco del sabor de la comida o bebida que se tiene en la boca. ✂ paladear. **2** Disfrutar de algo que nos gusta con calma y tranquilidad: *Le gusta saborear su música preferida.*

sabotaje

nombre masculino **1** Acción que se hace para que algo no funcione correctamente con la intención de causar un perjuicio o llamar la atención sobre algún problema: *La avería del teléfono fue un sabotaje, porque los hilos estaban cortados.* ✂ boicot.

sabroso, sabrosa

adjetivo **1** Se dice de la comida que tiene muy buen sabor. ✂ apetitoso.

sacacorchos

nombre masculino **1** Utensilio de metal con una pieza larga en forma de espiral que sirve para quitar los tapones de corcho a las botellas. ✍ 793
👁 El plural es: sacacorchos.

sacapuntas

nombre masculino **1** Instrumento que sirve para afilar o sacar punta a los lápices.
👁 El plural es: sacapuntas.

sacar

verbo **1** Hacer salir a una persona o una cosa del lugar o el espacio donde estaban: *Ha sacado el dinero de la cartera.* ✂ meter. **2** Llegar a tener o a conseguir algo: *Ha sacado un notable.*

3 Tener algo a partir de otra cosa. El vino se saca de la uva.
4 Crear algo y darlo a conocer a la gente. Los escritores suelen sacar libros cada cierto tiempo.
5 Comprar una entrada o un billete para ver algún espectáculo o para hacer algún viaje.
6 Hacer que aparezca o se muestre algo en una persona: *Le sacaron los colores.*
7 Hacer más ancha o más larga una prenda de vestir aprovechando la tela de la que está hecha.
8 Hacer una fotografía.
9 En algunos deportes, poner la pelota en juego.
10 Aventajar o tener más de lo que se indica: *Mi hermano mayor me saca tres centímetros.*

sacarina

nombre femenino **1** Sustancia dulce y blanca parecida al azúcar pero con menos calorías.

sacerdote, sacerdotisa

nombre masculino **1** Hombre que dedica su vida a Dios y a la Iglesia y que puede celebrar y ofrecer misa. ✂ cura.
nombre **2** Persona que se dedica a celebrar ceremonias religiosas en honor de un dios.

saciar

verbo **1** Satisfacer del todo una necesidad, generalmente el hambre y la sed.
👁 Se conjuga como: cambiar; la 'i' no lleva nunca acento de intensidad.

saco

nombre masculino **1** Bolsa grande de tela u otro material flexible, de forma rectangular y abierto por un extremo, que sirve para guardar o llevar cosas.
saco de dormir Saco acolchado que se usa para dormir dentro de él, principalmente en tiendas de campaña o al aire libre.

sacramento

nombre masculino **1** En la religión cristiana, signo sagrado que tiene un efecto en el alma de una persona. Hay 7 sacramentos: bautismo, confirmación, eucaristía, matrimonio, penitencia, extremaunción y orden sacerdotal.

S
—
s

sacrificar

verbo   **1** Ofrecer algo a un dios como signo de respeto u obediencia.
2 Matar a un animal para que sirva de comida a las personas. Las terneras y los corderos se sacrifican en el matadero.
3 Dejar de hacer algo para conseguir otra cosa: *Sacrificó parte de sus vacaciones para estudiar*.
👁 Se escribe 'qu' delante de 'e', como: sacrifiquen.

sacrificio

nombre masculino   **1** Cosa que cuesta mucho trabajo o no apetece hacer, pero se hace por obligación o por amor.
2 Ceremonia en la que se ofrece algo a un dios, normalmente un animal muerto.

sacudida

nombre femenino   **1** Movimiento brusco de una cosa, normalmente de un lado a otro.

sacudir

verbo   **1** Mover una cosa con fuerza o violencia de arriba abajo o de un lado a otro: *Sacudió el pañuelo para que lo vieran*.
2 Dar golpes en el aire a una cosa para quitarle la suciedad.
3 Dar golpes a una persona. Es un uso informal.
4 sacudirse Apartar de su lado a alguien o algo que resulta molesto o pesado: *Se sacudía las moscas con una pala*.

saeta

nombre femenino   **1** Arma que se dispara con un arco y que está formada por una vara delgada y ligera, con una punta afilada de hierro en uno de sus extremos. ✖✖ flecha.

safari

nombre masculino   **1** Excursión que se realiza en África para observar o cazar animales salvajes .

sagaz

adjetivo   **1** Se dice de la persona que es muy hábil para darse cuenta de todo lo que pasa en una situación.
👁 El plural es: sagaces.

sagitario

nombre masculino   **1** Noveno signo del zodiaco. Sagitario comprende a las personas nacidas entre el 23 de noviembre y el 21 de diciembre. Con este significado se escribe con mayúscula.
nombre masculino y femenino   **2** Persona nacida bajo el signo de Sagitario.

sagrado, sagrada

adjetivo   **1** Que tiene relación con Dios o está dedicado a él. Las iglesias son lugares sagrados.
2 Que merece respeto y admiración: *Su madre es sagrada para él, así que no te metas con ella*.

sagrario

nombre masculino   **1** Lugar o mueble donde los sacerdotes guardan el pan y el vino que representan el cuerpo y la sangre de Jesucristo.

sal

nombre femenino   **1** Sustancia blanca en forma de pequeños granos que se utiliza para dar sabor a las comidas.
2 Gracia que tiene una persona al hablar o al actuar. ✖✖ salero.

sala

nombre femenino   **1** Habitación principal de una casa, donde se hace vida familiar y se suele recibir a las visitas. ✖✖ salón.
2 Habitación grande y espaciosa donde se llevan a cabo espectáculos, exposiciones u otras actividades. ✎ 797

salado, salada

adjetivo   **1** Se dice del alimento que tiene sal o más sal de la necesaria. ✖✖ soso.
2 Que tiene mucha gracia en la manera de hablar o de comportarse. ✖✖ gracioso. ✖✖ soso.

salamandra

nombre femenino   **1** Anfibio parecido a una lagartija, que tiene la piel lisa y brillante de color negro con manchas amarillas.

salar

verbo   **1** Echar sal a un alimento.

salario

nombre masculino   **1** Cantidad de dinero que se recibe con regularidad por un trabajo o servicio prestado. Normalmente, se cobra cada mes. ✖✖ sueldo.

salazón

nombre femenino   **1** Acción que consiste en echar sal a la carne y el pescado para que se conserven durante mucho tiempo.
👁 El plural es: salazones.

S / **s**

salchicha

nombre femenino **1** Alimento de forma estrecha y alargada, hecho de carne de cerdo picada. Las salchichas se comen fritas o asadas.

salchichón

nombre masculino **1** Embutido largo de forma cilíndrica que se hace con jamón, tocino y pimienta.
❧ El plural es: salchichones.

saldo

nombre masculino **1** Conjunto de artículos de un comercio que se venden a un precio mucho más barato que lo normal. Con este significado se usa más en plural. ✖ liquidación.
2 Dinero que hay disponible en una cuenta de un banco.

salero

nombre masculino **1** Recipiente que tiene un tapón con agujeros y se utiliza para servirse la sal en la mesa. ✍ 793
2 Gracia que tiene una persona en su forma de hablar o de comportarse. ✖ sal.

saleroso, salerosa

adjetivo y nombre **1** Que tiene gracia y resulta agradable o divertido.

salida

nombre femenino **1** Paso de dentro a fuera de un lugar, como la salida del cine o la salida del colegio. ✖ entrada.
2 Espacio por donde se sale de un sitio. ✖ entrada. ✍ 800
3 Acción que consiste en irse de un lugar: *Anunciaron la salida del tren.* ✖ llegada.
4 Lugar del que se sale para hacer un recorrido, especialmente una carrera deportiva.
5 Fin o solución de una situación difícil o problemática.
6 Aparición de un astro, como el Sol o las estrellas.
7 Acción o dicho que se hace o se dice en un momento y resulta divertido.

nombre femenino plural **8 salidas** Posibilidades que ofrecen los estudios para ejercer algún trabajo.

saliente

nombre masculino **1** Objeto que sobresale de un lugar: *El cerrojo tiene un saliente que encaja en el marco de la puerta.*

salina

nombre femenino **1** Lugar en el que se obtiene la sal por evaporación del agua del mar. En las salinas hay unos depósitos poco profundos en los que se estanca el agua del mar para que se evapore y obtener así la sal.

salir

verbo **1** Pasar de dentro a fuera. Salimos de casa para ir a estudiar, a trabajar o a pasear.
2 Irse o partir de un lugar: *El tren salió con retraso.*
3 Aparecer o dejarse ver una persona o una cosa: *Me gustaría salir por la tele.*
4 Ir alguien a la calle a divertirse o a pasear, solo o acompañado.
5 Mantener una relación sentimental con una persona: *Salieron durante tres años.*

salir	
INDICATIVO	**SUBJUNTIVO**
presente	**presente**
salgo	salga
sales	salgas
sale	salga
salimos	salgamos
salís	salgáis
salen	salgan
pretérito imperfecto	**pretérito imperfecto**
salía	saliera o saliese
salías	salieras o salieses
salía	saliera o saliese
salíamos	saliéramos o saliésemos
salíais	salierais o salieseis
salían	salieran o saliesen
pretérito indefinido	**futuro**
salí	saliere
saliste	salieres
salió	saliere
salimos	saliéremos
salisteis	saliereis
salieron	salieren
futuro	**IMPERATIVO**
saldré	
saldrás	sal (tú)
saldrá	salga (usted)
saldremos	salid (vosotros)
saldréis	salgan (ustedes)
saldrán	
condicional	**FORMAS NO PERSONALES**
saldría	
saldrías	**infinitivo** **gerundio**
saldría	salir saliendo
saldríamos	**participio**
saldríais	salido
saldrían	

6 Tener origen en algo o surgir una cosa. El humo sale del fuego.
7 Tener algo un resultado determinado: *La fiesta salió bien.*
8 Ser elegida una persona o una cosa en un sorteo o una votación.
9 Desaparecer una mancha.
10 Tener algo un determinado precio o valor: *La cena nos salió muy barata.*
salir a Parecerse a la persona que se indica: *El niño salió a su madre.*

saliva
nombre femenino **1** Líquido transparente o blanquecino que se produce en la boca. La saliva ayuda a tragar los alimentos.

salmantino, salmantina
adjetivo y nombre **1** Se dice de la persona o cosa que es de Salamanca, ciudad y provincia de Castilla y León.

salmo
nombre masculino **1** Canto o poema en el que se alaba a Dios.

salmón
nombre masculino **1** Pez marino de color gris azulado con manchas negras por la parte superior del cuerpo y blanco plateado por la inferior. Pone los huevos en el río, por lo que debe subir por ellos nadando contra la corriente. Es comestible.
nombre masculino y adjetivo **2** Color entre el rosa y el naranja, como el de la carne del salmón.
� El plural es: salmones.

salobre
adjetivo **1** Se dice de lo que tiene sal por naturaleza, como el agua del mar.

salón
nombre masculino **1** Habitación principal de una casa donde se suele recibir a las visitas. La tele suele estar en el salón. ✵ sala.
2 Habitación grande y espaciosa de un edificio destinada a celebraciones y actos públicos.
3 Establecimiento donde se proporcionan ciertos servicios al público, como un salón de belleza.
4 Edificio o conjunto de instalaciones dedicadas a la exposición de algo que se vende, como un salón del automóvil.
☞ El plural es: salones.

salpicadura
nombre femenino **1** Mancha o señal que deja un líquido sobre una superficie cuando salpica.
☞ Se usa más en plural.

salpicar
verbo **1** Manchar o mojar a alguien o algo las gotas de un líquido que se han soltado con fuerza: *El aceite hirviendo de la sartén me salpicó todo el vestido.*
☞ Se escribe 'qu' delante de 'e', como: salpiquen.

salsa
nombre femenino **1** Sustancia líquida, y a veces espesa, que se hace triturando y mezclando varios ingredientes y sirve para acompañar las comidas.
2 Tipo de música alegre y con mucho ritmo que proviene del Caribe.
3 Cosa o persona que anima o alegra algo.

salsera
nombre femenino **1** Recipiente que se utiliza para servirse la salsa en la mesa. Las salseras suelen tener forma ovalada.

saltador, saltadora
adjetivo **1** Que salta o puede saltar. Algunos insectos, como el saltamontes, son saltadores.
nombre **2** Persona que practica deportes de salto, como el salto de altura.
nombre masculino **3** Cuerda que se usa para saltar en algunos juegos. ✵ comba.

saltamontes
nombre masculino **1** Insecto que tiene el cuerpo verde o marrón y alargado, y las patas traseras muy fuertes y largas para dar grandes saltos.
☞ El plural es: saltamontes.

saltar
verbo **1** Levantar el cuerpo del suelo por medio de un impulso. Al saltar se puede caer en el mismo sitio o en otro diferente; también se puede saltar para sujetarse a algo que está alto.
2 En algunos deportes, salir los jugadores al terreno de juego.
3 Reaccionar rápidamente y con enfado a las palabras o los gestos de alguien. Cuando una persona se siente ofendida muy a menudo, se dice que salta por nada.

S
s

4 Separarse o soltarse una cosa del sitio donde está, en especial si se separa con fuerza o violencia. Salta el aceite muy caliente, el corcho de una botella de cava o un botón de la camisa.
5 saltarse Pasar de una cosa a otra sin tener en cuenta lo que está en medio. Cuando contamos una película o un libro, nos saltamos lo menos importante.
6 saltarse No cumplir una ley o una obligación. Saltarse un stop es muy peligroso.

saltarín, saltarina
adjetivo **1** Se dice de la persona o de la cosa que da muchos saltos sucesivos, como una pelota de goma cuando se tira contra el suelo.

saltear
verbo **1** Cocinar ligeramente un alimento en una sartén con un poco de aceite caliente.

saltimbanqui
nombre masculino y femenino **1** Persona que se dedica a hacer juegos y acrobacias en un circo o en un lugar al aire libre.

salto
nombre masculino **1** Movimiento que consiste en levantarse del suelo con un impulso para caer en el mismo sitio o en otro diferente.
2 Paso de una cosa a otra sin tener en cuenta o sin pararse en las etapas o las cosas intermedias. En algunas novelas suele haber saltos temporales.
3 Ejercicio o prueba deportivos que consiste en saltar una altura o una longitud.
4 Caída de agua desde una altura determinada. En los ríos de montaña suele haber muchos saltos.

salud
nombre femenino **1** Estado de la persona o el animal en lo que se refiere al funcionamiento de su organismo. Llevar una vida sana y hacer mucho ejercicio físico es importante para tener buena salud.
interjección **¡salud!** Se utiliza para desear algo bueno a alguien. Decimos '¡Salud!' cuando brindamos o cuando alguien estornuda.

saludable
adjetivo **1** Que es bueno para conservar o recuperar la salud. Es muy saludable respirar el aire puro del campo. ✕✕ sano. ✕✕ perjudicial.
2 Que tiene o refleja buena salud: *Tiene un aspecto muy saludable.* ✕✕ sano.

saludar
verbo **1** Decir una expresión o hacer un gesto a una persona al encontrarse o despedirse de ella en señal de cortesía. A un amigo se le saluda con un '¡hola!', un beso o un abrazo.
2 Enviar saludos o recuerdos a alguien.

saludo
nombre masculino **1** Palabra o gesto que se usa para saludar. ☞200

salva
nombre femenino **1** Disparo o serie de disparos que se hacen en señal de saludo o en honor de alguien. En los desfiles militares se recibe al rey con salvas de cañón.
👁 Se usa más en plural.

salvación
nombre femenino **1** Acción que consiste en salvar a alguien de un daño o de un peligro: *Tenía mucho trabajo, pero tu ayuda fue mi salvación.*
2 En religión, acción de conseguir el cielo para siempre después de haber muerto.

salvador, salvadora
nombre **1** Persona que salva a otra de algún peligro.

salvadoreño, salvadoreña
adjetivo y nombre **1** Se dice de la persona o cosa que es de El Salvador, país de América Central.

salvajada
nombre femenino **1** Acción o expresión irresponsable que se hace o se dice sin darse cuenta del peligro que supone.

salvaje
adjetivo **1** Se dice del animal que ha nacido en libertad en el bosque o en la selva y no ha sido domesticado por el hombre.
2 Se dice de la planta que crece sin ser cultivada. ✕✕ silvestre.
3 Se dice de la persona o el com-

portamiento que es cruel y violento y se considera más propio de un animal que de una persona.

adjetivo y nombre masculino y femenino **4** Se dice de la persona que se comporta con poca cortesía o respeto.

salvamanteles

nombre masculino **1** Objeto plano que se coloca debajo de los recipientes que están muy calientes para proteger la mesa o el mantel. Los salvamanteles pueden ser de metal, de corcho o de madera.

👁 El plural es: salvamanteles.

salvamento

nombre masculino **1** Acción que consiste en salvar a una persona de un peligro. En las playas suele haber equipos de salvamento por si alguien corre el peligro de ahogarse. ✂ rescate.

salvar

verbo **1** Hacer que una persona deje de estar en peligro.

2 Evitar un problema o un obstáculo: *Tuvo que salvar muchas dificultades*.

salvavidas

nombre masculino **1** Objeto que flota en el agua y se utiliza en casos de emergencia para que la gente que no sabe nadar pueda sujetarse a él y estar en el agua sin hundirse.

👁 El plural es: salvavidas.

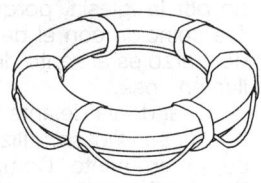

salvavidas

salvo, salva

adjetivo **1** Que no ha sufrido daño físico: *Salió sano y salvo del accidente.* ✂ ileso; sano.

adverbio **2 salvo** Indica que lo que se dice a continuación se excluye de lo que se ha dicho antes o de un conjunto más general: *Vendrán a comer todos salvo mi hermana.* ✂ excepto.

a salvo Indica que algo está seguro o protegido de peligros o ataques.

samba

nombre femenino **1** Baile típico brasileño de ritmo muy vivo, parecido a la rumba pero más rápido.

2 Música con que se acompaña este baile, de ritmo muy alegre.

san

adjetivo **1** Apócope de 'santo'; se utiliza delante de nombres masculinos en singular, como san José o san Juan, excepto en santo Domingo, santo Tomé y santo Tomás.

sanar

verbo **1** Recuperar la salud un enfermo o curarse una herida. ✂ curar.

sanatorio

nombre masculino **1** Establecimiento público o privado con camas, personas y medios para que los enfermos que lo necesiten reciban un tratamiento.

sanción

nombre femenino **1** Castigo que una autoridad impone a una persona por haber cometido una falta o delito.

👁 El plural es: sanciones.

sancionar

verbo **1** Imponer una autoridad un castigo a una persona por haber cometido una falta o delito: *El jugador fue sancionado con la expulsión.*

2 Aprobar o autorizar algo, en especial una ley.

sandalia

nombre femenino **1** Calzado formado por una suela que se sujeta al pie con correas o cintas quedando los dedos y parte del pie sin cubrir.

sandía

nombre femenino **1** Fruta redondeada de gran tamaño, que tiene la corteza verde y la carne roja llena de semillas negras. También es la planta que da esta fruta.

sándwich

nombre masculino **1** Bocadillo hecho con dos o más rebanadas de pan de molde entre las que se pone algún alimento.

👁 Se pronuncia 'sángüich'.

sangrar

verbo **1** Echar sangre. Las heridas sangran.

sangre

nombre femenino **1** Líquido de color rojo que circula por las venas o arterias de los se-

S
―
s

S

s

res vivos. El corazón bombea la sangre hacia todo el cuerpo.

2 Familia o grupo social al que pertenece una persona.

sangre fría Capacidad para mantenerse tranquilo en situaciones peligrosas o difíciles.

sangría
nombre femenino **1** Bebida alcohólica hecha con vino, limonada, azúcar y trozos de frutas.

sangriento, sangrienta
adjetivo **1** Que tiene sangre o está manchado de sangre.

2 Que es muy violento y produce muertos y heridos.

sanidad
nombre femenino **1** Conjunto de servicios, personal e intalaciones dedicados a cuidar de la salud pública de una comunidad. La sanidad puede ser pública o privada.

sanitario, sanitaria
adjetivo **1** De la sanidad o la salud o que tiene relación con ellas. Los médicos y enfermeros forman parte del personal sanitario de un hospital.

adjetivo y nombre masculino **2** Se dice de los aparatos de higiene que están en el cuarto de baño. Con este significado se usa más en plural.

sano, sana
adjetivo **1** Se dice del órgano que funciona bien y que no tiene ninguna lesión. También se dice de la persona o animal que goza de buena salud. ⚰ enfermo.

2 Que es bueno para conservar o recuperar la salud. ⚰ saludable.

3 Se dice de la persona que no tiene malas intenciones ni malas costumbres.

sanseacabó
interjección **1** Expresión que se utiliza para acabar con una cuestión y que indica que se ha tomado una decisión y no se admiten más protestas o discusiones.

👁 Es una palabra informal.

santanderino, santanderina
adjetivo y nombre **1** Se dice de la persona o cosa que es de Santander, capital de Cantabria.

santidad
nombre femenino **1** Cualidad que tienen las personas santas.

2 Tratamiento que se le da al Papa: *Su Santidad Juan Pablo II.* Con este significado se escribe con mayúscula.

santiguarse
verbo **1** Hacer un cristiano la señal de la cruz moviendo la mano desde la frente al pecho y desde el hombro izquierdo hasta el derecho.

👁 Se conjuga como: adecuar; la 'u' no lleva nunca acento de intensidad.

santoral
nombre masculino **1** Lista de los santos cuya fiesta se celebra cada uno de los días del año.

santo, santa
adjetivo **1** Que está dedicado a Dios y a la religión. Las iglesias son edificios santos.

nombre **2** Persona que ha sido canonizada por la Iglesia por haber sido muy buena durante su vida y haber realizado buenas acciones.

3 Persona que es muy buena, tiene mucha paciencia y siempre está dispuesta a ayudar a los demás. ⚰ ángel.

nombre masculino **4** Día en el que una persona celebra la fiesta de un santo canonizado por la Iglesia, porque su nombre coincide con el de éste. El 19 de marzo es el santo de los que se llaman José.

👁 Cuando va delante de un nombre masculino se utiliza 'san', excepto en santo Domingo, santo Tomé y Santo Tomás.

santuario
nombre masculino **1** Templo en que se adora la imagen o las reliquias de un santo, un dios u otros seres sagrados.

2 Lugar que se utiliza para estar seguro o protegido de algo o de alguien: *Los delincuentes fueron sorprendidos en su santuario.*

sapo
nombre masculino **1** Anfibio parecido a la rana pero más grande, generalmente de color marrón. Tiene los ojos saltones y la piel áspera.

S
—
s

saque

nombre masculino **1** En algunos deportes, primer golpe que se da a la pelota al empezar un partido o una jugada.
2 Capacidad que tiene una persona para comer en abundancia. Es un uso informal.

saquear

verbo **1** Entrar en un sitio y coger o robar todo lo que se puede.

saqueo

nombre masculino **1** Acción que consiste en saquear un lugar.

sarampión

nombre masculino **1** Enfermedad infecciosa de poca gravedad que provoca la aparición de granos o manchas rojas en la piel. El sarampión es una enfermedad de niños.

sarcasmo

nombre masculino **1** Burla o ironía cruel con la que se pretende insultar o herir de un modo indirecto a una persona: *Ya vale de sarcasmos, díme claramente lo que te pasa.*

sarcástico, sarcástica

adjetivo **1** Que habla con sarcasmo.

sarcófago

nombre masculino **1** Construcción de piedra en forma de caja que contiene el cadáver de una persona.

sardana

nombre femenino **1** Baile popular de Cataluña que se baila formando un corro varias personas que se cogen de la mano y hacen una serie de pasos con lo pies.
2 Música con que se acompaña este baile.

sardina

nombre femenino **1** Pez marino comestible que tiene el cuerpo alargado, de color azul oscuro por la parte superior del cuerpo y blanco plateado por la inferior. Vive en grandes grupos o bancos y se pesca en grandes cantidades.

sargento

nombre masculino **1** Grado militar del ejército entre el de cabo y el de brigada. La persona que tiene ese grado también se llama sargento.

nombre masculino y femenino **2** Persona autoritaria e intransigente con los demás: *¡No seas sargento! Deja de dar órdenes y ayuda.*

sarta

nombre femenino **1** Serie de cosas metidas por orden en un hilo o en una cuerda, como una sarta de perlas o una sarta de chorizos. ※ hilera.
2 Serie de cosas no materiales que van unas detrás de otras, como una sarta de mentiras o una sarta de disparates.

sartén

nombre femenino **1** Utensilio de cocina que se utiliza para freír alimentos en su interior. ✎ 793
👁 El plural es: sartenes.

sastrería

nombre femenino **1** Establecimiento en el que se hacen, arreglan o venden prendas de vestir, en especial de hombres.

sastre, sastra

nombre **1** Persona que se dedica a hacer trajes y otras prendas de vestir, especialmente para hombres.

satélite

nombre masculino **1** Cuerpo sin luz propia que gira alrededor de un planeta. La Luna es el satélite de la Tierra.
satélite artificial Vehículo espacial que se pone en órbita alrededor de un planeta para transmitir señales de radio o televisión, dar información meteorológica o para explorar el espacio.

satén

nombre masculino **1** Tela brillante y suave parecida al raso.

satírico, satírica

adjetivo **1** Que critica de forma cruel, intentando poner en ridículo a la persona o cosa que se critica.

satisfacción

nombre femenino **1** Alegría o placer que se siente cuando nos ocurre o hacemos una cosa buena.
2 Acción que consiste en satisfacer a alguien: *Se preocupa mucho de la satisfacción de sus hijos.*
👁 El plural es: satisfacciones.

satisfacer

verbo **1** Hacer que desaparezca una necesidad. Bebemos para satisfacer la sed.
2 Hacer que se cumpla un deseo: *Está a punto de satisfacer uno de sus sueños: viajar a Egipto.*

S
s

3 Resultar algo bueno o agradable a alguien: *Le satisface mucho reunirse con sus amigos.*
4 Pagar el dinero que se debe: *Tiene que satisfacer sus deudas.*

---

satisfacer

INDICATIVO	SUBJUNTIVO
presente	**presente**
satisfago	satisfaga
satisfaces	satisfagas
satisface	satisfaga
satisfacemos	satisfagamos
satisfacéis	satisfagáis
satisfacen	satisfagan
pretérito imperfecto	**pretérito imperfecto**
satisfacía	satisficiera o satisficiese
satisfacías	satisficieras o
satisfacía	satisficieses
satisfacíamos	satisficiera o satisficiese
satisfacíais	satisficiéramos o
satisfacían	satisficiésemos
	satisficierais o
pretérito indefinido	satisficieseis
satisfice	satisficieran o
satisficiste	satisficiesen
satisfizo	
satisficimos	**futuro**
satisficisteis	satisficiere
satisficieron	satisficieres
	satisficiere
	satisficiéremos
futuro	satisficiereis
satisfaré	satisficieren
satisfarás	

IMPERATIVO	
satisfaz	(tú)
satisfaga	(usted)
satisfaced	(vosotros)
satisfagan	(ustedes)

| satisfará |
| satisfaremos |
| satisfaréis |
| satisfarán |

FORMAS NO PERSONALES	
infinitivo	**gerundio**
satisfacer	satisfaciendo
participio	
satisfecho	

| **condicional** |
| satisfaría |
| satisfarías |
| satisfaría |
| satisfaríamos |
| satisfaríais |
| satisfarían |

---

satisfactorio, satisfactoria
adjetivo 1 Que satisface porque se considera bueno: *Su explicación resultó satisfactoria.*

satisfecho, satisfecha
participio 1 Participio irregular de: satisfacer. También se usa como adjetivo: *Ya ha satisfecho sus deudas. Está muy satisfecha de su trabajo.*

sauce
nombre masculino 1 Árbol de tronco alto con ramas flexibles y hojas estrechas y largas. Los sauces crecen a la orilla de ríos y estanques.

sauna
nombre femenino 1 Baño de vapor que se toma en una habitación a temperatura muy alta para provocar sudor y así limpiar los poros.

savia
nombre femenino 1 Líquido que circula por el interior de las plantas que transporta agua y alimentos.

saxofón
nombre masculino 1 Instrumento musical de viento formado por un tubo de metal con forma de 'J'; tiene una boquilla en la punta más fina y en la otra tiene un ensanchamiento por el que sale el aire. El saxofón se toca soplando por la boquilla y las notas se producen mediante unas llaves que se accionan con los dedos.
👁 El plural es: saxofones.

se
pronombre personal 1 Pronombre personal de tercera persona, tanto de singular como de plural, que en la oración hace función de complemento indirecto cuando va junto con 'lo, la, los, las': *Se lo avisé. Dáselo.*
2 Se usa en la tercera persona de singular y de plural en la conjugación de los verbos reflexivos y recíprocos: *Se muerde las uñas.*
3 Se usa también en oraciones impersonales, en las que no se dice quién realiza la acción: *Se ruega silencio.*
👁 Nunca se acentúa; no lo confundas con la forma del verbo 'saber': yo sé.

secador
nombre masculino 1 Aparato eléctrico que sirve para secar, como el secador de pelo o el de manos que suele haber en los lavabos.

secano
nombre masculino 1 Tierra de cultivo que no es necesario regar y sólo recibe el agua de la lluvia. La avena, el trigo y la cebada son cultivos típicos de secano. ⚒ regadío.

secar
verbo 1 Eliminar la humedad o el líquido que hay en algo, como una superficie, una planta, una fuente o un río. ⚒ humedecer; mojar.

👁 Se escribe 'qu' delante de 'e', como: sequen.

sección

nombre femenino **1** Cada una de las divisiones de una empresa, un organismo, una tienda o una fábrica que desempeñan una función o una tarea determinada. ✂ departamento. ✍397
2 Corte que se hace en un objeto o en un cuerpo para poder ver y estudiar lo que hay en su interior.
👁 El plural es: secciones.

seco, seca

adjetivo **1** Que no tiene agua ni humedad. Cuando llueve poco, la tierra está seca.
2 Se dice del clima o la zona que se caracterizan por la falta de lluvia o humedad. ✂ lluvioso.
3 Se dice de la planta o parte de ésta que están muertas. ✂ verde.
4 Se dice del fruto de cáscara dura, como las nueces o las avellanas; también del que no tiene jugo porque se ha dejado que se consuma, como los higos secos.
5 Se dice de la piel o el cabello que tienen poca grasa, menos de lo normal. ✂ graso.
6 Se dice del golpe que se produce con fuerza y rapidez y que apenas retumba: *Dio un golpe seco en la mesa.*
7 Que es desagradable y poco cariñoso en el trato. ✂ frío. ✂ amable.
8 Muerto en el acto: *En la película, el vaquero dejó seco a su rival.* Es un uso informal.
a secas Solo o sin otra cosa que añadir: *No le gusta el pan a secas, pero en bocadillo sí.*

secretaría

nombre femenino **1** Oficina o lugar donde trabaja un secretario.

secretario, secretaria

nombre **1** Persona que trabaja para otra persona o para una empresa haciendo trabajos administrativos, como ordenar documentos, escribir cartas o contestar el teléfono.

secreto, secreta

adjetivo y nombre masculino **1** Que no se dice o se mantiene oculto a un grupo de personas: *Me tienes que guardar un secreto.*

nombre masculino **2** Cosa o conocimiento que está oculto y que es básico para que algo sea como es: *El secreto de este plato está en el queso.*

secta

nombre femenino **1** Conjunto de personas que siguen unas ideas religiosas que la mayoría de la gente considera equivocadas. Las sectas son grupos que se han apartado de una religión por no estar de acuerdo con ella y que han formado una propia.

sector

nombre masculino **1** Cada una de las partes en que se puede dividir un grupo de personas: *Un sector de la clase quería jugar a fútbol y otro no.*
2 Zona o espacio de una ciudad o cualquier otro lugar.

secuela

nombre femenino **1** Resultado de un hecho negativo, en especial de una enfermedad o un accidente. El sarampión puede dejar como secuela pequeñas marcas rojas en la piel.

secuencia

nombre femenino **1** Serie de cosas que guardan relación entre sí y que van ordenadas. 'A, b, c, d' es una secuencia de letras.
2 Serie de escenas de una película que forman una acción simple, como un beso o una caída.

secuestrador, secuestradora

nombre **1** Persona que realiza un secuestro.

secuestrar

verbo **1** Tener retenida por la fuerza a una persona en un sitio para pedir dinero u otra cosa a cambio de su libertad.
2 Retener por la fuerza un vehículo con pasajeros impidiendo que realice su trayecto normal, para pedir dinero u otra cosa a cambio de la libertad de los ocupantes.

secuestro

nombre masculino **1** Acción que consiste en secuestrar a una persona o un vehículo.

secundario, secundaria

adjetivo **1** Que no es lo principal o más importante: *Para ella las notas son algo secundario, lo principal es aprender.* ✂ accesorio.

S
S

S s

adjetivo y nombre femenino

2 Se dice de la enseñanza que se recibe después de la primaria. La enseñanza secundaria es la que se recibe entre los 12 y los 16 años.

sed

nombre femenino

1 Necesidad y ganas de beber.
2 Deseo muy fuerte de hacer algo: *Tiene sed de aventura*.

seda

nombre femenino

1 Hilo fino y brillante que producen algunos gusanos.
2 Tejido hecho con el hilo producido por algunos gusanos. La seda es muy suave y brillante.

sedal

nombre masculino

1 Hilo fino y muy resistente que se ata por un extremo al anzuelo y por el otro a la cuerda de la caña de pescar. Cuando el pez muerde el anzuelo se recoge el sedal.

sede

nombre femenino

1 Lugar donde tiene su domicilio un organismo, una empresa o una entidad, o en que se desarrolla una actividad. La sede de la Unión Europea está en Bruselas.

sediento, sedienta

adjetivo

1 Que tiene mucha sed.

segador, segadora

adjetivo y nombre

1 Se dice de la persona que corta la hierba o los cereales.

segadora

nombre femenino

1 Máquina que se utiliza para cortar la hierba o los cereales.

segar

verbo

1 Cortar la hierba o los cereales con una segadora o con herramientas, como la hoz.

segar

2 Cortar de golpe y de manera brusca o violenta algo que sobresale.

👁 Se conjuga como: regar; la 'e' se convierte en 'ie' en sílaba acentuada y se escribe 'gu' delante de 'e', como: sieguen.

seglar

adjetivo y nombre masculino y femenino

1 Se dice de las personas religiosas que no pertenecen al clero. La comunidad cristiana está formada por clérigos y seglares. ✖ religioso.

segmento

nombre masculino

1 Parte de un todo que se separa o se considera separado de él. Podemos cortar un segmento de un hilo o de una cinta.
2 En geometría, parte de una línea recta delimitada por dos puntos.

segoviano, segoviana

adjetvo y nombre

1 Se dice de la persona o cosa que es de Segovia, ciudad y provincia de Castilla y León.

seguido, seguida

adjetivo

1 Se dice de las cosas que van unas detrás de otras, sin interrupción. ✖ consecutivo.

seguidor, seguidora

adjetivo y nombre

1 Se dice de la persona que sigue a una persona o una cosa o es partidario de ella, como los seguidores de un equipo de fútbol o el seguidor de una teoría científica.

seguir

verbo

1 Ir detrás de una persona o una cosa, haciendo el mismo camino que ella. En las visitas guiadas, las personas siguen al guía.
2 Ocurrir o venir algo después de otra cosa. Febrero sigue a enero.
3 Continuar haciendo, sucediendo o existiendo algo.
4 Ir por un camino o una dirección sin desviarse para llegar a algún sitio: *Siga todo recto hasta el final*.
5 Actuar según lo que hace o dice alguien o algo. Seguimos los consejos de nuestros amigos.
6 Estudiar algo: *Sigue un curso de informática*.

según

preposición

1 Indica que algo se hace de acuerdo con lo que se dice a continuación: *Todo está saliendo según lo previsto*.

seguir

INDICATIVO	SUBJUNTIVO
presente	**presente**
sigo	siga
sigues	sigas
sigue	siga
seguimos	sigamos
seguís	sigáis
siguen	sigan
pretérito imperfecto	**pretérito imperfecto**
seguía	siguiera o siguiese
seguías	siguieras o siguieses
seguía	siguiera o siguiese
seguíamos	siguiéramos o
seguíais	siguiésemos
seguían	siguierais o siguieseis
	siguieran o siguiesen
pretérito indefinido	
seguí	**futuro**
seguiste	siguiere
siguió	siguieres
seguimos	siguiere
seguisteis	siguiéremos
siguieron	siguiereis
	siguieren
futuro	
seguiré	IMPERATIVO
seguirás	
seguirá	sigue (tú)
seguiremos	siga (usted)
seguiréis	seguid (vosotros)
seguirán	sigan (ustedes)
condicional	**FORMAS**
seguiría	**NO PERSONALES**
seguirías	
seguiría	**infinitivo** **gerundio**
seguiríamos	seguir siguiendo
seguiríais	**participio**
seguirían	seguido

2 Indica la persona que tiene una opinión determinada. A veces se utiliza para indicar el lugar de donde procede una información: *Según el técnico, la televisión no se puede arreglar.*

segundo, segunda

numeral ordinal **1** Que ocupa el lugar número dos en una serie ordenada.

nombre masculino **2** Cada una de las sesenta partes iguales en que se divide un minuto. **3** Espacio muy breve de tiempo: *Espera un segundo.*

con segundas Indica que algo se dice o se hace con una intención distinta de la que parece a primera vista.

seguridad

nombre femenino **1** Característica de las cosas que son seguras o no tienen peligro: *El cinturón de seguridad de los coches ha salvado muchas vidas.* **2** Característica de las personas que no tienen dudas. Las personas que tienen seguridad en sí mismas siempre saben lo que tienen que hacer.

seguridad social Sistema organizado por el estado para la asistencia médica de todos los ciudadanos.

seguro, segura

adjetivo **1** Que está libre de cualquier peligro o riesgo. Las medicinas deben guardarse en un lugar seguro, fuera del alcance de los niños. **2** Que no es probable que falle, se rompa o se estropee: *Los frenos de esta bici son muy seguros, rara vez han fallado.* **3** Que ocurrirá con seguridad, o se cree sin ninguna duda: *Con este equipo la victoria es segura.* **4** Que tiene o demuestra tener pocas o ninguna duda: *Estoy segura de que vendrá.*

nombre masculino **5** Contrato por el que se paga una cantidad de dinero a una empresa que se compromete a pagar los gastos que puedan ocurrir en relación con aquello que se asegura. Hay seguros para el coche, para la casa o para la persona. **6** Mecanismo que se pone para que algo no se pueda abrir o no funcione. Las puertas de los coches suelen tener seguro.

seis

numeral cardinal **1** Indica que el nombre al que acompaña está 6 veces.

numeral ordinal **2** Que ocupa el lugar número 6 en una serie ordenada.

nombre masculino **3** Nombre del número 6.

seiscientos, seiscientas

numeral cardinal **1** Indica que el nombre al que acompaña está 600 veces.

numeral ordinal **2** Que ocupa el lugar número 600 en una serie ordenada.

nombre masculino **3** Nombre del número 600.

seísmo

nombre masculino **1** Movimiento violento de la superficie de la Tierra. ※ terremoto.

selección

nombre femenino **1** Acción que consiste en elegir la persona, animal o cosa más ade-

S
—
s

cuada para un fin determinado. También se llama selección al conjunto de personas, animales o cosas que se eligen.

2 Conjunto de los deportistas que se eligen para participar en una competición representando a su país.

👁 El plural es: selecciones.

seleccionar

verbo **1** Tomar o elegir a las personas, animales o cosas más adecuadas para algún fin de entre un conjunto de personas, animales o cosas.

selectividad

nombre femenino **1** Conjunto de exámenes que se hacen para seleccionar a los alumnos que son aptos para entrar en la universidad.

selecto, selecta

adjetivo **1** Que es o se considera lo mejor entre los de su especie.

selector

nombre masculino **1** Dispositivo de una máquina o aparato que sirve para seleccionar la función u operación que se desea realizar. Los aparatos de aire acondicionado tienen un selector para subir o bajar la temperatura.

sellar

verbo **1** Estampar un sello en un papel o documento. Los impresos y los papeles oficiales se tienen que sellar para que sean válidos.

2 Cerrar o tapar algo de modo que no se pueda abrir.

3 Finalizar o completar un asunto con un acto determinado: *Sellaron el pacto con un apretón de manos.*

sello

nombre masculino **1** Trozo pequeño de papel, generalmente cuadrado o rectangular, en el que hay un dibujo y el precio; el sello se pega en ciertos documentos y en los sobres y paquetes que se envían por correo.

2 Instrumento de goma o metal que sirve para estampar sobre un papel los dibujos, letras o números que hay grabados en él.

3 Dibujo que queda impreso con este instrumento.

selva

nombre femenino **1** Terreno extenso, sin cultivar, en el que crece una vegetación muy abundante, con muchos árboles diferentes. La selva se da en las zonas tropicales y ecuatoriales de América, Asia y África.

semáforo

nombre masculino **1** Aparato que sirve para regular la circulación de los vehículos en las vías públicas. El semáforo tiene tres luces: la roja indica no pasar, la ámbar indica precaución, y la verde, pasar. ✍ 199

semana

nombre femenino **1** Periodo de siete días que empieza el lunes y termina el domingo; también es un periodo de siete días empezando a contar desde cualquier día.

fin de semana Periodo de tiempo formado por el sábado y el domingo.

semanal

adjetivo **1** Que se hace o se repite una vez a la semana.

2 Que dura una semana.

semanario

nombre masculino **1** Periódico o revista que aparece cada semana.

semántica

nombre femenino **1** Parte de la lingüística que estudia el significado de las palabras y las frases.

semántico, semántica

adjetivo **1** Del significado de las palabras o que tiene relación con ellas. En los diccionarios se recogen los diferentes valores semánticos de cada palabra.

semblante

nombre masculino **1** Expresión que tiene la cara de una persona en una determinada situación. Si nos pasa algo agradable tenemos el semblante feliz.

sembrado

nombre masculino **1** Terreno en el que se han puesto semillas para que crezcan las plantas. ✍ 598

sembrador, sembradora

adjetivo y nombre **1** Se dice de la persona que siembra un terreno.

sembradora

nombre femenino **1** Máquina que sirve para sembrar.

sembrar

verbo **1** Distribuir las semillas de una plan-

S / S

ta sobre una tierra preparada para que germinen y crezcan.

2 Esparcir alguna cosa en un sitio. En otoño, el viento siembra las calles de hojas.

3 Dar motivo o ser la causa de algo: *Sus comentarios sembraron el miedo entre la gente.* ✕ causar.

👁 Se conjuga como: acertar; la 'e' se convierte en 'ie' en sílaba acentuada, como: siembren.

semejante

adjetivo **1** Que tiene unas características o propiedades iguales o muy parecidas a las de otra persona o cosa. ✕ similar.

2 Indica que algo es muy grande o muy intenso, en especial si se trata de algo negativo: *No entiendo cómo has podido decir semejante tontería.* Va siempre delante del nombre. ✕ tal.

nombre masculino **3** Cualquier persona respecto a las demás. ✕ prójimo.

semejanza

nombre femenino **1** Parecido que hay entre dos personas o cosas por tener las mismas características o propiedades. Entre dos hermanos gemelos existe mucha semejanza. ✕ similitud.

semen

nombre masculino **1** Líquido espeso de color blanquecino producido por los órganos reproductores masculinos de los animales. El semen se expulsa en la eyaculación y contiene los espermatozoides. ✕ esperma.

semestre

nombre masculino **1** Periodo de tiempo que dura seis meses.

semicírculo

nombre masculino **1** Mitad de un círculo. Si dividimos un círculo con una línea que pase por su centro obtendremos dos semicírculos.

semicircunferencia

nombre femenino **1** La mitad de una circunferencia.

semifinal

nombre femenino **1** Conjunto de partidos o pruebas que se hacen justo antes de la final en una competición deportiva o en un concurso.

semilla

nombre femenino **1** Parte del fruto que da origen a una nueva planta. ✕ simiente. 👉 596

seminario

nombre masculino **1** Centro donde estudian y se forman las personas que quieren ser sacerdotes.

2 Conjunto de actividades en las que profesores y alumnos realizan trabajos de investigación o especialización sobre un tema.

semirrecta

nombre femenino **1** Cada una de las dos partes que se obtienen cuando un punto divide a una recta en dos.

senado

nombre masculino **1** Conjunto de los representantes elegidos por los ciudadanos que se encarga de aceptar, modificar o rechazar las leyes aprobadas en el congreso.

2 Edificio donde se reúnen estos representantes.

senador, senadora

nombre **1** Persona que pertenece al senado.

sencillez

nombre femenino **1** Falta de adornos o de lujo de una cosa o de un lugar.

2 Aquello que no tiene dificultad o que resulta fácil de hacer.

3 Forma de ser de una persona que trata a los demás como iguales, sin creerse superior. ✕ vanidad; soberbia.

sencillo, sencilla

adjetivo **1** Que no tiene dificultad o complicación: *El ejercicio era muy sencillo.* ✕ fácil. ✕ difícil.

2 Que está formado por uno o pocos elementos o partes. El cuchillo es un instrumento sencillo. ✕ simple. ✕ compuesto.

3 Que no está muy adornado o carece de cosas que no son necesarias. Para ir de excursión nos ponemos ropa sencilla y cómoda.

4 Se dice de la persona que trata a los demás como iguales, sin presumir de sus cualidades o posición, aunque sean superiores. ✕ llano. ✕ vanidoso; soberbio.

senda

nombre femenino **1** Sendero: *Una senda conduce hasta el refugio.*

S
s

sendero

nombre masculino **1** Camino estrecho que se ha formado por el paso de personas o animales. Los rebaños suelen acceder a los pastos atravesando los senderos de las montañas. ※ senda.

sendos, sendas

adjetivo plural **1** Uno para cada una de dos personas o cosas: *Los dos niños salieron de excursión con sendas mochilas.*

seno

nombre masculino **1** Cada uno de los dos órganos de forma redondeada que tienen las mujeres en la parte superior del tronco. ※ pecho; teta.
2 Interior de algo no material, como el seno de una familia o el seno de la sociedad.

sensación

nombre femenino **1** Efecto que produce una cosa que llega a través de los sentidos. El frío, el calor, un olor o un ruido son sensaciones que podemos percibir.
2 Efecto de sorpresa o admiración que produce algo a una persona.
👁 El plural es: sensaciones.

sensacional

adjetivo **1** Que produce una sensación o impresión muy fuerte: *El paisaje es de una belleza sensacional.* ※ impresionante.
2 Se dice de la persona o la cosa que gusta mucho a alguien o que destaca mucho por sus buenas cualidades.

sensatez

nombre femenino **1** Característica de la persona que piensa en las consecuencias que pueden tener sus actos o sus palabras antes de hacer o decir algo.

sensato, sensata

adjetivo **1** Se dice de la persona que hace o dice las cosas con sensatez o la demuestra en su forma de pensar. También se dice de los hechos o las palabras que demuestran sensatez.

sensibilidad

nombre femenino **1** Capacidad de los animales y las personas de sentir a través de los sentidos: *Ha perdido la sensibilidad en la mano a causa del accidente.*
2 Capacidad de los seres humanos de tener sentimientos y emocionarse.

sensible

adjetivo **1** Se dice de la persona que se emociona fácilmente o que siente determinados sentimientos con mucha rapidez y fuerza: *Es muy sensible y cuando lo critican se pone muy triste.*
2 Que tiene capacidad de sentir a través de los sentidos. Las plantas, los animales y las personas somos sensibles a factores externos como la luz y el calor.
3 Que se ve de forma clara la diferencia de una cosa comparada con un momento anterior o con algo parecido: *El paciente ha mostrado una sensible mejoría.*
4 Que presta atención a lo que se dice o se pide: *Nos hemos quejado de las instalaciones y se ha mostrado sensible a nuestras peticiones.* ※ insensible.

sensiblería

nombre femenino **1** Característica de la persona que muestra una sensibilidad exagerada o falsa que llega a resultar molesta: *Esos lloros son sensiblería de niño mimado.*

sensorial

adjetivo **1** De los sentidos o que tiene relación con ellos.

sensual

adjetivo **1** Que al ser percibido por los sentidos provoca un sentimiento de placer o mucho gusto, como una música o un perfume sensual.
2 Que provoca una gran atracción sexual.

sentar

verbo **1** Apoyar el culo y parte de los muslos encima de una superficie, como una silla o un banco.
2 Producir una cosa un determinado efecto en el cuerpo o en la mente. Si una comida nos sienta mal, tenemos el estómago revuelto; las felicitaciones nos sientan bien.
3 Resultar bien o mal una ropa, un peinado o un maquillaje a una persona: *Ese vestido te sienta muy bien.*
4 Poner o establecer los funda-

mentos o las bases de algo. Antes de jugar a algo hay que sentar las reglas del juego.

👁 Se conjuga como: acertar; la 'e' se convierte en 'ie' en sílaba acentuada, como: sientan.

sentencia
nombre femenino

1 Decisión que toma el juez al terminar un juicio en la que dice si el acusado es culpable o inocente y fija la pena.

2 Expresión o frase corta en la que se dice algo con mucha seguridad como consejo o enseñanza moral. 'Nunca digas: de esta agua no beberé' es una sentencia. ⚒ proverbio.

sentido
nombre masculino

1 Capacidad que tienen las personas y los animales de recibir distintos tipos de estímulos externos. Los cinco sentidos son la vista, el oído, el tacto, el olfato y el gusto.

2 Significado de una palabra o una frase, en especial cuando se utiliza en un contexto o una situación determinada.

3 Habilidad especial de una persona para entender o para hacer algún tipo de cosas: *Tiene un gran sentido del humor.*

4 Manera particular de entender algo. El sentido de la responsabilidad de una persona puede ser muy distinto del de otra.

5 Cada una de las dos orientaciones que tiene un camino, una carretera o una calle.

sentido común Capacidad de las personas para actuar razonablemente.

sentimental
adjetivo y nombre masculino y femenino

1 Se dice de la persona que se emociona con facilidad. Es fácil que una persona sentimental llore al despedirse de un amigo.

adjetivo

2 Que expresa o provoca sentimientos agradables, en especial si están relacionados con el amor, la amistad y los recuerdos.

sentimiento
nombre masculino

1 Lo que siente una persona y hace que tenga un estado de ánimo determinado. Son sentimientos la soledad, el amor, la pasión, el odio, la angustia o la felicidad.

2 Lo que forma la parte afectiva de las personas o lo que sienten interiormente: *Se dejó llevar por los sentimientos y no por la razón.*

3 Capacidad que tiene alguien para querer o comportarse bien con los demás.

sentir
verbo

1 Tener una sensación física. Podemos sentir frío, hambre, dolor, o un cosquilleo en la pierna.

2 Tener un sentimiento o encontrarse de determinada manera. Sentimos alegría al ver a los amigos y sentimos amor hacia los seres queridos.

3 Tener pena cuando ocurre algo que no gusta o no se desea: *Siento que no puedas venir a jugar con nosotras.*

4 Tener la sensación de que algo va a ocurrir, sin tener una razón clara: *No sé por qué, pero siento que algo va a salir mal.* ⚒ presentir.

5 Recibir una impresión a través del sentido del olfato, el oído o el tacto. Se siente un olor, un ruido o el roce de algo.

6 Creer u opinar algo. Cuando alguien dice lo que siente, dice lo que piensa realmente.

7 sentirse Encontrarse de determinada manera física o de ánimo. Una persona puede sentirse enferma, feliz, bien, mal o animada.

8 sentirse Creerse una persona que es de determinada manera. Es importante sentirse útil.

👁 Se conjuga como: preferir; la 'e' se convierte en 'ie' en sílaba acentuada o en 'i' en algunos tiempos y personas, como: sientan o sintió.

seña
nombre femenino

1 Gesto que hace una persona para dar a entender algo: *Hizo una seña para pedir silencio.* 👈398

2 Característica de una persona o cosa por la que puede ser reconocida: *Si no me das más señas, no sé de quién me hablas.* Con este significado se usa mucho en plural.

S
S
S

S
s

señal

nombre
femenino
plural

3 señas Nombre de la población, calle y número donde vive una persona o está instalada una empresa. ✕✕ dirección.

señal

nombre
femenino

1 Cosa que tiene o se pone en algo o alguien para distinguirlo y reconocerlo entre los demás: *Su madre le hizo una señal en la chaqueta del uniforme del colegio para que no se confundiera.*
2 Signo o gesto acordado entre varias personas para hacer o saber algo. *Los corredores están atentos a la señal para iniciar la carrera.*
3 Cosa que indica o demuestra algo. *Una huella, una pista o un indicio son señales que ayudan a descubrir a un ladrón.*
4 Marca o huella de una superficie. *Una herida o una cicatriz dejan una señal en la piel.*
5 Cantidad de dinero que se adelanta para reservar una compra o un servicio.
6 Sonido que hacen el teléfono y otros aparatos para avisar de que se puede hablar. *Dejamos mensajes en los contestadores automáticos después de oír la señal.*
señal de tráfico Signo que hay en la carretera o en la calle para decir a los peatones y a los conductores lo que pueden o deben hacer. ✍ 400

señalar

verbo

1 Poner una señal en alguna cosa para distinguirla y reconocerla entre las demás: *Señala la página del libro en la que te has quedado.*
2 Indicar algo con el dedo o con otro gesto.
3 Ser una cosa señal o indicio de otra. *El cielo despejado señala un buen día de sol.*
4 Determinar el lugar o el momento para hacer algo: *La profesora ya ha señalado el día del examen.*
5 Dejar una marca en la piel o una señal en una superficie.
6 señalarse Distinguirse entre los demás por alguna cualidad o circunstancia.

señalización

nombre
femenino

1 Acción que consiste en señalizar las vías de circulación.
2 Conjunto de señales de tráfico. *La señalización ofrece informaciones como la velocidad adecuada en cada tramo de una carretera.*

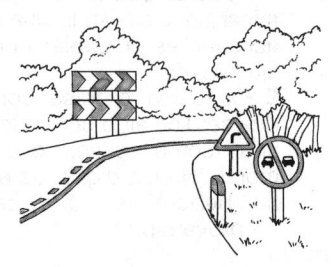

señalización

👁 El plural es: señalizaciones.

señalizar

verbo

1 Poner señales de tráfico en las vías de circulación.
👁 Se escribe 'c' delante de 'e', como: señalicen.

señor, señora

nombre

1 Palabra que se utiliza para llamar a una persona adulta cuando no se conoce su nombre o en señal de respeto o cortesía: *Pase usted, señor.*
2 Palabra que se antepone al apellido o a la profesión de una persona adulta en señal de respeto y cortesía: *¿La señora Gómez?*
3 Persona que es dueña o propietaria de algo. *Si preguntamos por los señores de la casa nos referimos a sus dueños o a las personas adultas que la habitan.*
4 Manera de llamar las personas que trabajan en el servicio de una casa a los dueños de la misma.

nombre
masculino

5 Dios. Con este significado se escribe con mayúscula.

nombre
femenino

6 Mujer casada o esposa de un hombre: *En la fiesta, nos presentó a su señora.*

señorial

adjetivo

1 Que es propio de la nobleza o las clases más altas y se nota en su aspecto elegante y bien cuidado.

señorita

nombre femenino **1** Palabra que se antepone al nombre de una mujer joven en señal de respeto y cortesía.

2 Mujer que realiza algunos trabajos, como maestra, dependienta, azafata o cualquier otro empleo de atención al público.

señorito, señorita

nombre **1** Manera de llamar las personas que trabajan en el servicio de una casa a los hijos de los dueños.

2 Persona joven que no está acostumbrada a trabajar; también es la persona que actúa con demasiada delicadeza, como si fuera muy rica: *¡Mira qué señorito!, resulta que no quiere que sus amigos lo vean trabajar*.

separación

nombre femenino **1** Aquello que separa dos cosas. Las paredes hacen de separación entre las habitaciones.

2 Espacio que queda entre dos cosas o dos personas que no están juntas.

3 Situación que se produce cuando los miembros de una pareja dejan de vivir juntos porque han dejado de quererse o por ciertos problemas.

◉ El plural es: separaciones.

separar

verbo **1** Hacer que dos o más personas o cosas que estaban cerca o juntas dejen de estarlo o lo estén menos. Cuando pasa un tren hay que separarse al máximo de la vía.

2 Distinguir o dividir dos cosas o dos lugares algo que está o se pone en medio de ellos: *Los Pirineos separan Francia de España*.

3 separarse Dejar de vivir juntas dos personas que estaban casadas o que vivían juntas.

sepia

nombre femenino **1** Molusco marino parecido a un calamar, que tiene el cuerpo más ancho y aplanado y diez tentáculos con ventosas para atrapar a sus presas. Es comestible.

nombre masculino y adjetivo **2** Color marrón rojizo. Las fotografías antiguas suelen ser de color sepia.

septentrional

adjetivo **1** Del norte o que tiene relación con él. ✖ meridional.

septiembre

nombre masculino **1** Noveno mes del año. Septiembre tiene 30 días y es el mes en que empieza el otoño y el curso escolar.

séptimo, séptima

numeral ordinal **1** Que ocupa el lugar número siete en una serie ordenada. El séptimo día de la semana es el domingo.

adjetivo y nombre masculino **2** Se dice de cada una de las siete partes iguales en que se divide un conjunto.

sepulcro

nombre masculino **1** Construcción de piedra levantada sobre suelo, que sirve para dar sepultura a una o más personas muertas.

sepultar

verbo **1** Poner a un muerto en una sepultura. ✖ enterrar.

2 Cubrir por completo alguna cosa, de manera que desaparezca de la vista: *Un alud de nieve sepultó el refugio de montaña*.

sepultura

nombre femenino **1** Hoyo excavado en la tierra para enterrar a una persona muerta.

2 Acción de enterrar a una persona cuando muere: *La sepultura de su pariente fue muy triste*.

sequedad

nombre femenino **1** Estado de una cosa cuando está muy seca por falta de agua o de otro líquido.

sequía

nombre femenino **1** Periodo largo de tiempo en el que no llueve. En tiempo de sequía debemos ser especialmente cuidadosos con el agua que gastamos.

séquito

nombre masculino **1** Grupo de personas que acompañan a una persona principal o más importante. ✖ comitiva.

ser

verbo **1** Tener una cualidad. Introduce cualquier cosa que sirve para describir a las personas, los animales o las cosas: *La mesa es de madera. Los bomberos son personas valientes. Eso es mentira*.

S
s

S
s

2 Indica que una persona, animal o cosa pertenece a un grupo o tipo determinado: *Es médico. El canario es un pájaro. Es vasco. Los bombones son de Bruselas.*
3 Suceder o tener lugar un hecho en el momento que se indica: *La Navidad es en diciembre. El partido fue ayer.* ✖ ocurrir.
4 Indica la hora, el día de la la semana o la fecha: *Hoy es martes. ¿Qué hora es?*
5 Pertenecer algo a alguien: *La bici es de tu hermano.*
6 Valer o costar dinero: *Serán 500 pesetas. ¿Cuánto es?*
7 Indica el resultado de una operación matemática: *Cinco más cinco es diez.*
8 Se usa para conjugar la voz pasiva de todos los verbos: *El profesor es querido por todos sus alumnos.*

ser	
INDICATIVO	**SUBJUNTIVO**
presente soy eres es somos sois son	**presente** sea seas sea seamos seáis sean
pretérito imperfecto era eras era éramos erais eran	**pretérito imperfecto** fuera o fuese fueras o fueses fuera o fuese fuéramos o fuésemos fuerais o fueseis fueran o fuesen
pretérito indefinido fui fuiste fue fuimos fuisteis fueron	**futuro** fuere fueres fuere fuéremos fuereis fueren
futuro seré serás será seremos seréis serán	**IMPERATIVO** sé (tú) sea (usted) sed (vosotros) sean (ustedes)
condicional sería serías sería seríamos seríais serían	**FORMAS NO PERSONALES** **infinitivo** **gerundio** ser siendo **participio** sido

nombre masculino 9 Cualquier cosa que existe o que tiene vida, como las personas, los animales y las plantas: *En la Tierra viven millones de seres vivos.*
10 Vida o existencia. *Nuestros padres nos dieron el ser.*
ser para Servir o estar destinado a un uso o una finalidad determinados: *Las tijeras son para cortar.*

serenar
verbo 1 Hacer que se tranquilice una persona que tiene mucha excitación o está muy preocupada.

serenata
nombre femenino 1 Canción o composición musical que se canta o se toca por la noche en medio de la calle. La serenata se dedica a una persona por la que se siente admiración.

serenidad
nombre femenino 1 Característica de la persona que está tranquila y que no pierde la calma ante una situación difícil o un problema grave.

sereno, serena
adjetivo 1 Que está tranquilo, sin ruido ni movimiento. *Cuando el mar está sereno, en la playa se pone una bandera verde para que la gente sepa que se puede bañar.* ✖ calmado.
2 Que no tiene o no demuestra preocupación, nervios o sentimientos negativos. ✖ tranquilo.
3 Se dice del día o del cielo que está despejado, sin nubes.
4 Que no está borracho. ✖ sobrio.
nombre masculino 5 Persona que, por la noche, se dedicaba a vigilar y abrir las puertas de los edificios a la gente que vivía en ellos. *Los serenos siempre llevaban muchas llaves encima.*

serie
nombre femenino 1 Conjunto de cosas relacionadas entre sí que van u ocurren unas después de otras, como una serie de libros de una misma colección o una serie de números. ✑ 593
2 Obra que se emite por capítulos en la radio o en la televisión.
en serie Se dice del tipo de fabricación que consiste en hacer cosas iguales, siguiendo un mismo modelo y utilizando las máquinas.

fuera de serie Que es especialmente bueno entre los de su clase.

seriedad

nombre femenino

1 Responsabilidad y formalidad con que actúa una persona o entidad. La seriedad de una empresa se demuestra con un servicio eficaz.
2 Falta de alegría o de diversión: *¿A qué se debe esa seriedad?*

serio, seria

adjetivo

1 Se dice de la persona que cumple con sus obligaciones y actúa sin hacer locuras. Los estudiantes serios estudian mucho y sacan buenas notas. ※ responsable.
2 Se dice de la persona que no se ríe ni hace bromas. Cuando estamos de mal humor estamos serios. ※ cómico; gracioso.
3 Que es muy importante y muy grave. El problema de la droga entre los jóvenes es muy serio.

serpentina

nombre femenino

1 Tira de papel enrollada, muy larga y estrecha, que las personas se lanzan unas a otras en las fiestas sujetándola por un extremo.

serpiente

nombre femenino

1 Reptil sin pies que tiene el cuerpo alargado y cilíndrico, la cabeza aplanada y la piel con escamas.

serrar

verbo

1 Cortar algo con una sierra, en especial la madera.
◉ Se conjuga como: acertar; la 'e' se convierte en 'ie' en sílaba acentuada, como: sierran.

serrín

nombre masculino

1 Polvo o conjunto de partículas pequeñas de madera que caen al serrarla.

serrucho

nombre masculino

1 Herramienta que sirve para cortar madera y otros materiales duros. Está formado por una hoja ancha de metal con dientes cortantes, que está unida a un mango. ✐ 393

servicial

adjetivo

1 Que siempre está dispuesto a hacer favores o a prestar servicios a los demás.

servicio

nombre masculino

1 Trabajo, en especial cuando se hace para otra persona.

2 Utilidad que se obtiene de una cosa. Un diccionario nos hace servicio cuando queremos saber el significado de las palabras.
3 Favor que se presta a una persona y que es de gran ayuda para quien lo recibe: *Me hiciste un gran servicio dejándome tu paraguas porque si no me habría mojado.*
4 Organización, conjunto de personas y medios destinados a cuidar unos intereses y satisfacer las necesidades de una persona, como el servicio de limpieza del ayuntamiento o el servicio de una casa.
5 Conjunto de objetos, como platos, vasos o tazas, que se usan para servir comidas y bebidas.
6 Habitación en la que se encuentra el váter y otros elementos que sirven para el aseo personal. En los lugares públicos, el servicio de señoras está separado del de caballeros. ※ aseo; baño.
7 En algunos deportes como el tenis, impulso que se da a la pelota para ponerla en movimiento y comenzar una jugada.
servicio militar Servicio que se presta al estado sirviendo como soldados en el ejército durante un periodo de tiempo determinado.

servidor, servidora

nombre

1 Forma de referirse una persona a sí misma.

nombre masculino

2 Equipo informático que controla las operaciones de un conjunto de ordenadores conectados en una red. Los programas suelen estar en el servidor.

servidumbre

nombre femenino

1 Conjunto de personas que trabajan como sirvientes en una casa; también es servidumbre el trabajo que hacen estas personas.
2 Carga o dependencia excesiva de un trabajo, un cargo o una responsabilidad o del amor o la pasión hacia una persona o una cosa.

servilleta

nombre femenino

1 Trozo de tela o de papel que sirve para limpiarse la boca y las

S
─
S

manos cuando estamos comiendo. Las servilletas suelen tener forma cuadrada o rectangular.

servilletero

nombre masculino **1** Objeto que generalmente tiene forma de aro y que sirve para meter y recoger la servilleta.

servir

verbo **1** Ser una persona o una cosa adecuada o tener utilidad para una función determinada: *La llave sirve para abrir la puerta.*
2 Llevar la comida o la bebida a la mesa o ponerla en los platos y en los vasos. En los restaurantes sirven los camareros.
3 Atender el empleado de un establecimiento a una persona que solicita alguna cosa.
4 Trabajar una persona para otra, especialmente haciendo trabajos domésticos o de atención personal.

servir	
INDICATIVO	**SUBJUNTIVO**
presente	**presente**
sirvo	sirva
sirves	sirvas
sirve	sirva
servimos	sirvamos
servís	sirváis
sirven	sirvan
pretérito imperfecto	**pretérito imperfecto**
servía	sirviera o sirviese
servías	sirvieras o sirvieses
servía	sirviera o sirviese
servíamos	sirviéramos o
servíais	sirviésemos
servían	sirvierais o sirvieseis
	sirvieran o sirviesen
pretérito indefinido	**futuro**
serví	sirviere
serviste	sirvieres
sirvió	sirviere
servimos	sirviéremos
servisteis	sirviereis
sirvieron	sirvieren
futuro	
serviré	**IMPERATIVO**
servirás	
servirá	sirve (tú)
serviremos	sirva (usted)
serviréis	servid (vosotros)
servirán	sirvan (ustedes)
condicional	**FORMAS NO PERSONALES**
serviría	
servirías	
serviría	**infinitivo** **gerundio**
serviríamos	servir sirviendo
serviríais	**participio**
servirían	servido

5 Estar haciendo el servicio militar o formar parte del ejército.
6 Trabajar para un organismo o una entidad desempeñando un cargo o un puesto determinado, especialmente en centros oficiales o estatales. Los cónsules sirven en las embajadas.
7 Hacer llegar a una persona o a una empresa unas mercancías o artículos que había solicitado.
8 servirse Utilizar a una persona o una cosa para conseguir un fin determinado. Nos servimos de los cubiertos para comer.

sesenta

numeral cardinal **1** Indica que el nombre al que acompaña está 60 veces.

numeral ordinal **2** Que ocupa el lugar número 60 en una serie ordenada.

nombre masculino **3** Nombre del número 60.

seseo

nombre masculino **1** Fenómeno que consiste en pronunciar la 'c' o la 'z' como 's'. El seseo es característico de algunas partes de Andalucía.

sesgo

nombre masculino **1** Orientación que toma un asunto o negocio. Cuando a alguien no le gusta el sesgo que toma una discusión, cambia de tema.

sesión

nombre femenino **1** Cada una de las ocasiones en que se reúne un grupo de personas con un fin determinado.
2 Cada una de las veces que se proyecta una película en un cine o se representa una obra de teatro.
❧ El plural es: sesiones.

seso

nombre masculino **1** Masa blanda de tejido nervioso que hay dentro de la cabeza de los hombres y los animales. ※ cerebro.
2 Capacidad que tiene una persona para pensar. ※ cabeza; cerebro.

seta

nombre femenino **1** Hongo que tiene forma de boina sostenida por un pie. Las setas crecen en parajes sombríos y húmedos. Existen muchas variedades comestibles, como los champiñones o los níscalos, pero también las hay venenosas.

setecientos, setecientas

numeral cardinal **1** Indica que el nombre al que acompaña está 700 veces.

numeral ordinal **2** Que ocupa el lugar número 700 en una serie ordenada.

nombre masculino **3** Nombre del número 700.

setenta

numeral cardinal **1** Indica que el nombre al que acompaña está 70 veces.

numeral ordinal **2** Que ocupa el lugar número 70 en una serie ordenada.

nombre masculino **3** Nombre del número 70.

seto

nombre masculino **1** Valla hecha de palos o ramas muy juntas o formadas por arbustos. Los jardines suelen estar bordeados de setos.

seudónimo

nombre masculino **1** Nombre que emplea una persona en lugar del suyo verdadero. Algunos escritores utilizan seudónimo.

severo, severa

adjetivo **1** Se dice de la persona que es muy exigente y estricta y no perdona fácilmente las faltas o los errores: *No seas tan severo, ha sido un fallo.*

sevillano, sevillana

adjetivo y nombre **1** Se dice de la persona o cosa que es de Sevilla, ciudad y provincia de Andalucía.

sexo

nombre masculino **1** Conjunto de características que diferencian a los seres vivos machos de las hembras.
2 Parte del aparato reproductor que está en la parte externa del cuerpo. El sexo de los hombres es el pene; el sexo de las mujeres es la vulva.

sexto, sexta

numeral ordinal **1** Que ocupa el lugar número seis en una serie ordenada.

adjetivo y nombre masculino **2** Se dice de cada una de las seis partes iguales en que se divide un conjunto.

sexual

adjetivo **1** Del sexo o que tiene relación con él: *En el colegio les dan clases de educación sexual.*

sexualidad

nombre femenino **1** Conjunto de características, comportamientos o manifestaciones relacionados con el sexo.

sexy

adjetivo **1** Que tiene mucho atractivo sexual: *No es guapo pero sí sexy.*

short

nombre masculino **1** Pantalón muy corto.
👁 El plural es: shorts. Se pronuncia: 'sort'.

show

nombre masculino **1** Espectáculo de cualquier tipo, en especial cuando es divertido.
👁 El plural es: shows. Se pronuncia: 'sou' o 'chou'.

si

conjunción **1** Introduce una condición; cuando la condición se cumple, también se cumple la otra cosa que se dice: *Si el tiempo no mejora, no podremos salir de paseo.*
2 Se utiliza para comparar una cosa o una persona con algo que no puede ser verdad, como en los ejemplos: *Estamos en mayo y hace más frío que si estuviéramos en invierno.*
3 Introduce un deseo o algo que se quiere que ocurra: *Si pudieras ayudarme. Si me tocase la lotería.*
👁 Como conjunción no se acentúa; no lo confundas con el adverbio de afirmación ni con el pronombre 'sí', que siempre se acentúan.

sí

adverbio **1** Se emplea para responder afirmativamente a una pregunta: *Sí, quiero.*
2 Se utiliza para dar más fuerza o más énfasis a una afirmación: *Esto sí que me gusta.*

pronombre personal **3** Pronombre personal de tercera persona, tanto singular como plural, que se utiliza siempre detrás de preposición. Hace referencia a una persona o unas personas distintas del hablante y del oyente: *¿Ves como puede hacerlo por sí solo? Hablaba para sí.*
👁 Como pronombre y como adverbio de afirmación siempre se acentúa; no lo confundas con la conjunción 'si', que no se acentúa.

sicología

nombre femenino **1** Es otra forma de escribir: psicología.

S
S

sicólogo, sicóloga
nombre **1** Es otra forma de escribir: psicólogo.

sida
nombre masculino **1** Enfermedad grave producida por un virus que destruye las defensas del organismo y provoca la aparición de otras enfermedades. El sida se contagia a través de la sangre o por las relaciones sexuales.
👁 Esta palabra está formada por las iniciales de 'Síndrome de Inmuno-deficiencia Adquirida'; también se escribe: SIDA.

siderurgia
nombre femenino **1** Actividad industrial que consiste en elaborar y transformar el hierro y sus derivados.

sidra
nombre femenino **1** Bebida alcohólica que se obtiene del zumo de las manzanas.

siega
nombre femenino **1** Trabajo de cortar la hierba o los cereales con la ayuda de instrumentos o máquinas. También es el tiempo en que se hace este trabajo. ✍ 599

siembra
nombre femenino **1** Trabajo que consiste en distribuir las semillas en una tierra que ha sido preparada para el cultivo. También es el tiempo en que se hace este trabajo. ✍ 598

siempre
adverbio **1** Indica que algo se hace o sucede en todo momento o en cualquier momento: *Siempre dice lo mismo*. ✖ nunca.
2 Indica que algo sucede cada vez que ocurre lo que se dice: *Cuando hace frío, siempre se pone una bufanda*.
3 Introduce una oposición entre dos situaciones o dos hechos: *Hombre, yo creo que siempre es mejor decirle la verdad que engañarlo*.
de siempre Indica que una cosa es todas las veces igual o es la habitual: *Me dio la excusa de siempre. Tomaré lo de siempre*.
siempre que Indica que algo sucede cada vez que ocurre lo que se indica: *Siempre que viene, me trae un regalo. Puedes contar conmigo siempre que quieras*.

sien
nombre femenino **1** Cada una de las dos partes de la cabeza situadas a cada lado de la cara, entre los ojos y las orejas.

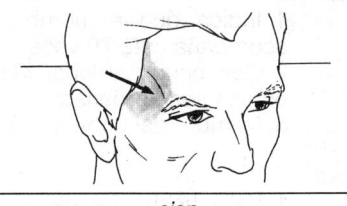
sien

sierra
nombre femenino **1** Herramienta formada por una hoja de acero con dientes que sirve para cortar madera. La sierra puede tener un mango o un mango a cada extremo o estar sujeta a una máquina para cortar. ✍ 393
2 Conjunto de montañas situadas unas junto a otras.

siervo, sierva
nombre **1** Persona que, antiguamente, servía a un señor o un rey.

siesta
nombre femenino **1** Corto espacio de tiempo en el que una persona duerme o descansa después de comer.

siete
numeral cardinal **1** Indica que el nombre al que acompaña está 7 veces.
numeral ordinal **2** Que ocupa el lugar número 7 en una serie ordenada.
nombre masculino **3** Nombre del número 7.
4 Roto en forma de 7 que se hace en una prenda.

sietemesino, sietemesina
adjetivo y nombre **1** Se dice del niño que nace a los siete meses del embarazo de su madre, en lugar de a los nueve.

sigla
nombre femenino **1** Palabra o nombre que se forma con la primera letra de una serie de palabras. 'ONU' es la sigla de 'Organización de las Naciones Unidas'.

siglo
nombre masculino **1** Periodo de tiempo que dura cien años. El siglo xx empezó el año 1901 y termina el 2000.

EL SIGNIFICADO DE LAS PALABRAS

1 ¿Qué significa **hastío**?

El diccionario aclara el significado de las palabras.

hastío significa: «Sensación

+

que se experimenta cuando se está completamente aburrido y no se quiere hacer nada.»

2 Los significados de las palabras se explican con otras palabras, que a su vez tienen significados que están en relación con el de la palabra que se quiere aclarar.

Estas relaciones entre los significados de las palabras son variadas e interesantes. A continuación veremos algunas.

3 Los idiomas tienen muchas palabras. Normalmente, cada palabra expresa una idea distinta o sirve para referirse a realidades diferentes. Fíjate, **hastío** es una «sensación», pero hay muchos tipos de sensaciones, y para distinguirlas utilizamos palabras diferentes:

acidez, agobio, apetito, asco, calor, cosquillas, dentera, dolor, embarazo, escalofrío, gozo, malestar, modorra, pesadez, picor...

Sensación es una palabra de significado mucho más amplio que las que hay arriba, y sirve para definirlas a todas ellas. *Malestar* es un tipo de sensación, y *mareo* y *arrechucho* son tipos de malestar.

sensación Efecto que produce una cosa que nos llega a través de los sentidos. El frío, el calor, un olor o un ruido son sensaciones que podemos percibir.

malestar Sensación que tiene una persona cuando se encuentra mal o molesta.

mareo Malestar o trastorno que se manifiesta con vómitos, pérdida de equilibrio y sudores.

arrechucho Indisposición o malestar pasajero y de poca importancia.

Fíjate que para definir una palabra se utiliza otra que está relacionada con ella pero que tiene un significado más amplio y después se añade una información que indica en qué se diferencian. Por ejemplo, *arrechucho* es un «malestar + pasajero y de poca importancia», es decir, es un tipo de malestar.

4 *Hastío* y *aburrimiento* tienen el mismo significado. Las palabras que tienen el mismo significado son **sinónimas**. El diccionario muestra esta relación de igualdad de significado con este signo: ≈

Son sinónimas palabras como: *apetito - hambre; abecedario - alfabeto; barriga - tripa; cercano - próximo; dañar - perjudicar.*

5 *Bienestar* tiene un significado opuesto al de *malestar*. Las palabras que tienen un significado opuesto son antónimas. El diccionario muestra esta relación de oposición de significado con este signo: ≉

S
—
S

Son antónimas palabras como: *alto - bajo ; antes - después; comprar - vender; natural - artificial; principio - fin.*

6 Bienestar tiene más de un significado:

bienestar

nombre masculino
1 Situación de satisfacción en que vive la persona que tiene lo que necesita y no tiene problemas económicos. *Acceder a una vivienda significa para muchas personas alcanzar el bienestar.*
2 Estado de la persona que se encuentra bien y a gusto física y mentalmente. *El contacto con la naturaleza nos produce una sensación de paz y bienestar.* ✖ malestar.

Esta característica se llama **polisemia**. Cada significado es explicado en el diccionario como una acepción, y cada número marca un significado distinto. Además, en este diccionario cada acepción va en un párrafo aparte.

7 Otras palabras tienen un significado muy preciso, y sólo ese significado

cafetería

nombre femenino
1 Establecimiento público con una barra de bar y mesas en el que se puede tomar café y algunas y alimentos.

Esta característica se llama **monosemia**.

2 Periodo de tiempo que es o nos parece muy largo: *Hace un siglo que no la veo, no sé qué es de ella.*
3 Época en que sucede, aparece o se inventa algo importante y que es muy característico de esa época. *El siglo xx es el siglo de la informática.*
del siglo Que es muy importante o destaca mucho sobre otras cosas de su clase: *Es la boda del siglo.*

significado

nombre masculino
1 Lo que quiere decir una palabra, una frase o un texto. En el diccionario están los significados de las palabras. ✖ sentido.

significar

verbo
1 Expresar una idea o un concepto. *Un semáforo en rojo significa que no se puede pasar;* 'simiente' y 'semilla' significan lo mismo, son palabras sinónimas.
2 Querer decir algo una palabra o una frase de un idioma en otro. En inglés, 'tree' significa 'árbol'.
3 Ser una cosa señal o indicio de otra. *Si hay humo en un lugar, significa que algo se está quemando.*
4 Ser algo o alguien importante para una persona o un grupo de personas. *La familia significa mucho para la gente.*
5 significarse Distinguirse alguien por alguna cualidad o alguna circunstancia.
👁 Se escribe 'qu' delante de 'e', como: signifiquen.

significativo, significativa

adjetivo
1 Que es señal o indicio de algo: *Es significativo que no haya venido.*
2 Que es muy importante. *La llegada del hombre a la Luna ha sido un hecho muy significativo en la historia de la humanidad.*

S
s

signo
nombre masculino

1 Cosa que sirve para representar algo. Las letras son signos que representan sonidos. ✐ 398
2 Acción o gesto que se hace y que da a entender alguna cosa. Dejarse caer en un sofá y resoplar es un signo de cansancio.
3 Cada una de las doce partes en que se divide el horóscopo.

siguiente
adjetivo

1 Que se dice, se hace u ocurre después de otra cosa. El número siguiente al uno es el dos. ✖ posterior. ✖ anterior.

sílaba
nombre femenino

1 Sonido o grupo de sonidos que se pronuncian de una sola vez. Las palabras pueden tener una o más sílabas; así, 'no' tiene una sílaba, 'pero' tiene dos y 'carretera' tiene cuatro.

silabear
verbo

1 Pronunciar separadamente las sílabas de una palabra.

silbar
verbo

1 Producir una persona un sonido fuerte y agudo cerrando los labios y haciendo salir aire con fuerza a través de ellos. Algunas personas silban poniéndose los dedos en la boca de forma que quede un canal muy estrecho para que salga el aire.
2 Hacer una cosa un sonido agudo, parecido al que hace una persona cuando sopla con los labios juntos o con los dedos en la boca. Silba el aire que se cuela por una rendija de la ventana.
3 Mostrar un grupo de personas o el público de un espectáculo protesta o desaprobación haciendo silbidos con la boca.

silbato
nombre masculino

1 Instrumento pequeño y hueco que produce un sonido fuerte y agudo cuando se sopla a través de él.

silbido
nombre masculino

1 Sonido agudo producido por una persona cerrando los labios y haciendo salir aire con fuerza a través de ellos, o poniéndose los dedos en la boca de forma que

quede un canal muy estrecho para que salga el aire.
2 Sonido agudo que produce una cosa, parecido al que hace una persona cuando sopla con los labios juntos o con los dedos en la boca.

silencio
nombre masculino

1 Ausencia de ruidos, de sonidos o de voces.

interjección **2** ¡silencio! Expresión con la que se pide u ordena a la gente que se calle o no haga ruido.

silencioso, silenciosa
adjetivo

1 Se dice de una persona o cosa que no hace casi ruido: *Cada vez fabrican lavadoras más silenciosas.*
2 Se dice de una persona que calla o suele estar callada.
3 Se dice de un lugar donde hay silencio; también de un periodo de tiempo en que se guarda silencio y casi no se habla.

silla
nombre femenino

1 Asiento con respaldo para una persona. Las sillas suelen tener cuatro patas y normalmente no tienen brazos.
silla de la reina Asiento que se forma cuando dos personas cruzan sus brazos agarrándose por las muñecas. Se hace para jugar.
silla de montar Objeto, normalmente de cuero, que se coloca sobre el lomo del caballo para que sea más cómodo y seguro montarlo. ✐ 157
silla de ruedas Silla con brazos que en lugar de patas tiene ruedas y que sirve para que se puedan desplazar las personas que no pueden andar.

sillín
nombre masculino

1 Asiento pequeño que tienen las bicicletas, motocicletas y otros vehículos parecidos para montar en ellos.
👁 El plural es: sillines.

sillón
nombre masculino

1 Asiento con respaldo y brazos para una persona. El sillón suele ser más grande y más cómodo que una silla. ✖ butaca.
👁 El plural es: sillones.

S / S

LA SÍLABA

Si pronunciamos una palabra muy despacio y en voz alta, de una forma natural esa palabra se divide en sílabas. Prueba a pronunciar en voz alta y despacio la palabra 'apagan'.

Seguramente has pronunciado: a - pa - gan, has dividido la palabra 'apagan' en las tres sílabas que la forman. Una sílaba es la unidad mínima que podemos pronunciar de una sola vez, y puede componerse de un sonido o de un conjunto de sonidos.

Clases de sílabas

En español, en todas las sílabas hay siempre una vocal, aunque puede haber dos (hay diptongo) o tres (hay triptongo). Además, la vocal puede formar sílaba combinada con una o más consonantes. Estas son algunas de las clases de sílabas más frecuentes:

V   Una sola vocal es la sílaba más sencilla: oía > o-í-a.

CV   Consonante + vocal es la sílaba más frecuente: caballero > ca-ba-lle-ro.

CVC   Consonante + vocal + consonante es una sílaba muy habitual: portal > por-tal, virtud > vir-tud.

CCV   Consonante + consonante + vocal: progreso > pro-gre-so.
  👁 La segunda consonante sólo puede ser 'l' o 'r'.

VV   Vocal + vocal es la sílaba conocida como diptongo: buen, pueblo > pue-blo.

VVV   Vocal + vocal + vocal es un triptongo: guay, miau, guau.
  👁 Las vocales primera y tercera tienen que ser 'i' o 'u'.

Clases de palabras por el número de sílabas

Las palabras, según el número de sílabas que tengan, pueden ser:
— *monosílabas*: si tienen sólo una sílaba: *haz, sol, buen;*
— *bisílabas*: si tienen dos sílabas: *cuadro, farol, desdén;*
— *trisílabas*: si tienen tres sílabas: *dominó, coleta, prodigio;*
— *polisílabas*: *si tienen cuatro sílabas o más: fantástico, entendimiento, antirreglamentario.*

Diptongo y hiato

Dentro de una palabra puede haber dos vocales juntas que pueden formar sílaba o no.

Diptongo

Son dos vocales juntas que forman sílaba.
Una de las dos vocales debe ser fuerte o abierta (**a,e,o**) y la otra débil o cerrada (**i, u**) o las dos débiles:
  abierto, aceite, agua, aumento, buen, cuidado, diagonal, neutral, pie

Hiato

Son dos vocales juntas que pertenecen a sílabas distintas.
Las vocales pueden ser:
— dos vocales fuertes o abiertas (**a,e,o**): *aldea, caer, otear, peón, otear, toreo, boa, cacao.*
— una fuerte o abierta (**a,e,o**) y otra débil o cerrada (**i,u**), pero la débil está acentuada: *caída, reír, baúl, río, púa.*
  👁 A veces hay hiato pero la vocal débil no lleva tilde, como: *prohibir* (pro-hi-bir), *actuar* (ac-tu-ar), *cruel* (cru-el) o *reunir* (re-u-nir).
— dos débiles que se pronuncian en sílabas diferentes, como los verbos que terminan en '-uir' y sus formas conjugadas: *destruir* (des-tru-ir), *excluir* (ex-clu-ir), *huir* (hu-ir), *derruido* (de-rru-i-do); y otras palabras, como: *jesuita* (je-su-i-ta), *ruina* (ru-i-na) o *diurno* (di-ur-no).

silueta

nombre femenino **1** Línea externa que forma la figura de una cosa o una persona. Si dibujamos la silueta de una persona sólo dibujamos la forma externa, sin representar los rasgos de la cara o del cuerpo; cuando miramos una cosa a contraluz sólo vemos su silueta. ✗ contorno; perfil.
2 Forma del cuerpo de una persona, sin tener en cuenta la cabeza: *Tiene una silueta muy bonita porque hace mucha gimnasia.*

silvestre

adjetivo **1** Se dice de la planta y el fruto que crecen de forma natural en los campos, sin que hayan sido cultivados por el hombre. Las fresas silvestres son muy pequeñas.

sima

nombre femenino **1** Hueco o grieta grande y profunda que hay en la tierra.

simbólico, simbólica

adjetivo **1** Del símbolo o que se expresa a través de él. Damos un beso simbólico cuando hacemos el gesto de lanzarlo con la mano.
2 Que tiene valor no por lo que es sino por lo que significa: *Su ayuda fue simbólica, lo que cuenta es el detalle.*

simbolizar

verbo **1** Servir una cosa como símbolo de otra. La paloma simboliza la paz.
👁 Se escribe 'c' delante de 'e', como: simbolicen.

símbolo

nombre masculino **1** Cosa o signo que representa una idea, un concepto o una realidad. El corazón es el símbolo del amor. ✍ 398

simetría

nombre femenino **1** Relación de igualdad que hay entre las dos partes de una figura dividida en dos por una línea que pasa por su centro. ✗ asimetría.

simiente

nombre femenino **1** Parte del fruto que da origen a una nueva planta. ✗ semilla.

similar

adjetivo **1** Que tiene unas características, propiedades o cualidades iguales o muy parecidas a las de otra persona o cosa. ✗ semejante.

similitud

nombre femenino **1** Cualidad o característica de las cosas o las personas que son muy parecidas o iguales.

simio, simia

adjetivo y nombre **1** Se dice del animal que pertenece al grupo de los mamíferos que tienen pies y manos con cinco dedos y un aspecto general bastante parecido al del hombre.

simpatía

nombre femenino **1** Sentimiento de afecto o agrado que surge de manera natural hacia una persona o cosa que nos gusta. Las personas sencillas y alegres despiertan simpatía.
2 Modo de ser o carácter de una persona que la hace agradable a los demás.

simpático, simpática

adjetivo **1** Se dice de la persona que es muy agradable y abierta. ✗ antipático.

simpatizar

verbo **1** Sentir atracción o simpatía hacia alguien o algo que nos gusta. Las personas que tienen un carácter y una forma de pensar muy parecidos suelen simpatizar enseguida.
👁 Se escribe 'c' delante de 'e', como: simpaticen.

simple

adjetivo **1** Que está formado por un elemento o por menos elementos que otra cosa de su mismo tipo. Un menú de un plato es más simple que uno de tres.
2 Que no tiene dificultad o complicación. En el colegio se practican ejercicios de gimnasia muy simples. ✗ sencillo. ✗ complicado.

adjetivo y nombre masculino y femenino **3** Se dice de la persona que es poco inteligente o que es fácil de engañar porque se lo cree todo y no ve que pueda haber mala intención en la gente. Las cosas que hacen o dicen estas personas también son simples. ✗ ingenuo.

simpleza

nombre femenino **1** Característica de la persona que es simple o poco inteligente.
2 Acción o dicho que demuestran falta de inteligencia. ✗ tontería.

S
—
s

S

s

3 Cosa que tiene poco valor o poca importancia. No merece la pena discutir o perder el tiempo por simplezas.

simplificar
verbo 1 Hacer que una cosa sea más sencilla y fácil. Los ordenadores simplifican mucho el trabajo de los oficinistas. ⨯⨯ dificultar.
👁 Se escribe 'qu' delante de 'e', como: simplifiquen.

simulacro
nombre masculino 1 Acción que no es auténtica y que se realiza para imitar a una verdadera. A veces se hacen simulacros de incendios para enseñar a la gente lo que se tendría que hacer en caso de incendio.

simular
verbo 1 Hacer creer a los demás algo que no es cierto por medio de acciones o palabras. ⨯⨯ fingir.

simultáneo, simultánea
adjetivo 1 Que sucede o se hace al mismo tiempo que otra cosa.

sin
preposición 1 Indica falta de lo que se dice a continuación. Si después va un infinitivo, indica que no se realiza esa acción: *Estoy sin un duro. Me he pasado toda la noche sin dormir.*
2 Indica que lo que se dice a continuación no se tiene en cuenta o no se incluye en una cosa determinada: *Este es el precio sin iva.*

sinagoga
nombre femenino 1 Templo en el que se reúnen los judíos para rezar o celebrar actos religiosos.

sinceridad
nombre femenino 1 Cualidad de las personas o las cosas sinceras. ⨯⨯ falsedad.

sincero, sincera
adjetivo 1 Se dice de la persona que no miente y dice lo que piensa de verdad. También se dice de las palabras, acciones o pensamientos que son verdaderos y muestran lo que de verdad piensa una persona. ⨯⨯ franco.

sindicato
nombre masculino 1 Asociación de trabajadores que se unen para defender sus derechos y sus intereses económicos.

síndrome
nombre masculino 1 Conjunto de signos o señales que caracterizan una enfermedad. La tos y los mocos son propios del síndrome catarral.

sinfín
nombre masculino 1 Gran cantidad o número de cosas, como un sinfín de felicitaciones o de preguntas. ⨯⨯ infinidad.

sinfonía
nombre femenino 1 Composición musical hecha para ser interpretada por una orquesta. La sinfonía se divide generalmente en tres o cuatro partes.

singular
adjetivo y nombre masculino 1 En gramática, se dice del número de las palabras que expresa una sola unidad. El singular de 'bicicletas' es 'bicicleta'. ⨯⨯ plural.
adjetivo 2 Que es raro, único o muy poco frecuente. El Sol o la Luna son astros singulares porque no hay otros como ellos. ⨯⨯ excepcional. ⨯⨯ corriente; normal.

siniestro, siniestra
adjetivo 1 Que provoca miedo por su aspecto extraño. Los malos de las películas de terror suelen ser personajes siniestros.
2 Que tiene mala intención o está hecho con mala intención.
nombre masculino 3 Accidente o catástrofe que destruye cosas y provoca heridos y muertos, como un accidente de tráfico o la explosión de una bomba.

sino
conjunción 1 Después de una frase negativa, introduce la información verdadera: *El partido no es el sábado sino el domingo.*

sinónimo, sinónima
adjetivo y nombre masculino 1 Se dice de la palabra que tiene el mismo significado que otra. 'Morir' y 'fallecer' son sinónimos porque ambas palabras significan que alguien deja de vivir.

sintáctico, sintáctica
adjetivo 1 De la sintaxis o que tiene relación con ella. El análisis sintáctico de una oración consiste en dividirla en sujeto y predicado y ver qué tipo de relaciones se establecen entre los distintos complementos.

S
s

sintagma
nombre masculino **1** Palabra o conjunto de palabras que tienen una misma función dentro de una oración. En la oración 'Ana tiene un perro', 'Ana' es un sintagma y 'tiene un perro' es otro sintagma.

sintaxis
nombre femenino **1** Parte de la gramática que estudia qué función tienen las palabras y los grupos de palabras en la oración y cómo se combinan entre sí. 👁 El plural es: sintaxis.

síntesis
nombre femenino **1** Resumen de lo principal de un asunto o materia.
2 Combinación de varios elementos para formar un todo. Un trabajo en grupo es la síntesis del trabajo de sus componentes. 👁 El plural es: síntesis.

sintético, sintética
adjetivo **1** Que no es natural, sino que se ha realizado por medio de procesos químicos o industriales: *El tergal es un tejido sintético.*

síntoma
nombre masculino **1** Cambio en el funcionamiento normal del organismo que indica que una persona empieza a estar enferma. Las náuseas, los vómitos y la diarrea son los síntomas más frecuentes de la intoxicación.
2 Señal o signo que indica que una cosa está sucediendo o va a suceder. La aparición de nubes en el cielo es un síntoma de lluvia. ⚒ indicio.

sintonía
nombre femenino **1** Música con la que empieza y termina un programa de radio o de televisión.
2 Acuerdo o coincidencia entre dos o más cosas, ideas, opiniones o formas de actuar.

sintonizador
nombre masculino **1** Botón que tienen los aparatos de radio o de televisión para localizar las diferentes cadenas o emisoras.

sintonizar
verbo **1** Captar una emisora de radio o una cadena de televisión con un aparato de radio o de televisión. 👁 Se escribe 'c' delante de 'e', como: sintonicen.

sinvergüenza
adjetivo **1** Que habla y actúa sin vergüenza ni respeto hacia los demás. ⚒ descarado.

siquiatra
nombre masculino y femenino **1** Es otra forma de escribir: psiquiatra.

siquiatría
nombre femenino **1** Es otra forma de escribir: psiquiatría.

síquico, síquica
adjetivo **1** Es otra forma de escribir: psíquico.

siquiera
adverbio **1** Indica que lo que decimos a continuación es lo mínimo que debe tenerse en cuenta: *¿Puedes dejarme siquiera cien pesetas?*
ni siquiera Indica que no ocurre o no pasa algo que se considera mínimo, necesario o fácil: *Ni siquiera se despidió de sus amigos.*

sirena
nombre femenino **1** Ser imaginario que vive en el mar, que tiene cabeza y tronco de mujer y cola de pez.
2 Aparato que produce un sonido fuerte y largo que sirve para avisar de algo. Los coches de bomberos y las ambulancias llevan una sirena para avisar a los demás coches de que tienen que pasar.

sirimiri
nombre masculino **1** Lluvia fina y continua que cae con suavidad. El sirimiri es muy frecuente en el norte de España. ⚒ calabobos; llovizna.

sistema
nombre masculino **1** Conjunto de elementos, reglas o mecanismos, relacionados entre sí, por medio de los cuales funciona algo: *El cerebro y los nervios forman parte del sistema nervioso del ser humano.* 👈 399
2 Manera de hacer una cosa siguiendo un plan y un orden determinados. ⚒ método; organización.
por sistema Indica que algo se hace o se dice por costumbre, sin pensar si está bien o mal.

sitiar
verbo **1** Rodear un lugar para atacarlo o para impedir que nadie entre o

S
—
s

salga de él. En las guerras se suelen sitiar las ciudades.

👁 Se conjuga como: cambiar; la 'i' no lleva nunca acento de intensidad.

sitio
nombre masculino

1 Espacio o lugar que puede ser ocupado por alguien o por algo. En los sofás de tres plazas hay sitio para tres personas. ⚜ lugar.
2 Espacio concreto dentro de otro ya limitado. El pasillo suele ser el sitio peor iluminado de la casa.

situación
nombre femenino

1 Posición o colocación en un lugar o un momento determinado. El radar del aeropuerto puede precisar con exactitud la situación del avión durante el vuelo.
2 Estado en que se halla una persona o cosa en un momento determinado: *La empresa está en una situación de crisis*.

👁 El plural es: situaciones.

situar
verbo

1 Poner a una persona o cosa en un lugar determinado. Los vendedores se sitúan detrás del mostrador para atender al cliente.
2 situarse Conseguir una persona una buena posición económica, social o política.

👁 Se conjuga como: actuar; la 'u' se acentúa en algunos tiempos y personas, como: sitúen.

slip
nombre masculino

1 Calzoncillo ajustado que no cubre las piernas.

👁 Se pronuncia: 'eslip'. El plural es: slips.

slogan
nombre masculino

1 Frase corta que se utiliza para hacer publicidad de un producto o para identificar fácilmente una empresa o un servicio.

👁 Se pronuncia: 'eslogan'; es preferible escribir: eslogan.

sobaco
nombre masculino

1 Hueco que forma el brazo por debajo al unirse con el cuerpo. ⚜ axila.

sobar
verbo

1 Tocar algo repetidas veces con las manos hasta estropearlo o ablandarlo. ⚜ manosear.

2 Tocar o acariciar mucho a una persona.
3 Dormir una persona. Es un uso informal.

soberano, soberana
adjetivo y nombre

1 Se dice de la persona que ejerce la máxima autoridad de un país. Juan Carlos I es el soberano de España. ⚜ monarca; rey.

adjetivo

2 Se dice del estado que no está sometido políticamente a otro y se gobierna a sí mismo controlando con autonomía sus asuntos políticos, económicos o sociales. España es un estado soberano.
3 Se dice de algunas cosas, como una paliza, una derrota o un castigo, que se realizan con la máxima intensidad. Es un uso informal. Con este significado va siempre delante del nombre.

soberbia
nombre femenino

1 Sentimiento o actitud de la persona que se cree superior o mejor que los demás. ⚜ orgullo. ⚜ modestia.

soberbio, soberbia
adjetivo

1 Se dice de la persona que se comporta con mucho orgullo y se siente superior a los demás. ⚜ altivo; orgulloso. ⚜ modesto.
2 Que es tan bueno que sobresale por encima de los de su especie: *Cervantes fue un escritor soberbio*. ⚜ extraordinario.

sobornar
verbo

1 Ofrecer dinero a alguien con poder a cambio de un favor o un beneficio al que no se tiene derecho o que es injusto.

sobra
nombre femenino

1 Lo que queda de una cosa después de haberla usado o consumido: *Cenó las sobras del mediodía*.
de sobra Indica que hay algo en exceso: *No hace falta más helado, hay de sobra para todos*.

👁 Se usa más en plural.

sobrar
verbo

1 Haber más cantidad de la necesaria de una cosa: *Sobra pan, así que no hace falta que compres más*.
2 Quedar algo de una cosa después de haber sido utilizada.

3 Molestar o no ser necesaria una persona en un lugar: *Tú aquí sobras, te puedes ir.*

sobrasada

nombre femenino   **1** Embutido de forma cilíndrica, muy grueso y de color rojo que se hace con carne de cerdo y pimentón. Es típico de Mallorca.

sobre

nombre masculino   **1** Papel doblado de tal manera que permite poner en su interior cartas, documentos u otras cosas.

preposición   **2** Indica el lugar encima del que está una persona o una cosa. Puede haber contacto entre las dos cosas que se dicen, como en 'la cinta está sobre la mesa', o no, como en 'el helicóptero volaba sobre la ciudad'. Puede tener un uso figurado, de estar pendiente o encima de alguien para que haga algo: *Si quieres que haga mejor su trabajo, tendrás que estar sobre él.*
3 Indica el tema del que trata algo: *El primer capítulo trata sobre la amistad.* ✖✖ acerca de.
4 Indica tiempo o cantidad aproximados: *Llegará sobre las seis. Costará sobre 6 000 pesetas.*
5 Indica repetición y acumulación. La palabra que aparece delante de ella y detrás es la misma: *Todo fue equivocación sobre equivocación.*

sobrecargar

verbo   **1** Poner demasiada carga o peso sobre una persona o una cosa.
👁 Se escribe 'gu' delante de 'e', como: sobrecarguen.

sobrecoger

verbo   **1** Asustar o producir una sensación desagradable, especialmente de miedo o sorpresa: *Las imágenes de la catástrofe le sobrecogieron.*
👁 Se escribe 'j' delante de 'a' y 'o', como: sobrecojan.

sobredosis

nombre femenino   **1** Cantidad excesiva de una medicina o una droga, que puede ser peligrosa para la salud.
👁 El plural es: sobredosis.

sobrehumano, sobrehumana

adjetivo   **1** Que es tan grande o tan fuerte que parece que no lo puede hacer un ser humano. Un esfuerzo sobrehumano es un esfuerzo muy grande.

sobremesa

nombre femenino   **1** Tiempo posterior a la comida en el que la gente se queda en la mesa charlando.

sobrenatural

adjetivo   **1** Se dice de lo que no es normal que ocurra según las leyes de la naturaleza.

sobrentender

verbo   **1** Entender algo que no está explícito pero que se puede deducir o suponer de lo que se dice o se hace. Si alguien dice que hace mucho calor en una habitación, se sobrentiende que quiere que abramos la ventana.
👁 Se conjuga como: entender; la 'e' se convierte en 'ie' en sílaba acentuada, como: sobrentiende.

sobresaliente

nombre masculino   **1** Calificación o nota obtenida en un examen que es más alta que la de notable e inferior únicamente a la matrícula de honor.

adjetivo   **2** Se dice de la persona o cosa que destaca o sobresale entre otras por sus cualidades.

sobresalir

verbo   **1** Ser una cosa más alta que otras que están cerca, o ser una parte de algo más saliente que las demás. Los rascacielos sobresalen entre los demás edificios de una ciudad.
2 Destacar más una cosa o una persona entre otras por ser mejor o por tener alguna característica mejor. Los alumnos estudiosos sobresalen en su clase por sus buenas notas.
👁 Se conjuga como: salir.

sobresaltar

verbo   **1** Causar algo susto o preocupación. Un ruido fuerte e inesperado nos sobresalta.

sobresalto

nombre masculino   **1** Impresión fuerte o inquietud producida por algo inesperado. ✖✖ susto.

sobrevivir

verbo   **1** Conseguir salir vivo de una catástrofe o de un accidente grave.

S
s

2 Vivir durante un tiempo después de la muerte de otra persona: *Después de la muerte de mi abuelo, mi abuela sobrevivió dos años más.*
3 Vivir con dificultad, utilizando sólo lo justo y lo necesario, sin lujos de ningún tipo. ⬩ subsistir.

sobrino, sobrina
nombre **1** Hijo de un hermano o una hermana.

sobrio, sobria
adjetivo **1** Que no llama la atención ni destaca por nada especial: *La decoración del piso es muy sobria, casi no tiene detalles.* ⬩ discreto.
2 Que no está borracho. ⬩ ebrio.

socavón
nombre masculino **1** Agujero grande que se hace en el suelo al hundirse el terreno.
👁 El plural es: socavones.

sociable
adjetivo **1** Se dice de la persona que tiene mucha facilidad para hablar con otras personas y relacionarse con ellas. Los animales que se dejan tocar y no rehúyen la compañía del hombre son también sociables.

social
adjetivo **1** Que está relacionado o que afecta a la sociedad en conjunto.

socialismo
nombre masculino **1** Sistema político, social y económico en el que los bienes son propiedad común de todos los individuos y el estado se encarga de repartir la riqueza.

sociedad
nombre femenino **1** Conjunto de personas que viven juntas en un país o una zona grande, donde establecen unas relaciones organizadas basadas en unas normas y unas costumbres comunes. La sociedad moderna es muy diferente de la medieval.
2 Conjunto de personas que se unen para compartir unos bienes o unos objetivos determinados, en general de carácter comercial o empresarial. ⬩ asociación.
3 Conjunto de animales que viven juntos de un modo organizado, como las abejas o las hormigas.

socio, socia
nombre **1** Persona que es miembro de una asociación de cualquier tipo: *Son socios del club de tenis.*
2 Persona que es miembro de una sociedad empresarial.

socorrer
verbo **1** Prestar ayuda a una persona que está en peligro, está herida o tiene una necesidad muy grande.

socorrista
nombre masculino y femenino **1** Persona que se dedica a atender a las personas que lo necesitan en caso de accidente o peligro.

socorro
nombre masculino **1** Acción de prestar ayuda urgente a una persona que está en peligro, está herida o tiene una necesidad muy grande.
2 Cosa que sirve de ayuda a una persona que está en peligro, está herida o tiene una necesidad muy grande.
interjección **3** ¡socorro! Se utiliza para pedir ayuda urgente cuando alguien está herido o en peligro: *¡Socorro!, que no puedo salir.*

sofá
nombre masculino **1** Asiento con respaldo y brazos para dos o más personas. Los sofás son blandos y cómodos.
sofá cama Sofá que se puede utilizar como cama o que contiene una cama doblada que se puede desplegar. También se escribe: sofá-cama.

sofisticado, sofisticada
adjetivo **1** Se dice de la persona o la cosa que resulta muy elegante y refinada.
2 Que es poco natural o sencillo. A veces cuesta entender el lenguaje sofisticado que utilizan algunos políticos. ⬩ espontáneo.
3 Se dice del aparato que es muy complicado o perfeccionado. ⬩ complejo. ⬩ sencillo.

sofocante
adjetivo **1** Que produce una sensación de ahogo o hace difícil la respiración. En las saunas hace un calor sofocante.

sofocar
verbo **1** Producir una sensación de ahogo o dar mucho calor.
2 Acabar con algo, como un incendio o una protesta.

3 sofocarse Sentir vergüenza una persona en una situación determinada: *Se sofocó cuando el profesor le llamó la atención delante de toda la clase.* ✖ avergonzarse.
👁 Se escribe 'qu' delante de 'e', como: sofoquen.

sofrito
nombre masculino
1 Hortalizas cortadas en trozos pequeños y fritas en aceite a fuego lento.

software
nombre masculino
1 En informática, conjunto de programas e instrucciones que permite al ordenador realizar diferentes funciones.
👁 Se pronuncia: 'sófgüer'.

soga
nombre femenino
1 Cuerda gruesa de esparto. Los pescadores amarran las barcas al muelle con un soga.

soja
nombre femenino
1 Planta que produce un fruto parecido a la judía con unas semillas de las que se saca aceite.

sol
nombre masculino
1 Estrella con luz propia alrededor de la cual giran la Tierra y otros planetas; el Sol es el centro del sistema solar. Con este significado se escribe con mayúscula.
2 Luz o calor que desprende el Sol. Los médicos recomiendan utilizar una crema protectora para tomar el sol.
3 Persona muy buena: *Esa chica en un sol, siempre tan atenta y agradable.* Es un uso familiar.

solano
nombre masculino
1 Viento que sopla del este, por donde sale el Sol.

solapa
nombre femenino
1 Parte de una prenda de vestir que está cosida al cuello y se dobla hacia fuera sobre el pecho. Las chaquetas, americanas y abrigos suelen tener solapa.
2 Parte de la cubierta de un libro que se dobla hacia dentro y en la que suele haber información del autor o de la editorial.

solar
adjetivo
1 Del Sol o que tiene relación con él. La energía solar es más barata

y menos contaminante que la tradicional.
nombre masculino
2 Terreno donde se está construyendo o en el que se puede construir un edificio.

soldado
nombre masculino
1 Persona que pertenece a un ejército y no tiene graduación.

soldar
verbo
1 Unir dos piezas de metal mediante la aplicación de calor muy fuerte. ✍ 395
👁 Se conjuga como: contar; la 'o' se convierte en 'ue' en sílaba acentuada, como: suelden.

soledad
nombre femenino
1 Circunstancia de estar sola una persona, de no tener compañía. En soledad se estudia mejor porque nadie nos molesta.

solemne
adjetivo
1 Se dice del acto público que se hace de un modo muy serio, ceremonioso y elegante, con asistencia de personalidades importantes. El entierro de un jefe de estado suele ser un acto solemne.
2 Que es muy serio y formal: *Me hizo la promesa solemne de que lo intentaría.*
3 Que impresiona por ser muy elegante o muy grande. ✖ majestuoso.
4 Se utiliza para reforzar el sentido negativo de los nombres a los que acompaña. Una solemne estupidez es una estupidez muy grande. Con este significado va delante del nombre.

soler
verbo
1 Hacer una cosa por costumbre u ocurrir con frecuencia: *En invierno suele nevar en las zonas de alta montaña. Suele pasar aquí las vacaciones.* ✖ acostumbrar.
👁 Se conjuga como: mover; la 'o' se convierte en 'ue' en sílaba acentuada, como: suelen.

solicitar
verbo
1 Pedir algo, generalmente siguiendo una serie de formalidades. Para solicitar una beca hay que rellenar muchos papeles.

S
—
s

S **s**

solicitud
nombre femenino **1** Petición de algo, siguiendo una serie de formalidades, como rellenar un documento; también se llama solicitud al propio documento o escrito en el que se pide algo.

solidaridad
nombre femenino **1** Característica de la persona que manifiesta su apoyo a otra que tiene algún problema o inquietud e intenta ayudarla en lo que puede.

solidario, solidaria
adjetivo **1** Se dice de la persona que manifiesta su apoyo a otra que tiene algún problema o inquietud e intenta ayudarla. También son solidarios los actos de estas personas.

solidez
nombre femenino **1** Característica de la cosa que es segura o resistente y que es difícil que falle o se rompa.

sólido, sólida
adjetivo **1** Que es fuerte, firme y resistente. Las columnas que sujetan los techos tienen que ser muy sólidas.
adjetivo y nombre masculino **2** Se dice del cuerpo que tiene forma propia y no es líquido ni gaseoso. Las piedras son cuerpos sólidos.

solista
nombre masculino y femenino **1** Persona que interpreta ella sola, con la voz o con un instrumento, una obra musical o una parte de ella.

solitaria
nombre femenino **1** Gusano de gran longitud que vive parásito en el intestino de algunos vertebrados, entre ellos el hombre.

solitario, solitaria
adjetivo **1** Se dice de la persona que está sola o no tiene compañía en un momento determinado o de forma permanente.

solitario

adjetivo y nombre **2** Se dice de la persona a la que le gusta estar sola o vivir sola y va buscando siempre la soledad. También se dice del carácter, la

forma de vida o las costumbres de este tipo de personas.
adjetivo **3** Se dice del lugar en el que no habitan personas o por el que pasan pocas personas.
nombre masculino **4** Juego de cartas en el que juega únicamente una persona.

sollozar
verbo **1** Llorar respirando de manera entrecortada y ruidosa.
👁 Se escribe 'c' delante de 'e', como: sollocen.

sollozo
nombre masculino **1** Respiración entrecortada y ruidosa que se hace a veces al llorar.

solo, sola
adjetivo **1** Que está sin otra cosa o persona: *Ha venido él solo.*
2 Que no tiene familia, ni amigos, ni nadie que le haga compañía. También se dice que una persona está sola para hacer algo cuando no tiene a nadie que la ayude.
3 Se dice de la persona o cosa de la que no existe otra de su misma especie. El gorila blanco es solo en su especie, nada más hay uno. ⚒ único.
adjetivo y nombre masculino **4** Se dice del café que se sirve sin leche.
adverbio **5 solo** Sólo.
a solas Sin compañía de nadie.

sólo
adverbio **1** Significa nada más, con exclusión de otra cosa: *Han venido sólo para saludarte.*
👁 También se escribe: solo.

solomillo
nombre masculino **1** Trozo alargado de carne de vaca o de cerdo situado entre las costillas y el lomo.

soltar
verbo **1** Hacer que lo que estaba atado o sujeto deje de estarlo o lo esté menos. Nos soltamos los nudos de los zapatos para quitárnoslos.
2 Dejar libre a una persona o un animal que estaba retenido en algún lugar.
3 Despedir o echar fuera de sí aquello que se indica. La basura suelta un olor muy malo.
4 Decir algo de repente, especial-

S
—
S

mente algo malo o que no se debería decir: *Me soltó un rollo que no venía a cuento*. Es un uso informal.
5 Manifestar o dejar ver una persona un sentimiento por medio de algo, como carcajadas, gritos o lágrimas. Es un uso informal.
6 soltarse Empezar a poder hacer algo que antes no se hacía por vergüenza o porque no se había llegado a aprender bien. Para soltarse a hablar un idioma extranjero, lo mejor es ir al país.
👁 Se conjuga como: contar; la 'o' se convierte en 'ue' en sílaba acentuada, como: suelten.

soltero, soltera
nombre **1** Persona que tiene edad para casarse pero no se ha casado.

soltura
nombre femenino **1** Capacidad para hacer algo de manera fácil y rápida. Para tener soltura escribiendo a máquina hay que practicar mucho.

solución
nombre femenino **1** Manera de resolver o poner fin a un asunto, un problema, una duda o una dificultad, intentando que el resultado sea adecuado o satisfactorio.
2 Resultado de una operación o un problema matemático.
👁 El plural es: soluciones.

solucionar
verbo **1** Dar una solución a un asunto o a otra cosa o encontrar la solución o la respuesta a una duda, un problema o una dificultad.

solventar
verbo **1** Resolver o solucionar una dificultad o un problema. Mediante el diálogo se pueden solventar muchos asuntos.
2 Pagar una persona una cantidad de dinero que debe. Se solventan las deudas o las cuentas pendientes.

sombra
nombre femenino **1** Imagen oscura que deja sobre una superficie un objeto opaco o una persona que se coloca entre los rayos directos de la luz y dicha superficie. Si caminamos por la calle un día de sol veremos nuestra sombra reflejada en el suelo.
2 Lugar en el que no hay luz porque no llegan los rayos del sol o de una lámpara.
3 Persona o animal que sigue a una persona por todas partes. Es un uso informal.

sombrero
nombre masculino **1** Prenda de vestir que cubre la cabeza y que normalmente está formada por un ala alrededor de una copa. Según el tamaño y la forma del ala y la copa los sombreros tienen nombres distintos, por ejemplo chistera o pamela.
2 Parte superior de un hongo.

sombrilla
nombre femenino **1** Objeto plegable, parecido a un paraguas, que sirve para protegerse del sol. En verano se ven muchas sombrillas en la playa.

sombrío, sombría
adjetivo **1** Se dice del lugar que tiene muy poca luz o donde hay sombra. ⚹⚹ luminoso.
2 Se dice de la persona que está o parece triste y melancólica. ⚹⚹ alegre.

someter
verbo **1** Obligar a alguien a obedecer las órdenes de otra persona por la fuerza o la violencia. ⚹⚹ dominar.
2 Presentar un proyecto, una idea o una reflexión a alguien para que diga lo que piensa de ella. Los proyectos de una empresa se someten a la aprobación de la junta directiva.
3 Hacer que algo o alguien reciba los efectos de una acción o una cosa determinada. El agua se convierte en hielo cuando se somete a la acción del frío.

somier
nombre masculino **1** Base plana de madera o metal que tiene patas y sobre la que se pone el colchón para dormir a cierta distancia del suelo.
👁 El plural es: somieres.

son
nombre masculino **1** Sonido que resulta agradable al oído, principalmente el sonido musical.
sin ton ni son Forma de hacer una cosa sin pensarla mucho, de

S
s

forma alocada o sin tener ninguna razón o motivo para hacerla: *No hice caso, hablaba sin ton ni son.*

sonajero
nombre masculino **1** Juguete para bebés o niños muy pequeños que consiste en un mango con cascabeles u otras cosas en su extremo que hacen ruido cuando se agita.

sonámbulo, sonámbula
adjetivo y nombre **1** Se dice de la persona que padece un trastorno del sueño que consiste en levantarse de la cama o andar mientras está dormida y que después, al despertar, no recuerda nada de lo sucedido.

sonar
verbo **1** Producir ruido una cosa o emitir un sonido, como el despertador por la mañana, el altavoz de un equipo de música o el timbre cuando llaman a la puerta. **2** Producir una cosa la sensación de que ya es conocida, pero sin recordarla con todos los detalles. Una persona que no hemos visto nunca no nos suena de nada. **3** Ser una cosa o una persona muy mencionada o comentada, hablarse mucho de ella: *Su nombre sonó para ministro.* **4** Limpiar a una persona la nariz de mocos haciendo salir aire por las fosas: *Suena al niño, que lleva mocos.* 👁 Se conjuga como: contar; la 'o' se convierte en 'ue' en sílaba acentuada, como: suenen.

sondeo
nombre masculino **1** Estudio destinado a averiguar algo, que consiste en hacer preguntas a la gente. En época de elecciones se realizan sondeos para conocer la intención de voto de los ciudadanos.

soneto
nombre masculino **1** Poesía de catorce versos divididos en cuatro estrofas, las dos primeras de cuatro versos y las dos últimas de tres.

sonido
nombre masculino **1** Lo que se percibe a través del oído. Las vocales y las consonantes son sonidos.

soniquete
nombre masculino **1** Sonido poco fuerte pero repetido y continuo, que resulta desagradable o molesto, como el de los coches que pasan a lo lejos.

sonoro, sonora
adjetivo **1** Que suena o que tiene buen sonido, como algunos instrumentos.

sonreír
verbo **1** Mover un poco los labios hacia arriba como cuando reímos pero sin hacer ruido. **2** Ser algo favorable a una persona. Decimos que la vida nos sonríe cuando todo nos sale bien y no tenemos problemas. 👁 Se conjuga como: reír.

sonriente
adjetivo **1** Se dice de la persona que sonríe o que está sonriendo.

sonrisa
nombre femenino **1** Gesto que se hace curvando los labios hacia arriba como muestra de alegría o felicidad.

sonrojar
verbo **1** Hacer que a una persona se le ponga la cara roja de vergüenza. ✂ ruborizar.

sonrosado, sonrosada
adjetivo **1** Se dice de la piel rosada, especialmente la de los niños pequeños cuando están sanos y limpios.

soñador, soñadora
adjetivo **1** Que tiene mucha imaginación y se pasa mucho tiempo pensando en cosas que le gustaría hacer, aunque sean muy difíciles de conseguir. ✂ fantasioso.

soñar
verbo **1** Imaginar historias una persona mientras está durmiendo: *He soñado que viajaba en cohete a otros planetas.* **2** Desear mucho una cosa que no se tiene y que es muy difícil de conseguir. Mucha gente sueña con que le toque la lotería. 👁 Se conjuga como: contar; la 'o' se convierte en 'ue' en sílaba acentuada, como: sueñen.

sopa
nombre femenino **1** Comida líquida que se hace cociendo alimentos en un recipiente con agua. Las sopas son de mu-

chos tipos, por ejemplo de pescado, de arroz o de verduras.

hasta en la sopa En todas partes. Si decimos que una persona está hasta en la sopa es que nos la encontramos en cualquier sitio al que vamos.

sopapo
nombre masculino **1** Golpe que se da en la cara con la mano abierta. ※ bofetada.

sopera
nombre femenino **1** Recipiente hondo, generalmente de forma redonda, que sirve para servir la sopa en la mesa. Las soperas tienen una tapadera que sirve para mantener la sopa caliente.

soplar
verbo **1** Hacer salir el aire por la boca con fuerza. Para apagar las velas de la tarta de cumpleaños hay que soplar fuerte.
2 Moverse el viento con fuerza, de modo que haga un poco de ruido.
3 Decir a alguien algo que no se le debería decir porque es secreto o porque no está permitido decirlo. A veces los alumnos intentan soplarse preguntas en los exámenes.

soplete
nombre masculino **1** Instrumento que se utiliza para fundir metales, para soldar o para calentar un material. Está formado por una bombona de gas conectada a una pistola que lanza una llama.

soplido
nombre masculino **1** Cantidad de aire que se expulsa de una vez por la boca o con algún instrumento: *Apagó todas las velas de la tarta de un soplido.* ※ soplo.

soplo
nombre masculino **1** Soplido: *Con un soplo quitó los restos de la goma de borrar que quedaban en el papel.*
2 Movimiento del viento. Cuando hace mucho calor un soplo de aire fresco resulta muy agradable.
3 Información que se da de manera secreta a otra persona. Con frecuencia la policía detiene a los ladrones gracias al soplo de algún testigo.
4 Espacio de tiempo muy corto o que lo parece: *Las vacaciones han pasado en un soplo.*

soplón, soplona
adjetivo y nombre **1** Se dice de la persona que dice algo que no debía decir porque era secreto. ※ chivato.

soponcio
nombre masculino **1** Pérdida temporal del conocimiento: *Tenía tanta hambre que le dio un soponcio.* ※ patatús.
2 Impresión o susto muy fuerte: *Cuando te vi entrar casi me da un soponcio, no te esperaba.* ※ patatús.

soportal
nombre masculino **1** Espacio exterior que rodea algunos edificios o plazas, que está cubierto y tiene arcos o columnas.

soportar
verbo **1** Sufrir con paciencia una cosa desagradable, como el hambre, el dolor o el calor.※ aguantar.
2 Sujetar o mantener una cosa, de modo que no se caiga o no se mueva. En una mesa, las patas soportan el tablero. ※ aguantar; sostener.

soporte
nombre masculino **1** Cosa que sirve para sujetar o sostener el peso de algo.

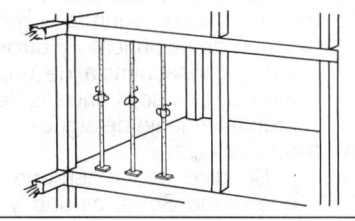
soporte

2 Aquello que sirve de apoyo o de ayuda a una persona, una institución o un país. Los amigos son el mejor soporte para mucha gente.
3 Forma o material sobre el que se presenta algo que se escribe, se pinta o se dibuja. Ahora se hacen libros en soporte de papel y en soporte magnético.

soprano
nombre femenino **1** Cantante que tiene la voz más aguda de todas las voces humanas clasificadas.

sor
nombre femenino **1** Palabra que se antepone al nombre de las monjas.

S
—
s

S
s

sorber
verbo

1 Beber un líquido aspirándolo, normalmente con una pajita. *Sorbemos un refresco o un granizado.*

2 Respirar con fuerza hacia adentro para retener los mocos en la nariz, como hacen los niños pequeños que no saben sonarse.

sorbo
nombre masculino

1 Acción que consiste en sorber o beber un líquido aspirándolo: *Se tomó el caldo a sorbos porque no podía abrir mucho la boca.*

2 Cantidad pequeña de un líquido que se bebe de una vez.

sordera
nombre femenino

1 Falta o disminución de la capacidad de oír.

sordo, sorda
adjetivo y nombre

1 Se dice de la persona o animal que no oye o no oye bien.

adjetivo

2 Que tiene un sonido apagado o grave, como el que se produce cuando se cae un libro o una carpeta al suelo.

sordomudo, sordomuda
adjetivo y nombre

1 Se dice de la persona que no oye ni habla; algunos sordomudos lo son de nacimiento y otros lo son como consecuencia de una enfermedad. Los sordomudos tienen su propio lenguaje de signos.

soriano, soriana
adjetivo y nombre

1 Se dice de la persona o cosa que es de Soria, ciudad y provincia de Castilla y León.

sorprendente
adjetivo

1 Que es tan poco usual que causa sorpresa, en especial cuando es positiva: *Es capaz de hacer los ejercicios más difíciles con una facilidad sorprendente.* ⚒ asombroso.

2 Que es tan poco usual que resulta difícil de creer. ⚒ extraño.

sorprender
verbo

1 Causar sorpresa o admiración: *Me sorprendí mucho cuando me tocó el premio.* ⚒ asombrar; extrañar.

2 Descubrir a alguien que no desea ser visto en una situación determinada: *Le sorprendió copiando en el examen.* ⚒ pillar.

sorpresa
nombre femenino

1 Impresión que nos produce una cosa que no se espera: *Me llevé una sorpresa cuando me dijeron que había sacado un 10 en el examen de inglés.*

2 Cosa o acción que no se espera y produce alegría: *¡Qué sorpresa encontrarte aquí!.*

sortear
verbo

1 Someter a la suerte la elección de una cosa o de un premio.

2 Utilizar nuestra habilidad para que un obstáculo no nos impida continuar.

sorteo
nombre masculino

1 Conjunto de acciones que se hacen para decidir un premio u otra cosa por la suerte: *Participó en el sorteo de la bici comprando varios boletos.*

sortija
nombre femenino

1 Anillo que se lleva en un dedo, en especial los que tienen piedras, como esmeraldas o rubíes.

sosegar
verbo

1 Hacer que una persona que estaba muy nerviosa o muy preocupada se quede tranquila.

👁 Se conjuga como: regar; la 'e' se convierte en 'ie' en sílaba acentuada y se escribe 'gu' delante de 'e', como: sosieguen.

sosería
nombre femenino

1 Falta de gracia de una cosa o una persona que resultan aburridas: *La película es una sosería.*

sosiego
nombre masculino

1 Estado del lugar en el que no hay ruidos ni movimiento. Algunas personas prefieren el sosiego del campo al bullicio de la ciudad.

2 Estado o situación de la persona que está tranquila.

soso, sosa
adjetivo

1 Se dice del alimento que no tiene sal o tiene menos de la necesaria. ⚒ insípido. ⚒ salado.

2 Que no tiene ninguna gracia en su manera de hablar o de comportarse. ⚒ salado.

sospecha
nombre femenino

1 Suposición, generalmente negativa, que se forma una persona sobre algo a partir de algunos indicios.

sospechar

verbo **1** Creer o imaginar una cosa, generalmente negativa, a partir de ciertos indicios: *Sus ojos rojos me hicieron sopechar que había llorado.*
2 Creer o pensar que una persona ha sido la autora de un delito o una acción mala: *La policía sospecha de varias personas como autoras del robo.*

sospechoso, sospechosa

adjetivo **1** Se dice de lo que resulta tan extraño que se toma como indicio para sospechar algo: *Es muy sospechoso que esté tan callado.*

adjetivo y nombre **2** Se dice de la persona que se cree que ha sido el autor de un delito o de una acción mala.

sostén

nombre masculino **1** Persona o cosa que sostiene, apoya o mantiene a otra.
2 Prenda de ropa interior femenina que sirve para sostener el pecho. ⚒ sujetador.
👁 El plural es: sostenes.

sostener

verbo **1** Sujetar algo de modo que no se mueva o no se caiga: *Se sostiene los pantalones con unos tirantes.*
2 Mantener o defender verbalmente una determinada opinión o idea. Los ateos sostienen que Dios no existe.
3 Dar a alguien lo necesario para vivir, normalmente como resultado del trabajo: *Su madre sostiene a toda la familia.*
👁 Se conjuga como: tener.

sota

nombre femenino **1** Carta de la baraja española que representa la figura de un paje.

sotana

nombre femenino **1** Vestido largo de color negro que usan algunos sacerdotes y otros religiosos.

sótano

nombre masculino **1** Parte de un edificio que está bajo el nivel de la calle.

souvenir

nombre masculino **1** Cualquier objeto que se compra como recuerdo en un lugar turístico.

👁 Se pronuncia: 'suvenir'. El plural es: souvenirs.

spray

nombre masculino **1** Recipiente que tiene en su interior un líquido a presión y un mecanismo que hace que el líquido salga lanzado convertido en gotas pequeñísimas, casi como el polvo. Algunos desodorantes e insecticidas se venden en spray.
👁 Se pronuncia: 'esprai'. El plural es: sprays.

sprint

nombre masculino **1** Esfuerzo máximo que hace un deportista al final de una carrera para ir más deprisa.
👁 Se pronuncia: 'esprín'. El plural es: sprints.

squash

nombre masculino **1** Deporte que se practica entre dos jugadores que tienen que lanzar una pelota contra una pared con la ayuda de unas raquetas. El squash se juega en un frontón pequeño y cerrado.
👁 Se pronuncia: 'escuás'.

stop

nombre masculino **1** Señal de tráfico que obliga a parar a los vehículos. El stop es un círculo rojo con una raya horizontal blanca en el centro.
👁 Se pronuncia: 'estop'. El plural es: stops.

su

determinante posesivo **1** Indica que la persona o cosa a que acompaña pertenece a una persona o grupo de personas distintas del hablante y del oyente. 'Su, sus' son determinantes posesivos de tercera persona, tanto de singular como de plural: *Su redacción fue la más original.*

suave

adjetivo **1** Se dice de la cosa que es lisa y agradable al tacto, como el terciopelo o la piel de un bebé. ⚒ áspero.
2 Se dice de la cosa que tiene poca fuerza o intensidad y resulta agradable a los sentidos, como el viento cuando sopla con poca fuerza.
3 Se dice del comportamiento de las personas tranquilas y que hacen las cosas con cuidado y sin brusquedad.

S

s

S

suavidad
nombre femenino **1** Cualidad de la cosa o la persona que es suave o agradable.

S

suavizante
nombre masculino **1** Producto que se pone en la lavadora para que la ropa quede suave y con buen olor.
2 Producto que se utiliza después de lavarse el pelo para que quede suave y fácil de peinar.

suavizar
verbo **1** Hacer que una cosa sea más suave. Algunas cremas suavizan la piel.
2 Hacer que una situación resulte menos brusca o menos violenta.
👁 Se escribe 'c' delante de 'e', como: suavicen.

subacuático, subacuática
adjetivo **1** Que se encuentra o se desarrolla debajo del agua. El submarinismo es una actividad subacuática.

subasta
nombre femenino **1** Venta pública de joyas, cuadros u otros objetos valiosos que consiste en dar lo que se vende a la persona que más dinero ofrece por ello.

subastar
verbo **1** Vender en público joyas, cuadros u otros objetos de valor a la persona que más dinero ofrece por ellos.

subcampeón, subcampeona
adjetivo y nombre **1** Que queda en segunda posición en una competición o un concurso.
👁 El plural de subcampeón es: subcampeones.

subdelegado, subdelegada
nombre **1** Persona que hace las funciones de delegado cuando éste no está.

subdesarrollado, subdesarrollada
adjetivo **1** Que no está lo suficientemente desarrollado; se dice en especial de los países o las regiones que son pobres y tienen formas de trabajo anticuadas.

subdirector, subdirectora
nombre **1** Persona que hace las funciones de director cuando éste no está.

súbdito, súbdita
adjetivo y nombre **1** Se dice de la persona que está bajo las órdenes de una autoridad, en especial la que es natural de un país y está sujeta a las autoridades políticas de ese país.

subida
nombre femenino **1** Paso a un lugar que está más alto. ✗ ascenso. ✗ bajada.
2 Aumento de la cantidad o la intensidad de algo, como la subida de los precios. ✗ descenso.
3 Terreno en cuesta, visto desde abajo hacia arriba. ✗ bajada; descenso.

subir
verbo **1** Pasar de un lugar bajo a otro alto o más alto. ✗ bajar.
2 Poner una cosa en un lugar alto o más alto. Para subir una cosa a un armario alto utilizamos una escalera. ✗ bajar.
3 Hacer más grande o más intensa una cosa, como la fiebre o el volumen de la tele. ✗ bajar.
4 Entrar en un vehículo para desplazarse. ✗ bajar.

súbito, súbita
adjetivo **1** Que ocurre de pronto, sin preparación ni aviso. ✗ repentino.

subjetivo, subjetiva
adjetivo **1** Que actúa o toma decisiones según su manera de pensar o sus preferencias, sin importarle lo que es más justo o adecuado en cada momento; también son subjetivos esa forma de actuar y sus resultados. ✗ objetivo.

subjuntivo
adjetivo y nombre masculino **1** Se dice del modo verbal que agrupa los tiempos que expresan que la acción no es real. En la frase 'Si hiciera buen tiempo, saldría de paseo', 'hiciera' está en modo subjuntivo.

sublevar
verbo **1** Hacer que una persona o un grupo se niegue a seguir obedeciendo y cumpliendo las órdenes de otra con autoridad o poder.
2 Producir enfado o indignación: Le sublevan las actitudes autoritarias, no las soporta.

sublime
adjetivo **1** Que provoca una emoción muy grande por ser muy bonito o tener una calidad o valor moral muy grandes. La buena música es sublime.

submarinismo

nombre masculino **1** Actividad que consiste en nadar debajo del agua para divertirse, hacer deporte u otros fines. Las personas que hacen submarinismo suelen llevar un traje especial de goma y una botella de oxígeno para poder respirar bajo el agua.

submarinista

nombre masculino y femenino **1** Persona que practica el submarinismo. Los submarinistas llevan un traje impermeable que los protege de la humedad y el frío.

submarino, submarina

adjetivo **1** Del fondo del mar o que tiene relación con él.

nombre masculino **2** Barco que puede navegar debajo del mar.

subnormal

adjetivo y nombre masculino y femenino **1** Se dice de la persona que tiene una capacidad mental inferior a la de la mayoría de la gente de su edad. ✗ retrasado.

subordinado, subordinada

nombre **1** Persona que en un trabajo está bajo las órdenes de otra.

adjetivo y nombre femenino **2** Se dice de una oración que depende de otra oración principal a la que completa. Las oraciones subordinadas se unen con la principal por medio de conjunciones o pronombres relativos o interrogativos. En la frase 'Protegen a los animales que están en peligro de extinción', la subordinada es 'que están en peligro de extinción'.

subrayado

nombre masculino **1** Palabra o conjunto de palabras de un escrito marcadas debajo con una raya o línea.

subrayar

verbo **1** Hacer rayas o líneas debajo de una letra, palabra o frase para destacarlas y distinguirlas del resto del texto.
2 Destacar la importancia de algo al hablar, normalmente pronunciándolo más fuerte o repitiéndolo.

subsistir

verbo **1** Vivir con poco dinero y pocos medios. ✗ sobrevivir.
2 Continuar existiendo u ocurriendo algo que ya ocurría o existía desde hace tiempo. ✗ perdurar.

subsuelo

nombre masculino **1** Conjunto de capas profundas del terreno que están debajo de la superficie de la tierra. Los yacimientos de minerales se encuentran en el subsuelo.

subterráneo, subterránea

adjetivo **1** Que está bajo tierra: *Los topos viven en madrigueras subterráneas.* ↩ 597

nombre masculino **2** Lugar que está situado bajo tierra. Los garajes suelen estar situados en los subterráneos de los edificios.

subtítulo

nombre masculino **1** Título secundario que se pone debajo del título principal de un libro o un escrito.

nombre masculino plural **2 subtítulos** Texto que traduce los diálogos de una película extranjera a la lengua del país en que se proyecta. Suelen aparecer en la parte inferior de la pantalla de cine o de televisión.

suburbio

nombre masculino **1** Barrio situado en las afueras de una ciudad y que suele estar habitado por personas que tienen pocos medios económicos.

subvención

nombre femenino **1** Cantidad de dinero que da el Estado u otra institución pública como ayuda para fomentar una actividad que puede ser interesante o útil para mucha gente.
👁 El plural es: subvenciones.

subvencionar

verbo **1** Dar una cantidad de dinero como ayuda para fomentar una actividad de interés general. El Estado subvenciona las investigaciones científicas, los centros para minusválidos o la enseñanza básica.

suceder

verbo **1** Ocurrir o producirse un hecho: *Ha sucedido algo imprevisto.*
2 Seguir o ir detrás de algo en un orden, tiempo o espacio. La primavera sucede al invierno. ✗ anteceder; preceder.
3 Sustituir a una persona que ha dejado un puesto, cargo o trabajo.

sucesión

nombre femenino **1** Continuación en un cargo, un trabajo o cualquier actividad: *Es-*

S

s

tán preparando y organizando la sucesión del presidente.

2 Conjunto de cosas o elementos que van unos detrás de otros de manera ordenada. Un año es una sucesión de doce meses.

3 Conjunto de hijos de una familia.

👁 El plural es: sucesiones.

sucesivo, sucesiva

adjetivo **1** Que sucede o va después de otra cosa.

suceso

nombre masculino **1** Acontecimiento o hecho, en especial cuando es de cierta importancia o interés. El nacimiento de un hijo es un suceso feliz en la vida de una familia.

sucesor, sucesora

adjetivo y nombre **1** Se dice de la persona que sucede y sustituye a otra en un cargo, un trabajo o una actividad.

suciedad

nombre femenino **1** Estado en que se encuentran las cosas o las personas que están sucias.

sucio, sucia

adjetivo **1** Que tiene porquería, manchas o polvo, de manera que no está tan limpio como podría estar. Cuando la ropa está sucia, la lavamos. ⚔ limpio.

2 Que provoca suciedad o mancha mucho. Los cerdos son animales muy sucios. ⚔ limpio.

3 Que se ensucia con facilidad. Las prendas de vestir blancas son muy sucias. ⚔ limpio.

4 Que no se preocupa por su higiene personal. ⚔ limpio.

5 Que no es honrado y va en contra de la moral o de las leyes. Los delincuentes están metidos en asuntos sucios.

adverbio **6 sucio** Sin cumplir las reglas o en contra de la ley. Los que hacen trampas con las cartas juegan sucio.

en sucio Que está escrito o dibujado de modo que se pueda cambiar o corregir por no ser la versión definitiva.

suculento, suculenta

adjetivo **1** Se dice de la comida muy buena y abundante.

sucumbir

verbo **1** Ceder o rendirse ante unas circunstancias contrarias. Si sucumbimos al desánimo no podremos sacar adelante nuestros proyectos. ⚔ resistir.

2 Morir una persona, especialmente como consecuencia de una desgracia. ⚔ fallecer; perecer.

sucursal

nombre femenino **1** Establecimiento que depende de otro principal. Los bancos suelen tener varias sucursales.

sudadera

nombre femenino **1** Prenda de vestir, normalmente de algodón, parecida a una camiseta de manga larga pero más gruesa.

sudamericano, sudamericana

adjetivo y nombre **1** Se dice de la persona, país o cosa que es de América del Sur.

sudar

verbo **1** Salir sudor por la piel. Sudamos cuando tenemos mucho calor.

2 Esforzarse o trabajar muy duramente en algo: *Tuvo que sudar para aprobar la física.*

3 Expulsar agua algunos vegetales, especialmente cuando se cocinan. Las cebollas sudan cuando se fríen a fuego lento.

sudeste

nombre masculino **1** Punto del horizonte o lugar que está situado entre el sur y el este. La abreviatura de sudeste es 'SE'; Murcia está situada en el sudeste de España.

👁 También se escribe y se pronuncia: sureste.

sudoeste

nombre masculino **1** Punto del horizonte o lugar situado entre el sur y el oeste. La abreviatura de sudoeste es 'SO'; la provincia de Huelva se encuentra en el sudoeste de España.

👁 También se escribe y se pronuncia: suroeste.

sudor

nombre masculino **1** Líquido transparente que sale por la piel de las personas cuando tienen mucho calor.

2 Esfuerzo necesario para hacer algo difícil.

S

s

sueco, sueca

adjetivo y nombre **1** Se dice de la persona o cosa que es de Suecia, país del norte de Europa.

nombre masculino **2** Lengua hablada en Suecia. El sueco es una lengua germánica, como el inglés o el alemán.

suegro, suegra

nombre **1** Padre o madre del esposo o esposa de una persona. ✍ 197

suela

nombre femenino **1** Parte exterior del calzado que queda debajo de la planta del pie y que se apoya en el suelo. Las suelas de los zapatos suelen ser de cuero y las de las zapatillas, de goma.

sueldo

nombre masculino **1** Cantidad de dinero que se recibe con regularidad por un trabajo o servicio. ✂ salario.

suelo

nombre masculino **1** Superficie sobre la que se anda y que está recubierta de materiales diversos.
2 Terreno destinado al cultivo o a la construcción.
3 Superficie de la Tierra donde se desarrolla la vida de los seres vivos.

suelto, suelta

adjetivo **1** Que no está sujeto ni encerrado. Los perros no pueden ir sueltos por la calle.
2 Que está separado de una serie, un grupo o un conjunto del que forma parte: *Tiene volúmenes sueltos de la enciclopedia.*
3 Que no está pegado a otras cosas, como los granos de arena de la playa cuando está seca.

adjetivo y nombre masculino **4** Se dice del dinero en monedas y no en billetes. La gente suele llevar dinero suelto para pagar cosas de poco valor.

sueño

nombre masculino **1** Estado de descanso en que se encuentra una persona cuando duerme.
2 Deseo o necesidad de dormir. Si nos acostamos muy tarde, por la mañana tendremos mucho sueño.
3 Conjunto de imágenes que se presentan en la mente mientras dormimos: *Cada noche tiene varios sueños.*

4 Idea, proyecto o deseo difíciles de conseguir: *Su sueño es ser actor.*

suero

nombre masculino **1** Líquido que se inyecta en el organismo como alimento o como medicamento. Después de una operación suelen poner suero al enfermo porque todavía no puede comer.

suerte

nombre femenino **1** Conjunto de circunstancias que hacen que ocurra algo de manera inesperada e imprevista: *Fue la suerte la que me llevó a encontrarme con él tan lejos de casa.* ✂ azar; casualidad.
2 Cosa que sucede de forma imprevista y que resulta buena o mala. Si no se indica nada, se entiende que la suerte es buena: *Es una suerte que todo te salga tan bien.*
3 Hecho o conjunto de hechos que se considera que le sucederán en el futuro a una persona o a una cosa: *Cree que las cartas pueden predecir su suerte.*
echar a suertes Decidir una cosa mediante el azar, de forma que no se pueda predecir el resultado que va a salir. Echamos a suertes una cosa lanzando una moneda al aire.
por suerte Indica que lo que se dice hay que considerarlo como una cosa buena y de la que conviene alegrarse. ✂ por fortuna.

suficiente

adjetivo **1** Que es bastante para algo, que llega bien, aunque no sobre mucho. Una tarta grande es suficiente para cinco personas.

nombre masculino **2** Nota o calificación que indica que la persona examinada tiene los conocimientos mínimos para aprobar. Es mejor un notable o un sobresaliente que un suficiente.

sufijo

nombre masculino **1** Grupo de letras que se añaden al final de una palabra para formar una palabra nueva. Si se añade el sufijo '-dor' a la palabra 'mirar', se obtiene la palabra 'mirador'.

sufragio

nombre masculino **1** Sistema por el cual una persona emite su voto para elegir cargos

S / S

SUFIJOS

Sufijos que forman NOMBRES

Sufijo	A partir de	Significado	Ejemplo
-ada	nombres	'un grupo de'	alambrada
		'lo contenido en'	cucharada
-aje	nombres	'un grupo o conjunto de'	cortinaje, plumaje
	verbos	'acción de' o 'efecto de esa acción'	aterrizaje
-al	nombres	'lugar en donde hay'	maizal, zarzal
-anza	verbos	forma nombres abstractos	confianza, tardanza
-ar	nombres	'lugar donde hay'	olivar, pajar, pinar
-azo	nombres	'golpe dado con'	codazo, puñetazo
-ción	verbos	'acción de' o 'efecto de esa acción'	admiración, continuación
-dad	adjetivos	forma nombres abstractos	habilidad, utilidad
-dor, -or	verbos	'que hace una acción'	hablador, vendedor
-encia	verbos	forma nombres abstractos	coincidencia, resistencia
-ería	nombres	'colectividad o grupo'	chiquillería, ganadería
	nombres	'tienda o comercio'	pastelería, sastrería
-eza	adjetivos	forma nombres abstractos	belleza, pobreza
-ido	verbos	forma nombres de sonidos	balido, chillido
-ista	nombres	'profesión'	dentista, violinista
-mento, -miento	verbos	'acción de' o 'efecto de esa acción'	aumento, razonamiento
-torio	verbos	'lugar'	ambulatorio, dormitorio
-tud	adjetivos	forma nombres abstractos	juventud, lentitud
-ura	adjetivos	'que tiene la cualidad de'	frescura, hermosura

Sufijos que forman ADJETIVOS

Sufijo	A partir de	Significado	Ejemplo
-al	nombres	'propio de'	colegial, teatral
-aneo, -anea	nombres	'que está relacionado con'	instantáneo, mediterráneo
-ar	nombres	'que está relacionado con'	lanar, triangular
-ble	verbos	'que se puede'	disponible, habitable
-ico	nombres	'que está relacionado con'	alfabético, céntrico
-ivo	verbos	'que hace'	llamativo, pensativo
	nombres	'que está relacionado con'	deportivo
-oso	nombres	'abundancia de algo'	envidioso, musculoso
-voro	nombres	'que se alimenta de'	herbívoro, insectívoro

Sufijos que forman VERBOS

Sufijo	A partir de	Significado	Ejemplo
-ear	nombres	'hacer algo repetidamente'	martillear
-ecer	nombres / adjetivos	'empezar a hacer u ocurrir'	favorecer, florecer, palidecer
-izar	nombres	'hacer'	alfabetizar, memorizar

Sufijos que forman ADVERBIOS

Sufijo	A partir de	Significado	Ejemplo
-mente	adjetivos en femenino singular	'de manera'	brevemente, rápidamente

S

s

públicos o decide sobre un asunto de interés general. En los países democráticos los gobernantes son elegidos por sufragio.

sufrimiento

nombre masculino **1** Sentimiento causado por un dolor, una pena o una angustia muy grandes.

sufrir

verbo **1** Sentir o aguantar un dolor físico o moral, una pena o una angustia muy grandes: *Sufre un terrible dolor de muelas.* ✁ padecer.
2 Experimentar una persona una cosa negativa. Se puede sufrir un ataque al corazón o un accidente.
3 Experimentar una cosa un cambio, normalmente negativo. El hierro sufre las consecuencias de la humedad y se oxida.

sugerir

verbo **1** Decir o proponer una idea o una solución para alguien: *Me sugirió que ahorrara un poco más.*
2 Traer a la memoria un recuerdo, una sensación o una situación ya vividos o conocidos.
👁 Se conjuga como: preferir; la 'e' se convierte en 'ie' en sílaba acentuada o en 'i' en algunos tiempos y personas, como: sugieren o sugirió.

suicida

nombre masculino y femenino **1** Persona que se ha quitado voluntariamente la vida o ha intentado quitársela.
adjetivo **2** Se dice del acto o de la conducta que daña o destruye a uno mismo. Conducir de noche a gran velocidad es un acto suicida.

suicidarse

verbo **1** Quitarse la vida una persona por propia voluntad.

suicidio

nombre masculino **1** Acción que consiste en quitarse la vida una persona por propia voluntad.

suite

nombre femenino **1** Conjunto de dos o más habitaciones de un hotel de lujo comunicadas entre sí y que forman una unidad de alojamiento.
2 Obra musical formada por varias composiciones de ritmo diferente.

👁 El plural es: suites. Se pronuncia: 'suit'.

suizo, suiza

adjetivo y nombre **1** Se dice de la persona o cosa que es de Suiza, país del centro de Europa.
nombre masculino **2** Bollo redondo con azúcar por encima.

sujeción

nombre femenino **1** Cosa, objeto o medio que sirve para sujetar o mantener una cosa de modo que no se caiga o no se mueva. La escayola es la mejor sujeción para un hueso roto.
2 Acción que consiste en sujetar o mantener firme una cosa.
👁 El plural es: sujeciones.

sujetador

nombre masculino **1** Prenda de ropa interior femenina que sirve para sostener los pechos. Suele ir abrochado a la espalda y llevar tirantes.

sujetar

verbo **1** Agarrar o mantener algo firme, de manera que no se mueva o no se caiga.

sujeto, sujeta

adjetivo **1** Que está sostenido por una persona o una cosa de modo que no se mueve: *Lleva el pelo sujeto con horquillas.*
2 Que depende o está bajo la influencia o el poder de una cosa o una persona. Los pacientes están sujetos a lo que diga el médico.
nombre masculino **3** Persona cuyo nombre no se conoce o no se quiere decir. Es un uso despectivo.
4 Palabra o conjunto de palabras que forman parte de una oración y que van en singular cuando el verbo es singular y en plural cuando el verbo es plural. El sujeto de una oración es aquella cosa o persona de la que se dice algo; en la oración 'Ella venía de su casa', 'ella' es el sujeto.

sultán, sultana

nombre masculino **1** Principal gobernante en algunos países musulmanes.
nombre femenino **2** Esposa de un sultán.
👁 El plural de sultán es: sultanes.

suma

nombre femenino **1** Operación matemática que consiste en reunir varias cantidades

S
s

en una sola. 7 + 5 + 8 = 20 es una suma. También se llama suma la cantidad que resulta de esta operación. El signo de la suma es: +. ✂ adición. ✂ resta.
2 Conjunto de muchas cosas, en especial de dinero.

sumar
verbo
1 Efectuar una operación matemática para calcular la suma de dos o más cantidades. ✂ restar; sustraer.
2 Unir varias cosas, como las fuerzas, las quejas o las protestas.

sumergir
verbo
1 Meter completamente un cuerpo dentro de un líquido. Se sumerge la ropa en agua con jabón para lavarla.
👁 Se escribe 'j' delante de 'a' y 'o', como: sumerjan o sumerjo.

suministrar
verbo
1 Proporcionar o dar a una persona o entidad lo que pide o necesita. Las compañías eléctricas suministran electricidad. ✂ proveer.

suministro
nombre masculino
1 Acción que consiste en dar o proporcionar a una persona o entidad una cosa necesaria. El suministro de alimentos a los países pobres lo realizan las asociaciones humanitarias. También se llama suministro la cosa que se da.

súper
adjetivo
1 Que es muy bueno o que sobresale entre los demás: *Tu juguete nuevo es súper*. Es un uso informal.
nombre masculino
2 Es la forma abreviada de: supermercado. Es un uso informal.
nombre femenino
3 Gasolina de calidad superior: *La mayoría de coches usa súper.*
adverbio
4 Muy bien: *Lo pasé súper*. Es un uso informal.
👁 El plural es: súper.

superar
verbo
1 Ser superior o mejor que otra persona, o hacer una cosa mejor. ✂ aventajar; sobrepasar.
2 Conseguir solucionar un problema o una dificultad; también pasar un obstáculo o una prueba, como un examen.
3 Ir más allá de un límite. En vera-

no, las temperaturas suelen superar los 25 grados. ✂ exceder; sobrepasar.
4 superarse Hacer una cosa mejor que otras veces. Los atletas tratan de superarse corriendo cada vez más rápido.

superficial
adjetivo
1 De la superficie o que tiene relación con ella. Una herida superficial sólo afecta a la piel.
2 Que no es profundo, que se queda en la superficie o la parte más visible de las cosas, sin analizarlas a fondo: *El discurso fue muy superficial, no dijo nada interesante.*

superficie
nombre femenino
1 Parte externa de un cuerpo que tiene longitud y anchura pero no profundidad. La superficie del mar es la parte del agua que está en contacto con el aire. ✂ fondo.
2 Gran extensión, normalmente de tierra.

superfluo, superflua
adjetivo
1 Que no hace falta de manera obligatoria para que exista, suceda o se haga algo. Cuando queremos ahorrar eliminamos los gastos superfluos. ✂ innecesario.

superior, superiora
adjetivo
1 Que está en la parte más alta de algo o más arriba que otra cosa: *Escribid vuestro nombre en la parte superior de la hoja.* ✂ inferior.
2 Que tiene una cantidad, calidad o importancia mayor o mejor que otro. ✂ inferior.
nombre
3 Persona que dirige y gobierna una comunidad religiosa.
4 Persona que en un trabajo tiene autoridad sobre otras. ✂ subordinado.

superioridad
nombre femenino
1 Situación o circunstancia de ser superior en calidad o en cantidad. ✂ inferioridad.

superlativo, superlativa
adjetivo y nombre masculino
1 Se dice del adjetivo que indica una cualidad en su grado más alto o superior. El superlativo se forma añadiendo el sufijo '–ísimo' al adjetivo; así, el superlativo de 'blanco' es 'blanquísimo'.

supermercado

nombre masculino **1** Establecimiento comercial de grandes dimensiones donde se venden alimentos y otros productos que se sirve el mismo cliente y los paga a la salida.
👁 También se dice: súper.

superstición

nombre femenino **1** Creencia que no tiene una explicación lógica ni razonable, como la de que los gatos negros dan mala suerte.
👁 El plural es: supersticiones.

supersticioso, supersticiosa

adjetivo **1** Que cree en las supersticiones.

supersticioso

supervivencia

nombre femenino **1** Acción que consiste en seguir viviendo después de un suceso grave que puede causar la muerte. Las personas y los animales huyen del peligro gracias a su instinto de supervivencia.

superviviente

nombre masculino y femenino **1** Persona que sobrevive a un suceso en el que mueren otras personas, como un terremoto.

suplemento

nombre masculino **1** Aquello que se añade a una cosa para hacerla más completa. En los hoteles hay que pagar un suplemento por algunos servicios extras. ✂ complemento.
2 Cuaderno o publicación independiente que se vende junto con un periódico o revista.

suplente

adjetivo y nombre masculino y femenino **1** Se dice de la persona que sustituye a otra en determinadas situaciones. En deportes de equipo, los suplentes están en el banquillo y sustituyen a los jugadores que están cansados o lesionados. ✍799

suplicar

verbo **1** Pedir algo de un modo insistente pero con humildad y respeto: *Se puso de rodillas para suplicarle perdón.*
👁 Se escribe 'qu' delante de 'e', como: supliquen.

suplicio

nombre masculino **1** Sufrimiento o daño muy grande o cosa que no gusta en absoluto: *Fue todo un suplicio oírlo cantar.* ✂ tormento.
2 Castigo físico que se impone a una persona. Antiguamente, los esclavos sufrían muchos suplicios. ✂ tormento.

suponer

verbo **1** Formarse una idea aproximada de algo a partir de unos datos o señales, aunque no se tenga seguridad sobre ello: *Supongo que vendrá, pero no me lo ha dicho.*
2 Tener una cosa a otra como consecuencia o resultado inevitable. El fumar supone un riesgo para la salud. ✂ implicar.
3 Ser algo muy importante para alguien. Los hijos suponen mucho para los padres.

nombre masculino **4** Idea aproximada que se forma una persona sobre algo, sin estar completamente segura de ello: *Es un suponer, pero pienso que mañana no vendrá.* Es un uso informal. ✂ suposición.
👁 Se conjuga como: poner.

suposición

nombre femenino **1** Idea aproximada que se forma una persona sobre algo, sin estar completamente segura de ello.
👁 El plural es: suposiciones.

supositorio

nombre masculino **1** Medicamento de forma alargada y acabado en punta, que se introduce por el ano.

supremo, suprema

adjetivo **1** Que es el más fuerte, el más grande, el más importante o el de más alta categoría de entre los de su clase.

supresión

nombre femenino **1** Acción que consiste en suprimir algo. La supresión de una persona

S
s

de una lista de invitados hace que la lista sea más corta.
👁 El plural es: supresiones.

suprimir
verbo **1** Hacer desaparecer o borrar una cosa: *Lee el texto y suprime lo que esté mal.* ✂ eliminar; quitar.

supuesto, supuesta
participio **1** Participio irregular de: suponer. También se utiliza como adjetivo: *Había supuesto que me lo contarías. La policía detuvo al supuesto ladrón.*
nombre masculino **2** Idea que se cree verdadera aunque no se ha demostrado. Los científicos demuestran con pruebas si sus supuestos son ciertos. ✂ hipótesis; suposición.
porsupuesto Se utiliza para afirmar algo con mucha decisión y convencimiento: *Por supuesto que iré, no lo dudes.*

sur
nombre masculino **1** Punto del horizonte o lugar situado a la espalda de una persona a cuya derecha se encuentra la salida del Sol. La abreviatura de sur es 'S'. ✂ norte.

surcar
verbo **1** Avanzar navegando por el agua o volando por el aire: *El pirata surcó los siete mares.*
2 Hacer señales o rayas una cosa al pasar sobre otra. Las lágrimas surcan las mejillas de quien llora.
👁 Se escribe 'qu' delante de 'e', como: surquen.

surco
nombre masculino **1** Abertura larga que se deja en la tierra cuando se ara: *Los agricultores abren surcos con el arado.*
2 Señal o raya que deja una cosa sobre otra. Cuando un coche circula por una carretera embarrada la deja llena de surcos. ✂ huella.

sureste
nombre masculino **1** Es otra forma de escribir y de pronunciar: sudeste.

surf
nombre masculino **1** Deporte que consiste en deslizarse sobre las olas manteniendo el equilibrio encima de una tabla rectangular. El surf se practica en el mar cerca de las playas.

surgir
verbo **1** Hacerse notar o empezar a existir algo: *Le han surgido problemas en el trabajo.* ✂ aparecer.
👁 Se escribe 'j' delante de 'a' y 'o', como: surjan o surjo.

suroeste
nombre masculino **1** Es otra forma de escribir y de pronunciar: sudoeste.

surtido
nombre masculino **1** Conjunto de cosas distintas pero que son de un mismo tipo. En un surtido de galletas las hay de distintos tipos; un surtido de ropa es un conjunto de prendas distintas. 🔖 593

surtidor
nombre masculino **1** Aparato que extrae el líquido de un depósito, como los que hay en las gasolineras para extraer la gasolina y ponerla en los vehículos.
2 Chorro de agua que brota de una fuente o del suelo con fuerza y hacia arriba.

surtir
verbo **1** Dar o poner al alcance de alguien algo que necesita. Los mercados centrales surten de alimentos a todas las tiendas de la ciudad. ✂ abastecer; proveer.

susceptible
adjetivo **1** Se dice de la persona que enseguida se molesta o se enfada por cosas de muy poca importancia.
susceptible de Que puede resultar cambiado o afectado en el sentido que se expresa. Una casa susceptible de ser vendida es una casa que se puede vender.

suspender
verbo **1** No obtener la puntuación necesaria para pasar un examen o prueba. ✂ aprobar.
2 Detener durante cierto tiempo el desarrollo de una acción: *El partido se suspendió por la lluvia.*
3 Levantar una cosa en alto de manera que quede colgando. Las lámparas se suspenden del techo con un cable.

suspense
nombre masculino **1** Misterio o emoción que provoca una situación cuyo desenlace es incierto e imprevisible. ✂ intriga.

suspenso

nombre masculino **1** Calificación o nota obtenida en un examen que es inferior a la de aprobado. El suspenso supone que no se ha superado un examen o prueba.

suspirar

verbo **1** Dar suspiros. Suspiramos cuando estamos cansados o tristes.
suspirar por Desear mucho una cosa o a una persona.

suspiro

nombre masculino **1** Respiración profunda y larga normalmente acompañada de un gemido y que se realiza para expresar una sensación o un sentimiento, como tristeza o alivio.

sustancia

nombre femenino **1** Cualquier materia sin forma determinada que puede estar en estado sólido, líquido o gaseoso.
2 Parte más nutritiva de un alimento.
3 Interés y utilidad que tiene una cosa. Una novela o una película sin sustancia son aburridas.

sustantivo

nombre masculino **1** Clase de palabra que sirve para llamar a todas las cosas, los seres y las entidades del mundo, así como para clasificarlos y diferenciarlos entre sí. Los sustantivos pueden ser masculinos o femeninos, singulares o plurales; 'ventana', 'libros' y 'belleza' son sustantivos. ※ nombre.

sustitución

nombre femenino **1** Acción que consiste en poner una cosa o una persona en lugar de otra para que haga la misma función.
☞ El plural es: sustituciones.

sustituir

verbo **1** Poner una cosa o una persona en lugar de otra para que haga la misma función: *Ha sustituido la tele vieja por una nueva.*

☞ Se conjuga como: huir; la 'i' se convierte en 'y' delante de 'a', 'e' y 'o', como: sustituya, sustituye o sustituyo.

sustituto, sustituta

nombre **1** Persona que sustituye a otra en un empleo, servicio o actividad durante un tiempo.

susto

nombre masculino **1** Impresión fuerte o inquietud producida por algún hecho inesperado: *¡Qué susto!, creía que había perdido la cartera.*

sustraer

verbo **1** Coger dinero u otra cosa de algún lugar sin que se entere su dueño. ※ robar.
2 Hacer una resta. ※ restar.
☞ Se conjuga como: traer.

susurrar

verbo **1** Hablar en voz muy baja: *Le susurró el secreto al oído.*
2 Hacer un ruido suave y continuo algunos fenómenos naturales, como el viento o las olas.

susurro

nombre masculino **1** Ruido suave que se produce al hablar muy bajo.
2 Ruido suave y continuo producido por algunos fenómenos naturales, como el viento o las olas.

suyo, suya

determinante posesivo **1** Indica que el objeto o la persona a que acompaña pertenece a una persona distinta del hablante y del oyente. Siempre va detrás de un nombre. 'Suyo, suya, suyos, suyas' son determinantes posesivos de tercera persona, tanto del singular como del plural: *Vino con unos compañeros suyos.*

pronombre posesivo **2** Se refiere a un objeto o persona que ya hemos nombrado e indica que pertenece a una o a varias personas distintas del hablante y del oyente: *Creo que ese ejercicio es suyo.*

S
s

T t

t

nombre femenino

1 Letra número veintiuno del alfabeto español. La 't' es una consonante.

tabaco

nombre masculino

1 Planta de muchas ramas y hojas muy grandes que, una vez secas, se utilizan para hacer cigarros y cigarrillos.
2 Producto elaborado con las hojas de esta planta y que se fuma de diversas formas. El tabaco es malo para la salud.

adjetivo

3 De un color marrón claro, parecido al de las hojas secas del tabaco.

tabarra

nombre femenino

1 Aquello que resulta molesto o pesado: *Tener que levantarse temprano es una tabarra*. ※ murga.
dar la tabarra Molestar o ser pesada una persona, insistiendo en algo. ※ dar la murga.

taberna

nombre femenino

1 Establecimiento de carácter popular en el que se venden y consumen bebidas alcohólicas. En algunas tabernas también se ofrecen comidas y tapas. ※ tasca.

tabique

nombre masculino

1 Pared delgada que separa las habitaciones de una casa. ✍ 393

tabla

nombre femenino

1 Trozo de madera plano, más largo que ancho, y de poco grosor. Los carpinteros utilizan tablas para fabricar muebles. ※ listón.
2 Pieza parecida de cualquier material duro que se utiliza para practicar deportes acuáticos o para uso doméstico, como una tabla de windsurf o una tabla de planchar.
3 Lista ordenada de términos, nombres, números u otras cosas, como las tablas de mutiplicar o la tabla de contenidos de un libro.
4 Pliegue ancho y plano de una prenda de vestir, en especial de una falda.

nombre femenino plural

5 tablas Resultado de algunos juegos cuando no hay vencedor ni ganador.
6 tablas Facilidad que tiene alguien para hacer algo, como resultado de su experiencia: *¡Qué tablas tienes!, has hablado muy bien, se nota que estás acostumbrado a hacerlo.*

tablado

nombre masculino

1 Superficie formada por pequeñas tablas de madera, que queda elevada del suelo. Los tablados se utilizan especialmente para celebrar espectáculos y actos públicos. ※ tarima.

tablero

nombre masculino

1 Tabla grande.
2 Superficie de madera con dibujos y colores que sirve para jugar a ciertos juegos, como el ajedrez.
3 Superficie de madera o de corcho que se utiliza para exponer papeles o anuncios que se pegan o se enganchan en ella. En los colegios las notas de los exámenes se ponen en los tableros de los pasillos. ※ tablón de anuncios.
4 En el baloncesto, superficie cuadrada a la que está unida la canasta. ✍ 799

tableta

nombre femenino

1 Pieza de chocolate o turrón de forma plana y rectangular.
2 Medicamento de pequeño ta-

maño y forma plana para que pueda tragarse con facilidad.

tablón

nombre masculino

1 Tabla grande y gruesa. Los andamios se construyen con grandes tablones. ☞ 395
tablón de anuncios Superficie en la que se fijan anuncios o avisos.
👁 El plural es: tablones.

tabú

nombre masculino

1 Aquello que no se debe decir o hacer o sobre lo que no se puede hablar por estar mal considerado: *En su familia hablar de sexo es tabú.*
👁 El plural es: tabúes.

taburete

nombre masculino

1 Asiento para una persona, sin respaldo ni brazos. Hay taburetes de distintas alturas; suelen usarse sobre todo para mesas de cocina o para barras de bar. ☞ 794

tacaño, tacaña

adjetivo

1 Se dice de la persona que gasta menos de lo necesario o lo menos posible para ahorrar. ✖ roñica.

tacatá

nombre masculino

1 Aparato que sirve para que los niños pequeños aprendan a andar. El tacatá está formado por un aro con cuatro patas largas con ruedas, del que cuelga una especie de braga por donde se meten las piernas del niño; el niño se sujeta al aro para no caerse. ✖ tacataca.

tacataca

nombre masculino

1 Tacatá: *El niño corría por el pasillo en el tacataca.*

tachadura

nombre femenino

1 Línea que se hace sobre un escrito para que no se pueda leer. ✖ tachón.

tachar

verbo

1 Hacer rayas sobre algo escrito para borrarlas o para indicar que no valen. Si hacemos una cruz grande sobre una página la tachamos.
tachar de Acusar a alguien de algo: *Nos han tachado de ladrones porque ha desaparecido un libro.*

tachón

nombre masculino

1 Raya o rayas con que se tacha algo. ✖ tachadura.
👁 El plural es: tachones.

tachuela

nombre femenino

1 Clavo pequeño y corto que se utiliza para sujetar papeles en una superficie o para clavar cosas ligeras. Las tachuelas tienen una cabeza plana y chata y se clavan apretando con el dedo. ✖ chincheta.

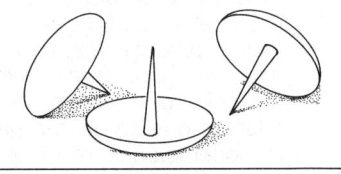

tachuela

taco

nombre masculino

1 Palabra malsonante que se dice para insultar o cuando se está enfadado. Los tacos son palabras vulgares.
2 Trozo de madera u otro material, corto y grueso, que se mete en algún hueco. Cuando una silla está coja, se le pone un taco en una de sus patas para que no se mueva.
3 Trozo pequeño y grueso de un alimento, normalmente de jamón o queso.
4 Punta que llevan en la suela algunas zapatillas de deporte, como las de fútbol.
5 Pieza alargada y hueca que se mete en la pared para encajar en ella un clavo o un tornillo.
6 Mezcla desordenada de cosas o de ideas. Cuando nos hacemos un taco con alguna asignatura, necesitamos que nos la expliquen bien para aclarar las ideas. ✖ lío.
7 Gran cantidad de cosas que forman un bloque, especialmente de hojas.
8 Palo largo que se utiliza en algunos juegos, como el billar, para golpear la pelota.

nombre masculino plural

9 tacos Años de una persona: *Tiene al menos 30 tacos.* Es un uso informal.

tacón

nombre masculino

1 Parte exterior del calzado que está unida a la suela en la parte

T
t

del talón para levantarlo más o menos del suelo.
👁 El plural es: tacones.

taconear
verbo **1** Hacer ruido con los tacones de los zapatos.

táctica
nombre femenino **1** Procedimiento que se sigue o método que se emplea para hacer algo o conseguir un fin determinado: *Su táctica para quedarse en casa es muy sencilla: se hace el enfermo.*
2 Conjunto de reglas y procedimientos que se utilizan para dirigir las operaciones militares que se llevan a cabo en una guerra.

táctico, táctica
adjetivo **1** Se dice de las cosas que tienen relación con la táctica o que están hechas siguiendo una táctica.

táctil
adjetivo **1** Del sentido del tacto o que tiene relación con él. Los ciegos tienen la percepción táctil más desarrollada que las personas que pueden ver.

tacto
nombre masculino **1** Sentido del cuerpo humano que permite conocer la forma, tamaño, rugosidad y temperatura de los objetos, tocándolos. ✍ 594
2 Modo en que se sienten o se perciben las cosas a través de este sentido: *La lija tiene un tacto áspero.*
3 Hecho de tocar o de usar el sentido del tacto. Los ciegos reconocen los objetos por el tacto.
4 Habilidad para tratar con una persona o llevar un asunto con delicadeza: *Me dio las malas noticias con mucho tacto.* ✖ diplomacia.

tajada
nombre femenino **1** Trozo que se corta de un alimento sólido, como por ejemplo jamón o carne.
2 Estado de la persona que ha tomado demasiadas bebidas alcohólicas y no puede controlar sus actos. Es un uso informal. ✖ borrachera.
sacar tajada Obtener provecho o ventaja de alguna situación. Es una expresión informal.

tajo
nombre masculino **1** Corte profundo que se hace con un instrumento afilado, como un cuchillo.
2 Corte o hueco estrecho y profundo del terreno. ✖ barranco.
3 Trabajo que hay que hacer: *Aquí tenemos tajo para tres meses.* Es un uso informal.

tal
determinante indefinido **1** Se utiliza para referirnos de forma indirecta a algo de lo que se ha hablado: *Quisiera yo ver a la persona que ha tenido tal idea, ¡pero si es un disparate!* ✖ semejante.
2 Se utiliza para no decir exactamente algo que se sabe pero que se considera que no es necesario decir: *Me dijo: 'tal día a tal hora' y todavía lo estoy esperando.*
3 Indica que algo es muy grande o muy intenso: *Me dio tal susto que todavía me dura.* Va siempre delante del nombre. ✖ tamaño; semejante.
con tal que Indica que para que se produzca una cosa, es necesario que también suceda lo que se dice a continuación: *Te lo dejo con tal que me lo cuides.*
ser tal para cual Dos personas son tal para cual cuando son tan parecidas en ciertas cualidades que se merecen el uno al otro: *No sé cual de los dos es más despistado; son tal para cual.* Es un uso informal.
tal como Indica que algo se realiza de la misma manera que ya se había dicho o igual que antes: *Tal como vino se fue.* También se dice 'tal y como'.
tal cual Indica que algo se produce exactamente como se dice o como se había decidido: *Se lo pregunté tal cual, como si no hubiera pasado nada.* Es un uso informal.
tal y tal Se utiliza al final de una explicación cuando creemos que nuestro oyente ya puede saber el resto de la información o para indicar que se podría seguir contando cosas pero que no se cuentan

porque no son importantes: *Entonces él me dijo que no estaba de acuerdo porque tal y tal*. Es un uso informal.

taladradora

adjetivo y nombre femenino **1** Se dice de la máquina que sirve para hacer agujeros en la tierra o en una superficie dura. Las máquinas taladradoras se utilizan en las obras de construcción.

nombre femenino **2** Instrumento que sirve para hacer agujeros en la pared o en una superficie dura. ✂ taladro. ✏ 393

taladrar

verbo **1** Hacer agujeros en una superficie dura con una taladradora. Para colgar un cuadro grande hay que taladrar la pared. ✏ 393

taladro

nombre masculino **1** Instrumento que sirve para hacer agujeros en la pared o en otras superficies duras y que funciona con electricidad. Tiene diferentes tipos de puntas para hacer agujeros de diferentes tamaños. ✏ 393
2 Agujero hecho con ese instrumento.

talar

verbo **1** Cortar un árbol por su base. Los árboles se talan para aprovechar su madera. ✏ 597

talco

nombre masculino **1** Polvo muy suave y de color normalmente blanco que se extrae de un mineral y que se usa para el cuidado de la piel de las personas. También se dice 'polvos de talco'.
2 Mineral del que se extrae este polvo.

talento

nombre masculino **1** Capacidad que tiene una persona para aprender las cosas con facilidad y desarrollar con mucha habilidad una actividad.
2 Inteligencia que tiene una persona y capacidad para usarla en conseguir buenos resultados: *Gracias a su esfuerzo y su talento sacaba muy buenas notas*.
3 Persona que tiene una gran capacidad o mucha habilidad para una actividad en la cual se usa la inteligencia o la mente. Un gran talento del cine, la música o el arte

es una persona que tiene muchas aptitudes para esas actividades.

talismán

nombre masculino **1** Objeto que algunas personas llevan porque creen que les da buena suerte. ✂ amuleto.
👁 El plural es: talismanes.

talla

nombre femenino **1** Medida de una prenda de vestir. Si los pantalones nos quedan grandes, necesitaremos una talla más pequeña.
2 Altura de una persona desde los pies a la cabeza. ✂ estatura.
3 Importancia o valor de una persona, en especial intelectual o moral: *España cuenta con escritores de talla mundialmente reconocida*.
4 Obra de escultura, en especial la que está hecha de madera.
dar la talla Tener una persona las cualidades necesarias para hacer algún trabajo o labor. En una prueba para un puesto de trabajo, los aspirantes que no dan la talla son eliminados.

tallar

verbo **1** Dar la forma deseada a un trozo de material duro con un instrumento afilado. Los joyeros tallan las piedras preciosas para realizar joyas; también se talla la madera para hacer figuras o algunos utensilios.
2 Medir la altura de una persona o de un animal.

taller

nombre masculino **1** Lugar donde enseñan o se hacen trabajos manuales o artísticos, como un taller de pintura, de dibujo o de teatro. ✏ 794, 796
2 Lugar donde se reparan aparatos, máquinas o automóviles. Los mecánicos trabajan en un taller.

tallo

nombre masculino **1** Parte de la planta que crece por encima del suelo y de la que salen las hojas, las flores y los frutos.

talón

nombre masculino **1** Parte posterior del pie de las personas que tiene una forma redondeada.
2 Parte del zapato o del calcetín que cubre esa parte del pie.
3 Hoja de papel pequeña en la

T
t

que se escribe una cantidad de dinero determinada. Las cosas se pueden pagar con talón, con dinero o con tarjeta. ✂ cheque.
pisarle los talones Seguir muy de cerca a una persona.
👁 El plural es: talones.

talonario
nombre masculino   **1** Libro pequeño formado por hojas de papel en las que se escriben datos y que se arrancan para ser utilizadas. Los bancos entregan a sus clientes talonarios de cheques.

tamaño, tamaña
adjetivo   **1** Indica que algo es muy grande o muy importante: *No hagas tamaña tontería*. Va siempre delante del nombre. ✂ tal; semejante.
nombre masculino   **2** Medida o volumen de algo. Cuando hablamos del tamaño de un objeto decimos si es grande o pequeño. ✍ 396

tambalearse
verbo   **1** Moverse alguien o algo de un lado para otro como si estuviera a punto de caer: *Se tambaleó y se desmayó*.

también
adverbio   **1** Indica que una persona o cosa hace lo mismo o es igual que lo que se ha dicho. Sólo une elementos o frases afirmativas: *Si tú te vas de vacaciones, yo también*.
2 Añade información a lo que se ha dicho: *También tenemos una casa en la playa*. ✂ además.

tambor
nombre masculino   **1** Instrumento musical de percusión formado por una caja con forma cilíndrica cerrada por una parte o por las dos con una piel estirada. El tambor se toca con dos palos finos. ✍ 536
2 Pieza de forma cilíndrica de algunos aparatos. Es un tambor la pieza de la lavadora en la que se echa la ropa y que da vueltas.
3 Recipiente con forma cilíndrica, de forma parecida a la del instrumento musical. Se suele llamar así al recipiente del detergente para lavar.
4 Membrana que se encuentra en el interior del oído y que transmite las vibraciones del exterior a la zona interna del oído. ✂ tímpano.

tampoco
adverbio   **1** Une ideas o frases en forma negativa e indica que una persona o cosa no hace lo que otra persona o cosa no hace: *Yo tampoco sé nada de Pablo*.

tampón
nombre masculino   **1** Objeto alargado y cilíndrico, hecho con un material muy absorbente, que las mujeres utilizan para absorber el líquido de la menstruación. El tampón se introduce en la vagina.
2 Objeto que se utiliza para impregnar de tinta un sello. El tampón está formado por una cajita plana que tiene en su interior una almohadilla empapada en tinta.
👁 El plural es: tampones.

tan
adverbio   **1** Apócope de 'tanto'; se utiliza delante de adjetivos y adverbios para dar más intensidad a su significado: *No hables tan fuerte*.
2 Cuando aparece con la conjunción 'que', indica una relación en la que lo que se dice en la primera parte sirve de justificación a lo que se dice en la segunda: *El tiempo era tan malo que no te esperé fuera*.
3 Cuando aparece con la conjunción 'como', indica igualdad de grado o equivalencia con otra cosa: *Cuando sea mayor este niño será tan alto como su padre*.

tanda
nombre femenino   **1** Cada grupo en que se divide un conjunto de personas, animales o cosas para realizar algún trabajo o actividad por turnos. ✂ turno.
2 Puesto que corresponde a una persona en una cola: *Se me ha pasado la tanda de la pescadería y ahora tendré que volver a coger un número*. ✂ vez.
3 Conjunto de cosas de la misma clase, como una tanda de ropa o una tanda de azotes. ✂ sarta.

tándem
nombre masculino   **1** Bicicleta para dos personas que tiene dos juegos de asientos y de pedales.

T t

2 Conjunto de dos personas que trabajan juntas o que combinan sus esfuerzos en una actividad: *Los dos tenistas forman un buen tándem para jugar a dobles.*
👁 El plural es: tándem.

tango
nombre masculino **1** Baile típico argentino que se baila por parejas que se cogen una mano y se rodean con la otra, haciendo varios pasos.
2 Música y canto con que se acompaña este baile.

tanque
nombre masculino **1** Recipiente cerrado y normalmente de gran tamaño que sirve para contener líquidos o gases, como el tanque de gasolina de los coches o los tanques de nitrógeno y otros gases que suelen tener algunas empresas químicas. ⚙ depósito.
2 Vehículo blindado y armado con ametralladoras y cañones que se mueve sobre dos cintas articuladas que le permiten circular por toda clase de terrenos.
3 Vehículo que dispone de un depósito para transportar líquidos.

tantear
verbo **1** Calcular de forma aproximada el peso, el tamaño o la cantidad de una cosa guiándose sólo por su apariencia: *Tanteó el peso de la maleta para ver si podría con ella pero le pareció demasiado pesada.*
2 Ir por un lugar oscuro tocando con las manos y los pies para no chocar.
3 Intentar averiguar de un modo discreto o con disimulo cómo está una persona o cuáles son su intenciones antes de pedirle algo.
4 Pensar bien una cosa antes de decidirse a hacerla e intentar asegurarse de que va a salir o va a quedar bien: *Los empresarios tantean el mercado antes de sacar un nuevo producto.*

tanto, tanta
nombre masculino **1** En algunos deportes, punto que se cuenta a favor o en contra de uno u otro jugador o equipo.
determinante indefinido **2** Indica que hay mucho o gran cantidad de algo: *Nunca ha hecho*

tanto frío en primavera.
3 Indica un número o una cantidad que no se puede precisar o que puede ser cualquiera. Se utiliza mucho con numerales: *Tiene cuarenta y tantos años.*
adverbio **4 tanto** Indica que algo existe o se hace hasta un punto determinado o en una determinada cantidad: *No pensaba que me iba a doler tanto.*
5 tanto Tal cantidad de tiempo: *Tardabas tanto, que me fui.*
6 tanto Indica que algo es, ocurre o se hace igual que otra cosa, que va introducida por 'como': *Le gusta tanto el pescado como la carne.*
al tanto Indica que alguien está enterado o informado de algo: *Ya estoy al tanto de la historia.*
no ser para tanto No tener algo la importancia que se le da.
no ser para tanto No ser algo o alguien tan bueno, tan bonito o tan guapo como se nos había dicho.
por tanto Expresa una consecuencia y equivale a 'por eso': *Está lloviendo a cántaros, por tanto no podremos salir a jugar.*
tanto por ciento Cantidad que representa una parte de un total de cien. Si el presupuesto de una familia es cien mil pesetas y se gasta en comida el treinta por ciento, ha gastado en comida treinta mil pesetas. ⚙ porcentaje.

tapa
nombre femenino **1** Pieza que se encuentra en la parte superior de un objeto y que sirve para cerrarlo o cubrirlo, como la que suelen tener las cajas, los baúles y los recipientes de cocina.
2 Cada una de las dos cubiertas que tiene un libro encuadernado.
3 Alimento ligero o pequeña cantidad de un alimento que se sirve en los bares o restaurantes para acompañar a una bebida. Las tapas se suelen tomar como aperitivo.
4 Pieza que se pone en la suela de un zapato por la parte del tacón.

tapacubos
nombre masculino **1** Pieza redonda y plana que se sujeta a la parte central y exterior

T
t

de la rueda de un automóvil, para cubrir las tuercas y hacer más atractiva la rueda. Los tapacubos suelen ser de metal o de plástico.
👁 El plural es: tapacubos.

tapadera
nombre femenino **1** Tapa de un objeto o un recipiente.
2 Persona o cosa que sirve para ocultar o disimular una situación o una acción, generalmente negativa o que constituye un delito.

tapar
verbo **1** Cubrir o cerrar una cosa que está descubierta o abierta poniéndole algo encima, normalmente una tapa o algo que haga de tapa.
2 Cerrar o llenar un agujero o una grieta con alguna cosa, por ejemplo con yeso. También es estar una cosa cerrando o impidiendo el paso por un orificio, como la porquería que tapa la salida de un desagüe.
3 Estar o poner una cosa delante o encima de otra, de manera que ésta quede protegida, oculta o cubierta. En los esclipses, la Luna tapa el Sol. Hay que taparse bien para dormir cuando hace frío.
4 Hacer una persona que no se descubran las faltas cometidas por otra, para que no sea castigada.

taparrabos
nombre masculino **1** Trozo de tela o cuero que cubre los genitales y que es usado por las personas de algunas tribus.
👁 También se usa el plural para indicar sólo una unidad.

tapete
nombre masculino **1** Pieza de tela que se pone como adorno encima de un mueble; normalmente suele ser de ganchillo, encaje o bordado.
2 Mantel de paño grueso y por lo general de color verde que se pone encima de una mesa para jugar a cartas y a otros juegos.

tapia
nombre femenino **1** Muro o pared delgada y no muy alta que rodea una casa, jardín u otro terreno al aire libre.
estar sordo como una tapia Estar muy sordo. También se dice 'estar como una tapia'.

tapicería
nombre femenino **1** Tela con la que se forra un mueble o se utiliza para hacer cortinas.
2 Establecimiento donde se tapizan muebles.

tapiz
nombre masculino **1** Especie de cuadro tejido o bordado con el que se adornan las paredes de una habitación. ✎➙794
👁 El plural es: tapices.

tapizar
verbo **1** Forrar con tela un mueble o parte de él; se tapizan los sofás, los sillones y los asientos de algunas sillas.
👁 Se escribe 'c' delante de 'e', como: tapicen.

tapón
nombre masculino **1** Pieza que sirve para cerrar o tapar ciertos orificios, como la boca de una botella o de un frasco o el desagüe del lavabo o la bañera.
2 Cosa que cierra o impide el paso de algo a través de un orificio, como el de cera que se forma en el oído.
3 Acumulación excesiva de coches o de vehículos en un punto de una carretera o calle, de manera que dificulta o impide la circulación o el tráfico normal.
4 Jugada de baloncesto que tiene como objetivo impedir que la pelota que ha lanzado un contrario llegue a la canasta.
5 Persona de corta estatura, especialmente la que es también de cuerpo grueso o rechoncho. Es un uso informal.
👁 El plural es: tapones.

taponar
verbo **1** Tapar con un tapón un conducto o un agujero por donde sale algún tipo de líquido o fluido. Usamos un trozo de algodón o una gasa para taponar una herida.
2 Impedir el paso o la circulación por algún lugar: *Los manifestantes taponaron la calle.*

taquigrafía
nombre femenino **1** Sistema de escribir tan rápido como se habla, utilizando unos signos especiales.

taquígrafo, taquígrafa
nombre **1** Persona que utiliza la taquigrafía para escribir.

taquilla

nombre femenino **1** Lugar donde se venden entradas para un espectáculo, o billetes para un medio de transporte o para otro servicio.
2 Armario alto y estrecho que se usa para guardar objetos personales durante un tiempo en algunos lugares públicos, como fábricas, colegios, bibliotecas o gimnasios.

taquillero, taquillera

nombre **1** Persona que se dedica a la venta de entradas en una taquilla.

adjetivo **2** Se dice de un espectáculo o un artista que recauda mucho dinero porque va mucha gente a verlo.

tarado, tarada

adjetivo y nombre **1** Se dice de la persona que está un poco loca o que no es muy inteligente.
👁 Es una palabra informal que a veces se utiliza como insulto.

tarántula

nombre femenino **1** Araña de gran tamaño, de color negro y patas peludas, que vive entre las piedras y en agujeros que hace en el suelo. Su picadura es muy dolorosa, aunque no es peligrosa para el hombre.

tararear

verbo **1** Cantar una canción o imitar los sonidos de una melodía con la voz, sin pronunciar bien las palabras y cantando en voz baja.

tardanza

nombre femenino **1** Acción de tardar o emplear más tiempo del normal en hacer o suceder algo.

tardar

verbo **1** Emplear cierto tiempo en hacer algo. El avión tarda menos que el tren en llegar de una ciudad a otra que está lejos.
2 Emplear más tiempo del normal o del establecido en hacer o suceder algo. Si una persona tarda en llegar a una cita, la otra persona tiene que esperar.

tarde

nombre femenino **1** Parte del día que va desde la hora de comer hasta que se pone el sol.

adverbio **2** A una hora avanzada de la noche. ✕ temprano.

3 Que se hace o sucede en un momento posterior al momento o la hora señalada. Si habíamos quedado con alguien a las 3 y llegamos a las 4, llegamos muy tarde.

buenas tardes Forma de saludo que utilizamos por la tarde.

de tarde en tarde Una cosa se hace o sucede de tarde en tarde, cuando se hace con poca frecuencia o pasa mucho tiempo entre las distintas ocasiones en que se hace o sucede.

tardío, tardía

adjetivo **1** Se dice de las cosas que llegan a la madurez más tarde de lo normal, en especial de las plantas y las frutas.
2 Que ocurre o se hace después del tiempo que se considera adecuado o normal.
3 Se dice de las cosas que se encuentran en el último periodo o la última parte de su evolución, en especial de los estilos artísticos o de los movimientos culturales.

tardón, tardona

adjetivo y nombre **1** Se dice de la persona que tarda mucho en hacer las cosas.
👁 El plural de tardón es: tardones.

tarea

nombre femenino **1** Cualquier tipo de trabajo o actividad, en especial el que una persona debe hacer en un tiempo determinado, por ejemplo las tareas del campo o las tareas de la casa. ✕✕ labor; faena.

tarifa

nombre femenino **1** Precio fijo que hay que pagar por recibir un servicio. La tarifa nocturna para las llamadas telefónicas es más barata que la tarifa diurna.
2 Tabla de los diferentes precios que hay que pagar por diferentes servicios o productos.

tarima

nombre femenino **1** Plataforma de madera situada a poca altura del suelo, sobre la que se colocan algunas cosas que se tienen que ver bien, como la mesa del profesor.

T
t

T t

tarjeta

nombre femenino **1** Papel, cartón o plástico de forma rectangular y pequeño tamaño en que aparecen algunos datos útiles. En la vida diaria usamos tarjetas de muchas clases: tarjetas de crédito, tarjetas de identidad o tarjetas postales.

tarraconense

adjetivo y nombre masculino y femenino **1** Se dice de la persona o cosa que es de Tarragona, ciudad y provincia de Cataluña.

tarrina

nombre femenino **1** Recipiente pequeño, de plástico o cerámica, que lleva tapadera y se usa para guardar algunos alimentos. Algunos helados y quesos frescos se venden en tarrinas.

tarro

nombre masculino **1** Recipiente de cristal de forma cilíndrica y con tapadera. La miel y la mermelada se venden en tarros. **2** Cabeza de una persona. Es un uso informal.

comer el tarro Intentar convencer a alguien de algo. Es una expresión informal.

comerse el tarro Preocuparse y pensar mucho sobre un tema determinado: *No te comas el tarro, no es para tanto*. Es una expresión informal.

tarta

nombre femenino **1** Pastel grande que suele estar relleno o adornado con diversos ingredientes, como chocolate, nata, frutas o crema.

tartaja

adjetivo y nombre masculino y femenino **1** Se dice de la persona que tiene problemas para hablar, de modo que a veces repite las sílabas varias veces al pronunciar una palabra. 🖾 tartamudo.
👁 Es una palabra despectiva.

tartamudear

verbo **1** Hablar sin poder pronunciar todas las palabras seguidas, repitiendo varias veces algunas sílabas.

tartamudo, tartamuda

adjetivo y nombre **1** Que tiene problemas para hablar, de manera que no puede pronunciar todas las palabras seguidas y repite algunas sílabas. 🖾 tartaja.

tartera

nombre femenino **1** Recipiente de plástico o metal que se cierra herméticamente y que sirve para guardar alimentos. 🖾 fiambrera.

tarugo

nombre masculino **1** Persona que tiene poca inteligencia o pocos conocimientos y se comporta con torpeza. Es un uso informal. **2** Trozo de madera que es corto y grueso.

tarumba

adjetivo **1** Que está muy atontado y no se da cuenta de lo que ocurre a su alrededor: *Tanto ruido me vuelve tarumba*. 🖾 aturdido.

tasar

verbo **1** Decir un experto cuál es el valor o el precio de algo, como un cuadro o un piso. 🖾 valorar.

tasca

nombre femenino **1** Establecimiento de carácter popular en el que se venden y se consumen bebidas y tapas. 🖾 taberna.

tatarabuelo, tatarabuela

nombre **1** Abuelo del abuelo o de la abuela de una persona.

tataranieto, tataranieta

nombre **1** Nieto del nieto de una persona.

tatuaje

nombre masculino **1** Dibujo o palabra que se graba en la piel de las personas con una técnica especial para que no se borre.

taurino, taurina

adjetivo **1** Se dice de las cosas o las personas que tienen relación con los toros o con las corridas de toros. Los toros son un espectáculo taurino.

tauro

nombre masculino **1** Segundo signo del zodiaco. Con este significado se escribe con mayúscula.
nombre masculino y femenino **2** Persona nacida bajo el signo de Tauro, entre el 21 de abril y el 21 de mayo.

taxi

nombre masculino **1** Coche con conductor que una o más personas pueden coger para que los lleve al lugar donde pidan; al llegar al destino el cliente debe pagar por el recorrido.

taxista
nombre masculino y femenino
1 Persona que conduce un taxi. Los taxistas conocen bien la ciudad.

taza
nombre femenino
1 Recipiente pequeño, de boca ancha y con asa, que sirve para tomar líquidos, como café.
2 Recipiente del váter sobre el que nos sentamos para orinar y hacer de vientre.

taza/tazón

tazón
nombre masculino
1 Recipiente parecido a la taza, pero más grande y sin asa, que se usa para tomar líquidos. En los tazones se suele tomar leche con cereales.
👁 El plural es: tazones.

te
pronombre personal
1 Pronombre personal de segunda persona del singular que en la oración hace función de complemento directo o indirecto. Hace referencia al oyente de la persona que habla: *Te espero a las cuatro.*
2 Se usa en la segunda persona del singular en la conjugación de los verbos reflexivos: *Lávate las manos antes de comer.*
nombre femenino
3 Nombre de la letra 't'.
👁 No se acentúa; no lo confundas con el nombre 'té'.

té
nombre masculino
1 Arbusto de hojas alargadas y flores pequeñas blancas, originario de China. También se llaman té las hojas de este arbusto secas y un poco tostadas, con las que se hace una infusión.
2 Infusión que se prepara hirviendo en agua las hojas secas del té.

teatral
adjetivo
1 Del teatro o que tiene relación con él. ✖ dramático.
2 Se dice de la persona que tiene actitudes y gestos exagerados con los que busca llamar la atención. Algunos vendedores ambulantes utilizan un tono teatral para captar la atención del público.

teatro
nombre masculino
1 Edificio donde se representan obras y otro tipo de espectáculos sobre un escenario.
2 Género literario que abarca las obras que se escriben en forma de diálogo para ser representadas en un escenario.
3 Actividad que consiste en representar o en componer obras de este género literario.

tebeo
nombre masculino
1 Revista para niños en la que se cuentan historietas por medio de series de dibujos en viñetas. Mortadelo y Zipi y Zape son personajes de tebeo. ✖ historieta; cómic.

techo
nombre masculino
1 Parte superior que cubre una habitación, un edificio o una construcción, vista desde su interior. Para colgar una lámpara del techo nos subimos en una escalera.
2 Cubierta superior y normalmente plana de un vehículo o de un espacio, como una cabaña.
3 Casa o lugar donde vive normalmente una persona. Los mendigos no tienen un techo donde dormir.

tecla
nombre femenino
1 Pieza de un instrumento musical o de una máquina que se presiona con los dedos para que funcione. Las teclas del ordenador llevan impresas las letras del abecedario, los números y otros signos de escritura.

teclado
nombre masculino
1 Conjunto de teclas de un instrumento musical; de una máquina o de un ordenador. ✍ 396

teclear
verbo
1 Apretar las teclas de una máquina de escribir o de un ordenador para escribir.
2 Apretar las teclas de un instrumento musical para que suene.

técnica
nombre femenino
1 Aplicación práctica de los conocimientos de una ciencia o un arte. La técnica tiene que ver con la

T/t

construcción de aparatos o edificios o con el descubrimiento de materiales, como el plástico.
2 Manera de hacer una cosa utilizando los conocimientos de un arte u oficio: *La técnica de pintar a la acuarela es distinta de la del óleo.*

técnico, técnica
adjetivo **1** Que está relacionado con la aplicación práctica de una ciencia. El progreso técnico ha tenido mucha importancia en la industria.
nombre **2** Persona que aplica en la práctica conocimentos especializados de una ciencia o un arte. Si se estropea la televisión llamamos al técnico. 🖎195
adjetivo **3** Que realiza una actividad con gran dominio de las reglas, los procedimientos y los materiales. Un jugador de fútbol técnico es muy hábil y domina muy bien el balón.
nombre **4** Persona que entrena a un equipo deportivo.

tecnología
nombre femenino **1** Aplicación práctica de los conocimientos de una ciencia o un arte, en especial la que se hace en la industria. La tecnología tiene que ver con la construcción y la mejora de máquinas e instrumentos.

teja
nombre femenino **1** Pieza rectangular y curva que se utiliza para hacer tejados. Las tejas suelen ser de barro cocido, de un color rojizo. 🖎394

tejado
nombre masculino **1** Parte exterior y superior de una construcción o edificio, que suele estar cubierta por tejas, pizarra u otros materiales. 🖎394

tejemaneje
nombre masculino **1** Actividad o trato poco claro o engañoso que se realiza entre varias personas: *No sé qué tejemaneje se traen entre manos, pero seguro que traman algo.*
👁 Es una palabra informal.

tejer
verbo **1** Hacer una tela, un tejido o una prenda de vestir uniendo y entrecruzando hilos de lana o algodón.
2 Hacer telas algunos animales, como hacen las arañas.

3 Pensar y preparar un plan que se piensa realizar. 🧩 planear; tramar.

tejido
nombre masculino **1** Material que está formado por muchos hilos unidos y cruzados. La lana, el algodón y la seda son diferentes tejidos.
2 Conjunto de células que están organizadas para realizar una misma función. El cuerpo humano está formado por diversos tejidos, como el tejido muscular, que es el que forma los músculos, o el tejido óseo, que forma los huesos.

tejón
nombre masculino **1** Mamífero con el cuerpo alargado, el hocico largo, las patas cortas, y las orejas pequeñas y redondas. Es de color marrón o gris y tiene dos rayas negras a los lados de la cabeza.
👁 El plural es: tejones.

tela
nombre femenino **1** Material que se hace cruzando hilos de algodón, lana o alguna fibra sintética. La tela sirve principalmente para confeccionar ropa.
2 Capa fina que cubre alguna cosa, como la tela que queda en la leche caliente cuando se enfría.
adverbio **3 tela** Que es muy difícil: *Resolver este problema de matemáticas es tela.* Es un uso informal.
poner en tela de juicio Decir que no se está de acuerdo o poner en duda algo que otra persona considera una verdad que no se puede discutir.
tela de araña Telaraña.

telar
nombre masculino **1** Máquina que sirve para hacer tejidos. Los telares antiguos eran de madera.

telaraña
nombre femenino **1** Tela que tejen las arañas con una especie de hilo muy fino que ellas mismas producen. En las casas viejas y abandonadas suele haber muchas telarañas en los rincones.
👁 También se dice 'tela de araña'.

tele
nombre femenino **1** Es la forma abreviada de 'televisión' o 'televisor'.

telecomunicación

nombre femenino **1** Sistema de comunicación a distancia a través de cables o de ondas electromagnéticas. El teléfono y las emisoras de radio y televisión son telecomunicaciones. 👁 Se usa más en plural: telecomunicaciones.

telediario

nombre masculino **1** Programa de televisión en el que se dan a conocer las noticias del día.

teleférico

nombre masculino **1** Medio de transporte que consiste en una cabina que se mueve por encima del suelo colgando de un cable o de un carril en una pendiente muy inclinada. ※ funicular.

telefonazo

nombre masculino **1** Llamada de teléfono, en especial si es breve o informal: *Cuando tengas el vestido me das un telefonazo para avisarme, ¿vale?* 👁 Es una palabra informal.

telefonear

verbo **1** Llamar por teléfono.

telefónico, telefónica

adjetivo **1** Del teléfono o que está relacionado con el uso y funcionamiento del teléfono.

telefonillo

nombre masculino **1** Aparato parecido a un teléfono que sirve para hablar dentro de un edificio. El telefonillo suele estar conectado con el portero automático y, en ocasiones, a un circuito cerrado de televisión que permite ver a las personas con las que se habla desde el portal.

telefonista

nombre masculino y femenino **1** Persona que se encarga de contestar las llamadas en una central de teléfonos y pasarlas a la persona que corresponda. Las universidades y los hoteles tienen telefonistas.

teléfono

nombre masculino **1** Sistema de comunicación que transmite la voz y el sonido a distancia mediante hilos y aparatos eléctricos. **2** Aparato que sirve para hablar a larga distancia con otra persona que utiliza también un aparato similar para escuchar y hablar. Los teléfonos pueden ser fijos, inalámbricos y móviles. **3** Número que tiene cada aparato de teléfono y que se marca para establecer una comunicación telefónica: *No me sé tu teléfono.*

guía de teléfonos Especie de libro que contiene una lista impresa de los números de teléfono de las personas que lo tienen. Cada provincia tiene una guía de teléfonos que contiene los números de todos los teléfonos de los pueblos y ciudades de la provincia, junto al nombre y dirección de la persona a la que pertenece. ※ listín.

telegrafiar

verbo **1** Comunicar un mensaje por medio del telégrafo. Se telegrafían mensajes o avisos cortos y urgentes.

telegráfico, telegráfica

adjetivo **2** Se dice del modo de hablar o de escribir breve y conciso, parecido al tipo de lenguaje que se utiliza en las comunicaciones telegráficas.

telégrafo

nombre masculino **1** Sistema de comunicación que permite transmitir y recibir mensajes mediante un código especial. **2** Aparato que emite y recibe mensajes utilizando este sistema.

nombre masculino plural **3 telégrafos** Servicio público que se encarga de transmitir este tipo de mensajes; también edificio en el que está instalado.

telegrama

nombre masculino **1** Mensaje transmitido por medio del telégrafo; normalmente los telegramas suelen ser mensajes breves y urgentes. El telegrama que recibe el destinatario del mensaje es un papel impreso con un texto.

telele

nombre masculino **1** Desmayo o ataque de nervios: *No te pongas tan nervioso, que te va a dar un telele.* ※ soponcio; patatús.

telenovela

nombre femenino **1** Novela filmada para ser emitida en capítulos por la televisión, normalmente de tema amoroso.

T
—
t

T
t

telepatía

nombre femenino **1** Fenómeno que consiste en que una persona conoce qué piensa otra por medio de la mente y sin que ésta le diga nada.

telescopio

nombre masculino **1** Instrumento en forma de tubo provisto de lentes que sirve para observar los objetos lejanos, en especial las estrellas y los planetas.

telesilla

nombre masculino **1** Sistema de transporte que consiste en unas sillas que cuelgan de un cable que arrastra las sillas por encima del suelo. En las pistas de esquí hay telesillas para subir a los esquiadores a las pistas.

telespectador, telespectadora

nombre **1** Persona que ve programas de televisión desde su casa. ※ televidente.

teletexto

nombre masculino **1** Información escrita que ofrecen algunas cadenas de televisión y que se puede leer en la pantalla. En el teletexto se pueden consultar a cualquier hora las noticias, la programación, el tiempo y otros muchos datos de interés.

teletipo

nombre masculino **1** Aparato provisto de un teclado para escribir que sirve para transmitir textos e imágenes por vía telegráfica, y que también los imprime. En los periódicos se instalan varios teletipos para recibir información de agencias de noticias nacionales y extranjeras. ↞ 397 **2** Noticia que se envía o se recibe con este aparato.

televidente

nombre masculino y femenino **1** Telespectador. ↞ 198

televisar

verbo **1** Emitir por televisión un programa, una película o la retransmisión de un acontecimiento.

televisión

nombre femenino **1** Sistema que permite transmitir imágenes y sonidos a distancia por medio de ondas electromagnéticas. La televisión utiliza repetidores, satélites o cables para difundir sus señales. ※ tele.

2 Aparato eléctrico que recibe las señales transmitidas por este sistema. ※ tele. **3** Empresa dedicada a la transmisión de imágenes y sonidos mediante esta técnica. 👁 El plural es: televisiones.

televisivo, televisiva

adjetivo **1** De la televisión o que tiene relación con ella. **2** Que tiene buenas condiciones para ser televisado. Un programa o un presentador televisivos atraen la atención de los telespectadores.

televisor

nombre masculino **1** Aparato eléctrico que recibe imágenes y sonidos transmitidos por la televisión. Los primeros televisores sólo emitían imágenes en blanco y negro. ※ televisión.

telón

nombre masculino **1** Cortina grande que cubre el escenario del teatro antes de empezar el espectáculo. 👁 El plural es: telones.

telonero, telonera

adjetivo **1** Se dice del artista o del grupo de artistas que actúa en primer lugar en un concierto o un espectáculo musical, generalmente en directo.

tema

nombre masculino **1** Asunto principal del que trata algo, como un libro, una película o una conversación. **2** Parte de un manual o de un libro de texto que forma una unidad independiente. **3** Canción, en especial la que forma parte de un disco.

temblar

verbo **1** Moverse el cuerpo con pequeños movimientos rápidos e involuntarios. Temblamos cuando tenemos mucho frío o mucho miedo. ※ tiritar. **2** Moverse algo con movimientos pequeños y rápidos. Cuando hay un terremoto, tiembla la tierra. **3** Tener mucho miedo: *Tiembla cada vez que tiene que ir al médico.* 👁 Se conjuga como: acertar; la 'e' se convierte en 'ie' en sílaba acentuada, como: tiemblan.

T
t

temblor

nombre masculino   **1** Serie de pequeños movimientos rápidos e involuntarios. Una persona puede tener temblores a causa del frío, la fiebre o el miedo. **temblor de tierra** Movimiento violento que se produce en la superficie de la Tierra. ※ terremoto.

tembloroso, temblorosa

adjetivo   **1** Que tiembla.

temer

verbo   **1** Tener miedo de una persona, un animal o una cosa.
2 Pensar o sospechar que va a ocurrir algo malo o que no va a ocurrir algo bueno que se esperaba que ocurriera: *Con esas nubes, me temo que mañana no hará día de playa.*

temeroso, temerosa

adjetivo   **1** Que tiene miedo o gran preocupación por algo.
2 Que produce miedo: *Me lanzó una temerosa mirada.*

temible

adjetivo   **1** Que produce o puede producir miedo o temor. Las tormentas de verano en el Mediterráneo son temibles porque a menudo producen daños e inundaciones.

temor

nombre masculino   **1** Sentimiento o sensación de intranquilidad o angustia que tiene una persona ante algo que le asusta o que cree que puede serle perjudicial o peligroso. ※ miedo.
2 Creencia o sospecha de que va a ocurrir algo malo: *Se ha confirmado mi temor, no podremos ir de vacaciones.*

témpera

nombre femenino   **1** Tipo de pintura en el que los colores se diluyen en agua y son menos transparentes que los de la acuarela.

temperamento

nombre masculino   **1** Forma de ser de una persona. Las personas de temperamento alegre siempre están contentas. ※ carácter; personalidad.
2 Carácter fuerte y enérgico de una persona.

temperatura

nombre femenino   **1** Grado de calor o de frío que tiene un lugar o un cuerpo. Tenemos fiebre cuando la temperatura de nuestro cuerpo es más alta de lo normal.

tempestad

nombre femenino   **1** Fenómeno de la atmósfera en el que se producen fuertes vientos acompañados de lluvia o nieve, relámpagos y truenos. Cuando se desencadena una tempestad llueve con mucha fuerza. ※ temporal; tormenta.

tempestuoso, tempestuosa

adjetivo   **1** Se dice del viento y la lluvia muy fuertes o del tiempo que amenaza tempestad.

templado, templada

adjetivo   **1** Que no está ni frío ni caliente. ※ tibio.
2 Que está calmado y tranquilo. Decimos que una persona tiene los nervios muy templados cuando está sereno y tranquilo.

templar

verbo   **1** Hacer que una cosa deje de estar fría. Para templar la leche la calentamos un poco.
2 Preparar un instrumento musical, normalmente de cuerda, para que suene bien: *El músico templó la guitarra antes de empezar el concierto.* ※ afinar.
3 Calmar los nervios o el enfado de una persona; también hacer menos tensa una situación: *Aunque estaba muy enfadado, consiguió templarlo con buenas palabras.*

temple

nombre masculino   **1** Modo de comportarse una persona con tranquilidad y valentía en las situaciones más difíciles o peligrosas. Los bomberos tienen que tener mucho temple.
2 Estado de ánimo o forma de ser de una persona: *Es de temple pesimista.*
3 Tipo de pintura que está compuesta de un color mezclado con agua y cola.

templo

nombre masculino   **1** Edificio público donde los fieles se reúnen para rezar o celebrar actos religiosos. La iglesia es un templo cristiano y la sinagoga es un templo judío.

T
—
t

2 Lugar real o imaginario donde se cultiva o se rinde culto a una ciencia, saber o arte.

temporada
nombre femenino **1** Periodo de tiempo indeterminado, inferior a un año, que se considera como un conjunto: *Ya hace una temporada que no voy a su casa, desde que se fueron de esta ciudad.*
de temporada Indica que algo es propio de una época o un momento determinados. En otoño, decimos que las castañas o las uvas son frutas de temporada porque se recogen, se venden y se consumen en esa época.

temporal
adjetivo **1** Que dura sólo un tiempo determinado. Un contrato temporal dura sólo unos meses o unos años.
2 Que tiene relación con el paso del tiempo, que se acaba en algún momento. La mayoría de las religiones distinguen la vida temporal, la terrenal, de la vida eterna, la que hay después de la muerte. ⁂ eterno.
nombre masculino **3** Fenómeno de la atmósfera que consiste en vientos fuertes acompañados de lluvia, granizo o nieve, así como truenos y relámpagos. Los temporales se producen tanto en tierra como en el mar. ⁂ tempestad.

temprano, temprana
adjetivo **1** Que llega, sucede o se hace antes del momento o el tiempo normal.
adverbio **2 temprano** En las primeras horas de la mañana. Cuando nos levantamos a las 7 de la mañana, decimos que nos levantamos temprano. ⁂ tarde.
3 temprano En un tiempo anterior al que es o se considera normal. Los niños pequeños se acuestan temprano. ⁂ pronto. ⁂ tarde.

tenaz
adjetivo **1** Se dice de la persona que hace todo lo posible por conseguir lo que quiere o por hacer lo que cree que tiene que hacer o que mantiene con firmeza y decisión sus ideas y sus opiniones. ⁂ constante.

2 Que es muy difícil de separar o de quitar de donde está unido o pegado. Las manchas tenaces son muy difíciles de quitar.
👁 El plural es: tenaces.

tenaza
nombre femenino **1** Herramienta de metal que sirve para arrancar clavos, cortar alambre y para coger o apretar algo con fuerza. Las tenazas están formadas por dos piezas que en la punta se unen formando una boca que se puede abrir y cerrar. ☞ 795
2 Parte final de las patas de algunos animales, que les sirve para atrapar o sujetar cosas con fuerza. El bogavante y el cangrejo tienen tenazas. ⁂ pinza.
👁 También se usa el plural para indicar sólo una unidad.

tendedero
nombre masculino **1** Lugar con cuerdas o alambres en los que se tiende la ropa húmeda para que se seque.
2 Objeto formado por cuerdas en las que se cuelga la ropa para que se seque.

tendencia
nombre femenino **1** Inclinación o disposición natural que lleva a una persona a ser de una determinada manera o a hacer determinadas cosas: *Tiene tendencia a engordar.*
2 Dirección o fin hacia el que tiende alguien o algo: *En el desfile presentaron las últimas tendencias de la moda.*

tender
verbo **1** Colgar la ropa húmeda al sol o al aire para que se seque.
2 Ofrecer o dar algo a alguien; se dice sobre todo cuando se da la mano a una persona para saludarla o ayudarla en algo: *Cuando necesité ayuda fue la primera en tenderme una mano.*
3 Poner o construir una cosa apoyándola en varios puntos. Se puede tender un puente o una vía de tren sobre un río o un barranco; para tender el cable eléctrico o de teléfonos se usan postes.
4 Echar o echarse sobre una su-

perficie horizontal: *Tiéndase en la camilla, por favor.*

tender a Tener tendencia a una cosa: *Los precios tienden a aumentar.*

👁 Se conjuga como: entender; la 'e' se convierte en 'ie' en sílaba acentuada, como: tienden.

tendero, tendera

nombre **1** Persona que trabaja en una tienda de comestibles.

tendón

nombre masculino **1** Tejido formado por varias fibras resistentes, en forma de cordón, que unen los músculos a los huesos. En el talón está el tendón de Aquiles.

👁 El plural es: tendones.

tenedor

nombre masculino **1** Utensilio formado por un mango largo y tres o cuatro puntas en su extremo que sirve para pinchar los alimentos sólidos y llevárselos a la boca.

tener

verbo **1** Ser dueño de algo o disfrutar de alguna cosa: *Todos los niños tienen algún juguete. En vacaciones tenemos mucho tiempo libre.* ✘ carecer.

2 Poseer alguna cualidad o característica física o moral: *Los toros tienen cuernos. El vinagre tiene un sabor ácido.* ✘ carecer.

3 Contener o incluir dentro de sí: *Su casa tiene tres habitaciones. El vino, la cerveza y el cava tienen alcohol.* ✘ abarcar; comprender.

4 Se utiliza para expresar una relación de parentesco o de cualquier otro tipo con una persona. *Las personas buenas suelen tener muchos amigos.*

5 Coger algo con las manos sin dejarlo caer: *¿Me tienes un momento el bolso, por favor?* ✘ sujetar; sostener.

6 Necesitar o estar obligado a hacer o a ocuparse de lo que se indica: *Los padres tienen reunión con los profesores al final del curso.*

7 Experimentar o sentir una sensación, enfermedad o estado de ánimo. En verano tenemos calor;

cuando estamos tristes tenemos ganas de llorar.

8 Haber cumplido o alcanzado una edad o un periodo de tiempo determinado: *Su hermano tiene tres años.*

9 tenerse Mantenerse derecho o firme. Cuando alguien está muy cansado decimos que casi no puede tenerse en pie.

tener que Ser necesario u obligatorio hacer algo: *Si quiere ganar la carrera, tiene que llegar el primero a la meta.*

tener que ver Existir una relación o parecido: *Ella no tiene nada que ver con la travesura porque en ese momento estaba ya en la cama.*

tener

INDICATIVO	SUBJUNTIVO
presente	**presente**
tengo	tenga
tienes	tengas
tiene	tenga
tenemos	tengamos
tenéis	tengáis
tienen	tengan
pretérito imperfecto	**pretérito imperfecto**
tenía	tuviera o tuviese
tenías	tuvieras o tuvieses
tenía	tuviera o tuviese
teníamos	tuviéramos o
teníais	tuviésemos
tenían	tuvierais o tuvieseis
	tuvieran o tuviesen
pretérito indefinido	
tuve	**futuro**
tuviste	tuviere
tuvo	tuvieres
tuvimos	tuviere
tuvisteis	tuviéremos
tuvieron	tuviereis
	tuvieren
futuro	
tendré	**IMPERATIVO**
tendrás	
tendrá	ten (tú)
tendremos	tenga (usted)
tendréis	tened (vosotros)
tendrán	tengan (ustedes)
condicional	**FORMAS NO PERSONALES**
tendría	
tendrías	**infinitivo gerundio**
tendría	tener teniendo
tendríamos	**participio**
tendríais	tenido
tendrían	

tenia

nombre femenino **1** Gusano de color blanco, largo y plano, que vive parásito en el in-

T

t

testino del hombre y del perro. La tenia puede medir varios metros y se alimenta de lo que come la persona o el perro en el que vive.

teniente

nombre masculino y femenino **1** Grado militar entre el alférez y el capitán. La persona que tiene este grado también se llama teniente.
2 Persona que en un trabajo sustituye a otra en su cargo o su función, como el teniente de alcalde que hace de alcalde cuando éste no está.

tenis

nombre masculino **1** Deporte que se practica entre dos o cuatro personas y que consiste en pasar una pelota impulsada por una raqueta por encima de una red intentando que el contrario no la devuelva.
tenis de mesa Juego de pelota que se juega sobre una mesa rectangular divida en dos partes iguales por una red. Se juega entre dos jugadores que pegan a una pelota pequeña con unas palas redondas y pequeñas. ※ pimpón.

tenista

nombre masculino y femenino **1** Persona que juega a tenis. Los tenistas juegan con pantalón corto o falda.

tenor

nombre masculino **1** Cantante que tiene la voz más aguda de las voces masculinas.

tensar

verbo **1** Poner algo estirado o tirante.

tensar

tensión

nombre femenino **1** Estado del cuerpo que se encuentra muy estirado o tirante. Cuando una goma está en tensión, se puede acabar rompiendo.
2 Estado de la persona que está muy preocupada o muy nerviosa por algo.
3 Situación de enfrentamiento entre dos o más personas.
4 Fuerza o presión que ejerce la sangre sobre las paredes de las arterias. Los médicos suelen tomar la tensión a los pacientes para saber si está baja, alta o normal.
👁 El plural es: tensiones.

tenso, tensa

adjetivo **1** Se dice de aquello que está muy estirado o tirante.
2 Se dice de la persona que está muy preocupada o nerviosa por algo. Antes de un examen, estamos tensos pensando si sabremos responder a las preguntas.
3 Se dice de la situación que resulta desagradable o violenta porque las personas que participan en ella no se llevan bien o porque tratan de temas difíciles o delicados.

tentación

nombre femenino **1** Impulso o deseo repentino que lleva a realizar algo, en especial si es algo malo o poco adecuado: *Tuvo la tentación de ponerle una zancadilla.* ※ ganas.
2 Atracción que ejerce alguna cosa a la que es muy difícil renunciar: *Esos bombones son una tentación, quítalos de mi vista.*
👁 El plural es: tentaciones.

tentáculo

nombre masculino **1** Cada uno de los brazos flexibles y sin hueso que tienen algunos animales, como los pulpos.

tentar

verbo **1** Tocar una cosa con las manos. Cuando estamos en una habitación a oscuras tenemos que tentar los objetos para no chocar con ellos. ※ palpar.
2 Influir o atraer de algún modo la atención de una persona para que haga algo que no debe o no le conviene y a lo que le resulta muy difícil resistirse: *María me tentó con un pastel de chocolate sabiendo que no puedo comer dulces.*
👁 Se conjuga como: acertar; la

T t

'e' se convierte en 'ie' en sílaba acentuada, como: tienten.

tentempié

nombre masculino **1** Bebida o comida ligera que se toma entre horas.

tenue

adjetivo **1** Que es poco fuerte o poco intenso. Una luz tenue no es buena para leer porque no ilumina lo suficiente. **2** Que tiene poco grosor, que es muy fino. Los velos de los trajes de novia suelen ser de una tela tenue. ⚒ delgado. **3** Que es poco espeso o denso, como la neblina.

teñir

verbo **1** Dar a algo un color o un tono distinto del que tenía con un colorante o tinte. Podemos teñir una tela de un vestido, el cuero de unos zapatos o el cabello. ⚒ desteñir. 👁 Se conjuga como: reñir.

teología

nombre femenino **1** Ciencia que trata sobre la naturaleza de Dios.

teoría

nombre femenino **1** Conjunto de conocimientos que se piensan o se suponen acerca de una cosa, separados de la práctica o la experimentación de esa cosa. **2** Conjunto de principios o razonamientos que intentan explicar un hecho o un fenómeno o un conjunto de ellos. Einstein enunció la teoría de la relatividad. **3** Conjunto de ideas, reglas y principios que constituyen el fundamento de una ciencia o un arte. Los músicos estudian teoría musical y los matemáticos estudian la teoría matemática.

en teoría Indica que una cosa no se ha comprobado o verificado en la práctica, pero que debería ser así: *En teoría, quien sabe nadar no le tiene miedo al agua.*

terapia

nombre femenino **1** Procedimiento que se utiliza para curar una enfermedad. ⚒ tratamiento.

tercer

adjetivo **1** Apócope de 'tercero'. Se utiliza delante de nombres masculinos en singular. Marzo es el tercer mes del año.

tercermundista

adjetivo **1** Del Tercer Mundo o relacionado con los países menos desarrollados de la Tierra. Las asociaciones humanitarias trabajan para ayudar a los países tercermundistas.

tercero, tercera

numeral ordinal **1** Que ocupa el lugar número tres en una serie ordenada.

adjetivo **2** Se dice de cada una de las tres partes iguales en que se divide un conjunto.

adjetivo y nombre **3** Que está entre dos personas o que interviene entre ellas para que no lleguen a un acuerdo en un asunto, dilema o conflicto. A veces cuando dos personas no se ponen de acuerdo preguntan su opinión a un tercero. 👁 Delante de nombres masculinos singulares, se utiliza 'tercer'.

tercio

nombre masculino **1** Cada una de las tres partes iguales en que se divide un conjunto. Si una cosa cuesta treinta pesetas y sólo tengo diez, sólo tengo un tercio del precio.

terciopelo

nombre masculino **1** Tejido grueso que tiene pelo corto y muy suave.

terco, terca

adjetivo y nombre **1** Se dice de la persona que se mantiene muy firme en una idea o una postura y no se deja convencer, aunque haya razones claras para que cambie de parecer.

tergal

nombre masculino **1** Tejido sintético fuerte y resistente que no se arruga. Las prendas de vestir de tergal no necesitan ser planchadas.

terminación

nombre femenino **1** Acción que consiste en terminar o llegar al final de algo, como un trabajo, unas vacaciones o cualquier otra actividad o proceso. **2** Parte final de algo. La terminación del gerundio en español es '–ndo'. 👁 El plural es: terminaciones.

terminante

adjetivo **1** Que es tan firme que no se puede discutir sobre ello. Si una persona nos dice 'no, he dicho que no y

T
t

se acabó', nos está dando una respuesta terminante. ✷✷ rotundo.

terminar
verbo **1** Dar fin a una acción o una actividad: *Cuando termines los deberes nos iremos al cine.* ✷✷ acabar; finalizar.
2 Consumir o gastar algo completamente: *Se ha terminado el papel higiénico.*
3 Llegar algo al final o al último momento: *Las clases terminan a las cinco de la tarde.*
4 Acabar con una relación amorosa o de amistad: *¿Sabes que Silvia y Marcos han terminado?*
terminar con Destrozar o acabar con algo completamente: *La tormenta terminó con la cosecha.*
terminar en Tener un lugar o una cosa algo en su parte final: *El bastón termina en punta.*

término
nombre masculino **1** Final o momento en que termina una cosa. ✷✷ fin. ✷✷ comienzo.
2 Último momento hasta el que se puede hacer algo. Para hacer una matrícula siempre hay un término de tiempo.
3 Último punto o línea hasta la que llega o se extiende un espacio: *El término de sus propiedades está allí, donde se ve la valla.*
4 Palabra de una lengua, en especial la que se usa en una ciencia, técnica o actividad artística. ✷✷ voz; vocablo.
en último término Como última posibilidad y después de haber agotado todas las demás: *Si no encontramos las llaves, en último término podemos dormir en el coche.*
término municipal Espacio que corresponde a un pueblo o municipio.

termita
nombre femenino **1** Insecto muy pequeño que vive en grandes grupos y se alimenta de la madera, por lo que es peligroso si se instala en edificios construidos con este material.

termo
nombre masculino **1** Recipiente que conserva los alimentos o bebidas que contiene a

la misma temperatura que tenían al principio. Cuando vamos de excursión llevamos el café con leche caliente en el termo.

termómetro
nombre masculino **1** Instrumento de cristal marcado con una escala de números que sirve para medir la temperatura. Tiene un pequeño depósito de mercurio que va subiendo a medida que aumenta la temperatura. También hay termómetros digitales en los que no se ve el depósito de mercurio, sino que la temperatura aparece en números.

ternero, ternera
nombre **1** Cría de la vaca.

ternura
nombre femenino **1** Sentimiento de afecto y de cariño que se muestra con una actitud dulce y delicada: *Siente gran ternura hacia los niños, los trata con mucho cariño y delicadeza.*

terquedad
nombre femenino **1** Firmeza en las ideas o las intenciones, incluso cuando son equivocadas.

terraplén
nombre masculino **1** Inclinación de un terreno que tiene cierta pendiente.
2 Montón de tierra con el que se tapa un agujero o se hace algo, como un muro.
👁 El plural es: terraplenes.

terráqueo, terráquea
adjetivo **1** De la Tierra o que tiene relación con ella. El agua constituye las tres cuartas partes del globo terráqueo.

terrario
nombre masculino **1** Lugar en el que viven los reptiles que están en cautividad. En el terrario de los zoos suele haber serpientes, tortugas y cocodrilos.

terraza
nombre femenino **1** Espacio descubierto y elevado que sobresale de la fachada de un edificio. A la terraza se accede desde el interior de una vivienda y está limitada por una barandilla. ✎ 394
2 Espacio llano y descubierto que hay en la parte superior de un edificio y que sirve para tender la ropa o tomar el sol. ✷✷ azotea.

T
t

3 Espacio que tienen los cafés, bares o restaurantes en la calle, con mesas y sillas para los clientes. Cuando llega el buen tiempo a la gente le gusta sentarse en las terrazas y tomar un refresco.

terremoto

nombre masculino

1 Movimiento violento de la superficie de la Tierra. En los terremotos poco fuertes sólo se nota un temblor de la tierra que hace que se caigan o se muevan algunas cosas, en cambio los fuertes pueden provocar la caída de edificios y árboles. ✖ seísmo.

terreno

nombre masculino

1 Extensión de tierra, en especial si está bien delimitada y puede ser comprada, vendida o explotada.
2 Extensión de tierra que presenta unas características determinadas. Los terrenos desérticos son poco apropiados para la agricultura.
3 Situación o ámbito en el que mejor se muestran las características o cualidades de una persona o cosa. Decimos que alguien está en su terreno cuando demuestra que domina bien la forma de actuar en una determinada situación.
4 Todo lo que tiene que ver con una determinada materia, trabajo o actividad: *Ahora dejamos la lengua y pasamos al terreno de la literatura.*
5 En algunos deportes como el fútbol o el baloncesto, campo de juego. ✖ estadio.

terrestre

adjetivo

1 De la superficie de la Tierra o que vive en ella. El transporte terrestre es más lento que el aéreo. El león es un mamífero terrestre y la ballena un mamífero acuático.

terrible

adjetivo

1 Que causa mucho miedo. ✖ terrorífico.
2 Que es muy grande o muy intenso: *Tengo un dolor de muelas terrible, tendré que ir al dentista.* ✖ horrible.

terrícola

nombre masculino y femenino

1 Habitante de la Tierra. Esta palabra suele aparecer en relatos de ciencia-ficción donde aparecen habitantes de otros planetas.

territorio

nombre masculino

1 Extensión amplia de tierra que ocupa un determinado lugar, como un país, una provincia o una región. El territorio español es más grande que el portugués.
2 Espacio o lugar concreto donde vive un animal o grupo de la misma familia y que defiende como propio ante cualquier invasión.

terrón

nombre masculino

1 Masa dura y apretada de una sustancia, en especial de azúcar.
👁 El plural es: terrones.

terror

nombre masculino

1 Miedo muy grande.
2 Persona o cosa que produce mucho miedo: *Para él, tener que viajar en avión es un terror.*

terrorífico, terrorífica

adjetivo

1 Que produce terror o miedo muy intenso. Los monstruos son seres terroríficos.

terrorismo

nombre masculino

1 Forma de lucha organizada que consiste en emplear la violencia para conseguir un determinado fin. El secuestro y el asesinato son algunos de los métodos empleados en el terrorismo.

terrorista

adjetivo

1 Del terrorismo o que tiene relación con él.

adjetivo y nombre masculino y femenino

2 Se dice de la persona que forma parte de una organización terrorista. La policía suele buscar y detener a los terroristas.

terso, tersa

adjetivo

1 Se dice de la piel muy lisa y sin arrugas. Algunas cremas pueden dejar la piel de la cara muy tersa.

tertulia

nombre femenino

1 Reunión de personas para charlar o conversar sobre cualquier tema o para pasar el tiempo. En la televisión y en la radio existen programas dedicados a tertulias donde los invitados conversan sobre deportes, literatura o temas de actualidad.

tesorero, tesorera

nombre

1 Persona que se encarga de guardar y administrar el dinero de un grupo de personas, por ejem-

T
t

plo en una asociación o una comunidad de vecinos.

tesoro
nombre masculino
1 Conjunto de dinero, joyas o cosas de valor reunidos y guardados en un baúl, caja o cofre.
2 Persona o cosa a la que se da gran valor o a la que se quiere mucho. La libertad es uno de los tesoros más preciados del hombre.
tesoro público Conjunto de bienes de un país. Al pagar los impuestos, los ciudadanos contribuimos con nuestro dinero al tesoro público.

test
nombre masculino
1 Prueba escrita en la que hay que contestar una serie de preguntas de forma muy breve o escoger una respuesta entre las que se ofrecen.
👁 El plural es: tests.

testamento
nombre masculino
1 Documento en el que una persona expresa a quién quiere dejar sus bienes, dinero y otras cosas, una vez que haya muerto. El testamento se hace ante un notario.

testarudo, testaruda
adjetivo y nombre
1 Se dice de la persona que nunca cambia de opinión, aunque sus ideas no sean ciertas, y es muy difícil de convencer. ✖ terco; tozudo.

testículo
nombre masculino
1 Cada uno de los dos órganos en los que se producen las células reproductoras masculinas de los hombres y de algunos animales machos. Los testículos producen los espermatozoides. 🖎 594

testificar
verbo
1 Declarar en calidad de testigo en un juicio.
👁 Se escribe 'qu' delante de 'e', como: testifiquen.

testigo
nombre masculino y femenino
1 Persona que declara en un juicio. Un testigo habla a favor o en contra del acusado.
2 Persona que presencia un acto o acontecimiento. Cuando alguien presencia un accidente es testigo del mismo.
3 Persona que tiene que estar presente en un acto para que sea válido, como por ejemplo en una boda.
nombre masculino
4 En atletismo, objeto que se pasan los corredores de relevos.

testimonio
nombre masculino
1 Declaración que hace un testigo.
2 Aquello que sirve como prueba o demostración de algo. Un paisaje con ramas y árboles caídos es testimonio de una fuerte tormenta.

teta
nombre femenino
1 Cada uno de los dos órganos de forma redondeada que tienen las mujeres y las hembras de los mamíferos, situados en la parte superior del tronco. Las tetas producen la leche que sirve para alimentar a los recién nacidos. ✖ seno.
👁 Es una palabra informal y familiar.

tetera
nombre femenino
1 Recipiente que sirve para preparar o servir el té. Las teteras suelen tener forma redonda y una tapa para conservar el calor del agua.

tetilla
nombre femenino
1 Cada una de las dos tetas de pequeño tamaño que tienen los hombres y algunos animales machos.

tetina
nombre femenino
1 Pieza de goma en forma de pezón, con un agujero en su extremo, que se coloca en la boca del biberón para que los niños beban lo que hay dentro.

tetra brik
nombre masculino
1 Recipiente rectangular de cartón que sirve para contener líquidos, como zumos, leche o salsas.

textil
adjetivo
1 Del tejido o que está relacionado con él. Las industrias textiles se dedican a fabricar prendas de vestir y otras cosas de tela.
2 Se dice de la materia que se puede tejer y sirve para fabricar tejidos.

texto
nombre masculino
1 Conjunto de palabras y frases que tienen una relación de contenido y forman un escrito. Algunos libros sólo tienen texto y otros tienen texto y fotografías.

2 Parte de un libro o una obra escrita.

textura

nombre femenino **1** Aspecto físico de la superficie de un material o una sustancia que se puede distinguir por el tacto o la vista. Podemos apreciar distintas texturas en las telas, los cuadros o los papeles.

tez

nombre femenino **1** Piel de la cara de una persona. En verano tenemos la tez más morena que en invierno.
👁 El plural es: teces.

ti

pronombre personal **1** Pronombre personal de segunda persona de singular que en la oración hace función de complemento indirecto y que se usa también detrás de preposición: *Este regalo es para ti. He oído hablar mucho de ti.*

tibia

nombre femenino **1** Hueso de la pierna, que está situado en la parte delantera, entre la rodilla y el pie.

tibio, tibia

adjetivo **1** Que no está ni frío ni caliente. ⚒ templado.
ponerse tibio Beber o comer mucho: *Me he puesto tibia de pasteles.* Es una expresión informal.

tiburón

nombre masculino **1** Pez con el cuerpo alargado, que tiene la boca situada en la parte inferior de la cabeza, armada con varias filas de dientes, y una aleta triangular de gran tamaño en la parte superior. Se alimenta de crustáceos, moluscos y otros peces.
👁 El plural es: tiburones.

tic

nombre masculino **1** Movimiento rápido e involuntario que hace una persona con frecuencia, en especial con los ojos o la boca.
👁 El plural es: tics.

tictac

nombre masculino **1** Ruido que hace el mecanismo de algunos relojes.

tiempo

nombre masculino **1** Duración de las cosas, las acciones o los procesos que no son infinitos. El tiempo se mide en segundos, minutos, horas, días, semanas, meses o años.
2 Conjunto de los fenómenos del clima que se dan en un momento y un lugar determinados.
3 Momento o periodo durante el que sucede o se hace algo. Algunos trabajos nos llevan más tiempo que otros.
4 Con el verbo 'tener', se refiere al tiempo disponible para hacer algo: *No tengo tiempo para salir de compras.*
5 Periodo largo de tiempo: *Ya hace tiempo que vive aquí, por lo menos quince años.*
6 Edad de los niños pequeños o de las crías de los animales, que se mide en semanas o meses: *¿Cuánto tiempo tiene tu bebé?*
7 Cada una de las partes en que se divide un proceso o una actividad, como un partido de fútbol.
8 Variación de la forma de los verbos que expresa el momento en que ocurre la acción o el proceso. Todos los tiempos verbales pertenecen al pasado, al presente o al futuro.
9 Momento oportuno o adecuado para hacer algo, como sembrar o recoger la fruta.
10 Época de la historia que se caracteriza por algún hecho especial, como el reinado de alguien o una revolución.
a tiempo Antes de que sea tarde para lo que se indica: *Había tanto tráfico que al final no llegamos a tiempo de cenar.*
al mismo tiempo Simultáneamente, a la vez: *Los tres salimos de casa al mismo tiempo, a las 8.*
con tiempo Sin prisa, con el tiempo suficiente: *Le gusta salir con tiempo para ir a la estación.*
del tiempo Se dice de la fruta propia de la estación; también se dice que es del tiempo el líquido que se sirve a temperatura ambiente.
hacer tiempo Entretenerse con algo mientras se espera: *Mientras te esperaba estuve haciendo tiempo mirando escaparates.*
perder el tiempo Dejar que pase

T
t

el tiempo sin hacer nada útil cuando se tienen cosas que hacer: *Si pierdes el tiempo viendo la tele, no aprobarás el examen.*

tienda
nombre femenino
1 Establecimiento comercial donde se venden comestibles, ropa, muebles u otros productos de consumo. ✂ comercio.
2 Estructura de palos o tubos cubierta con una gran pieza de tela, lona u otro material, que se sujeta al suelo con clavos o ganchos y sirve de alojamiento o para dormir en el campo. También se dice 'tienda de campaña'.

tierno, tierna
adjetivo
1 Que es muy blando y fácil de romper o de partir, como el pan recién hecho. ✂ duro.
2 Se dice de la persona que muestra con facilidad sus sentimientos de amor o de afecto hacia los demás. A las personas tiernas les gusta besar y acariciar a sus seres queridos. ✂ cariñoso.
3 Que es nuevo o joven, como las primeras hojas de un árbol. Una persona es o está tierna cuando todavía tiene pocos años o poca experiencia en algo.

tierra
nombre femenino
1 Tercer planeta del sistema solar, sobre el que habita el hombre y los seres vivos conocidos. Con este significado se escribe con mayúscula.
2 Parte de la superficie de nuestro planeta no ocupada por el agua: *Ya tenía ganas de pisar tierra, después de tanto tiempo metido en el barco.*
3 Extensión de terreno que se dedica o se puede dedicar al cultivo. Las tierras de secano son buenas para sembrar cereales.
4 Suelo de un lugar: *Tropezó y cayó por tierra.*
5 País o región donde vive o ha nacido una persona: *Tuvo que abandonar su tierra e irse al extranjero para trabajar.*
echar por tierra Estropear o hacer inútil una cosa: *La lluvia echó*

por tierra nuestros planes de ir el fin de semana a la playa.
quedarse en tierra No poder hacer un viaje que se había previsto: *Perdí el autobús y me quedé en tierra.*
tomar tierra Llegar a tierra firme desde el aire o desde el agua.

tieso, tiesa
adjetivo
1 Que es o está tan duro o tan rígido que es difícil de doblar o romper. Cuando congelamos el pan se pone tieso.
2 Se dice de las personas que son muy serias y que se relacionan poco con los demás porque se creen superiores.
3 Muerto, sin vida. Es un uso informal.
quedarse tieso Pasar o tener mucho frío. Es una expresión informal.

tiesto
nombre masculino
1 Recipiente de barro que se llena de tierra para cultivar plantas. En las ventanas suele haber tiestos con plantas. ✂ maceta.
mear fuera de tiesto Decir o hacer algo inoportuno o que no viene a cuento. Es una expresión informal.

tigre, tigra
nombre
1 Mamífero del mismo grupo que el león pero más grande, con el pelo amarillo con rayas negras, y con grandes y fuertes uñas y dientes que utiliza para cazar otros animales.

tijera
nombre femenino
1 Utensilio que sirve para cortar, que está formado por dos hojas con filo por un lado, que se cruzan por el centro formando un aspa que se cierra o se abre. Las tijeras se pueden abrir y cerrar metiendo los dedos por dos agujeros que tienen en un extremo. ☛ 796
👁 También se usa el plural para indicar sólo una unidad.

tila
nombre femenino
1 Infusión que se prepara hirviendo en agua las flores secas del tilo. Por su efecto tranquilizante, la tila se utiliza para calmar los nervios. También se llama tila a esta flor.

tilde

nombre femenino

1 Signo en forma de raya inclinada que se pone sobre la vocal de algunas sílabas que se pronuncian más fuerte que otras. La palabra 'violín' lleva tilde en la segunda 'i'.

tilo

nombre masculino

1 Árbol de tronco alto y recto, con hojas en forma de corazón, flores olorosas de color amarillo, y fruto pequeño y redondo. Con sus flores se prepara una infusión que calma los nervios.

timar

verbo

1 Quitarle a alguien dinero u otra cosa por medio de mentiras y engaños. ※※ estafar.

2 Engañar a las personas prometiéndoles cosas falsas o que luego no se cumplen: *Me han timado, me dijeron que el horno no se ensuciaba y se ensucia muchísimo.* ※※ estafar.

timbal

nombre masculino

1 Instrumento musical de percusión formado por una caja con forma de media esfera y una piel estirada que la cubre. Los timbales se tocan con dos mazas más pequeñas que las del bombo. ✎ 536

timbrazo

nombre masculino

1 Ruido muy fuerte que hace un timbre cuando se pulsa, en especial si se aprieta mucho tiempo.

timbre

nombre masculino

1 Aparato eléctrico que produce un ruido fuerte y claro, y que sirve para avisar de una cosa o llamar a un sitio. Los timbres que hay en las casas tienen un pulsador para hacerlo sonar desde fuera.

2 Característica que tienen los sonidos o la voz y que hace que se puedan distinguir dos sonidos del mismo tono hechos por dos instrumentos musicales distintos o la voz de diferentes personas.

3 Sello que el estado pone sobre algunos documentos importantes y que indica la cantidad que se ha pagado en concepto de derechos.

tímido, tímida

adjetivo

1 Se dice de la persona que se avergüenza con facilidad y le cuesta relacionarse con los demás. ※※ cortado; vergonzoso.

2 Que se nota o se percibe poco porque se produce con poca fuerza: *La reacción de la gente fue muy tímida, casi no se percibía.*

timo

nombre masculino

1 Robo de dinero u otras cosas que se hace por medio de mentiras y engaños. ※※ estafa.

timón

nombre masculino

1 Pieza giratoria que sirve para conducir o controlar una embarcación.

👁 El plural es: timones.

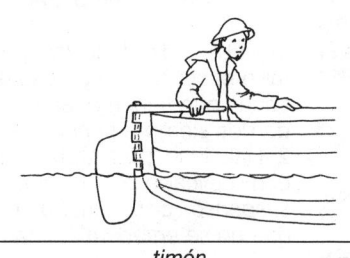

timón

timonel

nombre masculino y femenino

1 Persona que maneja el timón de una embarcación.

tímpano

nombre masculino

1 Membrana que hay en el interior del oído y que recoge las vibraciones de los sonidos del exterior. Si se nos rompe el tímpano, nos podemos quedar sordos.

tinaja

nombre femenino

1 Recipiente grande de barro que sirve para contener líquidos en su interior, como vino o aceite.

tinaja

tinerfeño, tinerfeña

adjetivo y nombre

1 Se dice de la persona o cosa que es de la isla de Tenerife o de

T
t

la ciudad o provincia de Santa Cruz de Tenerife.

tinglado
nombre masculino **1** Situación de mucho ruido y desorden. ✖✖ lío.
2 Conjunto de cosas desordenadas: *Tienes que ordenar el tinglado de juguetes que tienes en tu habitación porque ya casi no se puede entrar.* ✖✖ lío.
👁 Es una palabra informal.

tiniebla
nombre femenino **1** Oscuridad o falta de luz. De noche las calles están en tinieblas. ✖✖ claridad.
👁 Se usa más en plural: tinieblas.

tino
nombre masculino **1** Habilidad o facilidad para acertar o hacer bien una cosa. Las personas que tienen buen tino con los dardos siempre hacen diana.
2 Habilidad para tratar un asunto con delicadeza: *Le comunicó el suspenso con mucho tino para que no se enfadara.* ✖✖ tacto.

tinta
nombre femenino **1** Sustancia líquida que se utiliza para escribir, para imprimir o para dibujar y que puede ser de varios colores. Cuando una impresora tiene poca tinta imprime mal.
2 Líquido oscuro que echan algunos animales marinos, como los calamares, para oscurecer el agua y poder escapar de un peligro.
sudar tinta Realizar un trabajo con mucho esfuerzo y dificultad.

tinte
nombre masculino **1** Sustancia que sirve para teñir una cosa de un color determinado. Los tintes se utilizan para cambiar el color del pelo, de la ropa, del calzado o de los muebles.
2 Establecimiento donde se lleva a teñir la ropa o a limpiar la ropa que no se puede limpiar en casa. ✖✖ tintorería.
3 Característica o aspecto que tiene una persona o una cosa en un momento determinado: *En su cara vi un tinte de tristeza.*

tintineo
nombre masculino **1** Sonido que produce una campanilla, unas copas al chocar y

otras cosas que tienen un sonido parecido.

tinto
adjetivo y nombre masculino **1** Se dice del vino que es de color rojo oscuro.

tintorería
nombre femenino **1** Establecimiento en el que se limpian, planchan y tiñen tejidos y prendas de vestir. Llevamos a la tintorería la ropa delicada que no se puede lavar a mano o en la lavadora.

tío, tía
nombre **1** Hermano o hermana del padre o la madre. ✍ 197
2 Forma utilizada para dirigirse a un amigo o para llamar su atención: *Es muy bonito, ¿verdad, tía?* Es un uso informal.
3 Forma de referirse a una persona de la que no se sabe el nombre o no se quiere decir: *¡Vaya tío más simpático!* Es un uso informal.
no hay tu tía Indica que algo es difícil de hacer o de evitar: *No hay tu tía, lo he intentado con todo pero no consigo abrir este bote.* Es una expresión informal.

tiovivo
nombre masculino **1** Atracción de feria formada por una superficie redonda que da vueltas sobre la que hay figuras de animales o coches en los que se montan los niños. En los parques de atracciones suele haber tiovivos. ✖✖ caballitos.

típico, típica
adjetivo **1** Que es muy característico o propio de un lugar o de un determinado tipo de cosas o personas. El flamenco es una música típica de Andalucía; la rebeldía es un rasgo típico de los adolescentes.

tipo, tipa
nombre masculino **1** Grupo de cosas que tienen unas características iguales o parecidas: *Tiene todo tipo de flores en su jardín.* ✖✖ especie; clase.
nombre **2** Forma de referirse a una persona de la que no se sabe el nombre o no se quiere decir. Es un uso informal. ✖✖ tío; individuo.
nombre masculino **3** Cuerpo de una persona, sin contar la cabeza, sólo el tronco y las

extremidades: *Como es modelo, tiene muy buen tipo.* ✕ figura; físico.

jugarse el tipo Hacer algo que supone un peligro. Los bomberos se juegan el tipo cada vez que ayudan a sofocar un incendio.

tique
nombre masculino
1 Papel que justifica el pago de algo y que sirve como resguardo para recoger algún objeto en un establecimiento. *Cuando compramos algo nos dan el tique por si necesitamos cambiarlo.* ✕ vale.
2 Billete que da derecho a usar un medio de transporte o entrar en un espectáculo. *Debemos guardar el tique del autobús por si nos lo pide el revisor.* ✕ entrada.
☞ También se escribe y se pronuncia: tíquet.

tíquet
nombre masculino
1 Es otra forma de escribir y pronunciar: tique.
☞ El plural es: tíquets.

tiquismiquis
nombre masculino y femenino
1 Persona que siempre pone pegas e inconvenientes a todo: *No seas tiquismiquis, lo haremos de otra forma y ya está.*
☞ El plural es: tiquismiquis.

tira
nombre femenino
1 Trozo largo y estrecho de alguna cosa, como papel o tela.
la tira Gran cantidad o en gran cantidad: *Tiene la tira de amigos. Le costó la tira hacerlo.* Es una expresión informal.

tirachinas
nombre masculino
1 Instrumento de madera o de otro material en forma de 'Y' al que se sujetan dos gomas unidas por un trozo de cuero; sirve para lanzar piedras pequeñas.
☞ El plural es: tirachinas.

tirada
nombre femenino
1 Cada una de las jugadas que realiza un jugador en un juego de azar. *Las personas con suerte suelen sacar un cinco en la primera tirada del parchís.*
2 Distancia larga que hay de un lugar a otro. *De Madrid a Sevilla hay una buena tirada.* ✕ tramo.

3 Conjunto de ejemplares que se publican de un libro, una revista o un periódico. *Cuando un libro tiene mucho éxito entre los lectores se hacen varias tiradas.*
de una tirada De una sola vez, sin parar: *Es un viaje corto, lo podemos hacer de una tirada.*

tirado, tirada
adjetivo
1 Que es muy barato: *En el rastro encontré un libro tirado de precio.*
2 Que es muy fácil de hacer o de conseguir: *El examen estaba tirado, seguro que saco buena nota.* ✕ chupado.
☞ Es una palabra informal.

tirador, tiradora
nombre
1 Persona que tira o dispara con un arma de fuego.
nombre masculino
2 Pieza que tienen las puertas, los cajones u otros objetos para tirar de ellos y moverlos.

tiranía
nombre femenino
1 Sistema de gobierno en el que todo el poder está en manos de una única persona, que impone lo que ella quiere.
2 Abuso de la autoridad, del poder o de la superioridad que una persona tiene sobre otra u otras a las que causa algún perjuicio.

tirano, tirana
adjetivo y nombre
1 Se dice de la persona que tiene todo el poder en el gobierno de un país y aplica la justicia a su voluntad sin atenerse a ninguna ley.
2 Se dice de la persona que abusa de la autoridad, poder o superioridad que tiene sobre otra u otras personas.

tirante
adjetivo
1 Se dice de las cosas que están estiradas o tensas. *Las cuerdas del tendedero deben estar tirantes para que la ropa no arrastre.* ✕ tenso.
2 Se dice de la situación en que las personas no se sienten cómodas porque hay algún tipo de problema o enfrentamiento entre ellas.
nombre masculino
3 Cada una de las dos tiras elásticas que pasan por encima del hombro y sirven para sujetar los pantalones. Con este significado se usa más en plural.

T
t

4 Tira de tela u otro material que tienen algunas prendas de vestir, como sujetadores, camisetas o vestidos, que va desde la parte superior del pecho hasta la parte superior de la espalda pasando por los hombros.

tirar
verbo

1 Deshacerse de algo, normalmente de lo que ya no sirve. Cuando hacemos limpieza de armarios, tiramos las cosas inútiles.
2 Echar o lanzar con fuerza una cosa: *Me tiró una piedra y casi me da en la pierna.*
3 Dejar caer una cosa en un sitio. Tiramos la porquería a la basura y la ropa sucia al cesto de la ropa que hay que lavar.
4 Hacer caer a una persona o una cosa: *El viento tiró la farola.*
5 Hacer fuerza para atraer algo o para que se mueva. Los caballos tiran del carro.
6 Resultar atractiva una cosa o una persona: *No le tira el mar, por eso nunca va a la playa.*
7 Ir en una determinada dirección: *A la altura del semáforo tiene que tirar a la izquierda.*
8 Cumplir un aparato o un mecanismo con la función que le corresponde: *Este ordenador no tira bien, habrá que arreglarlo.* ※ funcionar.
9 Tener cierto parecido a algo o a alguien. El color verde azulado tira a azul: *Yo creo que este niño tira a la madre.*
10 tirarse Dejarse caer desde una altura. Los nadadores se tiran a la piscina cuando suena el silbato.
11 tirarse Estar durante un tiempo haciendo algo o en un determinado estado o situación: *Se tiró diez años sin trabajar.*

tirita
nombre
femenino

1 Tira pequeña de tela o plástico, con una gasa desinfectada en el centro, que se pega sobre una herida pequeña para protegerla.

tiritar
verbo

1 Moverse el cuerpo con movimientos rápidos e involuntarios a causa del frío, el miedo o la fiebre. ※ temblar.

tiro
nombre
masculino

1 Disparo hecho con un arma de fuego.
2 Ruido que suena al efectuar un disparo con un arma de fuego o herida que produce una bala disparada con un arma de fuego.
3 Conjunto de pruebas deportivas en las cuales hay que disparar un arma de fuego o tirar flechas con un arco, para conseguir acertar en un blanco o derribarlo. El tiro con pistola y el tiro al plato son deportes olímpicos.
4 Conjunto de caballos, mulas o burros que tiran de un carruaje. El tiro se engancha por delante de un carro o una carreta para que pueda moverlo hacia delante.
5 Lanzamiento que se efectúa con la pelota hacia la portería o la canasta en el fútbol, en el baloncesto y en otros deportes.
6 Corriente de aire que se produce en el interior de una chimenea o en una salida de humos, y que hace posible que arda el fuego. Si no hay un buen tiro en una chimenea, la llama se apaga.
7 Distancia que hay en un pantalón entre el punto en que se unen las dos piernas y la cintura.
como un tiro Indica que una cosa que ha hecho o dicho una persona le sienta o cae muy mal a otra: *Le sentó como un tiro que su amigo no le invitara a la fiesta.*
ni a tiros Indica que una persona no va a hacer una cosa o que una cosa no va a suceder de ningún modo o por ningún procedimiento: *Es un cabezón, no se deja convencer ni a tiros.* Es una expresión informal.
salir el tiro por la culata Resultar una persona perjudicada al intentar perjudicar a otra o al intentar conseguir un beneficio. A las personas que son demasiado ambiciosas a veces les sale el tiro por la culata y lo pierden todo. Es una expresión informal.

T
t

tirón

nombre masculino **1** Movimiento brusco que se realiza cuando se tira fuerte de algo: *Le dieron un tirón de orejas.*
2 Forma de robar que consiste en tirar con violencia de una cosa, en especial de un bolso o cartera.
3 Dolor que se siente en un músculo por haber realizado un esfuerzo muy grande para el que no se estaba preparado. Los atletas hacen ejercicios de calentamiento para no sufrir tirones.
de un tirón De una vez y sin parar: *Le gustaba tanto el libro que se lo leyó de un tirón.*
☞ El plural es: tirones.

tirotear

verbo **1** Disparar con un arma de fuego de manera repetida sobre una persona o sobre una cosa.

tiroteo

nombre masculino **1** Acción que consiste en tirotear o tirotearse con armas de fuego.

títere

nombre masculino **1** Muñeco que se mueve por medio de hilos o metiendo la mano en su interior. Los títeres se usan en el teatro de guiñol y representan a personajes de cuentos infantiles. ✄ marioneta.
2 Persona con poca voluntad que se deja manejar por los demás: *Ese hombre es un títere en manos de sus jefes.* Es un uso informal.

titiritero, titiritera

nombre **1** Persona que hace teatro con títeres.

titubear

verbo **1** Tener dudas sobre qué hacer o qué decisión tomar en un momento.
2 Dudar al elegir las palabras cuando se habla. Los nervios hacen titubear a las personas.

titubeo

nombre masculino **1** Duda o falta de decisión al hablar o al hacer algo. Los titubeos son una muestra de inseguridad.

titular

adjetivo **1** Se dice de la persona que ha sido nombrada para un cargo o profesión. Los profesores titulares tienen una plaza fija en la escuela o en la universidad.

nombre masculino **2** Frase que se escribe al comienzo de los artículos de revistas, periódicos u otras publicaciones, que aparece escrita en letras mayores que el texto; los titulares resumen el contenido del texto que sigue a continuación. ✍ 397
3 Frases que resumen las noticias de radio o televisión.

verbo **4** Poner un título o nombre a algo, como un libro, un disco o una película.
5 titularse Tener un título o nombre determinado una cosa, como una película, un cuadro o un disco.
6 titularse Conseguir un título que acredita haber aprobado unos estudios. Un profesional se titula el año en que acaba la carrera.

título

nombre masculino **1** Palabra o grupo de palabras que dan nombre a una obra artística o científica. Los libros, las películas, las obras de teatro y muchos cuadros tienen título.
2 Documento oficial que se concede a una persona que ha completado un ciclo de estudios o que demuestra estar capacitada para desarrollar una actividad.
3 Reconocimiento público que se concede a alguien que destaca en una actividad o es el mejor en ella. Un deportista que gana el campeonato del mundo obtiene el título de campeón del mundo.
4 Categoría de las personas que pertenecen a la clase social de los nobles.

tiza

nombre femenino **1** Barrita blanca o de colores que sirve para escribir sobre las pizarras.

toalla

nombre femenino **1** Pieza de tela que se usa para secarse el cuerpo o una parte de él, como las manos o la cara.
2 Tejido con el que se fabrican toallas, albornoces, trapos de cocina y otras prendas que se utilizan para secar. La toalla tiene una especie de rizos en su superficie que la hacen muy suave.
tirar la toalla Darse por vencido o

T
t

toallero

nombre masculino **1** Objeto del cuarto de baño donde se cuelga una toalla.

toba

nombre femenino **1** Pequeño golpe que se da haciendo chocar la punta de la parte externa de un dedo con la parte interna del pulgar de la misma mano.

tobillo

nombre masculino **1** Articulación que une el pie con la pierna de las personas.

tobogán

nombre masculino **1** Rampa por la que la gente baja resbalando como diversión. En los parques y en las piscinas hay toboganes.
☞ El plural es: toboganes.

tocadiscos

nombre masculino **1** Aparato eléctrico que sirve para reproducir discos que tienen sonidos grabados. Está formado por un plato plano que gira sobre un eje y en el cual se coloca el disco, y un brazo con una aguja fina en el extremo. Funciona al poner el contacto esta aguja con el disco y el sonido se oye gracias a un mecanismo que lo amplifica.
☞ El plural es: tocadiscos.

tocador

nombre masculino **1** Mueble parecido a una mesa, con un espejo y cajones, que se usa para peinarse, maquillarse o arreglarse.

tocar

verbo **1** Poner la mano sobre algo. Está prohibido tocar los cuadros en los museos.
2 Estar dos cosas en contacto. Los libros que hay en las estanterías se tocan.
3 Hacer sonar un instrumento musical, como la flauta o el piano.
4 Interpretar una obra musical, como una sinfonía o un concierto.
5 Hacer sonar un objeto para llamar o hacer una señal. Para llamar a una casa podemos tocar a la puerta o tocar el timbre.
6 Haber llegado el momento adecuado para hacer algo: En vacaciones toca descansar.
7 Ser algo obligación o responsabilidad de una persona. A los padres les toca cuidar de sus hijos porque son responsables de ellos.
8 Caer algo en suerte: Le tocó la lotería y se hizo rico.
9 Hablar o tratar sobre algún asunto: En la reunión se tocaron varios temas.
☞ Se escribe 'qu' delante de 'e', como: toquen.

tocayo, tocaya

nombre **1** Persona que tiene el mismo nombre que otra. Dos personas que se llamen Guadalupe son tocayas.

tocino

nombre masculino **1** Parte grasa y sólida del cerdo. El tocino suele ser blanco y se utiliza en cocina.

todavía

adverbio **1** Indica que algo sigue igual que estaba antes, pero que puede haber cambios: Todavía me acuerdo de las preguntas del examen. Todavía tengo el mismo teléfono. ※ aún.
2 Indica que queda tiempo para hacer algo: Todavía es posible salvar a las ballenas.
3 Se utiliza para dar mayor intensidad o fuerza a las comparaciones: Es todavía más lista que su hermano.
todavía no Indica que no ha ocurrido una cosa, pero que estamos esperando que pase o creemos que va a ocurrir: Todavía no he estudiado para el examen.

todo, toda

determinante indefinido **1** Se dice de algo que se toma entero, sin dejar ninguna parte. Podemos decir que toda la familia está reunida cuando no falta ningún miembro.

nombre masculino **2** Cosa entera que se considera como suma y conjunto de sus partes o elementos integrantes. El todo es mayor que una parte.

adjetivo **3** Delante de un nombre o de otro adjetivo, se utiliza para intensificar su significado: Soy toda oídos, cuéntame.

T
t

adverbio **4 todo** Por completo o en su totalidad: *Te lo tienes que comer todo, no dejes nada.*
sobre todo Se utiliza para dar importancia especial a lo que se va a decir a continuación: *Ese chico es muy buen estudiante, pero sobre todo es muy trabajador.*

todopoderoso, todopoderosa
adjetivo **1** Que lo puede hacer todo. Para los católicos, Dios es todopoderoso.

toldo
nombre masculino **1** Cubierta de lona o tela resistente que se pone en algunos sitios para dar sombra. Muchas tiendas tienen toldos para que el sol no dé en los escaparates; también hay toldos en las terrazas de las casas y en terrazas al aire libre.

toledano, toledana
adjetivo y nombre **1** Se dice de la persona o cosa que es de Toledo, ciudad y provincia de Castilla-La Mancha.

tolerancia
nombre femenino **1** Respeto a las ideas, las opiniones o las acciones de los demás, aunque no coincidan con las propias. La tolerancia es una actitud que todos esperamos de los demás.

tolerar
verbo **1** Permitir una persona que se realice o se diga algo malo: *Su jefe no tolera que se llegue tarde al trabajo. No te tolero que hables mal de mis amigos.*

toma
nombre femenino **1** Cantidad de un medicamento o de otra sustancia que se toma cada vez: *El médico le ha dicho que aumente la toma de leche de su bebé.*
2 Lugar desde el que se puede practicar una desviación de una corriente eléctrica o una corriente de agua en un edificio. Para instalar una lavadora tiene que haber toma de agua y toma de corriente eléctrica.
3 Fragmento de una película rodado de una vez. Cuando un actor se equivoca, tiene que repetir la toma.

tomar
verbo **1** Coger algo, en especial con la mano o con algún objeto: *Toma, te*

lo doy, es tuyo. Toma un pastel de la bandeja.
2 Comer o beber algo. En verano tomamos mucha agua.
3 Subir en un transporte público para desplazarse. Tomamos el tren, el taxi, el autobús o el metro para ir a trabajar o a estudiar.
4 Seguir un camino o una dirección determinada. Si tomamos un camino equivocado, nos perdemos.
5 Entender algo de una determinada manera: *No se tomó bien la broma.*
6 Decidir una cosa o actuar de cierta manera. Tomamos precauciones, decisiones, notas o medidas.
7 Ocupar un lugar por la fuerza: *Los secuestradores tomaron el avión con escopetas.*
8 Se emplea en muchas expresiones con un significado parecido a recibir, como: tomar el sol, tomar una ducha o tomar el fresco.
tomarla con Hacer todo lo posible para atacar a alguien o algo, aunque sea sin razón.
tomar por Considerar de algún modo a una persona o una cosa: *¿Me tomas por tonto o qué?*

tomate
nombre masculino **1** Fruto de color rojo que tiene la piel lisa y brillante y la carne jugosa, con muchas semillas. También es tomate la planta que da este fruto.
ponerse como un tomate Ponerse la cara roja por sentir vergüenza o por estar furioso. La gente tímida se pone como un tomate cuando tiene que hablar en público.

tómbola
nombre femenino **1** Sorteo en el que se pueden ganar premios comprando una papeleta. Para obtener dinero algunas asociaciones benéficas organizan tómbolas.
2 Caseta de feria donde se sortean regalos.

tomillo
nombre masculino **1** Planta aromática de flores blancas o rosáceas y hojas pequeñas,

T t

que crece en matas pequeñas; se utiliza para dar sabor a las comidas.

tomo

nombre masculino

1 Parte de una obra escrita que se encuaderna por separado y tiene paginación propia. Las obras extensas, como las enciclopedias, suelen editarse en varios tomos. ⚒ volumen.

ton

sin ton ni son Sin motivo ni razón: *Se enfadó sin ton ni son y me quedé sin saber qué decir.*

tonalidad

nombre femenino

1 Conjunto de colores y tonos que destacan en un cuadro o en un paisaje. Es difícil pintar las tonalidades del mar en un cuadro.

tonel

nombre masculino

1 Recipiente de madera, grande y redondo, que sirve para guardar líquidos, sobre todo bebidas alcohólicas. ⚒ barril; cuba.

tonelada

nombre femenino

1 Medida de masa que equivale a 1 000 kg. Las cargas de los barcos se miden en toneladas.

tónica

nombre femenino

1 Bebida sin alcohol de color transparente, con burbujas y sabor amargo.

tónico, tónica

adjetivo

1 Se dice de la sílaba de una palabra que lleva acento de intensidad. La sílaba tónica de 'hola' es 'ho'.

nombre masculino

2 Líquido que se usa para limpiar y refrescar la piel. Los tónicos se suelen dar en la cara después de haberse desmaquillado.

adjetivo y nombre masculino

3 Se dice del medicamento que se toma para devolver la fuerza al organismo.

tono

nombre masculino

1 Grado de intensidad de un sonido por el que reconocemos si es alto o bajo, agudo o grave: *Baja el tono de voz, que la niña duerme.*
2 Forma en que decimos las cosas según la intención o el ánimo que tenemos. Cuando estamos enfadados utilizamos un tono más serio que cuando estamos contentos.
3 Grado de intensidad de un color por el que distinguimos si un color es oscuro o claro o si tiene alguna característica de otro color. Hay azules de tonos oscuros y azules de tonos claros.

tontaina

adjetivo y nombre masculino y femenino

1 Se dice de la persona que es un poco tonta o boba y dice o hace cosas que no tienen gracia y que no vienen a cuento.
👁 Es un uso informal.

tontear

verbo

1 Decir o hacer tonterías. En clase hay que prestar atención y no tontear.
2 Iniciar una persona con otra una relación más íntima que la de amistad, pero sin llegar a establecer una relación amorosa seria: *Estuvieron tonteando un tiempo antes de empezar su noviazgo.*

tontería

nombre femenino

1 Característica de la persona que es tonta, que demuestra poca inteligencia, poca sensatez o falta de juicio en lo que hace o dice.
2 Acción o dicho propios de una persona tonta. Son tonterías cosas como empezar a leer un libro por el final o decir que las personas altas son más inteligentes.
3 Cosa insignificante, que tiene poco valor o poca importancia: *No te enfades por esa tontería. He comprado unas tonterías.*

tonto, tonta

adjetivo y nombre

1 Se dice de la persona que tiene poca inteligencia o poca sensatez y de las cosas que hacen o dicen este tipo de personas: *Vaya respuesta más tonta, creía que eras más inteligente.*

adjetivo

2 Se dice de lo que se hace sin sentido, lógica ni razón: *¡Qué fallo más tonto!* Es un uso informal.

adjetivo y nombre

3 Se dice de la persona que actúa sin malicia, es demasiado ingenua y se deja engañar con facilidad: *Es demasiado bueno, casi un poco tonto.* Es un uso informal.
4 Se dice de la persona que es o se pone muy pesada, molesta o fastidiosa con otra: *Cuando hay desconocidos en casa, el niño se pone tonto.* Es un uso informal.

tontorrón, tontorrona

adjetivo y nombre **1** Se dice de la persona que es muy tonta o boba. Es un palabra familiar.

tope

nombre masculino **1** Pieza que sirve para detener el movimiento de un mecanismo o para impedir que pase de un cierto punto. Las cerraduras tienen un tope para que la llave no dé más vueltas de las necesarias.

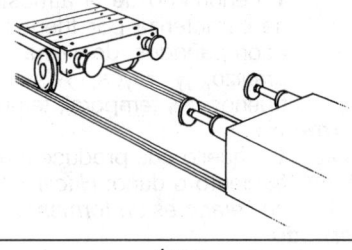

tope

2 Extremo o límite máximo al que se puede llegar y del que no se puede o no se debe pasar. El tope de velocidad permitida en una autopista española es de 120 km/h.
a tope Al máximo posible: *El domingo, el cine estaba a tope*. Es una expresión informal.

topetazo

nombre masculino **1** Golpe que dan con la cabeza los animales que tienen cuernos. Los toros dan topetazos contra las vallas de madera cuando intentan embestir a la gente.

tópico, tópica

adjetivo y nombre masculino **1** Se dice de la idea o la opinión que la mayoría de la gente tiene sobre algo o alguien, pero que no se corresponde necesariamente con la realidad. Es un tópico decir que los españoles somos juerguistas, porque no todos los españoles lo somos.
2 Tema que se repite mucho o del que siempre se dice lo mismo. Hablar del tiempo en un ascensor es un tema tópico.

adjetivo **3** Se dice del medicamento que se aplica en el exterior del cuerpo. Una pomada de uso tópico es la que se extiende sobre la piel.

topless

nombre masculino **1** Forma de bañarse o tomar el sol las mujeres que consiste en no cubrirse el pecho con ningún tipo de prenda.

topo

nombre masculino **1** Animal mamífero del tamaño de una rata con los ojos muy pequeños y con las patas anteriores adaptadas para excavar. Vive bajo tierra, en las galerías que excava, y se alimenta de insectos y vegetales.
2 Persona que se introduce en una organización para descubrir sus planes secretos.

toque

nombre masculino **1** Golpe suave, como el que da un coche a otro al aparcar, o como los que damos en la puerta con los nudillos.
2 Sonido que produce una campana, una trompeta o un tambor, para avisar de alguna cosa: *El toque de corneta indica la hora de comer.*
3 Trabajo que hacemos en una obra que estamos realizando y que casi está terminada, para mejorarla o dejar en ella señales que nos identifiquen. Damos el toque final a algo cuando lo terminamos.
4 Cosa que se dice a una persona para avisarle de alguna cosa o hacerle una advertencia por algo que ha hecho: *Me dio un toque para que no cogiera sus cosas.*

toquetear

verbo **1** Tocar con las manos una cosa repetidas veces: *No te toquetees más la herida, que se te va a infectar.* ✼ manosear.

toquilla

nombre femenino **1** Especie de pañuelo grande, generalmente de punto, que utilizan las mujeres sobre los hombros o con el que se envuelve y abriga a los niños pequeños.

tórax

nombre masculino **1** Parte del cuerpo humano que va desde el cuello hasta el abdomen. En el tórax se encuentran el corazón y los pulmones. ✍ 594

torbellino

nombre masculino **1** Movimiento rápido de aire o de polvo que gira sobre sí mismo.

T
t

2 Conjunto de muchas cosas o acciones que ocurren o se hacen al mismo tiempo: *El periodista apabulló al famoso con un torbellino de preguntas.*
3 Persona muy inquieta que actúa de manera rápida y desordenada: *Este niño es un torbellino, no para un momento.* Es un uso informal.

torcer
verbo **1** Doblar o dar forma curva a un objeto. El alambre se tuerce fácilmente con las manos.
2 Poner inclinada una cosa que estaba recta, como una alfombra o un cuadro.
3 Desviar algo de su posición o su dirección normal, como cuando torcemos los ojos o la cabeza.
4 Hacer girar una cosa sobre sí misma. Si se tuerce bien un trapo mojado, se escurre mejor el agua.
5 Cambiar de dirección, hacia la derecha o hacia la izquierda: *En la segunda calle, tuerza a la derecha.*
6 Doblar un miembro del cuerpo, como el tobillo o la muñeca, y hacerse daño: *Me torcí el tobillo al caer.*
7 torcerse Surgir dificultades en algún asunto: *Se ha torcido el plan, así que no sé si podremos llevarlo a cabo.*
👁 Se conjuga como: cocer; la 'o' se convierte en 'ue' en sílaba acentuada y se escribe 'z' delante de 'a' y 'o', como: tuerza o tuerzo.

tordo
nombre **1** Pájaro cantor que tiene el plumaje de color marrón por la parte masculino superior del cuerpo, y blanquecino por la inferior.

torear
verbo **1** Ponerse una persona delante de un toro bravo y evitarlo cuando ataca. Se torea con una muleta o paño rojo.
2 Burlarse de una persona: *No me torees, que me enfado.* Es un uso informal.

toreo
nombre **1** Técnica empleada al torear; a masculino algunas personas les gusta tanto el toreo que dicen que es un arte.

torera
nombre **1** Chaqueta estrecha y corta que femenino no llega a la cintura y no suele tener botones.
saltarse a la torera No hacer caso de una obligación o un deber: *Se saltó el semáforo a la torera.*

torero, torera
nombre **1** Persona que se dedica a torear en las corridas de toros.

tormenta
nombre **1** Fenómeno de la atmósfera que femenino se caracteriza por fuertes vientos acompañados de lluvia, nieve o granizo, y rayos, relámpagos y truenos. ❄ temporal; tempestad.

tormento
nombre **1** Aquello que produce mucho sumasculino frimiento o daño: *Hacer cola al sol en verano es un tormento.*

tornado
nombre **1** Tormenta en la que se producen vientos fuertes que avanzan masculino girando sobre sí mismos de forma rápida; es frecuente en la costa de América del Norte.

torneo
nombre **1** Competición deportiva en la que masculino participan varias personas o equipos: *Es la ganadora del torneo de tenis.*

tornillo
nombre **1** Pieza en forma de cilindro corto masculino con rosca que se introduce, dándole vueltas, en una tuerca o en una superficie dura. Los tornillos tienen una cabeza para apretarlos y aflojarlos y algunos acaban en punta. ✍393
faltar un tornillo Indica que una persona no está en su sano juicio y que lo que dice o hace son tonterías o una falta de sensatez.

torno
nombre **1** Nombre de diversas máquinas masculino que hacen girar un objeto que se pone sobre ellas para trabajarlo. Los tornos de los alfareros hacen que el barro dé vueltas constantemente y se pueda modelar. ✍795
2 Dispositivo en forma de aspa que puede dar vueltas y que se pone en el hueco de una pared para que se puedan pasar paquetes de un lado a otro sin necesi-

dad de abrir ninguna puerta ni ventana. En las ventanillas de las oficinas de correos hay tornos.

en torno a Indica que la cantidad que se expresa es aproximada: *Hubo en torno a cien invitados en la boda.* ※ sobre.

en torno a Indica el tema del que trata algo: *No quiso hacer ningún comentario en torno a ese asunto.* ※ sobre.

toro
nombre masculino **1** Animal mamífero bovino macho en edad adulta; es de gran tamaño y tiene el pelo corto, la cola larga, la cabeza grande y dos cuernos curvos y puntiagudos.

nombre masculino plural **2 toros** Espectáculo en el que se torean, y normalmente se matan, seis toros. ※ corrida.

toro de lidia Toro criado para ser toreado. También se dice 'toro bravo'.

◉ La hembra del toro es la vaca.

torpe
adjetivo **1** Se dice de la persona o animal que se mueve de forma lenta, pesada o sin agilidad. El pingüino cuando está fuera del agua es torpe; las personas torpes no tiene habilidad para hacer trabajos manuales.

2 Que tiene dificultades para aprender o comprender algo o tarda mucho en hacerlo: *Es torpe en lengua, pero muy buena en matemáticas.*

torpedo
nombre masculino **1** Proyectil cilíndrico y de gran potencia que lanzan los submarinos. Los torpedos explotan cuando chocan con aquello contra lo que se lanzan.

torpeza
nombre femenino **1** Dicho o hecho que se dice o se hace en un mal momento o situación, porque puede molestar u ofender a una persona: *Fue una torpeza hacer chistes de médicos cuando su padre lo es.*

torre
nombre femenino **1** Construcción más alta que ancha, que sobresale de una iglesia, castillo u otro edificio. En lo alto de la torre de algunas iglesias hay un reloj.

2 Nombre de diversas estructuras altas, normalmente de metal, que sujetan cables, como las torres de la luz.

3 Pieza del juego del ajedrez que tiene forma de torre de castillo. La torre se mueve en línea recta, pero nunca en diagonal.

torre de control Construcción de los aeropuertos desde donde se controla el movimiento de los aviones que entran y salen.

torrencial
adjetivo **1** Se dice de la lluvia muy abundante e intensa. Las lluvias torrenciales hacen aumentar el caudal de los ríos en poco tiempo.

torrente
nombre masculino **1** Corriente de agua abundante que se mueve rápidamente y con fuerza y que se forma en tiempo de muchas lluvias y deshielos.

torreón
nombre masculino **1** Torre grande que sirve para la defensa de una fortaleza o castillo. Desde el torreón los soldados vigilaban la llegada del enemigo.

◉ El plural es: torreones.

torrija
nombre femenino **1** Dulce que se hace con una rebanada de pan mojada en leche y huevo, se fríe en aceite y se cubre con miel o azúcar.

torso
nombre masculino **1** Parte del cuerpo humano que va desde el cuello hasta la cintura. ※ tronco.

torta
nombre femenino **1** Dulce seco y crujiente, de forma redonda y plana, que se hace con harina y otros ingredientes y se cuece en el horno.

2 Golpe que una persona da con la mano en la cara de otra. ※ bofetada; bofetón; tortazo

3 Golpe fuerte que se da una persona al caerse o chocar contra algo: *Se pegó una torta jugando al fútbol y tiene el brazo roto.* Es un uso informal. ※ tortazo.

tortazo
nombre masculino **1** Golpe que se da en la cara con la mano abierta. ※ torta.

2 Golpe fuerte que se da una perso-

T / t

na al caerse o chocar. Si vamos en bicicleta a mucha velocidad, nos podemos dar un tortazo. Es un uso informal. ✖ torta.

tortícolis
nombre femenino **1** Dolor de los músculos del cuello que hace que no se pueda mover bien la cabeza: *Cogí tortícolis por dormir con el cuello doblado.*

tortilla
nombre femenino **1** Comida que se hace friendo huevos batidos en un poco de aceite y dándole forma redonda o alargada.

tortita
nombre femenino **1** Dulce redondo y plano que se hace con harina, huevos y azúcar; se come acompañado de chocolate, mermelada o nata.

tórtolo, tórtola
nombre **1** Ave parecida a la paloma, algo más pequeña, de color gris o marrón, y que se alimenta de semillas y frutos.
2 Persona que siempre se muestra muy cariñosa con su pareja y la abraza, acaricia y besa continuamente. También se dice: tortolito. Es un uso informal.

tortuga
nombre femenino **1** Reptil que tiene el cuerpo protegido por un caparazón duro dentro del cual puede esconderse completamente. Algunas especies viven en el agua y otras en la tierra.
2 Persona que anda muy despacio.

tortura
nombre femenino **1** Sufrimiento o gran dolor físico que se le provoca a alguien para castigarle o para que confiese algo. La tortura está prohibida en España.
2 Aquello que provoca una pena muy grande o molesta mucho: *Separarnos es una tortura.*

torturar
verbo **1** Producir a una persona un gran dolor físico, para castigarla o para que confiese una cosa.

tos
nombre femenino **1** Expulsión brusca de aire procedente de los pulmones que sale por la boca y la nariz haciendo rui-

do; es uno de los signos del resfriado.

tosco, tosca
adjetivo **1** Se dice de la persona que tiene unos modales o una forma de comportarse poco refinada o delicada, demostrando tener poca educación y poca cultura.
2 Se dice de lo que está poco trabajado, sin pulir o sin perfeccionar. Los cosas toscas están hechas con poco cuidado y con materiales de poca calidad o poco valor.

toser
verbo **1** Tener tos. Tosemos cuando tenemos catarro o cuando nos entra polvo en la nariz.

tostada
nombre femenino **1** Rebanada de pan que se calienta en el fuego hasta que queda crujiente y toma un color dorado: *Desayuna tostadas con mantequilla y mermelada.*

tostadora
nombre femenino **1** Electrodoméstico pequeño que sirve para tostar pan.

tostar
verbo **1** Poner un alimento al fuego para que quede crujiente y de color dorado. Tostamos el pan o el pollo asado. ✖ dorar.
2 tostarse Poner morena la piel por la acción del sol: *Está tumbado en la terraza tostándose al sol.*
👁 Se conjuga como: contar; la 'o' se convierte en 'ue' en sílaba acentuada, como: tuestan.

tostón
nombre masculino **1** Cosa o persona que aburre o cansa: *La película era un tostón.* Es un uso informal.
👁 El plural es: tostones.

total
adjetivo **1** Que abarca todas las partes, elementos o aspectos de un todo. Decimos que una persona ha sufrido una transformación total, cuando ha cambiado por completo de aspecto o de manera de pensar. ✖ completo. ✖ parcial.
nombre masculino **2** Resultado de sumar dos o más cantidades. El total de los gastos del mes es la suma de lo que he-

T
t

mos gastado en comida, ropa, luz, agua y otras cosas.

3 Conjunto de todas las personas o cosas que forman una clase o especie: *El total de los participantes en la carrera llegó a la meta.* ⬥ totalidad.

adverbio **4** Se utiliza para introducir una conclusión: *Total, que nadie está contento con su regalo.*

5 Indica que lo que se dice o se hace da igual: *Ya puedes insistir, total, no te pienso hacer ni caso.*

totalidad
nombre femenino **1** Conjunto de todas las personas o cosas que forman un conjunto. La totalidad de los alumnos de una clase son todos los alumnos.

tóxico, tóxica
adjetivo **1** Se dice de la sustancia que hace daño a la salud de un ser vivo o puede, incluso, producir su muerte. La lejía es un producto tóxico, por eso debe estar lejos del alcance de los niños.

toxicómano, toxicómana
adjetivo y nombre **1** Se dice de la persona que consume drogas habitualmente y que no puede prescindir de ellas. Hay curas para que los toxicómanos abandonen el hábito de la droga. ⬥ drogadicto.

tozudo, tozuda
adjetivo y nombre **1** Se dice de la persona que es difícil de convencer y que nunca cambia de opinión, aunque sus ideas no sean ciertas. Los tozudos no suelen reconocer que están equivocados. ⬥ terco; testarudo.

traba
nombre femenino **1** Cosa que impide o retrasa el desarrollo de una acción o de un proceso: *Está encontrando muchas trabas para conseguir el permiso de residencia.* ⬥ obstáculo.

trabajador, trabajadora
adjetivo **1** Que trabaja, que le gusta trabajar o que trabaja con dedicación: *Es una persona muy trabajadora.*

nombre **2** Persona que trabaja a cambio de un sueldo: *Los trabajadores piden mejoras laborales.* ⬥ empleado.

trabajar
verbo **1** Realizar una actividad para la que se necesita un esfuerzo físico o mental, normalmente como profesión. Trabajamos para sacar buenas notas. Los camareros trabajan en bares y restaurantes; los médicos trabajan en hospitales.

2 Manejar un material dándole la forma que se desea. Los carpinteros trabajan la madera; los escultores trabajan el barro y la piedra.

3 trabajarse Insistir y hacer lo necesario para convencer a una persona para que haga algo: *Se ha trabajado a sus padres para que le dejen salir.* Es un uso informal.

trabajo
nombre masculino **1** Actividad para la que se necesita un esfuerzo mental o físico, como los trabajos del colegio o los trabajos del jardín. ⬥ tarea. ✍200

2 Actividad que se realiza como profesión, a cambio de dinero. Las personas que no tienen trabajo están en el paro. ⬥ empleo.

3 Lugar en el que se realiza una actividad cobrando un sueldo: *Va en coche al trabajo.*

4 Obra que resulta de realizar una actividad: *Me pusieron un 8 en mi trabajo de literatura.*

trabalenguas
nombre masculino **1** Palabra o serie de palabras difíciles de pronunciar. 'Tres tristes tigres comen trigo en un trigal' es un trabalenguas.

👁 El plural es: trabalenguas.

trabar
verbo **1** Juntar ideas o palabras de modo que queden bien unidas: *Tu redacción no está mal, pero deberías trabar mejor las ideas, utilizando más frases subordinadas.*

2 Empezar dos o más personas una relación o una conversación: *Trabaron su amistad en el colegio y aún son amigos.*

3 trabarse Atascarse al hablar: *Estaba tan nervioso que se trabó.*

4 trabarse Atascarse o enredarse una cosa de modo que no se pue-

T
—
t

da mover o no funcione bien: *Se le han trabado los pies y casi se cae. Se ha trabado el cierre de la pulsera y no se abre.*

tracción
nombre femenino
1 Fuerza que mueve una cosa, en especial un vehículo. Un coche con tracción en la cuatro ruedas recibe fuerza en las cuatro ruedas al moverse.

tractor
nombre masculino
1 Vehículo con motor de mucha potencia que se utiliza en trabajos del campo. Suelen tener las ruedas traseras muy grandes.

tradición
nombre femenino
1 Ideas y costumbres que se van transmitiendo durante años de unas generaciones a otras sin apenas cambios. En España, es tradición cenar en familia en Nochebuena.
👁 El plural es: tradiciones.

tradicional
adjetivo
1 Que se sigue haciendo como se hacía en el pasado, como se ha hecho siempre. La Navidad es una fiesta tradicional.
2 Se dice de la persona que actúa respetando las costumbres y las creencias de toda la vida.

traducción
nombre femenino
1 Expresión en una lengua de lo que se ha dicho o escrito en otra.
👁 El plural es: traducciones.

traducir
verbo
1 Expresar en un idioma las mismas palabras que se han dicho o escrito en otro. Las novelas españolas se traducen a muchos idiomas para que se puedan leer en distintos países.
👁 Se conjuga como: conducir.

traductor, traductora
nombre
1 Persona que se dedica a traducir.

traer
verbo
1 Llevar algo hasta donde está la persona que habla: *Trae aquí ese libro.*
2 Contener o decir algo un libro, un periódico o una revista. Muchos periódicos suelen traer pasatiempos.
3 Vestir o llevar puesto algo: *Hoy traes un traje precioso.* ✂ llevar.

4 Tener algo unas consecuencias determinadas. Las lluvias torrenciales traen inundaciones.
traérselas Ser una cosa más difícil o peor de lo que uno se imaginaba: *Este problema parecía fácil, pero se las trae.* Es una expresión informal.

traer	
INDICATIVO	**SUBJUNTIVO**
presente	**presente**
traigo	traiga
traes	traigas
trae	traiga
traemos	traigamos
traéis	traigáis
traen	traigan
pretérito imperfecto	**pretérito imperfecto**
traía	trajera o trajese
traías	trajeras o trajeses
traía	trajera o trajese
traíamos	trajéramos o trajésemos
traíais	trajerais o trajeseis
traían	trajeran o trajesen
pretérito indefinido	**futuro**
traje	trajere
trajiste	trajeres
trajo	trajere
trajimos	trajéremos
trajisteis	trajereis
trajeron	trajeren
futuro	**IMPERATIVO**
traeré	
traerás	trae (tú)
traerá	traiga (usted)
traeremos	traed (vosotros)
traeréis	traigan (ustedes)
traerán	
condicional	**FORMAS NO PERSONALES**
traería	
traerías	**infinitivo** **gerundio**
traería	traer　trayendo
traeríamos	**participio**
traeríais	traído
traerían	

traficante
nombre masculino y femenino
1 Persona que se dedica a traficar, especialmente con drogas o con armas.

traficar
verbo
1 Comprar y vender productos que están prohibidos por la ley, como las drogas.
👁 Se escribe 'qu' delante de 'e', como: trafiquen.

tráfico
nombre masculino
1 Paso de vehículos por una calle o una carretera. El primer día de

las vacaciones de verano suele haber mucho tráfico. ✍199

2 Actividad que consiste en comprar y vender mercancía, en especial de manera ilegal. *El tráfico de armas está prohibido.*

tragaperras
adjetivo y nombre femenino **1** Se dice de la máquina de juego que funciona al introducirle monedas y que concede premios si salen unas determinadas combinaciones de dibujos.
👁 El plural es: tragaperras.

tragar
verbo **1** Hacer pasar un alimento desde la boca al estómago. *Masticamos los alimentos para tragarlos mejor.*
2 Comer mucho: *¡Cómo traga!* Es un uso informal.
3 Absorber o hacer desaparecer una cosa al pasar dentro de otra: *Esta cañería no traga bien. ¡Tierra, trágame!*
4 tragarse Creer una mentira: *Le dije que me iba a China y se lo tragó.*
5 tragarse Tener que soportar algo que no gusta: *Nos tuvimos que tragar la película aunque era un rollo.*
👁 Se escribe 'gu' delante de 'e', como: traguen.

tragedia
nombre femenino **1** Situación o hecho triste que produce dolor o sufrimiento: *El hambre en el mundo es una tragedia.* ✖ desgracia.
2 Obra de teatro en la que se representan sufrimientos y pasiones y que suele tener un final triste.

trágico, trágica
adjetivo **1** Que produce mucho dolor y tristeza. *Una guerra siempre es un suceso trágico.* ✖ dramático.
2 De la tragedia o que tiene relación con ella: *Los actores trágicos interpretan con mucho sentimiento sus papeles.* ✖ cómico.

trago
nombre masculino **1** Cantidad de líquido que se bebe o se traga de una vez: *Se bebió el agua de un solo trago.*
2 Bebida alcohólica: *Salieron a tomar un trago.* ✖ copa.

3 Disgusto o situación difícil: *Pasó un mal trago cuando le dieron la mala noticia.*

tragón, tragona
adjetivo y nombre **1** Se dice de la persona o animal que come demasiado. *El elefante es un animal muy tragón.* ✖ glotón; comilón.
👁 El plural de 'tragón' es: tragones.

traición
nombre femenino **1** Acción que una persona realiza al traicionar a alguien que había depositado en ella su confianza.
👁 El plural es: traiciones.

traicionar
verbo **1** Engañar una persona a otra que confiaba en ella, haciendo algo que había prometido no hacer o mintiéndole, de modo que le causa un perjuicio: *Su amigo le traicionó al contar su secreto.*

traicionero, traicionera
adjetivo **1** Se dice de la persona que comete traición. ✖ traidor.
2 Se dice de lo que se hace utilizando la traición o el engaño, como un golpe traicionero. ✖ traidor.
3 Se dice de lo que no parece peligroso pero lo es: *El Sol a esta hora es muy traicionero, quema la piel.* ✖ traidor.

traidor, traidora
adjetivo y nombre **1** Se dice de la persona que comete traición: *Es un traidor, no respetó el pacto que teníamos.* ✖ traicionero.
adjetivo **2** Se dice de la cosa que no parece peligrosa o perjudicial pero lo es: *La brisa de la mañana es muy traidora, puedes coger un catarro sin darte cuenta.* ✖ traicionero.

traje
nombre masculino **1** Conjunto de chaqueta y pantalón o chaqueta y falda, generalmente hechos con la misma tela o a juego.
2 Ropa o indumentaria propia de cierto lugar, de cierta época o de cierta actividad, como los trajes regionales, los trajes de torero o los trajes de buzo.
traje de baño Bañador.

trajín
nombre masculino **1** Movimiento intenso o gran actividad que hay en un lugar o que

T
—
t

T
t

tiene una persona. Los días de navidad hay mucho trajín en la calle con toda la gente que va de compras. ✖✖ ajetreo.
👁 El plural es: trajines.

trama
nombre femenino   **1** Argumento de un libro, una película o cualquier otra historia.
2 Conjunto de hilos cruzados que forman un tejido.

tramar
verbo   **1** Idear y preparar algo a escondidas y con disimulo, especialmente una broma o algo perjudicial: *No sé qué travesura están tramando ahora estos niños.*

trámite
nombre masculino   **1** Cada una de las formalidades o papeleos que hay que hacer para conseguir algo, como casarse, pedir una beca o comprar un piso.

tramo
nombre masculino   **1** Cada una de las partes en que están divididas ciertas superficies largas, como un camino o una pared.
2 Parte de una escalera comprendida entre dos rellanos. El tramo está compuesto por un grupo de escalones.

tramoya
nombre femenino   **1** Conjunto de máquinas y aparatos que sirven para hacer los cambios de decorado y los efectos especiales en el escenario de un teatro.

trampa
nombre femenino   **1** Medio que se utiliza para atrapar animales, como un agujero en el suelo, un cepo o una ratonera.
2 Plan o acción que se hace para engañar a alguien: *Tendieron una trampa al ladrón.*
3 Acción que va en contra de unas determinadas reglas o normas. Mirar las cartas de los otros jugadores sin que se den cuenta es trampa.

trampolín
nombre masculino   **1** Tabla flexible que se coloca a cierta altura para saltar a la piscina desde ella.
2 Pequeña plataforma que se usa en gimnasia para que los saltadores tomen impulso para su salto.

El trampolín se utiliza en saltos con aparatos, como el potro.
3 Persona, cosa o circunstancia que sirve a alguien para pasar rápidamente a una posición o trabajo mejor: *El programa de televisión fue un trampolín para el artista.*
👁 El plural es: trampolines.

tramposo, tramposa
adjetivo   **1** Se dice de la persona que hace trampas, por ejemplo copiando en un examen.

trancazo
nombre masculino   **1** Gripe o catarro fuerte con fiebre, dolor de cabeza y otras molestias.
👁 Es una palabra informal.

tranquilidad
nombre femenino   **1** Estado de la persona que está tranquila, que no tiene nervios o preocupaciones.
2 Situación en la que no hay ruidos ni movimientos. Se necesita mucha tranquilidad para concentrarse en el estudio.

tranquilizar
verbo   **1** Hacer que una persona se quede tranquila o que sea menor su excitación. Para tranquilizar a alguien que tiene mucho miedo le contamos cosas agradables.
👁 Se escribe 'c' delante de 'e', como: tranquilicen.

tranquilo, tranquila
adjetivo   **1** Se dice de la persona que no está nerviosa. Una persona tiene un carácter tranquilo cuando no se altera ni se impacienta con facilidad.
2 Que no tiene agitación, ruidos o movimientos que molestan o que ponen nervioso. El mar está tranquilo cuando no hay olas.

transatlántico
nombre masculino   **1** Barco de gran tamaño destinado al transporte de pasajeros y a realizar viajes largos por mares y océanos.
👁 También se escribe y se pronuncia: trasatlántico.

transbordador
nombre masculino   **1** Embarcación grande utilizada para transportar personas y vehículos entre dos puertos que no están muy alejados. El estrecho de Gibraltar se pasa en transbordador.

T t

transbordo

nombre masculino **1** Traslado o cambio de las mercancías o las personas de un vehículo o una nave a otro. En el metro se hace transbordo al cambiar de línea.

transcribir

verbo **1** Poner por escrito algo que se ha dicho oralmente. Cuando tomamos apuntes, transcribimos las palabras del profesor.

transcurrir

verbo **1** Pasar el tiempo o algo que dura: *La fiesta transcurrió como pensamos. Transcurrieron dos semanas.*

transeúnte

nombre masculino y femenino **1** Persona que pasa andando por un lugar, en especial por la calle.

transferencia

nombre femenino **1** Operación que consiste en pasar una cantidad de dinero de una cuenta de un banco a otra.

transformación

nombre femenino **1** Cambio de forma, aspecto o costumbres que sufre una persona, animal o cosa. La transformación de las aceitunas da lugar al aceite de oliva.
👁 El plural es: transformaciones.

transformar

verbo **1** Cambiar la forma o el aspecto de una persona, de un animal o de una cosa y hacer que pase a ser otra distinta. El gusano de seda se transforma en mariposa.

transfusión

nombre femenino **1** Acción que consiste en pasar sangre de una persona sana a otra enferma o herida. Las transfusiones se hacen en hospitales.
👁 El plural es: transfusiones. También se pronuncia y se escribe: trasfusión.

transición

nombre femenino **1** Paso de un estado o de una situación a otra. La primavera es la estación de transición entre el frío del invierno y el calor del verano.
👁 El plural es: transiciones.

transistor

nombre masculino **1** Aparato de radio portátil y de pequeño tamaño.

transitar

verbo **1** Andar o pasar por un lugar. La gente, los coches y los autobuses transitan por las ciudades.

transitivo, transitiva

adjetivo y nombre masculino **1** Se dice del verbo que puede llevar complemento directo. El verbo 'coger' es transitivo.

tránsito

nombre masculino **1** Paso o movimiento de personas o de vehículos por la calle o la carretera. En las calles anchas el tránsito de coches es más fácil que en las estrechas. ≋ circulación.
2 Paso de un estado o una situación a otra. El anochecer es el tránsito del día a la noche.

transmisor, transmisora

adjetivo y nombre **1** Que transmite o puede transmitir algo. Algunos mosquitos son transmisores de enfermedades.
nombre masculino **2** Aparato que sirve para producir y transmitir señales de distinto tipo. Un transmisor de radio emite ondas.

transmitir

verbo **1** Hacer pasar algo de una persona a otra, generalmente utilizando algún medio. Los padres transmiten a los hijos su educación y sus bienes; transmitimos felicitaciones y saludos oralmente o por carta.
2 Emitir programas, noticias o espectáculos una emisora de radio o de televisión.
3 Pasar a una persona una enfermedad o provocarle un estado de ánimo: *El perro le transmitió la rabia. Tu presencia me transmitió ánimo.*
👁 También se pronuncia y se escribe: trasmitir.

transparencia

nombre femenino **1** Característica de los objetos o las superficies que permiten ver con claridad a través de ellos.
2 Hoja o lámina transparente en la que se puede dibujar o escribir y que se pone en un aparato que proyecta en una pantalla lo que está escrito o dibujado en ella. Algunos profesores utilizan transparencias para dar sus clases.

transparente

adjetivo **1** Se dice de la materia, el objeto o la superficie que deja pasar la

T
—
t

luz y ver a través de él, como el cristal o el agua.

transpirar

verbo   **1** Pasar los líquidos del interior del cuerpo al exterior. Cuando hace mucho calor transpiramos más.

transportar

verbo   **1** Llevar de un lugar a otro, normalmente en un vehículo. Los autobuses transportan pasajeros; los camiones transportan mercancías.

transporte

nombre masculino   **1** Acción que consiste en transportar o llevar personas o cosas de un sitio a otro. El transporte de mercancías se hace por tierra, aire o agua.
2 Medio que se utiliza para llevar cosas o personas de un lugar a otro. El autobús es un transporte público.

transportista

nombre masculino y femenino   **1** Persona que se dedica a transportar cosas, normalmente en una furgoneta o camión.

tranvía

nombre masculino   **1** Vehículo de transporte público de las ciudades que circula sobre vías y funciona con electricidad; está conectado a un cable eléctrico que va por encima del tranvía.

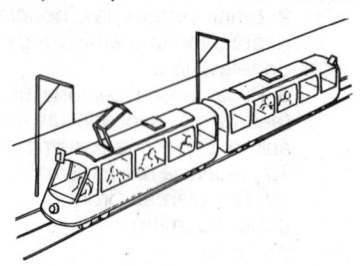

tranvía

trapecio

nombre masculino   **1** Figura geométrica de cuatro lados, de los cuales sólo dos son paralelos entre sí.
2 Barra horizontal sujeta al techo por dos largas cuerdas que sirve para hacer ejercicios de gimnasia. El trapecio es uno de los elementos principales de los circos.
3 Cada uno de los dos músculos en forma de triángulo situados en-

tre la nuca y la parte superior de la espalda.

trapecista

nombre masculino y femenino   **1** Persona que hace ejercicios de equilibrio, habilidad y fuerza en un trapecio. Los trapecistas suelen actuar en el circo.

trapero, trapera

nombre   **1** Persona que recoge, compra y vende ropa vieja y otros objetos usados de poco valor.

trapo

nombre masculino   **1** Trozo de tela vieja y gastada; normalmente se aprovecha para limpiar o quitar el polvo.
2 Pieza de tela que se utiliza en la cocina para secarse las manos, secar los platos, limpiar una superficie o coger cacharros calientes.
sacar los trapos sucios Comentar en público los errores, las faltas o los problemas de alguien.

tras

preposición   **1** Indica que una persona o una cosa está detrás de otra o que algo ocurre después que otra cosa: *Tras esperarlo durante una hora, nos fuimos sin él. La policía iba tras el sospechoso.*

trasatlántico

nombre masculino   **1** Es otra forma de escribir y de pronunciar: transatlántico.

trascendencia

nombre femenino   **1** Importancia de una cosa por las consecuencias que puede tener. El descubrimiento de la penicilina tuvo una gran trascendencia en la medicina.

trascendental

adjetivo   **1** Que es muy importante, en especial cuando de ello dependen cosas importantes para el futuro: *Tiene que tomar una decisión trascendental sobre su futuro y quiere tu consejo.*

trasero, trasera

adjetivo   **1** Que está detrás. La parte trasera de un edificio es la opuesta a la fachada principal.

nombre masculino   **2** Parte del cuerpo humano situada entre el final de la espalda y el principio de las piernas. Cuando nos sentamos apoyamos el trasero en la silla. ✕✕ culo.

trasfusión
nombre femenino **1** Es otra forma de pronunciar y escribir: transfusión.

trasladar
verbo **1** Llevar a una persona o una cosa de un lugar a otro o cambiar de lugar: *La oficina de compras se ha trasladado a la cuarta planta.*
2 Cambiar a una persona de categoría o de puesto de trabajo: *Trabaja en un banco y la acaban de trasladar a otra agencia.*

trasluz
al trasluz Forma de mirar algo colocándolo entre los ojos y la luz. Para ver la cantidad de líquido que queda en un envase de vidrio de color, lo miramos al trasluz.

trasmitir
verbo **1** Es otra forma de pronunciar y escribir: transmitir.

trasnochar
verbo **1** Irse a dormir muy tarde o pasar toda la noche sin dormir.

traspasar
verbo **1** Pasar una cosa de un lado a otro de un cuerpo: *La flecha de Guillermo Tell traspasó la manzana.* ✗ atravesar.
2 Cambiar un negocio de propietarios pero seguir realizando la misma actividad: *Traspasaron la tienda y se jubilaron.*

traspaso
nombre masculino **1** Cambio de dueños de un negocio, como una tienda o un bar, por el que hay que pagar una cantidad de dinero.
2 Cantidad de dinero que se paga para que un negocio cambie de dueño.

trasplantar
verbo **1** Trasladar una planta de donde estaba plantada a otro lugar o a otra maceta.
2 Hacer una operación que consiste en cambiar un órgano dañado de una persona o de un animal por otro sano procedente de su mismo cuerpo o de otro: *Le trasplantaron un riñón.*

trasplante
nombre masculino **1** Operación que consiste en cambiar un órgano enfermo o dañado de una persona o de un animal por otro sano procedente de su mismo cuerpo o de otro. Gracias a las donaciones, se hacen trasplantes que salvan la vida o mejoran la salud de muchas personas.

trastada
nombre femenino **1** Acción de un niño que provoca un trastorno o un daño de poca importancia: *¡Vaya trastada mezclar la ropa limpia y la sucia!* Es un uso familiar. ✗ diablura; travesura.

trastazo
nombre masculino **1** Golpe fuerte que se da una persona o una cosa al caerse o chocar: *Se cayó de la escalera y se dio un buen trastazo.* Es una palabra informal. ✗ trompazo.

trastero
nombre masculino **1** Habitación que se usa para guardar cosas viejas, que no son útiles o que se usan poco.

trasto
nombre masculino **1** Cualquier objeto viejo que no sirve para nada: *Este sofá viejo es un trasto, habría que tirarlo.* ✗ cacharro; cachivache.
2 Persona inquieta, en especial un niño que hace muchas travesuras: *Es un trasto, no está quieto ni un momento.* Es un uso familiar.

trastornar
verbo **1** Alterar el estado de ánimo o el comportamiento de una persona, en especial poniéndola más nerviosa o intranquila: *Todos los problemas de la mudanza la han trastornado, ahora necesita descansar y relajarse.* ✗ perturbar.

trastorno
nombre masculino **1** Alteración del estado de salud, del comportamiento o de las facultades mentales de una persona. Una persona que padece un trastorno de la memoria es incapaz de recordar su pasado.
2 Molestia que causa algo que supone trabajo y cambia los planes o el modo de vida normal. Perder la documentación o cambiar de casa supone un gran trastorno. ✗ fastidio.

tratado
nombre masculino **1** Acuerdo entre dos o más países para cooperar, firmar una paz o

T
t

cosas similares. También se llama tratado al documento que firman y en el que vienen las condiciones del acuerdo.

2 Libro que trata sobre un tema o materia en profundidad. Los tratados son libros de estudio o consulta.

tratamiento

nombre masculino **1** Manera de dirigirse a una persona, según su edad, categoría o el tipo de relación que se tiene con ella. 'Usted' y 'don' son formas de tratamiento respetuosas; los jueces reciben el tratamiento de 'señoría'.

2 Conjunto de remedios y consejos que el médico indica al enfermo para que se cure.

3 Proceso al que se somete una cosa para transformarla. La leche y los productos lácteos reciben un tratamiento especial antes de envasarlos.

tratar

verbo **1** Intentar hacer lo que se indica: *Trato de abrir la puerta, pero no lo consigo.*

2 Comportarse de una determinada manera con una persona o cuidar de una cosa de la manera que se indica: *Trata a la gente con mucho respeto. Si no tratas tus juguetes con cuidado, no te durarán nada.*

3 Dirigirse a una persona con un determinado tratamiento. A las personas que conocemos las tratamos de 'tú'.

4 Hablar, escribir u ocuparse de cierto tema o asunto: *Los vecinos se reunieron para tratar un problema comunitario. La película trataba de vampiros.*

5 Tener amistad o relación con una persona: *No se trata con sus vecinos.* ※ relacionarse.

6 Someter una sustancia a un tratamiento para modificarla. En las refinerías tratan el petróleo para obtener gasolina y otros combustibles.

7 Aplicar a un enfermo un tratamiento médico. Algunas enfermedades infecciosas se tratan con antibióticos.

trato

nombre masculino **1** Relación entre personas que se conocen y se hablan sin llegar a ser muy amigas. Cuando una persona se pelea con otra, no quiere trato con ella.

2 Manera de tratar o de comportarse con alguien. Una persona recibe buen trato cuando se le atiende con amabilidad.

3 Acuerdo que hacen dos o más personas en el cual cada una de las partes se compromete a algo: *El trato fue que yo iba a su casa si ella venía a la mía.*

trauma

nombre masculino **1** Impresión muy fuerte causada por algo negativo y que deja una huella duradera en la forma de ser: *Tiene un trauma porque vio cómo atropellaban a su perro.*

través

a través de Indica que una cosa pasa por medio de otra y llega al otro lado. También se usa hablando de cosas no concretas e indica el medio o la forma en que algo se ha transmitido: *Lo supe a través de un amigo. Podemos descubrir muchas cosas a través de la observación. La voz pasa a través de las paredes muy finas.*

travesía

nombre femenino **1** Calle pequeña y estrecha que une dos calles o caminos más importantes. Las travesías suelen ser zonas tranquilas, porque por ellas no pueden circular los coches.

2 Viaje en un medio de transporte, en especial en barco.

travestí

nombre masculino y femenino **1** Es otra forma de escribir y pronunciar: travesti.
◉ El plural es: travestís.

travesti

nombre masculino y femenino **1** Persona que se viste con ropa del sexo contrario.
◉ También se escribe y se pronuncia: travestí.

travesura

nombre femenino **1** Acción que un niño realiza sin malicia para divertirse o burlarse y que ocasiona algún trastorno poco importante. ※ trastada; diablura.

traviesa

nombre femenino **1** Cada una de las piezas largas de madera u otro material que unen las dos vías del tren.

travieso, traviesa

adjetivo **1** Se dice del niño que comete travesuras. ✕ trasto; revoltoso.

trayecto

nombre masculino **1** Espacio de cierta longitud que se recorre de un punto a otro. El trayecto entre Barcelona y Mallorca sólo se puede hacer en barco o en avión. **2** Desplazamiento que se hace de un lugar a otro, normalmente en un medio de transporte. Mucha gente se marea durante los trayectos en barco. ✕ viaje.

trayectoria

nombre femenino **1** Recorrido o línea que dibuja en el espacio una cosa que se mueve. En un partido de tenis, seguimos con la mirada la trayectoria de la pelota. **2** Evolución que se observa en el desarrollo o actividad de una persona o cosa a lo largo del tiempo: *La trayectoria del artista hasta llegar a ser famoso fue muy dura.*

trazar

verbo **1** Dibujar líneas o figuras en una superficie. Los arquitectos trazan planos. **2** Idear y preparar el modo en que se va a realizar una cosa: *El prisionero trazó un plan para escaparse de la cárcel.* 👁 Se escribe 'c' delante de 'e', como: tracé.

trazo

nombre masculino **1** Línea o raya que se hace al escribir o dibujar. Los niños cuando empiezan a escribir hacen unos trazos muy grandes.

trébol

nombre masculino **1** Hierba silvestre que tiene tres hojas casi redondas unidas por un tallo fino. Se utiliza como alimento para el ganado. Se dice que da buena suerte encontrar un trébol de cuatro hojas.

trece

numeral cardinal **1** Indica que el nombre al que acompaña está 13 veces: *En clase hay trece niños.*

numeral ordinal **2** Que ocupa el lugar número 13 en una serie ordenada: *En la lista de clase, estás el trece.*

nombre masculino **3** Nombre del número 13.

seguir en sus trece No cambiar de actitud o de opinión, aunque haya razones para ello: *Todo el mundo le dijo que se equivocaba, pero él seguía en sus trece.*

trecho

nombre masculino **1** Espacio que se recorre o que hay de un punto a otro. Si decimos que de nuestra casa al colegio hay un buen trecho, es que tenemos que andar mucho para llegar.

tregua

nombre femenino **1** Detención de una guerra o de una lucha durante un periodo de tiempo determinado. Las treguas suelen hacerse para intentar llegar a un acuerdo de paz. **2** Interrupción de una actividad o de un proceso durante un periodo de tiempo. Trabajar sin tregua es trabajar sin descanso.

treinta

numeral cardinal **1** Indica que el nombre al que acompaña está 30 veces: *Mañana cumple treinta años.*

numeral ordinal **2** Que ocupa el lugar número 30 en una serie ordenada.

nombre masculino **3** Nombre del número 30.

tremendo, tremenda

adjetivo **1** Que es muy grande o mucho más grande de lo normal. Decimos que hace un frío tremendo cuando hace muchísimo frío. **2** Que impresiona mucho o que da mucho miedo. Los incendios en el bosque son algo tremendo. ✕ terrible.

tren

nombre masculino **1** Medio de transporte formado por una locomotora y vagones que sirve para llevar personas y mercancías de una ciudad a otra. El tren circula sobre una o dos vías de hierro. **estar como un tren** Ser muy guapa y tener muy buen tipo una persona. Es una expresión informal. **para parar un tren** Cuando de una cosa hay cantidad para parar un tren, es que hay muchísimo de esa

T t

T
t

cosa: *Había comida para parar un tren.* Es una expresión informal.

tren de aterrizaje Conjunto de aparatos del avión que entran en contacto con la superficie al aterrizar. El tren de aterrizaje puede estar constituido por ruedas, pero también por esquís o flotadores en los hidroaviones. 🔎 195

tren de vida Forma de vida de una persona en lo que se refiere a los gastos y a los lujos y comodidades. Si una persona dice que no puede continuar llevando el mismo tren de vida, seguramente es que ya no tiene tanto dinero como antes.

trenca
nombre femenino **1** Prenda de vestir parecida a un abrigo que llega hasta las rodillas y lleva capucha.

trenza
nombre femenino **1** Peinado que consiste en tres mechones de pelo largo entrelazados entre sí.

trepar
verbo **1** Subir una persona o un animal a un lugar alto y difícil ayudándose de los pies y las manos. Los escaladores trepan por las paredes de las montañas.
2 Crecer las plantas sujetándose a las paredes o a otras superficies. La hiedra trepa.

tres
numeral cardinal **1** Indica que el nombre al que acompaña está 3 veces: *Tiene tres hermanos.*
numeral ordinal **2** Que ocupa el lugar número 3 en una serie ordenada.
nombre masculino **3** Nombre del número 3.
ni a la de tres Indica dificultad o imposibilidad de conseguir hacer algo: *Tú no lo aciertas ni a la de tres, ya verás.* Es una expresión informal.

ni a la de tres

trescientos, trescientas
numeral cardinal **1** Indica que el nombre al que acompaña está 300 veces.
numeral ordinal **2** Que ocupa el lugar número 300 en una serie ordenada.
nombre masculino **3** Nombre del número 300.

tresillo
nombre masculino **1** Conjunto de muebles formado por un sofá y dos butacas o sillones a juego. También se llama tresillo a un sofá para tres personas.

treta
nombre femenino **1** Plan o acción que se hace con habilidad para conseguir algo: *Se me acaba de ocurrir una treta para entrar en la fiesta de los mayores.* ✖✖ ardid; artimaña.

triangular
adjetivo **1** Que tiene forma de triángulo.

triángulo
nombre masculino **1** Figura geométrica que tiene tres lados y tres ángulos.
2 Instrumento musical de metal con forma de triángulo que se toca dándole golpes con una varilla de acero. 🔎 536

tribu
nombre femenino **1** Grupo de personas que tienen una raza, una lengua, una religión y una organización social comunes y viven en un mismo territorio. Se utiliza normalmente para referirse a sociedades consideradas primitivas, y se habla de tribus de África y América.
2 Poblado donde vive una tribu o parte de una tribu.
tribu urbana Grupo de personas que tienen un comportamiento y una forma de vestir comunes y característicos del grupo.

tribuna
nombre femenino **1** Superficie elevada desde donde una persona habla en público.
2 En los campos de deportes y otros espectáculos, espacio cubierto donde están situados los mejores asientos y desde donde se ve mejor. Los invitados y el presidente del club ocupan la tribuna.

tribunal
nombre masculino **1** Persona o conjunto de personas que pueden juzgar y hacer

T
t

cumplir la justicia: *El tribunal emitió un veredicto de culpabilidad.*
2 Edificio donde se celebran los juicios.
3 Conjunto de personas que se reúnen para emitir un juicio u opinión sobre alguna cosa, por ejemplo en un concurso, en una oposición o en un examen.

triciclo
nombre masculino **1** Vehículo que tiene tres ruedas, una delante y dos detrás, un sillín en la parte trasera y un manillar. Se mueve dando a los pedales y suele ser un juguete para niños pequeños.

tricolor
adjetivo **1** Que tiene tres colores. La bandera de Italia, que es blanca, verde y roja, es una bandera tricolor.

trienio
nombre masculino **1** Periodo de tiempo que dura tres años.

trigal
nombre masculino **1** Terreno en el que se cultiva trigo.

trigo
nombre masculino **1** Cereal de granos pequeños, de color amarillo, con flores en espiga. Con los granos de trigo molidos se obtiene la harina con la que se hace el pan.

trillar
verbo **1** Aplastar los cereales con el trillo para separar el grano de la paja. Actualmente se trilla en pocos pueblos.

trillizo, trilliza
adjetivo y nombre **1** Se dice de la persona que nace en un parto en el que nacen tres niños de la misma madre: *Han tenido trillizos: dos niñas y un niño.*

trillo
nombre masculino **1** Instrumento que sirve para separar el grano de la paja aplastando los cereales cortados. El trillo está formado por una tabla ancha con trozos de piedras o cuchillas de acero en una de sus caras que se mueve sobre el cereal y está tirado por animales.

trilogía
nombre femenino **1** Conjunto de tres libros o tres películas de un mismo autor que tie-

nen entre sí cierta unidad o elementos comunes: *Pío Baroja escribió varias trilogías.*

trimestre
nombre masculino **1** Periodo de tiempo que dura tres meses.

trinar
verbo **1** Emitir algunos pájaros un canto muy agradable. Los canarios y los ruiseñores trinan.
estar que trina Estar una persona muy enfadada por algo: *Miguel está que trina porque lo han echado del trabajo.*

trinchera
nombre femenino **1** Zanja alargada y profunda que hacen los soldados en la tierra para protegerse de los ataques del enemigo y para disparar.

trineo
nombre masculino **1** Vehículo que tiene esquís o patines en lugar de ruedas y que sirve para desplazarse sobre la nieve. Hay trineos grandes tirados por caballos o por renos, como el trineo de Santa Claus, y trineos más pequeños, como los de los esquimales.
2 Juguete que consiste en una tabla con esquís que sirve para bajar por la nieve sentado o tumbado sobre él.

trineo

trino
nombre masculino **1** Canto de algunos pájaros, como el ruiseñor.

trío
nombre masculino **1** Conjunto de tres personas o cosas unidas por alguna relación, como un trío de cantantes o de bailarines. 🔎 593
2 Composición musical que se toca con tres instrumentos y se canta a tres voces.

tripa
nombre femenino **1** Parte del cuerpo humano que va desde el pecho hasta el comienzo

T
t

de las piernas, especialmente cuando es más grande o abultado de lo normal: *No está gordo, pero sí tiene tripa.* ✕✕ barriga; vientre.

2 Intestino de un animal. *Las tripas de cerdo se usan para hacer embutidos.*

nombre femenino plural **3 tripas** Conjunto de las piezas y mecanismos que hay en el interior de un aparato, como las tripas de un reloj o las de un ordenador.

triple

adjetivo y nombre masculino **1** Que resulta de multiplicar por tres una cantidad. *Doce es el triple de cuatro, porque 4 x 3 = 12.*

adjetivo **2** Que consta de tres partes, elementos o unidades iguales o equivalentes, como un triple salto o una canasta triple.

triplicar

verbo **1** Multiplicar por tres o hacer tres veces mayor una cosa o cantidad.
☞ Se escribe 'qu' delante de 'e', como: tripliquen.

trípode

nombre masculino **1** Soporte de tres pies que sirve para sostener ciertas cosas, como un cuadro o una cámara fotográfica.

triptongo

nombre masculino **1** Grupo de tres vocales que se pronuncian en una misma sílaba, con un mismo golpe de voz. *En la palabra 'averiguáis' hay un triptongo en la sílaba 'guáis'.*

tripulación

nombre femenino **1** Conjunto de personas que trabajan en un avión, un barco o una nave espacial. *El piloto, el copiloto y las azafatas son la tripulación de un avión.* ☞ 196
☞ El plural es: tripulaciones.

tripulante

nombre masculino y femenino **1** Persona que conduce un barco, un avión o una nave espacial o que forma parte de su tripulación.

tripular

verbo **1** Conducir un barco, un avión o una nave espacial.

trisílabo, trisílaba

adjetivo **1** Se dice de la palabra que tiene tres sílabas. *'Comeré' es una palabra trisílaba.*

triste

adjetivo **1** Que siente pena, no es feliz o no

tiene alegría: *Tenemos que animarlo porque está muy triste.* ✕✕ alegre.

2 Que produce o expresa tristeza. *Las películas tristes nos hacen llorar.* ✕✕ alegre.

3 Indica que lo que expresa existe en poca cantidad o tiene poco valor. *Un triste sueldo es un sueldo pequeño.* En oraciones negativas, se utiliza para intensificar la falta o ausencia de lo que se expresa: *Se fue sin hacer una triste despedida. No me dio ni una triste peseta.*

tristeza

nombre femenino **1** Sentimiento que tiene una persona cuando está triste o le ha pasado algo malo. *Las desgracias producen tristeza.* ✕✕ pena; pesar. ✕✕ alegría.

triturar

verbo **1** Dividir una cosa sólida en trozos muy pequeños, en especial los alimentos. *Las madres trituran la fruta para que sus bebés empiecen a comerla.*

triunfal

adjetivo **1** Que tiene relación con un triunfo, en especial que lo celebra: *El ganador dio una vuelta triunfal al estadio.*

triunfar

verbo **1** Ganar o conseguir la victoria en una competición o lucha. ✕✕ vencer. ✕✕ perder.

2 Tener éxito o conseguir una persona lo que se había propuesto: *Triunfó como escritor.* ✕✕ fracasar.

triunfo

nombre masculino **1** Victoria sobre un contrincante en una competición.

2 Éxito importante de una persona en una determinada actividad. *Conseguir nuestros objetivos en la vida supone un gran triunfo.*

3 Carta de la baraja que tiene más valor que otras, como el as.

trivial

adjetivo **1** Que no tiene interés o que es sabido por todos: *Mantuvieron una conversación trivial sobre el mal tiempo que hacía.*

trocear

verbo **1** Dividir una cosa en trozos. *Troceamos el pollo asado para repar-*

T
—
t

tirlo entre las personas que se lo comerán.

trofeo

nombre masculino

1 Objeto que se recibe como premio o recuerdo en una competición. Los deportistas suben al podio para que les sean entregados trofeos o medallas.

trola

nombre femenino

1 Mentira muy grande. Es una palabra informal.

tromba

nombre femenino

1 Lluvia muy intensa y de corta duración que llega de forma repentina. También se dice 'tromba de agua'. ※ chaparrón.

trombón

nombre masculino

1 Instrumento musical de viento formado por un tubo fino y largo de metal doblado dos veces sobre sí mismo y terminado por una abertura ancha en forma de cono. El trombón es parecido a la trompeta, pero de mayor tamaño y sonido más grave. ✍ 536
👁 El plural es: trombones.

trompa

nombre femenino

1 Apéndice muy largo que sale de la nariz de algunos animales, especialmente de los elefantes. La trompa sirve para beber, coger las cosas y llevarse la comida a la boca.
2 Especie de tubo pequeño que les sale a algunos insectos de la cabeza y les sirve para absorber. Las mariposas chupan el néctar de las flores con su trompa.
3 Instrumento musical de viento formado por un tubo de metal que se enrosca y se va ensanchando cada vez más. Tiene un sonido más grave que la trompeta. ✍ 536
4 Estado en el que se encuentra una persona que ha tomado demasiadas bebidas alcohólicas. Es un uso informal. ※ borrachera.

trompazo

nombre masculino

1 Golpe fuerte que se da una persona o una cosa al caerse o chocar: *Resbaló y se dio un trompazo.* Es un uso informal. ※ trastazo.

trompeta

nombre femenino

1 Instrumento musical de viento formado por un tubo de metal doblado dos veces, con una boquilla en un extremo y una abertura en forma de cono en el otro. Las notas se producen accionando con los dedos tres pistones que lleva el tubo. Es de sonido agudo.

nombre masculino y femenino

2 Músico que toca la trompeta. ※ trompetista.

trompetista

nombre masculino y femenino

1 Persona que toca la trompeta. Louis Armstrong era un famoso trompetista. ※ trompeta.

trompicón

a trompicones Manera de hacer una cosa dando tropiezos o empujones. Cuando el cine está muy lleno a veces se sale a trompicones.
a trompicones Manera de hacer o de decir una cosa parándonos muy a menudo o saltándonos trozos. Cuando no nos sabemos una lección la decimos a trompicones.

trompo

nombre masculino

1 Movimiento en círculo que hace un vehículo al derrapar.
2 Juguete en forma de cono que se enrolla en una cuerda para soltarlo sobre una superficie y hacer que dé vueltas. ※ peonza.

tronar

verbo

1 Sonar los truenos que siguen al rayo en las tormentas.
2 Causar una cosa un ruido fuerte parecido al del trueno, en especial los disparos de un cañón.
👁 Se conjuga como: contar; la 'o' se convierte en 'ue' en sílaba acentuada, como: truenan.

tronchar

verbo

1 Romper el tallo, tronco o ramas de una planta u otra cosa parecida.
2 troncharse Reírse mucho y con muchas ganas. También se dice: troncharse de risa. Es un uso informal.

tronco

nombre masculino

1 Tallo fuerte de los árboles y arbustos. Del tronco salen las ramas, y de éstas, las hojas. ✍ 596
2 Parte del cuerpo de una persona o animal distinta de la cabeza y las extremidades. El eje del tronco es la columna vertebral.

T
t

como un tronco Indica que alguien está profundamente dormido.

trono
nombre masculino

1 Asiento donde se sienta el rey o personas de muy alta posición, en especial en ceremonias importantes. El trono suele estar más alto que el resto del lugar, en una plataforma de varios escalones.

tropa
nombre femenino

1 Conjunto de soldados de un ejército.
2 Grupo numeroso de personas: *De repente entró una tropa de jóvenes en el museo y ya no cabía nadie más.*

tropezar
verbo

1 Chocar con los pies contra un obstáculo al ir andando o corriendo. Cuando tropezamos podemos caernos al suelo.
2 Encontrarse una persona o una cosa de forma imprevista con algo o alguien que le obliga a detenerse: *La manifestación tropezó con la policía y se disolvió. Tropezamos con un amigo y estuvimos charlando.*
☞ Se conjuga como: empezar; la 'e' se convierte en 'ie' en sílaba acentuada y se escribe 'c' delante de 'e', como: tropiecen.

tropezón
nombre masculino

1 Golpe que se da con los pies contra un obstáculo al ir andando o corriendo y que puede hacer caer.
2 Trozo pequeño de comida que está mezclado con la sopa, el caldo u otro guiso. El gazpacho se toma con tropezones de pan, tomate o pepino.
☞ El plural es: tropezones.

tropical
adjetivo

1 Del trópico o que tiene relación con él: *El clima tropical es caluroso y húmedo. La papaya, la banana y el mango son productos tropicales.*

trópico
nombre masculino

1 Círculo imaginario trazado en la superficie de la Tierra que es paralelo al ecuador y separa la zona cálida de la zona templada. En la Tierra hay dos trópicos: el trópico de Cáncer, que se encuentra al norte del ecuador, y el trópico de Capricornio, al sur.
2 Región comprendida entre estos dos paralelos. La cuenca del Amazonas está en el trópico.

tropiezo
nombre masculino

1 Obstáculo que estorba o impide avanzar. Decimos que un equipo de fútbol tiene un tropiezo en la Liga cuando pierde contra un rival fácil.

trotamundos
nombre masculino y femenino

1 Persona a la que le gusta viajar y visitar diferentes países.
☞ El plural es: trotamundos.

trotar
verbo

1 Andar un caballo deprisa, pero sin llegar a correr al galope.
2 Cabalgar una persona sobre un caballo que va al trote.

trote
nombre masculino

1 Manera de andar de un caballo cuando va deprisa dando pequeños saltos pero sin correr. Un caballo puede ir al paso, al trote o al galope.
2 Trabajo o actividad que cansa mucho. Decimos que una persona no está para muchos trotes cuando está muy cansada.

trovador, trovadora
nombre

1 Poeta que, en la Edad Media, componía poemas amorosos o históricos y los recitaba o cantaba.

trozo
nombre masculino

1 Parte o pedazo que se separa de un todo dejándolo incompleto, como un trozo de pan, un trozo de tela o un trozo de tarta. ✂ fragmento; cacho.

trucha
nombre femenino

1 Pez de río que tiene el cuerpo de color gris verdoso con manchas oscuras; vive normalmente en los ríos fríos y de corriente rápida, y es comestible.

truco
nombre masculino

1 Engaño que se hace con arte y habilidad y que produce una impresión falsa en la gente. Los magos hacen trucos.
2 Acción o dicho que se hace o

se dice con habilidad para conseguir una cosa: *No estás enfermo, es uno de tus trucos para no ayudarme a limpiar.*

trueno
nombre masculino **1** Ruido fuerte que sigue al rayo en las tormentas; es producido por una descarga eléctrica en la atmósfera.

trueque
nombre masculino **1** Cambio de una cosa por otra. En los tiempos en los que no existía la moneda, la forma de comercio se basaba en el trueque: se cambiaban alimentos por pieles, por ejemplo.

tu
determinante posesivo **1** Indica que el objeto o persona a que acompaña pertenece a nuestro oyente. Siempre va delante de un nombre. 'Tu, tus' son determinantes posesivos de segunda persona de singular: *¿No has traído tu paraguas? Tus amigos son muy simpáticos.*
👁 Como determinante posesivo nunca se acentúa; no lo confundas con la forma del pronombre personal 'tú', que siempre se acentúa.

tú
pronombre personal **1** Pronombre personal de segunda persona de singular. Se refiere a la persona con la que habla el hablante. En la oración hace función de sujeto y de predicado nominal: *¿Tú sabes qué quiere decir esto? Mi mejor amiga eres tú.*
👁 Como pronombre personal siempre se acentúa; no lo confundas con la forma del determinante posesivo 'tu', que se escribe sin acento.

tuba
nombre femenino **1** Instrumento musical de viento de gran tamaño; está formado por un tubo que da la vuelta sobre sí y acaba en una boca ancha. 🖎536

tubería
nombre femenino **1** Tubo que sirve para conducir agua, otros líquidos y gases. También es el conjunto de tubos de una instalación: *Se ha roto la tubería y ha provocado una inundación.*

tubo
nombre masculino **1** Objeto largo en forma de cilindro hueco y estrecho. El agua de los tejados baja por unos tubos que hay en la pared.
2 Recipiente largo y estrecho que se cierra con un tapón en uno de sus extremos. Hay tubos de pastillas, de pasta de dientes o de pegamento.
tubo de ensayo Recipiente de cristal en forma cilíndrica que se usa en los laboratorios químicos para hacer experimentos.
tubo de escape Tubo pequeño que tienen los vehículos con motor para expulsar el gas que se produce al quemar el combustible.

tucán
nombre masculino **1** Ave tropical que tiene un enorme pico que utiliza como defensa, plumaje de colores vivos y la cola larga. Vive en las selvas del centro y sur de América.
👁 El plural es: tucanes.

tuerca
nombre femenino **1** Pieza en la que se enrosca un tornillo; tiene un agujero en el centro con un surco en forma de espiral para que se ajuste a la rosca del tornillo. La tuerca se puede apretar o aflojar haciéndola girar con una llave. 🖎393

tuerto, tuerta
adjetivo y nombre **1** Se dice de la persona o animal que no tiene visión en un ojo o que le falta uno. Algunos tuertos llevan un parche negro en el ojo.

tufo
nombre masculino **1** Olor molesto y desagradable, como el de la basura.

tulipán
nombre masculino **1** Planta de hojas largas que tiene una flor grande, con forma de campana, de colores fuertes y brillantes. La flor también se llama tulipán. 🖎598
👁 El plural es: tulipanes.

tumba
nombre femenino **1** Lugar bajo tierra o construcción donde se entierra a los muertos.
ser una tumba Guardar alguien muy bien un secreto. Es una expresión informal.

T t

T t

tumbar
verbo **1** Hacer caer a una persona o una cosa: *El boxeador tumbó al contrincante de un puñetazo.*
2 Poner a una persona en posición horizontal. Los padres tumban en la cama a sus hijos pequeños.
3 tumbarse Ponerse echado sobre una superficie, como la cama, el suelo o un sofá.

tumbona
nombre femenino **1** Asiento bajo y alargado con respaldo y brazos. Normalmente, el respaldo de las tumbonas se puede regular y la persona puede quedar casi tumbada. En la playa hay tumbonas para tomar el sol.

tumor
nombre masculino **1** Bulto que se forma en determinadas partes del cuerpo, consistente en una masa de tejido anormal. Un quiste o una verruga son tumores de poca gravedad.

tumulto
nombre masculino **1** Desorden y ruidos producidos por la presencia en un lugar de un gran número de personas que hacen todas lo mismo, en especial protestar por algo.

tuna
nombre femenino **1** Grupo musical formado por estudiantes. Muchas universidades tienen su tuna.

tunda
nombre femenino **1** Sucesión de golpes que se dan a alguien con la intención de causarle daño. En algunos combates de boxeo, los boxeadores se dan una buena tunda.
2 Trabajo que se realiza con mucho esfuerzo y que produce un gran cansancio. Cuando hay que limpiar toda la casa nos damos una buena tunda. 👁 Es una palabra informal.

tundra
nombre femenino **1** Terreno llano, sin árboles, cubierto de musgo y plantas resistentes a la humedad. La tundra se da en regiones de clima muy frío, como Siberia o Alaska.

tunecino, tunecina
adjetivo y nombre **1** Se dice de la persona o cosa que es de Túnez, país del norte de África.

túnel
nombre masculino **1** Paso o camino subterráneo que se construye para atravesar por debajo de una montaña, de una ciudad o del agua. Francia y Gran Bretaña están comunicadas por un gran túnel construido bajo el canal de la Mancha.

túnica
nombre femenino **1** Prenda de vestir parecida a un vestido, pero más ancha y suelta. Antiguamente los romanos llevaban túnicas.

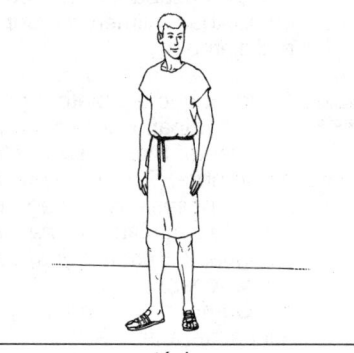
túnica

tupé
nombre masculino **1** Mechón de pelo levantado que se lleva sobre la frente.

turbante
nombre masculino **1** Prenda de vestir que cubre la cabeza y consiste en una tira de tela enrollada a la cabeza. Los hombres árabes y los hindúes llevan turbante.

turbar
verbo **1** Producir un cambio en la tranquilidad o normalidad de un lugar o una persona. Una gran cantidad de turistas puede turbar la tranquilidad de un pueblo.

turbio, turbia
adjetivo **1** Se dice del líquido que no está transparente por tener alguna suciedad. Si el agua del grifo sale turbia, es mejor no beberla. ⁑ claro.
2 Se dice del asunto o la actividad que parecen contrarios a la ley o a las normas de conducta aceptadas por todos. Los negocios turbios acaban mal.

turbo

nombre masculino **1** Mecanismo que llevan algunos vehículos y que sirve para aumentar la potencia del motor.

adjetivo y nombre masculino **2** Se dice del motor que tiene este mecanismo y también del vehículo, principalmente coches, que está provisto de este motor.

turbulento, turbulenta

adjetivo **1** Se dice del líquido que se mueve mucho. El agua del mar está turbulenta cuando hay muchas olas. **2** Se dice de la situación que está muy agitada y en la que pasan muchas cosas, normalmente malas: *Su relación es muy turbulenta, discuten mucho.*

turco, turca

adjetivo y nombre **1** Se dice de la persona o cosa que es de Turquía, país del sudoeste de Asia y del sudeste de Europa.

nombre masculino **2** Lengua que se habla en Turquía.

turismo

nombre masculino **1** Actividad que consiste en viajar a un lugar para conocerlo o para descansar en él. La gente hace turismo en vacaciones. **2** Conjunto de las personas que visitan un lugar para pasar sus vacaciones. España recibe mucho turismo. **3** Coche que puede transportar a cuatro o cinco personas como máximo. La mayoría de los coches son turismos.

turista

nombre masculino y femenino **1** Persona que visita un país o lugar por placer, para descansar o conocer cosas. España es uno de los países europeos que más turistas recibe al año.

turístico, turística

adjetivo **1** Del turismo o que tiene relación con él. Los lugares a los que van muchos turistas son muy turísticos, como la Alhambra de Granada o el Museo del Prado, en Madrid.

turnarse

verbo **1** Alternarse en la realización de una actividad dos o más personas siguiendo un orden determinado: *En casa nos turnamos para fregar los platos: uno los friega los lunes,* *martes y miércoles, y otro el resto de la semana.*

turno

nombre masculino **1** Manera de hacer algo alternándose varias personas en un orden determinado. En los hospitales se hacen turnos para poder atender siempre a los enfermos, y por eso hay gente en turno de mañana, en turno de tarde y en turno de noche. **2** Momento en que a una persona le corresponde hacer algo. Cuando hacemos cola para comprar esperamos nuestro turno para pedir lo que queremos. ⚘ vez.

turolense

adjetivo y nombre masculino y femenino **1** Se dice de la persona o cosa que es de Teruel, ciudad y provincia de Aragón.

turquesa

nombre femenino **1** Piedra preciosa de color azul verdoso que se utiliza para hacer joyas.

nombre masculino y adjetivo **2** Color que está entre el azul y el verde, como el de la piedra de la turquesa.

turrón

nombre masculino **1** Dulce típico de Navidad que está hecho con azúcar, miel y almendras trituradas y se vende en tabletas. También hay turrones de chocolate, yema, nueces y otras cosas. 👁 El plural es: turrones.

turulato, turulata

adjetivo **1** Que no sabe qué decir ni cómo reaccionar o está sin entender lo que pasa: *Cuando le dijeron que le había tocado la lotería se quedó turulato.* Es una palabra informal.

tutear

verbo **1** Tratar a una persona de 'tú' y no de 'usted'. Se tutea a la gente con la que se tiene un trato de confianza.

tutoría

nombre femenino **1** Función que desempeña el profesor que se encarga de orientar y aconsejar a los alumnos de un curso o de una asignatura. **2** Autoridad que la ley da a una persona para que se encargue del cuidado de un menor de edad o de una persona incapacitada. Cuan-

T
t

do un niño queda huérfano, un tío o un abuelo suelen quedarse con su tutoría.

tutor, tutora

nombre **1** Persona que se encarga del cuidado de un menor de edad o de una persona incapacitada. El tutor hace las funciones de padre sin serlo, y está reconocido por la ley.
2 Profesor que además de dar clase se encarga de orientar y aconsejar a los alumnos de un curso o de una asignatura. El tutor ayuda a solucionar los problemas que surgen en la clase.

tuyo, tuya

determinante posesivo **1** Indica que el objeto o persona a que acompaña pertenece a nuestro oyente. Siempre va detrás de un nombre. 'Tuyo, tuya, tuyos, tuyas' son determinantes posesivos de segunda persona del singular: *¿Esa mujer es vecina tuya?*

pronombre posesivo **2** Se refiere a un objeto o persona que ya hemos nombrado e indica que pertenece a nuestro oyente: *¿Es tuya?*

U u

u

nombre femenino **1** Letra número veintidós del alfabeto español. La 'u' es una vocal. La 'u' no se pronuncia en los siguientes grupos: gue, gui, que, qui, como en: guerra o quiero. El plural es: úes o us.

conjunción **2** Se utiliza en lugar de la conjunción 'o' cuando la palabra siguiente empieza por 'o' o por 'ho'. Se dice 'plata u oro' y 'uno u otro'.

ubicarse

verbo **1** Estar una cosa situada en un lugar determinado: *El hospital se ubicará en esta zona.* ※ encontrarse.

2 Saber una persona aproximadamente dónde se encuentra cuando está en un lugar nuevo o que no conoce bien. A veces de noche es difícil ubicarse en la ciudad porque las calles parecen distintas.

👁 Se escribe 'qu' delante de 'e', como: se ubique.

uci

nombre femenino **1** Palabra formada con las iniciales de: Unidad de Cuidados Intensivos. La uci es el lugar del hospital donde están los pacientes que están en observación. ※ uvi.

ufano, ufana

adjetivo **1** Que presume y se muestra orgulloso de algo que tiene o ha conseguido: *Se mostraba muy ufano con su nuevo coche.*

úlcera

nombre femenino **1** Herida que aparece en la piel o en algún órgano interior del cuerpo y tarda mucho en cicatrizar.

ultimar

verbo **1** Terminar de hacer lo último que queda de una cosa. Dos personas se reúnen para ultimar un acuerdo cuando ya han hablado mucho sobre él y comentan los últimos detalles.

ultimátum

nombre masculino **1** Propuesta última y con un límite de tiempo que se hace a una persona o a un país. Un ultimátum es la última oferta que hace una persona y, además, incluye una amenaza de hacer algo perjudicial o malo si no se acepta.

👁 El plural es: ultimátum o ultimátums.

último, última

adjetivo **1** Se dice de la persona o cosa que está al final y no tiene detrás otras personas o cosas. El domingo es el último día de la semana. ※ primero.

2 Que es muy reciente o ha ocurrido hace poco tiempo. La gente puede oír las últimas noticias del día en el telediario.

por último Se utiliza al final de un texto para decir una cosa y acabar: *Por último, sólo me queda agradecer la confianza que habéis puesto en mí.*

ultrajar

verbo **1** Cometer una acción muy mala contra una persona o decir algo muy malo sobre ella, de forma que se siente muy ofendida, muy humillada o muy despreciada.

ultraligero

nombre masculino **1** Vehículo volador para una o dos personas que pesa muy poco y tiene un motor de poca potencia. Los ultraligeros se utilizan principalmente como diversión y no recorren distancias largas.

U
u

ultramar

nombre masculino **1** País o territorio que está al otro lado del mar.

ultramarinos

nombre masculino plural **1** Tienda donde se venden comestibles que se conservan fácilmente sin estropearse, como productos en conserva, envasados o enlatados.

ultravioleta

adjetivo **1** Se dice de los rayos de luz que no se ven a simple vista. El Sol y algunas lámparas emiten rayos ultravioleta.

👁 Se usa en singular aunque el nombre al que acompañe sea plural: rayos ultravioleta.

ulular

verbo **1** Producir el lobo u otros animales un sonido largo y grave, parecido a una 'u' muy larga.
2 Emitir una persona o cosa sonidos largos parecidos al aullido de un animal: *El viento ulula entre los árboles.*

umbilical

adjetivo **1** Se dice de cosas que están relacionadas con el ombligo. El cordón umbilical une al niño con la madre mientras está en su vientre y permite alimentar al feto.

umbral

nombre masculino **1** Parte inferior del hueco de una puerta o entrada. El umbral es una línea real o imaginaria en el suelo que une los dos laterales de la puerta. 🖎756
2 Comienzo de una época, un proceso o una actividad. Los viajes a la Luna fueron el umbral de la aventura del espacio.

unánime

adjetivo **1** Se dice de la decisión en la que todo el mundo está de acuerdo.

unanimidad

nombre femenino **1** Características de las decisiones o actuaciones en las que todos los miembros de un grupo están de acuerdo en la misma cosa. Cuando un jurado otorga un premio por unanimidad, todos los miembros del jurado han estado de acuerdo en conceder el premio a la misma persona.

undécimo, undécima

numeral cardinal **1** Que ocupa el lugar número 11 en una serie ordenada. Noviembre es el undécimo mes del año.

unicornio

nombre masculino **1** Animal imaginario igual que un caballo, pero con un cuerno recto y largo que le sale de la frente.

único, única

adjetivo **1** Se aplica a la persona o cosa de la que no existe otra igual o no existe otra de su misma clase o del mismo tipo. Un hijo único no tiene hermanos; de algunas prendas de vestir sólo hacen tallas únicas.
2 Se dice de la persona o cosa que se sale de lo normal o es poco habitual y es extraordinaria, muy buena o fuera de lo común: *Como cocinero es único.* ✖ común, corriente.

unidad

nombre femenino **1** Cada una de las cosas completas y diferenciadas de otras que se encuentran en un conjunto de cosas iguales que se pueden contar. En una caja de pañuelos de seis unidades hay seis pañuelos.
2 Característica de las cosas que están muy unidas o no pueden dividirse. En una familia hay unidad cuando padres e hijos se llevan bien y están de acuerdo en las cosas importantes.
3 Parte en que se divide una cosa que tiene características comunes o la misma función. Los libros de texto se dividen en unidades. El ejército y la policía se dividen en distintas unidades según su misión.
4 Tipo de medida que se usa para medir las características de las cosas como el tiempo, la longitud, el peso o el volumen. La unidad de tiempo es el segundo y la unidad de capacidad el litro.

unificar

verbo **1** Hacer que dos o más cosas que están separadas se unan para formar una sola unidad o para lograr algo en común. En la ONU, los países unifican sus esfuerzos para lograr la paz.

👁 Se escribe 'qu' delante de 'e', como: unifique.

uniformar

verbo **1** Hacer que dos o más cosas sean parecidas o iguales entre sí. En algunos estilos de decoración, se tiende a uniformar los colores.
2 Hacer que una o varias personas lleven uniforme. El dueño de una tienda suele uniformar a sus empleados para que los clientes sepan quiénes atienden.

uniforme

adjetivo **1** Se dice de lo que no presenta cambios o tiene las mismas características. Si algo tiene un color uniforme es que es de un solo color y no tiene cambios de tono.

nombre masculino **2** Traje que visten las personas que realizan una misma actividad o trabajo. En muchos colegios, los alumnos van con uniforme.

unión

nombre femenino **1** Acción que consiste en unir dos o más cosas para que formen un conjunto. La unión de las piezas de un puzzle se tiene que hacer bien para que no se desmonte.
2 Lugar por donde se unen dos cosas: *La unión está mal hecha, por eso se sale el agua.*
3 Hecho de estar unidas dos o más personas. El matrimonio es la unión entre dos personas; dicen que la unión hace la fuerza.
4 Conjunto de sociedades o personas que tienen los mismos objetivos y se unen para conseguirlos. La Unión Europea es el conjunto de algunos países europeos.

unir

verbo **1** Juntar dos o más personas o cosas. Podemos unir dos habitaciones si tiramos las paredes que las separan. Cuando un grupo de personas quiere algo, pueden unir sus fuerzas para conseguirlo. ⬚ agrupar; juntar. ⬚ separar; dividir.
2 Ser una cosa lo que hace que dos o más personas tengan una buena relación o estén juntos para

hacer algo. El amor une a las familias; la amistad une.
3 Relacionar o comunicar dos o más personas o cosas. Una carretera puede unir dos ciudades y un pasillo, dos habitaciones.

unísono, unísona

adjetivo **1** Que tiene el mismo tono o sonido que otra cosa.
al unísono Indica que dos cosas suenan a la vez o se hacen a la vez; cuando dos personas contestan al unísono, contestan lo mismo en el mismo momento.

universal

adjetivo **1** Que está relacionado con el universo.
2 Que es común a todos los seres humanos. El amor o la amistad son sentimientos universales. Un libro de historia universal habla de la historia de todos los países, no de uno solo.
3 Que existe o es conocido en todo el mundo. Los vinos de España tienen fama universal; el principio de igualdad entre los hombres debería tener validez universal.

universidad

nombre femenino **1** Centro de enseñanza superior donde se estudia una carrera, como medicina, historia o informática. En la universidad también se hace investigación.
2 Edificio e instalaciones de la universidad donde se imparte clase y se investiga.

universitario, universitaria

adjetivo **1** De la universidad o que tiene relación con ella. Las aulas, los laboratorios o la biblioteca forman parte de las instalaciones universitarias.

nombre **2** Persona que estudia o ha estudiado en la universidad.

universo

nombre masculino **1** Conjunto de todo lo que existe y del espacio en el que está. El universo está formado por el espacio, las galaxias y los astros que hay en ellas. ⬚ cosmos.

uno, una

determinante artículo **1** 'Un, una, unos, unas' son artículos indeterminados. Los artículos

U / u

indeterminados indican que el nombre al que acompañan no es conocido por el hablante, por el oyente o por ninguno de los dos o es la primera vez que se habla de él: *Unas personas preguntan por ti.*

pronombre indefinido **2** En singular, se refiere a una persona o cosa de la que se habla dentro de un grupo. En plural, se refiere a personas o cosas no concretas o no conocidas: *Aquí hay uno. He visto entrar a unos.*

determinante numeral **3** Indica que una cosa o persona está o aparece en la cantidad de 1: *Sólo tengo una hoja.*

determinante indefinido **4** Indica una cantidad poco exacta o aproximada: *Costará unas 1000 pesetas.*

nombre masculino **5** Nombre del número 1. ☞ Como determinante, se utiliza la forma 'un' delante de nombres masculinos en singular: un amigo, un acierto. También se usa 'un' delante de nombres femeninos que comienzan con 'a' con acento de intensidad, como: un hada, un ave.

untar
verbo **1** Cubrir una cosa con una sustancia blanda y grasa. Podemos untar una rebanada de pan con mantequilla o paté.

uña
nombre femenino **1** Parte del cuerpo de las personas y otros animales que cubre el extremo superior de los dedos. En las personas es una lámina dura y transparente; en algunos animales las uñas son más largas y duras, acaban en punta y sirven para atacar y defenderse, como en los gatos o en las águilas.
estar de uñas Estar una persona muy enfadada o molesta.
ser uña y carne Ser dos personas muy amigas y llevarse muy bien: *Ana y Elena se pasan el día juntas, son uña y carne.*

urbanidad
nombre femenino **1** Característica de la persona que se comporta de manera correcta, educada y amable al relacionarse con la gente. Ceder el asiento en el autobús a una perso-

na mayor es un acto de urbanidad. ✖✖ cortesía.

urbanización
nombre femenino **1** Conjunto de casas y edificios que se construyen todos más o menos a la vez en una zona y tienen características comunes.

urbano, urbana
adjetivo **1** Que está relacionado con la ciudad. Los autobuses, los taxis o el metro son transportes urbanos.
adjetivo y nombre **2** Que es miembro de la policía municipal. Los urbanos controlan el tráfico en la ciudad.

urbe
nombre femenino **1** Ciudad grande e importante. En las grandes urbes hay mucha contaminación.

urgencia
nombre femenino **1** Asunto que se debe solucionar con rapidez. La sirena de los bomberos indica que se dirigen a una urgencia; en las carreteras existen puestos de la Cruz Roja para atender las urgencias. ✖✖ emergencia.
nombre femenino plural **2 urgencias** Sección de un hospital donde se atiende a los enfermos y heridos que necesitan cuidados médicos con rapidez.

urgente
adjetivo **1** Que se tiene que hacer o solucionar con mucha rapidez: *Dijo que era urgente que lo llamaras.*
2 Se dice de las cartas, paquetes o telegramas que se envían de una forma especial para que sean recibidos lo antes posible.

urgir
verbo **1** Ser muy necesario conseguir una cosa o hacer algo lo más pronto posible. Cuando caduca el documento nacional de identidad, urge renovarlo para no tener ningún problema al viajar. ☞ Se escribe 'j' delante de 'a' y 'o', como: urja.

urinario, urinaria
adjetivo **1** Que tiene relación con la orina. El aparato urinario tiene la misión de formar la orina y expulsarla al exterior.
nombre masculino **2** Lugar público donde se puede orinar. En algunos parques y jardines hay urinarios.

urna

nombre femenino

1 Caja donde se depositan los votos de una votación. La urna tiene una ranura por donde la gente introduce la papeleta con su voto.

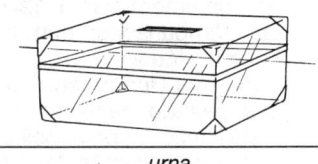

urna

2 Caja o recipiente con laterales transparentes que sirve para guardar objetos y tenerlos protegidos. Algunos objetos de los museos están en urnas.

urraca

nombre femenino

1 Ave con el plumaje de color negro y con el pecho y parte de las alas blancas, la cola larga y el pico corto y fuerte.

uruguayo, uruguaya

adjetivo y nombre

1 Se dice de la persona o cosa que es de Uruguay, país de América del Sur.

usar

verbo

1 Emplear una cosa para hacer algo. Usamos los cuchillos para cortar; usamos la ropa para vestirnos. Se pueden usar cosas no materiales, como cuando decimos usar la cabeza para resolver un problema. ✖✖ utilizar.

2 Ponerse habitualmente una prenda de vestir o productos de aseo: *En invierno siempre uso camiseta. ¿Qué colonia usas?* ✖✖ llevar.

3 usarse Ser habitual, estar de moda o ser costumbre hacer una cosa determinada. El sombrero ya no se usa tanto como en el pasado. ✖✖ llevarse.

uso

nombre masculino

1 Empleo que se hace de una cosa para un fin determinado. Es obligatorio el uso del cinturón de seguridad al ir en coche. ✖✖ utilización.

2 Utilidad que tiene una cosa o función que puede realizar. Materiales como la madera o el plástico tienen muchos usos.

3 Costumbre o forma habitual de hacer ciertas cosas. Algunos pueblos aún conservan antiguos usos que ya han desaparecido en las ciudades. ✖✖ hábito.

usted

pronombre personal

1 Pronombre personal de segunda persona que se usa como forma de respeto en lugar de 'tú': *¿Es usted el señor Segarra?*

usual

adjetivo

1 Que es normal porque ocurre muchas veces o la mayoría de las veces: *Lo usual es que llame.*

usuario, usuaria

nombre

1 Persona que hace uso de una cosa o de un servicio. Los usuarios del tren son las personas que viajan en tren.

usurero, usurera

nombre

1 Persona que presta dinero pero que exige que le devuelvan mucho más de lo que presta.

utensilio

nombre masculino

1 Herramienta que sirve para realizar alguna actividad, trabajo u oficio. Un utensilio es un objeto simple, sin maquinaria, que se utiliza con las manos. ✖✖ instrumento.

útero

nombre masculino

1 Órgano interno de reproducción de las mujeres y de las hembras de los mamíferos. El útero es el lugar donde se desarrolla el óvulo fecundado hasta el nacimiento del niño o la cría. ✎ 594

útil

adjetivo

1 Que sirve para algo o tiene alguna finalidad. Un ordenador es muy útil en una oficina.

2 Que produce beneficio o provecho. Saber idiomas es muy útil.

nombre masculino

3 Objeto simple, sin maquinaria, que se maneja con las manos y se utiliza para hacer un trabajo determinado. El cepillo, la sierra y el martillo son útiles de carpintería.

utilidad

nombre femenino

1 Característica que tienen las cosas que son útiles. El paraguas es de mucha utilidad cuando llueve.

utilización

nombre femenino

1 Empleo que se hace de una cosa para un fin determinado. La

U
u

U
u

utilización de cremas en verano es recomendable para evitar quemaduras. ※ uso.

utilizar
verbo

1 Emplear una cosa para hacer algo. *Utilizamos los bolígrafos para escribir; utilizamos los vasos para beber.* ※ usar.

👁 Se escribe 'c' delante de 'e', como: utilicé.

utopía
nombre femenino

1 Forma de gobierno que se considera ideal o muy buena pero imposible o muy difícil de conseguir en la práctica. *Muchos consideran una utopía un gobierno sin ejército.*
2 Cosa que se desea porque es muy buena pero se cree que es imposible de realizar o conseguir; *conseguir la paz mundial puede dejar de ser una utopía si todos contribuimos a ella.*

uva
nombre femenino

1 Fruta pequeña y redondeada que tiene la piel fina y la carne jugosa y dulce; crece en racimos de la planta de la vid. *En Nochevieja es costumbre tomar 12 uvas con las campanadas; con la uva se hace el vino y el cava.*
mala uva Una persona tiene mala uva cuando hace las cosas con mala intención, para molestar o perjudicar a los demás: *No fue sin querer, lo que pasa es que tiene muy mala uva.*

uve
nombre femenino

1 Nombre de la letra 'v': *La palabra 'vida' se escribe con 'v'.*

uvi
nombre femenino

1 Palabra formada con las iniciales de: Unidad de Vigilancia Intensiva. *La uvi es el lugar del hospital donde están los pacientes que necesitan atención médica constante.* ※ uci.

V | v

v
nombre femenino
Letra número veintitrés del alfabeto español. La 'v' es una consonante

vaca
nombre femenino
1 Hembra del toro. La vaca es un animal mamífero doméstico de gran tamaño, generalmente de color blanco con manchas negras, la cola larga y la cabeza grande. De la vaca se aprovechan la leche, la carne y la piel.
adjetivo y nombre femenino
2 Se dice de una persona muy gorda: *Está hecho una vaca.*

vacaciones
nombre femenino plural
1 Periodo de tiempo en que una persona deja de trabajar o de estudiar para descansar.

vaciar
verbo
1 Quitar todo lo que está dentro de un recipiente. También se puede vaciar un lugar haciendo salir a toda la gente que hay en él, como cuando se produce un incendio en un lugar. ✕✕ llenar.
👁 Se conjuga como: desviar; la 'i' se acentúa en algunos tiempos y personas, como: vacío.

vacilación
nombre femenino
1 Falta de seguridad de las personas al hacer algo, en especial al tomar una decisión. ✕✕ duda.

vacilar
verbo
1 Tener poca seguridad al hacer o decidir algo: *El jugador vaciló antes de chutar y un defensa le quitó el balón.*
2 Gastar bromas a alguien o intentar tomarle el pelo. Es un uso informal.

vacío, vacía
adjetivo
1 Que no tiene nada en su interior. En una bolsa de pipas vacía no hay ni una sola pipa. ✕✕ lleno.
2 Se dice del lugar donde no hay gente o hay muy poca gente. De noche las calles se quedan vacías. ✕✕ lleno.
3 Se dice del sitio, normalmente un asiento, en el que no hay nadie y que una persona puede ocupar: *¿Está vacía esta silla?* ✕✕ libre. ✕✕ ocupado.
nombre masculino
4 Espacio hueco en un texto que tiene que rellenarse: *Completad los vacíos con la respuesta correcta.*
5 Espacio o hueco de gran distancia entre el lugar en el que se está y el suelo. Desde el borde de un acantilado puede verse el vacío. Los paracaidistas saltan al vacío desde el avión.
6 Falta de una persona querida a la que se echa de menos.
7 En física, espacio en el que no hay nada de aire. En el interior de las bombillas se hace el vacío.
al vacío Sin nada de aire dentro. Para que se conserven mejor, algunos alimentos, como el café molido, el embutido o el queso, se envasan al vacío.

vacuna
nombre femenino
1 Sustancia que se administra a una persona para que no coja una enfermedad. Las vacunas se hacen con virus débiles de una enfermedad y se inyectan en una persona para que desarrolle una defensa natural contra la enfermedad.

vacunar
verbo
1 Administrar o poner a alguien una vacuna para protegerlo de ciertas enfermedades o evitar que desarrolle una enfermedad.

V

vacuno, vacuna

adjetivo **1** Que tiene relación con el toro, la vaca o animales similares, como los bueyes. ※ bovino.

vado

nombre masculino **1** Parte de la acera que está a la misma altura que la calzada y hace un poco de rampa para facilitar que suban a la acera objetos o vehículos con ruedas. Delante de un vado está prohibido aparcar. ☞198
2 Parte de un río de poca profundidad y con el fondo firme por donde se puede cruzar a pie o en vehículo: *Habrá que buscar un vado para cruzar con las bicis.*

vado

vagabundo, vagabunda

nombre **1** Persona que no tiene una casa donde vivir y va de un sitio a otro. Muchos vagabundos duermen en la calle.

adjetivo **2** Se dice del perro que no tiene dueño y vive en la calle.

vagar

verbo **1** Andar o ir de un lugar a otro sin tener un destino o un objetivo concreto.
👁 Se escribe 'gu' delante de 'e', como: vague.

vagina

nombre femenino **1** Parte del aparato reproductor de las mujeres y de las hembras de algunos animales. La vagina es un conducto de forma alargada que va desde la vulva hasta el útero. ☞594

vago, vaga

adjetivo y nombre **1** Se dice de la persona que evita trabajar o estudiar. ※ trabajador.

adjetivo **2** Se dice de la cosa que es poco clara o precisa. Cuando una persona habla de forma vaga, habla sin dar detalles.

vagón

nombre masculino **1** Parte del tren que no tiene motor y se engancha a la locomotora. En los vagones viajan los pasajeros o se transporta mercancía.
👁 El plural es: vagones.

vagoneta

nombre femenino **1** Vagón pequeño y descubierto que se utiliza para transportar mercancías. Se usa principalmente en minas y obras para llevar el mineral, piedras, arena y materiales de construcción.

vaho

nombre masculino **1** Vapor que despide un cuerpo en algunas circunstancias. Cuando nos duchamos con agua muy caliente, el espejo del cuarto de baño se llena de vaho.

vaina

nombre femenino **1** Cáscara blanda y larga dentro de la que crecen las semillas de algunas plantas, como las judías y los guisantes.
2 Funda en la que se guardan espadas, puñales y otras armas o instrumentos.

vainilla

nombre femenino **1** Fruto de una planta, que también se llama vainilla, que se usa para dar sabor a postres y bebidas. La vainilla tiene un sabor y un olor muy agradables; hay helados, batidos y flanes de vainilla.

vaivén

nombre masculino **1** Movimiento repetido hacia un lado y otro o hacia delante y hacia atrás. En un barco se puede sentir el vaivén de las olas.
👁 El plural es: vaivenes.

vajilla

nombre femenino **1** Conjunto de platos, fuentes, vasos, copas y tazas que se usan para presentar y servir la comida y la bebida en la mesa.

vale

nombre masculino **1** Papel que se puede cambiar por el dinero o la cosa que está escrita en él. Muchos productos comerciales regalan vales.

interjección **2** Se usa para indicar que se está de acuerdo con lo que otra persona dice o hace. También se usa para preguntar si otra persona está de acuerdo: *¡Vale!, nos vemos a las cinco. Estudiamos jun-*

tos, ¿vale? Es una forma del verbo 'valer'.

valenciano, valenciana

adjetivo y nombre **1** Se dice de la persona o cosa que es de la ciudad o la provincia de Valencia o de la Comunidad Valenciana.

nombre masculino **2** Variedad del catalán que se habla en la Comunidad Valenciana. El valenciano es la lengua oficial de la Comunidad Valenciana junto con el español.

valentía

nombre femenino **1** Característica de la persona que se atreve a hacer cosas sin tener miedo al peligro o al riesgo. ✕✕ cobardía.

valer

verbo **1** Tener una cosa un precio o valor determinado. Una revista vale poco dinero: *Esa película no vale nada, es muy mala.*

valer	
INDICATIVO	**SUBJUNTIVO**
presente	**presente**
valgo	valga
vales	valgas
vale	valga
valemos	valgamos
valéis	valgáis
valen	valgan
pretérito imperfecto	**pretérito imperfecto**
valía	valiera *o* valiese
valías	valieras *o* valieses
valía	valiera *o* valiese
valíamos	valiéramos *o* valiésemos
valíais	valierais *o* valieseis
valían	valieran *o* valiesen
pretérito indefinido	**futuro**
valí	valiere
valiste	valieres
valió	valiere
valimos	valiéremos
valisteis	valiereis
valieron	valieren

valer		
futuro	**IMPERATIVO**	
valdré		
valdrás	vale	(tú)
valdrá	valga	(usted)
valdremos	valed	(vosotros)
valdréis	valgan	(ustedes)
valdrán		

valer	
condicional	**FORMAS NO PERSONALES**
valdría	
valdrías	**infinitivo** **gerundio**
valdría	valer valiendo
valdríamos	**participio**
valdríais	valido
valdrían	

2 Ser una cosa útil o apropiada para algo o para alguien: *Esas botas viejas pueden valer para ir al campo.* ✕✕ servir.

3 Tener una cosa las características necesarias para considerar que está bien o es correcto. El carné que está caducado no vale: *No vale hacer trampas.*

4 Tener una persona ciertas cualidades que la hacen ser apreciada. Decimos que alguien vale mucho cuando hace las cosas bien, es generoso o ayuda a los demás.

5 Ser una cosa la causa de que una persona reciba lo que se dice: *La protesta le valió la tarjeta roja.* ✕✕ suponer.

6 Tener una prenda de vestir o el calzado el tamaño adecuado para una persona. Los recién nacidos crecen tan deprisa que enseguida la ropa deja de valerles.

7 valerse Servirse de una persona o una cosa para conseguir un fin o realizar algo.

valeroso, valerosa

adjetivo **1** Que se atreve a hacer una cosa peligrosa o arriesgada sin mostrar miedo. ✕✕ valiente. ✕✕ cobarde.

valía

nombre femenino **1** Cualidad de una persona por la que es apreciada. Una persona de gran valía es una persona extraordinaria o que hace muy bien su trabajo.

validez

nombre femenino **1** Cualidad que hace que una cosa sea válida, correcta o adecuada para algo. Un gol en fuera de juego no tiene validez.

valido

nombre masculino **1** Persona a la que un rey concede mucha confianza y que se ocupa de algunas de las tareas de gobierno. Los validos empezaron a tener importancia a partir de la muerte de Felipe II.

válido, válida

adjetivo **1** Se dice de la cosa que tiene todas las condiciones necesarias para considerarla legal o correcta. Algunos documentos no son válidos si no van firmados.

V
V

V
—
V

valiente
adjetivo **1** Que se atreve a hacer cosas sin tener miedo del posible peligro ni del riesgo. ✕ cobarde.

valioso, valiosa
adjetivo **1** Se dice de las cosas que tienen mucho valor o que valen mucho dinero, como las joyas o un cuadro de un pintor famoso. También son valiosas cosas como un buen consejo, una ayuda o la amistad.

valla
nombre femenino **1** Pared hecha de tablas, palos u otros elementos unidos entre sí que se coloca alrededor de un terreno para protegerlo o cerrarlo. ✕ cerca. ✐ 395
2 Superficie grande, normalmente rectangular, que hay en calles, carreteras o en la pared de un edificio, en la que se colocan anuncios de publicidad.
3 En algunas carreras de atletismo, cada uno de los obstáculos que deben saltar los corredores.

vallado
nombre masculino **1** Construcción de madera o de otro material que sirve para rodear una casa, un terreno o un jardín. ✕ cerca; valla.

vallar
verbo **1** Poner una valla alrededor de un lugar para cerrarlo o protegerlo.

valle
nombre masculino **1** Terreno llano que hay entre montañas; a menudo, por el fondo del valle pasa un río.

vallisoletano, vallisoletana
adjetivo y nombre **1** Se dice de la persona o cosa que es de Valladolid, ciudad y provincia de Castilla y León.

valor
nombre masculino **1** Cualidades buenas por las que una cosa merece ser apreciada y se considera que vale. Hay obras literarias de mucho valor; los recuerdos tienen valor sentimental.
2 Precio de una cosa. Algunas obras de arte tienen un valor incalculable.
3 Valentía que demuestra una persona ante un peligro o una situación difícil. ✕ cobardía.

4 Falta de vergüenza y de consideración que alguien tiene hacia los demás: *Ha tenido el valor de decirme que la culpa era mía.*

nombre masculino plural **5 valores** Normas o principios éticos o morales. La generosidad y la tolerancia son valores que hay que fomentar entre las personas.

valoración
nombre femenino **1** Valor que una persona cree que tiene una cosa después de pensar en sus características. Al acabar el curso el profesor hace una valoración global de cómo ha ido todo y de lo que se ha aprendido.

valorar
verbo **1** Dar un valor a algo después de examinarlo o pensar en lo bueno y lo malo que tiene. Se puede valorar un objeto, como un coche que se quiere comprar, o un comportamiento, como una ayuda.
2 Reconocer el mérito de una persona o de lo que hace una persona. Los padres valoran el esfuerzo que los hijos hacen para mejorar en los estudios.

vals
nombre masculino **1** Baile de origen alemán que se baila por parejas que se cogen y van dando vueltas. El vals era un baile muy popular en la corte de muchos príncipes a finales del siglo XVIII. También se llama vals al tipo de música que acompaña a este baile.
👁 El plural es: valses.

válvula
nombre femenino **1** Pieza que abre o cierra el paso de un gas, de un líquido o de otro fluido por un conducto. Las ollas a presión tienen válvula.

vampiro
nombre masculino **1** Ser imaginario que duerme durante el día y por las noches se levanta para alimentarse con la sangre de las personas. El conde Drácula es el vampiro más famoso del cine y la literatura.
2 Murciélago de origen americano con dientes muy largos con los que chupa la sangre de otros animales.

V

V

vanguardia

nombre femenino **1** Parte del ejército que va delante de las demás y es la primera en entrar en combate. ✕✕ retaguardia.

2 Movimiento artístico, literario o del pensamiento que va por delante de las ideas o gustos de su tiempo.

vanidad

nombre femenino **1** Forma de ser de la persona vanidosa, que se gusta mucho a sí misma.

vanidoso, vanidosa

adjetivo y nombre **1** Se dice de la persona que siente una excesiva estima por sus cualidades o características. A menudo, las personas vanidosas se creen superiores a los demás y les gusta que los demás las halaguen.

vapor

nombre masculino **1** Gas en que se convierte un líquido a causa del calor. El agua se convierte en vapor cuando llega a los 100 grados.

vaquero, vaquera

adjetivo **1** Se dice de un tipo de tela de algodón, fuerte y de color azul. La ropa vaquera es informal y deportiva.

nombre **2** Persona que se dedica a cuidar vacas: *En las películas del oeste suelen salir vaqueros.*

nombre masculino plural **3 vaqueros** Pantalón hecho de tela vaquera. Se usa el plural para referirse a un pantalón o a más.

vara

nombre femenino **1** Rama larga, delgada y sin hojas de una planta o un árbol. Cualquier palo largo y delgado también es una vara.

varar

verbo **1** Quedar parado un barco por haber tropezado el fondo con un banco de arena, con una roca o con la playa.

2 Sacar una embarcación del mar y ponerla en la playa u otro lugar seco para protegerla de los golpes de mar o para arreglarla.

variable

adjetivo **1** Que varía o puede variar. En primavera el tiempo suele ser variable; las personas que tienen carácter variable a veces están alegres y otras veces tristes.

2 Se dice de la palabra que puede tener formas diferentes según el género, el número y el tiempo gramatical. Los sustantivos, los verbos y los adjetivos son palabras variables, en cambio los adverbios son invariables. ✕✕ invariable.

variación

nombre femenino **1** Cambio o transformación pequeña que se produce en un estado, cualidad o forma de alguna cosa. Cuando una enfermedad no presenta variación es que el enfermo sigue igual. ✕✕ alteración.

variado, variada

adjetivo **1** Que está formado por partes, elementos o características diferentes, pero de la misma clase. La macedonia es un postre formado por trozos de frutas variadas.

variar

verbo **1** Cambiar la forma, el color, el estado o la cualidad de algo para que sea diferente o distinto de como era antes. Con el paso del tiempo varía la forma de ser y de pensar de la gente. ✕✕ mantener.

◉ Se conjuga como: desviar; la 'i' se acentúa en algunos tiempos y personas, como: varía.

varicela

nombre femenino **1** Enfermedad infecciosa de poca gravedad que produce fiebre y la aparición de granos rojos en la piel.

vanguardia   retaguardia

vanguardia

V

variedad

nombre femenino

1 Gran cantidad de cosas diferentes. La variedad en la alimentación es fundamental para conservar la salud. ✂ diversidad.

2 Conjunto de personas, animales o cosas diferentes que son distintas pero pertenecen a una misma clase. En una zapatería suele haber gran variedad de zapatos; en el zoológico encontramos gran variedad de animales.

3 Cada uno de los grupos o tipos distintos que presentan algunas especies de plantas o animales. Hay muchas variedades de naranjas o de rosas; también hay muchas variedades de insectos y peces.

nombre femenino plural

4 variedades Espectáculo teatral compuesto por distintos números, como magia, bailes, canciones, cómicos u otras actuaciones.

varilla

nombre femenino

1 Barra larga y fina de madera o metal que sujeta la tela de los paraguas, de las sombrillas, de los abanicos y de otros objetos.

vario, varia

adjetivo

1 Indica que hay cosas distintas o diferentes. Un vestido estampado tiene varios colores distintos: *Tiene varios pares de zapatillas.*
👁 Se usa más en plural.

varón

nombre masculino

1 Persona de sexo masculino. Se utiliza principalmente para distinguir el sexo de una persona; en muchos documentos, el sexo se marca con V o con H, que quiere decir 'varón' o 'hembra': *Tiene dos hijos varones.* ✂ hombre. ✂ hembra; mujer.
👁 El plural es: varones.

vasallo, vasalla

nombre

1 En la Edad Media, persona que estaba bajo la autoridad de un señor feudal a quien servía a cambio de protección.

vasco, vasca

adjetivo y nombre

1 Se dice de la persona o cosa que es del País Vasco.

nombre masculino

2 Lengua hablada en el País Vasco español y francés y en zonas de Navarra. El vasco es la lengua oficial en el País Vasco y Navarra junto con el español. El vasco es una lengua muy antigua y no se sabe cuál es su origen. ✂ euskera, vascuence.

vascuence

nombre masculino

1 Lengua hablada en el País Vasco español y francés y en zonas de Navarra. ✂ euskera, vasco.

vasija

nombre femenino

1 Recipiente de diversos materiales y formas que sirve para contener alimentos o líquidos o se usa como adorno.

vaso

nombre masculino

1 Recipiente de forma cilíndrica que sirve para beber.

2 Tubo o conducto por donde circula la sangre de personas y animales y los líquidos de las plantas.

vasto, vasta

adjetivo

1 Que es muy grande o extenso. La Mancha es una vasta llanura; los intelectuales poseen una vasta cultura.
👁 No se debe confundir con la palabra 'basto', que significa 'mal acabado' o 'grosero'.

váter

nombre masculino

1 Recipiente donde las personas hacen sus necesidades. El váter tiene un depósito de agua y está conectado a una tubería de desagüe, de modo que se puede limpiar cada vez que se utiliza. ✂ inodoro; retrete.

2 Cuarto en el que se encuentra el váter y otros elementos que sirven para el aseo personal, como un lavabo. ✂ baño; retrete; servicio.
👁 También se escribe: wáter.

¡vaya!

interjección

1 Expresión que se usa para expresar sorpresa, admiración o desagrado por algo: *¡Vaya! ¡Ya te has vuelto a equivocar de calle!*

vecindario

nombre masculino

1 Conjunto de los vecinos de un lugar, como un pueblo, un edificio o un barrio.

vecino, vecina

nombre

1 Persona que vive en el mismo edificio, barrio, pueblo o ciudad que otra.

adjetivo 2 Se dice de las cosas que están cercanas o próximas en el espacio. *Una casa es vecina de otra cuando está muy cerca, casi al lado.*

vega

nombre femenino 1 Terreno llano y fértil para el cultivo, casi siempre regado por un río. *La vega del Guadalquivir se encuentra en Andalucía.*

vegetación

nombre femenino 1 Conjunto de plantas propias de un terreno o de un clima. *Los bosques, las selvas o los valles tienen distintos tipos de vegetación.*

nombre femenino plural 2 **vegetaciones** Crecimiento anormal de unas glándulas situadas en la parte interna de la nariz. *Las vegetaciones a veces se quitan mediante una sencilla operación.*

vegetal

adjetivo 1 Que está relacionado con las plantas. *El mundo vegetal es el de las plantas.*

nombre masculino 2 Ser vivo que que no puede moverse voluntariamente y que se alimenta de agua y sustancias minerales de la tierra. ⁂ planta.

vegetariano, vegetariana

adjetivo y nombre 1 Se dice de la persona que se alimenta principal o únicamente de productos vegetales, como fruta, verdura, cereales y legumbres.

vehículo

nombre masculino 1 Aparato o máquina que sirve para transportar personas o mercancías. *El coche, el autobús, el tren, la bicicleta, el barco y el avión son vehículos.*

veinte

numeral cardinal 1 Indica que el nombre al que acompaña está 20 veces.

nombre masculino 2 Nombre del número 20.

veinticinco

numeral cardinal 1 Indica que el nombre al que acompaña está 25 veces.

nombre masculino 2 Nombre del número 25: *El veinticinco de diciembre es Navidad.*

veinticuatro

numeral cardinal 1 Indica que el nombre al que acompaña está 24 veces.

nombre masculino 2 Nombre del número 24: *El veinticuatro de junio es San Juan.*

veintidós

numeral cardinal 1 Indica que el nombre al que acompaña está 22 veces.

nombre masculino 2 Nombre del número 22.

veintinueve

numeral cardinal 1 Indica que el nombre al que acompaña está 29 veces.

nombre masculino 2 Nombre del número 29.

veintiocho

numeral cardinal 1 Indica que el nombre al que acompaña está 28 veces.

nombre masculino 2 Nombre del número 28: *El veintiocho de diciembre es el día de los inocentes.*

veintiséis

numeral cardinal 1 Indica que el nombre al que acompaña está 26 veces.

nombre masculino 2 Nombre del número 26.

veintisiete

numeral cardinal 1 Indica que el nombre al que acompaña está 27 veces.

nombre masculino 2 Nombre del número 27.

veintitrés

numeral cardinal 1 Indica que el nombre al que acompaña está 23 veces.

nombre masculino 2 Nombre del número 23: *El veintitrés es un número primo.*

veintiún

numeral cardinal 1 Apócope de veintiuno que se usa delante de nombres masculinos: *Veintiún días.*

veintiuno, veintiuna

numeral cardinal 1 Indica que el nombre al que acompaña está 21 veces.

nombre masculino 2 Nombre del número 21. 👁 Delante de un nombre masculino se utiliza la forma apocopada 'veintiún': *Ayer cumplió veintiún años.*

vejez

nombre femenino 1 Periodo de la vida de una persona en el que tiene una edad avanzada; es el último periodo de la vida.

2 Estado de la persona que tiene una edad avanzada. *La vejez impide hacer algunas cosas que se podían hacer de joven.*

vejiga

nombre femenino 1 Órgano del cuerpo en forma de bolsa donde se almacena la orina

V
v

V
——
V

producida por los riñones hasta que se orina.

vela
nombre femenino

1 Objeto de cera que tiene en el centro una cuerda y que sirve para dar luz si se enciende la cuerda con fuego.
2 Tela fuerte que se sujeta al palo de una embarcación; cuando la vela está desplegada el viento la hincha y hace que se mueva la embarcación. ☞ 196
3 Cualquier deporte en el que se hacen competiciones con embarcaciones que se mueven por medio de velas.
en vela Sin dormir: *Pasó en vela los dos días que estuvo cuidando a su madre en el hospital.*

velar
verbo

1 Cuidar durante la noche a un enfermo o estar junto al cuerpo de una persona que acaba de morir. Se vela a un enfermo por si necesita alguna cosa.
2 Tener una persona mucho cuidado o preocupación por otra persona o por una cosa. Las madres velan por la seguridad de sus hijos. El gobierno vela por los intereses de los ciudadanos.
3 Hacer que la imagen impresionada en una película fotográfica se borre porque se expone a la luz antes de revelarla. El carrete de una cámara fotográfica se puede velar si se abre la tapa.

velatorio
nombre masculino

1 Tiempo durante el que los familiares y amigos están junto a una persona muerta antes del entierro.

velero
nombre masculino

1 Embarcación que tiene una o más velas. ☞ 196

veleta
nombre femenino

1 Objeto de metal que se coloca en lo alto de un edificio para indicar la dirección del viento. La veleta tiene forma de flecha u otra figura y el viento la hace girar.

vello
nombre masculino

1 Conjunto de pelos cortos y finos que salen en algunas partes del cuerpo de las personas. Las mujeres se suelen depilar el vello de las piernas.

velo
nombre masculino

1 Pieza de tela fina y transparente que usan las mujeres para taparse la cabeza y la cara en ciertas ocasiones. Muchos vestidos de novia llevan un velo blanco.
2 Pieza de tela con el que las monjas se cubren la cabeza y los hombros.
velo del paladar Membrana que separa la cavidad de la boca de la faringe.

velocidad
nombre femenino

1 Rapidez en el movimiento de las personas o las cosas. La velocidad de los coches en las carreteras está limitada.

velódromo
nombre masculino

1 Instalación preparada para carreras de bicicletas.

veloz
adjetivo

1 Se dice de los animales o las cosas que se mueven o se hacen deprisa, a mucha velocidad: *El correcaminos es más veloz que el coyote.* ✕✕ rápido. ✕✕ lento.
👁 El plural es: veloces.

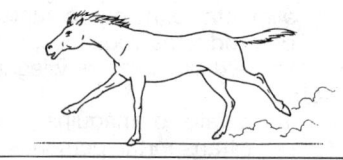
veloz

vena
nombre femenino

1 Cada uno de los conductos por donde circula la sangre que va al corazón. ☞ 594

venado
nombre masculino

1 Animal mamífero marrón o gris, con patas largas y cola muy corta; vive en los bosques y se alimenta de vegetales. El macho tiene una gran cornamenta dividida en ramas. ✕✕ ciervo.

vencedor, vencedora
adjetivo y nombre

1 Que gana o vence. Los deportistas quieren ganar y subir al podio de los vencedores. ✕✕ ganador. ✕✕ perdedor.

V
—
V

vencer
verbo   **1** Quedar por encima o en mejor lugar que otros en una lucha, competición o juego. ⚔ ganar; derrotar. ⚔ perder.
2 Dominar una persona sus pasiones, sentimientos o afectos. A veces las personas que hacen dieta no pueden vencer la tentación de comerse un bombón.
3 Ser una sensación o un deseo tan fuerte que no se puede resistir. Nos puede vencer el sueño, el miedo o la curiosidad.
4 Terminar el plazo señalado para realizar algo. Para matricularse en una academia hay que hacerlo antes de que venza el plazo de matrícula. ⚔ caducar.
5 vencerse Torcerse o ladearse una cosa por exceso de peso. Las estanterías se vencen cuando están demasiado cargadas de libros. 👁 Se escribe 'z' delante de 'a' y 'o', como: venzamos, venzo.

venda
nombre femenino   **1** Tira de gasa o tela que se enrolla alrededor de una parte del cuerpo para impedir que la movamos o para tapar una herida. Cuando alguien se tuerce la muñeca le ponen una venda.

vendaje
nombre masculino   **1** Venda o conjunto de vendas alrededor de una parte del cuerpo para impedir que la movamos o para tapar una herida. Antes de poner el vendaje en una herida hay que lavarla bien.

vendar
verbo   **1** Poner una venda alrededor de una parte del cuerpo.

vendaval
nombre masculino   **1** Viento muy fuerte. Un vendaval arrastra las cosas que hay en el suelo.

vendedor, vendedora
nombre   **1** Persona que se dedica a vender cosas. ⚔ comprador.

vender
verbo   **1** Dar una cosa a cambio de una cantidad de dinero. Los grandes almacenes venden todo tipo de productos. ⚔ comprar.

2 venderse Aceptar dinero o favores para hacer algo incorrecto que beneficia a alguien en una competición: *Ese árbitro se ha vendido, está pitando siempre en contra de nosotros.*

vendimia
nombre femenino   **1** Actividad que consiste en recoger la uva cuando ya está madura. También es el tiempo en el que se recoge la uva, que suele ser en septiembre.

veneno
nombre masculino   **1** Sustancia que causa la muerte de un ser vivo si se introduce en su cuerpo o se aplica sobre él. Las serpientes tienen veneno para matar a sus presas. Algunos venenos no causan la muerte, pero provocan dolores o problemas en el organismo.

venenoso, venenosa
adjetivo   **1** Que tiene veneno y puede matar o hacer daño a un ser vivo. Algunas setas son venenosas.

venezolano, venezolana
adjetivo y nombre   **1** Se dice de la persona o cosa que es de Venezuela, país de América del Sur.

venganza
nombre femenino   **1** Acción que consiste en vengar una persona a otra o en vengarse del daño producido por otra.

vengar
verbo   **1** Causar una persona un daño a otra como respuesta al daño que esta persona ha causado antes. Muchas personas sienten el deseo de vengarse cuando han sido engañadas o maltratadas: *En la película, el protagonista se venga de los que mataron a su padre.* 👁 Se escribe 'gu' delante de 'e', como: venguemos.

vengativo, vengativa
adjetivo   **1** Se dice de la persona que quiere vengarse cuando se le causa algún daño, incluso cuando no es un gran daño. A las personas vengativas les cuesta mucho perdonar a los demás.

venidero, venidera
adjetivo   **1** Que va a venir o a ocurrir en el futuro. Los años venideros son los próximos años.

V

V
verbo

venir

1 Ir o moverse hacia donde está la persona que habla.
2 Tener algo origen en otra cosa o en un lugar. *El azúcar viene de la caña; los franceses vienen de Francia.*
3 Empezar a tener algo, como un sentimiento, una idea, una sensación o un deseo. *Nos puede venir un mareo, hambre, sueño o ganas de hacer algo.*
4 Estar situada una cosa que forma parte de una serie o de un grupo después de otra. *Mayo viene después de abril.*
5 Convenir o resultar una cosa adecuada: *A esa hora me viene mal ir a tu casa, tengo que ir al médico.*
6 Quedarle la ropa a una persona de la forma que se dice a continuación: *Esta camisa me viene ancha.*

7 Estar algo escrito o impreso en un libro, una revista o un periódico: *Mi teléfono viene en la guía.*
8 Venderse una cosa con lo que se dice a continuación: *El juego viene con pilas incluidas.*
9 Estar haciendo lo que se indica durante cierto tiempo: *Viene jugando a la lotería desde hace diez años.* Se utiliza seguido de un verbo en gerundio.

interjección **10** ¡**venga**! Se usa para animar o para meter prisa a una persona: *¡Venga, que no llegamos!*
11 ¡**venga**! Se usa para indicar rechazo o fastidio o para decir que no se cree lo que se nos dice: *¡Venga!, déjame trabajar en paz. ¡Venga ya, mentiroso!*
venir a Ser una cosa parecida o aproximada a lo que se dice. Si una cosa viene a ser lo mismo que otra, es más o menos igual: *Viene a costar unas mil pesetas.*

venir

INDICATIVO	SUBJUNTIVO
presente	**presente**
vengo	venga
vienes	vengas
viene	venga
venimos	vengamos
venís	vengáis
vienen	vengan
pretérito imperfecto	**pretérito imperfecto**
venía	viniera *o* viniese
venías	vinieras *o* vinieses
venía	viniera *o* viniese
veníamos	viniéramos *o* viniésemos
veníais	vinierais *o* vinieseis
venían	vinieran *o* viniesen
pretérito indefinido	**futuro**
vine	viniere
viniste	vinieres
vino	viniere
vinimos	viniéremos
vinisteis	viniereis
vinieron	vinieren

futuro	**IMPERATIVO**	
vendré	ven	(tú)
vendrás	venga	(usted)
vendrá	venid	(vosotros)
vendremos	vengan	(ustedes)
vendréis		
vendrán		

condicional	**FORMAS NO PERSONALES**	
vendría		
vendrías	**infinitivo**	**gerundio**
vendría	venir	viniendo
vendríamos	**participio**	
vendríais	venido	
vendrían		

venta
nombre femenino

1 Entrega de un producto a cambio de una cantidad de dinero. *Las inmobiliarias se dedican a la venta de pisos.* ⚔ compra. ☚600
2 Cantidad de cosas que se venden. *Las empresas hacen publicidad para aumentar sus ventas.*

ventaja
nombre femenino

1 Característica que hace que una cosa sea mejor que otra con la que se compara. *Vivir en la ciudad tiene ventajas e inconvenientes.* ⚔ desventaja; inconveniente.
2 Cosa buena que tiene algo, normalmente mejor que otras cosas del mismo tipo: *Si compra en nuestra tienda obtendrá muchas ventajas: calidad, precio y servicio.*
3 Distancia o puntos que separan a un competidor de otro que va detrás: *El líder saca tres minutos de ventaja al segundo corredor.*

ventajoso, ventajosa
adjetivo

1 Que tiene o supone alguna ventaja o beneficio. *Una primavera lluviosa es ventajosa para el campo.*

ventana
nombre femenino

1 Abertura hecha en una pared que sirve para dar luz y ventilación

al interior de un edificio o una habitación. Las ventanas se construyen a cierta altura del suelo.
2 Marco de madera o metal, con una o más hojas y con cristales, que tapa el hueco de la ventana de una pared. Cuando hace mucho calor abrimos las ventanas.
3 Cada uno de los dos agujeros de la nariz. Las ventanas nasales limpian el aire que entra por la nariz y va a los pulmones. ⚭ fosa.
4 Recuadro que aparece en la pantalla del ordenador al trabajar con ciertos programas. Puede haber varias ventanas abiertas a la vez. ✍ 396

ventanal
nombre masculino **1** Ventana muy grande en la pared de un edificio. En los salones de algunas casas hay ventanales para que entre mucha luz.

ventanilla
nombre femenino **1** Ventana pequeña de un coche, autobús, tren o avión.
2 Abertura pequeña que hay en una pared o una taquilla a través de la cual los empleados atienden al público en oficinas, bancos, estaciones o campos de fútbol.

ventilador
nombre masculino **1** Aparato con aspas que giran y mueven el aire y sirve para ventilar o bajar la temperatura de un lugar cerrado. El ventilador de un motor enfría el agua cuando pasa por el radiador.

ventilar
verbo **1** Hacer que circule, entre o se renueve el aire en un lugar. Conviene abrir las ventanas de la habitación por las mañanas para que se ventile. ⚭ airear.
2 Sacar algo al aire libre para que se le vaya el olor, la humedad o el polvo. ⚭ airear.
3 ventilarse Hacer algo muy deprisa o resolver un asunto con mucha rapidez. Cuando un libro nos gusta mucho nos lo ventilamos en tres días.

ventisca
nombre femenino **1** Tormenta de viento o de viento y nieve; es frecuente en los puertos y las gargantas de montaña.

ventosa
nombre femenino **1** Objeto redondo de goma que se pega a una superficie lisa al presionarlo contra ésta y producirse el vacío en su interior. Algunos juguetes tienen ventosas para poder pegarlos a los cristales.

ventosa

2 Órgano que tienen ciertos animales en la boca o en las extremidades y que les permite sujetarse con fuerza a una superficie. Los pulpos se sujetan a las rocas con las ventosas de los tentáculos.

ventoso, ventosa
adjetivo **1** Se dice del lugar o el tiempo en que hace mucho viento.

ventrículo
nombre masculino **1** Hueco o cavidad que hay en el corazón. Hay cuatro cavidades dentro del corazón: dos ventrículos en la parte de abajo, y dos aurículas en la parte de arriba. De los ventrículos sale la sangre que va por las arterias.

ventrílocuo, ventrílocua
nombre **1** Persona que sabe hablar sin mover los labios para que no se note que es ella la que habla. Hay ventrílocuos que tienen muñecos y hacen espectáculos en los que parece que los muñecos hablan.

ver
verbo **1** Percibir las cosas con el sentido de la vista. Sin luz no es posible ver.
2 Entender o darse cuenta de algo. Cuando vemos que nos hemos equivocado lo mejor es rectificar: *Ya veo lo que quieres decir.*
3 Considerar o juzgar de una manera determinada. Cada uno tiene su forma de ver las cosas, por eso se tienen opiniones diferentes.
4 Visitar o encontrarse con una

V
—
V

persona. Cuando alguien está en un hospital, la familia y amigos van a verlo y le llevan algún regalo.

5 Imaginar a una persona en una situación determinada: *Como no trabaje más, lo veo estudiando para septiembre.*

a ver Expresión que se usa para llamar la atención de alguien u ordenarle algo. También se usa para expresar curiosidad: *¡A ver!, cuéntame qué te pasa. ¡A ver!, los de la primera fila, que vengan.*

ver

INDICATIVO	SUBJUNTIVO
presente	**presente**
veo	vea
ves	veas
ve	vea
vemos	veamos
veis	veáis
ven	vean
pretérito imperfecto	**pretérito imperfecto**
veía	viera o viese
veías	vieras o vieses
veía	viera o viese
veíamos	viéramos o viésemos
veíais	vierais o vieseis
veían	vieran o viesen
pretérito indefinido	**futuro**
vi	viere
viste	vieres
vio	viere
vimos	viéremos
visteis	viereis
vieron	vieren
futuro	**IMPERATIVO**
veré	
verás	ve (tú)
verá	vea (usted)
veremos	ved (vosotros)
veréis	vean (ustedes)
verán	
condicional	**FORMAS NO PERSONALES**
vería	
verías	**infinitivo** **gerundio**
vería	ver viendo
veríamos	**participio**
veríais	visto
verían	

veraneante
nombre masculino y femenino **1** Persona que está en un lugar pasando las vacaciones de verano.

veranear
verbo **1** Pasar las vacaciones de verano en un lugar diferente del domicilio habitual.

veraneo
nombre masculino **1** Vacaciones de verano, cuando se pasan en un lugar diferente del domicilio habitual.

veraniego, veraniega
adjetivo **1** Del verano o que tiene relación con él. La ropa veraniega suele ser muy ligera.

verano
nombre masculino **1** Estación del año que va después de la primavera y antes del otoño. Es la época del año en que hace más calor y en el hemisferio norte empieza el 21 de junio y termina el 21 de septiembre. ☞ 599

verbal
adjetivo **1** De las palabras o que se expresa con palabras. Los hombres se comunican mediante el lenguaje verbal y el no verbal o gestual.
2 Que se hace sólo de palabra y no por escrito. Un contrato verbal se hace de palabra, sin firmar ningún papel.
3 Del verbo o que tiene relación con él. El pretérito imperfecto es un tiempo verbal.

verbena
nombre femenino **1** Fiesta al aire libre con música que se celebra por la noche en pueblos o barrios.

verbo
nombre masculino **1** Clase de palabras que expresa la acción que realiza el sujeto o un estado del sujeto; los verbos se conjugan y cambian su forma según el tiempo, el modo, la persona y otros aspectos. 'Estar', 'beber' y 'dormir' son verbos.

verdad
nombre femenino **1** Cosa que se dice o se piensa que se corresponde con la realidad. Una noticia es verdad cuando cuenta exactamente lo que pasó, sin inventar nada.
2 Cosa negativa que se le dice a una persona de forma clara y directa, normalmente para corregirla o regañarla: *Cuando lo vea le voy a decir cuatro verdades.*
de verdad Se dice de lo que es auténtico o real, tal y como ha de ser. Los amigos de verdad son los que nunca te dejan de lado: *Yo*

quería una moto de verdad, no una de juguete.

de verdad Se usa para indicar que una cosa que se dice es completamente cierta o que se dice seria o sinceramente: *De verdad, iré por la mañana.*

verdadero, verdadera

adjetivo **1** Se dice de lo que es verdad. No se sabe si un rumor es verdadero hasta que se confirma que es completamente cierto.
2 Se dice de la persona o de la cosa que es realmente lo que se dice de ella. Se dice de alguien que es un verdadero amigo cuando realmente lo es.

verde

nombre masculino y adjetivo **1** Color como el del césped o la lechuga. La mezcla de amarillo y azul da verde. Algunos tonos de verde son parecidos al color verde de algunas cosas, por eso decimos verde botella, verde manzana o verde mar.

adjetivo **2** Se dice de la fruta que todavía no está madura. La fruta muy verde tiene un sabor amargo y puede hacer daño al estómago. ✻ maduro.
3 Se dice de la planta o parte de la planta que no está seca y todavía tiene savia. ✻ seco.
4 Se dice de una zona pública de la ciudad con árboles o plantas, como un parque, en la que no hay edificaciones.
5 Indica que una persona está poco preparada para hacer algo: *Todavía está verde para dirigir el equipo.*
6 Se dice de los chistes relacionados con el sexo: *Este humorista nunca cuenta chistes verdes.*

nombre y adjetivo **7** Persona o grupo que defiende la naturaleza y protege el medio ambiente. ✻ ecologista.

poner verde Criticar o hablar mal de alguien o algo.

verdoso, verdosa

adjetivo **1** De color parecido al verde o con un tono verde. Cuando el agua de una piscina está muy sucia se ve verdosa.

verdugo

nombre masculino **1** Persona encargada de matar a las personas condenadas a muerte por la justicia de algunos estados o países.
2 Gorro de lana que cubre toda la cabeza y el cuello dejando la cara al descubierto. ✻ pasamontañas.

verdulería

nombre femenino **1** Tienda en la que se vende verdura y otros productos de huerta.

verdura

nombre femenino **1** Planta comestible que se cultiva en las huertas, en especial la que se come cocida. Las acelgas y las espinacas son verduras.

veredicto

nombre masculino **1** Decisión final de un tribunal de justicia que está juzgando a una persona. El veredicto dice si un acusado es culpable o inocente.

vergonzoso, vergonzosa

adjetivo **1** Que es malo o desagradable y produce vergüenza: *Fue vergonzoso ver cómo se peleaban y se insultaban.*
2 Que siente vergüenza y no se atreve a hacer o decir cosas delante de otras personas: *Es muy vergonzoso y no le gusta que lo vean desnudo.* ✻ tímido.

vergüenza

nombre femenino **1** Sentimiento desagradable que se siente cuando se hace el ridículo o se comete una falta sin querer: *Entró corriendo y se cayó delante de todos, ¡no veas qué vergüenza pasó!*
2 Sentimiento que hace que una persona no se atreva a hacer determinadas cosas delante de otra porque cree que se puede reír o pensar mal de ella. Muchos niños pequeños sienten vergüenza delante de extraños: *Me da vergüenza decirle que me gusta.* ✻ timidez.
3 Cosa que causa mucho enfado o rechazo porque se considera que no debería ocurrir o porque ofende o molesta: *Es una vergüenza que la playa esté tan sucia.*
4 Persona que ha hecho algo que hace que otra persona se aver-

V

V
nombre femenino plural

güence y se sienta mal por lo que ha hecho: *Es la vergüenza de la familia.*

5 vergüenzas Órganos sexuales externos de una persona. Es un uso familiar.

verídico, verídica
adjetivo

1 Se dice de lo que es verdad o se corresponde con la realidad. Los periódicos comprueban que las noticias sean verídicas: *Parece de broma, pero lo que te cuento es verídico.*

verificar
verbo

1 Hacer las operaciones necesarias para confirmar si es verdad o exacto un resultado o si es correcto el funcionamiento de una cosa. Cuando resolvemos un problema de matemáticas, conviene repasarlo para verificar que está bien: *Mira otra vez el motor y verifica que funciona correctamente.* ✖ comprobar.
👁 Se escribe 'qu' delante de 'e', como: verifique.

verja
nombre femenino

1 Reja de hierro que se usa para cerrar un lugar o se pone en las ventanas o puertas para seguridad o como adorno. Muchos jardines tienen una verja alrededor.

verosímil
adjetivo

1 Se dice de una historia que se puede creer porque lo que se dice es posible. Las historias de dragones y ogros no son verosímiles. ✖ inverosímil.

verruga
nombre femenino

1 Bulto redondo, pequeño y arrugado que sale en la piel. A mucha gente le salen verrugas en los dedos de las manos.

versión
nombre femenino

1 Cada una de las diferentes formas en que puede presentarse o adaptarse una obra, un tema artístico o musical. En el cine se han hecho numerosas versiones del personaje de Drácula.
2 Traducción de una obra escrita. Para que podamos leer los cuentos de los hermanos Grimm, existen versiones en castellano.

3 Modos diferentes de contar un mismo hecho según las personas o el punto de vista: *Su versión es que la culpa es mía, pero deja que te cuente mi versión.*
👁 El plural es: versiones.

verso
nombre masculino

1 Palabra o conjunto de palabras que forma una línea de una poesía. Los poemas están escritos en verso. ✖ prosa.

vértebra
nombre femenino

1 Cada uno de los huesos que forman la columna vertebral.

vertebrado, vertebrada
adjetivo y nombre masculino

1 Se dice del animal que tiene un esqueleto con un eje central formado por vértebras. ✖ invertebrado.

vertebral
adjetivo

1 Que está relacionado con las vértebras. La columna vertebral recorre la espalda de las personas de la cabeza al trasero.

vertedero
nombre masculino

1 Lugar donde se tiran las basuras, escombros u otros desperdicios de una población. Los vertederos están situados en las afueras de la ciudad. ✖ basurero.

vertical
adjetivo y nombre femenino

1 Se dice de la línea u objeto que forma un ángulo recto con una superficie plana como el suelo o el horizonte. Los rascacielos tienen una posición vertical respecto al suelo; en los crucigramas hay palabras escritas en horizontal y en vertical.

vértice
nombre masculino

1 Punto en el que coinciden dos o más líneas. Un triángulo tiene tres vértices.

vertiginoso, vertiginosa
adjetivo

1 Que causa vértigo o sensación de pérdida del equilibrio. Algunas atracciones de feria van a una velocidad vertiginosa.

vértigo
nombre masculino

1 Sensación de pérdida del equilibrio o de que el propio cuerpo y los objetos dan vueltas se suele padecer a gran altura. Las personas que sienten vértigo no pueden asomarse a un precipicio, porque pueden perder el equilibrio y caerse.

vestíbulo

nombre masculino   **1** Parte de una casa o edificio que se encuentra junto a la puerta principal y que se usa para recibir a los que llegan. ✖ recibidor.

vestido

nombre masculino   **1** Prenda de vestir femenina de una sola pieza en la que el cuerpo y la falda están cosidos.

vestir

verbo   **1** Poner o llevar ropa encima del cuerpo: *A los niños pequeños hay que vestirlos. Casi siempre viste de amarillo.*
2 Resultar elegante o adecuado, especialmente una prenda de vestir, un calzado o un complemento de vestir: *Una flor o un broche en la solapa visten mucho.*
3 Hacer o comprar la ropa a alguien: *Mi tía era modista y nos vestía a todos cuando éramos pequeños.*
👁 Se conjuga como: servir; la 'e' se convierte en 'i' en algunos tiempos y personas, como: visto.

vestuario

nombre masculino   **1** Conjunto de prendas de vestir de una persona. Cuando llega la primavera guardamos en el armario el vestuario de invierno.
2 Conjunto de trajes que usan los actores en una película o espectáculo.
3 Lugar preparado para cambiarse o guardar la ropa en instalaciones deportivas, teatros u otros lugares. Durante el descanso de un partido, el entrenador habla con los jugadores en el vesturario.

veta

nombre femenino   **1** Masa de mineral que rellena una grieta o abertura de una formación rocosa y que suele ser objeto de explotación en minería. En Sudáfrica hay muchas vetas de oro y diamantes. ✖ filón.
2 Lista o franja de distinto color o materia que destaca en una superficie o producto. La madera de pino tiene vetas de tonos más claros; el jamón más sabroso tiene algunas vetas de grasa.

veterano, veterana

adjetivo y nombre   **1** Se dice de la persona que lleva mucho tiempo desempeñando una actividad o una profesión y por eso tiene mucha experiencia en ella. También son veteranas las personas de bastante edad que realizan una actividad con otras más jóvenes.
2 Se dice del soldado o del militar que lleva mucho tiempo sirviendo en el ejército o ha participado en la guerra o acontecimiento similar y por tanto se considera que tiene mucha experiencia en asuntos militares.

veterinario, veterinaria

nombre   **1** Persona que trata y cura a los animales enfermos.

vez

nombre femenino   **1** Ocasión o momento en que se realiza o se repite una acción: *Viene tres veces a la semana. Aquella vez no vino.*
2 Momento en el que a una persona le corresponde hacer algo: *Esta vez te toca a ti.* ✖ turno.
3 Puesto que le corresponde a una persona en una cola. Cuando hay mucha gente en las tiendas se debe pedir la vez.
a la vez Al mismo tiempo. Cuando varias personas hablan a la vez no hay forma de entenderse.
a veces Indica que algo ocurre en algunas ocasiones pero no siempre ni habitualmente: *A veces vamos todos al cine.*
de una vez De manera definitiva, sin esperar más: *Dime ya de una vez lo que te pasa.*
de vez en cuando En algunas ocasiones, generalmente pocas: *De vez en cuando van al teatro pero prefieren el cine.*
en vez de Indica que se prefiere una cosa distinta de la que se dice a continuación: *En vez de un refresco, prefiero leche.*
tal vez Se utiliza cuando algo es posible, pero no se tiene total seguridad: *Tal vez vaya, pero no sé si podré.* ✖ quizá.
👁 El plural es: veces.

V

v

vía
nombre femenino **1** Camino por donde circula el tren. La vía está formada por dos barras de hierro paralelas. ✐400
2 Camino que conduce a un lugar. Las calles y las carreteras son vías públicas.
3 Lugar o sistema a través del que se hace algo. Los medicamentos que se toman por vía oral se toman por la boca; las imágenes de televión las recibimos vía satélite.
4 Procedimiento que sirve para hacer algo o conseguir una cosa. La mejor manera de solucionar problemas entre países es por la vía de la negociación: *El acuerdo llegó por la vía del diálogo.*
en vías de Que está en el camino hacia un objetivo. Los países en vías de desarrollo procuran dirigir su economía para alcanzar un mayor nivel económico.
vías respiratorias Conductos del cuerpo de las personas o de los animales por donde pasa el aire que se respira.

viajante
nombre masculino y femenino **1** Persona que viaja a muchas ciudades para vender los productos de su empresa.

viajar
verbo **1** Ir de un lugar a otro usando algún medio de transporte. Se viaja a sitios que están lejos; unos viajan por vacaciones, otros por trabajo.

viaje
nombre masculino **1** Movimiento que se hace al ir de un lugar a otro usando un medio de transporte. En vacaciones la gente suele hacer viajes.
2 Cada una de las veces que se recorre un camino para ir a algún sitio. Los aviones hacen varios viajes al día: *Yo ya he hecho tres viajes a la cocina, ahora te toca ir a ti.*

viajero, viajera
nombre **1** Persona que viaja. En las estaciones de tren siempre hay viajeros esperando su tren.

vial
adjetivo **1** Se dice de la cosa que está relacionada con el tráfico o con la circulación. Una buena educación vial de los ciudadanos evita muchos accidentes.

víbora
nombre femenino **1** Serpiente venenosa que tiene la cabeza triangular; normalmente no son muy grandes y tienen la piel gris con manchas oscuras. En España hay muchas especies distintas.
2 Persona que habla mal de los demás, normalmente con mala intención.

vibración
nombre femenino **1** Conjunto de movimientos pequeños y rápidos de un lado a otro que hace algo al vibrar. Si tocamos la cuerda de una guitarra, se produce una vibración en la cuerda.
👁 El plural es: vibraciones.

vibrar
verbo **1** Moverse algo con movimientos pequeños y muy rápidos. Vibran cosas que están tensas, como una cuerda de guitarra; también vibra una cosa que está bien equilibrada cuando recibe un golpe o unas ondas fuertes: vibra una casa cuando pasa el tren, vibra el suelo cuando hay un terremoto.

viceversa
adverbio **1** Al revés de como se dice o cambiando el orden de lo que se acaba de decir. Si un tren va de Sevilla a Madrid y viceversa, quiere decir que va de Sevilla a Madrid y de Madrid a Sevilla.

vicio
nombre masculino **1** Costumbre mala o negativa que tiene una persona y que resulta muy difícil de dejar. Fumar y beber alcohol son vicios muy malos para la salud.
2 Forma de ser o de comportarse mal y en contra de la moral. ⚔ virtud.
3 Costumbre de una persona que resulta desagradable para otra: *Tiene el feo vicio de morderse las uñas. Me molesta su vicio de dejar todas las luces encendidas.*
4 Afición o cosa que gusta mucho y se hace con mucha frecuencia: *Leer es mi vicio.*

vicioso, viciosa

adjetivo

1 Se dice de la persona que tiene un vicio negativo. A veces es muy negativo, entonces vicioso indica que alguien se comporta de forma inmoral.

víctima

nombre femenino

1 Persona que sufre algún daño por la causa que se dice. Es una víctima la persona que muere de forma violenta o que sufre grandes daños por un accidente o un desastre natural. También es una víctima la persona que sufre algo negativo, como un atraco o una guerra. ☞ 797

victoria

nombre femenino

1 Acción que resulta de vencer una persona o grupo de personas a su adversario en una lucha o en una competición. En un partido, obtiene la victoria quien consigue el mejor resultado.
cantar victoria Mostrar alegría y decir que se ha ganado: *Hasta que no tengas el triunfo seguro no cantes victoria.*

victorioso, victoriosa

adjetivo

1 Se dice de la persona o grupo de personas que han conseguido la victoria en una lucha o una competición.

vid

nombre femenino

1 Planta que produce la uva. El tronco es retorcido y la vid puede ser baja o trepar por algún sitio. Si trepa, también se llama parra.

vida

nombre femenino

1 Aquello que tienen las personas, los animales y las plantas y que hace que nazcan y se reproduzcan.
2 Periodo de tiempo que va desde el nacimiento hasta la muerte de una persona o un animal. ☞ 600
3 Periodo de tiempo que dura una cosa. La vida de un coche es cada vez mayor.
4 Conjunto de cosas que se necesitan para vivir, como la vivienda, los alimentos o la ropa: *La vida es cada vez más cara. Se gana la vida con la tienda.*
5 Modo o manera de vivir: *Lleva una vida muy dura. Le gusta la bue-*

na vida. Llevó una vida de aventuras.
6 Cualquier cosa que hace interesante o posible la existencia de una persona o de un lugar. Para muchas personas sus hijos son su vida; el turismo es la vida de muchos pueblos de la costa.
7 Energía, fuerza o animación de una persona o una cosa. Un niño con mucha vida es un niño que se mueve mucho y está siempre alegre: *Es una persona llena de vida.*
de toda la vida Desde siempre: *Somos amigos de toda la vida.*
en la vida En ningún momento antes: *En la vida había visto algo así, parece increíble.* ✖ nunca.
hacer la vida imposible Molestar a una persona de forma continuada.
pasar a mejor vida Morir una persona.

vídeo

nombre masculino

1 Sistema de grabación de imágenes y sonidos que puede reproducirse en la televisión.
2 Película hecha por este sistema de grabación. Los vídeos familiares recogen momentos que nos gusta recordar.
3 Aparato que sirve para grabar imágenes de la televisión o reproducir en la pantalla películas de vídeo. Grabamos un programa de la televisión con el vídeo para guardarlo y verlo en otro momento.

videoclip

nombre masculino

1 Película de vídeo en la que se ponen imágenes a una canción. Los grupos musicales hacen videoclips de sus canciones para la televisión.
👁 El plural es: videoclips.

videoclub

nombre masculino

1 Establecimiento en el que se pueden comprar, alquilar y cambiar películas de vídeo.
👁 El pluras es: videoclubes.

videojuego

nombre masculino

1 Juego que se practica en una pantalla de televisión. Los videojuegos vienen en una casete o en un disquete que se mete en una máquina especial llamada consola

V

V

o en un ordenador que los reproducen en la pantalla de televisión.

videoteca

nombre femenino **1** Colección de vídeos grabados y lugar en el que se guardan. En unos estudios de televisión suele haber un espacio reservado para la videoteca.

vidrio

nombre masculino **1** Material duro, fácil de romper y, normalmente, transparente. El vidrio se utiliza para fabricar muchos objetos, como ventanas, vasos y platos. ✱ cristal.

viejo, vieja

adjetivo y nombre **1** Se dice de la persona o animal que tiene una edad avanzada. ✱ anciano. ✱ joven.

adjetivo **2** Que hace mucho tiempo que existe o que ha sucedido: *Los une una vieja amistad. Es una canción vieja.* ✱ antiguo. ✱ nuevo.
3 Se dice de las cosas que están gastadas o estropeadas por el uso, como la ropa. ✱ nuevo.

nombre **4** Padre o madre de una persona. Es un uso informal.

viento

nombre masculino **1** Aire en movimiento por causas naturales. Los barcos de vela se mueven empujados por el viento.
de viento Un instrumento de viento es el que produce música al soplar por él. La trompeta y el clarinete son instrumentos de viento.
viento en popa Algo va viento en popa cuando sale muy bien, sin problemas y con buena suerte: *El negocio va viento en popa.*

vientre

nombre masculino **1** Parte del cuerpo de las personas y los animales entre el pecho y las piernas. Dentro del vientre están los órganos más importantes de los aparatos digestivo y urinario. ✱ barriga; tripa.

viernes

nombre masculino **1** Quinto día de la semana. 👁 El plural es: viernes.

viga

nombre femenino **1** Objeto alargado de madera u hormigón que se pone horizontal en las construcciones para construir un edificio o sostener su techo. ✎394

vigente

adjetivo **1** Se dice de las leyes, normas o costumbres que están en uso. Una ley permanece vigente mientras otra nueva no la anule.

vigilancia

nombre femenino **1** Acción que consiste en vigilar o prestar mucha atención a una persona o cosa. La vigilancia es una de las tareas de los guardas de seguridad.

vigilante

nombre masculino y femenino **1** Persona encargada de vigilar un lugar. Suele haber vigilantes en aparcamientos, bancos y aeropuertos.

vigilar

verbo **1** Observar a una persona o una cosa y estar muy atento para que no sufra algún daño o no lo produzca. Los socorristas vigilan que nadie se ahogue.

villa

nombre femenino **1** Población grande o pequeña que antiguamente gozaba de privilegios. Madrid tiene el título de villa.
2 Casa muy grande y lujosa con jardín, en especial la que está en el campo.

villancico

nombre masculino **1** Canción popular que se canta en Navidad.

villano, villana

adjetivo y nombre **1** Se dice de la persona que es muy mala o cruel. Los malos de las películas son villanos.

vinagre

nombre masculino **1** Líquido de sabor agrio y fuerte que se usa para darle sabor a algunas comidas. El vinagre se obtiene normalmente del vino.

vinagrera

nombre femenino **1** Recipiente que se utiliza para guardar el vinagre y servirlo en la mesa.

nombre femenino plural **2 vinagreras** Conjunto de dos recipientes para sacar a la mesa el aceite y el vinagre. ✎793

vinagreta

nombre femenino **1** Salsa fría hecha con cebolla, huevo duro, vegetales picados, aceite y vinagre; se usa mucho para acompañar ensaladas o mariscos.

vínculo

nombre
masculino

1 Unión firme entre dos o más personas. Cuando dos personas se divorcian rompen el vínculo matrimonial; los vínculos de la amistad son fuertes y duraderos.

vino

nombre
masculino

1 Bebida alcohólica que se obtiene de la uva. Hay tres tipos de vino según su color: blanco, tinto y rosado.

viña

nombre
femenino

1 Terreno en que se cultivan vides para recoger la uva. ⁂ viñedo.

viñedo

nombre
masculino

1 Terreno extenso en el que se cultiva la uva. ⁂ viña.

viñeta

nombre
femenino

1 Recuadro que encierra un dibujo que, junto con otros, forma la historieta de un tebeo o un cómic. Cada viñeta representa una situación.

viola

nombre
femenino

1 Instrumento musical de cuerda parecido al violín, pero de mayor tamaño y sonido más grave. ✒536

violáceo, violácea

adjetivo

1 De color parecido al violeta o con un tono violeta.

violación

nombre
femenino

1 Acción de obligar por la fuerza a una persona a mantener relaciones sexuales. La violación es un delito grave.
2 Acción contraria a una ley o norma. La ONU lucha para evitar la violación de los derechos humanos.
👁 El plural es: violaciones.

violador, violadora

nombre

1 Persona que obliga a otra a mantener relaciones sexuales por la fuerza.

violar

verbo

1 Obligar por la fuerza a una persona a mantener relaciones sexuales.
2 Actuar en contra de lo que dice una ley. Los delincuentes son personas que violan la ley. ⁂ infringir.

violencia

nombre
femenino

1 Uso de la fuerza física para hacer daño a los demás o a uno mismo. Hay mejores medios que la violencia para conseguir las cosas.
2 Fuerza muy grande con la que se hace o sucede una cosa. La lluvia puede caer con mucha violencia; el viento puede soplar con violencia.

violento, violenta

adjetivo
y nombre

1 Que utiliza la fuerza física para hacer daño. Las personas violentas son agresivas y difíciles de tratar.

adjetivo

2 Que ocurre con mucha fuerza. Las tormentas de verano suelen ser violentas.
3 Se dice de la situación que hace que una persona se sienta muy incómoda: *Es muy violento perdirle ese favor, porque no somos muy amigos.*

violeta

nombre
femenino

1 Planta silvestre que tiene una flor pequeña de color morado claro. La flor también se llama violeta. ✒598

nombre
masculino
y adjetivo

2 Color claro como el de la violeta. El violeta tiene más rojo que azul.

violín

nombre
masculino

1 Instrumento musical de cuerda que se toca sujetándolo con el hombro y la barbilla y frotando las cuerdas con un arco. Tiene una caja de resonancia de madera con dos aberturas en forma de S, un mástil pequeño y cuatro cuerdas; el sonido es agudo. ✒536

violinista

nombre
masculino
y femenino

1 Persona que toca el violín. En la orquesta es normal que haya varios violinistas.

violón

nombre
masculino

1 Instrumento musical de cuerda de gran tamaño; tiene la misma forma que un violonchelo y el sonido más grave. Para tocarlo, el violón y el músico están de pie. ⁂ contrabajo.

violonchelo

nombre
masculino

1 Instrumento musical de cuerda más grande que la viola y más pequeño que el contrabajo. Tiene cuatro cuerdas que se tocan con un arco. Para tocarlo, el violonchelo

V
──
V

virar

se coloca de pie apoyado en el suelo y el músico está sentado. 🖙 536

verbo **1** Cambiar la dirección que llevaba un vehículo o una embarcación: *El coche viró a la derecha.*

virar

virgen

adjetivo **1** Se dice de la persona que nunca ha realizado el acto sexual.

nombre femenino **2** En la religión cristiana, madre de Jesucristo. La Virgen se llamaba María. En esta acepción se escribe con mayúscula.

adjetivo **3** Que no ha sido cambiado ni transformado por nadie. El aceite de oliva no refinado es virgen; una cinta de casete virgen está sin usar.
👁 El plural es: vírgenes.

vírico, vírica

adjetivo Se dice de las enfermedades producidas por algún tipo de virus.

virgo

nombre masculino **1** Sexto signo del zodiaco. Con este significado se escribe con mayúscula.

nombre masculino y femenino **2** Persona nacida bajo el signo de Virgo, entre el 24 de agosto y el 23 de septiembre.

virtual

adjetivo **1** Que parece que es lo que se dice, pero todavía no se sabe si lo es: *Es el virtual ganador de las elecciones, pero falta la confirmación oficial.*
2 Que parece que existe, pero no es real. Los ordenadores pueden crear imágenes de realidad virtual: parece que la persona esté dentro de ellas y sean reales, pero no lo son.

virtud

nombre femenino **1** Cualidad buena que tiene una persona. La sinceridad, la honestidad y la amabilidad son virtudes.
2 Poder que tiene una cosa o una persona para hacer algo bueno. Algunas plantas tienen virtudes medicinales: *Tiene la virtud de hacerme reír siempre.*

viruela

nombre femenino **1** Enfermedad contagiosa que produce fiebre alta y ampollas con pus que, si se tocan, pueden dejar una marca en la piel: *A los niños se les vacuna contra la viruela.*

virus

nombre masculino **1** Microbio que causa ciertas enfermedades, como la gripe, el sarampión o la viruela.
2 Programa informático que daña los datos o los programas del ordenador en el que se introduce.

viruta

nombre femenino **1** Tira delgada y enrollada que sale de la madera, el metal u otro material. Los suelos de las carpinterías suelen estar siempre llenos de virutas; se puede cortar el jamón o el queso muy fino, como virutas.

viscoso, viscosa

adjetivo **1** Se dice de los líquidos muy espesos y pegajosos, como la miel o algunos jarabes.

visera

nombre femenino **1** Pieza plana y semicircular que está cosida a la parte delantera de una gorra. La visera protege la vista del sol.
2 Pieza de plástico transparente que llevan algunos cascos en la parte delantera y que sirve para proteger la cara del aire y la lluvia.

visibilidad

nombre femenino **1** Posibilidad de ver en un lugar a larga distancia. La niebla y la oscuridad disminuyen la visibilidad.

visible

adjetivo **1** Que se puede ver desde algún lugar. Algunas estrellas sólo son visibles con la ayuda de un telescopio; la publicidad se pone en lugares visibles.

visillo
nombre masculino
1 Cortina de tela fina y casi transparente que se pone en una ventana para dejar pasar la luz e impedir que el interior se vea desde fuera.

visión
nombre femenino
1 Capacidad de ver a través de los ojos. Los ópticos tratan los problemas de la visión.
2 Imagen que se percibe a través de la vista. La visión de cosas bellas constituye un placer para los sentidos.
3 Cosa que creemos ver como si fuera real, pero que no existe realmente. Una enfermedad o un medicamento fuerte pueden provocar visiones. ※ alucinación.
4 Forma de ver y comprender las cosas. Las personas debemos ser optimistas y tener una visión positiva de la vida.
5 Opinión o punto de vista que se tiene sobre alguna cosa. Es difícil que personas con distinta visión sobre un asunto se pongan de acuerdo.

visita
nombre femenino
1 Desplazamiento que se hace a un lugar para ver a una persona o una cosa. Podemos hacer una visita a la familia, a un museo o a una ciudad.
2 Persona o conjunto de personas que van a ver a alguien. Los enfermos suelen recibir visitas en el hospital.
pasar visita Atender el médico a los pacientes. Los médicos pasan visita en su consulta o en el hospital.

visitante
nombre masculino y femenino
1 Persona que visita a otra persona o un lugar. París es una ciudad que recibe muchos visitantes.

visitar
verbo
1 Ir a un lugar para ver a una persona y estar un rato con ella: *El sábado fuimos a visitar a mis tíos.*
2 Ir a un lugar o un monumento para conocerlo. Muchas personas visitan las pirámides de Egipto.

víspera
nombre femenino
1 Día inmediatamente anterior a otro. El 24 de diciembre es la víspera de Navidad; la víspera del cumpleaños es el día de antes.

vista
nombre femenino
1 Sentido de las personas y los animales que permite ver. Los ojos son los órganos de la vista. ☞594
2 Conjunto de cosas que se ven desde un sitio. Un piso alto tiene más vistas que un piso bajo.
3 Capacidad de una persona para darse cuenta en seguida de las cosas y actuar de forma inteligente: *Tiene muy buena vista para los negocios.*
a simple vista Cuando opinamos sobre algo a simple vista, lo hacemos por la primera impresión, por lo que vemos y sin examinarlo en profundidad: *A simple vista el coche está bien, pero mejor que lo vea un mecánico.*
saltar a la vista Ser una cosa muy clara y evidente. Si una persona está llorando, salta a la vista que está triste o preocupada.

vistazo
nombre masculino
1 Mirada superficial y rápida. Cuando no tenemos tiempo para leer el periódico con detenimiento le echamos un vistazo: *Echa un vistazo a ver si duerme el niño.*

visto, vista
participio
1 Participio irregular de: ver. También se usa como adjetivo: *No lo he visto. Está visto que sin ayuda no gana.*
adjetivo
2 Que es muy conocido y nada original: *Ese truco está muy visto.*

vistoso, vistosa
adjetivo
1 Que llama la atención por su aspecto o por sus colores. El pavo real tiene una cola muy vistosa. ※ llamativo.

vital
adjetivo
1 Que tiene relación con la vida o es necesario para vivir. El agua es vital para las plantas.
2 Que es imprescindible o tiene mucha importancia. El diálogo y la

V
___
v

confianza son vitales para una buena convivencia. ✕ fundamental; esencial.

vitalidad

nombre femenino **1** Fuerza o energía que posee una persona o un animal para vivir o desarrollarse. Las personas de gran vitalidad tienen mucho ánimo y ganas de hacer cosas.

vitamina

nombre femenino **1** Sustancia que se encuentra en los alimentos y que es necesaria para el desarrollo de los seres vivos. La vitamina A es buena para la vista.

vitoriano, vitoriana

adjetivo y nombre **1** Se dice de la persona o cosa que es de Vitoria, capital de la provincia de Álava.

vitrina

nombre femenino **1** Mueble con puertas de cristal que se usa para guardar objetos que se quiere que se vean. En los museos, muchos objetos están en vitrinas.

viudo, viuda

nombre **1** Persona que no se ha vuelto a casar después de la muerte de su esposo o su esposa.

víveres

nombre masculino plural **1** Conjunto de alimentos que un grupo de personas lleva en un viaje o una excursión. ✕ provisiones.

vivero

nombre masculino **1** Terreno donde se crían plantas para trasplantarlas luego a otro sitio definitivo. Algunos bosques se repueblan con especies criadas en vivero. **2** Lugar donde se crían peces y otros animales acuáticos. Muchas truchas que se venden en los mercados proceden de viveros.

vivienda

nombre femenino **1** Construcción o lugar preparado para que vivan las personas. En las ciudades el tipo de vivienda más común es el piso.

vivíparo, vivípara

adjetivo y nombre masculino **1** Se dice del animal que antes de nacer se desarrolla dentro del cuerpo de la madre. Los mamíferos son animales vivíparos.

vivir

verbo **1** Tener vida. Las mariposas viven muy poco tiempo, mientras que las tortugas viven muchos años. ✕ existir. ✕ morir.
2 Tener una persona las cosas necesarias para la vida, como casa, comida o ropa: *Mis abuelos viven de su pensión*.
3 Pasar la vida en un lugar determinado. Hasta que son mayores, los hijos viven con sus padres; los esquimales viven en el polo Norte.
4 Pasar la vida de una manera determinada. En los pueblos se vive más tranquilo que en las ciudades: *Vive feliz y sin preocupaciones*.

MODELO DE CONJUGACIÓN REGULAR
(3.ª CONJUGACIÓN)

vivir

INDICATIVO	SUBJUNTIVO
presente	**presente**
vivo	viva
vives	vivas
vive	viva
vivimos	vivamos
vivís	viváis
viven	vivan
pretérito imperfecto	**pretérito imperfecto**
vivía	viviera o viviese
vivías	vivieras o vivieses
vivía	viviera o viviese
vivíamos	viviéramos o viviésemos
vivíais	vivierais o vivieseis
vivían	vivieran o viviesen
pretérito indefinido	**futuro**
viví	viviere
viviste	vivieres
vivió	viviere
vivimos	viviéremos
vivisteis	viviereis
vivieron	vivieren
futuro	**IMPERATIVO**
viviré	
vivirás	vive (tú)
vivirá	viva (usted)
viviremos	vivid (vosotros)
viviréis	vivan (ustedes)
vivirán	
condicional	**FORMAS NO PERSONALES**
viviría	
vivirías	**infinitivo** **gerundio**
viviría	vivir viviendo
viviríamos	**participio**
viviríais	vivido
vivirían	

vivo, viva

adjetivo **1** Que tiene vida. Los humanos, los animales y las plantas son seres vivos. ☒ muerto.
2 Se dice del color que es muy fuerte y tiene mucha intensidad. El rojo y el amarillo son colores vivos.
3 Se dice de una cosa que todavía existe. El español es una lengua viva; comer uvas en Nochevieja es una tradición que sigue viva.
4 Se dice de la persona que entiende las cosas con rapidez y actúa con inteligencia: *Es un niño muy vivo, se da cuenta de todo.* ☒ despierto.

vizcaíno, vizcaína

adjetivo y nombre **1** Se dice de la persona o cosa que es de Vizcaya, provincia del País Vasco.

vocabulario

nombre masculino **1** Conjunto de palabras que tiene una lengua. El diccionario te ayuda a aumentar tu vocabulario.

vocación

nombre femenino **1** Atracción que siente una persona hacia una forma de vida o profesión. Los curas y las monjas tienen vocación religiosa.

vocal

nombre femenino **1** Sonido de las lenguas que se pronuncia sin que el aire encuentre ningún obstáculo al salir de la boca. También son vocales las letras que representan estos sonidos. En español hay cinco vocales: a, e, i, o, u.

nombre masculino y femenino **2** Persona que tiene derecho a hablar en una junta o una reunión. Algunos vocales son personas elegidas por otras para que puedan hablar en su nombre.

vocear

verbo **1** Hablar dando voces o gritos: *Los niños vocean mucho en el patio.* ☒ gritar.

volador, voladora

adjetivo **1** Que vuela o puede volar. La gallina no es un ave voladora; el avión es un aparato volador.

volante

nombre masculino **1** Pieza redonda que sirve para dirigir un automóvil. Para tomar las curvas hay que girar el volante. ☞ 193
2 Tira de tela que va cosida a un vestido o una tela como adorno. Los vestidos de sevillanas tienen muchos volantes.
3 Hoja de papel en la que se da alguna información. Para ir a un médico especialista se necesita un volante del médico de cabecera.

volar

verbo **1** Moverse por el aire usando las alas u otros medios. Los pájaros y los aviones vuelan. ☞ 196
2 Subir una cosa por el aire a causa del viento. Las cometas y las hojas de los árboles vuelan con el viento.
3 Desaparecer una cosa con mucha rapidez o gastarla muy deprisa. Las cosas que gustan mucho vuelan del frigorífico. Vuela también una cosa cuando alguien la roba.
4 Hacer algo muy deprisa o ir muy deprisa a un lugar: *O salimos volando ahora mismo o perdemos el tren.*
5 Pasar el tiempo muy deprisa. En vacaciones el tiempo pasa volando.
👁 Se conjuga como: contar; la 'o' se convierte en 'ue' en sílaba acentuada, como: vuela.

volátil

adjetivo **1** Se dice de la sustancia que se evapora enseguida en contacto con el aire. El alcohol es volátil, por eso hay que tenerlo siempre en botellas cerradas, pues de lo contrario se evaporaría y nos quedaríamos sin él.

volcán

nombre masculino **1** Montaña con una abertura por la que salen gases y materiales que hay en el interior de la Tierra. Cuando un volcán entra en erupción, expulsa lava y cenizas. El Teide es un volcán inactivo.

V
v

volcar

verbo **1** Caer o hacer caer una cosa hacia un lado. Vuelcan cosas como sillas, botellas o coches: *Se volcó el vaso y se manchó el mantel.*
2 Dar la vuelta a un recipiente para sacar lo que contiene: *Vuelca el cubo aquí en la arena.*
3 volcarse Poner mucho interés y esfuerzo en algo, como estudiar, ayudar a alguien o intentar gustar: *Los voluntarios se volcaron para intentar apagar el incendio.*

volcar

INDICATIVO	SUBJUNTIVO
presente	**presente**
vuelco	vuelque
vuelcas	vuelques
vuelca	vuelque
volcamos	volquemos
volcáis	volquéis
vuelcan	vuelquen
pretérito imperfecto	**pretérito imperfecto**
volcaba	volcara o volcase
volcabas	volcaras o volcases
volcaba	volcara o volcase
volcábamos	volcáramos o
volcabais	volcásemos
volcaban	volcaras o volcaseis
	volcaran o volcasen
pretérito indefinido	
volqué	**futuro**
volcaste	volcare
volcó	volcares
volcamos	volcare
volcasteis	volcáremos
volcaron	volcareis
	volcaren
futuro	
volcaré	**IMPERATIVO**
volcarás	
volcará	vuelca (tú)
volcaremos	vuelque (usted)
volcaréis	volcad (vosotros)
volcarán	vuelquen (ustedes)
condicional	**FORMAS**
volcaría	**NO PERSONALES**
volcarías	
volcaría	**infinitivo gerundio**
volcaríamos	volcar volcando
volcaríais	**participio**
volcarían	volcado

voleibol

nombre masculino **1** Deporte que se juega entre dos equipos de seis jugadores. Consiste en pasar un balón por encima de una red alta intentando que el equipo contrario no pueda devolverlo; el balón sólo puede tocarse con las manos. ※ balonvolea.

voltereta

nombre femenino **1** Vuelta que se da con el cuerpo sobre una superficie o en el aire. Al hacer una voltereta hay un momento en que los pies no tocan el suelo.

voltio

nombre masculino **1** Unidad de medida de la potencia de la corriente eléctrica. La potencia de las casas suele ser de 220 voltios. Su símbolo es: V.

volumen

nombre masculino **1** Cantidad de espacio que ocupa una cosa. El volumen de una figura geométrica se obtiene multiplicando largo, alto y ancho.
2 Espacio de que dispone algo para contener cosas en su interior. En un camión caben más cosas que en un coche porque tiene más volumen de carga.
3 Intensidad de un sonido o de la voz. Para no molestar a nuestros vecinos, el volumen del televisor no debe estar muy alto.
4 Cada uno de los libros encuadernados que forman parte de una obra completa. Muchas enciclopedias constan de varios volúmenes. ※ libro.

voluminoso, voluminosa

adjetivo **1** Que ocupa mucho espacio porque tiene mucho volumen. La ballena es un animal muy voluminoso. ※ grande. ※ pequeño.

voluminoso

voluntad

nombre femenino **1** Capacidad de una persona para decidir y escoger con libertad lo que quiere hacer. El hombre se diferencia de los animales en que tiene voluntad.

2 Capacidad de una persona para hacer una cosa que no le gusta y le supone un esfuerzo. Hace falta fuerza de voluntad para dejar de fumar.

3 Deseo o intención de una persona. Si hacemos algo por propia voluntad debemos asumir toda la responsabilidad; un testamento recoge la voluntad de una persona e indica cómo quiere repartir su herencia.

voluntariado

nombre masculino   **1** Conjunto de personas que se unen voluntariamente y sin cobrar para participar en acciones sociales o humanitarias.

voluntario, voluntaria

adjetivo y nombre   **1** Se dice de la persona que se ofrece para hacer una cosa por propia voluntad, sin tener la obligación de hacerla, sin que nadie la obligue a ello y sin recibir nada a cambio. ✎ 200

adjetivo   **2** Que se hace porque se quiere y no por obligación. Un trabajo voluntario se hace si se quiere.

volver

verbo   **1** Ir hacia el lugar de donde se salió: *Voy a comprar y vuelvo en una hora.*

2 Hacer o suceder algo otra vez. Si una persona suspende un examen, tiene que·volver a hacerlo: *Llovió a las tres y volvió a llover a las seis.*

3 Girar el cuerpo o la cabeza. Si nos llaman por detrás, nos volvemos.

4 Hacer que una persona o una cosa cambie de estado, de actitud o de aspecto. La amistad puede volver más simpática a una persona; la lejía hace que la ropa se vuelva blanca.

☞ Se conjuga como: mover; la 'o' se convierte en 'ue' en sílaba acentuada, como: vuelvo.

vomitar

verbo   **1** Expulsar por la boca los alimentos que se tienen en el estómago. Si una comida nos sienta mal es posible que vomitemos. ⚬ devolver.

vómito

nombre masculino   **1** Alimento que había en el estómago y se expulsa por la boca. Las embarazadas suelen tener vómitos.

vosotros, vosotras

pronombre personal   **1** Pronombre personal de segunda persona del plural. Se refiere al grupo de personas a las que se dirige directamente la persona que habla. En la oración, hace función de sujeto; también se usa detrás de una preposición: *Vosotras lo sabéis mejor que yo. Me quedo con vosotros.*

votación

nombre femenino   **1** Acción que consiste en votar entre varias opciones. En los países democráticos, los gobernantes se eligen por votación.

votante

nombre masculino y femenino   **1** Persona que vota o que tiene derecho a votar en unas elecciones.

2 Persona que vota a una tendencia política determinada. Hay votantes de centro, de derecha y de izquierda.

votar

verbo   **1** Decir una persona qué opción escoge entre varias para hacer lo que quiere la mayoría; en las elecciones se vota al partido que se cree que gobernará mejor. Se puede votar con papeletas, levantando la mano o en voz alta.

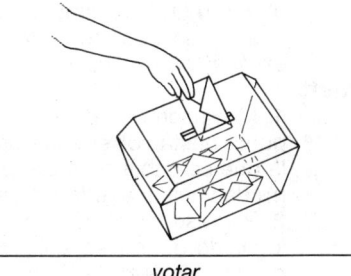

votar

☞ No lo confundas con 'botar', que significa 'dar botes o saltos'.

voto

nombre masculino   **1** Opción que elige una persona cuando vota. En una votación, gana la opción que tiene más votos.

V
—
V

voz
nombre femenino

1 Sonido que producimos cuando hablamos. La voz la produce el aire de los pulmones que, al salir, hace vibrar las cuerdas vocales: *Habla en voz baja. Tiene la voz ronca.*
2 Grito. Una persona habla a voces cuando habla muy alto.
3 En gramática, forma que tiene el verbo que indica si el sujeto hace la acción o la recibe. En español hay dos voces: voz activa y voz pasiva.
4 Palabra de una lengua. En un diccionario encontramos las voces de una lengua: 'oír' y 'peinado' son voces
👁 El plural es: voces.

vuelo
nombre masculino

1 Acción que consiste en volar o desplazarse por el aire: *El pájaro emprendió el vuelo.*
2 Viaje que se realiza por el aire en avión o en otro tipo de nave. El vuelo de Madrid a Barcelona dura menos de una hora.
3 Amplitud del tejido de las faldas o vestidos por la parte baja que hace que tengan un movimiento especial; las cortinas y los manteles también tienen vuelo.
al vuelo Que se entiende con mucha rapidez: *Es muy lista, coge las explicaciones al vuelo.*

vuelta
nombre femenino

1 Movimiento alrededor de un punto hasta volver a la posición de la que se había empezado. La Tierra da vueltas alrededor del Sol.
2 Regreso desde un lugar hasta el lugar de donde se salió: *He comprado un billete de ida y vuelta.*
3 Paseo más o menos corto: *¿Damos una vuelta por el parque?*
2 Derecho a votar que tiene una persona. En España tienen voto los mayores de 18 años.
4 Dinero que sobra cuando se da una cantidad superior a lo que cuesta algo. Si una cosa cuesta novecientas pesetas y se paga con un billete de mil, la vuelta son cien pesetas.
dar la vuelta Poner delante lo que está detrás y detrás lo que está delante: *Date la vuelta que te vea bien el vestido. Ese calcetín está al revés, dale la vuelta.*
dar vueltas Pensar mucho en una cosa. Cuando una persona no tiene claro qué debe hacer en un asunto, suele darle muchas vueltas.

vuelto, vuelta
participio

1 Participio irregular de: volver. También se usa como adjetivo: *Aún no ha vuelto de viaje. Se puso la camisa vuelta del revés.*

vuestro, vuestra
determinante posesivo

1 Indica que el objeto o persona a que acompaña pertenece a un grupo de personas entre las que se encuentra nuestro oyente. 'Vuestro, vuestra, vuestros, vuestras' son determinantes posesivos de segunda persona del plural y pueden ir delante o detrás del nombre: *¿Ésos son amigos vuestros? En vuestra clase hay más niños que niñas.*

pronombre posesivo

2 Se refiere a un objeto o persona que ya hemos nombrado e indica que pertenece a un grupo de personas entre las que se encuentra nuestro oyente: *A mí me gusta más el vuestro.*

vulgar
adjetivo

1 Se dice de la cosa o acción que es de mal gusto o no debe hacer una persona educada. Hablar con la boca llena es vulgar.
2 Que es muy normal y no destaca por nada: *Llevaba un vestido vulgar y corriente.*

vulva
nombre femenino

1 Parte exterior del aparato reproductor femenino.

W w

w

nombre femenino

1 Letra número veinticuatro del alfabeto español. La 'w' es una consonante que sólo aparece en palabras de origen extranjero.

walkie-talkie

nombre masculino

1 Aparato portátil con el que dos personas pueden hablar y comunicarse a corta distancia. Los policías usan walkie-talkies.
👁 Se pronuncia 'gualkitalki'.

walkman

nombre masculino

1 Aparato pequeño y portátil para oír casetes; se puede sujetar a la cintura o llevar en un bolsillo y la música se escucha con unos pequeños auriculares.
👁 Se pronuncia 'gualman' o 'guolman'.

wáter

nombre masculino

1 Es otra forma de escribir: váter.
✕ retrete; servicio.

waterpolo

nombre masculino

1 Deporte parecido al balonmano que se practica en una piscina; los equipos son de siete jugadores.
👁 Se pronuncia: 'uaterpolo'.

western

nombre masculino

1 Película ambientada en el oeste americano en el siglo pasado. En un western salen indios y vaqueros.
👁 Se pronuncia: 'güéster'.

whisky

nombre masculino

1 Bebida alcohólica muy fuerte de color caramelo que se obtiene a partir de la cebada u otros cereales.
👁 Se pronuncia: 'güisqui'.

winsurf

nombre masculino

1 Deporte que se practica en el agua y consiste en moverse y mantener el equilibrio estando de pie sobre una tabla de surf con una vela. ✎ 196
👁 Se pronuncia: 'güínsurf'.

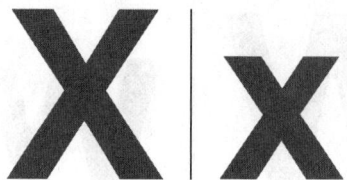

x

nombre
femenino

1 Letra número veinticinco del alfabeto español. La 'x' es una consonante que representa a dos sonidos juntos: 'ks'.

xenofobia

nombre
femenino

1 Odio o antipatía hacia los extranjeros y sus costumbres. La xenofobia impide comprender los modos de vida de otros pueblos y enriquecerse culturalmente.

xenófobo, xenófoba

adjetivo
y nombre

1 Se dice de la persona que siente odio hacia los extranjeros.

xilófono

nombre
masculino

1 Instrumento musical de percusión formado por una serie de tablitas de madera o metal puestas de forma plana sobre una especie de mesa; las tablitas se golpean con unos palos para producir sonidos. ☞ 536

Y y

y

nombre
femenino

1 Letra número veintiséis del alfabeto español. La 'y' a veces es una consonante, como en 'yate', y otras una vocal, como en 'cuerpo y alma'.

conjunción **2** Se utiliza para unir palabras o frases que tienen la misma función: *Vino y se fue. Señoras y señores.*

3 Se pone al principio de una frase para dar más fuerza a lo que se dice: *¿Y ahora qué quieres? ¿Y qué quieres que yo le haga?*

ya

adverbio **1** Indica que algo ocurrió en un tiempo pasado: *Ya te lo dije el otro día.*

2 Indica que algo es verdad en el momento en que se habla. A veces significa ahora: *Ya he acabado los deberes, ¿y tú? No grites, ya voy.*

3 En un momento del futuro del que se habla: *Ya haré el trabajo el lunes.*

interjección **4 ¡ya!** Indica que estamos escuchando y que comprendemos lo que alguien nos está diciendo. Es muy frecuente cuando hablamos por teléfono: *¡Ya!, comprendo, sí.*

5 ¡ya! Indica que una persona no cree lo que otra acaba de decir: *¡Ya!, tú siempre con la misma historia.* También se dice: ¡ya, ya!

ya que Introduce la causa o la razón por la que ocurre o se hace una cosa: *Ya que te has ofrecido, podrías echarme una mano.*

yacer

verbo **1** Estar acostada o tumbada una persona. Los enfermos yacen en las camas de los hospitales.

2 Estar una persona enterrada en un sitio: *En esta catedral yacen varios reyes.* ⚔ reposar. 👁 Es una palabra formal.

yacer	
INDICATIVO	**SUBJUNTIVO**
presente	**presente**
yazco o yazgo o yago	yazca o yaga o yazga
yaces	yazcas o yagas o yazgas
yace	yazca o yaga o yazga
yacemos	yazcamos o yagamos o yazgamos
yacéis	yazcáis o yagáis o yazgáis
yacen	yazcan o yagan o yazgan
pretérito imperfecto	
yacía	**pretérito imperfecto**
yacías	yaciera o yaciese
yacía	yacieras o yacieses
yacíamos	yaciera o yaciese
yacíais	yaciéramos o yaciésemos
yacían	yacierais o yacieseis
	yacieran o yaciesen
pretérito indefinido	
yací	**futuro**
yaciste	yaciere
yació	yacieres
yacimos	yaciere
yacisteis	yaciéremos
yacieron	yaciereis
	yacieren
futuro	
yaceré	
yacerás	**IMPERATIVO**
yacerá	
yaceremos	yace o yaz (tú)
yaceréis	yazca o yaga
yacerán	o yazga (usted)
	yaced (vosotros)
condicional	yazcan o yagan
yacería	o yazgan (ustedes)
yacerías	
yacería	**FORMAS**
yaceríamos	**NO PERSONALES**
yaceríais	
yacerían	**infinitivo gerundio**
	yacer yaciendo
	participio
	yacido

Y
y

yacimiento
nombre masculino **1** Lugar en el que hay un mineral en gran cantidad. Los yacimientos más importantes de diamantes se encuentran en África del Sur. ⚒ mina; cantera.
2 Lugar donde se encuentran restos de antiguas culturas. En España existen numerosos yacimientos romanos.

yanqui
adjetivo y nombre masculino y femenino **1** Se dice de la persona o cosa que es de los Estados Unidos. En las películas del oeste, llaman yanquis a los del norte de Estados Unidos.

yate
nombre masculino **1** Barco pequeño y de lujo de propiedad particular.

yedra
nombre femenino **1** Planta trepadora de hojas verdes que crece subiendo por las paredes o por los árboles. Es muy común adornar las fachadas de las casas con yedra.
👁 También se escribe y se pronuncia: hiedra.

yegua
nombre femenino **1** Hembra del caballo.

yema
nombre femenino **1** Parte redonda y amarilla de los huevos. La yema tiene más vitaminas que la clara.
2 Parte blanda del dedo opuesta a la uña. En las yemas de los dedos se tiene mucha sensibilidad.
3 Parte de una planta con forma de botón que se forma cuando empiezan a salir las ramas, las hojas y las flores.
4 Dulce hecho con yema de huevo batido con azúcar.

yerba
nombre femenino **1** Planta pequeña de tallo tierno y verde, que crece de manera silvestre. También se llama yerba al conjunto de estas plantas.
👁 También se escribe y se pronuncia: hierba.

yerbabuena
nombre femenino **1** Planta de hojas verdes muy aromáticas, que se usa para dar sabor a las comidas, buen olor al ambiente o hacer infusiones.
👁 También se escribe y se pronuncia: hierbabuena o hierba buena.

yerno
nombre masculino **1** Marido de la hija de una persona: *Estuvimos con mi hija, mi yerno y los nietos.* 👉 197
👁 El femenino es: nuera.

yeso
nombre masculino **1** Mineral blando de color blanco que se muele y se mezcla con agua para formar una pasta que se usa para cubrir las paredes de ladrillos y para hacer esculturas.

yo
pronombre personal **1** Pronombre personal de primera persona de singular. Se refiere a la persona que habla. En la oración, hace la función de sujeto o de predicado nominal: *Yo me marcho, ¿y tú? Ése de la foto no soy yo.*

yodo
nombre masculino **1** Sustancia de color oscuro que se encuentra en el agua del mar y las algas; se usa para desinfectar heridas.

yoga
nombre masculino **1** Técnica que utiliza ejercicios físicos y de respiración para conseguir el control de la mente y del cuerpo. La práctica del yoga ayuda a relajarse y es buena para la salud.

yogur
nombre masculino **1** Alimento líquido y espeso que se obtiene de la fermentación de la leche. El yogur tiene un sabor un poco ácido.

yoyó
nombre masculino **1** Juguete formado por piezas redondas y pequeñas unidas por un eje y una cuerda atada alrededor de ese eje. Un extremo de la cuerda se coge con la mano y se hace ascender y descender el yoyó.

yudo
nombre masculino **1** Deporte de lucha en el que una persona utiliza su agilidad de movimientos y la propia fuerza del contrario para intentar hacerle caer al suelo e inmovilizarlo.
👁 También se escribe: judo.

yugo
nombre masculino **1** Pieza de madera que se coloca

a dos bueyes o mulos por el cuello para que tiren juntos del arado o carro.

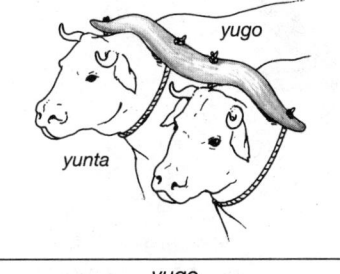

yugo

yunta

yugo

yugoslavo, yugoslava

adjetivo y nombre **1** Se dice de la persona o cosa que es de Yugoslavia, país del sureste de Europa.

yugular

adjetivo y nombre femenino **1** Se dice de las venas que recogen la sangre del cerebro y la llevan al corazón. El ser humano tiene cuatro venas yugulares.

yunque

nombre masculino **1** Bloque de hierro que se usa para ayudar a dar forma a los metales. El yunque es un pieza pesada y plana por arriba con una punta por uno de sus lados o por los dos; cuando el metal está caliente se coloca encima y se le dan golpes con un martillo. Los herreros usan yunques.

yunta

nombre femenino **1** Pareja de animales, normalmente bueyes o mulos, que tiran juntos del arado o de un carro.

Y

y

Z | z

z

nombre femenino **1** Letra número veintisiete del alfabeto español. La 'z' es una consonante.

zafiro

nombre masculino **1** Piedra preciosa de color azul que se utiliza para hacer joyas.

---

zambullir

INDICATIVO	SUBJUNTIVO
presente	**presente**
zambullo	zambulla
zambulles	zambullas
zambulle	zambulla
zambullimos	zambullamos
zambullís	zambulláis
zambullen	zambullan
pretérito imperfecto	**pretérito imperfecto**
zambullía	zambullera o zambullese
zambullías	zambulleras o
zambullía	zambulleses
zambullíamos	zambullera o zambullese
zambullíais	zambulléramos o
zambullían	zambullésemos
	zambullerais o
pretérito indefinido	zambulleseis
zambullí	zambulleran o
zambulliste	zambullesen
zambulló	
zambullimos	**futuro**
zambullisteis	zambullere
zambulleron	zambulleres
	zambullere
futuro	zambulléremos
zambulliré	zambullereis
zambullirás	zambulleren
zambullirá	
zambulliremos	
zambulliréis	
zambullirán	

IMPERATIVO	
zambulle	(tú)
zambulla	(usted)
zambullid	(vosotros)
zambullan	(ustedes)

condicional	
zambulliría	
zambullirías	
zambulliría	
zambulliríamos	
zambulliríais	
zambullirían	

FORMAS NO PERSONALES	
infinitivo	**gerundio**
zambullir	zambullendo
participio	
zambullido	

---

zalamero, zalamera

adjetivo **1** Que hace demostraciones de cariño muy exageradas o fingidas, normalmente para conseguir algo.

zamarra

nombre femenino **1** Chaqueta larga y gruesa de piel por un lado y de pelo o lana por el otro. Los pastores usan zamarra.

zambomba

nombre femenino **1** Instrumento musical de percusión formado por una caja de forma cilíndrica y una piel estirada en uno de sus extremos; tiene un palo clavado en el centro de la piel que produce un sonido ronco y grave al hacerlo subir y bajar.

zambullir

verbo **1** Meter de golpe todo el cuerpo debajo del agua.

zamorano, zamorana

adjetivo y nombre **1** Se dice de la persona o cosa que es de Zamora, ciudad y provincia de Castilla y León.

zanahoria

nombre femenino **1** Raíz comestible de color naranja y forma alargada que se cultiva en las huertas; es rica en vitamina A.

zancada

nombre femenino **1** Paso largo. Los corredores de pruebas de velocidad dan grandes zancadas.

zancada

Z
z

zancadilla

nombre femenino **1** Acción en la que una persona pone el pie o la pierna delante de las piernas de una persona para que tropiece y caiga: *Lo expulsaron por hacer la zancadilla al contrario.*

zanco

nombre masculino **1** Palo alto con un soporte para los pies que se usa para andar a cierta altura del suelo. En algunas fiestas hay gente con zancos.

zancudo, zancuda

adjetivo y nombre **1** Se aplica a las aves que tienen las patas muy largas, como el flamenco y la cigüeña.

zángano, zángana

nombre masculino **1** Macho de la abeja, encargado de fecundar a la abeja reina. El zángano no produce miel ni cera.

adjetivo y nombre **2** Se dice de la persona que evita trabajar o estudiar. ✖ holgazán; vago.

zanja

nombre femenino **1** Agujero largo y estrecho que se hace en la tierra. Se hacen zanjas al hacer los cimientos de una casa o para pasar tuberías bajo la tierra.

zapatería

nombre femenino **1** Establecimiento donde se hacen, arreglan o venden zapatos.

zapatero, zapatera

nombre **1** Persona que se dedica a hacer, arreglar o vender zapatos.

nombre masculino **2** Mueble donde se guardan los zapatos.

zapatilla

nombre femenino **1** Calzado ligero y cómodo que se usa para estar en casa.
2 Calzado especial que se usa para practicar ciertos deportes; suele tener la suela de goma y llevar cordones: *Me he comprado unas zapatillas de tenis.* También se llama 'zapatilla de deporte'.

zapato

nombre masculino **1** Calzado que cubre el pie hasta el tobillo. Hay zapatos planos, de medio tacón y de tacón alto.

zapping

nombre masculino **1** Cambio rápido y constante de una cadena de televisión a otra utilizando el mando a distancia: *Haz un zapping a ver qué ponen.*
👁 Se pronuncia: 'zapin'.

zar, zarina

nombre **1** Título que se daba al emperador de Rusia y al rey de Bulgaria.

zaragozano, zaragozanas

adjetivo y nombre **1** Se dice de la persona o cosa que es de Zaragoza, ciudad y provincia de Aragón.

zarandear

verbo **1** Mover de un lado a otro a una persona que se tiene cogida con las manos. Una persona zarandea a otra cuando la coge y la mueve con movimientos fuertes y rápidos: *Lo zarandeó para despertarlo.*

zarpa

nombre femenino **1** Pie o mano de un animal que tiene uñas fuertes y afiladas. Los leones y los gatos tienen zarpas. ✖ garra.
2 Mano de una persona: *Quita la zarpa del pastel.* Es un uso informal.

zarpar

verbo **1** Dejar un barco el lugar donde está anclado para navegar. Las carabelas de Colón zarparon de Palos.

zarpazo

nombre masculino **1** Golpe o herida que un animal hace con la zarpa.

zarza

nombre femenino **1** Arbusto silvestre de tallos largos y ramas con espinas. Su fruto es la zarzamora.

zarzal

nombre masculino **1** Terreno donde hay muchas zarzas.

zarzamora

nombre femenino **1** Pequeño fruto silvestre de sabor dulce y aspecto parecido a la mora. Con la zarzamora se hacen pasteles y mermelada.

zarzuela

nombre femenino **1** Obra de teatro musical en la que los actores alternan diálogos con canciones. La zarzuela es un tipo de teatro típicamente español.
2 Plato de comida que lleva varios tipos de pescado y de marisco acompañados de caldo o salsa.

zeta

nombre femenino **1** Nombre de la letra 'z'. 'Zoo' empieza por zeta.

Z
z

zigzag

nombre masculino **1** Línea compuesta por varios segmentos que van en distintos sentidos y forman ángulos. Los esquiadores bajan haciendo un zigzag.

zócalo

nombre masculino **1** Banda estrecha de madera o mosaico que cubre la parte inferior de las paredes.

zodiaco

signo del zodiaco Signo que está relacionado con una de las doce constelaciones de estrellas en que se divide una zona del cielo. A cada persona le corresponde un signo del zodiaco según la fecha de nacimiento. Mucha gente cree que el carácter y la suerte de las personas están relacionados con el signo del zodiaco; Leo, Aries o Géminis son signos del zodiaco. ☞ También se escribe y se pronuncia: zodíaco.

zodíaco

nombre masculino **1** Es otra forma de escribir y pronunciar: zodiaco.

zombi

nombre masculino **1** Muerto que resucita por arte de brujería. En algunas películas de terror aparecen zombis.

estar zombi Estar una persona medio dormida o atontada: *Ayer no dormí nada y hoy estoy medio zombi.*

zona

nombre femenino **1** Extensión de terreno que está entre ciertos límites. Las zonas climáticas del planeta tienen un clima común; la zona afectada por un terremoto es el lugar donde ocurre: *Aplique la crema en la zona de la quemadura.* ✕✕ área.

2 Parte del campo de baloncesto más cercana a la canasta y marcada con rayas. ☞799

zoo

nombre masculino **1** Lugar que tiene instalaciones adecuadas para que puedan vivir muchas especies diferentes de animales, normalmente salvajes y que puede ser visitado por el público. ✕✕ zoológico.

zoología

nombre femenino **1** Ciencia que estudia la vida y las costumbres de los animales.

zoológico, zoológica

adjetivo **1** Se dice de las cosas relacionadas con la zoología.

nombre masculino **2** Zoo. También se dice 'parque zoológico'.

zorro, zorra

nombre **1** Mamífero salvaje con la cola larga y peluda, las orejas tiesas y el pelo de color marrón rojizo. Suele cazar de noche y se considera que es muy astuto.

nombre y adjetivo **2** Persona muy lista y hábil para conseguir lo que quiere y evitar que la engañen. ✕✕ astuto.

nombre femenino **3** Mujer que mantiene relaciones sexuales a cambio de dinero. ✕✕ prostituta.

zueco

nombre masculino **1** Calzado sin talón que cubre la parte delantera del pie y tiene la suela gruesa de madera, corcho o plástico. Las enfermeras suelen llevar zuecos.

2 Calzado de madera que usan los campesinos para meter dentro el pie con un zapato y no mancharlos de barro al salir al campo.

zumbar

verbo **1** Producir un ruido continuo y molesto, como hacen las abejas y otros insectos al mover las alas.

2 Pegar con fuerza a una persona: *El boxeador zumbó a su contrincante.* Es un uso informal. ✕✕ zurrar.

zumbido

nombre masculino **1** Ruido continuado y molesto. Los insectos voladores y algunos electrodomésticos producen zumbidos: *Es muy molesto el zumbido del frigorífico.*

zumo

nombre masculino **1** Líquido que se obtiene cuando se exprime o tritura una fruta o algunos vegetales. El zumo de naranja aporta mucha vitamina C y el zumo de zanahoria, vitamina A.

zurcido

nombre masculino **1** Cosido que se hace en una tela para tapar un roto intentando que no se note. ☞796

zurcir

verbo **1** Coser el roto de una tela intentando que no se note. ☞ 796

zurdo, zurda

adjetivo y nombre **1** Se dice de la persona que utiliza el brazo, la mano o el pie izquierdos para acciones como comer, escribir o chutar el balón. ✕ diestro.

zurra

nombre femenino **1** Sucesión de golpes que se dan a alguien, generalmente como castigo: *Se llevó una zurra por destrozar el jardín.*

👁 Es una palabra informal.

zurrar

verbo Dar a una persona muchos golpes, generalmente como castigo.

zurrón

nombre masculino **1** Bolsa grande de piel o de cuero que se lleva colgada al hombro; los pastores y los cazadores llevan zurrón.

👁 El plural es: zurrones.

zutano, zutana

nombre **1** Se utiliza para referirse a una persona indeterminada. Suele usarse con las palabras 'fulano' o 'mengano': *Criticó a todo el mundo, que si fulano esto, que si zutano lo otro.*

Z

z